Alice Stewart
August '88.

Curiosités esthétiques
L'Art romantique
et autres Œuvres critiques
de
Baudelaire

Musée de Versailles

BAUDELAIRE EN 1844
Portrait par Émile Deroy

Baudelaire

Curiosités esthétiques
L'Art romantique
et autres Œuvres critiques

Édition corrigée et augmentée
d'un sommaire biographique

Éditions Garnier
8, rue Garancière
PARIS

Édition mise à jour 1986
ISBN 2-7370-0282-6

Textes établis avec introduction,
relevé de variantes,
notes, bibliographie
et sommaire biographique
par

Henri Lemaitre
Ancien élève de l'École Normale Supérieure
Agrégé de l'Université, Docteur ès lettres

Édition illustrée de 47 reproductions

IN MEMORIAM

André Ferran

INTRODUCTION

I

Comme un parfait chimiste et comme une ame sainte[1]

Ce vers est sans doute le plus authentique testament de Charles Baudelaire. Certains se récrieront peut-être au nom d'on ne sait quelle mystique pseudo-baudelairienne de la Révolte et du Satanisme ; en tout cas, Baudelaire n'est ni Lautréamont ni Antonin Artaud. D'autres voudront ne voir en cette destinée que l'inépuisable nostalgie de la Sainteté ; en tout cas, il n'eût probablement pas déplu au poète que, selon sa croyance au péché originel — constamment maintenue au cœur de sa vie et de son art — on interprétât son effort d'artiste, et de contemplatif de l'art, comme l'entreprise d'une certaine perfection *spirituelle, à partir du démenti esthétique, sans cesse remis en question, de la misère pascalienne. Le péché guette l'art comme l'âme, et le péché majeur de l'art est de se laisser priver d'âme ; c'en est aussi la permanente tentation, favorisée par l'aisance avec laquelle l'art peut se fourvoyer dans ces illusions d'âme, qu'il sécrète inéluctablement, lorsqu'il n'est pas l'œuvre du génie. Car l'âme, et la beauté, et le génie, sont une même chose.*

Il fallut qu'un poète se trouvât obsédé de cette identité pour qu'en s'engageant, selon les circonstances, dans une acti-

1. Projet d'*Épilogue* pour les *Fleurs du Mal.*

vité critique, qui n'eût pu faire de lui qu'un brillant chroniqueur de plus à une époque où ils abondaient, il engageât aussi son plus intime génie, et sa plus exacte pensée, dans cette inlassable quête des équivalences réciproques de l'art et du spirituel.

Car enfin, ce que Baudelaire appelle si constamment le spirituel, c'est bien ce monde-frontière, où l'œuvre d'art trace son existence au contact, et selon la communion, de l'homme et de la surnature, ce pourquoi la forme esthétique du spiritualisme est le surnaturalisme Ces mots solidaires sont la clé et de l'art et de l'âme, dans l'unité de leur langage, qui est poésie, qu'elle soit de verbe ou de couleur, de rythmes ou de formes.

***

Lorsqu'en 1845, avec son premier Salon, Charles Baudelaire entre en lice, il aborde un terrain passablement encombré. En ces années où la presse périodique connaît un véritable âge d'or, où la chronique rivalise avec le feuilleton pour offrir le tremplin qu'il leur faut aux réputations littéraires, même si doivent s'y perdre et s'y ruiner bien des illusions, la critique d'art est en passe de devenir aussi importante que la fritique littéraire, et, en tout cas, n'est pas tout à fait une « spécialité ». Il semble même qu'un jeune écrivain, soucieux de se faire un nom, doive s'y essayer. Mais des critiques d'art, il y en a de tous les bords et de tous les talents, de la Revue des Deux Mondes à l'Artiste, et de la Presse à l'Illustration, et c'est sur un terrain à la fois envahi et miné par le snobisme que va s'engager, avec toute son intransigeance, ce dandy « spiritualiste » qu'est déjà, à 24 ans, Charles Baudelaire. Et plus il avancera, plus il sera lui-même, dans ses phobies et ses admirations également lucides.

Il semble bien que, dès ce moment, son ambition vise très haut : il ne saurait admettre de n'être qu'un simple journaliste, *même s'il devait devenir titulaire d'une chronique dans un organe réputé. Il ne sera jamais tendre pour la presse, dont il parle volontiers avec mépris, et parfois avec indignation, lorsque par exemple elle lui apparaît comme le domaine de ces* accapareurs des choses spirituelles, *que dénonce la dédicace du* Salon de 1846. *De même qu'il considère la situation de Sainte-Beuve avec un mélange d'admiration et d'envie, Baudelaire voudrait être le Diderot du XIX*e *siècle. Il aspire déjà à élaborer, à partir de l'actualité artistique, une véritable philosophie de l'art, et, bien qu'il prenne des airs de catalogue, le* Salon de 1845 *s'engage délibérément dans cette voie. Le jeune apprenti critique va donc se chercher des maîtres, de façon à ne pas aborder ce redoutable domaine sans être sérieusement armé : outre une certaine expérience des « images », qui remonte sans doute jusqu'à son enfance et son adolescence, il est, en 1845, pénétré d'une culture encore toute fraîche, faite d'influences qui peuplent sa mémoire, influences parfois un peu voyantes dans ses premières œuvres. Ces maîtres seront ensuite supplantés, leur influence s'amenuisera, ou en tout cas s'assimilera plus profondément à sa sensibilité originale, en attendant qu'apparaissent de plus authentiques « fraternités spirituelles », car enfin Delacroix et Edgar Poe entraîneront Baudelaire plus loin que Diderot et Stendhal.*

Mais Baudelaire part de Diderot et de Stendhal, et, si c'est pour, ultérieurement, les dépasser, il reste qu'il leur doit quelque chose. D'ailleurs en 1845, Baudelaire avoue qu'il désire se référer à Diderot. N'écrit-il pas à Champfleury : Si vous voulez me faire plaisir, faites quelques lignes sérieuses et parlez des *Salons* de Diderot ; *en suite de quoi, on lit dans le* Corsaire-Satan *du 27 mai 1845 :* M. Baudelaire-Dufaÿs est hardi comme Diderot, moins le paradoxe. *On lit de même, sous la plume d'un autre ami, Vitu, dans* la Silhouette *du 20 juillet :* Il possède les allures franches, naïves, la bonhommie cruelle de Diderot, dont il a certainement étudié l'œuvre critique. *L'année suivante, à propos du* Salon de 1846, *Ch. Brunier, dans* la Démocratie pacifique *du 7 mai, écrit :* La crudité de style, qui dépare certains passages de ce petit livre, nous empêche de dire tout le bien que nous en pensons. Il est des expressions qu'on blâme même chez Diderot[1]. *Baudelaire lui-même avait pris soin de se glorifier de cette parenté, lorsque, commentant ses propres* crudités de style *à l'égard d'Horace Vernet et d'Ary Scheffer, il note:* Je recommande à ceux que mes pieuses colères ont dû parfois scandaliser la lecture des *Salons* de Diderot[2].

Ainsi Baudelaire devra au moins à Diderot — qui est, à ses yeux, une sorte de caution — à la fois une certaine manière *et une certaine* ambition. *Imiter Diderot — discrètement — c'est pour lui un moyen d'attirer l'attention, et de se situer d'emblée largement au-dessus de la plupart de ses confrères. Baudelaire écrira un jour que* la critique touche constamment à la métaphysique[3], *et certes il entendra de plus en plus la* métaphysique *dans un sens fort différent de celui que Diderot pouvait donner à ce mot, même en matière d'art, mais il n'en pense pas moins que Diderot est un* grand philosophe. *Plus tard il pourra se passer de modèle, mais en 1845 et 1846, il en a besoin, justement, pour mieux se définir à lui-même la portée de son engagement : son ambition est de poursuivre une entreprise de « philosophie de l'art », et Diderot lui offre, pour ce faire, un utile tremplin.*

Mais faut-il attribuer à Diderot une influence plus profonde et plus durable sur la nature même et l'orientation la plus intime de la pensée esthétique de Baudelaire? Franche-

---

1. Tous ces textes sont cités (le dernier comme inédit) par Jean Pommier dans ses *Chemins de Baudelaire* (Paris, José Corti, 1945), où l'on trouvera aussi la première mention des emprunts de Baudelaire à Stendhal.

2. *Salon de 1846,* chap. XIII, note.

3. *Salon de 1846,* I.

ment, nous ne le pensons pas. Mais il est de fait qu'entre les deux hommes se manifeste une parenté de sensibilité qui apparaît surtout lorsqu'on se reporte, dans l'œuvre de Diderot, à l'Essai sur la peinture *et aux* Pensées détachées *sur le même sujet : on y voit, comme en certaines pages du* Salon de 1767, *ce qui a pu séduire et influencer Baudelaire : c'est la promesse, chez Diderot, d'une particulière attention pour ce que Baudelaire appellera le* surnaturalisme, *ou en tout cas pour le problème que pose, à l'artiste comme au critique, l'affrontement, dans l'œuvre d'art, de* l'idéal et du modèle *selon le titre d'un des chapitres du* Salon de 1846. *Il reste que Baudelaire ne reçoit guère de Diderot que ce qui déjà lui ressemble, ce que, sans doute, il eût en tout état de cause épanoui, même si Diderot n'avait point écrit ses* Salons[1].

C'est aussi la ressemblance qui pousse Baudelaire à se tourner vers Stendhal. Ce dernier, on le sait, avait écrit (en 1817, souligne Baudelaire lui-même dans une note du Salon de 1846[2]*) une* Histoire de la peinture en Italie. *Nous savons d'autre part qu'entre le dandysme de l'un et le « beylisme » de l'autre il y avait quelque parenté. Et l'année même où Baudelaire publiait le* Salon de 1846, *il publiait aussi* (Corsaire-Satan, *3 mars) un* Choix de maximes consolantes sur l'amour, *qui est l'amorce d'un traité où il aurait tenté de rivaliser avec* « le Stendhal[3] » (*un* Catéchisme de la femme aimée *annoncé par l'auteur du* Choix). *Si donc Baudelaire se tourne vers Stendhal pour élaborer son propre* catéchisme *de l'amour, on ne saurait s'étonner qu'il se soit tourné vers lui pour élaborer son* catéchisme *de l'art. La raison en est sans doute une affinité d'âme et d'esprit, dont cependant il ne faudrait pas exagérer l'importance, car elle*

1. Sur l'ensemble de cette question des rapports éventuels entre Diderot et Baudelaire, cf. l'étude de Jean Pommier, *op. cit.* pp. 249-287.
2. Note sur une citation de Stendhal, à la fin du chap. VII.
3. Ainsi Baudelaire nomme-t-il, dans une note de ce *Choix...*, le *De l'Amour* de Stendhal.

concerne plutôt certains aspects relativement superficiels du tempérament; mais elle est incontestable, et, alors que nous en doutions quelque peu, nous avons été frappé de ce que révèle, à ce propos, l'excellent article de G. Antoine et Cl. Pichois, dans le numéro spécial de la Revue des Sciences humaines[1], *sur* Sainte-Beuve juge de Stendhal et de Baudelaire : *que Sainte-Beuve ait adopté sensiblement la même attitude à l'égard de l'un et de l'autre, qu'il les ait méconnus pour la même raison, qu'il emploie pour les définir la même expression* (homme d'esprit), *c'est pour le moins assez curieux. En tout cas, Baudelaire est, à certains égards, comme fasciné par Stendhal, au moins provisoirement; le fait même que* l'Histoire de la peinture en Italie *n'ait connu qu'un succès bien médiocre a pu inciter Baudelaire à s'approprier certaines idées contenues dans le livre de Stendhal, que d'ailleurs il ne manque pas de citer. Mais il va encore plus loin, puisqu'il va même jusqu'au plagiat. Il est vrai que, lorsque Baudelaire se sent en fraternité avec un autre écrivain, il n'hésite pas à s'identifier à lui jusqu'à lui emprunter ses idées, ses expressions et son style. Il fera de même, et plus longuement, avec le* Poetic principle *d'Edgar Poe, reproduit, à peu de choses près, dans les* Notes nouvelles, *les guillemets n'intervenant que pour un mince fragment de la citation.*

Citons donc purement et simplement les pièces du dossier[2] *; dans le* Salon de 1846, *Baudelaire écrit, au chapitre VII* (De l'Idéal et du modèle) : « *Il faut non seulement que l'artiste ait une intuition profonde du caractère du modèle, mais encore qu'il le généralise quelque peu, qu'il* exagère volontairement quelques détails, *pour* augmenter la physionomie et rendre son expression plus claire. *Il est curieux de remarquer que, guidé par ce principe* — que

1. Pour le centenaire des *Fleurs du Mal*, janvier-mars 1957 (pp. 7-34).
2. Dossier établi par Jean Pommier, *op. cit.* pp. 288-292. Dans les citations qui suivent, nous soulignons ce qui rend évident le plagiat de Baudelaire.

le sublime doit fuir les détails — l'art pour se perfectionner revient vers son enfance. Les premiers *artistes* aussi n'exprimaient pas les détails. Toute la différence, c'est qu'en faisant tout d'une venue les bras et les jambes de leurs figures, ce n'étaient pas eux qui fuyaient les détails, *mais* les détails qui les fuyaient; *car* pour choisir il faut posséder. » *Or en son chapitre CIX, Stendhal avait imaginé un dialogue, au Louvre, au cours duquel son interlocuteur déclarait :* « *L'artiste* sublime doit fuir les détails ; *mais voilà* l'art qui, pour se perfectionner, revient à son enfance. Les premiers *sculpteurs* aussi n'exprimaient pas les détails. Toute la différence c'est qu'en faisant tout d'une venue les bras et les jambes de leurs figures, ce n'étaient pas eux qui fuyaient les détails, *c'étaient* les détails qui les fuyaient. » *A quoi Stendhal répliquait :* « *Remarquez que* pour choisir il faut posséder; *l'auteur d'Antinoüs* a développé davantage les détails *qu'il a gardés. Il a surtout* augmenté leur physionomie et rendu leur expression plus claire. » *On voit que le plagiat est quasi-textuel, bien que Baudelaire ait modifié l'ordre des idées, mais sans vraiment modifier leurs rapports. A la fin de ce même chapitre, il cite Stendhal, et cette fois en avouant la citation. Mais au chapitre VIII* (De quelques dessinateurs), *il emprunte encore, sans le dire, à Stendhal quelques observations, d'une certaine portée, sur la nature du dessin, qu'il applique à l'œuvre d'Ingres, tandis que Stendhal les avait faites à propos de Raphaël :* « *Dans ses croquis* il fait *naturellement* de l'idéal; *son* dessin, *souvent* peu chargé, *ne contient pas beaucoup de* traits; mais chacun rend un contour important. Voyez à côté les dessins de tous ces ouvriers en peinture, *souvent ses élèves ;* ils rendent d'abord les minuties, et c'est pour cela qu'ils enchantent le vulgaire, dont l'œil, dans tous les genres, ne s'ouvre que pour ce qui est petit. » *Ici le cas de Baudelaire est peut-être plus grave, car ces phrases contiennent cette dénonciation du* petit *qui sera un des thèmes constants de sa pensée critique et esthétique. Il est vrai que, sans doute, c'est aussi un point sur lequel il pouvait reconnaître en Stendhal un frère aîné; puisque le dandysme baudelairien et le beylisme ont en commun la nostalgie du grand, et que Baudelaire admirera en Delacroix la même manifestation d'énergie que Stendhal incarne dans ses héros de roman. Quoi qu'il en soit, on lit, quelque peu après le passage précédemment cité, dans l'*Histoire de la peinture en Italie : « *Voyez,... dis-je, les grands artistes en faisant* un dessin peu chargé font *presque* de l'idéal. *Ce dessin n'a pas quatre traits,* mais chacun rend un contour essentiel. Voyez à côté les dessins de tous ces ouvriers en peinture. Ils rendent d'abord les minuties; c'est pour cela qu'ils enchantent le vulgaire, dont l'œil, dans tous les genres, ne s'ouvre que pour ce qui est petit. »

Baudelaire se saisit d'autant plus volontiers de ce texte que, déjà au Salon de 1845, il avait cherché parmi les artistes les aristocrates de l'énergie expressive; mais son héros, c'est Delacroix le coloriste. S'il faut à Baudelaire glorifier l'énergie de la couleur, il trouve de quoi le faire dans son imagination et dans sa sensibilité. Mais s'il lui faut expliquer l'énergie du dessinateur — et il sent bien qu'elle est présente, cette énergie, dans l'œuvre d'Ingres — il est peut-être moins à son aise, lui dont l'âme est coloriste ! Alors il s'empare du texte de Stendhal, sans autre scrupule !

Est-ce à dire qu'il faille dramatiser? Nous ne le pensons pas : on peut donner du plagiat diverses explications (et l'on ne saurait négliger le fait que Stendhal lui-même l'a fréquemment pratiqué : qui sait même si ces textes que Baudelaire lui a « volés », il ne les avait pas lui-même pris quelque part, où on ne les aurait pas encore retrouvés ?) ; mais en fait l'influence de Stendhal n'est pas allée très loin : Baudelaire lui doit une heureuse formulation de sa haine du petit *et de sa protestation contre le succès des* ouvriers en peinture; *mais cette haine elle-même et cette protestation lui appartiennent bien, même s'il se rencontre sur ce point avec Stendhal et quelques autres. Et si l'on reprend la lecture de* l'Histoire de la peinture en Italie, *on s'aperçoit que l'essentiel du* surnaturalisme *baudelairien n'y est guère annoncé. Plus largement, les goûts de Stendhal sont, le plus souvent, assez éloignés de ceux de Baudelaire (même si l'on peut constater quelques coïncidences de détail), ne serait-ce que parce que ces goûts et leurs commentaires sont très souvent empruntés à des sources critiques italiennes dont Baudelaire est, croyons-nous, très loin : par exemple, il y a encore de nombreuses traces de Vasari dans le livre de Stendhal !*

Il reste que le précédent de Diderot et de Stendhal est, pour Baudelaire débutant, une garantie de son ambition : la citation, et même le plagiat, lui permettent d'être plus assuré de ce qu'il veut être. Il est — il restera toute sa vie — cet adolescent qui veut être quelqu'un. *Il y est d'autant plus porté que, dès ses débuts, il se sent seul, et il pousse la recherche d'une compagnie jusqu'à l'identification : le plagiat est peut-être la forme extrême de ce besoin adolescent d'identification.*

Sans vouloir excuser Baudelaire, on peut le comprendre si l'on songe qu'au moment, où, avec un mélange de timidité et de présomption, il aborde la critique d'art, en songeant à Diderot et à Stendhal, on est en pleine équivoque : la critique d'art s'est enfermée dans un monde faux où l'on continue de se battre entre classiques et romantiques, entre artistes et bourgeois, entre chroniqueurs et jurys, mais sans qu'on ait su garder vraiment la foi; plus grave encore : c'est une sorte de jeu rituel, d'où toute véritable partialité, toute véritable admiration, toute passion enfin, sont exclues. Delacroix n'est pas compris, même de ses thuriféraires; David est certes, même dans le camp romantique, considéré avec quelque respect, mais on le rend responsable de l'académisme. Au même instant d'ailleurs on réunit volontiers sous le même drapeau le surnaturalisme, le pittoresque, l'exotisme, le senti-

mentalisme, Delacroix, Decamps, Scheffer. On conçoit que le jeune Baudelaire, avec toute la naïveté géniale de son intelligence, se soit aussitôt demandé ce que pouvait bien être le romantisme ! Et de même, d'un côté comme de l'autre, on confond classicisme et académisme : c'est l'époque où, sans même parler de David, encore tout proche, Nicolas Poussin devient le symbole d'une tradition que l'on sclérose pour la glorifier ou que l'on vomit pour la récuser, et entre ainsi dans un purgatoire d'où il ne sortira que près d'un siècle plus tard, victime lui aussi de la confusion entre classicisme et académisme. Nul ne s'avise que Corot est plus proche de Poussin que des petits-maîtres pittoresques du romantisme vieillissant. Pour un jeune homme à la fois ambitieux de réussite littéraire et avide de trouver quelque part, dans la peinture, une âme, *qui reporte sur l'art toute sa ferveur mystique, il n'est d'autre solution que de jouer la carte de la solitude et de la sincérité, ce qui d'ailleurs ne saurait déplaire à son dandysme : et il se peut que cet accord de son cœur et de sa manière ait produit l'éclosion quasi immédiate de son génie.*

Il a en effet, à chaque instant, de quoi s'irriter, et l'irritation lui sera souvent l'organe de sa lucidité. Il n'est pas sûr que, sans elle, il eût aussi bien reconnu jusqu'où portait l'œuvre d'un Théodore Rousseau ou celle d'un Meryon. Par cette irritation, qui n'était pas seulement épidermique, Baudelaire put d'emblée s'élever au-dessus des polémiques stériles chères à ses contemporains, qu'ils se nommassent Delécluze ou Planche, Gautier ou Thoré, et affronter le débat essentiel, qui était celui de l'âme et de la virtuosité, de l'authenticité et de la singerie. *Qu'on relise les pages sur Ingres : elles sont à cet égard illuminantes. Baudelaire ne se satisfera jamais de réduire Ingres à son personnage et de liquider le problème qu'il pose par la seule réfutation, trop facile, de son masque académique. Ce* Chinois égaré dans Athènes, *comme disait, presque trop astucieusement, le sculpteur Préault, incarne dans son art une ambiguïté qui échappe à la plupart de ses contemporains, mais elle n'échappe pas à Baudelaire, qui souligne, dans son article sur l'Exposition universelle, cet* accouplement qui donne souvent à ses œuvres leur charme bizarre. *Or le même Baudelaire proclame aussi que* le beau est toujours bizarre; *donc... Pourtant, l'*hétéroclitisme *d'Ingres reste en deçà du surnaturalisme, et, selon Baudelaire, cette sorte d'échec d'un très grand génie est un symptôme de plus de l'absence d'âme qui caractérise l'époque.*

Il suffirait, pour s'en convaincre, d'ailleurs, d'étudier, comme fait Baudelaire, ce que donne alors dans la peinture contemporaine la mode des sujets religieux. On abuse des Descentes de Croix, des Christs au tombeau, des Madeleines (ce dernier sujet particulièrement à la mode) : c'est une des gloires de Baudelaire que d'avoir dénoncé l'équivoque de cet art religieux du milieu du siècle; de même qu'ailleurs — dans les sujets exotiques ou pittoresques — les peintres abolissent la nature ou l'humanité sous les oripeaux superficiels de leur pinceau, de même ici ils abolissent la mystique dans le sentimentalisme. Peinture religieuse sans âme, c'est la condamnation sans appel d'un art qui s'illusionne sur lui-même et sur ses pouvoirs.

Tout au long de son œuvre, Baudelaire ne cessera de dénoncer cette illusion et de lui opposer au contraire son exigence de vérité spirituelle : dès que l'âme se manifeste dans l'art, quelque chose en lui s'ébranle, qui déclenche l'admiration, la grande force de sa critique. C'est alors l'éloge sans cesse répété de Delacroix, mais c'est aussi — et ce fut peut-être plus méritoire — la découverte, en réponse aux singeries *de Scheffer, de ce grand peintre religieux, toujours méconnu, que fut Alphonse Legros; ce sera, à propos de Rousseau ou de Boudin, la compréhension, en profondeur, de la nature et des exigences du Paysage moderne : car le Paysage aussi réclame l'âme, et la contre-épreuve en est fournie par l'insipidité néo-hollandaise de Constant Troyon. Ce sera, tout aussi bien, la glorification de ces maîtres de l'art* spirituel *que sont les peintres anglais, pour l'étude desquels Baudelaire avait trouvé un titre qui dit tout :* l'Intime et le Féerique; *et l'on ne regrettera jamais assez que cette étude n'ait pu être écrite.*

C'est que la nostalgie esthétique du spirituel — *qu'il s'agisse de peinture ou de littérature, ou encore de musique — n'est pas seulement, pour Baudelaire, une simple particularité de son expérience; c'est la loi de toute création, s'il est vrai, comme il en est convaincu, que l'art est le passage du salut. Aussi l'art se situe-t-il au-delà de la nature, et c'est ici que se confondent dandysme et surnaturalisme. Lorsque paraîtront les premiers signes du réalisme, Baudelaire, qui est pourtant l'ami de Champfleury et qui ne peut s'empêcher d'admirer parfois Courbet, mais seulement pour ce que son œuvre contient qui dément sa prétention réaliste, Baudelaire donc se déchaîne* [1] *: la beauté est hétérogène à la nature, à laquelle l'artiste doit au contraire faire subir nombre d'opérations magiques, comme fait la femme, lorsqu'elle se crée, par le maquillage, une beauté que la nature ne lui donne pas. Toute l'esthétique de Baudelaire est un développement de cet* éloge du maquillage, *qui forme un chapitre capital de l'article sur Constantin Guys, le peintre, justement, de cette beauté d'artifice, dont la femme ornée et maquillée est le triomphe : un rapport étroit n'existe-t-il pas chez Baudelaire entre son idéal esthétique et son idéal féminin?*

C'est que, chez la femme comme dans un tableau ou dans un poème, la nature le déçoit, et il demande à l'art de compenser sa déception, ce qu'il ne saurait produire s'il se borne à être une singerie de la nature. Au mieux, la nature, comme disait

1. Cf. sur Courbet : *le sacrifice héroïque, que M. Ingres fait en l'honneur... de l'idée du beau raphaélesque, M. Courbet l'accomplit au profit de la nature extérieure, positive, immédiate. Dans leur guerre à l'imagination, ils obéissent à des mobiles différents ; et deux fanatismes inverses les conduisent à la même immolation* (1855).

Delacroix, n'est qu'un dictionnaire, et encore est-ce lui faire beaucoup d'honneur. Car, pour Baudelaire, le mal vient de plus loin : il est métaphysique. Pour l'artiste, il ne s'agit de rien de moins que d'échapper aux séquelles du péché originel, et il y a du jansénisme dans le dandysme esthétique de Baudelaire. Il va s'agir de guérir, par la perfection chimique de l'art, la corruption anarchique de la nature, et il ne serait pas excessif de voir, dans l'esthétique baudelairienne, la transposition d'une métaphysique de la grâce. L'art est une spiritualité parce qu'il assure à l'homme le passage de l'ordre du péché à l'ordre de la grâce. Et Baudelaire, contemporain de John Ruskin, fondateur d'une religion de la Beauté, *est bien à l'origine de cette lignée qui trouvera son accomplissement dans le* Temps retrouvé *de Marcel Proust. Nous voici très loin, en effet, aussi bien de Sainte-Beuve que de Théophile Gautier ; très loin aussi de Stendhal comme de Diderot.*

Du moins convient-il d'abord de réduire la nature à la pureté pour pouvoir l'élever à la spiritualité : si l'artiste se veut parfait chimiste, *c'est pour pouvoir accéder à la dignité d'une* âme sainte. *Et plutôt que de chimie, il s'agit, bien entendu, d'alchimie, puisque la tâche de l'art est cette métamorphose en* or *de la* boue *offerte par la nature et l'homme. Opération alchimique qui ne supporte aucun compromis, qui est soumise à l'inéluctable loi de perfection, car entre la boue et l'or, il n'est pas de moyen terme. Condition douloureuse de l'artiste, qu'illustre admirablement le destin d'un Delacroix ou d'un Edgar Poe, sans cesse en butte à ce péché du monde qu'est l'erreur esthétique, ignorance des conditions de la perfection alchimique, confusion de la boue et de l'or, perpétuel attachement aux illusions multiformes d'une sensibilité corrompue : singerie, sentimentalisme, pittoresque, réalisme, art positif, moralisme, didactisme ; et l'on n'en finirait pas d'énumérer toutes ces bêtes noires de Baudelaire, dont les avatars sont, à coup sûr, innombrables et, comme l'hydre, sans cesse renaissants, mais dont l'origine est constante :*

le mal inscrit à demeure dans la nature et dans l'homme, et l'on serait tenté de reprendre, pour le transposer dans l'ordre esthétique, où se situe Baudelaire, le mot de Pascal : Que le cœur de l'homme est creux et plein d'ordure[1]. *Transposition que justifie d'ailleurs l'image baudelairienne de la boue, et qui illustre cette dimension spirituelle qu'acquiert aussitôt, chez Baudelaire, tout ce qui touche à la perfection de l'art.*

Ne nous y trompons pas : le dandysme, l'étonnement, l'hétéroclitisme, dont il est question à propos d'Ingres, le maquillage, la modernité, le satanisme même — les mauvais anges *de la strophe des* Phares *consacrée à Delacroix — ne sont que les techniques expérimentales du* parfait chimiste *que veut être, que doit être, envers et contre tout, le poète-critique. C'est l'occasion d'observer que ces techniques proprement spirituelles — car elles sont le moyen, parfois déconcertant, de découvrir ou de ressusciter l'âme — obéissent à une double loi : la loi du surnaturalisme et la loi de l'unité de l'art. Elles ne sont en effet créatrices de perfection que si elles permettent d'atteindre à une authentique surnature, celle de Delacroix, de Daumier, de Meryon, de Legros, de Wagner, d'Edgar Poe; surnature dont la perfection et l'authenticité sont issues d'une plongée systématique, œuvre de l'imagination, au cœur de la pureté essentielle de l'être prédestiné; ce qui prouve au passage que c'est par approfondissement du romantisme et dégagement de ses scories que Baudelaire se purifie en quelque sorte le regard. Et chaque génie produit ainsi sa propre surnature, dont la connaissance critique ne peut s'opérer que par la partialité, la passion et l'admiration. Car toute œuvre d'art est héroïque, et c'est en épousant son héroïsme créateur que l'admiration engendre la connaissance : elle est l'exact correspondant critique de la pureté créatrice, organe spirituel de la communion nécessaire avec le génie.*

---

1. Pascal. *Pensées* (Éd. Brunschvicg n° 143).

Aussi la connaissance critique et la réflexion esthétique ne sont-elles nullement distinctes, dans leur essence spirituelle, de la création artistique elle-même ; la critique prend rang au nombre des beaux-arts ; assumant l'une des tendances profondes du romantisme, et prenant au sérieux l'une des modes de son temps où, sous l'égide de la revue de Houssaye, l'Artiste, *écrivains et artistes multiplient les échanges, Baudelaire soumet le critique, le peintre, le sculpteur, le musicien, le poète, le romancier, à la même exigence, l'exigence de l'*art pur *: par la pureté seule, les arts dominent leurs divergences techniques et atteignent, à travers les correspondances de leurs langages, une commune spiritualité, celle de l'âme même de l'art.*

Il ne saurait donc s'agir de s'en tenir seulement au niveau des écoles, simple épiphénomène de la vie profonde des arts : d'admirer Delacroix, cela n'empêche point d'admirer aussi David, et même Ingres. Si Baudelaire, après Henri Heine, se déchaîne contre les professeurs-jurés d'esthétique, *ce n'est pas seulement par anticlassicisme et par haine de Winckelmann ; il savait parfaitement que le romantisme avait lui aussi, engendré ses professeurs-jurés, et sa lucidité lui fait voir tout de suite que le romantisme a, lui aussi, engendré son académisme : c'est un des leitmotive des* Salons, *de 1845 à 1859, que la dénonciation des méfaits de l'académisme romantique, et Baudelaire ne cessera de crier au romantisme décadent qu'il a perdu son âme, cette âme que, dès 1846, il se plaît à retrouver, au Musée classique du Bazar Bonne-Nouvelle, dans l'œuvre de David. Non, la méthode du parfait chimiste de la Beauté ne peut être qu'expérimentale, s'il est vrai que l'art n'est pas un système d'idées, mais une création d'œuvres, et il s'agit de mettre au point l'expérimentation des œuvres et de faire l'épreuve de leur âme. C'est très exactement ce que fait Baudelaire, tout au long de sa carrière de critique, qui, comme on sait, coïncide avec sa vie entière. Aussi n'éprouve-t-il aucune discordance entre son expé-*

rience de critique et son expérience de poète. Il s'étonnerait plutôt qu'on prétendît discerner quelque rupture profonde entre ces deux opérations de la chimie esthétique. Et, en fait, l'œuvre critique et l'œuvre poétique sont les deux faces correspondantes d'un même journal esthétique, *qui est aussi* l'histoire d'une âme : *les* Curiosités esthétiques, *les* Fleurs du mal, *les* Poèmes en prose, *sont bien la trilogie d'une unique aventure spirituelle. Si l'itinéraire poétique est recherche de* l'idéal *à travers l'épreuve du* spleen, *selon la célèbre loi de double postulation, la même loi s'applique à l'itinéraire critique : à travers la dénonciation du péché esthétique, illusion ou absence d'âme, accéder à l'expérience suprême, celle de la* sainteté *esthétique, renfermée dans ces miroirs de concentration que sont les grands artistes, malgré les écoles, malgré les jurys, malgré les chroniqueurs, malgré les académies. Baudelaire lui-même le dit, en termes fort simples et fort clairs, à la fin du chapitre sur le portrait du* Salon de 1859 : expliquer, à propos de chaque genre, ce qui peut être considéré comme l'idéal. *Mais ne fallait-il pas être aussi poète pour prétendre ainsi* expliquer l'idéal*? C'est que critique et poésie, connaissance et création, communiquent par le haut, et si Baudelaire en fait à chaque instant l'expérience, négative ou positive selon les cas, c'est qu'il est, à sa manière, un ultra du spiritualisme; comme le dit admirablement un poète, Paul Claudel : « un pur* pneumatique, *Baudelaire*[1] ».

Mais l'âme *ou* l'idéal *ne sont pas des fantômes ; le spiritualisme n'est pas un jeu d'illusions. Baudelaire sera sur ce point d'autant plus intransigeant que l'art contemporain lui offre d'innombrables exemples de l'imposture pseudo-spiritualiste : témoin, par exemple, l'œuvre d'Ary Scheffer. C'est la vigilance du chimiste qui assure la conquête de la sainteté, et toute la réflexion esthétique de Baudelaire — c'est*

1. *Positions et propositions*, I.

un point sur lequel il n'a jamais varié — s'appuie sur une dialectique expérimentale de la lucidité et de la passion, de la connaissance et de l'admiration : expliquer l'idéal, *ce sera ne jamais perdre de vue que l'âme s'incarne dans une œuvre, et ce sera, justement, éprouver à la fois et déceler le processus de cette incarnation ; aussi cette pensée s'organise-t-elle constamment autour du rapport de nécessité qui réunit la face chimique et la face spirituelle de la pureté, la validité créatrice du langage et la présence esthétique de l'idéal : couleur et imagination à propos de Delacroix, singularité technique et magie spiritualiste à propos de Théodore Rousseau, gravure et fantastique à propos de Meryon, conscience picturale et réalisme spirituel à propos de Legros.*

Ainsi s'élabore la morale du critique, qui est la même que celle du poète : le devoir esthétique — O vous, soyez témoins que j'ai fait mon devoir... *— c'est de saisir la pureté dans sa genèse même, c'est de joindre la définition du langage à l'expérience de l'esprit, c'est aussi de dénoncer, partout où elle se rencontre comme symptôme de la pauvreté ou de l'imposture, — Scheffer ou Horace Vernet, mais tout aussi bien Hégésippe Moreau — la rupture ou la disproportion entre les deux termes indissolubles. Devoir rendu plus urgent et plus douloureux par la conscience d'appartenir à une époque, où cette indissolubilité est sans cesse niée. Un pur* pneumatique, *en effet, Baudelaire, à la fois dans sa chimie et dans sa sensibilité, mais en un temps où, sous prétexte de romantisme ou de réalisme, d'idéalisme ou de positivisme, est refusé l'unique nécessaire : l'identité dans l'art de la pureté et de la spiritualité.*

II

La curiosité esthétique

C'est que l'époque a perdu l'usage d'un sens, *qui ne survit que dans de trop rares exceptions, quoique la peinture soit cependant moins atteinte de cette atrophie que la littérature. Ce* sens, *Baudelaire, même dès* 1845, *sait qu'il le possède au plus haut point, et, naturellement, cette conscience ne fera que s'accroître, au fur et à mesure que se développera son expérience : sans doute est-ce là une des origines les plus profondes de son dandysme et de la complaisance croissante avec laquelle il le cultivera. C'est aussi la raison majeure qui le fait jouir de son affinité avec Delacroix ou Manet, Meryon ou Daumier, Wagner ou Edgar Poe ; la raison aussi de sa difficulté à s'accorder avec la circonstance qui l'oblige à parler de Gautier ou de Hugo, sans que, cependant, il consente à céder devant Villemain ou Jules Janin ; la raison enfin qui nous fait regretter qu'au lieu de perdre parfois son temps, il ne l'ait pas plus utilement employé à nous parler des Anglais ou de Chateaubriand, comme il en eut tout au long de sa vie l'intention. Tant la pression de la circonstance est parfois assez puissante pour entamer même l'exigence la plus assurée ; tant il est vrai qu'on devra beaucoup pardonner à Baudelaire, lorsqu'il se trouve ainsi plutôt victime que responsable.*

Car ce sens, *sans l'exercice duquel n'est possible aucune alchimie de connaissance ou de création, et dont l'atrophie condamne l'époque à l'absence d'âme, cette époque qui ose glorifier un Diaz ou un Troyon, ce* sens, *Baudelaire s'impose d'en pratiquer l'exercice systématique, selon cette fameuse hygiène qui deviendra chez lui une obsession majeure. Dès qu'il aborde les œuvres exposées au Salon, ou lorsque, la mémoire pleine de souvenirs à la fois visuels et spirituels, il transforme en véritable idée fixe l'étude du comique, ou celle d'artistes comme Delacroix ou Constantin Guys, voici que se met en branle un mécanisme complexe, rebelle d'ailleurs à l'analyse, car il est de nature plus poétique qu'intellectuelle, un mécanisme en tout cas dont la constance est frappante tout au long de cette œuvre, par ailleurs si diverse.*

Dans ses Journaux intimes, *Baudelaire avoue — et*

l'aveu est devenu célèbre — : glorifier le culte des images, (ma grande, mon unique, ma primitive passion)[1]. *C'est donc bien, originellement, la passion de l'*image *qui aiguise et affine ce sens inné en lui, qui, composé avec sa recherche poétique et son appétit de pureté, va s'exercer avec tant d'efficacité dès que le voici en présence d'une œuvre d'art. C'est ce même sens qui va se passionner tantôt en admiration, tantôt en irritation, selon que l'œuvre est ou non le* témoin de dignité *qu'elle doit être. Ainsi s'explique l'universelle curiosité de Baudelaire et son éventuelle concentration sur l'œuvre du génie, dès qu'il s'impose par son inéluctable présence spirituelle. Mais encore, de quoi est faite cette curiosité, quels en sont les ressorts, comment expliquer, s'il est possible, son extraordinaire fécondité ?*

C'est toute une psychanalyse de Baudelaire qu'il faudrait entreprendre, et tel n'est pas ici notre propos. Nous serons plus modeste : à travers l'histoire de sa pensée esthétique, à l'aide des indications fournies, çà et là, par le poète lui-même, grâce enfin à la prédominance des grands thèmes auxquels il est toujours resté fidèle, peut-être pourrons-nous entrevoir sinon le secret, du moins quelques symptômes de son génie.

Sans doute serait-il imprudent d'ajouter trop d'importance à ce mot de curiosités *(au pluriel) qui figure dans le titre qu'il avait lui-même choisi pour ses écrits sur les Beaux-Arts. Le titre précédent —* Bric-à-Brac esthétique *— nous suggère quel en était le sens au moment où Baudelaire y songea ; et nous savons que ce genre de titre était à la mode. Parce qu'il était persuadé de sa vocation, Baudelaire fut toujours soucieux d'atteindre le public, et l'on sait quel drame ce lui fut de manquer ce* « grand dessein » *qu'était pour lui la publication de ses œuvres esthétiques. Aussi la question des titres lui paraissait-elle particulièrement importante : nous savons qu'il en fut tourmenté pour les* Fleurs du mal *et*

---

1. *Mon Cœur mis à nu,* LXIX.

pour les Poèmes en prose ; *il en fut de même pour les œuvres esthétiques. Le titre d'un livre, c'était pour lui à la fois une sorte de programme symbolique, la définition d'un art, mais aussi, et peut-être surtout, le pont à établir avec un public qu'il sentait lointain et que, cependant, il voulait conquérir. S'il choisit le titre de* Curiosités esthétiques, *c'est donc qu'il savait que la mode en favoriserait l'accueil. Mais si l'on rapproche ce titre de ce que Baudelaire a écrit de la curiosité, on est tenté de se laisser aller à une sorte de jeu de mots entre le pluriel et le singulier, qui d'ailleurs n'est peut-être pas tellement éloigné de la manière baudelairienne, et qui, en tout cas, est légitimé, du moins comme méthode pour éclairer un peu les ressorts de cette passion esthétique qui distingue le génie de Baudelaire.*

Dans le Peintre de la vie moderne, *l'auteur, parlant de Constantin Guys, évoque en ces termes cet artiste qui lui ressemble :* obsédé par toutes les images qui remplissaient son cerveau ; *et il ajoute :* pour entrer dans la compréhension de M. G., prenez note tout de suite de ceci : c'est que la *curiosité* peut être considérée comme le point de départ de son génie. *Nous sommes, quant à nous, persuadé qu'elle est aussi* le point de départ *du génie de Baudelaire, qui, dans ce même passage, évoque ensuite son cher Edgar Poe et l'histoire de* l'Homme des foules :

Derrière la vitre d'un café un convalescent, contemplant la foule avec jouissance, se mêle, par la pensée, à toutes les pensées qui s'agitent autour de lui. Revenu récemment des ombres de la mort, il aspire avec délices tous les germes et tous les effluves de la vie ; comme il a été sur le point de tout oublier, il se souvient et veut avec ardeur se souvenir de tout. Finalement, il se précipite à travers cette foule à la recherche d'un inconnu dont la physionomie entrevue l'a, en un clin d'œil, fasciné. La curiosité est devenue une passion fatale, irrésistible ! Supposez un artiste qui serait toujours, *spirituellement* [1], à l'état du convalescent, et vous aurez la clé du caractère de M. G.

Nous avons, aussi, du même coup, la clé du caractère *de Baudelaire, d'autant plus certainement que, si même la référence à Constantin Guys pouvait paraître insuffisante, le recours à Edgar Poe — maître et* intercesseur — *confère à ce texte le caractère d'autobiographie spirituelle que nous lui trouvons.*

Or, justement, puisque Baudelaire nous y invite, allons voir le texte même d'Edgar Poe dans la traduction des Nouvelles Histoires extraordinaires; *dès le début, nous y lisons :*

... J'étais alors convalescent, et, la force me revenant, je me trouvais dans une de ces heureuses dispositions qui sont précisément le contraire de l'ennui — dispositions où l'appétence morale est merveilleusement aiguisée, quand la taie qui recouvrait la vision spirituelle est arrachée...

Texte si révélateur qu'on a peine à croire qu'en effet il avait été écrit par Edgar Poe et seulement traduit par Baudelaire, tant il arrive que l'affinité spirituelle puisse parfois confiner, jusque dans le langage même et le style, à l'identité personnelle ! Ce mot même d'appétence *(traduction littérale de l'anglais* appetency, *lui-même un gallicisme), avec son mélange de jouissance et de convoitise, et une pointe de dandysme, n'est-il pas étonnamment baudelairien? En nous laissant aller, d'ailleurs, à le commenter ainsi, nous ne nous éloignons pas de notre propos ; car nous avons, dans cette phrase du grand Américain, avec, en son centre, ce mot, comme un condensé du mouvement psychologique qui conduit Baudelaire à la passion esthétique : la curiosité est d'abord symptôme de vie, elle résout dans un sens positif le terrible*

1. C'est nous qui soulignons.

dilemme dont témoigne ce cri des Journaux intimes : Horreur de la vie, extase de la vie. *Elle est la force qui fait basculer l'âme de l'horreur à l'extase, comme elle est la force seule capable de dominer la loi de double postulation. En un mot, elle est bien la première démarche du salut. Le narrateur de Poe est un* convalescent *et, dans l'étude sur Constantin Guys, Baudelaire nous invite à imaginer l'artiste, et lui-même, comme quelqu'un qui serait toujours,* spirituellement, *à l'état du convalescent. Donc la curiosité est l'antidote efficace d'un mal* spirituel *; ce mal, nous le connaissons bien :* les Fleurs du mal, *les* Poèmes en prose, *les* Curiosités esthétiques *elles-mêmes nous en parlent jusqu'à l'obsession, et le mot qui le désigne est aussi dans Edgar Poe :* l'Ennui.

La Curiosité est comme le pendant, et le contraire, de l'Ennui. Si le Temps mange la vie, *la Curiosité la reconstitue, qui est bien l'exaltation de la convalescence. Tout à l'heure, évoquant une des obsessions majeures de Baudelaire, nous parlions* d'hygiène. *C'est bien cela : la passion esthétique, élaboration éminemment spirituelle de la Curiosité, est d'abord, originellement, l'hygiène de l'Ennui ; n'est-ce pas, au fond, ce que l'Art est bien souvent pour un grand nombre d'hommes ?*

Mais cette hygiène n'est efficace, vraiment, que lorsqu'elle est devenue une passion fatale, irrésistible, *lorsque la Curiosité se passionne à la fois et se spiritualise en* fascination. *Or quoi de plus fascinant en effet que l'Art, et parmi les arts, le plus fascinant de tous : la peinture. Il se peut même que le colorisme de Baudelaire ait sa source profonde dans son* appétence *de la fascination et que sa difficulté à comprendre la sculpture ait aussi la même origine. Ce qu'il appelle* spiritualisme *se reconnaît précisément à cette expérience immédiate de la fascination, qu'il s'agisse de Delacroix ou de Daumier, de Goya ou de Legros, de Poe ou de Wagner. C'est même le critère unique de la Beauté, et les* Fleurs du Mal *le diront dans des vers célèbres. La sculpture justement est le plus difficilement spiritualiste des arts, parce que sa pesanteur même, sa matérialité, son lien inéluctable avec l'espace, en un mot sa voluminosité, handicapent l'effet de la fascination.*

Ainsi, par la fascination, la curiosité conduit à l'extase spirituelle, dont la conquête fut toujours si difficile à Baudelaire, sans qu'il pût jamais renoncer à y aspirer. Est-il besoin d'énumérer toutes ces expériences qui remplissent sa biographie et son œuvre, expériences des diverses techniques possibles de l'extase spirituelle, ce qu'il appelle si souvent, métaphoriquement ou non, l'ivresse, *et un poème en prose est intitulé :* Enivrez-vous. *L'art sera la plus permanente, et la moins décevante, des techniques de l'ivresse spirituelle; la plus efficace, et la moins versatile, des satisfactions de la curiosité; enfin, et surtout, il échappe au risque psychologique de toute autre passion : la loi de dualité et de renversement; de toutes les fascinations possibles — la femme ou les paradis artificiels — celle de l'art est la seule qui n'épuise pas la curiosité, la seule qui ne s'abolisse pas en un nouvel ennui, en une nouvelle* horreur de la vie. *C'est comme l'absolu de la fascination ; dans l'univers de Delacroix ou de Meryon, de Daumier ou de Goya, Baudelaire rencontre ce qu'aucune femme, aucune expérience n'a pu lui donner : le repos de la contemplation dans la passion de la curiosité. Car l'ivresse esthétique est bien analogue à ce* bouillonnement d'imagination, *cette* maturation du rêve *et cet* enfantement poétique *dont parle Baudelaire dans le* Poème du haschish *(et l'on remarquera que ces formules résumeraient tout aussi bien les nombreuses descriptions que, de 1846 à 1863, il fit de la spiritualité d'Eugène Delacroix), mais elle n'est pas suivie de* la punition de la prodigalité impie avec laquelle vous avez dépensé le fluide nerveux, *car le miracle de l'art est que, dans l'ivresse esthétique, il n'y a ni prodigalité, ni impiété. Pour Baudelaire, tandis que toute autre fascination — et pour un être comme lui il en est d'innombrables et de toutes sortes — donne naissance, comme le haschisch, à* une hallucination d'un genre bâtard, *la fascination de l'art satisfait la curiosité sans en ruiner les sources vives, et en ce sens, elle est aussi le contraire de l'amour et de la possession de la femme.*

Mais encore faut-il que l'art soit, autant que le haschisch ou la femme, un stimulant : les principes mêmes de l'esthétique baudelairienne risquent de nous échapper, et du même coup certaines conséquences parfois déconcertantes de cette esthétique, si nous oublions ce rôle essentiel et originel de la stimulation : si, par exemple, dans l'ensemble de l'œuvre critique de Baudelaire, la partie littéraire est, au total, si inférieure à la partie artistique, c'est que, précisément, la littérature contemporaine, en France, comptait nombre d'écrivains importants, mais aucun qui possédât vraiment la vertu de stimulation, cette vertu que Baudelaire cherche à y déceler, par des biais souvent ingénieux, lorsque, pour des raisons de circonstance ou d'amitié, et souvent sans que sa sincérité puisse être contestée, il se sent tenu de dire du bien de Gautier ou de Banville, de Hugo ou de Pétrus Borel. Mais par contre, s'il parle de Poe ou de Wagner, ou encore du comédien Rouvière, le voici qui redevient lui-même, comme lorsqu'il parle de Delacroix : la stimulation a fait son effet. Ingres lui-même, malgré tant de réserves à faire, fascine et stimule Baudelaire, ce que ne peut aucun des écrivains dont il aura cependant à écrire. Qu'on relise plutôt le célèbre parallèle entre Delacroix et Hugo du Salon de 1846 : *on y verra combien c'est en effet le pouvoir de stimulation qui manque au poète (puisque* l'excentricité elle-même prend chez lui des formes symétriques) *tandis qu'il fait tout le génie du peintre, lui qui* ouvre... de profondes avenues à l'imagination la plus voyageuse.

Nous savons que Baudelaire, comme Edgar Poe, était de ces tempéraments qui ont, pour vivre, besoin d'excitants :

il faudrait reprendre ici ce qu'il a lui-même écrit de son frère américain dans ses préfaces, en particulier à propos du recours de Poe aux excitants artificiels : l'ivrognerie de Poe était un moyen mnémonique, une méthode de travail, méthode énergique et mortelle... *Ce que fut parfois, pour Baudelaire, la débauche, où il alla cueillir quelques-unes de ses fleurs du mal. L'art est lui aussi, d'abord, un excitant, mais qui n'est pas mortel, car il est, justement, une* mnémotechnie du beau. *Aussi est-il, pour Baudelaire, encore, un moyen de salut, la seule stimulation qui ne tue pas; lui, il ne peut pas se passer de stimulants, et ce n'est ni dans la nature ni dans le naturel qu'il les trouvera. Ce pourquoi il refuse le réalisme : ce serait faire de l'art un eunuque, et s'interdire de se sauver. Par là s'expliquent, croyons-nous, tous les jugements de Baudelaire, même les plus inattendus, comme cette page admirative, si belle en elle-même, écrite dans le* Salon de 1859 *à propos du peintre Baron : nous ne pouvons d'ailleurs affirmer que le tableau n'ait pas eu réellement ce pouvoir stimulant, même si son auteur, dont Baudelaire ne fait ailleurs aucun éloge, était un médiocre, légitimement oublié aujourd'hui. Ce sont là choses qui peuvent arriver. Par là s'expliquent, en tout cas, aussi bien l'admiration que la sévérité de Baudelaire : le critère fondamental de tous ses jugements est bien la même question sans cesse posée à l'artiste : Viens-tu satisfaire l'appétence de ma curiosité? Possèdes-tu la science de la stimulation?*

*Car il s'agit bien d'une science; l'art est, répétons-le, mnémo*technie *du beau. Aussi Baudelaire ne se laisse-t-il pas seulement enivrer, et il a appris à se méfier des hallucinations et des envoûtements. Si l'art est aussi magie, il est magie consciente; Delacroix en est le plus admirable exemple :* Il n'y a pas de hasard dans l'art non plus qu'en mécanique[1]. *Curiosité et fascination ne conduisent à la spiri-*

1. *Salon de* 1846, IV.

tualité que si l'ivresse de l'art s'accompagne de la conscience de ses moyens. C'est l'autre face de la curiosité, sans laquelle elle n'est pas authentique. Si, d'une part, en effet, elle est appétit de jouissance, elle est aussi appétit de connaissance : et ce serait gravement fausser la curiosité esthétique que d'en disjoindre les deux termes solidaires.

Aussi l'esthétique baudelairienne est-elle, simultanément, *le compte rendu de la jouissance et l'élaboration de la connaissance, l'admiration et, négativement, l'irritation, étant comme la force de conjonction des deux termes de la curiosité. Mais cette conjonction, justement, n'est pas donnée dans la nature; elle ne peut s'opérer que dans un au-delà de la nature, ce que Baudelaire appelle* l'âme; *mais il existe des techniques de ce surnaturalisme de l'âme dans l'art, ces techniques que le grand artiste crée et expérimente, et que le spectateur-critique découvre et définit, à condition qu'il soit animé de cette curiosité spirituelle, qui manque à la fois à la plupart des artistes, et à la plupart des critiques du temps de Baudelaire. Ce qui explique et légitime sa fierté et son intransigeance, et même son besoin de provocation et de protestation :* la critique doit être partiale, passionnée, politique...[1]

La curiosité, même esthétique, est toujours exposée au risque de saturation ou d'usure, particulièrement la curiosité d'un Baudelaire, avec sa nature si prompte à épuiser la nouveauté. On supposerait volontiers qu'un malicieux démon intérieur lui soufflait de dire toujours à quiconque prétendait lui plaire, comme Diaguilev à Cocteau : Étonne-moi. *Les fidélités de Baudelaire en sont d'autant plus probantes et significatives, car lui, l'instable, il fut le plus fidèle des admirateurs. C'est que, justement, le miracle de l'art authentique est d'être, seul sans doute, capable de perpétuer l'étonnement. Peut-être serait-ce même là une exacte définition*

1. *Salon de* 1846, I.

baudelairienne de l'art authentique, celui qui transpose l'étonnement en permanence.

Nous avons déjà signalé ailleurs[1] *combien, chez Baudelaire, l'appétit de l'insolite, illustré d'autre part par sa théorie du dandysme, était une des principales forces inspiratrices de sa poésie, l'insolite étant précisément le bizarre permanent. Mais ce n'est pas là seulement caprice de dandy ou fantaisie néo-romantique : ce qui fait justement le caractère propre de Baudelaire, c'est que la catégorie de l'insolite répond à sa curiosité et que, dans cette correspondance, ressentie à la fois comme une nécessité et comme un idéal, se rassemble la définition de la beauté; ce qui implique d'ailleurs que l'insolite, et l'étonnement qui en est la répercussion psychologique, soient conçus selon une extension qui déborde largement ce qu'entend par là le langage ordinaire.*

Tous les arts en effet relèvent de cette esthétique commune : c'est la même qualité d'étonnement que la curiosité baudelairienne éprouve face à un tableau de Delacroix, une gravure de Meryon, une nouvelle d'Edgar Poe, et tout aussi bien devant le jeu d'un Frédérick-Lemaître ou d'un Rouvière; c'est la même qualité d'admiration, en un mot, le même style, *qui se rencontre dans les pages qu'il écrit sur ces différents sujets, cet impondérable du style dont, justement, l'absence nous déçoit, lorsque nous lisons les pages écrites sur d'autres sujets. Baudelaire alors redevient un simple chroniqueur, doué certes et souvent lucide, mais le ressort de la curiosité ne joue pas. Il serait assez facile de reclasser tous les écrits critiques de Baudelaire selon ces deux catégories, écrits véritablement* esthétiques, *nés de la curiosité et marqués de son style, et simples* chroniques, *vives, pénétrantes, mais soumises à l'impératif de la circonstance.*

---

1. Cf. notre Introduction aux *Petits poèmes en prose* (Classiques Garnier).

L'étonnement d'ailleurs est comme la forme esthétique de l'ivresse, et pour faire comprendre toute la portée de cette esthétique de la curiosité et de l'étonnement, le commentaire doit céder la place à Baudelaire lui-même ; une page de l'étude sur Constantin Guys[1] *dit l'essentiel de façon parfaitement claire ; insistons seulement, avant de céder la place à cette citation capitale, sur le fait que la curiosité esthétique est ici reliée au thème de l'enfance retrouvée, thème qui peut servir à dissiper bien des malentendus, puisque le dandysme lui-même, et, à plus forte raison, le génie artistique, sont liés à l'effort de redécouverte de l'esprit d'enfance, ce qui confirme la spiritualité profonde de cette esthétique de la curiosité :*

L'enfant voit tout en *nouveauté*; il est toujours *ivre*. Rien ne ressemble plus à ce qu'on appelle l'inspiration, que la joie avec laquelle l'enfant absorbe la forme et la couleur. J'oserai pousser plus loin; j'affirme que l'inspiration a quelque rapport avec la *congestion*, et que toute pensée sublime est accompagnée d'une secousse nerveuse, plus ou moins forte, qui retentit jusque dans le cervelet. L'homme de génie a les nerfs solides ; l'enfant les a faibles. Chez l'un, la raison a pris une place considérable; chez l'autre, la sensibilité occupe presque tout l'être. Mais le génie n'est que l'*enfance retrouvée* à volonté, l'enfance douée maintenant, pour s'exprimer, d'organes virils et de l'esprit analytique qui lui permet d'ordonner la somme de matériaux involontairement amassée. C'est à cette curiosité profonde et joyeuse qu'il faut attribuer l'œil fixe et animalement extatique des enfants devant le *nouveau*, quel qu'il soit, visage ou paysage, lumière, dorure, couleurs, étoffes chatoyantes, enchantement de la beauté embellie par la toilette. Un de mes amis me disait un jour qu'étant fort petit, il assistait à la toilette de son père, et qu'alors il contemplait, avec une stupeur mêlée de délices, les muscles des bras, les dégradations de couleurs de la peau nuancée de rose et

1. *Le Peintre de la vie moderne*, III.

de jaune, et le réseau bleuâtre des veines. Le tableau de la vie extérieure le pénétrait déjà de respect et s'emparait de son cerveau. Déjà la forme l'obsédait et le possédait. La prédestination montrait précocement le bout de son nez. La *damnation* était faite. Ai-je besoin de dire que cet enfant est aujourd'hui un peintre célèbre ?

Tout est là, et même, comme on voit, la sanction — spirituelle et sociale, prédestination *et* damnation *— de la présence du génie sous les espèces de la curiosité, de la* stupeur *et de l'ivresse. Cet enfant, bien sûr, c'est peut-être un peintre devenu célèbre, mais Baudelaire songe aussi à sa propre enfance, et c'est une occasion de souligner combien sont personnelles les sources de son esthétique, combien tout s'y ramène pour l'essentiel à une* expérience, *poursuivie, pourchassée, avec une passion qui n'a d'égale que la conscience avec laquelle Baudelaire, critique ou poète, en reconnaît et en exprime les signes et les symptômes; il faut, lui aussi, l'imaginer, pour le comprendre, avec* cet œil fixe et animalement extatique, *le regard de la curiosité comblé par les couleurs et les harmonies de Delacroix ou de Corot, les rêves stupéfiants de Fuseli ou de Grandville, la* certitude *étonnante de Daumier, la* singulière jovialité *de Goya. Comme on comprend alors son irritation devant la monotonie des Salons, la banalité des diverses* singeries, *romantiques ou classiques, sentimentales ou réalistes, et sa répulsion devant l'invasion du* petit, *en un temps où, sauf quelques rares géants, l'art était envahi par les* faiseurs de babioles.

Car le nouveau, l'étonnant, c'est surtout ce qui nous fait changer d'échelle et de dimension; Baudelaire lui donne très souvent son nom : le sublime. *La curiosité est le symptôme de notre inaptitude à nous contenter de notre échelle diminuée; ici encore, la pensée de Baudelaire apparaît comme une transposition esthétique de la dialectique pascalienne de la misère et de la grandeur. La curiosité est appétence de la grandeur et tout le débat esthétique se résume dans le parallèle de Delacroix et de Meissonier, le sublime et le petit, le chef-d'œuvre et la* babiole. *Cette appétence de la curiosité vient du fond même de l'âme et cette spiritualité de son désir esthétique, Baudelaire exige que l'artiste lui en offre, dans son œuvre, l'analogie rigoureuse. Sinon, et qu'il s'agisse d'art sentimental ou de réalisme, d'art positif ou d'art pour l'art, c'est la rechute dans la misère esthétique, au niveau de la nature impure et malfaisante : l'âme exige la surnature, parce que la curiosité exige l'étonnement du sublime, et le seul analogue esthétique du spirituel est la pureté de l'art.*

III

A LA RECHERCHE DE L'ART PUR

*En 1845, alors qu'il débutait dans cette recherche esthétique, dont il ne savait sans doute pas encore jusqu'où elle allait le mener, Baudelaire, cependant, portait déjà en lui l'essentiel de son exigence; et qu'il ait, dès ce moment, cherché d'abord et avant tout, pas à pas, dans un Salon qui n'était guère brillant, cette pureté de l'art, qui sera encore son ambition et sa nostalgie au moment où, en 1860, il écrira le projet d'*Épilogue *pour les* Fleurs du Mal, *n'est-ce pas la preuve d'une constance, quant à l'essentiel, qu'on ne lui a pas toujours assez reconnue. Or la grande constante de l'esthétique baudelairienne, c'est bien cette constante de* l'art pur, *cet art dont la définition devra attendre le fragment sur l'*Art philosophique *pour être élaborée en formule définitive*[1], *mais qui, à partir de 1845, est resté l'idéal immuable du critique et du poète : tout au long de ces vingt années, qui coïncident*

1. Début du fragment : *Qu'est-ce que l'art pur suivant la conception moderne...?*

*avec sa carrière littéraire, Baudelaire n'a cessé de rechercher et de glorifier les témoins de l'art pur, quelle que pût être leur célébrité ou leur obscurité, quelles que fussent leurs théories ou leurs écoles. Et c'est bien là ce qui lui a permis un discernement exceptionnel en son temps. Non qu'il soit à l'abri de l'erreur, et la postérité ne lui a pas toujours donné raison (nous verrons néanmoins que, dans certains cas — Constantin Guys ou Legros par exemple — il semble bien que ce soit la postérité qui ait tort), mais, comme il le proclamait dans le projet d'*Épilogue, *il a toujours — ou presque — fait indéfectiblement* son devoir ; *précisément parce qu'il avait, non une théorie, mais une morale de l'art, et que ce fut, pour sa sensibilité si instable, le moyen de conserver sa finesse et son impulsivité sans renoncer aux exigences de la clarté et de la conscience. Baudelaire en effet est quelqu'un qui sait ce qu'il veut et ce qu'il attend, qui sait reconnaître les œuvres qui comblent son attente et sa volonté comme celles qui la déçoivent. Parce qu'il a trouvé en lui-même, et au fond de son âme, une référence d'autant plus constante qu'elle est, justement, spirituelle.*

A cet égard, le Salon de 1845 *est une œuvre que Baudelaire lui-même eut le tort sans doute de négliger quelque peu, et qu'en tout cas on a malheureusement pris l'habitude de considérer avec quelque mépris. Il est vrai que ce texte, s'il figure dans le projet de 1857, a disparu de la liste de 1864*[1] *: mais c'est sans doute parce que les deux* Salons *de 1845 et 1846 devaient être fondus en une étude esthétique plus dégagée de l'actualité, du moins si l'on en croit la table des matières de 1866, où il n'est plus question de* Salons, *mais du* Dessin, *de la* Couleur, *du* Chic, *du* Doute, *etc. Pour nous, ce* Salon de 1845, *comme le pensait André Ferran, qui en procura une édition exemplaire, doit revêtir d'autant plus d'importance*

1. Cf. notre *note sur le texte*, pp. XLV-XLVI.

qu'il nous permet de saisir l'esthétique baudelairienne à sa source, d'en voir apparaître les premiers commencements, et d'y constater déjà de remarquables constances.

Or il y a dans ce Salon, *auprès de l'éloge de Delacroix, qui dit, au moins virtuellement, tout ce que Baudelaire répétera, développera et précisera plus tard, et de la diatribe contre Horace Vernet, qui, elle aussi, aide à situer sans équivoque le point de départ du jeune critique, une longue page qui a longtemps intrigué les commentateurs : c'est la description admirative de la* Fontaine de jouvence *exposée cette année-là par un peintre du nom de William Haussoullier. La postérité n'a certes pas retenu ce nom, et elle n'a pas non plus retenu le tableau. On pourrait, sans doute, passer, sans insister, si cet éloge du tableau de Haussoullier n'était quelque chose de profond et de significatif, puisque Baudelaire, au cours de sa description de la composition et du commentaire de la couleur, en vient à lancer une formule qui porte la marque de son style et qui laisse penser que, là, il trouve une œuvre* qui répond *à l'appel de la pureté : de fait, la formule signifie exactement que Baudelaire rencontre ici de l'art pur, et ce texte a le mérite considérable de nous convaincre que la recherche de l'art pur est bien chez Baudelaire l'impulsion initiale de la sensibilité et de la réflexion esthétiques ; ajoutons même que le mot employé à propos de cette peinture — le même qui sera employé plus tard à propos du comique dans* l'Essence du rire — *éclaire singulièrement ce que Baudelaire entend par la pureté de l'art :* c'est de la peinture absolue.

Peinture absolue ! *Qui, en 1845, se souciait de* peinture absolue? *Grandes sont à la fois l'audace et l'originalité de ce jeune homme de 24 ans. Et le curieux est justement que cette audace et cette originalité s'expriment à propos d'un tableau et d'un artiste qui n'ont, depuis, trouvé aucune place dans l'histoire de l'art. On est tenté de s'en tenir à l'hésitation raisonnable d'André Ferran :* L'enthousiasme de Baudelaire l'a-t-il égaré ou la *Fontaine de jouvence* fut-elle un bref éclair de génie[1]? *C'est un fait que, si Baudelaire répète en 1846 son éloge de 1845, il ne reparlera plus ensuite de Haussoullier. Mais ce qui nous intéresse ici, c'est le tableau, et la question de savoir si Baudelaire s'est trompé ou non ne laisse pas d'être fort importante, ou en tout cas serait-il souhaitable de pouvoir apprécier les raisons pour lesquelles ce tableau a suscité son admiration, et surtout a mérité d'être ainsi l'occasion de la première définition de son principe esthétique :* peinture absolue.

Pendant longtemps, ce tableau avait purement et simplement disparu : on n'en connaissait guère qu'une esquisse, qui fut reproduite par Jacques Crépet dans un article du Figaro *(15 novembre 1924). Dans la famille du peintre, le tableau passait pour avoir émigré en Angleterre. Ce qui était exact, puisqu'il réapparut dans une vente à Londres chez Christie's le 17 décembre 1937*[2]*. Or ce tableau nous paraît être incontestablement de la belle peinture, selon le cœur du Baudelaire de toujours. La description du* Salon de 1845 *est d'une parfaite exactitude, mais surtout l'œuvre contient bien les éléments essentiels de cette spiritualité dont Baudelaire ne cessera jamais de faire la condition de l'art pur; il y a même là quelque chose qui annonce, de loin, certes, Puvis de Chavannes et même Gauguin; en tout cas, le surnaturalisme y est évident, dans la composition, dans la couleur, telle qu'on peut encore la voir, dans l'expression même des physionomies, dans un certain dandysme partout répandu, et l'on conçoit sans peine que Baudelaire ait été,* en 1845,

1. Édition critique du *Salon de 1845*, Toulouse, 1933. Introduction.

2. Il est alors entré dans la collection de Mr. Graham Reynolds de Londres. Quant au *pedigree* du tableau, il a été impossible de le reconstituer, les archives de la maison Christie's ayant été détruites pendant la guerre. Nous remercions ici Mr. Graham Reynolds, grâce à qui nous pouvons donner une reproduction de ce tableau, et qui nous a obligeamment permis de le voir et de l'étudier.

poussé par ce tableau à proférer la formule révélatrice : peinture absolue. *Aujourd'hui certes l'œuvre de Haussoullier, qui pourtant mérite pleinement de sortir de l'oubli, paraît, après les développements de la peinture post-baudelairienne, quelque chose de bien timide, mais elle conserve, à notre sens, le caractère d'une sorte de* primitif *de cet art pur, dont Baudelaire se faisait, dès cet instant, le prophète.*

Ce besoin d'absolu et de pureté dans l'art, en tout cas, devait être singulièrement puissant pour qu'un débutant, aussi ambitieux qu'un autre, soucieux de réussir auprès du public, et sans doute aussi de ses confrères, se permît d'être seul à louer en ces termes un tableau qu'ignorent tous les autres critiques du Salon[1]. *Ainsi Baudelaire commence par un coup d'originalité, qui est bien à sa manière un coup de maître. Mais ce qui compte le plus pour nous, et ce pourquoi nous nous sommes quelque peu étendu sur le problème que pose ce tableau, c'est que Baudelaire, dès ses débuts, et avant même d'avoir acquis toute son expérience de critique et de poète, est déjà, et de façon décisive et définitive, en possession de cette référence esthétique qu'il ne trahira jamais : il pourra consentir, pour des raisons de circonstances, en particulier dans ses critiques littéraires, à rester en deçà de son exigence profonde, mais, même dans ce cas, il ne la renie pas. Or cette exigence, en confrontant au départ le tableau de Haussoullier et la page de Baudelaire, nous savons, avec une certitude totale, qu'il la portait en lui dès les premières démarches de sa pensée, et qu'elle était déjà, à ses yeux, le principe du jugement, le ressort de la nouveauté, la source de l'admiration.*

---

1. Silence complet du critique sans doute le plus important, Thoré ; notes rapides et sans portée dans la *Phalange*, *l'Illustration*, et le *National*. Cependant un poème des *Stalactites* de Banville (1846) s'inspire du tableau de Haussoullier et lui emprunte son titre : peut-être est-ce une conséquence de l'admiration de Baudelaire.

A partir de là, tous les grands thèmes de l'esthétique baudelairienne se groupent autour de l'exigence centrale de l'art pur et de la peinture absolue (et ce pourrait tout aussi bien être la poésie absolue, mais, en 1845, Baudelaire n'a pas encore rencontré Edgar Poe) : le Salon de 1845, en attendant celui de 1846, nous permet de saisir en toute clarté ce rapport des thèmes à leur centre, parce qu'il n'y est encore, en quelque sorte, que schématique, comme si ce premier Salon contenait le plan ou l'armature des développements, des ramifications, des enrichissements ultérieurs : c'est, à propos d'Horace Vernet — et en contraste à la fois avec Delacroix et Haussoullier — la dénonciation de la babiole, comme il dira plus tard, un art qui trouve le moyen de faire du petit en grand format; l'horreur de la singerie s'exprime à propos de Gleyre, qui a volé le cœur du public sentimental ; et, à propos de Corot, ce sont les éléments de la future théorie du Paysage. Déjà aussi, l'École de Lyon apparaît comme ce qu'elle sera toujours pour Baudelaire : un signe de contradiction; il se déchaîne contre Saint-Jean, qui représente à ses yeux la tendance des Lyonnais à camoufler le petit derrière le sévère et à prendre la monotonie dans le sérieux pour de la spiritualité, ce qui a le don de mettre Baudelaire en fureur et de lui faire écrire quelques mots célèbres : le bagne de la peinture, l'endroit du monde connu où l'on travaille le mieux les infiniment petits, et l'on reconnaît ici encore ce style définitif qui sera le sien. Mais un autre Lyonnais, Janmot, lui présente au contraire ce que le préraphaélitisme lyonnais contient d'authentique mysticité, et le voici qui se sent atteint : c'est certainement là une belle peinture. Il en sera toujours ainsi entre Baudelaire et les Lyonnais : même le plus grand d'entre eux, Chenavard, lui restera une énigme. C'est que Baudelaire ne pensait pas que le critère de la pureté pût être mis en échec ou en tout cas prêter à équivoque : il a beau chercher à distinguer, entre les Lyonnais, les bons et les mauvais, il reste que cette école, *à la fois primitiviste et positive, crée en lui un malaise caractéristique, et cela dès le début; un peu comme s'il trouvait chez un même artiste à la fois ce qu'il attend et ce qu'il récuse : il sent bien qu'il y a chez les Lyonnais une authentique spiritualité, et que leur peinture a, comme il dit, de l'âme; mais comment se fait-il qu'on trouve aussi chez eux ce que Baudelaire croit contradictoire avec l'âme et la spiritualité? On regrette qu'il n'ait pas connu un très grand Lyonnais, le paysagiste Ravier*[1] *— lequel n'exposait pas à Paris et était d'ailleurs un indépendant : il l'eût peut-être aidé à comprendre que la* mysticité *lyonnaise avait aussi, comme cela arrive chez Chenavard, un aspect panthéiste et cosmique, en même temps qu'intimiste et sentimental. Il y avait là une sorte de problème psychologique sur lequel Baudelaire a buté, dès 1845, mais cela prouve que, dès le départ, il était au contact de l'essentiel ; il suffit de lire ce que Théophile Gautier a pu, de son côté, écrire sur les Lyonnais, et en particulier sur Chenavard, pour comprendre combien le Baudelaire de 1845 était déjà plus profond : que l'École de Lyon lui soit ainsi une énigme, devant laquelle il ne sait que choisir, de l'irritation ou de l'adhésion, c'est un signe non seulement de son honnêteté de critique, mais aussi de la portée et de la profondeur de sa curiosité.*

Car, justement, chez les Lyonnais aussi, il cherche la pureté, la peinture absolue : ce qui l'intrigue, ce qui l'irrite, mais ce qui aussi le fascine, c'est qu'il y sent souvent une sorte d'aptitude à l'absolu esthétique, mais manifestée dans un langage et selon une manière sur lesquels il n'est pas d'accord. Quelque chose d'analogue, dans un ordre tout à fait différent, lui arrive avec certains petits-maîtres du pittoresque romantique : admirateur passionné de Bonington, Baudelaire croit

1. 1814-1895. Ravier était lié avec Corot et Daubigny. Baudelaire aurait pu le connaître par cet intermédiaire. Mais c'est un fait en tout cas qu'il n'en dit rien.

retrouver quelque chose de cette spiritualité pittoresque chez un Decamps par exemple; mais il se souvient de Delacroix, ou de Corot, et la comparaison le laisse inquiet : il y a là aussi une aptitude, mais qui n'est pas pleinement accomplie. Plus il avancera dans sa carrière, plus il tendra à exiger aussi l'accomplissement.

C'est que Baudelaire est un intransigeant de la pureté, et cette intransigeance ne fera que s'accroître et s'affirmer. Le contexte historique y est d'ailleurs pour quelque chose. Car le critique est douloureusement sensible à ce qui l'environne : les séquelles d'abord d'un romantisme qui a de plus en plus oublié qu'il devait être avant tout une nouvelle manière de sentir; *les abus du pittoresque, qu'il soit fantastique, exotique, oriental ou pseudo-dramatique; le romantisme décadent que représente un Louis Boulanger (celui que Préault appelait* l'alter Hugo*), ou encore tel ou tel petit-maître de la peinture historique comme Robert-Fleury. Que devient l'âme dans ce bric-à-brac : elle meurt, Baudelaire le sait et il le dit; il le dira jusqu'à se répéter.*

Mais l'art pur, il va avoir à le défendre sur plusieurs fronts à la fois, ce pourquoi d'ailleurs il va concentrer son admiration sur Delacroix : voilà une œuvre qui peut lui servir à la fois de citadelle pour la défensive et de base de départ pour l'offensive, de quelque front qu'il s'agisse. C'est bien cela, pour Baudelaire, l'œuvre de Delacroix, la forteresse de l'intransigeance, la place forte de la vérité. Delacroix, c'est le démenti vivant de la décadence romantique, mais c'est tout aussi bien le triomphe anticipé, au nom de l'absolu de l'art, sur tout ce qui va bientôt déspiritualiser l'art en le subordonnant à d'autres puissances que lui-même, l'art positif, et, ô paradoxe, l'art pour l'art.

Car Baudelaire se sent le témoin d'une coalition d'illusions ou d'impostures, au travers de laquelle devra s'opérer sa recherche difficile de l'art pur : il se sent seul, souvent, mais en compagnie de Delacroix et de quelques autres, seuls eux aussi, Poe ou Wagner, Daumier ou Meryon. Ainsi s'explique le caractère subit et entier des enthousiasmes baudelairiens : dès qu'il rencontre un de ces solitaires de l'art, il se met d'emblée tout entier à son service : c'est ce qui se passe lorsqu'il écrit sur Delacroix, lorsqu'il entreprend de traduire et de faire connaître Edgar Poe, lorsqu'il se fait l'introducteur de Tannhauser à Paris, lorsqu'il découvre Meryon; et il ira jusqu'à faire de la solitude le signe infaillible de la pureté.

Il est banal de rappeler qu'en ces années 1850, le « bourgeois » triomphe. A son égard, d'ailleurs, Baudelaire a varié : il lui dédie le Salon de 1846, mais dans le Salon de 1859 la bourgeoisie lui apparaîtra comme la citadelle de l'anti-âme. Peu importe au fond. Ce qui importe c'est que Baudelaire commence par réagir contre une certaine bohème romantique, où il ne voit qu'une illusion superficielle, une sorte de diversion qui ne peut que détourner les artistes de l'art pur, diversion illustrée en peinture par les petits-maîtres pittoresques. Mais bientôt, tandis que Baudelaire subit conjointement l'influence d'Edgar Poe et de Joseph de Maistre, un nouvel ennemi surgit, plus dangereux encore : l'art positif. Le réalisme n'en est qu'un aspect, car le positif envahit l'art de toutes parts. C'est le moment où Baudelaire va s'acharner contre la théorie de l'utilité de l'art. On ne peut concevoir en effet position plus opposée à la sienne, et s'il dramatise le débat, c'est qu'il a le sentiment que l'existence même, et surtout la mission de l'art, sont en jeu : si en effet l'art cesse d'être pur, il cesse d'être, il cesse de pouvoir exercer cette mission de salut spirituel qui est la sienne et qui fait à la fois sa raison d'être et sa dignité. Aussi faut-il remonter à la racine du mal, et Baudelaire se voit amené, dans sa défense de l'art pur, à développer une véritable philosophie anti-positive, mais dont il faut se souvenir qu'elle a son origine dans l'intransigeance de son parti esthétique.

On sait avec quelle vigueur il dénonce alors le mythe du progrès, les risques de « l'américanisation », mais tout aussi *bien le moralisme des* « drames et des romans honnêtes », *l'humanitarisme de George Sand ou de Hugo ; c'est le moment où prend toute sa place dans sa pensée sa croyance au péché originel ; il rassemble autour de sa foi esthétique tout ce qui peut contribuer à en consolider l'intransigeance face à toutes les erreurs et impuretés que l'esprit positif répand dans l'art et la littérature. Une page célèbre de* Fusées *aide à comprendre cette sorte de vertige irrité et prophétique, qui se retrouve dans tout ce que Baudelaire écrit sur ce sujet de l'art positif et de ses conséquences :*

La mécanique nous aura tellement américanisés, le progrès aura si bien atrophié en nous toute la partie spirituelle, que rien parmi les rêveries sanguinaires, sacrilèges ou anti-naturelles des utopistes ne pourra être comparé à ses résultats positifs [1].

*Certes Baudelaire admet, à la rigueur, que d'authentiques génies — tel Chenavard — puissent se fourvoyer, mais, même dans ce cas, il ne renonce pas à son intransigeance et, par exemple, à propos de l'*Art philosophique *(qui est précisément une des formes, et non la moins dangereuse, de l'art positif) il écrira : « Nous étudierons donc l'art philosophique comme une monstruosité où se sont montrés de beaux talents », et, plus loin, à propos de Chenavard, qu'il connaît personnellement, et qu'il admire, il ne craint pas de suggérer que, si le grand Lyonnais est tout de même un peintre* spirituel, *il l'est* malgré *sa prétention philosophique ; encore est-ce en lui la part de ce climat lyonnais dont il est, au fond, aux yeux de Baudelaire, la victime. Mais la présence de quelques survivants de la spiritualité au cœur du positif reste une exception et une* monstruosité, *et elle ne fait que confirmer la nécessité de maintenir, envers et contre tout, la règle de l'art pur.*

1. *Fusées*, XXII.

Car, en tout état de cause, le plus clair résultat du positif dans l'art, c'est l'absence de l'homme, ce qui est à la fois contradictoire et sacrilège :

Celui-ci, qui s'appelle lui-même *réaliste*, mot à double entente et dont le sens n'est pas bien déterminé, et que nous appellerons, pour mieux caractériser son erreur, un *positiviste*, dit : « Je veux représenter les choses telles qu'elles sont, ou bien qu'elles seraient, en supposant que je n'existe pas. » L'univers sans l'homme [1].

Mais le réalisme n'est pas seul en cause; il y a d'autres manières d'assassiner l'âme au nom du positif et de vider ainsi l'art de sa substance humaine; et voici Baudelaire engagé tout aussi bien, et toujours au nom de l'art pur, dans une violente protestation contre le moralisme, de quelque bord qu'il soit :

Il est douloureux de noter que nous trouvons des erreurs semblables dans deux écoles opposées : l'école bourgeoise et l'école socialiste. Moralisons! Moralisons! s'écrient toutes les deux avec une fièvre de missionnaires. Naturellement l'une prêche la morale bourgeoise et l'autre la morale socialiste. Dès lors, l'art n'est plus qu'une question de propagande [2].

Entre réalisme et moralisme, Charybde et Scylla, deux avatars d'un même positivisme et d'une même absence d'âme, faut-il alors s'engager dans les rangs de ceux qui paraissent tout au moins défendre une certaine pureté de l'art, les tenants de l'art pour l'art? *Car enfin, la formule même qui leur sert de drapeau paraît bien faire de l'art, comme le veut Baudelaire, un absolu. Eh bien non! Parce que l'art pour l'art est une sorte d'imposture :*

1. *Salon de 1859*, IV.
2. *Les Drames et les romans honnêtes.*

Outre les imaginatifs et les soi-disant réalistes, il y a encore une classe d'hommes, timides et obéissants, qui mettent tout leur orgueil à obéir à un code de fausse dignité. Pendant que ceux-ci croient représenter la nature, et que ceux-là veulent peindre leur âme, d'autres se conforment à des règles de pure convention, tout à fait arbitraires, non tirées de l'âme humaine [1]...

Certes Baudelaire n'a pas été sans éprouver quelque hésitation : à l'égard de Théophile Gautier, par exemple, il ne sait que penser, et il admire la doctrine exposée dans la Préface *de* Mademoiselle de Maupin, *mais c'est surtout sans doute pour sa partie négative et parce qu'elle dénonce avec violence l'utilitarisme. De même il admire Banville et ne cessera d'éprouver la tentation d'un art fondé sur la perfection de la forme. Mais justement, ses vraies, grandes et permanentes admirations seront Edgar Poe et Eugène Delacroix : ni l'un ni l'autre ne font de la forme une fin ; Baudelaire non plus. Et à ses yeux l'imposture de l'art pour l'art consiste justement à prendre pour la fin et l'essence de la pureté ce qui n'en est que le langage et le moyen : du coup, l'art se vide de son sens, car c'est la partie non spirituelle qui en devient le tout. Et, dès le* Salon de 1845, *le critique dénonce avec vigueur les méfaits du formalisme, motif, par exemple, de sa sévère condamnation de Granet :* artiste fort adroit et qui déploie une science très apprise... un talent très roué et très décoratif. *Et surtout il faut citer le passage de ce même* Salon *consacré à Corot :*

Tous les demi-savants, après avoir consciencieusement admiré un tableau de Corot et lui avoir loyalement payé leur tribut d'éloges, trouvent que cela pèche par l'exécution, et s'accordent en ceci, que définitivement M. Corot

1. *Salons de 1859, loc. cit.* Ce texte fait tout aussi bien allusion à l'académisme, mais celui-ci est, justement, le grand risque de l'art pour l'art.

ne sait pas peindre. — Braves gens ! qui ignorent d'abord qu'une œuvre de génie, ou, si l'on veut, une œuvre d'âme... est toujours très bien exécutée... Ensuite qu'il y a une grande différence entre un morceau *fait* et un morceau *fini*, qu'en général ce qui est *fait* n'est pas *fini*, et qu'une chose très *finie* peut n'être pas *faite* du tout.

Donc, ici encore, l'opposition de Baudelaire au formalisme de l'art pour l'art est bien une position initiale : s'il lui est arrivé, dans ses critiques littéraires, de varier ou d'hésiter, le plus souvent pour des raisons de circonstances, sa critique d'art, une fois encore, nous met au contact de ce qui est en lui à la fois le plus profond et le plus constant. Et, dès le début, la recherche de l'art pur exclut, malgré certaines apparences, l'adhésion à l'art pour l'art.

*C'est que, pas plus que le positivisme, la doctrine de l'art pour l'art ne conduit à une esthétique spirituelle, c'est-à-dire métaphysique, orientation fondamentale de l'art pur, lequel peut alors admettre à la fois le culte de la forme, mais symbolique, et la notion d'utilité, mais spirituelle : de ce complexe esthétique, l'idée exprimée dès 1845 à propos de Corot, que l'art pur est d'abord affaire d'*âme, *prouve que Baudelaire avait pleine conscience, avant même la rencontre de ses futurs Maîtres ; mais Delacroix d'abord et, justement, auprès de lui, Corot ou Théodore Rousseau, l'aidaient déjà à se dégager des équivoques du formalisme à la Gautier ou du réalisme à la Champfleury ; la question fut ensuite définitivement réglée lors de la rencontre décisive avec Edgar Poe, et c'est alors, en 1852, le témoignage définitif qu'apporte le texte publié par Baudelaire en préface de sa traduction de* Bérénice : Edgar Poe n'est pas spécialement un poète et un romancier : il est poète, romancier, et philosophe... Ce qui fera son éternel éloge, c'est la préoccupation de tous les sujets réellement importants, et seuls dignes de l'attention d'un homme spirituel... *Et* *l'on sait avec quelle ardeur, avec quel enthousiasme, avec, éventuellement, quelle irritation, Baudelaire se consacrera désormais à la défense et illustration d'Edgar Poe. Il a trouvé ce qu'il cherchait, il a, dans son expérience de lecteur, de traducteur et de critique, de quoi combler sa nostalgie ; il est en possession d'une spiritualité esthétique, qui rend caduc le faux dilemme du romantisme, du positivisme et de l'art pour l'art. Edgar Poe et Delacroix ont définitivement instauré le triomphe d'une définition surnaturaliste de l'art pur : et autour d'eux viennent se grouper naturellement, selon une parfaite cohérence, tous les grands surnaturalistes du XIX*^e^ *siècle, quelle que soit leur technique, tous ceux que dans le* Salon de 1859 *Baudelaire situera dans la* classe *des* imaginatifs, *ceux qui* veulent peindre leur âme[1]. *Car le ressort de l'art pur — cela aussi Baudelaire le savait dès le début, mais il l'a appris définitivement dans Edgar Poe, — c'est l'imagination, seule capable en effet de satisfaire la* curiosité enragée *d'un* homme spirituel [2].

IV

La Reine des Facultés

On sait la place qu'occupe l'imagination dans l'esthétique baudelairienne : mais pour en comprendre tout le sens et la portée, il faut se souvenir qu'elle est l'organe de la curiosité et le ressort de l'art pur. C'est alors, mais alors seulement, qu'elle peut en effet apparaître, selon la formule célèbre, comme la reine des facultés. *Tous les artistes, tous les poètes qui méritent l'admiration de Baudelaire, tous ceux qui répondent à l'appétence de la curiosité, au besoin de stimu-*

1. *Salon de 1859*, IV.
2. Préface de la traduction de *Bérénice*.

lation, à l'exigence de pureté, sont de la catégorie des imaginatifs, *de ceux qui* veulent peindre leur âme : *peu importe que Flaubert soit embrigadé sous le drapeau du réalisme, c'est la reine des facultés qui est responsable de* Madame Bovary, *et Baudelaire la reconnaît à ses critères habituels; faisant allusion à la possibilité d'un succès dû aux poursuites judiciaires, il proteste et il écrit :* le livre, non tourmenté, aurait obtenu la même curiosité, il aurait créé le même étonnement, la même agitation, *et Flaubert est le témoin de la dignité de l'art face à une* société qui a définitivement abjuré tout amour spirituel, *et dans une époque où* la part d'intérêt que le public accorde aux choses spirituelles était singulièrement diminuée [1]. *De même Chenavard peut bien être de Lyon et vouloir faire de l'art philosophique, il a beau devoir rester* comme signe monstrueux du temps [2], *la reine des facultés le domine néanmoins, et il n'y a pour s'en apercevoir qu'à le comparer aux autres artistes, de Lyon ou d'ailleurs :* Chenavard a une énorme supériorité sur tous les artistes; s'il n'est pas assez animal, ils sont beaucoup trop peu spirituels [2]; *la preuve c'est qu'il accède, comme Delacroix son ami (et cette amitié dut frapper Baudelaire), au surnaturalisme :* Chenavard a créé un type surhumain [3]. *Enfin, même lorsqu'il s'agit d'un art qui, comme le Paysage, paraît voué au naturalisme, Baudelaire n'hésite pas à affirmer que c'est l'imagination qui fait le Paysage, et c'est d'ailleurs ce qui lui a permis de déceler tout ce que promettait de révolutionnaire l'évolution de la peinture au XIXe siècle, des Anglais à Rousseau et Corot, en attendant Gauguin et Cézanne.*

C'est bien là, donc, une autre des convictions originelles et initiales de Baudelaire : ce qu'il dit de Delacroix dans le

1. *L'Art romantique, Madame Bovary.*
2. *L'Art philosophique.*
3. *Fusées*, IV.

Salon de 1845 *concerne déjà un génie tout entier soumis à la reine des facultés, et, en 1846, Baudelaire citera Henri Heine :* En fait d'art je suis surnaturaliste... [1] *Mais le rapport entre imagination et surnaturalisme n'est pas encore très précis, et il faut, croyons-nous, penser que c'est la conjonction de Delacroix et d'Edgar Poe, dans les années 1850-1860, qui a déterminé Baudelaire de façon décisive à se faire de la* reine des facultés *une idée plus exacte, à tel point que, dans les deux chapitres du* Salon de 1859 *qui lui sont consacrés, il développe, sur le sujet de l'imagination, une analyse de psychologie esthétique, qui reste un de ses chefs-d'œuvre.*

En effet, tout d'abord, c'est à Edgar Poe lui-même que Baudelaire doit la formule qu'il utilise [2]; et, plus précisément, l'idée que l'imagination est la grande puissance mystique de création spirituelle lui vient aussi d'Edgar Poe, qui la développe, à propos du poète anglais Thomas Hood, dans ce Poetic principle, *que Baudelaire connaissait bien, et qu'il traduit ou démarque dans ses* Notes nouvelles *en tête des* Nouvelles Histoires extraordinaires. *D'autre part dans l'article sur l'*Exposition universelle de 1855, *c'est Baudelaire lui-même qui attire notre attention sur le rapprochement éventuel de Delacroix et d'Edgar Poe :*

Edgar Poe dit... que le résultat de l'opium pour les sens est de revêtir la nature entière d'un intérêt surnaturel qui donne à chaque objet un sens plus profond, plus volontaire, plus despotique. Sans avoir recours à l'opium, qui n'a connu ces admirables heures, véritables fêtes du cerveau, où les sens plus attentifs perçoivent des sensations plus retentissantes, où le ciel d'un azur plus transparent s'enfonce comme un abîme plus infini, où les sons tintent musicalement, où les couleurs parlent, où les parfums racontent

1. *Salon de 1846*, IV.
2. Cf. *Notes nouvelles sur Edgar Poe.*

des mondes d'idées ? Eh bien, la peinture de Delacroix me paraît la traduction de ces beaux jours de l'esprit. Elle est revêtue d'intensité, et sa splendeur est privilégiée. Comme la nature perçue par des nerfs ultra-sensibles, elle révèle le surnaturalisme.

Quel progrès par rapport à 1845 et 1846 ! Voilà une description poétique de l'imagination qui ne laisse rien dans l'ombre et où le jeu des correspondances est le symptôme du privilège de l'art pur. Mais cette description poétique de l'imagination, qui permet au Baudelaire de 1855 de reconnaître, avec une remarquable exactitude psychologique, ce qu'il n'avait antérieurement que senti, d'une intuition profonde certes mais encore incertaine, il la tient d'Edgar Poe et peut-être aussi d'autres sources, directes ou indirectes, et il est sûr que, sans la découverte de ces sources, son esthétique de l'imagination n'aurait pu connaître les développements qu'elle connut de 1855 à 1859 : Henri Heine, qu'il citait en 1846, n'aurait pu le mener aussi loin.

En tête du chapitre IV du Salon de 1859, *Baudelaire cite l'ouvrage de Mrs. Crowe,* The Night Side of Nature, *paru à Londres en 1848, et c'est pour introduire la distinction capitale entre* fancy *et* constructive imagination, *mots anglais que Baudelaire traduit par* fantaisie *et* imagination créatrice *(la première traduction étant d'ailleurs peu satisfaisante, car, en fait,* fancy *est intraduisible ; peut-être la traduction la plus proche est-elle, comme le suggère M. Charles Bellanger dans sa traduction du* Poetic principle, *le mot français* verve ; *et encore...). Or cette distinction capitale, elle est dans Edgar Poe, qui, d'ailleurs, rappelle qu'elle fut faite pour la première fois par Coleridge : ce passage du* Poetic principle, *Baudelaire l'a certainement lu, et il y fait clairement allusion au chapitre III de ses* Notes nouvelles :

Pour lui, l'imagination est la reine des facultés ; mais par ce mot il entend quelque chose de plus grand que ce qui est entendu par le commun des lecteurs. L'imagination n'est pas la fantaisie ; elle n'est pas non plus la sensibilité, bien qu'il soit difficile de concevoir un homme imaginatif qui ne serait pas sensible. L'imagination est une faculté quasi-divine qui perçoit tout d'abord, en dehors des méthodes philosophiques, les rapports intimes et secrets des choses, les correspondances et les analogies.

On est surpris de voir qu'ici Coleridge n'est pas nommé; et il se trouve que le passage de Mrs. Crowe cité dans le Salon de 1859 *est, lui aussi, directement tributaire de l'influence de Coleridge. Comme d'autre part le même Coleridge est, de tous les romantiques anglais, sans doute le plus* surnaturaliste, *au sens baudelairien du terme, et le plus proche, par l'âme, le sentiment, et* « l'imagination », *des peintres anglais que Baudelaire admirait tant, c'est chez le poète anglais que se trouve la première source de la théorie baudelairienne de l'imagination. On n'en sera pas étonné d'ailleurs, si l'on songe à cet anglicisme spirituel, qui est un des traits caractéristiques de Baudelaire.*

Certes Edgar Poe, en particulier, modifie quelque peu l'apparence des théories de Coleridge sur l'imagination, mais, avec Mrs. Crowe, il en a tout de même transmis à Baudelaire l'essentiel; et il peut ne pas être inutile de rappeler ici brièvement les grandes lignes de la théorie de l'Imagination, selon Coleridge, telle qu'elle est présentée, en particulier, dans la Biographia litteraria *et dans* Anima poetae, *car c'est cette théorie qui, précisément, permet à l'Imagination de devenir, selon la formule même d'Edgar Poe et de Baudelaire,* la reine des facultés.

L'imagination dont il s'agit chez Poe et Baudelaire, celle qui est à l'œuvre chez Delacroix, c'est celle que Coleridge (et peut-être Delacroix lui-même, si pénétré de culture anglaise, ne l'ignorait-il pas) appelle la secondary imagination, *l'imagination au second degré. Ce qui la caractérise, c'est sa liaison avec la* conscience[1] *: la conjonction créatrice de l'imagination et de la conscience porte à son plus haut degré l'intensité des puissances spirituelles; telle est, selon Coleridge, la définition même de la poésie dans son sens le plus large et le plus haut; c'est bien ce qui peut mériter à l'imagination, au sens psychologique où Baudelaire entendait la formule empruntée à Edgar Poe, d'être reconnue comme la reine des facultés, car nous devons souligner que cette formule n'est nullement une vague métaphore, elle est à prendre, si l'on veut être fidèle à Baudelaire, dans un sens psychologique très précis : elle est la formule-clé de sa psychologie de l'art.*

Or la définition donnée par Coleridge de la secondary imagination *est aussi la définition du génie de Delacroix que nous trouvons sous la plume de Baudelaire : ce qui caractérise en effet l'auteur du* Sardanapale, *c'est cette intensification réciproque de l'imagination et de la conscience, Baudelaire ne cesse de le dire et de le redire. Contentons-nous de citer la formule la plus concise où il ait rassemblé l'essentiel de sa pensée :* l'imagination universelle renferme l'intelligence de tous les moyens et le désir de les acquérir[2]. *De Coleridge à Baudelaire en passant par Edgar Poe et Delacroix, c'est tout un spiritualisme esthétique qui s'épanouit à travers le développement de cette théorie de l'imagination au second degré, imagination* universelle, *reine des facultés.*

Mais c'est par sa manifestation dans l'art que l'imagination affirme et légitime son règne, et c'est bien par référence aux effets spirituels de l'imagination dans l'art que Baudelaire procède au jugement des œuvres et des artistes. L'art pur, c'est bien celui qui résulte de la royauté de l'imagination, puisque seule l'imagination assure la parfaite indépendance spirituelle de l'œuvre d'art, et surtout elle seule suscite ce

---

1. Coleridge dit exactement *conscious will.*
2. *Salon de 1859*, IV.

qu'Edgar Poe appelle, en termes prébaudelairiens, la stimulation exaltante de l'âme[1].

C'est donc bien par son pouvoir stimulant que l'imagination est la reine des facultés; elle entraîne à sa suite toutes les autres facultés, qu'elle porte à leur degré d'absolue acuité; elle est l'ordonnatrice des fêtes du cerveau, *elle est l'opium ou le haschish de l'âme, mais sans les conséquences néfastes de l'opium ou du haschisch, parce qu'elle n'est pas un paradis* artificiel, *plutôt un paradis* surnaturel. *Et nous voici une fois encore ramenés, par le spiritualisme de l'imagination, au surnaturalisme de l'art. Tant il est vrai que toutes les voies de son tempérament et de son esprit y conduisaient inéluctablement Baudelaire, dont c'était bien là la* prédestination.

Aussi l'imagination rétablit-elle l'unité entre critique et création, entre critique et peinture ou poésie, car si elle est la reine de la création, elle est aussi la reine de la connaissance. Si elle se confond avec le génie de Delacroix créateur, elle se confond tout aussi bien avec le génie de Baudelaire critique, et le poème des Phares *sera l'apogée de cette communion, en poésie, de la création et de la connaissance.*

Néanmoins cette prédestination, elle aussi, a sans doute une histoire. Bien sûr, Baudelaire, nous l'avons dit et nous en sommes convaincu, est tout entier lui-même dès le départ, et c'est déjà, en lui, l'imagination qui motive les jugements et les développements esthétiques des deux premiers Salons. *Mais nous croyons qu'ici encore la conjonction d'Edgar Poe et de Delacroix a ensuite joué son rôle, pour conduire à ces épanouissements de connaissance esthétique par l'imagination que sont l'article sur* l'Exposition universelle, le Salon de 1859, *et le* Peintre de la vie moderne. *Dans son article nécrologique sur Delacroix, où il reprend aussi des textes antérieurs, Baudelaire ne manque pas de souligner la*

1. *Poetic principle*, IV.

*part, dans le génie du peintre, de la connaissance critique et de la culture; le comparant aux autres artistes, ceux qui manquent d'*âme, *il écrit en effet :*

Hors de leurs ateliers, que savent-ils ? qu'aiment-ils ? qu'expriment-ils ? Or, Eugène Delacroix était, en même temps qu'un peintre épris de son métier, un homme d'éducation générale, au contraire des autres artistes modernes, qui, pour la plupart, ne sont guère que d'illustres ou d'obscurs rapins, de tristes spécialistes, vieux ou jeunes; de purs ouvriers...

C'est la même différence que, dès 1846, Baudelaire trouvait entre Delacroix et Hugo, pour protester contre le parallèle qu'on établissait entre eux : M. Victor Hugo... est un ouvrier beaucoup plus adroit qu'inventif, un travailleur bien plus correct que créateur [1]... *C'est donc bien l'imagination, organe et symptôme de l'âme, qui sert de repère universel au critique, pour distinguer entre les* ouvriers *et le génie : mais le génie lui-même, le maître de l'imagination, Delacroix, ne se comprend pas sans la culture et sa nourriture spirituelle. Aussi Baudelaire dut-il se vouloir tel que Delacroix, s'il est vrai que son esthétique, progressivement plus consciente au long des années, commande à la fois sa critique et sa poésie. Ce qui explique d'ailleurs que les meilleures pages de son œuvre critique soient si souvent d'admirables poèmes en prose.*

Or, à partir de 1850 environ [2], *cette volonté de Baudelaire dut être encore confirmée par l'influence et l'exemple d'Edgar Poe. Il n'est pas interdit de penser que, découvrant de façon plus consciente une vocation qu'il avait déjà commencé d'accomplir, Baudelaire se soit alors en quelque sorte modelé*

---

1. *Salon de 1846*, IV.
2. La première traduction, celle de *Révélation magnétique*, parut dans *la Liberté de penser* le 15 juillet 1848 ; mais à cette date Baudelaire ne connaissait pas encore l'œuvre et la théorie poétiques de Poe.

sur Edgar Poe, du moins tel qu'il le voyait. L'Américain en effet lui était découvert à la fois comme critique et comme créateur. Ce modèle d'homme spirituel *avait écrit les poèmes que Baudelaire jugeait les plus beaux, comme Delacroix avait peint les tableaux qu'il jugeait les plus beaux; mais il avait aussi fait œuvre de critique-esthéticien, comme avait fait Delacroix dans ses écrits ou sa conversation; et il n'est pas inutile de rappeler ici que Baudelaire ne cesse d'insister sur la pensée esthétique de Delacroix, et déclare, dans son article nécrologique, au moment de reprendre un texte du* Salon de 1859, *que ce sont là des mots qu'il a* écrits autrefois, presque sous la dictée du maître [1]. *Ainsi c'est bien dans l'unité de la conscience esthétique et de la puissance poétique que triomphe l'apogée créatrice de l'imagination, ce qui situe conjointement Edgar Poe et Delacroix au sommet de l'admiration baudelairienne, ce qui fait qu'Edgar Poe et Delacroix sont vraiment les grands* maîtres *spirituels, dont l'exemple est désormais devenu comme* l'idée fixe *de Baudelaire. Et cet exemple est à la fois celui des œuvres et celui de la pensée :*

Mais entrons plus avant, je vous prie, dans ce qu'on pourrait appeler l'enseignement du maître, enseignement qui, pour moi, résulte non seulement de la contemplation successive de toutes ses œuvres, et de la contemplation simultanée de quelques-unes, comme vous avez pu en jouir à l'Exposition universelle de 1855, mais aussi de maintes conversations que j'ai eues avec lui [2].

Ainsi l'imagination n'est pas seulement une faculté, *même* reine, *elle est aussi un* enseignement, *une véritable doctrine. C'est elle en effet qui spiritualise l'art, et qui, tout aussi bien, spiritualise la connaissance de l'art. Lorsque,*

1. *L'Œuvre et la vie d'Eugène Delacroix*, III.
2. *Ibid.* II.

*par exemple, Baudelaire aborde le sujet difficile de l'*Essence du rire, *c'est aussitôt par le comique imaginatif qu'il définit cette essence, en citant une autre de ses grandes admirations, le Révérend Maturin, l'auteur de* Melmoth the Wanderer, *et s'il pense que le rire est satanique, c'est justement parce que ce comique est hautement spirituel, dans la mesure où le comique imaginatif, le* rire de Melmoth, *est* l'expression la plus haute de l'orgueil. *Et quand il parle de Goya, il résume son admiration dans une formule qui dit clairement que, là aussi, l'art est né du triomphe de l'imagination :* Nul n'a osé plus que lui dans le sens de l'absurde possible[1]. *Il serait aisé de montrer que, comme aussi Edgar Poe, à qui cette formule s'appliquerait admirablement, Baudelaire, dans les* Fleurs du mal *et dans les* Poèmes en prose, *a, plus d'une fois, très consciemment, usé de l'imagination comme technique créatrice de* l'absurde possible.

Car l'imagination recouvre tout *le spirituel, le divin et le satanique, le comique et l'épopée — Maturin, Goya et Daumier, Delacroix et Balzac — la peinture, le théâtre, le roman et la poésie (et peut-être faudrait-il, au passage, souligner la place que Baudelaire fait, auprès des peintres et des poètes, à ces grands imaginatifs que sont les acteurs, Frédérick-Lemaître ou Rouvière, Kean ou Macready). C'est là, finalement, la justification décisive de la doctrine de l'imagination : ce même sentiment, qui avait déjà été exprimé par Coleridge, domine le* Poetic principle *d'Edgar Poe, qu'elle est une doctrine de* totalité spirituelle. *Sans doute à raison même de son tempérament, instable, divisé contre lui-même, Baudelaire cherchait dans l'art le salut, c'est à-dire l'unité. Seule une esthétique de l'unité pouvait le satisfaire : il commença par la découvrir tout seul, en lui-même, dans l'œuvre de Delacroix, de Corot, de Théodore Rousseau; puis Edgar Poe la lui fit concevoir comme une véritable doctrine, solide*

1. *Quelques caricaturistes étrangers.*

et inexpugnable, tandis que les conversations avec Delacroix, l'approfondissement de sa connaissance de Corot, de Daumier, de Goya et de quelques autres, travaillaient dans le même sens. Et, en 1859, il pouvait écrire les deux chapitres sur la Reine des facultés *et sur le* Gouvernement de l'imagination, *qui sont sans doute, s'il fallait réduire l'œuvre esthétique de Baudelaire à quelques pages, les deux textes qui devraient au moins subsister, et qui sont d'ailleurs, avec raison, restés les plus célèbres.*

*Ainsi, parti de la curiosité, impulsion native, devenue, avec l'aide du dandysme, conscience et volonté, lancé à la recherche de l'art pur, dans un univers esthétique qui multipliait les impuretés et les diversions, les divertissements au sens pascalien du terme, Baudelaire en vient à disposer enfin de la référence unitaire et intransigeante qui établit définitivement l'*ordre *de la* beauté. *L'admiration comme l'irritation a son point de repère : elles ne seront pas des caprices, comme il arrive aux chroniqueurs ordinaires, mais les témoins conscients et sûrs de l'âme même de l'art. La critique consistera à soumettre les œuvres et les artistes à cette épreuve de vérité et de spiritualité, selon les règles d'intransigeance et d'honnêteté d'un* parfait chimiste; *elle sera manichéenne, sans pitié, du moins toutes les fois que l'expérience peut être poursuivie dans des conditions de liberté, ce qui ne sera que trop rarement le cas quand il s'agira de critique littéraire; manichéenne, parce que l'imagination a ses saints et ses damnés, parce qu'elle partage le monde de l'art en une droite et une gauche, brebis et boucs, parce qu'elle impose que la critique soit une manière de jugement dernier, et il arrivera souvent à Baudelaire de prendre un ton prophétique et quasi-biblique, car, comme il le dit, dès le premier chapitre du* Salon de 1846, la critique touche à chaque instant à la métaphysique.

L'expérience esthétique, ordonnée autour du pouvoir absolu de l'imagination, aboutit ainsi à l'admiration, qui vient combler la curiosité spirituelle : itinéraire sans détours et sans impasses, au long duquel vont se présenter, dans l'unité de leur diversité, les grands protagonistes de l'aventure surnaturaliste.

V

LE CULTE DES SAINTS DE L'ART

C'est désormais l'aventure de Baudelaire lui-même, l'aventure de son admiration. La définition de la critique donnée dans le Salon de 1846 *prend, dès ce moment, tout son effet et ne cessera jamais d'être fidèle à sa naissance. Elle est critique imaginative, engageant dans son admiration, comme dans son irritation, le destin même de son auteur, pour qui il n'est de salut que par l'art pur. C'est en quoi elle* touche à chaque instant à la métaphysique, *et chaque artiste, chaque œuvre pose au critique le problème de son propre accès à la possession surnaturaliste de l'âme. Comme il l'a dit d'Edgar Poe, tous les grands artistes sont, pour lui, des* intercesseurs, *et ceux qui se révèlent impuissants à l'intercession sont par lui rejetés dans les ténèbres extérieures.*

Il est, dans cette liturgie baudelairienne de l'art, certes, quelque chose d'inquiétant, et il ne faut pas se le dissimuler, mais la conscience et la lucidité ne perdent point leur vigilance à devenir imaginatives, et, en cela, Baudelaire reste indéfectiblement fidèle à la définition de Coleridge. La glorification ne s'est généralement pas trompée d'objet, et il n'est nul besoin d'épouser la mystique baudelairienne pour admettre la validité de ses élans. Quelques ombres au tableau cependant, et c'est bien servir Baudelaire que de ne les point passer sous silence, et de chercher à les expliquer.

Il lui est arrivé en effet de simuler, peut-être inconsciemment, l'admiration, car, si lucide qu'il voulût être, il ne pouvait *échapper à sa condition d'homme et de critique; il y a dans sa foi esthétique quelque chose d'icarien et il oublie trop aisément, en particulier, que l'habitude d'un certain style favorise de dangereux glissements. Il est homme de lettres et c'est une condition qui lui impose malgré lui des compromissions, surtout dans un temps où la littérature ne lui présente guère d'*intercesseurs *valables. L'imagination, du moins telle qu'il l'entend, ne règne pas dans les lettres françaises au cours de ces années 1845-1860, et Baudelaire pratique parfois la politique de l'autruche; ses critiques littéraires s'en ressentent gravement, qui sont la partie la plus caduque de toute son œuvre esthétique, et qui, souvent, ne conservent leur valeur que par ce qu'elles contiennent d'extérieur et de supérieur à leur sujet.*

Il est un cas à cet égard particulièrement révélateur, le cas Théophile Gautier : le grand article de 1859 développe l'éloge de l'auteur de Mademoiselle de Maupin *en termes qui, dès le début, prétendent l'introduire dans le paradis esthétique où figurent Delacroix et Edgar Poe : les premiers mots en effet annoncent une proclamation d'admiration, d'une admiration qui* ressemble à l'amour, *et la technique employée, avec point de départ biographique, est analogue à celle des notes sur Edgar Poe. Pourtant on a peine à concevoir que Baudelaire pût, de bonne foi, introduire Théophile Gautier auprès des grands surnaturalistes. Aussi n'est-ce pas vraiment ce qu'il fait, et l'on s'aperçoit que son admiration est relative; relisons le début du chapitre III :*

Tout écrivain français, ardent pour la gloire de son pays, ne peut pas, sans fierté et sans regrets, reporter ses regards vers cette époque de crise féconde où la littérature romantique s'épanouissait avec tant de vigueur.

C'est Théophile Gautier comme témoin et survivant d'une grande époque révolue qui mérite l'admiration. Mais c'est aussi, et peut-être surtout, le Théophile Gautier qui continue de lutter contre ce que Baudelaire appelle l'hérésie de l'enseignement[1]. *Un peu comme si, par haine de l'esprit positif, didactique et moralisateur, Baudelaire, en désespoir de cause, et en toute sincérité, se tournait, pour admirer, car il ne peut se passer d'admirer, vers celui qui est, officiellement, pourrait-on dire, l'adversaire déclaré de l'hérésie; et Baudelaire néglige le fait que Gautier est aussi coupable d'une autre hérésie, celle de l'art pour l'art et du formalisme.*

N'oublions pas non plus, et cela n'est nullement à reprocher à Baudelaire, qui ne fait alors qu'obéir à sa condition d'homme de lettres, (que celui qui est sans péché lui jette la première pierre !) n'oublions pas non plus que Baudelaire a besoin de ses confrères : il va choisir ceux qui, tout de même, ont à leur bilan un actif, si partiel soit-il. C'est le cas de Gautier, c'est le cas de Hugo lui-même, c'est le cas de Sainte-Beuve, c'est le cas de Théodore de Banville. Mais les autres, Baudelaire ne leur fera jamais la moindre concession, un article comme celui qu'il écrivit sur Hégésippe Moreau en porte témoignage, et, à un moindre degré, la notice consacrée à Auguste Barbier. Il reste que les hiérarchies, même littéraires, établies par Baudelaire sont, dans l'ensemble, à peu près valables. A tel point que, lorsque l'étude de Baudelaire conduit à relire un ouvrage oublié et qu'il avait placé assez haut, on a la surprise de découvrir qu'il avait raison : c'est ce qui nous est arrivé, en tout cas, avec les Martyrs ridicules *de Léon Cladel.*

De fait, les variations de Baudelaire, sur Hugo par exemple, s'expliquent selon qu'il juge dans le relatif ou dans l'absolu; et il est vrai qu'il est beaucoup plus souvent amené à juger dans le relatif, quand il parle de littérature que lorsqu'il traite des beaux-arts, du fait même qu'il est personnellement engagé dans une carrière littéraire, qui se révèle de plus en

1. La formule lui vient d'ailleurs du *Poetic principle* d'E. Poe (cf. les *Notes nouvelles*).

plus difficile. Quand il parle de ses confrères en littérature, il ne peut se situer dans cette sorte de transcendance esthétique où il n'a aucune peine à se transporter lorsqu'il traite des beaux-arts. Il est aisé d'observer d'ailleurs que, même dans ses éloges les plus poussés, comme dans le cas de Gautier, la qualité de son admiration, et de l'expression qu'il lui donne, n'est pas la même que lorsqu'il écrit de Delacroix ou d'Edgar Poe. Il suffit, à cet égard, de comparer, puisqu'ils sont contemporains, l'article sur Théophile Gautier et le Salon de 1859; *ce qu'on trouvera dans l'article sur Gautier qui rend un peu le même son que le* Salon, *c'est précisément ce qui ne concerne pas Gautier lui-même, mais ce dont Gautier est le prétexte, par exemple la page qui, au chapitre III, dénonce à nouveau le moralisme d'Émile Augier, ou la page sur Balzac du chapitre IV, ou encore le texte sur les peintres anglais repris dans le* Salon de 1859.

C'est à tel point que, parfois, comme s'il en avait assez d'être affamé, Baudelaire se met à rêver; il est un peu comme quelqu'un qui transforme l'écrivain dont il parle en ce qu'il voudrait qu'il fût, et qui existe quelque peu à l'état de promesse dans l'œuvre telle qu'elle est. C'est un peu ce qui se passe pour Théophile Gautier, et on peut se demander s'il ne se passe pas quelque chose d'analogue pour Victor Hugo. Baudelaire avait été à son égard très sévère dans le Salon de 1846 : *mais Hugo était alors considéré dans une perspective qui ne pouvait que déchaîner l'irritation, puisqu'il s'agissait pour Baudelaire de protester contre la comparaison, à ses yeux sacrilège, de Hugo et de Delacroix. Mais plus tard, par exemple à propos des* Misérables, *nous voyons Baudelaire interpréter Hugo de façon à pouvoir, sans se renier, lui porter cette admiration relative dont nous parlions tout à l'heure. Hugo, d'abord, comme Gautier, c'est un témoin de la grande époque romantique, dont Baudelaire conserve la nostalgie, par réaction contre la veulerie de son propre temps. Hugo, c'est aussi — comme Napoléon III en politique — un être* providentiel : *son œuvre et son personnage sont un signe. Et c'est l'occasion de rappeler que Baudelaire, disciple de Joseph de Maistre, est providentialiste, en littérature comme en politique. A ce titre c'est le* personnage *de Hugo qui l'intéresse, et c'est relativement à cette mission providentielle dans le siècle qu'il lui concède une part d'admiration : d'autant plus que la tâche lui sera rendue plus aisée, lorsque Hugo sera devenu l'auteur de la* Légende des siècles.

Dans d'autres cas, la tendresse à l'égard de soi-même, et du reflet qu'on croit trouver de soi-même dans autrui, intervient dans le jugement critique : ce qui arrive à Baudelaire à propos de Sainte-Beuve. On sait que le critique ne répondit guère à l'attente du poète, et que, plus profondément, il est difficile de trouver une véritable affinité entre la critique de Sainte-Beuve et celle de Baudelaire. Néanmoins Baudelaire ne manque jamais de témoigner à Sainte-Beuve un respect admiratif. Certes, des raisons d'opportunité expliquent cette attitude, mais elle a aussi une autre signification : le Sainte-Beuve que Baudelaire admire, c'est celui de Joseph Delorme, *où il retrouve, non sans raison, quelque chose de lui-même, quelque chose de ce que sont les* Fleurs du mal.

Enfin, parfois, l'opportunité seule commande certains éloges : mais alors le style s'en ressent; le vrai Baudelaire est absent et tout se passe comme s'il avait lui-même pris soin de nous informer implicitement de son absence. Mais il reste qu'il s'est toujours montré rigoureux et intransigeant lorsque l'essentiel était en cause : sans parler de son hostilité à l'égard de la littérature moralisante, notons qu'il n'a jamais varié dans sa sévérité pour Musset, bien qu'il appartînt lui aussi à la même grande époque que Gautier ou Hugo, mais Alfred de Musset, féminin et sans doctrine, aurait pu exister dans tous les temps et n'eût jamais été qu'un paresseux à effusions gracieuses [1], *donc pas même un*

1. *Théophile Gautier*, III.

ouvrier, *ce qui ne laisse rien subsister à l'actif du bilan. De même le néo-paganisme littéraire, combiné avec le formalisme de l'art pour l'art, malgré quelques très rapides tentations qui ont laissé leur trace dans les* Fleurs du Mal, *n'a jamais pu séduire Baudelaire; quelle que fût son admiration pour Banville, qui d'ailleurs est elle aussi une admiration relative (et il ne faut pas non plus oublier que Banville est un indépendant), Baudelaire en veut à l'école païenne de remplacer l'imagination par le pastiche et l'art pur par le formalisme. Il éreinte le* Prométhée délivré *de Louis Ménard, qui ne le lui pardonnera pas; il ne ménage pas les Lyonnais de la littérature, moins encore que les Lyonnais de la peinture, Soulary ou Laprade,* bureaucrates, professeurs d'écriture[1]; *le néo-paganisme littéraire proprement dit lui est l'occasion d'un des plus beaux morceaux d'irritation qu'il ait écrits :* le goût immodéré de la forme pousse à des désordres monstrueux et inconnus[2]; *et sa colère contre une certaine idée formaliste de l'art le pousse à se contredire, du moins en apparence :* Je comprends les fureurs des iconoclastes et des musulmans contre les images[3]. *C'est que les* images *formalistes de l'art pour l'art, la* plastique *du néo-paganisme n'ont rien à voir avec les images dont il se propose de* glorifier le culte. *Et peut-être est-il d'autant plus irrité qu'à ses yeux du moins, il y a imposture, abus de confiance, sacrilège même, comme si ces* images *étaient le pastiche apocryphe de l'art pur, ce qui aggrave leur cas.*

Car Baudelaire veut jalousement conserver la pureté de son culte : il veille avec une susceptibilité tatillonne sur l'authenticité de la réputation littéraire d'Edgar Poe; selon Asselineau, il s'étonnait qu'on pût vivre sans connaître par le menu

1. Notes sur l'art philosophique, III, *Lyonnais.*
2. *L'École païenne.*
3. *Ibid.*

Poe, sa vie, ses œuvres, *et* il ne permettait pas qu'aucun de ses amis ignorât la moindre circonstance de la biographie de son héros et se fâchait si on ne saisissait pas du premier coup une intention comique, une allusion, une finesse[1]. *Il éclate de violence, lorsqu'on prétend comparer Delacroix à Hugo, et le parallèle sacrilège est, une fois pour toutes, réfuté en un style qui n'admet aucune réplique. C'est que l'admiration est une fraternité spirituelle et Baudelaire appartient, avec ses héros, à une franc-maçonnerie de l'imagination : il a tout l'enthousiasme et toute l'intransigeance des sectaires, mais, pour l'essentiel, sa secte est bien celle de la vraie beauté, de la vraie poésie, de la vraie peinture ; la preuve : il ne s'est pas trompé dans le choix de ses* intercesseurs.

Toute l'œuvre esthétique de Baudelaire est le développement de ce culte des saints de l'art, mais elle reste marquée d'un déséquilibre, dont, peut-être, il n'est pas responsable : lui, poète et homme de lettres, il est contraint de voir la littérature comme un temple vide, une église désaffectée : il arrive tout de même à s'y ménager, au prix de quelques concessions, un nombre bien restreint d'admirations mineures et relatives, comme nous avons dit; mais l'enthousiasme proprement dit, sans lequel il n'est point de culte, il est contraint de le cultiver comme une nostalgie, car il est à peine entré dans la carrière que disparaissent les grands hommes : il se hâte de célébrer Balzac dès le Salon de 1846, *et, après la mort du romancier, il ne pourra écrire sur Théophile Gautier sans célébrer à nouveau, en 1859, le culte balzacien. Parmi les poètes romantiques, il choisit Vigny, et enfin il garda toute sa vie le désir d'écrire sur Chateaubriand,* le grand René. *Baudelaire verra mourir Delacroix et c'est dans l'article consacré à sa nécrologie qu'il évoquera, auprès de lui, les grands morts de la littérature, en décrivant* cette dépression d'âme, cette

---

1. Asselineau, *Charles Baudelaire*, 1869, p. 42.

sensation de solitude croissante que nous avaient déjà fait connaître la mort de Chateaubriand et celle de Balzac, sensation renouvelée tout récemment par la disparition d'Alfred de Vigny [1]. *Ce sont là en effet les trois génies de la littérature dont Baudelaire eût pu écrire avec la même foi et la même admiration absolue que celles qu'il voue à Delacroix.*

Mais le drame de Baudelaire, c'est qu'il ne put faire autrement que d'être un chroniqueur : il glisse, à l'occasion de l'actualité, une page sur Balzac, une allusion à Vigny ou à Chateaubriand; il se rattrape, faute de mieux, avec Hugo ou Gautier, ou Banville. Il n'a pu, comme Sainte-Beuve, que sans doute il enviait, se dégager de l'actualité immédiate du journal ou de la revue, pour écrire de grandes études critiques, dont pourtant il n'a jamais cessé de rêver, comme en témoignent ses projets, particulièrement celui qui concerne Chateaubriand et les dandies de la littérature *(qu'il eût été piquant de lire auprès du* Chateaubriand et son groupe littéraire *de Sainte-Beuve). Il n'eut, dans ce domaine littéraire, qu'une chance, celle qui lui permit d'être le traducteur d'Edgar Poe. Et encore n'a-t-il pu vraiment développer son étude de l'Américain, réduite pour nous aux préfaces de ses traductions, alors qu'il semble bien que le projet de Baudelaire ait été de lui consacrer un monument plus digne encore de son admiration.*

Aussi la partie littéraire de son œuvre esthétique est-elle souvent décevante : c'est l'objet de l'admiration qui échappe, mais cette insuffisance même est significative de la spiritualité baudelairienne, car elle prend souvent la forme d'un appel tantôt irrité, tantôt las, tantôt désespéré ; l'imagination, privée de communion authentique, s'accroche à ce qui peut un instant la distraire de sa solitude, ou bien se retourne, si elle le peut, vers le passé, ou bien se satisfait enfin dans ce qui la comble,

1. *L'Œuvre et la vie d'Eugène Delacroix*, VIII.

mais qui lui vient de si loin : la traduction et le culte de l'Étranger, qui n'en est pas moins le frère le plus proche, Edgar Poe.

Mais les beaux-arts, la peinture en particulier, et aussi la gravure, lui offrent la compensation désirée. Ce poète du verbe va trouver ses véritables frères spirituels parmi les poètes de la couleur et de la forme, avec même toute la gamme des admirations possibles, tous les registres du surnaturalisme, de Delacroix à Constantin Guys, de Corot à Daumier, de Goya à Legros. Car c'est là ce qui fait la grandeur de Baudelaire : non pas seulement l'exactitude et souvent l'originalité de son jugement proprement critique, mais plus encore l'ampleur de son univers esthétique, cependant rassemblé dans l'unité profonde de sa nature spirituelle. Ampleur et unité, c'est ce qui caractérise l'expérience esthétique de Baudelaire, et c'est ce qu'il ne faut jamais perdre de vue pour en comprendre le sens profond, pour comprendre aussi ce qu'elle a parfois de déconcertant.

De plus la peinture est vivante, elle a un avenir selon le cœur de Baudelaire, qu'il peut voir se former sous ses yeux. Tandis que, du côté de la poésie, en 1860, Mallarmé n'a que dix-huit ans et Rimbaud six, à la même date, alors que Delacroix a soixante-deux ans, Baudelaire peut assister aux débuts de Manet, qui a vingt-huit ans et de Legros qui en a vingt-trois[1] *; comme on sait, il ne manque pas de saluer aussitôt la naissance de leur œuvre; il se lie d'amitié avec chacun d'eux comme il aurait aimé faire avec Edgar Poe,*

1. Toutefois si Baudelaire reste indéfectiblement fidèle à son admiration pour Legros, il aura à l'égard de Manet quelques variations, c'est le moins qu'on puisse dire, si on se réfère à une lettre où il lui écrit : *Vous n'êtes que le premier dans la décrépitude de votre art.* Mais cette lettre est de 1865, époque où la maladie du poète empire de jour en jour et où il est sujet à de singulières sautes d'humeur. Nous ne pensons donc pas que ce reniement, peut-être pathologique, de son admiration, puisse annihiler ce qu'il avait écrit en des jours de santé physique et mentale plus assurée.

comme il a tenté de faire, à travers la belle-mère de l'Américain, Maria Clemm. Car le culte baudelairien s'étend à la personne de l'artiste, l'esthétique de l'imagination et du salut spirituel par l'art pur ne pouvant admettre que l'homme et l'artiste soient, de quelque manière, dissociés. Et, par exemple, si le personnage *littéraire de Hugo intéresse Baudelaire, c'est la* personne *de Hugo qui interdit son accès au paradis esthétique :* Cet homme est si peu élégiaque, si peu éthéré, qu'il ferait horreur même à un notaire [1].

C'est pourquoi Baudelaire accorde tant d'importance à ses relations personnelles avec Delacroix; elles conditionnent en effet la validité de son admiration et la portée de son culte; il y a là un petit problème qu'il faut rapidement élucider au passage. On sait combien, dans ses écrits, Baudelaire aime se référer aux conversations qu'il eut avec le Maître, et il suggère qu'il bénéficia de son amitié, cette amitié dont Delacroix n'était pas prodigue. Jacques Crépet a soutenu que le dévouement de Baudelaire ne fut pas payé de retour et, à l'appui de sa thèse, il invoque la rareté et la banalité des lettres de Delacroix au poète. Cette thèse nous paraît néanmoins contestable, si l'on tient compte du caractère même de Delacroix, du fait qu'il était largement l'aîné de Baudelaire, et surtout qu'il était, aux yeux mêmes de son admirateur, un immense génie siégeant au sommet de son Olympe. D'ailleurs, nous ne pouvons rien savoir des relations personnelles entre les deux hommes telles qu'elles purent s'établir à travers leurs contacts et leurs conversations, mais il reste que Baudelaire ne peut être suspecté de mensonge lorsque, parlant de ce qui se passa en lui au moment où il apprit la mort de Delacroix, il écrit : celui que j'ai tant aimé, celui qui a daigné m'aimer, et qui m'a tant appris [2]. *Et même dans cette correspondance que Jacques Crépet juge trop froide,*

1. *Fusées*, XXII (sur Hugo-Prométhée).
2. Exorde de la conférence prononcée à Bruxelles.

n'y aurait-il que cette lettre du 27 juin 1859 (que l'on trouvera reproduite dans notre note de la page 342), elle suffirait à illustrer la communion spirituelle qui se développa entre les deux hommes.

Exemplaire, le cas de Delacroix n'est pas unique : nous avons déjà parlé des efforts de Baudelaire pour entrer en contact, à propos d'Edgar Poe, avec Maria Clemm, à qui est dédiée, en termes remarquables, la traduction des Histoires extraordinaires; *nous venons de signaler ses rapports amicaux avec Manet et Legros; il entra de même en contact avec Constantin Guys; à l'égard de Daumier, il entreprit de dresser, avec l'aide de l'artiste, le catalogue de ses œuvres, et dut d'ailleurs y renoncer, tant la tâche leur parut, à tous deux, surhumaine. Ainsi l'admiration esthétique conduit à l'amitié humaine, et il est sûr qu'en retour l'amitié éclaire et stimule l'admiration. Ce qui manque justement à l'admiration, lorsqu'elle n'est que relative, ou d'opportunité, c'est ce ferment de l'amitié : Baudelaire essaye, par une sorte d'autosuggestion, de le faire intervenir dans son article sur Théophile Gautier, mais on sent tout de même que le cœur n'y est pas vraiment; cet élément est totalement absent des relations de Baudelaire et de Hugo, malgré la lettre de ce dernier qui contient la célèbre formule du* frisson nouveau *à propos des* Fleurs du Mal; *Baudelaire eût voulu que s'établît un peu d'amitié entre lui-même et Sainte-Beuve, mais c'était à Joseph Delorme que s'adressaient les avances de Baudelaire, et dans ce cas, il est bien vrai que la réponse ne vint pas.*

Faute d'ailleurs du contact personnel, parfois impossible, l'amitié s'établit néanmoins par une communion spirituelle dont les symptômes constants ne trompent pas; ce fut le cas, par exemple, avec Wagner :

A partir de ce moment, c'est-à-dire du premier concert, je fus possédé du désir d'entrer plus avant dans l'intelligence de ces œuvres singulières. J'avais subi une *opération spirituelle* [1], une révélation. Ma volupté avait été si forte et si terrible, que je ne pouvais m'empêcher d'y vouloir retourner sans cesse [2].

Ainsi comprend-on l'importance personnelle de l'expérience esthétique dans une destinée comme celle de Baudelaire : il doit en effet à l'art le seul salut qui lui ait été accessible, et, parce que l'art lui restitue son âme, au-delà de toute précarité et de toute vulnérabilité, ses sens spirituels *deviennent en lui si aigus, si perspicaces, que le voici, presque malgré lui, prophète : peut-être s'étonnera-t-on de voir figurer, parmi ces gloires qu'il promet à l'immortalité, un artiste comme Constantin Guys, qui inspira cependant les pages maîtresses du* Peintre de la vie moderne; *certes il n'est pas question, et telle n'est pas l'intention de Baudelaire, de situer Constantin Guys au niveau de Delacroix ou de Poe; mais à la suite de Baudelaire, nous le réhabiliterions volontiers; en tout cas, Baudelaire n'a pas tort de voir en lui ce qu'on pourrait appeler la forme anecdotique du surnaturalisme, ce que lui-même a tenté d'exprimer en littérature dans quelques-uns de ses poèmes en prose. Constantin Guys, c'est bien l'insolite secret du quotidien, c'est bien ce surnaturalisme de la mode et de la toilette si cher à Baudelaire, parce qu'il implique une esthétique de la surprise dans le double sens de ce mot : l'artiste surprend le secret même de l'anecdote, et c'est ce qui charme la curiosité de Baudelaire. Puisque Baudelaire avait projeté d'écrire une étude sur Chateaubriand et le dandysme, renvoyons le lecteur à cette belle page des* Mémoires d'outre-tombe [3] *trop longue pour être intégralement citée ici, mais où le dandysme britannique est évoqué comme le triomphe de l'insolence*

1. C'est nous qui soulignons.
2. *Richard Wagner et Tannhäuser à Paris*, I.
3. Livre XLVII, chap. 3.

*esthétique, comme, aussi, le caprice élevé à la hauteur d'un art, la mode transformée en un rite presque sacré : comme cela est baudelairien ! et c'est là ce qui explique, en tout cas, la place faite à Constantin Guys, comme, à un moindre degré, à Gavarni ou à Lami. C'est un fait que, dans tout le XIX*e *siècle, il n'est pas d'artiste qui ait porté mieux que Constantin Guys à une telle perfection, dans son ordre, l'esthétique baudelairienne du dandysme. Or le paradis esthétique de Baudelaire n'eût pas été complet sans cette forme particulière du* bizarre, *sans cet apport nécessaire de la modernité surnaturaliste.*

Quoi qu'il en soit, d'avoir découvert, compris, aimé, Manet, Legros, Boudin, Meryon, et quelques autres, sans même parler de Delacroix, de Corot, de Poe, de Wagner, cela suffirait largement à la gloire de Baudelaire, comme d'avoir aussi pénétré, à propos de Théodore Rousseau ou des peintres anglais, la signification spirituelle du Paysage moderne, et d'avoir, presque seul, diagnostiqué à la fois le mal qui minait la peinture religieuse et le remède à la crise qu'elle traversait. Mais que cette lucidité exceptionnelle ait été faite autant d'imagination que d'intelligence, autant de curiosité que de science technique, autant d'amitié que de sens critique, c'est là la grande originalité de Baudelaire, ainsi intégralement poète dans le compte rendu passionné de cette expérience esthétique qui est aussi pour lui sa grande expérience spirituelle.

VI

De l'art comme exercice spirituel

Dans un article sur Thomas Moore — dont Baudelaire a fort bien pu avoir connaissance — Edgar Poe, revenant sur la distinction entre fancy *et imagination, écrit :*

La vérité est que la distinction exacte qu'il faut faire entre *fancy* et imagination tient dans la considération du *mystique*... Le *mystique* a la puissance d'un accompagnement en musique. L'accompagnement donne vie à la mélodie, au thème. Le *mystique* spiritualise les conceptions de la *fancy* et les élève jusqu'à *l'idéal*[1].

C'est exactement la définition de l'art pur selon Baudelaire, mais, si l'on prend les mots au sérieux — et il faut les prendre au sérieux — c'est la définition de l'art comme exercice spirituel.

Or c'est bien à une telle définition, en fin de compte, que se réfère toute l'œuvre esthétique de Baudelaire : et grâce à la rigueur, à la constance, à l'intransigeance de cette référence, Baudelaire inaugure, à la suite de Coleridge et d'Edgar Poe, un nouvel âge esthétique, dont il fut, incontestablement, en France, le premier promoteur. Mais les temps étaient mûrs, ou, du moins, ne tarderaient pas à l'être, et c'est une longue étude particulière qu'exigerait l'histoire posthume de l'esthétique baudelairienne. Nous ne pouvons ici y prétendre, et en ce qui concerne la poésie de Baudelaire au surréalisme, *comme le dit le titre de l'ouvrage capital de Marcel Raymond, il est devenu banal de souligner ce qu'elle doit à l'auteur des* Curiosités esthétiques. *Mais il nous reste à dire peut-être ce que signifie d'essentiel la définition de l'art comme exercice spirituel.*

Et c'est encore aux pages écrites par Baudelaire sur Delacroix qu'il nous faut recourir : que la peinture du Maître déclenche les fêtes du cerveau, *qu'elle soit le lieu et la scène des* beaux jours de l'esprit, *que, tout aussi bien, la musique de Wagner apparaisse aussitôt comme une* opération spirituelle, une révélation, *que peuvent bien signifier ces formules sinon que, pour Baudelaire, il s'agit*

1. Nous citons ce texte d'après la traduction qu'en donne Ch. Bellanger dans son édition du *Poetic principle* (Paris, Éd. du Myrte, 1945).

bien, comme pour Edgar Poe, d'une contemplation et d'une connaissance proprement mystiques, *accès à une réalité spirituelle où coïncident beauté et vérité. Ce pourquoi Baudelaire, dans son article sur l'*École païenne, *n'hésite pas à écrire :*

S'environner exclusivement des séductions de l'art physique, c'est créer de grandes chances de perdition. Pendant longtemps, bien longtemps, vous ne pourrez voir, aimer, sentir, que le beau, rien que le beau. Je prends le mot dans un sens restreint. Le monde ne vous apparaîtra que sous sa forme matérielle. Les ressorts qui le font se mouvoir resteront longtemps cachés.

Texte capital, car il implique clairement la distinction entre l'art physique *et l'art* spirituel, *comme aussi la distinction parallèle entre le beau, dans son sens* restreint, *et le beau dans son sens spirituel et authentique. Il implique encore que s'il y a, au niveau* physique, *conflit entre l'art et l'utile, il y a, au niveau* spirituel, *synthèse du beau et du vrai. Car la vérité est de cet ordre* méta*physique auquel donnent accès la création et la connaissance.*

C'est dire combien le dandysme baudelairien s'oppose au dilettantisme, comme son spiritualisme s'oppose à l'esthétisme. Et l'on songe à certaines phrases de Marcel Proust, comme celle-ci :

Pour des raisons dont la recherche toute métaphysique dépasserait une simple étude d'art, la Beauté ne peut pas être aimée d'une manière féconde si on l'aime seulement pour les plaisirs qu'elle donne. Et, de même que la recherche du bonheur pour lui-même n'atteint que l'ennui et qu'il faut pour le trouver autre chose que lui, de même le plaisir esthétique nous est donné par surcroît si nous aimons la Beauté pour elle-même, comme quelque chose de réel existant en dehors de nous et infiniment plus important que la joie qu'elle nous donne [1].

---

1. Préface à la traduction de la *Bible d'Amiens*, de Ruskin.

C'est bien ce quelque chose de ré. l, infiniment plus important *que le plaisir, qui motive la quête baudelairienne de l'art pur, qui anime sa curiosité et exalte son admiration; et pour citer encore Marcel Proust :* L'art est ce qu'il y a de plus réel, la plus austère école de la vie, et le vrai Jugement Dernier [1].

De Baudelaire à Marcel Proust — ce dernier directement influencé par un contemporain de Baudelaire, chez qui, malgré d'importantes divergences, on trouverait aisément des résonances analogues, John Ruskin — la filiation est continue, qui instaure comme une des grandes idées-forces de l'esthétique moderne, face au positivisme comme au dilettantisme ou à l'esthétisme, l'idée de la spiritualité de l'art. Et le Temps retrouvé *de Proust, où il est affirmé, ce que n'eût pas démenti Baudelaire, que* la vérité suprême de la vie est dans l'art [2] *est bien une réponse baudelairienne au* Le Temps mange la vie *des* Fleurs du Mal.

*Resterait à poser le problème — philosophique — de l'efficacité réelle de cette spiritualité esthétique : au seuil de cette interrogation s'arrête notre tâche. Mais, en tout état de cause, l'expérience de Baudelaire garde pleinement sa valeur de témoignage. C'est peut-être surtout comme témoin qu'il voulait être lu et jugé : qu'il ait été un témoin exemplaire, malgré tant de difficultés, de la spiritualité de l'art, en un temps où pareille foi n'allait pas de soi et où Renan, dans l'*Avenir de la science, *pouvait écrire :* Il viendra un jour où le grand artiste sera une chose vieillie, presque inutile [3], *voilà qui suffit largement à justifier son œuvre.*

HENRI LEMAITRE.

1. *A la recherche du temps perdu, le temps retrouvé* (N. R. F. II, p. 26).
2. *Ibid.*, p. 58.
3. *L'Avenir de la science*, chap. 10.

NOTE SUR LE TEXTE

I. — Historique des projets de Baudelaire

Que Baudelaire ait eu l'intention de réunir en volume et de faire figurer dans ses Œuvres complètes *ses écrits critiques, c'est un fait certain, et la preuve, s'il en était besoin, de l'importance qu'il attachait lui-même à cette part éminente de son œuvre d'écrivain. La postérité n'a fait, par son attention croissante, que confirmer le sentiment de l'auteur.*

Mais, comme on sait, Baudelaire ne devait pas accomplir ce dessein (non plus que quelques autres), et lorsqu'au début de 1866 échoua le dernier projet d'Œuvres complètes *auprès des éditeurs Garnier, c'en fut fait, du même coup, de la réunion en volume des écrits critiques, qui ne devaient enfin voir le jour, chez l'éditeur Michel Lévy, qu'après la mort de Baudelaire, et par les soins de ses amis Banville et Asselineau, en 1868.*

L'auteur n'en avait pas moins élaboré un certain nombre de projets successifs, qui peuvent aider à comprendre ses intentions et à définir les problèmes que pose l'édition de ce texte.

Tandis que, dès 1845, Baudelaire projette de dépasser la simple actualité pour écrire des ouvrages esthétiques de caractère général (la couverture du Salon de 1845 *annonce, comme* « sous presse » *ou* « pour paraître prochainement » *:* De la Peinture moderne, De la Caricature *et* David, Guérin, Girodet), *c'est en 1853 (lettre à sa mère du 26 mars) qu'il pense à réunir, pour la première fois, un certain nombre de ses écrits critiques : les* Salons *de 1845 et 1846* *auxquels seraient joints les textes inédits sur* la Caricature; *projet complété en 1855 (annonce parue dans* le Portefeuille, *8 juillet) par l'adjonction de l'article sur l'*Exposition universelle *et du titre :* Peintres, statuaires et caricaturistes. *C'est enfin en 1856 que ce projet prendra forme un peu plus sérieusement dans un contrat avec Poulet-Malassis, où il est dit que « M. Ch. Baudelaire vend à MM. Poulet-Malassis et Eugène de Broise deux ouvrages, l'un,* Les Fleurs du Mal, *l'autre :* Bric-à-brac esthétique. *M. Charles Baudelaire livrera* Les Fleurs du Mal *le 20 janvier prochain et le* Bric-à-brac esthétique *à la fin de février ». En 1857, le titre allait devenir* Curiosités esthétiques *(9 mars), avec la variante* Variétés et curiosités esthétiques *(annoncé comme* « sous presse » *dans* le Rabelais, *mai-juin 1857). En juin 1857, l'ouvrage était annoncé sur la couverture des* Fleurs du Mal.

Quelle devait être la matière de cette première publication? On peut en reconstituer la table d'après un projet de sommaire retrouvé par Jacques Crépet et publié dans les Reliquiae *(tome II) comme datant de la fin de 1857. Il constitue la première figure de ce recueil esthétique qui devait encore évoluer par la suite :*

Dédicace à Champfleury. — Salon de 1845. — Le Musée du Bazar Bonne-Nouvelle. — Méthode de critique. — (1855). — Ingres en 1855. — Delacroix en 1855. — De l'essence du rire. — Quelques caricaturistes français et étrangers. — L'École païenne. — L'École vertueuse. — Le Haschisch et la Volonté. — Alfred Réthel, Janmot et Chenavard ou l'idée dans l'Art. — L'Intime et le Féerique (Angleterre). — Musées perdus et musées à créer. — Lettre esthétique à S. M. Napoléon III.

On voit que ce premier projet incluait dans les écrits esthétiques une partie de ce qui deviendra plus tard les Paradis artificiels, *et certains écrits à faire qui ne verront jamais le jour (l'étude sur la peinture anglaise, et le plaidoyer pour la reconstitution du Musée espagnol qui était sans doute le sujet des deux derniers articles) ; il faut remarquer d'autre part qu'à cette date le projet de Baudelaire ne comportait aucun article de critique littéraire.*

Mais peu à peu, dans les années suivantes, allait prendre forme un second projet, prévoyant deux recueils distincts, l'un consacré à la critique d'art, l'autre à la critique littéraire. Baudelaire en effet avait écrit vers la même époque ses notices sur Edgar Poe et Théophile Gautier; il pensa un instant les insérer dans les Curiosités, *mais, dès 1859, il écarte de ce recueil aussi bien les notices littéraires que le texte sur* l'Opium *(lettre à Poulet-Malassis du 29 avril 1859). Ainsi se trouve-t-il amené à concevoir désormais deux volumes, selon un second projet qui prend forme d'abord dans une annonce sur la couverture du* Théophile Gautier *(novembre 1859 :* sous presse : *Curiosités Esthétiques, 1 vol., et* en préparation : *Notices littéraires, 1 vol.,), puis, de façon plus précise, dans un contrat avec Poulet-Malassis et de Broise du 1er janvier 1860, où il est dit :*

M. Charles Baudelaire vend à Poulet-Malassis et de Broise un tirage de quinze cents exemplaires des quatre volumes suivants :

Fleurs du Mal (2e édition augmentée de vingt pièces nouvelles);

Opium et Haschisch;

Opinions littéraires;

Curiosités esthétiques.

Les Curiosités esthétiques *devaient comprendre à cette date, outre les articles du projet de 1857, le* Salon de 1859, Monsieur G. peintre de mœurs *et* l'Art enseignant[1].

1. Ces deux articles devenus ultérieurement le *Peintre de la vie moderne* et l'*Art philosophique*.

Quant au sommaire des Opinions littéraires, *il nous est donné dans une lettre à Poulet-Malassis du 15 décembre 1859 (où le titre est :* Notices littéraires). *Au cours de l'année 1859 en effet, Baudelaire avait écrit, pour l'anthologie des* Poètes français *d'Eugène Crépet, un certain nombre de notices qui, jointes au Théophile Gautier et aux notes sur Edgar Poe, formaient naturellement la matière d'un volume dont la table s'établissait alors ainsi :*

I. Edgar Poe, sa vie et ses œuvres.
II. Nouvelles notes sur Edgar Poe.
III. Dernières notes sur Edgar Poe.
IV. Théophile Gautier (I)
V. Théophile Gautier (II)
VI. Pierre Dupont (I)
VII. Pierre Dupont (II)
VIII. Leconte de Lisle
IX. Desbordes-Valmore.
X. Auguste Barbier.
XI. Hégésippe Moreau.
XII. Pétrus Borel.
XIII. Gustave Le Vavasseur.
XIV. Rouvière.

De 1860 à 1865, tandis que la matière des Curiosités esthétiques *ne semble pas avoir subi de modification notable (mais Baudelaire les offrira en vain en 1861-1862 à divers éditeurs, Hetzel et Didier en particulier), le projet de* Notices littéraires, *lui, évolue.*

En juin 1860 en effet il reparaît sur la couverture des Paradis artificiels *avec un nouveau titre,* Réflexions sur quelques-uns de mes contemporains *et quelques additions :*

Edgar Poe, Théophile Gautier, Pierre Dupont, Richard Wagner, Auguste Barbier, Leconte de Lisle, Hégésippe Moreau, Pétrus Borel, Marceline Desbordes-Valmore, Gustave Le Vavasseur, Gustave Flaubert, Philibert Rouvière, la famille des Dandies ou Chateaubriand, de Custine, Paul de Molènes, Barbey d'Aurevilly.

Le recueil est donc enrichi de nouveaux apports, parmi lesquels le plus important est sans doute l'article sur Wagner (il se peut même que son introduction puisse partiellement expliquer le changement de titre, puisque cet article musical ne pouvait guère entrer sous la rubrique : Opinions littéraires); *notons aussi que l'article sur le Dandysme, auquel pourtant Baudelaire attachait une grande importance, ne fut jamais écrit (non plus que, dans les* Curiosités, *celui sur la peinture anglaise).*

Au cours des années qui suivent, Baudelaire a de plus en plus de mal à « placer » *ses recueils : les notices littéraires paraissent d'abord dans la* Revue fantaisiste *en 1861, puis dans l'anthologie des* Poètes français *en 1862, mais Baudelaire ne trouve toujours pas d'éditeur pour la publication en volume. Un instant, en 1864, Michel Lévy avait semblé vouloir la prendre en charge; mais ce fut un espoir vite déçu. En 1865, l'auteur confie à Julien Lemer le soin de négocier la vente de son ouvrage et lui remet à cet effet, à la date du 23 février, le sommaire que voici :*

Réflexions sur quelques-uns de mes contemporains. Divisées en deux parties ou deux volumes. Ceci n'est pas un paquet d'articles de journaux. Bien que ces articles, inconnus pour la plupart, aient paru à de très longs intervalles, ils sont reliés entre eux par une pensée unique et systématique. J'ai une assez vive envie de montrer ce que j'ai su faire en matière de critique.

I. BEAUX-ARTS. David au Bazar Bonne-Nouvelle. — Salon de 1846. La Critique, le Dessin, la Couleur, le Chic, le Doute, Comment l'emporter sur Raphaël, etc. — Delacroix à l'Exposition universelle. — Ingres à l'Exposition universelle. — Méthode de critique. — Salon de 1859. L'Artiste moderne et la photographie, la Critique, la Reine des Facultés, le Public moderne, etc. — De l'Essence du Rire. — Caricaturistes français. — Morale du Joujou. — Peintures murales d'Eugène Delacroix. — La Peinture didactique (Chenavard, Kaulbach, Janmot, Réthel). — Le peintre de la Modernité (Constantin Guys de Sainte-Hélène).

II. — LITTÉRATURE. — Edgar Poe, sa vie, ses œuvres. — Notes nouvelles sur Edgar Poe. — Victor Hugo. — Desbordes-Valmore. — Pétrus Borel. — Hégésippe Moreau. — G. Le Vavasseur. — Théodore de Banville. — Leconte de Lisle. — Pierre Dupont. — Théophile Gautier. — Philibert Rouvière. — Être comédien ou pape! — Richard Wagner à Paris. — Les Dandies de la littérature depuis Chateaubriand. — Histoire des *Fleurs du Mal.*

Cette fois encore, tandis que la partie Beaux-Arts *comprend toujours sensiblement les mêmes articles, avec cependant l'omission de l'étude sur les Anglais, la partie* Littérature *retranche Auguste Barbier et Gustave Flaubert, et ajoute Victor Hugo, Théodore de Banville et l'histoire des* Fleurs du Mal. *Peut-être Baudelaire avait-il songé à un troisième volume qui eût rassemblé ses études particulières sur le roman* (Madame Bovary, les Misérables, la Double Vie, les Martyrs ridicules), *que, justement, et peut-être pour cette raison, les éditeurs posthumes grouperont à part à la fin de* l'Art romantique.

Enfin l'année suivante, alors que se poursuivaient les négociations avec un nouvel éditeur, une note pour M. Hippolyte Garnier, *jointe à la lettre à Ancelle du 6 février 1866, nous fournit le dernier état des projets de Baudelaire : elle comporte un léger changement de titre, et, dans la partie littéraire, rétablit l'article sur Barbier et remplace l'histoire des* Fleurs du Mal *par une étude sur Sainte-Beuve :*

Quelques-uns de mes contemporains, Artistes et Poètes, 2 vol.

Le Dessin (Ingres). La Couleur (Delacroix). Le Chic (Vernet). L'Éclectisme et le Doute (Scheffer et Delaroche). La Beauté *moderne*. — Méthode de Critique. — Delacroix et Ingres à l'Exposition universelle. — La Reine des Facultés. — Le Public et la Photographie. — L'Artiste *moderne*, etc. — L'Essence du Rire. Caricaturistes français. — Morale du Joujou. — Le Peintre de la *Modernité* (Constantin Guys de Sainte-Hélène). — L'Art didactique, écoles allemande et lyonnaise. — La Vie et les Œuvres de Delacroix.

Edgar Poe, sa Vie et ses Œuvres. Victor Hugo. Desbordes-Valmore. Auguste Barbier. Pétrus Borel. H. Moreau. G. Le Vavasseur. Th. de Banville. P. Dupont. Th. Gautier. Leconte de Lisle. Rouvière. Richard Wagner. Les Dandies (Chateaubriand et autres). Sainte-Beuve, ou Joseph Delorme jugé par l'auteur des *Fleurs du Mal.*

Cet ultime projet ne devait pas non plus aboutir et, selon une lettre du 5 mars 1866, Baudelaire semble même avoir renoncé à la publication de ses œuvres critiques en deux volumes, pour songer à « de mignonnes brochures faites dans le système de la Bibliothèque originale ».

II. — Établissement du texte

Quelles conclusions pouvons-nous donc tirer de cette histoire des projets de Baudelaire quant à l'établissement du texte de notre édition? Il convient, naturellement, avant d'aller plus loin, de considérer maintenant la forme prise par l'édition posthume de 1868-1869.

Telle qu'elle se présente à nous, elle comporte deux volumes, d'importance matérielle à peu près équivalente, sous les titres : Curiosités esthétiques *et* l'Art romantique. *Quelques remarques s'imposent aussitôt :*

1. — *Des deux titres, l'un,* Curiosités esthétiques, *appartient à Baudelaire, et si on ne le savait d'autre part,*

on pourrait s'en douter d'après les résonances qu'il suggère ; il remonte, en tout cas, au moins à 1857, année où il remplace le titre Bric-à-brac esthétique, *qui figurait à la suite des* Fleurs du Mal, *dans le contrat de 1856 avec Poulet-Malassis. L'autre titre,* l'Art romantique, *ne suggère certes aucune résonance spécialement baudelairienne, et, de fait, ne se trouve nulle part dans les projets de Baudelaire, mais le volume contient cependant un certain nombre d'articles groupés sous un titre qui, lui, appartient bien au poète :* Réflexions sur quelques-uns de mes contemporains.

2. — *A la lecture de la table des matières, on s'aperçoit, non sans quelque surprise, que, si les* Curiosités esthétiques *ne contiennent que des textes sur les Beaux-Arts,* l'Art romantique *groupe aussi, pour commencer, des écrits sur ce même sujet, suivis de* critiques littéraires, *parmi lesquelles la série des* Réflexions. *Comment expliquer cette évidente anomalie, sinon, simplement, par des raisons matérielles tout à fait compréhensibles. Étant données les dimensions respectives de l'une et l'autre parties de l'œuvre critique, il était évidemment impossible d'opérer une répartition exacte par matières — Beaux-Arts et Littérature — car on eût obtenu un volume assez épais et un autre volume plus mince.*

De ces constatations, il ressort que seule une édition complète en un volume peut procéder à cette répartition logique de l'œuvre critique en deux parts distinctes. Ajoutons même que, lorsque se trouvent ainsi levés les obstacles matériels, cette répartition est pour l'éditeur un véritable devoir de fidélité à la volonté de Baudelaire. D'autant plus qu'à en juger par les deux titres Curiosités *et* Réflexions *la division ne correspond pas seulement à une distinction de matière (art et littérature) mais aussi, peut-être, à une différence plus profonde entre les écrits où domine, à l'occasion de l'actualité entendue dans un sens large, ce qu'on appellerait aujourd'hui la* « philosophie de l'art », *et d'autres écrits plus purement critiques et plus étroitement soumis à la circonstance.*

Baudelaire, en tout cas, dans les différentes listes ou projets conservés manifeste clairement sa volonté de maintenir cette distinction de base entre Beaux-Arts et Littérature : elle est, en particulier, nettement affirmée dans les deux derniers projets élaborés par le poète : la liste de 1865, où les différents articles sont répartis en deux sections : I. Beaux-Arts, *et* II. Littérature, *et la* Note pour M. Hippolyte Garnier, *où, sous le titre général* Quelques-uns de mes contemporains, Artistes et Poètes, 2 vol., *se retrouve la même répartition méthodique.*

Ainsi se trouve réglée la question de la répartition des matières et l'on trouvera dans la présente édition cette division en deux grandes parties, Beaux-Arts *et* Littérature *(cette seconde partie comprenant aussi, conformément aux listes de Baudelaire, l'article sur Wagner).*

Quant aux titres, celui de la première partie ne fait pas difficulté : si Baudelaire a hésité, il reste que le titre Curiosités esthétiques, *couvrant les écrits sur les Beaux-Arts, est de lui, et que, comme il est devenu traditionnel, rien ne s'oppose à ce qu'il soit conservé; au contraire, tout y oblige. Mais il n'en est pas de même pour* l'Art romantique : *en toute rigueur, ce titre devrait être abandonné sans regret (il est vague, et, pour une part, inadéquat) ; il pourrait être heureusement remplacé, semble-t-il, par un de ceux auxquels avait songé Baudelaire; mais, parmi ces derniers, le plus valable,* Réflexions sur quelques-uns de mes contemporains, *doit être, en tout état de cause, repris pour* « coiffer » *la série des articles réunis précisément sous ce titre dans l'édition de 1869. On ne saurait d'autre part négliger le fait que, si peu satisfaisant qu'il soit, le titre* l'Art romantique *est lui aussi devenu traditionnel, et ne peut donc être aboli, ne serait-ce que pour la commodité des références. On le conservera donc, mais, si l'on peut dire, en plus petits caractères, et après avoir pris soin d'avertir le lecteur, ce que voilà fait.*

Reste à considérer la matière même du texte : elle s'est singulièrement augmentée à la suite des nombreuses découvertes et publications posthumes qui se sont succédé depuis 1868. Certes Baudelaire avait commencé d'élaborer un choix, mais certains articles qu'il avait prévu d'écrire n'ont jamais vu le jour. Deux solutions s'offrent donc théoriquement à l'éditeur : ou bien ne conserver que les articles énumérés dans les dernières listes de Baudelaire, et regrouper à part tous les autres textes, ou bien publier tout ce qui a été conservé de ses écrits critiques selon un ordre à déterminer. La première solution serait peut-être la plus rigoureusement juste et fidèle ; il nous a paru cependant que son incommodité, malgré tout, la condamnait. Or, comme nous souhaitons offrir au lecteur une édition à la fois commode et complète, c'est donc la seconde solution qui s'impose. Mais quel ordre adopter? L'ordre traditionnel, celui de l'édition de 1868, est partiellement arbitraire ; mais on doit aussi reconnaître qu'il est impossible de découvrir, à coup sûr, dans les projets de Baudelaire, l'ordre auquel il se fût lui-même arrêté. Faut-il alors rétablir intégralement et minutieusement l'ordre chronologique de première publication? Cette solution suppose qu'on introduise alors à leur place chronologique les divers textes et fragments découverts et publiés depuis 1868 (à supposer qu'on puisse, dans tous les cas, retrouver avec certitude leur date de composition ou de publication en revue) ; mais on obtiendrait ainsi une collection fort disparate (et dont la lecture suivie serait bien désagréable !) puisqu'elle ferait fâcheusement voisiner des textes élaborés avec de simples notes ou fragments. De plus ce serait être infidèle aux intentions de Baudelaire, qui, en tout cas, voulait que chacun des recueils eût l'aspect et les caractères d'un vrai livre.

Problème complexe, comme on voit, et, en toute rigueur, insoluble ! Pourtant trois principes sont à sauvegarder entre lesquels nous devons trouver une sorte de compromis : 1. Distinction de base entre une section Beaux-Arts *et une section* Littérature. *2. Constitution de chacun des recueils avec des textes suffisamment élaborés. 3. Recours à l'ordre chronologique dans le cadre et les limites d'application des deux principes précédents.*

Les conséquences de ce parti (et de ce que nous avons dit plus haut concernant la distinction des matières) se déduisent d'elles-mêmes : une première partie, sous le titre baudelairien et traditionnel : Curiosités esthétiques, *groupe les écrits élaborés sur les Beaux-Arts*[1]*; une seconde partie, sous le titre traditionnel et non-baudelairien :* l'Art romantique, *groupe les écrits élaborés sur la Littérature. Dans un cas comme dans l'autre, l'ordre interne est l'ordre chronologique de première publication ou, à défaut, de composition. Pour compléter l'édition, deux* appendices documentaires *groupent à la suite de chaque partie, toujours selon l'ordre chronologique, les notes et fragments divers (auxquels nous avons joints des extraits des* Journaux intimes) *se rapportant à chaque catégorie de sujets.*

Enfin, nous faisons figurer dans cette édition les Notes sur Edgar Poe [2], *bien que ces textes aient déjà été publiés, dans cette même collection, à la place que Baudelaire leur avait assignée, en préface aux traductions des* Histoires extraordinaires *et des* Nouvelles Histoires... *Mais Baudelaire avait aussi constamment prévu leur reprise. Ils sont d'autre part assez importants, et l'influence de Poe sur l'esthétique baudelairienne est assez considérable, pour qu'une édition de l'œuvre critique ne puisse se dispenser de les reproduire. Par application des principes énoncés plus haut, nous*

---

1. Le texte sur l'*Art philosophique* est certes inachevé ; mais la pensée de Baudelaire, qui n'a cessé, tout au long de sa vie, de méditer sur le sujet, y est, elle, suffisamment ferme et élaborée pour qu'il ait ici sa place.

2. Aux deux préfaces, nous avons joint, à la date de 1852, la notice sur *Bérénice*, publiée dans l'édition Lemonnier des traductions de Poe (Classiques Garnier).

les avons insérés à leur place chronologique dans la section Littérature (L'Art romantique).

Nous venons d'exposer les raisons du parti auquel nous nous sommes finalement arrêté; mais ce n'est pas sans avoir le sentiment qu'il résulte d'un inévitable compromis. Les données mêmes du problème sont telles qu'aucune solution ne saurait être considérée comme absolument satisfaisante à tous égards. Nous espérons néanmoins que celle que nous avons choisie pourra donner du texte et de la pensée de son auteur une image aussi fidèle que possible.

H. L.

SOMMAIRE BIOGRAPHIQUE

1821 *(9 avril) : Naissance à Paris, rue Hautefeuille (à l'emplacement actuel de la Librairie Hachette) de Charles-Pierre Baudelaire, fils de François Baudelaire (né en 1759) et de Caroline Archimbaut-Dufaÿs (née en 1793).*
(7 juin) : Baptême à Saint-Sulpice.

1827 *(10 février) : Mort de Joseph-François Baudelaire.*

1828 *(8 novembre) : Mme Baudelaire épouse le chef de bataillon Jacques Aupick (né en 1789).*

1832 : *Le colonel Aupick est nommé à Lyon.*

1833 *(octobre) : Charles Baudelaire est inscrit comme élève interne de la classe de cinquième au Collège royal de Lyon.*

1836 : *Nomination du colonel Aupick à l'État-Major de Paris.*
(1er mars) : Charles Baudelaire élève de Louis-le-Grand.

1837 : *Baudelaire, qui est en seconde, obtient un deuxième prix de vers latins au concours général.*

1838 : *Voyage dans les Pyrénées avec Aupick. C'est après ce voyage qu'il aurait écrit le poème :* Incompatibilité.

1839 *(18 avril) : Baudelaire exclu de Louis-le-Grand.*
(Août) : Baudelaire reçu bachelier. Son beau-père devient général de brigade.

1840 : *Baudelaire se lie d'amitié, à la pension Lévêque et Bailly, place de l'Estrapade, avec les jeunes poètes Gustave Le Vavasseur et Ernest Prarond.*

1841 *(9 juin) : Sur décision du conseil de famille, le général Aupick fait embarquer son beau-fils à Bordeaux sur un navire à destination de Calcutta.*

(1er - 19 septembre) : Séjour à l'Ile Maurice chez M. et Mme Autard de Bragard.

(14 octobre) : Lettre au général Aupick du capitaine commandant le navire, qui signale la volonté du jeune homme d'interrompre le voyage. Baudelaire ira jusqu'à la Réunion mais non jusqu'à Calcutta.

(20 octobre) : Envoi du sonnet A une dame créole *aux Autard de Bragard.*

1842 : *Retour en France en février ou mars. Liaison avec Jeanne Duval, mulâtresse que Baudelaire avait connue au théâtre de la Porte Saint-Antoine. Vers la même époque, il se lie d'amitié avec Félix Tournachon, plus connu sous son pseudonyme de photographe, Nadar.*

(9 avril) : Baudelaire atteint sa majorité et entre en possession de l'héritage paternel : 75 000 francs.

(juin) : Baudelaire s'installe 10, quai de Béthune, île Saint-Louis.

1843 *(février) : Débuts littéraires dans un recueil collectif,* Vers, *publié sous les noms de G. Le Vavasseur, Ernest Prarond et A. Argonne, mais avec la collaboration anonyme de Baudelaire.*

(mai) : Installation à l'Hôtel Pimodan (Hôtel Lauzun), dans l'île Saint-Louis, 17, quai d'Anjou. Relations avec le peintre Fernand de Boisdenier qui habite ce même hôtel où il reçoit, entre autres, Théophile Gautier et Mme Sabatier, et où se réunit le « Club des Haschischins » (cf. les Paradis artificiels*). A l'hôtel Pimodan habite aussi un marchand de tableaux, peintre à ses heures, Arondel, auprès duquel Baudelaire contracte des dettes qui pèseront toute sa vie sur sa situation financière.*

1844 : *Baudelaire collabore à un recueil anonyme,* Mystères galants des théâtres de Paris, *paru le 2 mars.*

(juillet) : Mme Aupick et le conseil de famille décident de doter Baudelaire d'un conseil judiciaire.

(21 septembre) : Désignation de Me Ancelle, notaire à Neuilly, comme conseil judiciaire.

1845 *(Mai) : Publication du* Salon de 1845 *sous le nom de Baudelaire-Dufaÿs.*

(25 mai) : l'Artiste *publie, sous la signature de Baudelaire-Dufaÿs, le sonnet* A une dame créole.

1846 *(février) :* L'Esprit public *publie, signé de Baudelaire,* le Jeune Enchanteur; *il s'agissait en fait de la traduction d'une nouvelle anglaise du révérend Croly, parue en 1836.*

(3 mars) : Dans le Corsaire-Satan : Choix de Maximes consolantes sur l'Amour.

(15 avril) : Dans l'Esprit public : Conseils aux jeunes littérateurs.

(mai) : Publication du Salon de 1846 *(avec annonce sur la couverture de :* les Lesbiennes, *poésies par Baudelaire-Dufaÿs,* le Catéchisme de la Femme aimée, *par le même).*

(6 septembre) : Dans l'Artiste : l'Impénitent (Don Juan aux Enfers).

(13 décembre) : Dans l'Artiste : A une Indienne (A une Malabaraise).

1847 *(janvier) : Dans le* Bulletin de la Société des gens de lettres : la Fanfarlo, *nouvelle où Baudelaire se peint lui-même sous les traits de Samuel Cramer.*

(août) : Marie Daubrun joue dans la Belle aux Cheveux d'Or. *Certains font remonter à cette année-là la liaison du poète avec elle.*

(28 novembre) : Le général Aupick commandant de l'École Polytechnique.

1848 *(24 février) : Baudelaire sur les barricades.*

(27 février et 1er mars) : Deux numéros d'un journal démocratique, le Salut public, *dont les rédacteurs sont Champfleury, Baudelaire et Toubin.*

(10 avril-6 mai) : Baudelaire secrétaire de rédaction de la Tribune nationale, *journal républicain modéré.*

(13 avril) : Le général Aupick ministre plénipotentiaire à Constantinople.

(15 juillet) : Dans la Liberté de penser, *première traduction d'un conte d'Edgar Poe par Baudelaire :* Révélation magnétique.

(20 octobre) : Baudelaire à Châteauroux comme rédacteur en chef du journal conservateur le Représentant de l'Indre. *Tentative sans suite.*

(novembre) : Dans l'Écho des marchands de vin : le Vin de l'Assassin.

1849 : *Relations d'amitié avec le peintre Courbet et l'éditeur Poulet-Malassis.*

1850 *(juin) : Dans* le Magasin des familles : l'Ame du vin *et* Châtiment de l'orgueil, *donnés comme devant appartenir à un recueil de poèmes :* les Limbes.

1851 *(février) : Le général Aupick refuse le poste d'ambassadeur à Londres.*

(7-12 mars) : Dans le Messager de l'Assemblée : du Vin et du Haschisch, *première rédaction d'une partie des* Paradis artificiels.

(9 avril) : Dans la même revue, onze poèmes présentés comme faisant partie d'un recueil intitulé les Limbes.

(18 juin) : Le général Aupick ambassadeur à Madrid.

1852 *(mars-avril) : Dans* la Revue de Paris : Edgar Allan Poe, sa vie et ses ouvrages.

(9 décembre) : Lettre à Madame Sabatier avec envoi du poème A celle qui est trop gaie.

1853 *(1er mars) : Dans* l'Artiste : *traduction du* Corbeau *d'Edgar Poe.*

(8 mars) : Aupick nommé sénateur.

(27 mars) : Dans le Monde littéraire : *traduction de la* Philosophie de l'ameublement *de Poe.*

(17 avril) : Dans la même revue : l'essai Morale du Joujou.

(3 et 9 mai) : Lettres à Madame Sabatier avec envoi de Réversibilité *et* Confession.

1854 *(février) : Envoi à la même du* Flambeau vivant *(7 février) et, peu après, de* l'Aube spirituelle. *Autres envois de poèmes à Madame Sabatier : le 16 février :* Que diras-tu ce soir..., *le 8 mai :* Hymne *(qui ne paraîtra que dans* les Épaves *en 1866). Cette suite d'envois témoigne de l'importance du personnage de Madame Sabatier, à l'égard de laquelle Baudelaire se comportera de façon énigmatique. Il est alors pris dans le drame des deux amours, celui de Jeanne Duval et celui de*

Madame Sabatier, drame qui, en devenant métaphysique, sera la source du thème baudelairien de la double postulation.

(25 juillet 1854-20 avril 1855) : Dans le Pays : *traduction des* Histoires extraordinaires *d'Edgar Poe.*

1855 *(26 mai-12 août) : Dans* le Pays, *puis dans* le Portefeuille : l'Exposition universelle *(articles sur les œuvres d'art exposées).*

(1er juin) : Dans la Revue des Deux Mondes : *dix-huit poèmes sous le titre, pour la première fois :* les Fleurs du mal.

(Juin) : Dans le recueil Fontainebleau, Hommage à C. F. Denecourt : le Crépuscule du soir *et* la Solitude, *premiers poèmes en prose.*

1856 *(mars) : Publication de la traduction des* Histoires extraordinaires *de Poe.*

(30 décembre) : Contrat avec les éditeurs Poulet-Malassis et de Broise (d'Alençon) pour la vente des Fleurs du mal *et de* Bric-à-brac esthétique *(premier titre des* Curiosités esthétiques, *projet de recueil de critique d'art qui ne sera jamais réalisé du vivant de Baudelaire). Poulet-Malassis, qui croit au génie de Baudelaire, fera toujours preuve à son égard de la plus fidèle amitié.*

1857 *(4 février) : Remise du manuscrit des* Fleurs du mal.

(8 mars) : Publication de la traduction des Nouvelles Histoires extraordinaires *de Poe.*

(28 avril) : Mort du général Aupick. La mère de Baudelaire se retirera bientôt à Honfleur.

(25 juin) : Publication des Fleurs du mal.

(5 juillet) : Article de Gustave Bourdin dans le Figaro *dénonçant le recueil. Il est possible que cet article ait été à l'origine des poursuites judiciaires dont le livre allait être l'objet.*

(11 juillet) : Lettre de Baudelaire à Poulet-Malassis lui signalant la saisie des exemplaires en vente à Paris.

(18 août) : Lettre à Madame Sabatier pour lui demander s'il lui serait possible d'intervenir en sa faveur auprès de ses juges.

(20 août) : Procès des Fleurs du mal. *Réquisitoire d'Ernest Pinard (qui avait exercé les mêmes fonctions dans le procès de* Madame Bovary *en janvier de la même année). Plaidoirie de*

Me Chaix d'Est-Ange. Condamnation de l'auteur et des éditeurs : amendes et suppression de six poèmes.

(24 août) : Dans le Présent : *six* Poèmes nocturnes *(poèmes en prose).*

(30 août) : Lettre écrite de Guernesey à Baudelaire par Victor Hugo.

(31 août) : Rupture de la liaison avec Madame Sabatier qui s'était donnée à lui la veille, et qui va rester son amie.

1er et 15 octobre : Dans le Présent : Quelques caricaturistes français et étrangers.

(18 octobre) : Dans l'Artiste : *article sur* Madame Bovary.

1858 *(13 mai) : La traduction des* Aventures d'Arthur Gordon Pym *est mise en vente.*

(30 septembre) : Dans la Revue contemporaine : le Haschisch *(première partie des* Paradis artificiels*).*

1859 *(13 mars) : Dans* l'Artiste : *article sur Théophile Gautier qui paraîtra ensuite en plaquette avec une lettre-préface de Hugo contenant, à propos des* Fleurs du mal, *la célèbre formule du* frisson nouveau.

(20 avril) : Dans la Revue française, *traduction sous le titre* la Genèse d'un poème, *d'un texte d'Edgar Poe,* Philosophy of composition.

(juin-juillet) : Dans la Revue française : Salon de 1859.

1860 *(1er janvier) : Contrat avec Poulet-Malassis pour une seconde édition des* Fleurs du mal, *et pour les* Paradis artificiels, *les* Opinions littéraires *(articles de critique littéraire qui ne seront réunis qu'après la mort de l'auteur sous le titre non baudelairien* l'Art romantique*) et les* Curiosités esthétiques *(articles de critique d'art).*

(15 et 31 janvier) : Dans la Revue contemporaine : Un mangeur d'opium *(deuxième partie des* Paradis artificiels*).*

(17 février) : Lettre admirative de Baudelaire à Richard Wagner.

(mai) : Publication des Paradis artificiels *avec annonce sur la couverture des* Réflexions sur quelques-uns de mes contemporains *(autre titre des* Opinions littéraires*).*

1861 *(9 février) : Annonce de la seconde édition des* Fleurs du mal *dans* le Journal de la librairie.

(1er avril) : Dans la Revue européenne : Richard Wagner et Tännhauser à Paris, *étude qui paraîtra en plaquette au mois de mai. Lettre de Baudelaire à sa mère où est mentionné pour la première fois un projet de journal intime sous le titre* Mon Cœur mis à nu.

(6 mai) : Admirable lettre de Baudelaire à Madame Aupick, qui marque un tournant non seulement dans les relations de la mère et du fils, mais aussi dans la vie intérieure du poète.

(24 mai) : Cession à Poulet-Malassis et à de Broise du droit exclusif de reproduire ses œuvres parues et à paraître. Cette cession sera renouvelée au profit du seul Poulet-Malassis le 1er juillet de l'année suivante.

(1er novembre) : Dans la Revue fantaisiste *de Catulle Mendès : neuf poèmes en prose.*

(décembre) : Candidature de Baudelaire à l'Académie Française au fauteuil de Lacordaire. Démarche auprès de Sainte-Beuve, qui finalement conseille de renoncer, ce que fait Baudelaire le 10 février. A l'occasion de cette candidature, relations d'amitié avec Vigny.

1862 *(23 janvier) : « Aujourd'hui 23 janvier 1862, j'ai subi un singulier avertissement, j'ai senti passer sur moi le vent de l'aile de l'imbécillité. » (Note de* Fusées.*)*

(août) : Dans le tome IV des Poètes français *(anthologie d'Eugène Crépet) sept poèmes de Baudelaire avec une introduction de Gautier, et sept notices de Baudelaire sur divers poètes (insérées dans l'édition posthume de* l'Art romantique*).*

(26-27 août, 24 septembre) : Dans la Presse : *vingt poèmes en prose avec une lettre-dédicace à Arsène Houssaye.*

(6 septembre) : Dans The Spectator *de Londres, article sur Baudelaire de Swinburne, article qui inaugure le développement considérable de l'influence de Baudelaire en Angleterre.*

(12 novembre) : Arrestation, pour dettes, de Poulet-Malassis, qui, ultérieurement, se réfugiera en Belgique.

1863 *(13 janvier) : Cession à l'éditeur Hetzel des droits de publication des* Fleurs du mal *et des* Petits Poèmes en prose, *bien que ces droits aient déjà été cédés à Poulet-Malassis.*

(juin-décembre) : Dans la Revue nationale et étrangère : *sept poèmes en prose.*

(13 août) : Mort d'Eugène Delacroix. Baudelaire écrit l'article nécrologique qui paraîtra en septembre-novembre dans l'Opinion nationale.

(26, 29 novembre, 3 décembre) : Dans le Figaro : le Peintre de la vie moderne *(étude sur Constantin Guys).*

1864 *(7, 14 février) : Dans* le Figaro : *six poèmes en prose sous le titre* le Spleen de Paris.

(24 avril) : Baudelaire émigre en Belgique et s'installe à Bruxelles où il espère être mieux compris qu'à Paris. Sa déception sera à l'origine de la violence de ses écrits sur la Belgique.

(mai-juin) : Cinq conférences de Baudelaire à Bruxelles, sur Delacroix et Gautier en particulier : succès médiocre.

(2 juillet) : Dans la Vie parisienne : les Yeux des Pauvres, *poème en prose.*

(13 août) : Dans la même revue : les Projets, *poème en prose.*

(25 décembre) : Dans la Revue de Paris : *six poèmes en prose sous le titre* le Spleen de Paris.

1865 *(1er février) : Dans* l'Artiste, *article de Mallarmé,* la Symphonie littéraire, *partiellement consacré à Baudelaire.*

(15 février) : Aggravation de la maladie de Baudelaire.

(16 mars) : Annonce d'une traduction d'Edgar Poe, les Histoires grotesques et sérieuses.

(novembre-décembre) : Dans l'Art, *article dithyrambique de Verlaine sur Baudelaire, qui écrit à ce sujet que « ces jeunes gens » lui font peur.*

1866 *(février) : A en juger d'après sa correspondance, particulièrement avec sa mère, Baudelaire ressent alors des troubles croissants. Publication en Belgique des* Épaves *à la fin du mois.*

(mars) : A Namur, Baudelaire est victime d'un malaise dans une église, à la suite de quoi apparaissent les premiers symptômes d'aphasie et d'hémiplégie.

(31 mars) : Dans le Parnasse contemporain, *quinze poèmes sous le titre* Nouvelles Fleurs du mal. *La livraison de juin du* Parnasse contemporain *donnera le sonnet* le Couvercle *qui avait déjà paru dans* le Boulevard *en 1862.*

(2 juillet) : Baudelaire, privé de la parole, mais parfaitement lucide, est ramené par sa mère à Paris.

(4 juillet) : Il entre à la maison de santé du docteur Duval, rue du Dôme, où viendront le visiter de nombreux « confrères », entre autres Sainte-Beuve, Banville, Leconte de Lisle.

1867 *(31 août) : Mort de Charles Baudelaire, dans les bras de sa mère. Ce même jour commence, dans* la Revue nationale, *la publication des derniers poèmes en prose.*

(2 septembre) : Obsèques à Saint-Honoré-d'Eylau; inhumation au cimetière Montparnasse auprès du général Aupick. Quelques mots sont prononcés sur la tombe du poète par ses amis Banville et Asselineau.

1868 *(décembre) : Publication, chez Michel Lévy, des* Curiosités esthétiques *et de la troisième édition des* Fleurs du mal *avec une préface de Gautier.*

1869 : *Publication chez le même éditeur de* l'Art romantique *et des* Petits Poèmes en prose *qui seront suivis des traductions d'Edgar Poe.*

1871 : *Mort, à Honfleur, de Madame Aupick, qui sera inhumée au cimetière Montparnasse.*

1887 : *Première édition d'*Œuvres posthumes et Correspondances inédites *par les soins d'Eugène Crépet, avec en particulier* Fusées *et* Mon Cœur mis à nu *(Quantin, éditeur).*

1890 *(3 janvier) : Mort de Madame Sabatier.*

1906 : *Publication des* Lettres (1841-1866) *par Féli Gautier (Mercure de France).*

1908 : *Deuxième édition plus complète que la première d'*Œuvres posthumes *par les soins de Jacques Crépet (Mercure de France).*

1918 : *Première édition par Jacques Crépet des* Lettres à sa mère.

CURIOSITÉS ESTHÉTIQUES

BEAUX-ARTS

I

SALON DE 1845[1]

QUELQUES MOTS D'INTRODUCTION

Nous pouvons dire au moins avec autant de justesse qu'un écrivain bien connu à propos de ses petits livres : ce que nous disons, les journaux n'oseraient l'imprimer[2]. Nous serons donc bien cruels et bien insolents ? non pas, au contraire, impartiaux[3]. Nous n'avons pas

---

1. La plaquette de Baudelaire fut annoncée dans la *Bibliographie de la France* à la date du 24 mai 1845. Selon une lettre à sa mère, l'auteur avait espéré qu'elle serait mise en vente pour son anniversaire, le 9 avril. Les exemplaires en sont extrêmement rares, sans doute parce que, selon le rapport de Champfleury *(Souvenirs et Portraits de jeunesse)*, Baudelaire, trop sensible à ce que cette tentative de débutant contenait encore de dettes à l'égard de plus grands critiques, tels que Heine ou Stendhal, détruisit lui-même tous les exemplaires restants.

Le Salon de 1845 s'était ouvert le 15 mars au « Musée royal » (le Louvre).

On notera, pour la curiosité du fait, que le *Corsaire-Satan* du 27 mai 1845, tout en relevant la dette de Baudelaire à l'égard de Stendhal, faisait à sa plaquette l'honneur d'y voir un *spirituel lever de rideau.* C'est, au fond, le rôle qui lui revient en effet, aujourd'hui, dans l'ensemble des écrits de son auteur sur les Beaux-Arts.

2. Première expression de ce ressentiment de Baudelaire contre la presse, qui sera un de ses thèmes polémiques préférés. Première expression d'autant plus intéressante à relever qu'elle est ici, au début de sa carrière, relativement désintéressée. Dès ce premier *Salon,* Baudelaire prend soin de se présenter comme un non-conformiste, et il n'est pas douteux que cette attitude délibérée l'aidera beaucoup à affirmer et à justifier son originalité, face à la critique journalistique courante.

3. Il sera dit néanmoins, dans le *Salon de 1846,* que la critique doit être *partiale* (cf. p. 101).

d'amis, c'est un grand point, et pas d'ennemis. — Depuis M. G. Planche[1], un paysan du Danube dont l'éloquence impérative et savante s'est tue au grand regret des sains esprits, la critique des journaux, tantôt niaise, tantôt furieuse, jamais indépendante, a, par ses mensonges et ses camaraderies effrontées, dégoûté le bourgeois de ces utiles guide-ânes qu'on nomme comptes rendus de Salons[2].

Et tout d'abord, à propos de cette impertinente appellation, le *bourgeois,* nous déclarons que nous ne partageons nullement les préjugés de nos grands confrères *artistiques* qui se sont évertués depuis plusieurs années à jeter l'anathème sur cet être inoffensif qui ne demanderait pas mieux que d'aimer la bonne peinture, si ces messieurs savaient

---

1. Gustave Planche (1808-1857), critique de la *Revue des Deux Mondes,* pouvait plaire à Baudelaire par son ardeur à défendre et illustrer la peinture « moderne » (il fut par exemple un de ceux qui contribuèrent à « lancer » en France la peinture anglaise, que Baudelaire devait à son tour tant admirer). Mais le contraste entre une personnalité de *paysan du Danube* et une personnalité de *dandy* peut expliquer qu'à d'autres moments Baudelaire ait été tenté de maltraiter assez cruellement son confrère. Cf. dans le *Hibou philosophe* (1852) cette note : *Gustave Planche, éreintement radical, nullité et cruauté de l'impuissance*... (cf. p. 820).

Planche était alors en Italie, depuis 1842, et avait cessé sa collaboration à la *Revue des Deux Mondes,* qui, d'ailleurs, ne publia pas de *Salon* en 1845.

2. Citons une belle et honorable exception, M. Delécluze, dont nous ne partageons pas toujours les opinions, mais qui a toujours su sauvegarder ses franchises, et qui sans fanfares ni emphase a eu souvent le mérite de dénicher les talents jeunes et inconnus. *(Note de Baudelaire.)*

Étienne-Jean Delécluze, alors le doyen de la critique d'art, avait été l'élève de David, et poursuivra jusqu'à sa mort en 1863 (la même année que Delacroix), dans ses articles du *Journal des Débats,* la défense intelligente et passionnée du classicisme et de l'idéalisme esthétiques. L'hommage à lui rendu par Baudelaire (fût-ce dans une simple note), venant après l'hommage parallèle à la critique romantique de Planche, prouve combien le jeune débutant se veut indépendant des coteries et des doctrines ; c'est déjà le signe d'une vaste ambition, qui restera sienne tout au long, et qu'il réussira, pour l'essentiel, à satisfaire : élaborer une esthétique, qui ne doive rien aux préjugés. De plus, la particulière aptitude de Delécluze au maniement des idées générales, dans une époque où rares étaient les critiques capables d'être aussi des philosophes de l'art, ne pouvait manquer de séduire Baudelaire.

la lui faire comprendre, et si les artistes la lui montraient plus souvent[1].

Ce mot, qui sent l'argot d'atelier d'une lieue, devrait être supprimé du dictionnaire de la critique.

Il n'y a plus de bourgeois, depuis que le bourgeois — ce qui prouve sa bonne volonté à devenir artistique, à l'égard des feuilletonistes — se sert lui-même de cette injure.

En second lieu le bourgeois — puisque bourgeois il y a — est fort respectable ; car il faut plaire à ceux aux frais de qui l'on veut vivre.

Et enfin, il y a tant de bourgeois parmi les artistes, qu'il vaut mieux, en somme, supprimer un mot qui ne caractérise aucun vice particulier de caste, puisqu'il peut s'appliquer également aux uns, qui ne demandent pas mieux que de ne plus le mériter, et aux autres, qui ne se sont jamais doutés qu'ils en étaient dignes.

C'est avec le même mépris de toute opposition et de toutes criailleries systématiques[a], opposition et criailleries devenues banales et communes[2], c'est avec le même esprit d'ordre, le même amour du bon sens, que nous repoussons loin de cette petite brochure toute discussion, et sur les

---

1. On s'est beaucoup interrogé sur le sens véritable de cette réhabilitation du *bourgeois,* à qui Baudelaire dédiera son *Salon de 1846,* où ce thème est abondamment développé, tandis que, dans le *Salon de 1859,* à propos du Portrait, Baudelaire se lancera dans une violente attaque contre l'*âme de la Bourgeoisie* (cf. p. 364). Mais, outre qu'entre 1846 et 1859, le cœur et l'esprit de Baudelaire ont eu le temps de s'aigrir, il est, pour l'instant, ici comme en 1846, surtout soucieux de dénoncer le mythe antibourgeois des rapins et les artifices de l'*argot d'atelier,* qui lui paraissent, non sans raison, être simplement un alibi trop facile. L'éloge, en quelque sorte méthodique, du Bourgeois, plutôt qu'une réhabilitation, en effet assez peu baudelairienne, est une manière piquante de replacer les artistes — et le public — devant le vrai problème de l'art, qui ne saurait se résoudre, comme par enchantement, par le seul jeu de la provocation antibourgeoise. C'est un des mérites de Baudelaire que d'avoir, dès son entrée en lice, refusé de s'associer à cette sorte d'imposture pseudo-romantique, quelles que fussent par ailleurs ses propres opinions à l'égard du « louis-philippisme ». Tandis que, dans le *Salon de 1859,* c'est l'art bourgeois lui-même — positif et académique — qui alors méritera ses sarcasmes.

2. Les réclamations sont peut-être justes, mais elles sont criailleries, parce qu'elles sont devenues systématiques. *(Note de Baudelaire.)*

jurys en général, et sur le jury de peinture en particulier, et sur la réforme du jury devenue, dit-on, nécessaire, et sur le *mode et la fréquence* des expositions, etc[1]. D'abord il faut un jury, ceci est clair — et quant au retour annuel des expositions[2], que nous devons à l'esprit éclairé et libéralement paternel d'un roi à qui le public et les artistes doivent la jouissance de six musées (la Galerie des Dessins, le supplément de la Galerie Française, le Musée Espagnol, le Musée Standish, le Musée de Versailles, le Musée de Marine)[a], un esprit juste verra toujours qu'un grand artiste n'y peut que gagner, vu sa fécondité naturelle, et qu'un médiocre n'y peut trouver que le châtiment mérité[3].

---

1. La question du jury était alors passionnément débattue : la seconde République devait le supprimer en 1848 sur l'initiative de Ledru-Rollin, mais pour le rétablir dès 1849.

2. C'est à partir de 1833 que, pour la première fois, le Salon devint annuel. Précédemment, la périodicité avait été de deux années, et quelquefois plus : 1817, 1819, 1822, 1824, 1827, 1831, 1833. (En 1832, le Salon n'avait pu avoir lieu à cause de l'épidémie de choléra).

3. Contrairement à ce que pourrait laisser croire une certaine légende (inscrite dans l'adjectif péjoratif formé sur le nom de Louis-Philippe — on sait ce que veut dire *louis-philippard*), le roi était loin de mériter cet excès d'indignité. Il faut au contraire donner raison à Baudelaire et rappeler le rôle considérable joué par Louis-Philippe dans l'histoire de l'art au XIXe siècle : c'est grâce à lui, en particulier, que les artistes et écrivains purent connaître la peinture espagnole. Ce *Musée espagnol* ne dura que jusqu'à 1848, moment où ses collections furent rendues par la République à la famille d'Orléans. Le musée Standish était constitué par un ensemble de tableaux et objets d'art légués à Louis-Philippe par l'écrivain et collectionneur anglais Frank Hall Standish (1799-1840). Au cours de son exil en Angleterre en effet le futur roi des Français avait noué de nombreuses amitiés dans les milieux artistiques (et c'est ainsi que par exemple il se lia avec Turner que, plus tard, un jour de 1844, il invita au château d'Eu). Le musée Standish contenait, entre autres œuvres, la *Suzanne et les Vieillards* de Tintoret. John Ruskin parle aussi avec admiration de cette collection dans ses *Notes on the Louvre* de 1849. Le Musée de Marine avait été créé en 1827 et ensuite considérablement enrichi. La Galerie des Dessins et le Supplément de la Galerie Française étaient des annexes du Musée Royal, aujourd'hui intégrées aux collections du Louvre. Notons enfin, pour compléter les indications de Baudelaire, que Louis-Philippe et sa famille furent de très généreux mécènes pour les artistes contemporains, et qu'en particulier ils acquirent nombre d'œuvres (dessins et aquarelles) d'artistes fort estimés de Baudelaire, comme

Nous parlerons de tout ce qui attire les yeux de la foule et des artistes ; — la conscience de notre métier nous y oblige. — Tout ce qui plaît a une raison de plaire, et mépriser les attroupements de ceux qui s'égarent n'est pas le moyen de les ramener où ils devraient être.

Notre méthode de discours consistera simplement à diviser notre travail en tableaux d'histoire et portraits — tableaux de genre et paysages — sculpture — gravure et dessins[1], et à ranger les artistes suivant l'ordre et le grade que leur a assignés l'estime publique.

8 mai 1845.

Decamps, Dauzats, ou Marilhat. Ces œuvres, rassemblées dans la collection du prince de Joinville — où figurait aussi un admirable dessin de Géricault — sont passées en Angleterre et se trouvent actuellement dans la collection de la Bibliothèque royale du château de Windsor (cf. Anthony Blunt, *French Drawings at Windsor Castle,* Phaidon Press, London, 1945).

1. Méthode classique et sans originalité, avec laquelle Baudelaire ne tardera pas à rompre, cela dès le *Salon de 1846 ;* elle ne convenait guère en effet à son ambition non dissimulée de synthèse esthétique générale, ni non plus à la « partialité » que lui inspirait sa prédilection pour la critique d'admiration.

TABLEAUX D'HISTOIRE

DELACROIX [1]

M. Delacroix est décidément le peintre le plus original des temps anciens et des temps modernes. Cela est ainsi, qu'y faire ? Aucun des amis de M. Delacroix, et des plus enthousiastes, n'a osé le dire simplement, crûment, impudemment, comme nous. Grâce à la justice tardive des heures qui amortissent les rancunes, les étonnements et les mauvais vouloirs, et emportent lentement chaque obstacle dans la tombe, nous ne sommes plus au temps où le nom de M. Delacroix était un motif à signe de croix pour

---

1. Ce chapitre est l'heureux prélude des nombreux écrits que Baudelaire consacrera à l'éloge d'Eugène Delacroix, son plus sûr titre de gloire. Dans une lettre à Thoré (*Lettres d'E. Delacroix,* éd. Burty, Paris, Quentin, 1878, pp. 179-180) Delacroix annonce l'envoi de cinq tableaux au Salon de 1845 ; mais l'un d'entre eux, *L'Éducation de la Vierge,* reproduit dans la livraison de *l'Artiste,* parue le lendemain de l'ouverture du Salon, le 16 mars, avait été refusé par le jury. Les quatre tableaux acceptés étaient : *La Madeleine dans le Désert* (nº 435, catalogue Robaut nº 921). *Dernières paroles de l'Empereur Marc-Aurèle* (nº 436, actuellement au Musée de Lyon), *La Sibylle au rameau d'or* (nº 437. Ce tableau se trouvait, il y a quelque temps, dans la collection Bessonneau), *Muley-Abd-err-Rahmann, Sultan de Maroc, sortant de son palais de Méquinez, entouré de sa garde et de ses principaux officiers* (nº 438. Ce tableau, acheté par l'État, figure, depuis 1845, dans les collections du musée des Augustins, Toulouse. Delacroix déclare se réjouir de cette attribution dans une lettre qu'il adressa le 30 août 1845 à son élève toulousain, Louis de Planet, celui même qui avait préparé pour le maître le *Marc-Aurèle,* et qui fut son auxiliaire le plus fidèle et le plus précieux pour les travaux de décoration du Palais-Bourbon et du Luxembourg. Sur Louis de Planet, cf. l'éloge qu'en fait avec raison Baudelaire dans ce même *Salon de 1845*, p. 34).

les arriéristes, et un symbole de ralliement pour toutes les oppositions, intelligentes ou non ; *ces beaux temps* sont passés[1]. M. Delacroix restera toujours un peu contesté, juste autant qu'il faut pour ajouter quelques éclairs à son auréole. Et tant mieux ! Il a le droit d'être toujours jeune, car il ne nous a pas trompés, lui, il ne nous a pas menti comme quelques idoles ingrates que nous avons portées dans nos panthéons[2]. M. Delacroix n'est pas encore de l'Académie, mais il en fait partie moralement[3]; dès longtemps il a tout dit, dit tout ce qu'il faut pour être le premier — c'est convenu ; — il ne lui reste plus — prodigieux tour de force d'un génie sans cesse en quête du neuf — qu'à progresser dans la voie du bien — où il a toujours marché.

M. Delacroix a envoyé cette année quatre tableaux :

1° La Madeleine dans le désert

C'est une tête de femme renversée dans un cadre très étroit. A droite dans le haut, un petit bout de ciel ou de rocher — quelque chose de bleu ; — les yeux de la Madeleine sont fermés, la bouche est molle et languissante, les cheveux épars. Nul, à moins de la voir, ne peut imaginer ce que l'artiste a mis de poésie intime, mystérieuse et romantique dans cette simple tête. Elle est peinte presque par

1. Notation intéressante pour comprendre l'attitude de Baudelaire à l'égard de l'œuvre de Delacroix : il veut se situer délibérément hors des polémiques passagères de l'actualité et considérer d'ores et déjà le maître *tel qu'en lui-même enfin*...

2. Est-ce une allusion à ce qu'on pourrait appeler, du point de vue de Baudelaire, la « trahison » d'Ingres, engagé d'abord dans la voie d'un authentique « surnaturalisme », et aspirant ensuite à une manière de dictature académique ? Nous ne faisons ici qu'en proposer l'hypothèse.

3. Delacroix, qui s'était déjà présenté à l'Institut dès 1837, et qui attachait beaucoup d'importance à sa promotion académique, ne fut élu qu'en 1857, alors que sa magnifique consécration à l'Exposition universelle de 1855, avec trente-cinq de ses tableaux les plus prestigieux, ne permettait plus à l'Institut de lui fermer ses portes. Mais il n'avait plus que six ans à vivre. Cette lenteur de sa reconnaissance officielle lui fut une profonde blessure et cette affirmation de Baudelaire ne suffit certainement pas à l'adoucir.

hachures comme beaucoup de peintures de M. Delacroix ; les tons, loin d'être éclatants ou intenses, sont très doux et très modérés ; l'aspect est presque gris, mais d'une harmonie parfaite. Ce tableau nous démontre une vérité soupçonnée depuis longtemps et plus claire encore dans un autre tableau dont nous parlerons tout à l'heure ; c'est que M. Delacroix est plus fort que jamais, et dans une voie de progrès sans cesse renaissante, c'est-à-dire qu'il est plus que jamais harmoniste [1].

2° Dernières paroles de Marc-Aurèle

Marc-Aurèle lègue son fils aux stoïciens. — Il est à moitié nu et mourant, et présente le jeune Commode, jeune, rose, mou et voluptueux et qui a l'air de s'ennuyer, à ses sévères amis groupés autour de lui dans des attitudes désolées.

Tableau splendide, magnifique, sublime, incompris. — Un critique connu a fait au peintre un grand éloge d'avoir placé Commode, c'est-à-dire l'avenir, dans la lumière ; les stoïciens, c'est-à-dire le passé, dans l'ombre ; — que d'esprit ! Excepté deux figures dans la demi-teinte, tous les personnages ont leur portion de lumière. Cela nous rappelle l'admiration d'un littérateur républicain qui félicitait sincèrement le grand Rubens d'avoir, dans un de ses tableaux officiels de la galerie Médicis, débraillé l'une des bottes et le bas de Henri IV, trait de satire indépendante, coup de griffe libéral contre la débauche royale. Rubens sans-culotte ! ô critique ! ô critiques !... [2]

---

1. Il y a là de quoi expliquer, au moins en partie, l'affinité spirituelle de Baudelaire et de Delacroix. Qu'il suffise de rappeler au passage l'importance de la notion d'*harmonie,* entendue comme organisation de *correspondances,* dans l'esthétique et la poésie de Baudelaire. De même chez Delacroix, l'harmonie, qui est comme un au-delà du colorisme, est à la fois l'organe de l'imagination, *reine des facultés,* et le germe technique du surnaturalisme spirituel. Cf. la même notation à propos de Corot, p. 62.

2. Cette diatribe éclaire la position de Baudelaire prophète de l'*art pur*. Il ne cessera de protester contre la critique morale, didactique, idéologique, pour les mêmes raisons qu'il se fera un devoir

Nous sommes ici en plein Delacroix, c'est-à-dire que nous avons devant les yeux l'un des spécimens les plus complets de ce que peut le génie dans la peinture.

Cette couleur est d'une science incomparable, il n'y a pas une seule faute, — et, néanmoins, ce ne sont que tours de force — tours de forces invisibles à l'œil inattentif, car l'harmonie est sourde et profonde ; la couleur, loin de perdre son originalité cruelle dans cette science nouvelle et plus complète, est toujours sanguinaire et terrible. — Cette pondération du vert et du rouge plaît à notre âme [1]. M. Delacroix a même introduit dans ce tableau, à ce que nous croyons du moins, quelques tons dont il n'avait pas encore l'usage habituel. — Ils se font bien valoir les uns les autres. — Le fond est aussi sérieux qu'il le fallait pour un pareil sujet.

Enfin, disons-le, car personne ne le dit, ce tableau est parfaitement bien dessiné, parfaitement bien modelé. — Le public se fait-il bien une idée de la difficulté qu'il y a à modeler avec de la couleur ? La difficulté est double, — modeler avec un seul ton, c'est modeler avec une estompe, la difficulté est simple ; — modeler avec de la couleur, c'est dans un travail subit, spontané, compliqué, trouver d'abord la logique des ombres et de la lumière, ensuite la justesse et l'harmonie du ton ; autrement dit, c'est, si l'ombre est verte et une lumière rouge, trouver du premier coup une harmonie de vert et de rouge, l'un obscur, l'autre lumineux,

---

de combattre l'art philosophique et l'art positif (cf. *Salon de 1859*). La tendance à vouloir imposer à l'art une fonction idéologique lui paraît être un des péchés majeurs de son temps. Et il ne manque pas l'occasion d'introduire ce thème central de sa pensée esthétique dès son premier essai. Cf. aussi, entre autres textes, la notice sur Auguste Barbier, dans les *Réflexions sur mes contemporains* (*Art romantique*, XVI, 3, p. 748).

1. Cf., naturellement, la célèbre strophe des *Phares (lac de sang... toujours vert)*. Mais à travers les harmonies et la *pondération* du colorisme, Baudelaire est passionnément à la recherche d'une peinture qui ait une *âme* (un des mots-clé de l'esthétique baudelairienne), et c'est bien là la raison profonde de son admiration pour Delacroix, et tout aussi bien Corot, les deux peintres peut-être, en effet, les plus « spirituels » de son temps. Et ce *spiritualisme* pictural est sans doute ce qui, dans l'œuvre de Delacroix, a le plus profondément influencé l'esthétique même de Baudelaire.

qui rendent l'effet d'un objet monochrome et *tournant*[1].

Ce tableau est parfaitement bien dessiné. Faut-il, à propos de cet énorme paradoxe, de ce blasphème impudent, répéter, réexpliquer ce que M. Gautier s'est donné la peine d'expliquer dans un de ses feuilletons de l'année dernière, à propos de M. Couture[2] — car M. Th. Gautier, quand les œuvres vont bien à son tempérament et à son éducation littéraires, commente bien ce qu'il sent juste — à savoir qu'il y a deux genres de dessins, le dessin des coloristes et le dessin des dessinateurs ? Les procédés sont inverses ; mais on peut bien dessiner avec une couleur effrénée,

---

1. Pour Baudelaire, la fameuse querelle de la couleur et du dessin qui passionnait la critique contemporaine, est le type même du faux problème, et en cela Baudelaire est bien un précurseur ; aussi se plaira-t-il tout à l'heure à réunir dans une commune admiration pour leur génie de dessinateurs Delacroix, Ingres et Daumier, et il y a là une attitude singulièrement originale et prophétique. Mais Baudelaire va plus loin encore : le dessin coloriste ne lui apparaît que comme un moyen technique, l'essentiel étant la fécondité dynamique de la couleur, véritable essence du dessin pictural. D'autre part, à propos de la création par la peinture d'un *objet monochrome et tournant*, et pour montrer combien cette conception de l'art de peindre est à la fois moderne et poétique, cf. *le mouvement perpétuel dans l'immobile unité* qu'évoque T. S. Eliot dans son poème *Burnt Norton* (*Four Quartets,* 1944) à propos de l'art extrême-oriental (qu'évidemment Baudelaire ignorait).

2. *La Presse*, 28 mars 1844. Effectivement, Gautier avait de ces intuitions, mais épisodiques, ce qui explique l'attitude à la fois approbatrice et réticente de Baudelaire. Sans doute y avait-il chez Gautier, comme chez la plupart des critiques « romantiques » trop de complaisance pittoresque pour que Baudelaire pût être pleinement satisfait. Par exemple Gautier parle avec enthousiasme de Delacroix dans son compte rendu de ce Salon de 1845 (*La Presse*, 18 et 21 mars) mais c'est surtout pour s'en prendre au jury, et, emporté par la tentation de la description pittoresque, il est loin d'atteindre la même pénétration que Baudelaire. Thomas Couture (1825-1879), un des représentants de ce que Baudelaire appelle heureusement le *rococo romantique*, ne figurait pas au Salon de 1845 : selon *l'Artiste* du 16 mars, il n'avait pu terminer à temps une magnifique *orgie romaine*. Gautier, et la plupart de ses confrères, l'admiraient, et regrettaient justement son absence, mais on verra ce que Baudelaire en pense dans le *Salon de 1846* (*De quelques coloristes*, p. 151-sqq.) Notons que la collection Wallace de Londres, très représentative du goût des « connaisseurs » des années 1840, possède plusieurs œuvres de Thomas Couture, ce qui confirme le caractère exceptionnel du non-conformisme de Baudelaire.

comme on peut trouver des masses de couleur harmonieuses, tout en restant dessinateur exclusif.

Donc, quand nous disons que ce tableau est bien dessiné, nous ne voulons pas faire entendre qu'il est dessiné comme un Raphaël ; nous voulons dire qu'il est dessiné d'une manière impromptue et spirituelle ; que ce genre de dessin, qui a quelque analogie avec celui de tous les grands coloristes, de Rubens par exemple, rend bien, rend parfaitement le mouvement, la physionomie, le caractère insaisissable et tremblant de la nature, que le dessin de Raphaël ne rend jamais. — Nous ne connaissons, à Paris, que deux hommes qui dessinent aussi bien que M. Delacroix, l'un d'une manière analogue, l'autre dans une méthode contraire. — L'un est M. Daumier, le caricaturiste ; l'autre, M. Ingres, le grand peintre, l'adorateur rusé de Raphaël. — Voilà certes qui doit stupéfier les amis et les ennemis, les séides et les antagonistes ; mais avec une attention lente et studieuse, chacun verra que ces trois *dessins* différents ont ceci de commun, qu'ils rendent parfaitement et complètement le côté de la nature qu'ils veulent rendre, et qu'ils disent juste ce qu'ils veulent dire [1]. — Daumier dessine peut-être mieux que Delacroix, si l'on veut préférer les qualités saines, bien portantes, aux facultés étranges et étonnantes d'un grand génie malade de génie ; M. Ingres, si amoureux du détail, dessine peut-être mieux que tous les deux, si l'on préfère les finesses laborieuses à l'harmonie de l'ensemble, et le caractère du morceau au caractère de la composition, mais..............................
....
....
....
....
....

aimons-les tous les trois.

1. Cf. la fin de la Dédicace à Houssaye des *Petits poèmes en prose* (éd. Garnier, p. 9). L'exactitude du rapport entre *l'œuvre* et le *propos* définit aux yeux de Baudelaire la loi originelle de l'art. Il veillera, en ce qui le concerne, à n'y point manquer.

3° Une sibylle qui montre le rameau d'or

C'est encore d'une belle et originale couleur. — La tête rappelle un peu l'indécision charmante des dessins sur Hamlet. — Comme modelé et comme pâte, c'est incomparable ; l'épaule nue vaut un Corrége.

4° Le Sultan du Maroc entouré de sa garde et de ses officiers

Voilà le tableau dont nous voulions parler tout à l'heure quand nous affirmions que M. Delacroix avait progressé dans la science de l'harmonie. — En effet, déploya-t-on jamais en aucun temps une plus grande coquetterie musicale ? Véronèse fut-il jamais plus féerique ? Fit-on jamais chanter sur une toile de plus capricieuses mélodies ? un plus prodigieux accord de tons nouveaux, inconnus, délicats, charmants ? Nous en appelons à la bonne foi de quiconque connaît son vieux Louvre ; — qu'on cite un tableau de grand coloriste, où la couleur ait autant d'esprit que dans celui de M. Delacroix. — Nous savons que nous serons compris d'un petit nombre, mais cela nous suffit. — Ce tableau est si harmonieux, malgré la splendeur des tons, qu'il en est gris — gris comme la nature — gris comme l'atmosphère de l'été, quand le soleil étend comme un crépuscule de poussière tremblante sur chaque objet [1]. — Aussi ne l'aperçoit-on pas du premier coup ; — ses voisins l'assomment. — La composition est excellente ; — elle a quelque chose d'inattendu parce qu'elle est vraie et naturelle.

. . . .
. . . .

P. S. On dit qu'il y a des éloges qui compromettent, et que mieux vaut un sage ennemi..., etc. Nous ne croyons pas, nous, qu'on puisse compromettre le génie en l'expliquant.

---

1. Cf. Fromentin : *Voilà l'avènement et le triomphe du gris.*

HORACE VERNET [1]

Cette peinture africaine est plus froide qu'une belle journée d'hiver. — Tout y est d'une blancheur et d'une clarté désespérantes. L'unité, nulle ; mais une foule de petites anecdotes intéressantes — un vaste panorama de cabaret ; — en général, ces sortes de décorations sont divisées en manière de compartiments ou d'actes, par un arbre, une grande montagne, une caverne, etc. M. Horace Vernet a suivi la même méthode ; grâce à cette méthode de feuilletoniste, la mémoire du spectateur retrouve ses jalons, à savoir : un grand chameau, des biches, une tente, etc... — vraiment c'est une douleur que de voir un homme d'esprit patauger dans l'horrible. — M. Horace Vernet n'a donc jamais vu les Rubens, les Véronèse, les Tintoret, les Jouvenet, morbleu !...

WILLIAM HAUSSOULLIER

Que M. William Haussoullier ne soit point surpris, d'abord, de l'éloge violent que nous allons faire de son tableau, car ce n'est qu'après l'avoir consciencieusement et minutieusement analysé que nous en avons pris la résolution ; en second lieu, de l'accueil brutal et malhonnête que lui fait un public français, et des éclats de rire qui passent devant lui. Nous avons vu plus d'un critique, important dans la presse, lui jeter en passant son petit mot pour rire — que l'auteur n'y prenne pas garde. — Il est beau d'avoir un succès à la *Saint-Symphorien* [2].

---

1. Horace Vernet (1789-1863), fils de Carle (1758-1836) et petit-fils de Joseph (1714-1789), exposait trois tableaux, parmi lesquels la *Prise de la Smalah d'Abd el-Kader* connut un considérable succès. Cette toile — de dimensions colossales, soixante-six pieds de long — se trouve actuellement au musée de Versailles, et mérite pleinement la sévérité de Baudelaire. Horace Vernet devait longtemps passer pour un grand peintre d'histoire ; la chromolithographie rendit son œuvre populaire et rares sont les villes de France dont une rue ne porte pas son nom.

2. Allusion au *Martyre de Saint Symphorien* d'Ingres (Salon de 1834, cathédrale d'Autun) qui fut l'occasion de l'une des querelles les plus mémorables de l'époque romantique.

Il y a deux manières de devenir célèbre : par agrégation de succès annuels, et par coup de tonnerre. Certes le dernier moyen est le plus original. Que l'auteur songe aux clameurs qui accueillirent le *Dante et Virgile,* et qu'il persévère dans sa propre voie ; bien des railleries malheureuses tomberont encore sur cette œuvre, mais elle restera dans la mémoire de quiconque a de l'œil et du sentiment ; puisse son succès aller toujours croissant [a], car il doit y avoir succès.

Après les tableaux merveilleux de M. Delacroix, celui-ci est véritablement le morceau capital de l'Exposition ; disons mieux, il est, dans un certain sens toutefois, le tableau unique du Salon de 1845 ; car M. Delacroix est depuis longtemps un génie illustre, une gloire acceptée et accordée ; il a donné cette année quatre tableaux ; M. William Haussoullier hier était inconnu, et il n'en a envoyé qu'un.

Nous ne pouvons nous refuser le plaisir d'en donner d'abord une description, tant cela nous paraît gai et délicieux à faire. — C'est la *Fontaine de Jouvence* [1] ; — sur le

---

1. Cet éloge de William Haussoullier, que Baudelaire confirmera dans le *Salon de 1846* (cf. p. 85), est une des pages les plus inattendues qu'ait écrites son auteur. Jusque tout récemment, il était difficile de savoir si Baudelaire avait été égaré par un enthousiasme du premier instant ou si, au contraire, il avait vu avec raison, dans l'exceptionnelle réussite d'un artiste, qui ne devait pas tenir ses promesses, les signes éventuels d'un authentique génie pictural. Le tableau en effet avait disparu et tout ce qu'on supposait c'est qu'il avait dû passer en Angleterre. Effectivement, il réapparut un jour, peu avant la guerre, dans une vente à Londres et fait actuellement partie de la collection de Mr. Graham Reynolds. Jacques Crépet en avait publié une esquisse préliminaire dans le *Figaro* du 15 novembre 1924. Notons enfin que, comme pour annoncer sa future destination, la *Fontaine de Jouvence* avait été exposée à la Royal Academy à Londres en 1844, avant de l'être au Salon de Paris. Tel que nous pouvons le voir aujourd'hui, le tableau apparaît comme très original et justifie la description élogieuse de Baudelaire dont l'enthousiasme s'explique par l'authentique et très moderne « spiritualité » qui s'en dégage. Nous en donnons dans cette édition une reproduction. Baudelaire ne reparlera plus de Haussoullier, bien que celui-ci ait encore exposé en 1855 et en 1859. A partir de 1860 il abandonne la peinture et ne pratique plus que la gravure, en particulier à titre de collaborateur de la *Gazette des Beaux-Arts*. Sur l'importance de cette page, cf. notre *Introduction*. Ce tableau a été reproduit pour la première fois par Mr. Jonathan Mayne dans sa traduction de Baudelaire (cf. *Bibliographie*).

Musée de Versailles — *« un vaste panorama de cabaret ; »* — *Photo Roger-Viollet*

La Prise de la Smalah par H. Vernet (Salon de 1845)

premier plan trois groupes ; — à gauche, deux jeunes gens, ou plutôt deux rajeunis, les yeux dans les yeux, causent de fort près, et ont l'air de faire l'amour allemand. — Au milieu, une femme vue de dos, à moitié nue, bien blanche, avec des cheveux bruns crespelés, jase aussi en souriant avec son partenaire ; elle a l'air plus sensuel, et tient encore un miroir où elle vient de se regarder ; — enfin, dans le coin à droite, un homme vigoureux et élégant — une tête ravissante, le front un peu bas, les lèvres un peu fortes — pose en souriant son verre sur le gazon, pendant que sa compagne verse quelque élixir merveilleux dans le verre d'un long et mince jeune homme debout devant elle.

Derrière eux, sur le second plan, un autre groupe étendu tout de son long sur l'herbe : — ils s'embrassent. — Sur le milieu du second, une femme nue et debout, tord ses cheveux d'où dégouttent les derniers pleurs de l'eau salutaire et fécondante ; une autre, nue à moitié couchée, semble comme une chrysalide, encore enveloppée dans la dernière vapeur de sa métamorphose. — Ces deux femmes, d'une forme délicate, sont vaporeusement, outrageusement blanches ; elles commencent pour ainsi dire à reparaître. — Celle qui est debout a l'avantage de séparer et de diviser symétriquement le tableau. Cette statue, presque vivante, est d'un excellent effet, et sert, par son contraste, les tons violents du premier plan, qui en acquièrent encore plus de vigueur. La fontaine, que quelques critiques trouveront sans doute un peu *Séraphin* [1], cette fontaine fabuleuse nous plaît ; elle se partage en deux nappes, et se découpe, se fend en franges vacillantes et minces comme l'air. — Dans un sentier tortueux qui conduit l'œil jusqu'au fond du tableau, arrivent, courbés et barbus, d'heureux sexagénaires. — Le fond de droite est occupé par des bosquets où se font des ballets et des réjouissances.

Le sentiment de ce tableau est exquis ; dans cette composition l'on aime et l'on boit, — aspect voluptueux — mais l'on boit et l'on aime d'une manière très sérieuse, presque mélancolique. Ce ne sont pas des jeunesses fougueuses et

1. Célèbre théâtre de marionnettes, coutumier de mises en scène sensationnelles. *Le Théâtre de Séraphin,* tel est le titre du chap. III des *Paradis artificiels.*

remuantes, mais de secondes jeunesses qui connaissent le prix de la vie et qui en jouissent avec tranquillité.

Cette peinture a, selon nous, une qualité très importante, dans un musée surtout — elle est très voyante. — Il n'y a pas moyen de ne pas la voir. La couleur est d'une crudité terrible, impitoyable, téméraire même, si l'auteur était un homme moins fort ; mais... elle est *distinguée,* mérite si couru par MM. de l'école d'Ingres. — Il y a des alliances de tons heureuses ; il se peut que l'auteur devienne plus tard un franc coloriste. — Autre qualité énorme et qui fait les hommes, les vrais hommes, cette peinture a la foi — elle a la foi de sa beauté, — c'est de la peinture absolue, convaincue, qui crie : je veux, je veux être belle, et belle comme je l'entends, et je sais que je ne manquerai pas de gens à qui plaire.

Le dessin, on le devine, est aussi d'une grande volonté et d'une grande finesse ; les têtes ont un joli caractère. — Les attitudes sont toutes bien trouvées. — L'élégance et la *distinction* sont partout le signe particulier de ce tableau.

Cette œuvre aura-t-elle un succès prompt ? Nous l'ignorons. — Un public a toujours, il est vrai, une conscience et une bonne volonté qui le précipitent vers le vrai ; mais il faut le mettre sur une pente et lui imprimer l'élan, et notre plume est encore plus ignorée que le talent de M. Haussoullier.

Si l'on pouvait, à différentes époques et à diverses reprises, faire une exhibition [1] de la même œuvre, nous pourrions garantir la justice du public envers cet artiste.

Du reste, sa peinture est assez osée pour bien porter les affronts, et elle promet un homme qui sait assumer la responsabilité de ses œuvres ; il n'a donc qu'à faire un nouveau tableau.

Oserons-nous, après avoir si franchement déployé nos sympathies (mais notre vilain devoir nous oblige à penser à tout), oserons-nous dire que le nom de Jean Bellin et de quelques Vénitiens des premiers temps nous a traversé la mémoire, après notre douce contemplation ? M. Haussoullier serait-il de ces hommes qui en savent trop long sur leur art ? C'est là un fléau bien dangereux, et qui

1. L'emploi de ce mot, au lieu d'*exposition,* est un anglicisme.

Coll. Graham Reynolds, Londres

La Fontaine de Jouvence
par William Haussoulier (Salon de 1845)

Photo J.H. Freeman

comprime dans leur naïveté bien d'excellents mouvements. Qu'il se défie de son érudition, qu'il se défie même de son goût — mais c'est là un illustre défaut, — et ce tableau contient assez d'originalité pour promettre un heureux avenir.

DECAMPS [1]

Approchons vite — car les Decamps allument la curiosité d'avance — on se promet toujours d'être surpris — on s'attend à du nouveau — M. Decamps nous a ménagé cette année une surprise qui dépasse toutes celles qu'il a travaillées si longtemps avec tant d'amour, voire *les*

1. Alexandre Decamps (1803-1860) s'était révélé dès le Salon de 1827 comme un maître du pittoresque. Il fut dans la suite le grand représentant de l'orientalisme romantique. L'évolution, à laquelle fait ici allusion Baudelaire, témoigne de ce retour à un certain « classicisme », dont la mode pénètre alors les milieux artistiques, et tandis que Delécluze (*Débats,* 22 mars) trouve dans ces dessins de Decamps de quoi justifier certaines de ses théories, Gautier, comme Baudelaire, fait quelques réserves et regrette que l'artiste croie bon d'imiter Poussin, dont, dit-il, *les qualités sont contraires aux siennes* (*La Presse,* 19 mars). Il reste que l'envoi de Decamps fut l'un des clous du Salon, et que la critique est unanimement élogieuse; par exemple, c'est à lui que Thoré consacre son plus long commentaire. Selon le livret du Salon, cet envoi comportait, sous le titre général *Histoire de Samson,* neuf dessins groupés trois par trois : *Sacrifice de Manoe, Samson mettant le feu aux moissons des Philistins, Samson enlevant les portes de Gaza, Samson tuant le lion, Samson défaisant les Philistins, Samson et Dalila, Samson emmené prisonnier, Samson renversant la salle des Festins, Samson tournant la meule. L'Histoire de Samson* fut à nouveau présentée à l'Exposition universelle de 1855 ; elle fit partie de la collection Delessert, et les dessins furent dispersés à la vente de cette collection en mai 1911. Mais il existe une série de reproductions lithographiques d'Eugène Le Roux. D'autre part, Decamps avait exécuté des répliques en dimensions réduites, dont une se trouve au musée de Lyon. Cf. Pierre du Colombier, *Decamps* (Paris, 1928), qui reproduit trois de ces dessins, ceux mêmes qui avaient été reproduits dans le catalogue de la vente Delessert. Signalons enfin qu'il est inexact qu'une série se trouve au musée des arts décoratifs, comme l'affirme le *Dictionnaire* de Bénézit.

Crochets et *les Cimbres* [1] ; M. Decamps a fait du Raphaël et du Poussin. — Eh ! mon Dieu ! — oui.

Hâtons-nous de dire, pour corriger ce que cette phrase a d'exagéré, que jamais imitation ne fut mieux dissimulée ni plus savante — il est bien permis, il est louable d'imiter ainsi.

Franchement — malgré tout le plaisir qu'on a à lire dans les œuvres d'un artiste les diverses transformations de son art et les préoccupations successives de son esprit, nous regrettons un peu l'ancien Decamps.

Il a, avec un esprit de choix qui lui est particulier, entre tous les sujets bibliques, mis la main sur celui qui allait le mieux à la nature de son talent ; c'est l'histoire étrange, baroque, épique, fantastique, mythologique de Samson, l'homme aux travaux impossibles, qui dérangeait les maisons d'un coup d'épaule — de cet antique cousin d'Hercule et du baron de Munchhausen. — Le premier de ces dessins — l'apparition de l'ange dans un grand paysage — a le tort de rappeler des choses que l'on connaît trop — ce ciel cru, ces quartiers de roches, ces horizons graniteux sont sus dès longtemps par toute la jeune école — et quoiqu'il soit vrai de dire que c'est M. Decamps qui les lui a enseignés, nous souffrons devant un Decamps de penser à M. Guignet [2].

Plusieurs de ces compositions ont, comme nous l'avons dit, une tournure très italienne — et ce mélange de l'esprit des vieilles et grandes écoles avec l'esprit de M. Decamps, intelligence très flamande à certains égards, a produit un résultat des plus curieux. — Par exemple, on trouvera à côté de figures qui affectent, heureusement du reste, une allure de grands tableaux, une idée de fenêtre ouverte par où le soleil vient éclairer le parquet de manière à réjouir le Flamand le plus *étudieur*. — Dans le dessin qui représente l'ébranlement du Temple, dessin composé comme un grand

1. La *Défaite des Cimbres* (1834) est actuellement au Louvre, et le *Supplice des Crochets* (1839) à Londres, dans la collection Wallace, où Decamps est le plus largement représenté des romantiques français (16 tableaux, 11 aquarelles et un pastel), ce qui est un signe non équivoque de son succès auprès des « connaisseurs ».

2. L'allusion à Guignet se retrouve encore à propos de Decamps et de ses déviations, dans le *Salon de 1846* (*De quelques coloristes*, p. 141). Sur Guignet lui-même, cf. p. 56.

et magnifique tableau, — gestes, attitudes d'histoire — on reconnaît le génie de Decamps tout pur dans cette ombre volante de l'homme qui enjambe plusieurs marches, et qui reste éternellement suspendu en l'air. — Combien d'autres n'auraient pas songé à ce détail, ou du moins l'auraient rendu d'une autre manière ! mais M. Decamps aime prendre la nature sur le fait, par son côté fantastique et réel à la fois — dans son aspect le plus subit et le plus inattendu.

Le plus beau de tous est sans contredit le dernier — le Samson aux grosses épaules, le Samson invincible est condamné à tourner une meule — sa chevelure, ou plutôt sa crinière n'est plus — ses yeux sont crevés — le héros est courbé au labeur comme un animal de trait — la ruse et la trahison ont dompté cette force terrible qui aurait pu déranger les lois de la nature. — A la bonne heure — voilà du Decamps, du vrai et du meilleur — nous retrouvons donc enfin cette ironie, ce fantastique, j'allais presque dire ce comique que nous regrettions tant à l'aspect des premiers. — Samson tire la machine comme un cheval ; il marche pesamment et voûté avec une naïveté grossière — une naïveté de lion dépossédé ; la tristesse résignée et presque l'abrutissement du roi des forêts, à qui l'on ferait traîner une charrette de vidanges ou du mou pour les chats.

Un surveillant, un geôlier, sans doute, dans une attitude attentive et faisant silhouette sur un mur, dans l'ombre, au premier plan — le regarde faire. — Quoi de plus complet que ces deux figures et cette meule ? Quoi de plus intéressant ? Il n'était même pas besoin de mettre ces curieux derrière les barreaux d'une ouverture — la chose était déjà belle et assez belle.

M. Decamps a donc fait une magnifique illustration et de grandioses vignettes à ce poème étrange de Samson — et cette série de dessins où l'on pourrait peut-être blâmer quelques murs et quelques objets trop bien faits, et le mélange minutieux et rusé de la peinture et du crayon — est, à cause même des intentions nouvelles qui y brillent, une des plus belles surprises que nous ait faites cet artiste prodigieux, qui, sans doute, nous en prépare d'autres.

ROBERT FLEURY [1]

M. Robert Fleury reste toujours semblable et égal à lui-même, c'est-à-dire un très bon et très curieux peintre. — Sans avoir précisément un mérite éclatant, et, pour ainsi dire, un genre de génie involontaire comme les premiers maîtres, il possède tout ce que donnent la volonté et le bon goût. La volonté fait une grande partie de sa réputation comme de celle de M. Delaroche. — Il faut que la volonté soit une faculté bien belle et toujours bien fructueuse, pour qu'elle suffise à donner un cachet, un style quelquefois violent à des œuvres méritoires, mais d'un ordre secondaire, comme celles de M. Robert Fleury. — C'est à cette volonté tenace, infatigable et toujours en haleine, que les tableaux de cet artiste doivent leur charme presque sanguinaire. — Le spectateur jouit de l'effort et l'œil boit la sueur. — C'est là surtout, répétons-le, le caractère principal et glorieux de cette peinture, qui, en somme, n'est ni du dessin, quoique M. Robert Fleury dessine très spirituellement, ni de la couleur, quoiqu'il colore vigoureusement ; cela n'est ni l'un ni l'autre, parce que cela n'est pas exclusif. — La couleur est chaude, mais la manière est pénible ; le dessin habile, mais non pas original.

Son *Marino Faliero* rappelle imprudemment un magnifique tableau qui fait partie de nos plus chers souvenirs. — Nous voulons parler du *Marino Faliero* de M. Delacroix. — La composition était analogue ; mais combien plus de liberté, de franchise et d'abondance !...

Dans *l'Auto-da-fé,* nous avons remarqué avec plaisir

---

1. Joseph-Nicolas Robert-Fleury (1797-1890) avait été l'élève à la fois d'Horace Vernet, de Girodet et de Gros, et avait, pour ses débuts, participé au célèbre Salon de 1824, qui consacra la première victoire de la peinture romantique. Parmi ses envois de 1845, figure une toile, *Marino Faliero*, dont le sujet avait été traité par Delacroix en 1826. Le tableau de Delacroix se trouve à Londres dans la collection Wallace, qui possède aussi trois œuvres historiques de Robert-Fleury, ce qui est un signe du succès dont bénéficia ce romantique cependant médiocre, qui devait devenir en 1864 directeur de l'École des Beaux-Arts et en 1865 directeur de l'Académie de France à Rome. Le rapprochement fait par Baudelaire avec Delaroche est parfaitement pertinent.

quelques souvenirs de Rubens, habilement transformés. — Les deux condamnés qui brûlent, et le vieillard qui s'avance les mains jointes. — C'est encore là, cette année, le tableau le plus original de M. Robert Fleury. — La composition en est excellente, toutes les intentions louables, presque tous les morceaux sont bien réussis. — Et c'est là surtout que brille cette faculté de volonté cruelle et patiente, dont nous parlions tout à l'heure. — Une seule chose est choquante, c'est la femme demi-nue, vue de face au premier plan ; elle est froide à force d'efforts dramatiques. — De ce tableau, nous ne saurions trop louer l'exécution de certains morceaux. — Ainsi certaines parties nues des hommes qui se contorsionnent dans les flammes sont de petits chefs-d'œuvre. — Mais nous ferons remarquer que ce n'est que par l'emploi successif et patient de plusieurs moyens secondaires que l'artiste s'efforce d'obtenir l'effet grand et large du tableau d'histoire.

Son étude de *Femme nue* est une chose commune et qui a trompé son talent.

L'Atelier de Rembrandt est un pastiche très curieux, mais il faut prendre garde à ce genre d'exercice. On risque parfois d'y perdre ce qu'on a.

Au total, M. Robert Fleury est toujours et sera longtemps un artiste éminent, distingué, chercheur, à qui il ne manque qu'un millimètre ou qu'un milligramme de n'importe quoi pour être un beau génie.

GRANET

a exposé un *Chapitre de l'ordre du Temple*. Il est généralement reconnu que M. Granet est un maladroit plein de sentiment, et l'on se dit devant ses tableaux : « Quelle simplicité de moyens et pourtant quel effet ! » Qu'y a-t-il donc là de si contradictoire ? Cela prouve tout simplement que c'est un artiste fort adroit et qui déploie une science très apprise dans sa spécialité de vieilleries gothiques ou religieuses, un talent très roué et très décoratif [1].

1. Baudelaire est peut-être trop sévère pour Granet (1775-1849), ici comme dans le *Salon de 1846*. C'était un estimable petit-maître, ancien élève de David, peu enclin au colorisme, et spécialiste des sujets

ACHILLE DEVÉRIA

Voilà un beau nom, voilà un noble et vrai artiste à notre sens.

Les critiques et les journalistes se sont donné le mot pour entonner un charitable *De profundis* sur le défunt talent de M. Eugène Devéria, et chaque fois qu'il prend à cette vieille gloire romantique la fantaisie de se montrer au jour, ils l'ensevelissent dévotement dans la *Naissance de Henri IV,* et brûlent quelques cierges en l'honneur de cette ruine. C'est bien, cela prouve que ces messieurs aiment le beau consciencieusement ; cela fait honneur à leur cœur. Mais d'où vient que nul ne songe à jeter quelques fleurs sincères et à tresser quelques loyaux articles en faveur de M. Achille Devéria ? [1] Quelle ingratitude !

---

médiévaux. Il avait été à Rome le camarade d'Ingres qui fit de lui un magnifique portrait (Musée Granet, Aix-en-Provence). Mais Baudelaire est excusable de l'avoir méconnu, car sa place — importante — dans l'histoire de l'art comme un des premiers précurseurs de l'impressionnisme (un élève de David précurseur de l'impressionnisme !), Granet la doit plus à ses aquarelles et dessins qu'à ses tableaux, aquarelles et dessins dont Baudelaire n'avait pas connaissance. S'il les eût connus, sans doute n'eût-il pas pu manquer d'y retrouver ce qu'il aimait chez les Anglais et chez Boudin : et il est remarquable que le Provençal Granet soit un aquarelliste de la même famille spirituelle que les romantiques anglais (et les collectionneurs d'outre-Manche ne s'y trompent pas). Granet qui fut, dès sa jeunesse, lié d'amitié avec le comte de Forbin, directeur des musées sous la Restauration, fut, en 1824, conservateur adjoint des peintures du Louvre. En 1833, il sera nommé par Louis-Philippe directeur des Galeries historiques de Versailles. Aussi légua-t-il au Louvre deux cents de ses meilleurs dessins, aquarelles et lavis. Une exposition de ces œuvres, organisée au cabinet des Dessins du Louvre en février 1960, a révélé au public toute l'importance de Granet et affirmé définitivement son rôle de précurseur dans l'histoire de la peinture au XIXe siècle.

1. Allusion sans doute à une polémique, dont le morceau principal est un article de *la Presse* (28 mars 1844), où Gautier reprenait l'éloge de la *Naissance de Henri IV* d'Eugène Devéria, l'une des révélations du Salon de 1827, pour mieux accabler la dernière œuvre du peintre, *La Résurrection du Christ.* Quant à Achille Devéria (1800-1857), que Baudelaire tente de réhabiliter, plutôt pour son passé de petit-maître pittoresque que pour son présent de peintre religieux, on notera que son envoi traitait sensiblement le même sujet que le tableau de Dela-

Pendant de longues années, M. Achille Devéria a puisé, pour notre plaisir, dans son inépuisable fécondité, de ravissantes vignettes, de charmants petits tableaux d'intérieur, de gracieuses scènes de la vie élégante, comme nul keepsake, malgré les prétentions des réputations nouvelles, n'en a depuis édité. Il savait colorer la pierre lithographique ; tous ses dessins étaient pleins de charmes, distingués, et respiraient je ne sais quelle rêverie amène. Toutes ses femmes coquettes et doucement sensuelles étaient les idéalisations de celles que l'on avait vues et désirées le soir dans les concerts, aux Bouffes, à l'Opéra ou dans les grands salons. Ces lithographies, que les marchands achètent trois sols et qu'ils vendent un franc, sont les représentants fidèles de cette vie élégante et parfumée de la Restauration, sur laquelle plane comme un ange protecteur le romantique et blond fantôme de la duchesse de Berry.

Quelle ingratitude ! Aujourd'hui l'on n'en parle plus, et tous nos ânes routiniers et antipoétiques se sont amoureusement tournés vers les âneries et les niaiseries vertueuses de M. Jules David, vers les paradoxes pédants de M. Vidal [1].

Nous ne dirons pas que M. Achille Devéria a fait un excellent tableau — mais il a fait un tableau — *Sainte Anne instruisant la Vierge,* — qui vaut surtout par des qualités d'élégance et de composition habile, — c'est plutôt, il est vrai, un coloriage qu'une peinture, et par ces temps de *critique picturale, d'art catholique* et *de crâne facture,* une pareille œuvre doit nécessairement avoir l'air naïf et dépaysé. — Si les ouvrages d'un homme célèbre, qui a fait votre joie,

---

croix refusé par le jury (cf. p. 8, n. 1). Thoré déclarait, dans son *Salon,* que la toile de Devéria était *à l'antipode* de l'Éducation de la Vierge *refusée à M. Delacroix*. Cf. M. Gautier, *Achille et Eugène Devéria,* Paris, 1926.

1. C'est encore à l'art didactique qu'en veut ici Baudelaire. Jules David en effet avait commis en 1837 une œuvre vaguement inspirée de Hogarth — moins le génie — et intitulée : *Vice et vertu, album moral représentant en action les suites inévitables de la bonne et de la mauvaise conduite*. Il s'agissait de douze lithographies, qui obtinrent *le prix de 2 000 francs proposé par M. Benjamin Delessert, président de la Caisse d'Épargne de Paris*. En 1845, David exposait trois aquarelles dont Baudelaire ne dit rien, sauf une très brève mention, à propos de Vidal (sur ce dernier cf. p. 75 et n. 1.)

vous paraissent aujourd'hui naïfs et dépaysés, enterrez-le donc au moins avec un certain bruit d'orchestre, égoïstes populaces !

BOULANGER [1]

a donné une *Sainte Famille*, détestable ;

Les Bergers de Virgile, médiocres ;

Des *Baigneuses*, un peu meilleures que des Duval Lecamus et des Maurin [2], et un *Portrait d'homme* qui est d'une bonne pâte.

---

1. La destinée de Louis Boulanger (né en 1806 et mort directeur du musée de Dijon en 1867) est curieuse : il appartient en effet plutôt à l'histoire littéraire qu'à l'histoire de l'art. C'est lui qui fut, plus que tout autre, le peintre porte-parole (si l'on ose dire) du romantisme littéraire : il s'était signalé, dès le Salon de 1827, par un *Supplice de Mazeppa* (Musée de Rouen) auquel fera tout à l'heure allusion Baudelaire et qui inspira l'année suivante une *Orientale* de Hugo, qui lui est d'ailleurs dédiée (*Orientales,* XXXIV, mai 1828). Il appartint, avec Gautier, Nerval et Houssaye, au cénacle de l'Impasse du Doyenné mais fréquenta surtout le cénacle de Hugo, rue Notre-Dame-des-Champs ; ce qui fut l'occasion d'un joli jeu de mots du sculpteur Préault, qui l'appelait *l'alter Hugo*. Boulanger connut ainsi un grand succès dans les milieux littéraires autour des années 30 ; mais, en 1845, il n'en est plus tout à fait de même ; certes, cette année-là, il est encore l'illustrateur de la *Comédie de la Mort*, de Théophile Gautier, qui, cependant, dans son Salon, comme Baudelaire et la plupart des autres critiques, n'est guère enthousiaste. Cf. d'autre part un autre jugement porté sur lui par Baudelaire dans le *Salon de 1846,* p. 162, où, avec beaucoup de lucidité, il remarque que Boulanger aurait fait un excellent graveur, et que, surtout, le peintre a été gâté par l'influence excessive de ses amitiés littéraires. C'est exactement le jugement que l'histoire a finalement porté sur l'œuvre de Boulanger. Rappelons enfin les titres des nombreuses autres pièces dédiées par Hugo à son ami L. B. : *Odes et Ballades : La Légende de la Nonne* et *Les Deux Archers ; Voix Intérieures : Avril ; Les Rayons et les Ombres : XXIX ; Feuilles d'Automne :* II ; XXVII ; XXVIII ; (ces deux dernières pièces dédiées simultanément à Sainte-Beuve) ; *Les Chants du Crépuscule : XXXII.* La *Sainte-Famille,* exposée en 1845, et que Baudelaire expédie ici d'un seul adjectif, se trouve aujourd'hui à l'église Saint-Médard.

2. Antoine Maurin (1799-1850), élève d'Ary Scheffer, un des nombreux représentants de la peinture religieuse à la mode. Il avait exposé en 1843 une *Religieuse*. Il n'exposait pas en 1845. Sur Duval-Lecamus, cf. p. 53.

Voilà les dernières ruines de l'ancien romantisme — voilà ce que c'est que de venir dans un temps où il est reçu de croire que l'inspiration suffit et remplace le reste ; — voilà l'abîme où mène la course désordonnée de Mazeppa. — C'est M. Victor Hugo qui a perdu M. Boulanger — après en avoir perdu tant d'autres — c'est le poète qui a fait tomber le peintre dans la fosse. Et pourtant M. Boulanger peint convenablement (voyez ses portraits) ; mais où diable a-t-il pris son brevet de peintre d'histoire et d'artiste inspiré ? est-ce dans les préfaces ou les odes de son illustre ami ? [1]

BOISSARD [2]

Il est à regretter que M. Boissard, qui possède les qualités d'un bon peintre, n'ait pas pu faire voir cette année un tableau allégorique représentant la Musique, la Peinture et la Poésie. Le jury, trop fatigué sans doute ce jour-là de sa rude tâche, n'a pas jugé convenable de l'admettre. M. Boissard a toujours surnagé au-dessus des eaux troubles

1. Ces lignes annoncent la critique générale du romantisme qui sera développée dans le deuxième chapitre du *Salon de 1846*, et qui sera l'un des principaux points de départ de la pensée esthétique de Baudelaire. Aussi l'œuvre de Boulanger lui apparaît-elle comme une illustration exemplaire des causes de l'échec du romantisme, parmi lesquelles Baudelaire n'hésite pas à compter l'influence de Hugo. C'est une idée qui lui restera chère et sur laquelle il reviendra.

2. Joseph-Fernand Boissard de Boisdenier (1813-1866), personnage intéressant — du moins pour la petite histoire — et dont il est regrettable qu'il soit complètement tombé dans l'oubli. C'était un peintre, certes, mais partiellement un amateur, car il était aussi musicien, et surtout l'un des *dandies* les plus accomplis de son temps. Il semble que, parmi les critiques, Baudelaire ait été le seul à s'attarder quelque peu, pour en dire du bien, sur son *Christ en Croix,* dont on ne sait ce qu'il est devenu (il est mentionné dans le livret du Salon, ce qui est quelque peu inattendu, comme *commande du Ministère de l'Intérieur,* ce que signifient les initiales M. I.). Peut-être parce que Baudelaire aimait en lui le dandy autant que le peintre : en tout cas, il avait bien connu Boissard au temps de l'Hôtel Pimodan et du Club des Haschichins. Il n'était pas seul à l'apprécier, puisque Delacroix parle de lui avec sympathie dans son *Journal* (éd. Joubin, I. pp. 190, 216, 231, 255, 264).

de la mauvaise époque dont nous parlions à propos de M. Boulanger, et s'est sauvé du danger, grâce aux qualités sérieuses et pour ainsi dire naïves de sa peinture. — Son *Christ en croix* est d'une pâte solide et d'une bonne couleur.

SCHNETZ [1]

Hélas ! que faire de ces gros tableaux italiens ? — nous sommes en 1845 — nous craignons fort que Schnetz en fasse encore de semblables en 1855.

CHASSÉRIAU

LE KALIFE DE CONSTANTINE SUIVI DE SON ESCORTE [2]

Ce tableau séduit tout d'abord par sa composition. — Cette défilade de chevaux et ces grands cavaliers ont quelque chose qui rappelle l'audace naïve des grands maîtres. — Mais pour qui a suivi avec soin les études de M. Chassériau, il est évident que bien des révolutions

1. La note de Baudelaire est dure. Victor Schnetz (1786-1870) est un honnête représentant de la tradition davidienne : il avait mérité en 1817 que le jeune Géricault l'estimât assez pour lui demander de le présenter à Ingres. C'est lui qui, en 1837, fut élu à l'Institut contre Delacroix, et il fut en 1866 directeur de l'Académie de France à Rome. Après cette note, Baudelaire n'en reparlera plus.

2. Ce tableau se trouve aujourd'hui au musée de Versailles. On regrette que Baudelaire n'ait pas mieux pénétré le génie original de Théodore Chassériau (1819-1856). Il est vrai que ce peintre, élève d'Ingres et doué d'une âme certes romantique, mais au sens le plus profond et le plus « moderne » du terme, devait rester longtemps incompris. Baudelaire, obsédé par Delacroix, juge Chassériau, à tort, par comparaison, et il rejoint tous les critiques contemporains en lui reprochant de vouloir mêler l'imitation d'Ingres à celle de Delacroix, ce qui est singulièrement méconnaître la véritable portée de cette inquiétude esthétique de Chassériau, qui lui inspirait de vouloir, pour ainsi dire, réconcilier les deux adversaires en transcendant leur différence spirituelle. Il est vrai aussi qu'au Salon de 1845, le *Khalife de Constantine* était bien près, par son sujet, du *Sultan du Maroc* de Delacroix. C'est ici, en tout cas, dans toute l'œuvre critique de Baudelaire, le seul lieu où il soit question de Chassériau.

s'agitent encore dans ce jeune esprit, et que la lutte n'est pas finie.

La position qu'il veut se créer entre Ingres, dont il est élève, et Delacroix qu'il cherche à détrousser, a quelque chose d'équivoque pour tout le monde et d'embarrassant pour lui-même. Que M. Chassériau *trouve son bien* dans Delacroix, c'est tout simple ; mais que, malgré tout son talent et l'expérience précoce qu'il a acquise, il le laisse si bien voir, là est le mal. Ainsi, il y a dans ce tableau des contradictions. — En certains endroits c'est déjà *de la couleur,* en d'autres ce n'est encore que coloriage — et néanmoins l'aspect en est agréable, et la composition, nous nous plaisons à le répéter, excellente.

Déjà, dans les illustrations d'Othello, tout le monde avait remarqué la préoccupation d'imiter Delacroix [1]. — Mais, avec des goûts aussi distingués et un esprit aussi actif que celui de M. Chassériau, il y a tout lieu d'espérer qu'il deviendra un peintre, et un peintre éminent.

DEBON [2]

Bataille d'Hastings

Encore un pseudo-Delacroix ; — mais que de talent ! quelle énergie ! C'est une vraie bataille. — Nous voyons

---

1. Comme on sait, Delacroix avait illustré *Hamlet.* Baudelaire fait ici allusion aux quinze gravures à l'eau-forte consacrées par Chassériau à l'illustration d'*Othello* et publiées en 1844. Il n'est pas interdit de penser que l'*Othello* de Chassériau est au moins égal, sinon supérieur, au *Hamlet* de Delacroix (dont la première lithographie remonte à 1828).

2. Hippolyte Debon (1807-1872), élève de Gros, est aujourd'hui bien oublié, et pourtant Baudelaire n'a pas tort de l'estimer, comme d'ailleurs la plupart de ses confrères : il n'est pas jusqu'à Delécluze qui ne soit contraint de lui consentir du mérite, malgré son romantisme historique et coloriste (*Débats,* 9 avril) *La Bataille d'Hastings* était au musée de Caen, mais fut détruite dans un incendie peu avant 1914. Mais le musée possède l'esquisse de ce tableau, ainsi qu'une autre toile de Debon : *Entrée de Guillaume le Conquérant à Londres.* Cf. enfin le nouvel éloge que Baudelaire fera de ce peintre dans le *Salon de 1846* (p. 137) à propos de *Henry VIII et Francois Ier* et du *Concert dans l'Atelier.*

dans cette œuvre toutes sortes d'excellentes choses ; — une belle couleur, la recherche sincère de la vérité, et la facilité hardie de composition qui fait les peintres d'histoire.

VICTOR ROBERT [1]

Voilà un tableau qui a eu du guignon ; — il a été suffisamment *blagué* par les savants du feuilleton, et nous croyons qu'il est temps de redresser les torts. — Aussi quelle singulière idée que de montrer à ces messieurs *la religion, la philosophie, les sciences et les arts éclairant l'Europe*, et de représenter chaque peuple de l'Europe *par une figure qui occupe dans le tableau sa place géographique !* Comment faire goûter à ces articliers quelque chose d'audacieux, et leur

1. A propos de ce peintre (1813-1888) et de ce tableau, Baudelaire fait cavalier seul : toute la critique y est en effet hostile. Il vaut peut-être la peine de citer ici *in extenso* le texte du livret (n° 1448, pp. 176-177. Nous ne pouvons en général citer ces textes curieux, et nous le regrettons ; ils sont trop longs; pour les lecteurs que ces documents intéresseraient, ils pourront les trouver dans l'édition du *Salon de 1845*, procurée par André Ferran, Éditions de l'Archer, Toulouse, 1933) : *La Religion, la Philosophie, les Sciences et les Arts éclairant l'Europe. Sous la forme de figures allégoriques, elles chassent devant elles l'Ignorance, et son fils le Despotisme, et les repoussent dans les ténèbres. Chaque peuple de l'Europe est représenté par une figure qui, chacune, occupe dans le tableau sa place géographique. La France confiante dans sa force est assise, la main appuyée sur une épée. A ses pieds, l'Espagne sommeillant et l'Italie tenant le monde chrétien. A l'un des côtés de la France, l'Angleterre et l'Écosse debout sur les mers, l'Irlande pensive, inclinée sur sa harpe. Derrière la France, la Hollande, le Danemark, la Suède enveloppée avec la Norvège d'un même manteau ; la Laponie couverte de neige. Au centre du tableau, les principaux États de l'Allemagne, la Prusse et l'Autriche, attentives, studieuses, philosophes. Sur le devant, la Grèce sortant du linceul et renvoyant la lumière ; derrière elle, la Turquie s'éloigne, effrayée. Dans le fond, la Russie tenant la Pologne couchée sous son poing ; autour d'elle se groupent les peuplades du Nord. Aux deux extrémités du tableau sont deux grandes figures : l'Océan et la Méditerranée, qui, de leur flux, baignent les pieds de ces différents peuples.* Cet immense tableau semble avoir disparu. Baudelaire reparlera de Victor Robert dans le *Salon de 1846*, et ce lui sera l'occasion de développer sa théorie du portrait (cf. p. 162).

faire comprendre que l'allégorie est un des plus beaux genres de l'art ?[1]

Cette énorme composition est d'une bonne couleur, par morceaux, du moins ; nous y trouvons même la recherche de tons nouveaux ; de quelques-unes de ces belles femmes qui figurent les diverses nations, les attitudes sont élégantes et originales.

Il est malheureux que l'idée baroque d'assigner à chaque peuple sa place géographique ait nui à l'ensemble de la composition, au charme des groupes, et ait éparpillé les figures comme un tableau de Claude Lorrain, dont les bonshommes s'en vont à la débandade.

M. Victor Robert est-il un artiste consommé ou un génie étourdi ? Il y a du pour et du contre, des bévues de jeune homme et de savantes intentions. — En somme, c'est là un des tableaux les plus curieux et les plus dignes d'attention [a] du Salon de 1845.

BRUNE [2]

a exposé *le Christ descendu de la croix*. Bonne couleur, dessin suffisant. — M. Brune a été jadis plus original. — Qui ne se rappelle *l'Apocalypse* et *l'Envie ?* [b] — Du

---

1. Voilà l'explication du jugement de Baudelaire, dès ce moment persuadé de l'essence allégorique de l'art et de la poésie ; il n'est pas rare que ses jugements critiques soient plus révélateurs de sa propre « spiritualité » que de la valeur intrinsèque des œuvres qui l'inspirent : c'est le revers de la médaille, l'inconvénient d'une critique qui est avant tout une critique de poète. Il faut rapprocher de ce passage un vers du *Cygne* des *Fleurs du Mal : ... tout pour moi devient allégorie*. Et dans les *Phares* c'est bien par une interprétation allégorique, que Baudelaire transposera en poésie la peinture de Rembrandt, de Watteau, de Goya, de Delacroix. On notera que pour Baudelaire le tableau est surtout *curieux* ; il peut donc avoir été entraîné par son goût du bizarre, et cette toile est pour lui une *curiosité esthétique*, méritant ainsi sa place sous le titre que Baudelaire a imaginé pour l'ensemble de ses écrits sur les Beaux-Arts.

2. Contrairement à ses confrères qui, la plupart, en particulier Thoré, font l'éloge d'Adolphe Brune (élève de Gros, et spécialiste de sujets religieux, 1802-1875), Baudelaire ne voit, en somme, en lui qu'un technicien; il dira plus clairement dans le *Salon de 1846* la raison de ses réticences : un peintre *qui n'a pas d'âme*; c'est là pour Baudelaire un péché irrémissible (cf. p. 176).

reste il a toujours eu à son service un talent de facture ferme et solide, en même temps que très facile, qui lui donne dans l'école moderne une place honorable et presque égale à celle de Guerchin et des Carrache, dans les commencements de la décadence italienne.

GLAIZE [1]

M. Glaize a un talent — c'est celui de bien peindre les femmes. — C'est la Madeleine et les femmes qui l'entourent qui sauvent son tableau de *la Conversion de Madeleine* — et c'est la molle et vraiment féminine tournure de Galatée qui donne à son tableau de *Galatée et Acis* un charme un peu original. — Tableaux qui visent à la couleur, et malheureusement n'arrivent qu'au coloriage de cafés, ou tout au plus d'opéra, et dont l'un a été imprudemment placé auprès du *Marc-Aurèle* de Delacroix.

LÉPAULLE [2]

Nous avons vu de M. Lépaulle une femme tenant un vase de fleurs dans ses bras ; — c'est très joli, c'est très bien peint, et même — qualité plus grave — c'est naïf. — Cet homme réussit toujours ses tableaux quand il ne s'agit que de bien peindre et qu'il a un joli modèle; — c'est dire qu'il manque de goût et d'esprit. — Par exemple, dans *le Martyre de saint Sébastien*, que fait cette grosse figure de vieille avec son urne, qui occupe le bas du tableau et lui donne un faux air d'ex-voto de village ? Et pourtant c'est une peinture dont le *faire* a tout l'aplomb des grands maîtres. — Le torse de saint Sébastien, parfaitement bien peint, gagnera encore à vieillir.

---

1. Auguste Glaize (1807-1893), élève de Devéria. Dans l'ensemble la critique lui est plus favorable que Baudelaire qui sera encore plus sévère dans le *Salon de 1846* (cf. p. 175).

2. A partir de l'année suivante, Lépaulle (1804-1886) se spécialisera dans le portrait (cf. *Salon de 1846*, p. 160).

MOUCHY

Martyre de sainte Catherine d'Alexandrie

M. Mouchy doit aimer Ribera et tous les vaillants facteurs ; n'est-ce pas faire de lui un grand éloge ? Du reste son tableau est bien composé. — Nous avons souvenance d'avoir vu dans une église de Paris — Saint-Gervais ou Saint-Eustache — une composition signée *Mouchy,* qui représente des moines [1]. — L'aspect en est très brun, trop peut-être, et d'une couleur moins variée que le tableau de cette année, mais elle a les mêmes qualités sérieuses de peinture.

APPERT

L'Assomption de la Vierge a des qualités analogues — bonne peinture — mais la couleur, quoique vraie couleur, est un peu commune. — Il nous semble que nous connaissons un tableau du Poussin, situé dans la même galerie, non loin de la même place, et à peu près de la même dimension, avec lequel celui-ci a quelque ressemblance [2].

BIGAND [3]

Les derniers instants de Néron

Eh quoi ! c'est là un tableau de M. Bigand ! Nous l'avons bien longtemps cherché. — M. Bigand le colo-

1. Cette toile — peut-être celle exposée en 1841 sous le titre *Des Moines distribuant du pain à des malheureux* — ne se trouve dans aucune des deux églises mentionnées par Baudelaire. Elle ne figure pas non plus à l'inventaire des œuvres d'art des églises de Paris de 1881.

2. Eugène Appert (1814-1867), élève d'Ingres, passait, selon Mantz et Gautier, pour un imitateur des Vénitiens. Le tableau de Poussin est sans doute l'*Assomption* du Louvre.

3. Dans la critique de 1845, Baudelaire est presque le seul à mentionner cet artiste (1803-1868) spécialiste de sujets religieux et historiques.

riste a fait un tableau tout brun — qui a l'air d'un conciliabule de gros sauvages.

PLANET [1]

est un des rares élèves de Delacroix qui brillent par quelques-unes des qualités du maître.

Rien n'est doux, dans la vilaine besogne d'un compte rendu, comme de rencontrer un vraiment bon tableau, un tableau original, illustré déjà par quelques huées et quelques moqueries.

Et, en effet, ce tableau a été bafoué; — nous concevons la haine des architectes, des maçons, des sculpteurs et des mouleurs, contre tout ce qui ressemble à de la peinture; mais comment se fait-il que des artistes ne voient pas tout ce qu'il y a dans ce tableau, et d'originalité dans la composition, et de simplicité même dans la couleur?

Il y a là je ne sais quel aspect de peinture espagnole et galante, qui nous a séduit tout d'abord. M. Planet a fait ce que font tous les coloristes de premier ordre, à savoir, de la couleur avec un petit nombre de tons — du rouge, du blanc, du brun, et c'est délicat et caressant pour les yeux. La sainte Thérèse, telle que le peintre l'a représentée, s'affaissant, tombant, palpitant, à l'attente du dard dont l'amour divin va la percer, est une des plus heureuses trouvailles de la peinture moderne. — Les mains sont charmantes. —

---

1. L'éloge que fait ici Baudelaire de Louis de Planet (1814-1875) artiste issu de la plus authentique aristocratie toulousaine, et, en effet, le meilleur des élèves de Delacroix, est pleinement mérité. Ses *Souvenirs* (éd. Joubin, Paris, Armand Colin, 1929) sont un document précieux sur la peinture contemporaine et Delacroix en particulier. La *Sainte Thérèse* de 1845 (qui faisait partie, il y a une vingtaine d'années, de la collection Latécoère) avait mérité les éloges de Delacroix : *C'est bien, oui, c'est bien et c'est original. Les deux figures sont bien, la pose de la sainte bien sentie ; l'enfant dans le reflet sera piquant* (Planet, *op. cit.* pp. 82-83). D'autre part on lit dans le *Journal* de Delacroix (éd. Joubin, 6 février 1847, I. p. 182) : *L'admiration sincère qu'il* [Planet] *me montre me fait grand plaisir. Il est de ceux qui me réconcilient avec moi-même. Que le ciel le lui rende. Le pauvre garcon manque tout à fait de confiance et c'est dommage car il montre des qualités supérieures.* Rappelons que Louis de Planet fut le principal aide et exécutant de Delacroix pour la décoration du Palais-Bourbon et du Luxembourg.

L'attitude, naturelle pourtant, est aussi poétique que possible. — Ce tableau respire une volupté excessive, et montre dans l'auteur un homme capable de très bien comprendre un sujet — *car sainte Thérèse était brûlante d'un si grand amour de Dieu, que la violence de ce feu lui faisait jeter des cris Et cette douleur n'était pas corporelle, mais spirituelle, quoique le corps ne laissât pas d'y avoir beaucoup de part* [1].

Parlerons-nous du petit Cupidon mystique suspendu en l'air, et qui va la percer de son javelot ?— Non. — A quoi bon? M. Planet a évidemment assez de talent pour faire une autre fois un tableau complet.

DUGASSEAU [2]

Jésus-Christ entouré des principaux fondateurs du Christianisme

Peinture sérieuse, mais pédante — ressemble à un Lehmann très solide [3].

Sa *Sapho* faisant le saut de Leucade est une jolie composition.

GLEYRE [4]

Il avait volé le cœur du public sentimental avec le

1. Citation extraite du livret du Salon et empruntée à la *Vie de Sainte Thérèse*, traduction française d'Arnaud d'Andilly (chap. XIX, 17).
2. Élève et pâle imitateur d'Ingres.
3. Cf. *infra*, p. 45.
4. Charles Gleyre (1807-1876) plaisait aux romantiques, et, parmi les critiques de 1845, Baudelaire est presque seul (avec Thoré, il est vrai) de son avis. *Le Soir (le poète assis sur la rive regarde s'éloigner la barque chargée de ses espérances)* avait connu en 1843 un immense succès. Ce tableau est actuellement au Louvre (sous le titre *les Illusions perdues*). Une autre toile de Gleyre représentant Salomon et la reine de Saba avait été capable de faire rêver Gérard de Nerval (cf. G. de Nerval, *Œuvres,* éd. Garnier, t. I, p. 15). Il est vrai que Nerval faisait volontiers partie de ce *public sentimental* dont parle ici Baudelaire. *Les Apôtres* de 1845 se trouve actuellement dans l'église de Montargis (cf. Clément, *Gleyre,* Paris, 1878, pl. IV).

tableau du *Soir*. — Tant qu'il ne s'agissait que de peindre des femmes solfiant de la musique romantique dans un bateau, ça allait; — de même qu'un pauvre opéra triomphe de sa musique à l'aide des objets décolletés ou plutôt déculottés et agréables à voir; — mais cette année, M. Gleyre, voulant peindre des apôtres, — des apôtres, M. Gleyre! — n'a pas pu triompher de sa propre peinture.

PILLIARD [1]

est évidemment un artiste érudit; il vise à imiter les anciens maîtres et leurs sérieuses allures — ses tableaux de chaque année se valent — c'est toujours le même mérite, froid, consciencieux et tenace.

AUGUSTE HESSE [2]

L'Évanouissement de la Vierge

Voilà un tableau évidemment choquant par la couleur — c'est d'une couleur dure, malheureuse et amère — mais ce tableau plaît, à mesure qu'on s'y attache, par des qualités d'un autre genre. — Il a d'abord un mérite singulier — c'est de ne rappeler, en aucune manière, les motifs convenus de la peinture actuelle, et les poncifs qui traînent dans tous les jeunes ateliers; — au contraire, il ressemble au *Passé*; trop peut-être. — M. Auguste Hesse connaît évidemment tous les grands morceaux de la peinture italienne, et a vu une quantité innombrable de dessins et de gravures. — La composition est du reste belle et habile, et a quelques-unes des qualités traditionnelles des grandes écoles — la dignité, la pompe, et une harmonie ondoyante de lignes.

---

1. Jacques Pilliard, artiste de médiocre envergure, exposait en 1845 *la Peste,* mais c'était en général un spécialiste de sujets religieux.
2. Nicolas-Auguste Hesse (1795-1869) recueillait pour son envoi les éloges unanimes et variés de la critique. Et l'analyse de Baudelaire est, de toutes, finalement, la plus précise.

JOSEPH FAY

M. Joseph Fay n'a envoyé que des dessins, comme M. Decamps — c'est pour cela que nous le classons dans les peintres d'histoire; il ne s'agit pas ici de la matière avec laquelle on fait, mais de la manière dont on fait.

M. Joseph Fay a envoyé six dessins représentant la vie des anciens Germains; — ce sont les cartons d'une frise exécutée à fresque à la grande salle des réunions du conseil municipal de l'hôtel de ville d'Ebersfeld, en Prusse.

Et, en effet, cela nous paraissait bien un peu allemand, et, les regardant curieusement, et avec le plaisir qu'on a à voir toute œuvre de bonne foi, nous songions à toutes ces célébrités modernes d'outre-Rhin qu'éditent les marchands du boulevard des Italiens [1].

Ces dessins, dont les uns représentent la grande lutte entre Arminius et l'invasion romaine, d'autres, les jeux sérieux et toujours militaires de la Paix, ont un noble air de famille avec les bonnes compositions de Pierre de Cornélius [a]. — Le dessin est curieux, savant, et visant un peu au néo-Michel-Angelisme. — Tous les mouvements sont heureusement trouvés — et accusent un esprit sincèrement amateur de la forme, si ce n'est amoureux. — Ces dessins nous ont attiré parce qu'ils sont beaux, nous plaisent parce qu'ils sont beaux; — mais au total, devant un si beau déploiement des forces de l'esprit, nous regrettons toujours, et nous réclamons à grands cris l'originalité. Nous voudrions voir déployer ce même talent au profit d'idées plus modernes, — disons mieux, au profit d'une nouvelle manière de voir et d'entendre les arts — nous ne voulons pas parler ici du choix des sujets; en ceci les artistes

---

1. Baudelaire ignorait peut-être que Joseph Fay (1813-1875) était d'origine allemande. Nous reviendrons ultérieurement sur l'école allemande en général (et Cornélius en particulier), qui suscita un grand intérêt en France à l'époque de Baudelaire (cf. nos notes sur l'*Art philosophique,* pp. 503-512). Joseph Fay avait été à Paris l'élève de Delaroche.

ne sont pas toujours libres, — mais de la manière de les comprendre et de les dessiner [1].

En deux mots — à quoi bon tant d'érudition, quand on a du talent?

JOLLIVET [2]

Le *Massacre des Innocents,* de M. Jollivet, dénote un esprit sérieux et appliqué. — Son tableau est, il est vrai, d'un aspect froid et laiteux. — Le dessin n'est pas très original; mais ses femmes sont d'une belle forme, grasse, résistante et solide.

LAVIRON [3]

Jésus chez Marthe et Marie

Tableau sérieux plein d'inexpériences pratiques. — Voilà ce que c'est que de trop s'y connaître, — de trop penser et de ne pas assez peindre.

MATOUT [4]

a donné trois sujets antiques, où l'on devine un esprit sincèrement épris de la forme, et qui repousse les tentations de la couleur pour ne pas obscurcir les intentions de sa pensée et de son dessin.

1. Cf. la célèbre formule du *Salon de 1846* (p. 103) : *Le romantisme n'est précisément ni dans le choix des sujets ni dans la vérité exacte, mais dans la manière de sentir*. Et la *manière de dessiner* doit être une manière *plus moderne* de sentir. On trouve donc, ici, dès 1845, et à propos d'un peintre d'influence allemande, la liaison chère à Baudelaire entre poésie, spiritualité et modernité (cf. aussi *Fusées*, XVIII : *L'Allemagne exprime la rêverie par la ligne*).

2. Encore un élève de Gros. Le *Massacre des Innocents* de Pierre Jules Jollivet est au musée de Rouen.

3. Peintre obscur et particulièrement négligé par la critique de 1845.

4. Louis Matout (1811-1888) sera en 1846 classé par Baudelaire parmi les « douteurs », ce qui laisse à penser qu'il ne suivit pas les conseils du jeune critique, que sans doute il ignora.

De ces trois tableaux c'est le plus grand qui nous plaît le plus, à cause de la beauté intelligente des lignes, de leur harmonie sérieuse, et surtout à cause du parti pris de la manière, parti pris qu'on ne retrouve pas dans *Daphnis et Naïs* [1].

Que M. Matout songe à M. Haussoullier, et qu'il voie tout ce que l'on gagne ici-bas, en art, en littérature, en politique, à être radical et absolu, et à ne jamais faire de concessions [2].

Bref, il nous semble que M. Matout connaît trop bien son affaire, et qu'il a trop *ça* dans la main — *Inde* une impression moins forte.

D'une œuvre laborieusement faite il reste toujours quelque chose.

JANMOT [3]

Nous n'avons pu trouver qu'une seule figure de M. Janmot, c'est une femme assise avec des fleurs sur les genoux. — Cette simple figure, sérieuse et mélancolique, et dont le dessin fin et la couleur un peu crue rappellent les anciens maîtres allemands, ce gracieux Albert Dürer, nous avait donné une excessive curiosité de trouver le

1. Il s'agit non pas de deux mais d'un seul tableau, *Daphnis et Naïs,* ce pourquoi, exceptionnellement, nous corrigeons le texte original qui porte *Daphnis* et *Naïs.*

2. Cf. l'article consacré à Haussoullier p. 15. Baudelaire reprend ici, pour désigner son idéal de la peinture, le même adjectif : il est à la recherche de la peinture *absolue* ; ailleurs il parlera d'*art pur (Art philosophique,* p. 503. Cf. aussi *Journaux intimes, Fusées,* XXII : *Régions de la poésie pure).* C'est bien l'idéal esthétique à la fois du critique et du poète.

3. Louis Janmot (1814-1892), membre de l'École lyonnaise, à l'égard de laquelle Baudelaire ne cessera d'éprouver un curieux mélange de répulsion et de fascination. En 1846, Baudelaire sera plus sévère qu'ici (cf. p. 155). *Fleur des champs* (c'est le titre du tableau ici commenté par Baudelaire) se trouve actuellement au musée de Lyon : c'est une œuvre d'une incontestable beauté, d'allure quelque peu préraphaélite, ce que sans doute Baudelaire entend par *une certaine mysticité,* et qui ne pouvait que lui plaire. Quant aux opinions générales de Baudelaire sur l'École de Lyon, nous y reviendrons en d'autres lieux, en particulier à propos de l'*Art philosophique.*

reste. Mais nous n'avons pu y réussir. C'est certainement là une belle peinture. — Outre que le modèle est très beau et très bien choisi, et très bien ajusté, il y a, dans la couleur même et l'alliance de ces tons verts, roses et rouges, un peu douloureux à l'œil, une certaine mysticité qui s'accorde avec le reste. — Il y a harmonie naturelle entre cette couleur et ce dessin.

Il nous suffit, pour compléter l'idée qu'on doit se faire du talent de M. Janmot, de lire dans le livret le sujet d'un autre tableau :

Assomption de la Vierge — partie supérieure : — la sainte Vierge est entourée d'anges dont les deux principaux représentent *la Chasteté* et *l'Harmonie*. Partie inférieure : *Réhabilitation de la femme; un ange brise ses chaînes.*

ÉTEX [1]

O sculpteur, qui fîtes quelquefois de bonnes statues, vous ignorez donc qu'il y a une grande différence entre dessiner sur une toile et modeler avec de la terre, — et que la couleur est une science mélodieuse dont la triture du marbre n'enseigne pas les secrets? — Nous comprendrions plutôt qu'un musicien voulût singer Delacroix, — mais un sculpteur, jamais! — *O grand tailleur de pierre!* pourquoi voulez-vous jouer du violon?

---

1. La peinture n'était que le violon d'Ingres du sculpteur Antoine Étex (1808-1888, cf. *infra*, p. 82). Ce tableau de 1845 était intitulé *la Délivrance* : selon Thoré, c'est une imitation de Ph. de Champaigne ; selon Delécluze, c'est *le style académique de* 1772. Cet envoi d'Étex est, par son sujet, proche des œuvres de sculpture qu'il exécuta pour la décoration de l'Arc de triomphe *(La Résistance* et *la Paix)* vers la même époque. Peut-être même est-ce une étude de sculpture.

Musée de Lyon | Photo Camponogara

« *une certaine mysticité* »
Fleurs des champs par L. Janmot (Salon de 1845)

PORTRAITS

LÉON COGNIET [1] [a]

Un très beau portrait de femme, dans le Salon carré. M. Léon Cogniet est un artiste d'un rang très élevé dans les régions moyennes du goût et de l'esprit. — S'il ne se hausse pas jusqu'au génie, il a un de ces talents complets dans leur modération qui défient la critique. M. Cogniet ignore les caprices hardis de la fantaisie et le parti pris des absolutistes. Fondre, mêler, réunir tout en choisissant, a toujours été son rôle et son but; il l'a parfaitement bien atteint. Tout dans cet excellent portrait, les chairs, les ajustements, le fond, est traité avec le même bonheur.

---

1. Léon Cogniet (1794-1880) était (comme Delacroix) un élève de Guérin. Il fut, dès 1828, un de ceux qui lancèrent la mode des sujets historico-romanesques inspirés de Walter Scott : il exposa en effet cette année-là un tableau intitulé *Rebecca et Sir Brian de Bois-Guilbert,* d'après *Ivanhoe* ; sujet que Delacroix devait reprendre en deux versions, en 1841 et en 1858. Le tableau de Delacroix est au Louvre ; mais il peut être intéressant de noter que la *Rebecca* de Cogniet est à la collection Wallace de Londres, qui l'acquit à la vente Laffitte pour 7 600 f. le 15 décembre 1834, car c'est un signe de la réputation dont jouissait Cogniet auprès des plus éminents (et plus avertis) collectionneurs européens. Plus tard, il eut pour élèves Meissonier et Bonnat, qui peignit son portrait dans les dernières années de sa vie (ce portrait de Cogniet par Bonnat fait partie des collections de l'ancien musée du Luxembourg.)

DUBUFE [1]

M. Dubufe est depuis plusieurs années la victime de tous les feuilletonistes *artistiques*. Si M. Dubufe est bien loin de sir Thomas Lawrence, au moins n'est-ce pas sans une certaine justice qu'il a hérité de sa gracieuse popularité. — Nous trouvons, quant à nous, que le *Bourgeois* a bien raison de chérir l'homme qui lui a créé de si jolies femmes, presque toujours bien ajustées.

M. Dubufe a un fils qui n'a pas voulu marcher sur les traces de son père, et qui s'est fourvoyé dans la peinture sérieuse.

Mlle EUGÉNIE GAUTIER [2]

Beau coloris, — dessin ferme et élégant. — Cette femme a l'intelligence des maîtres; — elle a du Van Dyck; — elle peint comme un homme. — Tous ceux qui se connaissent en peinture se rappellent le modelé de deux bras nus dans un portrait exposé au dernier Salon. La peinture de mademoiselle Eugénie Gautier n'a aucun rapport avec la peinture de femme, qui, en général, nous fait songer aux préceptes du bonhomme Chrysale.

BELLOC [3]

M. Belloc a envoyé plusieurs portraits. — Celui de M. Michelet nous a frappé par son excellente couleur.

---

1. Claude Dubufe, le père (1790-1864), était un élève de David, spécialisé dans le portrait et qui cultiva en effet le succès *bourgeois,* qui lui vint aisément. Edouard Dubufe, le fils (1820-1883), avait été l'élève de son père et de Delaroche, et expose généralement des sujets religieux, qui ne lui attirent guère la sympathie des critiques. Baudelaire est ici, à peu près, de l'avis de tout le monde.

2. Eugénie Gautier était une élève de Belloc, dont il est question dans l'article suivant. La critique, sauf Baudelaire, est muette à son sujet ; Baudelaire y fera à nouveau allusion en 1846, mais pour regretter que le style s'amollisse.

3. Jean-Hilaire Belloc (1785-1866). Baudelaire est à peu près seul à faire son éloge, et le rapprochement avec Lawrence n'est pas un mince

— M. Belloc, qui n'est pas assez connu, est un des hommes d'aujourd'hui les plus savants dans leur art. — Il a fait des élèves remarquables, — mademoiselle Eugénie Gautier, par exemple, à ce que nous croyons. — L'an passé, nous avons vu de lui, aux galeries du boulevard Bonne-Nouvelle, une tête d'enfant qui nous a rappelé les meilleurs morceaux de Lawrence.

TISSIER [1]

est vraiment coloriste, mais n'est peut-être que cela ; — c'est pourquoi son portrait de femme, qui est d'une couleur distinguée et dans une gamme de ton très grise, est supérieur à son tableau de religion.

RIESENER [2]

est avec M. Planet un des hommes qui font honneur à M. Delacroix. — Le portrait du docteur H. de Saint-A... est d'une franche couleur et d'une franche facture.

---

compliment sous sa plume, tandis que Thoré trouve manqué le portrait de Michelet. Il est vrai que Baudelaire se faisait du portrait coloriste (et c'est bien ici le colorisme qui lui plaît) une idée fort différente de celle de ses confrères. Ce qui fait que ce bref article sur Belloc mérite d'être adjoint au dossier, si important, de la théorie baudelairienne du portrait (cf. *Salon de 1859*, pp. 364 sqq.).

1. Ange Tissier (1814-1876), élève d'Ary Scheffer et de Delaroche, autre spécialiste de sujets religieux, un des rares qui bénéficient de la sympathie de Baudelaire, justement parce qu'il est *coloriste* (même s'il n'est que cela). L'éloge se répétera en 1846 (cf. p. 162).

2. Léon Riesener (1808-1878), avec Planet le plus proche disciple de Delacroix (cf. p. 34), et, lui aussi, fréquemment présent dans le *Journal* du maître. Il eut en 1845 à souffrir de la rigueur du jury et, en 1846, il sera, ainsi que Planet, absent du Salon, ce que regrette vivement Baudelaire (cf. p. 131). Le père de Léon Riesener, Henri-François (1767-1828), fils du célèbre ébéniste du XVIIIe siècle, qui était apparenté à Delacroix, avait lui-même pratiqué l'art du portrait et avait connu le plus grand succès tant en France qu'en Russie.

DUPONT

Nous avons rencontré un pauvre petit portrait de demoiselle avec un petit chien, qui se cache si bien qu'il est fort difficile à trouver ; mais il est d'une grâce exquise. — C'est une peinture d'une grande innocence, — apparente, du moins, mais très bien composée, — et d'un très joli aspect ; — un peu anglais [1].

HAFFNER [2]

Encore un nouveau nom, pour nous, du moins. M. Haffner a, dans la petite galerie, à une très mauvaise place, un portrait de femme du plus bel effet. Il est difficile à trouver, et vraiment c'est dommage. Ce portrait dénote un coloriste de première force. Ce n'est point de la couleur éclatante, pompeuse ni commune, mais excessivement distinguée, et d'une harmonie remarquable. La chose est exécutée dans une gamme de ton très grise. L'effet est très savamment combiné, doux et frappant à la fois. La tête, romantique et doucement pâle, se détache sur un fond gris, encore plus pâle autour d'elle, et qui, se rembrunissant vers les coins, a l'air de lui servir d'auréole. — M. Haffner a, de plus, fait un paysage d'une couleur très hardie — un chariot avec un homme et des chevaux, faisant presque silhouette sur la clarté équivoque d'un crépuscule. — Encore un chercheur consciencieux... que c'est rare !...

---

1. Ernest Dupont devait continuer dans cette voie et se spécialiser dans les portraits de jeunes filles, genre dans lequel il était normal qu'il parût *un peu anglais,* à une époque où, sur la lancée de l'anglomanie romantique, la « manière anglaise » en peinture était encore fort à la mode. Et Baudelaire, dont le goût et l'esthétique doivent tant à l'Angleterre, ne pouvait manquer de faire cette dernière remarque.

2. Félix Haffner (né à Strasbourg en 1818) est alors un débutant. Baudelaire croit trouver en lui la promesse d'un paysagiste original (cf. p. 63). Mais, l'année suivante, il sera déçu (cf. p. 146).

PÉRIGNON

a envoyé neuf portraits, dont six de femmes. — Les têtes de M. Pérignon sont dures et lisses comme des objets inanimés. — Un vrai musée de Curtius [1].

HORACE VERNET [2]

M. Horace Vernet, comme portraitiste, est inférieur à M. Horace Vernet, peintre héroïque. Sa couleur surpasse en crudité la couleur de M. Court [3].

HIPPOLYTE FLANDRIN [4]

M. Flandrin n'a-t-il pas fait autrefois un gracieux portrait de femme appuyée sur le devant d'une loge avec un bouquet de violettes au sein? Mais il a échoué dans le portrait de M. Chaix-d'Est-Ange. Ce n'est qu'un semblant de peinture sérieuse; ce n'est pas là le caractère si connu de cette figure fine, mordante, ironique. — C'est lourd et terne.

Nous venons de trouver, ce qui nous a fait le plus vif plaisir, un portrait de femme de M. Flandrin, une simple tête qui nous a rappelé ses bons ouvrages. L'aspect en est un peu trop doux et a le tort de ne pas appeler les yeux comme le portrait de la princesse Belg..., de M. Lehmann [5]. Comme ce morceau est petit, M. Flandrin

---

1. Baudelaire sera encore plus sévère en 1846 pour Alexis Pérignon (1806-1882), qui, pourtant, est, dit l'*Illustration* (31 mai 1845), un portraitiste fort recherché. Le musée de Curtius était un musée de figures de cire, ancêtre du musée Grévin.

2. Cf. p. 15.

3. Joseph Court (1797-1865) avait été prix de Rome en 1821, mais est généralement assez maltraité par la critique.

4. Hippolyte Flandrin (1809-1864), à la fois élève d'Ingres et lyonnais. Comme on peut s'y attendre, Baudelaire ne l'aime guère (cf. 1846, pp. 154, 159-160, mais, conformément à son oscillation ordinaire face à ce genre de peinture, il lui arrive d'admirer certaines réussites (cf. 1859, p. 367).

5. Henri Lehmann, élève d'Ingres (1814-1882). Cf. *Salon de 1846*, p. 154, Il s'agit de la célèbre princesse Belgiojoso, qui fut aimée

l'a parfaitement réussi. Le modelé en est beau, et cette peinture a le mérite, rare chez ces messieurs, de paraître faite tout d'une haleine et du premier coup.

RICHARDOT [1]

a peint une jeune dame vêtue d'une robe noire et verte, — coiffée avec une afféterie de keepsake. — Elle a un certain air de famille avec les saintes de Zurbaran, et se promène gravement derrière un grand mur d'un assez bon effet. C'est bon — il y a là-dedans du courage, de l'esprit, de la jeunesse.

VERDIER [2]

a fait un portrait de mademoiselle Garrique, dans *le Barbier de Séville*. Cela est d'une meilleure facture que le portrait précédent, mais manque de délicatesse.

HENRI SCHEFFER [3]

Nous n'osons pas supposer, pour l'honneur de M. Henri Scheffer, que le portrait de Sa Majesté ait été fait d'après

---

d'Alfred de Musset (cf. Jean Pommier : *Variétés sur Alfred de Musset,* Paris, Nizet, s. d. pp. 206-209. M. Jean Pommier évoque une gravure de la princesse qui lui fait songer qu'elle pourrait être la Camille d'*On ne badine pas,* et il s'écrie : *ne pensez plus au portrait de Lehmann !*). Le portrait de la princesse était signalé, en 1914, comme étant en Italie dans la collection du marquis Franco da Pozzo (R. Barbiera : *La Principessa Belgioioso*).

1. Charles-Jean Richardot est ignoré du reste de la critique.

2. Marcel Verdier (1817-1856), élève d'Ingres. Baudelaire sera assez sévère à son égard en 1846 (p. 145). Lui aussi, il manque d'âme : il est *ennemi de la pensée*.

3. Henri Scheffer (1798-1862), à ne pas confondre avec son frère plus célèbre, Ary (qui était absent du Salon de 1845, et dont Baudelaire développera longuement le procès dans le *Salon de 1846*, chap. XIII, pp. 170 sqq.). Thoré partage les réserves de Baudelaire devant le portrait du roi.

nature. — Il y a dans l'histoire contemporaine peu de têtes aussi accentuées que celle de Louis-Philippe [1]. — La fatigue et le travail y ont imprimé de belles rides, que l'artiste ne connaît pas. — Nous regrettons qu'il n'y ait pas en France un seul portrait du Roi. — Un seul homme est digne de cette œuvre : c'est M. Ingres.

Tous les portraits de Henri Scheffer sont faits avec la même probité, minutieuse et aveugle; la même conscience, patiente et monotone.

LEIENDECKER

En passant devant le portrait de mademoiselle Brohan, nous avons regretté de ne pas voir au Salon un autre portrait, — qui aurait donné au public une idée plus juste de cette charmante actrice, — par M. Ravergie, à qui le portrait de madame Guyon avait fait une place importante parmi les portraitistes [2].

DIAZ [3]

M. Diaz fait d'habitude de petits tableaux dont la couleur magique surpasse les fantaisies du kaléidoscope. — Cette

---

1. Ce que ne manquent pas d'exploiter, au moment même où écrit Baudelaire, les caricaturistes du temps, avec à leur tête Honoré Daumier. Mais Baudelaire ne parlera de la fameuse *Poire* que dans son étude sur Daumier de 1857 (*Quelques caricaturistes français,* pp. 271 sqq.).

2. Mathias Leiendecker, portraitiste qui ne paraît guère avoir attiré l'attention. Mlle Brohan était une actrice du Théâtre-Français. Hippolyte Ravergie, élève d'Ingres, avait exposé en 1844 le portrait dont parle Baudelaire mais était absent du Salon de 1845.

3. Narcisse Diaz de la Peña (1808-1876) pratique les sujets les plus divers ; c'est un autodidacte de la peinture, qui marie, selon les cas, les influences de Prud'hon, de Delacroix et de Théodore Rousseau, en pratiquant d'autre part un colorisme ardent, quoique facile. Il connut un succès considérable et se donna même des airs de chef d'école, lorsqu'en compagnie de Millet et de Rousseau il anima ce qu'on appelle parfois l'École de Barbizon. C'est un grand mérite de Baudelaire d'avoir, *seul,* en 1845, comme en 1846 (cf. pp. 144-145) et en 1859 (cf. pp. 355-356), dénoncé l'erreur commise par la critique, les collectionneurs et le public sur cet artiste que, depuis, l'histoire a remis à la place médiocre que lui assignait Baudelaire.

année, il a envoyé de petits portraits en pied. Un portrait est fait, non seulement de couleur, mais de lignes et de modelé. — *C'est l'erreur d'un peintre de genre qui prendra sa revanche.*

TABLEAUX DE GENRE

BARON [1]

A donné *les Oies du frère Philippe*, un conte de la Fontaine. C'est un prétexte à jolies femmes, à ombrages, et à tons variés quand même.

C'est d'un aspect fort attirant, mais c'est le rococo du romantisme. — Il y a là dedans du Couture, un peu du faire de Célestin Nanteuil, beaucoup de tons de Roqueplan et de C. Boulanger. — Réfléchir devant ce tableau combien une peinture excessivement savante et brillante de couleur peut rester froide quand elle manque d'un tempérament particulier.

ISABEY [2]

Un intérieur d'alchimiste

Il y a toujours là-dedans des crocodiles, des oiseaux empaillés, de gros livres de maroquin, du feu dans des fourneaux, et un vieux en robe de chambre, — c'est-à-dire

1. Franc-comtois comme Gigoux, dont il fut l'élève (1816-1885). Une œuvre de ce même peintre suscitera au contraire, en 1859, l'enthousiasme de Baudelaire, il est vrai, pour des raisons extra-picturales (cf. p. 353, et dans les *Petits poèmes en prose, la Chambre double,* éd. Garnier, p. 22).

2. Eugène Isabey (1804-1886), l'un des plus brillants parmi les petits-maîtres du romantisme pittoresque, étroitement lié à Bonington et à Delacroix (avec qui il fit en 1825 le voyage d'Angleterre). Ce fut justement grâce à son habile assimilation de la « manière anglaise » qu'à partir de son grand succès au Salon de 1827, Isabey, selon le témoignage de G. Planche, renouvelle le genre de la marine, alors représenté par un disciple de Vernet, Théodore Gudin. De lui encore,

une grande quantité de tons divers. C'est ce qui explique la prédilection de certains coloristes pour un sujet si commun [1].

M. Isabey est un vrai coloriste — toujours brillant, — souvent délicat. Ç'a été un des hommes les plus justement heureux du mouvement rénovateur.

LÉCURIEUX [2]

Salomon de Caus a Bicêtre

Nous sommes à un théâtre du boulevard qui s'est mis en frais de littérature; on vient de lever le rideau, tous les acteurs regardent le public.

Un seigneur, avec Marion Delorme onduleusement appuyée à son bras, *n'écoute pas* la complainte du Salomon qui gesticule comme un forcené dans le fond.

La mise en scène est bonne ; tous les fous sont pittoresques, aimables, et savent parfaitement leur rôle.

---

le critique romantique Jal écrit dans *l'Artiste et le philosophe* (Paris, 1824. Isabey n'avait alors que 20 ans) : *Ce jeune homme a deviné les Anglais et, en les imitant, il a surpassé la plupart d'entre eux.* Isabey fut enfin le maître de Jongkind et compte ainsi, comme Boudin, tant admiré de Baudelaire, au nombre des précurseurs directs ou indirects de l'Impressionnisme. Aussi le jugement de Baudelaire, particulièrement dans sa formule finale, paraît-il tout à fait pertinent.

1. Effectivement, c'était un sujet comme on en avait beaucoup fait dans les années 1824-1830. Il y a, en particulier, un *Antiquaire* de Bonington (1828. Collection Wallace) dont il se peut qu'Isabey se soit souvenu. Il continue en tout cas, encore en 1845, cette tradition « boningtonienne », qui explique la *prédilection* pittoresque dont parle ici Baudelaire : à ses yeux, d'ailleurs, ce « boningtonisme » reste un des apports majeurs de *la grande école romantique* (*L'Exposition de la Galerie Martinet,* 1861, p. 401) et Isabey mérite ses éloges parce qu'il est un représentant, on pourrait presque dire un survivant, de cette *époque merveilleuse (ibid.)*.

2. Jacques Lécurieux (né à Dijon en 1801) exposait aussi, sur un sujet à la mode, des *Fiançailles de Rébecca,* dont personne ne parle. Le sujet du tableau dont parle Baudelaire était, selon le livret, inspiré d'une *lettre de Marion Delorme à Cinq-Mars, 3 février 1641.* On connaît l'histoire de Salomon de Caus, inventeur prématuré de la vapeur, enfermé comme fou à Bicêtre.

Nous ne comprenons pas l'effroi de Marion Delorme à l'aspect de ces aimables fous.

Ce tableau a un aspect uniforme de café au lait. La couleur en est roussâtre comme un vilain temps plein de poussière.

Le dessin, — dessin de vignette et d'illustration. A quoi bon faire de la peinture dite sérieuse, quand on n'est pas coloriste et qu'on n'est pas dessinateur?

Mme CÉLESTE PENSOTTI [1]

Le tableau de madame Céleste Pensotti s'appelle *Rêverie du soir*. Ce tableau, un peu maniéré comme son titre, mais joli comme le nom de l'auteur, est d'un sentiment fort distingué. — Ce sont deux jeunes femmes, l'une appuyée sur l'épaule de l'autre, qui regardent à travers une fenêtre ouverte. — Le vert et le rose, ou plutôt le verdâtre et le rosâtre y sont doucement combinés. Cette jolie composition, malgré ou peut-être à cause de son afféterie naïve d'album romantique, ne nous déplaît pas ; — mais cela a une qualité trop oubliée aujourd'hui. C'est élégant, — cela sent bon.

TASSAERT

Un petit tableau de religion presque galante [2]. — La Vierge allaite l'enfant Jésus — sous une couronne de fleurs et de petits amours. L'année passée nous avions déjà remarqué M. Tassaert. Il y a là une bonne couleur, modérément gaie, unie à beaucoup de goût.

---

1. Mme Pensotti, née Céleste Martin, spécialiste du « portrait poétique ».

2. Nicolas Tassaert (1820-1874) sera l'objet, en 1846, des plus grands éloges (pp. 132-135) pour la qualité de sa « galanterie » picturale, et Baudelaire déclarera regretter de ne pas avoir plus longuement ici développé ce thème, qui y est cependant annoncé.

LELEUX Frères[1]

Tous leurs tableaux sont très bien faits, très bien peints, et très monotones comme manière et choix de sujets.

LEPOITEVIN[2]

Sujets à la Henri Berthoud (voyez le livret). — Tableaux de genre, vrais tableaux de genre trop bien peints. Du reste, tout le monde aujourd'hui peint trop bien.

GUILLEMIN[3]

M. Guillemin, qui a certainement du mérite dans l'exécution, dépense trop de talent à soutenir une mauvaise cause; — la cause de l'*esprit en peinture*. — J'entends par là envoyer à l'imprimeur du livret des légendes pour le public du dimanche.

MULLER[4]

M. Muller croit-il plaire au public du samedi en choisissant ses sujets dans Shakespeare et Victor Hugo ? — De gros amours *Empire* sous prétexte de sylphes. — Il ne

1. Adolphe (1812-1891) et Armand (1818-1865) Leleux seront à nouveau l'objet d'un jugement réservé en 1846 (p. 146).

2. Eugène Le Poittevin (orthographe du livret, 1806-1870), paysagiste anecdotique. Henri Berthoud, élève de Le Poittevin, mais aussi d'Henri Scheffer et même de Corot, exposait, en 1845, un curieux sujet luministe : *Nature morte dans une cave*.

3. Alexandre Guillemin, élève de Gros (1817-1880). Cf. aussi *Salon de 1846*, p. 146.

4. Charles Muller, autre élève de Gros (1815-1882). En marge de son *Sylphe endormi*, le livret cite Hugo, *Odes et Ballades*, et en marge de son *Lutin Puck*, Shakespeare, *Songe d'une nuit d'été*. Il est remarquable que Baudelaire soit le seul à maltraiter Muller, qui ne recueille pas seulement l'admiration du *public du samedi,* mais encore celle des romantiques Thoré et Gautier et du classique Delécluze. Le critique du *National,* Haussard, ose même la comparaison avec Prud'hon.

suffit donc pas d'être coloriste pour avoir du goût. — Sa *Fanny* est mieux.

DUVAL LECAMUS PÈRE [1]

« ... Sait d'une voix légère
Passer du grave au doux, du plaisant au sévère[2]. »

DUVAL LECAMUS JULES

a été imprudent d'aborder un sujet traité déjà par M. Roqueplan [3].

GIGOUX [4]

M. Gigoux nous a procuré le plaisir de relire dans le livret le récit de *la Mort de Manon Lescaut*. Le tableau est mauvais; pas de style; mauvaise composition, mauvaise couleur. Il manque de caractère, il manque de son sujet. Quel est ce Des Grieux? je ne le connais pas.

---

1. Pierre Duval-Lecamus, élève de David (1790-1854).

2. Boileau, *Art poétique*. I.75-76. La citation doit être interprétée ironiquement, si l'on en juge par une allusion antérieure à ce peintre à propos de Boulanger (cf. pp. 26-27).

3. Jules Duval-Lecamus (1814-1878) reprend en effet un sujet exposé par Camille Roqueplan en 1833 *(épisode de la vie de Jean-Jacques Rousseau)*. Camille Roqueplan (1803-1855) avait été un des membres les plus brillants du groupe artistique de Bonington, Isabey et Delacroix. Il avait lui aussi fait, en compagnie d'Eugène Lami, en 1826 (un an après Delacroix et Isabey) l'indispensable voyage d'Angleterre. Baudelaire en avait déjà parlé à propos de Baron (*supra,* p. 49).

4. Jean-François Gigoux (1806-1894) avait justement fait partie du même groupe *novateur* que Roqueplan et Isabey. Les titres que cite Baudelaire témoignent de sa participation active au pittoresque historique cher au romantisme. Gigoux mérite une place honorable dans l'histoire de l'art, non pas tellement par son œuvre — cependant caractéristique du goût 1830 — que par un précieux volume de souvenirs : *Causeries sur les artistes de mon temps* (Paris, 1885) et parce que le legs de sa collection au musée de Besançon à constitué le noyau d'un de nos meilleurs musées provinciaux.

Je ne reconnais pas non plus là M. Gigoux, que la faveur publique faisait, il y a quelques années, marcher de pair avec les plus sérieux novateurs.

M. Gigoux, l'auteur du *Comte de Cominges*, de *François Ier assistant Léonard de Vinci à ses derniers moments,* M. Gigoux du *Gil Blas* [1], M. Gigoux est une réputation que chacun a joyeusement soulevée sur ses épaules. Serait-il donc aujourd'hui embarrassé de sa réputation de peintre?

RUDOLPHE LEHMANN [2]

Ses Italiennes de cette année nous font regretter celles de l'année passée.

DE LA FOULHOUZE [3]

a peint un parc plein de belles dames et d'élégants messieurs, au temps jadis. C'est certainement fort joli, fort élégant, et d'une très bonne couleur. Le paysage est bien composé. Le tout rappelle beaucoup Diaz; mais c'est peut-être plus solide.

PÉRÈSE

La saison des roses. — C'est un sujet analogue, — une peinture galante et d'un aspect agréable, qui malheureuse-

---

1. Il s'agit de l'édition du *Gil Blas* de Lesage, illustrée par Gigoux et publiée par l'éditeur Paulin en 1835.

2. Rodolphe Lehmann (1819-1880), spécialiste des paysannes italiennes, obtint une médaille de 2e classe pour ses envois au Salon de 1845. Ne pas le confondre avec son frère Henri, l'auteur du portrait de la princesse Belgiojoso dont il est question plus haut (p. 45 Cf. aussi *Salon de 1846*, p. 154).

3. Amable de la Foulhouze, selon le livret originaire de Clermont-Ferrand, où il ne nous a pas été possible d'obtenir sur lui le moindre renseignement. En dehors de Baudelaire la critique est muette à son sujet. Et pourtant il est ici placé au-dessus de Diaz (cf. *supra*, p. 47) : de la relativité des réputations artistiques...

ment fait songer à Wattier, comme Wattier fait songer à Watteau [1].

DE DREUX [2]

est un peintre de la vie élégante, *high life*. — Sa *Châtelaine* est jolie; mais les Anglais font mieux dans le genre paradoxal. — Ses scènes d'animaux sont bien peintes; mais les Anglais sont plus spirituels dans ce genre animal et intime.

Mme CALAMATTA [3]

a peint une *Femme nue à sa toilette,* vue de face, la tête de profil — fond de décoration romaine. L'attitude est belle et bien choisie. En somme, cela est bien fait. Madame Calamatta a fait des progrès. Cela ne manque pas de style, ou plutôt d'une certaine prétention au style.

PAPETY [4]

promettait beaucoup, dit-on. Son retour d'Italie fut précédé par des éloges imprudents. Dans une toile énorme, où se voyaient trop clairement les habitudes récentes

---

1. Même reproche en 1846 (cf. p. 144).

2. Spécialiste de scènes de genre en effet à l'anglaise. Le témoignage de Gautier (*La Presse,* 16 avril) rejoint celui de Baudelaire. On peut comprendre qu'Alfred de Dreux (1810-1860) a manqué ce que réussira Constantin Guys, ce qui explique la nuance de regret contenue dans le jugement de Baudelaire. Le *paradoxe,* l'*esprit* (c'est-à-dire l'humour) et l'*intimisme,* qui font la supériorité des Anglais, sont justement quelques-unes des qualités qui manquent à ce peintre et que Baudelaire appréciera chez Guys. (cf. *Le Peintre de la vie moderne*, pp. 453-599). Notons que de Dreux connut un grand succès outre-Manche: peut-être Baudelaire le savait-il ?

3. Joséphine Calamatta, élève d'Ingres, travaillait, paraît-il, dans le goût étrusque, encore quelque peu à la mode.

4. Dominique Papety (1815-1849), 1er grand prix de Rome en 1836, avait attiré l'attention, à son retour d'Italie en 1843, avec sa grande composition *Rêve de bonheur*. Le tableau mentionné ici sous le titre *Un assaut* est en fait : *Guillaume de Clermont défendant Ptolémaïs*, 1291,

de l'Académie de peinture, M. Papety avait néanmoins trouvé des poses heureuses et quelques motifs de composition; et malgré sa couleur d'éventail, il y avait tout lieu d'espérer pour l'auteur un avenir sérieux. Depuis lors, il est resté dans la classe secondaire des hommes qui peignent bien et ont des cartons pleins de motifs tout prêts. La couleur de ses deux tableaux *(Memphis. — Un assaut)* est commune. Du reste, ils sont d'un aspect tout différent, ce qui induit à croire que M. Papety n'a pas encore trouvé sa manière.

ADRIEN GUIGNET [1]

M. Adrien Guignet a certainement du talent; il sait composer et arranger. Mais pourquoi donc ce doute perpétuel? Tantôt Decamps, tantôt Salvator. Cette année, on dirait qu'il a colorié sur papyrus des motifs de sculpture égyptienne ou d'anciennes mosaïques *(les Pharaons)*. Cependant Salvator et Decamps, s'ils faisaient Psammenit ou Pharaon, les feraient à la Salvator et à la Decamps. Pourquoi donc M. Guignet...?

MEISSONIER [2]

Trois tableaux : *Soldats jouant aux dés — Jeune homme feuilletant un carton — Deux buveurs jouant aux cartes.*

Autres temps, autres mœurs; autres modes, autres

---

commande du roi, et se trouve actuellement au musée de Versailles. Papety devait mourir prématurément à 34 ans. Baudelaire sera encore plus sévère en 1846 (cf. p. 175).

1. Adrien Guignet (1816-1854). Même opinion en 1846 (cf. p. 162). C'est d'ailleurs l'opinion à peu près unanime de la critique. Un de ces tableaux, *Joseph expliquant les songes du Pharaon,* se trouve au musée de Rouen. En 1846, Baudelaire consacrera un chapitre entier au problème soulevé ici à propos de Guignet. Cf. *Salon de 1846*, chap. XIV. *De quelques douteurs.*

2. Ernest Meissonier, Lyonnais (1815-1891), un des plus grands succès commerciaux de la peinture du XIXe siècle. Unanimité favorable de la critique, en dehors de Baudelaire qui, dans le *Salon de 1859*, fera de la *petitesse* de Meissonier le symptôme de la décadence du goût (cf. p. 311). L'histoire de l'art a retenu cette opinion.

écoles. M. Meissonier nous fait songer malgré nous à M. Martin Drolling [1]. Il y a dans toutes les réputations, même les plus méritées, une foule de petits secrets. — Quand on demandait au célèbre M. X*** ce qu'il avait vu au Salon, il disait n'avoir vu qu'un Meissonier, pour éviter de parler du célèbre M. Y***, qui en disait autant de son côté. Il est donc bon de servir de massue à des rivaux.

En somme, M. Meissonier exécute admirablement ses petites figures. C'est un Flamand moins la fantaisie, le charme, la couleur et la naïveté — et la pipe !

JACQUAND

fabrique toujours du Delaroche, vingtième qualité.

ROEHN

Peinture *aimable* (argot de marchand de tableaux).

RÉMOND

Jeune école de dix-huit cent vingt.

HENRI SCHEFFER

Auprès de *Madame Roland allant au supplice*, la *Charlotte Corday* [2] est une œuvre pleine de témérité. (Voir aux portraits).

---

1. Nous connaissons un Martin Drolling, peintre de genre d'origine alsacienne, qui fut célèbre pour les modèles par lui fournis à la Manufacture de Sèvres. Mais, né en 1752, il était mort en 1817, ce qui ne paraît guère s'accorder avec le *M.* de Baudelaire : or nous savons qu'un autre Drolling, peut-être le fils du précédent, fut un maître en renom dans les années 1830-1840 et compta au nombre de ses élèves Duval-Lecamus (cf. p. 53) et Curzon (cf. p. 63).

2. Tableau exposé par H. Scheffer en 1830 (cette réflexion souligne la décadence des petits-maîtres romantiques après la « flambée » des années 1825-1830).

HORNUNG[1]

« *Le plus têtu des trois n'est pas celui qu'on pense*[2]. »

BARD

Voir le précédent.

GEFFROY

Voir le précédent[3].

1. Joseph Hornung, 1892-1870.
2. Cf. La Fontaine. *Le Meunier, son fils et l'âne*, 37. C'est le titre même du tableau, montrant un garçon monté sur un âne avec une fille en croupe.
3. Quelques rapides renseignements sur ces artistes que Baudelaire expédie avec une significative rapidité :

Claudius Jacquand, Lyonnais (1805-1878). Jean-Alphonse Roehn, élève de Gros (1799-1864). Jean-Charles Rémond a peint un *Tobie* qui se trouve à Saint-Sulpice, où il souffre singulièrement du voisinage des Delacroix : il est en effet très *école de dix-huit cent vingt* (en 1845, il exposait un *Hippolyte*). Henri Scheffer, cf. selon l'indication de Baudelaire, *supra*, p. 46. Sa *Charlotte Corday* de 1830 avait fait sensation. Selon le *Moniteur* (21 avril), le tableau de Joseph Hornung est une *innocente polissonnerie*. Jean-Auguste Bard, élève d'Ingres, est accusé par Gautier (*la Presse*, 15 avril) de trop aimer *les vieilleries soit étrusques soit gothiques ;* dans le *Salon de 1846*, Baudelaire le caractérise par une assez jolie formule : *l'homme aux folies froides* (p. 177). Edmond Geffroy (1804-1895) n'attire l'attention d'aucun autre critique ; il exposait *Ariane et Thésée*.

PAYSAGES

COROT [1]

A la tête de l'école moderne du paysage, se place M. Corot. — Si M. Théodore Rousseau voulait exposer, la suprématie serait douteuse, M. Théodore Rousseau unissant à une naïveté, à une originalité au moins égales, un plus grand charme et une plus grande sûreté d'exécution [2]. — En effet, ce sont la naïveté et

1. Il est inutile de rappeler, à propos de ce chapitre, l'importance croissante prise par le Paysage dans la peinture du XIXe siècle. Mais il importe de souligner que, dès 1845, Baudelaire commence d'élaborer cette théorie du Paysage qu'il développera plus tard, en particulier dans le *Salon de 1846*, et plus encore dans le *Salon de 1859*, car la réflexion du critique sur l'art du Paysage, nourrie de l'influence des paysagistes anglais et des enseignements qu'il tire de l'œuvre des peintres contemporains, est une des sources principales de son esthétique de l'imagination ; et c'est là quelque chose d'assez important pour que cette théorie du Paysage explique certains aspects, parmi les plus profonds, de la poésie des *Fleurs du mal* ou des *Petits poèmes en prose*. Quant à la lucidité de Baudelaire sur ce point, qu'il suffise de mentionner qu'effectivement c'est le couple Corot-Rousseau qui domine, avec le couple Delacroix-Ingres, la peinture de la première partie du XIXe siècle. A propos de chacun de ces deux peintres, assez largement connus, rappelons seulement leurs dates : Jean-Baptiste Camille Corot, 1796-1875 et Théodore Rousseau, 1812-1867. En 1845, Corot exposait : *Homère et les Bergers* (Musée de Saint-Lô), *Daphnis et Chloé* (d'après André Chénier) et *Paysage*. La critique est fort divisée à son sujet, et même ses partisans restent encore timides.

2. Théodore Rousseau était alors un *peintre maudit*. L'accès du Salon lui était systématiquement refusé par le jury, et, en 1845, selon Thoré, ses paysages pyrénéens allèrent *tout droit dans la collection de M. Périer*. Il lui faudra attendre 1848 pour que cesse cet ostracisme ; c'est alors que, grâce à Ledru-Rollin, il reçut une commande officielle de 4 000 francs pour un tableau exposé en 1850-51 à la place d'honneur

l'originalité qui constituent le mérite de M. Corot. — Évidemment cet artiste aime sincèrement la nature, et sait la regarder avec autant d'intelligence que d'amour. — Les qualités par lesquelles il brille sont tellement fortes, — parce qu'elles sont des qualités d'âme et de fond [1] — que l'influence de M. Corot est actuellement visible dans presque toutes les œuvres des jeunes paysagistes — surtout de quelques-uns qui avaient déjà le bon esprit de l'imiter et de tirer parti de sa manière avant qu'il fût célèbre et sa réputation ne dépassant pas encore le monde des artistes [2].

---

et actuellement au Louvre (*Sortie de la forêt de Fontainebleau*). L'Exposition universelle de 1855 lui donnera enfin la place qu'il méritait. Baudelaire reprendra ce thème, qui paraît lui être cher, de la comparaison entre Rousseau et Corot, sous une forme plus approfondie, dans le *Salon de 1859* (cf. p.373).

1. On sait déjà que l'*âme* est précisément ce que Baudelaire exige avant tout du peintre. Mais le diagnostic spirituel du poète est si juste qu'il rejoint presque textuellement ce que Corot lui-même dira, vingt-quatre ans plus tard ; *Pour ce qui me concerne, je crois avoir le sentiment, c'est-à-dire un peu de poésie dans l'âme qui me porte à voir, ou à compléter ce que je vois d'une certaine façon ; mais je n'ai pas toujours la couleur, et, des qualités du dessin, je ne possède que des éléments imparfaits ; l'exécution aussi me fait parfois défaut ; c'est pourquoi je la travaille davantage, sans qu'on s'en doute, et je dis aux jeunes gens : Attachez-vous à rechercher surtout ce qui vous manque, et tâchez d'asseoir et de perfectionner la forme : c'est capital. Mais, avant tout obéissez à votre instinct, à votre manière de voir : c'est ce que j'ai nommé la conscience et la sincérité. Ne vous préoccupez pas du reste et vous aurez ainsi grande chance d'être heureux et de bien faire. Depuis mes débuts, j'ai suivi cette règle sans broncher.* (Lettre du 19 décembre 1869, citée par H. Dumesnil, *Corot, souvenirs,* Paris, 1875.)

2. La question de l'influence de Corot est moins simple que ne paraît le croire ici Baudelaire. Si, comme le montre le texte cité dans la note précédente, vers la fin de sa vie, Corot avait conscience, malgré toute son humilité, de pouvoir parler avec l'autorité d'un maître et d'avoir quelque chance d'être entendu, il n'est pas sûr qu'il en ait été déjà de même en 1845. Si sa *réputation* commence en effet à se répandre, Corot vit néanmoins et travaille en solitaire ; il ne groupe pas autour de lui une école ; c'est que Corot, situé en dehors du romantisme, de ses inquiétudes, de ses ambitions, épanouit les intuitions du Paysage de la fin du XVIIIe siècle, en particulier de Valenciennes. En fait, il faudra attendre Puvis de Chavannes, les impressionnistes et Cézanne, pour que la peinture puisse vraiment se réclamer de l'exemple de Corot. Ce qui peut seul justifier la remarque de Baudelaire (et peut-être est-ce en ce sens qu'il faut l'entendre), c'est que Corot a

M. Corot, du fond de sa modestie, a agi sur une foule d'esprits. — Les uns se sont appliqués à choisir dans la nature les motifs, les sites, les couleurs qu'il affectionne, à choyer les mêmes sujets; d'autres ont essayé même de pasticher sa gaucherie. — Or, à propos de cette prétendue gaucherie de M. Corot, il nous semble qu'il y a ici un petit préjugé à relever. — Tous les demi-savants, après avoir consciencieusement admiré un tableau de Corot, et lui avoir loyalement payé leur tribut d'éloges, trouvent que cela pèche par l'exécution, et s'accordent en ceci, que définitivement M. Corot ne sait pas peindre. — Braves gens ! qui ignorent d'abord qu'une œuvre de génie — ou si l'on veut — une œuvre d'âme — où tout est bien vu, bien observé, bien compris, bien imaginé — est toujours très bien exécutée, quand elle l'est suffisamment — Ensuite — qu'il y a une grande différence entre un morceau *fait* et un morceau *fini* — qu'en général ce qui est *fait* n'est pas *fini*, et qu'une chose très *finie* peut n'être pas *faite* du tout — que la valeur d'une touche spirituelle, importante et bien placée est énorme..., etc..., etc..., d'où il suit que M. Corot peint comme les grands maîtres. — Nous n'en voulons d'autre exemple que son tableau de l'année dernière — dont l'impression était encore plus tendre et mélancolique que d'habitude. — Cette verte campagne où était assise une femme jouant du violon — cette nappe de soleil au second plan, éclairant le gazon et le colorant d'une manière différente que le premier, était certainement une audace et une audace très réussie. — M. Corot est tout aussi fort cette année que les précédentes; — mais l'œil du public a été tellement accoutumé aux morceaux luisants, propres et industrieusement *astiqués*, qu'on lui fait toujours le même reproche.

Ce qui prouve encore la puissance de M. Corot, ne fût-ce que dans le métier, c'est qu'il sait être coloriste avec une gamme de tons peu variée — et qu'il est toujours harmo-

---

effectivement donné l'exemple d'une riche et féconde promotion du Paysage « spiritualiste », pour employer un terme baudelairien : en ce sens, Corot peut être légitimement considéré comme le chef de file d'un mouvement artistique qui a puissamment contribué à faire du XIXe siècle un grand siècle pictural.

niste[1] même avec des tons assez crus et assez vifs. — Il compose toujours parfaitement bien. — Ainsi dans *Homère et les Bergers,* rien n'est inutile, rien n'est à retrancher; pas même les deux petites figures qui s'en vont causant dans le sentier. — Les trois petits bergers avec leur chien sont ravissants, comme ces bouts d'excellents bas-reliefs qu'on retrouve dans certains piédestaux des statues antiques. — Homère ressemble peut-être trop à Bélisaire. — Un autre tableau plein de charme est *Daphnis et Chloé* — et dont la composition a comme toutes les bonnes compositions — c'est une remarque que nous avons souvent faite — le mérite de l'inattendu.

FRANÇAIS[2]

est aussi un paysagiste de premier mérite — d'un mérite analogue à Corot, et que nous appellerions volontiers *l'amour de la nature* — mais c'est déjà moins naïf, plus rusé — cela sent beaucoup plus son peintre — aussi est-ce plus facile à comprendre. — *Le soir* est d'une belle couleur.

PAUL HUET[3]

Un vieux château sur des rochers. — Est-ce que par hasard M. Paul Huet voudrait modifier sa manière? — Elle était pourtant excellente.

1. C'est le même mot qui sert aussi à qualifier le génie pictural de Delacroix (cf. pp. 9-10), comme aussi Delacroix et Corot ont en commun d'être l'un et l'autre des peintres d'*âme*. C'est toute l'originalité de Baudelaire d'avoir su ainsi saisir et exprimer, au-delà des contrastes apparents, l'affinité profonde des deux peintres. Et c'est un rapprochement qui va loin ..

2. Louis Français (1814-1897), élève de Gigoux, et peut-être aussi un de ces *jeunes paysagistes* dont Baudelaire parlait tout à l'heure, car il suivit les leçons de Corot. A la différence de Baudelaire Thoré le rapproche plutôt de Théodore Rousseau.

3. Paul Huet (1803-1869) peintre maudit lui aussi ; on lui avait en 1845 refusé deux autres tableaux : il avait été l'une des *âmes* les plus tourmentées et les plus *absolues* de la jeune peinture. Comme le note ici Baudelaire il devait en effet, par une sorte de lassitude,

HAFFNER [1]

Prodigieusement original — surtout par la couleur. C'est la première fois que nous voyons des tableaux de M. Haffner — nous ignorons donc s'il est paysagiste ou portraitiste de son état — d'autant plus qu'il est excellent dans les deux genres.

TROYON [2]

fait toujours de beaux et de verdoyants paysages, les fait en coloriste et même en observateur, mais fatigue toujours les yeux par l'aplomb imperturbable de sa manière et le papillotage de ses touches. — On n'aime pas voir un homme si sûr de lui-même.

CURZON [3]

a peint un site très original appelé *les Houblons.* — C'est tout simplement un horizon auquel les feuilles et les branchages des premiers plans servent de cadre. — Du

---

édulcorer son génie. Exemple typique d'un artiste qui aurait pu compter au nombre des plus grands (et qui reste grand) mais qui fut victime de la pression finalement victorieuse du goût contemporain. S'il avait mieux connu son œuvre antérieure, Baudelaire aurait pu lui faire une place parmi les représentants caractéristiques de l'esthétique du *bizarre.* Cf. René-Paul Huet : *Paul Huet*, Paris, Laurens, 1911, et B. Dorival, *La Peinture Française*, Larousse, p. 150.

1. Cf. p. 44.

2. Baudelaire se montre déjà ici bien réticent à l'égard de Constant Troyon (1810-1865) et l'on voit s'amorcer la critique qui l'amènera à faire de Troyon l'exemple typique d'un art *sans âme,* et à trouver dans son œuvre le modèle de ce que ne doit pas être la peinture ; cf. *Salon de 1846* (p. 182) et surtout *Salon de 1859* (p. 373).

3. L'éloge de l'originalité d'Alfred de Curzon (1820-1895), élève de Cabat (cf. *Salon de 1846*, XV, pp. 180 sqq.), se retrouve sous la plume de Gautier (*La Presse*, 17 avril). En 1846, Baudelaire modifiera son jugement et sera déçu (cf. p. 156).

reste, M. Curzon a fait aussi un très beau dessin dont nous aurons tout à l'heure occasion de parler.

FLERS [1]

Je vais revoir ma Normandie,
C'est le pays...

Voilà ce qu'ont chanté longtemps toutes les toiles de M. Flers. — Qu'on ne prenne pas ceci pour une moquerie. — C'est qu'en effet tous ces paysages étaient poétiques, et donnaient l'envie de connaître ces éternelles et grasses verdures qu'ils exprimaient si bien — mais cette année l'application ne serait pas juste, car nous ne croyons pas que M. Flers, soit dans ses dessins, soit dans ses tableaux, ait placé une seule Normandie. — M. Flers est toujours resté un artiste éminent.

WICKEMBERG [2]

peint toujours très bien ses *Effets d'hiver*; mais nous croyons que les bons Flamands dont il semble préoccupé ont une manière plus large.

CALAME ET DIDAY [3]

Pendant longtemps on a cru que c'était le même artiste atteint de *dualisme chronique*; mais depuis l'on s'est aperçu qu'il affectionnait le nom de Calame les jours qu'il peignait bien...

1. Camille Flers (1802-1868) recueille, avec ceux de Baudelaire, les éloges de Thoré et de Gautier : éloges mérités, car il est sans doute le premier paysagiste à avoir su exploiter toute la valeur expressive d'une matière colorée aussi *grasse* que les verdures normandes ici évoquées ; et en cela il est un précurseur. Il fut le maître de Cabat.

2. Baudelaire est à peu près le seul à mentionner cet obscur artiste.

3. Diday (1802-1877) était le maître de Calame (1810-1864) : l'un et l'autre représentent l'école genevoise de paysage, spécialisée dans les scènes de montagne (Diday exposait : *Suite d'un orage dans les Alpes,*

DAUZATS [1]

Toujours de l'Orient et de l'Algérie — c'est toujours d'une ferme exécution !

FRÈRE [2]

(Voyez le précédent.)

CHACATON [3]

en revanche a quitté l'Orient; mais il y a perdu.

---

et Calame : *Un orage*), qui avait connu une certaine gloire à la fin du XVIIIe siècle, avec l'œuvre de Louis-Adolphe Ducros, maître du paysage fantastique, qui influença peut-être indirectement Turner. Mais Calame et Diday, dans leur identité maniériste, ne sont que de froids épigones de Ducros (œuvres intéressantes de ce dernier au musée de Lausanne), ce que Baudelaire paraît ignorer.

1. Baudelaire passe rapidement sur Adrien Dauzats (1804-1868) que cependant il paraît estimer ; sans doute parce que Dauzats, alors en plein succès, n'a nul besoin des éloges d'un jeune débutant ; peut-être est-ce aussi que, plus encore que Decamps, auquel il ressemble, Dauzats est surtout un exotique et un pittoresque, qui ne s'est guère posé la question du *spiritualisme* de la peinture ; malgré ses qualités techniques *(ferme exécution* : c'est à la fois, sous la plume de Baudelaire, un compliment et une réserve), il est de ceux qui ont cherché le romantisme *en dehors de la manière de sentir* (cf. *Salon de 1846*, II, p. 103).

2. Curieuse assimilation : si Charles Frère, élève de Roqueplan, (1814-?) est un honnête spécialiste de l'exotisme oriental, son *exécution* est bien inférieure à celle de Dauzats.

3. Henri de Chacaton (né en 1813) avait hérité son orientalisme de son maître Prosper Marilhat, dont il se fait l'imitateur, comme aussi de Decamps. Baudelaire relèvera en 1846 la faiblesse de ses pastiches, si habiles pussent-ils paraître (cf. p. 184).

LOUBON [1]

fait toujours des paysages d'une couleur assez fine : ses *Bergers des Landes* sont une heureuse composition.

GARNEREY [2]

Toujours des beffrois et des cathédrales très adroitement peints.

JOYANT [3]

Un palais des papes d'Avignon, et encore *une Vue de Venise.* — Rien n'est embarrassant comme de rendre compte d'œuvres que chaque année ramène avec leurs mêmes désespérantes perfections [4].

BORGET [5]

Toujours des vues indiennes ou chinoises. — Sans doute c'est très bien fait; mais ce sont trop des articles de voyages ou de mœurs; — il y a des gens qui regrettent

1. Émile Loubon, élève de Granet (1809-1863), fut nommé, cette année même, directeur de l'École des Beaux-Arts de Marseille.

2. Exposait une *Cathédrale d'Évreux* et un *Beffroi de Comines* : il continuait, comme d'autres, la mode romantique des architectures médiévales.

3. Jules Joyant, 1803-1854.

4. Baudelaire ne cessera de se plaindre que tout le monde *peigne bien :* son besoin d'*âme* le rend particulièrement sensible à cette *désespérante* habileté technicienne, qui est bien en effet un des symptômes de décadence du romantisme pittoresque, ce qui motivera d'ailleurs, d'un point de vue plus général, la condamnation par Baudelaire du romantisme de la couleur locale. Le pur pittoresque, quelle qu'en soit éventuellement la perfection technique, lui paraîtra toujours suspect de pauvreté spirituelle (même attitude chez John Ruskin dans la *Préface* à la 2e Édition des *Modern Painters*).

5. 1809-1877. Article qui appelle et confirme la même remarque que le précédent.

ce qu'ils n'ont jamais vu, le boulevard du Temple ou les galeries de Bois [1] ! — Les tableaux de M. Borget nous font regretter cette Chine où le vent lui-même, dit H. Heine, prend un son comique en passant par les clochettes, — et où la nature et l'homme ne peuvent pas se regarder sans rire [2].

PAUL FLANDRIN [3]

Qu'on éteigne les reflets dans une tête pour mieux faire voir le modelé, cela se comprend, surtout quand on s'appelle Ingres. — Mais quel est donc l'extravagant et le fanatique qui s'est avisé le premier d'*ingriser* la campagne ?

BLANCHARD [4]

Ceci est autre chose, — c'est plus sérieux, ou moins *sérieux,* comme on voudra. — C'est un compromis assez adroit entre les purs coloristes et les exagérations précédentes.

---

1. Rappelons que les *Galeries de Bois*, alors disparues, avaient été, au Palais-Royal, le coin des libraires, des écrivains, des journalistes, rendu à jamais célèbre par Balzac (dans *Illusions perdues*).

2. Henri Heine, *Die romantische Schule*, III, I, 1. Une traduction de ce texte avait paru en 1833 dans l'*Europe littéraire,* sous le titre *État actuel de la littérature en Allemagne ;* autre traduction dans les *Œuvres* de Heine, publiées par Renduel en 1835 (tome VI, 5ᵉ partie). Baudelaire avait pu lire l'une ou l'autre.

3. Paul Flandrin, Lyonnais (1811-1902), à ne pas confondre avec son frère Hippolyte. C'était un élève d'Ingres, ce qui explique la réaction de Baudelaire. On notera l'intransigeance avec laquelle Baudelaire en profite pour affirmer l'incompatibilité de l'*ingrisme* avec le Paysage. Effectivement l'ingrisme est en tout cas incompatible avec la théorie baudelairienne du Paysage. Mais l'époque était si imprégnée du conflit dialectique qui opposait deux spiritualités picturales que tous les genres en subissaient le contrecoup. Cela, Baudelaire l'a admirablement senti, et c'est bien pourquoi il parle ici de *fanatisme* (cf. naturellement tout ce qu'il a écrit sur Ingres, en particulier *Salon de 1846*, VIII, et *Exposition de 1855*, II).

4. Théophile Blanchard (1812-1849), second prix de Rome en 1841.

LAPIERRE ET LAVIEILLE [1]

sont deux bons et sérieux élèves de M. Corot. — M. Lapierre a fait aussi un tableau de *Daphnis et Chloé,* qui a bien son mérite.

BRASCASSAT [2]

Certainement, l'on parle trop de M. Brascassat, qui, homme d'esprit et de talent comme il l'est, ne doit pas ignorer que dans la galerie des Flamands il y a beaucoup de tableaux du même genre, tout aussi *faits* que les siens, et plus largement peints, — et d'une meilleure couleur. — L'on parle trop aussi de

SAINT-JEAN

qui est de l'école de Lyon, le bagne de la peinture [3], —

1. Emile Lapierre (1818-1886) et Eugène Lavieille (1820-1889) étaient en effet d'assez honorables imitateurs de Corot.

2. Jacques Brascassat (1804-1867), aujourd'hui bien oublié, était un peintre important : il avait été second prix de Rome en 1825 et devait être élu à l'Institut en 1846. Baudelaire est seul, ou à peu près, à se montrer réservé à son égard ; les tableaux de Brascassat en effet recueillaient l'adhésion de nombre de critiques, parmi lesquels Delécluze. Cependant Thoré et Gautier donnent un son de cloche analogue à celui de Baudelaire. Thoré en particulier lui fait le même reproche et le classe parmi *les faibles successeurs de la naïve et forte école des Pays-Bas*. Des œuvres de Brascassat peuvent aujourd'hui être vues dans les musées de Toulouse, Nantes, Montpellier et Bordeaux.

3. Simon Saint-Jean, Lyonnais (1803-1860), est, parmi les membres de l'École de Lyon, celui pour lequel Baudelaire éprouve le moins de sympathie (cf. aussi *Salon de 1846*, p. 186). Aussi en parlant de *bagne de la peinture*, Baudelaire emploie-t-il ici une des expressions les plus dures qu'il ait employées à l'égard des Lyonnais. En ce qui concerne Saint-Jean, Baudelaire n'a pas tout à fait tort, car il représente bien le côté *ouvrier, pédant et minutieux* de l'École lyonnaise, qui est parfois en effet assez exaspérant. Il y a tout de même plus de vraie peinture chez Janmot, Flandrin et surtout Chenavard. Et on ne peut rêver art plus éloigné du surnaturalisme que la peinture lyonnaise représentée par

l'endroit du monde connu où l'on travaille le mieux les infiniment petits. — Nous préférons les fleurs et les fruits de Rubens, et les trouvons plus naturels. — Du reste, le tableau de M. Saint-Jean est d'un fort vilain aspect, — c'est monotonement jaune. — Au total, quelque bien faits qu'ils soient, les tableaux de M. Saint-Jean sont des tableaux de salle à manger, — mais non des peintures de cabinet et de galerie; de vrais tableaux de salle à manger.

KIÖRBÖE [1]

Des tableaux de chasse, — à la bonne heure ! Voilà qui est beau, voilà qui est de la peinture et de la vraie peinture; c'est large, — c'est vrai, — et la couleur en est belle. — Ces tableaux ont une grande tournure commune aux anciens tableaux de chasse ou de nature morte que faisaient les grands peintres, — et ils sont tous habilement composés.

PHILIPPE ROUSSEAU [2]

LE RAT DE VILLE ET LE RAT DES CHAMPS

est un tableau très coquet et d'un aspect charmant. — Tous

Saint-Jean. Mais il est certain que Baudelaire fait preuve d'une partialité quelque peu *fanatique* (pour reprendre le mot dont tout à l'heure il accablait Paul Flandrin) dès qu'il est en présence d'une œuvre lyonnaise. Ne pourrait-on même penser que le souvenir de sa propre enfance lyonnaise est pour quelque chose dans sa partialité hostile ? Une réplique des *Fruits en fleurs* exposés par Saint-Jean en 1845 se trouve au musée de Dijon.

1. Charles Kiörböe, peintre d'origine suédoise fixé en France (1799-1876). Baudelaire en dira à nouveau du bien, malgré quelques réserves en 1846 (cf. p. 186).

2. Philippe Rousseau (né en 1816), à ne pas confondre évidemment avec Théodore, sera de nouveau l'objet des éloges de Baudelaire en 1846 (cf. p. 187). Mais ne sent-on pas ici que Baudelaire est tout heureux de l'occasion qui lui est offerte d'une nouvelle attaque contre les Lyonnais ? Gautier (*La Presse*, 16 avril) faisait, à l'avantage de P. Rousseau, une comparaison analogue : *Que M. Saint-Jean prenne garde. M. Philippe Rousseau pourrait bien lui tailler des croupières.*

les tons sont à la fois d'une grande fraîcheur et d'une grande richesse. — C'est réellement faire des natures mortes, librement, en paysagiste, en peintre de genre, en homme d'esprit, et non pas en ouvrier, comme MM. de Lyon. — Les petits rats sont fort jolis.

BÉRANGER

Les petits tableaux de M. Béranger sont charmants — comme des Meissonier [1].

ARONDEL

Un grand entassement de gibier de toute espèce. — Ce tableau, mal composé, et dont la composition a l'air bousculé, comme si elle visait à la quantité, a néanmoins une qualité très rare par le temps qui court — il est peint avec une grande naïveté — sans aucune prétention d'école [a] ni aucun pédantisme d'atelier. — D'où il suit qu'il y a des parties fort bien peintes. — Certaines autres sont malheureusement d'une couleur brune et rousse, qui donne au tableau je ne sais quel aspect obscur — mais tous les tons clairs ou riches sont bien réussis. — Ce qui nous a donc frappé dans ce tableau est la maladresse mêlée à l'habileté — des inexpériences comme d'un homme qui n'aurait pas peint depuis longtemps, et de l'aplomb comme d'un homme qui aurait beaucoup peint [2].

---

1. Le vocabulaire critique de Baudelaire présente certaines particularités et c'est ainsi que l'adjectif *charmant* n'est pas toujours sous sa plume pleinement laudatif, comme le prouve ici la comparaison de Charles Béranger (1816-1853) avec Meissonier.

2. Baudelaire a rarement écrit article critique plus équivoque, dont on ne sait s'il faut y voir éloge ou blâme. A tel point même qu'on a l'impression d'une véritable duplicité, pour ne pas parler d'hypocrisie, et cette manière de faire n'est guère conforme à la célèbre définition de la critique *partiale* donnée dans le *Salon de 1846*, définition que, le plus souvent, Baudelaire commence d'expérimenter en 1845 (ce qui fait d'ailleurs l'intérêt de ce coup d'essai). Ne serait-ce pas que Baudelaire est ici quelque peu gêné par des considérations personnelles ? Cette interprétation ne ferait aucun doute, si l'on pouvait être

CHAZAL [1]

a peint le *Yucca gloriosa*, fleuri en 1844 dans le parc de Neuilly. Il serait bon que tous les gens qui se cramponnent à la vérité microscopique et se croient des peintres vissent ce petit tableau, et qu'on leur insufflât dans l'oreille avec un cornet les petites réflexions que voici : ce tableau est très bien, non parce que tout y est et que l'on peut compter les feuilles, mais parce qu'il rend en même temps le caractère général de la nature — parce qu'il exprime bien l'aspect vert cru d'un parc au bord de la Seine et de notre soleil froid; bref, parce qu'il est fait avec une profonde naïveté — tandis que vous autres, vous êtes trop... artistes.

---

sûr de l'identification de cet artiste, encore mentionné en 1846 (chap. XV), alors que la critique paraît l'ignorer. On a généralement supposé qu'il s'agissait de cet Arondel marchand de tableaux, qui, un jour, dupa Baudelaire en lui vendant des faux et se comporta ensuite en créancier peu commode. Hypothèse qui paraît fort probable, lorsqu'on lit, dans le livret du Salon, que l'adresse de cet Arondel était : *Quai d'Anjou, Hôtel Pimodan.* Or on sait quelle place tint précisément l'Hôtel Pimodan dans la vie de Baudelaire, et ce n'était que trois ans auparavant, au moment de son séjour dans l'Ile Saint-Louis, que le critique avait contracté à l'égard d'Arondel ces dettes dont son budget allait être grevé jusqu'à la fin de sa vie.

1. L'envoi de ce peintre, depuis totalement oublié, (1793-1854) était une commande de la Maison du Roi. Retenons seulement qu'il est pour Baudelaire un nouveau prétexte à reprendre sa critique constante d'un art réduit à la pure habileté technique. Tout artiste qui lui paraissait, si peu que ce fût, se dégager de cette tendance méritait sa sympathie, et il y a là l'explication de nombre de ses jugements, dont celui-ci. Il est curieux d'autre part que la référence au *caractère général de la nature* soit aussi un thème fondamental de l'esthétique de Ruskin, qui venait de publier en 1843 le premier volume de ses *Peintres modernes*, et qui, lui aussi, réagissait contre la dispersion pittoresque et l'abus de l'habileté technicienne. Le rapprochement nous paraît d'autant plus intéressant que Ruskin et Baudelaire, si différents et cependant parfois apparentés, sont, à notre sens, les deux plus grands génies de la critique d'art qu'ait produits le XIXe siècle.

DESSINS. GRAVURES

BRILLOUIN [1]

M. Brillouin a envoyé cinq dessins au crayon noir qui ressemblent un peu à ceux de M. de Lehmud [2]; mais ceux-ci sont plus fermes et ont peut-être plus de caractère. — En général, ils sont bien composés. — *Le Tintoret donnant une leçon de dessin à sa fille*, est certainement une très bonne chose. — Ce qui distingue surtout ces dessins est leur noble tournure, leur sérieux et le choix des têtes.

CURZON [3]

Une sérénade dans un bateau, — est une des choses les plus distinguées du Salon. — L'arrangement de toutes ces figures est très heureusement conçu; le vieillard au bout de la barque, étendu au milieu de ses guirlandes, est une très jolie idée. — Les compositions de M. Brillouin et celle de M. Curzon ont quelque analogie; elles ont surtout ceci de commun, qu'elles sont bien dessinées — et dessinées avec esprit.

---

1. Louis-Georges Brillouin, né en 1817, élève de Cabat. En 1846 Baudelaire sera moins élogieux (cf. p. 156).

2. Dessinateur absent du Salon de 1845, mais qui avait obtenu une médaille en 1844, année où avait aussi paru l'édition illustrée par lui de *Notre-Dame de Paris* (Perrotin éd.). Cf. C. Pichois, *Revue de littérature comparée*, janvier-mars 1953.

3. Cf. *supra*, p. 57.

DE RUDDER [1]

Nous croyons que M. de Rudder a eu le premier l'heureuse idée des dessins sérieux et *serrés*; des cartons, comme on disait autrefois. — Il faut lui en savoir gré. — Mais quoique ses dessins soient toujours estimables et gravement conçus, combien néanmoins ils nous paraissent inférieurs à ce qu'ils veulent être ! Que l'on compare, par exemple, *le Berger et l'Enfant* aux dessins nouveaux dont nous venons de parler.

MARÉCHAL

La Grappe est sans doute un beau pastel, et d'une bonne couleur; mais nous reprocherons à tous ces messieurs de l'école de Metz de n'arriver en général qu'à un *sérieux* de convention et qu'à la singerie de *la maestria*, — ceci soit dit sans vouloir le moins du monde diminuer l'honneur de leurs efforts. — Il en est de même de

TOURNEUX

dont, malgré tout son talent et tout son goût, l'exécution n'est jamais à la hauteur de l'intention [2].

1. Louis-Henry de Rudder (1807-1870).

2. L'époque romantique avait vu se développer une certaine décentralisation de la peinture comme on dirait aujourd'hui, et les provinces aspiraient à rivaliser avec Paris. Le succès de l'École de Lyon vint accentuer cette tendance et en 1842 avait eu lieu à Metz une importante exposition à laquelle l'*Artiste* du 27 novembre avait consacré un long article. On voit ici que le Parisien Baudelaire n'a pas plus de sympathie pour l'École de Metz que pour celle de Lyon, et pour les mêmes raisons. C'est en 1834 que se situe la date de naissance officielle de l'École de Metz, avec la fondation, cette année-là, de la Société des Amis des Arts, qui survécut jusqu'en 1870. Charles Maréchal (1801-1887) fut un des fondateurs et des maîtres de l'École et Eugène Tourneux (1809-1867) doit d'y appartenir non par sa naissance (car il n'était pas de Metz), mais parce qu'il fut l'élève et le plus exact disciple de Maréchal. Une étude sur l'École de Metz a été publiée en

POLLET [1]

a fait deux fort bonnes aquarelles, d'après le Titien, où brille réellement l'intelligence du modèle.

CHABAL [2]

Des fleurs à la gouache, — consciencieusement étudiées et d'un aspect agréable.

ALPHONSE MASSON [3]

Les portraits de M. Masson sont bien dessinés. — Ils doivent être très ressemblants; car le dessin de l'artiste indique une volonté ferme et laborieuse; mais aussi il est un peu dur et sec, et ressemble peu au dessin d'un peintre.

ANTONIN MOINE

Toutes ces *fantaisies* ne peuvent être que celles d'un sculpteur. — Voilà pourtant où le romantisme a conduit quelques-uns [4] !

1934 par M. J.-J. Barbé, archiviste. Mais, à la différence de l'École de Lyon, elle n'a pas vraiment conquis sa place dans l'histoire générale de la peinture française au XIXe siècle.

1. Victor Pollet (1811-1882) avait suivi les leçons de Delaroche.

2. Pierre Chabal-Dussurgey, Lyonnais (né en 1815).

3. Alphonse Masson, élève de Decamps et d'Ingres (né en 1814).

4. Antonin Moine, né à Saint-Étienne en 1796, devait se suicider en 1849, comme son maître Gros. Il avait fait son apprentissage de peintre, mais c'est surtout un sculpteur : il avait exécuté en 1833 le buste de la reine Amélie et c'est lui qui sculpta les bénitiers de l'église de la Madeleine ainsi que quelques éléments de la décoration de la place de la Concorde.

La sculpture de Moine est en effet, comme sa peinture selon Baudelaire, caractérisée par un romantisme baroque qui se manifeste dans la coiffure empanachée de la reine Amélie, comme dans les béni-

VIDAL

C'est l'an passé, à ce que nous croyons, qu'a commencé le préjugé des dessins Vidal [1]. — Il serait bon d'en finir tout de suite. — On veut à toute force nous présenter M. Vidal comme un dessinateur sérieux. — Ce sont des dessins *très finis,* mais non *faits*; néanmoins cela, il faut l'avouer, est plus élégant que les Maurin et les Jules David [2]. — Qu'on nous pardonne d'insister si fort à ce sujet; — mais nous connaissons un critique qui, à propos de M. Vidal, s'est avisé de parler de Watteau [3].

---

tiers de la Madeleine, que l'architecte lui imposa de retoucher. Il y a enfin quelque chose d'involontairement bouleversant dans la remarque de Baudelaire — *voilà pourtant où...* — si l'on songe que, quatre ans plus tard, Moine se suicidait, influencé peut-être par l'exemple de Gros, parce qu'à la suite de l'affaire de la Madeleine, l'incompréhension opposée à la sincérité de son romantisme le précipita dans une crise fatale de neurasthénie. Moine s'était révélé au Salon révolutionnaire de 1833, en même temps que Barye, Rude, mais il avait déjà attiré auparavant l'attention par de très curieuses « diableries », ce qui lui valut d'ailleurs d'être refusé au Salon de 1834, première manifestation de cette malédiction qui allait plus tard le pousser à se donner la mort. Destinée tragiquement romantique, en effet.

1. Baudelaire est peut-être ici victime d'une confusion homonymique (cf. aussi p. 25) car il existe deux artistes de ce nom : Victor Vidal qui expose cinq dessins en 1845, lequel n'avait rien exposé depuis 1841, et Vincent Vidal qui, absent en 1845, avait exposé cinq pastels en 1844, en sorte que le *préjugé des dessins Vidal* (dont Baudelaire reparlera en 1846, cf. p. 156) est lié à l'œuvre de *Vincent* et non de *Victor* Vidal (l'homonymie étant aggravée par l'identité des initiales de prénoms). Quoi qu'il en soit, c'est une nouvelle occasion pour le critique de répéter son hostilité à l'égard du *fini.*

2. Cf. p. 25.

3. C'est l'*Illustration* qui fait ce rapprochement (nº du 3 mai 1845) ; mais elle n'est pas seule, puisque Gautier (*La Presse*, 16 avril) évoque Watteau et même Chardin, tandis que Thoré (*Salon*, p. 29) y ajoute Boucher et Fragonard. C'est un cas où, comme en bien d'autres endroits, Baudelaire doit à ses principes esthétiques généraux d'être plus clairvoyant que ses confrères. C'est bien cette référence constante à une véritable et cohérente « philosophie de l'art » qui fait, dès 1845, son originalité, ce qui manque précisément même à des esprits aussi fins que Gautier ou Thoré et qui explique leurs erreurs.

Mme DE MIRBEL [1]

est ce qu'elle a toujours été; — ses portraits sont parfaitement bien exécutés, et madame de Mirbel a le grand mérite d'avoir apporté la première, dans le genre si ingrat de la miniature, les intentions viriles de la peinture sérieuse.

HENRIQUEL DUPONT [2]

nous a procuré le plaisir de contempler une seconde fois le magnifique portrait de M. Bertin, par M. Ingres, le seul homme en France qui fasse vraiment des portraits. — Celui-ci est sans contredit le plus beau qu'il ait fait, sans en excepter le Cherubini. — Peut-être la fière tournure et la majesté du modèle a-t-elle doublé l'audace de M. Ingres, l'homme audacieux par excellence. — Quant à la gravure, quelque consciencieuse qu'elle soit, nous craignons qu'elle ne rende pas tout le parti pris de la peinture. — Nous n'oserions pas affirmer, mais nous craignons que le graveur n'ait omis certain petit détail dans le nez ou dans les yeux.

JACQUE [3]

M. Jacque est une réputation nouvelle qui ira toujours grandissant, espérons-le. — Son *eau-forte* est très hardie,

1. Mme Lizinoka de Mirbel, née Rue (1796-1849) avait mérité pour ses miniatures et ses aquarelles les éloges de Gustave Planche. Baudelaire en reparlera avec sympathie en 1846 (cf. p. 163). Notons enfin que Mme de Mirbel était liée avec Mme Aupick (cf. Ch. Baudelaire, *Lettres à sa mère*, 28 novembre 1856).

2. Louis-Pierre Henriquel dit Dupont, expose et publie de nombreuses gravures d'après les peintres contemporains. Né en 1797, il connaît un grand succès à partir de 1831. Il fut élu à l'Institut en 1849, et devait être le premier professeur de gravure de l'École des Beaux-Arts, de 1863 jusqu'à sa mort en 1892.

3. Charles Jacque (1813-1894), dont c'était le premier Salon, devait pleinement tenir les promesses que Baudelaire se plaît ici à découvrir dans cette *réputation nouvelle*, qui, en effet, devait *aller toujours grandissant*. Jacque, paysagiste et animalier, auteur de 487 pièces, fut sans doute le

et son sujet très bien conçu. — Tout ce que fait M. Jacque sur le cuivre est plein d'une liberté et d'une franchise qui rappelle les vieux maîtres. On sait d'ailleurs qu'il s'est chargé d'une reproduction remarquable des eaux-fortes de Rembrandt.

plus fécond animateur de cette renaissance de l'eau-forte originale, qui marqua les années 1840-1850, et qui constitua le contexte artistique où put s'épanouir le génie d'un Meryon. En faisant l'éloge de Jacque, Baudelaire ne savait sans doute pas encore qu'il découvrait les premiers signes précurseurs de l'art qu'il allait bientôt admirer avec tant d'enthousiasme dans l'œuvre de Charles Meryon. Jacque enfin compta au nombre des collaborateurs du *Charivari*, ce qui donnera à Baudelaire l'occasion d'en reparler dans son article sur les caricaturistes (p. 289).

SCULPTURES

BARTOLINI [1]

Nous avons le droit de nous défier à Paris des réputations étrangères [2]. — Nos voisins nous ont si souvent pipé notre estime crédule avec des chefs-d'œuvre qu'ils ne montraient jamais, ou qui, s'ils consentaient enfin à les faire voir, étaient un objet de confusion pour eux et pour nous, que nous nous tenons toujours en garde contre de nouveaux pièges. Ce n'est donc qu'avec une excessive défiance que nous nous sommes approchés [a] de *la Nymphe au Scorpion.* — Mais cette fois il nous a été réellement impossible de refuser notre admiration à l'artiste étranger. — Certes nos sculpteurs sont plus adroits, et cette préoccupation excessive du métier absorbe aujourd'hui nos sculpteurs comme nos

---

1. Florentin, élève de Canova (1777-1850), donc néo-classique, ce que la plupart des critiques lui reprochent. Mais Baudelaire, une fois encore refuse de se laisser enfermer dans les distinctions d'écoles ou de chapelles, et *admire* ce néo-classicisme, parce qu'il est autre chose que du simple métier. Ingres exécuta deux portraits de Bartolini en 1806 et en 1820.

2. Réflexion qui rejoint curieusement l'opinion émise par le critique romantique Jal à propos du *Salon de 1827* (mais alors il s'agissait de la peinture et des Anglais) : *Cette année, la galanterie du jury a été poussée trop loin. Sévères à l'égard des Français, les juges se sont montrés d'une facilité trop grande pour les artistes de Londres.* A quoi fait ici exactement allusion Baudelaire ? Il est difficile de le savoir. Peut-être est-ce simplement une réflexion générale ; et en tout cas on ne peut soupçonner Baudelaire de chauvinisme artistique : qu'il suffise de rappeler son admiration, justement, pour les Anglais, dont il regrettera vivement l'absence au Salon de 1859 après avoir promis une étude approfondie de leur art à l'occasion de l'Exposition de 1855 (Cf. pp. 221 sqq. et 306 sqq.).

peintres; — or c'est justement à cause des qualités un peu mises en oubli chez les nôtres, à savoir : le goût, la noblesse, la grâce — que nous regardons l'œuvre de M. Bartolini comme le morceau capital du salon de sculpture. — Nous savons que quelques-uns des *sculptiers*[1] dont nous allons parler sont très aptes à relever les quelques défauts d'exécution de ce marbre, un peu trop de mollesse, une absence de fermeté; bref, certaines parties veules et des bras un peu grêles; — mais aucun d'eux n'a su trouver un aussi joli motif; aucun d'eux n'a ce grand goût et cette pureté d'intentions, cette chasteté de lignes qui n'exclut pas du tout l'originalité. — Les jambes sont charmantes; la tête est d'un caractère mutin et gracieux; il est probable que c'est tout simplement un modèle bien choisi [2]. — Moins l'ouvrier se laisse voir dans une œuvre et plus l'intention en est pure et claire, plus nous sommes charmés.

DAVID [3]

Ce n'est pas là, par exemple, le cas de M. David, dont les ouvrages nous font toujours penser à Ribéra. — Et encore, il y a ceci de faux dans notre comparaison, que Ribéra n'est homme de métier que par-dessus le marché —

1. Adjectif formé sur un mot inventé par Diderot *(sculpterie)* dans son *Salon de 1767*.

2. Nous sommes d'autant plus fier de notre avis que nous le savons partagé par un des grands peintres de l'école moderne. *(Note de Baudelaire.)*

3. Pierre-Jean David dit d'Angers, du lieu de sa naissance (1788-1856), sans doute le parfait représentant du conformisme romantique. Il est l'auteur, entre autres œuvres célèbres, du fronton du Panthéon, et, cette même année 1845, de la statue de Jean Bart à Dunkerque. Membre de l'Institut dès 1826, il est, à l'époque où écrit Baudelaire, un artiste « arrivé ». Député en 1848, il sera exilé en Belgique par Napoléon III, comme Victor Hugo, qui lui avait dédié en 1828 une pièce des *Feuilles d'Automne (A M. David, statuaire : Rival de Rome et de Ferrare — Tu pétris pour le mortel rare — Ou le marbre froid de Carrare — Ou le métal qui fume et bout...)*. *L'Enfant à la grappe* de 1845 était un marbre exécuté d'après nature, le modèle étant le fils du sculpteur : cette œuvre qui figurait dans la collection Gigoux a été ensuite léguée au Louvre. Musée spécial de David à Angers.

qu'il est en outre plein de fougue, d'originalité, de colère et d'ironie.

Certainement il est difficile de mieux modeler et de mieux faire le morceau que M. David. Cet enfant qui se pend à une grappe, et qui était déjà connu par quelques charmants vers de Sainte-Beuve [1], est une chose curieuse à examiner; c'est de la chair, il est vrai; mais c'est bête comme la nature, et c'est pourtant une vérité incontestée que le but de la sculpture n'est pas de rivaliser avec des moulages. — Ceci conclu, admirons la beauté du travail tout à notre aise.

BOSIO [2]

au contraire se rapproche de Bartolini par les hautes qualités qui séparent le grand goût d'avec le goût du trop vrai. — Sa *Jeune Indienne* est certainement une jolie chose — mais cela manque un peu d'originalité. — Il est fâcheux que M. Bosio ne nous montre pas à chaque fois des morceaux aussi complets que celui qui est au Musée du Luxembourg [3], et que son magnifique buste de la reine.

PRADIER [4]

On dirait que M. Pradier a voulu sortir de lui-même et s'élever, d'un seul coup, vers les régions hautes. Nous ne savons comment louer sa statue — elle est incomparable-

1. Sainte-Beuve : *Pensées d'août, A David, statuaire, sur une statue d'enfant* (*Poésies complètes,* Paris, Lévy, 1863, pp. 214-215).

2. François-Joseph Bosio, de Monaco (1769-1846), était le doyen des sculpteurs, alors âgé de soixante-seize ans ; ce fut d'ailleurs son dernier Salon. Il avait été l'élève de Pajou, avait connu la faveur impériale, puis celle de Louis XVIII, qui avait dans sa chambre son buste de Henri IV. Bosio avait exécuté les bas-reliefs de la colonne Vendôme, et le quadrige de l'arc de triomphe du Carrousel. Sous la Restauration, il exécuta en particulier le *Louis XVI priant* de la Chapelle expiatoire.

3. *La Nymphe Salmacis* (1837).

4. Jean-Jacques Pradier, de Genève (1790-1852), fut le sculpteur quasi officiel de la monarchie de Juillet. C'était aussi un dandy et l'on sait qu'il fut l'amant de Juliette Drouet, modèle de sa *Vénus* d'Orléans (1827) et de l'une des *Trois Grâces* du Louvre (1831). C'est

ment habile — elle est jolie sous tous les aspects — on pourrait sans doute en retrouver quelques parties au Musée des Antiques; car c'est un mélange prodigieux de dissimulations. — L'ancien Pradier vit encore sous cette peau nouvelle, pour donner un charme exquis à cette figure; — c'est là certainement un noble tour de force; mais la nymphe de M. Bartolini, avec ses imperfections, nous paraît plus originale.

FEUCHÈRE [1]

Encore un habile — mais quoi ! n'ira-t-on jamais plus loin ?

Ce jeune artiste a déjà eu de beaux salons — sa statue est évidemment destinée à un succès; outre que son sujet est heureux, car les pucelles ont en général un public, comme tout ce qui touche aux affections publiques, cette Jeanne d'Arc que nous avions déjà vue en plâtre gagne beaucoup à des proportions plus grandes. Les draperies tombent bien, et non pas comme tombent en général les draperies des sculpteurs — les bras et les pieds sont d'un très beau travail — la tête est peut-être un peu commune.

DAUMAS [2]

M. Daumas est, dit-on, un chercheur. — En effet, il y a des intentions d'énergie et d'élégance dans son *Génie maritime*; mais c'est bien grêle.

---

le représentant d'un néo-hellénisme, parfois un peu scolaire, mais gracieux et séduisant, comme l'était le sculpteur lui-même, ce don Juan impénitent, qui, à plus de soixante ans, mourut subitement à Bougival au cours d'une partie de campagne, souriant à la femme à qui il contait fleurette. Sa *Phryné* de 1845, qui connut un succès considérable, se trouve au musée de Grenoble. Pradier avait aussi exécuté en 1836 les statues de Strasbourg et de Lille de la place de la Concorde.

1. Jean-Jacques Feuchère (1807-1852) n'est en effet qu'un *habile* et la réaction de Baudelaire deviendra sévérité en 1846 (cf. p. 189). On doit à Feuchère le *Passage du pont d'Arcole* de l'arc de triomphe de l'Étoile.

2. Élève de David d'Angers, artiste tout à fait médiocre.

ÉTEX [1]

M. Étex n'a jamais rien pu faire de complet. Sa conception est souvent heureuse — il y a chez lui une certaine fécondité de pensée qui se fait jour assez vite et qui nous plaît; mais des morceaux assez considérables déparent toujours son œuvre. Ainsi, vu par derrière, son groupe d'Héro et Léandre a l'air lourd et les lignes ne se détachent pas harmonieusement. Les épaules et le dos de la femme ne sont pas dignes de ses hanches et de ses jambes.

GARRAUD [2]

avait fait autrefois une assez belle bacchante dont on a gardé le souvenir — c'était de la chair — son groupe de *la première Famille humaine* contient certainement des morceaux d'une exécution très remarquable; mais l'ensemble en est désagréable et rustique, surtout par devant. — La tête d'Adam, quoiqu'elle ressemble à celle de Jupiter olympien, est affreuse. — Le petit Caïn est le mieux réussi.

DEBAY [3]

est un peintre qui a fait un groupe charmant, *le Berceau primitif*. — Ève tient ses deux enfants sur un genou et

1. Cf. p. 40. Comme sculpteur, Antoine Étex (1808-1888) est important. Il collabora encore jeune à la décoration de l'Arc de triomphe avec la *Résistance* et la *Paix*. Au Salon révolutionnaire de 1833, il avait, à vingt-cinq ans, connu un véritable triomphe avec un groupe inspiré de Byron, *Caïn et sa race maudits de Dieu,* et l'on crut que, quoique protégé d'Ingres, il allait être le Delacroix de la sculpture. Mais il est vrai, comme le note Baudelaire, qu'il ne put jamais s'accomplir vraiment. Son chef-d'œuvre reste sans doute le *Monument à Ingres* qu'on peut voir à Montauban.

2. Sculpteur bourguignon né en 1807, élève de Rude. Son envoi de 1845 — œuvre *considérable*, selon Thoré — paraît gâté par abus du pastiche et de l'éclectisme.

3. Il s'agit du fils Auguste (1804-1865) d'un sculpteur d'origine belge, Jean-Baptiste de Bay (1779-1863), qui représente à la suite de son père, et comme son frère Jean (1802-1862), la sculpture académique.

leur fait une espèce de panier avec ses deux bras. — La femme est belle, les enfants jolis — c'est surtout la composition de ceci qui nous plaît ; car il est malheureux que M. Debay n'ait pu mettre au service d'une idée aussi originale qu'une exécution qui ne l'est pas assez.

CUMBERWORTH [1]

LA LESBIE DE CATULLE PLEURANT SUR LE MOINEAU

C'est de la belle et bonne sculpture. — De belles lignes, de belles draperies, — c'est un peu trop de l'antique, dont

SIMART [2]

s'est néanmoins encore plus abreuvé, ainsi que

FORCEVILLE-DUVETTE [3]

qui a évidemment du talent, mais qui s'est trop souvenu de la *Polymnie*.

MILLET [4]

a fait une jolie bacchante — d'un bon mouvement; mais

1. Charles Cumberworth (1811-1852), honnête praticien, sans plus, que Baudelaire jugera sévèrement en 1846 (cf. p. 189).

2. Pierre-Charles Simart (1806-1858), qui fut élève d'Ingres, est sans doute, en effet, le plus antiquisant des sculpteurs français. Au lendemain de ce Salon de 1845, il allait se mettre au travail sur l'œuvre qui lui demandera dix ans d'efforts, la *Minerve* d'or et d'ivoire, destinée à prendre place dans la décoration du château de Dampierre, et dont il voulut faire la reconstitution de l'original de Phidias. Au cours de la même période, Simart collaborait au tombeau de Napoléon aux Invalides, avec la statue de l'Empereur du reliquaire (1846-1852).

3. Autre antiquisant dont c'est en 1845 la première exposition. La *Polymnie* est une statue antique du Louvre.

4. Aimé Millet (1819-1891), élève de David d'Angers ; le sujet est effectivement banal et avait été brillamment traité en particulier par Pradier. Millet est l'auteur du *Vercingétorix* colossal du mont Auxois à Alise-Sainte-Reine.

n'est-ce pas un peu trop connu, et n'avons-nous pas vu ce motif-là bien souvent ?

DANTAN [1]

a fait quelques bons bustes, nobles, et évidemment ressemblants, ainsi que

CLESINGER [2]

qui a mis beaucoup de distinction et d'élégance dans les portraits du duc de Nemours et de madame Marie de M...

CAMAGNI [3]

A fait un buste romantique de Cordelia, dont le type est assez original pour être un portrait . . . .
. . . .
. . . .
. . . .

Nous ne croyons pas avoir fait d'omissions graves [4].

---

1. Il s'agit de Jean-Pierre Dantan dit le Jeune (1800-1869), pour le distinguer de son frère Antoine (1798-1878). Tous deux étaient des portraitistes, mais Dantan le Jeune s'est surtout rendu célèbre par ses caricatures sculptées. Gautier pouvait dire de lui : *Il a su faire rire la sculpture* (une bonne collection de ces caricatures se voit au musée Carnavalet).

2. Auguste Clésinger, de Besançon, (1814-1883) était lui-même fils de sculpteur. C'est deux ans plus tard qu'il connaîtra vraiment une gloire, d'ailleurs passagère, avec sa *Femme piquée par un serpent,* dont le modèle était Mme Sabatier. Baudelaire fera de Clésinger un grand éloge en 1859 (cf. p. 354).

3. En marge de la *Cordelia* de cet artiste, à peu près complètement tombé dans l'oubli (1804-1849), le livret du Salon cite un passage du *Roi Lear* dans la traduction de Guizot.

4. Il ne semble pas en effet que Baudelaire en ait commis.

— Le Salon, en somme, ressemble à tous les salons précédents, sauf l'arrivée soudaine, inattendue, éclatante de M. William Haussoullier [1] — et quelques très belles choses, des Delacroix et des Decamps. Du reste, constatons que tout le monde peint de mieux en mieux, ce qui nous paraît désolant; — mais d'invention, d'idées, de tempérament, pas davantage qu'avant. — Au vent qui soufflera demain nul ne tend l'oreille; et pourtant l'héroïsme *de la vie moderne* nous entoure et nous presse. — Nos sentiments vrais nous étouffent assez pour que nous les connaissions. — Ce ne sont ni les sujets ni les couleurs qui manquent aux épopées. Celui-là sera le *peintre,* le vrai peintre, qui saura arracher à la vie actuelle son côté épique, et nous faire voir et comprendre, avec de la couleur ou du dessin, combien nous sommes grands et poétiques dans nos cravates et nos bottines vernies. — Puissent les vrais chercheurs nous donner l'année prochaine cette joie singulière de célébrer l'avènement du *neuf* [2] !

1. Cf. p. 16 et note.

2. Un des thèmes essentiels de l'esthétique et de la spiritualité baudelairiennes est déjà tout entier dans cette conclusion du *Salon de 1845* (ce qui suffirait à en justifier la lecture attentive) : le *côté épique* de la *vie actuelle* donnera lieu à la célèbre apostrophe de Baudelaire à Balzac et à ses héros *(Salon de 1846)*. Quant à *l'héroïsme de la vie moderne* et à la grandeur de l'habit moderne, ce sont aussi des thèmes que Baudelaire développera longuement dans le *Salon de 1859* et dans l'étude sur Constantin Guys. Enfin les *Fleurs du Mal* et les *Petits poèmes en prose* prouveront que Baudelaire a voulu aussi expérimenter, dans le langage qui était le sien, celui de la poésie, cet art *moderne,* encore grandi dans son imagination par la déception qu'il éprouvait devant les œuvres des peintres et des sculpteurs. Et ainsi, il est certain que la leçon de ce *Salon de 1845,* telle que Baudelaire l'énonce dans cette conclusion, a été un facteur déterminant de sa propre évolution et de ses propres recherches créatrices.

II

LE MUSÉE CLASSIQUE
DU
BAZAR BONNE-NOUVELLE[1]

Tous les mille ans, il paraît une spirituelle idée. Estimons-nous donc heureux d'avoir eu l'année 1846 dans le lot de notre existence; car l'année 1846 a donné aux sincères enthousiastes des beaux-arts la jouissance de dix tableaux de David et onze de Ingres[a]. Nos expositions annuelles, turbulentes, criardes, violentes, bousculées, ne peuvent pas donner une idée de celle-ci, calme, douce et sérieuse comme un cabinet de travail. Sans compter les deux illustres que nous venons de nommer, vous pourrez encore y apprécier de nobles ouvrages de Guérin et de Girodet, ces maîtres hautains et délicats, ces fiers continuateurs de David, le fier Cimabue du genre dit classique, et de ravissants morceaux de Prud'hon, ce frère en romantisme d'André Chénier.

Avant d'exposer à nos lecteurs un catalogue et une appréciation des principaux de ces ouvrages, constatons un fait assez curieux qui pourra leur fournir matière à de tristes réflexions. Cette exposition est faite au profit de

---

1. *Corsaire-Satan,* 21 janvier 1846 (signature : *Baudelaire-Dufays*). Le *Bazar Bonne-Nouvelle* était, sur le boulevard du même nom, une série de galeries commerciales au-dessus desquelles se trouvait le plus grand café de Paris. Titre du livret : *Explication des ouvrages de peinture exposés dans la galerie des Beaux-Arts, boulevard Bonne-Nouvelle 22, au profit de la Caisse de secours et pensions de la Société des Artistes le 11 janvier 1846.*

la caisse de secours de la société des artistes, c'est-à-dire en faveur d'une certaine classe de pauvres, les plus nobles et les plus méritants, puisqu'ils travaillent au plaisir le plus noble de la société. Les pauvres — les autres — sont venus immédiatement prélever leurs droits. En vain leur a-t-on offert un traité à forfait; nos rusés *malingreux,* en gens qui connaissent les affaires, présumant que celle-ci était excellente, ont préféré les droits proportionnels. Ne serait-il pas temps de se garder un peu de cette rage d'humanité maladroite, qui nous fait tous les jours, pauvres aussi que nous sommes, les victimes des pauvres? Sans doute la charité est une belle chose; mais ne pourrait-elle pas opérer ses bienfaits, sans autoriser ces *razzias* redoutables dans la bourse des travailleurs?

— Un jour, un musicien qui crevait de faim organise un modeste concert; les pauvres de s'abattre sur le concert; l'affaire étant douteuse, traité à forfait, deux cents francs; les pauvres s'envolent, les ailes chargées de butin; le concert fait cinquante francs, et le violoniste affamé implore une place de *sabouleux*[1] surnuméraire à la cour des Miracles! — Nous rapportons des faits; lecteur, à vous les réflexions.

La classique exposition n'a d'abord obtenu qu'un succès de fou rire parmi nos jeunes artistes. La plupart de ces messieurs présomptueux, — nous ne voulons pas les nommer, — qui représentent assez bien dans l'art les adeptes de la fausse école romantique en poésie, — nous ne voulons pas non plus les nommer, — ne peuvent rien comprendre à ces sévères leçons de la peinture révolutionnaire, cette peinture qui se prive volontairement du charme et du ragoût malsains, et qui vit surtout par la pensée et par l'âme, — amère et despotique comme la révolution dont elle est née. Pour s'élever si haut, nos rapins sont gens trop habiles, et savent trop bien peindre. La couleur les a aveuglés, et ils ne peuvent plus voir et suivre en arrière l'austère filiation du romantisme, cette expression de la société moderne. Laissons donc rire et baguenauder à l'aise ces jeunes vieillards, et occupons-nous de nos maîtres[2].

---

1. Mot d'argot désignant des mendiants professionnels simulant une infirmité.

2. Baudelaire refuse de se laisser enfermer dans les fausses antinomies d'écoles et de chapelles : attitude déjà affirmée dans le *Salon*

Parmi les dix ouvrages de David, les principaux sont *Marat, la Mort de Socrate, Bonaparte au mont Saint-Bernard, Télémaque et Eucharis*[1].

Le *divin* Marat, un bras pendant hors de la baignoire et retenant mollement sa dernière plume, la poitrine percée de la blessure *sacrilège,* vient de rendre le dernier soupir. Sur le pupitre vert placé devant lui sa main tient encore la lettre perfide : « Citoyen, il suffit que je sois bien malheureuse pour avoir droit à votre bienveillance. » L'eau de la baignoire est rougie de sang, le papier est sanglant; à terre gît un grand couteau de cuisine trempé de sang; sur un misérable support de planches qui composait le mobilier de travail de l'infatigable journaliste, on lit : « A Marat, David. » Tous ces détails sont historiques et réels, comme un roman de Balzac[2]; le drame est là, vivant dans toute sa lamentable horreur, et par un tour de force étrange qui fait de cette peinture le chef-d'œuvre de David et une des grandes curiosités de l'art moderne, elle n'a rien de trivial ni d'ignoble. Ce qu'il y a de plus étonnant dans ce poème inaccoutumé, c'est qu'il est peint avec avec une rapidité extrême, et quand on songe à la beauté du dessin, il y a là [a] de quoi confondre l'esprit. Ceci est le pain des forts et le triomphe du spiritualisme; cruel comme la nature, ce tableau a tout le parfum de l'idéal. Quelle était donc cette laideur que la sainte Mort a si vite effacée du bout de son aile? Marat peut désormais défier l'Apollon, la Mort vient de le baiser de ses lèvres amoureuses, et il repose dans le calme de sa métamorphose. Il y a dans cette œuvre quelque chose de tendre et de poignant à la fois; dans l'air froid de cette chambre, sur ces murs froids, autour de cette froide et funèbre baignoire, une âme voltige.

---

de 1845 et qui permettra au jeune critique d'écrire bientôt ce chef-d'œuvre qu'est le *Salon de 1846*.

1. *Mort de Socrate,* 1787 (Metropolitan Museum, New-York), *Marat assassiné,* 1793 (Musée de Bruxelles. Réplique à Versailles), *Bonaparte...*, 1800 (Versailles), *Télémaque et Eucharis,* 1822 (Coll. partic.).

2. Cf. ce que Baudelaire dira de Balzac à la fin du *Salon de 1846*. Donc, au-delà des oppositions d'écoles, David est lui aussi un représentant de la modernité épique : aussi Baudelaire parlera-t-il tout à l'heure — à propos de David comme ailleurs à propos de Delacroix — de *triomphe du spiritualisme :* inutile de souligner l'intérêt de cette réunion de David et de Delacroix dans la même participation à ce même *triomphe*.

Nous permettrez-vous, politiques de tous les partis, et vous-mêmes, farouches libéraux de 1845, de nous attendrir devant le chef-d'œuvre de David? Cette peinture était un don à la patrie éplorée, et nos larmes ne sont pas dangereuses.

Ce tableau avait pour pendant à la Convention *la Mort de Lepelletier-Saint-Fargeau*. Quant à celui-là, il a disparu d'une manière mystérieuse; la famille du conventionnel l'a, dit-on, payé 40 000 francs aux héritiers de David; nous n'en disons pas davantage, de peur de calomnier des gens qu'il faut croire innocents [1].

La Mort de Socrate est une admirable composition que tout le monde connaît, mais dont l'aspect a quelque chose de commun qui fait songer à M. Duval-Lecamus (père) [2]. Que l'ombre de David nous pardonne!

Le *Bonaparte au mont Saint-Bernard* est peut-être, — avec celui de Gros, dans *la Bataille d'Eylau,* — le seul Bonaparte poétique et grandiose que possède la France.

Télémaque et Eucharis a été fait en Belgique, pendant l'exil du grand maître. C'est un charmant tableau qui a l'air, comme *Hélène et Pâris* [3], de vouloir jalouser les peintures délicates et rêveuses de Guérin.

---

1. Ce tableau était peut-être encore plus étonnant que le *Marat*. Lepelletier Saint-Fargeau [*orthographe de Baudelaire*] était étendu tout de son long sur un matelas. Au-dessus, une épée mystérieuse, descendant du plafond, menaçait perpendiculairement sa tête. Sur l'épée, on lisait : « Pâris, garde du corps. » *(Note de Baudelaire.)* La note de Jacques Crépet, qui dit que cette toile — donc retrouvée — était en 1880 la propriété du marquis de Boisgelin, paraît inexacte. Cf. Catalogue de l'Exposition David, p. 123 : *La fille de Le Peletier de Saint Fargeau, Mme de Mortefontaine, devenue royaliste après avoir été élevée par la Nation, acheta le tableau de David, qui, depuis lors, est resté introuvable. En outre, les descendants de Le Peletier firent anéantir toutes les reproductions en gravure* (sauf une estampe déchirée à la Bibliothèque nationale). Rappelons que Le Peletier fut assassiné, après avoir voté la mort de Louis XVI, par un garde du Roi nommé Pâris. Le tableau fut présenté au Salon de 1793, puis suspendu dans la salle des séances de la Convention. On possède un dessin d'Anatole Devosge (1770-1850) exécuté d'après l'original de David (Musée de Dijon) et une gravure déchirée (cf. *supra*) de Tardieu (1756-1844) exécutée en 1793, d'après le dessin précédent, à la demande de David, selon un décret de la Convention.

2. Cf. pp. 26 et 53.

3. Peint en 1788 pour le comte d'Artois (Louvre - Esquisse au

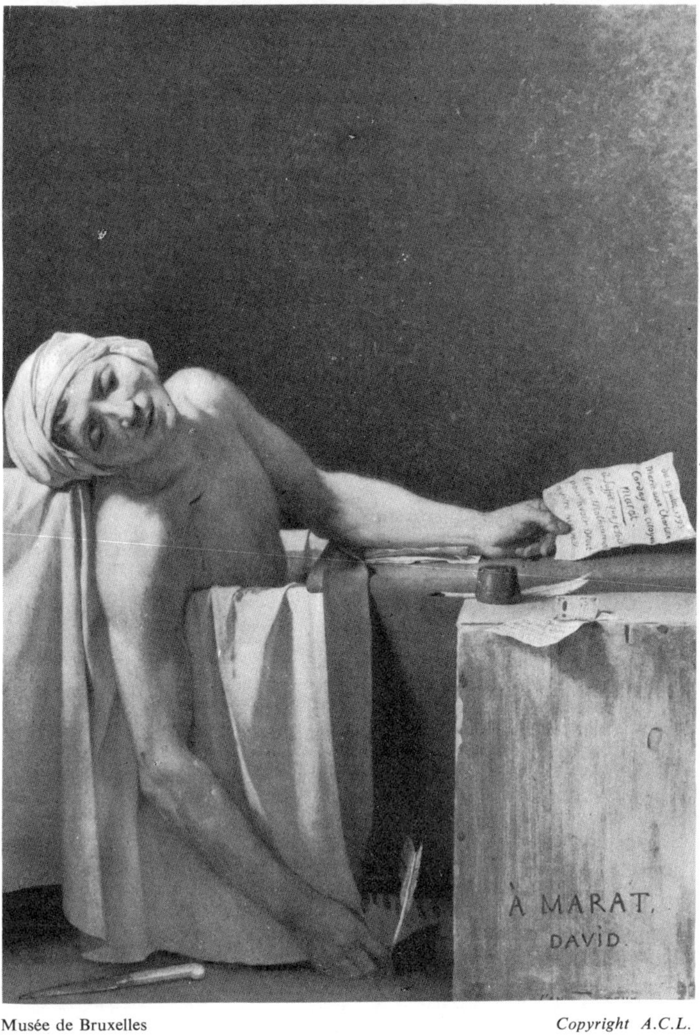

Musée de Bruxelles

« *le triomphe du spiritualisme* »
Marat assassiné, par David

Des deux personnages c'est Télémaque qui est le plus séduisant. Il est présumable que l'artiste s'est servi pour le dessiner d'un modèle féminin.

Guérin est représenté par deux esquisses, dont l'une, *la Mort de Priam,* est une chose superbe. On y retrouve toutes les qualités dramatiques et quasi fantasmagoriques de l'auteur de *Thésée et Hippolyte.*

Il est certain que Guérin s'est toujours beaucoup préoccupé du mélodrame.

Cette esquisse est faite d'après les vers de Virgile [1]. On y voit la Cassandre, les mains liées, et arrachée du temple de Minerve, et le cruel Pyrrhus traînant par les cheveux la vieillesse tremblante de Priam et l'égorgeant au pied des autels. — Pourquoi a-t-on si bien caché cette esquisse? M. Cogniet, l'un des ordonnateurs de cette fête, en veut-il donc à son vénérable maître [2] ?

Hippocrate refusant les présents d'Artaxerce, de Girodet [3], est revenu de l'École de médecine faire admirer sa superbe ordonnance, son fini excellent et ses détails spirituels. Il y a dans ce tableau, chose curieuse, des qualités particulières et une multiplicité d'intentions qui rappellent, dans un autres système d'exécution, les très bonnes toiles de M. Robert-Fleury [4]. Nous eussions aimé voir à l'Exposition Bonne-Nouvelle quelques compositions de Girodet, qui eussent bien exprimé le côté essentiellement poétique de son talent. (Voir l'*Endymion* et l'*Atala.*) Girodet a traduit Anacréon, et son pinceau a toujours trempé aux sources les plus littéraires.

Le baron Gérard [5] fut dans les arts ce qu'il était dans son salon, l'amphitryon qui veut plaire à tout le monde,

---

musée d'Alger). Sur David, Cf. Cantinelli, *David,* Paris-Bruxelles, Van Oest, 1930, et l'excellente introduction du catalogue de l'exposition du deuxième centenaire (*David,* Orangerie des Tuileries, 1948).

1. *Énéide,* II, 506 sqq.

2. Pierre Guérin (1774-1833), davidien théâtral, fut le maître de Géricault et Delacroix.

3. Girodet-Trioson (1767-1824), le célèbre auteur de la *Mort d'Atala.*

4. Cf. pp. 22-23.

5. Gérard (1770-1837) fut en effet un éclectique, mais sut être un portraitiste sensible (*Madame Visconti,* Louvre).

et c'est cet éclectisme courtisanesque qui l'a perdu. David, Guérin et Girodet sont restés, débris inébranlables et invulnérables de cette grande école, et Gérard n'a laissé que la réputation d'un homme aimable et très spirituel. Du reste, c'est lui qui a annoncé la venue d'Eugène Delacroix et qui a dit : « Un peintre nous est né ! C'est un homme qui court sur les toits. »

Gros et Géricault, sans posséder la finesse, la délicatesse, la raison souveraine ou l'âpreté sévère de leurs devanciers, furent de généreux tempéraments. Il y a là une esquisse de Gros, *le Roi Lear et ses Filles,* qui est d'un aspect fort saisissant et fort étrange; c'est d'une belle imagination.

Voici venir l'aimable Prud'hon, que quelques-uns osent déjà préférer à Corrège; Prud'hon, cet étonnant mélange, Prud'hon, ce poète et ce peintre, qui, devant les David, rêvait la couleur ! Ce dessin gras, invisible et sournois, qui serpente sous la couleur, est, surtout si l'on considère l'époque, un légitime sujet d'étonnement. — De longtemps, les artistes n'auront pas l'âme assez bien trempée pour attaquer les jouissances amères de David et de Girodet. Les délicieuses flatteries de Prud'hon seront donc une préparation. Nous avons surtout remarqué un petit tableau, *Vénus et Adonis,* qui fera sans doute réfléchir M. Diaz [1].

M. Ingres étale fièrement dans un salon spécial onze tableaux, c'est-à-dire sa vie entière, ou du moins des échantillons de chaque époque, — bref, toute la Genèse de son génie. M. Ingres refuse depuis longtemps d'exposer au Salon, et il a, selon nous, raison. Son admirable talent est toujours plus ou moins culbuté au milieu de ces cohues, où le public, étourdi et fatigué, subit la loi de celui qui crie le plus haut. Il faut que M. Delacroix ait un courage surhumain pour affronter annuellement tant d'éclaboussures. Quant à M. Ingres, doué d'une patience non moins grande, sinon d'une audace aussi généreuse, il attendait l'occasion

---

1. Sur Diaz, cf. pp. 47 et 54. Nous ne pensons pas qu'il soit nécessaire d'annoter les noms de Gros (1771-1835), Géricault (1791-1824) et Prud'hon (1758-1821). On voudra bien se reporter aux histoires de la peinture française. Quant à Ingres et Delacroix, nous renvoyons le lecteur aux pages que Baudelaire leur consacre dans ses écrits postérieurs (à partir du *Salon de 1846).*

sous sa tente. L'occasion est venue et il en a superbement usé. — La place nous manque, et peut-être la langue, pour louer dignement *la Stratonice* [1], qui eût étonné Poussin, *la Grande Odalisque* dont Raphaël eût été tourmenté, *la Petite Odalisque* [2] cette délicieuse et bizarre fantaisie qui n'a point de précédents dans l'art ancien, et les portraits de M. Bertin, de M. Molé et de Mme d'Haussonville — de vrais portraits, c'est-à-dire la reconstruction idéale des individus; seulement nous croyons utile de redresser quelques préjugés singuliers qui ont cours sur le compte de M. Ingres parmi un certain monde, dont l'oreille a plus de mémoire que les yeux. Il est entendu et reconnu que la peinture de M. Ingres est grise. — Ouvrez l'œil, nation nigaude, et dites si vous vîtes jamais de la peinture plus éclatante et plus voyante, et même une plus grande recherche de tons? Dans la seconde *Odalisque,* cette recherche est excessive, et, malgré leur multiplicité, ils sont tous doués d'une distinction particulière. — Il est entendu aussi que M. Ingres est un grand dessinateur maladroit qui ignore la perspective aérienne, et que sa peinture est plate comme une mosaïque chinoise [3]; à quoi nous n'avons rien à dire, si ce n'est de comparer la *Stratonice,* où une complication énorme de tons et d'effets lumineux n'empêche pas l'harmonie, avec la *Thamar,* où M. H. Vernet a résolu un problème incroyable : faire la peinture à la fois la plus criarde et la plus obscure, la plus embrouillée! Nous n'avons jamais rien vu de si en désordre. Une des choses, selon nous, qui distingue surtout le talent de M. Ingres, est l'amour de la femme. Son libertinage est sérieux et plein de conviction. M. Ingres n'est jamais si heureux ni si puissant que lorsque son génie se trouve aux prises avec les appas d'une jeune beauté. Les muscles,

---

1. 1840. Musée de Montpellier.

2. Cf. p. 153.

3. Ingres est en effet le précurseur de l'abolition de la troisième dimension. C'est l'annonce de la fameuse formule de Maurice Denis : *Une surface plane recouverte de couleurs en un certain ordre assemblées.* C'est aussi et surtout l'écho de Delacroix qui, examinant la *Stratonice* d'Ingres, y reproche la présence d'un pavé de mosaïque qui *se tient tout droit comme un mur,* et qui voit dans la peinture ingriste *des lumières découpées à la règle et au compas, fixées là pour l'éternité* (1840).

les plis de la chair, les ombres des fossettes, les ondulations montueuses de la peau, rien n'y manque. Si l'île de Cythère commandait un tableau à M. Ingres, à coup sûr il ne serait pas folâtre et riant comme celui de Watteau, mais robuste et nourrissant comme l'amour antique [1].

Nous avons revu avec plaisir les trois petits tableaux de M. Delaroche, *Richelieu, Mazarin* et *l'Assassinat du duc de Guise*. Ce sont des œuvres charmantes dans les régions moyennes du talent et du bon goût. Pourquoi donc M. Delaroche a-t-il la maladie des grands tableaux? Hélas! c'en est toujours des petits; — une goutte d'essence dans un tonneau [2].

M. Cogniet a pris la meilleure place de la salle; il y a mis son *Tintoret*. — M. Ary Scheffer est un homme d'un talent éminent, ou plutôt une heureuse imagination, mais qui a trop varié sa manière pour en avoir une bonne; c'est un poète sentimental qui salit des toiles [3].

Nous n'avons rien vu de M. Delacroix, et nous croyons que c'est une raison de plus pour en parler. — Nous, cœur d'honnête homme, nous croyions naïvement que si MM. les Commissaires n'avaient pas associé le chef de l'école actuelle à cette fête artistique, c'est que ne comprenant pas la parenté mystérieuse qui l'unit à l'école révolutionnaire dont il sort, ils voulaient surtout de l'unité et un aspect uniforme dans leur œuvre; et nous jugions cela, sinon louable, du moins excusable. Mais point. — Il n'y a pas de Delacroix, parce que M. Delacroix n'est pas un peintre, mais un journaliste; c'est du moins ce qui a été répondu à un de nos amis, qui s'était chargé de leur demander une petite explication à ce sujet. Nous ne voulons

---

1. Il y a dans le dessin de M. Ingres des recherches d'un goût particulier, des finesses extrêmes, dues peut-être à des moyens singuliers. Par exemple, nous ne serions pas étonné qu'il se fût servi d'une négresse pour accuser plus vigoureusement dans l'*Odalisque* certains développements et certaines sveltesses. *(Note de Baudelaire.)* La liaison de Baudelaire avec Jeanne Duval, mulâtresse comme on sait, remontait à 1842.

2. Paul Delaroche (1797-1856) prototype de l'éclectisme académique à succès. *L'Assassinat du duc de Guise* (1832) est à Chantilly (esquisse à l'aquarelle à Londres, où la collection Wallace compte onze œuvres — neuf tableaux et deux aquarelles — de Delaroche !)

3. Sur ces artistes, cf. *Salon de 1846*, en partic. pp. 163 sqq.

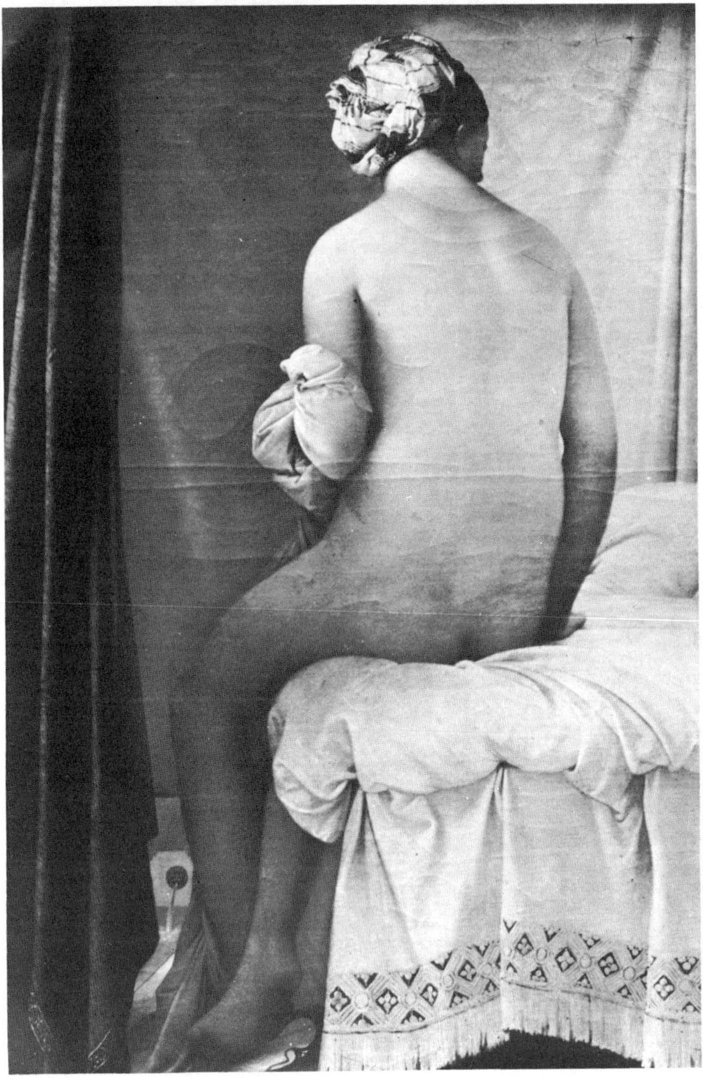

Musée du Louvre

Photo Giraudon

« *robuste et nourrisant comme l'amour antique.* »

Baigneuse par Ingres

pas nommer l'auteur de ce bon mot, soutenu et appuyé par une foule de quolibets indécents, que ces messieurs se sont permis à l'endroit de notre grand peintre. — Il y a là dedans plus à pleurer qu'à rire. — M. Cogniet, qui a si bien dissimulé son illustre maître, a-t-il donc craint de soutenir son illustre condisciple [1]? M. Dubufe [2] se serait mieux conduit. Sans doute ces messieurs seraient fort respectables à cause de leur faiblesse, s'ils n'étaient en même temps méchants et envieux.

Nous avons entendu maintes fois de jeunes artistes se plaindre du bourgeois, et le représenter comme l'ennemi de toute chose grande et belle. — Il y a là une idée fausse qu'il est temps de relever [3]. Il est une chose mille fois plus dangereuse que le bourgeois, c'est l'artiste bourgeois, qui a été créé pour s'interposer entre le public et le génie ; il les cache l'un à l'autre. Le bourgeois qui a peu de notions scientifiques va où le pousse la grande voix de l'artiste-bourgeois. — Si on supprimait celui-ci, l'épicier porterait E. Delacroix en triomphe. L'épicier est une grande chose, un homme céleste qu'il faut respecter, *homo bonæ voluntatis !* Ne le raillez point de vouloir sortir de sa sphère, et aspirer, l'excellente créature, aux régions hautes. Il veut être ému, il veut sentir, connaître, rêver comme il aime; il veut être complet; il vous demande tous les jours son morceau d'art et de poésie, et vous le volez. Il mange du Cogniet, et cela prouve que sa bonne volonté est grande comme l'infini. Servez-lui un chef-d'œuvre, il le digérera et ne s'en portera que mieux!

---

1. Delacroix avait été, lui aussi, élève de Guérin.
2. Cf. p. 42.
3. Cf. l'introduction-dédicace du *Salon de 1846 : Aux Bourgeois.*

III

SALON DE 1846[1]

AUX BOURGEOIS

Vous êtes la majorité, — nombre et intelligence; — donc vous êtes la force, — qui est la justice[2].

Les uns savants, les autres propriétaires; — un jour radieux viendra où les savants seront propriétaires, et les propriétaires savants. Alors votre puissance sera complète, et nul ne protestera contre elle.

En attendant cette harmonie suprême, il est juste que ceux qui ne sont que propriétaires aspirent à devenir savants; car la science est une jouissance non moins grande que la propriété.

Vous possédez le gouvernement de la cité, et cela est juste, car vous êtes la force. Mais il faut que vous soyez aptes à sentir la beauté; car comme aucun d'entre vous ne peut aujourd'hui se passer de puissance, nul n'a le droit de se passer de poésie.

Vous pouvez vivre trois jours sans pain; — sans poésie,

---

1. Le Salon de 1846 s'était ouvert au Musée royal (Louvre) le 10 mars. La plaquette de Baudelaire est annoncée dans la *Bibliographie de la France* le 23 mai. Les exemplaires en sont rares, quoique sensiblement moins que ceux du *Salon de 1845*. La plaquette fut généralement très bien accueillie et saluée comme un événement littéraire et artistique important.

2. Est-ce un souvenir — semi-ironique — de la célèbre pensée de Pascal ?

jamais; et ceux d'entre vous qui disent le contraire se trompent : ils ne se connaissent pas [1].

Les aristocrates de la pensée, les distributeurs de l'éloge et du blâme, les accapareurs des choses spirituelles, vous ont dit que vous n'aviez pas le droit de sentir et de jouir : — ce sont des pharisiens [2].

Car vous possédez le gouvernement d'une cité où est le public de l'univers, et il faut que vous soyez dignes de cette tâche.

Jouir est une science, et l'exercice des cinq sens veut une initiation particulière, qui ne se fait que par la bonne volonté et le besoin.

Or vous avez besoin d'art.

L'art est un bien infiniment précieux, un breuvage rafraîchissant et réchauffant, qui rétablit l'estomac et l'esprit dans l'équilibre naturel de l'idéal.

Vous en concevez l'utilité, ô bourgeois, — législateurs, ou commerçants, — quand la septième ou la huitième heure sonnée incline votre tête fatiguée vers les braises du foyer et les oreillards du fauteuil.

Un désir plus brûlant, une rêverie plus active, vous délasseraient alors de l'action quotidienne.

Mais les accapareurs ont voulu vous éloigner des pommes de la science, parce que la science est leur comptoir et leur boutique, dont ils sont infiniment jaloux. S'ils vous avaient nié la puissance de fabriquer des œuvres d'art ou de comprendre les procédés d'après lesquels on les fabrique, ils eussent affirmé une vérité dont vous ne vous seriez pas offensés, parce que les affaires publiques et le commerce absorbent les trois quarts de votre journée. Quant aux loisirs, ils doivent donc être employés à la jouissance et à la volupté.

Mais les accapareurs vous ont défendu de jouir, parce

1. Cf. *Conseils aux jeunes littérateurs*, VII (p. 545) : *tout homme bien portant peut se passer de manger pendant deux jours, — de poésie, jamais.*

2. Nouvelle allusion au conflit entre les artistes et le public bourgeois (cf. *Salon de 1845*). La reprise et le développement de ce thème montrent que Baudelaire y tient. Il est certes également allergique au snobisme intellectuel et au positivisme bourgeois, et il est en quelque sorte balancé entre ces deux répulsions. Mais on ne saurait soupçonner ici sa sincérité.

que vous n'avez pas l'intelligence de la technique des arts, comme des lois et des affaires.

Cependant il est juste, si les deux tiers de votre temps sont remplis par la science, que le troisième soit occupé par le sentiment, et c'est par le sentiment seul que vous devez comprendre l'art; — et c'est ainsi que l'équilibre des forces de votre âme sera constitué.

La vérité, pour être multiple, n'est pas double; et comme vous avez dans votre politique élargi les droits et les bienfaits, vous avez établi dans les arts une plus grande et plus abondante communion.

Bourgeois, vous avez — roi, législateur ou négociant, — institué des collections, des musées, des galeries. Quelques-unes de celles qui n'étaient ouvertes il y a seize ans qu'aux accapareurs ont élargi leurs portes pour la multitude.

Vous vous êtes associés, vous avez formé des compagnies et fait des emprunts pour réaliser l'idée de l'avenir avec toutes ses formes diverses, formes politique, industrielle et artistique. Vous n'avez jamais en aucune noble entreprise laissé l'initiative à la minorité protestante et souffrante, qui est d'ailleurs l'ennemie naturelle de l'art.

Car se laisser devancer en art et en politique, c'est se suicider, et une majorité ne peut pas se suicider.

Ce que vous avez fait pour la France, vous l'avez fait pour d'autres pays. Le Musée Espagnol [1] est venu augmenter le volume des idées générales que vous devez posséder sur l'art; car vous savez parfaitement que, comme un musée national est une communion dont la douce influence attendrit les cœurs et assouplit les volontés, de même un musée étranger est une communion internationale, où deux peuples, s'observant et s'étudiant plus à l'aise, se pénètrent mutuellement, et fraternisent sans discussion.

Vous êtes les amis naturels des arts, parce que vous êtes, les uns riches, les autres savants.

Quand vous avez donné à la société votre science, votre industrie, votre travail, votre argent, vous réclamez votre payement en jouissances du corps, de la raison et de l'imagination. Si vous récupérez la quantité de jouissances nécessaire pour rétablir l'équilibre de toutes les

1. Cf. *Salon de 1845*, p. 6.

parties de votre être, vous êtes heureux, repus et bienveillants, comme la société sera repue, heureuse et bienveillante quand elle aura trouvé son équilibre général et absolu.

C'est donc à vous, bourgeois, que ce livre est naturellement dédié; car tout livre qui ne s'adresse pas à la majorité, — nombre et intelligence [1], — est un sot livre.

1er mai 1846.

I. — A QUOI BON LA CRITIQUE ?

A quoi bon? — Vaste et terrible point d'interrogation, qui saisit la critique au collet dès le premier pas qu'elle veut faire dans son premier chapitre.

L'artiste reproche tout d'abord à la critique de ne pouvoir rien enseigner au bourgeois, qui ne veut ni peindre ni rimer, — ni à l'art, puisque c'est de ses entrailles que la critique est sortie.

Et pourtant que d'artistes de ce temps-ci doivent à elle seule leur pauvre renommée ! C'est peut-être là le vrai reproche à lui faire.

Vous avez vu un Gavarni représentant un peintre courbé sur sa toile; derrière lui un monsieur, grave, sec, roide et cravaté de blanc, tenant à la main son dernier feuilleton. « Si l'art est noble, la critique est sainte. » — « Qui dit cela? » — « La critique [2]! » Si l'artiste joue si facilement le beau rôle, c'est que le critique est sans doute un critique comme il y en a tant.

En fait de moyens et procédés tirés des ouvrages eux-mêmes [3], le public et l'artiste n'ont rien à apprendre ici.

---

1. Le Baudelaire de 1845-46 est encore capable de concevoir cette sorte d'idéalisme social qui le fera, peu après, adhérer à la révolution de 1848. Alors que plus tard, dans *Fusées*, XVII, il écrira : *Si un poète demandait à l'État d'avoir quelques bourgeois dans son écurie, on serait fort étonné, tandis que si un bourgeois demandait du poète rôti, on le trouverait tout naturel.*

2. Il s'agit d'une lithographie qui porte le nº 4 dans la série *Leçons et conseils* publiée par le *Charivari* le 27 novembre 1839.

3. Je sais bien que la critique actuelle a d'autres prétentions ; c'est ainsi qu'elle recommandera toujours le dessin aux coloristes et la couleur aux dessinateurs. C'est d'un goût très raisonnable et très sublime ! *(Note de Baudelaire.)*

Ces choses-là s'apprennent à l'atelier, et le public ne s'inquiète que du résultat.

Je crois sincèrement que la meilleure critique est celle qui est amusante et poétique; non pas celle-ci, froide et algébrique, qui, sous prétexte de tout expliquer, n'a ni haine ni amour, et se dépouille volontairement de toute espèce de tempérament ; mais, — un beau tableau étant la nature réfléchie par un artiste, — celle qui sera ce tableau réfléchi par un esprit intelligent et sensible. Ainsi le meilleur compte rendu d'un tableau pourra être un sonnet ou une élégie.

Mais ce genre de critique est destiné aux recueils de poésie et aux lecteurs poétiques. Quant à la critique proprement dite, j'espère que les philosophes comprendront ce que je vais dire : pour être juste, c'est-à-dire pour avoir sa raison d'être, la critique doit être partiale, passionnée, politique, c'est-à-dire faite à un point de vue exclusif, mais au point de vue qui ouvre le plus d'horizons.

Exalter la ligne au détriment de la couleur, ou la couleur aux dépens de la ligne, sans doute c'est un point de vue; mais ce n'est ni très large ni très juste, et cela accuse une grande ignorance des destinées particulières.

Vous ignorez à quelle dose la nature a mêlé dans chaque esprit le goût de la ligne et le goût de la couleur, et par quels mystérieux procédés elle opère cette fusion, dont le résultat est un tableau.

Ainsi un point de vue plus large sera l'individualisme bien entendu : commander à l'artiste la naïveté et l'expression sincère de son tempérament, aidée par tous les moyens que lui fournit son métier [1]. Qui n'a pas de tempérament n'est pas digne de faire des tableaux, et, — comme nous sommes las des imitateurs, et surtout des éclectiques, — doit entrer comme ouvrier au service d'un peintre à tempérament. C'est ce que je démontrerai dans un des derniers chapitres.

Désormais muni d'un criterium certain, criterium tiré de la nature, le critique doit accomplir son devoir

1. A propos de l'individualisme bien entendu, voir dans le *Salon de 1845* l'article sur William Haussoullier. Malgré tous les reproches qui m'ont été faits à ce sujet, je persiste dans mon sentiment ; mais il faut comprendre l'article. (*Note de Baudelaire.)*

avec passion; car pour être critique on n'en est pas moins homme, et la passion rapproche les tempéraments analogues et soulève la raison à des hauteurs nouvelles.

Stendhal a dit quelque part : « La peinture n'est que de la morale construite[1] ! » — Que vous entendiez ce mot de morale dans un sens plus ou moins libéral, on en peut dire autant de tous les arts. Comme ils sont toujours le beau exprimé par le sentiment, la passion et la rêverie de chacun, c'est-à-dire la variété dans l'unité, ou les faces diverses de l'absolu, — la critique touche à chaque instant à la métaphysique.

Chaque siècle, chaque peuple ayant possédé l'expression de sa beauté et de sa morale, — si l'on veut entendre par romantisme l'expression la plus récente et la plus moderne de la beauté, — le grand artiste sera donc, — pour le critique raisonnable et passionné, — celui qui unira à la condition demandée ci-dessus, la naïveté, — le plus de romantisme possible.

II. — QU'EST-CE QUE LE ROMANTISME ?

Peu de gens aujourd'hui voudront donner à ce mot un sens réel et positif; oseront-ils cependant affirmer qu'une génération consent à livrer une bataille de plusieurs années pour un drapeau qui n'est pas un symbole?

Qu'on se rappelle les troubles de ces derniers temps, et l'on verra que, s'il est resté peu de romantiques, c'est que peu d'entre eux ont trouvé le romantisme; mais tous l'ont cherché sincèrement et loyalement.

Quelques-uns ne se sont appliqués qu'au choix des sujets; ils n'avaient pas le tempérament de leurs sujets. — D'autres, croyant encore à une société catholique, ont cherché à refléter le catholicisme dans leurs œuvres. — S'appeler romantique et regarder systématiquement le passé, c'est se contredire. — Ceux-ci, au nom du romantisme, ont blasphémé les Grecs et les Romains : or on peut faire des Romains et des Grecs romantiques, quand on l'est soi-même. — La vérité dans l'art et la couleur locale en ont

1. *Histoire de la peinture en Italie*, 156 (Éd. de 1859, p. 338, n. 2). Stendhal précise qu'il entend *construite* dans le sens géométrique.

égaré beaucoup d'autres. Le réalisme avait existé longtemps avant cette grande bataille, et d'ailleurs, composer une tragédie ou un tableau pour M. Raoul Rochette, c'est s'exposer à recevoir un démenti du premier venu, s'il est plus savant que M. Raoul Rochette [1].

Le romantisme n'est précisément ni dans le choix des sujets ni dans la vérité exacte, mais dans la manière de sentir.

Ils l'ont cherché en dehors, et c'est en dedans qu'il était seulement possible de le trouver.

Pour moi, le romantisme est l'expression la plus récente, la plus actuelle du beau.

Il y a autant de beautés qu'il y a de manières habituelles de chercher le bonheur [2].

La philosophie du progrès explique ceci clairement; ainsi, comme il y a eu autant d'idéals qu'il y a eu pour les peuples de façons de comprendre la morale, l'amour, la religion, etc., le romantisme ne consistera pas dans une exécution parfaite, mais dans une conception analogue à la morale du siècle.

C'est parce que quelques-uns l'ont placé dans la perfection du métier que nous avons eu le rococo du romantisme, le plus insupportable de tous sans contredit.

Il faut donc, avant tout, connaître les aspects de la nature et les situations de l'homme [a], que les artistes du passé ont dédaignés ou n'ont pas connus.

Qui dit romantisme dit art moderne, — c'est-à-dire intimité, spiritualité, couleur, aspiration vers l'infini, exprimées par tous les moyens que contiennent les arts.

---

1. Archéologue, dont les recherches et les ouvrages faisaient autorité (1789-1854).

2. Stendhal. *(Note de Baudelaire.)* Il ne s'agit pas là d'une citation, mais d'une réminiscence. Il est permis de penser, avec Jacques Crépet, à ce texte du chapitre 110 de l'*Histoire de la peinture en Italie* (déjà citée peu auparavant) : *La beauté est l'expression d'une certaine manière habituelle de chercher le bonheur*. Cf. aussi la formule : *la beauté est la promesse du bonheur* qui se rencontre d'abord dans Stendhal *(De l'Amour : La beauté détrônée par l'amour)* puis dans Baudelaire *(Choix de maximes consolantes sur l'amour*, 1846). Est-ce un hasard si les deux auteurs ont l'un et l'autre transposé cette formule de l'ordre de l'amour dans celui de l'art? Sur Baudelaire plagiaire de Stendhal, cf. notre *Introduction,* pp. IV-V et *infra*, pp. 150 et 153.

Il suit de là qu'il y a une contradiction évidente entre le romantisme et les œuvres de ses principaux sectaires.

Que la couleur joue un rôle très important dans l'art moderne, quoi d'étonnant? Le romantisme est fils du Nord, et le Nord est coloriste; les rêves et les féeries sont enfants de la brume. L'Angleterre, cette patrie des coloristes exaspérés [1], la Flandre, la moitié de la France, sont plongées dans les brouillards; Venise elle-même trempe dans les lagunes. Quant aux peintres espagnols, ils sont plutôt contrastés que coloristes.

En revanche le Midi est naturaliste, car la nature y est si belle et si claire que l'homme, n'ayant rien à désirer, ne trouve rien de plus beau à inventer que ce qu'il voit : ici, l'art en plein air, et, quelques centaines de lieues plus haut, les rêves profonds de l'atelier et les regards de la fantaisie noyés dans les horizons gris.

Le Midi est brutal et positif comme un sculpteur dans ses compositions les plus délicates; le Nord souffrant et inquiet se console avec l'imagination et, s'il fait de la sculpture, elle sera plus souvent pittoresque que classique.

Raphaël, quelque pur qu'il soit, n'est qu'un esprit matériel sans cesse à la recherche du solide; mais cette canaille de Rembrandt est un puissant idéaliste qui fait rêver et deviner au delà. L'un compose des créatures à l'état neuf et virginal, — Adam et Ève; — mais l'autre secoue des haillons devant nos yeux et nous raconte les souffrances humaines.

Cependant Rembrandt n'est pas un pur coloriste, mais un harmoniste; combien l'effet sera donc nouveau et le romantisme adorable, si un puissant coloriste nous rend nos sentiments et nos rêves les plus chers avec une couleur appropriée aux sujets!

Avant de passer à l'examen de l'homme qui est jusqu'à présent le plus digne représentant du romantisme, je veux écrire sur la couleur une série de réflexions qui ne

1. C'est un des mérites de Baudelaire que d'avoir reconnu la portée « spirituelle » de l'expérience picturale des artistes anglais de Reynolds à Turner, là où la plupart des autres critiques français n'avaient vu que du colorisme pittoresque ; l'épithète de Baudelaire est, dans sa propriété même, d'une profonde et exacte vérité, comme toute cette page d'ailleurs.

seront pas inutiles pour l'intelligence complète de ce petit livre.

III. — DE LA COULEUR

Supposons un bel espace de nature où tout verdoie, rougeoie, poudroie et chatoie en pleine liberté, où toutes choses, diversement colorées suivant leur constitution moléculaire, changées de seconde en seconde par le déplacement de l'ombre et de la lumière, et agitées par le travail intérieur du calorique, se trouvent en perpétuelle vibration, laquelle fait trembler les lignes et complète la loi du mouvement éternel et universel. — Une immensité, bleue quelquefois et verte souvent, s'étend jusqu'aux confins du ciel : c'est la mer. Les arbres sont verts, les gazons verts, les mousses vertes; le vert serpente dans les troncs, les tiges non mûres sont vertes; le vert est le fond de la nature, parce que le vert se marie facilement à tous les autres tons [1]. Ce qui me frappe d'abord, c'est que partout, — coquelicots dans les gazons, pavots, perroquets, etc., — le rouge chante la gloire du vert; le noir, — quand il y en a, — zéro solitaire et insignifiant, intercède le secours du bleu ou du rouge. Le bleu, c'est-à-dire le ciel, est coupé de légers flocons blancs ou de masses grises qui trempent heureusement sa morne crudité, — et, comme la vapeur de la saison, — hiver ou été, — baigne, adoucit, ou engloutit les contours, la nature ressemble à un toton qui, mû par une vitesse accélérée, nous apparaît gris, bien qu'il résume en lui toutes les couleurs.

La sève monte et, mélange de principes, elle s'épanouit en *tons mélangés;* les arbres, les rochers, les granits se mirent dans les eaux et y déposent leurs *reflets;* tous les objets transparents accrochent au passage lumières et couleurs voisines et lointaines. A mesure que l'astre du jour se dérange, les tons changent de valeur, mais, respectant toujours leurs sympathies et leurs haines naturelles, conti-

---

1. Excepté à ses générateurs, le jaune et le bleu ; cependant je ne parle ici que des tons purs. Car cette règle n'est pas applicable aux coloristes transcendants qui connaissent à fond la science du contrepoint. *(Note de Baudelaire.)*

nuent à vivre en harmonie par des concessions réciproques. Les ombres se déplacent lentement, et font fuir devant elles ou éteignent les tons à mesure que la lumière, déplacée elle-même, en veut faire résonner de nouveau. Ceux-ci se renvoient leurs reflets, et, modifiant leurs qualités en les *glaçant* de qualités transparentes et empruntées, multiplient à l'infini leurs mariages mélodieux et les rendent plus faciles. Quand le grand foyer descend dans les eaux, de rouges fanfares s'élancent de tous côtés; une sanglante harmonie éclate à l'horizon, et le vert s'empourpre richement. Mais bientôt de vastes ombres bleues chassent en cadence devant elles la foule des tons orangés et rose tendre qui sont comme l'écho lointain et affaibli de la lumière. Cette grande symphonie du jour, qui est l'éternelle variation de la symphonie d'hier, cette succession de mélodies, où la variété sort toujours de l'infini, cet hymne compliqué s'appelle la couleur [1].

On trouve dans la couleur l'harmonie, la mélodie et le contre-point.

Si l'on veut examiner le détail dans le détail, sur un objet de médiocre dimension, — par exemple, la main d'une femme un peu sanguine, un peu maigre et d'une peau très fine, on verra qu'il y a harmonie parfaite entre le vert des fortes veines qui la sillonnent et les tons sanguinolents qui marquent les jointures; les ongles roses tranchent sur la première phalange qui possède quelques tons gris et bruns. Quant à la paume, les lignes de vie, plus roses et plus vineuses [a], sont séparées les unes des autres par le système des veines vertes ou bleues qui les traversent. L'étude du même objet, faite avec une loupe, fournira dans n'importe quel espace, si petit qu'il soit, une harmonie

---

1. Ces pages contiennent une admirable définition de ce qu'on pourrait appeler le *merveilleux* de la couleur, et en même temps l'explication du colorisme baudelairien : ce n'est pas un colorisme technique, mais spirituel ; la primauté de la couleur est d'ordre poétique, et sans doute est-ce pourquoi Baudelaire développe cette définition préimpressionniste de la couleur sous la forme d'un véritable *paysage verbal*. Ces pages sont une des pièces les plus caractéristiques à verser au dossier — lui-même si important pour la compréhension du poète — de Baudelaire paysagiste. Cf. aussi la suite de ce chapitre, et en particulier p. 107 : *forme et couleur sont un*, et p. 109 : *L'amour de l'air, le choix des sujets à mouvement veulent l'usage des lignes flottantes et noyées*.

parfaite de tons gris, bleus, bruns, verts, orangés et blancs réchauffés par un peu de jaune; — harmonie qui, combinée avec les ombres, produit le modelé des coloristes, essentiellement différent du modelé des dessinateurs, dont les difficultés se réduisent à peu près à copier un plâtre.

La couleur est donc l'accord de deux tons. Le ton chaud et le ton froid, dans l'opposition desquels consiste toute la théorie, ne peuvent se définir d'une manière absolue : ils n'existent que relativement.

La loupe, c'est l'œil du coloriste.

Je ne veux pas en conclure qu'un coloriste doit procéder par l'étude minutieuse des tons confondus dans un espace très limité. Car, en admettant que chaque molécule soit douée d'un ton particulier, il faudrait que la matière fût divisible à l'infini; et d'ailleurs, l'art n'étant qu'une abstraction et un sacrifice du détail à l'ensemble, il est important de s'occuper surtout des masses. Mais je voulais prouver que, si le cas était possible, les tons, quelque nombreux qu'ils fussent, mais logiquement juxtaposés, se fondraient naturellement par la loi qui les régit.

Les affinités chimiques sont la raison pour laquelle la nature ne peut pas commettre de fautes dans l'arrangement de ces tons; car, pour elle, forme et couleur sont un.

Le vrai coloriste ne peut pas en commettre non plus; et tout lui est permis, parce qu'il connaît de naissance la gamme des tons, la force du ton, les résultats des mélanges, et toute la science du contre-point, et qu'il peut ainsi faire une harmonie de vingt rouges différents.

Cela est si vrai que, si un propriétaire anticoloriste s'avisait de repeindre sa campagne d'une manière absurde et dans un système de couleurs charivariques, le vernis épais et transparent de l'atmosphère et l'œil savant de Véronèse redresseraient le tout et produiraient sur une toile un ensemble satisfaisant, conventionnel sans doute, mais logique.

Cela explique comment un coloriste peut être paradoxal dans sa manière d'exprimer la couleur, et comment l'étude de la nature conduit souvent à un résultat tout différent de la nature.

L'air joue un si grand rôle dans la théorie de la couleur que, si un paysagiste peignait les feuilles des arbres telles qu'il les voit, il obtiendrait un ton faux; attendu qu'il y a un espace d'air bien moindre entre le spectateur et le tableau qu'entre le spectateur et la nature.

Les mensonges sont continuellement nécessaires, même pour arriver au trompe-l'œil.

L'harmonie est la base de la théorie de la couleur.

La mélodie est l'unité dans la couleur, ou la couleur générale.

La mélodie veut une conclusion; c'est un ensemble où tous les effets concourent à un effet général.

Ainsi la mélodie laisse dans l'esprit un souvenir profond.

La plupart de nos jeunes coloristes manquent de mélodie.

La bonne manière de savoir si un tableau est mélodieux est de le regarder d'assez loin pour n'en comprendre ni le sujet si les lignes. S'il est mélodieux, il a déjà un sens, et il a déjà pris sa place dans le répertoire des souvenirs.

Le style et le sentiment dans la couleur viennent du choix, et le choix vient du tempérament.

Il y a des tons gais et folâtres, folâtres et tristes, riches et gais, riches et tristes, de communs et d'originaux.

Ainsi la couleur de Véronèse est calme et gaie. La couleur de Delacroix est souvent plaintive, et la couleur de M. Catlin souvent terrible [1].

J'ai eu longtemps devant ma fenêtre un cabaret mi-parti de vert et de rouge crus, qui étaient pour mes yeux une douleur délicieuse.

---

1. De ce peintre américain, Baudelaire reparlera avec admiration (cf. pp. 135, 358, 381, 384) et précisément comme modèle de colorisme original. Au moment où il écrit ce passage — qui sera complété dans le chapitre *De quelques coloristes,* p. 135 — Baudelaire venait de découvrir George Catlin (1796-1872) qui, séduit en 1832 par un groupe d'Indiens qu'il avait vus à Philadelphie, décida de consacrer son art à l'expression de leur pittoresque exotique. Il fut alors le premier artiste américain à partir pour l'Ouest, où il vécut de nombreuses années à collectionner les documents de toutes sortes pour ses tableaux aux couleurs vives et parfois systématiquement *terribles*. Il composa ainsi un *Musée indien*, qu'il exposa d'abord en 1837 dans différentes villes de l'Est des États-Unis. En 1840, il le transporta à Londres, et se rendit en 1845 à Paris où il se présenta non seulement avec sa collection de tableaux mais aussi avec un groupe d'Indiens, parmi lesquels *Shon-ta-yi-ga (Petit Loup)* dont le portrait figurait au *Salon de 1846* (cf. p. 135). Catlin connut alors à Paris un grand succès de curiosité, mais il est remarquable que Baudelaire soit le seul à avoir senti tout ce que son expérience pouvait avoir d'intéressant à l'appui de sa théorie

J'ignore si quelque analogiste a établi solidement une gamme complète des couleurs et des sentiments, mais je me rappelle un passage d'Hoffmann qui exprime parfaitement mon idée, et qui plaira à tous ceux qui aiment sincèrement la nature : « Ce n'est pas seulement en rêve, et dans le léger délire qui précède le sommeil, c'est encore éveillé, lorsque j'entends de la musique, que je trouve une analogie et une réunion intime entre les couleurs, les sons et les parfums. Il me semble que toutes ces choses ont été engendrées par un même rayon de lumière, et qu'elles doivent se réunir dans un merveilleux concert. L'odeur des soucis bruns et rouges produit surtout un effet magique sur ma personne. Elle me fait tomber dans une profonde rêverie, et j'entends alors comme dans le lointain les sons graves et profonds du hautbois [1]. »

On demande souvent si le même homme peut être à la fois grand coloriste et grand dessinateur.

Oui et non; car il y a différentes sortes de dessins.

La qualité d'un pur dessinateur consiste surtout dans la finesse, et cette finesse exclut la touche : or il y a des touches heureuses, et le coloriste chargé d'exprimer la nature par la couleur perdrait souvent plus à supprimer des touches heureuses qu'à rechercher une plus grande austérité de dessin.

La couleur n'exclut certainement pas le grand dessin, celui de Véronèse, par exemple, qui procède surtout par l'ensemble et les masses; mais bien le dessin du détail, le contour du petit morceau, où la touche mangera toujours la ligne.

L'amour de l'air, le choix des sujets à mouvement, veulent l'usage des lignes flottantes et noyées.

Les dessinateurs exclusifs agissent selon un procédé inverse et pourtant analogue. Attentifs à suivre et à surprendre la ligne dans ses ondulations les plus secrètes,

---

originale de la couleur. La collection Catlin est conservée à la Smithsonian Institution à Washington, et quelques tableaux de cette collection ont figuré dans une exposition itinérante présentée dans les différentes capitales d'Europe en 1954. Un *Descriptive catalogue* fut publié à Londres par Catlin lui-même en 1848.

1. Kreisleriana. *(Note de Baudelaire.)* Ce passage est extrait des observations groupées sous le titre *Höchst zerstreute Gedanken.*

ils n'ont pas le temps de voir l'air et la lumière, c'est-à-dire leurs effets, et s'efforcent même de ne pas les voir, pour ne pas nuire au principe de leur école [1].

On peut donc être à la fois coloriste et dessinateur, mais dans un certain sens. De même qu'un dessinateur peut être coloriste par les grandes masses, de même un coloriste peut être dessinateur par une logique complète de l'ensemble des lignes; mais l'une de ces qualités absorbe toujours le détail de l'autre.

Les coloristes dessinent comme la nature; leurs figures sont naturellement délimitées par la lutte harmonieuse des masses colorées.

Les purs dessinateurs sont des philosophes et des abstracteurs de quintessence.

Les coloristes sont des poètes épiques.

IV. — EUGÈNE DELACROIX [2]

Le romantisme et la couleur me conduisent droit à Eugène Delacroix. J'ignore s'il est fier de sa qualité de romantique; mais sa place est ici, parce que la majorité

---

1. Cette affirmation critique est-elle contradictoire avec ce que Baudelaire écrira dans *Fusées,* V : *Le dessin arabesque est le plus spiritualiste des dessins,* notation répétée en *Fusées,* VI, sous la forme : *Le dessin arabesque est le plus idéal de tous ?* Malgré la profondeur de son colorisme, Baudelaire paraît avoir été tourmenté par une sorte de *double postulation* esthétique, porté d'une part vers le *spiritualisme* des *ondulations* du *dessin arabesque.* et d'autre part vers le *surnaturalisme* du colorisme à la Delacroix. C'est à la faveur de cette sorte de dialectique intérieure de sa sensibilité que Baudelaire a pu, par exemple, interpréter de façon si originale et vraiment prophétique le débat contemporain de la couleur et de la ligne, incarné dans le conflit Ingres-Delacroix : car c'est bien cette dialectique qui est au fond de ce conflit, comme aussi elle animera et fécondera l'histoire ultérieure de la peinture moderne, aussi bien dans le cas des réactions d'un Gauguin ou d'un Cézanne à l'égard de l'Impressionnisme, que, plus tard, dans celui de l'opposition caractéristique entre le Fauvisme et le Cubisme. De fait Baudelaire, dans la conclusion de ce chapitre, atteint d'emblée la parfaite définition de l'une des structures essentielles de l'art de peindre, lorsqu'il relève ici cette double postulation vers l'abstraction et vers l'épopée (ou le drame).

2. Cf. *Salon de 1845,* p. 8 et note.

du public l'a depuis longtemps, et même dès sa première œuvre, constitué le chef de l'école *moderne*.

En entrant dans cette partie, mon cœur est plein d'une joie sereine, et je choisis à dessein mes plumes les plus neuves, tant je veux être clair et limpide, et tant je me sens aise d'aborder mon sujet le plus cher et le plus sympathique. Il faut, pour faire bien comprendre les conclusions de ce chapitre, que je remonte un peu haut dans l'histoire de ce temps-ci, et que je remette sous les yeux du public quelques pièces du procès déjà citées par les critiques et les historiens précédents, mais nécessaires pour l'ensemble de la démonstration. Du reste, ce n'est pas sans un vif plaisir que les purs enthousiastes d'Eugène Delacroix reliront un article du *Constitutionnel* de 1822, tiré du Salon de M. Thiers, journaliste.

« Aucun tableau ne révèle mieux à mon avis l'avenir d'un grand peintre, que celui de M. Delacroix, représentant *le Dante et Virgile aux enfers*. C'est là surtout qu'on peut remarquer ce jet de talent, cet élan de la supériorité naissante qui ranime les espérances un peu découragées par le mérite trop modéré de tout le reste.

« Le Dante et Virgile, conduits par Caron, traversent le fleuve infernal et fendent avec peine la foule qui se presse autour de la barque pour y pénétrer. Le Dante, supposé vivant, a l'horrible teinte [a] des lieux; Virgile, couronné d'un sombre laurier, a les couleurs de la mort. Les malheureux condamnés éternellement à désirer la rive opposée, s'attachent à la barque. L'un la saisit en vain, et, renversé par son mouvement trop rapide, est replongé dans les eaux; un autre l'embrasse et repousse avec les pieds ceux qui veulent aborder comme lui; deux autres serrent avec les dents le bois qui leur échappe. Il y a là l'égoïsme de la détresse et le désespoir de l'enfer. Dans ce sujet, si voisin de l'exagération, on trouve cependant une sévérité de goût, une convenance locale en quelque sorte, qui relève le dessin, auquel des juges sévères, *mais peu avisés ici,* pourraient reprocher de manquer de noblesse. Le pinceau est large et ferme, la couleur simple et vigoureuse, quoique un peu crue.

« L'auteur a, outre cette imagination poétique qui est commune au peintre comme à l'écrivain, cette imagination de l'art, qu'on pourrait appeler en quelque sorte [b] l'imagination du dessin, et qui est tout autre que la précédente. Il jette ses figures, les groupe et[a] les plie à volonté avec la hardiesse de Michel-Ange et la fécondité de Rubens. Je ne sais quel souvenir des grand artistes me saisit à l'aspect de ce tableau ; je[b] retrouve cette puissance sauvage, ardente, mais naturelle, qui cède sans effort à son propre entraînement.

.... [1]

« Je ne crois pas m'y tromper, M. Delacroix a reçu le génie ; qu'il avance avec[c] assurance, qu'il se livre aux immenses travaux, condition indispensable du talent; et ce qui doit lui donner plus de confiance encore, c'est que l'opinion que j'exprime ici sur son compte est celle de l'un des grands maîtres de l'école. »

A. T...RS [2].

Ces lignes enthousiastes sont véritablement stupéfiantes autant par leur précocité que par leur hardiesse. Si le rédacteur en chef du journal avait, comme il est présumable, des prétentions à se connaître en peinture, le jeune Thiers dut lui paraître un peu fou.

Pour se bien faire une idée du trouble profond que le tableau de *Dante et Virgile* dut jeter dans les esprits d'alors, de l'étonnement, de l'abasourdissement, de la colère, du hourra, des injures, de l'enthousiasme et des

1. Ici Thiers citait auprès de Delacroix des peintres comme Drolling et Dubufe. Baudelaire n'a pas voulu prendre à son compte ce rapprochement (cf. *Salon de 1845*, p. 42 et 57).

2. L'article de Thiers — qui avait alors vingt-cinq ans et inaugurait sa carrière de journaliste — avait paru dans le *Constitutionnel* du 11 mai 1822, puis sous forme de plaquette (mais dans la plaquette, la conclusion sur le *génie* de Delacroix avait été supprimée). Le tableau, qui est le sujet de cet article — *Dante et Virgile* — et qui se trouve actuellement au Louvre, avait à lui seul fait de ce Salon de 1822 le premier grand salon révolutionnaire de l'époque romantique. L'œuvre de Delacroix avait failli être refusée par le jury ; il fallut que Gros en imposât véritablement l'acceptation, et Delécluze, laissant le sectarisme l'emporter sur son intelligence, parla de *tartouillade*. Malgré quoi, c'était pourtant un membre du parti davidien, Gérard, dont Thiers pouvait invoquer la caution, en citant ici, comme source de son *opinion, l'un des grands maîtres de l'école*. Du moins telle est l'interprétation de cette allusion, qui nous est donnée par Silvestre, dans son *Histoire des artistes vivants* (Paris, 1856, p. 62).

éclats de rire insolents qui entourèrent ce beau tableau, vrai signal d'une révolution, il faut se rappeler que dans l'atelier de M. Guérin, homme d'un grand mérite, mais despote et exclusif comme son maître David, il n'y avait qu'un petit nombre de parias qui se préoccupaient des vieux maîtres à l'écart et osaient timidement conspirer à l'ombre de Raphaël et de Michel-Ange. Il n'est[a] pas encore question de Rubens.

M. Guérin, rude et sévère envers son jeune élève, ne regarda le tableau qu'à cause du bruit qui se faisait autour.

Géricault, qui revenait d'Italie, et avait, dit-on, devant les grandes fresques romaines et florentines, abdiqué plusieurs de ses qualités presque originales, complimenta si fort le nouveau peintre, encore timide, que celui-ci en était presque confus.

Ce fut devant cette peinture, ou quelque temps après, devant *les Pestiférés de Scio*[1], que Gérard lui-même, qui, à ce qu'il semble, était plus homme d'esprit que peintre, s'écria : « Un peintre vient de nous être révélé, mais c'est un homme qui court sur les toits! » — Pour courir sur les toits, il faut avoir le pied solide et l'œil illuminé par la lumière intérieure.

Gloire et justice soient rendues à MM. Thiers et Gérard!

Depuis le tableau de *Dante et Virgile* jusqu'aux peintures de la chambre des pairs et des députés, l'espace est grand sans doute[2]; mais la biographie d'Eugène Delacroix est peu accidentée. Pour un pareil homme, doué d'un tel courage et d'une telle passion, les luttes les plus intéressantes sont celles qu'il a à soutenir contre lui-même; les horizons n'ont pas besoin d'être grands pour que les batailles soient importantes; les révolutions et les événements les plus curieux se passent sous le ciel du crâne, dans le laboratoire étroit et mystérieux du cerveau.

1. Je mets *pestiférés* au lieu de *massacres,* pour expliquer aux critiques étourdis les tons des chairs si souvent reprochés. *(Note de Baudelaire.)* Le tableau, exposé en 1824, est au Louvre.

2. La décoration du Palais-Bourbon était encore en cours en 1846 ; elle avait été commencée en 1838. Celle du Luxembourg avait été entreprise en 1845 et sera terminée fin 1846. Ces travaux étaient donc, au moment où écrit Baudelaire, au premier plan de l'actualité artistique.

L'homme étant donc bien dûment révélé et se révélant de plus en plus (tableau allégorique de *la Grèce, le Sardanapale, la Liberté,* etc.) [1], la contagion du nouvel évangile empirant de jour en jour, le dédain académique se vit contraint lui-même de s'inquiéter de ce nouveau génie. M. Sosthène de La Rochefoucauld, alors directeur des beaux-arts, fit un beau jour mander E. Delacroix, et lui dit, après maint compliment, qu'il était affligeant qu'un homme d'une si riche imagination et d'un si beau talent, auquel le gouvernement voulait du bien, ne voulût pas mettre un peu d'eau dans son vin; il lui demanda définitivement s'il ne lui serait pas possible de modifier sa manière. Eugène Delacroix, prodigieusement étonné de cette condition bizarre et de ces conseils ministériels, répondit avec une colère presque comique qu'apparemment s'il peignait ainsi, c'est qu'il le fallait et qu'il ne pouvait pas peindre autrement. Il tomba dans une disgrâce complète, et fut pendant sept ans sevré de toute espèce de travaux. Il fallut attendre 1830. M. Thiers avait fait dans *le Globe* un nouvel et très pompeux article [2].

Un voyage à Maroc [3] laissa dans son esprit, à ce qu'il semble, une impression profonde; là il put à loisir étudier l'homme et la femme dans l'indépendance et l'originalité native de leurs mouvements, et comprendre la beauté antique par l'aspect d'une race pure de toute mésalliance

1. *La Grèce expirant sur les ruines de Missolonghi,* présenté en 1827 à la Galerie Lebrun, dans le cadre de l'exposition *Au profit des Grecs,* puis à Londres en 1828. Acheté par la ville de Bordeaux pour 25 000 francs en 1853. — *La Mort de Sardanapale,* Salon de 1827 (Musée du Louvre). — *La Liberté guidant le peuple* (Musée du Louvre) : ce tableau, acheté par l'État en 1831, fut ensuite rendu à son auteur, qui, en 1848, obtint sa réintégration au Louvre. Grâce à une permission spéciale de l'Empereur, le tableau, qui avait été, dès 1849, relégué dans les magasins du musée, fut néanmoins présent en bonne place à l'Exposition universelle de 1855.

2. Cet article est bien antérieur à 1830 : Thiers l'avait écrit à propos du fameux Salon de 1824.

3. C'est de janvier à juin 1832 que Delacroix accompagna le comte de Mornay dans sa mission extraordinaire auprès du sultan du Maroc. Ce que dit ici Baudelaire de cette expérience, cruciale dans l'évolution du peintre, est parfaitement conforme à ce qu'en dit Delacroix lui-même : *Un gredin qui raccommode une empeigne pour quelques sous a l'habit et la tournure de Brutus ou de Caton d'Utique (Correspondance).*

et ornée de sa santé et du libre développement de ses muscles. C'est probablement de cette époque que datent la composition des *Femmes d'Alger* et une foule d'esquisses [1].

Jusqu'à présent on a été injuste envers Eugène Delacroix. La critique a été pour lui amère et ignorante; sauf quelques nobles exceptions, la louange elle-même a dû souvent lui paraître choquante. En général, et pour la plupart des gens, nommer Eugène Delacroix, c'est jeter dans leur esprit je ne sais quelles idées vagues de fougue mal dirigée, de turbulence, d'inspiration aventurière, de désordre même; et pour ces messieurs qui font la majorité du public, le hasard, honnête et complaisant serviteur du génie, joue un grand rôle dans ses plus heureuses compositions. Dans la malheureuse époque de révolution dont je parlais tout à l'heure, et dont j'ai enregistré les nombreuses méprises, on a souvent comparé Eugène Delacroix à Victor Hugo [2]. On avait le poète romantique, il fallait le peintre. Cette nécessité de trouver à tout prix des pendants et des analogues dans les différents arts amène souvent d'étranges bévues, et celle-ci prouve encore combien l'on s'entendait peu. A coup sûr la comparaison dut paraître pénible à Eugène Delacroix, peut-être à tous deux; car si ma définition du romantisme (intimité, spiritualité, etc.) place Delacroix à la tête du romantisme, elle en exclut naturellement M. Victor Hugo. Le parallèle est resté dans le domaine banal des idées convenues, et ces deux préjugés encombrent encore beaucoup de têtes faibles. Il faut en finir une fois pour toutes avec ces niaiseries de rhétoricien. Je prie tous ceux qui ont éprouvé le besoin de créer à leur propre usage une certaine esthétique, et de déduire les causes des résultats, de comparer attentivement les produits de ces deux artistes.

---

1. Baudelaire avait une tendresse particulière pour les *Femmes d'Alger* (Louvre, 1834). Il en possédait une copie, œuvre de son ami Émile Deroy.

2. La position de Baudelaire sur cette question d'une éventuelle affinité entre Delacroix et Hugo est, à cette date, remarquablement lucide, et les raisons qu'il en donne sont une preuve particulièrement brillante de sa pénétration critique. Ici, comme en tant d'autres occasions, c'est bien la cohérence intellectuelle de sa pensée esthétique qui permet à Baudelaire d'atteindre, au-delà des apparences trompeuses, la vérité profonde des œuvres.

M. Victor Hugo, dont je ne veux certainement pas diminuer la noblesse et la majesté, est un ouvrier beaucoup plus adroit qu'inventif, un travailleur bien plus correct que créateur. Delacroix est quelquefois maladroit, mais essentiellement créateur. M. Victor Hugo laisse voir dans tous ses tableaux, lyriques et dramatiques, un système d'alignement et de contrastes uniformes. L'excentricité elle-même prend chez lui des formes symétriques. Il possède à fond et emploie froidement tous les tons de la rime, toutes les ressources de l'antithèse, toutes les tricheries de l'apposition. C'est un compositeur de décadence ou de transition, qui se sert de ses outils avec une dextérité véritablement admirable et curieuse. M. Hugo était naturellement académicien avant que de naître, et si nous étions encore au temps des merveilles fabuleuses, je croirais volontiers que les lions verts de l'Institut, quand il passait devant le sanctuaire courroucé, lui ont souvent murmuré d'une voix prophétique : « Tu seras de l'Académie ! [1] »

Pour Delacroix, la justice est plus tardive. Ses œuvres, au contraire, sont des poèmes, et de grands poèmes naïvement conçus [2], exécutés avec l'insolence accoutumée du génie. — Dans ceux du premier, il n'y a rien à deviner ; car il prend tant de plaisir à montrer son adresse, qu'il n'omet pas un brin d'herbe ni un reflet de réverbère. — Le second ouvre dans les siens de profondes avenues à l'imagination la plus voyageuse. — Le premier jouit d'une certaine tranquillité, disons mieux, d'un certain égoïsme de spectateur, qui fait planer sur toute sa poésie je ne sais quelle froideur et quelle modération, — que la passion tenace et bilieuse du second, aux prises avec les patiences du métier, ne lui permet pas toujours de garder. — L'un commence par le détail, l'autre par l'intelligence intime du sujet ; d'où il arrive que celui-ci n'en prend que la peau, et que l'autre en arrache les entrailles. Trop matériel,

1. Effectivement, Hugo fut élu à l'Académie, malgré cinq échecs précédents, en 1841 à 39 ans, tandis que Delacroix ne devait entrer à l'Institut qu'en 1857, à 59 ans.

2. Il faut entendre par la naïveté du génie la science du métier combinée avec le *gnôti séauton,* mais la science modeste laissant le beau rôle au tempérament. *(Note de Baudelaire.)*

trop attentif aux superficies de la nature, M. Victor Hugo est devenu un peintre en poésie; Delacroix, toujours respectueux de son idéal, est souvent, à son insu, un poète en peinture [1].

Quant au second préjugé, le préjugé du hasard, il n'a pas plus de valeur que le premier. — Rien n'est plus impertinent ni plus bête que de parler à un grand artiste, érudit et penseur comme Delacroix, des obligations qu'il peut avoir au dieu du hasard. Cela fait tout simplement hausser les épaules de pitié. Il n'y a pas de hasard dans l'art, non plus qu'en mécanique. Une chose heureusement trouvée est la simple conséquence d'un bon raisonnement, dont on a quelquefois sauté les déductions intermédiaires, comme une faute est la conséquence d'un faux principe. Un tableau est une machine dont tous les systèmes sont intelligibles pour un œil exercé; où tout a sa raison d'être, si le tableau est bon; où un ton est toujours destiné à en faire valoir un autre; où une faute occasionnelle de dessin est quelquefois nécessaire pour ne pas sacrifier quelque chose de plus important.

Cette intervention du hasard dans les affaires de peinture de Delacroix est d'autant plus invraisemblable qu'il est un des rares hommes qui restent originaux après avoir puisé à toutes les vraies sources, et dont l'individualité indomptable a passé alternativement sous le joug secoué de tous les grands maîtres. Plus d'un serait assez étonné de voir une étude de lui d'après Raphaël, chef-d'œuvre patient et laborieux d'imitation, et peu de personnes se souviennent aujourd'hui des lithographies qu'il a faites d'après des médailles et des pierres gravées [2].

Voici quelques lignes de M. Henri Heine qui expliquent assez bien la méthode de Delacroix, méthode qui est,

---

1. Peut-être la comparaison se prolonge-t-elle un peu et devient-elle trop systématique. En tout cas, Baudelaire semble bien près ici de tomber dans cette *rhétorique* qu'il stigmatisait plus haut.

2. Delacroix exécuta en effet six lithographies de ce genre en 1825 (Loys Delteil : *Le Peintre-graveur*, t. III.) Il avait, dès 1814, fait ses premiers essais à l'eau-forte en copiant des estampes de Rembrandt et de Goya. Il pratiqua la lithographie dès que cette technique commença de se répandre, à partir de 1817 environ, et continuera de la pratiquer jusqu'en 1857.

comme chez tous les hommes vigoureusement constitués, le résultat de son tempérament[1] : « En fait d'art, je suis surnaturaliste. Je crois que l'artiste ne peut trouver dans la nature tous ses types, mais que les plus remarquables lui sont révélés dans son âme, comme la symbolique innée d'idées innées, et au même instant. Un moderne professeur d'esthétique, qui a écrit des *Recherches sur l'Italie,* a voulu remettre en honneur le vieux principe de l'*imitation de la nature,* et soutenir que l'artiste plastique devait trouver dans la nature tous ses types. Ce professeur, en étalant ainsi son principe suprême des arts plastiques, avait seulement oublié un de ces arts, l'un des plus primitifs, je veux dire l'architecture, dont on a essayé de retrouver après coup les types dans les feuillages des forêts, dans les grottes des rochers : ces types n'étaient point dans la nature extérieure, mais bien dans l'âme humaine[2]. »

Delacroix part donc de ce principe, qu'un tableau doit avant tout reproduire la pensée intime de l'artiste, qui domine le modèle, comme le créateur la création; et de ce principe il en sort un second qui semble le contredire à première vue, — à savoir, qu'il faut être très soigneux des moyens matériels d'éxécution. — Il professe une estime

---

1. Citation extraite du *Salon de 1831* de Heine, selon la traduction parue dans *De la France* (1833). Ce texte est d'autant plus intéressant pour comprendre Baudelaire qu'on y trouve le terme de *surnaturaliste*, qui est un des grands mots-clés du vocabulaire esthétique baudelairien.

2. Allusion à un livre de Carl Friedrich von Rumohr (1785-1843), *Italienische Forschungen,* paru en trois volumes entre 1827 et 1831. D'autre part, la tendance à vouloir retrouver dans la nature l'origine des formes architecturales avait été une des grandes modes de l'époque romantique, et, avant que Chateaubriand, dans une page célèbre, eût développé la comparaison de la cathédrale et de la forêt, les esthéticiens préromantiques et romantiques avaient mis en circulation ce même thème, à partir de la découverte de la grotte de Fingal, en août 1772, comme en témoignent certaines aquarelles ou gravures d'architectes, qui mettent en parallèle les formes naturelles de la grotte et certaines formes architecturales (cf. en particulier : Joseph Gandy, *L'Origine de l'architecture,* Londres, Soane Museum). Il faut encore souligner ici l'importance de la rupture de Baudelaire avec certains mythes esthétiques du romantisme, encore très répandus à l'époque où il écrit. Et lorsque, comme c'est le cas, il se rencontre avec un écrivain plus célèbre, il ne manque pas de le citer, pour soutenir sa propre pensée d'une sorte d'autorité.

fanatique pour la propreté des outils et la préparation des éléments de l'œuvre. — En effet, la peinture étant un art d'un raisonnement profond et qui demande la concurrence immédiate d'une foule de qualités, il est important que la main rencontre, quand elle se met à la besogne, le moins d'obstacles possible, et accomplisse avec une rapidité servile les ordres divins du cerveau : autrement l'idéal s'envole.

Aussi lente, sérieuse, consciencieuse est la conception du grand artiste, aussi preste est son exécution. C'est du reste une qualité qu'il partage avec celui dont l'opinion publique a fait son antipode, M. Ingres. L'accouchement n'est point l'enfantement, et ces grands seigneurs de la peinture, doués d'une paresse apparente, déploient une agilité merveilleuse à couvrir une toile Le *Saint Symphorien* a été refait entièrement plusieurs fois, et dans le principe il contenait beaucoup moins de figures [1].

Pour E. Delacroix, la nature est un vaste dictionnaire [2] dont il roule et consulte les feuillets avec un œil sûr et profond; et cette peinture, qui procède surtout du souvenir, parle surtout au souvenir. L'effet produit sur l'âme du spectateur est analogue aux moyens de l'artiste. Un tableau de Delacroix, *Dante et Virgile,* par exemple, laisse toujours une impression profonde, dont l'intensité s'accroît par la distance. Sacrifiant sans cesse le détail à l'ensemble, et craignant d'affaiblir la vitalité de sa pensée par la fatigue d'une exécution plus nette et plus calligraphique, il jouit pleinement d'une originalité insaisissable, qui est l'intimité du sujet.

L'exercice d'une dominante n'a légitimement lieu qu'au détriment du reste. Un goût excessif nécessite les sacrifices, et les chefs-d'œuvre ne sont jamais que des extraits divers de la nature. C'est pourquoi il faut subir les conséquences

---

1. Il s'agit du *Martyre de saint Symphorien* d'Ingres, qui, commandé en 1824 pour la cathédrale d'Autun, ne fut achevé que dix ans plus tard. Tableau d'ailleurs où, effectivement, Ingres a manifesté cette horreur du vide à laquelle Baudelaire fait allusion, et où l'accumulation des figures ne laisse pas de donner une certaine impression d'entassement.

2. Dans le *Salon de 1859* (IV, p. 326) Baudelaire précise qu'il a recueilli cette formule de la bouche même de Delacroix.

d'une grande passion, quelle qu'elle soit, accepter la fatalité d'un talent, et ne pas marchander avec le génie. C'est à quoi n'ont pas songé les gens qui ont tant raillé le dessin de Delacroix; en particulier les sculpteurs, gens partiaux et borgnes plus qu'il n'est permis, et dont le jugement vaut tout au plus la moitié d'un jugement d'architecte [1]. — La sculpture, à qui la couleur est impossible et le mouvement difficile, n'a rien à démêler avec un artiste que préoccupent surtout le mouvement, la couleur et l'atmosphère. Ces trois éléments demandent nécessairement un contour un peu indécis, des lignes légères et flottantes, et l'audace de la touche. — Delacroix est le seul aujourd'hui dont l'originalité n'ait pas été envahie par le système des lignes droites; ses personnages sont toujours agités, et ses draperies voltigeantes. Au point de vue de Delacroix, la ligne n'est pas; car, si ténue qu'elle soit, un géomètre taquin peut toujours la supposer assez épaisse pour en contenir mille autres; et pour les coloristes, qui veulent imiter les palpitations éternelles de la nature, les lignes ne sont jamais, comme dans l'arc-en-ciel, que la fusion intime de deux couleurs.

D'ailleurs il y a plusieurs dessins, comme plusieurs couleurs : — exacts ou bêtes, physionomiques et imaginés.

Le premier est négatif, incorrect à force de réalité, naturel, mais saugrenu; le second est un dessin naturaliste, mais idéalisé, dessin d'un génie qui sait choisir, arranger, corriger, deviner, gourmander la nature; enfin le troisième qui est le plus noble et le plus étrange, peut négliger la nature; il en représente une autre, analogue à l'esprit et au tempérament de l'auteur.

Le dessin physionomique appartient généralement aux passionnés, comme M. Ingres; le dessin de création est le privilège du génie [2].

La grande qualité du dessin des artistes suprêmes est la vérité du mouvement, et Delacroix ne viole jamais cette loi naturelle.

1. Pour un développement de ce mépris de Baudelaire à l'égard de la sculpture, cf. le chapitre consacré à ce sujet dans ce même *Salon*, chap. XVI, p. 187.

2. C'est ce que M. Thiers appelait l'imagination du dessin. *(Note de Baudelaire.)*

Passons à l'examen de qualités plus générales encore. — Un des caractères principaux du grand peintre est l'universalité. — Ainsi le poète épique, Homère ou Dante, sait faire également bien une idylle, un récit, un discours, une description, une ode, etc.

De même, Rubens, s'il peint des fruits, peindra des fruits plus beaux qu'un spécialiste quelconque.

E. Delacroix est universel; il a fait des tableaux de genre pleins d'intimité, des tableaux d'histoire pleins de grandeur. Lui seul, peut-être, dans notre siècle incrédule, a conçu des tableaux de religion qui n'étaient ni vides et froids comme des œuvres de concours, ni pédants, mystiques ou néo-chrétiens, comme ceux de tous ces philosophes de l'art qui font de la religion une science d'archaïsme, et croient nécessaire de posséder avant tout la symbolique et les traditions primitives pour remuer et faire chanter la corde religieuse.

Cela se comprend facilement, si l'on veut considérer que Delacroix est, comme tous les grands maîtres, un mélange admirable de science, — c'est-à-dire un peintre complet, — et de naïveté, c'est-à-dire un homme complet. Allez voir à Saint-Louis au Marais [1] cette *Pietà*, où la majestueuse reine des douleurs tient sur ses genoux le corps de son enfant mort, les deux bras étendus horizontalement dans un accès de désespoir, une attaque de nerfs maternelle. L'un des deux personnages qui soutient et modère sa douleur est éploré comme les figures les plus lamentables de l'*Hamlet*, avec laquelle œuvre celle-ci a du reste plus d'un rapport [2]. — Des deux saintes femmes, la première rampe convulsivement à terre, encore revêtue des bijoux

---

1. Erreur de localisation. Cette admirable *Pietà* de 1844 se trouve bien au Marais, mais à Saint-Denis-du-Saint-Sacrement (rue de Turenne) et non à Saint-Paul-Saint-Louis. Profitons de cette note pour signaler qu'une fois encore, Baudelaire a su reconnaître une œuvre majeure du maître. Et son invitation reste toujours valable, d'autant plus que cette *Pietà* est justement une œuvre capitale que l'on oublie trop souvent d'aller voir.

2. Delacroix s'est plusieurs fois inspiré de *Hamlet,* depuis la lithographie de 1828 jusqu'à son dernier petit tableau de ce sujet en 1859. Baudelaire fait probablement ici allusion au tableau *Hamlet et Horatio au cimetière* qui se trouve au Louvre et qui date de 1839.

et des insignes du luxe; l'autre, blonde et dorée, s'affaisse plus mollement sous le poids énorme de son désespoir.

Le groupe est échelonné et disposé tout entier sur un fond d'un vert sombre et uniforme, qui ressemble autant à des amas de rochers qu'à une mer bouleversée par l'orage. Ce fond est d'une simplicité fantastique, et E. Delacroix a sans doute, comme Michel-Ange, supprimé l'accessoire pour ne pas nuire à la clarté de son idée. Ce chef-d'œuvre laisse dans l'esprit un sillon profond de mélancolie. — Ce n'était pas, du reste, la première fois qu'il attaquait les sujets religieux. Le *Christ aux Oliviers*, le *Saint Sébastien,* avaient déjà témoigné de la gravité et de la sincérité profonde dont il sait les empreindre [1].

Mais pour expliquer ce que j'affirmais tout à l'heure, — que Delacroix seul sait faire de la religion, [2] — je ferai remarquer à l'observateur que, si ses tableaux les plus intéressants sont presque toujours ceux dont il choisit les sujets, c'est-à-dire ceux de fantaisie, — néanmoins la tristesse sérieuse de son talent convient parfaitement à notre religion, religion profondément triste, religion de la douleur universelle, et qui, à cause de sa catholicité même, laisse une pleine liberté à l'individu et ne demande pas mieux que d'être célébrée dans le langage de chacun, — s'il connaît la douleur et s'il est peintre.

Je me rappelle qu'un de mes amis, garçon de mérite d'ailleurs, coloriste déjà en vogue, — un de ces jeunes hommes précoces qui donnent des espérances toute leur vie, et beaucoup plus académique qu'il ne le croit lui-même, — appelait cette peinture : peinture de cannibale!

A coup sûr, ce n'est point dans les curiosités d'une palette encombrée, ni dans le dictionnaire des règles, que

---

1. *Le Christ aux Oliviers*, 1827 (Église Saint-Paul-Saint-Louis). Le *Saint Sébastien,* exécuté en 1836, fut acheté pour l'église de Nantua.

2. Il est en effet remarquable que le XIXe siècle, qui a vu se développer, en particulier à l'époque romantique, une mode de la peinture religieuse, dont Baudelaire parle souvent en termes fort sévères, ait vu aussi la décadence de cette forme d'art ; et il est bien vrai que Delacroix, voltairien, est le seul grand peintre religieux du siècle. Baudelaire en donne ici une explication à la fois esthétique et psychologique, qui paraît tout à fait valable, et riche aussi d'enseignements généraux, comme c'est d'ailleurs si souvent le cas avec Baudelaire.

notre jeune ami saura trouver cette sanglante et farouche désolation, à peine compensée par le vert sombre de l'espérance !

Cet hymne terrible à la douleur faisait sur sa classique imagination l'effet des vins redoutables de l'Anjou, de l'Auvergne ou du Rhin, sur un estomac accoutumé aux pâles violettes du Médoc.

Ainsi, universalité de sentiment, — et maintenant universalité de science !

Depuis longtemps les peintres avaient, pour ainsi dire, désappris le genre *dit* de décoration. L'hémicycle des Beaux-Arts est une œuvre puérile et maladroite, où les intentions se contredisent, et qui ressemble à une collection de portraits historiques [1]. Le *Plafond d'Homère* est un beau tableau qui plafonne mal [2]. La plupart des chapelles exécutées dans ces derniers temps, et distribuées aux élèves de M. Ingres, sont faites dans le système des Italiens primitifs, c'est-à-dire qu'elles veulent arriver à l'unité par la suppression des effets lumineux et par un vaste système de coloriages mitigés. Ce système, plus raisonnable sans doute, esquive les difficultés. Sous Louis XIV, Louis XV et Louis XVI, les peintres firent des décorations à grand fracas, mais qui manquaient d'unité dans la couleur et dans la composition.

E. Delacroix eut des décorations à faire, et il résolut le grand problème. Il trouva l'unité dans l'aspect sans nuire à son métier de coloriste [3].

---

1. L'hémicycle des Beaux-Arts, œuvre en effet fort médiocre, avait été peint par Paul Delaroche en 1838-41. Quelque peu apparenté, par sa conception, au tableau d'Ingres dont il va être question, il représentait une réunion des plus grands artistes jusqu'à la fin du XVIIe siècle.

2. Il s'agit de la célèbre composition d'Ingres, *Apothéose d'Homère,* de 1827, qui décorait encore en 1846 le plafond d'une des salles du rez-de-chaussée du Louvre. Elle en fut retirée en 1855 pour figurer à l'Exposition universelle, et fut plus tard remplacée par une copie. L'original se trouve au Louvre.

3. Nous savons en effet, par Delacroix lui-même et par les souvenirs de son élève et collaborateur Louis de Planet, qu'il élabora toute une théorie esthétique et technique de la décoration, et qu'il la concevait comme un enrichissement de l'architecture, destinée à y intégrer, tout en en soulignant les valeurs plastiques, le mouvement, le relief,

La Chambre des députés est là qui témoigne de ce singulier tour de force. La lumière, économiquement dispensée, circule à travers toutes ces figures, sans intriguer l'œil d'une manière tyrannique.

Le plafond circulaire de la bibliothèque du Luxembourg est une œuvre plus étonnante encore, où le peintre est arrivé, — non seulement à un effet encore plus doux et plus uni, sans rien supprimer des qualités de couleur et de lumière, qui sont le propre de tous ses tableaux, — mais encore s'est révélé sous un aspect tout nouveau : Delacroix paysagiste !

Au lieu de peindre Apollon et les Muses, décoration invariable des bibliothèques, E. Delacroix a cédé à son goût irrésistible pour Dante, que Shakspeare seul balance peut-être dans son esprit, et il a choisi le passage où Dante et Virgile rencontrent dans un lieu mystérieux les principaux poètes de l'antiquité :

« Nous ne laissions pas d'aller, tandis qu'il parlait; mais nous traversions toujours la forêt, épaisse forêt d'esprits, veux-je dire. Nous n'étions pas bien éloignés de l'entrée de l'abîme, quand je vis un feu qui perçait un hémisphère de ténèbres. Quelques pas nous en séparaient encore, mais je pouvais déjà entrevoir que des esprits glorieux habitaient ce séjour.

« — O toi, qui honores toute science et tout art, quels sont ces esprits auxquels on fait tant d'honneur qu'on les sépare du sort des autres?

« Il me répondit : — Leur belle renommée, qui retentit là-haut dans votre monde, trouve grâce dans le ciel, qui les distingue des autres.

« Cependant une voix se fit entendre : « Honorez le « sublime poète; son ombre, qui était partie, nous revient. »

« La voix se tut, et je vis venir à nous quatre grandes ombres; leur aspect n'était ni triste ni joyeux.

---

la couleur, en un mot tout ce qui fait la poésie picturale. Rappelons que la décoration de la bibliothèque du Palais-Bourbon, exécutée entre 1838 et 1847, comportait un ensemble grandiose de vingt sujets allégoriques. La décoration du Luxembourg allait être terminée précisément en 1846. Et plus tard Delacroix allait entreprendre la décoration de Saint-Sulpice, achevée en 1860 (Chapelle des Saints-Anges).

« Le bon maître me dit : — Regarde celui qui marche, une épée à la main, en avant des trois autres, comme un roi : c'est Homère, poète souverain; l'autre qui le suit est Horace le satirique; Ovide est le troisième, et le dernier est Lucain. Comme chacun d'eux partage avec moi le nom qu'a fait retentir la voix unanime, ils me font honneur et ils font bien!

« Ainsi je vis se réunir la belle école de ce maître du chant sublime, qui plane sur les autres comme l'aigle. Dès qu'ils eurent devisé ensemble quelque peu, ils se tournèrent vers moi avec un geste de salut, ce qui fit sourire mon guide. Et ils me firent encore plus d'honneur, car ils me reçurent dans leur troupe, de sorte que je fus le sixième parmi tant de génies [1]........................
....
.... »

Je ne ferai pas à E. Delacroix l'injure d'un éloge exagéré pour avoir si bien vaincu la concavité de sa toile et y avoir placé des figures droites. Son talent est au-dessus de ces choses-là. Je m'attache surtout à l'esprit de cette peinture. Il est impossible d'exprimer avec la prose tout le calme bienheureux qu'elle respire, et la profonde harmonie qui nage dans cette atmosphère. Cela fait penser aux pages les plus verdoyantes du *Télémaque*, et rend tous les souvenirs que l'esprit a emportés des récits élyséens. Le paysage, qui néanmoins n'est qu'un accessoire, est, au point de vue où je me plaçais tout à l'heure, — l'universalité des grands maîtres, — une chose des plus importantes. Ce paysage circulaire, qui embrasse un espace énorme, est peint avec l'aplomb d'un peintre d'histoire, et la finesse et l'amour d'un paysagiste. Des bouquets de lauriers, des ombrages considérables le coupent harmonieusement; des nappes de soleil doux et uniforme dorment sur les gazons; des montagnes bleues ou ceintes de bois font un horizon à souhait *pour le plaisir des yeux* [2]. Quant au ciel, il est bleu

1. *L'Enfer*, de Dante, chant IV, traduction de Pier Angelo Fiorentino [a]. *(Note de Baudelaire.)* Vers 64 sqq. (Traduction, d'ailleurs, parfaitement exacte.)

2. Citation textuelle de la description par Fénelon de l'île de Calypso *(Télémaque,* I*)*.

et blanc, chose étonnante chez Delacroix; les nuages, délayés et tirés en sens divers comme une gaze qui se déchire, sont d'une grande légèreté; et cette voûte d'azur, profonde et lumineuse, fuit à une prodigieuse hauteur. Les aquarelles de Bonington sont moins transparentes [1].

Ce chef-d'œuvre, qui, selon moi, est supérieur aux meilleurs Véronèse, a besoin, pour être bien compris, d'une grande quiétude d'esprit et d'un jour très doux. Malheureusement, le jour éclatant qui se précipitera par la grande fenêtre de la façade, sitôt qu'elle sera délivrée des toiles et des échafauds, rendra ce travail plus difficile.

Cette année-ci, les tableaux de Delacroix sont *l'Enlèvement de Rébecca*, tiré d'*Ivanhoé*, les *Adieux de Roméo et de Juliette*, *Marguerite à l'église,* et *un Lion,* à l'aquarelle [2].

Ce qu'il y a d'admirable dans *l'Enlèvement de Rébecca,* c'est une parfaite ordonnance de tons, tons intenses, pressés, serrés et logiques, d'où résulte un aspect saisissant. Dans presque tous les peintres qui ne sont pas coloristes, on remarque toujours des vides, c'est-à-dire de grands trous produits par des tons qui ne sont pas de niveau, pour ainsi

1. Rappelons que Richard Parkes Bonington (1802-1828) avait communiqué aux jeunes artistes des années 1820 le goût de la couleur et de la transparence. Son influence sur Delacroix fut certainement considérable. Il est vrai que le paysage de la décoration du Luxembourg doit beaucoup de sa poésie à la pratique du paysage à l'aquarelle, selon la manière anglaise de Bonington, à laquelle Delacroix s'adonna dans sa jeunesse, et encore dans la suite, avec un étonnant génie de paysagiste. Sur l'influence de Bonington et sur cet aspect de l'œuvre de Delacroix, si justement souligné par Baudelaire, nous nous permettons de renvoyer à notre livre : *Le Paysage anglais à l'aquarelle* (Paris, Bordas, 1955, pp. 330-347).

2. *L'Enlèvement de Rébecca,* première version, 1846, se trouve au Metropolitan Museum de New York ; une seconde version, exécutée en 1858, se trouve au Louvre. *Les Adieux de Roméo et Juliette* appartiennent à une collection particulière. Pour *Marguerite à l'église,* sujet inspiré de *Faust,* cf. le livre de Raymond Escholier *Delacroix,* Paris, 3 vol. 1926-29, vol. II, p. 308. Le *Lion* à l'aquarelle peut être la *Tête de Lion* conservée au cabinet des dessins du Louvre (Escholier, *op. cit.*, II, p. 278). On sait que Delacroix fut un animalier de génie : il multipliait les études de fauves qui devaient aboutir à ces étonnants chefs-d'œuvre que sont les *Chasses au lion* de 1854 (Musée de Bordeaux), de 1855 (Collection particulière) et de 1861 (Art Institute, Chicago).

dire; la peinture de Delacroix est comme la nature, elle a horreur du vide.

Roméo et *Juliette,* — sur le balcon, — dans les froides clartés du matin, se tiennent religieusement embrassés par le milieu du corps. Dans cette étreinte violente de l'adieu, Juliette, les mains posées sur les épaules de son amant, rejette la tête en arrière, comme pour respirer, ou par un mouvement d'orgueil et de passion joyeuse. Cette attitude insolite, — car presque tous les peintres collent les bouches des amoureux l'une contre l'autre, — est néanmoins fort naturelle; — ce mouvement vigoureux de la nuque est particulier aux chiens et aux chats heureux d'être caressés. — Les vapeurs violacées du crépuscule enveloppent cette scène et le paysage romantique qui la complète.

Le succès général qu'obtient ce tableau et la curiosité qu'il inspire prouvent bien ce que j'ai déjà dit ailleurs, — que Delacroix est populaire, quoi qu'en disent les peintres, et qu'il suffira de ne pas éloigner le public de ses œuvres, pour qu'il le soit autant que les peintres inférieurs.

Marguerite à l'église appartient à cette classe déjà nombreuse de charmants tableaux de genre, par lesquels Delacroix semble vouloir expliquer au public ses lithographies si amèrement critiquées [1].

Ce lion peint à l'aquarelle a pour moi un grand mérite, outre la beauté du dessin et de l'attitude : c'est qu'il est fait avec une grande bonhomie. L'aquarelle est réduite à son rôle modeste, et ne veut pas se faire aussi grosse que l'huile.

Il me reste, pour compléter cette analyse, à noter une dernière qualité chez Delacroix, la plus remarquable de toutes, et qui fait de lui le vrai peintre du XIXe siècle : c'est cette mélancolie singulière et opiniâtre qui s'exhale de toutes ses œuvres, et qui s'exprime et par le choix des

---

1. Les lithographies de *Faust* furent publiées pour la première fois en recueil en 1828. Gœthe, qui en avait vu quelques-unes peu auparavant, en parlait avec admiration (cf. les *Conversations avec Eckermann*). Dans la même période, Delacroix avait aussi commencé de traiter le sujet de *Hamlet :* une série de seize lithographies sur ce thème fut exécutée entre 1834 et 1843. Il est vrai que ces lithographies furent, aux yeux de certains, une manière de scandale et qu'elles contribuèrent à alimenter les campagnes hostiles à Delacroix.

sujets, et par l'expression des figures, et par le geste et par le style de la couleur. Delacroix affectionne Dante et Shakspeare, deux autres grands peintres de la douleur humaine; il les connaît à fond, et il sait les traduire librement. En contemplant la série de ses tableaux, on dirait qu'on assiste à la célébration de quelque mystère douloureux : *Dante et Virgile, le Massacre de Scio, le Sardanapale, le Christ aux Oliviers,* le *Saint Sébastien,* la *Médée, les Naufragés,* et l'*Hamlet* si raillé et si peu compris [1]. Dans plusieurs on trouve, par je ne sais quel constant hasard, une figure plus désolée, plus affaissée que les autres, en qui se résument toutes les douleurs environnantes; ainsi la femme agenouillée, à la chevelure pendante, sur le premier plan des *Croisés à Constantinople* [2]; la vieille, si morne et si ridée, dans *le Massacre de Scio.* Cette mélancolie respire jusque dans les *Femmes d'Alger,* son tableau le plus coquet et le plus fleuri. Ce petit poème d'intérieur, plein de repos et de silence, encombré de riches étoffes et de brimborions de toilette, exhale je ne sais quel haut parfum de mauvais lieu qui nous guide assez vite vers les limbes insondés de la tristesse [3]. En général, il ne peint pas de jolies femmes, au point de vue des gens du monde toutefois. Presque toutes sont malades, et resplendissent d'une certaine beauté intérieure. Il n'exprime point la force par la grosseur des muscles,

1. *Dante et Virgile aux Enfers,* Salon de 1822 (Louvre). *Les Massacres de Chio,* Salon de 1824 (Louvre). *La Mort de Sardanapale,* Salon de 1827 (Louvre). *Le Christ au Jardin des Oliviers,* 1841 (Église Saint-Paul-Saint-Louis). *Saint Sébastien*, 1837 (esquisse dans la collection Wildenstein). *Médée,* 1838 (seconde version 1862, musée de Lille). *Le Naufrage de Don Juan,* 1840 (Musée du Louvre. Cf. *Don Juan aux Enfers* dans les *Fleurs du Mal*). *Hamlet, Horatio et le fossoyeur :* probablement ici la version de 1839 (Louvre), autres versions : 1834 et 1859.

2. 1841. Musée du Louvre.

3. 1834. Musée du Louvre. Rappelons que la préférence ici manifestée par Baudelaire pour ce tableau explique qu'il ait voulu en posséder une copie, par son ami Émile Deroy. Il est certainement le plus baudelairien des Delacroix, ne serait-ce que par le climat poétique, que Baudelaire définit si admirablement ici, que ce fragment devient alors un véritable *poème en prose :* en particulier ce *je ne sais quel haut parfum de mauvais lieu qui nous guide assez vite vers les limbes insondés de la tristesse* fait plus que pressentir le ton et la « spiritualité » du *Spleen de Paris.* Nouvelle occasion de souligner combien, en Baudelaire, le « critique » est frère du « poète ».

B.N. Estampes Cl. B.N.

« *la tension des nerfs* »
Hamlet et sa mère
Lithographie de Delacroix

mais par la tension des nerfs. C'est non seulement la douleur qu'il sait le mieux exprimer, mais surtout, — prodigieux mystère de sa peinture, — la douleur morale! Cette haute et sérieuse mélancolie brille d'un éclat morne, même dans sa couleur, large, simple, abondante en masses harmoniques, comme celle de tous les grands coloristes, mais plaintive et profonde comme une mélodie de Weber [1].

Chacun des anciens maîtres a son royaume, son apanage, — qu'il est souvent contraint de partager avec des rivaux illustres. Raphaël a la forme, Rubens et Véronèse la couleur, Rubens et Michel-Ange l'imagination du dessin. Une portion de l'empire restait, où Rembrandt seul avait fait quelques excursions, — le drame, — le drame naturel et vivant, le drame terrible et mélancolique, exprimé souvent par la couleur, mais toujours par le geste.

En fait de gestes sublimes, Delacroix n'a de rivaux qu'en dehors de son art. Je ne connais guère que Frédérick Lemaître et Macready [2].

---

1. La même évocation musicale se rencontre dans la strophe des *Phares* consacrée à Delacroix. Weber était l'un des plus « poétiques » parmi les musiciens romantiques, et ses mélodies étaient le symbole d'une mélancolie *plaintive et profonde ;* cf. G. de Nerval, *Fantaisie : Tout Rossini, tout Mozart et tout Weber...*

2. Frédérick-Lemaître (1800-1876) le grand acteur romantique (on sait combien Baudelaire s'est intéressé, et tout ce que son esthétique doit, à sa méditation sur l'art du comédien ; cf. son article sur Philibert Rouvière), qui avait commencé de s'illustrer dans le rôle de Robert Macaire de l'*Auberge des Adrets* (1823) et qui fut en 1839 le créateur de *Ruy Blas*. D'autre part, la mode shakespearienne s'était accompagnée de la découverte, par les romantiques français, des grands acteurs anglais : d'où la mention ici de William Charles Macready (1793-1873), avec Edmund Kean, le grand représentant du théâtre britannique. Il avait conquis le public parisien en 1828, alors qu'évidemment Baudelaire n'avait pu le voir ; mais s'il est ici cité, c'est sans doute que l'auteur le connaît autrement que de réputation, car Macready se produisit à nouveau à Paris en 1844. Et son succès était, au moment où écrit Baudelaire, un événement encore récent de l'actualité littéraire. Ajoutons que la comparaison de Delacroix avec le jeu de ces deux grands acteurs est particulièrement intéressante : elle manifeste avec raison combien le génie du peintre est *dramatique,* au sens, non pas figuré, mais propre, du terme, et combien dans son œuvre est en effet primordial le rôle du *geste*. Les études et esquisses de Delacroix — et cela dès le moment de la *Barque du Dante* en 1822 — confirment

C'est à cause de cette qualité toute moderne et toute nouvelle que Delacroix est la dernière expression du progrès dans l'art [1]. Héritier de la grande tradition, c'est-à-dire de l'ampleur, de la noblesse et de la pompe dans la composition, et digne successeur des vieux maîtres, il a de plus qu'eux la maîtrise de la douleur, la passion, le geste! C'est vraiment là ce qui fait l'importance de sa grandeur. — En effet, supposez que le bagage d'un des vieux illustres se perde, il aura presque toujours son analogue qui pourra l'expliquer et le faire deviner à la pensée de l'historien. Otez Delacroix, la grande chaîne de l'histoire est rompue et s'écroule à terre.

Dans un article qui a plutôt l'air d'une prophétie que d'une critique, à quoi bon relever des fautes de détail et des taches microscopiques? L'ensemble est si beau, que je n'en ai pas le courage. D'ailleurs la chose est si facile, et tant d'autres l'ont faite! — N'est-il pas plus nouveau de voir les gens par leur beau côté [2]? Les défauts de M. Delacroix sont parfois si visibles qu'ils sautent à l'œil le moins exercé. On peut ouvrir au hasard la première feuille venue, où pendant longtemps l'on s'est obstiné, à l'inverse de mon système, à ne pas voir les qualités radieuses qui constituent son originalité. On sait que les grands génies ne se trompent jamais à demi, et qu'ils ont le privilège de l'énormité dans tous les sens.

Parmi les élèves de Delacroix, quelques-uns se sont heureusement approprié ce qui peut se prendre de son talent, c'est-à-dire quelques parties de sa méthode, et se sont déjà fait une certaine réputation. Cependant leur couleur a, en général, ce défaut qu'elle ne vise guère qu'au pittoresque

---

pleinement l'analyse de Baudelaire. Il n'est pas jusqu'à l'unité dramatique de la couleur et du geste, ici soulignée, qui ne soit aussi un des principaux traits distinctifs de l'art de Delacroix.

1. *Le dernier des grands renaissants et le premier des grands modernes* (Bernard Dorival : *La Peinture française*, Paris, Larousse, p. 162).

2. C'est le principe, si cher à Baudelaire, de la *critique d'admiration,* seul compatible d'ailleurs avec la définition de la critique donnée au début de ce même *Salon* (p. 101.)

Musée Fabre, Montpellier

« *cette haute et sérieuse mélancolie* »
Portrait de Bruyas par E. Delacroix

et à l'effet [1]; l'idéal n'est point leur domaine, bien qu'ils se passent volontiers de la nature, sans en avoir acquis le droit par les études courageuses du maître.

On a remarqué cette année l'absence de M. PLANET, dont la *Sainte Thérèse* avait au dernier Salon attiré les yeux des connaisseurs, — et de M. RIESENER, qui a souvent fait des tableaux d'une large couleur, et dont on peut voir avec plaisir quelques bons plafonds à la Chambre des pairs, malgré le voisinage terrible de Delacroix [2].

M. LÉGER CHÉRELLE a envoyé *le Martyre de sainte Irène*. Le tableau est composé d'une seule figure et d'une pique qui est d'un effet assez désagréable. Du reste, la couleur et le modelé du torse sont généralement bons. Mais il me semble que M. Léger Chérelle a déjà montré au public ce tableau avec de légères variantes [3].

Ce qu'il y a d'assez singulier dans *la Mort de Cléopâtre*, par M. LASSALE-BORDES [4], c'est qu'on n'y trouve pas une

1. Le *pittoresque* et l'*effet,* fondés sur une utilisation simplement sensorielle ou anecdotique, et non symbolique ou dramatique, de la couleur, sont bien finalement les valeurs limitées, par lesquelles se sont laissés séduire la plupart des artistes romantiques, ce pourquoi ils n'ont pu être que des « petits-maîtres ». Baudelaire est capable, comme on l'a déjà vu par certains articles de 1845, d'apprécier le charme de cet art, lorsqu'il est manié par des artistes comme Bonington ou Decamps. Mais, une fois encore, la cohérence intellectuelle de son esthétique (qui fait toute son originalité par rapport à un Théophile Gautier par exemple) le garantit contre toute confusion, en le maintenant parfaitement conscient des hiérarchies essentielles, et Delacroix ne saurait, non plus que Daumier, Corot ou Rousseau, être confondu dans le même univers que Bonington ou Decamps. Il n'en est pas moins remarquable que Baudelaire ait senti combien, techniquement, l'art des meilleurs parmi les petits-maîtres était redevable à l'influence du Maître.

2. Sur Planet et Riesener cf. *Salon de 1845* pp. 34 et 43.

3. Léger-Chérelle (né en 1816) était un autre élève de Delacroix.

4. Cette *Mort de Cléopâtre*, qu'on peut voir au musée d'Autun, est un pastiche de Delacroix, mais qui, comme le note Baudelaire, ne manque ni d'audace ni de puissance. Lassale-Bordes (1814-1868) fut, avec Riesener et Planet, l'un des collaborateurs-exécutants de Delacroix pour les décorations du Palais-Bourbon et du Luxembourg, ce qui prouve qu'il bénéficiait de l'estime du maître.

préoccupation unique de la couleur, et c'est peut-être un mérite. Les tons sont, pour ainsi dire, équivoques, et cette amertume n'est pas dénuée de charmes.

Cléopâtre expire sur son trône, et l'envoyé d'Octave se penche pour la contempler. Une de ses servantes vient de mourir à ses pieds. La composition ne manque pas de majesté, et la peinture est accomplie avec une bonhomie assez audacieuse; la tête de Cléopâtre est belle, et l'ajustement vert et rose de la négresse tranche heureusement avec la couleur de sa peau. Il y a certainement dans cette grande toile menée à bonne fin, sans souci aucun d'imitation, quelque chose qui plaît et attire le flâneur désintéressé.

V. — DES SUJETS AMOUREUX ET DE M. TASSAERT[1]

Vous est-il arrivé, comme à moi, de tomber dans de grandes mélancolies, après avoir passé de longues heures à feuilleter des estampes libertines? Vous êtes-vous demandé la raison du charme qu'on trouve parfois à fouiller ces annales de la luxure, enfouies dans les bibliothèques ou perdues dans les cartons des marchands, et parfois aussi de la mauvaise humeur qu'elles vous donnent? Plaisir et douleur mêlés, amertume dont la lèvre a toujours soif! — Le plaisir est de voir représenté sous toutes ses formes le sentiment le plus important de la nature, — et la colère, de le trouver souvent si mal imité ou si sottement calomnié. Soit dans les interminables soirées d'hiver au coin du feu, soit dans les lourds loisirs de la canicule, au coin des boutiques de vitrier, la vue de ces dessins m'a mis sur des pentes de rêverie immenses, à peu près comme un livre obscène nous précipite vers les océans mystiques du bleu. Bien des fois je me suis pris à désirer, devant ces innombrables échantillons du sentiment de chacun, que le poète, le curieux, le philosophe, pussent se donner la jouissance d'un musée de l'amour, où tout aurait sa place, depuis la tendresse inappliquée de sainte Thérèse jusqu'aux débauches sérieuses des siècles ennuyés. Sans doute la distance est

1. Cf. p. 51.

immense qui sépare *le Départ pour l'île de Cythère* des misérables coloriages suspendus dans les chambres des filles, au-dessus d'un pot fêlé et d'une console branlante [1]; mais dans un sujet aussi important rien n'est à négliger. Et puis le génie sanctifie toutes choses, et si ces sujets étaient traités avec le soin et le recueillement nécessaires, ils ne seraient point souillés par cette obscénité révoltante, qui est plutôt une fanfaronnade qu'une vérité.

Que le moraliste ne s'effraye pas trop; je saurai garder les justes mesures, et mon rêve d'ailleurs se bornait à désirer ce poème immense de l'amour crayonné par les mains les plus pures, par Ingres, par Watteau, par Rubens, par Delacroix! Les folâtres et élégantes princesses de Watteau, à côté des Vénus sérieuses et reposées de M. Ingres; les splendides blancheurs de Rubens et de Jordaens, et les mornes beautés de Delacroix, telles qu'on peut se les figurer : de grandes femmes pâles, noyées dans le satin [2]!

Ainsi pour rassurer complètement la chasteté effarouchée du lecteur, je dirai que je rangerais dans les sujets amoureux, non seulement tous les tableaux qui traitent spécialement de l'amour, mais encore tout tableau qui respire l'amour, fût-ce un portrait [3].

Dans cette immense exposition, je me figure la beauté et l'amour de tous les climats exprimés par les premiers artistes [4], depuis les folles, évaporées et merveilleuses créatures que nous a laissées Watteau fils dans ses gravures de mode, jusqu'à ces Vénus de Rembrandt qui se font

1. Cf. *Petits poèmes en prose,* V, *La Chambre double* (éd. Garnier, p. 25) : *Sur les murs, nulle abomination artistique.*

2. On m'a dit que Delacroix avait fait autrefois pour son *Sardanapale* une foule d'études merveilleuses de femmes, dans les attitudes les plus voluptueuses. *(Note de Baudelaire.)* Ces études sont conservées au cabinet des dessins du musée du Louvre.

3. Deux tableaux essentiellement amoureux, et admirables du reste, composés dans ce temps-ci, sont la *grande Odalisque* et la *petite Odalisque* de M. Ingres. *(Note de Baudelaire.)* La *grande Odalisque* est au Louvre ; la *petite Odalisque* est probablement l'*Odalisque à l'esclave*, du Fogg Art Museum, Cambridge, Mass. (1839).

4. Où l'on retrouve la racine profonde de l'exotisme baudelairien et des rêves que chantent les *Fleurs du Mal* et les *Petits Poèmes.* La galerie idéale de Baudelaire fait songer à ce que serait par exemple le rapprochement de Watteau et de Gauguin.

faire les ongles, comme de simples mortelles, et peigner avec un gros peigne de buis.

Les sujets de cette nature sont chose si importante, qu'il n'est point d'artiste, petit ou grand, qui ne s'y soit appliqué, secrètement ou publiquement, depuis Jules Romain jusqu'à Devéria et Gavarni [1].

Leur grand défaut, en général, est de manquer de naïveté et de sincérité. Je me rappelle pourtant une lithographie qui exprime, — sans trop de délicatesse malheureusement, — une des grandes vérités de l'amour libertin [2]. Un jeune homme déguisé en femme et sa maîtresse habillée en homme sont assis à côté l'un de l'autre, sur un *sopha*, — le sopha que vous savez, le sopha de l'hôtel garni et du cabinet particulier. La jeune femme veut relever les jupes de son amant [3]. — Cette page luxurieuse serait, dans le musée idéal dont je parlais, compensée par bien d'autres où l'amour n'apparaîtrait que sous sa forme la plus délicate.

Ces réflexions me sont revenues à propos de deux tableaux de M. TASSAERT, *Érigone* et *le Marchand d'esclaves*.

M. Tassaert, dont j'ai eu le tort grave de ne pas assez parler l'an passé, est un peintre du plus grand mérite, et dont le talent s'appliquerait le plus heureusement aux sujets amoureux.

---

1. Sur Devéria, cf. *Salon de 1845*, p. 24. Quant à Sulpice-Guillaume Chevallier, dit Gavarni (1804-1866), que Baudelaire a déjà cité, p. 100, son œuvre est suffisamment célèbre. Baudelaire y reviendra pour y voir *le poète du dandysme* (p. 197. Cf. aussi pp. 284, sqq.). Gavarni commença à pratiquer la lithographie, sur toutes sortes de sujets, à partir de 1824. Après 1830, il collabore à divers organes, dont le *Charivari*. Le total de son œuvre atteint environ huit mille pièces, dont les plus populaires furent celles de la série *Masques et visages*, parue dans le journal *Paris* en 1852. En 1846, il était déjà à l'apogée de son talent.

2. Lithographie de Tassaert, dans la série *Les Amants et les Époux*. Légende : *Ne fais donc pas la cruelle !*

3. Sedebant in fornicibus pueri puellæve sub titulis et lychnis, illi femineo compti mundo sub stola, hæ parum comptæ sub puerorum veste, ore ad puerilem formam composito. Alter veniebat sexus sub altero sexu. *Corruperat omnis caro viam suam*. — Meursius. *(Note de Baudelaire.)* Meursius : Johannes van Meurs (1579-1639), érudit et humaniste dont le nom servit de masque à Nicolas Chorier (1612-1692), véritable auteur de l'œuvre d'où est extraite la citation de Baudelaire *(Aloisiae Sigaeae, Toletana, satyrae soladica de arcanis Amoris et Veneris)*.

Érigone est à moitié couchée sur un tertre ombragé de vignes, — dans une pose provocante, une jambe presque repliée, l'autre tendue et le corps chassé en avant; le dessin est fin, les lignes onduleuses et combinées d'une manière savante. Je reprocherai cependant à M. Tassaert, qui est coloriste, d'avoir peint ce torse avec un ton trop uniforme.

L'autre tableau représente un marché de femmes qui attendent des acheteurs. Ce sont de vraies femmes, des femmes civilisées, aux pieds rougis par la chaussure, un peu communes, un peu trop roses, qu'un Turc bête et sensuel va acheter pour des beautés superfines. Celle qui est vue de dos, et dont les fesses sont enveloppées dans une gaze transparente, a encore sur la tête un bonnet de modiste, un bonnet acheté rue Vivienne ou au Temple. La pauvre fille a sans doute été enlevée par les pirates.

La couleur de ce tableau est extrêmement remarquable par la finesse et par la transparence de tons. On dirait que M. Tassaert s'est préoccupé de la manière de Delacroix; néanmoins il a su garder une couleur originale.

C'est un artiste éminent que les flâneurs seuls apprécient et que le public ne connaît pas assez; son talent a toujours été grandissant, et quand on songe d'où il est parti et où il est arrivé, il y a lieu d'attendre de lui de ravissantes compositions.

VI. — DE QUELQUES COLORISTES

Il y a au Salon deux curiosités assez importantes : ce sont les portraits de *Petit Loup* et de *Graisse du dos de buffle*, peints par M. CATLIN, le cornac des sauvages[1]. Quand M. Catlin vint à Paris, avec ses Ioways et son musée, le bruit se répandit que c'était un brave homme qui ne savait ni peindre ni dessiner, et que s'il avait fait quelques ébauches passables, c'était grâce à son courage et à sa patience. Était-ce ruse innocente de M. Catlin ou bêtise des journalistes ? — Il est aujourd'hui avéré que M. Catlin sait fort bien peindre et fort bien dessiner. Ces deux portraits suffi-

1. Cf. p. 108

raient pour me le prouver, si ma mémoire ne me rappelait beaucoup d'autres morceaux également beaux. Ses ciels surtout m'avaient frappé à cause de leur transparence et de leur légèreté [1].

M. Catlin a supérieurement rendu le caractère fier et libre, et l'expression noble de ces braves gens; la construction de leur tête est parfaitement bien comprise. Par leurs belles attitudes et l'aisance de leurs mouvements, ces sauvages font comprendre la sculpture antique. Quant à la couleur, elle a quelque chose de mystérieux qui me plaît plus que je ne saurais dire. Le rouge, la couleur du sang, la couleur de la vie, abondait tellement dans ce sombre musée, que c'était une ivresse; quant aux paysages, — montagnes boisées, savanes immenses, rivières désertes, — ils étaient monotonement, éternellement verts; le rouge, cette couleur si obscure, si épaisse, plus difficile à pénétrer que les yeux d'un serpent, — le vert, cette couleur calme et gaie et souriante de la nature, je les retrouve chantant leur antithèse mélodique jusque sur le visage de ces deux héros [2]. — Ce qu'il y a de certain, c'est que tous leurs tatouages et coloriages étaient faits selon les gammes naturelles et harmoniques.

---

1. Baudelaire paysagiste sera toujours séduit par la transparence et la légèreté des ciels de peintres, ce pourquoi il admire Bonington (cf. p. 126) et sera un des premiers à reconnaître l'importance du préimpressionniste Boudin (cf. *Salon de 1859*, pp. 377-378 et *Petits poèmes en prose,* I, *L'Étranger,* éd. Garnier, pp. 11-13). La raison en est que ces ciels sont, aux yeux de Baudelaire, une expression exemplaire de l'art conçu comme *magie suggestive*. Cf. un passage capital, à cet égard, de ce même *Salon de 1846* (p. 184) : *Qu'on se rappelle quelques paysages de Rubens et de Rembrandt, qu'on y mêle quelques souvenirs de peinture anglaise, et qu'on suppose, dominant et réglant tout cela, un amour profond et sérieux de la nature, on pourra peut-être se faire une idée de la* magie *de ses tableaux*. Il s'agit de Théodore Rousseau, qualifié par Baudelaire de *paysagiste du Nord :* or, selon Baudelaire lui-même (*supra,* p. 104), le *Nord est coloriste,* et Catlin avait, en ce qui concerne le Paysage, subi l'influence anglaise, tandis que Boudin était Normand, Normand de Honfleur où Baudelaire séjourna souvent dans la villa de sa mère (par ex. le fragment 92 de *Mon Cœur mis à nu* comporte la mention : *à Honfleur*.)

2. Ainsi le colorisme de Catlin rejoint celui de Delacroix, dans le symbolisme, cher à Baudelaire, de l'*antithèse mélodique* du vert et du rouge (cf. la strophe des *Phares* et son commentaire à la fin de l'article sur l'Exposition de 1855, p. 238.)

Je crois que ce qui a induit en erreur le public et les journalistes à l'endroit de M. Catlin, c'est qu'il ne fait pas de peinture *crâne,* à laquelle tous nos jeunes gens les ont si bien accoutumés, que c'est maintenant la peinture *classique.*

L'an passé, j'ai déjà protesté contre le *De profundis* unanime, contre la conspiration des ingrats, à propos de MM. Devéria [1]. Cette année-ci m'a donné raison. Bien des réputations précoces qui leur ont été substituées ne valent pas encore la leur. M. Achille Devéria surtout s'est fait remarquer au Salon de 1846 par un tableau, *le Repos de la sainte Famille,* qui non seulement conserve toute la grâce particulière à ces charmants et fraternels génies, mais encore rappelle les sérieuses qualités des anciennes écoles ; — des écoles secondaires peut-être, qui ne l'emportent précisément ni par le dessin ni par la couleur, mais que l'ordonnance et la belle tradition placent néanmoins bien au-dessus des dévergondages propres aux époques de transition. Dans la grande bataille romantique, MM. Devéria firent partie du bataillon sacré des coloristes; leur place était donc marquée ici. — Le tableau de M. Achille Devéria, dont la composition est excellente, frappe en outre l'esprit par un aspect doux et harmonieux.

M. Boissard, dont les débuts furent brillants aussi et pleins de promesses, est un de ces esprits excellents nourris des anciens maîtres; sa *Madeleine au désert* est une peinture d'une bonne et saine couleur, — sauf les tons des chairs un peu tristes. La pose est heureusement trouvée [2].

Dans cet interminable Salon, où plus que jamais les différences sont effacées, où chacun dessine et peint un peu, mais pas assez pour mériter même d'être classé, — c'est une grande joie de rencontrer un franc et vrai peintre, comme M. Debon [3]. Peut-être son *Concert dans l'atelier*

1. *Salon de 1845*, pp. 24-25.

2. Sur Boissard et ses liens avec Baudelaire cf. p. 27.

3. Cf. p. 29, Debon exposait aussi un tableau historique : *Henry VIII et François Ier,* sujet encore tout à fait dans la manière de Bonington ; Cf. deux tableaux de ce dernier à la collection Wallace : *Henri III et l'ambassadeur d'Angleterre* (1828) et *Henri IV et l'ambassadeur d'Espagne* (Salon de 1827).

est-il un tableau un peu trop *artistique*, Valentin, Jordaens et quelques autres y faisant leur partie; mais au moins c'est de la belle et bien portante peinture, et qui indique dans l'auteur un homme parfaitement sûr de lui-même.

M. DUVEAU a fait *le Lendemain d'une tempête*. J'ignore s'il peut devenir un franc coloriste, mais quelques parties de son tableau le font espérer. — Au premier aspect, l'on cherche dans sa mémoire quelle scène historique il peut représenter. En effet, il n'y a guère que les Anglais qui osent donner de si vastes proportions au tableau de genre [1]. — Du reste, il est bien ordonné, et paraît généralement bien dessiné. — Le ton un peu trop uniforme, qui choque d'abord l'œil, est sans doute un effet de la nature, dont toutes les parties paraissent singulièrement crues, après qu'elles ont été lavées par les pluies.

La Charité de M. LAEMLEIN [2] est une charmante femme qui tient par la main, et porte suspendus à son sein, des marmots de tous les climats, blancs, jaunes, noirs, etc... Certainement, M. Laemlein a le sentiment de la bonne couleur; mais il y a dans ce tableau un grand défaut, c'est que le petit Chinois est si joli, et sa robe d'un effet si agréable qu'il occupe presque uniquement l'œil du spectateur. Ce petit mandarin trotte toujours dans la mémoire, et fera oublier le reste à beaucoup de gens.

M. DECAMPS est un de ceux qui, depuis de nombreuses années, ont occupé despotiquement la curiosité du public, et rien n'était plus légitime [3].

Cet artiste, doué d'une merveilleuse faculté d'analyse, arrivait souvent, par une heureuse concurrence de petits moyens, à des résultats d'un effet puissant. — S'il esquivait

1. En effet les Anglais avaient, dès le Salon de 1824, mis à la mode, dans le genre de la marine, les sujets de tempête, avec lesquels, dans les années où écrivait Baudelaire, Turner exécutait quelques-uns de ses chefs-d'œuvre. En France, Eugène Isabey, après Bonington, en avait donné quelques heureux exemples.

2. Alexandre Laemlein (1813-1871), représentant du pittoresque sentimental, alors très à la mode.

3. Cf. *Salon de* 1845, p. 19. Decamps exposait en 1846 quatre envois : l'un, *Souvenir de la Turquie d'Asie* est au musée Condé, Chantilly, les trois autres, dont *Paysage turc,* sont au Fodor Museum d'Amsterdam.

Musée Condé, Chantilly

Photo Giraudon

« par une heureuse concurrence de petits moyens,
à des résultats d'un effet puissant. »
Enfants turcs, près d'une fontaine,
par A. Decamps

trop le détail de la ligne, et se contentait souvent du mouvement ou du contour général, si parfois ce dessin frisait le chic, — le goût minutieux de la nature, étudiée surtout dans ses effets lumineux, l'avait toujours sauvé et maintenu dans une région supérieure.

Si M. Decamps n'était pas précisément un dessinateur, dans le sens du mot généralement accepté, néanmoins il l'était à sa manière et d'une façon particulière. Personne n'a vu de grandes figures dessinées par lui; mais certainement le dessin, c'est-à-dire la tournure de ses petits bonshommes, était accusé et trouvé avec une hardiesse et un bonheur remarquables. Le caractère et les habitudes de leurs corps étaient toujours visibles; car M. Decamps sait faire comprendre un personnage avec quelques lignes. Ses croquis étaient amusants et profondément plaisants. C'était un dessin d'homme d'esprit, presque de caricaturiste; car il possédait je ne sais quelle bonne humeur ou fantaisie moqueuse, qui s'attaquait parfaitement aux ironies de la nature : aussi ses personnages étaient-ils toujours posés, drapés ou habillés selon la vérité et les convenances et coutumes éternelles de leur individu. Seulement il y avait dans ce dessin une certaine immobilité, mais qui n'était pas déplaisante et complétait son orientalisme. Il prenait d'habitude ses modèles au repos, et quand ils couraient ils ressemblaient souvent à des ombres suspendues ou à des silhouettes arrêtées subitement dans leur course; ils couraient comme dans un bas-relief. — Mais la couleur était son beau côté, sa grande et unique affaire. Sans doute M. Delacroix est un grand coloriste, mais non pas enragé. Il a bien d'autres préoccupations, et la dimension de ses toiles le veut; pour M. Decamps, la couleur était la grande chose, c'était pour ainsi dire sa pensée favorite. Sa couleur splendide et rayonnante avait de plus un style très particulier. Elle était, pour me servir de mots empruntés à l'ordre moral, sanguinaire [1] et mordante. Les mets les plus appétissants, les drôleries cuisinées avec le plus de réflexion, les produits culinaires le plus âprement assaisonnés avaient

1. Adjectif qui rappelle le *lac de sang* des *Phares,* à propos de Delacroix. Mais il est clair que l'adjectif doit être entendu ici dans un sens *pittoresque,* et non *surnaturaliste.* Car c'est bien toute la différence entre Decamps et Delacroix.

moins de ragoût et de montant, exhalaient moins de volupté sauvage pour le nez et le palais d'un gourmand, que les tableaux de M. Decamps pour un amateur de peinture. L'étrangeté de leur aspect vous arrêtait, vous enchaînait et vous inspirait une invincible curiosité. Cela tenait peut-être aux procédés singuliers et minutieux dont use souvent l'artiste, qui élucubre, dit-on, sa peinture avec la volonté infatigable d'un alchimiste. L'impression qu'elle produisait alors sur l'âme du spectateur était si soudaine et si nouvelle, qu'il était difficile de se figurer de qui elle est fille, quel avait été le parrain de ce singulier artiste, et de quel atelier était sorti ce talent solitaire et original. — Certes, dans cent ans, les historiens auront du mal à découvrir le maître de M. Decamps [1]. — Tantôt il relevait des anciens maître les plus hardiment colorés de l'École flamande; mais il avait plus de style qu'eux et il groupait ses figures avec plus d'harmonie; tantôt la pompe et la trivialité de Rembrandt le préoccupaient vivement; d'autres fois on retrouvait dans ses ciels un souvenir amoureux des ciels du Lorrain. Car M. Decamps était paysagiste aussi, et paysagiste du plus grand mérite : ses paysages et ses figures ne faisaient qu'un et se servaient réciproquement. Les uns n'avaient pas plus d'importance que les autres, et rien chez lui n'était accessoire; tant chaque partie de la toile était travaillée avec curiosité, tant chaque détail était destiné à concourir à l'effet de l'ensemble! — Rien n'était inutile, ni le rat qui traversait un bassin à la nage dans je ne sais quel tableau turc, plein de paresse et de fatalisme, ni les oiseaux de proie qui planaient dans le fond de ce chef-d'œuvre intitulé : *le Supplice des crochets* [2].

Le soleil et la lumière jouaient alors un grand rôle dans la peinture de M. Decamps. Nul n'étudiait avec autant de soin les effets de l'atmosphère. Les jeux les plus bizarres et les plus invraisemblables de l'ombre et de la lumière lui plaisaient avant tout. Dans un tableau de M. Decamps, le soleil brûlait véritablement les murs blancs et les sables crayeux; tous les objets colorés avaient une transparence

1. Un *historien* de *cent ans* après écrit de Decamps qu'il *abuse des harmonies apprises des Anglo-Hollandais* (B. Dorival, *op. cit.* p. 152), ce qui confirme, pour l'essentiel, ce qu'en dit ici Baudelaire.

2. Londres, collection Wallace.

vive et animée [a]. Les eaux étaient d'une profondeur inouïe; les grandes ombres qui coupent les pans des maisons et dorment étirées sur le sol ou sur l'eau avaient une indolence et un farniente d'ombres indéfinissables. Au milieu de cette nature saisissante, s'agitaient ou rêvaient de petites gens, tout un petit monde avec sa vérité native et comique.

Les tableaux de M. Decamps étaient donc pleins de poésie, et souvent de rêverie; mais là où d'autres, comme Delacroix, arriveraient par un grand dessin, un choix de modèle original ou une large et facile couleur, M. Decamps arrivait par l'intimité du détail. Le seul reproche, en effet, qu'on lui pouvait faire, était de trop s'occuper de l'exécution matérielle des objets; ses maisons étaient en vrai plâtre, en vrai bois, ses murs en vrai mortier de chaux; et devant ces chefs-d'œuvre l'esprit était souvent attristé par l'idée douloureuse du temps et de la peine consacrés à les faire. Combien n'eussent-ils pas été plus beaux, exécutés avec plus de bonhomie!

L'an passé, quand M. Decamps, armé d'un crayon, voulut lutter avec Raphaël et Poussin, — les flâneurs enthousiastes de la plaine et de la montagne, ceux-là qui ont un cœur grand comme le monde, mais qui ne veulent pas pendre les citrouilles aux branches des chênes, et qui adoraient tous M. Decamps comme un des produits les plus curieux de la création, se dirent entre eux : « Si Raphaël empêche Decamps de dormir, adieu nos Decamps! Qui les fera désormais? — Hélas! MM. GUIGNET et CHACATON [1]. »

Et cependant M. Decamps a reparu cette année avec des choses turques, des paysages, des tableaux de genre et un *Effet de pluie;* mais il a fallu les chercher : ils ne sautaient plus aux yeux.

M. Decamps, qui sait si bien faire le soleil, n'a pas su faire la pluie; puis il a fait nager des canards dans de la pierre, etc. *L'École turque,* néanmoins, ressemble à ses bons tableaux; ce sont bien là ces beaux enfants que nous connaissons, et cette atmosphère lumineuse et poussiéreuse d'une chambre où le soleil veut entrer tout entier.

Il me paraît si facile de nous consoler avec les magnifiques Decamps qui ornent les galeries que je ne veux

1. Cf. *Salon de 1845,* pp. 20, 56 et 65.

pas analyser les défauts de ceux-ci. Ce serait une besogne puérile, que tout le monde fera du reste très bien.

Parmi les tableaux de M. PENGUILLY-L'HARIDON [1], qui sont tous d'une bonne facture, — petits tableaux largement peints, et néanmoins avec finesse, — un surtout se fait voir et attire les yeux : *Pierrot présente à l'assemblée ses compagnons Arlequin et Polichinelle.*

Pierrot, un œil ouvert et l'autre fermé, avec cet air matois qui est de tradition, montre au public Arlequin qui s'avance en faisant les ronds de bras obligés, une jambe crânement posée en avant. Polichinelle le suit, — tête un peu avinée, œil plein de fatuité, pauvres petites jambes dans de grands sabots. Une figure ridicule, grand nez, grandes lunettes, grandes moustaches en croc, apparaît entre deux rideaux. — Tout cela est d'une jolie couleur, fine et simple, et ces trois personnages se détachent parfaitement sur un fond gris. Ce qu'il y a de saisissant dans ce tableau vient moins encore de l'aspect que de la composition, qui est d'une simplicité excessive [2]. — Le Polichinelle, qui est essentiellement comique, rappelle celui du *Charivari* anglais [3], qui pose l'index sur le bout de son nez, pour exprimer combien il en est fier ou combien il en est gêné. Je reprocherai à M. Penguilly de n'avoir pas pris le type de Deburau, qui est le vrai pierrot actuel, le pierrot de l'histoire moderne, et qui doit avoir sa place dans tous les tableaux de parade [4].

---

1. Ce peintre (1811-1870) se rattache à l'École de Metz, qui, généralement, ne recueille guère les sympathies de Baudelaire (cf. *Salon de* 1845, p. 73). Nous savons que, malgré cette circonstance, Baudelaire avait un moment songé à lui pour l'illustration des *Fleurs du Mal.*

2. Le tableau de Penguilly-L'Haridon figurait, sous le n° 59, à la vente Moreau-Nélaton, le 11 mai 1900 ; depuis, il a été perdu de vue.

3. Il s'agit du célèbre *Punch,* qui conserva pendant quelque temps le sous-titre : *London Charivari.*

4. Pierrot et Arlequin ont toujours fasciné Baudelaire ; c'est une arlequinade anglaise qui lui inspirera sa théorie du comique absolu (que sans doute il regrette de ne pas trouver ici). Cf. *De l'Essence du rire,* pp. 241 sqq. Quant à la vogue du *pierrot de l'histoire moderne,* Deburau, qui mourut en 1846, cf. p. 258. Cf. aussi l'article de Théophile Gautier, *Shakespeare aux Funambules (L'Art moderne,* Paris, Michel Lévy, 1856, pp. 167 sqq.). Enfin le personnage a été ressuscité par Marcel Carné dans son film *Les Enfants de Paradis*, où il est interprété par Jean-Louis Barrault.

Voici maintenant une autre fantaisie beaucoup moins habile et moins savante, et qui est d'autant plus belle qu'elle est peut-être involontaire : *la Rixe des mendiants,* par M. MANZONI [1]. Je n'ai jamais rien vu d'aussi poétiquement brutal, même dans les orgies les plus flamandes. — Voici en six points les différentes impressions du passant devant ce tableau : 1° vive curiosité; 2° quelle horreur! 3° c'est mal peint, mais c'est une composition singulière et qui ne manque pas de charme; 4° ce n'est pas aussi mal peint qu'on le croirait d'abord; 5° revoyons donc ce tableau; 6° souvenir durable.

Il y a là dedans une férocité et une brutalité de manière assez bien appropriées au sujet, et qui rappellent les violentes ébauches de Goya. — Ce sont bien du reste les faces les plus patibulaires qui se puissent voir; c'est un mélange singulier de chapeaux défoncés, de jambes de bois, de verres cassés, de buveurs vaincus; la luxure, la férocité et l'ivrognerie agitant leurs haillons.

La beauté rougeaude qui allume les désirs de ces messieurs est d'une *bonne touche,* et bien faite pour plaire aux connaisseurs. J'ai rarement vu quelque chose d'aussi comique que ce malheureux collé sur le mur, et que son voisin a victorieusement cloué avec une fourche.

Quant au second tableau, *l'Assassinat nocturne,* il est d'un aspect moins étrange. La couleur en est terne et vulgaire, et le fantastique ne gît que dans la manière dont la scène est représentée. Un mendiant tient un couteau levé sur un malheureux qu'on fouille et qui se meurt de peur. Ces demi-masques blancs, qui consistent en des nez gigantesques, sont fort drôles, et donnent à cette scène d'épouvante un cachet des plus singuliers.

M. VILLA-AMIL [2] a peint *la Salle du trône* à Madrid. On dirait au premier abord que c'est fait avec une grande bonhomie; mais en regardant plus attentivement, on reconnaît une grande habileté dans l'ordonnance et la couleur générale de cette peinture décorative. C'est d'un

---

1. Ignacio Manzoni, un des nombreux représentants de la peinture fantastique (1799-1880). Peintre d'origine italienne.

2. 1807-1854. Peintre d'origine espagnole.

ton moins fin peut-être, mais d'une couleur plus ferme que les tableaux du même genre qu'affectionne M. ROBERTS [1]. Il y a cependant ce défaut que le plafond a moins l'air d'un plafond que d'un ciel véritable.

MM. WATTIER et PERÈSE [2] traitent d'habitude des sujets presque semblables, de belles dames en costumes anciens dans des parcs, sous de vieux ombrages; mais M. Perèse a cela pour lui qu'il peint avec beaucoup plus de bonhomie, et que son nom ne lui commande pas la singerie de Watteau. Malgré la finesse étudiée des figures de M. Wattier, M. Perèse lui est supérieur par l'invention. Il y a du reste entre leurs compositions la même différence qu'entre la galanterie sucrée du temps de Louis XV et la galanterie loyale du siècle de Louis XIII.

L'école Couture [3], — puisqu'il faut l'appeler par son nom, — a beaucoup trop donné cette année.

M. DIAZ DE LA PEÑA, qui est en petit l'expression hyperbolique de cette petite école, part de ce principe qu'une palette est un tableau. Quant à l'harmonie générale, M. Diaz pense qu'on la rencontre toujours. Pour le dessin, — le dessin du mouvement, le dessin des coloristes, — il n'en est pas question; les membres de toutes ces petites figures se tiennent à peu près comme des paquets de chiffons ou comme des bras et des jambes dispersés par l'explosion d'une locomotive. — Je préfère le kaléidoscope, parce qu'il ne fait pas *les Délaissées* ou *le Jardin des Amours;* il fournit des dessins de châle ou de tapis, et son rôle est modeste. — M. Diaz est coloriste, il est vrai; mais élargissez le cadre d'un pied, et les forces lui manquent, parce qu'il

1. David Roberts (1796-1864), spécialiste anglais de scènes espagnoles.

2. Cf. p. 54.

3. Sur Thomas Couture et son influence cf. *Salon de 1845,* p. 12. Baudelaire ne pouvait encore savoir que Couture serait le maître de Manet (né en 1832)!

ne connaît pas la nécessité d'une couleur générale. C'est pourquoi ses tableaux ne laissent pas de souvenir [1].

Chacun a son rôle, dites-vous. La grande peinture n'est point faite pour tout le monde. Un beau dîner contient des pièces de résistance et des hors-d'œuvre. Oserez-vous être ingrat envers les saucissons d'Arles, les piments, les anchois, l'aïoli, etc. ? — Hors-d'œuvre appétissants, dites-vous? — Non pas, mais bonbons et sucreries écœurantes. — Qui voudrait se nourrir de dessert? C'est à peine si on l'effleure, quand on est content de son dîner.

M. Célestin NANTEUIL sait poser une touche, mais ne sait pas établir les proportions et l'harmonie d'un tableau [2].

M. VERDIER peint raisonnablement, mais je le crois foncièrement ennemi de la pensée [3].

M. MULLER, l'homme aux *Sylphes,* le grand amateur des sujets poétiques, — des sujets ruisselants de poésie, — a fait un tableau qui s'appelle *Primavera.* Les gens qui ne savent pas l'italien croiront que cela veut dire *Décaméron* [4].

La couleur de M. Faustin BESSON perd beaucoup à n'être plus troublée et miroitée par les vitres de la boutique Deforge [5].

Quant à M. FONTAINE, c'est évidemment un homme

1. Diaz (cf. pp. 47 et 54 exposait en 1846 huit envois, parmi lesquels figurait, outre les deux que mentionne Baudelaire, une *Orientale,* reproduite dans l'*Illustration,* vol. VII (1846), p. 136.

2. Célestin Nanteuil (1813-1873) avait été l'élève d'Ingres, mais fut aussi l'un des plus ardents parmi les « mousquetaires » du romantisme littéraire et artistique. Son œuvre de peintre est peu abondante et médiocre. Il fut surtout un illustrateur habile et fécond : on lui doit de nombreuses vignettes ou frontispices pour des œuvres de Hugo, Gautier, Pétrus Borel, etc. Il exécuta aussi les frontispices de plus de cinq mille mélodies romantiques (cf. A. Marie, *Un imagier romantique, Célestin Nanteuil,* Paris, 1910.)

3. On sait que c'est là pour Baudelaire un péché irrémissible. Sur Verdier, cf. p. 46.

4. Cf. p. 54.

5. Nom d'un marchand de couleurs.

sérieux; il nous a fait M. de Béranger entouré de marmots des deux sexes, et initiant la jeunesse aux mystères de la peinture Couture.

Grands mystères, ma foi ! — Une lumière rose ou couleur de pêche et une ombre verte, c'est là que gît toute la difficulté. — Ce qu'il y a de terrible dans cette peinture, c'est qu'elle se fait voir; on l'aperçoit de très loin.

De tous ces messieurs, le plus malheureux sans doute est M. Couture, qui joue en tout ceci le rôle intéressant d'une victime. — Un imitateur est un indiscret qui vend une surprise.

Dans les différentes spécialités des sujets bas-bretons, catalans, suisses, normands, etc., MM. Armand et Adolphe Leleux sont dépassés par M. Guillemin, qui est inférieur à M. Hédouin, qui lui-même le cède à M. Haffner.

J'ai entendu plusieurs fois faire à MM. Leleux ce singulier reproche que, Suisses, Espagnols ou Bretons, tous leurs personnages avaient l'air breton [1].

M. Hédouin est certainement un peintre de mérite, qui possède une touche ferme et qui entend la couleur; il parviendra sans doute à se constituer une originalité particulière.

Quant à M. Haffner, je lui en veux d'avoir fait une fois un portrait dans une manière romantique et superbe, et de n'en avoir point fait d'autres; je croyais que c'était un grand artiste plein de poésie et surtout d'invention, un portraitiste de premier ordre, qui lâchait quelques *rapinades* à ses heures perdues; mais il paraît que ce n'est qu'un peintre [2].

VII. — DE L'IDÉAL ET DU MODÈLE

La couleur étant la chose la plus naturelle et la plus visible, le parti des coloristes est le plus nombreux et le plus important. L'analyse, qui facilite les moyens d'exécution, a dédoublé la nature en couleur et ligne, et avant

1. Cf. p. 52.
2. Cf. p. 63. Ce portrait figurait précisément au Salon de 1845. En 1846, Haffner exposait trois paysages.

de procéder à l'examen des hommes qui composent le second parti, je crois utile d'expliquer ici quelques-uns des principes qui les dirigent, parfois même à leur insu.

Le titre de ce chapitre est une contradiction, ou plutôt un accord de contraires; car le dessin du grand dessinateur doit résumer l'idéal et le modèle.

La couleur est composée de masses colorées qui sont faites d'une infinité de tons, dont l'harmonie fait l'unité : ainsi la ligne, qui a ses masses et ses généralités, se subdivise en une foule de lignes particulières, dont chacune est un caractère du modèle.

La circonférence, idéal de la ligne courbe, est comparable à une figure analogue composée d'une infinité de lignes droites, qui doit se confondre avec elle, les angles intérieurs s'obtusant[1] de plus en plus.

Mais comme il n'y a pas de circonférence parfaite, l'idéal absolu est une bêtise. Le goût exclusif du simple conduit l'artiste nigaud à l'imitation du même type. Les poètes, les artistes et toute la race humaine seraient bien malheureux, si l'idéal, cette absurdité, cette impossibilité, était trouvé. Qu'est-ce que chacun ferait désormais de son pauvre *moi*, — de sa ligne brisée?

J'ai déjà remarqué que le souvenir était le grand criterium de l'art; l'art est une mnémotechnie du beau : or l'imitation exacte gâte le souvenir[2]. Il y a de ces misérables peintres, pour qui la moindre verrue est une bonne fortune; non seulement ils n'ont garde de l'oublier, mais il est nécessaire qu'ils la fassent quatre fois plus grosse : aussi font-ils le désespoir des amants, et un peuple qui fait faire le portrait de son roi est un amant.

---

1. Néologisme, mais dont le sens est clair (Baudelaire a pu l'emprunter au langage des ateliers).

2. *L'art mnémotechnie du beau*, la formule est jolie, comme est intéressante la distinction de l'imitation et du souvenir. L'orientation sur ce point de l'esthétique baudelairienne, dans ses aspects psychologiques, coïncide avec certains thèmes développés à la même époque et à partir d'expériences artistiques analogues — c'est-à-dire dans le cadre d'un bilan critique du romantisme — par John Ruskin ; on y trouvera aussi aisément un pressentiment de quelques-uns des mobiles essentiels de l'esthétique proustienne. Cf. en particulier : *Nous ne devons considérer comme un tableau que l'œuvre où se trouve ramassé l'esprit — non pas les matériaux mais* l'impulsion vivifiante *retenue du travail préparatoire*. (Ruskin, *Modern Painters*, I, Préface, 1845).

Trop particulariser ou trop généraliser empêchent également le souvenir; à l'Apollon du Belvédère et au Gladiateur je préfère l'Antinoüs, car l'Antinoüs est l'idéal du charmant Antinoüs.

Quoique le principe universel soit un, la nature ne donne rien d'absolu, ni même de complet [1]; je ne vois que des individus. Tout animal, dans une espèce semblable, diffère en quelque chose de son voisin, et parmi les milliers de fruits que peut donner un même arbre il est impossible d'en trouver deux identiques, car ils seraient le même; et la dualité, qui est la contradiction de l'unité, en est aussi la conséquence [2]. C'est surtout dans la race humaine que l'infini de la variété se manifeste d'une manière effrayante. Sans compter les grands types que la nature a distribués sous les différents climats, je vois chaque jour passer sous ma fenêtre un certain nombre de Kalmouks, d'Osages, d'Indiens, de Chinois et de Grecs antiques, tous plus ou moins parisianisés. Chaque individu est une harmonie; car il vous est maintes fois arrivé de vous retourner à un son de voix connu, et d'être frappé d'étonnement devant une créature inconnue, souvenir vivant d'une autre créature douée de gestes et d'une voix analogues. Cela est si vrai que Lavater a dressé une nomenclature des nez et des bouches qui jurent de *figurer* ensemble, et constaté plusieurs erreurs de ce genre dans les anciens artistes, qui ont revêtu quelquefois des personnages religieux ou historiques de formes contraires à leur caractère. Que Lavater se soit trompé dans le détail, c'est possible; mais il avait l'idée du principe. Telle main veut tel pied; chaque épiderme

1. Rien d'absolu : — ainsi, l'idéal du compas est la pire des sottises ; — ni de complet : — ainsi il faut tout compléter, et retrouver chaque idéal. *(Note de Baudelaire.)* Telle est la raison de l'esthétique du *surnaturalisme*, entendu au sens propre. Déjà Gœthe, réfléchissant sur les théories de Diderot, en était venu à penser que la nature qui obéit à des lois organiques de fonctionnement vital, ne pouvait être le modèle de l'œuvre d'art, laquelle est nécessairement une création spirituelle (cf. Gœthe, *Diderots Versuch über die Malerei,* 1798, éd. Dunker, Teubner, t. XXIV, pp. 221-276. Cf. aussi : J. Rouge, *Gœthe et l'Essai sur la peinture de Diderot, Études Germaniques,* 1949).

2. Je dis la contradiction, et non pas le contraire ; car la contradiction est une invention humaine. *(Note de Baudelaire.)*

engendre son poil. Chaque individu a donc son idéal [1].

Je n'affirme pas qu'il y ait autant d'idéals primitifs que d'individus, car un moule donne plusieurs épreuves; mais il y a dans l'âme du peintre autant d'idéals que d'individus, parce qu'un portrait est un modèle compliqué d'un artiste.

Ainsi l'idéal n'est pas cette chose vague, ce rêve ennuyeux et impalpable qui nage au plafond des académies; un idéal, c'est l'individu redressé par l'individu, reconstruit et rendu par le pinceau ou le ciseau à l'éclatante vérité de son harmonie native [2].

La première qualité d'un dessinateur est donc l'étude lente et sincère de son modèle. Il faut non seulement que l'artiste ait une intuition profonde du caractère du modèle, mais encore qu'il le généralise quelque peu, qu'il exagère volontairement quelques détails, pour augmenter la physionomie et rendre son expression plus claire [3].

Il est curieux de remarquer que, guidé par ce principe, — que le sublime doit fuir les détails [4], — l'art pour se per-

---

1. Tout ce passage est inspiré non seulement de Lavater, mais aussi de Diderot, dont d'ailleurs Baudelaire achève les intuitions. Cf. *Essais sur la peinture, I* (Diderot, *Œuvres esthétiques,* éd. Garnier, pp. 666-667). *Couvrez cette figure* (d'un bossu) ; *n'en montrez que les pieds à la nature; et la nature dira, sans hésiter : « Ces pieds sont ceux d'un bossu »... Qu'il me soit permis de transporter le voile de mon bossu sur la Vénus de Médicis, et de ne laisser apercevoir que l'extrémité de son pied. Si, sur l'extrémité de ce pied, la nature, évoquée derechef, se chargeait d'achever la figure, vous seriez peut-être surpris de ne voir naître sous ses crayons que quelque monstre hideux et contrefait.* Ce texte de Diderot est de 1766. C'est dans les années suivantes que Johann-Kaspar Lavater (1741-1801) tenta de fonder, sur des observations analogues, une science psycho-physiologique aux nombreux prolongements esthétiques, la *Physiognomik,* selon le titre de l'ouvrage publié en 1777. Rappelons que l'influence de Lavater fut considérable sur les écrivains et artistes, de Fuseli et William Blake à Baudelaire et de Gœthe à Balzac, et que, justement, cette influence joua dans le sens du surnaturalisme.

2. Passage capital, qui définit sans équivoque le sens proprement baudelairien du mot *idéal,* alors frappé de confusion par l'ambiguité du langage critique et académique. Sans doute est-ce à dessein que Baudelaire dérobe ce mot à l'académisme pour en faire précisément le mot-clé d'une esthétique anti-académique.

3. Raison pour laquelle Baudelaire s'est tant intéressé aux caricaturistes.

4. Lavater définissait le sublime — en le distinguant du singulier, de l'original, de l'extraordinaire et du grand — par l'absolue perfec-

fectionner revient vers son enfance. — Les premiers artistes aussi n'exprimaient pas les détails [1]. Toute la différence, c'est qu'en faisant tout d'une venue les bras et les jambes de leurs figures, ce n'étaient pas eux qui fuyaient les détails, mais les détails qui les fuyaient; car pour choisir il faut posséder.

Le dessin est une lutte entre la nature et l'artiste, où l'artiste triomphera d'autant plus facilement qu'il comprendra mieux les intentions de la nature. Il ne s'agit pas pour lui de copier, mais d'interpréter dans une langue plus simple et plus lumineuse.

L'introduction du portrait, c'est-à-dire du modèle idéalisé, dans les sujets d'histoire, de religion ou de fantaisie, nécessite d'abord un choix exquis du modèle, et peut certainement rajeunir et revivifier la peinture moderne, trop encline, comme tous nos arts, à se contenter de l'imitation des anciens.

Tout ce que je pourrais dire de plus sur les idéals me paraît inclus dans un chapitre de Stendhal, dont le titre est aussi clair qu'insolent :

Comment l'emporter sur Raphaël ?

Dans les scènes touchantes produites par les passions, le grand peintre des temps modernes, si jamais il paraît, donnera à chacune de ses personnes *la beauté idéale tirée du tempérament* fait pour sentir le plus vivement l'effet de cette passion.

Werther ne sera pas indifféremment sanguin ou mélancolique ; Lovelace, flegmatique ou bilieux. Le bon curé Primerose, l'aimable Cassio n'auront pas le tempérament bilieux ; mais le juif

---

tion de sa simplicité (Aphorisme nº 600 *in Aphorismes sur l'homme*, trad. anglaise, Londres, 1788). Idée d'ailleurs traditionnelle.

1. Tout ce passage reproduit un texte de l'*Histoire de la peinture en Italie* de Stendhal (chap. 109). Cf. notre *Introduction* pp. IV-V. Observons néanmoins qu'il y a là un témoignage des commencements de l'intérêt porté aux « primitifs » (qui se rencontre aussi, à la même époque, chez Ruskin). Les Nazaréens allemands, les Lyonnais, les Préraphaélites anglais, illustrent ce retour aux « primitifs ». Relevons une différence notable entre le texte de Stendhal et celui de Baudelaire : Stendhal songeait exclusivement aux *sculpteurs,* mot remplacé ici par *artistes*.

Shylock, mais le sombre Iago, mais lady Macbeth, mais Richard III ; l'aimable et pure Imogène sera un peu flegmatique.

D'après ses premières observations, l'artiste a fait l'Apollon du Belvédère. Mais se réduira-t-il à donner froidement des copies de l'Apollon toutes les fois qu'il voudra présenter un dieu jeune et beau ? Non, il mettra un rapport entre l'action et le genre de beauté. Apollon, délivrant la terre du serpent Python, sera plus fort ; Apollon, cherchant à plaire à Daphné, aura des traits plus délicats[1] ».

VIII. — DE QUELQUES DESSINATEURS

Dans le chapitre précédent, je n'ai point parlé du dessin imaginatif ou de création, parce qu'il est en général le privilège des coloristes. Michel-Ange, qui est à un certain point de vue l'inventeur de l'idéal chez les modernes[2], seul a possédé au suprême degré l'imagination du dessin sans être coloriste. Les purs dessinateurs sont des naturalistes doués d'un sens excellent; mais ils dessinent par raison, tandis que les coloristes, les grands coloristes, dessinent par tempérament, presque à leur insu. Leur méthode est analogue à la nature; ils dessinent parce qu'ils colorent, et les purs dessinateurs, s'ils voulaient être logiques et fidèles à leur profession de foi, se contenteraient du crayon noir. Néanmoins ils s'appliquent à la couleur avec une ardeur inconcevable, et ne s'aperçoivent point de leurs contradictions. Ils commencent par délimiter les formes d'une manière cruelle et absolue, et veulent ensuite remplir ces espaces. Cette méthode double contrarie sans cesse leurs efforts, et donne à toutes leurs productions je ne sais quoi d'amer, de pénible et de contentieux. Elles sont un procès éternel, une dualité fatigante. Un dessinateur est un coloriste manqué.

---

1. *Histoire de la peinture en Italie,* ch. CI. Cela s'imprimait en 1817 ! *(Note de Baudelaire.)*

2. Baudelaire reprend ici l'interprétation stendhalienne de l'œuvre de Michel-Ange (cf. *Histoire de la peinture en Italie,* chap. 147 et 156).

Cela est si vrai que M. INGRES, le représentant le plus illustre de l'école naturaliste dans le dessin, est toujours au pourchas de la couleur. Admirable et malheureuse opiniâtreté! C'est l'éternelle histoire des gens qui vendraient la réputation qu'ils méritent pour celle qu'ils ne peuvent obtenir. M. Ingres adore la couleur, comme une marchande de modes. C'est peine et plaisir à la fois que de contempler les efforts qu'il fait pour choisir et accoupler ses tons. Le résultat, non pas toujours discordant, mais amer et violent, plaît toujours aux poètes corrompus; encore quand leur esprit fatigué s'est longtemps réjoui dans ces luttes dangereuses, il veut absolument se reposer sur un Velasquez ou un Lawrence.

Si M. Ingres occupe après E. Delacroix la place la plus importante, c'est à cause de ce dessin tout particulier, dont j'analysais tout à l'heure les mystères, et qui résume le mieux jusqu'à présent l'idéal et le modèle. M. Ingres dessine admirablement bien, et il dessine vite. Dans ses croquis il fait naturellement de l'idéal; son dessin, souvent peu chargé, ne contient pas beaucoup de traits; mais chacun rend un contour important. Voyez à côté les dessins de tous ces ouvriers en peintures, — souvent ses élèves; — ils rendent d'abord les minuties, et c'est pour cela qu'ils enchantent le vulgaire, dont l'œil dans tous les genres ne s'ouvre que pour ce qui est petit [1].

Dans un certain sens, M. Ingres dessine mieux que Raphaël, le roi populaire des dessinateurs. Raphaël a décoré des murs immenses; mais il n'eût pas fait si bien que lui le portrait de votre mère, de votre ami, de votre maîtresse. L'audace de celui-ci est toute particulière, et combinée avec une telle ruse, qu'il ne recule devant aucune laideur et aucune bizarrerie : il a fait la redingote de M. Molé; il a fait le carrick de Cherubini; il a mis dans le plafond d'Homère [2], — œuvre qui vise à l'idéal plus qu'aucune

1. Cf. ce que Baudelaire dira, à propos de Meissonier, dans le *Salon de 1859* (p. 311), du règne du *petit*, alors qu'il est, lui, animé par un *amour incorrigible du grand* ce qui d'ailleurs lui permet de développer ici d'excellentes remarques sur Ingres, qu'il emprunte — encore — à Stendhal! Cf. *Introduction*, pp. IV-V et *supra*, p. 150 n. 1.

2. Le portrait de Molé est dans une collection particulière (Catalogue Wildenstein n° 225), la *Muse de Cherubini* (1842) est au Louvre ainsi que l'*Apothéose d'Homère*.

autre, — un aveugle, un borgne, un manchot et un bossu. La nature le récompense largement de cette adoration païenne. Il pourrait faire de Mayeux une chose sublime [1].

La belle Muse de Cherubini est encore un portrait. Il est juste de dire que si M. Ingres, privé de l'imagination du dessin, ne sait pas faire de tableaux, au moins dans de grandes proportions, ses portraits sont presque des tableaux, c'est-à-dire des poèmes intimes [2].

Talent avare, cruel, coléreux et souffrant, mélange singulier de qualités contraires, toutes mises au profit de la nature, et dont l'étrangeté n'est pas un des moindres charmes; — flamand dans l'exécution, individualiste et naturaliste dans le dessin, antique par ses sympathies et idéaliste par raison.

Accorder tant de contraires n'est pas une mince besogne : aussi n'est-ce pas sans raison qu'il a choisi pour étaler les mystères religieux de son dessin un jour artificiel et qui sert à rendre sa pensée plus claire, — semblable à ce crépuscule où la nature mal éveillée nous apparaît blafarde et crue, où la campagne se révèle sous un aspect fantastique et saisissant.

Un fait assez particulier et que je crois inobservé dans le talent de M. Ingres, c'est qu'il s'applique plus volontiers aux femmes; il les fait telles qu'il les voit, car on dirait qu'il les aime trop pour les vouloir changer; il s'attache à leurs moindres beautés avec une âpreté de chirurgien; il suit les plus légères ondulations de leurs lignes avec une servilité d'amoureux. L'*Angélique,* les deux *Odalisques,* le *Portrait de Mme d'Haussonville,* sont des œuvres d'une

1. *Mayeux* est un célèbre personnage de bossu inventé par le caricaturiste Traviès. Cf. *Quelques caricaturistes français,* p. 287.

2. Opinion remarquablement lucide, surtout à l'époque où écrit Baudelaire, alors que, prisonnier de son personnage académique, Ingres cesse d'être vraiment lui-même dans ses grandes compositions, de plus en plus raphaéliennes. Et c'est bien dans le portrait qu'il manifeste sa vraie nature, surtout, comme le notera Baudelaire tout à l'heure, dans le portrait et dans le nu féminins, seul genre dans lequel il ait maintenu l'intégrité de son génie original au long d'une carrière de soixante années, de l'*Odalisque Bonnat* de 1807 au *Bain turc* de 1863.

volupté profonde[1]. Mais toutes ces choses ne nous apparaissent que dans un jour presque effrayant; car ce n'est ni l'atmosphère dorée qui baigne les champs de l'idéal, ni la lumière tranquille et mesurée des régions sublunaires.

Les œuvres de M. Ingres, qui sont le résultat d'une attention excessive, veulent une attention égale pour être comprises. Filles de la douleur, elles engendrent la douleur. Cela tient, comme je l'ai expliqué plus haut, à ce que sa méthode n'est pas une et simple, mais bien plutôt l'emploi de méthodes successives.

Autour de M. Ingres, dont l'enseignement a je ne sais quelle autorité fanatisante, se sont groupés quelques hommes dont les plus connus sont MM. FLANDRIN, LEHMANN et AMAURY DUVAL[2].

Mais quelle distance immense du maître aux élèves! M. Ingres est encore seul de son école. Sa méthode est le résultat de sa nature, et, quelque bizarre et obstinée qu'elle soit, elle est franche et pour ainsi dire involontaire. Amoureux passionné de l'antique et de son modèle, respectueux serviteur de la nature, il fait des portraits qui rivalisent avec les meilleures sculptures romaines. Ces messieurs ont traduit en système, froidement, de parti pris, pédantesquement, la partie déplaisante et impopulaire de son génie; car ce qui les distingue avant tout, c'est la pédanterie. Ce qu'ils ont vu et étudié dans le maître, c'est la curiosité et l'érudition. De là ces recherches de maigreur, de pâleur et toutes ces conventions ridicules, adoptées sans examen et sans bonne foi. Ils sont allés dans le passé, loin, bien loin, copier avec une puérilité servile de déplorables erreurs, et se sont volontairement privés de tous les moyens d'exécution et de succès que leur avait préparés l'expérience des siècles. On se rappelle encore *la Fille de Jephté pleurant sa virginité;* [3] — ces longueurs excessives de mains et de pieds, ces ovales de têtes exagérés, ces afféteries ridicules, — conventions et habitudes du pinceau qui ressemblent

1. *Roger et Angélique* (1819, Louvre). Le portrait de Mme d'Haussonville est dans la collection Frick, New York. Quant aux deux *Odalisques*, cf. la note de la p. 133.
2. Cf. pp. 45, 68, 54.
3. Tableau de Henri Lehmann exposé au Salon de 1836.

passablement à du chic, sont des défauts singuliers chez un adorateur fervent de la forme. Depuis le portrait de la princesse Belgiojoso [1], M. Lehmann ne fait plus que des yeux trop grands, où la prunelle nage comme une huître dans une soupière. — Cette année, il a envoyé des portraits et des tableaux. Les tableaux sont *les Océanides, Hamlet* et *Ophélie. Les Océanides* sont une espèce de Flaxman [2], dont l'aspect est si laid, qu'il ôte l'envie d'examiner le dessin. Dans les portraits d'*Hamlet* et d'*Ophélie,* il y a une prétention visible à la couleur, — le grand *dada* de l'école! Cette malheureuse imitation de la couleur m'attriste et me désole comme un Véronèse ou un Rubens copiés par un habitant de la lune. Quant à leur tournure et à leur esprit, ces deux figures me rappellent l'emphase des acteurs de l'ancien Bobino, du temps qu'on y jouait des mélodrames. Sans doute la main d'Hamlet est belle; mais une main bien exécutée ne fait pas un dessinateur, et c'est vraiment trop abuser du morceau, même pour un ingriste.

Je crois que Mme CALAMATTA [3] est aussi du parti des ennemis du soleil; mais elle compose parfois ses tableaux assez heureusement, et ils ont un peu de cet air magistral que les femmes, même les plus littéraires et les plus *artistes*, empruntent aux hommes moins facilement que leurs ridicules.

M. JANMOT a fait une *Station, — le Christ portant sa croix,* — dont la composition a du caractère et du sérieux, mais dont la couleur, non plus mystérieuse ou plutôt mystique, comme dans ses dernières œuvres, rappelle malheureusement la couleur de toutes les *stations* possibles. On devine trop, en regardant ce tableau cru et luisant, que M. Janmot

1. Cf. *Salon de 1845*, p. 45.

2. Sculpteur anglais (1755-1826). Ce jugement implicite de Baudelaire sur son œuvre est certainement injuste. Sans doute faut-il tenir compte de sa répulsion pour le néo-classicisme et même pour la sculpture. Mais qu'eût pensé Baudelaire s'il avait su que, si néo-classique qu'il fût, Flaxman était un fervent swedenborgien et prétendait faire servir la forme néo-classique à l'expression d'une inspiration surnaturaliste ? (Cf. l'article sur Flaxman du *Dictionnaire des Biographies,* Presses Universitaires de France.)

3. Cf. p. 55.

est de Lyon. En effet, c'est bien là la peinture qui convient à cette ville de comptoirs, ville bigote et méticuleuse, où tout, jusqu'à la religion, doit avoir la netteté calligraphique d'un registre [1].

L'esprit du public a déjà associé souvent les noms de M. Curzon et de M. Brillouin : seulement, leurs débuts promettaient plus d'originalité. Cette année, M. Brillouin, — *A quoi rêvent les jeunes filles* [2], — a été différent de lui-même, et M. Curzon s'est contenté de faire des Brillouin. Leur façon rappelle l'école de Metz, école littéraire, mystique et allemande [3]. M. Curzon, qui fait souvent de beaux paysages d'une généreuse couleur, pourrait exprimer Hoffmann d'une manière moins érudite, — moins convenue. Bien qu'il soit évidemment un homme d'esprit, — le choix de ses sujets suffit pour le prouver, — on sent que le souffle hoffmannesque [a] n'a point passé par là. L'ancienne façon des artistes allemands ne ressemble nullement à la façon de ce grand poète, dont les compositions ont un caractère bien plus moderne et bien plus romantique. C'est en vain que l'artiste, pour obvier à ce défaut capital, a choisi, parmi les contes les moins fantastiques de tous, *Maître Martin et ses apprentis,* dont Hoffmann lui-même disait : « C'est le plus médiocre de mes ouvrages; il n'y a ni terrible ni grotesque, qui sont les deux choses par où je vaux le plus ! » Et malgré cela, jusque dans *Maître Martin,* les lignes sont plus flottantes et l'atmosphère plus chargée d'esprits que ne les a faites M. Curzon [4].

A proprement parler, la place de M. Vidal n'est point ici, car ce n'est pas un vrai dessinateur. Cependant elle n'est pas trop mal choisie, car il a quelques-uns des travers et des ridicules de MM. les ingristes, c'est-à-dire le fanatisme du petit et du joli, et l'enthousiasme du beau papier

---

1. Sur Baudelaire et l'École de Lyon, cf. *Salon de 1845,* p. 39 et le fragment sur l'*Art philosophique*.

2. Titre général d'une série de quatre dessins dont deux nous sont connus sous les titres : *Les présents de l'étranger* et *Le retour du bien-aimé.*

3. Sur Curzon et Brillouin cf. pp. 63 et 72. Sur l'École de Metz, p. 73.

4. Cinq de ces illustrations du *Meister Martin* de Hoffmann se trouvent au musée de Poitiers.

et des toiles fines. Ce n'est point là l'ordre qui règne et circule autour d'un esprit fort et vigoureux, ni la propreté suffisante d'un homme de bon sens; c'est la folie de la propreté.

Le préjugé Vidal a commencé, je crois, il y a trois ou quatre ans. A cette époque toutefois ses dessins étaient moins pédants et moins maniérés qu'aujourd'hui [1].

Je lisais ce matin un feuilleton de M. Théophile Gautier, où il fait à M. Vidal un grand éloge de savoir rendre la beauté moderne. — Je ne sais pourquoi M. Théophile Gautier a endossé cette année le carrick et la pèlerine de l'*homme bienfaisant;* car il a loué tout le monde, et il n'est si malheureux barbouilleur dont il n'ait catalogué les tableaux. Est-ce que par hasard l'heure de l'Académie, heure solennelle et soporifique, aurait sonné pour lui, qu'il est déjà si bon homme [2]? et la prospérité littéraire a-t-elle de si funestes conséquences qu'elle contraigne le public à nous rappeler à l'ordre et à nous remettre sous les yeux nos anciens certificats de romantisme? La nature a doué M. Gautier d'un esprit excellent, large et poétique. Tout le monde sait quelle sauvage admiration il a toujours témoignée pour les œuvres franches et abondantes. Quel breuvage MM. les peintres ont-ils versé cette année dans son vin, ou quelle lorgnette a-t-il choisie pour aller à sa tâche?

M. Vidal connaît la beauté moderne! Allons donc! Grâce à la nature, nos femmes n'ont pas tant d'esprit et ne sont pas si précieuses; mais elles sont bien autrement romantiques. — Regardez la nature, monsieur; ce n'est pas avec de l'esprit et des crayons minutieusement apointés qu'on fait de la peinture; car quelques-uns vous rangent,

---

1. Cf. *Salon de 1845,* pp. 25 et 75.

2. Cet article de Gautier parut dans *la Presse* le 7 avril 1846. Gautier faisait aussi un grand éloge d'une autre bête noire de Baudelaire, un *singe du sentiment,* Ary Scheffer. Baudelaire ne pouvait qu'être douloureusement sensible à ce développement, dans l'art encore plus que dans la littérature, d'un véritable académisme romantique et il ne manque jamais d'en noter sévèrement les symptômes (cf. par exemple ce qu'il dit aussi de Decamps et de son évolution pp. 19 et 138). Il est sûr que cette conscience aiguë d'une dégradation académique du romantisme a joué un rôle considérable dans la formation de l'esthétique baudelairienne.

je ne sais trop pourquoi, dans la noble famille des peintres. Vous avez beau appeler vos femmes Fatinitza, Stella, Vanessa, Saison des roses, — un tas de noms de pommades ! — tout cela ne fait pas des femmes poétiques. Une fois vous avez voulu faire *l'Amour de soi-même* [1], — une grande et belle idée, une idée souverainement féminine, — vous n'avez pas su rendre cette âpreté gourmande et ce magnifique égoïsme. Vous n'avez été que puéril et obscur.

Du reste, toutes ces afféteries passeront comme des onguents rancis. Il suffit d'un rayon de soleil pour en développer toute la puanteur. J'aime mieux laisser le temps faire son affaire que de perdre le mien à vous expliquer toutes les mesquineries de ce pauvre genre.

IX. — DU PORTRAIT

Il y a deux manières de comprendre le portrait, — l'histoire et le roman.

L'une est de rendre fidèlement, sévèrement, minutieusement, le contour et le modelé du modèle, ce qui n'exclut pas l'idéalisation, qui consistera pour les naturalistes éclairés à choisir l'attitude la plus caractéristique, celle qui exprime le mieux les habitudes de l'esprit; en outre, de savoir donner à chaque détail important une exagération raisonnable, de mettre en lumière tout ce qui est naturellement saillant, accentué et principal, et de négliger ou de fondre dans l'ensemble tout ce qui est insignifiant, ou qui est l'effet [a] d'une dégradation accidentelle.

---

1. *Fatinitza,* et l'*Amour de soi-même* figuraient au Salon de 1845, *Stella* et *Vanessa* au Salon de 1846. A travers ces noms féminins, Vidal apparaît bien en effet comme un représentant du *rococo romantique,* selon une expression appliquée par Baudelaire à l'école de Thomas Couture. Quant à l'*idée souverainement féminine* que Baudelaire voudrait voir manifestée par les peintres, il se chargera lui-même de l'exprimer dans son œuvre poétique. Mais peut-être sa réaction devant les pastels de Vidal peut-elle être l'occasion d'observer que sa déception — souvent exprimée avec violence — devant la défaillance poétique des peintres n'a pu qu'intensifier la puissance créatrice de sa propre sensibilité.

Les chefs de l'école historique sont David et Ingres; les meilleurs exemples sont les portraits de David qu'on a pu voir à l'Exposition Bonne-Nouvelle [1], et ceux de M. Ingres, comme MM. Bertin et Cherubini.

La seconde méthode, celle particulière aux coloristes, est de faire du portrait un tableau, un poème avec ses accessoires, plein d'espace et de rêverie. Ici l'art est plus difficile, parce qu'il est plus ambitieux. Il faut savoir baigner une tête dans les molles vapeurs d'une chaude atmosphère, ou la faire sortir des profondeurs d'un crépuscule. Ici, l'imagination a une plus grande part, et cependant, comme il arrive souvent que le roman est plus vrai que l'histoire, il arrive aussi qu'un modèle est plus clairement exprimé par le pinceau abondant et facile d'un coloriste que par le crayon d'un dessinateur.

Les chefs de l'école romantique sont Rembrandt, Reynolds, Lawrence. Les exemples connus sont *la Dame au chapeau de paille* et *le Jeune Lambton* [2].

En général, MM. FLANDRIN, AMAURY-DUVAL et LEHMAN, ont cette excellente qualité, que leur modelé est vrai et fin. Le morceau y est bien conçu, exécuté facilement et tout d'une haleine; mais leurs portraits sont souvent entachés d'une afféterie prétentieuse et maladroite. Leur goût immodéré pour la distinction leur joue à chaque instant de mauvais tours. On sait avec quelle admirable bonhomie ils recherchent les tons *distingués,* c'est-à-dire des tons qui, s'ils étaient intenses, hurleraient comme le diable et l'eau bénite, comme le marbre et le vinaigre; mais comme ils sont excessivement pâlis et pris à une dose

1. Cf. l'article consacré par Baudelaire à cette exposition, p. 87, (janvier 1846).

2. Joshua Reynolds (1723-1792) a peint plusieurs portraits auxquels peut convenir le titre de *Dame au chapeau de paille;* le plus célèbre, et sans doute celui que pouvait le mieux connaître Baudelaire, est la *Nelly O'Brien* de la collection Wallace. Thomas Lawrence (1769-1830), le grand maître du portrait, et que Delacroix avait en vain ambitionné de rencontrer à Londres en 1825, suscita en France nombre d'imitateurs. Le tableau auquel fait ici allusion Baudelaire est le *Master Lambton* (National Gallery) qui avait fait sensation à Paris au Salon de 1827.

homœopathique, l'effet en est plutôt surprenant que douloureux : c'est là le grand triomphe!

La *distinction* dans le dessin consiste à partager les préjugés de certaines mijaurées, frottées de littératures malsaines, qui ont en horreur les petits yeux, les grands pieds, les grandes mains, les petits fronts et les joues allumées par la joie et la santé, — toutes choses qui peuvent être fort belles.

Cette pédanterie dans la couleur et le dessin nuit toujours aux œuvres de ces messieurs, quelque recommandables qu'elles soient d'ailleurs. Ainsi, devant le portrait *bleu* de M. Amaury-Duval et bien d'autres portraits de femmes ingristes ou ingrisées, j'ai senti passer dans mon esprit, amenées par je ne sais quelle association d'idées, ces sages paroles du chien Berganza, qui fuyait les bas-*bleus* aussi ardemment que ces messieurs les recherchent : « Corinne ne t'a-t-elle jamais paru insupportable?...............
« A l'idée de la voir s'approcher de moi, animée d'une
« vie véritable, je me sentais comme oppressé par une
« sensation pénible, et incapable de conserver auprès d'elle
« ma sérénité et ma liberté d'esprit..................
« .... Quelque beaux que pussent être son bras
« ou sa main, jamais je n'aurais pu supporter ses caresses
« sans une certaine répugnance, un certain frémissement
« intérieur qui m'ôte ordinairement l'appétit. — Je ne parle
« ici qu'en ma qualité de chien! [1] »

J'ai éprouvé la même sensation que le spirituel Berganza devant presque tous les portraits de femmes, anciens ou présents, de MM. Flandrin, Lehmann et Amaury-Duval, malgré les belles mains, réellement bien peintes, qu'ils savent leur faire, et la galanterie de certains détails. Dulcinée de Toboso elle-même, en passant par l'atelier de ces messieurs, en sortirait diaphane et bégueule comme une élégie, et amaigrie par le thé et le beurre esthétiques.

Ce n'est pourtant pas ainsi, — il faut le répéter sans cesse, — que M. Ingres comprend les choses, le grand maître!

Dans le portrait compris suivant la seconde méthode, MM. DUBUFE père, WINTERHALTER, LÉPAULLE et Mme Fré-

1. Hoffmann, *Nachricht von den neuesten Schicksalen des Hundes Berganza*. Le « personnage » du chien parlant Berganza était emprunté à une nouvelle de Cervantès, d'où l'allusion, dans un instant, à Dulcinée.

dérique O'Connel [1], avec un goût plus sincère de la nature et une couleur plus sérieuse, auraient pu acquérir une gloire légitime.

M. Dubufe aura longtemps encore le privilège des portraits élégants; son goût naturel et quasi poétique sert à cacher ses innombrables défauts.

Il est à remarquer que les gens qui crient tant haro sur le *bourgeois,* à propos de M. Dubufe, sont les mêmes qui se sont laissé charmer par les têtes de bois de M. Pérignon [2]. Qu'on aurait pardonné de choses à M. Delaroche, si l'on avait pu prévoir la fabrique Pérignon!

M. Winterhalter est réellement en décadence. — M. Lépaulle est toujours le même, un excellent peintre parfois, toujours dénué de goût et de bon sens. — Des yeux et des bouches charmantes, des bras réussis, — avec des toilettes à faire fuir les honnêtes gens!

Mme O'Connel sait peindre librement et vivement [a]; mais sa couleur manque de consistance. C'est le malheureux défaut de la peinture anglaise, transparente à l'excès et toujours douée d'une trop grande fluidité.

Un excellent exemple du genre de portraits dont je voulais tout à l'heure caractériser l'esprit est ce portrait de femme, par M. Haffner [3], — noyé dans le gris et resplendissant de mystère, — qui, au Salon dernier, avait fait concevoir de si hautes espérances à tous les connaisseurs.

---

1. Sur Dubufe et Lépaulle cf. pp. 42 et 32. François-Xavier Winterhalter, peintre d'origine allemande (1805-1873) allait être le peintre officiel du second Empire. Quant à Mme O'Connell, Baudelaire a pu la connaître personnellement, car elle était des amis de Champfleury. Malgré son nom — qui d'ailleurs devait être celui de son mari, mais qui est peut-être ce pourquoi Baudelaire pense à la peinture anglaise, et pour se montrer à son égard exceptionnellement réservé, — Mme O'Connell semble avoir été d'origine allemande. Rappelons à ce propos que cette première *École de Paris* de l'époque romantique fut un pôle d'attraction pour l'Europe entière. Après Bonington et auprès de Winterhalter, il faut signaler la présence des Espagnols Fortuny et Vierge ; et le rayonnement de l'École s'étend en Belgique (Galait), en Suisse (Calame) en Espagne (Rosales), en Italie (Hayez) en Allemagne (Feuerbach) et jusqu'en Russie (Brulov). Seule reste à l'écart, et poursuit son évolution propre, la peinture anglaise.

2. Cf. p. 45.

3. Cf. pp. 44 et 63.

Mais M. Haffner n'était pas encore un peintre de genre, cherchant à réunir et à fondre Diaz, Decamps et Troyon.

On dirait que Mme E. GAUTIER [1] cherche à amollir un peu sa manière. Elle a tort.

MM. TISSIER et J. GUIGNET [2] ont conservé leur touche et leur couleur sûres et solides. En général, leurs portraits ont cela d'excellent qu'ils plaisent surtout par l'aspect, qui est la première impression et la plus importante.

M. Victor ROBERT [3], l'auteur d'une immense allégorie de l'Europe, est certainement un bon peintre, doué d'une main ferme; mais l'artiste qui fait le portrait d'un homme célèbre ne doit pas se contenter d'une pâte heureuse et superficielle; car il fait aussi le portrait d'un esprit. M. Granier de Cassagnac est beaucoup plus laid, ou, si l'on veut, beaucoup plus beau. D'abord le nez est plus large, et la bouche, mobile et irritable, est d'une malice et d'une finesse que le peintre a oubliées. M. Granier de Cassagnac a l'air plus petit et plus athlétique, — jusque dans le front. Cette pose est plutôt emphatique que respirant la force véritable, qui est son caractère. Ce n'est point là cette tournure martiale et provocante avec laquelle il aborde la vie et toutes ses questions. Il suffit de l'avoir vu fulminer à la hâte ses colères, avec des soubresauts de plume et de chaise, ou simplement de les avoir lues, pour comprendre qu'il n'est pas là tout entier. *Le Globe,* qui fuit dans la demi-teinte, est un enfantillage, — ou bien il fallait qu'il fût en pleine lumière [4]!

J'ai toujours eu l'idée que M. L. BOULANGER eût fait un excellent graveur; c'est un ouvrier naïf et dénué d'invention qui gagne beaucoup à travailler sur autrui. Ses tableaux romantiques sont mauvais, ses portraits sont bons, — clairs, solides, facilement et simplement peints; et, chose singu-

---

1. Cf. p. 42.
2. Cf. p. 20, 43, 56. J.-B. Guignet est le frère et le maître d'Adrien Guignet.
3. Cf. p. 30.
4. Cassagnac était alors le directeur du *Globe*. (1806-1880).

lière, ils ont souvent l'aspect des bonnes gravures faites d'après les portraits de Van Dick. Ils ont ces ombres denses et ces lumières blanches des eaux-fortes vigoureuses. Chaque fois que M. L. Boulanger a voulu s'élever plus haut, il a fait du pathos. Je crois que c'est une intelligence honnête, calme et ferme, que les louanges exagérées des poètes ont seules pu égarer [1].

Que dirai-je de M. L. Cogniet, cet aimable éclectique, ce peintre de tant de bonne volonté et d'une intelligence si inquiète que, pour bien rendre le portrait de M. Granet, il a imaginé d'employer la couleur propre aux tableaux de M. Granet, — laquelle est généralement noire, comme chacun sait depuis longtemps [2].

Mme de Mirbel est le seul artiste qui sache se tirer d'affaire dans ce difficile problème du goût et de la vérité. C'est à cause de cette sincérité particulière, et aussi de leur aspect séduisant, que ses miniatures ont toute l'importance de la peinture [3].

X. — DU CHIC ET DU PONCIF

Le *chic,* mot affreux et bizarre et de moderne fabrique, dont j'ignore même l'orthographe [4], mais que je suis obligé d'employer, parce qu'il est consacré par les artistes pour exprimer une monstruosité moderne, signifie : absence de modèle et de nature. Le *chic* est l'abus de la mémoire; encore le *chic* est-il plutôt une mémoire de la main qu'une mémoire du cerveau; car il est des artistes doués d'une mémoire profonde des caractères et des formes, — Delacroix ou Daumier, — et qui n'ont rien à démêler avec le *chic*.

---

1. Sur l'importance aux yeux de Baudelaire du « cas Boulanger », cf. *Salon de 1845*, pp. 26-27.
2. Ce portrait est actuellement, avec un autre peint par Ingres (mais en 1806), au musée Granet d'Aix-en-Provence. Sur Cogniet et Granet, cf. pp. 41 et 23.
3. Cf. p. 76.
4. H. de Balzac a écrit quelque part : *le chique. (Note de Baudelaire.)*

Le *chic* peut se comparer au travail de ces maîtres d'écriture, doués d'une belle main et d'une bonne plume taillée pour l'anglaise ou la coulée, et qui savent tracer hardiment, les yeux fermés, en manière de paraphe, une tête de Christ ou le chapeau de l'empereur.

La signification du mot *poncif* a beaucoup d'analogie avec celle du mot *chic*. Néanmoins, il s'applique plus particulièrement aux expressions de tête et aux attitudes.

Il y a des colères *poncif*, des étonnements *poncif*, par exemple l'étonnement exprimé par un bras horizontal avec le pouce écarquillé.

Il y a dans la vie et dans la nature des choses et des êtres *poncif*, c'est-à-dire qui sont le résumé des idées vulgaires et banales qu'on se fait de ces choses et de ces êtres : aussi les grands artistes en ont horreur.

Tout ce qui est conventionnel et traditionnel relève du *chic* et du *poncif*.

Quand un chanteur met la main sur son cœur, cela veut dire d'ordinaire : je l'aimerai toujours! — Serre-t-il les poings en regardant le souffleur ou les planches, cela signifie : il mourra, le traître! — Voilà le *poncif*.

XI. — DE M. HORACE VERNET

Tels sont les principes sévères qui conduisent dans la recherche du beau cet artiste éminemment national, dont les compositions décorent la chaumière du pauvre villageois et la mansarde du joyeux étudiant, le salon des maisons de tolérance les plus misérables et les palais de nos rois. Je sais bien que cet homme est un Français, et qu'un Français en France est une chose sainte et sacrée, — et même à l'étranger, à ce qu'on dit; mais c'est pour cela même que je le hais [1].

Dans le sens le plus généralement adopté, Français veut dire vaudevilliste, et vaudevilliste un homme à qui Michel-

1. Rarement Baudelaire se laisse aller à de telles violences de langage, et le mot sera répété p. 165. Horace Vernet exposait en 1846 la *Bataille de l'Isly* (Musée de Versailles), toile colossale, quoique inférieure en dimensions à la *Smalah* de 1845 (cf. pp. 15 et 45).

Ange donne le vertige et que Delacroix remplit d'une stupeur bestiale, comme le tonnerre certains animaux. Tout ce qui est abîme, soit en haut, soit en bas, le fait fuir prudemment. Le sublime lui fait toujours l'effet d'une émeute, et il n'aborde même son Molière qu'en tremblant et par ce qu'on lui a persuadé que c'était un auteur gai.

Aussi tous les honnêtes gens de France, excepté M. Horace VERNET, haïssent le Français. Ce ne sont pas des idées qu'il faut à ce peuple remuant, mais des faits, des récits historiques, des couplets et *le Moniteur !* Voilà tout : jamais d'abstractions. Il a fait de grandes choses, mais il n'y pensait pas. On les lui a fait faire.

M. Horace Vernet est un militaire qui fait de la peinture. — Je hais cet art improvisé au roulement du tambour, ces toiles badigeonnées au galop, cette peinture fabriquée à coups de pistolet, comme je hais l'armée, la force armée, et tout ce qui traîne des armes bruyantes dans un lieu pacifique. Cette immense popularité, qui ne durera d'ailleurs pas plus longtemps que la guerre, et qui diminuera à mesure que les peuples se feront d'autres joies, — cette popularité, dis-je, cette *vox populi, vox Dei,* est pour moi une oppression.

Je hais cet homme parce que ses tableaux ne sont point de la peinture, mais une masturbation agile et fréquente, une irritation de l'épiderme français; — comme je hais tel autre grand homme dont l'austère hypocrisie a rêvé le consulat et qui n'a récompensé le peuple de son amour que par de mauvais vers [1], des vers qui ne sont pas de la poésie, des vers bistournés et mal construits, pleins de barbarismes et de solécismes, mais aussi de civisme et de patriotisme.

Je le hais parce qu'il est né *coiffé* [2], et que l'art est pour lui chose claire et facile. — Mais il vous raconte votre gloire, et c'est la grande affaire. — Eh! qu'importe au voyageur enthousiaste, à l'esprit cosmopolite qui préfère le beau à la gloire?

---

1. Il s'agit de Béranger. Cf. à ce propos la critique de Charlet dans les *Caricaturistes français, infra,* pp. 267 sqq.

2. Expression de M. Marc Fournier, qui peut s'appliquer à presque tous les romanciers et les historiens en vogue, qui ne sont guère que des feuilletonistes, comme M. Horace Vernet. *(Note de Baudelaire.)* Marc Fournier, célèbre acteur né en 1818.

Pour définir M. Horace Vernet d'une manière claire, il est l'antithèse absolue de l'artiste; il substitue le *chic* au dessin, le charivari à la couleur et les épisodes à l'unité; il fait des Meissonier grands comme le monde.

Du reste, pour remplir sa mission officielle, M. Horace Vernet est doué de deux qualités éminentes, l'une en moins, l'autre en plus : nulle passion et une mémoire d'almanach [1] ! Qui sait mieux que lui combien il y a de boutons dans chaque uniforme, quelle tournure prend une guêtre ou une chaussure avachie par des étapes nombreuses; à quel endroit des buffleteries le cuivre des armes dépose son ton vert-de-gris? Aussi, quel immense public et quelle joie! Autant de publics qu'il faut de métiers différents pour fabriquer des habits, des shakos, des sabres, des fusils et des canons! Et toutes ces corporations réunies devant un Horace Vernet par l'amour commun de la gloire! Quel spectacle!

Comme je reprochais un jour à quelques Allemands leur goût pour Scribe et Horace Vernet, ils me répondirent : « Nous admirons profondément Horace Vernet comme le représentant le plus complet de son siècle. » — A la bonne heure!

On dit qu'un jour M. Horace Vernet alla voir Pierre de Cornélius [2]; et qu'il l'accabla de compliments. Mais il attendit longtemps la réciprocité; car Pierre de Cornélius ne le félicita qu'une seule fois pendant toute l'entrevue, — sur la quantité de champagne qu'il pouvait absorber sans

1. La véritable mémoire, considérée sous un point de vue philosophique, ne consiste, je pense, que dans une imagination très vive, facile à émouvoir, et par conséquent susceptible d'évoquer à l'appui de chaque sensation les scènes du passé, en les douant, comme par enchantement, de la vie et du caractère propres à chacune d'elles ; du moins j'ai entendu soutenir cette thèse par l'un de mes anciens maîtres, qui avait une mémoire prodigieuse, quoiqu'il ne pût retenir une date, ni un nom propre. — Le maître avait raison, et il en est sans doute autrement des paroles et des discours qui ont pénétré profondément dans l'âme et dont on a pu saisir le sens intime et mystérieux que de mots appris par cœur. — HOFFMANN. (*Note de Baudelaire.*) Passage extrait des *Aventures du chien Berganza* (cf. *supra*, p. 160).

2. Peter von Cornelius (1783-1867), avec Overbeck, le grand maître de l'École allemande. Il était depuis 1824 directeur de la Pinacothèque de Munich.

en être incommodé. — Vraie ou fausse, l'histoire a toute la vraisemblance poétique.

Qu'on dise encore que les Allemands sont un peuple naïf!

Bien des gens, partisans de la ligne courbe en matière d'éreintage, et qui n'aiment pas mieux que moi M. Horace Vernet, me reprocheront d'être maladroit. Cependant il n'est pas imprudent d'être brutal et d'aller droit au fait, quand à chaque phrase le *je* couvre un *nous, nous* immense, *nous* silencieux et invisible, — *nous,* toute une génération nouvelle, ennemie de la guerre et des sottises nationales; une génération pleine de santé, parce qu'elle est jeune, et qui pousse déjà à la queue, coudoie et fait ses trous, — sérieuse, railleuse et menaçante [1]!

Deux autres faiseurs de vignettes et grands adorateurs du *chic* sont MM. Granet et Alfred Dedreux; mais ils appliquent leur faculté d'improvisateur à des genres bien différents : M. Granet à la religion [2], M. Dedreux à la vie fashionable. L'un fait le moine, l'autre le cheval; mais l'un est noir, l'autre est clair et brillant. M. Alfred Dedreux a cela pour lui qu'il sait peindre, et que ses peintures ont l'aspect vif et frais des décorations de théâtre. Il faut supposer qu'il s'occupe davantage de la nature dans les sujets qui font sa spécialité; car ses études de chiens courants sont plus réelles et plus solides. Quant à ses *Chasses,* elles ont cela de comique que les chiens y jouent le grand rôle et pourraient manger chacun quatre chevaux. Ils rappellent

1. Ainsi l'on peut chanter devant toutes les toiles de M. Horace Vernet :

Vous n'avez qu'un temps à vivre,
Amis, passez-le gaiement.

Gaieté essentiellement française. *(Note de Baudelaire.)*

Ces vers ont pour auteur un militaire qui faisait de la poésie, le général comte de Bonneval (1675-1747), personnage d'ailleurs pittoresque et d'une autre envergure que Vernet ou Béranger ; après avoir servi l'Autriche, il passa du côté de la Turquie, et se convertit à l'Islam.

2. Granet exposait en effet cette année-là uniquement des sujets religieux. Sur Dedreux (ou de Dreux) cf. p. 55.

les célèbres moutons dans *les Vendeurs du Temple,* de Jouvenet, qui absorbent Jésus-Christ [1].

XII. — DE L'ÉCLECTISME ET DU DOUTE

Nous sommes, comme on le voit, dans l'hôpital de la peinture. Nous touchons aux plaies et aux maladies; et celle-ci n'est pas une des moins étranges et des moins contagieuses.

Dans le siècle présent comme dans les anciens, aujourd'hui comme autrefois, les hommes forts et bien portants se partagent, chacun suivant son goût et son tempérament, les divers territoires de l'art, et s'y exercent en pleine liberté suivant la loi fatale du travail attrayant. Les uns vendangent facilement et à pleines mains dans les vignes dorées et automnales de la couleur; les autres labourent avec patience et creusent péniblement le sillon profond du dessin. Chacun de ces hommes a compris que sa royauté était un sacrifice, et qu'à cette condition seule il pouvait régner avec sécurité jusqu'aux frontières qui la limitent. Chacun d'eux a une enseigne à sa couronne, et les mots écrits sur l'enseigne sont lisibles pour tout le monde. Nul d'entre eux [a] ne doute de sa royauté, et c'est dans cette imperturbable conviction qu'est leur gloire et leur sérénité.

M. Horace Vernet lui-même, cet odieux représentant du *chic,* a le mérite de n'être pas un douteur. C'est un homme d'une humeur heureuse et folâtre, qui habite un pays artificiel dont les acteurs et les coulisses sont faits du même carton; mais il règne en maître dans son royaume de parade et de divertissements.

Le doute, qui est aujourd'hui dans le monde moral la cause principale de toutes les affections morbides, et dont

1. Ce tableau de Jouvenet (1644-1717) faisait partie d'une série peinte pour l'église Saint-Martin-des-Champs à Paris, et se trouve actuellement au musée de Lyon. Le Louvre en possède une réplique. Dans le *Salon de 1845,* Baudelaire, qui a pour Jouvenet la plus grande admiration, le plaçait, à propos d'Horace Vernet, sur le même plan que Rubens, Véronèse et Tintoret. Et en cela, Baudelaire est un précurseur car Jouvenet sera de plus en plus apprécié au XXe siècle comme un très grand peintre religieux.

les ravages sont plus grands que jamais, dépend de causes majeures que j'analyserai dans l'avant-dernier chapitre, intitulé : *Des écoles et des ouvriers.* Le doute a engendré l'éclectisme, car les douteurs avaient la bonne volonté du salut.

L'éclectisme, aux différentes époques, s'est toujours cru plus grand que les doctrines anciennes, parce qu'arrivé le dernier il pouvait parcourir les horizons les plus reculés. Mais cette impartialité prouve l'impuissance des éclectiques. Des gens qui se donnent si largement le temps de la réflexion ne sont pas des hommes complets; il leur manque une passion.

Les éclectiques n'ont pas songé que l'attention humaine est d'autant plus intense qu'elle est bornée et qu'elle limite elle-même son champ d'observations. Qui trop embrasse mal étreint.

C'est surtout dans les arts que l'éclectisme a eu les conséquences les plus visibles et les plus palpables, parce que l'art, pour être profond, veut une idéalisation perpétuelle qui ne s'obtient qu'en vertu du sacrifice, — sacrifice involontaire.

Quelque habile que soit un éclectique, c'est un homme faible; car c'est un homme sans amour. Il n'a donc pas d'idéal, il n'a pas de parti pris; — ni étoile ni boussole.

Il mêle quatre procédés différents qui ne produisent qu'un effet noir, une négation.

Un éclectique est un navire qui voudrait marcher avec quatre vents.

Une œuvre faite à un point de vue exclusif [1], quelque grands que soient ses défauts, a toujours un grand charme pour les tempéraments analogues à celui de l'artiste.

L'œuvre d'un éclectique ne laisse pas de souvenir.

Un éclectique ignore que la première affaire d'un artiste est de substituer l'homme à la nature et de protester contre elle. Cette protestation ne se fait pas de parti pris, froidement, comme un code ou une rhétorique; elle est emportée et naïve, comme le vice, comme la passion, comme l'appétit. Un éclectique n'est donc pas un homme.

1. Baudelaire reprend le même terme qu'il avait employé pour sa définition de la critique (p. 101) ; c'est que le même principe esthétique commande à la fois critique et création.

Le doute a conduit certains artistes à implorer le secours de tous les autres arts. Les essais de moyens contradictoires, l'empiétement d'un art sur un autre, l'importation de la poésie, de l'esprit et du sentiment dans la peinture, toutes ces misères modernes sont des vices particuliers aux éclectiques.

XIII. — DE M. ARY SCHEFFER ET DES SINGES DU SENTIMENT

Un exemple désastreux de cette méthode, si l'on peut appeler ainsi l'absence de méthode, est M. ARY SCHEFFER.

Après avoir imité Delacroix, après avoir singé les coloristes, les dessinateurs français et l'école néo-chrétienne d'Owerbeck [1], M. Ary Scheffer s'est aperçu, — un peu

1. Orthographe de Baudelaire. Friedrich Overbeck (1789-1869) constitua à Rome, en particulier avec Peter von Cornelius, un groupe d'artistes qui, sous le nom de *Nazaréens,* tentèrent de donner naissance à une peinture religieuse vécue en communauté. C'est leur rayonnement qui explique en grande partie la nostalgie religieuse qui tourmente nombre d'artistes de ce temps, nostalgie qui, comme l'a très bien vu Baudelaire, restera stérile, car les Nazaréens ne pourront véritablement inventer un langage conforme à leur ambition : ils resteront prisonniers d'une sorte d'académisme sentimental, dont, en effet, Ary Scheffer est devenu, en France, sur la fin de sa carrière, le représentant le plus caractéristique. C'est encore du côté de l'École de Lyon qu'on trouverait l'expression la plus valable de cet esprit nazaréen. Plus tard, ce courant — qui inspire aussi tout un aspect de l'esthétique des Préraphaélites anglais — resurgira en France, avec infiniment plus de vigueur, pour donner naissance à l'œuvre de Puvis de Chavannes et des « nabis » (avec en particulier Maurice Denis). Quant à Baudelaire, sévère avec raison pour Ary Scheffer, et avec moins de raison pour les Lyonnais (à l'exception cependant de Chenavard), il semble partager à l'égard des Allemands l'admiration de la plupart de ses contemporains, en particulier Théophile Gautier, qui écrit dans son article sur Pierre de Cornélius, restaurateur de la fresque, (l'*Art moderne,* Paris, Michel Lévy, 1856, pp. 235 sqq.) : *La renommée de Cornelius est européenne* [on pouvait en dire autant d'Overbeck]... *il occupe une place élevée que personne ne lui conteste parmi les maîtres les plus sérieux.* Il est vrai que Gautier (cf. *supra,* p. 157) faisait aussi l'éloge d'Ary Scheffer. Tandis que Gérard de Nerval *(Voyage en Orient, Introduction, V)* est moins enthousiaste devant le chef-d'œuvre

tard sans doute, — qu'il n'était pas né peintre. Dès lors il fallut recourir à d'autres moyens; et il demanda aide et protection à la poésie.

Faute ridicule pour deux raisons : d'abord la poésie n'est pas le but immédiat du peintre; quand elle se trouve mêlée à la peinture, l'œuvre n'en vaut que mieux, mais elle ne peut pas en déguiser les faiblesses. Chercher la poésie de parti pris dans la conception d'un tableau est le plus sûr moyen de ne pas la trouver. Elle doit venir à l'insu de l'artiste. Elle est le résultat de la peinture elle-même; car elle gît dans l'âme du spectateur, et le génie consiste à l'y réveiller. La peinture n'est intéressante que par la couleur et par la forme; elle ne ressemble à la poésie qu'autant que celle-ci éveille dans le lecteur des idées de peinture [1].

En second lieu, et ceci est une conséquence de ces dernières lignes, il est à remarquer que les grands artistes, que leur instinct conduit toujours bien, n'ont pris dans les poètes que des sujets très colorés et très visibles. Ainsi ils préfèrent Shakspeare à Arioste.

Or, pour choisir un exemple éclatant de la sottise de M. Ary Scheffer, examinons le sujet du tableau intitulé *Saint Augustin et sainte Monique* [2]. Un brave peintre espagnol

---

de la décoration allemande à Munich : *Ces peintures, admirablement composées, sont d'une exécution lourde et criarde, et l'œil a peine à en saisir l'harmonie.*

1. Évidemment c'est l'absolu démenti du vieil adage d'Horace qui, avec sa réciproque. a si souvent servi de prétexte à tous les académismes artistiques ou littéraires : *ut pictura poesis.* Mais Baudelaire profite de l'occasion, qui lui est fournie par le sentimentalisme d'Ary Scheffer, pour dénoncer la peinture faussement littéraire, et pour définir, une fois de plus, les conditions d'une véritable peinture poétique : il est clair qu'il ne cesse ici d'avoir à l'esprit l'exemple de Delacroix, qui, précisément, s'il s'inspire de littérature, préfère Shakespeare à Arioste.

2. Le Salon de 1846 fut le dernier où exposa Ary Scheffer (1795-1858) mais son *Saint Augustin et sainte Monique* devait rester une des œuvres religieuses les plus populaires du XIXe siècle. Reproduit à de très nombreux exemplaires, en particulier sous forme d'images de piété (et cela jusqu'à nos jours), il représente parfaitement, comme le note Baudelaire, la dégradation de la peinture sacrée en sentimentalisme et en éclectisme qui a marqué le XIXe siècle. De ce tableau d'ailleurs, Ary Scheffer devait exécuter au moins trois répliques

eût naïvement, avec la double piété de l'art et de la religion, peint de son mieux l'idée générale qu'il se faisait de saint Augustin et de sainte Monique. Mais il ne s'agit pas de cela; il faut surtout exprimer le passage suivant, — avec des pinceaux et de la couleur : — « Nous cherchions entre nous quelle sera cette vie éternelle *que l'œil n'a pas vue, que l'oreille n'a pas entendue, et où n'atteint pas le cœur de l'homme !* [1] » C'est le comble de l'absurdité. Il me semble voir un danseur exécutant un pas de mathématiques!

Autrefois le public était bienveillant pour M. Ary Scheffer; il retrouvait devant ces tableaux *poétiques* les plus chers souvenirs des grands poètes, et cela lui suffisait. La vogue passagère de M. Ary Scheffer fut un hommage à la mémoire de Gœthe [2]. Mais les artistes, même ceux qui n'ont qu'une originalité médiocre, ont montré depuis longtemps au public de la vraie peinture, exécutée avec une main sûre et d'après les règles les plus simples de l'art : aussi s'est-il dégoûté peu à peu de la peinture invisible, et il est aujourd'hui, à l'endroit de M. Ary Scheffer, cruel et ingrat, comme tous les publics. Ma foi! il fait bien.

(Londres, Tate Gallery ; Paris, Louvre ; musée de Dordrecht, ville natale de Scheffer).

1. Saint Augustin, *Confessions,* IX, 10. Nous ne savons si la citation a été traduite par Baudelaire lui-même d'après le texte original ou si elle est empruntée à une traduction. Nous ne pensons pas être coupable de pédantisme en signalant qu'elle est incomplète, et, pour son dernier membre de phrase, inexacte. Voici en tout cas la traduction complète du latin de saint Augustin : *Nous cherchions entre nous, auprès de cette Vérité présente que Tu es, quelle sera cette Vie éternelle des Saints, que l'œil ne voit pas, que l'oreille n'entend pas, et qui ne parvient pas jusqu'au cœur de l'homme (... nec in cor hominis ascendit).*

2. La Marguerite de *Faust* avait en effet été, dès 1830, une spécialité d'Ary Scheffer et ce sera encore le sujet d'une de ses dernières œuvres, achevée l'année même de sa mort, 1858 (*Marguerite à la Fontaine,* collection Wallace). Ici Baudelaire fait sans doute allusion au Salon paru dans *la Presse,* où Gautier déclarait justement que Marguerite appartenait à Scheffer au moins autant qu'à Gœthe. Il est vrai d'autre part que nombre d'artistes romantiques ont dû tout leur succès à ce qu'ils furent les illustrateurs des grands poètes à la mode, Dante, Shakespeare, Gœthe ou Byron, ce que fut aussi Delacroix, mais d'une autre manière ! Il suffit de comparer sa Marguerite avec celle de Scheffer.

Du reste, cette peinture est si malheureuse, si triste, si indécise et si sale, que beaucoup de gens ont pris les tableaux de M. Ary Scheffer pour ceux de M. Henry SCHEFFER [1], un autre Girondin de l'art. Pour moi, ils me font l'effet. de tableaux de M. Delaroche, lavés par les grandes pluies [2]

Une méthode simple pour connaître la portée d'un artiste est d'examiner son public. E. Delacroix a pour lui les peintres et les poètes; M. Decamps, les peintres; M. Horace Vernet, les garnisons, et M. Ary Scheffer, les femmes esthétiques qui se vengent de leurs flueurs blanches en faisant de la musique religieuse [3].

Les singes du sentiment sont, en général, de mauvais artistes. S'il en était autrement, ils feraient autre chose que du sentiment.

Les plus forts d'entre eux sont ceux qui ne comprennent que le joli.

Comme le sentiment est une chose infiniment variable et multiple, comme la mode, il y a des singes de sentiment de différents ordres.

Le singe du sentiment compte surtout sur le livret. Il est à remarquer que le titre du tableau n'en dit jamais le sujet, surtout chez ceux qui, par un agréable mélange d'horreurs, mêlent le sentiment à l'esprit. On pourra ainsi, en élargissant la méthode, arriver au rébus sentimental.

Par exemple, vous trouvez dans le livret : *Pauvre fileuse !* Eh bien, il se peut que le tableau représente un ver à soie femelle ou une chenille écrasée par un enfant. Cet âge est sans pitié [4].

---

1. Cf. p. 46 et 57.

2. Paul Delaroche (1797-1856) est, plus encore qu'Ary Scheffer, l'exemple type de l'éclectisme à succès dénoncé par Baudelaire.

3. Je recommande à ceux que mes pieuses colères ont dû parfois scandaliser la lecture des *Salons* de Diderot. Entre autres exemples de charité bien entendue, ils y verront que ce grand philosophe, à propos d'un peintre qu'on lui avait recommandé, parce qu'il avait du monde à nourrir, dit qu'il faut abolir les tableaux ou la famille. *(Note de Baudelaire.)*

4. Baudelaire reviendra sur la question des titres dans le *Salon de 1859* (chap. VI). Voici les auteurs des tableaux ici énumérés : *Pauvre fileuse,* par Mme Céleste Pensotti ; *Aujourd'hui* et *Demain,* par E.-Ch. Landelle ; l'*Indiscret,* par H.-G. Schlésinger ; *la Permission de dix heures*

Aujourd'hui et *Demain.* — Qu'est-ce que cela? Peut-être le drapeau blanc et le drapeau tricolore; peut-être aussi un député triomphant, et le même dégommé. Non, — c'est une jeune vierge promue à la dignité de lorette, jouant avec les bijoux et les roses, et maintenant, flétrie et creusée, subissant sur la paille les conséquences de sa légèreté.

L'Indiscret. — Cherchez, je vous prie. — Cela représente un monsieur surprenant un album libertin dans les mains de deux jeunes filles rougissantes.

Celui-ci rentre dans la classe des tableaux de sentiment Louis XV, qui se sont, je crois, glissés au Salon à la suite de *la Permission de dix heures.* C'est, comme on le voit, un tout autre ordre de sentiments : ceux-ci sont moins mystiques.

En général, les tableaux de sentiment sont tirés des dernières poésies d'un bas-bleu quelconque, genre mélancolique et voilé; ou bien ils sont une traduction picturale des criailleries du pauvre contre le riche, genre protestant; ou bien empruntés à la sagesse des nations, genre spirituel; quelquefois aux œuvres de M. Bouilly [1] ou de Bernardin de Saint-Pierre, genre moraliste.

Voici encore quelques exemples de tableaux de sentiment : *l'Amour à la campagne,* bonheur, calme, repos, et *l'Amour à la ville,* cris, désordre, chaises et livres renversés : c'est une métaphysique à la portée des simples.

La Vie d'une jeune fille en quatre compartiments. — Avis à celles qui ont du penchant à la maternité.

L'Aumône d'une vierge folle. — Elle donne un sou gagné à la sueur de son front à l'éternel Savoyard qui monte la garde à la porte de Félix [2]. Au dedans, les riches du jour se gorgent de friandises. Celui-là nous vient évidemment

---

par Eugène Giraud ; l'*Amour à la campagne* doit être *l'Amour au château* et *l'Amour à la chaumière* de Compte Calix; Pierre Cottin exposait une gravure, d'après Guillemin, intitulée *l'Amour à la ville; la Vie d'une jeune fille* de Charles Richard était en fait un tableau à *cinq* compartiments ; enfin *l'Aumône d'une vierge folle,* ce titre ne figurant pas au livret, était sans doute *la Charité* de Béranger.

1. On ne connaît, semble-t-il, qu'un acteur de ce nom, et encore était-il mort en 1842. Peut-il s'agir de lui? (Jean-Nicolas Bouilly, 1763-1842.)

2. Célèbre pâtissier, 42 rue Vivienne.

de la littérature *Marion Delorme,* qui consiste à prêcher les vertus des assassins et des filles publiques.

Que les Français ont d'esprit et qu'ils se donnent de mal pour se tromper [a] ! Livres, tableaux, romances, rien n'est inutile, aucun moyen n'est négligé par ce peuple charmant, quand il s'agit pour lui de *se monter un coup.*

XIV. — DE QUELQUES DOUTEURS

Le doute revêt une foule de formes; c'est un Protée qui souvent s'ignore lui-même. Ainsi les douteurs varient à l'infini, et je suis obligé de mettre en paquet plusieurs individus qui n'ont de commun que l'absence d'une individualité bien constituée.

Il y en a de sérieux et pleins d'une grande bonne volonté ; ceux-là, plaignons-les.

Ainsi M. Papety [1], que quelques-uns, ses amis surtout, avaient pris pour un coloriste lors de son retour de Rome, a fait un tableau d'un aspect affreusement désagréable, — *Solon dictant ses lois;* — et qui rappelle, — peut-être parce qu'il est placé trop haut pour qu'on en puisse étudier les détails, — la queue ridicule de l'école impériale.

Voilà deux ans de suite que M. Papety donne, dans le même Salon, des tableaux d'un aspect tout différent.

M. Glaize compromet ses débuts par des œuvres d'un style commun et d'une composition embrouillée. Toutes les fois qu'il lui faut faire autre chose qu'une étude de femme, il se perd. M. Glaize croit qu'on devient coloriste par le choix exclusif de certains tons. Les commis étalagistes et les habilleurs de théâtre ont aussi le goût des tons riches; mais cela ne fait pas le goût de l'harmonie.

Dans *le Sang de Vénus,* la Vénus est jolie, délicate et dans un bon mouvement; mais la nymphe accroupie en face d'elle est d'un *poncif* affreux [2].

On peut faire à M. Matout [3] les mêmes reproches à l'endroit de la couleur. De plus, un artiste qui s'est présenté

1. Cf. p. 55.
2. Cf. p. 32. Le *Sang de Vénus* se trouve au musée de Montpellier.
3. Cf. p. 38.

autrefois comme dessinateur, et dont l'esprit s'appliquait surtout à l'harmonie combinée des lignes, doit éviter de donner à une figure des mouvements de cou et de bras improbables. Si la nature le veut, l'artiste idéaliste, qui veut être fidèle à ses principes, n'y doit pas consentir.

M. CHENAVARD est un artiste éminemment savant et piocheur, dont on a remarqué, il y a quelques années, *le Martyre de saint Polycarpe,* fait en collaboration avec M. COMAIRAS [1]. Ce tableau dénotait une science réelle de composition et une connaissance approfondie de tous les maîtres italiens. Cette année, M. Chenavard a encore fait preuve de goût dans le choix de son sujet et d'habileté dans son dessin; mais quand on lutte contre Michel-Ange, ne serait-il pas convenable de l'emporter au moins par la couleur?

M. A. GUIGNET [2] porte toujours deux hommes dans son cerveau, Salvator et M. Decamps. M. Salvator Guignet peint avec de la sépia. M. Guignet Decamps est une entité diminuée par la dualité. — *Les Condottières après un pillage* sont faits dans la première manière; *Xerxès* se rapproche de la seconde. — Du reste, ce tableau est assez bien composé, n'était le goût de l'érudition et de la curiosité, qui intrigue et amuse le spectateur et le détourne de la pensée principale; c'est aussi le défaut des *Pharaons.*

MM. BRUNE et GIGOUX [3] sont déjà de vieilles réputations. Même dans son bon temps, M Gigoux n'a guère fait que

1. Baudelaire parlera plus longuement de Chenavard dans *l'Art philosophique* et nous reviendrons sur ce sujet à cette occasion. *Le Martyre de saint Polycarpe* avait été exposé en 1841 et ensuite placé dans l'église Saint-Étienne d'Argenton-sur-Creuse (Indre) où il se trouve actuellement. Le tableau de 1846 était l'*Enfer de Dante,* actuellement au musée de Montpellier. Ce tableau fut acquis par Ledru-Rollin (qui commanda aussi à Chenavard la décoration du Panthéon). Forcé de s'expatrier, il le rendit à l'artiste. Celui-ci l'offrit, pour sa galerie, à Bruyas, qui le légua au musée Fabre de Montpellier (1876. Renseignements aimablement communiqués par M. le Conservateur du musée Fabre. Cf. A. Joubin : catalogue du musée Fabre, 1926, n° 408). Comairas (1803-1875) sera à nouveau le collaborateur de Chenavard pour son projet de décoration du Panthéon en 1848.

2. Cf. pp. 20 et 56.

3. Cf. pp. 31 et 53

de vastes vignettes. Après de nombreux échecs, il nous a montré enfin un tableau qui, s'il n'est pas très original, a du moins une assez belle tournure. *Le Mariage de la sainte Vierge* semble être l'œuvre d'un de ces maîtres nombreux de la décadence florentine, que la couleur aurait subitement préoccupé.

M. Brune rappelle les Carrache et les peintres éclectiques de la seconde époque : manière solide, mais d'âme peu ou point; — nulle grande faute, mais nulle grande qualité.

S'il est des douteurs qui inspirent de l'intérêt, il en est de grotesques que le public revoit tous les ans avec cette joie méchante, particulière aux flâneurs ennuyés à qui la laideur excessive procure quelques instants de distraction.

M. BARD [1], l'homme aux folies froides, semble décidément succomber sous le fardeau qu'il s'était imposé. Il revient de temps à autre à sa manière naturelle, qui est celle de tout le monde. On m'a dit que l'auteur de *la Barque de Caron* était élève de M. Horace Vernet.

M. BIARD [2] est un homme universel. Cela semblerait indiquer qu'il ne doute pas le moins du monde, et que nul plus que lui n'est sûr de son fait; mais remarquez bien que parmi cet effroyable bagage, — tableaux d'histoire, tableaux de voyages, tableaux de sentiment, tableaux spirituels, — il est un genre négligé. M. Biard a reculé devant le tableau de religion. Il n'est pas encore assez convaincu de son mérite.

XV. — DU PAYSAGE

Dans le paysage, comme dans le portrait et le tableau d'histoire, on peut établir des classifications basées sur les méthodes différentes : ainsi il y a des paysagistes coloristes, des paysagistes dessinateurs et des imaginatifs; des naturalistes idéalisant à leur insu, et des sectaires du *poncif,* qui s'adonnent à un genre particulier et étrange, qui s'appelle le Paysage *historique*.

Lors de la révolution romantique, les paysagistes, à l'exemple des plus célèbres Flamands, s'adonnèrent exclu-

---

1. Cf. p. 58.
2. 1799-1882. Cf. *Salon de 1859*, II, p. 315.

sivement à l'étude de la nature; ce fut ce qui les sauva et donna un éclat particulier à l'école du paysage moderne. Leur talent consista surtout dans une adoration éternelle de l'œuvre visible, sous tous ses aspects et dans tous ses détails.

D'autres, plus philosophes et plus raisonneurs, s'occupèrent surtout du style, c'est-à-dire de l'harmonie des lignes principales, de l'architecture de la nature.

Quant au paysage de fantaisie, qui est l'expression de la rêverie humaine, l'égoïsme humain substitué à la nature, il fut peu cultivé. Ce genre singulier, dont Rembrandt, Rubens, Watteau et quelques livres d'étrennes anglais offrent les meilleurs exemples, et qui est en petit l'analogue des belles décorations de l'Opéra, représente le besoin naturel du merveilleux. C'est l'imagination du dessin importée dans le paysage : jardins fabuleux, horizons immenses, cours d'eau plus limpides qu'il n'est naturel, et coulant en dépit des lois de la topographie, rochers gigantesques construits dans des proportions idéales, brumes flottantes comme un rêve. Le paysage de fantaisie a eu chez nous peu d'enthousiastes, soit qu'il fût un fruit peu français, soit que l'école eût avant tout besoin de se retremper dans les sources purement naturelles.

Quant au paysage historique, dont je veux dire quelques mots en manière d'office pour les morts, il n'est ni la libre fantaisie, ni l'admirable servilisme des naturalistes : c'est la morale appliquée à la nature.

Quelle contradiction et quelle monstruosité! La nature n'a d'autre morale que le fait, parce qu'elle est la morale elle-même : et néanmoins il s'agit de la reconstruire et de l'ordonner d'après des règles plus saines et plus pures, règles qui ne se trouvent pas dans le pur enthousiasme de l'idéal, mais dans des codes bizarres que les adeptes ne montrent à personne.

Ainsi la tragédie, — ce genre oublié des hommes, et dont on ne retrouve quelques échantillons qu'à la Comédie-Française, le théâtre le plus désert de l'univers [1], — la tragédie consiste à découper certains patrons éternels, qui sont l'amour, la haine, l'amour filial, l'ambition, etc., et,

1. Est-ce un souvenir de Henri Heine, qui écrivait, une dizaine d'années auparavant, dans ses *Lettres sur la scène française,* que la Comédie-Française avait pour lui *toute la tristesse d'un désert ?*

suspendus à des fils, de les faire marcher, saluer, s'asseoir et parler d'après une étiquette mystérieuse et sacrée. Jamais, même à grand renfort de coins et de maillets, vous ne ferez entrer dans la cervelle d'un poète tragique l'idée de l'infinie variété, et même en le frappant ou en le tuant, vous ne lui persuaderez pas qu'il faut différentes morales. Avez-vous jamais vu boire et manger des personnes tragiques ? Il est évident que ces gens-là se sont fait la morale à l'endroit des besoins naturels et qu'ils ont créé leur tempérament, au lieu que la plupart des hommes subissent le leur. J'ai entendu dire à un poète ordinaire de la Comédie-Française que les romans de Balzac lui serraient le cœur et lui inspiraient du dégoût ; que, pour son compte, il ne concevait pas que des amoureux vécussent d'autre chose que du parfum des fleurs et des pleurs de l'aurore. Il serait temps, ce me semble, que le gouvernement s'en mêlât ; car si les hommes de lettres, qui ont chacun leur rêve et leur labeur, et pour qui le dimanche n'existe pas, échappent naturellement à la tragédie, il est un certain nombre de gens à qui l'on a persuadé que la Comédie-Française était le sanctuaire de l'art, et dont l'admirable bonne volonté est filoutée un jour sur sept. Est-il raisonnable de permettre à quelques citoyens de s'abrutir et de contracter des idées fausses ? Mais il paraît que la tragédie et le paysage historique sont plus forts que les Dieux.

Vous comprenez maintenant ce que c'est qu'un bon paysage tragique. C'est un arrangement de patrons d'arbres, de fontaines, de tombeaux et d'urnes cinéraires. Les chiens sont taillés sur un certain patron de chien historique ; un berger historique ne peut pas, sous peine de déshonneur, s'en permettre d'autres. Tout arbre immoral qui s'est permis de pousser tout seul et à sa manière est nécessairement abattu ; toute mare à crapauds ou à têtards est impitoyablement enterrée. Les paysagistes historiques, qui ont des remords par suite de quelques peccadilles naturelles, se figurent l'enfer sous l'aspect d'un vrai paysage, d'un ciel pur et d'une nature libre et riche : par exemple une savane ou une forêt vierge.

MM. Paul FLANDRIN, DESGOFFES, CHEVANDIER et TEYTAUD [1] sont les hommes qui se sont imposé la gloire de lutter contre le goût d'une nation.

---

1. Cf. p. 67.

J'ignore quelle est l'origine du paysage historique. A coup sûr, ce n'est pas dans Poussin qu'il a pris naissance; car auprès de ces messieurs, c'est un esprit perverti et débauché.

MM. ALIGNY, COROT et CABAT [1] se préoccupent beaucoup du style. Mais ce qui, chez M. Aligny, est un parti pris violent et philosophique, est chez M. Corot une habitude naïve et une tournure d'esprit naturel. Il n'a malheureusement donné cette année qu'un seul paysage : ce sont des vaches qui viennent boire à une mare dans la forêt de Fontainebleau [2]. M. Corot est plutôt un harmoniste qu'un coloriste; et ses compositions, toujours dénuées de pédanterie, ont un aspect séduisant par la simplicité même de la couleur. Presque toutes ses œuvres ont le don particulier de l'unité, qui est un des besoins de la mémoire.

M. Aligny a fait à l'eau-forte de très belles vues de Corinthe et d'Athènes; elles expriment parfaitement bien l'idée préconçue de ces choses. Du reste, ces harmonieux poèmes de pierre allaient très bien au talent sérieux et

---

1. Cf. p. 59. Baudelaire oppose ici deux tendances du Paysage ; la tendance idéale — celle que tout à l'heure il expliquera par l'influence ingriste — et la tendance qui se partage entre lyrisme et naturalisme, qui conduira d'ailleurs, directement ou indirectement, à l'impressionnisme. La première, que représentent Paul Flandrin, etc., continue le « paysage historique » illustré par Valenciennes mais en l'infléchissant selon la doctrine du beau idéal. On pourra à ce propos s'étonner que Baudelaire groupe Aligny (1798-1871) avec Corot et Cabat, cet Aligny dont Gautier *(La Presse,* 16 avril 1845) avait écrit, assez justement, qu'il *cherche la beauté d'un chêne-vert ou d'un laurier-rose, comme un statuaire grec le profil d'une déesse* et qu'il *donnait à ses troncs d'arbre l'élégance des sculpteurs antiques*. Il est vrai que Baudelaire, à la différence de Gautier, est préoccupé du *sentiment* de la nature plutôt que de la méthode et de la forme, et, de fait, il semble qu'Aligny — en cela plus fidèle à la ligne authentique de Valenciennes — ait obtenu, comme le note Baudelaire, par le *parti pris* de sa méthode idéale, un *sentiment* analogue, mais en beaucoup plus pauvre, à celui de Corot (à propos de ce dernier cf. ce que Baudelaire en dit, et nos notes, dans le *Salon de 1845*). Il reste qu'Aligny exposait cette année-là des sujets grecs qui, précisément, étaient favorables à la fois à son parti pris et à son sentiment. Peut-être Baudelaire a-t-il pressenti qu'il y avait dans le Paysage — selon l'exemple des Anglais — une chance de *surnaturalisme* par la conjonction d'un certain « idéalisme » avec le « sentiment ».

2. *Vue prise dans la forêt de Fontainebleau* (Musée de Boston).

idéaliste de M. Aligny, ainsi que la méthode employée pour les traduire.

M. Cabat a complètement abandonné la voie dans laquelle il s'était fait une si grande réputation. Sans être complice des fanfaronnades particulières à certains paysagistes naturalistes, il était autrefois bien plus brillant et bien plus naïf. Il a véritablement tort de ne plus se fier à la nature, comme jadis. C'est un homme d'un trop grand talent pour que toutes ses compositions n'aient pas un caractère spécial; mais ce jansénisme de nouvelle date, cette diminution de moyens, cette privation volontaire, ne peuvent pas ajouter à sa gloire [1].

En général, l'influence ingriste ne peut pas produire de résultats satisfaisants dans le paysage. La ligne et le style ne remplacent pas la lumière, l'ombre, les reflets et l'atmosphère colorante, — toutes choses qui jouent un trop grand rôle dans la poésie de la nature pour qu'elle se soumette à cette méthode [2].

Les partisans contraires, les naturalistes et les coloristes, sont bien plus populaires et ont jeté bien plus d'éclat. Une couleur riche et abondante, des ciels transparents et lumineux, une sincérité particulière qui leur fait accepter

---

1. Nouvel indice des développements de l'idéal ingriste et de la réaction anti-romantique. Louis Cabat en effet (1812-1893), élève de Flers — dont en 1845 Baudelaire avait noté la sincérité technique (cf. p. 59) — avait traité dans un style préimpressionniste les paysages des environs de Paris. A l'époque où écrit Baudelaire, Cabat vient précisément de se rallier au « paysage historique », et ne sera jamais ce second Corot qu'on avait pu espérer. Il sera plus tard directeur de l'École de Rome.

2. Baudelaire pouvait-il prévoir qu'après avoir traversé les expériences multiples de la seconde moitié du siècle, l'*influence ingriste* allait pouvoir trouver sa place dans le Paysage, déjà chez un Gauguin ou un Cézanne, et plus encore, plus tard, chez Matisse. Baudelaire reste pleinement de son temps : il est essentiellement attaché au paysage *atmosphérique* et lyrique. Les tentatives *ingristes* contemporaines, avec leur pauvreté académique, ne pouvaient guère lui faire découvrir l'intérêt d'un paysage de lignes, de plans et de volumes. Nous ne voyons guère qu'un paysagiste de ce temps qui ait su exprimer une intense spiritualité dans un langage qui annonce justement Gauguin, et Baudelaire ne le connaissait pas, car, si c'était un Anglais, c'était un de ceux que le Continent ignora : John Sell Cotman (1782-1842).

tout ce que donne la nature, sont leurs principales qualités : seulement, quelques-uns d'entre eux, comme M. TROYON, se réjouissent trop dans les jeux et les voltiges de leur pinceau [1]. Ces moyens, sus d'avance, appris à grand'peine et monotonement triomphants, intéressent le spectateur quelquefois plus que le paysage lui-même. Il arrive même, en ces cas-là, qu'un élève inattendu, comme M. Charles LE ROUX, pousse encore plus loin la sécurité et l'audace; car il n'est qu'une chose inimitable, qui est la bonhomie.

M. COIGNARD a fait un grand paysage d'une assez belle tournure, et qui a fort attiré les yeux du public; — au premier plan, des vaches nombreuses, et, dans le fond, la lisière d'une forêt. Les vaches sont belles et bien peintes, l'ensemble du tableau a un bon aspect; mais je ne crois pas que ces arbres soient assez vigoureux pour supporter un pareil ciel. Cela fait supposer que si on enlevait les vaches, le paysage deviendrait fort laid [2].

M. FRANÇAIS [3] est un des paysagistes les plus distingués. Il sait étudier la nature et y mêler un parfum romantique de bon aloi. Son *Étude de Saint-Cloud* est une chose charmante et pleine de goût, sauf les puces de M. Meissonier qui sont une faute de goût [4]. Elles attirent trop l'attention et elles amusent les nigauds. Du reste elles sont faites avec la perfection particulière que cet artiste met dans toutes ces petites choses [5].

---

1. Sur Troyon cf. le réquisitoire de Baudelaire dans le *Salon de 1859*, p. 373.

2. Coignard (1810-1883) qui était à sa manière un habile et un éclectique, semble avoir voulu pasticher simultanément Diaz et Troyon.

3. Cf. p. 62. Français exposait une *Étude de Saint-Cloud,* qui figurait dans la collection Pourtalès et un *Effet de soleil couchant* actuellement au musée de Montpellier.

4. Meissonier avait fait les figures dans le genre *petit* qui le caractérise, d'où l'expression employée par Baudelaire.

5. J'ai enfin trouvé un homme qui a su exprimer son admiration pour les Meissonier de la façon la plus judicieuse, et avec un enthousiasme qui ressemble tout à fait au mien. C'est M. Hippolyte Babou. Je pense comme lui qu'il faudrait les pendre tous dans les frises du Gymnase. — « *Geneviève* ou *la Jalousie paternelle* est un ravissant petit Meissonier que M. Scribe a accroché dans les frises du Gymnase. » —

M. Flers n'a malheureusement envoyé que des pastels. Le public et lui y perdent également [1].

M. Héroult est de ceux que préoccupent surtout la lumière et l'atmosphère. Il sait fort bien exprimer les ciels clairs et souriants et les brumes flottantes, traversées par un rayon de soleil. Il connaît toute cette poésie particulière aux pays du Nord. Mais sa couleur, un peu molle et fluide, sent les habitudes de l'aquarelle, et, s'il a su éviter les crâneries des autres paysagistes, il ne possède pas toujours une fermeté de touche suffisante.

MM. Joyant, Chacaton, Lottier et Borget vont, en général, chercher leurs sujets dans les pays lointains, et leurs tableaux ont le charme des lectures de voyages.

Je ne désapprouve pas les spécialités; mais je ne voudrais pourtant pas qu'on en abusât autant que M. Joyant, qui n'est jamais sorti de la place Saint-Marc et n'a jamais franchi le Lido. Si la spécialité de M. Joyant attire les yeux plus qu'une autre, c'est sans doute à cause de la perfection monotone qu'il y met, et qui est toujours due aux mêmes moyens. Il me semble que M. Joyant n'a jamais pu faire de progrès [2].

M. Borget a franchi les frontières de la Chine, et nous a montré des paysages mexicains, péruviens et indiens. Sans être un peintre de premier ordre, il a une couleur brillante et facile. Ses tons sont frais et purs. Avec moins d'art, en se préoccupant moins des paysagistes et en pei-

---

Courrier français, feuilleton du 6 avril. — Cela m'a paru tellement sublime, que j'ai présumé que MM. Scribe, Meissonier et Babou ne pouvaient que gagner également à cette citation. *(Note de Baudelaire.)*

1. Cf. p. 64.

2. A en juger d'après une reproduction parue dans l'*Illustration* (vol. VII, 1846, p. 89), Joyant exposait un *Pont Saint-Benezet, Avignon.* Quant au problème posé par la spécialité, Baudelaire a raison d'en souligner l'importance : ce fut en effet une tendance marquée du Paysage pittoresque romantique que cette excessive spécialisation ; à tel point que la classification de tous ces petits-maîtres par spécialité comporterait un nombre assez considérable de numéros ; c'est un signe de la propension du pittoresque pur à se perdre dans la minutie et la particularité de l'anecdote et du maniérisme. On voit, par cette page de Baudelaire, ce qu'étaient quelques-unes de ces spécialités pittoresques.

gnant plus en voyageur, M. Borget obtiendrait peut-être des résultats plus intéressants.

M. Chacaton, qui s'est voué exclusivement à l'Orient, est depuis longtemps un peintre des plus habiles; ses tableaux sont gais et souriants. Malheureusement on dirait presque toujours des Decamps et des Marilhat diminués et pâlis.

M. Lottier, au lieu de chercher le gris et la brume des climats chauds, aime à en accuser la crudité et le papillotage ardent. Ces panoramas inondés de soleil sont d'une vérité merveilleusement cruelle. On les dirait faits avec le daguerréotype de la couleur.

Il est un homme qui, plus que tous ceux-là, et même que les plus célèbres absents, remplit, à mon sens, les conditions du beau dans le paysage, un homme peu connu de la foule, et que d'anciens échecs et de sourdes tracasseries ont éloigné du Salon. Il serait temps, ce me semble, que M. Rousseau, — on a déjà deviné que c'était de lui que je voulais parler, — se présentât de nouveau devant le public, que d'autres paysagistes ont habitué peu à peu à des aspects nouveaux.

Il est aussi difficile de faire comprendre avec des mots le talent de M. Rousseau que celui de Delacroix, avec lequel il a, du reste, quelques rapports. M. Rousseau est un paysagiste du Nord. Sa peinture respire une grande mélancolie : il aime les natures bleuâtres, les crépuscules, les couchers de soleil singuliers et trempés d'eau, les gros ombrages où circulent les brises, les grands jeux d'ombres et de lumière. Sa couleur est magnifique, mais non pas éclatante. Ses ciels sont incomparables pour leur mollesse floconneuse. Qu'on se rappelle quelques paysages de Rubens et de Rembrandt, qu'on y mêle quelques souvenirs de peinture anglaise, et qu'on suppose, dominant et réglant tout cela, un amour profond et sérieux de la nature, on pourra peut-être se faire une idée de la magie de ses tableaux. Il y mêle beaucoup de son âme, comme Delacroix; c'est un naturaliste entraîné sans cesse vers l'idéal [1].

---

1. Sur Théodore Rousseau cf. *Salon de 1845*, p. 59. Ces formules finales de Baudelaire sont, comme toujours dans ses meilleurs moments, riches de significations multiples. Le peintre est intégré à une continuité spirituelle et esthétique (Rubens, Rembrandt, peinture anglaise) ;

M. Gudin compromet de plus en plus sa réputation. A mesure que le public voit de la bonne peinture, il se détache des artistes les plus populaires, s'ils ne peuvent plus lui donner la même quantité de plaisir. M. Gudin rentre pour moi dans la classe des gens qui bouchent leurs plaies avec une chair artificielle, des mauvais chanteurs dont on dit qu'ils sont de grands acteurs, et des peintres poétiques [1].

M. Jules Noël [2] a fait une fort belle marine, d'une belle et claire couleur, rayonnante et gaie. Une grande felouque, aux couleurs et aux formes singulières, se repose dans un grand port, où circule et nage toute la lumière de l'Orient. — Peut-être un peu trop de coloriage et pas assez d'unité. — Mais M. Jules Noël a certainement trop de talent pour

mais il est aussi, ce à quoi se reconnaît infailliblement le grand artiste, le *signe* de la présence de *l'âme* dans l'art. Dans le cas du Paysage, cette présence est, aux yeux de Baudelaire, d'autant plus révélatrice qu'il s'agit d'un genre, qui ne peut être *spirituel* que s'il traite la nature dans un style lyrique et symbolique ; ce qui est précisément le cas de Rousseau, comme l'a bien senti Baudelaire. Rappelons, en ce qui concerne l'influence de la peinture anglaise sur Théodore Rousseau, que la leçon de Constable lui fut communiquée par son ami Dupré (1811-1889) dont on peut s'étonner que Baudelaire ne parle nulle part. Il peut enfin être intéressant qu'à l'occasion de cette pénétrante appréciation de l'art de Rousseau, on puisse extraire de cette page, si l'on ose ainsi parler, une équation historique et esthétique essentielle à la théorie baudelairienne du Paysage : Rubens + Rembrandt + peinture anglaise = Rousseau-Delacroix = *AME*.

1. Théodore Gudin (1802-1880), peintre important, si l'on en croit les polémiques suscitées autour de son œuvre vers 1830 (cf. G. Planche, *Salon de 1831)*, après avoir été l'élève de Girodet, passa dans le camp romantique et se spécialisa dans le genre de la marine. Il tenta de fonder une sorte d'évolution romantique de la manière de Joseph Vernet et fut aussi influencé par Salvator Rosa. Mais à l'époque où écrit Baudelaire, il tend à se perdre dans une sorte de maniérisme de lui-même. Il est d'ailleurs, à ce moment, un artiste officiel, ce qui avait été la consécration d'une popularité, dont il est peut-être vrai, comme le note Baudelaire, qu'elle tend à baisser. Gudin, en tout cas, avait été le peintre officiel du corps expéditionnaire en Algérie, et, entre 1838 et 1848, il exécuta pour Versailles quarante-huit marines que lui avait commandées Louis-Philippe. Encore sous l'Empire, il peignit, sur commande de Napoléon III, *l'Arrivée de la reine Victoria à Cherbourg.*

2. 1815-1881.

n'en pas avoir davantage, et il est sans doute de ceux qui s'imposent le progrès journalier. — Du reste, le succès qu'obtient cette toile prouve que, dans tous les genres, le public aujourd'hui est prêt à faire un aimable accueil à tous les noms nouveaux.

M. KIÖRBÖE est un de ces anciens et fastueux peintres qui savaient si bien décorer ces nobles salles à manger, qu'on se figure pleines de chasseurs affamés et glorieux. La peinture de M. Kiörböe est joyeuse et puissante, sa couleur est facile et harmonieuse. — Le drame du *Piège à loup* ne se comprend pas assez facilement, peut-être parce que le piège n'est pas tout à fait dans la lumière. Le derrière du chien qui recule en aboyant n'est pas assez vigoureusement peint [1].

M. SAINT-JEAN, qui fait, dit-on, les délices et la gloire de la ville de Lyon, n'obtiendra jamais qu'un médiocre succès dans un pays de peintres. Cette minutie excessive est d'une pédanterie insupportable. — Toutes les fois qu'on vous parlera de la naïveté d'un peintre de Lyon, n'y croyez pas. — Depuis longtemps la couleur générale des tableaux de M. Saint-Jean est jaune et pisseuse. On dirait que M. Saint Jean n'a jamais vu de fruits véritables, et qu'il ne s'en soucie pas, parce qu'il les fait très bien à la mécanique : non seulement les fruits de la nature ont un autre aspect, mais encore ils sont moins finis et moins travaillés que ceux-là [2].

Il n'en est pas de même de M. ARONDEL [3], dont le mérite principal est une bonhomie réelle. Aussi sa peinture contient-elle quelques défauts évidents; mais les parties heureuses sont tout à fait bien réussies; quelques autres sont trop noires, et l'on dirait que l'auteur ne se rend pas compte en peignant de tous les accidents nécessaires du Salon, de la peinture environnante, de l'éloignement du spectateur, et de la modification dans l'effet réciproque des tons causée par la distance. En outre, il ne suffit pas de bien peindre. Tous ces Flamands si célèbres savaient disposer le gibier

---

1. Cf. p. 69.
2. Cf. p. 68.
3. Cf. p. 70.

et le tourmenter longtemps comme on tourmente un modèle; il fallait trouver des lignes heureuses et des harmonies de tons riches et claires.

M. P. Rousseau [1], dont chacun a souvent remarqué les tableaux pleins de couleur et d'éclat, est dans un progrès sérieux. C'était un excellent peintre, il est vrai; mais maintenant il regarde la nature avec plus d'attention, et il s'applique à rendre les physionomies. J'ai vu dernièrement, chez Durand-Ruel, des canards de M. Rousseau qui étaient d'une beauté merveilleuse, et qui avaient bien les mœurs et les gestes des canards.

XVI. — POURQUOI LA SCULPTURE EST ENNUYEUSE

L'origine de la sculpture se perd dans la nuit des temps, c'est donc un art de Caraïbes.

En effet, nous voyons tous les peuples tailler fort adroitement des fétiches longtemps avant d'aborder la peinture, qui est un art de raisonnement profond et dont la jouissance même demande une initiation particulière. La sculpture se rapproche bien plus de la nature, et c'est pourquoi nos paysans eux-mêmes, que réjouit la vue d'un morceau de bois ou de pierre industrieusement tourné, restent stupides à l'aspect de la plus belle peinture. Il y a là un mystère singulier qui ne se touche pas avec les doigts [2].

---

1. Cf. p. 69. Le tableau exposé par P. Rousseau en 1846 était intitulé : *Le chat et le vieux rat.*

2. La sensibilité de Baudelaire est en effet picturale, comme le montre toute son œuvre poétique, et il est remarquable que, tout en étant sensible au caractère *primitif* de la sculpture (et l'art moderne, dont, tout de même, à tant d'égards, Baudelaire est le précurseur et le prophète, se tournera avec passion vers la sculpture primitive), il éprouve une sorte de répulsion devant ses *moyens* et ce qu'il appelle sa *brutalité,* tant il répugne à accepter, fût-ce seulement au niveau des moyens techniques, toute *positivité* dans l'art : c'est bien l'intransigeance de son parti surnaturaliste qui le pousse à interpréter la sculpture comme il fait ici.

La sculpture a plusieurs inconvénients qui sont la conséquence nécessaire de ses moyens. Brutale et positive comme la nature, elle est en même temps vague et insaisissable [a], parce qu'elle montre trop de faces à la fois. C'est en vain que le sculpteur s'efforce de se mettre à un point de vue unique; le spectateur, qui tourne autour de la figure, peut choisir cent points de vue différents, excepté le bon, et il arrive souvent, ce qui est humiliant pour l'artiste, qu'un hasard de lumière, un effet de lampe, découvrent une beauté qui n'est pas celle à laquelle il avait songé. Un tableau n'est que ce qu'il veut; il n'y a pas moyen de le regarder autrement que dans son jour. La peinture n'a qu'un point de vue; elle est exclusive et despotique [1] : aussi l'expression du peintre est-elle bien plus forte.

C'est pourquoi il est aussi difficile de se connaître en sculpture que d'en faire de mauvaise. J'ai entendu dire au sculpteur Préault [2]. « Je me connais en Michel-Ange, en Jean Goujon, en Germain Pilon; mais en sculpture je

1. Depuis Baudelaire la photographie et le cinéma ont radicalement modifié ce rapport entre sculpture et peinture : transporté dans le Musée imaginaire de Malraux, le tableau cesse de *n'être que ce qu'il veut,* et, s'il est animé sur l'écran, c'est encore plus frappant ; à lui aussi, il peut arriver — et fort heureusement pour nous, quoi qu'en dise Baudelaire — qu'un *hasard de lumière* découvre une beauté qui n'est pas celle à laquelle le peintre avait songé. La multiplication des points de vue possibles est bien la grande nouveauté de notre connaissance moderne des œuvres de peinture. On ne peut certes en vouloir à Baudelaire de ne l'avoir point prévu !

2. Auguste Préault (1809-1879) est, par excellence, le grand romantique de la sculpture, et l'on pourrait, de ce fait, lui attribuer le même surnom qu'à Théodore Rousseau : *le Grand Refusé.* Il avait ardemment participé à la bataille d'*Hernani,* et, quinze ans plus tard, il continue son intransigeance, ce qui lui vaut d'être exclu des Salons jusqu'en 1848 ; ami des poètes, et en particulier de Gérard de Nerval, il était le seul sculpteur qui eût pu réconcilier Baudelaire avec la sculpture, le seul dont les *rêves tumultueux* pouvaient donner au poète ces *plaisirs immatériels* qu'il attendait de l'art (cf. *Salon de 1859,* p. 394) ; parmi les œuvres les plus importantes de Préault, citons son extraordinaire bas-relief du musée de Chartres, *la Tuerie* (1834) et le *Christ en croix* de l'église Saint-Gervais (1840). Le sculpteur était célèbre dans les milieux littéraires pour ses bons mots (cf. celui que nous citons dans notre note sur Boulanger de la p. 26) : c'est lui qui, avec beaucoup de pénétration, appelait Ingres *ce Chinois égaré dans Athènes.*

ne m'y connais pas. » — Il est évident qu'il voulait parler de la sculpture des *sculptiers,* autrement dite des Caraïbes.

Sortie de l'époque sauvage, la sculpture, dans son plus magnifique développement, n'est autre chose qu'un art complémentaire. Il ne s'agit plus de tailler industrieusement des figures portatives, mais de s'associer humblement à la peinture et à l'architecture, et de servir leurs intentions. Les cathédrales montent vers le ciel, et comblent les mille profondeurs de leurs abîmes avec des sculptures qui ne font qu'une chair et qu'un corps avec le monument; — sculptures peintes, — notez bien ceci, — et dont les couleurs pures et simples, mais disposées dans une gamme particulière, s'harmonisent avec le reste et complètent l'effet poétique de la grande œuvre. Versailles abrite son peuple de statues sous des ombrages qui leur servent de fond, ou sous des bosquets d'eaux vives qui déversent sur elles les mille diamants de la lumière. A toutes les grandes époques, la sculpture est un complément; au commencement et à la fin, c'est un art isolé.

Sitôt que la sculpture consent à être vue de près, il n'est pas de minuties et de puérilités que n'ose le sculpteur, et qui dépassent victorieusement tous les calumets et les fétiches. Quand elle est devenue un art de salon ou de chambre à coucher, on voit apparaître les Caraïbes de la dentelle, comme M. GAYRARD, et les Caraïbes de la ride, du poil et de la verrue, comme M. DAVID [1].

Puis les Caraïbes du chenet, de la pendule, de l'écritoire, etc., comme M. CUMBERWORTH [2], dont la *Marie* est une femme *à tout faire,* au Louvre et chez Susse [3], statue ou candélabre; — comme M. FEUCHÈRE qui possède le don d'une universalité désespérante : figures colossales, porte-allumettes, motifs d'orfèvrerie, bustes et bas-reliefs, il est capable de tout. — Le buste qu'il a fait cette année

---

1. Baudelaire avait, dans le *Salon de 1845*, fait de David d'Angers (cf. p. 79) un éloge mitigé.

2. Cf. p. 83. Cette *Marie* de Cumberworth était, d'après le catalogue, l'effigie du personnage d'esclave noire de *Paul et Virginie*.

3. Susse frères, importante maison de commerce spécialisée dans la sculpture décorative, qui existe encore aujourd'hui (7, avenue Jeanne-d'Arc, à Arcueil).

d'après un comédien fort connu n'est pas plus ressemblant que celui de l'an passé; ce ne sont jamais que des à peu près [1]. Celui-là ressemblait à Jésus-Christ, et celui-ci, sec et mesquin, ne rend pas du tout la physionomie originale, anguleuse, moqueuse et flottante du modèle. — Du reste, il ne faut pas croire que ces gens-là manquent de science. Ils sont érudits comme des vaudevillistes et des académiciens; ils mettent à contribution toutes les époques et tous les genres; ils ont approfondi toutes les écoles. Ils transformeraient volontiers les tombeaux de Saint-Denis en boîtes à cigares ou à cachemires, et tous les bronzes florentins en pièces de deux sous. Pour avoir de plus amples renseignements sur les principes de cette école folâtre et papillonnante, il faudrait s'adresser à M. KLAGMANN, qui est, je crois, le maître de cet immense atelier [2].

Ce qui prouve bien l'état pitoyable de la sculpture, c'est que M. PRADIER en est le roi. Au moins celui-ci sait faire de la chair, et il a des délicatesses particulières de ciseau; mais il ne possède ni l'imagination nécessaire aux grandes compositions, ni l'imagination du dessin. C'est un talent froid et académique. Il a passé sa vie à engraisser quelques torses antiques, et à ajuster sur leurs cous des coiffures de filles entretenues. *La Poésie légère* paraît d'autant plus froide qu'elle est plus maniérée; l'exécution n'en est pas aussi grasse que dans les anciennes œuvres de M. Pradier, et, vue de dos, l'aspect en est affreux. Il a de plus fait deux figures de bronze, — *Anacréon* et *la Sagesse*, — qui sont des imitations impudentes de l'antique, et qui prouvent bien que sans cette noble béquille M. Pradier chancellerait à chaque pas [3].

Le buste est un genre qui demande moins d'imagination et des facultés moins hautes que la grande sculpture, mais non moins délicates. C'est un art plus intime et plus resserré

---

1. Sur Feuchère, cf. p. 81. Ce buste était celui de l'acteur Provost et se trouve actuellement à la Comédie-Française.

2. Jules Klagmann (1810-1869) était un élève de Feuchère ; il exposait *Une petite fille effeuillant une rose*. Il est l'auteur de la *Fontaine* de la place Louvois à Paris.

3. Sur Pradier, cf. notre note du *Salon de 1845*, p. 80. Sa *Poésie légère* se trouve au musée de Nîmes.

dont les succès sont moins publics. Il faut, comme dans le portrait fait à la manière des naturalistes, parfaitement bien comprendre le caractère principal du modèle et en exprimer la poésie; car il est peu de modèles complètement dénués de poésie. Presque tous les bustes de M. Dantan [1] sont faits selon les meilleures doctrines. Ils ont tous un cachet particulier, et le détail n'en exclut pas une exécution large et facile.

Le défaut principal de M. Lenglet, au contraire, est une certaine timidité, puérilité, sincérité excessive dans le travail, qui donne à son œuvre une apparence de sécheresse; mais, en revanche, il est impossible de donner un caractère plus vrai et plus authentique à une figure humaine. Ce petit buste, ramassé, sérieux et froncé, a le magnifique caractère des bonnes œuvres romaines, qui est l'idéalisation trouvée dans la nature elle-même. Je remarque, en outre, dans le buste de M. Lenglet un autre signe particulier aux figures antiques, qui est une attention profonde [2].

XVII. — DES ÉCOLES ET DES OUVRIERS

Avez-vous éprouvé, vous tous que la curiosité du flâneur a souvent fourrés dans une émeute, la même joie que moi à voir un gardien du sommeil public, — sergent de ville ou municipal, la véritable armée, — crosser un républicain? Et comme moi, vous avez dit dans votre cœur [3] : « Crosse, crosse un peu plus fort, crosse encore, municipal de mon cœur; car en ce crossement suprême, je t'adore, et je te juge semblable à Jupiter, le grand justicier. L'homme que tu crosses est un ennemi des roses et des parfums, un fanatique des ustensiles; c'est un ennemi de Watteau, un ennemi de Raphaël, un ennemi acharné du luxe, des beaux-arts et des belles-lettres, iconoclaste juré, bourreau de

---

1. Cf. p. 84. Mais ici il peut s'agir plutôt de Dantan l'aîné.
2. Lenglet exposait pour la première fois, et sa carrière ultérieure n'a guère été remarquée.
3. Voici déjà, dès 1846, le ton du futur auteur des *Poèmes en prose :* celui-ci est proche par le ton et le rythme de nombre de ceux que Baudelaire écrira quinze ans plus tard.

Vénus et d'Apollon! Il ne veut plus travailler, humble et anonyme ouvrier, aux roses et aux parfums publics; il veut être libre, l'ignorant, et il est incapable de fonder un atelier de fleurs et de parfumeries nouvelles. Crosse religieusement les omoplates de l'anarchiste [1]! »

Ainsi, les philosophes et les critiques doivent-ils impitoyablement crosser les singes *artistiques,* ouvriers émancipés qui haïssent la force et la souveraineté du génie.

Comparez l'époque présente aux époques passées; au sortir du Salon ou d'une église nouvellement décorée, allez reposer vos yeux dans un musée ancien, et analysez les différences.

Dans l'un, turbulence, tohu-bohu de styles et de couleurs, cacophonie de tons, trivialités énormes, prosaïsme de gestes et d'attitudes, noblesse de convention, *poncifs* de toutes sortes, et tout cela visible et clair, non seulement dans les tableaux juxtaposés, mais encore dans le même tableau : bref, — absence complète d'unité, dont le résultat est une fatigue effroyable pour l'esprit et pour les yeux [2].

Dans l'autre, ce respect qui fait ôter leurs chapeaux aux enfants, et vous saisit l'âme, comme la poussière des tombes et des caveaux saisit la gorge, est l'effet, non point du vernis jaune et de la crasse des temps, mais de l'unité, de l'unité profonde. Car une grande peinture vénitienne jure moins à côté d'un Jules Romain que quelques-uns de nos tableaux, non pas des plus mauvais, à côté les uns des autres [3].

Cette magnificence de costumes, cette noblesse de mou-

1. J'entends souvent les gens se plaindre du théâtre moderne ; il manque d'originalité, dit-on, parce qu'il n'y a plus de types. Et le républicain ! qu'en faites-vous donc ? N'est-ce pas une chose nécessaire à toute comédie qui veut être gaie, et n'est-ce pas là un personnage passé à l'état de marquis ? *(Note de Baudelaire.)*

2. Lorsque Baudelaire en vient à des réflexions générales, il émet souvent des diagnostics que l'histoire entérinera définitivement : ainsi de cette décadence de l'art dans le chaos des académismes divers, qu'on peut effectivement dater de ces années 1840, et qui a donné au XIXe siècle (malgré les exceptions géniales) une si mauvaise réputation.

3. Notation aussi antiacadémique que possible, et profondément lucide. Elle est devenue aujourd'hui un lieu commun, mais cela ne diminue en rien le mérite de Baudelaire.

vements, noblesse souvent maniérée, mais grande et hautaine, cette absence des petits moyens et des procédés contradictoires, sont des qualités toutes impliquées dans ce mot : la grande tradition.

Là des écoles, et ici des ouvriers émancipés.

Il y avait encore des écoles sous Louis XV, il y en avait une sous l'Empire, — une école, c'est-à-dire une foi, c'est-à-dire l'impossibilité du doute. Il y avait des élèves unis par des principes communs, obéissant à la règle d'un chef puissant, et l'aidant dans tous ses travaux.

Le doute, ou l'absence de foi et de naïveté, est un vice particulier à ce siècle, car personne n'obéit; et la naïveté, qui est la domination du tempérament dans la manière, est un privilége divin dont presque tous sont privés.

Peu d'hommes ont le droit de régner, car peu d'hommes ont une grande passion.

Et comme aujourd'hui chacun veut régner, personne ne sait se gouverner.

Un maître, aujourd'hui que chacun est abandonné à soi-même, a beaucoup d'élèves inconnus dont il n'est pas responsable, et sa domination, sourde et involontaire, s'étend bien au delà de son atelier, jusqu'en des régions où sa pensée ne peut être comprise.

Ceux qui sont plus près de la parole et du verbe magistral gardent la pureté de la doctrine, et font, par obéissance et par tradition, ce que le maître fait par la fatalité de son organisation.

Mais, en dehors de ce cercle de famille, il est une vaste population de médiocrités, singes de races diverses et croisées, nation flottante de métis qui passent chaque jour d'un pays dans un autre, emportent de chacun les usages qui leur conviennent, et cherchent à se faire un caractère par un système d'emprunts contradictoires.

Il y a des gens qui voleront un morceau dans un tableau de Rembrandt, le mêleront à une œuvre composée dans un sens différent sans le modifier, sans le digérer et sans trouver la colle pour le coller [1].

---

1. Déjà au XVIIIe siècle, alors que commençaient de se former, en certains secteurs de l'art, les premières habitudes de la *singerie* académique, quelques critiques avaient diagnostiqué le mal, par exemple ce chroniqueur anglais anonyme qui, protestant contre la

Il y en a qui changent en un jour du blanc au noir : hier, coloristes de *chic,* coloristes sans amour ni originalité ; demain, imitateurs sacriléges de M. Ingres, sans y trouver plus de goût ni de foi.

Tel qui rentre aujourd'hui dans la classe des singes, même des plus habiles, n'est et ne sera jamais qu'un peintre médiocre; autrefois, il eût fait un excellent ouvrier. Il est donc perdu pour lui et pour tous.

C'est pourquoi il eût mieux valu dans l'intérêt de leur salut, et même de leur bonheur, que les tièdes eussent été soumis à la férule d'une foi vigoureuse; car les forts sont rares, et il faut être aujourd'hui Delacroix ou Ingres pour surnager et paraître dans le chaos d'une liberté épuisante et stérile.

Les singes sont les républicains de l'art, et l'état actuel de la peinture est le résultat d'une liberté anarchique qui glorifie l'individu, quelque faible qu'il soit, au détriment des associations, c'est-à-dire des écoles.

Dans les écoles, qui ne sont autre chose que la force d'invention organisée, les individus vraiment dignes de ce nom absorbent les faibles; et c'est justice, car une large production n'est qu'une pensée à mille bras.

Cette glorification de l'individu a nécessité la division infinie du territoire de l'art. La liberté absolue et divergente de chacun, la division des efforts et le fractionnement de la volonté humaine ont amené cette faiblesse, ce doute et cette pauvreté d'invention; quelques excentriques, sublimes et souffrants, compensent mal ce désordre fourmillant de médiocrités. L'individualité, — cette petite propriété, — a mangé l'originalité collective; et, comme il a été démontré dans un chapitre fameux d'un roman romantique, que le livre a tué le monument [1], on peut dire que pour le présent c'est le peintre qui a tué la peinture.

---

décadence de la peinture de Paysage, écrivait : *Nous avons beaucoup de paysagistes qui ont fait toutes leurs études au coin du feu en arrangeant un morceau de Ruysdaël avec un morceau de Wynant sans oublier un coin de Van Goyen* (*Morning's Chronicle,* compte rendu de l'exposition de 1792). La coïncidence quasi-textuelle avec Baudelaire est curieuse.

1. Allusion à la célèbre formule du Livre V, chap. 2 de *Notre-Dame de Paris : Ceci tuera cela.*

XVIII. — DE L'HÉROISME DE LA VIE MODERNE [1]

Beaucoup de gens attribueront la décadence de la peinture à la décadence des mœurs [2]. Ce préjugé d'atelier, qui a circulé dans le public, est une mauvaise excuse des artistes. Car ils étaient intéressés à représenter sans cesse le passé; la tâche est plus facile, et la paresse y trouvait son compte.

Il est vrai que la grande tradition s'est perdue, et que la nouvelle n'est pas faite.

Qu'était-ce que cette grande tradition, si ce n'est l'idéalisation ordinaire et accoutumée de la vie ancienne; vie robuste et guerrière, état de défensive de chaque individu qui lui donnait l'habitude des mouvements sérieux, des attitudes majestueuses ou violentes. Ajoutez à cela la pompe publique qui se réfléchissait dans la vie privée. La vie ancienne *représentait* beaucoup; elle était faite surtout pour le plaisir des yeux, et ce paganisme journalier a merveilleusement servi les arts.

Avant de rechercher quel peut être le côté épique de la vie moderne, et de prouver par des exemples que notre époque n'est pas moins féconde que les anciennes en motifs sublimes, on peut affirmer que puisque tous les siècles et tous les peuples ont eu leur beauté, nous avons inévitablement la nôtre. Cela est dans l'ordre.

Toutes les beautés contiennent, comme tous les phénomènes possibles, quelque chose d'éternel et quelque chose de transitoire, — d'absolu et de particulier. La beauté absolue et éternelle n'existe pas, ou plutôt elle n'est qu'une abstraction écrémée à la surface générale des beautés diverses. L'élément particulier de chaque beauté vient des passions, et comme nous avons nos passions particulières, nous avons notre beauté.

Excepté Hercule au mont Œta, Caton d'Utique et Cléopâtre, dont les suicides ne sont pas des suicides *modernes* [3],

---

1. Baudelaire développera les thèmes essentiels de ce chapitre de conclusion dans le *Salon de 1859* et dans l'étude sur Constantin Guys.

2. Il ne faut pas confondre cette décadence avec la précédente : l'une concerne le public et ses sentiments, et l'autre ne regarde que les ateliers. *(Note de Baudelaire.)*

3. Celui-ci se tue parce que les brûlures de sa robe deviennent intolérables ; celui-là parce qu'il ne peut plus rien faire pour la liberté,

quels suicides voyez-vous dans les tableaux anciens? Dans toutes les existences païennes, vouées à l'appétit, vous ne trouverez pas le suicide de Jean-Jacques, ou même le suicide étrange et merveilleux de Raphaël de Valentin [1a].

Quant à l'habit, la pelure du héros moderne, — bien que le temps soit passé où les rapins s'habillaient en mamamouchis et fumaient dans des canardières, — les ateliers et le monde sont encore pleins de gens qui voudraient poétiser Antony avec un manteau grec ou un vêtement mi-parti.

Et cependant, n'a-t-il pas sa beauté et son charme indigène, cet habit tant victimé? N'est-il pas l'habit nécessaire de notre époque, souffrante et portant jusque sur ses épaules noires et maigres le symbole d'un deuil perpétuel? Remarquez bien que l'habit noir et la redingote ont non seulement leur beauté politique, qui est l'expression de l'égalité universelle, mais encore leur beauté poétique, qui est l'expression de l'âme publique; — une immense défilade de croque-morts, croque-morts politiques, croque-morts amoureux, croque-morts bourgeois. Nous célébrons tous quelque enterrement.

Une livrée uniforme de désolation témoigne de l'égalité; et quant aux excentriques que les couleurs tranchées et violentes dénonçaient facilement aux yeux, ils se contentent aujourd'hui des nuances dans le dessin, dans la coupe, plus encore que dans la couleur. Ces plis grimaçants, et jouant comme des serpents autour d'une chair mortifiée, n'ont-ils pas leur grâce mystérieuse?

M. Eugène Lami et M. Gavarni [2], qui ne sont pourtant

---

et cette reine voluptueuse parce qu'elle perd son trône et son amant ; mais aucun ne se détruit pour changer de peau en vue de la métempsycose. *(Note de Baudelaire.)*

1. Le suicide de Jean-Jacques Rousseau est sans doute une légende, mais célèbre. Quant à Raphaël de Valentin c'est le héros de la *Peau de Chagrin* de Balzac (cf. *var.*)

2. Sur Gavarni, cf. p. 134. Eugène Lami (1800-1890) compte certainement au nombre des meilleurs petits-maîtres romantiques : il avait fait partie du groupe de Bonington, Delacroix, Isabey, et sera, sous la monarchie de Juillet et sous le second Empire, un remarquable peintre de mœurs, capable de tirer de la simple anecdote une peinture à la fois pittoresque et pénétrante. On regrette que Baudelaire ne lui ait pas consacré une étude développée, comme celle qu'il consacrera à ce frère spirituel de Lami qu'est Constantin Guys. Lami expo-

pas des génies supérieurs, l'ont bien compris : — celui-ci, le poète du dandysme officiel; celui-là, le poète du dandysme hasardeux et d'occasion! En relisant le livre *du Dandysme,* par M. Jules Barbey d'Aurevilly, le lecteur verra clairement que le dandysme est une chose moderne et qui tient à des causes tout à fait nouvelles [1].

Que le peuple des coloristes ne se révolte pas trop; car, pour être plus difficile, la tâche n'en est que plus glorieuse. Les grands coloristes savent faire de la couleur avec un habit noir, une cravate blanche et un fond gris [2].

Pour rentrer dans la question principale et essentielle, qui est de savoir si nous possédons une beauté particulière, inhérente à des passions nouvelles, je remarque que la plupart des artistes qui ont abordé les sujets modernes se sont contentés des sujets publics et officiels, de nos victoires et de notre héroïsme politique. Encore les font-ils en rechignant, et parce qu'ils sont commandés par le gouvernement qui les paye. Cependant il y a des sujets privés, qui sont bien autrement héroïques.

Le spectacle de la vie élégante et des milliers d'existences flottantes qui circulent dans les souterrains d'une grande ville [3], — criminels et filles entretenues, — la *Gazette des Tribunaux* et le *Moniteur* nous prouvent que nous n'avons qu'à ouvrir les yeux pour connaître notre héroïsme [4].

---

sait en 1846 un tableau, la *Reine Victoria dans le salon de famille au château d'Eu* et une aquarelle (Lami est un des meilleurs aquarellistes français) : *Le grand bal masqué de l'Opéra.* Lami fut l'un des principaux collaborateurs des *albums-souvenirs* d'aquarelles offerts à la reine Victoria lors de ses deux visites à Louis-Philippe et à Napoléon III (Windsor, Royal Library).

1. C'est en 1845 que Barbey d'Aurevilly avait publié son *Du Dandysme et de George Brummel.* Rappelons que Barbey d'Aurevilly (1808-1889), dans son action de journaliste et de critique, partage avec Baudelaire le refus des conformismes contemporains et se montre, lui aussi, l'impitoyable dénonciateur de la vulgarité spirituelle. Enfin, il sera de ceux qui sauront tôt reconnaître la grandeur du poète des *Fleurs du Mal,* et il soulignera *la ferme conception de son esprit* (*Les Hommes et les Œuvres,* 1861-1865).

2. Pressentiment des découvertes de Manet (qui, en 1846, n'avait que 14 ans, mais qui sera, dans les années 60, l'ami de Baudelaire).

3. Cf. la Dédicace-préface des *Petits poèmes en prose : ... la fréquentation des villes énormes...*

4. Souvenir, entre autres exemples, de la source du *Rouge et Noir* de Stendhal.

Un ministre, harcelé par la curiosité impertinente de l'opposition, a-t-il, avec cette hautaine et souveraine éloquence qui lui est propre, témoigné, — une fois pour toutes, — de son mépris et de son dégoût pour toutes les oppositions ignorantes et tracassières, — vous entendez le soir, sur le boulevard des Italiens, circuler autour de vous ces paroles : « Étais-tu à la Chambre aujourd'hui? as-tu vu le ministre? N... de D...! qu'il était beau! je n'ai jamais rien vu de si fier! »

Il y a donc une beauté et un héroïsme modernes!

Et plus loin : « C'est K. — ou F. — qui est chargé de faire une médaille à ce sujet; mais il ne saura pas la faire; il ne peut pas comprendre ces choses-là! »

Il y a donc des artistes plus ou moins propres à comprendre la beauté moderne.

Ou bien : « Le sublime B...! Les pirates de Byron sont moins grands et moins dédaigneux. Croirais-tu qu'il a bousculé l'abbé Montès, et qu'il a couru sus à la guillotine en s'écriant : « Laissez-moi tout mon courage! »

Cette phrase fait allusion à la funèbre fanfaronnade d'un criminel, d'un grand protestant, bien portant, bien organisé, et dont la féroce vaillance n'a pas baissé la tête devant la suprême machine [1]!

Toutes ces paroles, qui échappent à votre langue, témoignent que vous croyez à une beauté nouvelle et particulière, qui n'est celle ni d'Achille, ni d'Agamemnon.

La vie parisienne est féconde en sujets poétiques et merveilleux. Le merveilleux nous enveloppe et nous abreuve comme l'atmosphère; mais nous ne le voyons pas.

Le *nu,* cette chose si chère aux artistes, cet élément nécessaire de succès, est aussi fréquent et aussi nécessaire que dans la vie ancienne : — au lit, au bain, à l'amphithéâtre. Les moyens et les motifs de la peinture sont également abondants et variés; mais il y a un élément nouveau, qui est la beauté moderne.

Car les héros de l'Iliade ne vont qu'à votre cheville, ô Vautrin, ô Rastignac, ô Birotteau, — et vous, ô Fonta-

1. L'abbé Montès était aumônier de la prison de la Grande-Roquette. L'allusion vise le célèbre Lacenaire (1800-1836) et sa légende. (Cf. le film de Marcel Carné : *Les Enfants de Paradis.*)

narès [1], qui n'avez pas osé raconter au public vos douleurs

1. Il est vraiment étonnant que l'érudition exemplaire de Jacques Crépet se soit trouvée en défaut devant ce nom authentiquement balzacien. Dans son édition de 1926, il déclare avoir cherché vainement ce nom dans les romans de l'époque romantique et ajoute qu'il a, tout aussi vainement, posé la question dans l'*Intermédiaire des Chercheurs et des Curieux*. Il dit encore qu'Henri Céard proposait de voir dans ce nom une sorte de *romantisation* de celui d'Auguste Fontaney (1803-1837), *fou élégiaque* et *chercheur de tendresse,* dont parle George Sand au chapitre IX de *l'Histoire de ma vie*. De son côté, Y.-G. Le Dantec, dans son édition de la Pléiade (1954), reste muet sur cette question résolue dans l'édition révisée par Cl. Pichois (1961). Or la séduisante ingéniosité d'Henri Céard était dépensée bien en vain. Car on ne pouvait trouver l'origine de ce nom ni dans les romans de l'époque romantique, ni dans un quelconque jeu onomastique de l'auteur. Il faut croire que le *théâtre* de Balzac était ignoré même des *Chercheurs* et des *Curieux,* puisque Fontanarès — tout à fait à sa place dans cette énumération balzacienne — est tout simplement le héros de la pièce de Balzac, *les Ressources de Quinola,* dont l'action se passe à Valladolid en 1588 (ce pourquoi Baudelaire fait allusion à la timidité de l'auteur qui n'a pas osé présenter son héros romantique vêtu du *frac funèbre* du XIXe siècle) et dont la première représentation eut lieu à l'Odéon le samedi 19 mars 1842. L'événement était donc récent au moment où écrivait Baudelaire. Pour confirmer l'opportunité de cette présence de Fontanarès dans l'énumération balzacienne de Baudelaire, citons d'abord ce passage de la Préface, où il est dit que c'est là *une œuvre faite avec toutes les libertés des vieux théâtres français et espagnol.* Rappelons ensuite que la pièce a pour sujet *le duel de Fontanarès avec son siècle;* le personnage est dans les prisons du Saint-Office, car c'est *un élève de Galilée* et le précurseur de l'invention du bateau à vapeur. Et voici une partie de ce qu'il dit dans son monologue de la scène IX du Prologue : *Je vois voler au-dessus d'une chaudière un brin de paille. Tous les hommes ont vu cela depuis qu'il y a des chaudières et de la paille; moi, j'y vois une force; pour l'évaluer, je couvre la chaudière, le couvercle saute et il ne me tue pas. Archimède et moi, nous ne faisons qu'un ! Il voulait un levier pour soulever le monde : ce levier, je le tiens, et j'ai la sottise de le dire : tous les malheurs fondent sur moi. Si je meurs, homme ae génie à venir qui retrouveras ce secret, agis et tais-toi. La lumière que nous découvrons, on nous la prend pour allumer notre bûcher. Galilée, mon maître, est en prison pour avoir dit que la terre tourne, et j'y suis pour la vouloir organiser. Non ! j'y suis comme un rebelle à la cupidité de ceux qui veulent mon secret...* Et, à la fin de la pièce, se retrouve, dans la bouche de Fontanarès (Acte V, scène 6), la célèbre apostrophe de Rastignac : *O monde des intérêts, de la ruse, de la politique et des perfidies, à nous deux maintenant !* Ce qui autorisait évidemment Baudelaire à considérer Fontanarès comme un héros *moderne,* spirituellement contemporain de Rastignac et de Vautrin. Rappelons que c'est l'apostrophe de Rastignac dans le *Père Goriot*

sous le frac funèbre et convulsionné que nous endossons tous ; — et vous, ô Honoré de Balzac, vous le plus héroïque, le plus singulier, le plus romantique et le plus poétique parmi tous les personnages que vous avez tirés de votre sein [1] !

qui est la première en date (1834). Notons d'ailleurs — ce qui n'est pas sans intérêt — que l'énumération de Baudelaire suit l'ordre chronologique (Birotteau est de 1837).

1. Cette exaltation de Balzac comme poète épique de la modernité est devenue classique dans la forme même que Baudelaire lui a donnée. Mais il peut ne pas être inutile de rappeler que, si Baudelaire a toujours vu dans Balzac une sorte de monstre, il ne l'a pas toujours interprété avec les mêmes épithètes. Quelques semaines après ce *Salon de 1846,* dans son numéro du 23 août, *l'écho des Théâtres* faisait paraître un texte intitulé *Comment on paie ses dettes quand on a du génie* (repris dans les *Œuvres posthumes),* où le monstre Balzac était autrement interprété (mais le point de vue de Baudelaire n'était pas le même, ce qui fait que les deux interprétations peuvent être considérées comme complémentaires) : *la plus forte tête commerciale et littéraire du XIX*e *siècle... l'homme aux faillites mythologiques... le grand pourchasseur de rêves, sans cesse à* la recherche de l'absolu ; *lui, le personnage le plus cocasse, le plus intéressant et le plus vaniteux des personnages de* la Comédie humaine, *lui, cet original aussi insupportable dans la vie que délicieux dans ses écrits, ce gros enfant bouffi de génie et de vanité*... (Cf. p. 535 sqq).

IV

MORALE DU JOUJOU[1]

Il y a bien des années, — combien? je n'en sais rien; cela remonte aux temps nébuleux de la première enfance, — je fus emmené par ma mère en visite chez une dame Panckoucke. Était-ce la mère, la femme, la belle-sœur du Panckoucke actuel[2]? Je l'ignore. Je me souviens que c'était dans un hôtel très calme, un de ces hôtels où l'herbe verdit les coins de la cour, dans une rue silencieuse[a], la rue des Poitevins. Cette maison passait pour très hospitalière, et à de certains jours elle devenait lumineuse et bruyante. J'ai beaucoup entendu parler d'un bal masqué où M. Alexandre Dumas, qu'on appelait alors le jeune auteur d'*Henry III,* produisit un grand effet, avec Mlle Élisa Mercœur à son bras, déguisée en page.

Je me rappelle très distinctement que cette dame était habillée de velours et de fourrure. Au bout de quelque temps, elle dit : « Voici un petit garçon à qui je veux donner quelque chose, afin qu'il se souvienne de moi. » Elle me prit par la main, et nous traversâmes plusieurs pièces; puis elle ouvrit la porte d'une chambre où s'offrait un spectacle extraordinaire et vraiment féerique. Les murs ne se voyaient pas, tellement ils étaient revêtus de joujoux. Le plafond disparaissait sous une floraison de joujoux qui pendaient comme des stalactites merveilleuses. Le plancher offrait à peine un étroit sentier où poser les pieds. Il y avait là un

1. Paru pour la première fois dans le *Monde littéraire,* 17 avril 1853. Une partie en sera reprise pour former le poème en prose *le Joujou du Pauvre* (cf. éd. Garnier, p. 92 et nos notes en ce lieu).

2. Cette Mme Panckoucke avait un brillant salon rue des Poitevins.

monde de jouets de toute espèce, depuis les plus chers jusqu'aux plus modestes, depuis les plus simples jusqu'aux plus compliqués.

« Voici, dit-elle, le trésor des enfants. J'ai un petit budget qui leur est consacré, et quand un gentil petit garçon vient me voir, je l'amène ici, afin qu'il emporte un souvenir de moi. Choisissez. »

Avec cette admirable et lumineuse promptitude qui caractérise les enfants, chez qui le désir, la délibération et l'action ne font, pour ainsi dire, qu'une seule faculté, par laquelle ils se distinguent des hommes dégénérés, en qui, au contraire, la délibération [a] mange presque tout le temps, — je m'emparai immédiatement du plus beau, du plus cher, du plus voyant, du plus frais, du plus bizarre des joujoux. Ma mère se récria sur mon indiscrétion et s'opposa obstinément à ce que je l'emportasse. Elle voulait que je me contentasse d'un objet infiniment médiocre. Mais je ne pouvais y consentir, et, pour tout accorder, je me résignai à un *juste-milieu*.

Il m'a souvent pris la fantaisie de connaître tous les *gentils petits garçons* qui, ayant actuellement traversé une bonne partie de la cruelle vie, manient [b] depuis longtemps autre chose que des joujoux, et dont l'insoucieuse enfance a puisé autrefois un souvenir dans le trésor [c] de Mme Panckoucke.

Cette aventure est cause que je ne puis m'arrêter devant un magasin de jouets et promener mes yeux dans l'inextricable fouillis de leurs formes bizarres et de leurs couleurs disparates, sans penser à la dame habillée de velours et de fourrure, qui m'apparaît [d] comme la Fée du joujou.

J'ai gardé d'ailleurs une affection durable et une admiration raisonnée pour cette statuaire singulière, qui, par la propreté lustrée, l'éclat aveuglant des couleurs, la violence dans le geste et la décision dans le galbe, représente si bien les idées de l'enfance sur la beauté [e]. Il y a dans un grand magasin de joujoux une gaieté extraordinaire qui le rend préférable à un bel appartement bourgeois. Toute la vie en miniature ne s'y trouve-t-elle pas, et beaucoup plus colorée, nettoyée et luisante que la vie réelle? On y voit des jardins, des théâtres, de belles toilettes, des yeux purs comme le diamant, des joues allumées par le fard, des dentelles charmantes, des voitures, des écuries, des étables, des ivrognes, des charlatans, des banquiers, des comédiens, des polichinelles qui ressemblent à des feux d'artifice, des cuisines, et des armées entières, bien disciplinées, avec de la cavalerie et de l'artillerie.

Tous les enfants parlent à leurs joujoux; les joujoux deviennent acteurs dans le grand drame de la vie, réduit par la chambre noire de leur petit cerveau. Les enfants témoignent par leurs jeux de leur grande faculté d'abstraction et de leur haute puissance imaginative. Ils jouent sans joujoux. Je ne veux pas parler de ces petites filles qui jouent à la madame, se rendent des visites, se présentent leurs enfants imaginaires et parlent de leurs toilettes. Les pauvres petites imitent leurs mamans : elles préludent déjà à leur immortelle puérilité future, et aucune d'elles, à coup sûr, ne deviendra ma femme. — Mais la diligence, l'éternel drame de la diligence joué avec des chaises : la diligence-chaise, les chevaux-chaises, les voyageurs-chaises; il n'y a que le postillon de vivant! L'attelage reste immobile, et cependant il dévore avec une rapidité brûlante des espaces fictifs. Quelle simplicité de mise en scène! et n'y a-t-il pas de quoi faire rougir de son impuissante imagination ce public blasé [a] qui exige des théâtres une perfection physique et mécanique, et ne conçoit pas que les pièces de Shakspeare puissent rester belles avec un appareil d'une simplicité barbare?

Et les enfants qui jouent à la guerre! non pas dans les Tuileries avec de vrais fusils et de vrais sabres, je parle de l'enfant solitaire qui gouverne et mène à lui seul au combat deux armées. Les soldats peuvent être des bouchons, des dominos, des pions, des osselets; les fortifications seront des planches, des livres, etc., les projectiles, des billes ou toute autre chose; il y aura des morts, des traités de paix, des otages, des prisonniers, des impôts. J'ai remarqué chez plusieurs enfants la croyance que ce qui constituait une défaite ou une victoire à la guerre, c'était le plus ou moins grand nombre de morts. Plus tard, mêlés à la vie universelle, obligés eux-mêmes de battre pour n'être pas battus, ils sauront qu'une victoire est souvent incertaine, et qu'elle n'est une vraie victoire que si elle est pour ainsi dire le sommet d'un plan incliné, où l'armée glissera désormais avec une vitesse miraculeuse, ou bien le premier terme d'une progression infiniment croissante.

Cette facilité à contenter son imagination témoigne de la spiritualité de l'enfance dans ses conceptions artistiques.

Le joujou est la première initiation de l'enfant à l'art, ou plutôt c'en est pour lui la première réalisation, et, l'âge mûr venu, les réalisations perfectionnées ne donneront pas à son esprit les mêmes chaleurs, ni les mêmes enthousiasmes, ni la même croyance.

Et même, analysez cet immense *mundus* enfantin, considérez le joujou barbare, le joujou primitif, où pour le fabricant le problème consistait à construire une image aussi approximative que possible avec des éléments aussi simples, aussi peu coûteux que possible : par exemple, le polichinelle plat, mû par un seul fil; les forgerons qui battent l'enclume; le cheval et son cavalier en trois morceaux, quatre chevilles pour les jambes, la queue du cheval formant un sifflet et quelquefois le cavalier portant une petite plume, ce qui est un grand luxe; — c'est le joujou à cinq sous, à deux sous, à un sou. — Croyez-vous que ces images simples créent une moindre réalité dans l'esprit de l'enfant que ces merveilles du jour de l'an, qui sont plutôt un hommage de la servilité parasitique à la richesse des parents qu'un cadeau à la poésie enfantine?

Tel est le joujou du pauvre [a]. Quand vous sortirez le matin avec l'intention décidée de flâner solitairement sur les grandes routes, remplissez vos poches de ces petites inventions, et le long des cabarets, au pied des arbres, faites-en hommage aux enfants inconnus et pauvres que vous rencontrerez. Vous verrez leurs yeux s'agrandir démesurément. D'abord ils n'oseront pas prendre, ils douteront de leur bonheur; puis leurs mains happeront avidement le cadeau, et ils s'enfuiront comme font les chats qui vont manger loin de vous le morceau que vous leur avez donné, ayant appris à se défier de l'homme [b]. C'est là certainement un grand divertissement.

A propos du joujou du pauvre, j'ai vu quelque chose de plus simple encore, mais de plus triste que le joujou à un sou, — c'est le joujou vivant [c]. Sur une route, derrière la grille d'un beau jardin, au bout duquel apparaissait un joli château [d], se tenait un enfant beau et frais, habillé de ces vêtements de campagne pleins de coquetterie. Le luxe, l'insouciance et le spectacle habituel de la richesse rendent ces enfants-là si jolis qu'on ne les croirait pas faits de la même pâte [e] que les enfants de la médiocrité ou de la pauvreté. A côté de lui gisait sur l'herbe un joujou splendide, aussi frais que son maître, verni, doré, avec une belle robe [a], et couvert de plumets et de verroterie. Mais l'enfant ne s'occupait pas de son joujou [b], et voici ce qu'il regardait : de l'autre côté de la grille, sur la route, entre les chardons et les orties, il y avait un autre enfant, sale, assez chétif, un de ces marmots sur lesquels la morve se fraye lentement un chemin dans la crasse et la poussière [c]. À travers ces barreaux de fer symboliques, l'enfant pauvre montrait à l'enfant riche son joujou [d], que celui-ci examinait avidement comme un objet rare et inconnu. Or ce joujou que le petit souillon agaçait, agitait et secouait dans une boîte grillée, était [e] un rat vivant! Les parents, par économie [f], avaient tiré le joujou de la vie elle-même [g].

Je crois que généralement les enfants agissent sur leurs joujoux, en d'autres termes, que leur choix est dirigé par des dispositions et des désirs, vagues, il est vrai, non pas formulés, mais très réels. Cependant je n'affirmerais pas que le contraire n'ait pas lieu, c'est-à-dire que les joujoux n'agissent pas sur l'enfant, surtout dans le cas de prédestination littéraire ou artistique. Il ne serait pas étonnant qu'un enfant de cette sorte, à qui ses parents donneraient principalement des théâtres, pour qu'il pût continuer seul le plaisir du spectacle et des marionnettes, s'accoutumât déjà à considérer le théâtre comme la forme la plus délicieuse du beau.

Il est une espèce de joujou qui tend à se multiplier depuis quelque temps, et dont je n'ai à dire ni bien ni mal. Je veux parler du joujou scientifique. Le principal défaut de ces joujoux est d'être chers. Mais ils peuvent amuser longtemps, et développer dans le cerveau de l'enfant le goût des effets merveilleux et surprenants. Le stéréoscope, qui donne en ronde bosse une image plane, est de ce nombre. Il date maintenant de quelques années [h]. Le phénakisticope, plus ancien, est moins connu. Supposez un mouvement quelconque, par exemple un exercice de danseur ou de jongleur, divisé et décomposé en un certain nombre de mouvements; supposez que chacun de ces mouvements, — au nombre de vingt, si vous voulez, — soit représenté par une figure entière du jongleur ou du danseur, et qu'ils soient tous dessinés autour d'un cercle de carton. Ajustez ce cercle, ainsi qu'un autre cercle troué, à distances égales, de vingt petites fenêtres, à un pivot au bout d'un manche que vous tenez comme on tient un écran devant le feu. Les vingt petites figures, représentant le mouvement décomposé d'une seule figure, se reflètent dans une glace située en face de vous. Appliquez votre œil à la hauteur des petites fenêtres, et faites tourner rapidement les cercles. La rapidité de la rotation transforme les vingt ouvertures en une seule circulaire, à travers laquelle vous voyez se réfléchir dans la glace vingt figures dansantes, exactement semblables et exécutant les mêmes mouvements avec une précision fantastique. Chaque petite figure a bénéficié des dix-neuf autres. Sur le cercle, elle tourne, et sa rapidité la rend invisible; dans la glace, vue à travers la fenêtre tournante, elle est immobile, exécutant en place tous les mouvements distribués entre les vingt figures. Le nombre des tableaux qu'on peut créer ainsi est infini.

Je voudrais bien dire quelques mots des mœurs des enfants relativement à leurs joujoux, et des idées des parents dans cette émouvante question [a]. — Il y a des parents qui n'en veulent jamais donner. Ce sont des personnes graves, excessivement graves, qui n'ont pas étudié la nature, et qui rendent généralement malheureux tous les gens qui les entourent. Je ne sais pourquoi je me figure qu'elles puent le protestantisme. Elle ne connaissent pas et ne permettent pas les moyens poétiques de passer le temps. Ce sont les mêmes gens qui donneraient volontiers un franc à un pauvre, à condition qu'il s'étouffât avec du pain, et lui refuseront toujours deux sous pour se désaltérer au cabaret. Quand je pense à une certaine classe de personnes ultra-raisonnables et anti-poétiques par qui j'ai tant souffert, je sens toujours la haine pincer et agiter mes nerfs.

Il y a d'autres parents qui considèrent les joujoux comme des objets d'adoration muette; il y a des habits qu'il est au moins permis de mettre le dimanche; mais les joujoux doivent se ménager bien autrement! Aussi à peine l'ami de la maison a-t-il déposé son offrande dans le tablier de l'enfant, que la mère féroce et économe se précipite dessus, le met dans une armoire, et dit : C'est trop beau pour ton âge; *tu t'en serviras quand tu seras grand!* Un de mes amis m'avoua qu'il n'avait jamais pu jouir de ses joujoux. — Et quand je suis devenu grand, ajoutait-il, j'avais autre chose à faire. — Du reste, il y a des enfants qui font d'eux-mêmes la même chose : ils n'usent pas de leurs joujoux, ils les économisent, ils les mettent en ordre, en font des bibliothèques et des musées, et les montrent de temps à autre à leurs petits amis en les priant *de ne pas toucher*. Je me défierais volontiers de ces *enfants-hommes*.

La plupart des marmots veulent surtout *voir l'âme*, les uns au bout de quelque temps d'exercice, les autres *tout de suite*. C'est la plus ou moins rapide invasion de ce désir qui fait la plus ou moins grande longévité du joujou. Je ne me sens pas le courage de blâmer cette manie enfantine : c'est une première tendance métaphysique. Quand ce désir s'est fiché dans la moelle cérébrale de l'enfant, il remplit ses doigts et ses ongles d'une agilité et d'une force singulières. L'enfant tourne, retourne son joujou, il le gratte, le secoue, le cogne contre les murs, le jette par terre. De temps en temps il lui fait recommencer ses mouvements mécaniques, quelquefois en sens inverse. La vie merveilleuse s'arrête. L'enfant, comme le peuple qui assiège les Tuileries, fait un suprême effort; enfin il l'entr'ouvre, il est le plus fort. Mais *où est l'âme ?* C'est ici que commencent l'hébétement et la tristesse.

Il y en a d'autres qui cassent tout de suite le joujou à peine mis dans leurs mains, à peine examiné; et quant à ceux-là, j'avoue que j'ignore le sentiment mystérieux qui les fait agir. Sont-ils pris d'une colère superstitieuse contre ces menus objets qui imitent l'humanité, ou bien leur font-ils subir une espèce d'épreuve maçonnique avant de les introduire dans la vie enfantine? — *Puzzling question*[1a] *!*

1. Cf. la variante qui prouve que Baudelaire avait songé à développer le contenu de cet essai jusqu'à en faire une véritable *esthétique du Joujou*. Projet assez révélateur et qui justifie la présence de cet essai dans les *Curiosités esthétiques*.

V

EXPOSITION UNIVERSELLE 1855

BEAUX-ARTS[1]

I. — MÉTHODE DE CRITIQUE

De l'idée moderne du progrès appliquée aux beaux-arts

Déplacement de la vitalité

Il est peu d'occupations aussi intéressantes, aussi attachantes, aussi pleines de surprises et de révélations pour un critique, pour un rêveur dont l'esprit est tourné à la généralisation, aussi bien qu'à l'étude des détails, et, pour mieux dire encore, à l'idée d'ordre et de hiérarchie universelle, que la comparaison des nations et de leurs produits respectifs. Quand je dis hiérarchie, je ne veux pas affirmer la suprématie de telle nation sur telle autre. Quoiqu'il y ait dans la nature des plantes plus ou moins saintes, des formes plus ou moins spirituelles, des animaux plus ou

---

1. Paru pour la première fois dans *le Pays*, 26 mai et 3 juin 1855 (chap. I et III), et dans *le Portefeuille* (12 août 1855), cette dernière publication précédée d'une introduction qui mérite d'être citée, car le directeur du *Portefeuille*, Arthur Ponroy, ami de Baudelaire, lui avait ouvert ses colonnes, pour y accueillir le chapitre II qu'avait pratiquement refusé *le Pays* :

Encore M. Ingres.

On nous reproche de paraître indifférents au compte rendu de l'Exposition

moins sacrés[1], et qu'il soit légitime de conclure, d'après les instigations de l'immense analogie[2] universelle, que certaines nations — vastes animaux dont l'organisme est adéquat à leur milieu, — aient été préparées et éduquées par la Providence pour un but déterminé, but plus ou moins élevé, plus ou moins rapproché du ciel, — je ne veux pas faire ici autre chose qu'affirmer leur *égale* utilité aux yeux de CELUI qui est indéfinissable, et le miraculeux secours qu'elles se prêtent dans l'harmonie de l'univers.

Un lecteur, quelque peu familiarisé par la solitude (bien mieux que par les livres) à ces vastes contemplations, peut déjà deviner où j'en veux venir; — et, pour trancher court aux ambages et aux hésitations du style par une question presque équivalente à une formule, — je le demande à

---

des Beaux-Arts. Avouons naïvement qu'après les études générales sur les principaux maîtres de l'école moderne, notre ardeur à louer ou à critiquer se trouve quelque peu calmée. Toutefois nous ne saurions laisser rien d'obscur autour de la question de doctrines; et notre devoir est d'ouvrir nos colonnes aux manifestations les plus élevées de l'intelligence et de la critique, surtout dans ce qui regarde les maîtres de premier ordre. C'est à ce titre que nous venons offrir à nos lecteurs une nouvelle étude sur M. Ingres, signée d'un nom que le public d'élite aime toujours à rencontrer. Ce que notre collaborateur G. Pierre a dit de M. Ingres nous a paru juste et sensé. M. Ch. Baudelaire arrive au même résultat critique, mais par d'autres aperçus. Ce très bel esprit s'exprime d'ailleurs avec une telle finesse d'observation, une telle science de la parole écrite, que nous nous trouverions coupables de ne pas donner à nos lecteurs une appréciation si ingénieuse et si modérée des œuvres de M. Ingres.

L'inauguration officielle de l'Exposition universelle — qui fut comme un symbole d'apogée du second Empire — avait eu lieu le 15 mai au Nouveau Palais des Beaux-Arts (Palais de l'Industrie) avenue Montaigne.

1. Comme cette série d'adjectifs est significative sous la plume de Baudelaire. *Saintes... spirituelles... sacrés... :* écho de ses sources swedenborgiennes qui resurgissent si souvent dans son esthétique et sa poésie, poésie et esthétique effectivement solidaires d'une certaine image hiérarchique et spirituelle de l'univers. Cf. par ex. Swedenborg, *Wisdom of Angels* (Londres, 1788, p. 195) : *Il est trois degrés d'élévation qui se nomment le Naturel, le Spirituel et le Céleste.* On notera en particulier que Baudelaire doit à Swedenborg, et à l'influence diffuse de sa mystique cosmique dans les milieux littéraires et artistiques romantiques, sa distinction dialectique du Naturel et du Spirituel.

2. L'image de l'analogie vient de Fourier, dont on sait que l'influence s'est constamment composée avec celle de Swedenborg.

tout homme de bonne foi, pourvu qu'il ait un peu pensé et un peu voyagé, — que ferait, que dirait un Winckelmann moderne [1] (nous en sommes pleins, la nation en regorge, les paresseux en raffolent), que dirait-il en face d'un produit chinois, produit étrange, bizarre, contourné dans sa forme, intense par sa couleur, et quelquefois délicat jusqu'à l'évanouissement [2]? Cependant c'est un échantillon de la beauté universelle; mais il faut, pour qu'il soit compris, que le critique, le spectateur opère en lui-même une transformation qui tient du mystère, et que, par un phénomène de la volonté agissant sur l'imagination, il apprenne de lui-même à participer au milieu qui a donné naissance à cette floraison insolite. Peu d'hommes ont, — au complet, — cette grâce divine du cosmopolitisme; mais tous peuvent l'acquérir à des degrés divers. Les mieux doués à cet égard sont ces voyageurs solitaires qui ont vécu pendant des années au fond des bois, au milieu des vertigineuses prairies, sans autre compagnon que leur fusil, contemplant, disséquant, écrivant. Aucun voile scolaire, aucun paradoxe universitaire, aucune utopie pédagogique, ne se sont interposés entre eux et la complexe vérité. Ils savent l'admirable,

1. Johann Joachim Winckelmann (1717-1768) avait publié, en 1755, des *Réflexions sur l'imitation des œuvres grecques,* et, en 1764, une *Histoire de l'art dans l'antiquité,* qui révolutionnèrent les idées artistiques, et c'est lui qui fournit au néo-classicisme sa doctrine, la fameuse doctrine du *beau idéal*. Baudelaire s'élève ici contre la doctrine, mais on n'oubliera pas que, dans son article sur le *Musée classique du Bazar Bonne-Nouvelle,* il n'avait pas ménagé son admiration au représentant français de la doctrine du beau idéal, Louis David. Néanmoins, Baudelaire est toujours en méfiance devant les théories, quelles qu'elles soient, et il est clair que Winckelmann lui apparaît comme le fondateur de cette lignée de *professeurs-jurés d'esthétique* qui motivent sa protestation et son ironie dans le *Salon de 1846* (cf. pp. 118 sqq.) comme ici, où nous retrouvons, donc, une des principales constantes de son attitude d'esprit devant les œuvres d'art.

2. Découverte de la relativité du Beau, annonce de l'influence considérable de l'art extrême-oriental sur les modernes (déjà amorcée par Ingres : cf. *Musée classique*... p. 93, n. 3, et le mot de Préault sur Ingres : *Ce Chinois égaré dans Athènes*). N'oublions pas d'autre part que, justement, le XVIIIe siècle avait découvert, particulièrement en France et en Angleterre, à la fois la beauté et la bizarrerie de la « chinoiserie ».

l'immortel, l'inévitable rapport entre la forme et la fonction[1]. Ils ne critiquent pas, ceux-là : ils contemplent, ils étudient.

Si, au lieu d'un pédagogue, je prends un homme du monde, un intelligent, et si je le transporte dans une contrée lointaine, je suis sûr que, si les étonnements du débarquement sont grands, si l'accoutumance est plus ou moins longue, plus ou moins laborieuse, la sympathie sera tôt ou tard si vive, si pénétrante, qu'elle créera en lui un monde nouveau d'idées, monde qui fera partie intégrante de lui-même, et qui l'accompagnera, sous la forme de souvenirs, jusqu'à la mort [2]. Ces formes de bâtiments, qui contrariaient d'abord son œil académique (tout peuple est académique en jugeant les autres, tout peuple est barbare quand il est jugé), ces végétaux inquiétants pour sa mémoire chargée des souvenirs natals, ces femmes et ces hommes dont les muscles ne vibrent pas suivant l'allure classique de son pays, dont la démarche n'est pas cadencée selon le rythme accoutumé, dont le regard n'est pas projeté avec le même magnétisme, ces odeurs qui ne sont plus celles du boudoir maternel, ces fleurs mystérieuses dont la couleur profonde entre dans l'œil despotiquement, pendant que leur forme taquine le regard, ces fruits dont le goût trompe

---

1. Est-ce déjà l'amorce d'une esthétique « fonctionnaliste » du moins en un sens large? Il est vrai, en tout cas, que l'esthétique baudelairienne dépend constamment d'une certaine idée de la *fonction* spirituelle de la peinture (cf. par ex. la différence fonctionnelle que Baudelaire établit entre peinture et sculpture dans le *Salon de 1846*, pp. 187-188). Si l'on voulait la résumer par une formule, il ne serait pas inexact de voir dans l'esthétique baudelairienne, avant tout, un fonctionnalisme spirituel.

2. Ce sera l'expérience cruciale d'un Gauguin, ç'avait déjà été celle d'un Delacroix au Maroc, c'est ce qui justifie les formes les plus fécondes de l'exotisme romantique et ce qui donne son sens à la nostalgie du *Voyage en Orient*. Naturellement Baudelaire pense aussi à sa propre expérience. En tout cas, c'est la découverte d'une nouvelle catégorie esthétique, que Baudelaire aura tout à l'heure (p. 213) le mérite de nommer par le mot même dont useront et abuseront les modernes : la catégorie de *l'insolite*. Cette page est, à cet égard, une des plus importantes de toute la littérature esthétique moderne, car elle annonce cette grande révolution que sera le remplacement, par une esthétique de *l'insolite*, de l'esthétique néo-classique du *beau idéal* (et tout aussi bien d'ailleurs de l'esthétique romantique superficielle du *pittoresque*).

et déplace les sens, et révèle au palais des idées qui appartiennent à l'odorat, tout ce monde d'harmonies nouvelles entrera lentement en lui, le pénétrera patiemment, comme la vapeur d'une étuve aromatisée; toute cette vitalité inconnue sera ajoutée à sa vitalité propre; quelques milliers d'idées et de sensations enrichiront son dictionnaire de mortel, et même il est possible que, dépassant la mesure et transformant la justice en révolte, il fasse comme le Sicambre converti, qu'il brûle ce qu'il avait adoré, et qu'il adore ce qu'il avait brûlé.

Que dirait, qu'écrirait, — je le répète, en face de phénomènes insolites, un de ces *modernes professeurs-jurés* d'esthétique, comme les appelle Henri Heine [1], ce charmant esprit, qui serait un génie s'il se tournait plus souvent vers le divin? L'insensé doctrinaire du Beau déraisonnerait, sans doute; enfermé dans l'aveuglante forteresse de son système, il blasphémerait la vie et la nature, et son fanatisme grec, italien ou parisien, lui persuaderait de défendre à ce peuple insolent [2] de jouir, de rêver ou de penser par d'autres procédés que les siens propres; — science barbouillée d'encre, goût bâtard, plus barbare que les barbares, qui a oublié la couleur du ciel, la forme du végétal, le mouvement et l'odeur de l'animalité, et dont les doigts crispés, paralysés par la plume, ne peuvent plus courir avec agilité sur l'immense clavier des *correspondances* [3] !

---

1. Henri Heine, *Reisebilder (Salon de 1831)*.

2. Le mot est sans doute à prendre, au moins en partie, dans son sens étymologique et selon sa parenté avec *insolite* (et dans le dandysme cher à Baudelaire n'y a-t-il pas une sorte de culte poétique de l'insolence comme technique de l'insolite? C'est en tout cas ce qui ressort de nombre de textes baudelairiens.)

3. C'est, semble-t-il, la première fois ici que Baudelaire emploie ce mot dans son sens plein (bien qu'il l'ait déjà indiqué par allusion à propos d'un passage des *Kreisleriana* d'Hoffmann dans le *Salon de 1846*, p. 109, mais le mot lui-même n'y était pas). Le célèbre sonnet a paru pour la première fois dans l'édition originale des *Fleurs du Mal* en 1857. Cette page, aboutissant à ce mot, en italiques, en est en quelque sorte le commentaire. Sur la question générale des *correspondances* et le rapport entre le sonnet et cette page, nous renvoyons au commentaire exhaustif de M. Antoine Adam dans son édition des *Fleurs du Mal* (Classiques Garnier, pp. 270-277). Cf. aussi Margaret Gilman, *op. cit.* p. 113. Insistons seulement sur le fait que ce texte de *l'Exposition universelle* semble marquer une date dans la formation de l'esthétique

J'ai essayé plus d'une fois, comme tous mes amis, de m'enfermer dans un système pour y prêcher à mon aise. Mais un système est une espèce de damnation qui nous pousse à une abjuration perpétuelle; il en faut toujours inventer un autre, et cette fatigue est un cruel châtiment. Et toujours mon système était beau, vaste, spacieux, commode, propre et lisse surtout; du moins il me paraissait tel. Et toujours un produit spontané, inattendu, de la vitalité universelle venait donner un démenti à ma science enfantine et vieillotte, fille déplorable de l'utopie. J'avais beau déplacer ou étendre le criterium, il était toujours en retard sur l'homme universel, et courait sans cesse après le beau multiforme et versicolore, qui se meut dans les spirales infinies de la vie. Condamné sans cesse à l'humiliation d'une conversion nouvelle, j'ai pris un grand parti. Pour échapper à l'horreur de ces apostasies philosophiques, je me suis orgueilleusement résigné à la modestie : je me suis contenté de sentir; je suis revenu chercher un asile dans l'impeccable naïveté [1]. J'en demande humblement pardon aux esprits académiques de tout genre qui habitent les différents ateliers de notre fabrique artistique. C'est là que ma conscience philosophique a trouvé le repos; et, au moins, je puis affirmer, autant qu'un homme peut répondre de ses vertus, que mon esprit jouit maintenant d'une plus abondante impartialité.

Tout le monde conçoit sans peine que, si les hommes chargés d'exprimer le beau se conformaient aux règles des

---

baudelairienne, puisque c'est à partir de ce moment que la référence à *l'immense clavier des correspondances* (l'image du clavier vient de Hoffmann) et à l'analogie universelle devient un thème permanent de l'œuvre critique et poétique, le sonnet lui-même datant probablement de ce même moment (cf. Lettre à Toussenel, 21 janvier 1856, traductions des *Histoires extraordinaires* et des *Nouvelles Histoires extraordinaires,* 1856 et 1857, *Poème du haschich*, 1858 ; étude sur Gautier, 1859, article sur Victor Hugo, 1861, article sur Wagner, 1861). Si enfin on retient que les *correspondances* baudelairiennes sont, à partir de ce texte, un symptôme permanent de son attachement définitif à la métaphysique de Swedenborg et de Fourier, on comprendra mieux que, dans la pensée esthétique du poète et du critique, le *spiritualisme* ait été de plus en plus l'article fondamental de son credo.

1. Cette *impeccable naïveté* est proche parente de la *franchise absolue, moyen d'originalité* de *Fusées,* IV.

professeurs-jurés, le beau lui-même disparaîtrait de la terre, puisque tous les types, toutes les idées, toutes les sensations se confondraient dans une vaste unité, monotone et impersonnelle, immense comme l'ennui et le néant. La variété, condition *sine qua non* de la vie, serait effacée de la vie. Tant il est vrai qu'il y a dans les productions multiples de l'art quelque chose de toujours nouveau qui échappera éternellement à la règle et aux analyses de l'école ! L'étonnement, qui est une des grandes jouissances causées par l'art et la littérature, tient à cette variété même des types et des sensations [1]. — Le *professeur-juré,* espèce de tyran-mandarin, me fait toujours l'effet d'un impie qui se substitue à Dieu.

J'irai encore plus loin, n'en déplaise aux sophistes trop fiers qui ont pris leur science dans les livres, et, quelque délicate et difficile à exprimer que soit mon idée, je ne désespère pas d'y réussir. *Le beau est toujours bizarre* [2]. Je ne veux pas dire qu'il soit volontairement, froidement bizarre, car dans ce cas il serait un monstre sorti des rails de la vie. Je dis qu'il contient toujours un peu de bizarrerie, de bizarrerie naïve, non voulue, inconsciente, et que c'est cette bizarrerie qui le fait être particulièrement le Beau. C'est son immatriculation, sa caractéristique. Renversez la proposition, et tâchez de concevoir un *beau banal !* Or, comment cette bizarrerie, nécessaire, incompressible, variée à l'infini, dépendante des milieux, des climats, des mœurs, de la race, de la religion et du tempérament de l'artiste, pourra-

1. Par là le romantisme baudelairien rejoint le principe baroque. Nombreux sont les textes où Baudelaire se réfère à une esthétique de l'étonnement (et c'est par exemple le *bizarre* qu'il appréciera très justement chez Ingres). Sans doute l'œuvre où il a le mieux réussi à réaliser le principe est-elle *le Spleen de Paris.*

2. Les italiques indiquent une citation (approximative). C'est dans Edgar Poe, citant lui-même Bacon, que Baudelaire a trouvé cette formule « *Il n'est pas de parfaite beauté* », *dit Bacon, Lord Verulam, définissant exactement les formes et* genera *de la beauté,* « *sans quelque* bizarrerie *dans sa composition.* » *(Ligeia).* Il est clair aussi que le *bizarre* est une des techniques privilégiées du surnaturalisme, et en cela Baudelaire rejoint tous les surnaturalistes de la fin du XVIIIe et du XIXe siècle, de Swedenborg à Nerval, de William Blake à Villiers de l'Isle-Adam; et d'autre part, en ce qui concerne la peinture, c'est cette même esthétique du bizarre surnaturaliste qui pousse Baudelairé à admirer Chenavard, bien qu'il soit lyonnais, et à déclarer par exemple : *Chenavard a créé un type surhumain (Fusées,* IV*).*

t-elle jamais être gouvernée, amendée, redressée, par les règles utopiques conçues dans un petit temple scientifique [1] quelconque de la planète, sans danger de mort pour l'art lui-même? Cette dose de bizarrerie qui constitue et définit l'individualité, sans laquelle il n'y a pas de beau, joue dans l'art (que l'exactitude de cette comparaison en fasse pardonner la trivialité) le rôle du goût ou de l'assaisonnement dans les mets, les mets ne différant les uns des autres, abstraction faite de leur utilité ou de la quantité de substance nutritive qu'ils contiennent, que par l'*idée* qu'ils révèlent à la langue.

Je m'appliquerai donc, dans la glorieuse analyse de cette belle Exposition, si variée dans ses éléments, si inquiétante par sa variété, si déroutante pour la pédagogie, à me dégager de toute espèce de pédanterie. Assez d'autres parleront le jargon de l'atelier et se feront valoir au détriment des artistes. L'érudition me paraît dans beaucoup de cas puérile et peu démonstrative de sa nature. Il me serait trop facile de disserter subtilement sur la composition symétrique ou équilibrée, sur la pondération des tons, sur le ton chaud et le ton froid, etc O vanité! je préfère parler au nom du sentiment, de la morale et du plaisir. J'espère que quelques personnes, savantes sans pédantisme, trouveront mon *ignorance* de bon goût.

On raconte que Balzac (qui n'écouterait avec respect toutes les anecdotes, si petites qu'elles soient, qui se rapportent à ce grand génie?), se trouvant un jour en face d'un beau tableau, un tableau d'hiver, tout mélancolique et chargé de frimas, clair-semé de cabanes et de paysans chétifs, — après avoir contemplé une maisonnette d'où montait une maigre fumée, s'écria : « Que c'est beau! Mais que font-ils dans cette cabane? à quoi pensent-ils? quels sont leurs chagrins? les récoltes ont-elles été bonnes? *ils ont sans doute des échéances à payer?* »

Rira qui voudra de M. de Balzac. J'ignore quel est le peintre qui a eu l'honneur de faire vibrer, conjecturer et s'inquiéter l'âme du grand romancier, mais je pense qu'il

1. L'expression souligne ironiquement le rapport entre les développements contemporains de la théorie esthétique et le positivisme. Or justement Baudelaire ne cessera de condamner toute forme d'art *positif*.

nous a donné ainsi, avec son adorable naïveté, une excellente leçon de critique. Il m'arrivera souvent d'apprécier un tableau uniquement par la somme d'idées ou de rêveries qu'il apportera dans mon esprit [1].

La peinture est une évocation, une opération magique (si nous pouvions consulter là-dessus l'âme des enfants !), et quand le personnage évoqué, quand l'idée ressuscitée, se sont dressés et nous ont regardés face à face, nous n'avons pas le droit, — du moins ce serait le comble de la puérilité, — de discuter les formules évocatoires du sorcier [2]. Je ne connais pas de problème plus confondant pour le pédantisme et le philosophisme, que de savoir en vertu de quelle loi les artistes les plus opposés par leur méthode évoquent les mêmes idées et agitent en nous des sentiments analogues.

Il est encore une erreur fort à la mode, de laquelle je veux me garder comme de l'enfer [a]. — Je veux parler de l'idée du progrès. Ce fanal obscur, invention du philosophisme actuel, breveté sans garantie de la Nature ou de la Divinité, cette lanterne moderne jette des ténèbres sur tous les objets de la connaissance; la liberté s'évanouit, le châtiment disparaît. Qui veut y voir clair dans l'histoire doit avant tout éteindre ce fanal perfide. Cette idée grotesque, qui a fleuri sur le terrain pourri de la fatuité moderne, a déchargé chacun de son devoir, délivré toute âme de sa responsabilité, dégagé la volonté de tous les liens que lui imposait l'amour du beau : et les races amoindries, si cette navrante folie dure longtemps, s'endormiront sur l'oreiller de la fatalité dans le sommeil radoteur de la décrépitude.

---

1. C'est la critique de *sentiment,* au sens surnaturaliste, donc à ne pas confondre avec ce qu'on appellera plus tard la critique impressionniste, qui en est tout le contraire. Nous restons dans la ligne de cette recherche et découverte d'une *nouvelle manière de sentir* (l'art aussi bien que les êtres et le monde), par laquelle, dans le deuxième chapitre du *Salon de 1846,* Baudelaire définissait le *vrai* romantisme, recherche et découverte qui font, au-delà de tout *système* — comme il il vient d'être dit — la cohérence de l'esthétique baudelairienne. Comme parfait exemple, sous une forme extrême, de cette critique de sentiment cf. l'appréciation poétique d'un tableau de Baron dans le *Salon de 1859* (p. 353).

2. *Magie suggestive (Art philosophique,* 1857-1866) ; *opérations magiques, sorcellerie évocatoire (Fusées,* XVII). Sur ce thème, cf. notre *Introduction* à l'édition Garnier des *Poèmes en prose* (IV. pp. XXXVI-XLVI).

Cette infatuation est le diagnostic d'une décadence déjà trop visible.

Demandez à tout bon Français qui lit tous les jours *son* journal dans son estaminet ce qu'il entend par progrès, il répondra que c'est la vapeur, l'électricité et l'éclairage au gaz, miracles inconnus aux Romains, et que ces découvertes témoignent pleinement de notre supériorité sur les anciens; tant il s'est fait de ténèbres dans ce malheureux cerveau et tant les choses de l'ordre matériel et de l'ordre spirituel s'y sont si bizarrement confondues! Le pauvre homme est tellement américanisé par ses philosophes zoocrates et industriels qu'il a perdu la notion des différences qui caractérisent les phénomènes du monde physique et du monde moral, du naturel et du surnaturel [1].

Si une nation entend aujourd'hui la question morale dans un sens plus délicat qu'on ne l'entendait dans le siècle précédent, il y a progrès; cela est clair. Si un artiste produit cette année une œuvre qui témoigne de plus de savoir ou de force imaginative qu'il n'en a montré l'année

---

1. Si Baudelaire parle ici d'*américanisation,* c'est en un sens très précis. Sans doute se souvient-il que Stendhal en avait déjà dénoncé les aspects politiques (thème que Baudelaire, disciple de Joseph de Maistre, reprendra dans ses *Journaux intimes),* mais ici c'est surtout à Edgar Poe qu'il faut recourir et à l'idée qu'à travers lui Baudelaire s'était faite de la philosophie américaine, telle que l'exprimaient Emerson et le « Transcendantalisme ». Certes Baudelaire sera séduit, en Emerson, par le moraliste, et, un instant, il pensera traduire, de celui-ci, la *Conduite de la vie;* mais, par exemple, lorsque, dans *l'Œuvre et la vie d'Eugène Delacroix* (IV), il évoque, pour l'appliquer à son grand homme, la théorie emersonienne du héros, il n'en rappelle pas moins qu'Emerson *passe pour le chef de l'ennuyeuse école de Boston;* et, de fait, sans doute, son hostilité s'adresse plus aux transcendantalistes, qu'il connaît à travers Edgar Poe, qu'à leur chef. Cf. ce qu'écrit Andrew Lang dans ses *Letters to Dead Authors* (1886. Il s'agit d'une lettre adressée, par-delà la tombe, à Edgar Poe) : *A l'heure qu'il est, vous avez dû faire la connaissance de votre traducteur, M. Charles Baudelaire, qui partageait si totalement vos vues concernant M. Emerson et les Transcendantalistes, et qui s'opposa si farouchement à toutes ces idées de « progrès venues de l'Enfer ou de Boston* ». Citons enfin ce texte de *Fusées,* XXII (sous le titre général : *Le monde va finir*) : *La mécanique nous aura tellement américanisés, le progrès aura si bien atrophié en nous la partie spirituelle, que rien parmi les rêveries sanguinaires, sacrilèges ou anti-naturelles des utopistes ne pourra être comparé à ses résultats positifs.*

dernière, il est certain qu'il a progressé. Si les denrées sont aujourd'hui de meilleure qualité et à meilleur marché qu'elles n'étaient hier, c'est dans l'ordre matériel un progrès incontestable. Mais où est, je vous prie, la garantie du progrès pour le lendemain? Car les disciples des philosophes de la vapeur et des allumettes chimiques l'entendent ainsi : le progrès ne leur apparaît que sous la forme d'une série indéfinie. Où est cette garantie? Elle n'existe, dis-je, que dans votre crédulité et votre fatuité.

Je laisse de côté la question de savoir si, délicatisant l'humanité en proportion des jouissances nouvelles qu'il lui apporte, le progrès indéfini ne serait pas sa plus ingénieuse et sa plus cruelle torture; si, procédant par une opiniâtre négation de lui-même, il ne serait pas un mode de suicide incessamment renouvelé, et si, enfermé dans le cercle de feu de la logique divine, il ne ressemblerait pas au scorpion qui se perce lui-même avec sa terrible queue, cet éternel *desideratum* qui fait son éternel désespoir [a]?

Transportée dans l'ordre de l'imagination, l'idée du progrès (il y a eu des audacieux et des enragés de logique qui ont tenté de le faire) se dresse avec une absurdité gigantesque, une grotesquerie qui monte jusqu'à l'épouvantable. La thèse n'est plus soutenable. Les faits sont trop palpables, trop connus. Ils se raillent du sophisme et l'affrontent avec imperturbabilité. Dans l'ordre poétique et artistique, tout révélateur a rarement un précurseur. Toute floraison est spontanée, individuelle. Signorelli était-il vraiment le générateur de Michel-Ange? Est-ce que Pérugin contenait Raphaël? L'artiste ne relève que de lui-même. Il ne promet aux siècles à venir que ses propres œuvres. Il ne cautionne que lui-même. Il meurt sans enfants. Il a été *son roi, son prêtre et son Dieu*. C'est dans de tels phénomènes que la célèbre et orageuse formule de Pierre Leroux trouve sa véritable application [1b].

1. Nous n'avons pas retrouvé textuellement cette formule dans Pierre Leroux ; mais il arrive souvent à Baudelaire de citer de mémoire un auteur et d'en résumer la pensée dans une formule approximative (cf. *supra* pour Edgar Poe-Bacon). Il n'y a donc ici aucun inconvénient à adopter l'hypothèse très vraisemblable de Jacques Crépet. Cette phrase ne figurant pas dans le texte du *Pays* elle a donc été ultérieurement ajoutée par Baudelaire, sans doute lorsqu'il a lu, dans la *Grève*

Il en est de même des nations qui cultivent les arts de l'imagination avec joie et succès. La prospérité actuelle n'est garantie que pour un temps, hélas! bien court. L'aurore fut jadis à l'orient, la lumière a marché vers le sud, et maintenant elle jaillit de l'occident. La France, il est vrai, par sa situation centrale dans le monde civilisé, semble être appelée à recueillir toutes les notions et toutes les poésies environnantes, et à les rendre aux autres peuples merveilleusement ouvrées et façonnées [1]. Mais il ne faut jamais oublier que les nations, vastes êtres collectifs, sont soumises aux mêmes lois que les individus [2]. Comme l'enfance, elles vagissent, balbutient, grossissent, grandissent. Comme la jeunesse et la maturité, elles produisent des œuvres sages et hardies. Comme la vieillesse, elles s'endorment sur une richesse acquise. Souvent il arrive que c'est le principe même qui a fait leur force et leur développement qui amène leur décadence, surtout quand ce principe, vivifié jadis par une ardeur conquérante, est devenu pour la majorité une espèce de routine [3]. Alors, comme je le faisais entrevoir tout à l'heure, la vitalité se déplace, elle va visiter d'autres territoires et d'autres races; et il ne faut pas croire que les nouveaux venus héritent intégralement des anciens, et qu'ils reçoivent d'eux une doctrine toute faite. Il arrive souvent (cela est arrivé au moyen âge) que, tout étant perdu, tout est à refaire.

Celui qui visiterait l'Exposition universelle avec l'idée préconçue de trouver en Italie les enfants de Vinci, de Raphaël et de Michel-Ange, en Allemagne l'esprit d'Albert Dürer, en Espagne l'âme de Zurbaran et de Velasquez, se préparerait un inutile étonnement. Je n'ai ni le temps,

---

de Samarez de Pierre Leroux (1863), un texte que cette formule résume exactement : *L'Art c'est l'Artiste... L'Artiste, c'est Dieu* (mais il faut dire que dans le contexte de Leroux, ces formules sont ironiques et qu'il développe un réquisitoire contre l'art pour l'art).

1. Idée sur laquelle Mme de Staël avait construit toute une théorie littéraire : cf. *De l'Allemagne* (1810) où elle définit le génie français comme un génie d'assimilation : *les conceptions neuves sont rares en France...* (II, 11).

2. Reprise de la célèbre comparaison de Pascal et de Fontenelle, mais ici pour contredire l'idée de progrès indéfini.

3. Pour les besoins de sa cause, Baudelaire emprunte à Montesquieu la loi sociologique qui se dégage des *Considérations*.

ni la science suffisante peut-être, pour rechercher quelles sont les lois qui déplacent la vitalité artistique, et pourquoi Dieu dépouille les nations quelquefois pour un temps, quelquefois pour toujours; je me contente de constater un fait très fréquent dans l'histoire. Nous vivons dans un siècle où il faut répéter certaines banalités, dans un siècle orgueilleux qui se croit au-dessus des mésaventures de la Grèce et de Rome.

L'Exposition des peintres anglais est très belle, très singulièrement belle, et digne d'une longue et patiente étude. Je voulais commencer par la glorification de nos voisins, de ce peuple si admirablement riche en poètes et en romanciers, du [a] peuple de Shakspeare, de Crabbe et de Byron, de Maturin et de Godwin; des concitoyens de Reynolds, de Hogarth et de Gainsborough. Mais je veux les étudier encore; mon excuse est excellente; c'est par une politesse extrême que je renvoie cette besogne si agréable. Je retarde pour mieux faire [1].

---

1. On ne saurait trop regretter que Baudelaire n'ait finalement pas écrit cette étude (à moins qu'elle n'ait disparu). On retrouvera la manifestation de son intérêt justifié pour la peinture anglaise dans le *Salon de 1859* (p. 306). On peut imaginer ce qu'il eût été capable d'écrire sur Turner et les grands aquarellistes ! Contrairement à ce qu'affirme Jacques Crépet, les artistes anglais ne venaient pas, *pour la première fois,* en 1855, *demander la consécration de leur gloire !* Ils s'étaient manifestés au Salon de Paris dès 1822, et c'étaient eux qui avaient contribué principalement à faire du Salon de 1824 un Salon révolutionnaire : sans parler de Bonington — qui appartient presque à l'École française — c'est après avoir vu un paysage de Constable que Delacroix se hâta de refaire le fond des *Massacres de Chio,* et, au sortir d'une période dominée par la dictature davidienne, c'est la découverte des nouveautés de la « *manière anglaise* » qui est, dans les années 1824-30, la grande découverte des artistes et des critiques (cf. en particulier les *Salons* d'Auguste Jal et de Gustave Planche). Sans doute Baudelaire doit-il à son intuition personnelle sa connaissance des richesses de la peinture anglaise, mais sans doute la doit-il aussi, pour une bonne part, à l'héritage que lui avait transmis la génération de 1820, en particulier — naturellement — Delacroix. La participation anglaise à l'Exposition de 1855 bénéficiait d'une section spéciale et connut le plus grand succès auprès du public et de la critique. De ce succès nous trouvons ici un écho autorisé. L'idée d'une étude sur les Anglais continua à préoccuper Baudelaire pendant quelques années et elle

Je commence donc par une tâche plus facile : je vais étudier rapidement les principaux maîtres de l'école française, et analyser les éléments de progrès ou les ferments de ruine qu'elle contient en elle.

II. — INGRES

Cette Exposition française est à la fois si vaste et généralement composée de morceaux si connus, déjà suffisamment déflorés par la curiosité parisienne, que la critique doit chercher plutôt à pénétrer intimement le tempérament de chaque artiste et les mobiles qui le font agir qu'à analyser, à raconter chaque œuvre minutieusement.

Quand David, cet astre froid, et Guérin et Girodet, ses satellites historiques, espèces d'abstracteurs de quintessence dans leur genre, se levèrent sur l'horizon de l'art, il se fit une grande révolution [1]. Sans analyser ici le but qu'ils poursuivirent, sans en vérifier la légitimité, sans examiner s'ils ne l'ont pas outrepassé, constatons simplement qu'ils avaient un but, un grand but de réaction contre de trop vives et de trop aimables frivolités que je ne veux pas non plus apprécier ni caractériser; — que ce but ils le visèrent avec persévérance, et qu'ils marchèrent à la lumière de leur soleil artificiel avec une franchise, une décision et un ensemble dignes de véritables hommes de parti. Quand

---

devait bien, selon lui, figurer dans les *Curiosités esthétiques :* il lui avait même trouvé un titre excellent, qui reste encore le titre le plus séduisant pour une étude sur la Peinture anglaise ; il figure dans une liste-projet de la fin de 1857 (Crépet : *Reliquiae,* II) : *L'Intime et le Féerique (Angleterre)*. Ce titre à lui seul suffirait à prouver que Baudelaire avait parfaitement saisi le sens profond et « spirituel » de l'expérience picturale des Anglais. Notons que, par contre, le projet d'étude sur *David, Guérin, Girodet* de 1845 (cf. note 1 *infra*) a disparu de cette liste de *Curiosités esthétiques* de 1857.

1. Nous avons probablement ici (comme déjà dans le *Musée classique,* de 1846) un résumé d'une étude projetée par Baudelaire sur *David. Guérin, Girodet* et annoncée, *pour paraître prochainement,* sur la couverture du *Salon de 1845 :* elle ne vit pas plus le jour que l'étude sur les Anglais, et c'est tout aussi regrettable, car Baudelaire auteur d'une sorte de diptyque *David-Peinture anglaise,* ç'eût été singulièrement intéressant.

l'âpre idée s'adoucit et se fit caressante sous le pinceau de Gros, elle était déjà perdue [1].

Je me rappelle fort distinctement le respect prodigieux qui environnait au temps de notre enfance toutes ces figures, fantastiques sans le vouloir, tous ces spectres académiques; et moi-même je ne pouvais contempler sans une espèce de terreur religieuse tous ces grands flandrins hétéroclites, tous ces *beaux hommes* minces et solennels, toutes ces femmes bégueulement chastes, classiquement voluptueuses, les uns sauvant leur pudeur sous des sabres antiques, les autres derrière des draperies pédantesquement transparentes. Tout ce monde, véritablement hors nature, s'agitait, ou plutôt posait sous une lumière verdâtre, traduction bizarre [2] du vrai soleil. Mais ces maîtres, trop célébrés jadis, trop méprisés aujourd'hui, eurent le grand mérite, si l'on ne veut pas trop se préoccuper de leurs procédés et de leurs systèmes bizarres [2], de ramener le caractère français vers le goût de l'héroïsme. Cette contemplation perpétuelle de l'histoire grecque et romaine ne pouvait, après tout, qu'avoir une influence stoïcienne salutaire; mais ils ne furent pas toujours aussi Grecs et Romains qu'ils voulurent le paraître. David, il est vrai, ne cessa jamais d'être héroïque, l'inflexible David, le révélateur despote. Quant à Guérin et Girodet, il ne serait pas difficile de découvrir en eux, d'ailleurs très préoccupés, comme le prophète, de l'esprit de mélodrame, quelques légers grains corrupteurs, quelques sinistres et amusants symptômes du futur Romantisme. Ne vous semble-t-il pas que cette *Didon* [3], avec sa toilette si précieuse et si théâtrale, langoureusement étalée au soleil couchant, comme une créole aux nerfs détendus, a plus de parenté avec les premières visions de Chateaubriand qu'avec les conceptions de Virgile, et que son œil humide, noyé dans les vapeurs du keepsake, annonce presque certaines Parisiennes de Balzac?

---

1. De fait Gros fut, par l'équivoque même de sa division intérieure entre romantisme et fidélité davidienne, acculé au suicide (1835) ; ce qui donne une idée de la violence pathétique du drame que vécurent alors les artistes et auquel Baudelaire fait ici allusion.

2. Le mot revient deux fois de suite : est-ce par hasard ? (cf. *supra* p. 215).

3. *Didon et Énée,* par Guérin, Salon de 1817 (Louvre).

L'*Atala* de Girodet [1] est, quoi qu'en pensent certains farceurs qui seront tout à l'heure bien vieux, un drame de beaucoup supérieur à une foule de fadaises modernes innommables.

Mais aujourd'hui nous sommes en face d'un homme d'une immense, d'une incontestable renommée, et dont l'œuvre est bien autrement difficile à comprendre et à expliquer. J'ai osé tout à l'heure, à propos de ces malheureux peintres illustres, prononcer irrespectueusement le mot : *hétéroclites*. On ne peut donc pas trouver mauvais que, pour expliquer la sensation de certains tempéraments artistiques mis en contact avec les œuvres de M. Ingres, je dise qu'ils se sentent en face d'un *hétéroclitisme* [2] bien plus mystérieux et complexe que celui des maîtres de l'école républicaine et impériale, où cependant il a pris son point de départ.

Avant d'entrer plus décidément en matière, je tiens à constater une impression première sentie par beaucoup de personnes, et qu'elles se rappelleront inévitablement, sitôt qu'elles seront [a] entrées dans le sanctuaire attribué aux œuvres de M. Ingres. Cette impression, difficile à caractériser, qui tient, dans des proportions inconnues, du malaise, de l'ennui et de la peur, fait penser vaguement, involontairement, aux défaillances causées par l'air raréfié, par l'atmosphère d'un laboratoire de chimie, ou par la conscience d'un milieu fantasmatique, je dirai plutôt d'un milieu qui imite le fantasmatique; d'une population automatique et qui troublerait nos sens par sa trop visible et palpable extranéité. Ce n'est plus là ce respect enfantin dont je parlais tout à l'heure, qui nous saisit devant *les Sabines* [3], devant le *Marat* dans sa baignoire [4], devant *le*

1. Salon de 1808 (Louvre).

2. Le mot désigne admirablement l'un des caractères les plus saisissants de l'œuvre d'Ingres, ce par quoi il a séduit les modernes et a pu devenir la source des courants picturaux les plus divers, de Puvis de Chavannes et Gauguin à Cézanne et Picasso ! Baudelaire touche immédiatement du doigt ce qui allait faire la fortune moderne de l'*ingrisme,* après l'inévitable décantation du temps.

3. David, *L'Enlèvement des Sabines,* 1799 (Louvre).

4. David, *Marat assassiné,* 1793 (Musée de Bruxelles).

Musée Fabre, Montpellier

Baudelaire en 1847 par G. Courbet

Déluge [1], devant le mélodramatique *Brutus* [2]. C'est une sensation puissante, il est vrai, — pourquoi nier la puissance de M. Ingres? — mais d'un ordre inférieur, d'un ordre quasi maladif. C'est presque une sensation négative, si cela pouvait se dire. En effet, il faut l'avouer tout de suite, le célèbre peintre, révolutionnaire à sa manière, a des mérites, des charmes même tellement incontestables et dont j'analyserai tout à l'heure la source, qu'il serait puéril de ne pas constater ici une lacune, une privation, un amoindrissement dans le jeu des facultés spirituelles. L'imagination qui soutenait ces grands maîtres, dévoyés dans leur gymnastique académique, l'imagination, cette reine des facultés [3], a disparu.

Plus d'imagination, partant plus de mouvement. Je ne pousserai pas l'irrévérence et la mauvaise volonté jusqu'à dire que c'est chez M. Ingres une résignation; je devine assez son caractère pour croire plutôt que c'est de sa part une immolation héroïque, un sacrifice sur l'autel des facultés qu'il considère sincèrement comme plus grandioses et plus importantes.

C'est en quoi il se rapproche, quelque énorme que paraisse ce paradoxe, d'un jeune peintre dont les débuts remarquables se sont produits récemment avec l'allure d'une insurrection [4]. M. Courbet, lui aussi, est un puissant ouvrier, une sauvage et patiente volonté; et les résultats qu'il a obtenus, résultats qui ont déjà pour quelques esprits plus de charme que ceux du grand maître de la tradition raphaélesque, à cause sans doute de leur solidité

---

1. Girodet, *Le Déluge,* 1811 (Louvre).

2. David, *Les licteurs rapportent à Brutus les corps de ses fils,* 1789 (Louvre).

3. Ce sera le titre du chapitre III du *Salon de 1859*.

4. Gustave Courbet, qui peignit un très beau portrait de Baudelaire (Musée de Montpellier) était absent de l'Exposition de 1855 (il avait déjà fait scandale en 1853 avec ses *Baigneuses*) mais il provoqua l'une des plus mémorables batailles artistiques du siècle en organisant, au moment de l'Exposition, dans une baraque pittoresque, une exposition personnelle de quarante de ses tableaux. Le rapprochement Ingres-Courbet va loin, et bientôt Baudelaire trouvera quelque chose de cette synthèse paradoxale dans l'œuvre de Manet et de Legros.

positive et de leur amoureux cynisme, ont, comme ces derniers, ceci de singulier qu'ils manifestent un esprit de sectaire, un massacreur de facultés. La politique, la littérature produisent, elles aussi, de ces vigoureux tempéraments, de ces protestants, de ces anti-surnaturalistes, dont la seule légitimation est un esprit de réaction quelquefois salutaire. La providence qui préside aux affaires de la peinture leur donne pour complices tous ceux que l'idée adverse prédominante avait lassés ou opprimés. Mais la différence est que le sacrifice héroïque que M. Ingres fait en l'honneur de la tradition et de l'idée du beau raphaélesque, M. Courbet l'accomplit au profit de la nature extérieure, positive, immédiate. Dans leur guerre à l'imagination, ils obéissent à des mobiles différents; et deux fanatismes inverses les conduisent à la même immolation.

Maintenant, pour reprendre le cours régulier de notre analyse, quel est le but de M. Ingres? Ce n'est pas, à coup sûr, la traduction des sentiments, des passions, des variantes de ces passions et de ces sentiments; ce n'est pas non plus la représentation de grandes scènes historiques (malgré ses beautés italiennes, trop italiennes, le tableau du *Saint Symphorien,* italianisé jusqu'à l'empilement des figures, ne révèle certainement pas la sublimité d'une victime chrétienne, ni la bestialité féroce et indifférente à la fois des païens conservateurs). Que cherche donc, que rêve donc M. Ingres? Qu'est-il venu dire en ce monde? Quel appendice nouveau apporte-t-il à l'évangile de la peinture?

Je croirais volontiers que son idéal est une espèce d'idéal fait moitié de santé, moitié de calme, presque d'indifférence, quelque chose d'analogue à l'idéal antique, auquel il a ajouté les curiosités et les minuties de l'art moderne. C'est cet accouplement qui donne souvent à ses œuvres leur charme bizarre. Épris ainsi d'un idéal qui mêle dans un adultère agaçant la solidité calme de Raphaël avec les recherches de la petite-maîtresse, M. Ingres devait surtout réussir dans les portraits; et c'est en effet dans ce genre qu'il a trouvé ses plus grands, ses plus légitimes succès. Mais il n'est point un de ces peintres à l'heure, un de ces fabricants banals de portraits auxquels un homme vulgaire peut aller, la bourse à la main, demander la reproduction de sa malséante personne. M. Ingres choisit ses modèles, et il choisit, il faut le reconnaître, avec un tact merveilleux, les modèles les plus propres à faire valoir son genre de talent. Les

Cathédrale d'Autun *Photo Giraudon*

« *Que cherche donc, que rêve donc M. Ingres ?* »
Le martyre de Saint-Symphorien par Ingres

belles femmes, les natures riches, les santés calmes et florissantes, voilà son triomphe et sa joie[1]!

Ici cependant se présente une question discutée cent fois, et sur laquelle il est toujours bon de revenir. Quelle est la qualité du dessin de M. Ingres? Est-il d'une qualité supérieure? Est-il absolument intelligent? Je serai compris de tous les gens qui ont comparé entre elles les manières de dessiner des principaux maîtres en disant que le dessin de M. Ingres est le dessin d'un homme à système. Il croit que la nature doit être corrigée, amendée; que la tricherie heureuse, agréable, faite en vue du plaisir des yeux, est non seulement un droit, mais un devoir. On avait dit jusqu'ici que la nature devait être interprétée, traduite dans son ensemble et avec toute sa logique; mais dans les œuvres du maître en question il y a souvent dol, ruse, violence, quelquefois tricherie et croc-en-jambe. Voici une armée de doigts trop uniformément allongés en fuseaux et dont les extrémités étroites oppriment les ongles, que Lavater, à l'inspection de cette poitrine large, de cet avant-bras musculeux, de cet ensemble un peu viril, aurait jugés devoir être carrés, symptôme d'un esprit porté aux occupations masculines, à la symétrie et aux ordonnances de l'art. Voici des figures délicates et des épaules simplement élégantes associées à des bras trop robustes, trop pleins d'une succulence raphaélique. Mais Raphaël aimait les gros bras, il fallait avant tout obéir et plaire au maître. Ici nous trouverons un nombril qui s'égare vers les côtes, là un sein qui pointe trop vers l'aisselle; ici, — chose moins excusable (car généralement ces différentes tricheries ont une excuse plus ou moins plausible et toujours facilement devinable dans le goût immodéré du *style*), — ici, dis-je, nous sommes tout à fait déconcertés par une jambe sans nom, toute maigre, sans muscles, sans formes, et sans pli au jarret *(Jupiter et Antiope*[2].*)*

Remarquons aussi qu'emporté par cette préoccupation presque maladive du style, le peintre supprime souvent le modelé ou l'amoindrit jusqu'à l'invisible, espérant ainsi

---

1. Cf. en particulier les portraits de Mme et Mlle Rivière (Louvre) et surtout celui de Mme de Senonnes (Musée de Nantes).

2. Ce sont les célèbres *déformations* d'Ingres, dont l'influence sera considérable cinquante ans plus tard. *Jupiter et Antiope,* (Louvre).

donner plus de valeur au contour, si bien que ses figures ont l'air de patrons d'une forme très correcte, gonflés d'une matière molle et non vivante, étrangère à l'organisme humain. Il arrive quelquefois que l'œil tombe sur des morceaux charmants, irréprochablement vivants; mais cette méchante pensée traverse alors l'esprit, que ce n'est pas M. Ingres qui a cherché la nature, mais la nature qui a violé le peintre, et que cette haute et puissante dame l'a dompté par son ascendant irrésistible.

D'après tout ce qui précède, on comprendra facilement que M. Ingres peut être considéré comme un homme doué de hautes qualités, un amateur éloquent de la beauté, mais dénué de ce tempérament énergique qui fait la fatalité du génie. Ses préoccupations dominantes sont le goût de l'antique et le respect de l'école. Il a, en somme, l'admiration assez facile, le caractère assez éclectique, comme tous les hommes qui manquent de fatalité. Aussi le voyons-nous errer d'archaïsme en archaïsme [1]; Titien *(Pie VII tenant chapelle)* [2], les émailleurs de la Renaissance *(Vénus Anadyomène)* [3], Poussin et Carrache *(Vénus* et *Antiope)*, Raphaël *(Saint Symphorien)* [4], les primitifs Allemands (tous les petits tableaux du genre imagier et anecdotique), les curiosités et le bariolage persan et chinois (la Petite *Odalisque*) [5]; se disputent ses préférences. L'amour et l'influence de l'antiquité se sentent partout; mais M. Ingres me paraît souvent être à l'antiquité ce que le bon ton, dans ses caprices transitoires, est aux bonnes manières naturelles qui viennent de la dignité et de la charité de l'individu.

C'est surtout dans *l'Apothéose de l'Empereur Napoléon Ier* [6], tableau venu de l'Hôtel de ville, que M. Ingres a laissé voir son goût pour les Étrusques. Cependant les Étrusques, grands simplificateurs, n'ont pas poussé la simplification

1. Effectivement le romantisme d'Ingres fut d'abord systématiquement *archaïsant,* en mêlant l'influence des vases étrusques, des primitifs italiens, des Vénitiens, des miniatures persanes.

2. Louvre.

3. Musée Condé, Chantilly.

4. Cathédrale d'Autun.

5. *Odalisque à l'esclave,* 1839 (présentée à l'Exposition de 1855, actuellement au Fogg Art Museum, Cambridge, U. S. A.)

6. Plafond de l'Hôtel de ville (salon de l'Empereur), achevé à la fin de 1853, détruit en 1871.

jusqu'à ne pas atteler les chevaux aux chariots. Ces chevaux surnaturels (en quoi sont-ils, ces chevaux qui semblent d'une matière polie, solide, comme le cheval de bois qui prit la ville de Troie?) possèdent-ils donc la force de l'aimant pour entraîner le char derrière eux sans traits et sans harnais? De l'empereur Napoléon j'aurais bien envie de dire que je n'ai point retrouvé en lui cette beauté épique et destinale dont le dotent généralement ses contemporains et ses historiens; qu'il m'est pénible de ne pas voir conserver le caractère extérieur et légendaire des grands hommes, et que le peuple, d'accord avec moi en ceci, ne conçoit guère son héros de prédilection que dans les costumes officiels des cérémonies ou sous cette historique capote gris de fer, qui, n'en déplaise aux amateurs forcenés du style, ne déparerait nullement une apothéose moderne.

Mais on pourrait faire à cette œuvre un reproche plus grave. Le caractère principal d'une apothéose doit être le sentiment surnaturel, la puissance d'ascension vers les régions supérieures, un entraînement, un vol irrésistible vers le ciel, but de toutes les aspirations humaines et habitacle classique de tous les grands hommes. Or, cette apothéose ou plutôt cet attelage tombe, tombe avec une vitesse proportionnée à sa pesanteur. Les chevaux entraînent le char vers la terre. Le tout, comme un ballon sans gaz, qui aurait gardé tout son lest, va inévitablement se briser sur la surface de la planète.

Quant à la *Jeanne d'Arc* [1] qui se dénonce par une pédanterie outrée de moyens, je n'ose en parler. Quelque peu de sympathie que j'aie montré pour M. Ingres au gré de ses fanatiques, je préfère croire que le talent le plus élevé conserve toujours des droits à l'erreur. Ici, comme dans *l'Apothéose,* absence totale de sentiment et de surnaturalisme [2]. Où donc est-elle, cette noble pucelle, qui, selon la promesse de ce bon M. Delécluze, devait se venger et nous venger des polissonneries de Voltaire? Pour me résumer, je crois qu'abstraction faite de son érudition, de son goût intolérant et presque libertin de la beauté, la faculté qui

1. Louvre.

2. C'est en effet — les portraits et nus mis à part — ce qui a caractérisé la *décadence* d'Ingres, son progressif reniement de son *surnaturalisme* originel.

a fait de M. Ingres ce qu'il est, le puissant, l'indiscutable, l'incontrôlable dominateur, c'est la volonté, ou plutôt un immense abus de la volonté. En somme, ce qu'il est, il le fut dès le principe. Grâce à cette énergie qui est en lui, il restera tel jusqu'à la fin. Comme il n'a pas progressé, il ne vieillira pas. Ses admirateurs trop passionnés seront toujours ce qu'ils furent, amoureux jusqu'à l'aveuglement; et rien ne sera changé en France, pas même la manie de prendre à un grand artiste des qualités bizarres qui ne peuvent être qu'à lui, et d'imiter l'inimitable.

Mille circonstances, heureuses d'ailleurs, ont concouru à la solidification de cette puissante renommée. Aux gens du monde M. Ingres s'imposait par un emphatique amour de l'antiquité et de la tradition. Aux excentriques, aux blasés, à mille esprits délicats toujours en quête de nouveautés, même de nouveautés amères, il plaisait par la bizarrerie. Mais ce qui fut bon, ou tout au moins séduisant en lui, eut un effet déplorable dans la foule des imitateurs; c'est ce que j'aurai plus d'une fois l'occasion de démontrer.

III. — EUGÈNE DELACROIX

MM. Eugène Delacroix et Ingres se partagent la faveur et la haine publiques [a]. Depuis longtemps l'opinion a fait un cercle autour d'eux comme autour de deux lutteurs. Sans donner notre acquiescement à cet amour commun et puéril de l'antithèse, il nous faut commencer par l'examen de ces deux maîtres français, puisque autour d'eux, au-dessous d'eux, se sont groupées et échelonnées presque toutes les individualités qui composent notre personnel artistique.

En face des trente-cinq tableaux de M. Delacroix, la première idée qui s'empare du spectateur est l'idée d'une vie bien remplie, d'un amour opiniâtre, incessant de l'art. Quel est le meilleur tableau? on ne saurait le trouver; le plus intéressant? on hésite. On croit découvrir par-ci par-là des échantillons de progrès; mais si de certains tableaux plus récents témoignent que certaines importantes qualités ont été poussées à outrance, l'esprit impartial perçoit avec confusion que dès ses premières production, dès sa jeunesse (*Dante et Virgile aux enfers* est de 1822), M. Delacroix fut grand. Quelquefois il a été plus délicat, quelquefois plus singulier, quelquefois plus peintre, mais toujours il a été grand.

Devant une destinée si noblement, si heureusement remplie, une destinée bénie par la nature et menée à bonne fin par la plus admirable volonté, je sens flotter incessamment dans mon esprit les vers du grand poète :

Il naît sous le soleil de nobles créatures
Unissant ici-bas tout ce qu'on peut rêver :
Corps de fer, cœurs de flamme, admirables natures !

Dieu semble les produire afin de se prouver ;
Il prend pour les pétrir une argile plus douce,
Et souvent passe un siècle à les parachever.

Il met, comme un sculpteur, l'empreinte de son pouce
Sur leurs fronts rayonnants de la gloire des cieux,
Et l'ardente auréole en gerbes d'or y pousse.

Ces hommes-là s'en vont, calmes et radieux,
Sans quitter un instant leur pose solennelle,
Avec l'œil immobile et le maintien des dieux.

. . . .

Ne leur donnez qu'un jour, ou donnez-leur cent ans,
L'orage ou le repos, la palette ou le glaive :
Ils mèneront à bout leurs dessins [1] éclatants.

Leur existence étrange est le réel du rêve !
Ils exécuteront votre plan idéal,
Comme un maître savant le croquis d'un élève.

Vos désirs inconnus, sous l'arceau triomphal,
Dont votre esprit en songe arrondissait la voûte,
Passent assis en croupe au dos de leur cheval.

. . . .

1. Texte de Gautier : *destins*.

De ceux-là chaque peuple en compte cinq ou six,
Cinq ou six tout au plus, dans les siècles prospères.
Types toujours vivants dont on fait des récits[1].

Théophile Gautier appelle cela une *Compensation*. M. Delacroix ne pouvait-il pas, à lui seul, combler les vides d'un siècle [a]?

Jamais artiste ne fut plus attaqué, plus ridiculisé, plus entravé. Mais que nous font les hésitations des gouvernements (je parle d'autrefois), les criailleries de quelques salons bourgeois, les dissertations haineuses de quelques académies d'estaminet et le pédantisme des joueurs de dominos [b]? La preuve est faite, la question est à jamais vidée, le résultat est là, visible, immense, flamboyant.

M. Delacroix a traité tous les genres; son imagination et son savoir se sont promenés dans toutes les parties du domaine pittoresque [c2]. Il a fait (avec quel amour, avec quelle délicatesse!) de charmants petits tableaux, pleins d'intimité et de profondeur; il a *illustré* les murailles de nos palais, il a rempli nos musées de vastes compositions.

Cette année, il a profité très légitimement de l'occasion de montrer une partie assez considérable du travail de sa vie, et de nous faire, pour ainsi dire, reviser les pièces du procès. Cette collection a été choisie avec beaucoup de tact, de manière à nous fournir des échantillons concluants et variés de son esprit et de son talent [3].

Voici *Dante et Virgile* [4], ce tableau d'un jeune homme, qui fut une révolution, et dont on a longtemps attribué faussement une figure à Géricault (le torse de l'homme ren-

1. Théophile Gautier, *La Comédie de la mort* (1838).

2. Le mot a pris dans notre vocabulaire un sens quelque peu équivoque ; sans doute faut-il l'entendre ici dans son sens originel et peut-être aujourd'hui dirait-on *pictural,* comme Baudelaire avait d'abord écrit. Cf. *var*.

3. Effectivement il s'agissait d'une véritable « rétrospective » qui d'ailleurs témoignait d'une sorte de consécration officielle du génie de Delacroix : deux ans plus tard, il était, enfin, élu à l'Institut. On notera justement la différence avec ce qui s'était passé lors de l'exposition du Bazar Bonne Nouvelle en 1846 (cf. *Le Musée classique*...).

4. 1822, Louvre.

versé). Parmi les grands tableaux, il est permis d'hésiter entre *la Justice de Trajan* [1] et *la Prise de Constantinople par les Croisés* [2]. *La Justice de Trajan* est un tableau si prodigieusement lumineux, si aéré, si rempli de tumulte et de pompe! L'empereur est si beau, la foule, tortillée autour des colonnes ou circulant avec le cortège, si tumultueuse, la veuve éplorée, si dramatique! Ce tableau est celui qui fut *illustré* jadis par les petites plaisanteries de M. Karr, l'homme au bon sens de travers, sur le cheval rose [3]; comme s'il n'existait pas des chevaux légèrement rosés, et comme si, en tout cas, le peintre n'avait pas le droit d'en faire.

Mais le tableau des *Croisés* est si profondément pénétrant, abstraction faite du sujet, par son harmonie orageuse et lugubre! Quel ciel et quelle mer! Tout y est tumultueux et tranquille, comme la suite d'un grand événement. La ville, échelonnée derrière les *Croisés* qui viennent de la traverser, s'allonge avec une prestigieuse vérité. Et toujours ces drapeaux miroitants, ondoyants, faisant se dérouler et claquer leurs plis lumineux dans l'atmosphère transparente! Toujours la foule agissante, inquiète, le tumulte des armes, la pompe des vêtements, la vérité emphatique du geste dans les grandes circonstances de la vie! Ces deux tableaux sont d'une beauté essentiellement shakspearienne. Car nul, après Shakspeare, n'excelle comme Delacroix à fondre dans une unité mystérieuse le drame et la rêverie.

Le public retrouvera tous ces tableaux d'orageuse mémoire qui furent des insurrections, des luttes et des triomphes : *le Doge Marino Faliero* [4] (salon de 1827. — Il est curieux de remarquer que *Justinien composant ses lois* [5] et *le Christ au jardin des Oliviers* [6] sont de la même année), *l'Évêque de Liège* [7], cette admirable traduction de Walter Scott, pleine de foule, d'agitation et de lumière, *les Massacres*

1. 1840, musée de Rouen.
2. 1840, Louvre.
3. Baudelaire reviendra sur cette plaisanterie d'Alphonse Karr dans le *Salon de 1859*, p. 336.
4. Londres. Collection Wallace.
5. Détruit en 1871.
6. Église Saint-Paul-Saint-Louis.
7. 1829, coll. Tauber, Paris.

de Scio [1], *le Prisonnier de Chillon* [2], *le Tasse en prison* [3], *la Noce juive* [4], *les Convulsionnaires de Tanger* [5], etc., etc. Mais comment définir cet ordre de tableaux charmants, tels que *Hamlet,* dans la scène du crâne [6], et *les Adieux de Roméo et Juliette* [7], si profondément pénétrants et attachants, que l'œil qui a trempé son regard dans leurs petits mondes mélancoliques ne peut plus les fuir, que l'esprit ne peut plus les éviter?

Et le tableau quitté *nous* tourmente et *nous* suit [8].

Ce n'est pas là le *Hamlet* tel que nous l'a fait voir Rouvière, tout récemment encore et avec tant d'éclat, âcre, malheureux et violent, poussant l'inquiétude jusqu'à la turbulence [9]. C'est bien la bizarrerie romantique du grand tragédien; mais Delacroix, plus fidèle peut-être, nous a montré un *Hamlet* tout délicat et pâlot, aux mains blanches et féminines, une nature exquise, mais molle, légèrement indécise, avec un œil presque atone.

Voici la fameuse tête de la *Madeleine* renversée [10], au sourire bizarre et mystérieux, et si surnaturellement belle

1. 1824, Louvre.
2. Louvre.
3. Collection particulière, Angleterre.
4. 1839-41, Louvre.
5. 1838, musée de Saint-Paul, Minnesota, U. S. A.
6. 1839. Louvre.
7. 1837 ? Collection particulière.
8. Théophile Gautier, *Comédie de la mort*, *Terza rima*.
9. Philibert Rouvière avait joué le rôle d'Hamlet au Théâtre-Historique en décembre 1847, dans l'adaptation de Dumas et Meurice. Un tableau de Manet, l'*Acteur tragique* (collection Vanderbilt) représente précisément Rouvière dans le rôle de Hamlet. C'est cette même année 1855 que Baudelaire lui consacre l'article repris dans l'*Art romantique*. Baudelaire avait déjà signalé la parenté de l'art de Delacroix avec l'art du comédien, et on se souviendra que parmi ses rêves d'enfant, il y avait celui d'*être comédien ou pape* (*Mon Cœur mis à nu,* LXXII). En 1877, Manet, se souvenant toujours de l'interprétation de Rouvière (mort en 1865) exposera un *Hamlet* dont un éminent critique déclara : *Hamlet devenu fou se fait peindre par Manet !*
10. Probablement la *Madeleine dans le désert* du Salon de 1845. Ce pourrait être aussi la Madeleine du *Calvaire* du musée de Vannes (1835).

B.N. Estampes *Cl. B.N.*

« *C'est bien la bizarrerie romantique du grand tragédien;* »
Rouvière en Hamlet par Manet. Gravure

qu'on ne sait si elle est auréolée par la mort, ou embellie par les pâmoisons de l'amour divin.

A propos des *Adieux de Roméo et Juliette,* j'ai une remarque à faire que je crois fort importante. J'ai tant entendu plaisanter de la laideur des femmes de Delacroix, sans pouvoir comprendre ce genre de plaisanterie, que je saisis l'occasion pour protester contre ce préjugé. M. Victor Hugo le partageait, à ce qu'on m'a dit. Il déplorait, — c'était dans les beaux temps du Romantisme, — que celui à qui l'opinion publique faisait une gloire parallèle à la sienne commît de si monstrueuses erreurs à l'endroit de la beauté. Il lui est arrivé d'appeler les femmes de Delacroix des grenouilles. Mais M. Victor Hugo est un grand poète sculptural qui a l'œil fermé à la spiritualité.

Je suis fâché que le *Sardanapale* [1] n'ait pas reparu cette année. On y aurait vu de très belles femmes, claires, lumineuses, roses, autant qu'il m'en souvient du moins. Sardanapale lui-même était beau comme une femme. Généralement les femmes de Delacroix peuvent se diviser en deux classes : les unes, faciles à comprendre, souvent mythologiques, sont nécessairement belles (la Nymphe couchée et vue de dos, dans le plafond de la galerie d'Apollon). Elles sont riches, très fortes, plantureuses, abondantes, et jouissent d'une transparence de chair merveilleuse et de chevelures admirables.

Quant aux autres, quelquefois des femmes historiques [a] (la *Cléopâtre* regardant l'aspic) [2], plus souvent des femmes de caprice, de tableaux de genre, tantôt des Marguerite, tantôt des Ophélia, des Desdémone [3], des Sainte Vierge même, des Madeleine, je les appellerais volontiers des femmes d'intimité. On dirait qu'elles portent dans les yeux un secret douloureux, impossible à enfouir dans les profondeurs de la dissimulation. Leur pâleur est comme une révélation des batailles intérieures. Qu'elles se distinguent par le charme du crime ou par l'odeur de la sainteté, que leurs gestes soient alanguis ou violents, ces femmes malades

---

1. 1827, Louvre.
2. Collection particulière, Suisse.
3. Cf. en particulier *Desdémone aux pieds de son père,* 1852, musée de Reims, probablement la plus récente, au moment où Baudelaire écrit, de ces *femmes d'intimité.*

du cœur ou de l'esprit ont dans les yeux le plombé de la fièvre ou la nitescence anormale et bizarre de leur mal, dans le regard, l'intensité du surnaturalisme.

Mais toujours, et quand même, ce sont des femmes *distinguées*, essentiellement *distinguées;* et enfin, pour tout dire en un seul mot, M. Delacroix me paraît être l'artiste le mieux doué pour exprimer la femme moderne, surtout la femme moderne dans sa manifestation héroïque, dans le sens infernal ou divin[1]. Ces femmes ont même la beauté physique moderne, l'air de rêverie, mais la gorge abondante, avec une poitrine un peu étroite, le bassin ample, et des bras et des jambes charmants.

Les tableaux nouveaux et inconnus du public sont *les Deux Foscari*[2], *la Famille arabe*[3], *la Chasse aux Lions*[4], une *Tête de vieille femme* (un portrait par M. Delacroix est une rareté)[5]. Ces différentes peintures servent à constater

---

1. Encore le thème baudelairien de la modernité héroïque : mais il est remarquable qu'habituellement ce thème prenne la forme masculine du héros balzacien (fin du *Salon de 1846*) ou du dandy (Étude sur Constantin Guys). Baudelaire n'écrit-il pas dans *Mon Cœur mis à nu,* V : *La femme, le contraire du dandy. Donc elle doit faire horreur... La femme est* naturelle *c'est-à-dire abominable* (elle est alors, en effet, contradictoire avec le surnaturalisme). Il faut tout le génie de Delacroix pour créer la femme pleine de *l'intensité du surnaturalisme*, type féminin dont Baudelaire éprouve avec violence la nostalgie, ce qui explique le ressentiment exprimé dans *Mon Cœur mis à nu,* ce qui explique aussi qu'il ait lui-même tenté d'imaginer ce type, déjà dans *la Fanfarlo* et, à l'autre bout de son œuvre, dans les *Poèmes en prose* (cf. en particulier *les Veuves,* que pourraient symboliquement illustrer certaines de ces femmes de Delacroix).

2. Musée Condé, Chantilly.

3. Collection particulière, Paris.

4. 1854, musée de Bordeaux. Une autre *Chasse aux lions,* de 1855, est dans une collection particulière.

5. Collection particulière. Delacroix est un admirable portraitiste ; citons les exemples les plus célèbres : l'autoportrait de 1835-39 au Louvre, le portrait de Chopin, 1838 (Louvre), celui de George Sand, 1838 (Collection particulière, Copenhague), et enfin le chef-d'œuvre, sans doute, le portrait d'Alfred Bruyas, 1853 (Musée Fabre, Montpellier). A la date où écrit Baudelaire on ne peut dire, *stricto sensu,* qu'un portrait de Delacroix soit une *rareté;* il est vrai pourtant que, dans la masse des œuvres du Maître, les portraits sont relativement peu nombreux. Mais *rareté* doit aussi être entendu dans son sens

la prodigieuse certitude à laquelle le maître est arrivé. *La Chasse aux Lions* est une véritable explosion de couleur (que ce mot soit pris dans le bon sens). Jamais couleurs plus belles [a], plus intenses, ne pénétrèrent jusqu'à l'âme par le canal des yeux.

Par le premier et rapide coup d'œil jeté sur l'ensemble de ces tableaux, et par leur examen minutieux et attentif, sont constatées plusieurs vérités irréfutables. D'abord il faut remarquer, et c'est très important, que, vu à une distance trop grande pour analyser ou même comprendre le sujet, un tableau de Delacroix a déjà produit sur l'âme une impression riche, heureuse ou mélancolique. On dirait que cette peinture, comme les sorciers et les magnétiseurs, projette sa pensée à distance. Ce singulier phénomène tient à la puissance du coloriste, à l'accord parfait des tons,

---

esthétique : la représentation picturale du modèle est, pour Delacroix, l'occasion d'en extraire ce qu'il contient de plus *rare,* son secret spirituel. Ce qui est profondément vrai. Du moins est-ce le sens que donne à cette parenthèse de Baudelaire un commentaire de Th. Silvestre, justement à propos du portrait de Bruyas (que Baudelaire quant à lui n'a jamais commenté directement), dans un ouvrage intitulé : *Musée de Montpellier, La galerie Bruyas, par Alfred Bruyas, avec le concours des écrivains et des artistes contemporains. Introduction par Th. Silvestre,* Paris. J. Claye, 1876, p. 348, au paragraphe du nº 69, *Portrait de M. Alfred Bruyas* (par Delacroix) rédigé par Théophile Silvestre :

« *Tout portrait par Delacroix* », *dit Baudelaire,* « *est une rareté.* » *Celui de M. Bruyas est la rareté de la rareté même. En y poussant jusqu'à une sorte d'illuminisme l'ascendant de l'intelligence sur la matière, l'illustre maître n'incline ni à l'air sentimental, ni à l'inconsistante et nébuleuse exécution des prétendus idéalistes à la Scheffer, dit* « *le peintre des âmes* », *sans doute à cause de l'inanité de ses corps. Delacroix n'étant pas homme à peindre mièvre et pauvre sous prétexte de spiritualisme, a laissé au contraire à son type toute la simplicité de son caractère et toute la saillie de la constitution.* (Nous devons la communication et la référence exacte de ce texte à l'amabilité de M. le Conservateur du musée Fabre. Signalons qu'il est parfois cité, par exemple dans le *Delacroix* de Jean Cassou (Coll. *Les Demi-Dieux,* Éd. du Dimanche, Paris ; en légende de la reproduction du portrait de Bruyas) comme étant intégralement de Baudelaire, alors qu'en fait seule est reproduite, sous forme de citation, la parenthèse de *l'Exposition de 1855,* la suite de ce texte, d'ailleurs fort intéressant, étant de Théophile Silvestre, à la date de 1876, année du legs Bruyas au musée de Montpellier. Sans doute l'erreur fâcheuse d'attribution que nous signalons tient-elle à ce que, dans une transcription ultérieure de ce texte, les guillemets de la citation ont sauté !)

et à l'harmonie (préétablie dans le cerveau du peintre) entre la couleur et le sujet. Il semble que cette couleur, qu'on me pardonne ces subterfuges de langage pour exprimer des idées fort délicates, pense par elle-même, indépendamment des objets qu'elle habille. Puis ces admirables accords de sa couleur font souvent rêver d'harmonie et de mélodie, et l'impression qu'on emporte de ses tableaux est souvent quasi musicale. Un poète a essayé d'exprimer ces sensations subtiles dans des vers dont la sincérité peut faire passer la bizarrerie :

> Delacroix, lac de sang, hanté des mauvais anges,
> Ombragé par un bois de sapins toujours vert,
> Où, sous un ciel chagrin, des fanfares étranges
> Passent comme un soupir étouffé de Weber[1].

Lac de sang: le rouge; — *hanté des mauvais anges:* surnaturalisme; — *un bois toujours vert:* le vert, complémentaire du rouge; — *un ciel chagrin:* les fonds tumultueux et orageux de ses tableaux; — *les fanfares et Weber:* idées de musique romantique que réveillent les harmonies de sa couleur [a].

Du dessin de Delacroix, si absurdement, si niaisement critiqué, que faut-il dire, si ce n'est qu'il est des vérités élémentaires complètement méconnues; qu'un bon dessin n'est pas une ligne dure, cruelle, despotique, immobile, enfermant une figure comme une camisole de force; que le dessin doit être comme la nature, vivant et agité; que la simplification dans le dessin est une monstruosité, comme la tragédie dans le monde dramatique [2b]; que la nature nous présente une série infinie de lignes courbes, fuyantes, brisées, suivant une loi de génération impeccable, où le parallélisme est toujours indécis et sinueux, où les conca-

1. C'est la strophe des *Phares (Fleurs du Mal, 1857)*. On notera que ce passage ne figurait pas dans le texte du *Pays,* 1855, ce qui laisserait penser que la strophe et son commentaire furent écrits après cette date. Mais cette interprétation musicale, coloriste et surnaturaliste de Delacroix était déjà présente, au moins implicitement, dans le *Salon de 1845*, où se rencontre la définition de Delacroix comme un *harmoniste* (cf. pp. 10 et 14).

2. Où l'on voit la raison profonde de l'anticlassicisme de Baudelaire : c'est bien l'horreur de la ligne droite, au propre et au figuré !

vités et les convexités se correspondent et se poursuivent [1]; que M. Delacroix satisfait admirablement à toutes ces conditions et que, quand même son dessin laisserait percer quelquefois des défaillances ou des outrances, il a au moins cet immense mérite d'être une protestation perpétuelle et efficace contre la barbare invasion de la ligne droite, cette ligne tragique et systématique, dont actuellement les ravages sont déjà immenses dans la peinture et dans la sculpture ?

Une autre qualité, très grande, très vaste, du talent de M. Delacroix, et qui fait de lui le peintre aimé des poètes, c'est qu'il est essentiellement littéraire. Non seulement sa peinture a parcouru, toujours avec succès, le champ des hautes littératures, non seulement elle a traduit, elle a fréquenté Arioste, Byron, Dante, Walter Scott, Shakspeare, mais elle sait révéler des idées d'un ordre plus élevé, plus fines, plus profondes que la plupart des peintures modernes. Et remarquez bien que ce n'est jamais par la grimace, par la minutie, par la tricherie de moyens, que M. Delacroix arrive à ce prodigieux résultat; mais par l'ensemble, par l'accord profond, complet, entre sa couleur, son sujet, son dessin, et par la dramatique gesticulation de ses figures.

Edgar Poe dit, je ne sais plus où [2], que le résultat de l'opium pour les sens est de revêtir la nature entière d'un intérêt surnaturel qui donne à chaque objet un sens plus profond, plus volontaire, plus despotique. Sans avoir recours à l'opium, qui n'a connu ces admirables heures, véritables fêtes du cerveau, où les sens plus attentifs perçoivent des sensations plus retentissantes, où le ciel d'un azur plus transparent s'enfonce comme un abîme plus infini, où les sons tintent musicalement, où les couleurs parlent,

1. C'est Delacroix qui, justement, disait *qu'il n'y a pas de lignes dans la nature*, et, de ce point de vue, il est bien, comme Baudelaire lui-même, particulièrement en matière de Paysage, un préimpressionniste. Il s'agit aussi ici de ce *dessin arabesque* dont Baudelaire dit ailleurs qu'il est *le plus spiritualiste* (*Fusées*, V). Il est remarquable que cette affirmation d'une vocation spiritualiste de la ligne sinueuse, par opposition à l'action *simplifiante* de la ligne droite, se rencontre chez tous les artistes surnaturalistes de Henry Fuseli à William Blake et Vincent Van Gogh.

2. Dans *A Tale of the Ragged Mountains* (Souvenirs de M. Auguste Bedloe).

où les parfums racontent des mondes d'idées? Eh bien, la peinture de Delacroix me paraît la traduction de ces beaux jours de l'esprit. Elle est revêtue d'intensité et sa splendeur est privilégiée. Comme la nature perçue par des nerfs ultra-sensibles, elle révèle le surnaturalisme [1].

Que sera M. Delacroix pour la postérité? Que dira de lui cette redresseuse de torts? Il est déjà facile, au point de sa carrière où il est parvenu, de l'affirmer sans trouver trop de contradicteurs. Elle dira, comme nous, qu'il fut un accord unique des facultés les plus étonnantes; qu'il eut comme Rembrandt le sens de l'intimité et la magie profonde, l'esprit de combinaison et de décoration comme Rubens et Lebrun, la couleur féerique comme Véronèse, etc.; mais qu'il eut aussi une qualité *sui generis,* indéfinissable et définissant la partie mélancolique et ardente du siècle, quelque chose de tout à fait nouveau, qui a fait de lui un artiste unique, sans générateur, sans précédent, probablement sans successeur, un anneau si précieux qu'il n'en est point de rechange, et qu'en le supprimant, si une pareille chose était possible, on supprimerait un monde d'idées et de sensations, on ferait une lacune trop grande dans la chaîne historique.

1. La poésie est bien, en effet, pour Baudelaire, une *ultra-sensibilité.*

VI

DE L'ESSENCE DU RIRE

ET GÉNÉRALEMENT

DU COMIQUE DANS LES ARTS PLASTIQUES[1]

I

JE ne veux pas écrire un traité de la caricature; je veux simplement faire part au lecteur de quelques réflexions qui me sont venues souvent au sujet de ce genre singulier. Ces réflexions étaient devenues pour moi une espèce d'obsession; j'ai voulu me soulager. J'ai fait, du reste, tous mes efforts pour y mettre un certain ordre et en rendre ainsi la digestion plus facile. Ceci est donc purement un article de philosophe et d'artiste. Sans doute une histoire générale de la caricature dans ses rapports avec tous les faits politiques et religieux, graves ou frivoles, relatifs à l'esprit national ou à la mode, qui ont agité l'humanité, est une œuvre glorieuse et importante. Le travail est encore à faire,

1. Il semble que Baudelaire ait conçu assez tôt le projet d'une Esthétique du Comique : dès mai 1852 (lettre à Watripon) il parle d'une *Physiologie du Rire,* titre qui montre qu'alors il se plaçait dans une perspective inspirée de Lavater. Plus tôt encore, la couverture du *Salon de 1845* annonçait *De la Caricature*. Cette *curiosité esthétique*, telle que nous l'avons ici, parut pour la première fois dans *le Portefeuille,* 8 juillet 1855, où elle est présentée comme extraite d'un livre à paraître, intitulé : *Peintres, Statuaires et Caricaturistes*. Elle fut ensuite reproduite dans *le Présent* du 1er septembre 1857.

car les essais publiés jusqu'à présent ne sont guère que matériaux[a]; mais j'ai pensé qu'il fallait diviser le travail. Il est clair qu'un ouvrage sur la caricature, ainsi compris, est une histoire de faits, une immense galerie anecdotique. Dans la caricature, bien plus que dans les autres branches de l'art, il existe deux sortes d'œuvres précieuses et recommandables à des titres différents et presque contraires. Celles-ci ne valent que par le fait qu'elles représentent. Elles ont droit sans doute à l'attention de l'historien, de l'archéologue et même du philosophe; elles doivent prendre leur rang dans les archives nationales, dans les registres biographiques de la pensée humaine. Comme les feuilles volantes du journalisme, elles disparaissent emportées par le souffle incessant qui en amène de nouvelles; mais les autres, et ce sont celles dont je veux spécialement m'occuper, contiennent un élément mystérieux, durable, éternel, qui les recommande à l'attention des artistes. Chose curieuse et vraiment digne d'attention que l'introduction de cet élément insaisissable du beau jusque dans les œuvres destinées à représenter à l'homme sa propre laideur morale et physique! Et, chose non moins mystérieuse, ce spectacle[b] lamentable excite en lui une hilarité immortelle et incorrigible. Voilà donc le véritable sujet de cet article.

Un scrupule me prend. Faut-il répondre par une démonstration en règle à une espèce de question préalable que voudraient sans doute malicieusement soulever certains professeurs-jurés de sérieux, charlatans de la gravité, cadavres pédantesques sortis des froids hypogées de l'Institut, et revenus sur la terre des vivants, comme certains fantômes avares, pour arracher quelques sous à de complaisants ministères? D'abord, diraient-ils, la caricature est-elle un genre? Non, répondraient leurs compères, la caricature n'est pas un genre. J'ai entendu résonner à mes oreilles de pareilles hérésies dans des dîners d'académiciens. Ces braves gens laissaient passer à côté d'eux la comédie de Robert Macaire sans y apercevoir de grands symptômes moraux et littéraires [1]. Contemporains de Rabelais, ils l'eussent

1. L'exemple ici choisi par Baudelaire présente le plus grand intérêt, et bien qu'il ne mentionne pas Frédérick-Lemaître (1800-1876), certainement il y songe. En effet celui qui fut l'un des acteurs

traité de vil et de grossier bouffon. En vérité, faut-il donc démontrer que rien de ce qui sort de l'homme n'est frivole aux yeux du philosophe? A coup sûr ce sera, moins que tout autre, cet élément profond et mystérieux qu'aucune philosophie n'a jusqu'ici analysé à fond.

Nous allons donc nous occuper de l'essence du rire et des éléments constitutifs de la caricature. Plus tard, nous examinerons peut-être quelques-unes des œuvres les plus remarquables produites en ce genre.

II

Le Sage ne rit qu'en tremblant [1]. De quelles lèvres pleines d'autorité, de quelle plume parfaitement orthodoxe est tombée cette étrange et saisissante maxime? Nous vient-elle du roi philosophe de la Judée? Faut-il l'attribuer à Joseph de Maistre, ce soldat animé de l'Esprit-Saint? J'ai un vague souvenir de l'avoir lue dans un de ses livres, mais

---

les plus extraordinaires de tous les temps fut, à sa manière géniale, un comédien-caricaturiste : déjà il avait su faire d'un obscur mélo, l'*Auberge des Adrets,* une monumentale bouffonnerie et, en 1834, il créait *Robert Macaire,* pièce d'un auteur oublié, Autier : il sut donner à son personnage un tel relief que, sans son interprétation, jamais Daumier n'eût pu concevoir sa célèbre série des *Cent et un Robert Macaire* (cf. *Quelques caricaturistes français,* p. 279). Une fois de plus, Baudelaire a raison contre les *académiciens* qui, portant sur cette *comédie* un jugement purement littéraire, au sens étroit du terme, passent à côté de cette extraordinaire création de l'art du comédien, qui sera ensuite immortalisée par l'art du graveur (sur Frédérick-Lemaître, sans lequel ce passage ne peut être vraiment compris, cf. Eug. Silvain : *F. Lemaître*, Paris, 1926. La série de Daumier parut dans *le Charivari* à partir de 1836).

1. Nouvelle citation de mémoire, donc approximative. C'est dans Lavater *(Souvenirs pour des voyageurs chéris)* qu'on lit exactement : *Le Sage sourit souvent et rit rarement,* ce qui est, d'ailleurs, un lieu commun fort ancien. Ce qui explique que Baudelaire hésite sur sa source. La formule en tout cas ne figure pas dans l'*Ecclésiaste* mais est tout à fait conforme à son esprit (cf. I-18 : *Beaucoup de sagesse, beaucoup de chagrin* et VII-3 : *Mieux vaut le chagrin que le rire*). Nous ne pensons pas non plus qu'on la trouve dans Joseph de Maistre, dont on sait quelle fut l'influence sur Baudelaire (cf. *Mon Cœur mis à nu,* LXXXIX : *De Maistre et Edgar Poe m'ont appris à raisonner)*.

donnée comme citation, sans doute. Cette sévérité de pensée et de style va bien à la sainteté majestueuse de Bossuet; mais la tournure elliptique de la pensée et la finesse quintessenciée me porteraient plutôt à en attribuer l'honneur à Bourdaloue, l'impitoyable psychologue chrétien. Cette singulière maxime me revient sans cesse à l'esprit depuis que j'ai conçu le projet de cet article, et j'ai voulu m'en débarrasser tout d'abord.

Analysons, en effet, cette curieuse proposition :

Le Sage, c'est-à-dire celui qui est animé de l'esprit du Seigneur, celui qui possède la pratique du formulaire divin, ne rit, ne s'abandonne au rire qu'en tremblant. Le Sage tremble d'avoir ri; le Sage craint le rire, comme il craint les spectacles mondains, la concupiscence. Il s'arrête au bord du rire comme au bord de la tentation. Il y a donc, suivant le Sage, une certaine contradiction secrète entre son caractère de sage et le caractère primordial du rire. En effet, pour n'effleurer qu'en passant des souvenirs plus que solennels, je ferai remarquer, — ce qui corrobore parfaitement le caractère officiellement chrétien de cette maxime, — que le Sage par excellence, le Verbe Incarné, n'a jamais ri. Aux yeux de Celui qui sait tout et qui peut tout, le comique n'est pas. Et pourtant le Verbe Incarné a connu la colère, il a même connu les pleurs [1].

Ainsi, notons bien ceci : en premier lieu, voici un auteur, — un chrétien, sans doute, — qui considère comme

1. J. Crépet cite ici — certainement avec raison — un vers de l'ami de Baudelaire. Le Vavasseur (recueil collectif : *Vers,* 1843) : *Dieux joyeux, je vous hais; Jésus n'a jamais ri.* Mais le plus intéressant est sans doute qu'en intégrant le comique au surnaturalisme, pour des raisons esthétiques, Baudelaire fait preuve d'une grande originalité : car le surnaturalisme romantique a généralement exclu le comique comme une sorte de péché spirituel (cf. Young, XVIe *Nuit : Le rire est... la marque d'une âme vile...).* Baudelaire aurait pu remarquer que son dieu, Delacroix, comme Jésus, *n'a jamais ri !* Mais Baudelaire-Janus n'est pas tout entier dans le culte de Delacroix : il porte en lui — selon la loi de sa nature — l'autre *postulation* surnaturaliste, celle qu'avait incarnée un Frédérick-Lemaître, et le surnaturalisme baudelairien s'épanouit dans l'association caractéristique de Delacroix et de Daumier : ce pourquoi d'ailleurs l'intégration esthétique du comique entraînera bientôt Baudelaire à la recherche du *comique absolu,* le seul vraiment *surnaturaliste.*

certain que le Sage y regarde de bien près avant de se permettre de rire [a], comme s'il devait lui en rester je ne sais quel malaise et quelle inquiétude, et, en second lieu, le comique disparaît au point de vue de la science et de la puissance absolues. Or, en inversant les deux propositions, il en résulterait que le rire est généralement l'apanage des fous [1], et qu'il implique toujours plus ou moins d'ignorance et de faiblesse. Je ne veux point m'embarquer aventureusement sur une mer théologique, pour laquelle je ne serais sans doute pas muni de boussole ni de voiles suffisantes; je me contente d'indiquer au lecteur et de lui montrer du doigt ces singuliers horizons.

Il est certain, si l'on veut se mettre au point de vue de l'esprit orthodoxe, que le rire humain est intimement lié à l'accident d'une chute ancienne, d'une dégradation physique et morale. Le rire et la douleur s'expriment par les organes où résident le commandement et la science du bien ou du mal : les yeux et la bouche. Dans le paradis terrestre (qu'on le suppose passé ou à venir, souvenir ou prophétie, comme les théologiens ou comme les socialistes), dans le paradis terrestre, c'est-à-dire dans le milieu où il semblait à l'homme que toutes les choses créées étaient bonnes, la joie n'était pas dans le rire. Aucune peine ne l'affligeant, son visage était simple et uni, et le rire qui agite maintenant les nations ne déformait point les traits de sa face. Le rire et les larmes ne peuvent pas se faire voir dans le paradis de délices. Ils sont également les enfants de la peine, et ils sont venus parce que le corps de l'homme énervé manquait de force pour les contraindre [2]. Au point de vue de mon philosophe chrétien, le rire de ses lèvres est signe d'une aussi grande misère que les larmes de ses yeux. L'Être qui voulut multiplier son image n'a point mis dans la bouche de l'homme les dents du lion, mais l'homme mord avec le rire; ni dans ses [b] yeux toute la ruse fascinatrice du serpent, mais il séduit avec les larmes. Et remarquez que c'est aussi avec les larmes que l'homme lave les peines de l'homme,

---

1. C'est exactement la formule de l'*Ecclésiaste* (VII, 6-7) : *le cœur des fous dans la maison de joie... Et le rire rend sot le sage.*

2. Philippe de Chennevières *(Note de Baudelaire.)* Ami de jeunesse de Baudelaire qui fit une assez brillante carrière officielle dans le monde des arts.

que c'est avec le rire qu'il adoucit quelquefois son cœur et l'attire; car les phénomènes engendrés par la chute deviendront les moyens du rachat.

Qu'on me permette une supposition poétique qui me servira à vérifier la justesse de ces assertions, que beaucoup de personnes trouveront sans doute entachées de l'*a priori* du mysticisme. Essayons, puisque le comique est un élément damnable et d'origine diabolique [1], de mettre en face une âme absolument primitive et sortant, pour ainsi dire, des mains de la nature. Prenons pour exemple la grande et typique figure de Virginie, qui symbolise parfaitement la pureté et la naïveté absolues. Virginie arrive à Paris encore toute trempée des brumes de la mer et dorée par le soleil des tropiques, les yeux pleins des grandes images primitives des vagues, des montagnes et des forêts. Elle tombe ici en pleine civilisation turbulente, débordante et méphitique, elle, tout imprégnée des pures et riches senteurs de l'Inde; elle se rattache à l'humanité par la famille et par l'amour, par sa mère et par son amant, son Paul, angélique comme elle, et dont le sexe ne se distingue pour ainsi dire pas du sien dans les ardeurs inassouvies d'un amour qui s'ignore. Dieu, elle l'a connu dans l'église des Pamplemousses, une petite église toute modeste et toute chétive, et dans l'immensité de l'indescriptible azur tropical, et dans la musique immortelle des forêts et des torrents. Certes, Virginie est une grande intelligence; mais peu d'images et peu de sou-

1. Réflexion qui montre au passage combien l'idée baudelairienne du christianisme est imprégnée de jansénisme et marquée aussi par l'influence de Joseph de Maistre, ce qui n'est pas sans importantes répercussions sur une esthétique avant tout soucieuse de référence « spirituelle ». En face de cette réflexion, qui va beaucoup plus loin que ce qui est dit dans l'*Ecclésiaste* (où il n'est point dit que le rire soit *diabolique*), citons quelques opinions autorisées, selon lesquelles au contraire le rire serait une des meilleures armes de l'homme contre Satan, à qui il est intolérable; c'est un point sur lequel se rencontrent Luther et Thomas More, le premier disant : *Le meilleur moyen de chasser le Diable, quand il ne veut pas céder aux textes de l'Écriture, est de le railler, car cela il ne peut pas le supporter,* et le second : *Le Diable, l'Esprit d'Orgueil, ne supporte point raillerie.* Déjà, l'une des grandes mystiques du Moyen Age, Julian de Norwich, racontait, dans ses *Révélations de l'Amour divin,* qu'elle n'avait pu échapper aux tourments du Démon que parce qu'elle avait su, à temps, se mettre à *rire aux éclats !*

venirs lui suffisent, comme au Sage peu de livres. Or, un jour, Virginie rencontre par hasard, innocemment, au Palais-Royal, aux carreaux d'un vitrier, sur une table, dans un lieu public, une caricature! une caricature bien appétissante pour nous, grosse de fiel et de rancune, comme sait les faire une civilisation perspicace et ennuyée. Supposons quelque bonne farce de boxeurs, quelque énormité britannique, pleine de sang caillé et assaisonnée de quelques monstrueux *goddam*; ou, si cela sourit davantage à votre imagination curieuse, supposons devant l'œil de notre virginale Virginie quelque charmante et agaçante impureté, un Gavarni de ce temps-là, et des meilleurs, quelque satire insultante contre des folies royales, quelque diatribe plastique contre le Parc-aux-Cerfs, ou les précédents fangeux d'une grande favorite, ou les escapades nocturnes de la proverbiale Autrichienne[a]. La caricature est double : le dessin et l'idée, le dessin violent, l'idée mordante et voilée; complication d'éléments pénibles pour un esprit naïf, accoutumé à comprendre d'intuition des choses simples comme lui. Virginie a vu; maintenant elle regarde. Pourquoi? Elle regarde l'inconnu. Du reste, elle ne comprend guère ni ce que cela veut dire ni à quoi cela sert. Et pourtant, voyez-vous ce reploiement d'ailes subit, ce frémissement d'une âme qui se voile et veut se retirer? L'ange a senti que le scandale était là. Et, en vérité, je vous le dis, qu'elle ait compris ou qu'elle n'ait pas compris, il lui restera de cette impression je ne sais quel malaise, quelque chose qui ressemble à la peur. Sans doute, que Virginie reste à Paris et que la science lui vienne, le rire lui viendra; nous verrons pourquoi. Mais, pour le moment, nous, analyste et critique, qui n'oserions certes pas affirmer que notre intelligence est supérieure à celle de Virginie, constatons la crainte et la souffrance de l'ange immaculé devant la caricature.

III

Ce qui suffirait pour démontrer que le comique est un des plus clairs signes sataniques de l'homme et un des nombreux pépins contenus dans la pomme symbolique, est l'accord unanime des physiologistes du rire sur la raison première de ce monstrueux phénomène. Du reste, leur découverte n'est pas très profonde et ne va guère loin. Le rire, disent-ils, vient de la supériorité [1]. Je ne serais pas étonné que devant cette découverte le physiologiste se fût mis à rire en pensant à sa propre supériorité. Aussi, il fallait dire : Le rire vient de l'idée de sa propre supériorité. Idée satanique s'il en fut jamais! Orgueil et aberration! Or, il est notoire que tous les fous des hôpitaux ont l'idée de leur propre supériorité développée outre mesure. Je ne connais guère de fous d'humilité. Remarquez que le rire est une des expressions les plus fréquentes et les plus nombreuses de la folie. Et voyez comme tout s'accorde : quand Virginie, déchue, aura baissé d'un degré en pureté, elle commencera à avoir l'idée de sa propre supériorité, elle sera plus savante au point de vue du monde, et elle rira.

J'ai dit qu'il y avait symptôme de faiblesse dans le rire; et, en effet, quel signe plus marquant de débilité qu'une convulsion nerveuse, un spasme involontaire comparable à l'éternuement, et causé par la vue du malheur d'autrui? Ce malheur est presque toujours une faiblesse d'esprit. Est-il un phénomène plus déplorable que la faiblesse se réjouissant de la faiblesse? Mais il y a pis. Ce malheur est quelquefois d'une espèce très inférieure, une infirmité dans l'ordre physique. Pour prendre un des exemples les plus vulgaires de la vie, qu'y a-t-il de si réjouissant dans le spectacle d'un homme qui tombe sur la glace ou sur le pavé, qui trébuche au bout d'un trottoir, pour que la face de son frère en Jésus-Christ se contracte d'une façon désordonnée, pour que les muscles de son visage se mettent à jouer subitement comme une horloge à midi ou un joujou à ressorts ? Ce pauvre diable s'est au moins défiguré, peut-être s'est-il fracturé un membre essentiel. Cependant, le rire est parti, irrésistible et subit. Il est certain que si l'on veut creuser cette situation on trouvera au fond de la pensée du rieur un certain orgueil inconscient [a]. C'est là le point de départ : *moi,* je ne tombe pas; *moi,* je marche droit; *moi,* mon pied est ferme et assuré. Ce n'est pas *moi* qui commettrais la sottise de ne pas voir un trottoir interrompu ou un pavé qui barre le chemin.

---

1. Cf. *Fusées*, VI : *L'Esprit de bouffonnerie peut ne pas exclure la charité, mais c'est rare.*

L'école romantique, ou, pour mieux dire, une des subdivisions de l'école romantique, l'école satanique, a bien compris cette loi primordiale du rire; ou du moins, si tous ne l'ont pas comprise, tous, même dans leurs plus grossières extravagances et exagérations, l'ont sentie et appliquée juste. Tous les mécréants de mélodrame, maudits, damnés, fatalement marqués d'un rictus qui court jusqu'aux oreilles, sont dans l'orthodoxie pure du rire. Du reste, ils sont presque tous des petits-fils légitimes ou illégitimes du célèbre voyageur Melmoth, la grande création satanique du révérend Maturin [1]. Quoi de plus grand, quoi de plus puissant relativement à la pauvre humanité que ce pâle et ennuyé Melmoth? Et pourtant, il y a en lui un côté faible, abject, antidivin et antilumineux. Aussi comme il rit, comme il rit, se comparant sans cesse aux chenilles humaines, lui si fort, si intelligent, lui pour qui une partie des lois conditionnelles de l'humanité, physiques et intellectuelles, n'existent plus! Et ce rire est l'explosion perpétuelle de sa colère et de sa souffrance. Il est, qu'on me comprenne bien, la résultante nécessaire de sa double nature contradictoire, qui est infiniment grande relativement à l'homme, infiniment vile et basse relativement au Vrai et au Juste absolus. Melmoth est une contradiction vivante. Il est sorti des conditions fondamentales de la vie; ses organes ne supportent plus sa pensée. C'est pourquoi ce rire glace et tord les entrailles [2].

---

1. Il s'agit là d'une des œuvres qui ont le plus influencé non seulement Baudelaire mais tout le courant « satanique » du romantisme français. Épisode typique de la vogue du roman noir anglais (qui est à la fois une des sources et une des principales manifestations de la postulation nocturne du surnaturalisme européen), *Melmoth the Wanderer* avait été publié en 1820 par le Révérend C. R. Maturin (1782-1824). Baudelaire avait fait le projet, qui ne fut pas réalisé, de donner de *Melmoth* une traduction plus satisfaisante que la traduction existante. Sur l'ensemble de cette question de l'influence de Maturin, cf. l'article de G. T. Clapton : *Balzac, Baudelaire and Maturin* dans le *French Quarterly,* juin-septembre 1930. Autres mentions baudelairiennes de Melmoth comme *emblème* satanique : *Paradis artificiels, Poème du haschisch,* V ; *Salon de 1859,* IX, Étude sur *Wagner et Tannhäuser.*

2. Toute cette page révèle combien le *rire glacial* de Melmoth hantait les songes de Baudelaire. Et ici, il quitte la *curiosité esthétique* pour épanouir une sorte d'hallucination poétique, celle même dont il évoquait tout à l'heure l'incarnation dans le Robert Macaire de Frédérick-

C'est un rire qui ne dort jamais [a], comme une maladie qui va toujours son chemin et exécute un ordre providentiel. Et ainsi le rire de Melmoth, qui est l'expression la plus haute de l'orgueil, accomplit perpétuellement sa fonction, en déchirant et en brûlant les lèvres du rieur irrémissible.

IV

Maintenant, résumons un peu, et établissons plus visiblement les propositions principales, qui sont comme une espèce de théorie du rire. Le rire est satanique, il est donc profondément humain. Il est dans l'homme la conséquence de l'idée de sa propre supériorité; et, en effet, comme le rire est essentiellement humain, il est essentiellement contradictoire, c'est-à-dire qu'il est à la fois signe d'une grandeur infinie et d'une misère infinie, misère infinie relativement à l'Être absolu dont il possède la conception, grandeur infinie relativement aux animaux [1]. C'est du choc perpétuel

Lemaître et de Daumier, ce qui explique aussi l'intérêt que suscite en lui ce poète du crime que fut Lacenaire (cf. *Salon de 1846,* p. 198). C'est d'ailleurs une des lois de la sensibilité baudelairienne que cette communication réciproque de la curiosité esthétique et de l'hallucination poétique, et c'est parce qu'elle participe de l'une et l'autre, parce qu'elle se situe au niveau même de leur contact, que la caricature — comme, sur un autre plan, le drame et l'épopée à la Delacroix ou à la Balzac — lui paraît si prodigieusement, si *vertigineusement* intéressante. En tout cas l'image du rire de Melmoth réapparaîtra dans une pièce des *Fleurs du Mal, Les Épaves,* XIV, justement intitulée *Vers pour le portrait de M. Honoré Daumier : Son rire n'est pas la grimace — De Melmoth ou de Méphisto — Sous la torche de l'Alecto — Qui les brûle mais qui nous glace.* Et tout aussi bien c'est un reflet de ce même rire que celui du héros du *Mauvais vitrier* dans les *Poèmes en prose.* Il peut être enfin opportun de citer, en marge de cette page, un texte de *Melmoth,* dont il est difficile de penser qu'il ne l'a pas inspirée : *Une hilarité, qui n'est pas la joie, est souvent le masque qui cache les traits convulsés et tourmentés de l'angoisse; et le rire, qui ne fut jamais le langage du ravissement, fut souvent le seul langage intelligible de la démence et du malheur. L'extase ne fait que sourire, c'est le désespoir qui rit.* (C. R. Maturin, *Melmoth the Wanderer,* 2e éd. 1824, III, p. 302).

1. Souvenir de Pascal.

de ces deux infinis que se dégage le rire. Le comique, la puissance du rire est dans le rieur et nullement dans l'objet du rire. Ce n'est point l'homme qui tombe qui rit de sa propre chute, à moins qu'il ne soit un philosophe, un homme qui ait acquis, par habitude, la force de se dédoubler rapidement et d'assister comme spectateur désintéressé aux phénomènes de son *moi*. Mais le cas est rare [1]. Les animaux les plus comiques sont les plus sérieux; ainsi les singes et les perroquets. D'ailleurs, supposez l'homme ôté de la création, il n'y aura plus de comique, car les animaux ne se croient pas supérieurs aux végétaux, ni les végétaux aux minéraux. Signe de supériorité relativement aux bêtes, et je comprends sous cette dénomination les parias nombreux de l'intelligence, le rire est signe d'infériorité relativement aux sages, qui par l'innocence contemplative de leur esprit se rapprochent de l'enfance. Comparant, ainsi que nous en avons le droit, l'humanité à l'homme, nous voyons que les nations primitives, ainsi que Virginie, ne conçoivent pas la caricature et n'ont pas de comédies (les livres sacrés, à quelques nations qu'ils appartiennent, ne rient jamais), et que, s'avançant peu à peu vers les pics nébuleux de l'intelligence, ou se penchant sur les fournaises ténébreuses de la métaphysique, les nations se mettent à rire diaboliquement du rire de Melmoth; et, enfin, que si dans ces mêmes nations ultra-civilisées, une intelligence, poussée par une ambition supérieure, veut franchir les limites de l'orgueil mondain et s'élancer hardiment vers la poésie pure [a], dans cette poésie, limpide et profonde comme la nature, le rire fera défaut comme dans l'âme du Sage.

Comme le comique est signe de supériorité ou de croyance à sa propre supériorité, il est naturel de croire qu'avant qu'elles aient atteint la purification absolue promise par certains prophètes mystiques, les nations verront s'augmenter en elles les motifs de comique à mesure que s'accroîtra leur supériorité. Mais aussi le comique change de nature. Ainsi l'élément angélique et l'élément diabolique fonctionnent parallèlement. L'humanité s'élève, et elle gagne pour le mal et l'intelligence du mal une force proportionnelle à celle qu'elle a gagnée pour le bien. C'est pourquoi je ne trouve pas étonnant que nous, enfants d'une loi

1. Mais c'est, évidemment, le cas de Baudelaire lui-même!

meilleure que les lois religieuses antiques, nous, disciples favorisés de Jésus, nous possédions plus d'éléments comiques que la païenne antiquité. Cela même est une condition de notre force intellectuelle générale. Permis aux contradicteurs jurés de citer la classique historiette du philosophe qui mourut de rire en voyant un âne qui mangeait [a] des figues, et même les comédies d'Aristophane et celles de Plaute. Je répondrai qu'outre que ces époques sont essentiellement civilisées, et que la croyance s'était déjà bien retirée, ce comique n'est pas tout à fait le nôtre. Il a même quelque chose de sauvage, et nous ne pouvons guère nous l'approprier que par un effort d'esprit à reculons, dont le résultat s'appelle pastiche. Quant aux figures grotesques que nous a laissées l'antiquité, les masques, les figurines de bronze, les Hercules tout en muscles, les petits Priapes à la langue recourbée en l'air, aux oreilles pointues, tout en cervelet et en phallus, — quant à ces phallus prodigieux sur lesquels les blanches filles de Romulus montent innocemment à cheval, ces monstrueux appareils de la génération armés de sonnettes et d'ailes [b], je crois que toutes ces choses sont pleines de sérieux [1]. Vénus, Pan, Hercule, n'étaient pas des personnages risibles. On en a ri après la venue de Jésus, Platon et Sénèque aidant. Je crois que l'antiquité était pleine de respect pour les tambours-majors et les faiseurs de tours de force en tout genre, et que tous les fétiches extravagants que je citais ne sont que des signes d'adoration, ou tout au plus des symboles de force, et nullement des émanations de l'esprit intentionnellement comiques. Les idoles indiennes et chinoises ignorent qu'elles sont ridicules; c'est en nous, chrétiens, qu'est le comique.

V

Il ne faut pas croire que nous soyons débarrassés de toute difficulté. L'esprit le moins accoutumé à ces subtilités esthétiques saurait bien vite m'opposer cette objection

---

1. Baudelaire soulève ici une question qui passionnera les modernes, mais, il est vrai, d'un point de vue souvent différent. Sur les rapports entre l'art et l'érotisme sacré dans l'Antiquité, cf. Fuchs, *Geschichte der erotischen Kunst,* 1908, I. 2.

insidieuse : le rire est divers. On ne se réjouit pas toujours d'un malheur, d'une faiblesse, d'une infériorité. Bien des spectacles qui excitent en nous le rire sont fort innocents, et non seulement les amusements de l'enfance, mais encore bien des choses qui servent au divertissement des artistes, n'ont rien à démêler avec l'esprit de Satan.

Il y a bien là quelque apparence de vérité. Mais il faut d'abord bien distinguer la joie d'avec le rire. La joie existe par elle-même, mais elle a des manifestations diverses. Quelquefois elle est presque invisible; d'autres fois, elle s'exprime par les pleurs. Le rire n'est qu'une expression, un symptôme, un diagnostic. Symptôme de quoi? Voilà la question. La joie est *une*. Le rire est l'expression d'un sentiment double, ou contradictoire; et c'est pour cela qu'il y a convulsion. Aussi le rire des enfants, qu'on voudrait en vain m'objecter, est-il tout à fait différent, même comme expression physique, comme forme, du rire de l'homme qui assiste à une comédie, regarde une caricature, ou du rire terrible de Melmoth; de Melmoth, l'être déclassé, l'individu situé entre les dernières limites de la patrie humaine et les frontières de la vie supérieure; de Melmoth se croyant toujours près de se débarrasser de son pacte infernal, espérant sans cesse troquer ce pouvoir surhumain, qui fait son malheur, contre la conscience pure d'un ignorant qui lui fait envie. — Le rire des enfants est comme un épanouissement de fleur. C'est la joie de recevoir, la joie de respirer, la joie de s'ouvrir, la joie de contempler, de vivre, de grandir. C'est une joie de plante. Aussi, généralement, est-ce plutôt le sourire, quelque chose d'analogue au balancement de queue des chiens ou au ronron des chats. Et pourtant, remarquez bien que si le rire des enfants diffère encore des expressions du contentement animal, c'est que ce rire n'est pas tout à fait exempt d'ambition, ainsi qu'il convient à des bouts d'hommes, c'est-à-dire à des Satans en herbe.

Il y a un cas où la question est plus compliquée. C'est le rire de l'homme, mais rire vrai, rire violent, à l'aspect d'objets qui ne sont pas un signe de faiblesse ou de malheur chez ses semblables. Il est facile de deviner que je veux parler du rire causé par le grotesque. Les créations fabuleuses, les êtres dont la raison, la légitimation ne peut pas être tirée du code du sens commun, excitent souvent en nous une hilarité folle, excessive, et qui se traduit en des déchirements et des pâmoisons interminables. Il est évident qu'il faut distinguer, et qu'il y a là un degré de plus. Le comique est, au point de vue artistique, une imitation; le grotesque, une création. Le comique est une imitation mêlée d'une certaine faculté créatrice, c'est-à-dire d'une idéalité artistique. Or, l'orgueil humain, qui prend toujours le dessus, et qui est la cause naturelle du rire dans le cas du comique, devient aussi cause naturelle du rire dans le cas du grotesque, qui est une création mêlée d'une certaine faculté imitatrice d'éléments préexistants dans la nature. Je veux dire que dans ce cas-là le rire est l'expression de l'idée de supériorité, non plus de l'homme sur l'homme, mais de l'homme sur la nature. Il ne faut pas trouver cette idée trop subtile; ce ne serait pas une raison suffisante pour la repousser. Il s'agit de trouver une autre explication plausible. Si celle-ci paraît tirée de loin et quelque peu difficile à admettre, c'est que le rire causé par le grotesque a en soi quelque chose de profond, d'axiomatique et de primitif qui se rapproche beaucoup plus de la vie innocente et de la joie absolue que le rire causé par le comique de mœurs. Il y a entre ces deux rires, abstraction faite de la question d'utilité, la même différence qu'entre l'école littéraire intéressée et l'école de l'art pour l'art. Ainsi le grotesque domine le comique d'une hauteur proportionnelle.

J'appellerai désormais le grotesque comique absolu, comme antithèse au comique ordinaire, que j'appellerai comique significatif. Le comique significatif est un langage plus clair, plus facile à comprendre pour le vulgaire, et surtout plus facile à analyser, son élément étant visiblement double : l'art et l'idée morale; mais le comique absolu, se rapprochant beaucoup plus de la nature, se présente sous une espèce *une,* et qui veut être saisie par intuition. Il n'y a qu'une vérification du grotesque, c'est le rire, et le rire subit; en face du comique significatif, il n'est pas défendu de rire après coup; cela n'arguë pas contre sa valeur; c'est une question de rapidité d'analyse.

J'ai dit : comique absolu; il faut toutefois prendre garde. Au point de vue de l'absolu définitif, il n'y a plus que la joie. Le comique ne peut être absolu que relativement à l'humanité déchue, et c'est ainsi que je l'entends [1].

---

1. Signe remarquable de l'influence sur l'esthétique baudelairienne de la croyance au péché originel (cf., entre autres textes, la fin de l'étude

VI

L'essence très relevée du comique absolu en fait l'apanage des artistes supérieurs qui ont en eux la réceptibilité suffisante de toute idée absolue. Ainsi l'homme qui a jusqu'à présent le mieux senti ces idées, et qui en a mis en œuvre une partie dans des travaux de pure esthétique et aussi de création, est Théodore Hoffmann. Il a toujours bien distingué le comique ordinaire du comique qu'il appelle *comique innocent*. Il a cherché souvent à résoudre en œuvres artistiques les théories savantes qu'il avait émises didactiquement, ou jetées sous la forme de conversations inspirées et de dialogues critiques; et c'est dans ces mêmes œuvres que je puiserai tout à l'heure les exemples les plus éclatants, quand j'en viendrai à donner une série d'applications des principes ci-dessus énoncés et à coller un échantillon sous chaque titre de catégorie [1].

D'ailleurs, nous trouvons dans le comique absolu et le comique significatif des genres, des sous-genres et des familles. La division peut avoir lieu sur différentes bases. On peut la construire d'abord d'après une loi philosophique pure, ainsi que j'ai commencé à le faire, puis d'après la loi artistique de création. La première est créée par la séparation primitive du comique absolu d'avec le comique significatif; la seconde est basée sur le genre de facultés spéciales de chaque artiste. Et, enfin, on peut aussi établir une classification de comiques suivant les climats et les diverses aptitudes nationales. Il faut remarquer que chaque terme de chaque classification peut se compléter et se nuancer par l'adjonction d'un terme d'une autre, comme la loi grammaticale nous enseigne à modifier le substantif par l'adjectif. Ainsi, tel artiste allemand ou anglais est plus

---

sur *les Misérables,* dans l'*Art romantique)*, comme aussi plus haut la référence à l'antinomie pascalienne de la misère et de la grandeur (p. 250).

1. On sait quelle fut l'influence de Hoffmann sur les différentes formes du fantastique romantique. La meilleure étude de l'aspect de son œuvre auquel se réfère ici Baudelaire se trouve sans doute dans le livre de H. W. Hewett-Thayer, *Hoffmann, Author of the Tales* (Princeton, 1948).

ou moins propre au comique absolu, et en même temps il est plus ou moins idéalisateur. Je vais essayer de donner des exemples choisis de comique absolu et significatif, et de caractériser brièvement l'esprit comique propre à quelques nations principalement artistes, avant d'arriver à la partie où je veux discuter et analyser plus longuement le talent des hommes qui en ont fait leur étude et leur existence.

En exagérant et poussant aux dernières limites les conséquences du comique significatif, on obtient le comique féroce, de même que l'expression synonymique du comique innocent, avec un degré de plus, est le comique absolu.

En France, pays de pensée et de démonstration claires, où l'art vise naturellement et directement à l'utilité, le comique est généralement significatif. Molière fut dans ce genre la meilleure expression française; mais comme le fond de notre caractère est un éloignement de toute chose extrême, comme un des diagnostics particuliers de toute passion française, de toute science, de tout art français est de fuir l'excessif, l'absolu et le profond, il y a conséquemment ici peu de comique féroce; de même notre grotesque s'élève rarement à l'absolu.

Rabelais, qui est le grand maître français en grotesque, garde au milieu de ses plus énormes fantaisies quelque chose d'utile et de raisonnable. Il est directement symbolique. Son comique a presque toujours la transparence d'un apologue. Dans la caricature française, dans l'expression plastique du comique, nous retrouverons cet esprit dominant. Il faut l'avouer, la prodigieuse bonne humeur poétique nécessaire au vrai grotesque se trouve rarement chez nous à une dose égale et continue. De loin en loin, on voit réapparaître le filon; mais il n'est pas essentiellement national. Il faut mentionner dans ce genre quelques intermèdes de Molière, malheureusement trop peu lus et trop peu joués, entre autres ceux du *Malade imaginaire* et du *Bourgeois gentilhomme,* et les figures carnavalesques de Callot. Quant au comique des *Contes* de Voltaire, essentiellement français, il tire toujours sa raison d'être de l'idée de supériorité; il est tout à fait significatif.

La rêveuse Germanie nous donnera d'excellents échantillons de comique absolu. Là tout est grave, profond, excessif. Pour trouver du comique féroce et très féroce, il faut passer la Manche et visiter les royaumes brumeux du spleen. La joyeuse, bruyante et oublieuse Italie abonde en comique innocent. C'est en pleine Italie, au cœur du carnaval méridional, au milieu du turbulent Corso, que Théodore Hoffmann a judicieusement placé le drame excentrique de *la Princesse Brambilla*. Les Espagnols sont très bien doués en fait de comique. Ils arrivent vite au cruel, et leurs fantaisies les plus grotesques contiennent souvent quelque chose de sombre.

Je garderai longtemps le souvenir de la première pantomime anglaise que j'aie [a] vu jouer. C'était au théâtre des Variétés, il y a quelques années. Peu de gens s'en souviendront sans doute, car bien peu ont paru goûter ce genre de divertissement, et ces pauvres mimes anglais reçurent chez nous un triste accueil [1]. Le public français n'aime guère être dépaysé. Il n'a pas le goût très cosmopolite, et les déplacements d'horizon lui troublent la vue. Pour mon compte, je fus excessivement frappé de cette manière de comprendre le comique. On disait, et c'étaient les indulgents, pour expliquer l'insuccès, que c'étaient des artistes vulgaires et médiocres, des doublures; mais ce n'était pas là la question. Ils étaient Anglais, c'est là l'important.

Il m'a semblé que le signe distinctif de ce genre de comique était la violence. Je vais en donner la preuve par quelques échantillons de mes souvenirs.

D'abord, le Pierrot n'était pas ce personnage pâle comme la lune, mystérieux comme le silence, souple et muet comme le serpent, droit et long comme une potence, cet

1. C'est bien là un nouveau signe de ce qu'on pourrait appeler l'*excentricité* de Baudelaire, qui s'est toujours senti en discordance avec certains aspects du goût français, particulièrement en matière de comique (cf. la pensée de *Mon Cœur mis à nu,* LXIII, sur le *Français animal de basse-cour*). Aussi serait-il intéressant de pouvoir repérer exactement cette pantomime anglaise, dont le souvenir durable explique sans doute une part de l'œuvre même de Baudelaire (par ex. tel ou tel poème en prose). Un article de Gautier dans *la Presse,* 14 août 1842, repris par Champfleury dans ses *Souvenirs des Funambules* (1859, pp. 256-257), rend compte d'une pantomime qui a toutes les chances d'être celle de Baudelaire (il insiste lui aussi sur le *triste accueil* qu'elle reçut, ce qui explique sans doute qu'il en ait été peu parlé.) Il est donc probable qu'il s'agit de : *Arlequin, pantomime anglaise en 3 actes et 11 tableaux,* qui fut représentée, en effet, aux Variétés, du 4 au 13 août 1842, et dont le *Corsaire* donne la distribution dans son numéro du 4 août.

homme artificiel, mû par des ressorts singuliers, auquel nous avait accoutumés le regrettable Debureau[1]. Le Pierrot anglais arrivait comme la tempête, tombait comme un ballot, et quand il riait, son rire faisait trembler la salle; ce rire ressemblait à un joyeux tonnerre. C'était un homme court et gros, ayant augmenté sa prestance par un costume chargé de rubans, qui faisaient autour de sa jubilante personne l'office des plumes et du duvet autour des oiseaux, ou de la fourrure autour des angoras. Par-dessus la farine de son visage, il avait collé crûment, sans gradation, sans transition, deux énormes plaques de rouge pur. La bouche était agrandie par une prolongation simulée des lèvres au moyen de deux bandes de carmin, de sorte que, quand il riait, la gueule avait l'air de courir jusqu'aux oreilles[2].

Quant au moral, le fond était le même que celui du Pierrot que tout le monde connaît : insouciance et neutralité, et partant accomplissement de toutes les fantaisies gourmandes et rapaces, au détriment, tantôt de Harlequin, tantôt de Cassandre ou de Léandre. Seulement, là où Debureau eût trempé le bout du doigt pour le lécher, il y plongeait les deux poings et les deux pieds.

Et toutes choses s'exprimaient ainsi dans cette singulière pièce, avec emportement; c'était le vertige de l'hyperbole.

Pierrot passe devant une femme qui lave le carreau de sa porte : après lui avoir dévalisé les poches, il veut faire passer dans les siennes l'éponge, le balai, le baquet et l'eau elle-même. — Quant à la manière dont il essayait de lui exprimer son amour, chacun peut se le figurer par les souvenirs qu'il a gardés de la contemplation des mœurs phanérogamiques des singes, dans la célèbre cage du Jardin-des-Plantes. Il faut ajouter que le rôle de la femme était rempli par un homme très long et très maigre, dont la pudeur violée jetait les hauts cris. C'était vraiment une ivresse de rire, quelque chose de terrible et d'irrésistible.

Pour je ne sais quel méfait, Pierrot devait être finalement guillotiné. Pourquoi la guillotine au lieu de la pendaison,

---

1. Orthographe exacte : *Deburau*.

2. Ce passage est déjà cité par Champfleury en 1854 (dans les *Contes d'Automne*).

en pays anglais?... Je l'ignore; sans doute pour amener ce qu'on va voir. L'instrument funèbre était donc là dressé sur des planches françaises, fort étonnées de cette romantique nouveauté. Après avoir lutté et beuglé comme un bœuf qui flaire [a] l'abattoir, Pierrot subissait enfin son destin. La tête se détachait du cou, une grosse tête blanche et rouge, et roulait avec bruit devant le trou du souffleur, montrant le disque saignant du cou, la vertèbre scindée, et tous les détails d'une viande de boucherie récemment taillée pour l'étalage. Mais voilà que, subitement, le torse raccourci, mû par la monomanie irrésistible du vol, se dressait, escamotait victorieusement sa propre tête, comme un jambon ou une bouteille de vin, et, bien plus avisé que le grand saint Denis, la fourrait dans sa poche!

Avec une plume tout cela est pâle et glacé. Comment la plume pourrait-elle rivaliser avec la pantomime? La pantomime est l'épuration de la comédie; c'en est la quintessence; c'est l'élément comique pur, dégagé et concentré [1]. Aussi, avec le talent spécial des acteurs anglais pour l'hyperbole, toutes ces monstrueuses farces prenaient-elles une réalité singulièrement saisissante.

Une des choses les plus remarquables comme comique absolu, et, pour ainsi dire, comme métaphysique du comique absolu, était certainement le début de cette belle pièce, un prologue plein d'une haute esthétique. Les principaux personnages de la pièce, Pierrot, Cassandre, Harlequin [2], Colombine, Léandre, sont devant le public, bien doux et bien tranquilles. Ils sont à peu près raisonnables et ne diffèrent pas beaucoup des braves gens qui sont dans la salle. Le souffle merveilleux qui va les faire se mouvoir extraordinairement n'a pas encore soufflé sur leurs cervelles. Quelques jovialités de Pierrot ne peuvent donner qu'une pâle idée de ce qu'il fera tout à l'heure. La rivalité de Harlequin et de Léandre vient de se déclarer. Une fée s'intéresse à Harlequin : c'est l'éternelle protectrice des mortels amoureux et pauvres. Elle lui promet sa protection,

---

1. On songe à un maître moderne du *comique absolu,* justement influencé par la pantomime, Jacques Tati, et à ses films, *Jour de fête* ou les *Vacances de M. Hulot,* qui eussent sans doute comblé d'aise l'auteur de ces formules !

2. Orthographe anglaise.

et, pour lui en donner une preuve immédiate, elle promène avec un geste mystérieux et plein d'autorité sa baguette dans les airs.

Aussitôt le vertige est entré, le vertige circule dans l'air; on respire le vertige; c'est le vertige qui remplit les poumons et renouvelle le sang dans le ventricule.

Qu'est-ce que ce vertige? C'est le comique absolu; il s'est emparé de chaque être. Léandre, Pierrot, Cassandre, font des gestes extraordinaires, qui démontrent clairement qu'ils se sentent introduits de force dans une existence nouvelle. Ils n'en ont pas l'air fâché. Ils s'exercent aux grands désastres et à la destinée tumultueuse qui les attend, comme quelqu'un qui crache dans ses mains et les frotte l'une contre l'autre avant de faire une action d'éclat. Ils font le moulinet avec leurs bras, ils ressemblent à des moulins à vent tourmentés par la tempête. C'est sans doute pour assouplir leurs jointures, ils en auront besoin. Tout cela s'opère avec de gros éclats de rire, pleins d'un vaste contentement [a]; puis ils sautent les uns par-dessus les autres, et leur agilité et leur aptitude étant bien dûment constatées, suit un éblouissant bouquet de coups de pied, de coups de poing et de soufflets qui font le tapage et la lumière d'une artillerie; mais tout cela est sans rancune. Tous leurs gestes, tous leurs cris, toutes leurs mines disent : La fée l'a voulu, la destinée nous précipite, je ne m'en afflige pas; allons! courons! élançons-nous! Et ils s'élancent à travers l'œuvre fantastique, qui, à proprement parler, ne commence que là, c'est-à-dire sur la frontière du merveilleux.

[b] Harlequin et Colombine, à la faveur de ce délire, se sont enfuis en dansant, et d'un pied léger ils vont courir les aventures.

Encore un exemple : celui-là est tiré d'un auteur singulier, esprit très général, quoi qu'on en dise, et qui unit à la raillerie significative française la gaieté folle, mousseuse et légère des pays du soleil, en même temps que le profond comique germanique. Je veux encore parler d'Hoffmann.

Dans le conte intitulé : *Daucus Carota, le Roi des Carottes,* et par quelques traducteurs *la Fiancée du roi,* quand la grande troupe des Carottes arrive dans la cour de la ferme où demeure la fiancée, rien n'est plus beau à voir. Tous ces petits personnages d'un rouge écarlate comme un régiment anglais, avec un vaste plumet vert sur la tête comme des chasseurs de carrosse, exécutent des cabrioles et des voltiges merveilleuses sur de petits chevaux. Tout cela se meut avec une agilité surprenante. Ils sont d'autant plus adroits et il leur est d'autant plus facile de retomber [a] sur la tête qu'elle est plus grosse et plus lourde que le reste du corps, comme les soldats en moelle de sureau qui ont un peu de plomb dans leur shako.

La malheureuse jeune fille, entichée de rêves de grandeur, est fascinée par ce déploiement de forces militaires. Mais qu'une armée à la parade est différente d'une armée dans ses casernes, fourbissant ses armes, astiquant son fourniment, ou, pis encore, ronflant ignoblement sur ses lits de camp puants et sales ! Voilà le revers de la médaille ; car tout ceci n'était que sortilège, appareil de séduction. Son père, homme prudent et bien instruit dans la sorcellerie, veut lui montrer l'envers de toutes ces splendeurs. Ainsi, à l'heure où les légumes dorment d'un sommeil brutal, ne soupçonnant pas qu'ils peuvent être surpris par l'œil d'un espion, le père entr'ouvre une des tentes de cette magnifique armée ; et alors la pauvre rêveuse voit cette masse de soldats rouges et verts dans leur épouvantable déshabillé, nageant et dormant dans la fange terreuse d'où elle est sortie. Toute cette splendeur militaire en bonnet de nuit n'est plus qu'un marécage infect.

Je pourrais tirer de l'admirable Hoffmann bien d'autres exemples de comique absolu. Si l'on veut bien comprendre mon idée, il faut lire avec soin *Daucus Carota, Peregrinus Tyss, le Pot d'or,* et surtout, avant tout, *la Princesse Brambilla,* qui est comme un catéchisme de haute esthétique.

Ce qui distingue très particulièrement Hoffmann est le mélange involontaire, et quelquefois très volontaire, d'une certaine dose de comique significatif avec le comique le plus absolu. Ses conceptions comiques les plus supranaturelles, les plus fugitives, et qui ressemblent souvent à des visions de l'ivresse, ont un sens moral très visible : c'est à croire qu'on a affaire à un physiologiste ou à un médecin de fous des plus profonds, et qui s'amuserait à revêtir cette profonde science de formes poétiques, comme un savant qui parlerait par apologues et paraboles.

Prenez, si vous voulez, pour exemple, le personnage de Giglio Fava, le comédien atteint de dualisme chronique dans *la Princesse Brambilla.* Ce personnage *un* change de temps en temps de personnalité, et, sous le nom de Giglio

Fava, il se déclare l'ennemi du prince assyrien Cornelio Chiapperi; et quand il est prince assyrien, il déverse le plus profond et le plus royal mépris sur son rival auprès de la princesse, sur un misérable histrion qui s'appelle, à ce qu'on dit, Giglio Fava.

Il faut ajouter qu'un des signes très particuliers du comique absolu est de s'ignorer lui-même. Cela est visible, non seulement dans certains animaux du comique desquels la gravité fait partie essentielle, comme les singes, et dans certaines caricatures sculpturales antiques dont j'ai déjà parlé, mais encore dans les monstruosités chinoises qui nous réjouissent si fort, et qui ont beaucoup moins d'intentions comiques qu'on le croit [a] généralement. Une idole chinoise, quoiqu'elle soit un objet de vénération, ne diffère guère d'un poussah ou d'un magot de cheminée.

Ainsi, pour en finir avec toutes ces subtilités et toutes ces définitions, et pour conclure, je ferai remarquer une dernière fois qu'on retrouve l'idée dominante de supériorité dans le comique absolu comme dans le comique significatif, ainsi que je l'ai, trop longuement peut-être, expliqué; — que, pour qu'il y ait comique, c'est-à-dire émanation, explosion, dégagement de comique, il faut qu'il y ait deux êtres en présence; — que c'est spécialement dans le rieur, dans le spectateur, que gît le comique; — que cependant, relativement à cette loi d'ignorance, il faut faire une exception pour les hommes qui ont fait métier de développer en eux le sentiment du comique et de le tirer d'eux-mêmes pour le divertissement de leurs semblables, lequel phénomène rentre dans la classe de tous les phénomènes artistiques qui dénotent dans l'être humain [b] l'existence d'une dualité permanente, la puissance d'être à la fois soi et un autre.

Et pour en revenir à mes primitives définitions et m'exprimer plus clairement, je dis que quand Hoffmann engendre le comique absolu, il est bien vrai qu'il le sait; mais il sait aussi que l'essence de ce comique est de paraître s'ignorer lui-même et de développer chez le spectateur, ou plutôt chez le lecteur, la joie de sa propre supériorité et la joie de la supériorité de l'homme sur la nature. Les artistes créent le comique; ayant étudié et rassemblé les éléments du comique, ils savent que tel être est comique, et qu'il ne l'est qu'à la condition d'ignorer sa nature; de même que, par une loi inverse, l'artiste n'est artiste qu'à la condition d'être double et de n'ignorer aucun phénomène de sa double nature [1].

1. Comme d'autres écrivains de son temps, Baudelaire avait rêvé de création comique, parce qu'il y voyait un comble de l'art, une sorte de triomphe esthétique, ce pourquoi il situe la caricature au niveau d'un grand art, non sans raison lorsqu'il s'agit de Hogarth, Goya ou Daumier. Quant à Baudelaire, certains de ses projets relèvent clairement de ce propos, par exemple son *scénario* de *l'Ivrogne* (Éd. Pléiade, p. 1254) ; on peut se souvenir aussi de *Fusées*, XVIII : *Le mélange du grotesque et du tragique est agréable à l'esprit comme les discordances aux oreilles blasées,* où l'on voit le rapport de la théorie baudelairienne du comique avec le dandysme (cf. aussi *Fusées* XXII : *Concevoir un canevas pour une bouffonnerie lyrique ou féerique, pour pantomime...*, en rapport avec *Mon Cœur mis à nu,* XXII : *Vous figurez-vous un Dandy parlant au peuple, excepté pour le bafouer ?*).

VII

QUELQUES CARICATURISTES FRANÇAIS [1]

CARLE VERNET — PIGAL — CHARLET DAUMIER — MONNIER — GRANDVILLE GAVARNI — TRIMOLET — TRAVIÈS — JACQUE

Un homme étonnant fut ce Carle Vernet [2]. Son œuvre est un monde, une petite *Comédie humaine;* car les images triviales, les croquis de la foule et de la rue, les caricatures, sont souvent le miroir le plus fidèle de la vie. Souvent même les caricatures, comme les gravures de modes, deviennent plus caricaturales à mesure qu'elles sont plus démodées. Ainsi le roide, le dégingandé des figures de ce temps-là nous surprend et nous blesse étrangement; cependant tout ce monde est beaucoup moins volontairement étrange qu'on ne le croit d'ordinaire [a]. Telle était la mode, tel était l'être humain : les hommes ressemblaient aux peintures; le monde s'était moulé dans l'art. Chacun était roide, droit, et avec son frac étriqué, ses bottes

1. Première publication dans *le Présent,* 1er octobre 1857 ; reproduit dans *l'Artiste*, 24-31 octobre 1858.

2. Fils de Joseph et père d'Horace. Carle Vernet (1758-1836), outre son activité de caricaturiste, fut aussi un peintre de chevaux et à ce titre exerça une appréciable influence sur son élève Géricault. Il fut aussi — mérite non négligeable — un des tout premiers artistes français à pratiquer la lithographie.

à revers et ses cheveux pleurant sur le front [a], chaque citoyen avait l'air d'une *académie* qui aurait passé chez le fripier. Ce n'est pas seulement pour avoir gardé profondément l'empreinte sculpturale et la prétention au style de cette époque, ce n'est pas seulement, dis-je, au point de vue historique que les caricatures de Carle Vernet ont une grande valeur, elles ont aussi un prix artistique certain. Les poses, les gestes ont un accent véridique; les têtes et les physionomies sont d'un style que beaucoup d'entre nous peuvent vérifier en pensant aux gens qui fréquentaient le salon paternel aux années de notre enfance. Ses caricatures de modes sont superbes. Chacun se rappelle cette grande planche qui représente une maison de jeu. Autour d'une vaste table ovale sont réunis des joueurs de différents caractères et de différents âges. Il n'y manque pas les filles indispensables, avides et épiant les chances, courtisanes éternelles des joueurs en veine. Il y a là des joies et des désespoirs violents; de jeunes joueurs fougueux et brûlant la chance; des joueurs froids, sérieux et tenaces; des vieillards qui ont perdu leurs rares cheveux au vent furieux des anciens équinoxes. Sans doute, cette composition, comme tout ce qui sort de Carle Vernet et de l'école, manque de liberté; mais, en revanche, elle a beaucoup de sérieux, une dureté qui plaît, une sécheresse de manière qui convient assez bien au sujet, le jeu étant une passion à la fois violente et contenue [1].

Un de ceux qui, plus tard, marquèrent le plus, fut Pigal. Les premières œuvres de Pigal remontent assez haut, et Carle Vernet vécut très longtemps [2]. Mais l'on peut dire souvent que deux contemporains représentent deux époques distinctes, fussent-ils même assez rapprochés par l'âge. Cet amusant et doux caricaturiste n'envoie-t-il pas encore à nos expositions annuelles de petits tableaux d'un comique innocent que M. Biard doit trouver bien faible? C'est le

1. Description précise, comme on le voit, d'une planche en effet très baudelairienne, mais l'attribution à Carle Vernet est probablement erronée : le sujet ne figure ni dans les catalogues de l'œuvre lithographique de l'artiste ni au cabinet des estampes de la Bibliothèque nationale. Mais Jacques Crépet cite avec vraisemblance une gravure de Darcis, d'après Guérain, intitulée *Le Trente et un,* et dont le style est proche de celui de Carle Vernet.

2. Soixante-dix-huit ans.

caractère et non l'âge qui décide. Ainsi Pigal est-il tout autre chose que Carle Vernet. Sa manière sert de transition entre la caricature telle que la concevait celui-ci et la caricature plus moderne de Charlet, par exemple, dont j'aurai à parler tout à l'heure. Charlet, qui est de la même époque que Pigal, est l'objet d'une observation analogue : le mot moderne s'applique à la manière et non au temps. Les scènes populaires de Pigal sont bonnes. Ce n'est pas que l'originalité en soit très vive, ni même le dessin très comique. Pigal est un comique modéré, mais le sentiment de ses compositions est bon et juste. Ce sont des vérités vulgaires, mais des vérités. La plupart de ses tableaux ont été pris sur nature. Il s'est servi d'un procédé simple et modeste : il a regardé, il a écouté, puis il a raconté. Généralement il y a une grande bonhomie et une certaine innocence dans toutes ses compositions : presque toujours des hommes du peuple, des dictons populaires, des ivrognes, des scènes de ménage, et particulièrement une prédilection involontaire pour les types vieux. Aussi, ressemblant en cela à beaucoup d'autres caricaturistes, Pigal ne sait pas très bien[a] exprimer la jeunesse; il arrive souvent que ses jeunes gens ont l'air grimé. Le dessin, généralement facile, est plus riche et plus *bonhomme* que celui de Carle Vernet. Presque tout le mérite de Pigal se résume donc dans une habitude d'observation sûre, une bonne mémoire et une certitude suffisante d'exécution; peu ou pas d'imagination, mais du bon sens. Ce n'est ni l'emportement carnavalesque de la gaieté italienne, ni l'âpreté forcenée des Anglais. Pigal est un caricaturiste essentiellement raisonnable.

Je suis assez embarrassé pour exprimer d'une manière convenable mon opinion sur Charlet. C'est une grande réputation, une réputation essentiellement française, une des gloires de la France. Il a réjoui, amusé, attendri aussi, dit-on, toute une génération d'hommes vivant encore. J'ai connu des gens qui s'indignaient de bonne foi de ne pas voir Charlet à l'Institut[1]. C'était pour eux un scandale aussi

1. Effectivement Nicolas Charlet (1792-1845) connut un immense succès populaire, en particulier à cause de son rôle dans le lancement de la légende napoléonienne. Ce caractère militaire de son œuvre est certainement pour quelque chose dans les réticences — et *l'embarras* — de Baudelaire. Cf. les réflexions de *Mon Cœur mis à nu*, XXXIX,

grand que l'absence de Molière à l'Académie. Je sais que c'est jouer un assez vilain rôle que de venir déclarer au gens qu'ils ont eu tort de s'amuser ou de s'attendrir d'une certaine façon; il est bien douloureux d'avoir maille à partir avec le suffrage universel. Cependant il faut avoir le courage de dire que Charlet n'appartient pas à la classe des hommes éternels et des génies cosmopolites. Ce n'est pas un caricaturiste citoyen de l'univers; et, si l'on me répond qu'un caricaturiste ne peut jamais être cela, je dirai qu'il peut l'être plus ou moins. C'est un artiste de circonstance et un patriote exclusif, deux empêchements au génie. Il a cela de commun avec un autre homme célèbre, que je ne veux pas nommer parce que les temps ne sont pas encore mûrs [1], qu'il a tiré sa gloire exclusivement de la France et surtout de l'aristocratie du soldat. Je dis que cela est mauvais et dénote un petit esprit. Comme l'autre grand homme, il a beaucoup insulté les calotins : cela est mauvais, dis-je, mauvais symptôme, ces gens-là sont inintelligibles au delà du détroit, au delà du Rhin et des Pyrénées. Tout à l'heure nous parlerons de l'artiste, c'est-à-dire du talent, de l'exécution, du dessin, du style : nous viderons la question. A présent je ne parle que de l'esprit.

Charlet a toujours fait sa cour au peuple. Ce n'est pas un homme libre, c'est un esclave : ne cherchez pas en lui un artiste désintéressé. Un dessin de Charlet est rarement une vérité; c'est presque toujours une câlinerie adressée à la caste préférée. Il n'y a de beau, de bon, de noble, d'aimable, de spirituel, que le soldat. Les quelques milliards d'animalcules qui broutent cette planète n'ont été créés par Dieu et doués d'organes et de sens que pour contempler le soldat et les dessins de Charlet dans toute leur gloire. Charlet affirme que le tourlourou et le grenadier sont la

---

sur le goût français des métaphores militaires : *Toute métaphore ici porte des moustaches*. On pourrait dire, par analogie, qu'aussi toute lithographie de Charlet *porte des moustaches !*

1. Ce fragment est tiré d'un livre resté inachevé et commencé il y a plusieurs années. M. de Béranger vivait encore. *(Note de Baudelaire.)* Béranger est mort en 1857. On sait combien Baudelaire l'avait en horreur : cf. *Salon de 1846*, VI, le projet de *Lettre à Jules Janin (Je croyais qu'on n'osait plus parler de cet homme)* et l'*Argument du livre sur la Belgique*, XVI : ... *Singes dégoûtants des polissonneries de Béranger.*

cause finale de la création. A coup sûr, ce ne sont pas là des caricatures, mais des dithyrambes et des panégyriques, tant cet homme prenait singulièrement son métier à rebours. Les grossières naïvetés que Charlet prête à ses conscrits sont tournées avec une certaine gentillesse qui leur fait honneur et les rend intéressants. Cela sent les vaudevilles où les paysans font les *pataqu'est-ce* [a] les plus touchants et les plus spirituels. Ce sont des cœurs d'ange avec l'esprit d'une académie, sauf les liaisons. Montrer le paysan tel qu'il est, c'est une fantaisie inutile de Balzac; peindre rigoureusement les abominations du cœur de l'homme, cela est bon pour Hogarth, esprit taquin et hypocondriaque; montrer au naturel les vices du soldat, ah! quelle cruauté! cela pourrait le décourager. C'est ainsi que le célèbre Charlet entend la caricature.

Relativement au *calotin,* c'est le même sentiment qui dirige notre partial artiste. Il ne s'agit pas de peindre, de dessiner d'une manière originale les laideurs morales de la sacristie; il faut plaire au soldat-laboureur : le soldat-laboureur mangeait du jésuite. Dans les arts, *il ne s'agit que de plaire,* comme disent les bourgeois.

Goya, lui aussi, s'est attaqué à la gent monastique. Je présume qu'il n'aimait pas les moines, car il les a faits bien laids; mais qu'ils sont beaux dans leur laideur et triomphants dans leur crasse et leur crapule monacales! Ici l'art domine, l'art purificateur comme le feu; là, la servilité qui corrompt l'art. Comparez maintenant l'artiste avec le courtisan : ici de superbes dessins, là un prêche voltairien.

On a beaucoup parlé des gamins de Charlet, ces chers petits anges qui feront de si jolis soldats, qui aiment tant les vieux militaires, et qui jouent à la guerre avec des sabres de bois. Toujours ronds et frais comme des pommes d'api, le cœur sur la main, l'œil clair et souriant à la nature. Mais les *enfants terribles,* mais le *pâle voyou* du grand poète, *à la voix rauque, au teint jaune comme un vieux sou* [1], Charlet a le cœur trop pur pour voir ces choses-là.

Il avait quelquefois, il faut l'avouer, de bonnes intentions. — Dans une forêt, des brigands et leurs femmes

---

1. Citation des *Iambes* d'Auguste Barbier (X) : *La race de Paris, c'est le pâle voyou — Au corps chétif, au teint jaune comme un vieux sou.*

mangent et se reposent auprès d'un chêne, où un pendu, déjà long et maigre, prend le frais de haut et respire la rosée, le nez incliné vers la terre et les pointes des pieds correctement alignées comme celles d'un danseur. Un des brigands dit en le montrant du doigt : *Voilà peut-être comme nous serons dimanche* [1] !

Hélas ! il nous fournit peu de croquis de cette espèce. Encore si l'idée est bonne, le dessin est insuffisant [a]; les têtes n'ont pas un caractère bien écrit. Cela pourrait être beaucoup plus beau, et, à coup sûr, ne vaut pas les vers de Villon soupant avec ses camarades sous le gibet, dans la plaine ténébreuse.

Le dessin de Charlet n'est guère que du chic, toujours des ronds et des ovales. Les sentiments, il les prenait tout faits dans les vaudevilles. C'est un homme très artificiel qui s'est mis à imiter les idées du temps. Il a décalqué l'opinion, il a découpé son intelligence sur la mode. Le public était vraiment son *patron*.

Il avait cependant fait une fois une assez bonne chose. C'est une galerie de costumes de la jeune et de la vieille garde, qu'il ne faut pas confondre avec une œuvre analogue publiée dans ces derniers temps, et qui, je crois, est même une œuvre posthume [2]. Les personnages ont un caractère réel. Ils doivent être très ressemblants. L'allure, le geste, les airs de tête sont excellents. Alors Charlet était jeune, il ne se croyait pas un grand homme, et sa popularité ne le dispensait pas encore de dessiner ses figures correctement et de les poser d'aplomb. Il a toujours été se négligeant de plus en plus, et il a fini par faire et recommencer sans cesse un vulgaire crayonnage que ne voudrait pas avouer le plus jeune des rapins, s'il avait un peu d'orgueil. Il est bon de faire remarquer que l'œuvre dont je parle est d'un genre simple et sérieux, et qu'elle ne demande aucune des qualités qu'on a attribuées plus tard gratuitement à un artiste aussi incomplet dans le comique. Si j'avais suivi ma pensée droite, ayant à m'occuper des caricaturistes, je

---

1. Charlet, *Album lithographique* (1832) n° 4.

2. Ces suites de *costumes* avaient été publiées en 1819 et 1821 (Catalogue La Combe n°s 157-186 et 187-201). La suite posthume fut publiée en 1845 (La Combe n°s 209-264).

n'aurais pas introduit Charlet dans le catalogue, non plus que Pinelli; mais on m'aurait accusé de commettre des oublis graves.

En résumé : fabricant de niaiseries nationales, commerçant patenté de proverbes politiques, idole qui n'a pas, en somme, la vie plus dure que toute autre idole, il connaîtra prochainement la force de l'oubli, et il ira, avec le *grand* peintre et le *grand* poète [1], ses cousins germains en ignorance et en sottise, dormir dans le panier de l'indifférence, comme ce papier inutilement profané qui n'est plus bon qu'à faire du papier neuf [2].

Je veux parler maintenant de l'un des hommes les plus importants, je ne dirai pas seulement de la caricature, mais encore de l'art moderne, d'un homme qui, tous les matins, divertit la population parisienne, qui, chaque jour, satisfait aux besoins de la gaieté publique et lui donne sa pâture. Le bourgeois, l'homme d'affaires, le gamin, la femme, rient et passent souvent, les ingrats! sans regarder le nom. Jusqu'à présent les artistes seuls ont compris tout ce qu'il y a de sérieux là-dedans, et que c'est vraiment matière à une étude. On devine qu'il s'agit de Daumier [3].

Les commencements d'Honoré Daumier ne furent pas très éclatants; il dessina, parce qu'il avait besoin de dessiner, vocation inéluctable. Il mit d'abord quelques croquis

---

1. Horace Vernet et Béranger, certainement.

2. Cette violente diatribe contre Charlet — sans doute excessive mais non sans raison — valut à Baudelaire une protestation du colonel de la Combe qui venait de publier son *Charlet, sa vie, ses lettres* (1856), et, ce qui était plus grave, une véritable réprimande de Delacroix lui-même (cf. *Vie et Œuvre d'E. Delacroix*, *VI*).

3. Ce n'est pas par hasard que Baudelaire dresse, en face de Charlet, Daumier : il est clair que ce rapprochement ne peut que discréditer le plus médiocre artiste, et, du coup, justifie la sévérité du critique. C'est un signe du soin concerté avec lequel Baudelaire concevait et composait ses articles. Quant à Honoré Daumier, dont c'est la gloire de Baudelaire d'avoir su situer exactement le génie, il est sans doute inutile d'annoter longuement son nom. Rappelons seulement ses dates : 1808-1879. Voici quelques indications bibliographiques : Jean Adhémar, *Honoré Daumier,* Paris, 1954 ; L. Delteil, *Catalogue illustré des lithographies, Le Peintre-Graveur illustré,* Paris, 1925-1930 ; catalogue de l'exposition *Daumier le peintre-graveur,* Bibliothèque nationale, 1958 (illustré).

dans un petit journal créé par William Duckett [1]; puis Achille Ricourt, qui faisait alors le commerce des estampes, lui en acheta quelques autres [2]. La révolution de 1830 causa, comme toutes les révolutions, une fièvre caricaturale. Ce fut vraiment pour les caricaturistes une belle époque. Dans cette guerre acharnée contre le gouvernement, et particulièrement contre le roi, on était tout cœur, tout feu. C'est véritablement une œuvre curieuse à contempler aujourd'hui que cette vaste série de bouffonneries historiques qu'on appelait la *Caricature,* grandes archives comiques, où tous les artistes de quelque valeur apportèrent leur contingent [3]. C'est un tohu-bohu, un capharnaüm, une prodigieuse comédie satanique, tantôt bouffonne, tantôt sanglante, où défilent, affublées de costumes variés et grotesques, toutes les honorabilités politiques. Parmi tous ces grands hommes de la monarchie naissante, que de noms déjà oubliés ! Cette fantastique épopée est dominée, couronnée par la pyramidale et olympienne *Poire* de processive mémoire [4]. On se rappelle que Philipon, qui avait à chaque instant maille à partir avec la justice royale, voulant une fois prouver au tribunal que rien n'était plus innocent que cette irritante et malencontreuse poire, dessina à l'audience même une série de croquis dont le premier représentait exactement la figure royale, et dont chacun, s'éloignant de plus en plus du terme primitif, se rapprochait davantage du terme fatal : la poire. « Voyez, disait-il, quel rapport trouvez-vous entre ce dernier croquis et le premier [5] ? » On a fait des expériences analogues sur la tête de Jésus et sur celle de l'Apollon, et je crois qu'on est parvenu à ramener l'une des deux à la ressemblance d'un crapaud. Cela ne prouvait absolument rien. Le sym-

---

1. *La Silhouette* (1829-31).

2. Cette boutique d'estampes se trouvait rue du Coq. En 1832 Achille Ricourt devait fonder *l'Artiste.*

3. Charles Philipon (1800-1862) fonda en 1830 *la Caricature* qui devait durer jusqu'en 1835. Daumier y collabora assez fréquemment pour avoir à partager ses signatures entre son nom et le pseudonyme de Rogelin.

4. La *Poire*-Louis-Philippe est restée célèbre. Quelques références : *La Caricature,* 8 mars 1832 : *Masques de 1831,* et 23 février 1832 : *Le Cauchemar.*

5. Ce célèbre procès eut lieu en 1834 (*Le Charivari,* 17 juillet 1834).

bole avait été trouvé par une analogie complaisante. Le symbole dès lors suffisait. Avec cette espèce d'argot plastique, on était le maître de dire et de faire comprendre au peuple tout ce qu'on voulait. Ce fut donc autour de cette poire tyrannique et maudite que se rassembla la grande bande des hurleurs patriotes. Le fait est qu'on y mettait un acharnement et un ensemble merveilleux, et avec quelque opiniâtreté que ripostât la justice, c'est aujourd'hui un sujet d'énorme étonnement, quand on feuillette ces bouffonnes archives, qu'une guerre si furieuse ait pu se continuer pendant des années.

Tout à l'heure, je crois, j'ai dit : bouffonnerie sanglante. En effet, ces dessins sont souvent pleins de sang et de fureur. Massacres, emprisonnements, arrestations, perquisitions, procès, assommades de la police, tous ces épisodes des premiers temps du gouvernement de 1830 reparaissent à chaque instant; qu'on en juge :

La Liberté, jeune et belle, assoupie dans un dangereux sommeil, coiffée de son bonnet phrygien, ne pense guère au danger qui la menace. *Un homme* s'avance vers elle avec précaution, plein d'un mauvais dessein. Il a l'encolure épaisse des hommes de la halle ou des gros propriétaires. Sa tête piriforme est surmontée d'un toupet très proéminent et flanquée de larges favoris. Le monstre est vu de dos, et le plaisir de deviner son nom n'ajoutait pas peu de prix à l'estampe. Il s'avance vers la jeune personne. Il s'apprête à la violer.

— *Avez-vous fait vos prières ce soir, Madame?* — C'est Othello-Philippe qui étouffe l'innocente Liberté, malgré ses cris et sa résistance.

Le long d'une maison plus que suspecte passe une toute jeune fille, coiffée de son petit bonnet phrygien; elle le porte avec l'innocente coquetterie d'une grisette démocrate. MM. un tel et un tel (visages connus, — des ministres, à coup sûr, des plus honorables) font ici un singulier métier. Ils circonviennent la pauvre enfant, lui disent à l'oreille des câlineries ou des saletés, et la poussent doucement vers l'étroit corridor. Derrière une porte, l'*Homme* se devine. Son profil est perdu, mais c'est bien lui! Voilà le toupet et les favoris. Il attend, il est impatient!

Voici la Liberté traînée devant une cour prévôtale ou tout autre tribunal gothique : grande galerie de portraits actuels avec costumes anciens.

Voici la Liberté amenée dans la chambre des tourmenteurs. On va lui broyer ses chevilles délicates, on va lui ballonner le ventre avec des torrents d'eau, ou accomplir sur elle toute autre abomination. Ces athlètes aux bras nus, aux formes robustes, affamés de tortures, sont faciles à reconnaître. C'est M. un tel, M. un tel et M. un tel, — les bêtes noires de l'opinion [1].

Dans tous ces dessins, dont la plupart sont faits avec un sérieux et une conscience remarquables, le roi joue toujours un rôle d'ogre, d'assassin, de Gargantua inassouvi [2], pis encore quelquefois. Depuis la révolution de février, je n'ai vu qu'une seule caricature dont la férocité me rappelât le temps des grandes fureurs politiques; car tous les plaidoyers politiques étalés aux carreaux, lors de la grande élection présidentielle, n'offraient que des choses pâles au prix des produits de l'époque dont je viens de parler. C'était peu après les malheureux massacres de Rouen. — Sur le premier plan, un cadavre, troué de balles, couché sur une civière; derrière lui tous les gros bonnets de la ville, en uniforme, bien frisés, bien sanglés, bien attifés, les moustaches en croc et gonflés d'orgueil; il doit y avoir là-dedans des dandys bourgeois qui vont monter leur garde ou réprimer l'émeute avec un bouquet de violettes à la boutonnière de leur tunique; enfin, un idéal de *garde bourgeoise,* comme disait le plus célèbre de nos démagogues [3]. A genoux devant la civière, enveloppé dans sa robe de juge, la bouche ouverte et montrant comme un requin la double rangée de ses dents taillées en scie, F. C. promène

1. Je n'ai plus les pièces sous les yeux, il se pourrait que l'une de ces dernières fût de Traviès. *(Note de Baudelaire.)* Il ne semble pas qu'on puisse attribuer avec certitude à Daumier aucune de ces caricatures. Ce thème était d'ailleurs commun à nombre de caricaturistes. Selon Champfleury (*Histoire de la caricature moderne,* 1865, pp. 227-228) il s'agirait d'œuvres de Grandville et de Traviès, que Daumier, d'ailleurs, à cette époque de ses débuts, imite pour bientôt les dépasser. Mais la planche représentant la Liberté devant une cour prévôtale est sans doute celle qui parut dans *la Caricature* du 27 juin 1831 sous la signature de... Decamps.

2. Ce *Gargantua* de Daumier (*Caricature,* décembre 1831) valut à l'artiste une condamnation à six mois de prison.

3. Il doit s'agir de La Fayette.

lentement sa griffe sur la chair du cadavre qu'il égratigne avec délices. — Ah ! le Normand ! dit-il, il fait le mort pour ne pas répondre à la Justice !

C'était avec cette même fureur que *la Caricature* faisait la guerre au gouvernement. Daumier joua un rôle important dans cette escarmouche permanente. On avait inventé un moyen de subvenir aux amendes dont *le Charivari* était accablé; c'était de publier dans *la Caricature* des dessins supplémentaires dont la vente était affectée au payement des amendes [1]. A propos du lamentable massacre de la rue Transnonain, Daumier se montra vraiment grand artiste; le dessin est devenu assez rare, car il fut saisi et détruit. Ce n'est pas précisément de la caricature, c'est de l'histoire, de la triviale et terrible réalité. — Dans une chambre pauvre et triste, la chambre traditionnelle du prolétaire, aux meubles banals et indispensables, le corps d'un ouvrier nu, en chemise et en bonnet de coton, gît sur le dos, tout de son long, les jambes et les bras écartés. Il y a eu sans doute dans la chambre une grande lutte et un grand tapage, car les chaises sont renversées, ainsi que la table de nuit et le pot de chambre. Sous le poids de son cadavre, le père écrase entre son dos et le carreau le cadavre de son petit enfant. Dans cette mansarde froide il n'y a rien que le silence et la mort.

Ce fut aussi à cette époque que Daumier entreprit une galerie satirique de portraits de personnages politiques. Il y en eut deux, l'une en pied, l'autre en buste. Celle-ci, je crois, est postérieure et ne contenait que des pairs de France [2]. L'artiste y révéla une intelligence merveilleuse

1. Il s'agit de l'*Association mensuelle lithographique,* fondée en août 1832 : la fameuse planche de la *Rue Transnonain* y parut fin août 1834 (Delteil, nº 135). Une sérieuse étude de l'*Association mensuelle* a paru aux États-Unis : E. de T. Bechtel, *Freedom of the Press and l'Association mensuelle* (New York, Grolier Club, 1952).

2. En fait les deux séries sont à peu près contemporaines : elles parurent dans *la Caricature* entre avril 1832 et août 1834, sous le titre *Célébrités de la Caricature* ; l'une des plus saisissantes est celle de J.-Ch. Persil, le « Père Scie » de l'opposition, l'un des ministres de Louis-Philippe les plus attaqués par *le Charivari* (*Caricature,* 11 avril 1833). De ces mêmes personnalités, Daumier sculpteur exécuta aussi les bustes, cela à la demande de Philipon : ces bustes de terre cuite furent exposés, fin avril 1832, dans la vitrine de *la Caricature,* passage Véro-

du portrait; tout en chargeant et en exagérant les traits originaux, il est si sincèrement resté dans la nature, que ces morceaux peuvent servir de modèle à tous les portraitistes. Toutes les pauvretés de l'esprit, tous les ridicules, toutes les manies de l'intelligence, tous les vices du cœur se lisent et se font voir clairement sur ces visages animalisés; et en même temps, tout est dessiné et accentué largement. Daumier fut à la fois souple comme un artiste et exact comme Lavater. Du reste, celles de ses œuvres datées de ce temps-là diffèrent beaucoup de ce qu'il fait aujourd'hui. Ce n'est pas la même facilité d'improvisation, le lâché et la légèreté de crayon qu'il a acquis plus tard. C'est quelquefois un peu lourd, rarement cependant, mais toujours très fini, très consciencieux et très sévère.

Je me rappelle encore un fort beau dessin qui appartient à la même classe : *La Liberté de la Presse* [1]. Au milieu de ses instruments émancipateurs, de son matériel d'imprimerie, un ouvrier typographe, coiffé sur l'oreille du sacramentel bonnet de papier, les manches de chemise retroussées, carrément campé, établi solidement sur ses grands pieds, ferme les deux poings et fronce les sourcils. Tout cet homme est musclé et charpenté comme les figures des grands maîtres. Dans le fond, l'éternel *Philippe* et ses sergents de ville. Ils n'osent pas venir s'y frotter.

Mais notre grand artiste a fait des choses bien diverses [2]. Je vais décrire quelques-unes des planches les plus frappantes, empruntées à des genres différents. J'analyserai ensuite la valeur philosophique et artistique de ce singulier homme, et à la fin, avant de me séparer de lui, je donnerai

---

Dodat (Collection Mme Le Garrec ; de ces terres cuites, qui comptent au nombre des œuvres les plus saisissantes de Daumier, des moulages en bronze ont été exécutés, qui figuraient à l'exposition de la Bibliothèque nationale, 1958, catalogue n°s 9-45). Baudelaire définit admirablement le caractère de ces caricatures en parlant de *visages animalisés*.

1. *Association mensuelle,* mars 1834 (Delteil n° 133).

2. Daumier, en effet, après le vote, le 29 août 1835, de la loi sur la presse consécutive à l'attentat de Fieschi, qui établissait l'autorisation préalable, dut renoncer au genre de la caricature politique : ce qui, d'ailleurs, devait l'amener à épanouir son génie, en particulier dans les nombreuses et très diverses études de mœurs, qu'il publie jusqu'en 1848, principalement dans *le Charivari*.

la liste des différentes séries et catégories de son œuvre ou du moins je ferai pour le mieux, car actuellement son œuvre est un labyrinthe, une forêt d'une abondance inextricable.

Le Dernier Bain, caricature sérieuse et lamentable [1]. — Sur le parapet d'un quai, debout et déjà penché, faisant un angle aigu avec la base d'où il se détache comme une statue qui perd son équilibre, un homme se laisse tomber roide dans la rivière. Il faut qu'il soit bien décidé; ses bras sont tranquillement croisés; un fort gros pavé est attaché à son cou avec une corde. Il a bien juré de n'en pas réchapper. Ce n'est pas un suicide de poète qui veut être repêché et faire parler de lui. C'est la redingote chétive et grimaçante qu'il faut voir, sous laquelle tous les os font saillie! Et la cravate maladive et tortillée comme un serpent, et la pomme d'Adam, osseuse et pointue! Décidément, on n'a pas le courage d'en vouloir à ce pauvre diable d'aller fuir sous l'eau le spectacle de la civilisation. Dans le fond, de l'autre côté de la rivière, un bourgeois contemplatif, au ventre rondelet, se livre aux délices innocentes de la pêche.

Figurez-vous un coin très retiré d'une barrière inconnue et peu passante, accablée d'un soleil de plomb. Un homme d'une tournure assez funèbre, un croque-mort ou un médecin, trinque et boit chopine sous un bosquet sans feuilles, un treillis de lattes poussiéreuses, en tête-à-tête avec un hideux squelette. A côté est posé le sablier et la faux. Je ne me rappelle pas le titre de cette planche. Ces deux vaniteux personnages font sans doute un pari homicide ou une savante dissertation sur la mortalité [2].

Daumier a éparpillé son talent en mille endroits différents. Chargé d'illustrer une assez mauvaise publication médico-poétique, la *Némésis médicale,* il fit des dessins

---

1. *Sentiments et passions,* n° 2, *Charivari,* mai 1840 (Delteil, n° 800).

2. *Association en commandite pour l'exploitation de l'humanité, Charivari,* 26 mai 1840 (Delteil n° 796). Ce commentaire est particulièrement révélateur de ce qui établit profondément la parenté spirituelle de Daumier et de Baudelaire : n'est-il pas un parfait scénario de poème en prose ? Et, réciproquement, certains poèmes en prose appellent, pour ainsi dire, le crayon de Daumier, à tel point qu'on peut affirmer avec certitude l'influence de l'artiste sur le poète par l'intermédiaire du critique.

merveilleux [1]. L'un d'eux, qui a trait au choléra, représente une place publique inondée, criblée de lumière et de chaleur. Le ciel parisien, fidèle à son habitude ironique dans les grands fléaux et les grands remue-ménages politiques, le ciel est splendide; il est blanc, incandescent d'ardeur. Les ombres sont noires et nettes. Un cadavre est posé en travers d'une porte. Une femme rentre précipitamment en se bouchant le nez et la bouche. La place est déserte et brûlante, plus désolée qu'une place populeuse dont l'émeute a fait une solitude. Dans le fond, se profilent tristement deux ou trois petits corbillards attelés de haridelles comiques, et, au milieu de ce forum de la désolation, un pauvre chien désorienté, sans but et sans pensée, maigre jusqu'aux os, flaire le pavé desséché, la queue serrée entre les jambes.

Voici maintenant le bagne. Un monsieur très docte, habit noir et cravate blanche, un philanthrope, un redresseur de torts, est assis extatiquement entre deux forçats d'une figure épouvantable, stupides comme des crétins, féroces comme des bouledogues, usés comme des loques. L'un d'eux lui raconte qu'il a assassiné son père, violé sa sœur, ou fait toute autre action d'éclat. — Ah! mon ami, quelle riche organisation vous possédiez! s'écrie le savant extasié [2].

Ces échantillons suffisent pour montrer combien sérieuse est souvent la pensée de Daumier, et comme il attaque vivement son sujet. Feuilletez son œuvre, et vous verrez défiler devant vos yeux, dans sa réalité fantastique et saisissante, tout ce qu'une grande ville contient de vivantes monstruosités [3]. Tout ce qu'elle renferme de trésors effrayants, grotesques, sinistres et bouffons, Daumier le connaît. Le cadavre vivant et affamé, le cadavre gras et repu, les misères ridicules du ménage, toutes les sottises,

1. *Némésis médicale illustrée,* par François Fabre, 1840, illustré de 30 bois de Daumier, qui sont en effet parmi les plus beaux. Cf. aussi Rümann : *H. Daumier, sein Holzschnittwerk,* Munich, 1914.

2. *Les Philanthropes du jour,* nº 12 (*Charivari,* 19 octobre 1844, Delteil, nº 1304).

3. Confirmation de la parenté spirituelle entre les deux hommes (cf. p. 242, n. 1). Baudelaire emploie ici presque textuellement les termes qui figureront plus tard en 1862 dans la *Dédicace* à Houssaye des *Poèmes en prose* (éd. Garnier, p. 7. Cf. aussi *Salon de 1846,* XVIII.)

B.N. Estampes

Cl. B.N.

« *Ce n'est pas un suicide de poète* »
Le Dernier Bain par Daumier

tous les orgueils, tous les enthousiasmes, tous les désespoirs du bourgeois, rien n'y manque. Nul comme celui-là n'a connu et aimé (à la manière des artistes) le bourgeois, ce dernier vestige du moyen âge, cette ruine gothique qui a la vie si dure, ce type à la fois si banal et si excentrique. Daumier a vécu intimement avec lui, il l'a épié le jour et la nuit, il a appris les mystères de son alcôve, il s'est lié avec sa femme et ses enfants, il sait la forme de son nez et la construction de sa tête, il sait quel esprit fait vivre la maison du haut en bas.

Faire une analyse complète de l'œuvre de Daumier serait chose impossible; je vais donner les titres de ses principales séries, sans trop d'appréciations ni de commentaires. Il y a dans toutes des fragments merveilleux.

Robert Macaire, Mœurs conjugales, Types parisiens, Profils et silhouettes, les Baigneurs, les Baigneuses, les Canotiers parisiens, les Bas-bleus, Pastorales, Histoire ancienne, les Bons Bourgeois, les Gens de Justice, la Journée de M. Coquelet, les Philanthropes du jour, Actualités, Tout ce qu'on voudra, les Représentants représentés. Ajoutez à cela les deux galeries de portraits dont j'ai parlé [1].

J'ai deux remarques importantes à faire à propos de deux de ces séries, *Robert Macaire* et l'*Histoire ancienne.* — *Robert Macaire* fut l'inauguration décisive de la caricature de mœurs [2]. La grande guerre politique s'était un peu calmée. L'opiniâtreté des poursuites, l'attitude du gouvernement qui s'était affermi, et une certaine lassitude naturelle à l'esprit humain avaient jeté beaucoup d'eau sur tout ce feu. Il fallait trouver du nouveau. Le pamphlet fit place à la comédie. La *Satire Ménippée* céda le terrain à Molière, et la grande épopée de Robert Macaire, racontée par Dau-

---

1. Une production incessante et régulière a rendu cette liste plus qu'incomplète. Une fois j'ai voulu, avec Daumier, faire le catalogue complet de son œuvre. A nous deux, nous n'avons pu y réussir. *(Note de Baudelaire.)* Le catalogue Delteil compte près de 4 000 numéros, et encore est-il sans doute incomplet. En tout cas aux 4 000 lithographies, il faut ajouter au moins un millier de bois gravés.

2. C'est la célèbre suite qui décida de la gloire de Daumier. Elle comporte cent planches, qui parurent dans le *Charivari* entre août 1836 et novembre 1838 ; vingt autres parurent entre octobre 1840 et septembre 1842 (cf. aussi p. 243).

mier d'une manière *flambante,* succéda aux colères révolutionnaires et aux dessins allusionnels. La caricature, dès lors, prit une allure nouvelle, elle ne fut plus spécialement politique. Elle fut la satire générale des citoyens. Elle entra dans le domaine du roman.

L'*Histoire ancienne* me paraît une chose importante, parce que c'est pour ainsi dire la meilleure paraphrase du vers célèbre : *Qui nous délivrera des Grecs et des Romains* [1] ? Daumier s'est abattu brutalement sur l'antiquité, sur la fausse antiquité, — car nul ne sent mieux que lui les grandeurs anciennes, — il a craché dessus; et le bouillant Achille, et le prudent Ulysse, et la sage Pénélope, et Télémaque, ce grand dadais, et la belle Hélène qui perdit Troie, et tous enfin nous apparaissent dans une laideur bouffonne qui rappelle ces vieilles carcasses d'acteurs tragiques prenant une prise de tabac dans les coulisses. Ce fut un blasphème très amusant, et qui eut son utilité. Je me rappelle qu'un poète lyrique et païen de mes amis [2] en était fort indigné. Il appelait cela une impiété et parlait de la belle Hélène comme d'autres parlent de la Vierge Marie. Mais ceux-là qui n'ont pas un grand respect pour l'Olympe et pour la tragédie furent naturellement portés à s'en réjouir [3].

Pour conclure, Daumier a poussé son art très loin, il en a fait un art sérieux; c'est un *grand* caricaturiste. Pour l'apprécier dignement, il faut l'analyser au point de vue de l'artiste et au point de vue moral. — Comme artiste, ce qui distingue Daumier, c'est la certitude. Il dessine comme les grands maîtres. Son dessin est abondant, facile, c'est une improvisation suivie; et pourtant ce n'est jamais du *chic*. Il a une mémoire merveilleuse et quasi divine qui lui

---

1. Vers célèbre généralement attribué à un obscur poète satirique, Joseph Berchoux. (Jacques Crépet l'attribue curieusement à M. B. Clément.)

2. Il s'agit peut-être de Théodore de Banville. (Cf., dans l'*Art romantique*, l'article sur *l'École païenne*, où est repris ce passage.)

3. La série des 50 planches d'*Histoire ancienne : Plutarque illustré*, parut en 1841-43. L'interprétation de Baudelaire n'est que partielle : certaines planches montrent que Daumier dessinateur avait su assimiler la *vraie* antiquité : cf. d'ailleurs la rapide mais significative allusion de Baudelaire dans le *Salon de 1845*, p. 11.

B.N. Estampes — *Cl. B.N.*

« *un blasphème très amusant, et qui eut son utilité.* »
Histoire ancienne par Daumier

Musée de Lyon | *Photo Camponogara*

« *On regarde, on a compris.* »
Les Avocats par Daumier

tient lieu de modèle. Toutes ses figures sont bien d'aplomb, toujours dans un mouvement vrai. Il a un talent d'observation tellement sûr qu'on ne trouve pas chez lui une seule tête qui jure avec le corps qui la supporte [a]. Tel nez, tel front, tel œil, tel pied, telle main. C'est la logique du savant transportée dans un art léger, fugace, qui a contre lui la mobilité même de la vie.

Quant au moral, Daumier a quelques rapports avec Molière. Comme lui, il va droit au but. L'idée se dégage d'emblée. On regarde, on a compris. Les légendes qu'on écrit au bas de ses dessins ne servent pas à grand'chose, car ils pourraient généralement s'en passer [1]. Son comique est, pour ainsi dire, involontaire. L'artiste ne cherche pas, on dirait plutôt que l'idée lui échappe. Sa caricature est formidable d'ampleur, mais sans rancune et sans fiel. Il y a dans toute son œuvre un fonds d'honnêteté et de bonhomie. Il a, remarquez bien ce trait, souvent refusé de traiter certains motifs satiriques très beaux, et très violents, parce que cela, disait-il, dépassait les limites du comique et pouvait blesser la conscience du genre humain. Aussi quand il est navrant ou terrible, c'est presque sans l'avoir voulu. Il a dépeint ce qu'il a vu, et le résultat s'est produit. Comme il aime très passionnément et très naturellement la nature, il s'élèverait difficilement au comique absolu. Il évite même avec soin tout ce qui ne serait pas pour un public français l'objet d'une perception claire et immédiate.

Encore un mot. Ce qui complète le caractère remarquable de Daumier, et en fait un artiste spécial appartenant à l'illustre famille des maîtres, c'est que son dessin est naturellement coloré. Ses lithographies et ses dessins sur bois éveillent des idées de couleur. Son crayon contient autre chose que du noir bon à délimiter des contours. Il fait deviner la couleur comme la pensée; or c'est le signe d'un art supérieur, et que tous les artistes intelligents ont clairement vu dans ses ouvrages [2].

---

1. Les légendes ne sont pas de Daumier : elles sont généralement dues à Philipon.

2. Le jugement de Baudelaire est confirmé par l'œuvre proprement picturale de Daumier, dont les meilleurs exemplaires sont postérieurs à ce texte, par exemple *l'Artiste en face de son œuvre* (vers 1865. Coll. David-Weill), le *Don Quichotte* de 1868 (Nouvelle Pinacothèque, Mu-

Henri Monnier a fait beaucoup de bruit il y a quelques années; il a eu un grand succès dans le monde bourgeois et dans le monde des ateliers, deux espèces de villages [1]. Deux raisons à cela. La première est qu'il remplissait trois fonctions à la fois, comme Jules César : comédien, écrivain, caricaturiste. La seconde est qu'il a un talent essentiellement bourgeois. Comédien, il était exact et froid; écrivain, vétilleux; artiste, il avait trouvé le moyen de faire du chic d'après nature.

Il est juste la contre-partie de l'homme dont nous venons de parler. Au lieu de saisir entièrement et d'emblée tout l'ensemble d'une figure ou d'un sujet, Henri Monnier procédait par un lent et successif examen des détails. Il n'a jamais connu le grand art. Ainsi Monsieur Prudhomme, ce type monstrueusement vrai, Monsieur Prudhomme n'a pas été conçu en grand. Henri Monnier l'a étudié, le Prudhomme vivant, réel; il l'a étudié jour à jour, pendant un très long espace de temps. Combien de tasses de café a dû avaler Henri Monnier, combien de parties de dominos, pour arriver à ce prodigieux résultat, je l'ignore. Après l'avoir étudié, il l'a traduit; je me trompe, il l'a décalqué. A première vue, le produit apparaît comme extraordinaire; mais quand tout Monsieur Prudhomme a été dit, Henri Monnier n'avait plus rien à dire. Plusieurs de ses *Scènes populaires* [2] sont certainement agréables; autrement il faudrait nier le charme cruel et surprenant du daguerréotype; mais Monnier ne sait rien créer, rien idéaliser, rien arranger. Pour en revenir à ses dessins, qui sont ici l'objet important, ils sont généralement froids et durs, et, chose singulière! il reste une chose vague dans la pensée, malgré la précision pointue du crayon. Monnier a une faculté étrange, mais il n'en a qu'une. C'est la froideur, la limpidité du miroir, d'un miroir qui ne pense pas et qui se contente de réfléchir les passants.

Quant à Grandville, c'est tout autre chose. Grandville

---

nich) ou encore les étonnants *Joueurs d'échecs* de 1863 (Musée des Beaux-Arts de la ville de Paris.)

1. Le célèbre créateur de Joseph Prudhomme (1805-1877) : il est aussi l'auteur de plus de 700 lithographies et, entre 1841 et 1864, produisit, sur bois ou sur acier, l'illustration de 69 ouvrages.

2. 1830.

B.N. Estampes *Cl. B.N.*

« *ce type monstrueusement vrai* »
Joseph Prudhomme d'après Henri Monnier, par Daumier

est un esprit maladivement littéraire, toujours en quête de moyens bâtards pour faire entrer sa pensée dans le domaine des arts plastiques; aussi l'avons-nous vu souvent user du vieux procédé qui consiste à attacher aux bouches de ses personnages des banderoles parlantes. Un philosophe ou un médecin aurait à faire une bien belle étude psychologique et physiologique sur Grandville [1]. Il a passé sa vie à chercher des idées, les trouvant quelquefois. Mais comme il était artiste par métier et homme de lettres par la tête, il n'a jamais pu les bien exprimer. Il a touché naturellement à plusieurs grandes questions, et il a fini par tomber dans le vide, n'étant tout à fait ni philosophe ni artiste. Grandville a roulé pendant une grande partie de son existence sur l'idée générale de l'Analogie. C'est même par là qu'il a commencé : *Métamorphoses du jour* [2]. Mais il ne savait pas en tirer des conséquences justes ; il cahotait comme une locomotive déraillée. Cet homme, avec un courage surhumain, a passé sa vie à refaire la création. Il la prenait dans ses mains, la tordait, la rarrangeait, l'expliquait, la commentait ; et la nature se transformait en apocalypse. Il a mis le monde sens dessus dessous. Au fait, n'a-t-il pas composé un livre d'images qui s'appelle *Le Monde à l'envers* [3] ? Il y a des gens superficiels que Grandville divertit ; quant à moi, il m'effraye. Car c'est à l'artiste malheureusement que je m'intéresse et non à ses dessins. Quand j'entre dans l'œuvre de Grandville, j'éprouve un certain malaise, comme dans un appartement où le désordre serait systématiquement

1. C'est un autre mérite de Baudelaire d'avoir su reconnaître l'intérêt « spirituel » de l'œuvre de Grandville (1803-1847), artiste étonnant et très en avance sur son temps. Il peut être considéré comme un précurseur de ce qu'on a, depuis, pris l'habitude d'appeler *l'humour noir* (son nom sert d'ailleurs aujourd'hui de patronage a un « prix de l'humour noir »). Et tout à l'heure (cf. n. 3) en modifiant quelque peu le titre exact d'une suite de Grandville, la mémoire infidèle de Baudelaire lui fournira une formule qui définit fort bien le sens profond de l'œuvre de l'artiste. Aussi cette œuvre a-t-elle pu séduire, en notre temps, certains surréalistes, par exemple. Signalons enfin qu'une remarquable interprétation de l'œuvre de Grandville se rencontre dans le film (belge) de Vandercam et Kessels, *Un autre monde* (Journées internationales du court métrage, Tours, décembre 1959).

2. 1829.

3. Probablement : *Un autre monde* (1844).

organisé, où des corniches saugrenues s'appuieraient sur le plancher, où les tableaux se présenteraient déformés par des procédés d'opticien, où les objets se blesseraient obliquement par les angles, où les meubles se tiendraient les pieds en l'air, et où les tiroirs s'enfonceraient au lieu de sortir.

Sans doute Grandville a fait de belles et bonnes choses, ses habitudes têtues et minutieuses le servant beaucoup; mais il n'avait pas de souplesse, et aussi n'a-t-il [a] jamais su dessiner une femme. Or c'est par le côté fou de son talent que Grandville est important. Avant de mourir, il appliquait sa volonté, toujours opiniâtre, à noter sous une forme plastique la succession des rêves et des cauchemars, avec la précision d'un sténographe qui écrit le discours d'un orateur. L'artiste-Grandville voulait, oui, il voulait que le crayon expliquât la loi d'association des idées. Grandville est très comique ; mais il est souvent un comique sans le savoir.

Voici maintenant un artiste, bizarre dans sa grâce, mais bien autrement important [1]. Gavarni commença cependant [b] par faire des dessins de machines, puis des dessins de modes, et il me semble qu'il lui en est resté longtemps un stigmate ; cependant il est juste de dire que Gavarni a toujours été en progrès. Il n'est pas tout à fait un caricaturiste, ni même uniquement un artiste, il est aussi un littérateur. Il effleure, il fait deviner. Le caractère particulier de son comique est une grande finesse d'observation, qui va quelquefois jusqu'à la ténuité. Il connaît, comme Marivaux, toute la puissance de la réticence, qui est à la fois une amorce et une flatterie à l'intelligence du public. Il fait lui-même les légendes de ses dessins, et quelquefois très entortillées. Beaucoup de gens préfèrent Gavarni à Daumier, et cela n'a rien d'étonnant. Comme Gavarni est moins artiste, il est plus facile à comprendre pour eux. Daumier est un génie franc et direct. Ôtez-lui la légende, le dessin reste une belle et claire chose. Il n'en est pas ainsi de Gavarni ; celui-ci est double : il y a le dessin, plus la légende. En second lieu, Gavarni n'est pas essentiellement satirique ; il flatte souvent au lieu de mordre ; il ne blâme pas, il encourage. Comme tous les hommes de lettres,

1. Sur Gavarni cf. p. 134.

homme de lettres lui-même, il est légèrement teinté de corruption. Grâce à l'hypocrisie charmante de sa pensée et à la puissante tactique des demi-mots, il ose tout. D'autres fois, quand sa pensée cynique se dévoile franchement, elle endosse un vêtement gracieux, elle caresse les préjugés et fait du[a] monde son complice. Que de raisons de popularité ! Un échantillon entre mille : vous rappelez-vous cette grande et belle fille qui regarde avec une moue dédaigneuse un jeune homme joignant devant elle les mains dans une attitude suppliante ? « Un petit baiser, ma bonne dame charitable, pour l'amour de Dieu ! s'il vous plaît. — Repassez ce soir, on a déjà donné à votre père ce matin [1]. » On dirait vraiment que la dame est un portrait. Ces coquins-là sont si jolis que la jeunesse aura fatalement envie de les imiter. Remarquez, en outre, que le plus beau est dans la légende, le dessin étant impuissant à dire tant de choses.

Gavarni a créé la Lorette [2]. Elle existait bien un peu avant lui, mais il l'a complétée. Je crois même que c'est lui qui a inventé le mot. La Lorette, on l'a déjà dit, n'est pas la fille entretenue, cette chose de l'Empire, condamnée à vivre en tête-à-tête funèbre avec le cadavre métallique dont elle vivait, général ou banquier. La Lorette est une personne libre. Elle va et elle vient. Elle tient maison ouverte. Elle n'a pas de maître ; elle fréquente les artistes et les journalistes. Elle fait ce qu'elle peut pour avoir de l'esprit. J'ai dit que Gavarni l'avait complétée ; et, en effet, entraîné par son imagination littéraire, il invente au moins autant qu'il voit, et, pour cette raison, il a beaucoup agi sur les mœurs. Paul de Kock a créé la Grisette, et Gavarni la Lorette ; et quelques-unes de ces filles se sont perfectionnées en se l'assimilant, comme la jeunesse du quartier latin avait subi l'influence de ses *étudiants,* comme beaucoup de gens s'efforcent de ressembler aux gravures de mode.

Tel qu'il est, Gavarni est un artiste plus qu'intéressant, dont il restera beaucoup. Il faudra feuilleter ces œuvres-là pour comprendre l'histoire des dernières années de la

---

1. Planche des *Baliverneries parisiennes.*

2. Baudelaire entend que Gavarni a donné au personnage sa forme, son allure, et sa légende. En fait le nom avait été lancé par Nestor Roqueplan vers 1840.

monarchie. La république a un peu effacé Gavarni ; loi cruelle, mais naturelle. Il était né avec l'apaisement, il s'éclipse avec la tempête. — La véritable gloire et la vraie mission de Gavarni et de Daumier ont été de compléter Balzac, qui d'ailleurs le savait bien, et les estimait comme des auxiliaires et des commentateurs.

Les principales créations de Gavarni sont : *La Boîte aux lettres, les Étudiants, les Lorettes, les Actrices, les Coulisses, les Enfants terribles, Hommes et Femmes de plume,* et une immense série de sujets détachés.

Il me reste à parler de Trimolet, de Traviès et de Jacque [1]. — Trimolet fut une destinée mélancolique ; on ne se douterait guère, à voir la bouffonnerie gracieuse et enfantine qui souffle à travers ses compositions, que tant de douleurs graves et de chagrins cuisants aient assailli sa pauvre vie. Il a gravé lui-même à l'eau-forte, pour la collection des *Chansons populaires de la France* [2] et pour les almanachs comiques d'Aubert [3], de fort beaux dessins, ou plutôt des croquis, où règne la plus folle et la plus innocente gaieté. Trimolet dessinait librement sur la planche, sans dessin préparatoire, des compositions très compliquées, procédé dont il résulte bien, il faut l'avouer, un peu de fouillis. Évidemment l'artiste avait été très frappé par les œuvres de Cruikshank ; mais, malgré tout, il garde son originalité ; c'est un humoriste qui mérite une place à part ; il y a là une saveur *sui generis,* un goût fin qui se distingue de tous autres pour les gens qui ont le palais fin.

Un jour, Trimolet fit un tableau [4]; c'était bien conçu et c'était une grande pensée ; dans une nuit sombre et mouillée, un de ces vieux hommes qui ont l'air d'une ruine ambulante et d'un paquet de guenilles vivantes s'est étendu au pied d'un mur décrépit. Il lève ses yeux reconnaissants vers le ciel sans étoiles, et s'écrie : « Je vous bénis, mon Dieu, qui m'avez donné ce mur pour m'abriter et cette natte pour me couvrir ! » Comme tous les déshérités harcelés par la douleur, ce brave homme n'est pas difficile,

1. Sur Jacque, finalement le plus intéressant des trois, cf. *Salon de 1845*, p. 76. Trimolet (1812-1843). Traviès (1804-1859).
2. Recueil collectif, 3 vol. 1843.
3. 1842 et 1843.
4. Probablement *la Prière* (Salon de 1841).

et il fait volontiers crédit du reste au Tout-Puissant. Quoi qu'en dise la race des optimistes qui, selon Désaugiers, se laissent quelquefois choir après boire, au risque d'écraser *un pauvre homme qui n'a pas dîné,* il y a des génies qui ont passé de ces nuits-là ! Trimolet est mort ; il est mort au moment où l'aurore éclaircissait son horizon, et où la fortune plus clémente avait envie de lui sourire. Son talent grandissait, sa machine intellectuelle était bonne et fonctionnait activement ; mais sa machine physique était gravement avariée et endommagée par des tempêtes anciennes.

Traviès, lui aussi, fut une fortune malencontreuse. Selon moi, c'est un artiste éminent et qui ne fut pas dans son temps délicatement apprécié. Il a beaucoup produit, mais il manque de certitude. Il veut être plaisant, et il ne l'est pas, à coup sûr. D'autres fois, il trouve une belle chose et il l'ignore. Il s'amende, il se corrige sans cesse ; il se tourne, il se retourne et poursuit un idéal intangible. Il est le prince du guignon. Sa muse est une nymphe de faubourg, pâlotte et mélancolique. A travers toutes ses tergiversations, on suit partout un filon souterrain aux couleurs et au caractère assez notables. Traviès a un profond sentiment des joies et des douleurs du peuple ; il connaît la canaille à fond, et nous pouvons dire qu'il l'a aimée avec une tendre charité. C'est la raison pour laquelle ses *Scènes bachiques* [1] resteront une œuvre remarquable ; ses chiffonniers d'ailleurs sont généralement très ressemblants, et toutes ces guenilles ont l'ampleur et la noblesse presque insaisissable du style tout fait, tel que l'offre la nature dans ses caprices. Il ne faut pas oublier que Traviès est le créateur de *Mayeux,* ce type excentrique et vrai qui a tant amusé Paris. Mayeux est à lui comme *Robert Macaire* est à Daumier, comme *M. Prudhomme* est à Monnier [2]. — En ce temps déjà lointain, il y avait à Paris une espèce de bouffon physionomane, nommé Léclaire[3], qui courait les guinguettes, les caveaux

---

1. 1839.

2. Sur Traviès et Mayeux, cf. p. 153. Ce personnage — *fantoche priapique* dit un critique — fut le sujet de 160 lithographies principalement publiées dans *la Caricature* à partir de 1835. Le type fut aussi utilisé par Grandville.

3. Selon une gravure d'époque (Exposition Baudelaire, Bibliothèque nationale, 1957, n° 346), l'orthographe de ce nom serait : *Leclercq.*

et les petits théâtres. Il faisait des *têtes d'expression,* et entre deux bougies il illuminait successivement sa figure de toutes les passions. C'était le cahier des *Caractères des passions de M. Lebrun, peintre du roi* [1]. Cet homme, accident bouffon plus commun qu'on ne le suppose dans les castes excentriques, était très mélancolique et possédé de la rage de l'amitié. En dehors de ses études et de ses représentations grotesques, il passait son temps à chercher un ami, et, quand il avait bu, ses yeux pleuraient abondamment les larmes de la solitude. Cet infortuné possédait une telle puissance objective et une si grande aptitude à se grimer qu'il imitait à s'y méprendre la bosse, le front plissé d'un bossu, ses grandes pattes simiesques et son parler criard et baveux. Traviès le vit ; on était encore en plein dans la grande ardeur patriotique de Juillet ; une idée lumineuse s'abattit dans son cerveau ; Mayeux fut créé, et pendant longtemps le turbulent Mayeux parla, cria, pérora, gesticula dans la mémoire du peuple parisien [2]. Depuis lors [a] on a reconnu que Mayeux existait, et l'on a cru que Traviès l'avait connu et copié. Il en a été ainsi de plusieurs autres créations populaires.

Depuis quelque temps Traviès a disparu de la scène, on ne sait trop pourquoi, car il y a aujourd'hui, comme toujours, de solides entreprises d'albums et de journaux comiques. C'est un malheur réel, car il est très observateur, et, malgré ses hésitations et ses défaillances, son talent a quelque chose de sérieux et de tendre qui le rend singulièrement attachant.

Il est bon d'avertir les collectionneurs que, dans les caricatures relatives à Mayeux, les femmes qui, comme on sait, ont joué un grand rôle dans l'épopée de ce Ragotin [3] galant et patriotique, ne sont pas de Traviès : elles sont de Philipon, qui avait l'idée excessivement *comique* et qui dessinait les femmes d'une manière séduisante, de sorte qu'il se réservait le plaisir de faire les femmes dans les *Mayeux*

---

1. La *Méthode pour apprendre à dessiner les Passions* de Charles Lebrun était restée célèbre, après avoir exercé une influence considérable à la fin du XVIIe et au XVIIIe siècle.

2. Cf. sur ce sujet : Champfleury, *Histoire de la caricature moderne,* pp. 198-199.

3. Personnage fameux du *Roman comique* de Scarron.

B.N. Estampes *Cl. B.N.*

« *ses grandes pattes simiesques et son parler criard et baveux.* »
Facéties de M. Mayeux par Traviès

de Traviès, et qu'ainsi chaque dessin se trouvait doublé d'un style qui ne *doublait* vraiment pas l'intention comique.

Jacque, l'excellent artiste, à l'intelligence multiple, a été aussi occasionnellement un recommandable caricaturiste. En dehors de ses peintures et de ses gravures à l'eau-forte, où il s'est montré toujours grave et poétique, il a fait de fort bons dessins grotesques, où l'idée d'ordinaire se projette bien et d'emblée. Voir *Militairiana* [1] et *Malades et Médecins* [2]. Il dessine richement et spirituellement et sa caricature a, comme tout ce qu'il fait, le mordant et la soudaineté du poète observateur.

1. Partie du *Musée Philipon* publié par Aubert en 1840.
2. *Charivari,* 1843.

VIII

QUELQUES CARICATURISTES ÉTRANGERS [1]

HOGARTH — CRUIKSHANK GOYA — PINELLI — BRUEGHEL

I

Un nom tout à fait populaire, non seulement chez les artistes, mais aussi chez les gens du monde, un artiste des plus éminents en matière de comique, et qui remplit la mémoire comme un proverbe, est Hogarth [2]. J'ai souvent entendu dire de Hogarth : « C'est l'enterrement du comique. » Je le veux bien; le mot peut être pris pour spirituel, mais je désire qu'il soit entendu comme éloge; je tire de cette formule malveillante le symptôme, le diagnostic [a] d'un mérite tout particulier. En effet, qu'on y fasse attention, le talent de Hogarth comporte en soi quelque chose de froid, d'astringent, de funèbre. Cela serre le cœur. Brutal et violent, mais toujours préoccupé du sens moral de ses compositions, moraliste avant tout, il les charge, comme notre Grandville, de détails allégoriques et allusionnels,

---

1. Première publication : *Le Présent,* 15 octobre 1857 ; repris dans *l'Artiste,* 26 septembre 1858.
2. 1697-1764. La réputation européenne de Hogarth s'était largement répandue grâce à la diffusion de ses gravures.

dont la fonction, selon lui, est de compléter et d'élucider sa pensée. Pour le spectateur, j'allais, je crois, dire pour le lecteur, il arrive quelquefois, au rebours de son désir, qu'elles retardent l'intelligence et l'embrouillent.

D'ailleurs Hogarth a, comme tous les artistes très chercheurs, des manières et des morceaux assez variés. Son procédé n'est pas toujours aussi dur, aussi écrit, aussi tatillon. Par exemple, que l'on compare les planches du *Mariage à la mode* avec celles qui représentent *les Dangers et les Suites de l'incontinence, le Palais du Gin, le Supplice du Musicien, le Poëte dans son ménage,* on reconnaîtra dans ces dernières beaucoup plus d'aisance et d'abandon. Une des plus curieuses est certainement celle qui nous montre un cadavre aplati, roide et allongé sur la table de dissection [1]. Sur une poulie ou toute autre mécanique scellée au plafond se dévident les intestins du mort débauché. Ce mort est horrible, et rien ne peut faire un contraste plus singulier avec ce cadavre, cadavérique entre tous, que les hautes, longues, maigres ou rotondes figures, grotesquement graves, de tous ces docteurs britanniques, chargées de monstrueuses perruques à rouleaux. Dans un coin, un chien plonge goulûment son museau dans un seau et y pille quelques débris humains. Hogarth, l'enterrement du comique! j'aimerais mieux dire que c'est le comique dans l'enterrement. Ce chien anthropophage m'a toujours fait rêver au cochon historique qui se soûlait impudemment [a] du sang de l'infortuné Fualdès, pendant qu'un orgue de Barbarie exécutait, pour ainsi dire, le service funèbre de l'agonisant [2].

---

1. *Le Salaire de la Cruauté*, nº 4 de la série intitulée : *The four stages of Cruelty* (1751). Il y a quelque inexactitude dans la description que Baudelaire en donne ici, comme à l'ordinaire, de mémoire. Mais le sens général de cette description reste parfaitement valable.

2. Allusion à la célèbre *Complainte de Fualdès*. L'assassinat du magistrat Fualdès à Rodez (1817) fut une des plus célèbres affaires judiciaires du siècle, et la *Complainte* une des chansons les plus populaires. L'orgue de Barbarie, dont parle Baudelaire, joua effectivement son rôle dans l'organisation de l'assassinat : sa musique était destinée à couvrir les cris de la victime ! Quant au *cochon,* devenu par là *historique,* il appartient au seizième couplet de la *Complainte : Voilà le sang qui s'épanche; — Mais la Bancal aux aguets, — Le reçoit dans un baquet, — Disant : « En place d'eau blanche, — Y mettant un peu de son, — Ce sera pour mon cochon !* » Le rapprochement avec Hogarth est en effet saisissant.

J'affirmais tout à l'heure que le bon mot d'atelier devait être pris comme un éloge. En effet, je retrouve bien dans Hogarth ce je ne sais quoi de sinistre, de violent et de résolu, qui respire dans presque toutes les œuvres du pays du spleen. Dans *le Palais du Gin,* à côté des mésaventures innombrables et des accidents grotesques dont est semée la vie et la route des ivrognes, on trouve des cas terribles qui sont peu comiques à notre point de vue français : presque toujours des cas de mort violente. Je ne veux pas faire ici une analyse détaillée des œuvres de Hogarth; de nombreuses appréciations ont déjà été faites du singulier et minutieux moraliste, et je veux me borner à constater le caractère général qui domine les œuvres de chaque artiste important.

Il serait injuste, en parlant de l'Angleterre, de ne pas mentionner Seymour, dont tout le monde a vu les admirables charges sur la pêche et la chasse, double épopée de maniaques. C'est à lui que primitivement fut empruntée cette merveilleuse allégorie de l'araignée qui a filé sa toile entre la ligne et le bras de ce pêcheur que l'impatience ne fait jamais trembler [a].

Dans Seymour, comme dans les autres Anglais, violence et amour de l'excessif; manière simple, archibrutale et directe, de poser le sujet. En matière de caricature, les Anglais sont des ultra. — *Oh! the deep, deep sea!* s'écrie dans une béate contemplation, tranquillement assis sur le banc d'un canot, un gros Londonien, à un quart de lieue du port. Je crois même qu'on aperçoit encore quelques toitures dans le fond. L'extase de cet imbécile est extrême; aussi il ne voit pas les deux grosses jambes de sa chère épouse, qui dépassent l'eau et se tiennent droites, les pointes en l'air. Il paraît que cette grasse personne s'est laissée choir, la tête la première, dans le liquide élément dont l'aspect enthousiasme cet épais cerveau. De cette malheureuse créature les jambes sont tout ce qu'on voit. Tout à l'heure ce puissant amant de la nature cherchera flegmatiquement sa femme et ne la trouvera plus [1].

---

1. Il s'agit d'une planche qui porte le nº 153 dans les *Sketches by Seymour* parus en 1867. Mais les croquis avaient été publiés séparément entre 1834 et 1836. Baudelaire ne cite qu'un fragment de la légende (que d'ailleurs cette abréviation améliore !). A titre documentaire,

Le mérite spécial de George Cruikshank 1 (je fais abstraction de tous ses autres mérites, finesse d'expression, intelligence du fantastique, etc.) est une abondance inépuisable dans le grotesque. Cette verve est inconcevable, et elle serait réputée impossible, si les preuves n'étaient pas là, sous forme d'une œuvre immense, collection innombrable de vignettes, longue série d'albums comiques, enfin d'une telle quantité de personnages, de situations, de physionomies, de tableaux grotesques, que la mémoire de l'observateur s'y perd; le grotesque coule incessamment et inévitablement de la pointe de Cruikshank, comme les rimes riches de la plume des poètes naturels [a]. Le grotesque est son habitude.

Si l'on pouvait analyser sûrement une chose aussi fugitive et impalpable que le sentiment en art, ce je ne sais quoi qui distingue toujours un artiste d'un autre, quelque intime que soit en apparence leur parenté, je dirais que ce qui constitue surtout le grotesque de Cruikshank, c'est la violence extravagante du geste et du mouvement, et l'explosion dans l'expression. Tous ses petits personnages miment avec fureur et turbulence comme des acteurs de pantomime. Le seul défaut qu'on puisse lui reprocher est d'être souvent plus homme d'esprit, plus crayonneur qu'artiste, enfin de ne pas toujours dessiner [b] d'une manière assez consciencieuse. On dirait que, dans le plaisir qu'il éprouve à s'abandonner à sa prodigieuse verve, l'auteur oublie de douer ses personnages d'une vitalité suffisante. Il dessine un peu trop comme les hommes de lettres qui s'amusent à barbouiller des croquis [c]. Ces prestigieuses petites créatures ne sont

---

voici la suite : *Mr. Dobbs singing : « Hearts as warm as those above lie under the waters cold » (« oh ! mer profonde, profonde ! » chante Mr. Dobbs, « ce sont des cœurs aussi chauds que ceux d'en haut qui gisent dans le froid des eaux »)*. Rappelons que Seymour fut l'illustrateur des deux premières parties des *Pickwick Papers* et fut ainsi le créateur de l'image originelle du héros de Dickens.

1. L'un des plus féconds des caricaturistes anglais (1792-1878), lui-même fils d'artiste (Isaac, 1756-1810). George fut le fondateur de cet art spécifiquement anglais qu'est le dessin humoristique (plutôt que la caricature proprement dite). On rencontre ses dessins dans la plupart des revues et journaux du XIXe siècle, en particulier dans *Punch*. Notons qu'il pratiqua aussi, avec beaucoup de finesse, l'illustration des livres pour enfants : il fait, dans ce domaine, figure de précurseur.

Soane Museum, Londres

« *singulier et minutieux moraliste* »
Banquet électoral par Hogarth

Photo British Council

pas toujours nées viables. Tout ce monde minuscule se culbute, s'agite et se mêle avec une pétulance indicible, sans trop s'inquiéter si tous ses membres sont bien à leur place naturelle. Ce ne sont trop souvent que des hypothèses humaines qui se démènent comme elles peuvent. Enfin, tel qu'il est, Cruikshank est un artiste doué de riches facultés comiques, et qui restera dans toutes les collections. Mais que dire de ces plagiaires français modernes, impertinents jusqu'à prendre non seulement des sujets et des canevas, mais même la manière et le style [a]? Heureusement [b] la naïveté ne se vole pas. Ils ont réussi à être de glace dans leur enfantillage affecté, et ils dessinent d'une façon encore plus insuffisante.

II

En Espagne, un homme singulier a ouvert dans le comique de nouveaux horizons.

A propos de Goya, je dois d'abord renvoyer mes lecteurs à l'excellent article que Théophile Gautier a écrit sur lui dans *le Cabinet de l'Amateur,* et qui fut depuis reproduit dans un volume de mélanges [1c]. Théophile Gautier est

---

1. *Cabinet de l'Amateur,* vol. I (1842) pp. 337 sqq. (repris dans le *Voyage en Espagne*). A propos des rapports entre Baudelaire et Goya (1746-1828), cf., naturellement, la strophe des *Phares,* et notons aussi que Baudelaire ne connaît surtout de Goya que les gravures, et que son insertion parmi les « caricaturistes » implique une large extension de la caricature, celle même que propose l'article sur l'*Essence du rire :* de fait le Goya dont parle Baudelaire mérite ici sa place dans la mesure même où son *fantastique* assume souvent, en les exacerbant, les formes et techniques de la caricature. Une fois encore, Baudelaire est particulièrement sensible à la relation « spirituelle » entre la forme et le sentiment.

Mais il faut souligner que Baudelaire a rencontré Goya dans son héritage romantique, et que la découverte du peintre espagnol est une des richesses qu'il conserve de cet héritage, par ailleurs soumis à une si vigilante critique ; c'est en effet Delacroix qui introduisit Goya dans le romantisme français : il le révèle, aux alentours de 1828, à Hugo, qui y retrouvera ses propres souvenirs espagnols et dont les dessins devront beaucoup à l'influence visionnaire de Goya. Dès 1824, Delacroix parlait de faire *des charges dans le genre de Goya* et il possédait certaines planches des *Caprices* et de la *Tauromachie.* On

parfaitement doué pour comprendre de semblables natures. D'ailleurs, relativement aux procédés de Goya, — aquatinte et eau-forte mêlées, avec retouches à la pointe sèche, — l'article en question contient tout ce qu'il faut. Je veux seulement ajouter quelques mots sur l'élément très rare que Goya a introduit dans le comique : je veux parler du fantastique. Goya n'est précisément rien de spécial, de particulier, ni comique absolu, ni comique purement significatif, à la manière française. Sans doute il plonge souvent dans le comique féroce et s'élève jusqu'au comique absolu; mais l'aspect général sous lequel il voit les choses est surtout fantastique, ou plutôt le regard qu'il jette sur les choses est un traducteur naturellement fantastique. *Los Caprichos* [1] sont une œuvre merveilleuse, non seulement par l'originalité des conceptions, mais encore par l'exécution. J'imagine devant *les Caprices* un homme, un curieux, un amateur, n'ayant aucune notion des faits historiques auxquels plusieurs de ces planches font allusion, un simple esprit d'artiste qui ne sache ce que c'est ni que Godoï, ni le roi Charles, ni la reine; il éprouvera toutefois au fond de son cerveau une commotion vive, à cause de la manière originale, de la plénitude et de la certitude des moyens de l'artiste, et aussi de cette atmosphère fantastique qui baigne tous ses sujets. Du reste, il y a dans les œuvres issues des profondes individualités quelque chose qui ressemble à ces rêves périodiques [a] ou chroniques qui assiègent régulièrement notre sommeil. C'est là ce qui marque le véritable artiste, toujours durable et vivace même dans ces œuvres fugitives, pour ainsi dire suspendues aux événements, qu'on appelle *caricatures*; c'est là, dis-je, ce qui distingue les caricaturistes

---

se souviendra aussi que Balzac fait léguer à Camusot par le Cousin Pons une prétendue *Tête de singe* de Goya. D'autre part, douze Goya figuraient dans le *Musée espagnol* fondé en 1838 par Louis-Philippe. Enfin le voyage en Espagne de Gautier, en compagnie d'Eugène Piot, propriétaire, justement, du *Cabinet de l'Amateur* (1840), avait pour objet de ramener en France des tableaux espagnols que réclamaient alors les amateurs : et si Gautier ne rapporta aucun Goya, il rapporta des souvenirs qui lui permirent d'écrire l'article capital auquel se réfère ici Baudelaire. Sur cette question de l'influence de Goya en France, cf. J. Adhémar, *Goya,* Bibliothèque française des Arts, Paris, 1941.

1. Gravés en 1793, publiés en 1797.

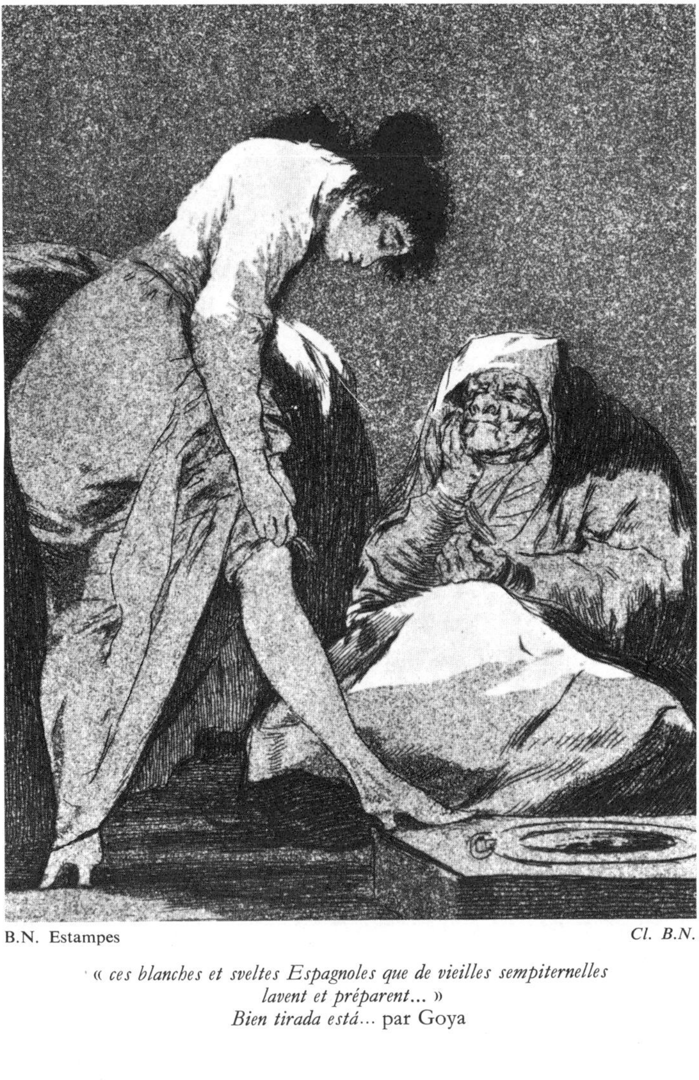

B.N. Estampes *Cl. B.N.*

« ces blanches et sveltes Espagnoles que de vieilles sempiternelles lavent et préparent... »
Bien tirada está... par Goya

historiques d'avec les caricaturistes artistiques, le comique fugitif d'avec le comique éternel.

Goya est toujours un grand artiste, souvent effrayant. Il unit à la gaieté, à la jovialité, à la satire espagnole du bon temps de Cervantès, un esprit beaucoup plus moderne, ou du moins qui a été beaucoup plus cherché dans les temps modernes, l'amour de l'insaisissable, le sentiment des contrastes violents, des épouvantements de la nature et des physionomies humaines étrangement animalisées par les circonstances. C'est chose curieuse à remarquer que cet esprit qui vient après le grand mouvement satirique et démolisseur du dix-huitième siècle, et auquel Voltaire aurait su gré, pour l'idée seulement (car le pauvre grand homme ne s'y connaissait guère quant au reste), de toutes ces caricatures monacales, — moines bâillants, moines goinfrants, têtes carrées d'assassins se préparant à matines, têtes rusées, hypocrites, fines et méchantes comme des profils d'oiseaux de proie; — il est curieux, dis-je, que ce haïsseur de moines ait tant rêvé [a] sorcières, sabbat, diableries, enfants qu'on fait cuire à la broche, que sais-je? toutes les débauches du rêve, toutes les hyperboles de l'hallucination, et puis toutes ces blanches [b] et sveltes Espagnoles que de vieilles sempiternelles lavent et préparent soit pour le sabbat, soit pour la prostitution du soir, sabbat de la civilisation ! La lumière et les ténèbres se jouent à travers toutes ces grotesques horreurs. Quelle singulière jovialité ! Je me rappelle surtout deux planches extraordinaires : — l'une représente un paysage fantastique, un mélange de nuées et de rochers [1]. Est-ce un coin de Sierra inconnue et infréquentée? un échantillon du chaos ? Là, au sein de ce théâtre abominable, a lieu une bataille acharnée entre deux sorcières suspendues au milieu des airs. L'une est à cheval sur l'autre; elle la rosse, elle la dompte. Ces deux monstres roulent à travers l'air ténébreux. Toute la hideur, toutes les saletés morales, tous les vices que l'esprit humain peut concevoir sont écrits sur ces deux faces, qui, suivant une habitude fréquente et un procédé inexplicable de l'artiste, tiennent le milieu entre l'homme et la bête.

L'autre planche représente un être, un malheureux, une monade solitaire et désespérée, qui veut à toute force sortir

1. *Caprichos,* n° 62 : *Quien lo creyera !*

de son tombeau [1]. Des démons malfaisants [a], une myriade de vilains gnomes lilliputiens pèsent de tous leurs efforts réunis sur le couvercle de la tombe entre-bâillée. Ces gardiens vigilants de la mort se sont coalisés contre l'âme récalcitrante qui se consume dans une lutte impossible. Ce cauchemar s'agite dans l'horreur du vague et de l'indéfini.

A la fin de sa carrière, les yeux de Goya étaient affaiblis au point qu'il fallait, dit-on, lui tailler ses crayons. Pourtant il a, même à cette époque, fait [b] de grandes lithographies très importantes, entre autres des courses de taureaux pleines de foule et de fourmillement, planches admirables, vastes tableaux en miniature [2], — preuves nouvelles à l'appui de cette loi singulière qui préside à la destinée des grands artistes, et qui veut que, la vie se gouvernant à l'inverse de l'intelligence, ils gagnent d'un côté ce qu'ils perdent de l'autre, et qu'ils aillent ainsi, suivant une jeunesse progressive, se renforçant, se ragaillardissant, et croissant en audace jusqu'au bord de la tombe.

Au premier plan d'une de ces images [3], où règnent un tumulte et un tohu-bohu admirables, un taureau furieux, un de ces rancuniers qui s'acharnent sur les morts, a déculotté la partie postérieure d'un des combattants. Celui-ci, qui n'est que blessé, se traîne lourdement sur les genoux. La formidable bête a soulevé avec ses cornes la chemise lacérée et mis à l'air les deux fesses du malheureux, et elle abaisse de nouveau son mufle menaçant; mais cette indécence dans le carnage n'émeut guère l'assemblée [c].

Le grand mérite de Goya consiste à créer le monstrueux vraisemblable. Ses monstres sont nés viables, harmoniques. Nul n'a osé plus que lui dans le sens de l'absurde possible [d]. Toutes ces contorsions, ces faces bestiales, ces grimaces diaboliques sont pénétrées d'*humanité* [e]. Même au point de

---

1. On peut songer à *Caprichos,* n° 59 *(Y aun no se van!)* mais la description de Baudelaire est inexacte. Il semble qu'il ait mêlé ses souvenirs de ce n° 59 avec ceux de la description que donne Gautier de la planche *Nada* des *Désastres de la guerre* (cf. Klingender, *Goya in the Democratic Tradition,* Londres, 1948, p. 221).

2. Ce sont les fameux *Toros de Burdeos* (Taureaux de Bordeaux) de 1825 : on sait que Goya passa à Bordeaux, où il mourut en 1828, les quatre dernières années de sa vie.

3. Planche intitulée : *Dibersión de España.*

B.N. Estampes *Cl. B.N.*

« *Ce cauchemar s'agite dans l'horreur du vague et de l'indéfini.* »
Y aun no se van! par Goya

vue particulier de l'histoire naturelle, il serait difficile de les condamner, tant il y a analogie et harmonie dans toutes les parties de leur être; en un mot, la ligne de suture, le point de jonction entre le réel et le fantastique est impossible à saisir; c'est une frontière vague que l'analyste le plus subtil ne saurait pas tracer, tant l'art est à la fois transcendant et naturel [1].

III

Le climat de l'Italie [a], pour méridional qu'il soit, n'est pas celui de l'Espagne, et la fermentation du comique n'y donne pas les mêmes résultats. Le pédantisme italien (je me sers de ce terme à défaut d'un terme absent) a trouvé son expression dans les caricatures de Léonard de Vinci et dans les scènes de mœurs de Pinelli. Tous les artistes connaissent les caricatures de Léonard de Vinci, véritables portraits. Hideuses et froides, ces caricatures ne manquent pas de cruauté, mais elles manquent de comique; pas d'expansion, pas d'abandon; le grand artiste ne s'amusait pas en les dessinant, il les a faites en savant, en géomètre, en professeur d'histoire naturelle. Il n'a eu garde d'omettre la moindre verrue, le plus petit poil. Peut-être, en somme, n'avait-il pas la prétention de faire des caricatures. Il a cherché autour de lui des types de laideur excentriques, et il les a copiés.

Cependant, tel n'est pas, en général, le caractère italien. La plaisanterie en est basse, mais elle est franche. Les tableaux de Bassan qui représentent le carnaval de Venise nous en donnent une juste idée [2]. Cette gaieté regorge de

1. Nous possédions, il y a quelques années, plusieurs précieuses peintures de Goya, reléguées malheureusement dans des coins obscurs [b] de la galerie ; elles ont disparu avec le Musée espagnol. *(Note de Baudelaire.)*

2. Jacopo da Ponte, dit il Bassano (1515-1592) relève du Titien et de Tintoret. Aussi sa présence ici est-elle assez inattendue, à moins que Baudelaire ait été sensible à ce « baroquisme » commun à certaines œuvres du Bassan et à la forme de comique dont il est question. Mais il peut s'agir d'un des fils de Jacopo da Ponte : un tableau, hypothé-

saucissons, de jambons et de macaroni. Une fois par an, le comique italien fait explosion au Corso et il y atteint les limites de la fureur [1]. Tout le monde a de l'esprit, chacun devient artiste comique; Marseille et Bordeaux pourraient peut-être nous donner des échantillons de ces tempéraments. — Il faut voir, dans *la Princesse Brambilla,* comme Hoffmann a bien compris le caractère italien, et comme les artistes allemands qui boivent au café Greco en parlent délicatement [2a]. Les artistes italiens sont plutôt bouffons que comiques. Ils manquent de profondeur, mais ils subissent tous la franche ivresse de la gaieté nationale. Matérialiste, comme est généralement le Midi, leur plaisanterie sent toujours la cuisine et le mauvais lieu. Au total, c'est un artiste français, c'est Callot qui, par la concentration d'esprit et la fermeté de volonté propres à notre pays, a donné à ce genre de comique sa plus belle expression. C'est un Français qui est resté le meilleur bouffon italien [3].

J'ai parlé tout à l'heure de Pinelli, du classique Pinelli, qui est maintenant une gloire bien diminuée. Nous ne dirons pas de lui qu'il est précisément un caricaturiste; c'est plutôt un *croqueur* de scènes pittoresques. Je ne le mentionne que parce que ma jeunesse a été fatiguée de l'entendre louer comme le type du *caricaturiste noble.* En vérité, le comique n'entre là dedans que pour une quantité infinitésimale. Dans toutes les études de cet artiste nous trouvons une préoccupation constante de la ligne et des

---

tiquement attribué à l'un d'eux, Leandro, figure au musée de Vienne, dont le sujet correspond approximativement à cette description de Baudelaire.

1. Géricault avait été influencé, au cours de son séjour romain, par ces manifestations du Corso, comme en témoignent ses représentations de *la Course des chevaux barbes.* Baudelaire a pu s'en souvenir. Certes il ne fut jamais en Italie mais le carnaval romain était suffisamment célèbre, et il n'y avait pas si longtemps (1845-46) qu'Alexandre Dumas l'avait magistralement évoqué dans *Monte-Cristo.*

2. Célèbre café romain de la via Condotti, lieu cosmopolite de rencontre des artistes et des écrivains, depuis la fin du XVIIIe siècle.

3. Cette opinion sur Callot est contestable, ou, pour le moins, incomplète. D'ailleurs, lorsqu'il arrive à Baudelaire, dans les *Fleurs du Mal,* de s'inspirer de Callot *(Les Bohémiens en voyage),* ce n'est guère comme d'un simple *bouffon italien.*

compositions antiques, une aspiration systématique au style[1].

Mais Pinelli, — ce qui sans doute n'a pas peu contribué à sa réputation, — eut une existence beaucoup plus romantique que son talent. Son originalité se manifesta bien plus dans son caractère que dans ses ouvrages; car il fut un des types les plus complets de *l'artiste,* tel que se le figurent les bons bourgeois, c'est-à-dire du désordre classique, de l'inspiration s'exprimant par l'inconduite et les habitudes violentes. Pinelli possédait tout le charlatanisme de certains artistes : ses deux énormes chiens qui le suivaient partout comme des confidents et des camarades, son gros bâton noueux, ses cheveux en cadenette qui coulaient le long de ses joues[a], le cabaret, la mauvaise compagnie, le parti pris de détruire fastueusement les œuvres dont on ne lui offrait pas un prix satisfaisant, tout cela faisait partie de sa réputation. Le ménage de Pinelli n'était guère mieux ordonné que la conduite du chef de la maison. Quelquefois, en rentrant chez lui, il trouvait sa femme et sa fille se prenant aux cheveux, les yeux hors de la tête, dans toute l'excitation et la furie italiennes. Pinelli trouvait cela superbe : « Arrêtez! leur criait-il, — ne bougez pas, restez ainsi! » Et le drame se métamorphosait en un dessin. On voit que Pinelli était de la race des artistes qui se promènent à travers la nature matérielle pour qu'elle vienne en aide à la paresse de leur esprit, toujours prêts *à saisir leurs pinceaux*. Il se rapproche ainsi par un côté du[b] malheureux Léopold Robert, qui prétendait, lui aussi, trouver dans la nature, et seulement dans la nature, de ces sujets tout faits, qui, pour des artistes plus imaginatifs, n'ont qu'une valeur de notes[2]. Encore

---

1. Bartolommeo Pinelli (1781-1835), qui fut très célèbre en Europe, n'est guère en effet un caricaturiste. Il est l'auteur de nombreuses aquarelles et gravures aux sujets pittoresques et anecdotiques : carnaval romain, scènes de rue, costumes. Son œuvre contient aussi des sujets conformes à la mode néo-classique de son temps.

2. Léopold Robert (1794-1835) séjourna longuement en Italie et devait se suicider à Venise (la même année que Gros). Ancien élève de David, il connut un considérable succès en peignant en série des brigands italiens, alors très à la mode, comme en témoigne encore *Monte-Cristo*. Sur Léopold Robert, cf. Ch. Clément, *Léopold Robert, d'après sa correspondance,* Paris, 1875.

ces sujets, même les plus nationalement comiques et pittoresques, sont-ils toujours par Pinelli, comme par Léopold Robert, passés au crible, au tamis implacable du goût.

Pinelli a-t-il été calomnié? Je l'ignore, mais telle est sa légende. Or tout cela me paraît signe de faiblesse. Je voudrais que l'on créât un néologisme, que l'on fabriquât un mot destiné à flétrir ce genre de poncif, le poncif dans l'allure et la conduite [a], qui s'introduit dans la vie des artistes comme dans leurs œuvres. D'ailleurs, je remarque que le contraire se présente fréquemment dans l'histoire, et que les artistes les plus inventifs, les plus étonnants, les plus excentriques dans leurs conceptions, sont souvent des hommes dont la vie est calme et minutieusement rangée. Plusieurs d'entre ceux-là ont eu les vertus de ménage très développées. N'avez-vous pas remarqué souvent que rien ne ressemble [b] plus au parfait bourgeois que l'artiste de génie concentré?

IV

Les Flamands et les Hollandais ont, dès le principe, fait de très belles choses, d'un caractère vraiment spécial et indigène. Tout le monde connaît les anciennes et singulières productions de Brueghel le Drôle [1], qu'il ne faut pas confondre, ainsi que l'ont fait plusieurs écrivains, avec Brueghel d'Enfer. Qu'il y ait là dedans une certaine systématisation, un parti pris d'excentricité, une méthode dans le bizarre, cela n'est pas douteux. Mais il est bien certain aussi que cet étrange talent a une origine plus haute qu'une espèce de gageure artistique. Dans les tableaux fantastiques de Brueghel le Drôle se montre toute la puissance de l'hallucination. Quel artiste pourrait composer des œuvres

1. Connu plus couramment aujourd'hui sous le nom de Brueghel l'Ancien (1528-1569). Brueghel d'Enfer (1554-1638) était le fils aîné du précédent et l'on admet aujourd'hui que son œuvre consiste surtout en pastiches des tableaux paternels, ce qui explique la confusion ici dénoncée par Baudelaire, qui, d'ailleurs, ne devait guère connaître alors Brueghel que par des gravures.

Musée des Arts décoratifs

« capharnaüm diabolique et drôlatique »
Le Paiement de la dîme par P. Brueghel

Photo Giraudon

aussi monstrueusement paradoxales, s'il n'y était poussé dès le principe par quelque force inconnue? En art, c'est une chose qui n'est pas assez remarquée, la part laissée à la volonté de l'homme est bien moins grande qu'on ne le croit. Il y a dans l'idéal baroque que Brueghel paraît avoir poursuivi beaucoup de rapports avec celui de Grandville, surtout si l'on veut bien examiner les tendances que l'artiste français a manifestées dans les dernières années de sa vie : visions d'un cerveau malade, hallucinations de la fièvre, changements à vue du rêve, associations bizarres d'idées, combinaisons de formes fortuites et hétéroclites.

Les œuvres de Brueghel le Drôle peuvent se diviser en deux classes : l'une contient des allégories politiques presque indéchiffrables aujourd'hui ; c'est dans cette série qu'on trouve des maisons dont les fenêtres sont des yeux, des moulins dont les ailes sont des bras, et mille compositions effrayantes où la nature est incessamment transformée en logogriphe. Encore, bien souvent, est-il [a] impossible de démêler si ce genre de composition appartient à la classe des dessins politiques et allégoriques, ou à la seconde classe, qui est évidemment la plus curieuse. Celle-ci, que notre siècle, pour qui rien n'est difficile à expliquer, grâce à son double caractère d'incrédulité et d'ignorance, qualifierait simplement de fantaisies et de caprices, contient, ce me semble, une espèce de *mystère*. Les derniers travaux de quelques médecins, qui ont enfin entrevu la nécessité d'expliquer une foule de faits historiques et miraculeux autrement que par les moyens commodes [b] de l'école voltairienne, laquelle ne voyait partout que l'habileté dans l'imposture, n'ont pas encore débrouillé tous les arcanes psychiques [1]. Or je défie qu'on explique le capharnaüm diabolique et drôlatique de Brueghel le Drôle autrement que par une espèce de grâce spéciale et satanique. Au mot grâce spéciale substituez, si vous voulez, le mot folie, ou hallucination; mais le mystère restera presque aussi noir [c]. La collection de toutes ces pièces répand une contagion ;

1. Allusion aux recherches psychiatriques, auxquelles on ne s'étonnera pas que Baudelaire se soit intéressé, et en particulier aux ouvrages publiés en 1845 par Brierre de Boismont *(Des Hallucinations)* et J.-J. Moreau *(Du Haschisch et de l'aliénation mentale)*. Brierre de Boismont (1798-1881) est cité dans *Fusées,* XIV.

les cocasseries de Brueghel le Drôle donnent le vertige [1]. Comment une intelligence humaine a-t-elle pu contenir tant de diableries et de merveilles, engendrer et décrire [a] tant d'effrayantes absurdités? Je ne puis le comprendre ni en déterminer positivement la raison ; mais souvent nous trouvons dans l'histoire, et même dans plus d'une partie moderne de l'histoire, la preuve de l'immense puissance des contagions, de l'empoisonnement par l'atmosphère morale, et je ne puis m'empêcher de remarquer (mais sans affectation, sans pédantisme, sans visée positive comme de prouver que Brueghel a pu voir le diable en personne) que cette prodigieuse floraison de monstruosités coïncide de la manière la plus singulière avec la fameuse et historique *épidémie des sorciers*.

1. Cf. la définition, par le *vertige*, du *comique absolu,* dans *l'Essence du rire,* p. 258. C'est donc bien là une *constante* de la théorie et de l'esthétique baudelairiennes du comique ; et il importe qu'elle réapparaisse ainsi, à propos de Brueghel, au terme de cette série d'essais sur ce sujet. Et encore le comique n'est-il qu'un cas particulier, le vertige étant, pour Baudelaire, un des principaux ressorts psychologiques de l'émotion esthétique elle-même.

IX

SALON DE 1859[1]

LETTRES A M. LE DIRECTEUR DE LA *REVUE FRANÇAISE*[a]

I. — L'ARTISTE MODERNE

MON cher M*** [2], quand vous m'avez fait l'honneur de me demander l'analyse du *Salon,* vous m'avez dit : « Soyez bref ; ne faites pas un catalogue, mais un aperçu général, quelque chose comme le récit d'une rapide promenade philosophique à travers les peintures. » Eh bien, vous serez servi à souhait ; non pas parce que votre programme s'accorde (et il s'accorde en effet) avec ma manière de concevoir ce genre d'article si ennuyeux qu'on appelle le *Salon* ; non pas que cette méthode soit plus facile que l'autre, la brièveté réclamant toujours plus d'efforts que la prolixité ; mais simplement parce que, surtout dans le cas présent, il n'y en a pas d'autre possible. Certes, mon embarras eût été plus grave si je m'étais trouvé perdu dans une

---

1. Quatre feuilletons de la *Revue Française,* 10, 20 juin, 10, 20 juillet 1859. Cette publication, malgré ce que dit Baudelaire dans une lettre à sa mère (10 octobre 1859) comprenait la totalité de ce *Salon.* Le Salon s'était ouvert le 15 avril au Palais des Champs-Élysées : dans une première lettre à Nadar (14 mai), Baudelaire déclare ne l'avoir pas visité, mais il dit le contraire dans une seconde lettre, au même (16 mai) !

2. Jean Morel, directeur de la *Revue Française,* qui n'a laissé, semble-t-il, dans l'histoire littéraire, aucune autre trace que cette initiale.

forêt d'originalités, si le tempérament français moderne, soudainement modifié, purifié et rajeuni, avait donné des fleurs si vigoureuses et d'un parfum si varié qu'elles eussent créé des étonnements irrépressibles, provoqué des éloges abondants, une admiration bavarde, et nécessité dans la langue critique des catégories nouvelles. Mais rien de tout cela, heureusement (pour moi). Nulle [a] explosion ; pas de génies inconnus. Les pensées suggérées par l'aspect de ce Salon sont d'un ordre si simple, si ancien, si classique, que peu de pages me suffiront sans doute pour les développer. Ne vous étonnez donc pas que la banalité dans le peintre ait engendré le *lieu commun* dans l'écrivain. D'ailleurs, vous n'y perdrez rien ; car existe-t-il (je me plais à constater que vous êtes en cela de mon avis) quelque chose de plus charmant, de plus fertile et d'une nature plus positivement *excitante* que le lieu commun [1] ?

Avant de commencer, permettez-moi d'exprimer un regret, qui ne sera, je le crois, que rarement exprimé. On nous avait annoncé que nous aurions des hôtes à recevoir, non pas précisément des hôtes inconnus ; car l'exposition de l'avenue Montaigne a déjà fait connaître au public parisien quelques-uns de ces charmants artistes qu'il avait trop longtemps ignorés [2]. Je m'étais donc fait une fête de renouer connaissance avec Leslie, ce riche, naïf et noble *humourist,* expression des plus accentuées de l'esprit britannique [3]; avec les deux Hunt [4], l'un naturaliste opiniâtre,

---

1. Cf. *Fusées,* I : *Profondeur immense de pensée dans les locutions vulgaires...*

2. Cf. *Exposition universelle de 1855,* p. 221.

3. Charles-Robert Leslie, né en 1794, venait de mourir peu avant la publication de ce texte, le 5 mai 1859, ce que Baudelaire semble ignorer. Il est l'auteur d'une célèbre vie de John Constable. Il avait, en 1855, présenté à Paris, *Uncle Toby and the Widow Wadman* (Victoria and Albert Museum) et *Sancho Panza and the Duchess* (National Gallery). Membre de l'Académie Royale. Le terme de *humourist* que lui applique Baudelaire est parfaitement pertinent, à condition de bien entendre non que Leslie soit un *humoriste,* mais qu'il pratique une sorte de pittoresque social et humain (non sans parenté avec l'art de Constantin Guys) qui fait de lui un maître de la peinture de genre. On notera qu'à son sujet le catalogue du Victoria and Albert Museum confirme le jugement de Baudelaire en écrivant, à la date de 1927 : *His reputation rests on* humorous *genre subjects...*

4. William Henry Hunt (1790-1864), le *naturaliste,* avait exposé en

l'autre ardent et volontaire créateur du préraphaélisme ; avec Maclise [1], l'audacieux compositeur, aussi fougueux que sûr de lui-même ; avec Millais, ce poète si minutieux [2]; avec J. Chalon, ce Claude mêlé de Watteau, historien des belles fêtes d'après-midi dans les grands parcs italiens [3]; avec Grant, cet héritier naturel de Reynolds ; avec Hook, qui sait inonder d'une lumière magique ses *Rêves vénitiens;* avec cet étrange Paton [4], qui ramène l'esprit vers Fuseli [5] et brode avec une patience d'un autre âge de gracieux chaos panthéistiques ; avec Cattermole [6], l'aquarelliste *peintre d'histoire,* et avec cet autre, si étonnant, dont le nom m'échappe, un architecte songeur, qui bâtit sur le papier des villes dont les ponts ont des éléphants pour piliers, et laissent passer entre leurs nombreuses jambes de colosses, toutes voiles dehors, des trois-mâts gigantesques [7]! On

---

1855 onze aquarelles : il était un remarquable spécialiste de fleurs. William Holman Hunt (1827-1910) avait exposé, entre autres œuvres, son célèbre *Claudio and Isabella* (Tate Gallery). Il avait été en effet en 1848-49, avec Millais et Rossetti, le fondateur de la Confrérie Préraphaélite.

1. Daniel Maclise (1806-1870) avait, dès 1825, attiré l'attention par un portrait de Walter Scott. Il fut un illustrateur très fécond mais aussi un estimable peintre historique (en particulier avec sa participation à la décoration du Parlement de Westminster).

2. John Everett Millais (1829-1896), autre membre fondateur de la Confrérie Préraphaélite. Il avait exposé en 1855 la célèbre *Ophélie,* qui devait inspirer plus tard un poème de Rimbaud.

3. John James Chalon (1778-1854), paysagiste d'origine genevoise (mais venu en Angleterre à l'âge de onze ans). Il avait exposé : *Jour d'été.*

4. Grant, Hook et Paton, peintres mineurs, aujourd'hui presque oubliés. Hook avait exposé un tableau vénitien et Paton *Obéron et Titania* (National Gallery of Scotland, Edimbourg).

5. Henry Fuseli, Zurichois anglicisé (orthographe suisse : Füssli), l'un des représentants les plus caractéristiques du surnaturalisme pictural (1741-1825), peintre de rêves, de cauchemars et de visions, dont il est remarquable que Baudelaire semble l'avoir assez bien connu, car son influence peut avoir agi dans le même sens que celle d'Edgar Poe.

6. George Cattermole (1800-1868) continue la manière de Bonington, et, pour cette raison sans doute, avait obtenu à l'Exposition de 1855 une grande médaille d'honneur.

7. Cette page sur les Anglais est sans doute une rapide ébauche de

avait même préparé le logement pour ces amis de l'imagination et de la couleur singulière, pour ces favoris de la muse bizarre ; mais, hélas ! pour des raisons que j'ignore, et dont l'exposé ne peut pas, je crois, prendre place dans votre journal, mon espérance a été déçue. Ainsi, ardeurs tragiques, gesticulations à la Kean et à la Macready, intimes gentillesses du *home*, splendeurs orientales réfléchies dans le poétique miroir de l'esprit anglais, verdures écossaises, fraîcheurs enchanteresses, profondeurs fuyantes des aquarelles grandes comme des décors, quoique si petites [1], nous ne vous contemplerons pas, cette fois du moins. Représentants enthousiastes de l'imagination et des facultés les plus précieuses de l'âme, fûtes-vous donc si mal reçus la première fois, et nous jugez-vous indignes de vous comprendre ?

Ainsi, mon cher M***, nous nous en tiendrons à la France, forcément ; et croyez que j'éprouverais une immense jouissance à prendre le ton lyrique pour parler des artistes de mon pays ; mais malheureusement, dans un esprit critique tant soit peu exercé, le patriotisme ne joue pas un rôle absolument tyrannique, et nous avons à faire quelques aveux humiliants. La première fois que je mis les pieds au *Salon,* je fis, dans l'escalier même, la rencontre d'un de nos critiques les plus subtils et les plus estimés, et, à la première question, à la question naturelle que je devais lui adresser, il répondit : « Plat, médiocre ; j'ai rarement vu un *Salon* aussi maussade. » Il avait à la fois tort et raison. Une exposition qui possède de nombreux ouvrages de Delacroix, de Penguilly, de Fromentin, ne peut pas être

l'étude que Baudelaire avait projetée et annoncée en 1855 (cf. p. 221). Aussi figurait-elle déjà dans l'étude sur Théophile Gautier (mars 1859) où Baudelaire nomme cet aquarelliste, *architecte songeur : Cockerell ou Kendall ?* Il doit s'agir de H. E. Kendall junior, si l'on se réfère au *Compte rendu* d'Adolphe Lance. Cf. F. W. Leakey, *Baudelaire et Kendall*, *Revue de Littérature comparée*, 1955. On pourrait tout aussi bien songer à Turner.

1. Formule profondément vraie, qui, de plus, aide à comprendre une des principales orientations du surnaturalisme baudelairien, celle même qui bientôt le poussera à rêver sur les ciels et les nuages de Boudin. A propos de cette signification prophétique de l'aquarelle anglaise dans l'histoire de la peinture au XIXe siècle, nous nous permettons de renvoyer à notre livre *Le Paysage anglais à l'aquarelle,* Paris, Bordas, 1955.

National Gallery « *ces amis de l'imagination et de la couleur singulière* » *Photo British Council*

Clair de lune par John Crome

maussade ; mais, par un examen général, je vis qu'il était dans le vrai. Que dans tous les temps la médiocrité ait dominé, cela est indubitable ; mais qu'elle règne plus que jamais, qu'elle devienne absolument triomphante et encombrante, c'est ce qui est aussi vrai qu'affligeant. Après avoir quelque temps promené mes yeux sur tant de platitudes menées à bonne fin, tant de niaiseries soigneusement léchées, tant de bêtises ou de faussetés habilement construites, je fus naturellement conduit par le cours de mes réflexions à considérer l'artiste dans le passé, et à le mettre en regard avec l'artiste dans le présent ; et puis le terrible, l'éternel pourquoi se dressa, comme d'habitude, inévitablement au bout de ces décourageantes réflexions. On dirait que la petitesse, la puérilité, l'incuriosité, le calme plat de la fatuité ont succédé à l'ardeur, à la noblesse et à la turbulente ambition, aussi bien dans les beaux-arts que dans la littérature ; et que rien, pour le moment, ne nous donne lieu d'espérer des floraisons spirituelles aussi abondantes que celles de la Restauration. Et je ne suis pas le seul qu'oppriment ces amères réflexions, croyez-le bien ; et je vous le prouverai tout à l'heure. Je me disais donc : Jadis, qu'était l'artiste (Lebrun ou David, par exemple) ? Lebrun, érudition, imagination, connaissance du passé, amour du grand. David, ce colosse injurié par des mirmidons, n'était-il pas aussi l'amour du passé, l'amour du grand uni à l'érudition? Et aujourd'hui, qu'est-il, l'artiste, ce frère antique du poète? Pour bien répondre à cette question, mon cher M***, il ne faut pas craindre d'être trop dur. Un scandaleux favoritisme appelle quelquefois une réaction équivalente. L'artiste, aujourd'hui et depuis de nombreuses années, est, malgré son absence de mérite, un simple *enfant gâté*. Que d'honneurs, que d'argent prodigués à des hommes sans âme et sans instruction! Certes, je ne suis pas partisan de l'introduction dans un art de moyens qui lui sont étrangers; cependant, pour citer un exemple, je ne puis pas m'empêcher d'éprouver de la sympathie pour un artiste tel que Chenavard, toujours aimable, aimable comme les livres, et gracieux jusque dans ses lourdeurs. Au moins avec celui-là (qu'il soit la cible des plaisanteries du rapin, que m'importe?) je suis sûr de pouvoir causer de Virgile ou de Platon. Préault a un don charmant, c'est un goût instinctif qui le jette sur le beau comme l'animal chasseur sur sa proie naturelle. Daumier est doué d'un bon sens lumineux qui colore toute sa conversation. Ricard, malgré le papillotage et le bondissement de son discours, laisse voir à chaque instant qu'il sait beaucoup et qu'il a beaucoup comparé [1]. Il est inutile, je pense, de parler de la conversation d'Eugène Delacroix, qui est un mélange admirable de solidité philosophique, de légèreté spirituelle et d'enthousiasme brûlant. Et après ceux-là, je ne me rappelle plus personne qui soit digne de converser avec un philosophe ou un poète. En dehors, vous ne trouverez guère que l'*enfant gâté*. Je vous en supplie, je vous en conjure, dites-moi dans quel salon, dans quel cabaret, dans quelle réunion mondaine ou intime vous avez entendu un mot spirituel prononcé par l'*enfant gâté,* un mot profond, brillant, concentré, qui fasse penser ou rêver, un mot suggestif enfin ! Si un tel mot a été lancé, ce n'a peut-être pas été par un politique ou un philosophe, mais bien par quelque homme de profession bizarre, un chasseur, un marin, un empailleur ; par un artiste, un *enfant gâté,* jamais.

L'*enfant gâté* a hérité du privilège, légitime alors, de ses devanciers. L'enthousiasme qui a salué David, Guérin, Girodet, Gros, Delacroix, Bonington, illumine encore d'une lumière charitable sa chétive personne ; et, pendant que de bons poètes, de vigoureux historiens gagnent laborieusement leur vie, le financier abêti paye magnifiquement les indécentes petites sotises de l'*enfant gâté* [2]. Remarquez bien que, si cette faveur s'appliquait à des hommes méritants, je ne me plaindrais pas. Je ne suis pas de ceux qui envient

---

1. Que Baudelaire ait ainsi classé Louis-Gustave Ricard (1823-1873), à raison de sa personnalité et de sa culture, auprès des hommes dont il admirait le plus la hauteur d'esprit, si différents qu'ils fussent, ce n'est pas un mince mérite : Ricard fut en effet un des meilleurs portraitistes de l'époque, et il a laissé d'autre part des copies de maîtres, qui sont souvent elles-mêmes des œuvres de grande classe. Grand peintre aujourd'hui méconnu, Ricard méritait d'être ainsi placé au premier rang. Cf. S. Giraud : *Gustave Ricard, sa vie, son œuvre,* Paris, 1932.

2. Il est parfaitement exact qu'une foule d'artistes mineurs (et souvent à succès) assurèrent leur réputation sur la lancée de la grande École française de la première moitié du siècle. Il est piquant que le même phénomène se reproduise au XXe siècle, où la phrase de Baudelaire, à condition d'y changer les noms de peintres, reste parfaitement d'actualité.

à une chanteuse ou à une danseuse, parvenue au sommet de son art, une fortune acquise par un labeur et un danger quotidiens. Je craindrais de tomber dans le vice de feu Girardin [1], de sophistique mémoire, qui reprochait un jour à Théophile Gautier de faire payer son imagination beaucoup plus cher que les services d'un sous-préfet. C'était, si vous vous en souvenez bien, dans ces jours néfastes où le public épouvanté l'entendit parler latin; *pecudesque locutæ !* [2] Non, je ne suis pas injuste à ce point; mais il est bon de hausser la voix et de crier haro sur la bêtise contemporaine, quand, à la même époque où un ravissant tableau de Delacroix trouvait difficilement acheteur à mille francs, les figures imperceptibles de Meissonier se faisaient payer dix fois et vingt fois plus [3]. Mais ces *beaux* temps sont passés; nous sommes tombés plus bas, et M. Meissonier, qui, malgré tous ses mérites, eut le malheur d'introduire et de populariser le goût du petit, est un véritable géant auprès des faiseurs de babioles actuels.

Discrédit de l'imagination, mépris du grand, amour (non, ce mot est trop beau), pratique exclusive du métier, telles sont, je crois, quant à l'artiste, les raisons principales de son abaissement. Plus on possède d'imagination, mieux il faut posséder le métier pour accompagner celle-ci dans ses aventures et surmonter les difficultés qu'elle recherche avidement. Et mieux on possède son métier, moins il faut s'en prévaloir et le montrer, pour laisser l'imagination briller

1. On sait la haine que Baudelaire avait vouée au directeur de *la Presse*, que Girardin venait de quitter, mais il ne devait mourir qu'en... 1881 !

2. Cf. *Fusées,* X : *Girardin parler latin ! Pecudesque locutæ.*

3. Sur la question de la « cote » des tableaux au temps de Baudelaire, cf. ce qu'en dit André Ferran à la fin de son édition du *Salon de 1845* (pp. 286-287) d'après le *Bulletin de l'Alliance des Arts* (10 mai et 25 mai 1845). On y constate que les petits tableaux sont de meilleure vente que les grands : mais quand Baudelaire parle du *petit* il entend le mot tout aussi bien dans son sens figuré. On y apprend aussi que les Meissonier se vendent mieux que les Delacroix, et il semble même qu'entre 1845 et 1859 la cote de Meissonier ait encore monté. Mais il se peut que Baudelaire exagère la disproportion, pour les besoins de sa cause. L'article de 1845 signale en tout cas que, tandis que Delacroix vend ses petits tableaux 1 000 francs (et ses esquisses, 4 à 500 francs), Meissonier vend les siens 2 000 à 3 000 francs (ce qui est tout aussi bien le prix d'un paysage de Brascassat ou d'un portrait de Dubufe !)

de tout son éclat. Voilà ce que dit la sagesse; et la sagesse dit encore : Celui qui ne possède que de l'habileté est une bête, et l'imagination qui veut s'en passer est une folle. Mais si simples que soient ces choses, elles sont au-dessus ou au-dessous de l'artiste moderne. Une fille de concierge se dit : « J'irai au Conservatoire, je débuterai à la Comédie-Française, et je réciterai les vers de Corneille jusqu'à ce que j'obtienne les droits de ceux qui les ont récités très longtemps. » Et elle le fait comme elle l'a dit. Elle est très classiquement monotone et très classiquement ennuyeuse et ignorante; mais elle a réussi à ce qui était très facile, c'est-à-dire à obtenir par sa patience les privilèges de sociétaire. Et l'*enfant gâté,* le peintre moderne se dit : « Qu'est-ce que l'imagination? Un danger et une fatigue. Qu'est-ce que la lecture et la contemplation du passé? Du temps perdu. Je serai classique, non pas comme Bertin (car le classique change de place et de nom), mais comme... Troyon, par exemple. [1] » Et il le fait comme il l'a dit. Il peint, il peint ; et il bouche son âme [2], et il peint encore, jusqu'à ce qu'il ressemble enfin à l'artiste à la mode, et que par sa bêtise et son habileté il mérite le suffrage et l'argent du public. L'imitateur de l'imitateur trouve ses imitateurs, et chacun poursuit ainsi son rêve de grandeur, bouchant de mieux en mieux son âme, et surtout ne *lisant rien,* pas même le *Parfait Cuisinier,* qui pourtant aurait pu lui ouvrir une carrière moins lucrative, mais plus glorieuse. Quand il possède bien l'art des sauces, des patines, des glacis, des frottis, des jus, des ragoûts (je parle peinture), l'*enfant gâté* prend de fières attitudes, et se répète avec plus de conviction que jamais que tout le reste est inutile [3].

---

1. Baudelaire n'a pas tort de placer le néo-classicisme *honnête* de Victor Bertin (1775-1842), continuateur du « paysage historique » à la manière de son maître Valenciennes, au-dessus de ce qu'avec sévérité, mais sans inexactitude, on pourrait appeler l'imposture néo-hollandaise de Troyon. C'est un point encore sur lequel l'intuition de Baudelaire vise juste. Quant à ce qu'il pense de Troyon — avec raison — cf. le chapitre sur le Paysage de ce même *Salon,* p. 373.

2. Toujours la nostalgie « spiritualiste ». On ne saurait trop souligner l'importance et la portée de ce mot *âme* dans le vocabulaire critique de Baudelaire. Cf. justement ce qu'il dit de Troyon *loc. cit.*

3. Vers la même époque, et dans une perspective, elle aussi, « spiritualiste », John Ruskin dénonçait la décadence dont était responsable l'abus du métier et de la « cuisine » ; et Ruskin, comme Baudelaire,

B.N. Estampes

Un banquet littéraire. Lithographie de Nadar
On peut reconnaître, à gauche, Chamfleury et, auprès de lui, Baudelaire,
ainsi que d'autres personnages littéraires :
Monselet, Girardin, Carjat, Paul de Saint-Victor.

Cl. B.N.

Il y avait un paysan allemand qui vint trouver un peintre et qui lui dit : « — Monsieur le peintre, je veux que vous fassiez *mon portrait*. Vous me représenterez assis à l'entrée principale de ma ferme, dans le grand fauteuil qui me vient de mon père. A côté de moi, vous peindrez ma femme avec sa quenouille; derrière nous, allant et venant, mes filles qui préparent notre souper de famille. Par la grande avenue à gauche débouchent ceux de mes fils qui reviennent des champs, après avoir ramené les bœufs à l'étable; d'autres, avec mes petits-fils, font rentrer les charrettes remplies de foin. Pendant que je contemple ce spectacle, n'oubliez pas, je vous prie, les bouffées de ma pipe qui sont nuancées par le soleil couchant. Je veux aussi *qu'on entende* les sons de l'Angelus qui sonne au clocher voisin. C'est là que nous nous sommes tous mariés, les pères et les fils. Il est important que vous peigniez *l'air de satisfaction* dont je jouis à cet instant de la journée, en contemplant à la fois *ma famille et ma richesse augmentée du labeur d'une journée !* [1] »

Vive ce paysan ! Sans s'en douter, il comprenait la peinture. L'amour de sa profession avait élevé son *imagination*. Quel est celui de nos artistes à la mode qui serait digne d'exécuter ce portrait, et dont l'imagination peut se dire au niveau de celle-là? [a]

II. — LE PUBLIC MODERNE ET LA PHOTOGRAPHIE [2]

Mon cher M***, si j'avais le temps de vous égayer, j'y réussirais facilement en feuilletant le catalogue et en faisant

---

établit un lien entre cette décadence et le goût du public, tel qu'il se manifeste par les prix que « font » les tableaux. Cf. à ce sujet la Préface à la seconde édition des *Modern Painters* (1854).

1. Probablement inspiré de Diderot, *Essais sur la Peinture,* chap. III, suite, Éd. Garnier, pp. 694-695.

2. Baudelaire écrit au moment d'une importante évolution de la photographie : c'est en effet dans les années 1850-60 que se développèrent les procédés sur verre et sur papier destinés à supplanter progressivement le daguerréotype. Rappelons que celui-ci avait été mis au point par Daguerre (1787-1857) en association avec Nicéphore

un extrait de tous les titres ridicules et de tous les sujets cocasses qui ont l'ambition d'attirer les yeux. C'est là l'esprit français. Chercher à étonner par des moyens d'étonnement étrangers à l'art en question est la grande ressource des gens qui ne sont pas *naturellement* peintres. Quelquefois même, mais toujours en France, ce vice entre dans des hommes qui ne sont pas dénués de talent et qui le déshonorent ainsi par un mélange adultère. Je pourrais faire défiler sous vos yeux le titre comique à la manière des vaudevillistes, le titre sentimental auquel il ne manque que le point d'exclamation, le titre-calembour, le titre profond et philosophique, le titre trompeur, ou titre à piège, dans le genre de *Brutus, lâche César !* « O race incrédule et dépravée! dit Notre-Seigneur, jusques à quand serai-je avec vous? jusques à quand souffrirai-je? » Cette race, en effet, artistes et public, a si peu foi [a] dans la peinture, qu'elle cherche sans cesse à la déguiser et à l'envelopper comme une médecine désagréable dans des capsules de sucre; et quel sucre, grand Dieu! Je vous signalerai deux titres de tableaux que d'ailleurs je n'ai pas vus : *Amour et Gibelotte !* [1] Comme la curiosité se trouve tout de suite en *appétit,* n'est-ce pas? Je cherche à combiner intimement ces deux idées, l'idée de l'amour et l'idée d'un lapin dépouillé et arrangé en ragoût. Je ne puis vraiment pas supposer que l'imagination du peintre soit allée jusqu'à adapter un carquois, des ailes et un bandeau sur le cadavre d'un animal domestique; l'allégorie serait vraiment trop obscure. Je crois plutôt que le titre a été composé suivant la recette de *Misanthropie et Repentir* [2]. Le vrai titre serait donc : *Personnes amoureuses mangeant une gibelotte*. Maintenant, sont-ils jeunes ou vieux, un ouvrier et une grisette, ou bien un invalide et une vagabonde sous une tonnelle poudreuse? Il faudrait avoir vu

---

Niepce (1765-1833), qui, d'ailleurs, est le véritable inventeur de la photographie. Comme l'a pressenti Baudelaire, l'invention de la photographie devait agir de façon décisive sur l'évolution de la peinture : mais ce n'est que plus tard que les artistes sauront tirer toutes les conséquences de cette *libération* de la peinture.

1. Tableau d'Ernest Seigneurgens.

2. Traduction française du célèbre drame de Kotzebue : *Menschenhass und Reue* (1789).

le tableau. — *Monarchique, catholique et soldat !* [1] Celui-ci est dans le genre noble, le genre *paladin, Itinéraire de Paris à Jérusalem* (Chateaubriand, pardon ! les choses les plus nobles peuvent devenir des moyens de caricature, et les paroles politiques d'un chef d'empire des pétards de rapin [2]). Ce tableau ne peut représenter qu'un personnage qui fait trois choses *à la fois*, se bat, communie et assiste au petit lever de Louis XIV. Peut-être est-ce un guerrier tatoué de fleurs de lys et d'images de dévotion. Mais à quoi bon s'égarer? Disons simplement que c'est un moyen, perfide et stérile, d'étonnement. Ce qu'il y a de plus déplorable, c'est que le tableau, si singulier que cela puisse paraître, est peut-être bon. *Amour et Gibelotte* aussi. N'ai-je pas remarqué un excellent petit groupe de sculpture dont malheureusement je n'avais pas noté le numéro, et quand j'ai voulu connaître le sujet, j'ai, à quatre reprises et infructueusement, relu le catalogue. Enfin vous m'avez charitablement instruit que cela s'appelait *Toujours et Jamais* [3]. Je me suis senti sincèrement affligé de voir qu'un homme d'un vrai talent cultivât inutilement le rébus.

Je vous demande pardon de m'être diverti quelques instants à la manière des petits journaux. Mais, quelque frivole que vous paraisse la matière, vous y trouverez cependant, en l'examinant bien, un symptôme déplorable. Pour me résumer d'une manière paradoxale, je vous demanderai, à vous et à ceux de mes amis qui sont plus instruits que moi dans l'histoire de l'art, si le goût du bête, le goût du spirituel (qui est la même chose) ont existé de tout temps, si *Appartement à louer* [4] et autres conceptions alambiquées ont paru dans tous les âges pour soulever le même enthousiasme, si la Venise de Véronèse et de Bassan a été affligée par ces logogriphes, si les yeux de Jules Romain, de Michel-Ange, de Bandinelli, ont été effarés par de semblables monstruosités ; je demande, en un mot, si M. Biard est éternel et omniprésent, comme Dieu. Je ne le crois pas, et je considère ces horreurs comme une grâce

---

1. Tableau de Joseph Gouézou.
2. On sait combien Baudelaire admirait *le grand René*.
3. Œuvre d'Émile Hébert ; cf. ce que Baudelaire en dit p. 391.
4. Tableau de F.-A. Biard, qui avait connu un grand succès au Salon de *1844 !*

spéciale attribuée à la race française. Que ses artistes lui en inoculent le goût, cela est vrai; qu'elle exige d'eux qu'ils satisfassent à ce besoin, cela est non moins vrai; car si l'artiste abêtit le public, celui-ci le lui rend bien. Ils sont deux termes corrélatifs qui agissent l'un sur l'autre avec une égale puissance [1]. Aussi admirons avec quelle rapidité nous nous enfonçons dans la voie du progrès (j'entends par progrès [a] la domination progressive de la matière), et quelle diffusion merveilleuse se fait tous les jours de l'habileté commune, de celle qui peut s'acquérir par la patience [2].

Chez nous le peintre naturel, comme le poète naturel, est presque un monstre. Le goût exclusif du Vrai (si noble quand il est limité à ses véritables applications) opprime ici et étouffe le goût du Beau. Où il faudrait ne voir que le Beau (je suppose une belle peinture, et l'on peut aisément deviner celle que je me figure), notre public ne cherche que le Vrai. Il n'est pas artiste, naturellement artiste; philosophe peut-être, moraliste, ingénieur, amateur d'anecdoctes instructives, tout ce qu'on voudra, mais jamais spontanément artiste. Il sent ou plutôt il juge successivement, analytiquement. D'autres peuples, plus favorisés, sentent tout de suite, tout à la fois, synthétiquement.

Je parlais tout à l'heure des artistes qui cherchent à étonner le public. Le désir d'étonner et d'être étonné est très légitime. *It is a happiness to wonder,* « c'est un bonheur d'être étonné »; mais aussi, *it is a happiness to dream,* « c'est un bonheur de rêver [3] ». Toute la question, si vous exigez que je vous confère le titre d'artiste ou d'amateur des beaux-arts, est donc de savoir par quels procédés vous voulez créer ou sentir l'étonnement. Parce que le Beau est *toujours* étonnant, il serait absurde de supposer que ce qui est étonnant est *toujours* beau. Or notre public, qui est singulièrement impuissant à sentir le bonheur de la rêverie ou de l'admiration (signe des petites âmes), veut être étonné par des moyens étrangers à l'art, et ses artistes obéissants se conforment à son goût; ils veulent le frapper, le surprendre,

1. Encore une idée commune à Baudelaire et à Ruskin (cf. en particulier *Modern Painters, loc. cit.*)

2. Thème dominant des *Journaux intimes :* cf. *Fusées,* XXI et XXII ; *Mon Cœur mis à nu,* XV, LIX et LXXXV.

3. Edgar Poe, *Morella.*

le stupéfier par des stratagèmes indignes, parce qu'ils le savent incapable de s'extasier devant la tactique naturelle de l'art véritable.

Dans ces jours déplorables, une industrie nouvelle se produisit, qui ne contribua pas peu à confirmer la sottise dans sa foi et à ruiner ce qui pouvait rester de divin dans l'esprit français. Cette foule idolâtre postulait un idéal digne d'elle et approprié à sa nature, cela est bien entendu. En matière de peinture et de statuaire, le *Credo* actuel des gens du monde, surtout en France (et je ne crois pas que qui que ce soit ose affirmer le contraire), est celui-ci : « Je crois à la nature et je ne crois qu'à la nature (il y a de bonnes raisons pour cela). Je crois que l'art est et ne peut être que la reproduction exacte de la nature (une secte timide et dissidente veut que les objets de nature répugnante soient écartés, ainsi un pot de chambre ou un squelette). Ainsi l'industrie qui nous donnerait un résultat identique à la nature serait l'art absolu. » Un Dieu vengeur a exaucé les vœux de cette multitude. Daguerre fut son Messie. Et alors elle se dit : « Puisque la photographie nous donne toutes les garanties désirables d'exactitude (ils croient cela, les insensés !), l'art, c'est la photographie. » A partir de ce moment, la société immonde se rua, comme un seul Narcisse, pour contempler sa triviale image sur le métal. Une folie, un fanatisme extraordinaire s'empara de tous ces nouveaux adorateurs du soleil. D'étranges abominations se produisirent. En associant et en groupant des drôles et des drôlesses, attifés comme les bouchers et les blanchisseuses dans le carnaval, en priant ces *héros* de vouloir bien continuer, pour le temps nécessaire à l'opération, leur grimace de circonstance, on se flatta de rendre les scènes, tragiques ou gracieuses, de l'histoire ancienne. Quelque écrivain démocrate a dû voir là le moyen, à bon marché, de répandre dans le peuple le goût [1a] de l'histoire et de la

1. Cf. *var.* Il nous paraît que la leçon de 1868 *(dégoût)* est inadmissible et relève d'un véritable contresens commis par les éditeurs posthumes : il est clair en effet que cet *écrivain démocrate* croit sincèrement que la photographie contribuera, par son *bon marché,* à répandre dans le peuple le *goût* de l'histoire et de la peinture. Mais le dandy-aristocrate qu'était Baudelaire proteste ! Cf. : *Pourquoi les démocrates n'aiment pas les chats...* (*Fusées,* XIX). En tout état de cause, il ne

peinture, commettant ainsi un double sacrilège et insultant à la fois la divine peinture et l'art sublime du comédien. Peu de temps après, des milliers d'yeux avides se penchaient sur les trous du stéréoscope comme sur les lucarnes de l'infini. L'amour de l'obscénité, qui est aussi vivace dans le cœur naturel de l'homme que l'amour de soi-même, ne laissa pas échapper une si belle occasion de se satisfaire. Et qu'on ne dise pas que les enfants qui reviennent de l'école prenaient seuls plaisir à ces sottises; elles furent l'engouement du monde. J'ai entendu une belle dame, une dame du beau monde, non pas du mien, répondre à ceux qui lui cachaient discrètement de pareilles images, se chargeant ainsi d'avoir de la pudeur pour elle : « Donnez toujours; il n'y a rien de trop fort pour moi. » Je jure que j'ai entendu cela; mais qui me croira? « Vous voyez bien que ce sont de grandes dames! » dit Alexandre Dumas [1]. « Il y en a de plus grandes encore! » dit Cazotte [2].

Comme l'industrie photographique était le refuge de tous les peintres manqués, trop mal doués ou trop paresseux pour achever leurs études [3], cet universel engouement portait non seulement le caractère de l'aveuglement et de l'imbécillité, mais avait aussi la couleur d'une vengeance. Qu'une si stupide conspiration, dans laquelle on trouve, comme dans toutes les autres, les méchants et les dupes, puisse réussir d'une manière absolue, je ne le crois pas, ou du moins je ne veux pas le croire; mais je suis convaincu que les progrès mal appliqués de la photographie ont beaucoup contribué, comme d'ailleurs tous les progrès purement matériels, à l'appauvrissement du génie artistique français, déjà si rare. La Fatuité moderne aura beau rugir, éructer tous les borborygmes de sa ronde personnalité, vomir tous les sophismes indigestes dont une philosophie récente l'a bourrée à gueule-que-veux-tu, cela

---

pouvait prévoir le rôle que jouerait la photographie dans la diffusion de la culture artistique, par l'intermédiaire du *musée imaginaire*.

1. *La Tour de Nesle,* I, 9.

2. Gérard de Nerval, *Les Illuminés, Cazotte,* chap. III (Éd. Garnier, t. I, p. 294).

3. Daguerre était lui-même un *peintre manqué,* qui s'était réfugié dans le décor de théâtre et le diorama, genre dont la faveur avait précédé le succès de la photographie.

tombe sous le sens que l'industrie, faisant irruption dans l'art, en devient la plus mortelle ennemie, et que la confusion des fonctions empêche qu'aucune soit bien remplie. La poésie et le progrès sont deux ambitieux qui se haïssent d'une haine instinctive, et, quand ils se rencontrent dans le même chemin, il faut que l'un des deux serve l'autre. S'il est permis à la photographie de suppléer l'art dans quelques-unes de ses fonctions, elle l'aura bientôt supplanté ou corrompu tout à fait, grâce à l'alliance naturelle qu'elle trouvera dans la sottise de la multitude. Il faut donc qu'elle rentre dans son véritable devoir, qui est d'être la servante des sciences et des arts, mais la très humble servante, comme l'imprimerie et la sténographie, qui n'ont ni créé ni suppléé la littérature. Qu'elle enrichisse rapidement l'album du voyageur et rende à ses yeux la précision qui manquerait à sa mémoire, qu'elle orne la bibliothèque du naturaliste, exagère les animaux microscopiques, fortifie même de quelques renseignements les hypothèses de l'astronome; qu'elle soit enfin le secrétaire et le garde-note de quiconque a besoin dans sa profession d'une absolue exactitude matérielle, jusque-là rien de mieux. Qu'elle sauve de l'oubli les ruines pendantes, les livres, les estampes et les manuscrits que le temps dévore, les choses précieuses dont la forme va disparaître et qui demandent une place dans les archives de notre mémoire, elle sera remerciée et applaudie. Mais s'il lui est permis d'empiéter sur le domaine de l'impalpable et de l'imaginaire, sur tout ce qui ne vaut que parce que l'homme y ajoute de son âme, alors malheur à nous!

Je sais bien que plusieurs me diront : « La maladie que vous venez d'expliquer est celle des imbéciles. Quel homme, digne du nom d'artiste, et quel amateur véritable a jamais confondu l'art avec l'industrie? » Je le sais, et cependant je leur demanderai à mon tour s'ils croient à la contagion du bien et du mal, à l'action des foules sur les individus et à l'obéissance involontaire, forcée, de l'individu à la foule. Que l'artiste agisse sur le public, et que le public réagisse sur l'artiste, c'est une loi incontestable et irrésistible; d'ailleurs les faits, terribles témoins, sont faciles à étudier; on peut constater le désastre. De jour en jour l'art diminue le respect de lui-même, se prosterne devant la réalité extérieure, et le peintre devient de plus en plus enclin à peindre, non pas ce qu'il rêve, mais ce qu'il voit.

Cependant *c'est un bonheur de rêver,* et c'était une gloire d'exprimer ce qu'on rêvait; mais que dis-je! connaît-il encore ce bonheur?

L'observateur de bonne foi affirmera-t-il que l'invasion de la photographie et la grande folie industrielle sont tout à fait étrangères à ce résultat déplorable? Est-il permis de supposer qu'un peuple dont les yeux s'accoutument à considérer les résultats d'une science matérielle comme les produits du beau n'a pas singulièrement, au bout d'un certain temps, diminué la faculté de juger et de sentir ce qu'il y a de plus éthéré et de plus immatériel?

III. — LA REINE DES FACULTÉS [1]

Dans ces derniers temps nous avons entendu dire de mille manières différentes : « Copiez la nature; ne copiez que la nature. Il n'y a pas de plus grande jouissance ni de plus beau triomphe qu'une copie excellente de la nature. » Et cette doctrine, ennemie de l'art, prétendait être appliquée non seulement à la peinture, mais à tous les arts, même au roman, même à la poésie. A ces doctrinaires si satisfaits de la nature un homme imaginatif aurait certainement eu le droit de répondre : « Je trouve inutile et fastidieux de représenter ce qui est, parce que rien de ce qui est ne me satisfait. La nature est laide, et je préfère les monstres de ma fantaisie à la trivialité positive. » Cependant il eût été plus philosophique de demander aux doctrinaires en question, d'abord s'ils sont bien certains de l'existence de la nature extérieure, ou, si cette question eût paru trop bien faite pour réjouir leur causticité, s'ils sont bien sûrs de connaître *toute la nature,* tout ce qui est contenu dans la nature. Un oui eût été la plus fanfaronne et la plus extravagante des réponses. Autant que j'ai pu comprendre ces singulières et avilissantes divagations, la doctrine voulait dire, je lui fais l'honneur de croire qu'elle voulait dire : L'artiste, le vrai artiste, le vrai poète, ne doit peindre que

---

1. La formule, qui se rencontre dans les *Notes nouvelles sur Edgar Poe,* III, est, en ce lieu, attribuée par Baudelaire à l'auteur américain.

selon qu'il voit et qu'il sent. Il doit être *réellement* fidèle à sa propre nature. Il doit éviter comme la mort d'emprunter les yeux et les sentiments d'un autre homme, si grand qu'il soit; car alors les productions qu'il nous donnerait seraient, relativement à lui, des mensonges, et non des *réalités*. Or, si les pédants dont je parle (il y a de la pédanterie même dans la bassesse), et qui ont des représentants partout, cette théorie flattant également l'impuissance et la paresse, ne voulaient pas que la chose fût entendue ainsi, croyons simplement qu'ils voulaient dire : « Nous n'avons pas d'imagination, et nous décrétons que personne n'en aura. »

Mystérieuse faculté que cette reine des facultés! Elle touche à toutes les autres; elle les excite, elle les envoie au combat. Elle leur ressemble quelquefois au point de se confondre avec elles, et cependant elle est toujours bien elle-même, et les hommes qu'elle n'agite pas sont facilement reconnaissables à je ne sais quelle malédiction qui dessèche leurs productions comme le figuier de l'Évangile.

Elle est l'analyse, elle est la synthèse; et cependant des hommes habiles dans l'analyse et suffisamment aptes à faire un résumé peuvent être privés d'imagination. Elle est cela, et elle n'est pas tout à fait cela. Elle est la sensibilité, et pourtant il y a des personnes très sensibles, trop sensibles peut-être, qui en sont privées. C'est l'imagination qui a enseigné à l'homme le sens moral de la couleur, du contour, du son et du parfum. Elle a créé, au commencement du monde, l'analogie et la métaphore. Elle décompose toute la création, et, avec les matériaux amassés et disposés suivant des règles dont on ne peut trouver l'origine que dans le plus profond de l'âme, elle crée un monde nouveau, elle produit la sensation du neuf. Comme elle a créé le monde (on peut bien dire cela, je crois, même dans un sens religieux), il est juste qu'elle le gouverne. Que dit-on d'un guerrier sans imagination? Qu'il peut faire un excellent soldat, mais que, s'il commande des armées, il ne fera pas de conquêtes. Le cas peut se comparer à celui d'un poète ou d'un romancier qui enlèverait à l'imagination le commandement des facultés pour le donner, par exemple, à la connaissance de la langue ou à l'observation des faits. Que dit-on d'un diplomate sans imagination? Qu'il peut très bien connaître l'histoire des traités et des alliances dans le passé, mais qu'il ne devinera pas les traités et les alliances contenus dans l'avenir. D'un savant sans imagination?

Qu'il a appris tout ce qui, ayant été enseigné, pouvait être appris, mais qu'il ne trouvera pas les lois non encore devinées. L'imagination est la reine du vrai, et le *possible* est une des provinces du vrai. Elle est positivement apparentée avec l'infini.

Sans elle, toutes les facultés, si solides ou si aiguisées qu'elles soient, sont comme si elles n'étaient pas, tandis que la faiblesse de quelques facultés secondaires, excitées par une imagination vigoureuse, est un malheur secondaire. Aucune ne peut se passer d'elle, et elle peut suppléer quelques-unes. Souvent ce que celles-ci cherchent et ne trouvent qu'après les essais successifs de plusieurs méthodes non adaptées à la nature des choses, fièrement et simplement elle le devine. Enfin elle joue un rôle puissant même dans la morale; car, permettez-moi d'aller jusque-là, qu'est-ce que que la vertu sans imagination? Autant dire la vertu sans la pitié, la vertu sans le ciel; quelque chose de dur, de cruel, de stérilisant, qui, dans certains pays, est devenu la bigoterie, et dans certains autres le protestantisme.

Malgré tous les magnifiques privilèges que j'attribue à l'imagination, je ne ferai pas à vos lecteurs l'injure de leur expliquer que mieux elle est secourue et plus elle est puissante, et, que ce qu'il y a de plus fort dans les batailles avec l'idéal, c'est une belle imagination disposant d'un immense magasin d'observations. Cependant, pour revenir à ce que je disais tout à l'heure relativement à cette permission de suppléer que doit l'imagination à son origine divine, je veux vous citer un exemple, un tout petit exemple, dont vous ne ferez pas mépris, je l'espère. Croyez-vous que l'auteur d'*Antony,* du *Comte Hermann,* de *Monte-Cristo,* soit un savant? Non, n'est-ce pas? Croyez-vous qu'il soit versé dans la pratique des arts, qu'il en ait fait une étude patiente? Pas davantage. Cela serait même, je crois, antipathique à sa nature. Eh bien, il est un exemple qui prouve que l'imagination, quoique non servie par la pratique et la connaissance des termes techniques, ne peut pas proférer de sottises hérétiques en une matière qui est, pour la plus grande partie, de son ressort. Récemment je me trouvais dans un wagon, et je rêvais à l'article que j'écris présentement; je rêvais surtout à ce singulier renversement des choses qui a permis, dans un siècle, il est vrai, où, pour le châtiment de l'homme, tout lui a été permis, de mépriser la plus honorable et la plus utile des facultés morales, quand je vis, traînant sur un coussin voisin, un numéro égaré de l'*Indépendance belge*. Alexandre Dumas s'était chargé d'y faire le compte rendu des ouvrages du *Salon*[1]. La circonstance me commandait la curiosité. Vous pouvez deviner quelle fut ma joie quand je vis mes rêveries pleinement vérifiées par un exemple que me fournissait le hasard. Que cet homme, qui a l'air de représenter la vitalité universelle, louât magnifiquement une époque qui fut pleine de vie, que le créateur du drame romantique chantât, sur un ton qui ne manquait pas de grandeur, je vous assure, le temps heureux où, à côté de la nouvelle école littéraire, florissait la nouvelle école de peinture : Delacroix, les Devéria, Boulanger, Poterlet, Bonington, etc., le beau sujet d'étonnement! direz-vous. C'est bien là son affaire! *Laudator temporis acti!* Mais qu'il louât spirituellement Delacroix, qu'il expliquât nettement le genre de folie de ses adversaires, et qu'il allât plus loin même, jusqu'à montrer en quoi péchaient les plus forts parmi les peintres de la plus récente célébrité; que lui, Alexandre Dumas, si abandonné, si coulant, montrât si bien, par exemple, que Troyon n'a pas de génie et ce qui lui manque même pour simuler le génie, dites-moi, mon cher ami, trouvez-vous cela aussi simple? Tout cela, sans doute, était écrit avec ce *lâché* dramatique dont il a pris l'habitude en causant avec

1. Effectivement, Dumas donna à l'*Indépendance belge* un compte rendu du Salon, qui parut ensuite en volume sous le titre : *L'Art et les artistes contemporains au Salon de 1859*. Quant à l'opinion que Baudelaire pouvait avoir en général d'Alexandre Dumas, notons simplement que dans l'*Art romantique* (article sur *les Contes de Champfleury*) il parle de ses *effroyables dysenteries* et associe son nom à celui de Féval, tandis que, dans le *Hibou philosophe,* il note à son propos : *nature de farceur*. Mais cette sévérité n'est peut-être pas aussi contradictoire qu'il paraît avec l'éloge que nous lisons ici des prodiges dont est capable l'imagination. Cf. dans le même sens cette phrase de l'article sur Théophile Gautier : *Alexandre Dumas produisait coup sur coup ses drames fougueux, où l'éruption volcanique était ménagée avec la dextérité d'un habile irrigateur*. On sent que, si, dans l'absolu, Baudelaire condamne Dumas pour sa facilité, la médiocrité contemporaine l'incite néanmoins, par comparaison, à admirer la puissance de son imagination. N'a-t-il pas, quelques pages plus haut, trouvé chez Meissonier lui-même plus de grandeur que chez les *faiseurs de babioles actuels* (p. 311).

son innombrable auditoire; mais cependant que de grâce et de soudaineté dans l'expression du vrai! Vous avez fait déjà ma conclusion : Si Alexandre Dumas, qui n'est pas un savant, ne possédait pas heureusement une riche imagination, il n'aurait dit que des sottises; il a dit des choses sensées et les a bien dites, parce que... (il faut bien achever) parce que l'imagination, grâce à sa nature suppléante, contient l'esprit critique.

Il reste, cependant, à mes contradicteurs une ressource, c'est d'affirmer qu'Alexandre Dumas n'est pas l'auteur de son *Salon.* Mais cette insulte est si vieille et cette ressource si banale qu'il faut l'abandonner aux amateurs de friperie, aux faiseurs de *courriers* et de *chroniques.* S'ils ne l'ont pas déjà ramassée, ils la ramasseront [1].

Nous allons entrer plus intimement dans l'examen des fonctions de cette faculté *cardinale* (sa richesse ne rappelle-t-elle pas des idées de pourpre?). Je vous raconterai simplement ce que j'ai appris de la bouche d'un maître homme [2], et, de même qu'à cette époque je vérifiais, avec la joie d'un homme qui s'instruit, ses préceptes si simples sur toutes les peintures qui tombaient sous mon regard, nous pourrons les appliquer successivement, comme une pierre de touche, sur quelques-uns de nos peintres.

IV

LE GOUVERNEMENT DE L'IMAGINATION

Hier soir, après vous avoir envoyé les dernières pages de ma lettre, où j'avais écrit, mais non sans une certaine timidité : *Comme l'imagination a créé le monde, elle le gouverne,* je feuilletais la *Face Nocturne de la Nature* [3] et je tombai

---

1. On sait que Dumas, qui avait coutume d'utiliser des collaborateurs, était fréquemment accusé de n'être pas l'auteur de ce qu'il publiait.

2. Eugène Delacroix.

3. *The Night side of Nature* par Mrs. Crowe (Londres, 1848) (cf. Marg. Gilman, *op. cit.*, pp. 128 sqq.). Cf. aussi *Notes nouvelles sur Edgar Poe,* III.

Musée du Louvre

« le temps heureux où,... florissait la nouvelle école de peinture »
Le Parc de Versailles par Bonington

Photo Giraudon

sur ces lignes, que je cite uniquement parce qu'elles sont la paraphrase justificative de la ligne qui m'inquiétait : « *By imagination, I do not simply mean to convey the common notion implied by that much abused word, which is only* fancy, *but the* constructive *imagination, which is a much higher function, and which, in as much as man is made in the likeness of God, bears a distant relation to that sublime power by which the Creator projects, creates, and upholds his universe.* » — « Par imagination, je ne veux pas seulement exprimer l'idée commune impliquée dans ce mot dont on fait si grand abus, laquelle est simplement *fantaisie,* mais bien l'imagination *créatrice,* qui est une fonction beaucoup plus élevée, et qui, en tant que l'homme est fait à la ressemblance de Dieu, garde un rapport éloigné avec cette puissance sublime par laquelle le Créateur conçoit, crée et entretient son univers. » Je ne suis pas du tout honteux, mais au contraire très heureux de m'être rencontré avec cette excellente Mme Crowe, de qui j'ai toujours admiré la faculté de croire, aussi développée en elle que chez d'autres la défiance [1].

Je disais que j'avais entendu, il y a longtemps déjà, un homme vraiment savant et profond dans son art exprimer sur ce sujet les idées les plus vastes et cependant les plus simples. Quand je le vis pour la première fois [2], je n'avais pas d'autre expérience que celle que donne un amour excessif ni d'autre raisonnement que l'instinct. Il est vrai que cet amour et cet instinct étaient passablement

1. Ici, comme dans les *Notes nouvelles sur Edgar Poe,* Baudelaire doit beaucoup à la distinction établie en anglais entre *fancy* et *imagination;* il est curieux qu'ici il ne cite pas Poe (les *Notes nouvelles* sont de deux ans antérieures à ce *Salon)* qui, en fait, ainsi que Mrs. Crowe, ne fait que reprendre l'essentiel d'une analyse du *gouvernement de l'imagination* dont la paternité revient à Coleridge : le poète de l'*Ancient Mariner* et de *Kubla Khan* se trouve ainsi indirectement à l'origine de l'un des aspects les plus importants de l'esthétique baudelairienne. Sur l'esthétique de Coleridge, cf. l'excellent petit livre de Humphry House, *Coleridge* (Londres, Rupert Hart-Davis, 1953), où l'on verra combien le grand romantique anglais annonce Poe et Baudelaire (cf. en particulier la théorie de la *secondary imagination* au chapitre XIII de la *Biographia Literaria* de Coleridge, édition Shawcross, Londres 1907, t. I, p. 85). En fait c'est Coleridge qui fut le premier grand théoricien de *l'imagination surnaturaliste.*

2. Probablement dès 1845.

vifs; car, très jeunes, mes yeux remplis d'images peintes ou gravées n'avaient jamais pu se rassasier, et je crois que les mondes pourraient finir, *impavidum ferient,* avant que je devienne iconoclaste. Évidemment il voulut être plein d'indulgence et de complaisance; car nous causâmes tout d'abord de lieux communs, c'est-à-dire des questions les plus vastes et les plus profondes. Ainsi, de la nature, par exemple. « La nature n'est qu'un dictionnaire », répétait-il fréquemment. Pour bien comprendre l'étendue du sens impliqué dans cette phrase, il faut se figurer les usages nombreux et ordinaires du dictionnaire. On y cherche le sens des mots, la génération des mots, l'étymologie des mots; enfin on en extrait tous les éléments qui composent une phrase et un récit; mais personne n'a jamais considéré le dictionnaire comme une composition dans le sens poétique du mot. Les peintres qui obéissent à l'imagination cherchent dans leur dictionnaire les éléments qui s'accordent[a] à leur conception; encore, en les ajustant, avec un certain art, leur donnent-ils une physionomie toute nouvelle. Ceux qui n'ont pas d'imagination copient le dictionnaire. Il en résulte un très grand vice, le vice de la banalité, qui est plus particulièrement propre à ceux d'entre les peintres que leur spécialité rapproche davantage de la nature extérieure, par exemple les paysagistes, qui généralement considèrent comme un triomphe de ne pas montrer leur personnalité. A force de contempler, ils oublient de sentir et de penser [1].

Pour ce grand peintre, toutes les parties de l'art, dont l'un prend celle-ci et l'autre celle-là pour la principale, n'étaient, ne sont, veux-je dire, que les très humbles servantes d'une faculté unique et supérieure.

Si une exécution très nette est nécessaire, c'est pour que le langage du rêve soit très nettement traduit; qu'elle soit très rapide, c'est pour que rien ne se perde de l'impression extraordinaire qui accompagnait la conception; que l'attention de l'artiste se porte même sur la propreté matérielle des outils, cela se conçoit sans peine, toutes les précautions devant être prises pour rendre l'exécution agile et décisive.

---

1. Troyon, par exemple, et tous ceux qui, à son exemple, *bouchent leur âme.*

Dans une pareille méthode, qui est essentiellement logique, tous les personnages, leur disposition relative, le paysage ou l'intérieur qui leur sert de fond ou d'horizon, leurs vêtements, tout enfin doit servir à illuminer l'idée génératrice et porter encore sa couleur originelle, sa livrée pour ainsi dire. Comme un rêve est placé dans une atmosphère [a] qui lui est propre, de même une conception, devenue composition, a besoin de se mouvoir dans un milieu coloré qui lui soit particulier. Il y a évidemment un ton particulier attribué à une partie quelconque du tableau qui devient clef et qui gouverne les autres. Tout le monde sait que le jaune, l'orangé, le rouge, inspirent et représentent des idées de joie, de richesse, de gloire et d'amour; mais il y a des milliers d'atmosphères jaunes ou rouges, et toutes les autres couleurs seront affectées logiquement et dans une quantité proportionnelle par l'atmosphère dominante. L'art du coloriste tient évidemment par de certains côtés aux mathématiques et à la musique. Cependant ses opérations les plus délicates se font par un sentiment auquel un long exercice a donné une sûreté inqualifiable. On voit que cette grande loi d'harmonie générale condamne bien des papillotages et bien des crudités, même chez les peintres les plus illustres. Il y a des tableaux de Rubens qui non seulement font penser à un feu d'artifice coloré, mais même à plusieurs feux d'artifice tirés sur le même emplacement. Plus un tableau est grand, plus la touche doit être large, cela va sans dire; mais il est bon que les touches ne soient pas matériellement fondues; elles se fondent naturellement à une distance voulue par la loi sympathique qui les a associées. La couleur obtient ainsi plus d'énergie et de fraîcheur [1].

Un bon tableau, fidèle et égal au rêve qui l'a enfanté, doit être produit comme un monde. De même que la création, telle que nous la voyons, est le résultat de plusieurs

---

1. Théorie *symbolique* et *surnaturaliste* de la couleur, dont Baudelaire a fait l'application dans son commentaire de la strophe des *Phares* consacrée à Delacroix *(Exposition universelle de 1855)*. Cf. la définition générale du surnaturalisme donnée par Heine dans son *Salon de 1831 : En fait d'art, je suis surnaturaliste. Je crois que l'art ne peut trouver dans la nature tous ses types, mais que les plus remarquables lui sont révélés dans son âme, comme la* symbolique *des idées innées, au même instant.*

créations dont les précédentes sont toujours complétées par la suivante; ainsi un tableau conduit harmoniquement consiste en une série de tableaux superposés, chaque nouvelle couche donnant au rêve plus de réalité et le faisant monter d'un degré vers la perfection. Tout au contraire, je me rappelle avoir vu dans les ateliers de Paul Delaroche et d'Horace Vernet de vastes tableaux, non pas ébauchés, mais commencés, c'est-à-dire absolument finis dans de certaines parties, pendant que certaines autres n'étaient encore indiquées que par un contour noir ou blanc. On pourrait comparer ce genre d'ouvrage à un travail purement manuel qui doit couvrir une certaine quantité d'espace en un temps déterminé, ou à une longue route divisée en un grand nombre d'étapes. Quand une étape est faite, elle n'est plus à faire, et quand toute la route est parcourue, l'artiste est délivré de son tableau.

Tous ces préceptes sont évidemment modifiés plus ou moins par le tempérament varié des artistes. Cependant je suis convaincu que c'est là la méthode la plus sûre pour les imaginations riches. Conséquemment, de trop grands écarts faits hors de la méthode en question témoignent d'une importance anormale et injuste donnée à quelque partie secondaire de l'art.

Je ne crains pas qu'on dise qu'il y a absurdité à supposer une même éducation appliquée à une foule d'individus différents. Car il est évident que les rhétoriques et les prosodies ne sont pas des tyrannies inventées arbitrairement, mais une collection de règles réclamées par l'organisation même de l'être spirituel. Et jamais les prosodies et les rhétoriques n'ont empêché l'originalité de se produire distinctement. Le contraire, à savoir qu'elles ont aidé l'éclosion de l'originalité, serait infiniment plus vrai [1].

Pour être bref, je suis obligé d'omettre une foule de corollaires résultant de la forme principale, où est, pour ainsi dire, contenu tout le formulaire de la véritable esthétique, et qui peut être exprimée ainsi : Tout l'univers

1. *Je connais un poète, d'une nature toujours orageuse et vibrante, qu'un vers de Malherbe, symétrique et carré de mélodie, jette dans de longues extases* (*L'Œuvre et la vie de Delacroix*, IV). Donc *ut pictura poesis*, et réciproquement, mais en un autre sens, certes, que celui où l'entendait Horace !

visible n'est qu'un magasin d'images et de signes [1] auxquels l'imagination donnera une place et une valeur relative; c'est une espèce de pâture que l'imagination doit digérer et transformer. Toutes les facultés de l'âme humaine doivent être subordonnées à l'imagination, qui les met en réquisition toutes à la fois. De même que bien connaître le dictionnaire n'implique pas nécessairement la connaissance de l'art de la composition, et que l'art de la composition lui-même n'implique pas l'imagination universelle, ainsi un bon peintre peut n'être pas un grand peintre. Mais un grand peintre est forcément un bon peintre, parce que l'imagination universelle renferme l'intelligence de tous les moyens et le désir de les acquérir.

Il est évident que, d'après les notions que je viens d'élucider tant bien que mal (il y aurait encore tant de choses à dire, particulièrement sur les parties concordantes de tous les arts et les ressemblances dans leurs méthodes!), l'immense classe des artistes, c'est-à-dire des hommes qui se sont voués à l'expression de l'art, peut se diviser en deux camps bien distincts : celui-ci, qui s'appelle lui-même *réaliste,* mot à double entente et dont le sens n'est pas bien déterminé, et que nous appellerons, pour mieux caractériser son erreur, un *positiviste,* dit : « Je veux représenter les choses telles qu'elles sont, ou bien [a] qu'elles seraient, en supposant que je n'existe pas. » L'univers sans l'homme. Et celui-là, l'imaginatif, dit : « Je veux illuminer les choses avec mon esprit et en projeter le reflet sur les autres esprits. » Bien que ces deux méthodes absolument contraires puissent agrandir ou amoindrir tous les sujets, depuis la scène religieuse jusqu'au plus modeste paysage, toutefois l'homme d'imagination a dû généralement se produire dans la peinture religieuse et dans la fantaisie, tandis que la peinture dite de genre et le paysage devaient offrir en apparence de vastes ressources aux esprits paresseux et difficilement excitables.

Outre les imaginatifs et les soi disant réalistes, il y a encore une classe d'hommes, timides et obéissants, qui mettent tout leur orgueil à obéir à un code de fausse dignité. Pendant que ceux-ci croient représenter la nature et que ceux-là veulent peindre leur âme, d'autres se conforment

1. Cf. évidemment, le sonnet des *Correspondances.*

à des règles de pure convention, tout à fait arbitraires, non tirées de l'âme humaine, et simplement imposées par la routine d'un atelier célèbre. Dans cette classe très nombreuse, mais si peu intéressante, sont compris les faux amateurs de l'antique, les faux amateurs du style, et en un mot tous les hommes qui par leur impuissance ont élevé le poncif aux honneurs du style [1].

V. — RELIGION, HISTOIRE, FANTAISIE

A chaque nouvelle exposition, les critiques remarquent que les peintures religieuses font de plus en plus défaut. Je ne sais s'ils ont raison quant au nombre; mais certainement ils ne se trompent pas quant à la qualité. Plus d'un écrivain religieux, naturellement enclin, comme les écrivains démocrates, à suspendre le beau à la croyance, n'a pas manqué d'attribuer à l'absence de foi cette difficulté d'exprimer les choses de la foi. Erreur qui pourrait être philosophiquement démontrée, si les faits ne nous prouvaient pas suffisamment le contraire, et si l'histoire de la peinture ne nous offrait pas des artistes impies et athées produisant d'excellentes œuvres religieuses. Disons donc simplement que la religion étant la plus haute *fiction* de l'esprit humain (je parle exprès comme parlerait un athée professeur de beaux-arts, et rien n'en doit être conclu contre ma foi), elle réclame de ceux qui se vouent à l'expression de ses actes et de ses sentiments l'imagination la plus vigoureuse et les efforts les plus tendus. Ainsi le personnage de Polyeucte exige du poète et du comédien une ascension spirituelle et un enthousiasme beaucoup plus vif que tel personnage vulgaire épris d'une vulgaire créature de la terre, ou même qu'un héros purement politique. La seule concession qu'on puisse raisonnablement faire aux

1. C'est bien en effet entre positivisme, symbolisme et académisme que l'art de peindre se trouve partagé dans la seconde moitié du XIXe siècle, et cette page de Baudelaire aide singulièrement à comprendre selon quels termes s'instaura le débat d'où allait sortir l'art moderne.

partisans de la théorie qui considère la foi comme l'unique source d'inspiration religieuse est que le poète, le comédien et l'artiste, au moment où ils exécutent l'ouvrage en question, croient à la réalité de ce qu'ils représentent, échauffés qu'ils sont par la nécessité. Ainsi l'art est le seul domaine spirituel où l'homme puisse dire : « Je croirai si je veux, et, si je ne veux pas, je ne croirai pas. » La cruelle et humiliante maxime : *Spiritus flat ubi vult,* perd ses droits en matière d'art [1].

J'ignore si MM. Legros et Amand Gautier possèdent la foi comme l'entend l'Église, mais très certainement ils ont eu, en composant chacun un excellent ouvrage de piété, la foi suffisante pour l'objet en vue. Ils ont prouvé que, même au XIXe siècle, l'artiste peut produire un bon tableau de religion, pourvu que son imagination soit apte à s'élever jusque-là. Bien que les peintures plus importantes d'Eugène Delacroix nous attirent et nous réclament, j'ai trouvé bon, mon cher M***, de citer tout d'abord deux noms inconnus ou peu connus. La fleur oubliée ou ignorée ajoute à son parfum naturel le parfum paradoxal de son obscurité, et sa valeur positive est augmentée par la joie de l'avoir découverte. J'ai peut-être tort d'ignorer

---

1. Ce n'est sans doute point ici le lieu de développer la question de la religion de Baudelaire. Mais son esthétique ne peut être comprise si l'on prétend ignorer sa nostalgie d'une *foi,* et, quand il y songe, il songe surtout à la foi chrétienne : Jacques Crépet a pu, avec raison, noter, à propos de cette page, que Baudelaire était *imprégné de catholicisme jusqu'aux moelles;* on ne peut trouver d'expression plus exacte, et c'est bien l'image de *l'imprégnation* qui rend le mieux compte du rapport entre Baudelaire et le christianisme, s'il est vrai, d'autre part, qu'en effet il n'a jamais connu, d'expérience, la foi : mais cette imprégnation religieuse explique l'intérêt qu'il porte aux problèmes de l'art religieux et explique tout aussi bien qu'avec une lucidité prophétique, il comprenne que l'artiste incroyant puisse valablement créer des œuvres religieuses : Baudelaire avait près de lui l'exemple de Delacroix (cf. son article sur les peintures murales de Saint-Sulpice). Mais il est plus étonnant que cette page de Baudelaire ait retrouvé une actualité, encore plus exacte qu'en 1859, cent ans plus tard, alors que ce qu'on a appelé la « querelle de l'art sacré », suscitée par les œuvres religieuses d'artistes comme Léger et Matisse, et quelques autres, a fait ressortir combien ce débat était grave et combien la position de Baudelaire était juste (cf. sur cette question : R. P. Régamey, O. P. : *Art sacré au XXe siècle,* Éditions du Cerf, Paris, 1952, en partic. pp. 256 sqq.)

entièrement M. Legros, mais j'avouerai que je n'avais encore vu aucune production signée de son nom [1]. La première fois que j'aperçus son tableau, j'étais avec notre ami commun, M. C..., dont j'attirai les yeux sur cette production si humble et si pénétrante. Il n'en pouvait pas nier les singuliers mérites; mais cet aspect *villageois,* tout ce petit monde vêtu de velours, de coton, d'indienne et de cotonnade que l'*Angelus* rassemble le soir sous la voûte de l'église de nos grandes villes, avec ses sabots et ses parapluies, tout voûté par le travail, tout ridé par l'âge, tout parcheminé par la brûlure du chagrin, troublait un peu ses yeux, amoureux, comme ceux d'un bon connaisseur, des

1. Alphonse Legros (1837-1911) était alors un débutant et il n'y avait rien d'étonnant que Baudelaire ne le connût pas ; au contraire c'est un des mérites de Baudelaire d'avoir su le découvrir, alors qu'âgé de 22 ans, il exposait pour la seconde fois. Cette découverte fit d'ailleurs du critique et du peintre deux amis fidèles, et c'est Legros qui, un jour, copia, pour Poulet-Malassis, le portrait de Baudelaire par Courbet. En 1861, Legros publia une série de ses gravures sous le titre *Esquisses à l'eau-forte,* et cet album porte la mention *Dédié à son ami Baudelaire.* Cette même année 1861, Legros exposa son *Ex-Voto* (donné par l'artiste au musée de Dijon, sa ville natale, en 1868) dont Baudelaire parlera dans son article *Peintres et aquafortistes.* Baudelaire parle encore de Legros en 1861 dans son article sur l'exposition de la Galerie Martinet, à propos d'un tableau qui est probablement la *Vocation de Saint François* (Musée d'Alençon, en dépôt à la mairie de La Ferté-Macé). A partir de 1863, Legros s'installe en Angleterre, où il occupera bientôt une place de premier plan comme artiste et comme maître. Trop oublié en France, Legros est bien, comme l'a reconnu immédiatement Baudelaire, l'un des plus grands artistes du XIXe siècle, et sans doute le témoignage le plus probant de son génie est-il qu'il a su trouver, dans l'orientation réaliste de son temps, ce qu'elle contenait de plus profond, et se faire ainsi le porte-parole exceptionnel d'un art selon le cœur de Baudelaire, un art qui puise dans un rigoureux effort de dépouillement du réel les sources d'un authentique surnaturalisme, et il est bien vrai qu'aujourd'hui, avec son *Angélus,* avec son *Ex-Voto,* avec son *Calvaire* (1874, Louvre), avec son *Pèlerinage* (1871, Walker Art Gallery, Liverpool), Legros est l'un des rares grands artistes religieux du XIXe siècle. (Sur Legros, cf. le catalogue de l'exposition Legros, musée de Dijon, 1957, et l'article de Monique Geiger dans les *Mémoires de l'Académie de Dijon,* tome CXII, 1958. Qu'il nous soit permis de remercier ici Mlle Geiger pour les renseignements qu'elle nous a communiqués sur cet artiste et son œuvre).

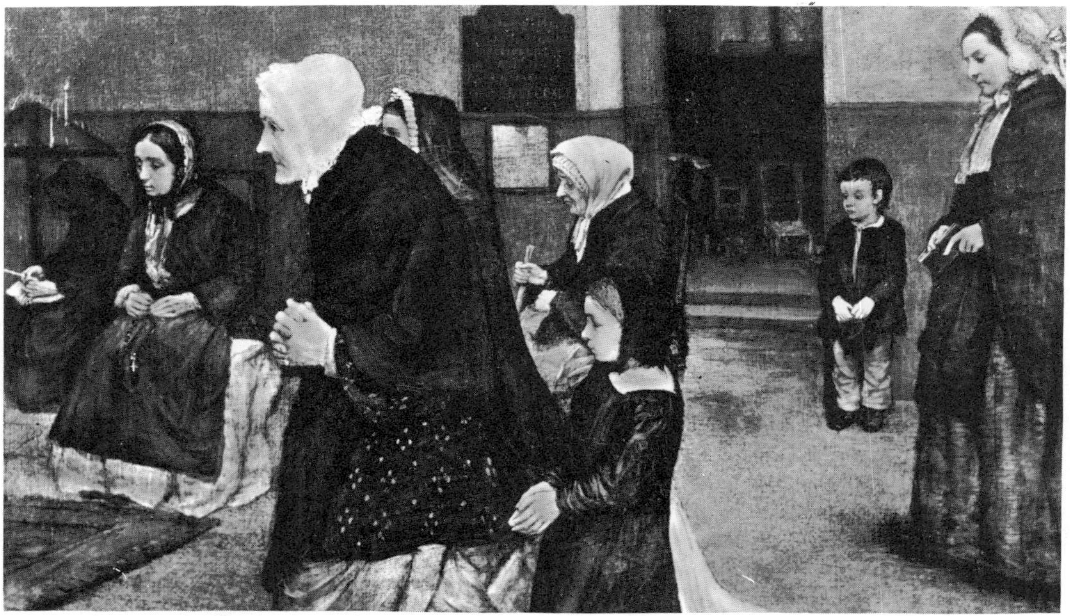

Ancienne coll. Asa Lingard, Cheltenham — *Photo Scorey*

L'Angélus par Legros (Salon de 1859)

beautés élégantes et mondaines [1]. Il obéissait évidemment à cette humeur française qui craint surtout d'être dupe, et qu'a si cruellement raillée l'écrivain français qui en était le plus singulièrement obsédé [2]. Cependant l'esprit du vrai critique, comme l'esprit du vrai poète, doit être ouvert à toutes les beautés ; avec la même facilité il jouit de la grandeur éblouissante de César triomphant et de la grandeur du pauvre habitant des faubourgs incliné sous le regard de son Dieu. Comme les voilà bien *revenues* et retrouvées les sensations de rafraîchissement qui habitent les voûtes de l'église catholique, et l'humilité qui jouit d'elle-même, et la confiance du pauvre dans le Dieu juste, et l'espérance du secours, si ce n'est l'oubli des infortunes présentes ! Ce qui prouve que M. Legros est un esprit vigoureux, c'est que l'accoutrement vulgaire de son sujet ne nuit pas du tout à la grandeur morale du même sujet, mais qu'au contraire la trivialité est ici comme un assaisonnement dans la charité et la tendresse. Par une association mystérieuse que les esprits délicats comprendront, l'enfant grotesquement habillé, qui tortille avec gaucherie sa casquette dans le temple de Dieu, m'a fait penser à l'âne de Sterne et à ses macarons. Que l'âne soit comique en mangeant un gâteau, cela ne diminue rien de la sensation d'attendrissement qu'on éprouve en voyant le misérable esclave de la ferme cueillir

---

1. L'*Angélus*, tableau daté de 1858, fut acheté par Seymour-Haden, le beau-frère de Whistler (c'est ce dernier qui attira Legros en Angleterre) ; il passa ensuite — en 1917 — dans la collection Bliss, puis, en 1922, dans la Collection Asa Lingard, à Cheltenham, Angleterre (cf. Catalogue de l'exposition de la collection Bliss, Grosvenor Galleries, Londres, 1922 ; dans ce même catalogue figure, sous le n° 490, une gravure par Legros d'un portrait de Baudelaire). A la mort de M. Asa Lingard, en 1956, sa collection fut vendue : au catalogue figure un tableau improprement intitulé *Morning prayers* et qui est certainement *l'Angélus*. Malgré toutes nos recherches, nous n'avons pu en retrouver la trace : il ressort seulement des minutes de la vente que le tableau a été acheté par un intermédiaire pour le compte d'un collectionneur inconnu ; on ne peut que regretter cette disparition, espérons-le, provisoire, d'une œuvre dont l'importance artistique est, comme l'avait senti Baudelaire, considérable. Qu'il nous soit permis de remercier ici miss Scott-Elliot, de la Bibliothèque royale de Windsor, pour les recherches qu'elle a effectuées en vue d'éclaircir le mystère où, depuis 1956, s'est perdu le tableau de Legros.

2. A peu près certainement Stendhal.

quelques douceurs dans la main d'un philosophe. Ainsi l'enfant du pauvre, tout embarrassé de sa contenance, goûte, en tremblant, aux confitures célestes. J'oubliais de dire que l'exécution de cette œuvre pieuse est d'une remarquable solidité; la couleur un peu triste et la minutie des détails s'harmonisent avec le caractère éternellement *précieux* de la dévotion. M. C... me fit remarquer que les fonds ne fuyaient pas assez loin et que les personnages semblaient un peu plaqués sur la décoration qui les entoure. Mais ce défaut, je l'avoue, en me rappelant l'ardente naïveté des vieux tableaux, fut pour moi comme un charme de plus [1]. Dans une œuvre moins intime et moins pénétrante, il n'eût pas été tolérable.

M. Amand Gautier est l'auteur d'un ouvrage qui avait déjà, il y a quelques années, frappé les yeux de la critique, ouvrage remarquable à bien des égards, refusé, je crois, par le jury, mais qu'on put étudier aux vitres d'un des principaux marchands du boulevard : je veux parler d'une cour d'un *Hôpital de folles;* sujet qu'il avait traité, non pas selon la méthode philosophique et germanique, celle de Kaulbach, par exemple, qui fait penser aux catégories d'Aristote, mais avec le sentiment dramatique français, uni à une observation fidèle et intelligente. Les amis de l'auteur disent que *tout* dans l'ouvrage était minutieusement exact : têtes, gestes, physionomies, et copié d'après la nature. Je ne le crois pas, d'abord parce que j'ai surpris

1. Le premier propriétaire du tableau, Seymour-Haden, était, semble-t-il, de l'avis de M. C... Selon Pennell, en effet, dans sa *Life of Whistler,* parue en 1908, trois ans avant la mort de Legros (tome I, p. 77), Seymour-Haden, irrité par ce qu'il croyait être une faute de perspective, corrigea effectivement *les fonds.* Mais Legros était de l'avis de Baudelaire, et il déroba le tableau pour pouvoir le restaurer dans son état originel : incident non seulement anecdotique, mais significatif à la fois de la conscience de l'artiste et de l'exactitude de l'intuition baudelairienne. Il n'est pas exclu (si l'on songe à d'autres tableaux et aux gravures de Legros) que le peintre ait cherché à introduire dans son réalisme un certain effet surnaturaliste par le moyen délibéré de cet archaïsme technique : c'était le sentiment de Baudelaire et c'est aussi le sentiment du spectateur moderne attentif. Mais c'était alors, de la part de l'artiste, un acte de non-conformisme, que ne purent comprendre ni M. C... ni Seymour-Haden. Nouvelle occasion de constater l'originalité de la sensibilité esthétique de Baudelaire.

dans l'arrangement du tableau des symptômes du contraire, et ensuite parce que ce qui est positivement et universellement exact n'est jamais admirable. Cette année-ci, M. Amand Gautier a exposé un unique ouvrage qui porte simplement pour titre les *Sœurs de charité* [1]. Il faut une véritable puissance pour dégager la poésie sensible contenue dans ces longs vêtements uniformes, dans ces coiffures rigides et dans ces attitudes modestes et sérieuses comme la vie des personnes de religion. Tout dans le tableau de M. Gautier concourt au développement de la pensée principale : ces longs murs blancs, ces arbres correctement alignés, cette façade simple jusqu'à la pauvreté, les attitudes droites et sans coquetterie féminine, tout ce sexe réduit à la discipline comme le soldat, et dont le visage brille tristement des pâleurs rosées de la virginité consacrée, donnent la sensation de l'éternel, de l'invariable, du devoir agréable dans sa monotonie. J'ai éprouvé, en étudiant cette toile peinte avec une touche large et simple comme le sujet, ce je ne sais quoi que jettent dans l'âme certains Lesueur et les meilleurs Philippe de Champagne, ceux qui expriment les habitudes monastiques. Si, parmi les personnes qui me lisent, quelques-unes voulaient chercher ces tableaux, je crois bon de les avertir qu'elles les trouveront au bout de la galerie, dans la partie gauche du bâtiment, au fond d'un vaste salon carré où l'on a interné une multitude de toiles innommables, soi-disant religieuses pour la plupart. L'aspect de ce salon est si froid que les promeneurs y sont plus rares, comme dans un coin de jardin que le soleil ne visite pas. C'est dans ce capharnaüm de faux *ex-voto,* dans cette immense voie lactée de plâtreuses sottises, qu'ont été reléguées ces deux modestes toiles.

1. Ce tableau se trouve au musée de Lille : il est fort intéressant, en particulier par sa composition et le rôle symbolique qu'y jouent des troncs d'arbres dépouillés, encadrant les groupes de religieuses. La parenté d'Amand Gautier avec Legros est évidente et l'admiration de Baudelaire obéit, dans l'un et l'autre cas, aux mêmes raisons, mais elle lui a peut-être masqué la différence entre l'honnêteté et le génie. En fait, s'il est vrai que le tableau d'Amand Gautier appartient à la même famille spirituelle que celui de Legros, il est loin d'avoir la même portée, et l'avenir confirmera cette différence : alors que, chaque fois que l'occasion s'en présentera, Baudelaire reparlera de Legros, il ne sera plus question, après 1859, d'Amand Gautier (1825-1894).

L'imagination de Delacroix! Celle-là n'a jamais craint d'escalader les hauteurs difficiles de la religion; le ciel lui appartient, comme l'enfer, comme la guerre, comme l'Olympe, comme la volupté. Voilà bien le type du peintre-poète! Il est bien un des rares élus, et l'étendue de son esprit comprend la religion dans son domaine. Son imagination, ardente comme les chapelles ardentes, brille de toutes les flammes et de toutes les pourpres. Tout ce qu'il y a de douleur dans la *passion* le passionne; tout ce qu'il y a de splendeur dans l'Église l'illumine. Il verse tour à tour sur ses toiles inspirées le sang, la lumière et les ténèbres. Je crois qu'il ajouterait volontiers, comme surcroît, son faste naturel aux majestés de l'Évangile. J'ai vu une petite *Annonciation,* de Delacroix, où l'ange visitant Marie n'était pas seul, mais conduit en cérémonie par deux autres anges, et l'effet de cette cour céleste était puissant et charmant [1]. Un de ses tableaux de jeunesse, le *Christ aux Oliviers* (« Seigneur, détournez de moi ce calice », à Saint-Paul, rue Saint-Antoine), ruisselle de tendresse féminine et d'onction poétique. La douleur et la pompe, qui éclatent si haut dans la religion, font toujours écho dans son esprit [2].

Eh bien, mon cher ami, cet homme extraordinaire qui a lutté avec Scott, Byron, Gœthe, Shakspeare, Arioste, Tasse, Dante et l'Évangile, qui a illuminé l'histoire des rayons de sa palette et versé sa fantaisie à flots dans nos yeux éblouis, cet homme, avancé dans le nombre de ses jours, mais marqué d'une opiniâtre jeunesse, qui depuis l'adolescence a consacré tout son temps à exercer sa main, sa mémoire et ses yeux pour préparer des armes plus sûres à son imagination, ce génie a trouvé récemment un professeur pour lui enseigner son art, dans un jeune *chroniqueur* dont le sacerdoce s'était jusque-là borné à rendre compte de la robe de madame une telle au dernier bal de l'Hôtel de ville. Ah! les chevaux *roses,* ah! les paysans *lilas,* ah! les fumées *rouges* (quelle audace, une fumée rouge!), ont été traités d'une *verte* façon [3]. L'œuvre de Delacroix

---

1. Peint en 1841. Catalogue Robaut nº 1707.

2. Exposé en 1827. Le tableau appartient toujours à l'église Saint-Paul-Saint-Louis.

3. Il s'agit d'Alphonse Karr, nommé dans *l'Exposition universelle de 1855.* Inutile d'insister sur la banalité de ce genre de reproche

a été mis en poudre et jeté aux quatre vents du ciel. Ce genre d'articles, parlé d'ailleurs dans tous les salons bourgeois, commence invariablement par ces mots : « Je dois dire que je n'ai pas la prétention d'être un connaisseur, les mystères de la peinture me sont lettre close, *mais cependant,* » etc. (en ce cas, pourquoi en parler?) et finit généralement par une phrase pleine d'aigreur qui équivaut à un regard d'envie jeté sur les bienheureux qui comprennent l'incompréhensible.

Qu'importe, me direz-vous, qu'importe la sottise si le génie triomphe? Mais, mon cher, il n'est pas superflu de mesurer la force de résistance à laquelle se heurte le génie, et toute l'importance de ce jeune chroniqueur se réduit, mais c'est bien suffisant, à représenter l'esprit moyen de la bourgeoisie. Songez donc que cette comédie se joue contre Delacroix depuis 1822, et que depuis cette époque, toujours exact au rendez-vous, notre peintre nous a donné à chaque exposition plusieurs tableaux parmi lesquels il y avait au moins un chef-d'œuvre, montrant infatigablement, pour me servir de l'expression polie et indulgente de M. Thiers, « cet élan de la supériorité qui ranime les espérances un peu découragées *par le mérite trop modéré de tout le reste* ». Et il ajoutait plus loin : « Je ne sais quel souvenir des grands artistes me *saisit* à l'aspect de ce tableau (*Dante et Virgile*) [1]. Je retrouve cette puissance sauvage, ardente, mais naturelle, qui cède sans effort à son propre entraînement... Je ne crois pas m'y tromper, M. Delacroix *a reçu le génie;* qu'il avance avec assurance, qu'il se livre aux *immenses* travaux, condition *indispensable* du talent... » Je ne sais pas combien de fois dans sa vie M. Thiers a été prophète, mais il le fut ce jour-là. Delacroix s'est livré aux *immenses travaux,* et il n'a pas désarmé l'opinion. A voir cet épanchement majestueux, intarissable, de pein-

---

dont auront à souffrir tous les grands peintres du XIXe siècle : la même histoire recommencera, par exemple, avec les Impressionnistes.

1. Nous ne reviendrons pas désormais, sauf raisons particulières, sur les œuvres de Delacroix déjà mentionnées par Baudelaire en d'autres endroits. Nous renvoyons le lecteur au texte et aux notes du *Salon de 1845,* du *Salon de 1846,* et de l'*Exposition universelle de 1855*. Rappelons que Baudelaire avait déjà cité l'article de Thiers dans le *Salon de 1846*.

ture, il serait facile de deviner l'homme à qui j'entendais dire un soir : « Comme tous ceux de mon âge, j'ai connu plusieurs passions; mais ce n'est que dans le travail que je me suis senti parfaitement heureux. » Pascal dit que les toges, la pourpre et les panaches ont été très heureusement inventés pour imposer au vulgaire, pour marquer d'une étiquette ce qui est vraiment respectable [1]; et cependant les distinctions officielles dont Delacroix a été l'objet n'ont pas fait taire l'ignorance. Mais à bien regarder la chose, pour les gens qui, comme moi, veulent que les affaires d'art ne se traitent qu'entre aristocrates et qui croient que c'est la rareté des élus qui fait le paradis, tout est ainsi pour le mieux. Homme privilégié! la Providence lui garde des ennemis en réserve. Homme heureux parmi les heureux! non seulement son talent triomphe des obstacles, mais il en fait naître de nouveaux pour en triompher encore! Il est aussi grand que les anciens, dans un siècle et dans un pays où les anciens n'auraient pas pu vivre. Car, lorsque j'entends porter jusqu'aux étoiles des hommes comme Raphaël et Véronèse, avec une intention visible de diminuer le mérite qui s'est produit après eux, tout en accordant mon enthousiasme à ces grandes ombres qui n'en ont pas besoin, je me demande si un mérite, qui est *au moins* l'égal du leur (admettons un instant, par pure complaisance, qu'il lui soit inférieur), n'est pas infiniment plus *méritant,* puisqu'il s'est victorieusement développé dans une atmosphère et un terroir hostiles? Les nobles artistes de la Renaissance eussent été bien coupables de n'être pas grands, féconds et sublimes, encouragés et excités qu'ils étaient par une compagnie illustre de seigneurs et de prélats, que dis-je? par la multitude elle-même qui était artiste en ces âges d'or! Mais l'artiste moderne qui s'est élevé très haut *malgré* son siècle, qu'en dirons-nous, si ce n'est de certaines choses que ce siècle n'acceptera pas, et qu'il faut laisser dire aux âges futurs?

Pour revenir aux peintures religieuses, dites-moi si

1. C'est la célèbre page de Pascal, dans le fragment sur l'imagination : *Nos magistrats ont bien connu ce mystère. Leurs robes rouges, leurs hermines dont ils s'emmaillottent en chats fourrés, les palais où ils jugent, les fleurs de lis, tout cet appareil auguste était fort nécessaire...* (*Pensées,* n° 82 de l'édition Brunschvicg).

vous vîtes jamais mieux exprimée la solennité nécessaire de la *Mise au tombeau*[1]. Croyez-vous sincèrement que Titien eût inventé cela? Il eût conçu, il a conçu la chose autrement; mais je préfère cette manière-ci. Le décor, c'est le caveau lui-même, emblème de la vie souterraine que doit mener longtemps la religion nouvelle! Au dehors, l'air et la lumière qui glisse[a] en rampant dans la spirale. La *Mère* va s'évanouir, elle se soutient à peine! Remarquons en passant qu'Eugène Delacroix, au lieu de faire de la très-sainte Mère une femmelette d'album, lui donne toujours un geste et une ampleur tragiques qui conviennent parfaitement à cette reine des mères. Il est impossible qu'un amateur un peu poète ne sente pas son imagination frappée, non pas d'une impression historique, mais d'une impression poétique, religieuse, universelle, en contemplant ces quelques hommes qui descendent soigneusement le cadavre de leur Dieu au fond d'une crypte, dans ce sépulcre que le monde adorera, « le seul, dit superbement René, qui n'aura rien à rendre à la fin des siècles! »

Le *Saint Sébastien* est une merveille non pas seulement comme peinture, c'est aussi un délice de tristesse. *La Montée au Calvaire* est une composition compliquée, ardente et savante. « *Elle devait,* nous dit l'artiste qui connaît son monde, *être exécutée dans de grandes proportions* à Saint-Sulpice, dans la chapelle des fonts baptismaux, dont la destination a été changée. » Bien qu'il eût pris toutes ses précautions, disant clairement au public : « Je veux vous montrer le projet, en petit, d'un très grand travail qui m'avait été confié », les critiques n'ont pas manqué, comme à l'ordinaire, pour lui reprocher de ne savoir peindre que des esquisses!

Le voilà couché sur des verdures sauvages, avec une mollesse et une tristesse féminines, le poète illustre qui enseigna l'*art d'aimer*[2]. Ses grands amis de Rome sauront-ils vaincre la rancune impériale? Retrouvera-t-il un jour les somptueuses voluptés de la prodigieuse cité? Non, de ces

1. Le *Christ au Tombeau* ainsi que la *Montée au Calvaire* (Musée de Metz) étaient primitivement destinés à Saint-Sulpice, dont le conseil de fabrique les refusa.

2. *Ovide exilé parmi les Scythes* (Salon de 1859. Robaut n° 1376. Collection particulière).

pays sans gloire s'épanchera vainement le long et mélancolique fleuve des *Tristes;* ici il vivra, ici il mourra. « Un jour, ayant passé l'Ister vers son embouchure et étant un peu écarté de la troupe des chasseurs, je me trouvais à la vue des flots du Pont-Euxin. Je découvris un tombeau de pierre, sur lequel croissait un laurier. J'arrachai les herbes qui couvraient quelques lettres latines, et bientôt je parvins à lire ce premier vers des élégies d'un poète infortuné :
— « Mon livre, vous irez à Rome, et vous irez à Rome sans moi. »

« Je ne saurais vous peindre ce que j'éprouvai en retrouvant au fond de ce désert le tombeau d'Ovide. Quelles tristes réflexions ne fis-je point sur les peines de l'exil, qui étaient aussi les miennes, et sur l'inutilité des talents pour le bonheur! Rome, qui jouit aujourd'hui des tableaux du plus ingénieux de ses poètes, Rome a vu couler vingt ans, d'un œil sec, les larmes d'Ovide. Ah! moins ingrats que les peuples d'Ausonie, les sauvages habitants des bords de l'Ister se souviennent encore de l'Orphée qui parut dans leurs forêts! Ils viennent danser autour de ses cendres; ils ont même retenu quelque chose de son langage : tant leur est douce la mémoire de ce Romain qui s'accusait d'être le barbare, parce qu'il n'était pas entendu du Sarmate! »

Ce n'est pas sans motif que j'ai cité, à propos d'Ovide, ces réflexions d'Eudore. Le ton mélancolique du poète des *Martyrs* s'adapte à ce tableau, et la tristesse languissante du prisonnier chrétien s'y réfléchit heureusement. Il y a là l'ampleur de touche et de sentiments qui caractérisait la plume qui a écrit les *Natchez;* et je reconnais, dans la sauvage idylle d'Eugène Delacroix, une *histoire parfaitement belle* parce qu'il y a mis la *fleur du désert, la grâce de la cabane et une simplicité à conter la douleur que je ne me flatte pas d'avoir conservées* [1]. Certes je n'essayerai pas de traduire avec ma plume la volupté si triste qui s'exhale de ce verdoyant *exil.* Le catalogue, parlant ici la langue si nette et si brève des notices de Delacroix, nous dit simplement, et cela vaut mieux : « Les uns l'examinent avec curiosité, les autres lui font accueil à leur manière, et lui offrent des fruits sauvages et du lait de jument. » Si triste qu'il soit, le poète des élégances n'est pas insensible à cette grâce

1. Fragment du célèbre *Épilogue* d'*Atala.*

barbare, au charme de cette hospitalité rustique. Tout ce qu'il y a dans Ovide de délicatesse et de fertilité a passé dans la peinture de Delacroix; et, comme l'exil a donné au brillant poète la tristesse qui lui manquait, la mélancolie a revêtu de son vernis enchanteur le plantureux paysage du peintre. Il m'est impossible de dire : Tel tableau de Delacroix est le meilleur de ses tableaux; car c'est toujours le vin du même tonneau, capiteux, exquis, *sui generis,* mais on peut dire qu'*Ovide chez les Scythes* est une de ces étonnantes œuvres comme Delacroix seul sait les concevoir et les peindre. L'artiste qui a produit cela peut se dire un homme heureux, et heureux aussi se dira celui qui pourra tous les jours en rassasier son regard. L'esprit s'y enfonce avec une lente et gourmande volupté, comme dans le ciel, dans l'horizon de la mer, dans des yeux pleins de pensée, dans une tendance [1a] féconde et grosse de rêverie. Je suis convaincu que ce tableau a un charme tout particulier pour les esprits délicats; je jurerais presque qu'il a dû plaire plus que d'autres, peut-être, aux tempéraments nerveux et poétiques, à M. Fromentin, par exemple, dont j'aurai le plaisir de vous entretenir tout à l'heure.

Je tourmente mon esprit pour en arracher quelque formule qui exprime bien la *spécialité* d'Eugène Delacroix. Excellent dessinateur, prodigieux coloriste, compositeur ardent et fécond, tout cela est évident, tout cela a été dit. Mais d'où vient qu'il produit la sensation de nouveauté? Que nous donne-t-il de plus que le passé? Aussi grand que les grands, aussi habile que les habiles, pourquoi nous plaît-il davantage? On pourrait dire que, doué d'une plus riche imagination, il exprime surtout l'intime du cerveau, l'aspect étonnant des choses, tant son ouvrage garde fidèlement la marque et l'humeur de sa conception. C'est l'infini dans le fini. C'est le rêve! et je n'entends pas par ce mot les capharnaüms de la nuit, mais la vision produite par une intense méditation, ou, dans les cerveaux moins fertiles, par un excitant artificiel. En un mot, Eugène Delacroix peint surtout l'*âme* dans ses belles heures. Ah! mon cher ami, cet homme me donne quelquefois l'envie de durer autant qu'un patriarche, ou, malgré tout ce qu'il faudrait de courage à un mort pour consentir à revivre

1. Cf. *var.* p. 909.

(« Rendez-moi aux enfers! » disait l'infortuné ressuscité par la sorcière thessalienne), d'être ranimé à temps pour assister aux enchantements et aux louanges qu'il excitera dans l'âge futur. Mais à quoi bon? Et quand ce vœu puéril serait exaucé, de voir une prophétie réalisée, quel bénéfice en tirerais-je, si ce n'est la honte de reconnaître que j'étais une âme faible et possédée du besoin de voir approuver ses convictions [1]?

VI. — RELIGION, HISTOIRE, FANTAISIE
(Suite)

L'esprit français épigrammatique, combiné avec un élément de pédanterie, destiné à relever d'un peu de sérieux sa légèreté naturelle, devait engendrer une école que

---

1. Cet éloge de Delacroix est peut-être, en un sens, plus original en 1859 que celui de 1846, en un moment où, après avoir dû tout de même reconnaître un instant le génie du maître, la presse « bourgeoise » dénonçait ce qu'elle appelait sa décadence. Cf. par exemple cet article du *Figaro* du 10 mai 1859 (cité par Jacques Crépet) dont le titre se suffit à lui-même : *Ce qui reste de Delacroix*. D'ailleurs Delacroix cessa d'exposer au Salon à partir de 1859. Ces circonstances ne font que donner plus de prix au remerciement que le peintre adressa à Baudelaire dans une lettre du 27 juin 1859 : *Comment vous remercier dignement pour cette nouvelle preuve de votre amitié. Vous venez à mon secours au moment où je suis houspillé et vilipendé par un assez bon nombre de critiques sérieux ou soi-disant tels. Ces messieurs ne veulent que du grand, et j'ai tout bonnement envoyé ce que je venais d'achever, sans prendre une toise pour vérifier si j'étais dans les longueurs prescrites pour arriver convenablement à la postérité, dont je ne doute pas que ces Messieurs ne m'eussent facilité l'accès. Ayant eu le bonheur de vous plaire, je me console de leurs réprimandes. Vous me traitez comme on ne traite que* les grands morts ; *vous me faites rougir tout en me plaisant beaucoup; nous sommes faits comme cela.*

Adieu, cher Monsieur; faites donc paraître plus souvent quelque chose : vous mettez de vous dans tout ce que vous faites, et les amis de votre talent ne se plaignent que de la rareté de vos apparitions.

Je vous serre la main bien cordialement.

Peut-on soutenir que Delacroix n'a pas su reconnaître ce qu'il y avait de profond dans l'admiration de Baudelaire ? En tout cas cette lettre n'est point banale, et, de la part d'un être aussi secret et avare de soi-même que Delacroix, elle est un bouleversant témoignage. Quel critique ne se sentirait comblé de recevoir pareil message d'un grand homme ?

Théophile Gautier, dans sa bénignité, appelle poliment l'école néo-grecque, et que je nommerai, si vous le voulez bien, l'école des *pointus*. Ici l'érudition a pour but de déguiser l'absence d'imagination. La plupart du temps, il ne s'agit dès lors que de transporter la vie commune et vulgaire dans un cadre grec ou romain. Dézobry et Barthélemy[1] seront ici d'un grand secours, et des pastiches des fresques d'Herculanum, avec leurs teintes pâles obtenues par des frottis impalpables, permettront au peintre d'esquiver toutes les difficultés d'une peinture riche et solide. Ainsi d'un côté le bric-à-brac (élément sérieux), de l'autre la transposition des vulgarités de la vie dans le régime antique (élément de surprise et de succès), suppléeront désormais à toutes les conditions requises pour la bonne peinture. Nous verrons donc des moutards antiques jouer à la balle antique et au cerceau antique, avec d'antiques poupées et d'antiques joujoux; des bambins idylliques jouer à la madame et au monsieur *(Ma sœur n'y est pas)* [2]; des amours enfourchant des bêtes aquatiques *(Décoration pour une salle de bains)* [3] et des *Marchandes d'amour* à foison[4], qui offriront leur marchandise suspendue par les ailes, comme un lapin par les oreilles, et qu'on devrait renvoyer à la place de la Morgue, qui est le lieu où se fait un abondant commerce d'oiseaux plus naturels. L'Amour, l'inévitable Amour, l'immortel Cupidon des confiseurs, joue dans cette école un rôle dominateur et universel. Il est le président de cette république galante et minaudière. C'est un poisson qui s'accommode à toutes les sauces. Ne sommes-nous pas cependant bien las de voir la couleur et le marbre prodigués en faveur de ce vieux polisson, ailé comme un insecte, ou comme un canard, que Thomas Hood nous montre accroupi, et, comme un impotent, écrasant de sa molle

1. Barthélemy est largement connu comme auteur du *Voyage du jeune Anacharsis ;* Dezobry avait écrit un ouvrage pédagogique analogue, *Rome au siècle d'Auguste.*

2. Tableau de J. Hamon, exposé au Salon de 1853, et qui fut acheté par Napoléon III. Détruit dans l'incendie des Tuileries en 1871. Le titre désigné par Baudelaire est en fait la légende du tableau, dont le titre au catalogue était : *L'Amour en visite.*

3. Il doit s'agir d'une décoration d'Étex (sur ce peintre-sculpteur cf. *Salon de 1845*) : *Les Saisons,* désignée au catalogue : *panneaux décoratifs d'un salon de bains.*

4. On en trouve en effet plusieurs au catalogue du Salon.

obésité le nuage qui lui sert de coussin? De sa main gauche il tient en manière de sabre son arc appuyé contre sa cuisse; de la droite il exécute avec sa flèche le commandement : Portez armes! sa chevelure est frisée dru comme une perruque de cocher; ses joues rebondissantes oppriment ses narines et ses yeux; sa chair, ou plutôt sa viande, capitonnée, tubuleuse et soufflée, comme les graisses suspendues aux crochets des bouchers, est sans doute distendue par les soupirs de l'idylle universelle; à son dos montagneux sont accrochées deux ailes de papillon.

« Est-ce bien là l'incube qui oppresse le sein des belles?... Ce personnage est-il le partenaire disproportionné pour lequel soupire Pastorella, dans la plus étroite des couchettes virginales? La platonique Amanda (qui est tout âme), fait-elle donc, quand elle disserte sur l'Amour, allusion à cet être trop palpable, qui est tout corps? Et Bélinda croit-elle, en vérité, que ce Sagittaire ultra-substantiel puisse être embusqué dans son dangereux œil bleu?

« La légende raconte qu'une fille de Provence s'amouracha de la statue d'Apollon et en mourut. Mais demoiselle passionnée délira-t-elle jamais et se dessécha-t-elle devant le piédestal de cette monstrueuse figure? ou plutôt ne serait-ce pas un emblème indécent qui servirait à expliquer la timidité et la résistance proverbiale des filles à l'approche de l'Amour ?

« Je crois facilement qu'il lui faut *tout un cœur* pour lui tout seul; car il doit le bourrer jusqu'à la réplétion. Je crois à sa *confiance;* car il a l'air sédentaire et peu propre à la marche. Qu'il soit prompt à *fondre,* cela tient à sa graisse, et s'il brûle avec *flamme,* il en est de même de tous les corps gras. Il a des *langueurs* comme tous les corps d'un pareil tonnage, et il est naturel qu'un si gros soufflet *soupire.*

« Je ne nie pas qu'il s'*agenouille* aux pieds des dames, puisque c'est la posture des éléphants; qu'il *jure* que cet hommage sera *éternel;* certes il serait malaisé de concevoir qu'il en fût autrement. Qu'il *meure,* je n'en fais aucun doute, avec une pareille corpulence et un cou si court! S'il est *aveugle,* c'est l'enflure de sa joue de cochon qui lui bouche la vue. Mais qu'il loge dans l'œil bleu de Bélinda, ah! je me sens hérétique, je ne le croirai jamais; car elle n'a jamais eu une étable [1] dans l'œil! »

1. Une étable contient *plusieurs* cochons, et, de plus, il y a calem-

Cela est doux à lire, n'est-ce pas? et cela nous venge un peu de ce gros poupard troué de fossettes qui représente l'idée populaire de l'Amour. Pour moi, si j'étais invité à représenter l'Amour, il me semble que je le peindrais sous la forme d'un cheval enragé qui dévore son maître, ou bien d'un démon aux yeux cernés par la débauche et l'insomnie,

---

bour ; on peut deviner quel est le sens du mot *sty* au figuré. *(Note de Baudelaire.)*

Ce texte est la traduction d'un passage des *Whims and Oddities* de Thomas Hood (1826) : *On the popular Cupid,* accompagné d'une illustration de l'auteur, à laquelle Baudelaire a fait plus haut allusion, et qui porte pour légende : *Dites-moi, mon cœur, est-ce bien là l'Amour?* Voici, à titre documentaire, et pour le lecteur curieux d'apprécier le talent de traducteur de Baudelaire, le texte original de Hood : *In sober verity — does such an incubus oppress the female bosom?... Is this personnage the disproportionate partner for whom Pastorella sigheth, — in the smallest of cots? — Does the platonic Amanda (who is all soul) refer, in her discourses on Love, to this palpable being, who is all body? Or does Belinda, indeed, believe that such a substantial Sagittarius lies ambush'd in her perilous blue eye?*

It is the legend, that a girl of Provence was smitten once, and died, by the marble Apollo; but did impassioned damsel ever dote and whither, beside the pedestal of this preposterous effigy? or, rather, is not the unseemly emblem accountable for the coyness and proverbial reluctance of maidens to the approaches of Love? I can believe in his dwelling alone in the heart — seeing that he must occupy it to repletion; — in his constancy, because he looks sedentary and not apt to roam. That he is given to melt — from his great pinguitude. That he burneth with a flame, for so all flat burneth — and hath languishings — like other bodies of this tonnage. That he sighs — from his size.

I dispute not his kneeling at ladie's feet — since it is the posture of elephants, — nor his promise that the homage shall remain eternal. I doubt not of his dying, — being of a corpulent habit, and a short neck. — Of his blindness — with that inflated pig's cheek. But for his lodging in Belinda's eye, my whole faith is heretic — for she hath never a sty in it.

Ce texte appartient évidemment au genre burlesque, et c'est précisément une sorte de burlesque involontaire que Baudelaire veut, par cette citation, dénoncer chez les peintres qu'il accable. Quant au *calembour* final, notons qu'il existe en anglais deux *sty,* l'un signifiant *porcherie* et, au sens figuré, *lieu de débauche,* tandis que le second signifie... *orgelet !* Baudelaire avait-il songé que le calembour était triple ? Sur l'ensemble de ce passage, cf. Margaret Gilman : *Baudelaire and Thomas Hood, Romanic Review,* vol. XXVI, n° 3, juillet-septembre 1935, pp. 241-244.

Thomas Hood (1799-1845) est un des « petits-maîtres » les plus intéressants de la poésie romantique anglaise.

traînant, comme un spectre ou un galérien, des chaînes bruyantes à ses chevilles, et secouant d'une main une fiole de poison, de l'autre le poignard sanglant du crime [1].

L'école en question, dont le principal caractère (à mes yeux) est un perpétuel agacement, touche à la fois au proverbe, au rébus et au vieux-neuf. Comme rébus, elle est, jusqu'à présent, restée inférieure à *l'Amour fait passer le Temps* et *le Temps fait passer l'Amour,* qui ont le mérite d'un rébus sans pudeur, exact et irréprochable [2]. Par sa manie d'habiller à l'antique la vie triviale moderne, elle commet sans cesse ce que j'appellerais volontiers une caricature à l'inverse. Je crois lui rendre un grand service en lui indiquant, si elle veut devenir plus agaçante encore, le petit livre de M. Édouard Fournier comme une source inépuisable de sujets [3]. Revêtir des costumes du passé toute l'histoire, toutes les professions et toutes les industries modernes, voilà, je pense, pour la peinture, un infaillible et infini moyen d'étonnement. L'honorable érudit y prendra lui-même quelque plaisir.

Il est impossible de méconnaître chez M. Gérome [4] de nobles qualités, dont les premières sont la recherche du nouveau et le goût des grands sujets; mais son originalité (si toutefois il y a originalité) est souvent d'une nature laborieuse et à peine visible. Froidement il réchauffe les sujets par de petits ingrédients et par des expédients puérils. L'idée d'un combat de coqs appelle naturellement le souvenir de Manille ou de l'Angleterre. M. Gérome essayera de surprendre notre curiosité en transportant ce jeu dans

1. C'est bien là en effet un des visages de l'Amour qui se rencontrent dans les *Fleurs du Mal :* et il est curieux que le burlesque plaisant de Hood serve d'introduction à l'acharnement spectral et démoniaque de l'antiérotisme baudelairien.

2. *L'Amour et le Temps,* chanson du comte de Ségur.

3. Édouard Fournier : *L'Esprit dans l'histoire, recherches et curiosités sur les mots historiques,* Paris 1857 (c'est en effet un *petit livre :* in-18). On peut penser aussi à un autre ouvrage du même auteur mais en deux volumes : *Le Vieux-Neuf* (1859).

4. Jean-Léon Gérôme (1824-1904), peintre à succès, parfait représentant de l'académisme aimable. Cf. Moreau-Vauthier : *Gérôme,* Paris, 1906.

une espèce de pastorale antique [1]. Malgré de grands et nobles efforts, *le Siècle d'Auguste* [2], par exemple, — qui est encore une preuve de cette tendance française de M. Gérome à chercher le succès ailleurs que dans la seule peinture, — il n'a été jusqu'à présent, et ne sera, ou du moins cela est fort à craindre, que le premier des esprits pointus. Que ces jeux romains soient exactement représentés, que la couleur locale soit scrupuleusement observée, je n'en veux point douter; je n'élèverai pas à ce sujet le moindre soupçon (cependant, puisque voici le rétiaire, où est le mirmillon?) [3]; mais baser un succès sur de pareils éléments, n'est-ce pas jouer un jeu, sinon déloyal, au moins dangereux, et susciter une résistance méfiante chez beaucoup de gens qui s'en iront hochant la tête et se demandant s'il est bien certain que les choses se passassent absolument ainsi? En supposant même qu'une pareille critique soit injuste (car on reconnaît généralement chez M. Gérome un esprit curieux du passé et avide d'instruction), elle est la punition méritée d'un artiste qui substitue l'amusement d'une page érudite aux jouissances de la pure peinture. La facture de M. Gérome, il faut bien le dire, n'a jamais été forte ni originale. Indécise, au contraire, et faiblement caractérisée, elle a toujours oscillé entre Ingres et Delaroche. J'ai d'ailleurs à faire un reproche plus vif au tableau en question. Même pour montrer l'endurcissement dans le crime et dans la débauche, même pour nous faire soupçonner les bassesses secrètes de la goinfrerie, il n'est pas nécessaire de faire alliance avec la caricature, et je crois que l'habitude du commandement, surtout quand il s'agit de commander au monde, donne, à défaut de vertus, une certaine noblesse d'attitude dont s'éloigne beaucoup trop ce soi-disant César, ce boucher, ce marchand de vins obèse, qui tout au plus pourrait, comme le suggère sa pose satis-

1. Gérôme avait exposé un *Combat de coqs* au Salon de 1847 (actuellement au Louvre).

2. Ce tableau figurait au musée d'Amiens où il fut détruit pendant la guerre par un bombardement.

3. Gérôme exposait en 1859 un *Combat de gladiateurs,* accompagné de la légende *Ave Caesar*. Ce tableau semble avoir été repéré pour la dernière fois dans une vente à Londres chez Christie's le 30 novembre 1928 (nº 165).

faite et provocante, aspirer au rôle de directeur du journal des *Ventrus* et des satisfaits.

Le Roi Candaule est encore un piège et une distraction. Beaucoup de gens s'extasient devant le mobilier et la décoration du lit royal; voilà donc une chambre à coucher asiatique! quel triomphe! Mais est-il bien vrai que la terrible reine, si jalouse d'elle-même, qui se sentait autant souillée par le regard que par la main, ressemblât à cette plate marionnette? Il y a, d'ailleurs, un grand danger dans un tel sujet, situé à égale distance du tragique et du comique. Si l'anecdote asiatique n'est pas traitée d'une manière asiatique, funeste, sanglante, elle suscitera toujours le comique; elle appellera invariablement dans l'esprit les polissonneries des Baudouin et des Biard du dix-huitième siècle, où une porte entre-bâillée permet à deux yeux écarquillés de surveiller le jeu d'une seringue entre les appas exagérés d'une marquise.

Jules César [1]! quelle splendeur de soleil couché le nom de cet homme jette dans l'imagination! Si jamais homme sur la terre a ressemblé à la Divinité, ce fut César. Puissant et séduisant! brave, savant et généreux! Toutes les forces, toutes les gloires et toutes les élégances! Celui dont la grandeur dépassait toujours la victoire, et qui a grandi jusque dans la mort; celui dont la poitrine, traversée par le couteau, ne donnait passage qu'au cri de l'amour paternel, et qui trouvait la blessure du fer moins cruelle que la blessure de l'ingratitude! Certainement, cette fois, l'imagination de M. Gérome a été enlevée; elle subissait une crise heureuse quand elle a conçu son César *seul,* étendu devant son trône culbuté, et ce cadavre de Romain qui fut pontife, guerrier, orateur, historien et maître du monde, remplissant une salle immense et déserte. On a critiqué cette manière de montrer le sujet; on ne saurait trop la louer. L'effet en est vraiment grand. Ce terrible résumé suffit. Nous savons tous assez l'histoire romaine pour nous figurer tout ce qui est sous-entendu, le désordre qui a précédé et le tumulte qui a suivi. Nous devinons Rome derrière cette muraille, et nous entendons les cris de ce

1. *La Mort de César,* dont une version se trouvait à la Corcoran Gallery de Washington. Cf. Moreau-Vauthier, *op. cit.,* pp. 152-153.

peuple stupide et délivré, à la fois ingrat envers la victime et envers l'assassin : « Faisons Brutus César! » Reste à expliquer, relativement à la peinture elle-même, quelque chose d'inexplicable. César ne peut pas être un maugrabin; il avait la peau très blanche; il n'est pas puéril, d'ailleurs, de rappeler que le dictateur avait autant de soin de sa personne qu'un dandy raffiné. Pourquoi donc cette couleur terreuse dont la face et le bras sont revêtus? J'ai entendu alléguer le ton cadavéreux dont la mort frappe les visages. Depuis combien de temps, en ce cas, faut-il supposer que le vivant est devenu cadavre? Les promoteurs d'une pareille excuse doivent regretter la putréfaction. D'autres se contentent de faire remarquer que le bras et la tête sont enveloppés par l'ombre. Mais cette excuse impliquerait que M. Gérome est incapable de représenter une chair blanche dans une pénombre, et cela n'est pas croyable. J'abandonne donc forcément la recherche de ce mystère. Telle qu'elle est, et avec tous ses défauts, cette toile est la meilleure et incontestablement la plus frappante qu'il nous ait montrée depuis longtemps.

Les victoires françaises engendrent sans cesse un grand nombre de peintures militaires. J'ignore ce que vous pensez, mon cher M***, de la peinture militaire considérée comme métier et spécialité. Pour moi, je ne crois pas que le patriotisme commande le goût du faux ou de l'insignifiant. Ce genre de peinture, si l'on y veut bien réfléchir, exige la fausseté ou la nullité. Une bataille *vraie* n'est pas un tableau; car, pour être intelligible et conséquemment intéressante comme *bataille,* elle ne peut être représentée que par des lignes blanches, bleues ou noires, simulant les bataillons en ligne. Le terrain devient, dans une composition de ce genre comme dans la réalité, plus important que les hommes. Mais, dans de pareilles conditions, il n'y a plus de tableau, ou du moins il n'y a qu'un tableau de tactique et de topographie. M. Horace Vernet crut une fois, plusieurs fois même, résoudre la difficulté par une série d'épisodes accumulés et juxtaposés. Dès lors, le tableau, privé d'unité, ressemble à ces mauvais drames où une surcharge d'incidents parasites empêche d'apercevoir l'idée mère, la conception génératrice. Donc, en dehors du tableau fait pour les tacticiens et les topographes, que nous devons exclure de l'art pur, un tableau militaire n'est intelligible et intéressant qu'à la condition d'être *un simple* *épisode de la vie militaire*. Ainsi l'a très bien compris M. Pils[1], par exemple, dont nous avons souvent admiré les spirituelles et solides compositions; ainsi, autrefois, Charlet et Raffet. Mais même dans le simple épisode, dans la simple représentation d'une mêlée d'hommes sur un petit espace déterminé, que de faussetés, que d'exagérations et quelle monotonie l'œil du spectateur a souvent à souffrir! J'avoue que ce qui m'afflige le plus en ces sortes de spectacles, ce n'est pas cette abondance de blessures, cette prodigalité hideuse de membres écharpés, mais bien l'immobilité dans la violence et l'épouvantable et froide grimace d'une fureur stationnaire. Que de justes critiques ne pourrait-on pas faire encore! D'abord ces longues bandes de troupes monochromes, telles que les habillent les gouvernements modernes, supportent difficilement le pittoresque, et les artistes, à leurs heures belliqueuses, cherchent plutôt dans le passé, comme l'a fait M. Penguilly dans *le Combat des Trente,* un prétexte plausible pour développer une belle variété d'armes et de costumes. Il y a ensuite dans le cœur de l'homme un certain amour de la victoire exagéré jusqu'au mensonge, qui donne souvent à ces toiles un faux air de plaidoiries. Cela n'est pas peu propre à refroidir, dans un esprit raisonnable, un enthousiasme d'ailleurs tout prêt à éclore. Alexandre Dumas, pour avoir à ce sujet rappelé récemment la fable : *Ah ! si les lions savaient peindre*[2] *!* s'est attiré une verte remontrance d'un de ses confrères. Il est juste de dire que le moment n'était pas très bien choisi [3], et qu'il aurait dû ajouter que tous les peuples étalent naïvement le même défaut sur leurs théâtres et dans leurs musées. Voyez, mon cher, jusqu'à quelle folie une passion exclusive et étrangère aux arts peut entraîner un écrivain patriote : je feuilletais un jour un recueil célèbre représentant les victoires françaises accompagnées d'un texte. Une de ces estampes figurait la conclusion d'un traité de paix. Les personnages français, bottés, éperonnés, hautains, insultaient presque du regard des diplomates

1. Isidore Pils. 1813-1875.
2. La Fontaine, III, 10. Cf. Dumas : *l'Art et les Artistes contemporains au Salon de 1859*.
3. Allusion à la guerre contre l'Autriche (Magenta : 4 juin 1859 ; Solferino : 24 juin).

humbles et embarrassés; et le texte louait l'artiste d'avoir su exprimer chez les uns la vigueur morale par l'énergie des muscles, et chez les autres la lâcheté et la faiblesse par une rondeur de formes toute féminine! Mais laissons de côté ces puérilités, dont l'analyse trop longue est un hors-d'œuvre, et n'en tirons que cette morale, à savoir, qu'on peut manquer de pudeur même dans l'expression des sentiments les plus nobles et les plus magnifiques.

Il y a un tableau militaire que nous devons louer, et avec tout notre zèle; mais ce n'est point une bataille; au contraire, c'est presque une pastorale. Vous avez déjà deviné que je veux parler du tableau de M. Tabar[1]. Le livret dit simplement : *Guerre de Crimée, Fourrageurs.* Que de verdure, et quelle belle verdure, doucement ondulée suivant le mouvement des collines! L'âme respire ici un parfum compliqué; c'est la fraîcheur végétale, c'est la beauté tranquille d'une nature qui fait rêver plutôt que penser, et en même temps c'est la contemplation de cette vie ardente, aventureuse, où chaque journée appelle un labeur différent. C'est une idylle traversée par la guerre. Les gerbes sont empilées; la moisson nécessaire est faite et l'ouvrage est sans doute fini, car le clairon jette au milieu des airs un rappel retentissant. Les soldats reviennent par bandes, montant et descendant les ondulations du terrain avec une désinvolture nonchalante et régulière. Il est difficile de tirer un meilleur parti d'un sujet aussi simple; tout y est poétique, la nature et l'homme; tout y est vrai et pittoresque, jusqu'à la ficelle ou à la bretelle unique qui soutient çà et là le pantalon rouge. L'uniforme égaye ici, avec l'ardeur du coquelicot ou du pavot, un vaste océan de verdure. Le sujet, d'ailleurs, est d'une nature suggestive; et, bien que la scène se passe en Crimée, avant d'avoir ouvert le catalogue, ma pensée, devant cette armée de moissonneurs, se porta d'abord vers nos troupes d'Afrique, que l'imagination se figure toujours si prêtes à tout, si industrieuses, si véritablement *romaines*[2].

1. F.-G.-L. Tabar, 1818-1869.

2. Sur le sujet de la peinture militaire cf. Lethève et Pichois : *Baudelaire et les illustrateurs des fastes napoléoniens*, *Bulletin du Bibliophile*, 1956, n° 5.

Ne vous étonnez pas de voir un désordre apparent succéder pendant quelques pages à la méthodique allure de mon compte rendu. J'ai dans le triple titre de ce chapitre adopté le mot *fantaisie* non sans quelque raison. *Peinture de genre* implique un certain prosaïsme, et *peinture romanesque*, qui remplissait un peu mieux mon idée, exclut l'idée du fantastique. C'est dans ce genre surtout qu'il faut choisir avec sévérité; car la fantaisie est d'autant plus dangereuse qu'elle est plus facile et plus ouverte; dangereuse comme la poésie en prose, comme le roman, elle ressemble à l'amour qu'inspire une prostituée et qui tombe bien vite dans la puérilité ou dans la bassesse; dangereuse comme toute liberté absolue. Mais la fantaisie est vaste comme l'univers multiplié par tous les êtres pensants qui l'habitent. Elle est la première chose venue interprétée par le premier venu; et, si celui-là n'a pas l'âme qui jette une lumière magique et surnaturelle sur l'obscurité naturelle des choses, elle est une inutilité horrible, elle est la première venue souillée par le premier venu. Ici donc, plus d'analogie, sinon de hasard; mais au contraire trouble et contraste, un champ bariolé par l'absence d'une culture régulière.

En passant, nous pouvons jeter un regard d'admiration et presque de regret sur les charmantes productions de quelques hommes qui, dans l'époque de noble renaissance dont j'ai parlé au début de ce travail, représentaient le joli, le précieux, le délicieux, Eugène Lami qui, à travers ses paradoxaux petits personnages, nous fait voir un monde et un goût disparus, et Wattier, ce savant qui a tant aimé Watteau. Cette époque était si belle et si féconde, que les artistes en ce temps-là n'oubliaient aucun besoin de l'esprit. Pendant qu'Eugène Delacroix et Devéria créaient le grand et le pittoresque, d'autres, spirituels et nobles dans la petitesse, peintres du boudoir et de la beauté légère, augmentaient incessamment l'album actuel de l'élégance idéale. Cette renaissance était grande en tout, dans l'héroïque et dans la vignette. Dans de plus fortes proportions aujourd'hui, M. Chaplin[1], excellent peintre d'ailleurs, continue quelquefois, mais avec un peu de lourdeur, ce culte du joli; cela sent moins le monde et un peu plus l'atelier.

1. Charles Chaplin, 1825-1891.

M. Nanteuil est un des plus nobles, des plus assidus producteurs qui honorent la seconde phase de cette époque [1]. Il a mis un doigt d'eau dans son vin; mais il peint et il compose toujours avec énergie et imagination. Il y a une fatalité dans les enfants de cette école victorieuse. Le romantisme est une grâce, céleste ou infernale, à qui nous devons des stigmates éternels. Je ne puis jamais contempler la collection des ténébreuses et blanches vignettes dont Nanteuil [a] illustrait les ouvrages des auteurs, ses amis, sans sentir comme un petit vent frais qui fait se hérisser le souvenir. Et M. Baron, n'est-ce pas là aussi un homme curieusement doué, et, sans exagérer son mérite outre mesure, n'est-il pas délicieux de voir tant de facultés employées dans de capricieux et modestes ouvrages? Il compose admirablement, groupe avec esprit, colore avec ardeur, et jette une flamme amusante dans tous ses drames; drames, car il a la composition dramatique et quelque chose qui ressemble au génie de l'opéra. Si j'oubliais de le remercier, je serais bien ingrat; je lui dois une sensation délicieuse. Quand, au sortir d'un taudis, sale et mal éclairé, un homme se trouve tout d'un coup transporté dans un appartement propre, orné de meubles ingénieux et revêtu de couleurs caressantes, il sent son esprit s'illuminer et ses fibres s'apprêter aux choses du bonheur. Tel le plaisir physique que m'a causé *l'Hôtellerie de Saint-Luc*. Je venais de considérer avec tristesse tout un chaos, plâtreux et terreux, d'horreur et de vulgarité, et, quand je m'approchai de cette riche et lumineuse peinture, je sentis mes entrailles crier : Enfin, nous voici dans la belle société! Comme elles sont fraîches, ces eaux qui amènent par troupes ces convives distingués sous ce portique ruisselant de lierre et de roses! Comme elles sont splendides, toutes ces femmes avec leurs compagnons, ces maîtres peintres qui se connaissent en beauté, s'engouffrant dans ce repaire de la joie pour célébrer leur patron! Cette composition, si riche, si gaie, et en même temps si noble et si élégante d'attitudes, est un des meilleurs rêves de

1. Célestin Nanteuil, le graveur romantique par excellence, l'ami de Nerval, de Dumas et de Gautier, le maître de la vignette d'illustration.

bonheur parmi ceux que la peinture a jusqu'à présent essayé d'exprimer [1].

Par ses dimensions, *l'Ève* de M. Clésinger fait une antithèse naturelle avec toutes les charmantes et mignonnes créatures dont nous venons de parler. Avant l'ouverture du *Salon,* j'avais entendu beaucoup jaser de cette *Ève* prodigieuse, et, quand j'ai pu la voir, j'étais si prévenu contre elle que j'ai trouvé tout d'abord qu'on en avait beaucoup trop ri. Réaction toute naturelle, mais qui était, de plus, favorisée par mon amour incorrigible du *grand.* Car il faut, mon cher, que je vous fasse un aveu qui vous fera peut-être sourire : dans la nature et dans l'art, je préfère, en supposant l'égalité de mérite, les choses *grandes* à toutes les autres, les grands animaux, les grands paysages, les grands navires, les grands hommes, les grandes femmes, les grandes églises, et, transformant, comme tant d'autres, mes goûts en principes, je crois que la dimension n'est pas une considération sans importance aux yeux de la Muse. D'ailleurs, pour revenir à *l'Ève* de M. Clésinger, cette figure possède d'autres mérites : un mouvement heureux, l'élégance tourmentée du goût florentin, un modelé soigné, surtout dans les parties inférieures du corps, les genoux, les cuisses et le ventre, tel enfin qu'on devait l'attendre d'un sculpteur, un fort bon ouvrage qui méritait mieux que ce qui en a été dit [2].

Vous rappelez-vous les débuts de M. Hébert, des débuts heureux et presque tapageurs [3]? Son second tableau attira surtout les yeux; c'était, si je ne me trompe, le portrait d'une femme onduleuse et plus qu'opaline, presque douée de transparence, et se tordant, maniérée, mais exquise, dans une atmosphère d'enchantement. Certainement le succès était mérité, et M. Hébert s'annonçait de manière

1. Cf. *Petits poèmes en prose, la Chambre double.* Le titre exact de ce tableau d'Henri Baron était : *Entrée d'un cabaret vénitien où les maîtres peintres allaient fêter leur patron Saint Luc.*

2. Rappelons que Clésinger (1814-1883) était un sculpteur qui faisait parfois aussi de la peinture. Il avait connu un considérable succès en 1847 avec son groupe *Femme piquée par un serpent* dont le modèle était Mme Sabatier. Cf. aussi p. 386.

3. C'était en 1839 avec un *Tasse en prison,* qui fut acheté par l'État et appartient au musée de Grenoble. Émile Hébert, 1828-1893.

à être toujours le bienvenu, comme un homme plein de distinction. Malheureusement ce qui fit sa juste notoriété fera peut-être un jour sa décadence. Cette *distinction* se limite trop volontiers aux charmes de la morbidesse et aux langueurs monotones de l'album et du keepsake. Il est incontestable qu'il peint fort bien, mais non pas avec assez d'autorité et d'énergie pour cacher une faiblesse de conception. Je cherche à creuser tout ce que je vois d'aimable en lui, et j'y trouve je ne sais quelle ambition mondaine, le parti pris de plaire par des moyens acceptés d'avance par le public, et enfin un certain défaut, horriblement difficile à définir, que j'appellerai, faute de mieux, le défaut de tous les *littératisants.* Je désire qu'un artiste soit lettré, mais je souffre quand je le vois cherchant à capter l'imagination par des ressources situées aux extrêmes limites, sinon même au delà de son art [1].

M. Baudry [2], bien que sa peinture ne soit pas toujours suffisamment solide, est plus naturellement artiste. Dans ses ouvrages on devine les bonnes et amoureuses études italiennes, et cette figure de petite fille, qui s'appelle, je crois, *Guillemette,* a eu l'honneur de faire penser plus d'un critique aux spirituels et vivants portraits de Velasquez. Mais enfin il est à craindre que M. Baudry ne reste qu'un homme distingué. Sa *Madeleine pénitente* [3] est bien un peu frivole et lestement peinte, et, somme toute, à ses toiles de cette année je préfère son ambitieux, son compliqué et courageux tableau de la *Vestale* [4].

M. Diaz est un exemple curieux d'une fortune facile obtenue par une faculté unique. Les temps ne sont pas encore loin de nous où il était un engouement. La gaieté de sa couleur, plutôt scintillante que riche, rappelait les heureux bariolages des étoffes orientales. Les yeux s'y amusaient si sincèrement qu'ils oubliaient volontiers d'y chercher le contour et le modelé. Après avoir usé en vrai prodigue de cette faculté unique dont la nature

---

1. Hébert exposait en 1859, entre autres sujets, des *Paysannes de Cervaro* (Musée du Louvre).

2. Paul Baudry, 1828-1886.

3. Musée de Nantes.

4. Musée de Lille (1857).

l'avait prodigalement doué, M. Diaz a senti s'éveiller en lui une ambition plus difficile. Ces premières velléités s'exprimèrent par des tableaux d'une dimension plus grande que ceux où nous avions généralement pris tant de plaisir. Ambition qui fut sa perte. Tout le monde a remarqué l'époque où son esprit fut travaillé de jalousie à l'endroit de Corrège et de Prud'hon. Mais on eût dit que son œil, accoutumé à noter le scintillement d'un petit monde, ne voyait plus de couleurs vives dans un grand espace. Son coloris pétillant tournait au plâtre et à la craie; ou peut-être, ambitieux désormais de modeler avec soin, oubliait-il volontairement les qualités qui jusque-là avaient fait sa gloire. Il est difficile de déterminer les causes qui ont si rapidement diminué la vive personnalité de M. Diaz; mais il est permis de supposer que ces louables désirs lui sont venus trop tard. Il y a de certaines réformes impossibles à un certain âge, et rien n'est plus dangereux, dans la pratique des arts, que de renvoyer toujours au lendemain les études indispensables. Pendant de longues années on se fie à un instinct généralement heureux, et quand on veut enfin corriger une éducation de hasard et acquérir les principes négligés jusqu'alors, il n'est plus temps. Le cerveau a pris des habitudes incorrigibles, et la main, réfractaire et troublée, ne sait pas plus exprimer ce qu'elle exprimait si bien autrefois que les nouveautés dont maintenant on la charge. Il est vraiment bien désagréable de dire de pareilles choses à propos d'un homme d'une aussi notoire valeur que M. Diaz. Mais je ne suis qu'un écho; tout haut ou tout bas, avec malice ou avec tristesse, chacun a déjà prononcé ce que j'écris aujourd'hui.

Tel n'est pas M. Bida : on dirait, au contraire, qu'il a stoïquement répudié la couleur et toutes ses pompes pour donner plus de valeur et de lumière aux caractères que son crayon se charge d'exprimer. Et il les exprime avec une intensité et une profondeur remarquables. Quelquefois une teinte légère et transparente appliquée dans une partie lumineuse, rehausse agréablement le dessin sans en rompre la sévère unité. Ce qui marque surtout les ouvrages de M. Bida, c'est l'intime expression des figures. Il est impossible de les attribuer indifféremment à telle ou telle race, ou de supposer que ces personnages sont d'une religion qui n'est pas la leur. A défaut des explications du livret *(Prédication maronite dans le Liban, Corps de garde d'Arnautes au Caire)*, tout esprit exercé devinerait aisément les différences [1].

M. Chifflart est un grand prix de Rome, et, miracle! il a une originalité. Le séjour dans la ville éternelle n'a pas éteint les forces de son esprit; ce qui, après tout, ne prouve qu'une chose, c'est que ceux-là seuls y meurent qui sont trop faibles pour y vivre, et que l'école n'humilie que ceux qui sont voués à l'humilité. Tout le monde, avec raison, reproche aux deux dessins de M. Chifflart *(Faust au combat, Faust au sabbat)* trop de noirceur et de ténèbres, surtout pour des dessins aussi compliqués. Mais le style en est vraiment beau et grandiose. Quel rêve chaotique! Méphisto et son ami Faust, invincibles et invulnérables, traversent au galop, l'épée haute, tout l'orage de la guerre. Ici la Marguerite, longue, sinistre, inoubliable, est suspendue et se détache comme un remords sur le disque de la lune, immense et pâle. Je sais le plus grand gré à M. Chifflart d'avoir traité ces poétiques sujets héroïquement et dramatiquement, et d'avoir rejeté bien loin toutes les fadaises de la mélancolie apprise [2]. Le bon Ary Scheffer, qui refaisait sans cesse un Christ semblable à son Faust et un Faust semblable à son Christ, tous deux semblables à un pianiste prêt à épancher sur les touches d'ivoire ses tristesses incomprises, aurait eu besoin de voir ces deux vigoureux dessins pour comprendre qu'il n'est permis de traduire les poètes que quand on sent en soi une énergie égale à la leur. Je ne crois pas que le solide crayon qui a dessiné ce sabbat et cette tuerie s'abandonne jamais à la niaise mélancolie des demoiselles.

Parmi les jeunes célébrités, l'une des plus solidement établies est celle de M. Fromentin [3]. Il n'est précisément ni

1. Alexandre Bida était un fécond dessinateur orientaliste : il faillit être l'illustrateur du *Voyage en Orient* de Nerval, dont le jugement sur l'artiste coïncide avec celui de Baudelaire (cf. dans notre édition des *Œuvres* de Nerval, la reproduction d'un dessin de Bida, tome II, p. XII).

2. Nicolas-François Chifflart (1825-1901) connut une certaine célébrité : une copie de son *Faust au sabbat* se trouve à Londres, au Victoria and Albert Museum. Chifflart y est assez proche de Chenavard.

3. Eugène Fromentin (1820-1876) est surtout resté le romancier de *Dominique* et le critique des *Maîtres d'autrefois*. Mais Baudelaire nous rappelle à propos qu'il fut aussi un excellent petit-maître capable

un paysagiste ni un peintre de genre. Ces deux terrains sont trop restreints pour contenir sa large et souple fantaisie. Si je disais de lui qu'il est un conteur de voyages, je ne dirais pas assez, car il y a beaucoup de voyageurs sans poésie et sans âme, et son âme est une des plus poétiques et des plus précieuses que je connaisse. Sa peinture proprement dite, sage, puissante, bien gouvernée, procède évidemment d'Eugène Delacroix. Chez lui aussi on retrouve cette savante et naturelle intelligence de la couleur, si rare parmi nous. Mais la lumière et la chaleur, qui jettent dans quelques cerveaux une espèce de folie tropicale, les agitent d'une fureur inapaisable et les poussent à des danses inconnues, ne versent dans son âme qu'une contemplation douce et reposée. C'est l'extase plutôt que le fanatisme. Il est présumable que je suis moi-même atteint quelque peu d'une nostalgie qui m'entraîne vers le soleil; car de ces toiles lumineuses s'élève pour moi une vapeur enivrante, qui se condense bientôt en désirs et en regrets. Je me surprends à envier le sort de ces hommes étendus sous ces ombres bleues, et dont les yeux, qui ne sont ni éveillés ni endormis, n'expriment, si toutefois ils expriment quelque chose, que l'amour du repos et le sentiment du bonheur qu'inspire une immense lumière. L'esprit de M. Fromentin tient un peu de la femme, juste autant qu'il faut pour ajouter une grâce à la force. Mais une faculté qui n'est certes pas féminine, et qu'il possède à un degré éminent, est de saisir les parcelles du beau égarées sur la terre, de suivre le beau à la piste partout où il a pu se glisser à travers les trivialités de la nature déchue. Aussi il n'est pas difficile de comprendre de quel amour il aime les noblesses de la vie patriarcale, et avec quel intérêt il contemple ces hommes en qui subsiste encore quelque chose de l'antique héroïsme. Ce n'est pas seulement des étoffes éclatantes et des armes curieusement ouvragées que ses yeux sont épris, mais surtout de cette gravité et de ce dandysme patricien qui caractérisent les chefs des tribus puissantes. Tels nous apparurent, il y a quatorze ans à peu près, ces sauvages du Nord-Amérique, conduits par le peintre Catlin, qui, même dans

---

d'introduire dans le pittoresque (généralement oriental) la vibration d'un lyrisme sincère et retenu. Et il est vrai qu'il y a parfois chez lui, en mineur, un peu de Delacroix.

leur état de déchéance, nous faisaient rêver à l'art de Phidias et aux grandeurs homériques [1]. Mais à quoi bon m'étendre sur ce sujet? Pourquoi expliquer ce que M. Fromentin a bien expliqué lui-même dans ses deux charmants livres : *Un été dans le Sahara* et *le Sahel* [2] ? Tout le monde sait que M. Fromentin raconte ses voyages d'une manière double, et qu'il les écrit aussi bien qu'il les peint, avec un style qui n'est pas celui d'un autre. Les peintres anciens aimaient aussi à avoir le pied dans deux domaines et à se servir de deux outils pour exprimer leur pensée. M. Fromentin a réussi comme écrivain et comme artiste, et ses œuvres écrites ou peintes sont si charmantes que s'il était permis d'abattre et de couper l'une des tiges pour donner à l'autre plus de solidité, plus de *robur,* il serait vraiment bien difficile de choisir. Car pour gagner peut-être, il faudrait se résigner à perdre beaucoup.

On se souvient d'avoir vu, à l'Exposition de 1855, d'excellents petits tableaux, d'une couleur riche et intense, mais d'un fini précieux, où dans les costumes et les figures se réflétait un curieux amour du passé; ces charmantes toiles étaient signées du nom de Liès. Non loin d'eux, des tableaux exquis, non moins précieusement travaillés, marqués des mêmes qualités et de la même passion rétrospective, portaient le nom de Leys. Presque le même peintre, presque le même nom. Cette lettre déplacée ressemble à un de ces jeux intelligents du hasard, qui a quelquefois l'esprit pointu comme un homme. L'un est élève de l'autre ; on dit qu'une vive amitié les unit. Mais MM. Leys et Liès sont-ils donc élevés à la dignité de Dioscures [3]? Faut-il,

---

1. Sur l'Américain Catlin et l'importance, aux yeux de Baudelaire, de son colorisme, cf. *Salon de 1846,* p. 108.

2. Publiés le premier en 1857, le second en 1859.

3. Henri, baron Leys (1814-1869), fondateur et animateur de l'École belge de peinture *médiévaliste,* apparentée à la fois aux Préraphaélites anglais, aux Nazaréens allemands et aux Lyonnais (cf. le fragment sur l'*Art philosophique,* pp. 503 sqq.). Joseph Liès (1821-1865) était un de ses disciples. Henri Leys est, entre autres, l'auteur de la décoration de l'hôtel de ville d'Anvers. Il y a débat sur la question de savoir quel est le mérite des deux artistes, et, même, à propos de Liès, le *Dictionnaire des peintres* (Luc Haesaerts, Bruxelles, 1951) déclare qu'il ne fut pas l'élève mais l'ami de Henri Leys et que, loin d'être son épigone, il lutta à ses côtés pour réinstaurer la peinture flamande dans la voie

pour jouir de l'un, que nous soyons privés de l'autre? M. Liès s'est présenté, cette année, sans son Pollux; M. Leys nous refera-t-il visite sans Castor? Cette comparaison est d'autant plus légitime que M. Leys a été, je crois, le maître

---

de son esthétique traditionnelle. Quoi qu'il en soit, c'est un fait que ce renouveau de la peinture belge, auquel sont attachés les noms de Leys et de Liès, a beaucoup intéressé Baudelaire et ses contemporains, comme c'était aussi le cas pour les préraphaélites, les nazaréens, et les lyonnais. C'est ainsi qu'en Angleterre, Gerard Manley Hopkins note, dans son *Journal* (édition de 1959, Oxford University Press, p. 33), à la suite d'une réflexion sur le Nazaréen Rethel (cf. *Art philosophique, loc. cit.*) : *École belge : possède un grand médiévaliste, Henri Leys. Mais ses imitateurs sont faibles.* Enfin Alexandre Dumas, dans son compte rendu du *Salon de 1859* paru dans *l'Indépendance belge* (6 mai), émet la même opinion que Hopkins et proteste contre la confusion de Liès et de Leys, qui, selon lui, ne sont pas, du moins quant à la qualité de leur art, des *Dioscures :* de ce long et curieux article, nous extrayons les passages suivants : *Laissez donc à Leys, cette haute intelligence artistique... le privilège de cette grande peinture de missel... admirez-le sans l'imiter ; en imitant Leys vous devenez le plus grand ennemi de Leys... Quel âge avez-vous, M. Liès? Je ne puis deviner cela devant votre peinture ; mais à coup sûr, vous devez être bien vieux* [Liès avait 38 ans !], *puisque la nature ne vous parle pas, ne vous dit rien... Il n'y a pas dans votre tableau un ton de chair vrai, pas une figure exprimant quelque chose, pas une main dessinée; de la chair acajou, rouge, blanche, on ne sait pourquoi; des fautes d'harmonie partout... Il y a des personnes qui, par ignorance, faute d'éducation artistique, sans méchanceté, tout simplement parce qu'elles ne savent pas lire, prennent* Liès *pour* Leys. *Avis à ces personnes-là : elles font une grave erreur.* (Cité par E. Lefèvre, *Joseph Liès, sa vie; ses œuvres,* Anvers, Theunis, 1888, p. 277. Cf. aussi Paul Colin, *La peinture belge depuis 1830,* Cahiers de Belgique, Bruxelles, 1930.) Nous remercions ici Mme S. Houbart, bibliothécaire des musées royaux de Belgique, à qui nous devons la plupart de nos renseignements sur le mouvement de la peinture belge à l'époque de Baudelaire. Il semble que les connaisseurs et collectionneurs contemporains aient partagé l'avis d'Alexandre Dumas et de Gerard Manley Hopkins, puisqu'en tout cas la collection Wallace de Londres, où ne se trouve aucune œuvre de Liès, possède un tableau, à notre sens fort beau, de Leys : *Frans Floris going to a painter's feast* (1853).

Ajoutons qu'E. Lefèvre (*op. cit.* note p. 274) précise que c'est sur les instances d'un de ses amis, M. Didron, que Liès se décida à exposer au Salon de 1859, et que le succès ne vint pas, la critique s'étant montrée peu favorable : l'ami belge du peintre pense qu'on a manqué de justice envers Liès à Paris et que, plus exactement, on ne l'a pas compris. Un nombre important d'œuvres de Leys et de Liès se trouvent à Anvers (patrie des deux peintres) et à Bruxelles.

Musée de Bruxelles

« *passion rétrospective* »
Les Trentaines de Berthol de Haze par Leys

Musée de Bruxelles

Copyright A.C.L.

« tout cela devait nécessairement produire un tableau saisissant, vraiment poétique. »
Les Maux de la guerre par Liès

de son ami, et que c'est aussi Pollux qui voulut céder à son frère la moitié de son immortalité. Les *Maux de la guerre !* [1] quel titre! Le prisonnier vaincu, lanciné par le brutal vainqueur qui le suit, les paquets de butin en désordre, les filles insultées, tout un monde ensanglanté, malheureux et abattu, le reître puissant, roux et velu, la gouge qui, je crois, n'est pas là, mais qui pouvait y être, cette *fille peinte* du moyen âge, qui suivait les soldats avec l'autorisation du prince et de l'Église, comme la courtisane du Canada accompagnait les guerriers au manteau de castor, les charrettes qui cahotent durement les faibles, les petits et les infirmes, tout cela devait nécessairement produire un tableau saisissant, vraiment poétique. L'esprit se porte tout d'abord vers Callot [2]; mais je crois n'avoir rien vu, dans la longue série de ses œuvres, qui soit plus dramatiquement composé. J'ai cependant deux reproches à faire à M. Liès : la lumière est trop généralement répandue, ou plutôt éparpillée; la couleur, monotonement claire, papillote. En second lieu, la première impression que l'œil reçoit fatalement en tombant sur ce tableau est l'impression désagréable, inquiétante d'un treillage. M. Liès a cerclé de noir, non seulement le contour général de ses figures, mais encore toutes les parties de leur accoutrement, si bien que chacun des personnages apparaît comme un morceau de vitrail monté sur une armature de plomb. Notez que cette apparence contrariante est encore renforcée par la clarté générale des tons.

---

1. Musée de Bruxelles, signé et daté de 1858. Selon Lefèvre *(op. cit.)* les *maux de la guerre* furent une espèce d'idée fixe de Liès. Le tableau fut acheté en 1859 par le collectionneur Sedelmeyer au marchand de tableaux parisien Couteaux. Sedelmeyer le vendit en 1864 au baron de Heckeren, ambassadeur des Pays-Bas à Vienne, qui, plus tard, s'installa à Paris, où il devait mourir en 1882. Entre temps, en juillet 1876, le baron de Heckeren avait vendu le tableau à l'État belge.

2. Émile Lefèvre écrit, en 1888 (*op. cit.* p. 268) : *Il est évident pour moi que Liès connut l'histoire de Jacques Callot dont les dessins le charmaient... C'est peut-être là qu'il puisa l'idée de ses tableaux où tant de révoltes et de souffrances sont peintes.* Sans doute Lefèvre avait-il lu Baudelaire, mais il reste le fait que celui-ci sut deviner, à travers un tableau qui ne méritait peut-être pas les sarcasmes de Dumas, l'impression profonde faite sur la sensibilité du peintre par l'œuvre de Callot. De fait, sans être un chef-d'œuvre, le tableau n'est ni sans valeur ni sans intérêt (cf. notre reproduction).

M. Penguilly est aussi un amoureux du passé [1]. Esprit ingénieux, curieux, laborieux. Ajoutez, si vous voulez, toutes les épithètes les plus honorables et les plus gracieuses qui peuvent s'appliquer à la poésie de second ordre, à ce qui n'est pas absolument le grand, nu et simple. Il a la minutie, la patience ardente et la propreté d'un bibliomane. Ses ouvrages sont travaillés comme les armes et les meubles des temps anciens. Sa peinture a le poli du métal et le tranchant du rasoir. Pour son imagination, je ne dirai pas qu'elle est positivement grande, mais elle est singulièrement active, impressionnable et curieuse. J'ai été ravi par cette *Petite Danse macabre,* qui ressemble à une bande d'ivrognes attardés, qui va moitié se traînant et moitié dansant et qu'entraîne son capitaine décharné. Examinez, je vous prie, toutes les petites grisailles qui servent de cadre et de commentaire à la composition principale. Il n'y en a pas une qui ne soit un excellent petit tableau. Les artistes modernes négligent beaucoup trop ces magnifiques allégories du moyen âge, où l'immortel grotesque s'enlaçait en folâtrant, comme il fait encore, à l'immortel horrible. Peut-être nos nerfs trop délicats ne peuvent-ils plus supporter un symbole trop clairement redoutable. Peut-être aussi, mais c'est bien douteux, est-ce la charité qui nous conseille d'éviter tout ce qui peut affliger nos semblables. Dans les derniers jours de l'an passé, un éditeur de la rue Royale mit en vente un paroissien d'un style très recherché, et les annonces publiées par les journaux nous instruisirent que toutes les vignettes qui encadraient le texte avaient été copiées sur d'anciens ouvrages de la même époque, de manière à donner à l'ensemble une précieuse unité de style, mais qu'une exception unique avait été faite relativement aux figures macabres, qu'on avait soigneusement évité de reproduire, disait la note rédigée sans doute par l'éditeur, *comme n'étant plus du goût de ce siècle,* si éclairé, aurait-il dû ajouter, pour se conformer tout à fait au goût dudit siècle.

Le mauvais goût du siècle en cela me fait peur [2].

---

1. Sur Penguilly-l'Haridon, cf. *Salon de 1846,* p. 142.
2. Molière, *Misanthrope*, Acte I. (Texte exact : le *méchant* goût... Il y a jeu de mots avec le nom du journal qui va être mis en cause).

Il y a un brave journal où chacun sait tout et parle de tout, où chaque rédacteur, universel et encyclopédique comme les citoyens de la vieille Rome, peut enseigner tour à tour politique, religion, économie, beaux-arts, philosophie, littérature [1]. Dans ce vaste monument de la niaiserie, penché vers l'avenir comme la tour de Pise, et où s'élabore le bonheur du genre humain, il y a un très honnête homme qui ne veut pas qu'on admire M. Penguilly. Mais la raison, mon cher M***, la raison? — Parce qu'il y a dans son œuvre une *monotonie fatigante*. — Ce mot n'a sans doute pas trait à l'imagination de M. Penguilly, qui est excessivement pittoresque et variée. Ce penseur a voulu dire qu'il n'aimait pas un peintre qui traitait tous les sujets avec le même style. Parbleu! c'est le *sien!* Vous voulez donc qu'il en change?

Je ne veux pas quitter cet aimable artiste, dont tous les tableaux, cette année, sont également intéressants, sans vous faire remarquer plus particulièrement les *Petites Mouettes:* l'azur intense du ciel et de l'eau, deux quartiers de roche qui font une porte ouverte sur l'infini (vous savez que l'infini paraît plus profond quand il est plus resserré), une nuée, une multitude, une avalanche, une *plaie* d'oiseaux blancs, et la solitude! Considérez cela, mon cher ami, et dites-moi ensuite si vous croyez que M. Penguilly soit dénué d'esprit poétique.

Avant de terminer ce chapitre j'attirerai aussi vos yeux sur le tableau de M. Leighton, le seul artiste anglais, je présume, qui ait été exact au rendez-vous [2] : *Le comte*

---

1. Il s'agit du *Siècle* où Jacques Crépet a retrouvé, à la date du 7 juin 1859, un article où Louis Jourdan (que Baudelaire détestait) avait reproché à Penguilly son *uniformité fatigante*.

2. Frederic Leighton (1830-1896) était alors encore un débutant ; son succès date en partie du tableau dont parle ici Baudelaire et qui, avant d'être exposé au Salon de Paris, avait été présenté l'année précédente à Londres à la Royal Academy. Leighton était destiné à devenir l'un des peintres anglais les plus célèbres de la seconde moitié du siècle : il fut, à partir de 1878, président de la Royal Academy, et appartint, à titre de membre associé, à la plupart des grandes académies européennes. Leighton, dont l'œuvre se partage entre la peinture historique et le pittoresque post-romantique, exposait aussi en 1859 une *Danse algérienne*. En 1855, John Ruskin, dans ses *Notes on the Academy,* fait, comme Baudelaire, l'éloge de Leighton et trouve, dans son colorisme *vénitien,* les mêmes caractères que le critique français.

Pâris se rend à la maison des Capulets pour chercher sa fiancée Juliette, et la trouve inanimée. Peinture riche et minutieuse, avec des tons violents et un fini précieux, ouvrage plein d'opiniâtreté, mais dramatique, emphatique même; car nos amis d'outre-Manche ne représentent pas les sujets tirés du théâtre comme des scènes *vraies,* mais comme des scènes *jouées* avec l'exagération nécessaire, et ce défaut, si c'en est un, prête à ces ouvrages je ne sais quelle beauté étrange et paradoxale.

Enfin, si vous avez le temps de retourner au *Salon,* n'oubliez pas d'examiner les peintures sur émail de M. Marc Baud. Cet artiste, dans un genre ingrat et mal apprécié, déploie des qualités surprenantes, celles d'un vrai peintre. Pour tout dire, en un mot, il peint grassement là où tant d'autres étalent platement des couleurs pauvres; il sait *faire grand* dans le petit.

VII. — LE PORTRAIT

Je ne crois pas que les oiseaux du ciel se chargent jamais de pourvoir aux frais de ma table, ni qu'un lion me fasse l'honneur de me servir de fossoyeur et de croque-mort; cependant, dans la Thébaïde que mon cerveau s'est faite, semblable aux solitaires agenouillés qui ergotaient contre cette incorrigible tête de mort encore farcie de toutes les mauvaises raisons de la chair périssable et mortelle, je dispute parfois avec des monstres grotesques, des hantises du plein jour, des spectres de la rue, du salon, de l'omnibus. En face de moi, je vois l'âme de la Bourgeoisie, et croyez bien que si je ne craignais pas de maculer à jamais la tenture de ma cellule, je lui jetterais volontiers, et avec une vigueur qu'elle ne soupçonne pas, mon écritoire à la face [1]. Voilà ce qu'elle me dit aujourd'hui, cette vilaine âme, qui n'est pas une hallucination : « En vérité, les poètes sont de singuliers fous de prétendre que l'imagination soit nécessaire

1. Baudelaire avait pourtant dédié son *Salon de 1846* aux bourgeois. Cf. notre note en ce lieu.

St James's Palace, Londres *Photo Studios Ltd*

Avec la permission de S.M. la Reine d'Angleterre

« je ne sais quelle beauté étrange et paradoxale »
Détail de la *Procession à Florence* par F. Leighton

dans toutes les fonctions de l'art. Qu'est-il besoin d'imagination, par exemple, pour faire un portrait? Pour peindre mon âme, mon âme si visible, si claire, si notoire? Je pose, et en réalité c'est moi le modèle, qui consens à faire le gros de la besogne. Je suis le véritable fournisseur de l'artiste. Je suis, à moi tout seul, toute la matière. » Mais je lui réponds : « *Caput mortuum,* tais-toi! Brute hyperboréenne des anciens jours, éternel Esquimau porte-lunettes, ou plutôt porte-écailles, que toutes les visions de Damas, tous les tonnerres et les éclairs ne sauraient éclairer! plus la matière est, en apparence, positive et solide, et plus la besogne de l'imagination est subtile et laborieuse. Un portrait! Quoi de plus simple et de plus compliqué, de plus évident et de plus profond? Si La Bruyère eût été privé d'imagination, aurait-il pu composer ses *Caractères,* dont cependant la matière, si évidente, s'offrait si complaisamment à lui? Et si restreint qu'on suppose un sujet historique quelconque, quel historien peut se flatter de le peindre et de *l'illuminer* sans imagination? »

Le portrait, ce genre en apparence si modeste, nécessite une immense intelligence. Il faut sans doute que l'obéissance de l'artiste y soit grande, mais sa divination doit être égale. Quand je vois un bon portrait, je devine tous les efforts de l'artiste, qui a dû voir d'abord ce qui se faisait voir, mais aussi deviner ce qui se cachait. Je le comparais tout à l'heure à l'historien, je pourrais aussi le comparer au comédien, qui par devoir adopte tous les caractères et tous les costumes. Rien, si l'on veut bien examiner la chose, n'est indifférent dans un portrait. Le geste, la grimace, le vêtement, le décor même, tout doit servir à représenter un *caractère*. De grands peintres, et d'excellents peintres, David, quand il n'était qu'un artiste du dix-huitième siècle et après qu'il fut devenu un chef d'école, Holbein, dans tous ses portraits, ont visé à exprimer avec sobriété mais avec intensité le caractère qu'ils se chargeaient de peindre. D'autres ont cherché à faire davantage ou à faire autrement. Reynolds et Gérard ont ajouté l'élément romanesque, toujours en accord avec le naturel du personnage; ainsi un ciel orageux et tourmenté, des fonds légers et aériens, un mobilier poétique, une attitude alanguie, une démarche aventureuse, etc... C'est là un procédé dangereux, mais non pas condamnable, qui malheureusement réclame du génie. Enfin, quel que soit le moyen le plus visiblement employé par l'artiste, que cet artiste soit Holbein, David, Velasquez ou Lawrence, un bon portrait m'apparaît toujours comme une biographie dramatisée, ou plutôt comme le drame naturel inhérent à tout homme [1]. D'autres ont voulu restreindre les moyens. Était-ce par impuissance de les employer tous? était-ce dans l'espérance d'obtenir une plus grande intensité d'expression? Je ne sais; ou plutôt je serais incliné à croire qu'en ceci, comme en bien d'autres choses humaines, les deux raisons sont également acceptables. Ici, mon cher ami, je suis obligé, je le crains fort de toucher à une de vos admirations. Je veux parler de l'école d'Ingres en général, et en particulier de sa méthode appliquée au portrait. Tous les élèves n'ont pas strictement et humblement suivi les préceptes du maître, tandis que M. Amaury-Duval outrait courageusement l'ascétisme de l'école, M. Lehmann essayait quelquefois de faire pardonner la genèse de ses tableaux par quelques mixtures adultères. En somme on peut dire que l'enseignement a été despotique, et qu'il a laissé dans la peinture française une trace douloureuse. Un homme plein d'entêtement, doué de quelques facultés précieuses, mais décidé à nier l'utilité de celles qu'il ne possède pas, s'est attribué cette gloire extraordinaire, exceptionnelle, d'éteindre le soleil. Quant à quelques tisons fumeux, encore égarés dans l'espace, les disciples de l'homme se sont chargés de piétiner dessus. Exprimée par ces simplificateurs, la nature a paru plus intelligible; cela est incontestable; mais combien elle est devenue moins

1. On pourra s'étonner que, dans son énumération des maîtres du portrait, Baudelaire ne mentionne pas les Hollandais (en particulier Frans Hals). C'est que Baudelaire ne connaît bien que Rembrandt, par ses gravures (et il le mentionnera tout à l'heure à propos de Ricard), mais il ignore l'ensemble de la peinture hollandaise. Ce qui explique qu'on remarque la même absence, encore plus étonnante, dans le chapitre sur le Paysage, même à propos de Troyon, qui, lui, connaissait les Hollandais et les pastichait. Mais ne se pourrait-il pas que Troyon ait discrédité ses maîtres auprès d'un critique qui ne les connaissait pas directement et qui pourtant avait tout récemment (1855 et 1857) deviné poétiquement la Hollande des peintres dans l'*Invitation au Voyage* des *Fleurs du Mal* et des *Poèmes en prose* ? Mais ces peintres, on ne rencontre leurs noms nulle part dans son œuvre. *Les Maîtres d'autrefois* de Fromentin, qui populariseront en France la peinture hollandaise, ne paraîtront qu'en 1876.

belle et moins excitante, cela est évident. Je suis obligé de confesser que j'ai vu quelques portraits peints par MM. Flandrin et Amaury-Duval, qui, sous l'apparence fallacieuse de peinture, offraient d'admirables échantillons de modelé. J'avouerai même que le caractère visible de ces portraits, moins tout ce qui est relatif à la couleur et à la lumière, était vigoureusement et soigneusement exprimé, d'une manière pénétrante. Mais je demande s'il y a loyauté à abréger les difficultés d'un art par la suppression de quelques-unes de ses parties. Je trouve que M. Chenavard est plus courageux et plus franc. Il a simplement répudié la couleur comme une pompe dangereuse, comme un élément passionnel et damnable, et s'est fié au simple crayon pour exprimer toute la valeur de l'idée. M. Chenavard est incapable de nier tout le bénéfice que la paresse tire du procédé qui consiste à exprimer la forme d'un objet sans la lumière diversement colorée qui s'attache à chacune de ses molécules; seulement il prétend que ce sacrifice est glorieux et utile, et que la forme et l'idée y gagnent également. Mais les élèves de M. Ingres ont très inutilement conservé un semblant de couleur. Ils croient ou feignent de croire qu'ils font de la peinture.

Voici un autre reproche, un éloge peut-être aux yeux de quelques-uns, qui les atteint plus vivement : leurs portraits ne sont pas vraiment ressemblants. Parce que je réclame sans cesse l'application de l'imagination, l'introduction de la poésie dans toutes les fonctions de l'art, personne ne supposera que je désire, dans le portrait surtout, une altération consciencieuse du modèle. Holbein connaît Érasme; il l'a si bien connu et si bien étudié qu'il le crée de nouveau et qu'il l'évoque, visible, immortel, superlatif. M. Ingres trouve un modèle grand, pittoresque, séduisant. « Voilà sans doute, se dit-il, un curieux caractère; beauté ou grandeur, j'exprimerai cela soigneusement; je n'en omettrai rien, mais *j'y ajouterai quelque chose qui est indispensable:* le style. » Et nous savons ce qu'il entend par le style; ce n'est pas la qualité naturellement poétique du sujet qu'il en faut extraire pour la rendre plus visible; c'est une poésie étrangère, empruntée généralement au passé. J'aurais le droit de conclure que si M. Ingres ajoute quelque chose à son modèle, c'est par impuissance de le faire à la fois grand et vrai. De quel droit ajouter? N'empruntez à la tradition que l'art de peindre et non pas les moyens de sophistiquer. Cette dame parisienne, ravissant échantillon des grâces évaporées d'un salon français, il la dotera malgré elle d'une certaine lourdeur, d'une bonhomie romaine. Raphaël l'exige. Ces bras sont d'un galbe très pur et d'un contour bien séduisant, sans aucun doute; mais, un peu graciles, il leur manque, pour arriver au style *préconçu,* une certaine dose d'embonpoint et de suc matronal. M. Ingres est victime d'une obsession qui le contraint sans cesse à déplacer, à transposer et à altérer le beau. Ainsi font tous ses élèves, dont chacun, en se mettant à l'ouvrage, se prépare toujours, selon son goût dominant, à *déformer* son modèle. Trouvez-vous que ce défaut soit léger et ce reproche immérité ?

Parmi les artistes qui se contentent du pittoresque naturel de l'original se font surtout remarquer M. Bonvin [1], qui donne à ses portraits une vigoureuse et surprenante vitalité, et M. Heim [2], dont quelques esprits superficiels se sont autrefois moqués, et qui cette année encore, comme en 1855, nous a révélé, dans une procession de croquis, une merveilleuse intelligence de la grimace humaine. On n'entendra pas, je présume, le mot dans un sens désagréable. Je veux parler de la grimace naturelle et professionnelle qui appartient à chacun.

M. Chaplin et M. Besson savent faire des portraits. Le premier ne nous a rien montré en ce genre cette année; mais les amateurs qui suivent attentivement les expositions, et qui savent à quelles œuvres antécédentes de cet artiste je fais allusion, en ont comme moi éprouvé du regret. Le second, qui est un fort bon peintre, a de plus toutes les qualités littéraires et tout l'esprit nécessaire pour représenter *dignement* des comédiennes. Plus d'une fois, en considérant les portraits vivants et lumineux de M. Besson, je me suis pris à songer à toute la grâce et à toute l'application que les artistes du dix-huitième siècle mettaient dans les images qu'ils nous ont léguées de leurs *étoiles* préférées.

A différentes époques, divers portraitistes ont obtenu la vogue, les uns par leurs qualités et d'autres par leurs défauts. Le public, qui aime passionnément sa propre image, n'aime pas à demi l'artiste auquel il donne plus

1. François Bonvin, 1817-1887.
2. François Heim, 1787-1865.

volontiers commission de la représenter. Parmi tous ceux qui ont su arracher cette faveur, celui qui m'a paru la mériter le mieux, parce qu'il est toujours resté un franc et véritable artiste, est M. Ricard. On a vu quelquefois dans sa peinture un manque de solidité; on lui a reproché, avec exagération, son goût pour Van Dyck, Rembrandt et Titien, sa grâce quelquefois anglaise, quelquefois italienne. Il y a là tant soit peu d'injustice. Car l'imitation est le vertige des esprits souples et brillants, et souvent même une preuve de supériorité. A des instincts de peintre tout à fait remarquables M. Ricard unit une connaissance très vaste de l'histoire de son art, un esprit critique plein de finesse, et il n'y a pas un seul ouvrage de lui où toutes ces qualités ne se fassent deviner. Autrefois il faisait peut-être ses modèles trop jolis; encore dois-je dire que dans les portraits dont je parle le défaut en question a pu être *exigé* par le modèle; mais la partie virile et noble de son esprit a bien vite prévalu. Il a vraiment une intelligence toujours apte à peindre l'*âme* qui pose devant lui [1]. Ainsi le portrait de cette vieille dame, où l'âge n'est pas lâchement dissimulé, révèle tout de suite un caractère reposé, une douceur et une charité qui appellent la confiance. La simplicité de regard et d'attitude s'accorde heureusement avec cette couleur chaude et mollement dorée qui me semble faite pour traduire les douces pensées du soir. Voulez-vous reconnaître l'énergie dans la jeunesse, la grâce dans la santé, la candeur dans une physionomie frémissante de vie, considérez le portrait de Mlle L. J. Voilà certes un vrai et grand portrait. Il est certain qu'un beau modèle, s'il ne donne pas du talent, ajoute du moins un charme au talent. Mais combien peu de peintres pourraient rendre, par une exécution mieux appropriée, la solidité d'une nature opulente et pure, et le ciel si profond de cet œil avec sa large étoile de velours! Le contour du visage, les ondulations de ce large front adolescent casqué de lourds cheveux, la richesse des lèvres, le grain de cette peau éclatante, tout y est soigneusement exprimé, et surtout ce qui est le plus

1. C'est toujours la même référence « spiritualiste », elle est vraiment la principale clé de l'esthétique baudelairienne. Sur l'intérêt porté par Baudelaire en cette occasion, à Ricard, cf. dans ce même *Salon*, p. 310, et note. Parmi les modèles de Ricard avait figuré Mme Sabatier (pour *la Femme au chien*).

charmant et le plus difficile à peindre, je ne sais quoi de malicieux qui est toujours mêlé à l'innocence, et cet air noblement extatique et curieux qui, dans l'espèce humaine comme chez les animaux, donne aux jeunes physionomies une si mystérieuse gentillesse. Le nombre des portraits produits par M. Ricard est actuellement très considérable; mais celui-ci est un bon parmi les bons, et l'activité de ce remarquable esprit, toujours en éveil et en recherche, nous en promet bien d'autres.

D'une manière sommaire, mais suffisante, je crois avoir expliqué pourquoi le portrait, le vrai portrait, ce genre si modeste en apparence, est en fait si difficile à produire. Il est donc naturel que j'aie peu d'échantillons à citer. Bien d'autres artistes, madame O'Connell par exemple, savent peindre une tête humaine; mais je serais obligé, à propos de telle qualité ou de tel défaut, de tomber dans des rabâchages, et nous sommes convenus, au commencement, que je me contenterais, autant que possible, d'expliquer, à propos de chaque genre, ce qui peut être considéré comme l'idéal.

VIII. — LE PAYSAGE

Si tel assemblage d'arbres, de montagnes, d'eaux et de maisons, que nous appelons un paysage, est beau, ce n'est pas par lui-même, mais par moi, par ma grâce propre, par l'idée ou le sentiment que j'y attache. C'est dire suffisamment, je pense, que tout paysagiste qui ne sait pas traduire un sentiment par un assemblage de matière végétale ou minérale n'est pas un artiste. Je sais bien que l'imagination humaine peut, par un effort singulier, concevoir un instant la nature sans l'homme, et toute la masse suggestive éparpillée dans l'espace sans un contemplateur pour en extraire la comparaison, la métaphore et l'allégorie. Il est certain que tout cet ordre et toute cette harmonie n'en gardent pas moins la qualité inspiratrice qui y est providentiellement déposée; mais, dans ce cas, faute d'une intelligence qu'elle pût inspirer, cette qualité serait comme si elle n'était pas. Les artistes qui veulent exprimer la nature, moins les sentiments qu'elle inspire, se soumettent à une opération bizarre qui consiste à tuer en eux l'homme pensant et sentant, et malheureusement, croyez que, pour la plupart, cette opération n'a rien de bizarre ni de douloureux. Telle est l'école qui, aujourd'hui et depuis longtemps, a prévalu. J'avouerai, avec tout le monde, que l'école moderne des paysagistes est singulièrement forte et habile; mais dans ce triomphe et cette prédominance d'un genre inférieur, dans ce culte niais de la nature, non épurée, non expliquée par l'imagination, je vois un signe évident d'abaissement général. Nous saisirons sans doute quelques différences d'habileté pratique entre tel et tel paysagiste; mais ces différences sont bien petites. Élèves de maîtres divers, ils peignent tous fort bien, et presque tous oublient qu'un site naturel n'a de valeur que le sentiment actuel que l'artiste y sait mettre. La plupart tombent dans le défaut que je signalais au commencement de cette étude : ils prennent le dictionnaire de l'art pour l'art lui-même; ils copient un mot du dictionnaire, croyant copier un poème. Or un poème ne se copie jamais : il veut être composé. Ainsi ils ouvrent une fenêtre, et tout l'espace compris dans le carré de la fenêtre, arbres, ciel et maison, prend pour eux la valeur d'un poème tout fait. Quelques-uns vont plus loin encore. A leurs yeux, une étude est un tableau. M. Français nous montre un arbre, un arbre antique, énorme il est vrai, et il nous dit : voilà un paysage. La supériorité de pratique que montrent MM. Anastasi, Leroux, Breton, Belly, Chintreuil, etc. [1], ne sert qu'à rendre plus désolante et visible la lacune universelle. Je sais que M. Daubigny veut et sait faire davantage [2]. Ses paysages ont une grâce et une fraîcheur qui fascinent tout d'abord. Ils transmettent tout de suite à l'âme du spectateur le sentiment originel

1. Peintres oubliés. Néanmoins Le Roux (1814-1895) est représenté au Louvre par un paysage, *Embouchure de la Loire,* qui, justement, avait été exposé au Salon de 1859. Au Louvre aussi est représenté Breton (1827-1905) avec un *Rappel des glaneuses*.

2. Charles Daubigny (1817-1878) introduit en effet dans le paysage la fascination impressionniste, qu'il doit sans doute, autant qu'à l'influence de Corot, à celle du grand paysagiste lyonnais Ravier, dont on regrette que Baudelaire ne l'ait pas connu. Des tableaux exposés en 1859 par Daubigny, son *Villerville* est au musée de Marseille, et ses *Bords de l'Oise* au musée de Bordeaux.

dont ils sont pénétrés. Mais on dirait que cette qualité n'est obtenue par M. Daubigny qu'aux dépens du fini et de la perfection dans le détail. Mainte peinture de lui, spirituelle d'ailleurs et charmante, manque de solidité. Elle a la grâce, mais aussi la mollesse et l'inconsistance d'une improvisation. Avant tout, cependant, il faut rendre à M. Daubigny cette justice que ses œuvres sont généralement poétiques, et je les préfère [a] avec leurs défauts à beaucoup d'autres plus parfaites, mais privées de la qualité qui le distingue.

M. Millet cherche particulièrement le style [1]; il ne s'en cache pas, il en fait montre et gloire. Mais une partie du ridicule que j'attribuais aux élèves de M. Ingres s'attache à lui. Le style lui porte malheur. Ses paysans sont des pédants qui ont d'eux-mêmes une trop haute opinion. Ils étalent une manière d'abrutissement sombre et fatal qui me donne l'envie de les haïr. Qu'ils moissonnent, qu'ils sèment, qu'ils fassent paître des vaches, qu'ils tondent des animaux, ils ont toujours l'air de dire : « Pauvres déshérités de ce monde, c'est pourtant nous qui le fécondons ! Nous accomplissons une mission, nous exerçons un sacerdoce ! [2] » Au lieu d'extraire simplement la poésie naturelle de son sujet, M. Millet veut à tout prix y ajouter quelque chose. Dans leur monotone laideur, tous ces petits parias ont une prétention philosophique, mélancolique et raphaélesque. Ce malheur, dans la peinture de M. Millet gâte toutes les belles qualités qui attirent tout d'abord le regard vers lui.

---

1. Jean-François Millet (1814-1875) s'était révélé au Salon de 1848 et avait fondé dans la peinture française le lyrisme paysan où se réconcilient classicisme et réalisme. Il est vrai que Millet est à la recherche d'une originalité prépondérante du style, et il ira souvent jusqu'à pratiquer ce que les Goncourt appelleront une couleur *glaireuse*. C'est là ce qui, sans doute, gêne avec raison Baudelaire qui, s'il avait connu les dessins de Millet, aurait peut-être mieux compris la plastique et la facture du peintre. Mais, comme on verra plus loin, d'autres raisons expliquent ces réticences à l'égard du peintre de l'*Angélus*.

2. C'est en effet le côté *quarante-huitard* et humanitaire de la peinture de Millet, surtout sensible dans les œuvres, auxquelles songe Baudelaire, que le peintre exécuta entre 1848 et 1860. Or on sait quelle horreur avait Baudelaire pour tout ce qui pouvait ressembler à une peinture sentimentale ou idéologique.

M. Troyon est le plus bel exemple de l'habileté sans âme [1]. Aussi quelle popularité! Chez un public sans âme, il la méritait. Tout jeune, M. Troyon a peint avec la même certitude, la même habileté, la même insensibilité. Il y a de longues années, il nous étonnait déjà par l'aplomb de sa fabrication, par la *rondeur* de son jeu, comme on dit au théâtre, par son mérite infaillible, modéré et continu. C'est une âme, je le veux bien, mais trop à la portée de toutes les âmes. L'usurpation de ces talents de second ordre ne peut pas avoir lieu sans créer des injustices. Quand un autre animal que le lion se fait la part du lion, il y a infailliblement de modestes créatures dont la modeste part se trouve beaucoup trop diminuée. Je veux dire que dans les talents de second ordre cultivant avec succès un genre inférieur, il y en a plusieurs qui valent bien M. Troyon, et qui peuvent trouver singulier de ne pas obtenir tout ce qui leur est dû, quand celui-ci prend beaucoup plus que ce qui lui appartient. Je me garderai bien de citer ces noms; la victime se sentirait peut-être aussi offensée que l'usurpateur.

Les deux hommes que l'opinion publique a toujours marqués comme les plus importants dans la spécialité du paysage sont MM. Rousseau et Corot [2]. Avec de pareils artistes, il faut être plein de réserve et de respect. M. Rousseau a le travail compliqué, plein de ruses et de repentirs. Peu d'hommes ont plus sincèrement aimé la lumière et l'ont mieux rendue. Mais la silhouette générale des formes est souvent ici difficile à saisir. La vapeur lumineuse, pétillante et ballottée, trouble la carcasse des êtres. M. Rousseau

1. Une fois encore, la référence « spirituelle » : elle est ici parfaitement opportune pour dénoncer l'incontestable pauvreté, camouflée sous la virtuosité technique, de la peinture de Constant Troyon (1810-1865), dont les bœufs sont restés célèbres.

2. Sur ces deux grands maîtres du Paysage français, cf. le chapitre correspondant du *Salon de 1846*. Baudelaire leur reste fidèle comme à Delacroix.

Rousseau exposait cinq tableaux, dont *les Gorges d'Aspremont, Fontainebleau,* actuellement aux États-Unis (Coll. Mrs. J. F. Mather, Princeton). Corot, de son côté, était représenté par sept envois, dont quelques-uns ont place parmi ses œuvres les plus célèbres, le *Dante et Virgile* du musée de Boston, le *Macbeth et les sorcières* de la collection Wallace, et l'*Idylle* du musée de Lille.

m'a toujours ébloui; mais il m'a quelquefois fatigué. Et puis il tombe dans le fameux défaut moderne, qui naît d'un amour aveugle de la nature, de rien que la nature; il prend une simple étude pour une composition. Un marécage miroitant, fourmillant d'herbes humides et marqueté de plaques lumineuses, un tronc d'arbre rugueux, une chaumière à la toiture fleurie, un petit bout de nature enfin, deviennent à ses yeux amoureux un tableau suffisant et parfait. Tout le charme qu'il sait mettre dans ce lambeau arraché à la planète ne suffit pas toujours pour faire oublier l'absence de construction.

Si M. Rousseau, souvent incomplet, mais sans cesse inquiet et palpitant, a l'air d'un homme qui, tourmenté de plusieurs diables, ne sait auquel entendre, M. Corot, qui est son antithèse absolue, n'a pas assez souvent le diable au corps. Si défectueuse et même injuste que soit cette expression, je la choisis comme rendant approximativement la raison qui empêche ce savant artiste d'éblouir et d'étonner. Il étonne lentement, je le veux bien, il enchante peu à peu; mais il faut savoir pénétrer dans sa science, car, chez lui, il n'y a pas de papillotage, mais partout une infaillible rigueur d'harmonie. De plus, il est un des rares, le seul peut-être, qui ait gardé un profond sentiment de la construction, qui observe la valeur proportionnelle de chaque détail dans l'ensemble, et, s'il est permis de comparer la composition d'un paysage à la structure humaine, qui sache toujours où placer les ossements et quelle dimension il leur faut donner. On sent, on devine que M. Corot dessine abréviativement et largement, ce qui est la seule méthode pour amasser avec célérité une grande quantité de matériaux précieux. Si un seul homme avait pu retenir l'école française moderne dans son amour impertinent et fastidieux du détail, certes c'était lui. Nous avons entendu reprocher à cet éminent artiste sa couleur un peu trop douce et sa lumière presque crépusculaire. On dirait que pour lui toute la lumière qui inonde le monde est partout baissée d'un ou de plusieurs tons. Son regard, fin et judicieux, comprend plutôt tout ce qui confirme l'harmonie que ce qui accuse le contraste. Mais, en supposant qu'il n'y ait pas trop d'injustice dans ce reproche, il faut remarquer que nos expositions de peinture ne sont pas propices à l'effet des bons tableaux, surtout de ceux qui sont conçus et exécutés avec sagesse et modération. Un son de voix

Musée du Louvre

« sans cesse inquiet et palpitant »
Les Chênes par Théodore Rousseau

Musée de Saint-Lô

« *Un son de voix clair, mais modeste et harmonieux* »
Homère et les Bergers par Corot (Salon de 1845)

clair, mais modeste et harmonieux, se perd dans une réunion de cris étourdissants ou ronflants, et les Véronèse les plus lumineux paraîtraient souvent gris et pâles s'ils étaient entourés de certaines peintures modernes plus criardes que des foulards de village.

Il ne faut pas oublier, parmi les mérites de M. Corot, son excellent enseignement, solide, lumineux, méthodique. Des nombreux élèves qu'il a formés, soutenus ou retenus loin des entraînements de l'époque, M. Lavieille est celui que j'ai le plus agréablement remarqué [1]. Il y a de lui un paysage fort simple : une chaumière sur une lisière de bois, avec une route qui s'y enfonce. La blancheur de la neige fait un contraste agréable avec l'incendie du soir qui s'éteint lentement derrière les innombrables mâtures de la forêt sans feuilles. Depuis quelques années, les paysagistes ont plus fréquemment appliqué leur esprit aux beautés pittoresques de la saison triste. Mais personne, je crois, ne les sent mieux que M. Lavieille. Quelques-uns des effets qu'il a souvent rendus me semblent des extraits du bonheur de l'hiver. Dans la tristesse de ce paysage, qui porte la livrée obscurément blanche et rose des beaux jours d'hiver à leur déclin, il y a une volupté élégiaque irrésistible que connaissent tous les amateurs de promenades solitaires.

Permettez-moi, mon cher, de revenir encore à ma manie, je veux dire aux regrets que j'éprouve de voir la part de l'imagination dans le paysage de plus en plus réduite. Çà et là, de loin en loin, apparaît la trace d'une protestation, un talent libre et grand qui n'est plus dans le goût du siècle. M. Paul Huet [2], par exemple, *un vieux de la vieille,* celui-là ! (je puis appliquer aux débris d'une grandeur militante comme le *Romantisme,* déjà si lointaine [3], cette expression familière et grandiose) ; M. Paul Huet reste fidèle aux goûts de sa jeunesse. Les huit peintures, maritimes ou rustiques, qui doivent servir à la décoration d'un salon, sont de véritables poèmes pleins de légèreté, de richesse et de fraîcheur. Il me paraît superflu de détailler les talents d'un artiste aussi élevé et qui a autant [a] produit ; mais ce qui me paraît

---

1. Sur cet estimable élève de Corot cf. *Salon de 1845*, p. 68.
2. *Salon de* 1845, p. 62.
3. Cf. les pages sur le Romantisme du *Salon de 1846* et le *Coucher de soleil romantique* des *Épaves*.

en lui de plus louable et de plus remarquable, c'est que pendant que le goût de la minutie va gagnant tous les esprits de proche en proche, lui, constant dans son caractère et sa méthode, il donne à toutes ses compositions un caractère amoureusement poétique.

Cependant il m'est venu cette année un peu de consolation, par deux artistes de qui je ne l'aurais pas attendue. M. Jadin[1], qui jusqu'ici avait trop modestement, cela est évident maintenant, limité sa gloire au chenil et à l'écurie, a envoyé une splendide vue de Rome prise de l'*Arco di Parma*. Il y a là, d'abord les qualités habituelles de M. Jadin, l'énergie et la solidité, mais de plus une impression poétique parfaitement bien saisie et rendue. C'est l'impression glorieuse et mélancolique du soir descendant sur la cité sainte, un soir solennel, traversé de bandes pourprées, pompeux et ardent comme la religion romaine. M. Clésinger, à qui la sculpture ne suffit plus, ressemble à ces enfants d'un sang turbulent et d'une ardeur capricante, qui veulent escalader toutes les hauteurs pour y inscrire leur nom. Ses deux paysages, *Isola Farnese* et *Castel Fusana,* sont d'un aspect pénétrant, d'une native et sévère mélancolie. Les eaux y sont plus lourdes et plus solennelles qu'ailleurs, la solitude plus silencieuse, les arbres eux-mêmes plus monumentaux. On a souvent ri de l'emphase de M. Clésinger; mais ce n'est pas par la petitesse qu'il prêtera jamais à rire. Vice pour vice, je pense comme lui que l'excès en tout vaut mieux que la mesquinerie.

Oui, l'imagination fait[a2] le paysage. Je comprends qu'un esprit appliqué à prendre des notes ne puisse pas s'abandonner aux prodigieuses rêveries contenues dans les spectacles de la nature présente; mais pourquoi l'imagination fuit-elle l'atelier du paysagiste? Peut-être les artistes

1. Godefroy Jadin, 1805-1882.

2. L'établissement du texte pose ici une délicate question : il s'agit de choisir entre *fait* (1868) et *fuit* (1859). Il se trouve que les deux leçons sont également acceptables dans le contexte, soit que *(fuit)* Baudelaire exprime ici la constatation d'un fait contre lequel il proteste, soit qu'au contraire *(fait)* il énonce son idéal du paysage imaginatif : le *oui* initial peut sembler suggérer cette seconde hypothèse, après quoi Baudelaire reviendrait à la situation de fait en écrivant : *mais pourquoi ?* En prenant ce parti, nous ne faisons que proposer une hypothèse prudente.

Musée du Louvre — *« un caractère amoureusement poétique. »* — *Cl. Archives photographiques*

Chemin par P. Huet

qui cultivent ce genre se défient-ils beaucoup trop de leur mémoire et adoptent-ils une méthode de copie immédiate qui s'accommode parfaitement à la paresse de leur esprit. S'ils avaient vu comme j'ai vu récemment, chez M. Boudin qui, soit dit en passant, a exposé un fort bon et fort sage tableau *(le Pardon de sainte Anne Palud)* [1], plusieurs centaines d'études au pastel improvisées en face de la mer et du ciel, ils comprendraient ce qu'ils n'ont pas l'air de comprendre, c'est-à-dire la différence qui sépare une étude d'un tableau [2]. Mais M. Boudin, qui pourrait s'enorgueillir de son dévouement à son art, montre très modestement sa curieuse collection. Il sait bien qu'il faut que tout cela devienne tableau par le moyen de l'impression poétique rappelée à volonté; et il n'a pas la prétention de donner ses notes pour des tableaux. Plus tard, sans aucun doute, il nous étalera, dans des peintures achevées, les prodigieuses magies de l'air et de l'eau. Ces [a] études, si rapidement et si fidèlement croquées d'après ce qu'il y a de plus inconstant, de plus insaisissable dans sa forme et dans sa couleur, d'après des vagues et des nuages, portent toujours, écrits en marge, la date, l'heure et le vent; ainsi, par exemple : *8 octobre, midi, vent de nord-ouest*. Si vous avez eu quelquefois le loisir de faire connaissance avec ces beautés météorologiques, vous pouvez vérifier par [b] mémoire l'exactitude des observations de M. Boudin. La légende cachée avec la main, vous devineriez la saison, l'heure et le vent. Je n'exagère rien. J'ai vu. A la fin tous ces nuages aux formes fantastiques et lumineuses, ces ténèbres chaotiques, ces immensités vertes et roses, suspendues et ajoutées les unes aux autres, ces fournaises béantes, ces firmaments de satin noir ou violet, fripé, roulé ou déchiré, ces horizons en deuil ou ruisselants de métal fondu, toutes ces profondeurs, toutes ces splendeurs, me montèrent au cerveau comme une boisson capiteuse ou comme l'éloquence de

1. Musée du Havre.

2. Baudelaire, qui se rendait parfois à Honfleur chez sa mère, avait en effet rencontré Eugène Boudin (1824-1898), dont les ciels et les nuages le faisaient rêver. Cf., sur l'art de Boudin, son originalité, sa parenté avec le paysage anglais de Constable et son rôle dans la préparation de l'Impressionnisme : Roger-Marx, *Boudin,* (Paris, 1927) et John Rewald, *History of Impressionnism* (New York, 1946).

l'opium [1]. Chose assez curieuse, il ne m'arriva pas une seule fois, devant ces magies liquides ou aériennes, de me plaindre de l'absence de l'homme. Mais je me garde bien de tirer de la plénitude de ma jouissance un conseil pour qui que ce soit, non plus que pour M. Boudin. Le conseil serait trop dangereux. Qu'il se rappelle que l'homme, comme dit Robespierre, qui avait soigneusement fait ses *humanités,* ne voit jamais l'homme sans plaisir; et, s'il veut gagner un peu de popularité, qu'il se garde bien de croire que le public soit arrivé à un égal enthousiasme pour la solitude.

Ce n'est pas seulement les peintures de marine qui font défaut, un genre pourtant si poétique ! (je ne prends pas pour marines des drames militaires qui se jouent sur l'eau), mais aussi un genre que j'appellerais volontiers le paysage des grandes villes, c'est-à-dire la collection des grandeurs et des beautés qui résultent d'une puissante agglomération d'hommes et de monuments, le charme profond et compliqué d'une capitale âgée et vieillie dans les gloires et les tribulations de la vie [2].

Il y a quelques années, un homme puissant et singulier, un officier de marine, dit-on, avait commencé une série d'études à l'eau-forte d'après les points de vue les plus pittoresques de Paris. Par l'âpreté, la finesse et la certitude de son dessin, M. Meryon rappelait les vieux et excellents aquafortistes [3]. J'ai rarement vu représentée avec plus de

---

1. Cf. *Petits poèmes en prose,* I.

2. Des *Tableaux parisiens* des *Fleurs du Mal* aux *Petits poèmes en prose,* Baudelaire a toujours été hanté par la poésie urbaine et ce qu'elle contient à la fois d'insolite, de quotidien et de fantastique. Cf. sur ce point notre Introduction à l'édition Garnier des *Petits poèmes.* Il est évident que cette particulière sensibilité urbaine prédisposait Baudelaire à reconnaître, comme il va faire, le génie de Meryon.

3. Charles Meryon (1821-1868) est non seulement sans doute l'aquafortiste le plus génial du XIXe siècle, mais c'est aussi une personnalité d'exception : venu tard à la gravure, après avoir démissionné de la marine, c'est un inquiet, que guette la démence, où il sombrera bientôt. Baudelaire devait sentir une âme fraternelle dans celui qu'on pourrait appeler l'Edgar Poe du paysage urbain, (nous avons en effet souvent pensé qu'on pourrait trouver dans l'œuvre de Meryon une sorte d'illustration symbolique de bien des pages du conteur américain. Et l'attachement de Baudelaire à l'un et l'autre nous paraît apporter quelque confirmation à cette impression subjective).

Indiquons enfin qu'il fut un instant question que Baudelaire écrivît

B.N. Estampes

« la solennité naturelle d'une ville immense. »
Le Pont au Change. Gravure par Meryon

Cl. B.N.

poésie la solennité naturelle d'une ville immense. Les majestés de la pierre accumulée, les clochers *montrant du doigt le ciel* [1], les obélisques de l'industrie vomissant contre le firmament leurs coalitions de fumée, les prodigieux échafaudages des monuments en réparation, appliquant sur le corps solide de l'architecture leur architecture à jour d'une beauté si paradoxale, le ciel tumultueux, chargé de colère et de rancune, la profondeur des perspectives augmentée par la pensée de tous les drames qui y sont contenus, aucun des éléments complexes dont se compose le douloureux et glorieux décor [a] de la civilisation n'était oublié. Si Victor Hugo a vu ces excellentes estampes, il a dû être content; il a retrouvé, dignement représentée, sa

> Morne Isis, couverte d'un voile !
> Araignée à l'immense toile,
> Où se prennent les nations !
> Fontaine d'urnes obsédée !
> Mamelle sans cesse inondée,
> Où, pour se nourrir de l'idée,
> Viennent les générations !
>
> . . . .
>
> Ville qu'un orage enveloppe [2] !

---

des textes destinés à accompagner un album des paysages parisiens de Meryon : on ne peut que regretter que ce projet n'ait pas eu de suite, mais il se pourrait que le « sentiment parisien » de Baudelaire dût quelque chose à l'influence du graveur, dont les douze pièces essentielles parurent entre 1850 et 1854. Le nom de Meryon s'orthographie sans accent.

1. La citation — incomplète — est de Wordsworth et Baudelaire la doit à Théophile Gautier (*Fantaisies*, III) : *Je n'ai jamais rien lu de Wordsworth, le poète dont parle Lord Byron d'un ton si plein de fiel, qu'un seul vers ; le voici, car je l'ai dans la tête :*

Clochers silencieux montrant du doigt le ciel

Baudelaire a donc oublié, dans sa citation, *le silence*. L'image se rencontre au vers 19 du Livre VI de *l'Excursion* de Wordsworth. La première édition du poème contient une note de l'auteur, indiquant qu'il doit l'image *point as with silent finger* à son ami Coleridge (à propos duquel, cf. *supra* p. 325, n. 1.)

2. *Voix intérieures*, IV (*A l'Arc de Triomphe*). Dans une lettre, qu'il adressa à Baudelaire, le 29 avril 1860, de Hauteville House,

Mais un démon cruel a touché le cerveau de M. Meryon; un délire mystérieux a brouillé ces facultés qui semblaient aussi solides que brillantes. Sa gloire naissante et ses travaux ont été soudainement interrompus. Et depuis lors nous attendons toujours avec anxiété des nouvelles consolantes de ce singulier officier, qui était devenu en un jour un puissant artiste, et qui avait dit adieu aux solennelles aventures de l'Océan pour peindre la noire majesté de la plus inquiétante des capitales [1].

Je regrette encore, et j'obéis peut-être à mon insu aux accoutumances de ma jeunesse, le paysage romantique, et même le paysage romanesque qui existait déjà au dix-huitième siècle. Nos paysagistes sont des animaux beaucoup trop herbivores. Ils ne se nourrissent pas volontiers des ruines, et, sauf un petit nombre d'hommes tels que Fromentin, le ciel et le désert les épouvantent. Je regrette ces grands lacs qui représentent l'immobilité dans le désespoir [a], les immenses montagnes, escaliers de la planète vers le ciel, d'où tout ce qui paraissait grand paraît petit, les châteaux forts (oui, mon cynisme ira jusque-là), les abbayes crénelées qui se mirent dans les mornes étangs, les ponts gigantesques, les constructions ninivites, habitées par le vertige, et enfin tout ce qu'il faudrait inventer, si tout cela n'existait pas!

Je dois confesser en passant que, bien qu'il ne soit pas doué d'une originalité de manière bien décidée, M. Hildebrandt, par son énorme exposition d'aquarelles, m'a causé un vif plaisir. En parcourant ces amusants albums de voyage il me semble toujours que je *revois*, que je reconnais ce que je n'ai jamais vu. Grâce à lui, mon imagination fouettée

---

Victor Hugo se contente de dire : *Puisque vous connaissez M. Meryon, dites-lui que ses splendides eaux-fortes m'ont ébloui.* La parenté entre Meryon et Hugo dessinateur est frappante, et si l'on songe que Hugo s'est surtout adonné au dessin (plume, fusain, sépia) à partir de son exil, on peut penser qu'il n'a pas été sans subir l'influence de Meryon.

Meryon avait été interné en 1858 et devait reprendre son activité, conformément au vœu de Baudelaire, en 1859. Mais l'appréciation de Baudelaire ne suffit pas à lui assurer le succès, et ses planches continuèrent à ne trouver que peu de clients, même à deux francs pièce. On dut l'interner en 1866, et il mourut, deux ans plus tard, sans avoir connu ni le retour à la santé ni le succès.

1. Charles Meryon est mort en mars 1868. *(Note de l'édition posthume.)*

s'est promenée à travers trente-huit paysages romantiques, depuis les remparts sonores de la Scandinavie jusqu'aux pays lumineux des ibis et des cigognes, depuis le Fiord de Séraphitus[1] jusqu'au pic de Ténériffe. La lune et le soleil ont tour à tour illuminé ces décors, l'un versant sa tapageuse lumière, l'autre ses patients enchantements.

Vous voyez, mon cher ami, que je ne puis jamais considérer le choix du sujet comme indifférent, et que, malgré l'amour nécessaire qui doit féconder le plus humble morceau, je crois que le sujet fait pour l'artiste une partie du génie, et pour moi, barbare malgré tout, une partie du plaisir. En somme, je n'ai trouvé parmi les paysagistes que des talents sages ou petits, avec une très grande paresse d'imagination. Je n'ai pas vu chez eux, chez tous, du moins, le charme naturel, si simplement exprimé, des savanes et des prairies de Catlin (je parie qu'ils ne savent même pas ce que c'est que Catlin), non plus que la beauté surnaturelle des paysages de Delacroix, non plus que la magnifique imagination qui coule dans les dessins de Victor Hugo, comme le mystère dans le ciel. Je parle de ses dessins à l'encre de Chine, car il est trop évident qu'en poésie notre poète est le roi des paysagistes [2].

Je désire être ramené vers les dioramas dont la magie brutale et énorme sait m'imposer une utile illusion. Je préfère contempler quelques décors de théâtre, où je trouve artistement exprimés et tragiquement concentrés mes rêves les plus chers. Ces choses, parce qu'elles sont fausses, sont infiniment plus près du vrai; tandis que la plupart de nos paysagistes sont des menteurs, justement parce qu'ils ont négligé de mentir.

IX. — SCULPTURE

Au fond d'une bibliothèque antique, dans le demi-jour propice qui caresse et suggère les longues pensées, Harpo-

1. Cf. Balzac, *Séraphîta*.
2. On sait l'intérêt que présentent les dessins de Hugo, qu'on peut voir au musée de la place des Vosges à Paris.

crate, debout et solennel, un doigt posé sur sa bouche, vous commande le silence, et, comme un pédagogue pythagoricien, vous dit : Chut! avec un geste plein d'autorité. Apollon et les Muses, fantômes impérieux, dont les formes divines éclatent dans la pénombre, surveillent vos pensées, assistent à vos travaux, et vous encouragent au sublime.

Au détour d'un bosquet, abritée sous de lourds ombrages, l'éternelle Mélancolie mire son visage auguste dans les eaux d'un bassin, immobiles comme elle. Et le rêveur qui passe, attristé et charmé, contemplant cette grande figure aux membres robustes, mais alanguis par une peine secrète, dit : Voilà ma sœur!

Avant de vous jeter dans le confessionnal, au fond de cette petite chapelle ébranlée par le trot des omnibus, vous êtes arrêté [a] par un fantôme décharné et magnifique, qui soulève discrètement l'énorme couvercle de son sépulcre pour vous supplier, créature passagère, de penser à l'éternité! Et au coin de cette allée fleurie qui mène à la sépulture de ceux qui vous sont encore chers [b], la figure prodigieuse du Deuil, prostrée, échevelée, noyée dans le ruisseau de ses larmes, écrasant de sa lourde désolation les restes poudreux d'un homme illustre, vous enseigne que richesse, gloire, patrie même, sont de pures frivolités, devant ce je ne sais quoi que personne n'a nommé ni défini, que l'homme n'exprime que par des adverbes mystérieux, tels que : Peut-être, Jamais, Toujours! et qui contient, quelques-uns l'espèrent, la béatitude infinie, tant désirée, ou l'angoisse sans trêve dont la raison moderne repousse l'image avec le geste convulsif de l'agonie.

L'esprit charmé par la musique des eaux jaillissantes, plus douce que la voix des nourrices, vous tombez dans un boudoir de verdure, où Vénus et Hébé, déesses badines qui présidèrent quelquefois à votre vie, étalent sous des alcôves de feuillage les rondeurs de leurs membres charmants qui ont puisé dans la fournaise le rose éclat de la vie. Mais ce n'est guère que dans les jardins du temps passé que vous trouverez ces délicieuses surprises; car des trois matières excellentes qui s'offrent à l'imagination pour remplir le rêve sculptural, bronze, terre cuite et marbre, la dernière seule, dans notre âge, jouit fort injustement, selon nous, d'une popularité presque exclusive.

Vous traversez une grande ville vieillie dans la civilisation, une de celles qui contiennent les archives les plus importantes de la vie universelle, et vos yeux sont tirés en haut, *sursùm, ad sidera*; car sur les places publiques, aux angles des carrefours, des personnages immobiles, plus grands que ceux qui passent à leurs pieds, vous racontent dans un langage muet les pompeuses légendes de la gloire, de la guerre, de la science et du martyre. Les uns montrent le ciel, où ils ont sans cesse aspiré; les autres désignent le sol d'où ils se sont élancés. Ils agitent ou contemplent ce qui fut la passion de leur vie et qui en est devenu l'emblème : un outil, une épée, un livre, une torche, *vitaï lampada !* [1] Fussiez-vous le plus insouciant des hommes, le plus malheureux ou le plus vil, mendiant ou banquier, le fantôme de pierre s'empare de vous pendant quelques minutes, et vous commande, au nom du passé, de penser aux choses qui ne sont pas de la terre.

Tel est le rôle divin de la sculpture.

Qui peut douter qu'une puissante imagination ne soit nécessaire pour remplir un si magnifique programme? Singulier art qui s'enfonce dans les ténèbres du temps, et qui déjà, dans les âges primitifs, produisait des œuvres dont s'étonne l'esprit civilisé ! Art, où ce qui doit être compté comme qualité en peinture peut devenir vice ou défaut, où la perfection est d'autant plus nécessaire que le moyen, plus complet en apparence, mais plus barbare et plus enfantin, donne toujours, même aux plus médiocres œuvres, un semblant de fini et de perfection. Devant un objet tiré de la nature et représenté par la sculpture, c'est-à-dire rond, fuyant [a], autour duquel on peut tourner librement, et, comme l'objet naturel lui-même, environné d'atmosphère, le paysan, le sauvage, l'homme primitif, n'éprouvent aucune indécision; tandis qu'une peinture, par ses prétentions immenses, par sa nature paradoxale et abstractive, les inquiète et les trouble [2]. Il nous faut remarquer ici que

1. C'est la célèbre expression de Lucrèce : *et quasi cursores vitaï lampada tradunt* (comme des coureurs, ils transmettent le flambeau de la vie).

2. Baudelaire avait déjà, dans le *Salon de 1846,* souligné cette différence entre peinture et sculpture. Mais, en 1859, son évocation du *rôle divin* de la sculpture idéale est singulièrement plus profonde et montre plus de compréhension que ce qu'il écrivait treize ans plus tôt en parlant d'un *art de Caraïbes*. En 1846, la sculpture lui paraissait

le bas-relief est déjà un mensonge, c'est-à-dire un pas fait vers un art plus civilisé [a], s'éloignant d'autant de l'idée pure de sculpture. On se souvient que Catlin faillit être mêlé à une querelle fort dangereuse entre des chefs sauvages, ceux-ci plaisantant celui-là dont il avait peint le portrait de profil, et lui reprochant de s'être laissé voler la moitié de son visage. Le singe, quelquefois surpris par une magique peinture de nature, tourne derrière l'image pour en trouver l'envers. Il résulte des conditions barbares dans lesquelles la sculpture est enfermée qu'elle réclame, en même temps qu'une exécution très parfaite, une spiritualité très élevée. Autrement elle ne produira que l'objet étonnant dont peuvent s'ébahir le singe et le sauvage. Il en résulte aussi que l'œil de l'amateur lui-même, quelquefois fatigué par la monotone blancheur de toutes ces grandes poupées, exactes dans toutes leurs proportions de longueur et d'épaisseur, abdique son autorité. Le médiocre ne lui semble pas toujours méprisable, et, à moins qu'une statue ne soit outrageusement détestable, il peut la prendre pour bonne; mais une sublime pour mauvaise, jamais! Ici, plus qu'en toute autre matière, le beau s'imprime dans la mémoire d'une manière indélébile. Quelle force prodigieuse l'Égypte, la Grèce, Michel-Ange, Coustou [1] et quelques autres ont mise dans ces fantômes immobiles! Quel regard dans ces yeux sans prunelle! De même que [b] la poésie lyrique ennoblit tout, même la passion, la sculpture, la vraie, solennise tout, même le mouvement; elle donne à tout ce qui est humain quelque chose d'éternel et qui participe de la dureté de la matière

risquer d'exclure la spiritualité, ici elle lui paraît ne pouvoir être sauvée que par une *extrême* spiritualité. Si donc le principe de la pensée de Baudelaire reste sensiblement le même (difficulté d'une sculpture « spirituelle », alors que la peinture l'est en quelque sorte naturellement) les conclusions qu'il en tire n'en sont pas moins différentes, mais, dans un cas comme dans l'autre, on voit, une fois de plus, quelle est l'importance de la référence « spirituelle », quel que soit l'art auquel elle s'applique.

1. La dynastie des Coustou se compose de plusieurs sculpteurs ; le premier, François, travailla au XVIIe siècle avec Coysevox, dont il épousa la sœur. Baudelaire ici fait certainement allusion au plus célèbre d'entre eux, Guillaume I (1677-1746), élève de son oncle Coysevox, et auteur des célèbres *Chevaux de Marly*.

employée. La colère devient calme, la tendresse sévère, le rêve ondoyant et brillanté de la peinture se transforme en méditation solide et obstinée. Mais si l'on veut songer combien de perfections il faut réunir pour obtenir cet austère enchantement, on ne s'étonnera pas de la fatigue et du découragement qui s'emparent souvent de notre esprit en parcourant les galeries des sculptures modernes, où le but divin est presque toujours méconnu, et le joli, le minutieux, complaisamment substitués au grand.

Nous avons le goût de facile composition, et notre dilettantisme peut s'accommoder tour à tour de toutes les grandeurs et de toutes les coquetteries. Nous savons aimer l'art mystérieux et sacerdotal de l'Égypte et de Ninive, l'art de la Grèce, charmant et raisonnable à la fois, l'art de Michel-Ange, précis comme une science, prodigieux comme le rêve, l'habileté du dix-huitième siècle, qui est la fougue dans la vérité; mais dans ces différents modes de la sculpture il y a la puissance d'expression et la richesse de sentiment, résultat inévitable d'une imagination profonde qui chez nous maintenant fait trop souvent défaut. On ne trouvera donc pas surprenant que je sois bref dans l'examen des œuvres de cette année. Rien n'est plus doux que d'admirer, rien n'est plus désagréable que de critiquer [1]. La grande faculté, la principale, ne brille que comme les images des patriotes romains, par son absence. C'est donc ici le cas de remercier M. Franceschi pour son *Andromède*. Cette figure, généralement remarquée, a suscité quelques critiques selon nous trop faciles. Elle a cet immense mérite d'être poétique, excitante et noble. On a dit que c'était un plagiat, et que M. Franceschi avait simplement mis debout une figure couchée de Michel-Ange. Cela n'est pas vrai. La langueur de ces formes menues quoique grandes, l'élégance paradoxale de ces membres est bien le fait d'un auteur moderne. Mais quand même il aurait emprunté son inspiration au passé, j'y verrais un motif d'éloge plutôt que de critique [a]; il n'est pas donné à tout le monde d'imiter ce qui est grand, et quand ces imitations sont le fait d'un jeune homme, qui a naturellement un grand espace de vie ouvert devant lui, c'est bien plutôt pour la critique une raison d'espérance que de défiance.

1. Tout Baudelaire est dans cette formule.

Quel diable d'homme que M. Clésinger! Tout ce qu'on peut dire de plus beau sur son compte, c'est qu'à voir cette facile production d'œuvres si diverses on devine une intelligence ou plutôt un tempérament toujours en éveil, un homme qui a l'amour de la sculpture dans le ventre. Vous admirez un morceau merveilleusement réussi; mais tel autre morceau dépare complètement la statue. Voilà une figure d'un jet élancé et enthousiasmant; mais voici des draperies qui, voulant paraître légères, sont tubulées et tortillées comme du macaroni. M. Clésinger attrape quelquefois le mouvement, il n'obtient jamais l'élégance complète. La beauté de style et de caractère qu'on a tant louée dans ses bustes de dames romaines [1] n'est pas décidée ni parfaite. On dirait que souvent, dans son ardeur précipitée de travail, il oublie des muscles et néglige le mouvement si précieux du modelé. Je ne veux pas parler de ses malheureuses *Saphos,* je sais que maintes fois il a fait beaucoup mieux; mais même dans ses statues les mieux réussies, un œil exercé est affligé par cette méthode abréviative qui donne aux membres et au visage humain ce fini et ce poli banal de la cire coulée dans un moule. Si Canova fut quelquefois charmant, ce ne fut certes pas grâce à ce défaut. Tout le monde a loué fort justement son *Taureau romain* ; c'est vraiment un fort bel ouvrage; mais, si j'étais M. Clésinger, je n'aimerais pas être loué si magnifiquement pour avoir fait l'image d'une bête, si noble et superbe qu'elle fût. Un sculpteur tel que lui doit avoir d'autres ambitions et caresser d'autres images que celles des taureaux.

Il y a un *Saint Sébastien* d'un élève de Rude, M. Just Becquet [2], qui est une patiente et vigoureuse sculpture. Elle fait à la fois penser à la peinture de Ribeira et à l'âpre statuaire espagnole. Mais si l'enseignement de M. Rude, qui eut une si grande action sur l'école de notre temps, a profité à quelques-uns, à ceux sans doute qui savaient commenter cet enseignement par leur esprit naturel, il a

---

1. Clésinger (cf. aussi ce que Baudelaire en dit dans le *Salon de 1846*) avait exécuté, entre autres, un buste de Mme Sabatier en *dame romaine* (1847. Musée du Louvre). Cf. Estignard, *Clésinger,* Paris, 1900.

2. Just Becquet, élève de Rude en effet (1829-1907), sera, vingt ans plus tard, en 1879, l'auteur du monument à Denfert-Rochereau de Montbéliard.

précipité les autres, trop dociles, dans les plus étonnantes erreurs. Voyez, par exemple, cette *Gaule* [1] ! La première forme que la Gaule revêt dans votre esprit est celle d'une personne de grande allure, libre, puissante, de forme robuste et dégagée, la fille bien découplée des forêts, la femme sauvage et guerrière, dont la voix était écoutée dans les conseils de la patrie. Or, dans la malheureuse figure dont je parle, tout ce qui constitue la force et la beauté est absent. Poitrine, hanches, cuisses, jambes, tout ce qui doit faire relief est creux. J'ai vu sur les tables de dissection de ces cadavres ravagés par la maladie et par une misère continue de quarante ans. L'auteur a-t-il voulu représenter l'affaiblissement, l'épuisement d'une femme qui n'a pas connu d'autre nourriture que le gland des chênes, et a-t-il pris l'antique et forte Gaule pour la femelle décrépite d'un Papou? Cherchons une explication moins ambitieuse, et croyons simplement qu'ayant entendu répéter fréquemment qu'il fallait copier fidèlement le modèle, et n'étant pas doué de la clairvoyance nécessaire pour en choisir un beau, il a copié le plus laid de tous avec une parfaite dévotion. Cette statue a trouvé des éloges, sans doute pour son œil de Velléda d'album lancé à l'horizon. Cela ne m'étonne pas.

Voulez-vous contempler encore une fois, mais sous une autre forme, le contraire de la sculpture? Regardez ces deux petits mondes dramatiques inventés par M. Butté et qui représentent, je crois, *la Tour de Babel* et *le Déluge*. Mais le sujet importe peu, d'ailleurs, quand par sa nature ou par la manière dont il est traité l'essence même de l'art se trouve détruite. Ce monde lilliputien, ces processions en miniature, ces petites foules serpentant dans des quartiers de roche, font penser à la fois aux plans en relief du Musée de marine, aux pendules-tableaux à musique et aux paysages avec forteresse, pont-levis et garde montante, qui se font voir chez les pâtissiers et les marchands de joujoux. Il m'est extrêmement désagréable d'écrire de pareilles choses, surtout quand il s'agit d'œuvres où d'ailleurs on trouve de l'imagination et de l'ingéniosité, et, si j'en parle, c'est parce qu'elles servent à constater, importantes en cela seulement, l'un des plus grands vices de l'esprit, qui est la désobéissance opiniâtre aux règles consti-

1. Œuvre de Jean-Baptiste Baujault (1828-1899).

tutives de l'art. Quelles sont les qualités, si belles qu'on les suppose, qui pourraient contre-balancer une si défectueuse énormité? Quel cerveau bien portant peut concevoir sans horreur une peinture en relief, une sculpture agitée par la mécanique, une ode sans rimes, un roman versifié, etc.? Quand le but naturel d'un art est méconnu, il est naturel d'appeler à son secours tous les moyens étrangers à cet art. Et à propos de M. Butté, qui a voulu représenter dans de petites proportions de vastes scènes exigeant une quantité innombrable de personnages, nous pouvons remarquer que les anciens reléguaient toujours ces tentatives dans le bas-relief, et que, parmi les modernes, de très grands et très habiles sculpteurs ne les ont jamais osées sans détriment et sans danger. Les deux conditions essentielles, l'unité d'impression et la totalité d'effet, se trouvent douloureusement offensées, et, si grand que soit le talent du *metteur en scène,* l'esprit inquiet se demande s'il n'a pas déjà senti une impression analogue chez Curtius [1]. Les vastes et magnifiques groupes qui ornent les jardins de Versailles ne sont pas une réfutation complète de mon opinion; car, outre qu'ils ne sont pas toujours également réussis, et que quelques-uns, par leur caractère de débandade, surtout parmi ceux où presque toutes les figures sont verticales, ne serviraient au contraire qu'à confirmer ladite opinion, je ferai de plus remarquer que c'est là une sculpture toute spéciale où les défauts, quelquefois très voulus, disparaissent sous un feu d'artifice liquide, sous une pluie lumineuse; enfin c'est un art complété par l'hydraulique, un art inférieur en somme. Cependant les plus parfaits parmi ces groupes ne sont tels que parce qu'ils se rapprochent davantage de la vraie sculpture et que, par leurs attitudes penchées et leurs entrelacements, les figures créent cette arabesque générale de la composition, immobile et fixe dans la peinture, mobile et variable dans la sculpture comme dans les pays de montagnes.

Nous avons déjà, mon cher M***, parlé des *esprits pointus,* et nous avons reconnu que parmi ces esprits pointus,

1. Spécialiste des figures de cire, dans la seconde moitié du XVIIIe siècle : il avait organisé à Paris, deux musées, l'un de grands hommes et gens de marque au Palais-Royal, l'autre de criminels boulevard du Temple.

tous plus ou moins entachés de désobéissance à l'idée de l'art pur, il y en avait cependant un ou deux intéressants. Dans la sculpture, nous retrouvons les mêmes malheurs. Certes M. Frémiet [1] est un bon sculpteur; il est habile, audacieux, subtil, cherchant l'effet étonnant, le trouvant quelquefois; mais, c'est là son malheur, le cherchant souvent à côté de la voie naturelle. *L'Orang-outang, entraînant une femme au fond des bois* (ouvrage refusé, que naturellement je n'ai pas vu) est bien l'idée d'un esprit pointu [2]. Pourquoi pas un crocodile, un tigre, ou toute autre bête susceptible de manger une femme? Non pas! songez bien qu'il ne s'agit pas de manger, mais de violer. Or le singe seul, le singe gigantesque, à la fois plus et moins qu'un homme, a manifesté quelquefois un appétit humain pour la femme. Voilà donc le moyen d'étonnement trouvé! « *Il* l'entraîne; saura-t-*elle* résister? » telle est la question que se fera tout le public féminin. Un sentiment bizarre, compliqué, fait en partie de terreur et en partie de curiosité priapique, enlèvera le succès. Cependant, comme M. Frémiet est un excellent ouvrier, l'animal et la femme seront également bien imités et modelés. En vérité, de tels sujets ne sont pas dignes d'un talent aussi mûr, et le jury s'est bien conduit en repoussant ce vilain drame.

Si M. Frémiet me dit que je n'ai pas le droit de scruter les intentions et de parler de ce que je n'ai pas vu, je me rabattrai humblement sur son *Cheval de saltimbanque*. Pris en lui-même, le petit cheval est charmant; son épaisse crinière, son mufle carré, son air spirituel, sa croupe avalée, ses petites jambes solides et grêles à la fois, tout le désigne comme un de ces humbles animaux qui ont de la race. Ce hibou, perché sur son dos, m'inquiète (car je suppose que je n'ai pas lu le livret), et je me demande pourquoi l'oiseau de Minerve est posé sur la création de Neptune? Mais j'aperçois les marionnettes accrochées à la selle. L'idée

1. Emmanuel Frémiet (1824-1910), neveu et élève de Rude, se spécialisa d'abord et se rendit célèbre comme animalier, avant de faire carrière dans la sculpture officielle. Il est l'auteur de la *Jeanne d'Arc* de la place des Pyramides à Paris, sans doute une des statues les plus célèbres de France, avec la *Marseillaise* de son maître Rude.

2. Des versions de ce sujet figurent aux musées de Nantes et de Melbourne. Sur Frémiet en général, cf. Philippe Fauré-Frémiet *Frémiet* (Paris, 1934).

de sagesse représentée par le hibou m'entraîne à croire que les marionnettes figurent les frivolités du monde. Reste à expliquer l'utilité du cheval qui, dans le langage apocalyptique, peut fort bien symboliser l'intelligence, la volonté, la vie. Enfin, j'ai positivement et patiemment découvert que l'ouvrage de M. Frémiet représente l'intelligence humaine portant partout avec elle l'idée de la sagesse et le goût de la folie. Voilà bien l'immortelle antithèse philosophique, la contradiction essentiellement humaine sur laquelle pivote depuis le commencement des âges toute philosophie et toute littérature, depuis les règnes tumultueux d'Ormuz et d'Ahrimane jusqu'au révérend Maturin, depuis Manès jusqu'à Shakspeare!... Mais un voisin que j'irrite veut bien m'avertir que je cherche midi à quatorze heures, et que cela représente simplement le cheval d'un saltimbanque... Ce hibou solennel, ces marionnettes mystérieuses n'ajoutaient donc aucun sens nouveau à l'idée *cheval?* En tant que simple cheval, en quoi augmentent-elles son mérite? Il fallait évidemment intituler cet ouvrage : *Cheval de saltimbanque, en l'absence du saltimbanque, qui est allé tirer les cartes et boire un coup dans un cabaret supposé du voisinage!* Voilà le vrai titre!

MM. Carrier, Oliva et Prouha [1] sont plus modestes que M. Frémiet et moi; ils se contentent d'étonner par la souplesse et l'habileté de leur art. Tous les trois, avec des facultés plus ou moins tendues, ont une visible sympathie pour la sculpture vivante du dix-huitième et du dix-septième siècle. Ils ont aimé et étudié Caffieri, Puget, Coustou, Houdon, Pigalle, Francin. Depuis longtemps les vrais amateurs ont admiré les bustes de M. Oliva, vigoureusement modelés, où la vie respire, où le regard même étincelle. Celui qui représente le *Général Bizot* est un des bustes les plus *militaires* que j'aie vus. *M. de Mercey* est un chef-d'œuvre de finesse. Tout le monde a remarqué récemment

1. Sculpteurs médiocres aujourd'hui oubliés : le premier est sans doute Albert Carrier-Belleuse (1824-1887), qui s'employa surtout à répandre des modèles de statuettes, qui firent fureur sous le second Empire, et dont certains ont subsisté jusque tout récemment. Il acheva sa carrière comme directeur des travaux d'art de la manufacture de Sèvres. A.-J. Oliva (1824-1890) et P.-B. Prouha (? — 1888) ne semblent guère avoir laissé de trace dans l'histoire de la sculpture.

dans la cour du Louvre une charmante figure de M. Prouha qui rappelait les grâces nobles et mignardes de la Renaissance. M. Carrier peut se féliciter et se dire content de lui. Comme les maîtres qu'il affectionne, il possède l'énergie et l'esprit. Un peu trop de décolleté et de débraillé dans le costume contraste peut-être malheureusement avec le fini vigoureux et patient des visages. Je ne trouve pas que ce soit un défaut de chiffonner une chemise ou une cravate et de tourmenter agréablement les revers d'un habit, je parle seulement d'un manque d'accord relativement à l'idée d'ensemble; et encore avouerai-je volontiers que je crains d'attribuer trop d'importance à cette observation, et les bustes de M. Carrier m'ont causé un assez vif plaisir pour me faire oublier cette petite impression toute fugitive.

Vous vous rappelez, mon cher, que nous avons déjà parlé de *Jamais et toujours;* je n'ai pas encore pu trouver l'explication de ce titre logogryphique. Peut-être est-ce un coup de désespoir, ou un caprice sans motif, comme *Rouge et Noir*. Peut-être M. Hébert a-t-il cédé à ce goût de MM. Commerson et Paul de Kock, qui les pousse à voir une pensée dans le choc fortuit de toute antithèse. Quoi qu'il en soit, il a fait une charmante sculpture, sculpture de chambre [a], dira-t-on (quoiqu'il soit douteux que le bourgeois et la bourgeoise en veuillent décorer leur boudoir), espèce de vignette en sculpture, mais qui cependant pourrait peut-être, exécutée dans de plus grandes proportions faire une excellente décoration funèbre dans un cimetière ou dans une chapelle. La jeune fille, d'une forme riche et souple, est enlevée et balancée avec une légèreté harmonieuse; et son corps, convulsé dans une extase ou dans une agonie, reçoit avec résignation le baiser de l'immense squelette. On croit généralement, peut-être parce que l'antiquité ne le connaissait pas ou le connaissait peu, que le squelette doit être exclu du domaine de la sculpture. C'est une grande erreur. Nous le voyons apparaître au moyen âge, se comportant et s'étalant avec toute la maladresse cynique et toute la superbe de l'idée sans art. Mais, depuis lors jusqu'au dix-huitième siècle, climat historique de l'amour et des roses, nous voyons le squelette fleurir avec bonheur dans tous les sujets où il lui est permis de s'introduire. Le sculpteur comprit bien vite tout ce qu'il y a de beauté mystérieuse et abstraite dans cette maigre carcasse, à qui la chair sert d'habit, et qui est comme le plan du poème humain. Et cette grâce, caressante, mordante, presque scientifique, se dresse à son tour, claire et purifiée des souillures de l'humus, parmi les grâces innombrables que l'Art avait déjà extraites de l'ignorante Nature. Le squelette de M. Hébert n'est pas, à proprement parler, un squelette. Je ne crois pas cependant que l'artiste ait voulu esquiver, comme on dit, la difficulté. Si ce puissant personnage porte ici le caractère vague des fantômes, des larves et des lamies, s'il est encore, en de certaines parties, revêtu d'une peau parcheminée qui se colle aux jointures comme les membranes d'un palmipède [a], s'il s'enveloppe et se drape à moitié d'un immense suaire soulevé çà et là par les saillies des articulations, c'est que sans doute l'auteur voulait surtout exprimer l'idée vaste et flottante du néant. Il a réussi, et son fantôme est *plein de vide*.

L'agréable occurrence de ce sujet macabre m'a fait regretter que M. Christophe n'ait pas exposé deux morceaux de sa composition, l'un d'une nature tout à fait analogue, l'autre plus gracieusement allégorique. Ce dernier représente une femme nue, d'une grande et vigoureuse tournure florentine (car M. Christophe n'est pas de ces artistes faibles en qui l'enseignement positif et minutieux de Rude a détruit l'imagination), et qui, vue en face, présente au spectateur un visage souriant et mignard, un visage de théâtre. Une légère draperie, habilement tortillée, sert de suture entre cette jolie tête de convention et la robuste poitrine sur laquelle elle a l'air de s'appuyer. Mais, en faisant un pas de plus à gauche ou à droite, vous décrouvrez le secret de l'allégorie, la morale de la fable, je veux dire la véritable tête révulsée, se pâmant dans les larmes et l'agonie. Ce qui avait d'abord enchanté vos yeux, c'était un masque, c'était le masque universel, votre masque, mon masque, joli éventail dont une main habile se sert pour voiler aux yeux du monde la douleur ou le remords. Dans cet ouvrage, tout est charmant et robuste [1]. Le caractère vigoureux du corps fait un contraste pittoresque avec l'expression mystique d'une idée toute mondaine, et la surprise n'y joue pas un rôle plus important qu'il n'est permis. Si jamais l'auteur consent à jeter cette conception dans le

1. Une version ultérieure de cette statue se trouve aux Tuileries. L'œuvre de Christophe a inspiré *le Masque* des *Fleurs du Mal*.

commerce, sous la forme d'un bronze de petite dimension, je puis, sans imprudence, lui prédire un immense succès.

Quant à l'autre idée, si charmante qu'elle soit, ma foi, je n'en répondrais pas; d'autant moins que, pour être pleinement exprimée, elle a besoin de deux matières, l'une claire et terne pour exprimer le squelette, l'autre sombre et brillante pour rendre le vêtement, ce qui augmenterait naturellement l'horreur de l'idée et son impopularité. Hélas!

Les charmes de l'horreur n'enivrent que les forts!

Figurez-vous un grand squelette féminin tout prêt à partir pour une fête. Avec sa face aplatie de négresse, son sourire sans lèvre et sans gencive, et son regard qui n'est qu'un trou plein d'ombre, l'horrible chose qui fut une belle femme a l'air de chercher vaguement dans l'espace l'heure délicieuse du rendez-vous ou l'heure solennelle du sabbat inscrite au cadran invisible des siècles. Son buste, disséqué par le temps, s'élance coquettement de son corsage, comme de son cornet un bouquet desséché, et toute cette pensée funèbre se dresse sur le piédestal d'une fastueuse crinoline. Qu'il me soit permis, pour abréger, de citer un lambeau rimé dans lequel j'ai essayé non pas d'*illustrer,* mais d'expliquer le plaisir subtil contenu dans cette figurine, à peu près comme un lecteur soigneux barbouille de crayon les marges de son livre :

Fière, autant qu'un vivant, de sa noble stature,
Avec son gros bouquet, son mouchoir et ses gants
Elle a la nonchalance et la désinvolture
D'une coquette maigre aux airs extravagants.

Vit-on jamais au bal une taille plus mince ?
Sa robe, exagérée en sa royale ampleur,
S'écroule abondamment sur un pied sec que pince
Un soulier pomponné joli comme une fleur.

La ruche qui se joue au bord des clavicules,
Comme un ruisseau lascif qui se frotte au rocher,
Défend pudiquement des lazzi ridicules
Les funèbres appas qu'elle tient à cacher.

Ses yeux profonds sont faits de vide et de ténèbres,
Et son crâne, de fleurs artistement coiffé,
Oscille mollement sur ses frêles vertèbres.
O charme du néant follement attifé !

Aucuns t'appelleront une caricature,
Qui ne comprennent pas, amants ivres de chair,
L'élégance sans nom de l'humaine armature !
Tu réponds, grand squelette, à mon goût le plus cher !

Viens-tu troubler, avec ta puissante grimace,
La fête de la vie.............................. ? [1]

Je crois, mon cher, que nous pouvons nous arrêter ici; je citerais de nouveaux échantillons que je n'y pourrais trouver que de nouvelles preuves superflues à l'appui de l'idée principale qui a gouverné mon travail depuis le commencement, à savoir que les talents les plus ingénieux et les plus patients ne sauraient suppléer le goût du grand et la sainte fureur de l'imagination. On s'est amusé, depuis quelques années, à critiquer, plus qu'il n'est permis, un de nos amis les plus chers; eh bien! je suis de ceux qui confessent, et sans rougir, que, quelle que soit l'habileté développée annuellement par nos sculpteurs, je ne retrouve pas dans leurs œuvres (depuis la disparition de David) [2] le plaisir immatériel que m'ont donné si souvent les rêves tumultueux, même incomplets, d'Auguste Préault [3].

X. — ENVOI

Enfin il m'est permis de proférer l'irrésistible *ouf!* que lâche avec tant de bonheur tout simple mortel, non privé de sa rate et condamné à une course forcée, quand il peut

1. Extrait (ainsi que le vers isolé cité précédemment) de la *Danse macabre* des *Fleurs du Mal*. Dans sa première publication, le poème était dédié à Ernest Christophe, mais la dédicace ne put être ultérieurement maintenue, tant la statue et le nom de son auteur paraissaient alors scandaleux ! Elle fut cependant reprise dans la 2e édition des *Fleurs du Mal*.

2. David d'Angers était mort en 1856.

3. Sur Auguste Préault et ses *rêves*, cf. *Salon de 1846*, p. 188, n. 2.

se jeter dans l'oasis de repos tant espérée depuis longtemps. Dès le commencement, je l'avouerai volontiers, les caractères béatifiques qui composent le mot FIN apparaissaient à mon cerveau, revêtus de leur peau noire, comme de petits baladins éthiopiens qui exécuteraient la plus aimable des danses de *caractère*. MM. les artistes, je parle des vrais artistes, de ceux-là qui pensent comme moi que tout ce qui n'est pas la perfection devrait se cacher, et que tout ce qui n'est pas sublime est inutile et coupable, de ceux-là qui savent qu'il y a une épouvantable profondeur dans la première idée venue, et que, parmi les manières innombrables de l'exprimer, il n'y en a tout au plus que deux ou trois d'excellentes (je suis moins sévère que La Bruyère) [1]; ces artistes-là, dis-je, toujours mécontents et non rassasiés, comme des âmes enfermées, ne prendront pas de travers certains badinages et certaines humeurs quinteuses dont ils souffrent aussi souvent que le critique. Eux aussi, ils savent que rien n'est plus fatigant que d'expliquer ce que tout le monde devrait savoir. Si l'ennui et le mépris peuvent être considérés comme des passions, pour eux aussi le mépris et l'ennui ont été les passions les plus difficilement rejetables, les plus fatales, les plus sous la main. Je m'impose à moi-même les dures conditions que je voudrais voir chacun s'imposer; je me dis sans cesse : *à quoi bon?* et je me demande, en supposant que j'aie exposé quelques bonnes raisons : à qui et à quoi peuvent-elles servir? Parmi les nombreuses omissions que j'ai commises, il y en a de volontaires; j'ai fait exprès de négliger une foule de talents évidents, trop reconnus pour être loués, pas assez singuliers, en bien ou en mal, pour servir de thème à la critique. Je m'étais imposé de chercher l'imagination à travers le *Salon,* et, l'ayant rarement trouvée, je n'ai dû parler que d'un petit nombre d'hommes. Quant aux omissions ou erreurs involontaires que j'ai pu commettre, la Peinture me les pardonnera, comme à un homme qui, à défaut de connaissances étendues, a l'amour de la Peinture jusque dans les nerfs. D'ailleurs, ceux qui peuvent avoir quelque raison de se plaindre trouveront des vengeurs

1. Allusion au célèbre passage des *Caractères* (*Ouvrages de l'Esprit*, 17) : *Entre toutes les différentes expressions qui peuvent rendre une seule de nos pensées, il n'y a en qu'une qui soit la bonne.*

ou des consolateurs bien nombreux, sans compter celui de nos amis que vous chargerez de l'analyse de la prochaine exposition, et à qui vous donnerez les mêmes libertés que vous avez bien voulu m'accorder. Je souhaite de tout mon cœur qu'il rencontre plus de motifs d'étonnement ou d'éblouissement que je n'en ai consciencieusement trouvé. Les nobles et excellents artistes que j'invoquais tout à l'heure diront comme moi : en résumé, beaucoup de pratique et d'habileté, mais très peu de génie ! C'est ce que tout le monde dit. Hélas ! je suis d'accord avec tout le monde. Vous voyez, mon cher M***, qu'il était bien inutile d'expliquer ce que chacun d'eux pense comme nous. Ma seule consolation est d'avoir peut-être su plaire, dans l'étalage de ces lieux communs, à deux ou trois personnes qui me devinent quand je pense à elles, et au nombre desquelles je vous prie de vouloir bien vous compter.

Votre très dévoué collaborateur et ami.

X

PEINTURES MURALES D'EUGÈNE DELACROIX A SAINT-SULPICE[1]

Le sujet de la peinture qui couvre la face gauche de la chapelle décorée par M. Delacroix est contenu dans ces versets de la Genèse[2] :

« Après avoir fait passer tout ce qui était à lui,

« Il demeura seul en ce lieu-là. Et il parut en même temps un homme qui lutta contre lui jusqu'au matin.

« Cet homme, voyant qu'il ne pouvait le surmonter, lui toucha le nerf de la cuisse, qui se sécha aussitôt;

« Et il lui dit : Laissez-moi aller; car l'aurore commence déjà à paraître. Jacob lui répondit : Je ne vous laisserai point aller que vous ne m'ayez béni.

« Cet homme lui demanda : Comment vous appelez-vous? Il lui répondit : je m'appelle Jacob.

« Et le même ajouta : On ne vous nommera plus à l'avenir Jacob, mais Israël : car, si vous avez été fort contre Dieu, combien le serez-vous davantage contre les hommes?

« Jacob lui fit ensuite cette demande : Dites-moi, je vous prie, comment vous vous appelez? Il lui répondit : Pourquoi me demandez-vous mon nom? Et il le bénit en ce même lieu.

1. Première publication : *Revue fantaisiste,* 15 septembre 1861.
2. *Genèse,* XXXII, 24-33.

« Jacob donna le nom de Phanuel à ce lieu-là en disant : J'ai vu Dieu face à face et mon âme a été sauvée.

« Aussitôt qu'il eut passé ce lieu qu'il venait de nommer Phanuel, il vit le soleil qui se levait; mais il se trouva boiteux d'une jambe.

« C'est pour cette raison que, jusqu'aujourd'hui, les enfants d'Israël ne mangent point du nerf des bêtes, se souvenant de celui qui fut touché en la cuisse de Jacob et qui demeura sans mouvement. »

De cette bizarre légende, que beaucoup de gens interprètent catégoriquement [a], et que ceux de la Kabbale et de la nouvelle Jérusalem [1] traduisent sans doute dans des sens différents, Delacroix, s'attachant au sens matériel comme il devait faire, a tiré tout le parti qu'un peintre de son tempérament en pouvait tirer. La scène est au gué de Jacob; les lueurs riantes et dorées du matin traversent la plus riche et la plus robuste végétation qui se puisse imaginer, une végétation qu'on pourrait appeler patriarcale. A gauche, un ruisseau limpide s'échappe en cascades; à droite, dans le fond, s'éloignent les derniers rangs de la caravane qui conduit vers Ésaü les riches présents de Jacob : « deux cents chèvres, vingt boucs, deux cents brebis et vingt béliers, trente femelles de chameaux avec leurs petits, quarante vaches, vingt taureaux, vingt ânesses et vingt ânons ». Au premier plan, gisent, sur le terrain, les vêtements et les armes dont Jacob s'est débarrassé pour lutter corps à corps avec l'*homme* mystérieux envoyé par le Seigneur. L'homme naturel et l'homme surnaturel luttent chacun selon sa nature, Jacob incliné en avant comme un bélier et bandant toute sa musculature, l'ange se prêtant complaisamment au combat, calme, doux, comme un être qui peut vaincre sans effort des muscles et ne permettant pas à la colère d'altérer la forme divine de ses membres.

Le plafond est occupé par une peinture de forme circulaire représentant Lucifer terrassé sous les pieds de l'archange Michel. C'est là un de ces sujets légendaires qu'on trouve répercutés dans plusieurs religions et qui occupent une place même dans la mémoire des enfants, bien qu'il soit difficile d'en suivre les traces positives dans les saintes Écritures. Je ne me souviens, pour le présent, que d'un

1. Cf. Swedenborg.

verset d'Isaïe, qui toutefois n'attribue pas clairement au nom de *Lucifer* le sens légendaire; d'un verset de saint Jude, où il est simplement question d'une contestation que l'archange Michel eut avec le Diable touchant le corps de Moïse, et enfin de l'unique et célèbre verset 7 du chapitre XII de l'Apocalypse. Quoi qu'il en soit, la légende est indestructiblement établie; elle a fourni à Milton l'une de ses plus épiques descriptions; elle s'étale dans tous les musées, célébrée par les plus illustres pinceaux. Ici, elle se présente avec une magnificence des plus dramatiques; mais la lumière frisante, dégorgée par la fenêtre qui occupe la partie haute du mur extérieur, impose au spectateur un effort pénible pour en jouir convenablement.

Le mur de droite présente la célèbre histoire d'Héliodore chassé du Temple par les Anges, alors qu'il vint pour forcer la trésorerie. Tout le peuple était en prières; les femmes se lamentaient; chacun croyait que tout était perdu et que le trésor sacré allait être violé par le ministre de Séleucus.

« L'esprit de Dieu tout-puissant se fit voir alors par des marques bien sensibles, en sorte que tous ceux qui avaient osé obéir à Héliodore, étant renversés par une vertu divine, furent tout d'un coup frappés d'une frayeur qui les mit tout hors d'eux-mêmes.

« Car ils virent paraître un cheval, sur lequel était monté un homme terrible, habillé magnifiquement, et qui, fondant avec impétuosité sur Héliodore, le frappa en lui donnant plusieurs coups de pied de devant; et celui qui était monté dessus semblait avoir des armes d'or.

« Deux autres jeunes hommes parurent en même temps, pleins de force et de beauté, brillants de gloire et richement vêtus, qui, se tenant aux deux côtés d'Héliodore, le fouettaient chacun de son côté et le frappaient sans relâche. »

Dans un temple magnifique, d'architecture polychrome, sur les premières marches de l'escalier conduisant à la trésorerie, Héliodore est renversé sous un cheval qui le maintient de son sabot divin pour le livrer plus commodément aux verges des deux Anges; ceux-ci fouettent avec vigueur, mais aussi avec l'opiniâtre tranquillité qui convient à des êtres investis d'une puissance céleste. Le cavalier, qui est vraiment d'une beauté angélique, garde dans son attitude toute la solennité et tout le calme des Cieux. Du haut de la rampe, à un étage supérieur, plusieurs personnages contemplent avec horreur et ravissement le travail des divins bourreaux [1].

1. A la suite, figurait le fragment repris dans l'article nécrologique sur Delacroix auquel nous renvoyons le lecteur (pp. 431-433). Le peintre adressa à Baudelaire ses remerciements dans les termes suivants :

Champrosay, le 8 octobre 1861.

MON CHER MONSIEUR,

Je ne vois qu'au retour d'un voyage qui m'a éloigné quelque temps de Paris votre article toujours si bienveillant et d'une tournure si originale, comme tout ce que vous faites, sur mes peintures de Saint-Sulpice. Je vous remercie bien sincèrement et de vos éloges et des réflexions qui les accompagnent et les confirment sur ces effets mystérieux de la ligne et de la couleur, que ne sentent, hélas ! que peu d'adeptes. Cette partie musicale et arabesque n'est rien pour bien des gens qui regardent un tableau comme les Anglais regardent une contrée quand ils voyagent ; c'est-à-dire qu'ils ont le nez dans *le Guide du Voyageur,* afin de s'instruire consciencieusement de ce que le pays rapporte en blé et autres denrées. De même, les critiques bons sujets veulent comprendre afin de pouvoir démontrer. Ce qui ne tombe pas absolument sous le compas ne peut les satisfaire : ils se trouvent volés devant un tableau qui ne démontre rien et qui ne donne que du plaisir.

Vous m'avez écrit, il y a deux mois, relativement au procédé que j'emploie pour peindre sur mur ; mais je ne savais où adresser ma réponse. Je prends le parti aujourd'hui de vous adresser mes actions de grâces au bureau de la revue.

Mille sincères amitiés et remercîments.

E. DELACROIX.

[*CHARLES BAUDELAIRE : Souvenirs, Correspondance, Bibliographie* (René Pincebourde, 1872).]

XI

L'EXPOSITION DE LA GALERIE MARTINET EN 1861 [1]

Le temps n'est pas éloigné où l'on déclarait impossibles les expositions permanentes de peinture. M. Martinet a démontré que cet impossible était chose facile. Tous les jours, l'exposition du boulevard des Italiens reçoit des visiteurs, artistes, littérateurs, gens du monde, dont le nombre va s'accroissant. Il est maintenant permis de prédire à cet établissement une sérieuse prospérité. Mais une des conditions indispensables de cette faveur publique était évidemment un choix très sévère des sujets à exposer. Cette condition a été accomplie rigoureusement, et c'est à cette rigueur que le public doit de promener ses yeux sur une série d'œuvres dont pas une seule, à quelque école qu'elle appartienne, ne peut être classée dans l'ordre du mauvais ou même du médiocre. Le comité qui préside au choix des tableaux a prouvé qu'on pouvait aimer tous les genres

1. Article non signé, paru dans la *Revue anecdotique* (1er janvier 1862). L'attribution à Baudelaire a été faite pour la première fois par W. T. Bandy (*Romanic Review,* février 1938). Dans cette même revue, que dirigeait Poulet-Malassis, Baudelaire publia la même année d'autres articles, également non signés *(Une réforme à l'Académie, Paul de Molènes, L'Eau-forte est à la mode)*. Le style et le contenu de cet article en confirment l'attribution (cf. en particulier le paragraphe sur Legros et son évidente parenté avec ce que Baudelaire écrit sur le sujet de cet artiste dans le *Salon de 1859* et dans *Peintres et aquafortistes*).

et ne prendre de chacun que la meilleure part; unir l'impartialité la plus large à la sévérité la plus minutieuse. Bonne leçon pour les jurys de nos grandes expositions qui ont toujours trouvé le moyen d'être à la fois scandaleusement indulgents et inutilement injustes.

Un excellent petit journal est annexé à l'Exposition, qui rend compte du mouvement régulier des tableaux entrants et sortants, comme ces feuilles maritimes qui instruisent les intéressés de tout le mouvement quotidien d'un port de mer.

Dans cette gazette, où quelquefois des articles traitant de matières générales se rencontrent à côté des articles de circonstance, nous avons remarqué de curieuses pages signées de M. Saint-François, qui est l'auteur de quelques dessins saisissants au crayon noir. M. Saint-François a un style embrouillé et compliqué comme celui d'un homme qui change son outil habituel contre un qui lui est moins familier; mais il a des idées, de vraies idées. Chose rare chez un artiste, il sait penser.

M. Legros, toujours épris des voluptés âpres de la religion, a fourni deux magnifiques tableaux, l'un, qu'on a pu admirer, à l'Exposition dernière, aux Champs-Élysées (les femmes agenouillées devant une croix dans un paysage concentré et lumineux) [1]; l'autre, une production plus récente, représentant des moines d'âges différents, prosternés devant un livre saint dont ils s'appliquent humblement à interpréter certains passages [2]. Ces deux tableaux, dont le dernier fait penser aux plus solides compositions espagnoles, sont tout voisins d'une célèbre toile de Delacroix, et cependant, là même, dans ce lieu dangereux, ils vivent de leur vie propre. C'est tout dire.

Nous avons également observé une *Inondation*, de M. Eugène Lavieille [3], qui témoigne, chez cet artiste, d'un progrès assidu, même après ses excellents paysages d'hiver. M. Lavieille a accompli une tâche difficile et qui effrayerait même

1. Il s'agit de l'*Ex-Voto* (Salon de 1861, musée de Dijon, donné par l'artiste en 1868).

2. *Vocation de Saint-François* (Musée d'Alençon, donné par l'artiste en 1862). Effectivement ce tableau est daté de 1861 alors que le précédent est de 1860. Sur les rapports entre Legros et Baudelaire. Cf. *Salon de 1859*, p. 331.

3. Disciple de Corot. Cf. *Salon de 1845*, p. 68 et *Salon de 1859*, p. 375.

Musée de Dijon « *M. Legros, toujours épris des voluptés âpres de la religion* » *Photo Rémy*

Ex-Voto par Legros

Musée d'Alençon — « *fait penser aux plus solides compositions espagnoles* » — *Photo Rémy*

La Vocation de St-François par Legros

un poète; il a su exprimer le charme infini, inconscient, et l'immortelle gaîté de la nature dans ses jeux les plus horribles. Sous le ciel plombé et gonflé d'eau comme un ventre de noyé, une lumière bizarre se joue avec délices, et les maisons, les fermes, les villas, enfoncées dans le lac jusqu'à moitié, ont l'air de se regarder complaisamment dans le miroir immobile qui les environne.

Mais la grande fête dont il faut, après M. Delacroix toutefois, remercier M. Martinet, c'est le *Sardanapale*. Bien des fois, mes rêves se sont remplis des formes magnifiques qui s'agitent dans ce vaste tableau, merveilleux lui-même comme un rêve. Le *Sardanapale* revu, c'est la jeunesse retrouvée. A quelle distance en arrière nous rejette la contemplation de cette toile! Époque merveilleuse où régnaient en commun des artistes tels que Devéria, Gros, Delacroix, Boulanger, Bonnington [1], etc., la grande école romantique, le beau, le joli, le charmant, le sublime!

Une figure peinte donna-t-elle jamais une idée plus vaste du despote asiatique que ce Sardanapale à la barbe noire et tressée, qui meurt sur son bûcher, drapé dans ses mousselines, avec une attitude de femme? Et tout ce harem de beautés si éclatantes, qui pourrait le peindre aujourd'hui avec ce feu, avec cette fraîcheur, avec cet enthousiasme poétique? Et tout ce luxe *sardanapalesque* qui scintille dans l'ameublement, dans le vêtement, dans les harnais, dans la vaisselle et la bijouterie, qui? qui?

1. *Sic*. Orthographe exacte : Bonington.

XII

L'EAU-FORTE EST A LA MODE [1]

DÉCIDÉMENT, l'eau-forte devient à la mode. Certes nous n'espérons pas que ce genre obtienne autant de faveur qu'il en a obtenu à Londres il y a quelques années, quand un club fut fondé pour la glorification de l'eau-forte et quand les femmes du monde elles-mêmes faisaient vanité de dessiner avec la pointe sur le vernis [2]. En vérité, ce serait trop d'engouement.

Tout récemment, un jeune artiste américain, M. Whistler, exposait à la galerie Martinet une série d'eaux-fortes, subtiles, éveillées comme l'improvisation et l'inspiration, représentant les bords de la Tamise; merveilleux fouillis d'agrès, de vergues, de cordages; chaos de brumes, de fourneaux et de fumées tirebouchonnées; poésie profonde et compliquée d'une vaste capitale.

---

1. Première version de l'étude *Peintres et aquafortistes* (*Revue anecdotique*, 2 avril 1862, sans signature ; cf. p. 409).

2. Très au courant de la vie artistique anglaise, Baudelaire fait ici allusion à l'*Etching-Club,* dont il connaissait l'effort et les tendances par Legros et Whistler (dont l'envoi avait été refusé au Salon de 1859 et qui allait faire sensation en 1863 avec sa *Jeune Fille en blanc*. Rappelons que Whistler figure, auprès de Baudelaire et de Manet, dans l'*Hommage à Delacroix* de Fantin-Latour). L'Etching-Club est une des sources du mouvement de rénovation artistique qui se manifesta alors en Angleterre, dans le domaine de la gravure, et que Legros allait faire bénéficier de toute son influence, à partir de son installation en Angleterre en 1863.

Il y a peu de temps, deux fois de suite, à peu de jours de distance, la collection de M. Meryon se vendait en vente publique trois fois le prix de sa valeur primitive.

Il y a évidemment dans ces faits un symptôme de valeur croissante. Mais nous ne voudrions pas affirmer toutefois que l'eau-forte soit destinée prochainement à une totale popularité. C'est un genre trop personnel, et conséquemment trop aristocratique, pour enchanter d'autres personnes que les hommes de lettres et les artistes, gens très amoureux de toute personnalité vive. Non seulement l'eau-forte est faite pour glorifier l'individualité de l'artiste, mais il est même impossible à l'artiste de ne pas inscrire sur la planche son individualité la plus intime. Aussi peut-on affirmer que, depuis la découverte de ce genre de gravure, il y a eu autant de manières de le cultiver qu'il y a eu d'artistes *aqua-fortistes*. Il n'en est pas de même du burin, ou du moins la proportion dans l'expression de la personnalité est-elle infiniment moindre.

On connaît les audacieuses et vastes eaux-fortes de M. Legros : cérémonies de l'Église, processions, offices nocturnes, grandeurs sacerdotales, austérités du cloître, etc., etc.

M. Bonvin, il y a peu de temps, mettait en vente, chez M. Cadart (l'éditeur des œuvres de Bracquemond [1], de Flameng, de Chifflart), un cahier d'eaux-fortes, laborieuses, fermes et minutieuses comme sa peinture.

C'est chez le même éditeur que M. Yonkind, le charmant et candide peintre hollandais, a déposé quelques planches auxquelles il a confié le secret de ses rêveries, singulières abréviations de sa peinture, croquis que sauront lire tous les amateurs habitués à déchiffrer l'âme d'un peintre dans ses plus rapides gribouillages (*gribouillage* est le terme dont [se] servait, un peu légèrement, le brave Diderot pour caractériser les eaux-fortes de Rembrandt).

MM. André Jeanron, Ribot, Manet viennent de faire aussi quelques essais d'eau-forte, auxquels M. Cadart a donné l'hospitalité de sa devanture de la rue Richelieu.

Enfin nous apprenons que M. John-Lewis Brown veut aussi *entrer en danse*. M. Brown, notre compatriote malgré son origine anglaise, en qui tous les connaisseurs devinent

---

1. Cf. p. 413.

déjà un successeur, plus audacieux et plus fin, d'Alfred de Dreux, et peut-être un rival d'Eugène Lami, saura évidemment jeter dans les ténèbres de la planche toutes les lumières et toutes les élégances de sa peinture anglo-française.

Parmi les différentes expressions de l'art plastique, l'eau-forte est celle qui se rapproche le plus de l'expression littéraire et qui est la mieux faite pour trahir l'homme spontané. Donc, vive l'eau-forte !

XIII

PEINTRES ET AQUA-FORTISTES [1]

Depuis l'époque climatérique où les arts et la littérature ont fait en France une explosion simultanée, le sens du beau, du fort et même du pittoresque a toujours été diminuant et se dégradant. Toute la gloire de l'École française, pendant plusieurs années, a paru se concentrer dans un seul homme (ce n'est certes pas de M. Ingres que je veux parler) dont la fécondité et l'énergie, si grandes qu'elles soient, ne suffisaient pas à nous consoler de la pauvreté du reste. Il y a peu de temps encore, on peut s'en souvenir, régnaient sans contestation la peinture proprette, le joli, le niais, l'entortillé, et aussi les prétentieuses rapinades, qui, pour représenter un excès contraire, n'en sont pas moins odieuses pour l'œil d'un vrai amateur. Cette pauvreté d'idées, ce tatillonnage dans l'expression, et enfin tous les ridicules connus de la peinture française, suffisent à expliquer l'immense succès des tableaux de Courbet dès leur première apparition. Cette réaction, faite avec les turbulences fanfaronnes de toute réaction, était positivement nécessaire. Il faut rendre à Courbet cette justice, qu'il n'a pas peu contribué à rétablir le goût de la simplicité et de la franchise, et l'amour désintéressé, absolu, de la peinture [2].

---

1. *Le Boulevard,* 14 septembre 1862.

2. C'est en marge de l'Exposition universelle qu'en 1855 avec une exposition personnelle, Gustave Courbet (1810-1877) affirma avec

Plus récemment encore, deux autres artistes, jeunes encore, se sont manifestés avec une vigueur peu commune [1].

Je veux parler de M. Legros et de M. Manet. On se souvient des vigoureuses productions de M. Legros, l'*Angelus* (1859), qui exprimait si bien la dévotion triste et résignée des paroisses pauvres; l'*Ex-Voto,* qu'on a admiré dans un Salon plus récent et dans la galerie Martinet, et dont M. de Balleroy a fait l'acquisition; un tableau de moines agenouillés devant un livre saint comme s'ils en discutaient humblement et pieusement l'interprétation; une assemblée de professeurs, vêtus de leur costume officiel, se livrant à une discussion scientifique, et qu'on peut admirer maintenant chez M. Ricord [2].

M. Manet est l'auteur du *Guitariste,* qui a produit une vive sensation au Salon dernier [3]. On verra au prochain Salon plusieurs tableaux de lui empreints de la saveur espagnole la plus forte, et qui donnent à croire que le génie espagnol s'est réfugié en France. MM. Manet et Legros unissent à un goût décidé pour la réalité, la réalité moderne, — ce qui est déjà un bon symptôme, — cette imagination vive et ample, sensible, audacieuse, sans laquelle, il faut

éclat à la fois son originalité et son agressivité ainsi que sa volonté de *faire de l'art vivant,* selon une formule de son *Catalogue.*

1. Baudelaire écrit au moment où en effet Legros et Manet sont, dans la jeune génération, les témoins les meilleurs de l'influence de Courbet, particulièrement sensible dans l'*Ex-Voto* de Legros dont les paysannes rappellent *l'Enterrement à Ornans* tandis que la jeune femme en blanc y évoque les *Demoiselles de village.* Cependant il y a dès ce moment chez Legros une sorte de gravité religieuse que d'ailleurs Baudelaire avait bien su relever dans le *Salon de 1859.* Notons que, quelque temps après cet article de Baudelaire, Legros exposa au « *Salon des Refusés* » de 1863 un portrait de Manet, qui fut sa dernière œuvre avant son départ pour Londres. (Petit-Palais, Paris. Exposition Legros, Dijon, 1957, n° 7).

2. Ce tableau n'a pu être retrouvé.

3. Salon de 1861 (Metropolitan Museum, New York). Ce tableau est reproduit dans le portrait de Manet par Legros. Tout le monde en reconnut la *saveur espagnole,* mais Courbet disait : *Il ne faut pas que ce jeune homme nous la fasse à la Velasquez.* Effectivement la *modernité* de Manet, qui motive l'éloge de Baudelaire est fort différente, en dernière analyse, du *réalisme* de Courbet, à propos duquel, tout à l'heure, Baudelaire, en reconnaissant sa *nécessité,* se montrait quelque peu réticent (car il n'aime pas les *turbulences fanfaronnes* du maître d'Ornans).

bien le dire, toutes les meilleures facultés ne sont que des serviteurs sans maître, des agents sans gouvernement.

Il était naturel que, dans ce mouvement actif de rénovation, une part fût faite à la gravure. Dans quel discrédit et dans quelle indifférence est tombé ce noble art de la gravure, hélas! on ne le voit que trop bien. Autrefois, quand était annoncée une planche reproduisant un tableau célèbre, les amateurs venaient s'inscrire à l'avance pour obtenir les premières épreuves. Ce n'est qu'en feuilletant les œuvres du passé que nous pouvons comprendre les splendeurs du burin. Mais il était un genre plus mort encore que le burin; je veux parler de l'eau-forte. Pour dire vrai, ce genre, si subtil et si superbe, si naïf et si profond, si gai et si sévère, qui peut réunir paradoxalement les qualités les plus diverses, et qui exprime si bien le caractère personnel de l'artiste, n'a jamais joui d'une bien grande popularité parmi le vulgaire. Sauf les estampes de Rembrandt, qui s'imposent avec une autorité classique même aux ignorants, et qui sont chose indiscutable, qui se soucie réellement de l'eau-forte? qui connaît, excepté les collectionneurs, les différentes formes de perfection dans ce genre que nous ont laissées les âges précédents? Le dix-huitième siècle abonde en charmantes eaux-fortes; on les trouve pour dix sous dans des cartons poudreux, où souvent elles attendent bien longtemps une main familière. Existe-t-il aujourd'hui, même parmi les artistes, beaucoup de personnes qui connaissent les si spirituelles, si légères et si mordantes planches dont Trimolet, de mélancolique mémoire, dotait, il y a quelques années, les almanachs comiques d'Aubert?

On dirait cependant qu'il va se faire un retour vers l'eau-forte, ou, du moins, des efforts se font voir qui nous permettent de l'espérer. Les jeunes artistes dont je parlais tout à l'heure, ceux-là et plusieurs autres, se sont groupés autour d'un éditeur actif, M. Cadart [1], et ont appelé à leur tour leurs confrères, pour fonder une publication régulière d'eaux-fortes originales, — dont la première livraison, d'ailleurs, a déjà paru.

---

1. Éditeur d'eaux-fortes qui venait, le 1er septembre 1862, de lancer une revue spécialisée.

Il était naturel que ces artistes se tournassent surtout vers un genre et une méthode d'expression qui sont, dans leur pleine réussite, la traduction la plus nette possible du caractère de l'artiste, — une méthode expéditive, d'ailleurs, et peu coûteuse; chose importante dans un temps où chacun considère le bon marché comme la qualité dominante, et ne voudrait pas payer à leur prix les lentes opérations du burin. Seulement, il y a un danger dans lequel tombera plus d'un; je veux dire : le lâché, l'incorrection, l'indécision, l'exécution insuffisante. C'est si commode de promener une aiguille sur cette planche noire qui reproduira trop fidèlement toutes les arabesques de la fantaisie, toutes les hachures du caprice! Plusieurs même, je le devine, tireront vanité de leur audace (est-ce bien le mot?), comme les gens débraillés qui croient faire preuve d'indépendance. Que des hommes d'un talent mûr et profond (M. Legros, M. Manet, M. Yonkind, par exemple [1]), fassent au public confidence de leurs esquisses et de leurs croquis gravés, c'est fort bien, ils en ont le droit. Mais la foule des imitateurs peut devenir trop nombreuse, et il faut craindre d'exciter les dédains, légitimes alors, du public pour un genre si charmant, qui a déjà le tort d'être loin de sa portée. En somme, il ne faut pas oublier que l'eau-forte est un art profond et dangereux, plein de traîtrises, et qui dévoile les défauts d'un esprit aussi clairement que ses qualités. Et, comme tout grand art, très compliqué sous sa simplicité apparente, il a besoin d'un long dévouement pour être mené à perfection.

Nous désirons croire que, grâce aux efforts d'artistes

1. Legros était, pour ainsi dire, le précurseur de cette mode de l'eau-forte parmi les peintres : il la pratiqua dès ses débuts vers 1857 ; en 1861, il dédie à Baudelaire la première série publiée de ses gravures, et au Salon de cette même année, il expose pour la première fois une eau-forte, *Chantres espagnols* (le rapprochement avec Manet se fait de lui-même) dont un critique, Burty, dit que c'est l'*échantillon le plus libre et le plus original du Salon*. Quant à Manet, son œuvre de graveur comprend 76 eaux-fortes, très espagnoles, dont les premières furent publiées l'année même où écrit Baudelaire, en 1862. Enfin Jongkind, le Hollandais (1819-1891) commençait de connaître, dans ces années-ci, un succès qui avait un peu tardé à venir. Son œuvre de graveur est secondaire : ce sont ses aquarelles qui font de lui, avec Boudin, le grand précurseur de l'Impressionnisme.

aussi intelligents que MM. Seymour-Haden, Manet, Legros, Bracquemond, Yonkind, Meryon, Millet, Daubigny, Saint-Marcel, Jacquemart, et d'autres dont je n'ai pas la liste sous les yeux, l'eau-forte retrouvera sa vitalité ancienne [1]; mais n'espérons pas, quoi qu'on en dise, qu'elle obtienne autant de faveur qu'à Londres, aux beaux temps de l'*Etching-Club,* quand les ladies elles-mêmes faisaient vanité de promener une pointe inexpérimentée sur le vernis. Engouement britannique, fureur passagère, qui serait plutôt de mauvais augure.

Tout récemment, un jeune artiste américain, M. Whistler, exposait à la galerie Martinet une série d'eaux-fortes, subtiles, éveillées comme l'improvisation et l'inspiration, représentant les bords de la Tamise; merveilleux fouillis d'agrès, de vergues, de cordages; chaos de brumes, de fourneaux et de fumées tirebouchonnées; poésie profonde et compliquée d'une vaste capitale [2].

On connaît les audacieuses et vastes eaux-fortes de M. Legros, qu'il vient de rassembler en un album : cérémonies de l'Église, magnifiques comme des rêves ou plutôt comme la réalité; processions, offices nocturnes, grandeurs sacerdotales, austérités du cloître; et ces quelques pages où Edgar Poe se trouve traduit avec une âpre et simple majesté [3].

---

1. Parmi les noms ici énumérés par Baudelaire, et outre ceux de Manet, Legros, Jongkind, Meryon, Millet et Daubigny, plus célèbres encore comme peintres que comme graveurs, l'histoire de l'art a surtout retenu Félix Bracquemond (1833-1914) et Jules Jacquemart (1837-1880), tous deux alors débutants. Bracquemond allait recevoir sa consécration au Salon des Refusés de 1863 et en 1886 son œuvre comprenait 773 pièces. Jacquemart de son côté s'attacha à la rénovation du genre alors en décadence de la reproduction gravée des objets d'art : il y exécuta d'admirables chefs-d'œuvre (cf. en particulier : *Gemmes et joyaux de la Couronne,* 1868). Son œuvre comprend 378 pièces.

2. C'est déjà en effet la manière caractéristique de Whistler (1834-1903), qui a de quoi séduire le Baudelaire amateur de la poésie des *vastes capitales.*

3. Sur la vogue et les traductions de Poe, cf. Léon Lemonnier, *Les Traducteurs d'Edgar Poe en France*, P. U. F. Paris, 1928. Baudelaire traduisait Poe depuis 1848 et les *traductions* de Legros, originellement destinées à illustrer le Poe de Baudelaire, comptent au nombre de ses chefs-d'œuvre les plus authentiques (1861).

C'est chez M. Cadart que M. Bonvin mettait récemment en vente un cahier d'eaux-fortes, laborieuses, fermes et minutieuses comme sa peinture.

Chez le même éditeur, M. Yonkind, le charmant et candide peintre hollandais, a déposé quelques planches auxquelles il a confié le secret de ses souvenirs et de ses rêveries, calmes comme les berges des grands fleuves et les horizons de sa noble patrie, — singulières abréviations de sa peinture, croquis que sauront lire tous les amateurs habitués à déchiffrer l'âme d'un artiste dans ses plus rapides *gribouillages*. Gribouillages est le terme dont se servait un peu légèrement le brave Diderot pour caractériser les eaux-fortes de Rembrandt, légèreté digne d'un moraliste qui veut disserter d'une chose tout autre que la morale.

M. Meryon, le vrai type de l'aqua-fortiste achevé, ne pouvait manquer à l'appel. Il donnera prochainement des œuvres nouvelles. M. Cadart possède encore quelques-unes des anciennes. Elles se font rares; car, dans une crise de mauvaise humeur, bien légitime d'ailleurs, M. Meryon a récemment détruit les planches de son album *Paris* [1]. Et tout de suite, à peu de distance, deux fois de suite, la collection Meryon se vendait en vente publique quatre et cinq fois plus cher que sa valeur primitive.

Par l'âpreté, la finesse et la certitude de son dessin, M. Meryon rappelle ce qu'il y a de meilleur dans les anciens aqua-fortistes. Nous avons rarement vu, représentée avec plus de poésie, la solennité naturelle d'une grande capitale. Les majestés de la pierre accumulée, les *clochers montrant du doigt le ciel,* les obélisques de l'industrie vomissant contre le firmament leurs coalitions de fumées, les prodigieux échafaudages des monuments en réparation, appliquant sur le corps solide de l'architecture leur architecture à jour d'une beauté arachnéenne et paradoxale, le ciel brumeux, chargé de colère et de rancune, la profondeur des perspectives augmentée par la pensée des drames qui y sont contenus, aucun des éléments complexes dont se compose le douloureux et glorieux décor de la civilisation n'y est oublié [2].

---

1. Baudelaire avait projeté de faire des légendes pour ce célèbre album de Meryon (douze pièces gravées entre 1850 et 1854).

2. Passage repris du *Salon de 1859* (cf. p. 378, et note).

B.N. Estampes | Cl. B.N.

« ces quelques pages où E. Poe se trouve traduit avec une âpre et simple majesté »
Gravure de Legros : *L'Ombre* d'E. Poe

Nous avons vu aussi chez le même éditeur la fameuse perspective de San-Francisco, que M. Meryon peut, à bon droit, appeler son dessin de maîtrise. M. Niel, propriétaire de la planche, ferait vraiment acte de charité en en faisant tirer de temps en temps quelques épreuves. Le placement en est sûr.

Je reconnais bien dans tous ces faits un symptôme heureux. Mais je ne voudrais pas affirmer toutefois que l'eau-forte soit destinée prochainement à une totale popularité. Pensons-y : un peu d'impopularité, c'est consécration. C'est vraiment un genre trop *personnel,* et conséquemment trop *aristocratique,* pour enchanter d'autres personnes que celles qui sont naturellement artistes, très amoureuses dès lors de toute personnalité vive [1]. Non seulement l'eau-forte sert à glorifier l'individualité de l'artiste, mais il serait même difficile à l'artiste de ne pas décrire sur la planche, sa personnalité la plus intime. Aussi peut-on affirmer que, depuis la découverte de ce genre de gravure, il y a eu autant de manières de le cultiver qu'il y a eu d'aqua-fortistes. Il n'en est pas de même du burin, ou du moins la proportion dans l'expression de la personnalité est-elle infiniment moindre.

Somme toute, nous serions enchanté d'être mauvais prophète, et un grand public mordrait au même fruit que nous que cela ne nous en dégoûterait pas. Nous souhaitons à ces messieurs et à leur publication un bon et solide avenir.

---

1. Cf. le *plaisir aristocratique de déplaire* de *Fusées,* XVIII.

XIV

I

EUGÈNE DELACROIX

SES ŒUVRES, SES IDÉES, SES MŒURS [1]

MESSIEURS, il y a longtemps que j'aspirais à venir parmi vous et à faire votre connaissance. Je sentais instinctivement que je serais bien reçu. Pardonnez-moi cette fatuité. Vous l'avez presque encouragée à votre insu.

Il y a quelques jours, un de mes amis, un de vos compatriotes, me disait : *C'est singulier ! Vous avez l'air heureux ! Serait-ce donc de n'être plus à Paris ?*

En effet, Messieurs, je subissais déjà cette sensation de bien-être dont m'ont parlé quelques-uns des Français qui sont venus causer avec vous. Je fais allusion à cette santé intellectuelle, à cette espèce de béatitude, nourrie par une atmosphère de liberté et de bonhomie, à laquelle nous autres Français, nous sommes peu accoutumés, ceux-là, surtout, tels que moi, que la France n'a jamais traités en enfants gâtés.

---

1. Exorde ajouté à l'article *(infra)* de *l'Opinion nationale,* lorsque Baudelaire l'utilisa pour sa conférence au Cercle artistique et littéraire de Bruxelles le 2 mai 1864. Première publication posthume : *L'Art*, juillet 1902.

Je viens, aujourd'hui, vous parler d'Eugène Delacroix. La patrie de Rubens, une des terres classiques de la peinture, accueillera, ce me semble, avec plaisir le résultat de quelques méditations sur le Rubens français; le grand maître d'Anvers peut, *sans déroger,* tendre une main fraternelle à notre étonnant Delacroix.

Il y a quelques mois, quand M. Delacroix mourut, ce fut pour chacun une catastrophe inopinée; aucun de ses plus vieux amis n'avait été averti que sa santé était en grand danger depuis trois ou quatre mois. Eugène Delacroix a voulu ne scandaliser personne par le spectacle répugnant d'une agonie. Si une comparaison triviale m'est permise à propos de ce grand homme, je dirai qu'il est mort à la manière des chats ou des bêtes sauvages qui cherchent une tanière secrète pour abriter les dernières convulsions de leur vie.

Vous savez, Messieurs, qu'un coup subit, une balle, un coup de feu, un coup de poignard, une cheminée qui tombe, une chute de cheval, ne cause pas tout d'abord au blessé une grande douleur. La stupéfaction ne laisse pas de place à la douleur. Mais quelques minutes après, la victime comprend toute la gravité de sa blessure.

Ainsi, Messieurs, quand j'appris la mort de M. Delacroix, je restai stupide, et deux heures après seulement, je me sentis envahi par une désolation que je n'essaierai pas de vous peindre, et qui peut se résumer ainsi : *Je ne le verrai plus jamais, jamais, jamais, celui que j'ai tant aimé, celui qui a daigné m'aimer et qui m'a tant appris.* Alors, je courus vers la maison du grand défunt, et je restai deux heures à parler de lui avec la vieille Jenny, une de ces servantes des anciens âges, qui se font une noblesse personnelle par leur adoration pour d'illustres maîtres. Pendant deux heures, nous sommes restés, causant et pleurant, devant cette boîte funèbre, éclairée de petites bougies, et sur laquelle reposait un misérable crucifix de cuivre. Car je n'ai pas eu le bonheur d'arriver à temps pour contempler, une dernière fois, le visage du grand peintre-poète. Laissons ces détails; il y a beaucoup de choses que je ne pourrais pas révéler sans une explosion de haine et de colère.

Vous avez entendu parler, Messieurs, de la vente des tableaux et des dessins d'Eugène Delacroix. Vous savez que le succès a dépassé toutes les prévisions. De vulgaires études d'atelier, auxquelles le maître n'attachait aucune importance, ont été vendues vingt fois plus cher qu'il ne vendait, lui vivant, ses meilleures œuvres, les plus délicieusement finies. M. Alfred Stevens me disait, au milieu des scandales de cette vente funèbre : *Si Eugène Delacroix peut, d'un lieu extranaturel, assister à cette réhabilitation de son génie, il doit être consolé de quarante ans d'injustice.* Vous savez, Messieurs, qu'en 1848, les républicains qu'on appelait républicains de la veille, furent passablement scandalisés et dépassés par le zèle des républicains du lendemain; ceux-là d'autant plus enragés qu'ils craignaient de n'avoir pas l'air assez sincère [1].

Alors je répondis à M. Alfred Stevens : *Il est possible que l'ombre de Delacroix soit, pendant quelques minutes, chatouillée dans son orgueil trop privé de compliments; mais je ne vois dans toute cette furie de bourgeois entichés de la mode,*

---

1. Le milieu artistique belge fut pour Baudelaire, avec les peintres Alfred et Joseph Stevens (sur ce dernier cf. le poème en prose *les Bons Chiens*) l'occasion de quelques satisfactions. On sait d'ailleurs quels sentiments, malgré les paroles courtoises prononcées au début de cet exorde, la Belgique inspira à Baudelaire (cf. les *Amœnitates belgicae*). Néanmoins la personnalité artistique des deux Stevens explique la sympathie qui s'établit entre eux et Baudelaire. Alfred Stevens (1823-1906) avait été à Paris l'élève de Roqueplan : il est un peintre de « modernités », dont l'œuvre n'est pas sans parenté avec celle de Constantin Guys. Et il sera l'un des premiers à lancer dans les milieux artistiques la vogue du « japonisme » dont on sait quelle sera la fécondité. Il avait donc tout pour plaire à Baudelaire (œuvres au musée de Bruxelles ; cf. F. Boucher : *Alfred Stevens,* Paris, Rieder, 1930 ; K. Towndrow ; *Alfred Stevens,* Liverpool University Press, 1951). Joseph Stevens (1819-1892) fut surtout un animalier et avait fortement subi l'influence de Decamps. Le disciple de Baudelaire, Léon Cladel (cf. p. 789), lui dédia son livre *Kyrielle de chiens,* comme Baudelaire lui-même lui avait dédié *les Bons Chiens* (œuvres au musée de Bruxelles. Cf. P. Fierens : *Joseph Stevens,* Cahiers de Belgique, Bruxelles, 1931). Un troisième frère Stevens, Arthur, fut un critique d'art influent (cf. une appréciation de Baudelaire sur des œuvres des Stevens dans la collection Crabbe, p. 622). Quant aux prix de la *vente funèbre* des œuvres de Delacroix, rappelons qu'en effet, de son vivant, l'artiste n'avait jamais vu sa « cote » monter très haut. Signalons, à titre de curiosité, qu'à la vente de la collection Verninac (Hôtel Drouot, 8 décembre 1948) le portrait, par Delacroix, de son neveu Charles de Verninac (Louvre) monta jusqu'à deux millions de francs, tandis qu'une aquarelle de 19 × 30 cm. *(Lit défait)* atteignait 545 000 francs (francs de 1948).

qu'un nouveau motif pour le grand homme mort de s'obstiner dans son mépris de la nature humaine.

Quelques jours après, j'ai composé ceci, moins pour faire approuver mes idées que pour amuser ma douleur.

2 mai 1864.

2

L'ŒUVRE ET LA VIE D'EUGÈNE DELACROIX [1a]

AU RÉDACTEUR DE *L'OPINION NATIONALE*

MONSIEUR,

Je voudrais, une fois encore, une fois suprême, rendre hommage au génie d'Eugène Delacroix, et je vous prie de vouloir bien accueillir dans votre journal ces quelques pages où j'essaierai d'enfermer, aussi brièvement que possible, l'histoire de son talent, la raison de sa supériorité, qui n'est pas encore, selon moi, suffisamment reconnue, et enfin quelques anecdotes et quelques observations sur sa vie et son caractère.

J'ai eu le bonheur d'être lié très jeune (dès 1845, autant que je peux me souvenir) avec l'illustre défunt, et dans cette liaison, d'où le respect de ma part et l'indulgence de la sienne n'excluaient pas la confiance et la familiarité réciproques, j'ai pu à loisir puiser les notions les plus exactes, non seulement sur sa méthode, mais aussi sur les qualités les plus intimes de sa grande âme [2].

---

1. Article nécrologique paru dans *l'Opinion nationale* (2 septembre, 14 et 22 novembre 1863). Delacroix était mort le 13 août. Pour éviter d'inutiles répétitions, nous renvoyons le lecteur à l'annotation des autres textes antérieurement consacrés au Maître par Baudelaire.

2. Sur les rapports personnels entre Delacroix et Baudelaire, cf. notre *Introduction*. Rappelons que Delacroix était de 23 ans l'aîné de Baudelaire.

Vous n'attendez pas, monsieur, que je fasse ici une analyse détaillée des œuvres de Delacroix. Outre que chacun de nous l'a faite, selon ses forces et au fur et à mesure que le grand peintre montrait au public les travaux successifs de sa pensée, le compte en est si long, qu'en accordant seulement quelques lignes à chacun de ses principaux ouvrages, une pareille analyse remplirait presque un volume. Qu'il nous suffise d'en exposer ici un vif résumé.

Ses peintures monumentales s'étalent dans le *Salon du Roi* à la Chambre des députés, à la bibliothèque de la Chambre des députés, à la bibliothèque du palais du Luxembourg, à la galerie d'Apollon au Louvre, et au Salon de la Paix à l'Hôtel de ville. Ces décorations comprennent une masse énorme de sujets allégoriques, religieux et historiques, appartenant tous au domaine le plus noble de l'intelligence. Quant à ses tableaux dits de chevalet, ses esquisses, ses grisailles, ses aquarelles, etc., le compte monte à un chiffre approximatif de deux cent trente-six.

Les grands sujets exposés à divers *Salons* sont au nombre de soixante-dix-sept. Je tire ces notes du catalogue que M. Théophile Silvestre a placé à la suite de son excellente notice sur Eugène Delacroix, dans son livre intitulé : *Histoire des peintres vivants* [1].

J'ai essayé plus d'une fois, moi-même, de dresser cet énorme catalogue [2]; mais ma patience a été brisée par cette incroyable fécondité, et, de guerre lasse, j'y ai renoncé. Si M. Théophile Silvestre s'est trompé, il n'a pu se tromper qu'en moins.

Je crois, monsieur, que l'important ici est simplement de chercher la qualité caractéristique du génie de Delacroix et d'essayer de la définir; de chercher en quoi il diffère de ses plus illustres devanciers, tout en les égalant; de montrer enfin, autant que la parole écrite le permet, l'art magique grâce auquel il a pu traduire la *parole* par des images plastiques plus vives et plus appropriées [a] que celles

1. Ouvrage paru en 1856. Le catalogue avait été préparé par L. de Virmond.

2. Baudelaire avait éprouvé la même difficulté avec Daumier (cf. la note de Baudelaire dans le passage sur Daumier de *Quelques caricaturistes français*). Quant à Delacroix, le catalogue de Robaut (*L'Œuvre complet de Delacroix,* 1886) énumère 1968 pièces.

d'aucun créateur de même profession, — en un mot, de quelle *spécialité* [1] la Providence avait chargé Eugène Delacroix dans le développement historique de la Peinture.

I

Qu'est-ce que Delacroix? Quels furent son rôle et son devoir en ce monde? Telle est la première question à examiner. Je serai bref et j'aspire à des conclusions immédiates. La Flandre a Rubens, l'Italie a Raphaël et Véronèse; la France a Lebrun, David et Delacroix.

Un esprit superficiel pourra être choqué, au premier aspect, par l'accouplement de ces noms, qui représentent des qualités et des méthodes si différentes. Mais un œil spirituel plus attentif [2] verra tout de suite qu'il y a entre tous une parenté commune, une espèce de fraternité ou de cousinage dérivant de leur amour du grand, du national, de l'immense et de l'universel, amour qui s'est toujours exprimé dans la peinture dite décorative ou dans les grandes *machines*.

Beaucoup d'autres, sans doute, ont fait de grandes *machines*, mais ceux-là que j'ai nommés les ont faites de la manière la plus propre à laisser une trace éternelle dans la mémoire humaine. Quel est le plus grand de ces grands

1. Les italiques suggèrent une citation ou un sens particulier : ce peut être (comme pour le mot de *correspondances*) le sens de Swedenborg (et de Balzac) : intuition imaginative d'une essence spirituelle (et c'est un des éléments, d'ailleurs, de la définition romantique du génie). D'autre part, la définition du génie de Delacroix comme *art magique,* produisant la transcription plastique de la parole, se réfère très justement au caractère littéraire (au sens le plus noble et le plus riche du terme) de la peinture du Maître, et n'est pas non plus sans rapport avec la théorie des correspondances considérées, dans leur signification swedenborgienne, comme expérience de l'unité de l'esprit : or c'est bien là un caractère commun de la *magie* que Delacroix épanouit dans son œuvre picturale et que Baudelaire cherche à expérimenter par la réflexion esthétique et la création poétique.

2. Formule qui définit admirablement le principe même de la critique baudelairienne.

hommes si divers? Chacun peut décider la chose à son gré, suivant que son tempérament le pousse à préférer l'abondance prolifique, rayonnante, joviale presque, de Rubens, la douce majesté et l'ordre eurythmique de Raphaël, la couleur paradisiaque et comme d'après-midi de Véronèse, la sévérité austère et tendue de David, ou la faconde dramatique et quasi littéraire de Lebrun.

Aucun de ces hommes ne peut être remplacé; visant tous à un but semblable, ils ont employé des moyens différents tirés de leur nature personnelle. Delacroix, le dernier venu, a exprimé avec une véhémence et une ferveur admirables, ce que les autres n'avaient traduit que d'une manière incomplète. Au détriment de quelque autre chose peut-être, comme eux-mêmes avaient fait d'ailleurs? C'est possible; mais ce n'est pas la question à examiner.

Bien d'autres que moi ont pris soin de s'appesantir sur les conséquences fatales d'un génie essentiellement personnel; et il serait bien possible aussi, après tout, que les plus belles expressions du génie, ailleurs que dans le ciel pur, c'est-à-dire sur cette pauvre terre où la perfection elle-même est imparfaite, ne pussent être obtenues qu'au prix d'un inévitable sacrifice.

Mais enfin, monsieur, direz-vous sans doute, quel est donc ce je ne sais quoi de mystérieux que Delacroix, pour la gloire de notre siècle, a mieux traduit qu'aucun autre? C'est l'invisible [1a], c'est l'impalpable, c'est le rêve, c'est les nerfs, c'est l'*âme;* et il a fait cela, — observez-le bien, monsieur, — sans autres moyens que le contour et la couleur; il l'a fait mieux que pas un; il l'a fait avec la perfection d'un peintre consommé, avec la rigueur d'un littérateur subtil, avec l'éloquence d'un musicien passionné. C'est, du reste, un des diagnostics de l'état spirituel de notre siècle que les arts aspirent, sinon à se suppléer l'un l'autre, du moins à se prêter réciproquement des forces nouvelles.

Delacroix est le plus *suggestif* de tous les peintres, celui dont les œuvres, choisies même parmi les secondaires et les inférieures, font le plus penser, et rappellent à la mémoire le plus de sentiments et de pensées poétiques déjà

1. Cf. *var.* On peut hésiter sur le texte. Il n'est pas sûr que la leçon de 1868 — *indivisible* — soit une coquille.

connus, mais qu'on croyait enfouis pour toujours dans la nuit du passé.

L'œuvre de Delacroix m'apparaît quelquefois comme une espèce de mnémotechnie de la grandeur et de la passion native de l'homme universel. Ce mérite très particulier et tout nouveau de M. Delacroix, qui lui a permis d'exprimer, simplement avec le contour, le geste de l'homme, si violent qu'il soit, et avec la couleur ce qu'on pourrait appeler l'atmosphère du drame humain, ou l'état de l'âme du créateur, — ce mérite tout original a toujours rallié autour de lui les sympathies de tous les poètes [a]; et si, d'une pure manifestation matérielle il était permis de tirer une vérification philosophique, je vous prierais d'observer, monsieur, que, parmi la foule accourue pour lui rendre les suprêmes honneurs, on pouvait compter beaucoup plus de littérateurs que de peintres. Pour dire la vérité crue, ces derniers ne l'ont jamais parfaitement compris.

II

Et en cela, quoi de bien étonnant, après tout? Ne savons-nous pas que la saison des Michel-Ange, des Raphaël, des Léonard de Vinci, disons même des Reynolds, est depuis longtemps passée, et que le niveau intellectuel général des artistes a singulièrement baissé? Il serait sans doute injuste de chercher parmi les artistes du jour des philosophes, des poètes et des savants; mais il serait légitime d'exiger d'eux qu'ils s'intéressassent, un peu plus qu'ils ne font, à la religion, à la poésie et à la science.

Hors de leurs ateliers que savent-ils? qu'aiment-ils? qu'expriment-ils? Or Eugène Delacroix était, en même temps qu'un peintre épris de son métier, un homme d'éducation générale, au contraire des autres artistes modernes qui, pour la plupart, ne sont guère que d'illustres ou d'obscurs rapins, de tristes spécialistes, vieux ou jeunes; de purs ouvriers, les uns sachant fabriquer des figures académiques, les autres des fruits, les autres des bestiaux. Eugène Delacroix aimait tout, savait tout peindre, et savait goûter tous les genres de talents. C'était l'esprit le plus ouvert à toutes les notions et à toutes les impressions, le jouisseur le plus éclectique et le plus impartial.

Grand liseur, cela va sans dire. La lecture des poètes laissait en lui des images grandioses et rapidement définies, des tableaux tout faits, pour ainsi dire. Quelque différent qu'il soit de son maître Guérin par la méthode et la couleur, il a hérité de la grande école républicaine et impériale l'amour des poètes et je ne sais quel esprit endiablé de rivalité avec la parole écrite. David, Guérin et Girodet enflammaient leur esprit au contact d'Homère, de Virgile, de Racine et d'Ossian [1]. Delacroix fut le traducteur émouvant de Shakspeare, de Dante, de Byron et d'Arioste. Ressemblance importante et différence légère.

Mais entrons un peu plus avant, je vous prie, dans ce qu'on pourrait appeler l'enseignement du maître, enseignement qui, pour moi, résulte non seulement de la contemplation successive de toutes ses œuvres et de la contemplation simultanée de quelques-unes, comme vous avez pu en jouir à l'Exposition universelle de 1855, mais aussi de maintes conversations que j'ai eues avec lui.

III

Delacroix était passionnément amoureux de la passion, et froidement déterminé à chercher les moyens d'exprimer la passion de la manière la plus visible. Dans ce double caractère, nous trouvons, disons-le en passant, les deux signes qui marquent les plus solides génies, génies extrêmes qui ne sont guère faits pour plaire aux âmes timorées, faciles à satisfaire, et qui trouvent une nourriture suffisante dans les œuvres lâches, molles, imparfaites. Une passion immense, doublée d'une volonté formidable, tel était l'homme.

Or, il disait sans cesse :

« Puisque je considère l'impression transmise à l'artiste par la nature comme la chose la plus importante à traduire,

1. Il y a là peut-être trace de l'étude que Baudelaire avait projetée sur *David, Guérin, Girodet* (cf. *Exposition de 1855*, II).

n'est-il pas nécessaire que celui-ci soit armé à l'avance de tous les moyens de traduction les plus rapides? »

Il est évident qu'à ses yeux l'imagination était le don le plus précieux, la faculté la plus importante, mais que cette faculté restait impuissante et stérile, si elle n'avait pas à son service une habileté rapide, qui pût suivre la grande faculté despotique dans ses caprices impatients. Il n'avait pas besoin, certes, d'activer le feu de son imagination, toujours incandescente; mais il trouvait toujours la journée trop courte pour étudier les moyens d'expression.

C'est à cette préoccupation incessante qu'il faut attribuer ses recherches perpétuelles relatives à la couleur, à la qualité des couleurs, sa curiosité des choses de la chimie et ses conversations avec les fabricants de couleurs. Par là il se rapproche de Léonard de Vinci, qui, lui aussi, fut envahi par les mêmes obsessions.

Jamais Eugène Delacroix, malgré son admiration pour les phénomènes ardents de la vie, ne sera confondu parmi cette tourbe d'artistes et de littérateurs vulgaires dont l'intelligence myope s'abrite derrière le mot vague et obscur de *réalisme*. La première fois que je vis M. Delacroix, en 1845, je crois (comme les années s'écoulent, rapides et voraces!), nous causâmes beaucoup de lieux communs, c'est-à-dire des questions les plus vastes et cependant les plus simples : ainsi, de la nature, par exemple. Ici, monsieur, je vous demanderai la permission de me citer moi-même, car une paraphrase ne vaudrait pas les mots que j'ai écrits autrefois, presque sous la dictée du maître [1] :

La nature n'est qu'un dictionnaire, répétait-il fréquemment. Pour bien comprendre l'étendue du sens impliqué dans cette phrase, il faut se figurer les usages ordinaires et nombreux du dictionnaire. On y cherche le sens des mots, la génération des mots, l'étymologie des mots, enfin on en extrait tous les éléments qui composent une phrase ou un récit ; mais personne n'a jamais considéré le dictionnaire comme une *composition*, dans le sens poétique du mot. Les peintres qui obéissent à l'imagination cherchent dans leur dictionnaire les éléments qui s'accommodent à leur conception ; encore, en les ajustant avec un certain

1. Les deux citations qui vont suivre sont reprises, avec quelques variantes mineures du *Salon de* 1859 (pp. 326-330 et 336-337).

art, leur donnent-ils une physionomie toute nouvelle. Ceux qui n'ont pas d'imagination copient le dictionnaire. Il en résulte un très grand vice, le vice de la banalité, qui est plus particulièrement propre à ceux d'entre les peintres que leur spécialité rapproche davantage de la nature dite inanimée, par exemple les paysagistes, qui considèrent généralement comme un triomphe de ne pas montrer leur personnalité. A force de contempler et de copier, ils oublient de sentir et de penser.

Pour ce grand peintre, toutes les parties de l'art, dont l'un prend celle-ci, et l'autre celle-là pour la principale, n'étaient, ne sont, veux-je dire, que les très humbles servantes d'une faculté unique et supérieure. Si une exécution très nette est nécessaire, c'est pour que le rêve soit très nettement traduit ; qu'elle soit très rapide, c'est pour que rien ne se perde de l'impression extraordinaire qui accompagnait la conception ; que l'attention de l'artiste se porte même sur la propreté matérielle des outils, cela se conçoit sans peine, toutes les précautions devant être prises pour rendre l'exécution agile et décisive.

Pour le dire en passant, je n'ai jamais vu de palette aussi minutieusement et aussi délicatement préparée que celle de Delacroix. Cela ressemblait à un bouquet de fleurs savamment assorties.

Dans une pareille méthode, qui est essentiellement logique, tous les personnages, leur disposition relative, le paysage ou l'intérieur qui leur sert de fond ou d'horizon, leurs vêtements, tout enfin doit servir à illuminer l'idée générale et porter sa couleur originelle, sa livrée, pour ainsi dire. Comme un rêve est placé dans une atmosphère colorée qui lui est propre, de même une conception, devenue composition, a besoin de se mouvoir dans un milieu coloré qui lui soit particulier. Il y a évidemment un ton particulier attribué à une partie quelconque du tableau qui devient clef et qui gouverne les autres. Tout le monde sait que le jaune, l'orangé, le rouge, inspirent et représentent des idées de joie, de richesse, de gloire et d'amour ; mais il y a des milliers d'atmosphères jaunes ou rouges, et toutes les autres couleurs seront affectées logiquement dans une quantité proportionnelle par l'atmosphère dominante. L'art du coloriste tient évidemment par de certains côtés aux mathématiques et à la musique.

Cependant ses opérations les plus délicates se font par un sentiment auquel un long exercice a donné une sûreté inqualifiable. On voit que cette grande loi d'harmonie générale condamne bien des papillotages et bien des crudités, même chez les peintres les plus illustres. Il y a des tableaux de Rubens qui non seulement font penser à un feu d'artifice coloré, mais même à plusieurs feux d'artifice tirés sur le même emplacement. Plus un tableau est grand, plus la touche doit être large, cela va sans dire ; mais il est bon que les touches ne soient pas matériellement fondues ; elles se fondent naturellement à une distance voulue par la loi sympathique qui les a associées. La couleur obtient ainsi plus d'énergie et de fraîcheur.

Un bon tableau, fidèle et égal au rêve qui l'a enfanté, doit être produit comme un monde. De même que la création, telle que nous la voyons, est le résultat de plusieurs créations dont les précédentes sont toujours complétées par la suivante, ainsi un tableau, conduit harmoniquement, consiste en une série de tableaux superposés, chaque nouvelle couche donnant au rêve plus de réalité et le faisant monter d'un degré vers la perfection. Tout au contraire, je me rappelle avoir vu dans les ateliers de Paul Delaroche et d'Horace Vernet de vastes tableaux, non pas ébauchés, mais commencés, c'est-à-dire absolument finis dans de certaines parties, pendant que certaines autres n'étaient encore indiquées que par un contour noir ou blanc. On pourrait comparer ce genre d'ouvrage à un travail purement manuel qui doit couvrir une certaine quantité d'espace en un temps déterminé, ou à une longue route divisée en un grand nombre d'étapes. Quand une étape est faite, elle n'est plus à faire ; et quand toute la route est parcourue, l'artiste est délivré de son tableau.

Tous ces préceptes sont évidemment modifiés plus ou moins par le tempérament varié des artistes. Cependant je suis convaincu que c'est là la méthode la plus sûre pour les imaginations riches. Conséquemment, de trop grands écarts faits hors la méthode en question témoignent d'une importance anormale et injuste donnée à quelque partie secondaire de l'art.

Je ne crains pas qu'on dise qu'il y a absurdité à supposer une même méthode appliquée par une foule d'individus différents. Car il est évident que les rhétoriques et les prosodies ne sont pas des tyrannies inventées arbitrairement, mais une collection de règles réclamées par l'organisation même de l'être spirituel ; et jamais les prosodies et les rhétoriques n'ont empêché l'originalité de se produire distinctement. Le contraire, à savoir qu'elles ont aidé l'éclosion de l'originalité, serait infiniment plus vrai.

Pour être bref, je suis obligé d'omettre une foule de corollaires résultant de la formule principale, où est, pour ainsi dire, contenu tout le formulaire de la véritable esthétique, et qui peut être exprimée ainsi : tout l'univers visible n'est qu'un magasin d'images et de signes auxquels l'imagination donnera une place et une valeur relative ; c'est une espèce de pâture que l'imagination doit digérer et transformer. Toutes les facultés de l'âme humaine doivent être subordonnées à l'imagination qui les met en réquisition toutes à la fois. De même que bien connaître le dictionnaire n'implique pas nécessairement la connaissance de l'art de la composition, et que l'art de la composition lui-même n'implique pas l'imagination universelle. Ainsi un *bon* peintre peut n'être pas un *grand* peintre, mais un grand peintre est forcément un bon peintre, parce que l'imagination universelle renferme l'intelligence de tous les moyens et le désir de les acquérir.

Il est évident que, d'après les notions que je viens d'élucider tant bien que mal (il y aurait encore tant de choses à dire, particulièrement sur les parties concordantes de tous les arts et les ressemblances dans leurs méthodes !), l'immense classe des artistes, c'est-à-dire des hommes qui sont voués à l'expression du beau, peut se diviser en deux camps bien distincts. Celui-ci qui s'appelle lui-même *réaliste,* mot à double entente et dont le sens n'est pas bien déterminé, et que nous appellerons, pour mieux caractériser son erreur, un *positiviste,* dit : « Je veux représenter les choses telles qu'elles sont, ou telles qu'elles seraient, en supposant que je n'existe pas. » L'univers sans l'homme. Et celui-là, l'imaginatif, dit : « Je veux illuminer les choses avec mon esprit et en projeter le reflet sur les autres esprits. » Bien que ces deux méthodes absolument contraires puissent agrandir ou amoindrir tous les sujets, depuis la scène religieuse jusqu'au plus modeste paysage, toutefois l'homme d'imagination a dû généralement se produire dans la peinture religieuse et dans la fantaisie, tandis que la peinture dite de genre et le paysage devaient offrir en apparence de vastes ressources aux esprits paresseux et difficilement excitables . . . .

L'imagination de Delacroix ! Celle-là n'a jamais craint d'escalader les hauteurs difficiles de la religion ; le ciel lui appartient, comme l'enfer, comme la guerre, comme l'Olympe, comme la volupté. Voilà bien le type du peintre-poète ! Il est bien un des rares élus, et l'étendue de son esprit comprend la religion dans son domaine. Son imagination, ardente comme les chapelles ardentes, brille de toutes les flammes et de toutes les pourpres.

Tout ce qu'il y a de douleur dans la passion le passionne ; tout ce qu'il y a de splendeur dans l'Église l'illumine. Il verse tour à tour sur ses toiles inspirées le sang, la lumière et les ténèbres. Je crois qu'il ajouterait volontiers, comme surcroît, son faste naturel aux majestés de l'Évangile.

J'ai vu une petite *Annonciation,* de Delacroix, où l'ange visitant Marie n'était pas seul, mais conduit en cérémonie par deux autres anges, et l'effet de cette cour céleste était puissant et charmant. Un de ses tableaux de jeunesse, *le Christ aux Oliviers* (« Seigneur, détournez de moi ce calice »), ruisselle de tendresse féminine et d'onction poétique. La douleur et la pompe, qui éclatent si haut dans la religion, font toujours écho dans son esprit.

Et plus récemment encore, à propos de cette chapelle des Saints-Anges, à Saint-Sulpice (*Héliodore chassé du Temple* et *la Lutte de Jacob avec l'Ange*), son dernier grand travail, si niaisement critiqué, je disais [1] :

Jamais, même dans *la Clémence de Trajan* [a], même dans *l'Entrée des Croisés à Constantinople,* Delacroix n'a étalé un coloris plus splendidement et plus savamment surnaturel ; jamais un dessin plus *volontairement* épique. Je sais bien que quelques personnes, des maçons sans doute, des architectes peut-être, ont, à propos de cette dernière œuvre, prononcé le mot *décadence.* C'est ici le lieu de rappeler que les grands maîtres, poètes ou peintres' Hugo ou Delacroix, sont toujours en avance de plusieurs années sur leurs timides admirateurs. Le public est, relativement au génie, une horloge qui retarde. Qui, parmi les gens clairvoyants, ne comprend que le premier tableau du maître contenait tous les autres en germe ? Mais qu'il perfectionne sans cesse ses dons naturels, qu'il les aiguise avec soin, qu'il en tire des effets nouveaux, qu'il pousse lui-même sa nature à outrance, cela est inévitable, fatal et louable. Ce qui est justement la marque principale du génie de Delacroix, c'est qu'il ne connaît pas la décadence ; il ne montre que le progrès. Seulement ses qualités primitives étaient si véhémentes et si riches, et elles ont si vigoureusement frappé les esprits, même les plus vulgaires, que le progrès journalier est pour eux insensible ; les raisonneurs seuls le perçoivent clairement.

---

1. Passage repris de l'article sur les *Peintures murales de Delacroix à Saint-Sulpice* (pp. 397-400) dont il formait la dernière partie.

Je parlais tout à l'heure des propos de quelques *maçons*. Je veux caractériser par ce mot cette classe d'esprits grossiers et matériels (le nombre en est infiniment grand), qui n'apprécient les objets que par le contour, ou, pis encore, par leurs trois dimensions : largeur, longueur et profondeur, exactement comme les sauvages et les paysans. J'ai souvent entendu des personnes de cette espèce établir une hiérarchie des qualités, absolument inintelligible pour moi ; affirmer, par exemple, que la faculté qui permet à celui-ci de créer un contour exact, ou à celui-là un contour d'une beauté surnaturelle, est supérieure à la faculté qui sait assembler des *couleurs* [1] d'une manière enchanteresse. Selon ces gens-là, la couleur ne rêve pas, ne pense pas, ne parle pas. Il paraîtrait que, quand je contemple les œuvres d'un de ces hommes appelés spécialement coloristes, je me livre à un plaisir qui n'est pas d'une nature noble ; volontiers m'appelleraient-ils matérialiste, réservant pour eux-mêmes l'aristocratique épithète de spiritualistes.

Ces esprits superficiels ne songent pas que les deux facultés ne peuvent jamais être tout à fait séparées, et qu'elles sont toutes deux le résultat d'un germe primitif soigneusement cultivé. La nature extérieure ne fournit à l'artiste qu'une occasion sans cesse renaissante de cultiver ce germe ; elle n'est qu'un amas incohérent de matériaux que l'artiste est invité à associer et à mettre en ordre, un *incitamentum,* un réveil pour les facultés sommeillantes. Pour parler exactement, il n'y a dans la nature ni ligne ni couleur. C'est l'homme qui crée la ligne et la couleur. Ce sont deux abstractions qui tirent leur égale noblesse d'une même origine.

Un dessinateur-né (je le suppose enfant) observe dans la nature immobile ou mouvante de certaine sinuosités, d'où il tire une certaine volupté, et qu'il s'amuse à fixer par des lignes sur le papier, exagérant ou diminuant à plaisir leurs inflexions. Il apprend ainsi à créer le galbe, l'élégance, le caractère dans le dessin. Supposons un enfant destiné à perfectionner la partie de l'art qui s'appelle couleur : c'est du choc ou de l'accord heureux de deux tons et du plaisir qui en résulte pour lui, qu'il

---

1. Cf. *var.* Le texte original de la *Revue fantaisiste* porte *couleurs,* mais il est curieux de constater que presque toutes les éditions depuis l'*Art romantique* de 1868 (même celle de J. Crépet, suivi en ceci par Y.-G. Le Dantec) conservent la coquille *contours* qui donne ici un évident non-sens ! Le texte original écrit le mot en italiques.

tirera la science infinie des combinaisons de tons. La nature a été, dans les deux cas, une pure excitation.

La ligne et la couleur font penser et rêver toutes les deux ; les plaisirs qui en dérivent sont d'une nature différente, mais parfaitement égale et absolument indépendante du sujet du tableau.

Un tableau de Delacroix, placé à une trop grande distance pour que vous puissiez juger de l'agrément des contours ou de la qualité plus ou moins dramatique du sujet, vous pénètre déjà d'une volupté surnaturelle. Il vous semble qu'une atmosphère magique a marché vers vous et vous enveloppe. Sombre, délicieuse pourtant, lumineuse, mais tranquille, cette impression, qui prend pour toujours sa place dans votre mémoire, prouve le vrai, le parfait coloriste. Et l'analyse du sujet, quand vous vous approchez, n'enlèvera rien et n'ajoutera rien à ce plaisir primitif, dont la source est ailleurs et loin de toute pensée secrète[a].

Je puis inverser l'exemple. Une figure bien dessinée vous pénètre d'un plaisir tout à fait étranger au sujet. Voluptueuse ou terrible, cette figure ne doit son charme qu'à l'arabesque qu'elle découpe dans l'espace. Les membres d'un martyr qu'on écorche, le corps d'une nymphe pâmée, s'ils sont savamment dessinés, comportent un genre de plaisir dans les éléments duquel le sujet n'entre pour rien ; si pour vous il en est autrement, je serai forcé de croire que vous êtes un bourreau ou un libertin.

Mais, hélas ! à quoi bon, à quoi bon toujours répéter ces inutiles vérités ?

Mais peut-être, monsieur, vos lecteurs priseront-ils beaucoup moins[b] cette rhétorique que les détails que je suis impatient moi-même de leur donner sur la personne et sur les mœurs de notre regrettable grand peintre.

IV

C'est surtout dans les écrits d'Eugène Delacroix qu'apparaît cette dualité de nature dont j'ai parlé. Beaucoup de gens, vous le savez, monsieur, s'étonnaient de la sagesse de ses opinions écrites et de la modération de son style, les uns regrettant, les autres approuvant. *Les Variations du beau,* les études sur *Poussin, Prud'hon, Charlet,* et les autres morceaux publiés soit dans *l'Artiste,* dont le propriétaire était alors M. Ricourt, soit dans la *Revue des Deux Mondes* [1], ne font que confirmer ce caractère double des grands artistes, qui les pousse, comme critiques, à louer et à analyser plus voluptueusement les qualités dont ils ont le plus besoin, en tant que créateurs, et qui font antithèse à celles qu'ils possèdent surabondamment. Si Eugène Delacroix avait loué, préconisé ce que nous admirons surtout en lui, la violence, la soudaineté dans le geste, la turbulence de la composition, la magie de la couleur, en vérité, c'eût été le cas de s'étonner. Pourquoi chercher ce qu'on possède en quantité presque superflue, et comment ne pas vanter ce qui nous semble plus rare et plus difficile à acquérir? Nous verrons toujours, monsieur, le même phénomène se produire chez les créateurs de génie, peintres ou littérateurs, toutes les fois qu'ils appliqueront leurs facultés à la critique. A l'époque de la grande lutte des deux écoles, la classique et la romantique, les esprits simples s'ébahissaient d'entendre Eugène Delacroix vanter sans cesse Racine, La Fontaine et Boileau. Je connais un poète [2], d'une nature toujours orageuse et vibrante, qu'un vers de Malherbe, symétrique et carré de mélodie, jette dans de longues extases.

D'ailleurs, si sages, si sensés et si nets de tour et d'intention que nous apparaissent les fragments littéraires du grand peintre, il serait absurde de croire qu'ils furent écrits facilement et avec la certitude d'allure de son pinceau. Autant il était sûr d'*écrire* ce qu'il pensait sur une toile, autant il était préoccupé de ne pouvoir *peindre* sa pensée sur le papier. « La plume, — disait-il souvent, — n'est pas mon *outil;* je sens que je pense juste, mais le besoin de l'ordre, auquel je suis contraint d'obéir, m'effraye. Croiriez-vous que la nécessité d'écrire une page me donne la migraine? » C'est par cette gêne, résultat du manque d'habitude, que peuvent être expliquées certaines locutions un peu usées, un peu *poncif, empire* même, qui échappent trop souvent à cette plume naturellement distinguée.

---

1. La *Revue des Deux Mondes* avait publié les *Variations du Beau* (15 juillet 1857), *Prud'hon* (1er novembre 1846) et *Charlet* (1er juillet 1862) ; *Poussin* avait paru dans le *Moniteur universel* (26, 29, 30 juin 1853). Cf. *Œuvres littéraires d'Eugène Delacroix* (éd. Joubin, 2 vol., Paris, 1923).
2. Peut-être Baudelaire lui-même !

Ce qui marque le plus visiblement le style de Delacroix, c'est la concision et une espèce d'intensité sans ostentation, résultat habituel de la concentration de toutes les forces spirituelles vers un point donné. « *The hero is he who is immovably centred,* » dit le moraliste d'outre-mer Emerson, qui, bien qu'il passe pour le chef de l'ennuyeuse école Bostonienne, n'en a pas moins une certaine pointe à la Sénèque, propre à aiguillonner la méditation. « *Le héros est celui-là qui est immuablement concentré.* [1] » — La maxime que le chef du *Transcendantalisme* américain applique à la conduite de la vie et au domaine des affaires peut également s'appliquer au domaine de la poésie et de l'art. On pourrait dire aussi bien : « Le héros littéraire, c'est-à-dire le véritable écrivain, est celui qui est immuablement concentré. » Il ne vous paraîtra donc pas surprenant, monsieur, que Delacroix eût une sympathie très prononcée pour les écrivains concis et concentrés, ceux dont la prose peu chargée d'ornements a l'air d'imiter les mouvements rapides de la pensée, et dont la phrase ressemble à un geste, Montesquieu, par exemple. Je puis vous fournir un curieux exemple de cette brièveté féconde et poétique. Vous avez comme moi, sans doute, lu ces jours derniers, dans *la Presse* [2], une très curieuse et très belle étude de M. Paul de Saint-Victor sur le plafond de la galerie d'Apollon. Les diverses conceptions du déluge, la manière dont les légendes relatives au déluge doivent être interprétées, le sens moral des épisodes et des actions qui composent l'ensemble de ce merveilleux tableau, rien n'est oublié; et le tableau lui-même est minutieusement décrit avec ce style charmant, aussi spirituel que coloré, dont l'auteur nous a montré tant d'exemples. Cependant le tout ne laissera dans la mémoire qu'un spectre diffus, quelque chose comme la très vague lumière d'une amplification. Comparez ce vaste morceau aux quelques lignes suivantes, bien plus énergiques, selon moi, et bien plus aptes à *faire tableau,* en supposant même que le tableau qu'elles résument n'existe pas. Je copie simplement le programme distribué par M. Dela-

1. La citation est tirée du célèbre ouvrage d'Emerson, que Baudelaire avait songé à traduire : *The Conduct of Life, considerations by the way.*

2. 13 septembre 1863.

croix à ses amis, quand il les invita à visiter l'œuvre en question :

APOLLON VAINQUEUR DU SERPENT PYTHON

Le dieu, monté sur son char, a déjà lancé une partie de ses traits; Diane sa sœur, volant à sa suite, lui présente son carquois. Déjà percé par les flèches du dieu de la chaleur et de la vie, le monstre sanglant se tord en exhalant dans une vapeur enflammée les restes de sa vie et de sa rage impuissante. Les eaux du déluge commencent à tarir, et déposent sur les sommets des montagnes ou entraînent avec elles les cadavres des hommes et des animaux. Les dieux se sont indignés de voir la terre abandonnée à des monstres difformes, produits impurs du limon. Ils se sont armés comme Apollon : Minerve, Mercure, s'élancent pour les exterminer en attendant que la Sagesse éternelle repeuple la solitude de l'univers. Hercule les écrase de sa massue; Vulcain, le dieu du feu, chasse devant lui la nuit et les vapeurs impures, tandis que Borée et les Zéphyrs sèchent les eaux de leur souffle et achèvent de dissiper les nuages. Les Nymphes des fleuves et des rivières ont retrouvé leur lit de roseaux et leur urne encore souillée par la fange et par les débris. Des divinités plus timides contemplent à l'écart ce combat des dieux et des éléments. Cependant du haut des cieux la Victoire descend pour couronner Apollon vainqueur, et Iris, la messagère des dieux, déploie dans les airs son écharpe, symbole du triomphe de la lumière sur les ténèbres et sur la révolte des eaux.

Je sais que le lecteur sera obligé de deviner beaucoup, de collaborer, pour ainsi dire, avec le rédacteur de la note; mais croyez-vous réellement, monsieur, que l'admiration pour le peintre me rende visionnaire en ce cas, et que je me trompe absolument en prétendant découvrir ici la trace des habitudes aristocratiques prises dans les bonnes lectures, et de cette rectitude de pensée qui a permis à des hommes du monde, à des militaires, à des aventuriers, ou même à de simples courtisans, d'écrire, quelquefois à la diable, de forts beaux livres que nous autres, gens du métier, nous sommes contraints d'admirer?

V

Eugène Delacroix était un curieux mélange de scepticisme, de politesse, de dandysme, de volonté ardente, de ruse, de despotisme, et enfin d'une espèce de bonté particulière et de tendresse modérée qui accompagne toujours le génie. Son père appartenait à cette race d'hommes forts dont nous avons connu les derniers dans notre enfance; les uns fervents apôtres de Jean-Jacques, les autres disciples déterminés de Voltaire, qui ont tous collaboré, avec une égale obstination, à la Révolution française, et dont les survivants, jacobins ou cordeliers, se sont ralliés avec une parfaite bonne foi (c'est important à noter) aux intentions de Bonaparte.

Eugène Delacroix a toujours gardé les traces de cette origine révolutionnaire. On peut dire de lui, comme de Stendhal, qu'il avait grande frayeur d'être dupe. Sceptique et aristocrate, il ne connaissait la passion et le surnaturel que par sa fréquentation forcée avec le rêve. Haïsseur des multitudes, il ne les considérait guère que comme des briseuses d'images, et les violences commises en 1848 sur quelques-uns de ses ouvrages n'étaient pas faites pour le convertir au sentimentalisme politique de nos temps. Il y avait même en lui quelque chose, comme style, manières et opinions, de Victor Jacquemont [1]. Je sais que la comparaison est quelque peu injurieuse; aussi je désire qu'elle ne soit entendue qu'avec une extrême modération. Il y a dans Jacquemont du bel esprit bourgeois révolté et une gouaillerie aussi encline à mystifier les ministres de Brahma que ceux de Jésus-Christ. Delacroix, averti par le goût toujours inhérent au génie, ne pouvait jamais tomber dans ces vilenies. Ma comparaison n'a donc trait qu'à l'esprit de prudence et à la sobriété dont ils sont tous deux marqués. De même, les signes héréditaires que le dix-huitième siècle

1. Naturaliste, dandy et explorateur qui voyagea en Amérique et en Inde, et dont la *Correspondance,* publiée deux ans après sa mort en 1834, avait causé dans les milieux littéraires et artistiques une sensation dont on voit ici qu'elle fut durable.

avait laissés sur sa nature avaient l'air empruntés surtout à cette classe aussi éloignée des utopistes que des furibonds, à la classe des sceptiques polis, les vainqueurs et les survivants, qui, généralement, relevaient plus de Voltaire que de Jean-Jacques. Aussi, au premier coup d'œil, Eugène Delacroix apparaissait simplement comme un homme *éclairé* dans le sens honorable du mot, comme un parfait *gentleman* sans préjugés et sans passions. Ce n'était que par une fréquentation plus assidue qu'on pouvait pénétrer sous le vernis et deviner les parties abstruses de son âme. Un homme, à qui on pourrait plus légitimement le comparer pour la tenue extérieure et pour les manières serait M. Mérimée. C'était la même froideur apparente, légèrement affectée, le même manteau de glace recouvrant une pudique sensibilité et une ardente passion pour le bien et pour le beau; c'était, sous la même hypocrisie d'égoïsme, le même dévouement aux amis secrets et aux idées de prédilection.

Il y avait dans Eugène Delacroix beaucoup du *sauvage;* c'était là la plus précieuse partie de son âme, la partie vouée tout entière à la peinture de ses rêves et au culte de son art. Il y avait en lui beaucoup de l'homme du monde; cette partie-là était destinée à voiler la première et à la faire pardonner. Ç'a été, je crois, une des grandes préoccupations de sa vie, de dissimuler les colères de son cœur et de n'avoir pas l'air d'un homme de génie. Son esprit de domination, esprit bien légitime, fatal d'ailleurs, avait presque entièrement disparu sous mille gentillesses. On eût dit un cratère de volcan artistement caché par des bouquets de fleurs.

Un autre trait de ressemblance avec Stendhal était sa propension aux formules simples, aux maximes brèves, pour la bonne conduite de la vie. Comme tous les gens d'autant plus épris de méthode que leur tempérament ardent et sensible semble les en détourner davantage, Delacroix aimait à façonner de ces petits catéchismes de morale pratique que les étourdis et les fainéants qui ne pratiquent rien attribueraient dédaigneusement à M. de la Palisse, mais que le génie ne méprise pas, parce qu'il est apparenté avec la simplicité; maximes saines, fortes, simples et dures, qui servent de cuirasse et de bouclier à celui que la fatalité de son génie jette dans une bataille perpétuelle.

Ai-je besoin de vous dire que le même esprit de sagesse ferme et méprisante inspirait les opinions de M. Delacroix en matière politique? Il croyait que rien ne change, bien que tout ait l'air de changer, et que certaines époques climatériques, dans l'histoire des peuples, ramènent invariablement des phénomènes analogues. En somme, sa pensée, en ces sortes de choses, approximait beaucoup, surtout par ses côtés de froide et désolante résignation, la pensée d'un historien dont je fais pour ma part un cas tout particulier, et que vous-même, monsieur, si parfaitement rompu à ces thèses, et qui savez estimer le talent, même quand il vous contredit, vous avez été, j'en suis sûr, contraint d'admirer plus d'une fois. Je veux parler de M. Ferrari, le subtil et savant auteur de l'*Histoire de la raison d'État* [1]. Aussi, le causeur qui, devant M. Delacroix, s'abandonnait aux enthousiasmes enfantins de l'utopie avait bientôt à subir l'effet de son rire amer, imprégné d'une pitié sarcastique; et si, imprudemment, on lançait devant lui la grande chimère des temps modernes, le ballon-monstre de la perfectibilité et du progrès indéfinis, volontiers il vous demandait : « Où sont donc vos Phidias? où sont vos Raphaël? »

Croyez bien cependant que ce dur bon sens n'enlevait aucune grâce à M. Delacroix. Cette verve d'incrédulité et ce refus d'être dupe assaisonnaient, comme un sel byronien, sa conversation si poétique et si colorée. Il tirait aussi de lui-même, bien plus qu'il ne les empruntait à sa longue fréquentation du monde, — de lui-même, c'est-à-dire de son génie et de la conscience de son génie, — une certitude, une aisance de manières merveilleuse, avec une politesse qui admettait, comme un prisme, toutes les nuances, depuis la bonhomie la plus cordiale jusqu'à l'impertinence la plus irréprochable. Il possédait bien vingt manières différentes de prononcer « *mon cher monsieur* », qui représentaient, pour une oreille exercée, une curieuse gamme de sentiments. Car enfin, il faut bien que je le dise, puisque je trouve en ceci un nouveau motif d'éloge, E. Delacroix, quoiqu'il fût un homme de génie, ou parce qu'il était un homme de génie complet, participait beaucoup du dandy. Lui-même avouait que dans sa jeunesse il s'était livré avec plaisir aux vanités les plus matérielles du dandysme, et racontait en riant, mais non sans une certaine

1. Giuseppe Ferrari (1811-1876) philosophe et sociologue italien, à qui l'on doit l'édition des œuvres de Vico. Le livre ici mentionné par Baudelaire avait paru à Paris en 1860.

gloriole, qu'il avait, avec le concours de son ami Bonnington, fortement travaillé à introduire parmi la jeunesse élégante le goût des coupes anglaises dans la chaussure et dans le vêtement. Ce détail, je présume, ne vous paraîtra pas inutile; car il n'y a pas de souvenir superflu quand on a à peindre la nature de certains hommes.

Je vous ai dit que c'était surtout la partie naturelle de l'âme de Delacroix qui, malgré le voile amortissant d'une civilisation raffinée, frappait l'observateur attentif. Tout en lui était énergie, mais énergie dérivant des nerfs et de la volonté; car, physiquement, il était frêle et délicat. Le tigre, attentif à sa proie, a moins de lumière dans les yeux et de frémissements impatients dans les muscles que n'en laissait voir notre grand peintre, quand toute son âme était dardée sur une idée ou voulait s'emparer d'un rêve [1]. Le caractère physique même de sa physionomie, son teint de Péruvien ou de Malais, ses yeux grands et noirs, mais rapetissés par les clignotements de l'attention, et qui semblaient déguster la lumière, ses cheveux abondants et lustrés, son front entêté, ses lèvres serrées, auxquelles une tension perpétuelle de volonté communiquait une expression cruelle, toute sa personne enfin suggérait l'idée d'une origine exotique. Il m'est arrivé plus d'une fois, en le regardant, de rêver des anciens souverains du Mexique, de ce Montézuma dont la main habile aux sacrifices pouvait immoler en un seul jour trois mille créatures humaines sur l'autel pyramidal du Soleil, ou bien de quelqu'un de ces princes hindous qui, dans les splendeurs des plus glorieuses fêtes, portent au fond de leurs yeux une sorte d'avidité insatisfaite et une nostalgie inexplicable, quelque chose comme le souvenir et le regret de choses non connues. Observez, je vous prie, que la couleur générale des tableaux de Delacroix participe aussi de la couleur propre aux paysages et aux intérieurs orientaux, et qu'elle produit une impression analogue à celle ressentie dans ces pays intertropicaux, où une immense diffusion de lumière crée pour un œil sensible, malgré l'intensité des tons locaux, un résultat général quasi crépusculaire. La moralité de ses œuvres si toutefois il est permis de parler de la morale en peinture,

1. La comparaison a-t-elle été inspirée à Baudelaire par la prédilection de Delacroix pour les fauves ?

porte aussi un caractère molochiste visible. Tout, dans son œuvre, n'est que désolation, massacres, incendies; tout porte témoignage contre l'éternelle et incorrigible barbarie de l'homme. Les villes incendiées et fumantes, les victimes égorgées, les femmes violées, les enfants eux-mêmes jetés sous les pieds des chevaux ou sous le poignard des mères délirantes; tout cet œuvre, dis-je, ressemble à un hymne terrible composé en l'honneur de la fatalité et de l'irrémédiable douleur. Il a pu quelquefois, car il ne manquait certes pas de tendresse, consacrer son pinceau à l'expression de sentiments tendres et voluptueux; mais là encore l'inguérissable amertume était répandue à forte dose, et l'insouciance et la joie (qui sont les compagnes ordinaires de la volupté naïve) en étaient absentes. Une seule fois, je crois, il a fait une tentative dans le drôle et le bouffon, et comme s'il avait deviné que cela était au delà et [a] au-dessous de sa nature, il n'y est plus revenu [1].

VI

Je connais plusieurs personnes qui ont le droit de dire : « *Odi profanum vulgus* »; mais laquelle peut ajouter victorieusement : « *et arceo* »? [2] La poignée de main trop fréquente avilit le caractère. Si jamais homme eut une *tour d'ivoire* bien défendue par les barreaux et les serrures, ce fut Eugène Delacroix. Qui a plus aimé sa *tour d'ivoire,* c'est-à-dire le secret? Il l'eût, je crois, volontiers armée de canons et transportée dans une forêt ou sur un roc inaccessible. Qui a plus aimé le *home,* sanctuaire et tanière? Comme d'autres cherchent le secret pour la débauche, il cherche le secret pour l'inspiration, et il s'y livrait à de véritables ribotes de travail. « *The one prudence in life is*

1. Dans sa jeunesse, Delacroix avait publié quelques lithographies caricaturales (dans le *Nain jaune* et le *Miroir* en 1821).

2. Horace, *Odes,* III, 1.

concentration; the one evil is dissipation, » dit le philosophe américain que nous avons déjà cité [1].

M. Delacroix aurait pu écrire cette maxime; mais, certes, il l'a austèrement pratiquée. Il était trop *homme du monde* pour ne pas mépriser le monde; et les efforts qu'il y dépensait pour n'être pas trop visiblement *lui-même* le poussaient naturellement à préférer notre société. *Notre* ne veut pas seulement impliquer l'humble auteur qui écrit ces lignes, mais aussi quelques autres, jeunes ou vieux, journalistes, poètes, musiciens, auprès desquels il pouvait librement se détendre et s'abandonner.

Dans sa délicieuse étude sur Chopin [2], Liszt met Delacroix au nombre des plus assidus visiteurs du musicien-poète, et dit qu'il aimait à tomber en profonde rêverie, aux sons de cette musique légère et passionnée qui ressemble à un brillant oiseau voltigeant sur les horreurs d'un gouffre.

C'est ainsi que, grâce à la sincérité de notre admiration, nous pûmes, quoique très jeune alors, pénétrer dans cet atelier si bien gardé, où régnait, en dépit de notre rigide climat, une température équatoriale, et où l'œil était tout d'abord frappé par une solennité sobre et par l'austérité particulière de la vieille école. Tels, dans notre enfance, nous avions vu les ateliers des anciens rivaux de David, héros touchants depuis longtemps disparus. On sentait bien que cette retraite ne pouvait pas être habitée par un esprit frivole, titillé par mille caprices incohérents.

Là, pas de panoplies rouillées, pas de kriss malais, pas de vieilles ferrailles gothiques, pas de bijouterie, pas de friperie, pas de bric-à-brac, rien de ce qui accuse dans le propriétaire le goût de l'amusette et le vagabondage rhapsodique d'une rêverie enfantine. Un merveilleux portrait par Jordaens, qu'il avait déniché je ne sais où, quelques études et quelques copies faites par le maître lui-même, suffisaient à la décoration de ce vaste atelier, dont une lumière adoucie et apaisée éclairait le recueillement.

On verra probablement ces copies à la vente des dessins et des tableaux de Delacroix, qui est, m'a-t-on dit, fixée

1. Emerson, *The Conduct of Life*, *Power*. (Il n'est qu'une sagesse de la vie : la concentration ; il n'est qu'un mal : la dispersion.)
2. *Dissertation sur Chopin,* 1852.

au mois de janvier prochain [1]. Il avait deux manières très distinctes de copier. L'une, libre et large, faite moitié de fidélité, moitié de trahison, et où il mettait beaucoup de lui-même. De cette méthode résultait un composé bâtard et charmant, jetant l'esprit dans une incertitude agréable. C'est sous cet aspect paradoxal que m'apparut une grande copie des *Miracles de saint Benoît,* de Rubens [2]. Dans l'autre manière, Delacroix se fait [a] l'esclave le plus obéissant et le plus humble de son modèle, et il arrivait à une exactitude d'imitation dont peuvent douter ceux qui n'ont pas vu ces miracles. Telles, par exemple, sont celles faites d'après deux têtes de Raphaël qui sont au Louvre, et où l'expression, le style et la manière sont imités avec une si parfaite naïveté, qu'on pourrait prendre alternativement et réciproquement les originaux pour les traductions [3].

Après un déjeuner plus léger que celui d'un Arabe, et sa palette minutieusement composée avec le soin d'une bouquetière ou d'un étalagiste d'étoffes, Delacroix cherchait à aborder l'idée interrompue; mais avant de se lancer dans son travail orageux, il éprouvait souvent de ces langueurs, de ces peurs, de ces énervements qui font penser à la pythonisse fuyant le dieu, ou qui rappellent Jean-Jacques Rousseau baguenaudant, paperassant et remuant ses livres pendant une heure avant d'attaquer le papier avec la plume. Mais une fois la fascination de l'artiste opérée, il ne s'arrêtait plus que vaincu par la fatigue physique.

Un jour, comme nous causions de cette question toujours si intéressante pour les artistes et les écrivains, à savoir, de l'hygiène du travail [4] et de la conduite de la vie, il me dit :

« Autrefois, dans ma jeunesse, je ne pouvais me mettre au travail que quand j'avais la promesse d'un plaisir pour le soir, musique, bal, ou n'importe quel autre divertisse-

1. La vente eut lieu en février 1864.

2. Musée de Bruxelles.

3. Trois de ces copies sont en effet mentionnées dans le catalogue de Robaut (nos 1925-1927).

4. Ce thème de l'*hygiène du travail* apparaît dans quelques-uns des textes les plus pathétiques des *Journaux intimes* Cf. *Mon Cœur mis à nu,* LXXXVII *(Hygiène-projets),* LXXXVIII, LXXXIX *(Hygiène - Conduite - Morale),* XC, XCII, XCIII, XCIV, XCV.

ment. Mais, aujourd'hui, je ne suis plus semblable aux écoliers, je puis travailler sans cesse et sans aucun espoir de récompense. Et puis, — ajoutait-il, — si vous saviez comme un travail assidu rend indulgent et peu difficile en matière de plaisirs ! L'homme qui a bien rempli sa journée sera disposé à trouver suffisamment d'esprit au commissionnaire du coin et à jouer aux cartes avec lui. »

Ce propos me faisait penser à Machiavel jouant aux dés avec les paysans. Or, un jour, un dimanche, j'ai aperçu Delacroix au Louvre, en compagnie de sa vieille servante[1], celle qui l'a si dévotement soigné et servi pendant trente ans, et lui, l'élégant, le raffiné, l'érudit, ne dédaignait pas de montrer et d'expliquer les mystères de la sculpture assyrienne à cette excellente femme, qui l'écoutait d'ailleurs avec une naïve application. Le souvenir de Machiavel et de notre ancienne conversation rentra immédiatement dans mon esprit.

La vérité est que, dans les dernières années de sa vie, tout ce qu'on appelle plaisir en avait disparu, un seul, âpre, exigeant, terrible, les ayant tous remplacés, le travail, qui alors n'était plus seulement une passion, mais aurait pu s'appeler une fureur.

Delacroix, après avoir consacré les heures de la journée à peindre, soit dans son atelier, soit sur les échafaudages où l'appelaient ses grands travaux décoratifs, trouvait encore des forces dans son amour de l'art, et il aurait jugé cette journée mal remplie si les heures du soir n'avaient pas été employées au coin du feu, à la clarté de la lampe, à dessiner, à couvrir le papier de rêves, de projets, de figures entrevues dans les hasards de la vie, quelquefois à copier des dessins d'autres artistes dont le tempérament était le plus éloigné du sien ; car il avait la passion des notes, des croquis, et il s'y livrait en quelque lieu qu'il fût. Pendant un assez long temps, il eut pour habitude de dessiner chez les amis auprès desquels il allait passer ses soirées. C'est ainsi que M. Villot possède une quantité considérable d'excellents dessins de cette plume féconde [2].

---

1. La célèbre Jenny Le Guillou (cf. son portrait par Delacroix au Louvre).

2. Cf. le *Journal* de Delacroix, *passim* : Frédéric Villot, conservateur des peintures du Louvre, était un des amis les plus proches du Maître.

Il disait une fois à un jeune homme de ma connaissance : « Si vous n'êtes pas assez habile pour faire le croquis d'un homme qui se jette par la fenêtre, pendant le temps qu'il met à tomber du quatrième étage sur le sol, vous ne pourrez jamais produire de grandes machines. » Je retrouve dans cette énorme hyperbole la préoccupation de toute sa vie, qui était, comme on le sait, d'exécuter assez vite et avec assez de certitude pour ne rien laisser s'évaporer de l'intensité de l'action ou de l'idée.

Delacroix était, comme beaucoup d'autres ont pu l'observer, un homme de conversation. Mais le plaisant est qu'il avait peur de la conversation comme d'une débauche, d'une dissipation où il risquait de perdre ses forces. Il commençait par vous dire, quand vous entriez chez lui :

« Nous ne causerons pas ce matin, n'est-ce pas? ou que très peu, très peu. »

Et puis il bavardait pendant trois heures. Sa causerie était brillante, subtile, mais pleine de faits, de souvenirs et d'anecdotes ; en somme, une parole nourrissante.

Quand il était excité par la contradiction, il se repliait momentanément, et au lieu de se jeter sur son adversaire de front, ce qui a le danger d'introduire les brutalités de la tribune dans les escarmouches de salon, il jouait pendant quelque temps avec son adversaire, puis revenait à l'attaque avec des arguments ou des faits imprévus. C'était bien la conversation d'un homme amoureux de luttes, mais esclave de la courtoisie, retorse, fléchissante à dessein, pleine de fuites et d'attaques soudaines.

Dans l'intimité de l'atelier, il s'abandonnait volontiers jusqu'à livrer son opinion sur les peintres ses contemporains, et c'est dans ces occasions-là que nous eûmes souvent à admirer cette indulgence du génie qui dérive peut-être d'une sorte particulière de naïveté ou de facilité à la jouissance.

Il avait des faiblesses étonnantes pour Decamps, aujourd'hui bien tombé, mais qui sans doute régnait encore dans son esprit par la puissance du souvenir. De même pour Charlet. Il m'a fait venir une fois chez lui, exprès pour me *tancer,* d'une façon véhémente, à propos d'un article irrespectueux que j'avais commis à l'endroit de cet enfant gâté du chauvinisme [1]. En vain essayai-je de lui expliquer que

1. Cf. *Quelques caricaturistes français,* p. 267.

ce n'était pas le Charlet des premiers temps que je blâmais, mais le Charlet de la décadence; non pas le noble historien des grognards, mais de bel esprit de l'estaminet. Je n'ai jamais pu me faire pardonner.

Il admirait Ingres en de certaines parties, et certes il lui fallait une grande force de critique [a] pour admirer par raison ce qu'il devait repousser par tempérament. Il a même copié soigneusement des photographies faites d'après quelques-uns de ces minutieux portraits à la mine de plomb, où se fait le mieux apprécier le dur et pénétrant talent de M. Ingres d'autant plus agile qu'il est plus à l'étroit.

La détestable couleur d'Horace Vernet ne l'empêchait pas de sentir la virtualité personnelle qui anime la plupart de ses tableaux, et il trouvait des expressions étonnantes pour louer ce pétillement et cette infatigable ardeur. Son admiration pour Meissonier allait un peu trop loin. Il s'était approprié, presque par violence, les dessins qui avaient servi à préparer la composition de *la Barricade* [1], le meilleur tableau de M. Meissonier, dont le talent, d'ailleurs, s'exprime bien plus énergiquement par le simple crayon que par le pinceau. De celui-ci il disait souvent, comme rêvant avec inquiétude de l'avenir : « Après tout, de nous tous, c'est lui qui est le plus sûr de vivre ! » N'est-il pas curieux de voir l'auteur de si grandes choses jalouser presque celui qui n'excelle que dans les petites?

Le seul homme dont le nom eût puissance pour arracher quelques gros mots à cette bouche aristocratique était Paul Delaroche. Dans les œuvres de celui-là il ne trouvait sans doute aucune excuse, et il gardait indélébile le souvenir des souffrances que lui avait causées cette peinture sale et amère, *faite avec de l'encre et du cirage,* comme a dit autrefois Théophile Gautier [2b].

Mais celui qu'il choisissait plus volontiers pour s'expatrier dans d'immenses causeries était l'homme qui lui ressemblait le moins par le talent comme par les idées, son véritable antipode, un homme à qui on n'a pas encore rendu toute la justice qui lui est due, et dont le cerveau, quoique embrumé comme le ciel charbonné de sa ville

1. Musée du Louvre.

2. Cf. *var.*

natale, contient une foule d'admirables choses. J'ai nommé M. Paul Chenavard [1].

Les théories abstruses du peintre philosophe lyonnais faisaient sourire Delacroix, et le pédagogue abstracteur considérait les voluptés de la pure peinture comme choses frivoles, sinon coupables. Mais si éloignés qu'ils fussent l'un de l'autre, et à cause même de cet éloignement, ils aimaient à se rapprocher, et comme deux navires attachés par les grappins d'abordage, ils ne pouvaient plus se quitter. Tous deux, d'ailleurs, étaient fort lettrés et doués d'un remarquable esprit de sociabilité, ils se rencontraient sur le terrain commun de l'érudition. On sait qu'en général ce n'est pas la qualité par laquelle brillent les artistes.

Chenavard était donc pour Delacroix une rare ressource. C'était vraiment plaisir de les voir s'agiter dans une lutte innocente, la parole de l'un marchant pesamment comme un éléphant en grand appareil de guerre, la parole de l'autre vibrant comme un fleuret, également aiguë et flexible. Dans les dernières heures de sa vie, notre grand peintre témoigna le désir de serrer la main de son amical contradicteur. Mais celui-ci était alors loin de Paris.

VII

Les femmes sentimentales et précieuses seront peut-être choquées d'apprendre que, semblable à Michel-Ange (rappelez-vous la fin d'un de ses sonnets : « Sculpture! divine Sculpture, tu es ma seule amante! »), Delacroix avait fait de la Peinture son unique muse, son unique maîtresse, sa seule et suffisante volupté.

Sans doute il avait beaucoup aimé la femme aux heures agitées de sa jeunesse. Qui n'a pas trop sacrifié à cette idole redoutable? Et qui ne sait que ce sont justement ceux qui l'ont le mieux servie qui s'en plaignent le plus? Mais longtemps déjà avant sa fin, il avait exclu la femme de sa vie. Musulman, il ne l'eût peut-être pas chassée de sa mosquée,

1. Cf. l'article sur *l'Art philosophique*.

mais il se fût étonné de l'y voir entrer, ne comprenant pas bien quelle sorte de conversation elle peut tenir avec Allah.

En cette question, comme en beaucoup d'autres, l'idée orientale prenait en lui vivement et despotiquement le dessus. Il considérait la femme comme un objet d'art, délicieux et propre à exciter l'esprit, mais un objet d'art désobéissant et troublant, si on lui livre le seuil du cœur, et dévorant gloutonnement le temps et les forces [1].

Je me souviens qu'une fois, dans un lieu public, comme je lui montrais le visage d'une femme d'une originale beauté et d'un caractère mélancolique, il voulut bien en goûter la beauté, mais me dit, avec son petit rire, pour répondre au reste : « Comment voulez-vous qu'une femme puisse être mélancolique? » insinuant sans doute par là que, pour connaître le sentiment de la mélancolie, il manque à la femme *certaine chose* essentielle.

C'est là, malheureusement, une théorie bien injurieuse, et je ne voudrais pas préconiser des opinions diffamatoires sur un sexe qui a si souvent montré d'ardentes vertus. Mais on m'accordera bien que c'est une théorie de prudence; que le talent ne saurait trop s'armer de prudence dans un monde plein d'embûches, et que l'homme de génie possède le privilège de certaines doctrines (pourvu qu'elles ne troublent pas l'ordre) qui nous scandaliseraient justement chez le pur citoyen ou le simple père de famille.

Je dois ajouter, au risque de jeter une ombre sur sa mémoire, au jugement des âmes élégiaques, qu'il ne montrait pas non plus de tendres faiblesses pour l'enfance. L'enfance n'apparaissait à son esprit que les mains barbouillées de confitures (ce qui salit la toile et le papier), ou battant le tambour (ce qui trouble la méditation), ou incendiaire et animalement dangereuse comme le singe.

« Je me souviens fort bien, — disait-il parfois, — que quand j'étais enfant, *j'étais un monstre*. La connaissance du devoir ne s'acquiert que très lentement, et ce n'est que par la douleur, le châtiment et par l'exercice progressif de la raison, que l'homme diminue peu à peu sa méchanceté naturelle. »

---

1. C'est l'image baudelairienne de la Femme : cf. *Fleurs du Mal, passim,* et les chapitres X, XI et XII (en particulier l'*Éloge du maquillage*) dans *le Peintre de la vie moderne*.

Ainsi, par le simple bon sens, il faisait un retour vers l'idée catholique. Car on peut dire que l'enfant, en général, est, relativement à l'homme, en général, beaucoup plus rapproché du péché originel [1].

VIII

On eût dit que Delacroix avait réservé toute sa sensibilité, qui était virile et profonde, pour l'austère sentiment de l'amitié. Il y a des gens qui s'éprennent facilement du premier venu; d'autres réservent l'usage de la faculté divine pour les grandes occasions. L'homme célèbre dont je vous entretiens avec tant de plaisir, s'il n'aimait pas qu'on le dérangeât pour de petites choses, savait devenir serviable, courageux, ardent, s'il s'agissait de choses importantes. Ceux qui l'ont bien connu ont pu apprécier, en maintes occasions, sa fidélité, son exactitude et sa solidité tout anglaises dans les rapports sociaux. S'il était exigeant pour les autres, il n'était pas moins sévère pour lui-même.

Ce n'est qu'avec tristesse et mauvaise humeur que je veux dire quelques mots de certaines accusations portées contre Eugène Delacroix. J'ai entendu des gens le taxer d'égoïsme et même d'avarice. Observez, monsieur, que ce reproche est toujours adressé par l'innombrable classe des âmes banales à celles qui s'appliquent à placer leur générosité aussi bien que leur amitié.

Delacroix était fort économe; c'était pour lui le seul moyen d'être, à l'occasion, fort généreux : je pourrais le prouver par quelques exemples, mais je craindrais de le faire sans y avoir été autorisé par lui, non plus que par ceux qui ont eu à se louer de lui.

Observez aussi que pendant de nombreuses années ses peintures se sont vendues fort mal, et que ses travaux de décoration absorbaient presque la totalité de son salaire, quand il n'y mettait pas de sa bourse. Il a prouvé un grand nombre de fois son mépris de l'argent, quand des artistes

---

1. Cf. la fin de l'article sur *les Misérables* dans l'*Art romantique*.

pauvres laissaient voir le désir de posséder quelqu'une de ses œuvres. Alors, semblable aux médecins d'un esprit libéral et généreux, qui tantôt font payer leurs soins et tantôt les donnent, il donnait ses tableaux ou les cédait à n'importe quel prix.

Enfin, monsieur, notons bien que l'homme supérieur est obligé, plus que tout autre, de veiller à sa défense personnelle. On peut dire que toute la société est en guerre contre lui. Nous avons pu vérifier le cas plus d'une fois. Sa politesse, on l'appelle froideur; son ironie, si mitigée qu'elle soit, méchanceté; son économie, avarice. Mais si, au contraire, le malheureux se montre imprévoyant, bien loin de le plaindre, la société dira : « C'est bien fait; sa pénurie est la punition de sa prodigalité. »

Je puis affirmer que Delacroix, en matière d'argent et d'économie, partageait complétement l'opinion de Stendhal opinion qui concilie la grandeur et la prudence.

« L'homme d'esprit, disait ce dernier, doit s'appliquer à acquérir ce qui lui est strictement nécessaire pour ne dépendre de personne (du temps de Stendhal, c'était 6,000 francs de revenu); mais si, cette sûreté obtenue, il perd son temps à augmenter sa fortune, c'est un misérable [1]. »

Recherche du nécessaire et mépris du superflu, c'est une conduite d'homme sage et de stoïcien.

Une des grandes préoccupations de notre peintre dans ses dernières années était le jugement de la postérité et la solidité incertaine de ses œuvres. Tantôt son imagination si sensible s'enflammait à l'idée d'une gloire immortelle, tantôt il parlait amèrement de la fragilité des toiles et des couleurs. D'autres fois il citait avec envie les anciens maîtres, qui ont eu presque tous le bonheur d'être traduits par des graveurs habiles, dont la pointe ou le burin a su s'adapter à la nature de leur talent, et il regrettait ardemment de n'avoir pas trouvé son traducteur. Cette friabilité de l'œuvre peinte, comparée avec la solidité de l'œuvre imprimée, était un de ses thèmes habituels de conversation.

Quand cet homme si frêle et si opiniâtre, si nerveux et si vaillant, cet homme unique dans l'histoire de l'art européen, l'artiste maladif et frileux, qui rêvait sans cesse de

1. Cf. Stendhal, *De l'Amour* (éd. Lévy p. 193).

couvrir des murailles de ses grandioses conceptions, a été emporté par une de ces fluxions de poitrine dont il avait, ce semble, le convulsif pressentiment, nous avons tous senti quelque chose d'analogue à cette dépression d'âme, à cette sensation de solitude croissante que nous avaient fait déjà connaître la mort de Chateaubriand et celle de Balzac, sensation renouvelée tout récemment par la disparition d'Alfred de Vigny [1]. Il y a dans un grand deuil national un affaissement de vitalité générale, un obscurcissement de l'intellect qui ressemble à une éclipse solaire, imitation momentanée de la fin du monde.

Je crois cependant que cette impression affecte surtout ces hautains solitaires qui ne peuvent se faire une famille que par les relations intellectuelles. Quant aux autres citoyens, pour la plupart, ils n'apprennent que peu à peu à connaître tout ce qu'a perdu la patrie en perdant le grand homme, et quel vide il fait en la quittant. Encore faut-il les avertir.

Je vous remercie de tout mon cœur, monsieur, d'avoir bien voulu me laisser dire librement tout ce que me suggérait le souvenir d'un des rares génies de notre malheureux siècle, — si pauvre et si riche à la fois, tantôt trop exigeant, tantôt trop indulgent, et trop souvent injuste [a].

---

1. Chateaubriand était mort en 1848, Balzac en 1850 et Vigny quelques mois avant Delacroix.

XV

LE PEINTRE DE LA VIE MODERNE[1]

I

LE BEAU, LA MODE ET LE BONHEUR

Il y a dans le monde, et même dans le monde des artistes, des gens qui vont au musée du Louvre, passent rapidement, et sans leur accorder un regard, devant une foule de tableaux très intéressants, quoique de *second ordre,* et se plantent rêveurs devant un Titien ou un Raphaël, un de ceux que la gravure a le plus popularisés; puis sortent satisfaits, plus d'un se disant : « Je connais mon musée. » Il existe aussi des gens qui, ayant lu jadis Bossuet et Racine, croient posséder l'histoire de la littérature.

Par bonheur se présentent de temps en temps des redres-

1. *Le Figaro,* 26, 29 novembre, 3 décembre 1863. D'après la correspondance de Baudelaire, J. Crépet date ces pages de la fin de 1859 et du début de 1860. Note des éditeurs de l'*Art romantique : Tout le monde sait qu'il s'agit ici de M. Constantin Guys, dont les merveilleuses aquarelles sont connues et recherchées des amateurs et des artistes. On verra dès les premières pages suivantes pour quels motifs de délicatesse et de déférence Charles Baudelaire s'est abstenu de désigner son ami autrement que par des initiales dans le cours de cette étude. Nous avons respecté dans le texte cette condescendance de Charles Baudelaire, sans revendiqueur ailleurs que dans cette note les droits de l'histoire.*

seurs de torts, des critiques, des amateurs, des curieux qui affirment que tout n'est pas dans Raphaël, que tout n'est pas dans Racine, que les *poetæ minores* ont du bon, du solide et du délicieux; et, enfin, que pour tant aimer la beauté générale, qui est exprimée par les poètes et les artistes classiques, on n'en a pas moins tort de négliger la beauté particulière, la beauté de circonstance et le trait de mœurs.

Je dois dire que le monde, depuis plusieurs années, s'est un peu corrigé. Le prix que les amateurs attachent aujourd'hui aux gentillesses gravées et coloriées du dernier siècle prouve qu'une réaction a eu lieu dans le sens où le public en avait besoin; Debucourt, les Saint-Aubin [1] et bien d'autres, sont entrés dans le dictionnaire des artistes dignes d'être étudiés. Mais ceux-là représentent le passé; or c'est à la peinture des mœurs du présent que je veux m'attacher aujourd'hui. Le passé est intéressant non seulement par la beauté qu'ont su en extraire les artistes pour qui il était le présent, mais aussi comme passé, pour sa valeur historique. Il en est de même du présent. Le plaisir que nous retirons de la représentation du présent tient non seulement à la beauté dont il peut être revêtu, mais aussi à sa qualité essentielle de présent.

J'ai sous les yeux une série de gravures de modes commençant avec la Révolution et finissant à peu près au Consulat. Ces costumes, qui font rire bien des gens irréfléchis, de ces gens graves sans vraie gravité, présentent un charme d'une nature double, artistique et historique. Ils sont très souvent beaux et spirituellement dessinés; mais ce qui m'importe au moins autant, et ce que je suis heureux de retrouver dans tous ou presque tous, c'est la morale et l'esthétique du temps. L'idée que l'homme se fait du beau s'imprime dans tout son ajustement, chiffonne ou raidit son habit, arrondit ou aligne son geste, et même pénètre subtilement,

1. Philibert-Louis Debucourt (1755-1832) se rendit célèbre, à partir de 1785, comme spécialiste de l'estampe en couleurs : son œuvre est particulièrement remarquable par sa perfection technique. Les Saint-Aubin formèrent au XVIIIe siècle une véritable dynastie de graveurs : Baudelaire fait sans doute allusion au plus célèbre d'entre eux, Gabriel (1724-1780), dont les eaux-fortes sont d'une qualité exceptionnelle, remarquables par leur vivacité et leur instantanéité, qualités propres à séduire Baudelaire et qui ne sont pas sans annoncer la manière même de Constantin Guys.

à la longue, les traits de son visage. L'homme finit par ressembler à ce qu'il voudrait être. Ces gravures peuvent être traduites en beau et en laid; en laid, elles deviennent des caricatures; en beau, des statues antiques.

Les femmes qui étaient revêtues de ces costumes ressemblaient plus ou moins aux unes ou aux autres, selon le degré de poésie ou de vulgarité dont elles étaient marquées. La matière vivante rendait ondoyant ce qui nous semble trop rigide. L'imagination du spectateur peut encore aujourd'hui faire marcher et frémir cette *tunique* et ce *schall*. Un de ces jours, peut-être, un drame paraîtra sur un théâtre quelconque, où nous verrons la résurrection de ces costumes sous lesquels nos pères se trouvaient tout aussi enchanteurs que nous-mêmes dans nos pauvres vêtements (lesquels ont aussi leur grâce, il est vrai, mais d'une nature plutôt morale et spirituelle), et s'ils sont portés et animés par des comédiennes et des comédiens intelligents, nous nous étonnerons d'en avoir pu rire si étourdiment. Le passé, tout en gardant le piquant du fantôme, reprendra la lumière et le mouvement de la vie, et se fera présent.

Si un homme impartial feuilletait une à une *toutes* les modes françaises depuis l'origine de la France jusqu'au jour présent, il n'y trouverait rien de choquant ni même de surprenant. Les transitions y seraient aussi abondamment ménagées que dans l'échelle du monde animal. Point de lacune, donc point de surprise. Et s'il ajoutait à la vignette qui représente chaque époque la pensée philosophique dont celle-ci était le plus occupée ou agitée, pensée dont la vignette suggère inévitablement le souvenir, il verrait quelle profonde harmonie régit tous les membres de l'histoire, et que, même dans les siècles qui nous paraissent les plus monstrueux et les plus fous, l'immortel appétit du beau a toujours trouvé sa satisfaction.

C'est ici une belle occasion, en vérité, pour établir une théorie rationnelle et historique du beau, en opposition avec la théorie du beau unique et absolu; pour montrer que le beau est toujours, inévitablement, d'une composition double, bien que l'impression qu'il produit soit une; car la difficulté de discerner les éléments variables du beau dans l'unité de l'impression n'infirme en rien la nécessité de la variété dans sa composition. Le beau est fait d'un élément éternel, invariable, dont la quantité est excessivement difficile à déterminer, et d'un élément relatif, circonstanciel, qui sera, si l'on veut, tour à tour ou tout ensemble, l'époque, la mode, la morale, la passion. Sans ce second élément, qui est comme l'enveloppe amusante, titillante, apéritive, du divin gâteau, le premier élément serait indigestible, inappréciable, non adapté et non approprié à la nature humaine. Je défie qu'on découvre un échantillon quelconque de beauté qui ne contienne pas ces deux éléments.

Je choisis, si l'on veut, les deux échelons extrêmes de l'histoire. Dans l'art hiératique, la dualité se fait voir au premier coup d'œil; la partie de beauté éternelle ne se manifeste qu'avec la permission et sous la règle de la religion à laquelle appartient l'artiste. Dans l'œuvre la plus frivole d'un artiste raffiné appartenant à une de ces époques que nous qualifions trop vaniteusement de civilisées, la dualité se montre également; la portion éternelle de beauté sera en même temps voilée et exprimée, sinon par la mode, au moins par le tempérament particulier de l'auteur. La dualité de l'art est une conséquence fatale de la dualité de l'homme. Considérez, si cela vous plaît, la partie éternellement subsistante comme l'âme de l'art, et l'élément variable comme son corps. C'est pourquoi Stendhal, esprit impertinent, taquin, répugnant même, mais dont les impertinences provoquent utilement la méditation, s'est rapproché de la vérité, plus que beaucoup d'autres, en disant que *le Beau n'est que la promesse du bonheur* [1]. Sans doute cette définition dépasse le but; elle soumet beaucoup trop le beau à l'idéal infiniment variable du bonheur; elle dépouille trop lestement le beau de son caractère aristocratique; mais elle a le grand mérite de s'éloigner décidément de l'erreur des académiciens.

J'ai plus d'une fois déjà expliqué ces choses [2]; ces lignes en disent assez pour ceux qui aiment ces jeux de la pensée abstraite; mais je sais que les lecteurs français, pour la plupart, ne s'y complaisent guère, et j'ai hâte moi-même d'entrer dans la partie positive et réelle de mon sujet.

---

1. *De l'Amour,* chap. XVII.

2. Cf. en particulier la réfutation des *professeurs-jurés d'esthétique* au chap. I de *l'Exposition universelle de 1855,* et les *Journaux intimes* (*Fusées,* XII, XVI).

II

LE CROQUIS DE MŒURS

Pour le croquis de mœurs, la représentation de la vie bourgeoise et les spectacles de la mode, le moyen le plus expéditif et le moins coûteux est évidemment le meilleur. Plus l'artiste y mettra de beauté, plus l'œuvre sera précieuse; mais il y a dans la vie triviale, dans la métamorphose journalière des choses extérieures, un mouvement rapide qui commande à l'artiste une égale vélocité d'exécution. Les gravures à plusieurs teintes du dix-huitième siècle ont obtenu de nouveau les faveurs de la mode, comme je le disais tout à l'heure; le pastel, l'eau-forte, l'aqua-tinte ont fourni tour à tour leurs contingents à cet immense dictionnaire de la vie moderne disséminé dans les bibliothèques, dans les cartons des amateurs et derrière les vitres des plus vulgaires boutiques. Dès que la lithographie parut, elle se montra tout de suite très apte à cette énorme tâche, si frivole en apparence. Nous avons dans ce genre de véritables monuments. On a justement appelé les œuvres de Gavarni et de Daumier des compléments de *la Comédie humaine*. Balzac lui-même, j'en suis très convaincu, n'eût pas été éloigné d'adopter cette idée, laquelle est d'autant plus juste que le génie de l'artiste peintre de mœurs est un génie d'une nature mixte, c'est-à-dire où il entre une bonne partie d'esprit littéraire. Observateur, flâneur, philosophe, appelez-le comme vous voudrez; mais vous serez certainement amené, pour caractériser cet artiste, à le gratifier d'une épithète que vous ne sauriez appliquer au peintre des choses éternelles, ou du moins plus durables, des choses héroïques ou religieuses. Quelquefois il est poète; plus souvent il se rapproche du romancier ou du moraliste; il est le peintre de la circonstance et de tout ce qu'elle suggère d'éternel. Chaque pays, pour son plaisir et pour sa gloire, a possédé quelques-uns de ces hommes-là. Dans notre époque actuelle, à Daumier et à Gavarni, les premiers noms qui se présentent à la mémoire, on peut ajouter Devéria, Maurin, Numa, historiens des grâces interlopes de la Restauration, Wattier, Tassaert, Eugène Lami, celui-là presque Anglais à force d'amour pour les éléments aristocratiques, et même Trimolet et Traviès, ces chroniqueurs de la pauvreté et de la petite vie.

III

L'ARTISTE,

HOMME DU MONDE, HOMME DES FOULES ET ENFANT

Je veux entretenir aujourd'hui le public d'un homme singulier, originalité si puissante et si décidée, qu'elle se suffit à elle-même et ne recherche même pas l'approbation [1]. Aucun de ses dessins n'est signé, si l'on appelle signature ces quelques lettres, faciles à contrefaire, qui figurent un nom, et que tant d'autres apposent fastueusement au bas

1. Constantin Guys (1805-1892) semble aujourd'hui bien oublié (en France du moins, car en Angleterre il est toujours fort estimé) ; pourtant notre époque, fidèle en ceci aux suggestions de Baudelaire, s'est, si l'on ose dire, spécialisée dans la résurrection des *poetae minores :* et Baudelaire n'a pas tort de vanter leur charme. Or Constantin Guys possède au plus haut point ce charme, animé chez lui d'une pointe d'insolite, qui est sans doute ce à quoi Baudelaire est le plus sensible. L'influence de Guys reste incertaine ; mais il se pourrait qu'elle ait agi, par exemple, sur Manet, qui a fait de Guys un beau portrait. En tout cas, Baudelaire ne pouvait, en son temps, trouver de meilleur exemple pour illustrer son esthétique de la modernité, cette esthétique de la modernité dont son amitié avec Guys favorise alors le développement et dont il semble bien qu'elle ait été une de ses grandes préoccupations dans ces années 1860 (en 1859, Baudelaire commence à collectionner des gravures de mode, en 1862 il écrit à Sainte-Beuve qu'il prépare un *énorme travail* sur les *Peintres de mœurs :* en fait ce pluriel est devenu un singulier, mais l'œuvre de Guys confirme que ce singulier ne pouvait être mieux choisi. Il est probable que les différents artistes énumérés à la fin du chapitre précédent devaient former avec Guys, la substance de cet *énorme travail,* qui est resté, comme tant d'autres, à l'état d'intention. Cf. *Appendice,* p. 517).

de leurs plus insouciants croquis. Mais tous ses ouvrages sont signés de son âme éclatante [1], et les amateurs qui les ont vus et appréciés les reconnaîtront facilement à la description que j'en veux faire. Grand amoureux de la foule et de l'incognito, M. C. G. pousse l'originalité jusqu'à la modestie. M. Thackeray [2], qui, comme on sait, est très curieux des choses d'art, et qui dessine lui-même les *illustrations* de ses romans, parla un jour de M. G. dans un petit journal de Londres. Celui-ci s'en fâcha comme d'un outrage à sa pudeur. Récemment encore, quand il apprit que je me proposais de faire une appréciation de son esprit et de son talent, il me supplia, d'une manière très impérieuse, de supprimer son nom et de ne parler de ses ouvrages que comme des ouvrages d'un anonyme. J'obéirai humblement à ce bizarre désir. Nous feindrons de croire, le lecteur et moi, que M. G. n'existe pas, et nous nous occuperons de ses dessins et de ses aquarelles, pour lesquels il professe un dédain de patricien, comme feraient des savants qui auraient à juger de précieux documents historiques, fournis par le hasard, et dont l'auteur doit rester éternellement inconnu. Et même, pour rassurer complétement ma conscience, on supposera que tout ce que j'ai à dire de sa nature si curieusement et si mystérieusement éclatante, est plus ou moins justement suggéré par les œuvres en question; pure hypothèse poétique, conjecture, travail d'imagination.

M. G. est vieux. Jean-Jacques commença, dit-on, à écrire à quarante-deux ans. Ce fut peut-être vers cet âge

1. Encore le grand mot-clé, que Baudelaire n'hésite pas à appliquer à Guys, comme à Delacroix ou Daumier, Manet ou Legros : c'est que l'*âme,* indépendante des genres et des sujets, trouve le moyen d'épanouir sa présence dans tous les genres et sur tous les sujets.

2. William Makepeace Thackeray (1811-1863), le célèbre auteur de la *Foire aux vanités* qui devait devenir le rival de Dickens, avait débuté dans le journalisme comme illustrateur et caricaturiste et contribua grandement, par ses dessins, au succès de *Punch,* tandis que Guys allait faire tout le succès de l'*Illustrated London News :* c'est en effet dans ce périodique anglais que le *peintre de la vie moderne,* aussi anglicisé que Thackeray était francisé (comme en témoigne son *Paris Sketchbook*) accomplit la part la plus féconde de sa carrière de dessinateur (ce qui explique que, pour bien connaître Guys, il faille s'adresser aux collections anglaises). Et cet anglicisme de Guys n'était pas non plus pour déplaire à Baudelaire.

que M. G., obsédé par toutes les images qui remplissaient son cerveau, eut l'audace de jeter sur une feuille blanche de l'encre et des couleurs. Pour dire la vérité, il dessinait comme un barbare, comme un enfant, se fâchant contre la maladresse de ses doigts et la désobéissance de son outil. J'ai vu un grand nombre de ces barbouillages primitifs, et j'avoue que la plupart des gens qui s'y connaissent ou prétendent s'y connaître auraient pu, sans déshonneur, ne pas deviner le génie latent qui habitait dans ces ténébreuses ébauches. Aujourd'hui, M. G., qui a trouvé, à lui tout seul, toutes les petites ruses du métier, et qui a fait, sans conseils, sa propre éducation, est devenu un puissant maître, à sa manière, et n'a gardé de sa première ingénuité que ce qu'il en faut pour ajouter à ses riches facultés un assaisonnement inattendu. Quand il rencontre un de ces essais de son *jeune âge,* il le déchire ou le brûle avec une honte [a] des plus amusantes.

Pendant dix ans, j'ai désiré faire la connaissance de M. G., qui est, par nature, très voyageur et très cosmopolite. Je savais qu'il avait été longtemps attaché à un journal anglais illustré, et qu'on y avait publié des gravures d'après ses croquis de voyage (Espagne, Turquie, Crimée). J'ai vu depuis lors une masse considérable de ces dessins improvisés sur les lieux mêmes, et j'ai pu *lire* ainsi un compte rendu minutieux et journalier de la campagne de Crimée, bien préférable à tout autre [1]. Le même journal avait aussi publié, toujours sans signature, de nombreuses compositions du même auteur, d'après les ballets et les opéras nouveaux. Lorsque enfin je le trouvai, je vis tout d'abord que je n'avais pas affaire précisément à un *artiste,* mais plutôt à un *homme du monde.* Entendez ici, je vous prie, le mot *artiste* dans un sens très restreint, et le mot *homme du monde* dans un sens très étendu. *Homme du monde,* c'est-à-dire homme du monde entier, homme qui comprend le monde et les raisons mystérieuses et légitimes de tous ses usages; *artiste,* c'est-à-dire spécialiste, homme attaché à sa palette comme le serf à la glèbe. M. G. n'aime pas être appelé artiste. N'a-t-il pas un peu raison ? Il s'intéresse au monde entier; il veut savoir, comprendre, apprécier tout ce qui se

1. Il se peut que ces dessins de Guys, Baudelaire les ait vus chez l'artiste lui-même.

passe à la surface de notre sphéroïde. L'artiste vit très peu, ou même pas du tout, dans le monde moral et politique. Celui qui habite dans le quartier Breda ignore ce qui se passe dans le faubourg Saint-Germain. Sauf deux ou trois exceptions qu'il est inutile de nommer, la plupart des artistes sont, il faut bien le dire, des brutes très adroites, de purs manœuvres, des intelligences de village, des cervelles de hameau. Leur conversation, forcément bornée à un cercle très étroit, devient très vite insupportable à l'*homme du monde,* au citoyen spirituel de l'univers.

Ainsi, pour entrer dans la compréhension de M. G., prenez note tout de suite de ceci : c'est que la *curiosité* peut être considérée comme le point de départ de son génie.

Vous souvenez-vous d'un tableau (en vérité, c'est un tableau !) écrit par la plus puissante plume de cette époque, et qui a pour titre *l'Homme des foules* [1] *?* Derrière la vitre d'un café, un convalescent, contemplant la foule avec jouissance, se mêle par la pensée, à toutes les pensées qui s'agitent autour de lui. Revenu récemment des ombres de la mort, il aspire avec délices tous les germes et tous les effluves de la vie; comme il a été sur le point de tout oublier, il se souvient et veut avec ardeur se souvenir de tout. Finalement, il se précipite à travers cette foule à la recherche d'un inconnu dont la physionomie entrevue l'a, en un clin d'œil, fasciné. La curiosité est devenue une passion fatale, irrésistible !

Supposez un artiste qui serait toujours, spirituellement, à l'état du convalescent, et vous aurez la clef du caractère de M. G.

Or la convalescence est comme un retour vers l'enfance. Le convalescent jouit au plus haut degré, comme l'enfant, de la faculté de s'intéresser vivement aux choses, même les plus triviales en apparence. Remontons, s'il se peut, par un effort rétrospectif de l'imagination, vers nos plus jeunes, nos plus matinales impressions, et nous reconnaîtrons

---

1. Edgar Poe, *Nouvelles Histoires extraordinaires* (éd. Garnier, p. 61). Sur ce qu'on pourrait appeler la mystique de la foule chez Baudelaire, cf. le *bain de multitude* dont il est question dans les *Poèmes en prose* (*Les Foules,* éd. Garnier, p. 57) et le texte de *Fusées,* I : *Le plaisir d'être dans les foules est une expression mystérieuse de la jouissance de la multiplication du nombre.*

qu'elles avaient une singulière parenté avec les impressions, si vivement colorées, que nous reçûmes plus tard à la suite d'une maladie physique, pourvu que cette maladie ait laissé pures et intactes nos facultés spirituelles. L'enfant voit tout en *nouveauté;* il est toujours *ivre.* Rien ne ressemble plus à ce qu'on appelle l'inspiration, que la joie avec laquelle l'enfant absorbe la forme et la couleur. J'oserai pousser plus loin; j'affirme que l'inspiration a quelque rapport avec la *congestion,* et que toute pensée sublime est accompagnée d'une secousse nerveuse, plus ou moins forte, qui retentit jusque dans le cervelet. L'homme de génie a les nerfs solides; l'enfant les a faibles. Chez l'un, la raison a pris une place considérable; chez l'autre, la sensibilité occupe presque tout l'être. Mais le génie n'est que l'*enfance retrouvée* à volonté, l'enfance douée maintenant, pour s'exprimer, d'organes virils et de l'esprit analytique qui lui permet d'ordonner la somme de matériaux involontairement amassée [1]. C'est à cette curiosité profonde et joyeuse qu'il faut attribuer l'œil fixe et animalement extatique des enfants devant le *nouveau,* quel qu'il soit, visage ou paysage, lumière, dorure, couleurs, étoffes chatoyantes, enchantement de la beauté embellie par la toilette. Un de mes amis me disait un jour qu'étant fort petit, il assistait à la toilette de son père, et qu'alors il contemplait, avec une stupeur mêlée de délices, les muscles des bras, les dégradations de couleurs de la peau nuancée de rose et de jaune, et le réseau bleuâtre des veines. Le tableau de la vie extérieure le pénétrait déjà de respect et s'emparait de son cerveau. Déjà la forme l'obsédait et le possédait. La prédestination montrait précocement le bout de son nez. La *damnation* était faite [2]. Ai-je besoin de dire que cet enfant est aujourd'hui un peintre célèbre?

1. Baudelaire s'est toujours particulièrement intéressé à l'enfant comme témoin privilégié du mystère profond qui est le mystère même de l'artiste. Cf. l'essai *Morale du Joujou,* le poème en prose *le Joujou du pauvre* et surtout un texte important des *Paradis artificiels (Un mangeur d'opium,* VI : *le Génie enfant) : Ne serait-il pas facile de prouver... que le génie n'est que l'enfance nettement formulée, l'enfance douée maintenant, pour s'exprimer, d'organes virils et puissants ?*

2. C'est, implicitement, mais souligné par les italiques, le thème de la première partie de *Bénédiction,* dans les *Fleurs du Mal.*

Je vous priais tout à l'heure de considérer M. G. comme un éternel convalescent; pour compléter votre conception, prenez-le aussi pour un homme-enfant, pour un homme possédant à chaque minute le génie de l'enfance, c'est-à-dire un génie pour lequel aucun aspect de la vie n'est *émoussé*.

Je vous ai dit que je répugnais à l'appeler un pur artiste, et qu'il se défendait lui-même de ce titre avec une modestie nuancée de pudeur aristocratique. Je le nommerais volontiers un *dandy,* et j'aurais pour cela quelques bonnes raisons; car le mot *dandy* implique une quintessence de caractère et une intelligence subtile de tout le mécanisme moral de ce monde; mais, d'un autre côté, le dandy aspire à l'insensibilité, et c'est par là que M. G., qui est dominé, lui, par une passion insatiable, celle de voir et de sentir, se détache violemment du dandysme. *Amabam amare,* disait saint Augustin. « J'aime passionnément la passion », dirait volontiers M. G. Le dandy est blasé, ou il feint de l'être, par politique et raison de caste. M. G. a horreur des gens blasés. Il possède l'art si difficile (les esprits raffinés me comprendront) d'être *sincère sans ridicule*. Je le décorerais bien du nom de philosophe, auquel il a droit à plus d'un titre, si son amour excessif des choses visibles, tangibles, condensées à l'état plastique, ne lui inspirait une certaine répugnance de celles qui forment le royaume impalpable du métaphysicien. Réduisons-le donc à la condition de pur moraliste pittoresque, comme La Bruyère.

La foule est son domaine, comme l'air est celui de l'oiseau, comme l'eau celui du poisson. Sa passion et sa profession, c'est d'*épouser la foule*. Pour le parfait flâneur, pour l'observateur passionné, c'est une immense jouissance que d'élire domicile dans le nombre, dans l'ondoyant, dans le mouvement, dans le fugitif et l'infini. Être hors de chez soi, et pourtant se sentir partout chez soi; voir le monde, être au centre du monde et rester caché au monde, tels sont quelques-uns des moindres plaisirs de ces esprits indépendants, passionnés, impartiaux, que la langue ne peut que maladroitement définir. L'observateur est un *prince* qui jouit partout de son incognito. L'amateur de la vie fait du monde sa famille, comme l'amateur du beau sexe compose sa famille de toutes les beautés trouvées, trouvables et introuvables; comme l'amateur de tableaux vit dans une société enchantée de rêves peints sur toile. Ainsi l'amoureux de la vie universelle entre dans la foule comme dans un immense réservoir d'électricité. On peut aussi le comparer, lui, à un miroir aussi immense que cette foule; à un kaléidoscope doué de conscience, qui, à chacun de ses mouvements, représente la vie multiple et la grâce mouvante de tous les éléments de la vie. C'est un *moi* insatiable du *non-moi,* qui, à chaque instant, le rend et l'exprime en images plus vivantes que la vie elle-même, toujours instable et fugitive. « Tout homme », disait un jour M. G. dans une de ces conversations qu'il illumine d'un regard intense et d'un geste évocateur, « tout homme qui n'est pas accablé par un de ces chagrins d'une nature trop positive pour ne pas absorber toutes les facultés, et *qui s'ennuie au sein de la multitude,* est un sot! un sot! et je le méprise! »

Quand M. G., à son réveil, ouvre les yeux et qu'il voit le soleil tapageur donnant l'assaut aux carreaux des fenêtres, il se dit avec remords, avec regrets : « Quel ordre impérieux! quelle fanfare de lumière! Depuis plusieurs heures déjà, de la lumière partout! de la lumière perdue par mon sommeil! Que de choses *éclairées* j'aurais pu voir et que je n'ai pas vues! » Et il part! et il regarde couler le fleuve de la vitalité, si majestueux et si brillant. Il admire l'éternelle beauté et l'étonnante harmonie de la vie dans les capitales, harmonie si providentiellement maintenue dans le tumulte de la liberté humaine [1]. Il contemple les paysages de la grande ville, paysages de pierre caressés par la brume ou frappés par les soufflets du soleil. Il jouit des beaux équipages, des fiers chevaux, de la propreté éclatante des grooms, de la dextérité des valets, de la démarche des femmes onduleuses, des beaux enfants, heureux de vivre et d'être bien habillés; en un mot, de la vie universelle. Si une mode, une coupe de vêtement a été légèrement transformée, si les nœuds de rubans, les boucles ont été détrônés par les cocardes, si le bavolet s'est élargi et si le chignon est descendu d'un cran sur la nuque, si la ceinture a été exhaussée et la jupe amplifiée, croyez qu'à une distance énorme *son œil d'aigle* l'a déjà deviné. Un régiment passe, qui va peut-être au bout du monde, jetant dans l'air des boulevards

1. Sur ce thème éminemment baudelairien de la poésie urbaine, cf. la Dédicace et l'Épilogue des *Poèmes en prose.*

ses fanfares entraînantes et légères comme l'espérance [1]; et voilà que l'œil de M. G. a déjà vu, inspecté, analysé les armes, l'allure et la physionomie de cette troupe. Harnachements, scintillements, musique, regards décidés, moustaches lourdes et sérieuses, tout cela entre pêle-mêle en lui; et dans quelques minutes, le poème qui en résulte sera virtuellement composé. Et voilà que son âme vit avec l'âme de ce régiment qui marche comme un seul animal, fière image de la joie dans l'obéissance [2]!

Mais le soir est venu. C'est l'heure bizarre et douteuse où les rideaux du ciel se ferment, où les cités s'allument. Le gaz fait tache sur la pourpre du couchant. Honnêtes ou déshonnêtes, raisonnables ou fous, les hommes se disent : « Enfin la journée est finie! » Les sages et les mauvais sujets pensent au plaisir, et chacun court dans l'endroit de son choix boire la coupe de l'oubli. M. G. restera le dernier partout où peut resplendir la lumière, retentir la poésie, fourmiller la vie, vibrer la musique; partout où une passion peut *poser* pour son œil, partout où l'homme naturel et l'homme de convention se montrent dans une beauté bizarre, partout où le soleil éclaire les joies rapides de l'*animal dépravé !*[3] « Voilà, certes, une journée bien employée,» se dit certain lecteur que nous avons tous connu, « chacun de nous a bien assez de génie pour la remplir de la même façon. » Non! peu d'hommes sont doués de la faculté de voir; il y en a moins encore qui possèdent la puissance d'exprimer. Maintenant, à l'heure où les autres dorment, celui-ci est penché sur sa table, dardant sur une feuille de papier le même regard qu'il attachait tout à l'heure sur les choses, s'escrimant avec son crayon, sa plume, son pinceau, faisant jaillir l'eau du verre au plafond, essuyant sa plume sur sa

1. Cf. *Poèmes en prose, les Veuves* (éd. Garnier, p. 65) et *Fleurs du Mal, les Petites Vieilles* (éd. Garnier, p. 101).

2. Peintre militaire et chroniqueur de la guerre de Crimée, Constantin Guys, n'en est pas, pour autant, discrédité aux yeux de Baudelaire qui, pourtant, d'ordinaire, n'aime pas ce genre de sujets : c'est qu'ici le sujet n'est qu'un prétexte pour la perception *spirituelle* de la *vie*. Tel est l'abîme qui sépare Guys de Charlet par exemple et la comparaison de cette page avec ce que Baudelaire avait écrit sur Charlet dans *Quelques caricaturistes français* est, à cet égard, significative (cf. p. 267 ; cf. aussi *infra*, p. 481 n. 1).

3. Citation de Rousseau (*Discours sur l'Inégalité*, II).

chemise, pressé, violent, actif, comme s'il craignait que les images ne lui échappent, querelleur quoique seul, et se bousculant lui-même. Et les choses renaissent sur le papier, naturelles et plus que naturelles, belles et plus que belles, singulières et douées d'une vie enthousiaste comme l'âme de l'auteur. La fantasmagorie a été extraite de la nature. Tous les matériaux dont la mémoire s'est encombrée se classent, se rangent, s'harmonisent et subissent cette idéalisation forcée qui est le résultat d'une perception *enfantine,* c'est-à-dire d'une perception aiguë, magique à force d'ingénuité [1] !

IV

LA MODERNITÉ

Ainsi il va, il court, il cherche. Que cherche-t-il? A coup sûr, cet homme, tel que je l'ai dépeint, ce solitaire doué d'une imagination active, toujours voyageant à travers *le grand désert d'hommes,* a un but plus élevé que celui d'un pur flâneur, un but plus général, autre que le plaisir fugitif de la circonstance. Il cherche ce quelque chose qu'on nous permettra d'appeler la *modernité;* car il ne se présente pas de meilleur mot pour exprimer l'idée en question. Il s'agit, pour lui, de dégager de la mode ce qu'elle peut contenir de poétique dans l'historique, de tirer l'éternel du transitoire. Si nous jetons un coup d'œil sur nos expositions de tableaux modernes, nous sommes frappés de la tendance générale des artistes à habiller tous les sujets de costumes anciens. Presque tous se servent des modes et des meubles de la Renaissance, comme David se servait des modes et des meubles romains. Il y a cependant cette différence, que David, ayant choisi des sujets particulièrement grecs ou romains, ne pouvait pas faire autrement que de les habiller

1. Cf. le *Crépuscule du soir* des *Fleurs du Mal,* et particulièrement ce vers : *Recueille-toi, mon âme, en ce grave moment.* C'est bien la *gravité* du soir qui épanouit la gravité du *génie enfant.*

Coll. Girtin, Londres

« *La modernité, c'est le transitoire, le fugitif, le contingent* »
Hyde Park par C. Guys

à l'antique, tandis que les peintres actuels, choisissant des sujets d'une nature générale applicable à toutes les époques, s'obstinent à les affubler des costumes du Moyen Age, de la Renaissance ou de l'Orient. C'est évidemment le signe d'une grande paresse; car il est beaucoup plus commode de déclarer que tout est absolument laid dans l'habit d'une époque, que de s'appliquer à en extraire la beauté mystérieuse qui y peut être contenue, si minime ou si légère qu'elle soit. La modernité, c'est le transitoire, le fugitif, le contingent, la moitié de l'art, dont l'autre moitié est l'éternel et l'immuable. Il y a eu une modernité pour chaque peintre ancien; la plupart des beaux portraits qui nous restent des temps antérieurs sont revêtus des costumes de leur époque. Ils sont parfaitement harmonieux, parce que le costume, la coiffure et même le geste, le regard et le sourire (chaque époque a son port, son regard et son sourire) forment un tout d'une complète vitalité. Cet élément transitoire, fugitif, dont les métamorphoses sont si fréquentes, vous n'avez pas le droit de le mépriser ou de vous en passer. En le supprimant, vous tombez forcément dans le vide d'une beauté abstraite et indéfinissable, comme celle de l'unique femme avant le premier péché. Si au costume de l'époque, qui s'impose nécessairement, vous en substituez un autre, vous faites un contre-sens qui ne peut avoir d'excuse que dans le cas d'une mascarade voulue par la mode. Ainsi, les déesses, les nymphes et les sultanes du dix-huitième siècle sont des portraits *moralement* ressemblants.

Il est sans doute excellent d'étudier les anciens maîtres pour apprendre à peindre, mais cela ne peut être qu'un exercice superflu si votre but est de comprendre le caractère de la beauté présente. Les draperies de Rubens ou de Véronèse ne vous enseigneront pas à faire de la *moire antique,* du *satin à la reine,* ou toute autre étoffe de nos fabriques, soulevée, balancée par la crinoline ou les jupons de mousseline empesée. Le tissu et le grain ne sont pas les mêmes que dans les étoffes de l'ancienne Venise ou dans celles portées à la cour de Catherine. Ajoutons aussi que la coupe de la jupe et du corsage est absolument différente, que les plis sont disposés dans un système nouveau, et enfin que le geste et le port de la femme actuelle donnent à sa robe une vie et une physionomie qui ne sont pas celles de la femme ancienne. En un mot, pour que toute *modernité* soit digne de devenir antiquité, il faut que la beauté mystérieuse que la vie humaine y met involontairement en ait été extraite. C'est à cette tâche que s'applique particulièrement M. G.

J'ai dit que chaque époque avait son port, son regard et son geste. C'est surtout dans une vaste galerie de portraits (celle de Versailles, par exemple) que cette proposition devient facile à vérifier. Mais elle peut s'étendre plus loin encore. Dans l'unité qui s'appelle nation, les professions, les castes, les siècles introduisent la variété, non seulement dans les gestes et les manières, mais aussi dans la forme positive du visage. Tel nez, telle bouche, tel front remplissent l'intervalle d'une durée que je ne prétends pas déterminer ici, mais qui certainement peut être soumise à un calcul. De telles considérations ne sont pas assez familières aux portraitistes; et le grand défaut de M. Ingres, en particulier, est de vouloir imposer à chaque type qui pose sous son œil un perfectionnement plus ou moins [a] despotique, emprunté au répertoire des idées classiques.

En pareille matière, il serait facile et même légitime de raisonner *a priori*. La corrélation perpétuelle de ce qu'on appelle *l'âme* avec ce qu'on appelle *le corps* explique très bien comment tout ce qui est matériel ou effluve du spirituel représente et représentera toujours le spirituel d'où il dérive. Si un peintre patient et minutieux, mais d'une imagination médiocre, ayant à peindre une courtisane du temps présent, *s'inspire* (c'est le mot consacré) d'une courtisane de Titien ou de Raphaël, il est infiniment probable qu'il fera une œuvre fausse, ambiguë et obscure. L'étude d'un chef-d'œuvre de ce temps et de ce genre ne lui enseignera ni l'attitude, ni le regard, ni la grimace, ni l'aspect vital d'une de ces créatures que le dictionnaire de la mode a successivement classées sous les titres grossiers ou badins d'*impures*, de *filles entretenues*, de *lorettes* et de *biches*.

La même critique s'applique rigoureusement à l'étude du militaire, du dandy, de l'animal même, chien ou cheval, et de tout ce qui compose la vie extérieure d'un siècle. Malheur à celui qui étudie dans l'antique autre chose que l'art pur, la logique, la méthode générale! Pour s'y trop plonger, il perd la mémoire du présent; il abdique la valeur et les priviléges fournis par la circonstance; car presque toute notre originalité vient de l'estampille que le *temps* imprime à nos sensations. Le lecteur comprend d'avance que je pourrais vérifier facilement mes assertions sur de nombreux objets autres que la femme. Que diriez-vous, par exemple, d'un peintre de marines (je pousse l'hypothèse à l'extrême) qui, ayant à reproduire la *beauté* sobre et élégante du navire moderne, fatiguerait ses yeux à étudier les formes surchargées, contournées, l'arrière monumental du navire ancien et les voilures compliquées du seizième siècle? Et que penseriez-vous d'un artiste que vous auriez chargé de faire le portrait d'un pur-sang, célèbre dans les solennités du turf, s'il allait confiner ses contemplations dans les musées, s'il se contentait d'observer le cheval dans les galeries du passé, dans Van Dyck, Bourguignon ou Van der Meulen?

M. G., dirigé par la nature, tyrannisé par la circonstance, a suivi une voie toute différente. Il a commencé par contempler la vie, et ne s'est ingénié que tard à apprendre les moyens d'exprimer la vie. Il en est résulté une originalité saisissante, dans laquelle ce qui peut rester de barbare et d'ingénu apparaît comme une preuve nouvelle d'obéissance à l'impression, comme une flatterie à la vérité. Pour la plupart d'entre nous, surtout pour les gens d'affaires, aux yeux de qui la nature n'existe pas, si ce n'est dans ses rapports d'utilité avec leurs affaires, le fantastique réel de la vie est singulièrement émoussé. M. G. l'absorbe sans cesse; il en a la mémoire et les yeux pleins.

V

L'ART MNÉMONIQUE

Ce mot *barbarie,* qui est venu peut-être trop souvent sous ma plume, pourrait induire quelques personnes à croire qu'il s'agit ici de quelques [a] dessins informes que l'imagination seule du spectateur sait transformer en choses parfaites. Ce serait mal me comprendre. Je veux parler d'une barbarie inévitable, synthétique, enfantine, qui reste souvent visible dans un art parfait (mexicaine, égyptienne ou ninivite), et qui dérive du besoin de voir les choses grandement, de les considérer surtout dans l'effet de leur ensemble. Il n'est pas superflu d'observer ici que beaucoup de gens ont accusé de barbarie tous les peintres dont le regard est synthétique et abréviateur, par exemple M. Corot, qui s'applique tout d'abord à tracer les lignes principales d'un paysage, son ossature et sa physionomie. Ainsi, M. G., traduisant fidèlement ses propres impressions, marque avec une énergie instinctive les points culminants ou lumineux d'un objet (ils peuvent être culminants ou lumineux au point de vue dramatique), ou ses principales caractéristiques, quelquefois même avec une exagération utile pour la mémoire humaine; et l'imagination du spectateur, subissant à son tour cette mnémonique si despotique, voit avec netteté l'impression produite par les choses sur l'esprit de M. G. Le spectateur est ici le traducteur d'une traduction toujours claire et enivrante.

Il est une condition qui ajoute beaucoup à la force vitale de cette traduction *légendaire* de la vie extérieure. Je veux parler de la méthode de dessiner de M. G. Il dessine de mémoire, et non d'après le modèle, sauf dans les cas (la guerre de Crimée, par exemple) où il y a nécessité urgente de prendre des notes immédiates, précipitées, et d'arrêter les lignes principales d'un sujet. En fait, tous les bons et vrais dessinateurs dessinent d'après l'image écrite dans leur cerveau, et non d'après la nature. Si l'on nous objecte les admirables croquis de Raphaël, de Watteau et de beaucoup d'autres, nous dirons que ce sont là des notes, très minutieuses, il est vrai, mais de pures notes. Quand un véritable artiste en est venu à l'exécution définitive de son œuvre, le modèle lui serait plutôt un *embarras* qu'un secours. Il arrive même que des hommes tels que Daumier et M. G., accoutumés dès longtemps à exercer leur mémoire et à la remplir d'images, trouvent devant le modèle et la multiplicité de détails qu'il comporte, leur faculté principale troublée et comme paralysée.

Il s'établit alors un duel entre la volonté de tout voir, de ne rien oublier, et la faculté de la mémoire qui a pris l'habitude d'absorber vivement la couleur générale et la silhouette, l'arabesque du contour. Un artiste ayant le sentiment parfait de la forme, mais accoutumé à exercer surtout sa mémoire et son imagination, se trouve alors comme assailli par une émeute de détails, qui tous demandent justice avec la furie d'une foule amoureuse d'égalité absolue. Toute justice se trouve forcément violée; toute harmonie détruite, sacrifiée; mainte trivialité devient énorme; mainte petitesse, usurpatrice. Plus l'artiste se penche avec impartialité vers le détail, plus l'anarchie augmente. Qu'il soit myope ou presbyte, toute hiérarchie et toute subordination disparaissent. C'est un accident qui se présente souvent dans les œuvres d'un de nos peintres les plus en vogue, dont les défauts d'ailleurs sont si bien appropriés aux défauts de la foule, qu'ils ont singulièrement servi sa popularité. La même analogie se fait deviner dans la pratique de l'art du comédien, art si mystérieux, si profond, tombé aujourd'hui dans la confusion des décadences. M. Frédérick-Lemaître compose un rôle avec l'ampleur et la largeur du génie. Si étoilé que soit son jeu de détails lumineux, il reste toujours synthétique et sculptural. M. Bouffé compose les siens avec une minutie de myope et de bureaucrate. En lui tout éclate, mais rien ne se fait voir, rien ne veut être gardé par la mémoire.

Ainsi, dans l'exécution de M. G. se montrent deux choses : l'une, une contention de mémoire résurrectioniste, évocatrice, une mémoire qui dit à chaque chose : « Lazare, lève-toi ! » ; l'autre, un feu, une ivresse de crayon, de pinceau, ressemblant presque à une fureur. C'est la peur de n'aller pas assez vite, de laisser échapper le fantôme avant que la synthèse n'en soit extraite et saisie; c'est cette terrible peur qui possède tous les grands artistes et qui leur fait désirer si ardemment de s'approprier tous les moyens d'expression, pour que jamais les ordres de l'esprit ne soient altérés par les hésitations de la main; pour que finalement l'exécution, l'exécution idéale, devienne aussi inconsciente, aussi *coulante* que l'est la digestion pour le cerveau de l'homme bien portant qui a dîné. M. G. commence par de légères indications au crayon, qui ne marquent guère que la place que les objets doivent tenir dans l'espace. Les plans principaux sont indiqués ensuite par des teintes au lavis, des masses vaguement, légèrement colorées d'abord, mais reprises plus tard et chargées successivement de couleurs plus intenses. Au dernier moment, le contour des objets est définitivement cerné par de l'encre. A moins de les avoir vus, on ne se douterait pas des effets surprenants qu'il peut obtenir par cette méthode si simple et presque élémentaire. Elle a cet incomparable avantage, qu'à n'importe quel point de son progrès, chaque dessin a l'air suffisamment fini; vous nommerez cela une ébauche si vous voulez, mais ébauche parfaite. Toutes les valeurs y sont en pleine harmonie, et s'il les veut pousser plus loin, elles marcheront toujours de front vers le perfectionnement désiré. Il prépare ainsi vingt dessins à la fois avec une pétulance et une joie charmantes, amusantes même pour lui; les croquis s'empilent et se superposent par dizaines, par centaines, par milliers. De temps à autre il les parcourt, les feuillette, les examine, et puis il en choisit quelques-uns dont il augmente plus ou moins l'intensité, dont il charge les ombres et allume progressivement les lumières [1].

Il attache une immense importance aux fonds, qui, vigoureux ou légers, sont toujours d'une qualité et d'une nature appropriées aux figures. La gamme des tons et l'harmonie générale sont strictement observées, avec un génie qui dérive plutôt de l'instinct que de l'étude. Car M. G. possède naturellement ce talent mystérieux du coloriste, véritable don que l'étude peut accroître, mais qu'elle est, par elle-même, je crois, impuissante à créer. Pour tout dire en un mot, notre singulier artiste exprime à la fois le geste et l'attitude solennelle ou grotesque des êtres et leur explosion lumineuse dans l'espace.

VI

LES ANNALES DE LA GUERRE

La Bulgarie, la Turquie, la Crimée, l'Espagne ont été de grandes fêtes pour les yeux de M. G., ou plutôt de l'artiste imaginaire que nous sommes convenus d'appeler M. G.; car je me souviens de temps en temps que je me suis promis, pour mieux rassurer sa modestie, de supposer qu'il n'existait pas. J'ai compulsé ces archives de la guerre d'Orient (champs de bataille jonchés de débris funèbres,

---

1. Page remarquable à beaucoup d'égards et qui illustre en particulier l'importance que Baudelaire attache aux rapports entre esthétique et technique : l'art de Guys est ici défini à partir des caractères propres de ces techniques *coulantes* et instantanées que sont le dessin et l'aquarelle : c'est par sa fidélité à la loi même de sa technique que l'artiste fait de sa *peur de n'aller pas assez vite* la raison de son efficacité expressive.

charrois de matériaux, embarquements de bestiaux et de chevaux), tableaux vivants et surprenants, décalqués sur la vie elle-même, éléments d'un pittoresque précieux que beaucoup de peintres en renom, placés dans les mêmes circonstances, auraient étourdiment négligés; cependant, de ceux-là j'excepterai volontiers M. Horace Vernet, véritable gazetier plutôt que peintre essentiel, avec lequel M. G., artiste plus délicat, a des rapports visibles, si on veut ne le considérer que comme archiviste de la vie [1]. Je puis affirmer que nul journal, nul récit écrit, nul livre, n'exprime aussi bien, dans tous ses détails douloureux et dans sa sinistre ampleur, cette grande épopée de la guerre de Crimée. L'œil se promène tour à tour aux bords du Danube, aux rives du Bosphore, au cap Kerson, dans la plaine de Balaklava, dans les champs d'Inkermann, dans les campements anglais, français, turcs et piémontais, dans les rues de Constantinople, dans les hôpitaux et dans toutes les solennités religieuses et militaires [2].

Une des compositions qui se sont le mieux gravées dans mon esprit est la *Consécration d'un terrain funèbre à Scutari par l'évêque de Gibraltar*. Le caractère pittoresque de la scène, qui consiste dans le contraste de la nature orientale environnante avec les attitudes et les uniformes occidentaux des assistants, est rendu d'une manière saisissante, suggestive et grosse de rêveries. Les soldats et les

---

1. Curieux rapprochement, qui, malgré les précautions de Baudelaire, paraît difficile à admettre : car, justement, la *délicatesse* ne crée pas seulement entre Guys et Horace Vernet, une différence de degré, mais de nature. Et on se souvient de ce que Baudelaire avait écrit d'Horace Vernet en 1845 et en 1846 : serait-ce que le temps a émoussé son indignation ? ou que, comme il lui est aussi arrivé à propos de Meissonier, Baudelaire, devant la décadence de la peinture courante après 1850, découvre que ses *bêtes noires* d'autrefois valaient encore mieux que les *peintres en renom* qui leur ont succédé (Horace Vernet mourut, comme Delacroix, en 1863).

2. Quelques-uns des dessins dont parle Baudelaire ont effectivement paru dans l'*Illustrated London News* (*Consécration d'un terrain funèbre,* 9 juin 1855 ; *A Schumla, chez Omer Pacha,* 4 mars 1854, 17 novembre 1855 ; *Kurdes à Scutari*, 24 juin 1854). Les autres sont absents de la collection du périodique anglais. Rien là que de très normal : l'artiste fournissait au journal autant de dessins qu'il lui avait plu d'en exécuter ; le rédacteur en chef choisissait ceux qu'il pensait devoir retenir.

officiers ont ces airs ineffaçables de *gentlemen,* résolus et discrets, qu'ils portent au bout du monde, jusque dans les garnisons de la colonie du Cap et les établissements de l'Inde : les prêtres anglais font vaguement songer à des huissiers ou à des agents de change qui seraient revêtus de toques et de rabats.

Ici nous sommes à Schumla, chez Omer-Pacha : hospitalité turque, pipes et café; tous les visiteurs sont rangés sur des divans, ajustant à leurs lèvres des pipes, longues comme des sarbacanes, dont le foyer repose à leurs pieds. Voici les *Kurdes à Scutari,* troupes étranges dont l'aspect fait rêver à une invasion de hordes barbares; voici les bachi-bouzoucks, non moins singuliers avec leurs officiers européens, hongrois ou polonais, dont la physionomie de dandies tranche bizarrement sur le caractère baroquement oriental de leurs soldats.

Je rencontre un dessin magnifique où se dresse un seul personnage, gros, robuste, l'air à la fois pensif, insouciant et audacieux; de grandes bottes lui montent au delà des genoux; son habit militaire est caché par un lourd et vaste paletot strictement boutonné; à travers la fumée de son cigare, il regarde l'horizon sinistre et brumeux; l'un de ses bras blessé est appuyé sur une cravate en sautoir. Au bas, je lis ces mots griffonnés au crayon : *Canrobert on the battle field of Inkermann. Taken on the spot.*

Quel est ce cavalier, aux moustaches blanches, d'une physionomie si vivement dessinée, qui, la tête relevée, a l'air de humer la terrible poésie d'un champ de bataille, pendant que son cheval, flairant la terre, cherche son chemin entre les cadavres amoncelés, pieds en l'air, faces crispées, dans des attitudes étranges? Au bas du dessin, dans un coin, se font lire ces mots : *Myself at Inkermann.*

J'aperçois M. Baraguay-d'Hilliers, avec le Séraskier, passant en revue l'artillerie à Béchichtash. J'ai rarement vu un portrait militaire plus ressemblant, buriné d'une main plus hardie et plus spirituelle.

Un nom, sinistrement illustre depuis les désastres de Syrie, s'offre à ma vue : *Achmet-Pacha, général en chef à Kalafat, debout devant sa hutte avec son état-major, se fait présenter deux officiers européens.* Malgré l'ampleur de sa bedaine turque, Achmet-Pacha a, dans l'attitude et le visage, le grand air aristocratique qui appartient généralement aux races dominatrices.

La bataille de Balaklava se présente plusieurs fois dans ce curieux recueil, et sous différents aspects. Parmi les plus frappants, voici l'historique charge de cavalerie chantée par la trompette héroïque d'Alfred Tennyson, poète de la reine : une foule de cavaliers roulent avec une vitesse prodigieuse jusqu'à l'horizon entre les lourds nuages de l'artillerie. Au fond, le paysage est barré par une ligne de collines verdoyantes [1].

De temps en temps, des tableaux religieux reposent l'œil attristé par tous ces chaos de poudre et ces turbulences meurtrières. Au milieu de soldats anglais de différentes armes, parmi lesquels éclate le pittoresque uniforme des Écossais enjuponnés, un prêtre anglican lit l'office du dimanche; trois tambours, dont le premier est supporté par les deux autres, lui servent de pupitre [2].

En vérité, il est difficile à la simple plume de traduire ce poème fait de mille croquis, si vaste et si compliqué, et d'exprimer l'ivresse qui se dégage de tout ce pittoresque, douloureux souvent, mais jamais larmoyant, amassé sur quelques centaines de pages, dont les maculatures et les déchirures disent, à leur manière, le trouble et le tumulte au milieu desquels l'artiste y déposait ses souvenirs de la journée. Vers le soir, le courrier emportait vers Londres les notes et les dessins de M. G., et souvent celui-ci confiait ainsi à la poste plus de dix croquis improvisés sur papier pelure, que les graveurs et les abonnés du journal attendaient impatiemment.

Tantôt apparaissent des ambulances où l'atmosphère elle-même semble malade, triste et lourde; chaque lit y contient une douleur; tantôt c'est l'hôpital de Péra, où je vois, causant avec deux sœurs de charité, longues, pâles et droites comme des figures de Lesueur, un visiteur au costume négligé, désigné par cette bizarre légende : *My humble self*. Maintenant, sur des sentiers âpres et sinueux, jonchés de quelques débris d'un combat déjà ancien, cheminent lentement des animaux, mulets, ânes ou chevaux, qui portent sur leurs flancs, dans deux grossiers fauteuils,

1. *Illustrated London News*, 18 et 25 novembre, 23 décembre 1854. Il s'agit de la célèbre charge de la brigade légère (Alfred Tennyson, poète lauréat : *The Charge of the light brigade*).

2. *Illustrated London News*, 7 avril 1855.

des blessés livides et inertes. Sur de vastes neiges, des chameaux au poitrail majestueux, la tête haute, conduits par des Tartares, traînent des provisions ou des munitions de toute sorte : c'est tout un monde guerrier, vivant, affairé et silencieux; c'est des campements, des bazars où s'étalent des échantillons de toutes les fournitures, espèces de villes barbares improvisées pour la circonstance. A travers ces baraques, sur ces routes pierreuses ou neigeuses, dans ces défilés, circulent des uniformes de plusieurs nations, plus ou moins endommagés par la guerre ou altérés par l'adjonction de grosses pelisses et de lourdes chaussures.

Il est malheureux que cet album, disséminé maintenant en plusieurs lieux, et dont les pages précieuses ont été retenues par les graveurs chargés de les traduire ou par les rédacteurs de l'*Illustrated London News,* n'ait pas passé sous les yeux de l'Empereur. J'imagine qu'il aurait complaisamment, et non sans attendrissement, examiné les faits et gestes de ses soldats, tous exprimés minutieusement, au jour le jour, depuis les actions les plus éclatantes jusqu'aux occupations les plus triviales de la vie, par cette main de soldat artiste, si ferme et si intelligente.

VII

POMPES ET SOLENNITÉS

La Turquie a fourni aussi à notre cher G. d'admirables motifs de compositions : les fêtes du Baïram, splendeurs profondes et ruisselantes, au fond desquelles apparaît, comme un soleil pâle, l'ennui permanent du sultan défunt; rangés à la gauche du souverain, tous les officiers de l'ordre civil; à sa droite, tous ceux de l'ordre militaire, dont le premier est Saïd-Pacha, sultan d'Égypte, alors présent à Constantinople; des cortèges et des pompes solennelles défilant vers la petite mosquée voisine du palais, et, parmi ces foules, des fonctionnaires turcs, véritables caricatures de décadence, écrasant leurs magnifiques chevaux sous le poids d'une obésité fantastique; les lourdes voitures massives, espèces de carrosses à la Louis XIV, dorés et agrémentés par le caprice oriental, d'où jaillissent quelquefois des regards curieusement féminins, dans le strict intervalle que laissent aux yeux les bandes de mousseline collées sur le visage; les danses frénétiques des baladins du *troisième sexe* (jamais l'expression bouffonne de Balzac ne fut plus applicable que dans le cas présent, car, sous la palpitation de ces lueurs tremblantes, sous l'agitation de ces amples vêtements, sous cet ardent maquillage des joues, des yeux et des sourcils, dans ces gestes hystériques et convulsifs, dans ces longues chevelures flottant sur les reins, il vous serait difficile, pour ne pas dire impossible, de deviner la virilité); enfin, les femmes galantes (si toutefois l'on peut prononcer le mot de galanterie à propos de l'Orient), généralement composées de Hongroises, de Valaques, de Juives, de Polonaises, de Grecques et d'Arméniennes; car, sous un gouvernement despotique, ce sont les races opprimées, et, parmi elles, celles surtout qui ont le plus à souffrir, qui fournissent le plus de sujets à la prostitution. De ces femmes, les unes ont conservé le costume national, les vestes brodées, à manches courtes, l'écharpe tombante, les vastes pantalons, les babouches retroussées, les mousselines rayées ou lamées et tout le clinquant du pays natal; les autres, et ce sont les plus nombreuses, ont adopté le signe principal de la civilisation, qui, pour une femme, est invariablement la crinoline, en gardant toutefois, dans un coin de leur ajustement, un léger souvenir caractéristique de l'Orient, si bien qu'elles ont l'air de Parisiennes qui auraient voulu se déguiser.

M. G. excelle à peindre le faste des scènes officielles, les pompes et les solennités nationales, non pas froidement, didactiquement, comme les peintres qui ne voient dans ces ouvrages que des corvées lucratives, mais avec toute l'ardeur d'un homme épris d'espace, de perspective, de lumière faisant nappe ou explosion, et s'accrochant en gouttes ou en étincelles aux aspérités des uniformes et des toilettes de cour. *La fête commémorative de l'indépendance dans la cathédrale d'Athènes* fournit un curieux exemple de ce talent [1]. Tous ces petits personnages, dont chacun est si bien à sa place, rendent plus profond l'espace qui les contient. La cathédrale est immense et décorée de tentures solennelles.

1. *Illustrated London News,* 20 mai 1854.

Le roi Othon et la reine, debout sur une estrade, sont revêtus du costume traditionnel, qu'ils portent avec une aisance merveilleuse, comme pour témoigner de la sincérité de leur adoption et du patriotisme hellénique le plus raffiné. La taille du roi est sanglée comme celle du plus coquet palikare, et sa jupe s'évase avec toute l'exagération du dandysme national. En face d'eux s'avance le patriarche, vieillard aux épaules voûtées, à la grande barbe blanche, dont les petits yeux sont protégés par des lunettes vertes, et portant dans tout son être les signes d'un flegme oriental consommé. Tous les personnages qui peuplent cette composition sont des portraits, et l'un des plus curieux, par la bizarrerie de sa physionomie aussi peu hellénique que possible, est celui d'une dame allemande, placée à côté de la reine et attachée à son service.

Dans les collections de M. G., on rencontre souvent l'Empereur des Français, dont il a su réduire la figure, sans nuire à la ressemblance, à un croquis infaillible, et qu'il exécute avec la certitude d'un paraphe. Tantôt l'Empereur passe des revues, lancé au galop de son cheval et accompagné d'officiers dont les traits sont facilement reconnaissables, ou de princes étrangers, européens, asiatiques ou africains, à qui il fait, pour ainsi dire, les honneurs de Paris. Quelquefois il est immobile sur un cheval dont les pieds sont aussi assurés que les quatre pieds d'une table, ayant à sa gauche l'Impératrice en costume d'amazone, et, à sa droite, le petit Prince impérial, chargé d'un bonnet à poils et se tenant militairement sur un petit cheval hérissé comme les poneys que les artistes anglais lancent volontiers dans leurs paysages; quelquefois disparaissant au milieu d'un tourbillon de lumière et de poussière dans les allées du bois de Boulogne; d'autres fois se promenant lentement à travers les acclamations du faubourg Saint-Antoine. Une surtout de ces aquarelles m'a ébloui par son caractère magique. Sur le bord d'une loge d'une richesse lourde et princière, l'Impératrice apparaît dans une attitude tranquille et reposée; l'Empereur se penche légèrement comme pour mieux voir le théâtre; au-dessous, deux cent-gardes, debout dans une immobilité militaire et presque hiératique, reçoivent sur leur brillant uniforme les éclaboussures de la rampe. Derrière la bande de feu, dans l'atmosphère idéale de la scène, les comédiens chantent, déclament, gesticulent harmonieusement; de l'autre côté s'étend un abîme de lumière vague, un espace circulaire encombré de figures humaines à tous les étages : c'est le lustre et le public.

Les mouvements populaires, les clubs et les solennités de 1848 avaient également fourni à M. G. une série de compositions pittoresques dont la plupart ont été gravées pour[a] l'*Illustrated London News*. Il y a quelques années, après un séjour en Espagne, très fructueux pour son génie, il composa aussi un album de même nature, dont je n'ai vu que des lambeaux. L'insouciance avec laquelle il donne ou prête ses dessins l'expose souvent à des pertes irréparables.

VIII

LE MILITAIRE

Pour définir une fois de plus le genre de sujets préférés par l'artiste, nous dirons que c'est *la pompe de la vie,* telle qu'elle s'offre dans les capitales du monde civilisé, la pompe de la vie militaire, de la vie élégante, de la vie galante. Notre observateur est toujours exact à son poste, partout où coulent les désirs profonds et impétueux, les Orénoques du cœur humain, la guerre, l'amour, le jeu; partout où s'agitent les fêtes et les fictions qui représentent ces grands éléments de bonheur et d'infortune. Mais il montre une prédilection très marquée pour le militaire, pour le soldat, et je crois que cette affection dérive non seulement des vertus et des qualités qui passent forcément de l'âme du guerrier dans son attitude et sur son visage, mais aussi de la parure voyante dont sa profession le revêt. M. Paul de Molènes [1] a écrit quelques pages aussi charmantes que

1. Baudelaire avait publié dans la *Revue anecdotique* de mars 1862 un article non signé sur Paul Gaschon de Molènes, officier de lanciers avec qui Baudelaire s'était lié, et auteur d'un volume *Caractères et récits du temps* (Michel Lévy, 1853) dont une nouvelle inspira à Baudelaire son projet de théâtre intitulé le *Marquis du Ier Houzards*. Paul de Molènes était mort en 1862. (Cf. p. 961.)

sensées, sur la coquetterie militaire et sur le sens moral de ces costumes étincelants dont tous les gouvernements se plaisent à habiller leurs troupes. M. G. signerait volontiers ces lignes-là.

Nous avons parlé déjà de l'idiotisme de beauté particulier à chaque époque, et nous avons observé que chaque siècle avait, pour ainsi dire, sa grâce personnelle. La même remarque peut s'appliquer aux professions; chacune tire sa beauté extérieure des lois morales auxquelles elle est soumise. Dans les unes, cette beauté sera marquée d'énergie, et, dans les autres, elle portera les signes visibles de l'oisiveté. C'est comme l'emblème du caractère, c'est l'estampille de la fatalité. Le militaire, pris en général, a sa beauté, comme le dandy et la femme galante ont la leur, d'un goût essentiellement différent. On trouvera naturel que je néglige les professions où un exercice exclusif et violent déforme les muscles et marque le visage de servitude. Accoutumé aux surprises, le militaire est difficilement étonné. Le signe particulier de la beauté sera donc, ici, une insouciance martiale, un mélange singulier de placidité et d'audace; c'est une beauté qui dérive de la nécessité d'être prêt à mourir à chaque minute. Mais le visage du militaire idéal devra être marqué d'une grande simplicité; car, vivant en commun comme les moines et les écoliers, accoutumés à se décharger des soucis journaliers de la vie sur une paternité abstraite, les soldats sont, en beaucoup de choses, aussi simples que les enfants; et, comme les enfants, le devoir étant accompli, ils sont faciles à amuser et portés aux divertissements violents. Je ne crois pas exagérer en affirmant que toutes ces considérations morales jaillissent naturellement des croquis et des aquarelles de M. G. Aucun type militaire n'y manque, et tous sont saisis avec une espèce de joie enthousiaste : le vieil officier d'infanterie, sérieux et triste, affligeant son cheval de son obésité; le joli officier d'état-major, pincé dans sa taille, se dandinant des épaules, se penchant sans timidité sur le fauteuil des dames, et qui, vu de dos, fait penser aux insectes les plus sveltes et les plus élégants; le zouave et le tirailleur, qui portent dans leur allure un caractère excessif d'audace et d'indépendance, et comme un sentiment plus vif de responsabilité personnelle; la désinvolture agile et gaie de la cavalerie légère; la physionomie vaguement professorale et académique des corps spéciaux, comme l'artillerie et le génie, souvent confirmée par l'appareil peu guerrier des lunettes : aucun de ces modèles, aucune de ces nuances ne sont négligés, et tous sont résumés, définis avec le même amour et le même esprit.

J'ai actuellement sous les yeux une de ces compositions d'une physionomie générale vraiment héroïque, qui représente une tête de colonne d'infanterie; peut-être ces hommes reviennent-ils d'Italie et font-ils une halte sur les boulevards devant l'enthousiasme de la multitude; peut-être viennent-ils d'accomplir une longue étape sur les routes de la Lombardie; je ne sais. Ce qui est visible, pleinement intelligible, c'est le caractère ferme, audacieux, même dans sa tranquillité, de tous ces visages hâlés par le soleil, la pluie et le vent.

Voilà bien l'uniformité d'expression créée par l'obéissance et les douleurs supportées en commun, l'air résigné du courage éprouvé par les longues fatigues. Les pantalons retroussés et emprisonnés dans les guêtres, les capotes flétries par la poussière, vaguement décolorées, tout l'équipement enfin a pris lui-même l'indestructible physionomie des êtres qui reviennent de loin et qui ont couru d'étranges aventures. On dirait que tous ces hommes sont plus solidement appuyés sur leurs reins, plus carrément installés sur leurs pieds, plus d'aplomb que ne peuvent l'être les autres hommes. Si Charlet, qui fut toujours à la recherche de ce genre de beauté et qui l'a si souvent trouvé [1], avait vu ce dessin, il en eût été singulièrement frappé.

IX

LE DANDY [2]

L'homme riche, oisif, et qui, même blasé, n'a pas d'autre

1. Comme pour Horace Vernet (p. 473) on peut être étonné de lire sous la plume de Baudelaire cet éloge de Charlet, après l'éreintement de cet artiste dans *Quelques caricaturistes français* ; il est vrai que cet éreintement avait valu à son auteur les reproches de Delacroix ; cela pouvait suffire à modifier son opinion.

2. En marge de ce chapitre, citons, extraits des *Journaux intimes,* quelques éléments de la définition baudelairienne du *dandy : Le goût*

occupation que de courir à la piste du bonheur[1]; l'homme élevé dans le luxe et accoutumé dès sa jeunesse à l'obéissance des autres hommes, celui enfin qui n'a pas d'autre profession que l'élégance, jouira toujours, dans tous les temps, d'une physionomie distincte, tout à fait à part. Le dandysme est une institution vague, aussi bizarre que le duel; très ancienne, puisque César, Catilina[2], Alcibiade nous en fournissent des types éclatants; très générale, puisque Chateaubriand l'a trouvée dans les forêts et au bord des lacs du Nouveau-Monde[3]. Le dandysme, qui est une institution en dehors des lois, a des lois rigoureuses auxquelles sont strictement soumis tous ses sujets, quelles que soient d'ailleurs la fougue et l'indépendance de leur caractère. Les romanciers anglais ont, plus que les autres, cultivé le roman de *high life*, et les Français qui, comme M. de Custine, ont voulu spécialement écrire des romans

---

précoce des femmes. Je confondais l'odeur de la fourrure avec l'odeur de la femme... Enfin, j'aimais ma mère pour son élégance. J'étais donc un dandy précoce. (*Fusées*, XVIII) - ... *le plaisir aristocratique de déplaire (id. ibid.) - Le Dandy doit aspirer à être sublime sans interruption. Il doit vivre et dormir devant un miroir (Mon Cœur mis à nu,* V*) - Être un homme utile m'a paru toujours quelque chose de bien hideux (id.* IX*) - Éternelle supériorité du Dandy (id.* XVI*) - Un Dandy ne fait rien. Vous figurez-vous un Dandy parlant au peuple, excepté pour le bafouer? (id.* XXII*) - Dandysme. Qu'est-ce que l'homme supérieur? Ce n'est pas le spécialiste. C'est l'homme de loisir et d'éducation générale. Être riche et aimer le travail (id.* XXIII*)*. Notons simplement que pour Baudelaire le dandysme n'est pas seulement une attitude, mais une véritable « spiritualité », c'est-à-dire une affirmation, aristocratique et provocante, de *l'âme* face à un monde qui l'ignore et la bafoue : le dandysme se justifie alors en donnant naissance à une éthique et à une esthétique ; d'où l'importance de la *culture du beau;* et ainsi, en Baudelaire, se rejoignent le dandy, le critique et le poète.

1. Souvenir de la *chasse au bonheur* stendhalienne.

2. Cf. le scénario *La Fin de Don Juan* (1853) : *Les principaux personnages sont : Don Juan*... [etc.] *l'Ombre de Catilina*... Il serait aisé d'illustrer par des citations de Salluste le *dandysme* de Catilina !

3. Allusion aux *Natchez*. En 1860, sur la couverture des *Paradis artificiels,* Baudelaire annonçait, parmi les *Réflexions sur quelques-uns de mes contemporains,* une étude intitulée : *La Famille des Dandies, ou Chateaubriand, de Custine, Paul de Molènes et Barbey d'Aurevilly.* Sans doute ici Baudelaire a-t-il, à propos de Constantin Guys, développé des idées d'abord destinées à une étude plus générale, comme en témoignent les allusions à Chateaubriand et à Custine. Sur ce dernier, et Aurevilly, cf. l'article sur *Madame Bovary.*

d'amour, ont d'abord pris soin, et très judicieusement, de doter leurs personnages de fortunes assez vastes pour payer sans hésitation toutes leurs fantaisies; ensuite ils les ont dispensés de toute profession. Ces êtres n'ont pas d'autre état que de cultiver l'idée du beau dans leur personne, de satisfaire leurs passions, de sentir et de penser. Ils possèdent ainsi, à leur gré et dans une vaste mesure, le temps et l'argent, sans lesquels la fantaisie, réduite à l'état de rêverie passagère, ne peut guère se traduire en action. Il est malheureusement bien vrai que, sans le loisir et l'argent, l'amour ne peut être qu'une orgie de roturier ou l'accomplissement d'un devoir conjugal. Au lieu du caprice brûlant ou rêveur, il devient une répugnante *utilité*.

Si je parle de l'amour à propos du dandysme, c'est que l'amour est l'occupation naturelle des oisifs. Mais le dandy ne vise pas à l'amour comme but spécial. Si j'ai parlé d'argent, c'est parce que l'argent est indispensable aux gens qui se font un culte de leurs passions; mais le dandy n'aspire pas à l'argent comme à une chose essentielle; un crédit indéfini pourrait lui suffire; il abandonne cette grossière passion aux mortels vulgaires. Le dandysme n'est même pas, comme beaucoup de personnes peu réfléchies paraissent le croire, un goût immodéré de la toilette et de l'élégance matérielle. Ces choses ne sont pour le parfait dandy qu'un symbole de la supériorité aristocratique de son esprit. Aussi, à ses yeux, épris avant tout de *distinction*, la perfection de la toilette consiste-t-elle dans la simplicité absolue, qui est en effet la meilleure manière de se distinguer. Qu'est-ce donc que cette passion qui, devenue doctrine, a fait des adeptes dominateurs, cette institution non écrite qui a formé une caste si hautaine? C'est avant tout le besoin ardent de se faire une originalité, contenu dans les limites extérieures des convenances. C'est une espèce de culte de soi-même, qui peut survivre à la recherche du bonheur à trouver dans autrui, dans la femme, par exemple; qui peut survivre même à tout ce qu'on appelle les illusions. C'est le plaisir d'étonner et la satisfaction orgueilleuse de ne jamais être étonné. Un dandy peut être un homme blasé, peut être un homme souffrant; mais, dans ce dernier cas, il sourira comme le Lacédémonien sous la morsure du renard.

On voit que, par de certains côtés, le dandysme confine au spiritualisme et au stoïcisme. Mais un dandy ne peut jamais être un homme vulgaire. S'il commettait un crime, il ne serait pas déchu peut-être; mais si ce crime naissait d'une source triviale, le déshonneur serait irréparable. Que le lecteur ne se scandalise pas de cette gravité dans le frivole, et qu'il se souvienne qu'il y a une grandeur dans toutes les folies, une force dans tous les excès. Étrange spiritualisme! Pour ceux qui en sont à la fois les prêtres et les victimes, toutes les conditions matérielles compliquées auxquelles ils se soumettent, depuis la toilette irréprochable à toute heure du jour et de la nuit jusqu'aux tours [a] les plus périlleux du sport, ne sont qu'une gymnastique propre à fortifier la volonté et à discipliner l'âme. En vérité, je n'avais pas tout à fait tort de considérer le dandysme comme une espèce de religion. La règle monastique la plus rigoureuse, l'ordre irrésistible du *Vieux de la Montagne* [1], qui commandait le suicide à ses disciples enivrés, n'étaient pas plus despotiques ni plus obéis que cette doctrine de l'élégance et de l'originalité, qui impose, elle aussi, à ses ambitieux et humbles sectaires, hommes souvent pleins de fougue, de passion, de courage, d'énergie contenue, la terrible formule : *Perindè ac cadaver !*

Que ces hommes se fassent nommer raffinés, incroyables, beaux, lions ou dandies [2b], tous sont issus d'une même origine; tous participent du même caractère d'opposition

---

1. Cf. *Paradis artificiels, le Poème du Haschisch,* II, et Gérard de Nerval, *Voyage en Orient, Druses et Maronites,* II, 4. Dès longtemps circulaient en Occident des légendes orientales relatives à ce *Vieux de la Montagne* (il s'agit des montagnes du Liban), chef de la secte des *haschichschin* (étymologie du mot *assassin*), mais elles connurent un succès considérable à l'époque romantique : le nom de la secte vient de ce que le *Vieux de la Montagne* droguait ses hommes avec du haschich pour les mettre en état d'exécuter leurs assassinats, rituels ou non. Cf. Joseph de Hammeer : *Histoire de l'Ordre des Assassins* (1833). L'auteur des *Paradis artificiels* avait lu ce livre, comme il avait lu aussi le *Voyage en Orient* de Nerval. Quant à la mode du haschisch, cf. outre les textes de Baudelaire et de Nerval, l'article de Gautier, *Le Club des Haschischins* (*La Presse,* 10 juillet 1843) et le *Comte de Monte-Cristo* d'Alexandre Dumas.

2. Cf. *var.* nous adoptons la leçon de 1863 avec l'orthographe anglaise correcte du pluriel de *dandy :* c'est l'orthographe employée aussi par Baudelaire dans l'annonce de la couverture des *Paradis artificiels* que nous avons précédemment citée, et dans *Mon Cœur mis à nu,* XXI *(Dandies. L'envers de Claude Gueux...).*

et de révolte; tous sont des représentants de ce qu'il y a de meilleur dans l'orgueil humain, de ce besoin, trop rare chez ceux d'aujourd'hui, de combattre et de détruire la trivialité. De là naît, chez les dandies, cette attitude hautaine de caste provoquante, même dans sa froideur. Le dandysme apparaît surtout aux époques transitoires où la démocratie n'est pas encore toute-puissante, où l'aristocratie n'est que partiellement chancelante et avilie. Dans le trouble de ces époques quelques hommes déclassés, dégoûtés, désœuvrés, mais tous riches de force native, peuvent concevoir le projet de fonder une espèce nouvelle d'aristocratie, d'autant plus difficile à rompre qu'elle sera basée sur les facultés les plus précieuses, les plus indestructibles, et sur les dons célestes que le travail et l'argent ne peuvent conférer. Le dandysme est le dernier éclat d'héroïsme dans les décadences; et le type du dandy retrouvé par le voyageur dans l'Amérique du Nord n'infirme en aucune façon cette idée : car rien n'empêche de supposer que les tribus que nous nommons *sauvages* soient les débris de grandes civilisations disparues. Le dandysme est un soleil couchant; comme l'astre qui décline, il est superbe, sans chaleur et plein de mélancolie [1]. Mais, hélas! la marée montante de la démocratie, qui envahit tout et qui nivelle tout, noie jour à jour ces derniers représentants de l'orgueil humain et verse des flots d'oubli sur les traces de ces prodigieux mirmidons. Les dandies se font chez nous de plus en plus rares, tandis que chez nos voisins, en Angleterre, l'état social et la constitution (la vraie constitution, celle qui s'exprime par les mœurs) laisseront longtemps encore une place aux héritiers de Sheridan, de Brummel et de Byron, si toutefois il s'en présente qui en soient dignes.

---

1. La définition du dandysme coïncide avec la définition du beau donnée dans *Fusées,* XVI : *C'est quelque chose d'ardent et de triste... Je ne prétends pas que la Joie ne puisse pas s'associer avec la Beauté, mais je dis que la Joie en est un des ornements les plus vulgaires; tandis que la Mélancolie en est pour ainsi dire l'illustre compagne...* Ces textes éclairent l'admiration de Baudelaire pour Chateaubriand, *le grand René,* et confirment que l'essentiel de son esthétique et de sa poésie lui vient du romantisme, mais d'un romantisme qui, au lieu de s'oublier dans le mythe du Progrès, y voit au contraire la mort de toute aristocratie spirituelle. Car le dandysme est, comme la Beauté, mélancolique, parce qu'il est une aristocratie spirituelle qui se sait condamnée à mort.

Ce qui a pu paraître au lecteur une digression n'en est pas une, en vérité. Les considérations et les rêveries morales qui surgissent des dessins d'un artiste sont, dans beaucoup de cas, la meilleure traduction que le critique en puisse faire [1]; les suggestions font partie d'une idée mère, et, en les montrant successivement, on peut la faire deviner. Ai-je besoin de dire que M. G., quand il crayonne un de ses dandies sur le papier, lui donne toujours son caractère historique, légendaire même, oserais-je dire, s'il n'était pas question du temps présent et de choses considérées généralement comme folâtres? C'est bien là cette légèreté d'allures, cette certitude de manières, cette simplicité dans l'air de domination, cette façon de porter un habit et de diriger un cheval, ces attitudes toujours calmes mais révélant la force, qui nous font penser, quand notre regard découvre un de ces êtres privilégiés en qui le joli et le redoutable se confondent si mystérieusement : « Voilà peut-être un homme riche, mais plus certainement un Hercule sans emploi. »

Le caractère de beauté du dandy consiste surtout dans l'air froid qui vient de l'inébranlable résolution de ne pas être ému; on dirait un feu latent qui se fait deviner, qui pourrait mais qui ne veut pas rayonner. C'est ce qui est, dans ces images, parfaitement exprimé.

X

LA FEMME [2]

L'être qui est, pour la plupart des hommes, la source

---

1. Principe de critique auquel Baudelaire n'a cessé d'être fidèle, toutes les fois qu'il s'est trouvé en présence d'un grand artiste, Delacroix ou Daumier, Manet ou Legros. C'est même, à ses yeux, le critère de la grandeur d'un artiste que cette possibilité offerte de *rêverie morale,* car c'est le signe infaillible de la présence de l'*âme.*

2. Citons, en marge de ce chapitre, comme nous avons fait pour le précédent, deux textes baudelairiens caractéristiques : *La femme est le contraire du dandy* (*Mon Cœur mis à nu,* V) - *La femme ne sait pas séparer l'âme du corps. Elle est simpliste comme les animaux* (*id.* I.) (c'est

des plus vives, et même, disons-le à la honte des voluptés philosophiques, des plus durables jouissances; l'être vers qui ou au profit de qui tendent tous leurs efforts; cet être terrible et incommunicable comme Dieu (avec cette différence que l'infini ne se communique pas parce qu'il aveuglerait et écraserait le fini, tandis que l'être dont nous parlons n'est peut-être incompréhensible que parce qu'il n'a rien à communiquer) [1], cet être en qui Joseph de Maistre voyait *un bel animal* dont les grâces égayaient et rendaient plus facile le jeu sérieux de la politique [2] ; pour qui et par qui se font et défont les fortunes; pour qui, mais surtout *par qui* les artistes et les poètes composent leurs plus délicats bijoux; de qui dérivent les plaisirs les plus énervants et les douleurs les plus fécondantes, la femme, en un mot, n'est pas seulement pour l'artiste en général, et pour M. G. en particulier, la femelle de l'homme. C'est plutôt une divinité, un astre, qui préside à toutes les conceptions du cerveau mâle; c'est un miroitement de toutes les grâces de la nature condensées dans un seul être; c'est l'objet de l'admiration et de la curiosité la plus vive que le tableau de la vie puisse offrir au contemplateur. C'est une espèce

---

bien parce qu'il retrouve chez Guys quelques-unes de ses obsessions que Baudelaire lui consacre toute son attention ; mais dans quelle mesure ces présences baudelairiennes sont-elles effectivement dans l'œuvre de Guys, ou bien ne serait-ce pas que Baudelaire les y a en quelque sorte projetées ? Nous croyons, quant à nous, particulièrement en ce qui concerne la Femme, que l'œuvre de Guys contient bien ce que Baudelaire y voit, mais que l'âme obsédée du critique a pour ainsi dire aiguisé son œil : et peut-être faut-il avoir lu Baudelaire pour reconnaître dans les dandies et les femmes de Guys le sens profond qui est le leur. C'est un cas où l'affinité spirituelle du critique et de l'artiste révèle ce qu'on pourrait appeler l'inconscient de l'œuvre d'art. Et c'est bien ainsi que Baudelaire concevait la critique dans sa forme la plus haute ; c'est bien ainsi qu'il l'a pratiquée dans ses meilleurs moments).

1. Sur ce point particulier, cf. le poème en prose *Les Yeux des pauvres*.

2. La même réminiscence de Joseph de Maistre se rencontre dans les *Fleurs du Mal* (XXV) : ... *Quand la nature, grande en ses desseins cachés, — De toi se sert, ô femme, ô reine des péchés, — De toi,* vil animal, *pour pétrir un génie*... (Mais la variante est significative.) D'autre part les images du *Serpent qui danse* (F. M. XXVIII : ... *étoffe vacillante,* ... *Belle d'abandon*...) doivent peut-être quelque chose à Constantin Guys.

d'idole, stupide peut-être [1], mais éblouissante, enchanteresse, qui tient les destinées et les volontés suspendues à ses regards. Ce n'est pas, dis-je, un animal dont les membres, correctement assemblés, fournissent un parfait exemple d'harmonie; ce n'est même pas le type de beauté pure, tel que peut le rêver le sculpteur dans ses plus sévères méditations; non, ce ne serait pas encore suffisant pour en expliquer le mystérieux et complexe enchantement. Nous n'avons que faire ici de Winckelman et de Raphaël; et je suis bien sûr que M. G., malgré toute l'étendue de son intelligence (cela soit dit sans lui faire injure), négligerait un morceau de la statuaire antique, s'il lui fallait ainsi perdre l'occasion de savourer un portrait de Reynolds ou de Lawrence [2]. Tout ce qui orne la femme, tout ce qui sert à illustrer sa beauté, fait partie d'elle-même; et les artistes qui se sont particulièrement appliqués à l'étude de cet être énigmatique raffolent autant de tout le *mundus muliebris* que de la femme elle-même. La femme est sans doute une lumière, un regard, une invitation au bonheur, une parole quelquefois; mais elle est surtout une harmonie générale, non seulement dans son allure et le mouvement de ses membres, mais aussi dans les mousselines, les gazes, les vastes et chatoyantes nuées d'étoffes dont elle s'enveloppe, et qui sont comme les attributs et le piédestal de sa divinité; dans le métal et le minéral qui serpentent autour de ses bras et de son cou, qui ajoutent leurs étincelles

1. Cf. *Mon Cœur mis à nu,* LXIX : *C'est toujours l'animal adorateur se trompant d'idole*. D'ailleurs, sous une forme ou une autre, enthousiasme ou ressentiment, souffrance ou volupté, l'image de la femme-idole remplit les *Fleurs du Mal,* (car cette idolâtrie participe intensément de la *double postulation* dont Baudelaire fait la loi de la vie spirituelle).

2. Le type féminin de la peinture anglaise a beaucoup influencé l'imagination romantique (cf. une curieuse lettre de Sainte-Beuve à Vigny, 14 août 1828 : *ces fines et ravissantes compositions (peintures ou gravures) où se glisse toujours quelque figure longue, élancée*... (Louis Gillet, *Sainte-Beuve et Alfred de Vigny,* Paris, Kra, 1929, p. 31). Et Constantin Guys doit certainement à l'influence anglaise son sens profond du caractère *énigmatique* de la femme et du *mundus muliebris*. Il se peut tout aussi bien que l'image baudelairienne de la femme (cf. déjà *la Fanfarlo*), comme celle du dandy, relève, pour une part, de l'anglicisme spirituel du poète, cet anglicisme de Baudelaire qui mériterait d'ailleurs une étude générale.

au feu de ses regards, ou qui jasent doucement à ses oreilles [1]. Quel poète oserait, dans la peinture du plaisir causé par l'apparition d'une beauté, séparer la femme de son costume? Quel est l'homme qui, dans la rue, au théâtre, au bois, n'a pas joui, de la manière la plus désintéressée, d'une toilette savamment composée, et n'en a pas emporté une image inséparable de la beauté de celle à qui elle appartenait, faisant ainsi des deux, de la femme et de la robe, une totalité indivisible [2]? C'est ici le lieu, ce me semble, de revenir sur certaines questions relatives à la mode et à la parure, que je n'ai fait qu'effleurer au commencement de cette étude, et de venger l'art de la toilette des ineptes calomnies dont l'accablent certains amants très équivoques de la nature.

XI

ÉLOGE DU MAQUILLAGE [3]

Il est une chanson, tellement triviale et inepte qu'on ne peut guère la citer dans un travail qui a quelques prétentions au sérieux, mais qui traduit fort bien, en style de vaudevilliste, l'esthétique des gens qui ne pensent pas. *La nature*

---

1. On sait, par les *Fleurs du Mal,* combien l'*étoffe* et le *minéral* sont des attributs essentiels de la Femme baudelairienne : cf. en particulier *ce monde rayonnant de métal et de pierre (Les Bijoux).*

2. C'est à tel point que, déjà dans *la Fanfarlo* (1847), la danseuse et son costume de Colombine forment pour Samuel une *total té indivisible.* Il est vrai que c'est souvent l'un des charmes des dessins de Guys (comme des gravures de mode que Baudelaire collectionnait avec passion) que cette représentation de la *totalité indivisible* de *la femme et de la robe.*

3. Cf. *Mon Cœur mis à nu,* L : *Un chapitre sur la TOILETTE; moralité de la Toilette. Les bonheurs de la Toilette.* D'autre part Baudelaire a imaginé dans *les Litanies de Satan (Fleurs du Mal)* et dans *les Tentations (Poèmes en prose),* et selon le principe de la double postulation, la forme satanique de la toilette, *l'amour des guenilles* dans *le cœur des filles,* et la *tunique de pourpre* à *ceinture de serpent chatoyant* d'un Satan au *sexe ambigu.* Chapitre reproduit dans la *Vie parisienne* du 23 avril 1864 (titre : *L'Éternelle Question du maquillage*).

embellit la beauté ! Il est présumable que le *poète,* s'il avait pu parler en français, aurait dit : *La simplicité embellit la beauté !* ce qui équivaut à cette *vérité,* d'un genre tout à fait inattendu : Le *rien* embellit ce qui est.

La plupart des erreurs relatives au beau naissent de la fausse conception du dix-huitième siècle relative à la morale. La nature fut prise dans ce temps-là comme base, source et type de tout bien et de tout beau possibles. La négation du péché originel ne fut pas pour peu de chose dans l'aveuglement général de cette époque [1]. Si toutefois nous consentons à en référer simplement au fait visible, à l'expérience de tous les âges et à la *Gazette des Tribunaux* [2], nous verrons que la nature n'enseigne rien, ou presque rien, c'est-à-dire qu'elle *contraint* l'homme à dormir, à boire, à manger, et à se garantir, tant bien que mal, contre les hostilités de l'atmosphère. C'est elle aussi qui pousse l'homme à tuer son semblable, à le manger, à le séquestrer, à le torturer; car, sitôt que nous sortons de l'ordre des nécessités et des besoins pour entrer dans celui du luxe et des plaisirs, nous voyons que la nature ne peut conseiller que le crime. C'est cette infaillible nature qui a créé le parricide et l'anthropophagie, et mille autres abominations que la pudeur et la délicatesse nous empêchent de nommer [3]. C'est la philosophie (je parle de la bonne), c'est la religion qui nous ordonne de nourrir des parents pauvres et in-

---

1. Cette critique du XVIIIe siècle vient tout droit de Joseph de Maistre et des *Soirées de Saint-Pétersbourg.* On sait que Baudelaire déclarait que c'était Joseph de Maistre qui, avec Edgar Poe, lui avait *appris à raisonner* (*Mon Cœur mis à nu,* LXXXIX). Quant à la gravité, aux yeux de Baudelaire, de la négation du péché originel, cf. la fin de l'article sur les *Misérables* de Hugo. Enfin sur ce que Baudelaire pensait en général d'un certain XVIIIe siècle, cf. *Mon Cœur mis à nu,* XXIX : *Je m'ennuie en France, surtout parce que tout le monde y ressemble à Voltaire.*

2. Cf. un projet de Baudelaire pour un roman ou une nouvelle (éd. Pléiade, p. 514) : *Voir la question de la sultane Alida... Gazette des Tribunaux.* Évident souvenir de Stendhal.

3. L'horreur de la nature est essentielle au dandysme ; il arrive aussi qu'elle entretienne chez Baudelaire la tentation de la misogynie : *La femme est* naturelle, *c'est-à-dire abominable* (*Mon Cœur mis à nu,* V ; d'où, sans doute, le rôle *moral* de la Toilette qui arrache la femme à la nature pour en faire une *idole.* Pour Baudelaire pas de milieu entre la femme *abominable* et l'*Idole*).

firmes. La nature (qui n'est pas autre chose que la voix de notre intérêt) nous commande de les assommer [1]. Passez en revue, analysez tout ce qui est naturel, toutes les actions et les désirs du pur homme naturel, vous ne trouverez rien que d'affreux. Tout ce qui est beau et noble est le résultat de la raison et du calcul. Le crime, dont l'animal humain a puisé le goût dans le ventre de sa mère, est originellement naturel. La vertu, au contraire, est *artificielle,* surnaturelle, puisqu'il a fallu, dans tous les temps et chez toutes les nations, des dieux et des prophètes pour l'enseigner à l'humanité animalisée, et que l'homme, *seul,* eût été impuissant à la découvrir. Le mal se fait sans effort, *naturellement,* par fatalité; le bien est toujours le produit d'un art. Tout ce que je dis de la nature comme mauvaise conseillère en matière de morale, et de la raison comme véritable rédemptrice et réformatrice, peut être transporté dans l'ordre du beau. Je suis ainsi conduit à regarder la parure comme un des signes de la noblesse primitive de l'âme humaine. Les races que notre civilisation, confuse et pervertie, traite volontiers de sauvages, avec un orgueil et une fatuité tout à fait risibles, comprennent, aussi bien que l'enfant, la haute spiritualité de la toilette. Le sauvage et le baby témoignent, par leur aspiration naïve vers le brillant, vers les plumages bariolés, les étoffes chatoyantes, vers la majesté superlative des formes artificielles, de leur dégoût pour le réel, et prouvent ainsi, à leur insu, l'immatérialité de leur âme [2]. Malheur à celui qui, comme Louis XV

1. Cf. le poème en prose *Assommons les pauvres.* Au demeurant l'antinaturalisme est une des constantes les plus fermes de la « spiritualité » baudelairienne et l'un des principes les plus permanents de son esthétique (ce qui ne veut pas dire que, pour autant, il verse dans l'art pour l'art : c'est précisément son spiritualisme qui le rend étranger à la fois au naturalisme et à l'art pour l'art ; en particulier il ne faut pas confondre son goût de l'idolâtrie esthétique — qui est souvent une *autoidolâtrie* selon le mot de *Fusées,* XVII — avec l'art pour l'art).

2. Il y a là sans doute un souvenir des découvertes qu'avait fait faire à Baudelaire le peintre américain Catlin, dont il vante, justement, dans ses Salons, la *haute spiritualité* telle qu'elle apparaît dans le colorisme de ses représentations d'Indiens. Il est d'ailleurs curieux de voir ici se rejoindre implicitement deux œuvres aussi différentes que celles de Catlin et de Guys, qui cependant peuvent légitimement, du point

(qui fut non le produit d'une vraie civilisation, mais d'une récurrence de barbarie) pousse la dépravation jusqu'à ne plus goûter que la *simple nature* [1] !

La mode doit donc être considérée comme un symptôme du goût de l'idéal surnageant dans le cerveau humain au-dessus de tout ce que la vie naturelle y accumule de grossier, de terrestre et d'immonde, comme une déformation sublime de la nature, ou plutôt comme un essai permanent et successif de réformation de la nature. Aussi a-t-on sensément fait observer (sans en découvrir la raison) que toutes les modes sont charmantes, c'est-à-dire relativement charmantes, chacune étant un effort nouveau, plus ou moins heureux, vers le beau, une approximation quelconque d'un idéal dont le désir titille sans cesse l'esprit humain non satisfait. Mais les modes ne doivent pas être, si l'on veut bien les goûter, considérées comme choses mortes; autant vaudrait admirer les défroques suspendues, lâches et inertes comme la peau de saint Barthélemy, dans l'armoire d'un fripier. Il faut se les figurer vitalisées, vivifiées par les belles femmes qui les portèrent. Seulement ainsi on en comprendra le sens et l'esprit. Si donc l'aphorisme : *Toutes les modes sont charmantes,* vous choque comme trop absolu, dites, et vous serez sûr de ne pas vous tromper : Toutes furent légitimement charmantes.

La femme est bien dans son droit, et même elle accomplit une espèce de devoir en s'appliquant à paraître magique et surnaturelle; il faut qu'elle étonne, qu'elle charme; idole, elle doit se dorer pour être adorée. Elle doit donc emprunter à tous les arts les moyens de s'élever au-dessus de la nature pour mieux subjuguer les cœurs et frapper les esprits. Il importe fort peu que la ruse et l'artifice soient connus de tous, si le succès en est certain et l'effet toujours irrésistible. C'est dans ces considérations que l'artiste philosophe trouvera facilement la légitimation de toutes les pratiques em-

---

de vue de Baudelaire, être comparées, selon ce qui est dit ici de la ressemblance spirituelle entre le sauvage et le dandy : Catlin est en effet le grand peintre du sauvage, et Guys le grand peintre du dandy.

1. On sait que Mme Dubarry, quand elle voulait éviter de recevoir le roi, avait soin de mettre du rouge. C'était un signe suffisant. Elle fermait ainsi sa porte. C'était en s'embellissant qu'elle faisait fuir ce royal disciple de la nature. *(Note de Baudelaire.)*

Coll. Girtin, Londres

« *idole, elle doit se dorer pour être adorée.* »
A l'Opéra par C. Guys

ployées dans tous les temps par les femmes pour consolider et diviniser, pour ainsi dire, leur fragile beauté. L'énumération en serait innombrable; mais, pour nous restreindre à ce que notre temps appelle vulgairement *maquillage,* qui ne voit que l'usage de la poudre de riz, si niaisement anathématisé par les philosophes candides, a pour but et pour résultat de faire disparaître du teint toutes les taches que la nature y a outrageusement semées, et de créer une unité abstraite dans le grain et la couleur de la peau, laquelle unité, comme celle produite par le maillot, rapproche immédiatement l'être humain de la statue, c'est-à-dire d'un être divin et supérieur? Quant au noir artificiel qui cerne l'œil et au rouge qui marque la partie supérieure de la joue, bien que l'usage en soit tiré du même principe, du besoin de surpasser la nature, le résultat est fait pour satisfaire à un besoin tout opposé. Le rouge et le noir représentent la vie, une vie surnaturelle et excessive; ce cadre noir rend le regard plus profond et plus singulier, donne à l'œil une apparence plus décidée de fenêtre ouverte sur l'infini; le rouge, qui enflamme la pommette, augmente encore la clarté de la prunelle et ajoute à un beau visage féminin la passion mystérieuse de la prêtresse.

Ainsi, si je suis bien compris, la peinture du visage ne doit pas être employée dans le but vulgaire, inavouable, d'imiter la belle nature [a], et de rivaliser avec la jeunesse. On a d'ailleurs observé que l'artifice n'embellissait pas la laideur et ne pouvait servir que la beauté. Qui oserait assigner à l'art la fonction stérile d'imiter la nature? Le maquillage n'a pas à se cacher, à éviter de se laisser deviner; il peut, au contraire, s'étaler, sinon avec affectation, au moins avec une espèce de candeur [1].

---

1. Jacques Crépet cite ici deux témoignages savoureux et d'un grand intérêt. Dans ses *Confidences d'un journaliste* (Paris, André Sagnier, 1876), Maxime Rude raconte : *Baudelaire m'avait dit une fois, aux Variétés : Je viens de voir une femme adorable. Elle a les plus beaux sourcils du monde, qu'elle dessine à l'allumette; les yeux les plus provocants, dont l'éclat n'existerait pas sans le kohl de la paupière; une bouche voluptueuse, faite de carmin; et, avec cela, pas un cheveu qui lui appartienne. — Mais c'est un monstre ! — C'est une grande artiste !*

J'eus l'occasion d'entendre développer ce thème, à un voyage que nous fîmes à Versailles, lui, Hippolyte Babou et moi. Comme nous descendions de wagon, je remarquai, filant devant nous, une jeune Anglaise dont la chevelure blonde

Je permets volontiers à ceux-là que leur lourde gravité empêche de chercher le beau jusque dans ses plus minutieuses manifestations, de rire de mes réflexions et d'en accuser la puérile solennité; leur jugement austère n'a rien qui me touche; je me contenterai d'en appeler auprès des véritables artistes, ainsi que des femmes qui ont reçu en naissant une étincelle de ce feu sacré dont elles voudraient s'illuminer tout entières.

XII

LES FEMMES ET LES FILLES

Ainsi M. G..., s'étant imposé la tâche de chercher et d'expliquer la beauté dans la *modernité,* représente volontiers des femmes très parées et embellies par toutes les pompes artificielles, à quelque ordre de la société qu'elles appartiennent. D'ailleurs, dans la collection de ses œuvres comme dans le fourmillement de la vie humaine, les différences de caste et de race, sous quelque appareil de luxe que les sujets se présentent, sautent immédiatement à l'œil du spectateur.

Tantôt, frappées par la clarté diffuse d'une salle de spectacle, recevant et renvoyant la lumière avec leurs

ruisselait sur les épaules. — Quelle jolie fille, m'écriai-je, surtout si tous ses cheveux sont à elle ! — Pourquoi « surtout », répliqua vivement Baudelaire. Elle ne serait que plus curieuse et plus attrayante si cette chevelure, magnifiquement disposée, n'était pas la sienne. — Mon cher Baudelaire, je connais vos théories sur la beauté des femmes. Laissez-moi croire ici plutôt à la nature qu'à l'art ou l'artifice.

Cela dit, j'échangeai avec Babou un sourire que le poète surprit et qui le fit piquer en avant sans répondre. Il méditait une revanche, je la lui donnai bientôt. — Que tout cela est superbe ! eus-je l'imprudence de murmurer au milieu du parc de Versailles. Baudelaire m'entendit, et, me saisissant par le bras : — Je vous y prends, me dit-il. Vous savez comme moi que rien de tout cela n'est naturel, et vous admirez !

De son côté, Jules Levallois, qui n'est guère bien disposé pour Baudelaire, rapporte dans ses *Mémoires d'un critique : Je voudrais, disait Baudelaire, avec son air de pince sans rire, des prairies teintes en rouge et les arbres peints en bleu. La nature n'a pas d'imagination.*

yeux, avec leurs bijoux, avec leurs épaules, apparaissent, resplendissantes comme des portraits, dans la loge qui leur sert de cadre, des jeunes filles du meilleur monde. Les unes, graves et sérieuses, les autres, blondes et évaporées. Les unes étalent avec une insouciance aristocratique une gorge précoce, les autres montrent avec candeur une poitrine garçonnière. Elles ont l'éventail aux dents, l'œil vague ou fixe; elles sont théâtrales et solennelles comme le drame ou l'opéra qu'elles font semblant d'écouter.

Tantôt, nous voyons se promener nonchalamment dans les allées des jardins publics, d'élégantes familles, les femmes se traînant avec un air tranquille au bras de leurs maris, dont l'air solide et satisfait révèle une fortune faite et le contentement de soi-même. Ici l'apparence cossue remplace la distinction sublime. De petites filles maigrelettes, avec d'amples jupons, et ressemblant par leurs gestes et leur tournure à de petites femmes, sautent à la corde, jouent au cerceau ou se rendent des visites en plein air, répétant ainsi la comédie donnée par leurs parents [1].

Émergeant d'un monde inférieur, fières d'apparaître enfin au soleil de la rampe, des filles de petits théâtres, minces, fragiles, adolescentes encore, secouent sur leurs formes virginales et maladives des travestissements absurdes, qui ne sont d'aucun temps et qui font leur joie.

A la porte d'un café, s'appuyant aux vitres illuminées par devant et par derrière, s'étale un de ces imbéciles, dont l'élégance est faite par son tailleur et la tête par son coiffeur. A côté de lui, les pieds soutenus par l'indispensable tabouret, est assise sa maîtresse, grande drôlesse à qui il ne manque presque rien (ce presque rien, c'est presque tout, c'est la distinction) pour ressembler à une grande dame. Comme son joli compagnon, elle a tout l'orifice de sa petite bouche occupé par un cigare disproportionné. Ces deux êtres ne pensent pas. Est-il bien sûr même qu'ils regardent? à moins que, Narcisses de l'imbécillité, ils ne contemplent la foule comme un fleuve qui leur rend leur image. En réalité ils existent bien plutôt pour le plaisir de l'observateur que pour leur plaisir propre.

Voici, maintenant, ouvrant leurs galeries pleines de lumière et de mouvement, ces Valentinos, ces Casinos,

1. Cf. l'essai *Morale du Joujou*.

ces Prados (autrefois des Tivolis, des Idalies, des Folies, des Paphos), ces capharnaüms où l'exubérance de la jeunesse fainéante se donne carrière. Des femmes qui ont exagéré la mode jusqu'à en altérer la grâce et en détruire l'intention, balayent fastueusement les parquets avec la queue de leurs robes et la pointe de leurs châles; elles vont, elles viennent, passent et repassent, ouvrant un œil étonné comme celui des animaux, ayant l'air de ne rien voir, mais examinant tout.

Sur un fond d'une lumière infernale ou sur un fond d'aurore boréale, rouge, orangé, sulfureux, rose (le rose révélant une idée d'extase dans la frivolité), quelquefois violet (couleur affectionnée des chanoinesses, braise qui s'éteint derrière un rideau d'azur) [1], sur ces fonds magiques, imitant diversement les feux de Bengale, s'enlève l'image variée de la beauté interlope. Ici majestueuse, là légère, tantôt svelte, grêle même, tantôt cyclopéenne; tantôt petite et pétillante, tantôt lourde et monumentale. Elle a inventé une élégance provoquante et barbare, ou bien elle vise, avec plus ou moins de bonheur, à la simplicité usitée dans un meilleur monde. Elle s'avance, glisse, danse, roule avec son poids de jupons brodés qui lui sert à la fois de piédestal et de balancier; elle darde son regard sous son chapeau, comme un portrait dans son cadre [2]. Elle représente bien la sauvagerie dans la civilisation. Elle a sa beauté qui lui vient du Mal, toujours dénuée de spiritualité, mais quelquefois teintée d'une fatigue qui joue la mélancolie. Elle porte le regard à l'horizon, comme la

---

1. *De la couleur violette (amour contenu, mystérieux, voilé, couleur de chanoinesse)* (*Fusées*, II).

2. Image qui semble avoir frappé Baudelaire. Cf. par ex. *Fleurs du Mal, l'Amour du mensonge : Et tes yeux attirants comme ceux d'un portrait.* De cette image, on peut même localiser la source ; elle est à peu près certainement dans un de ces portraits anglais que Baudelaire a mentionnés plus haut (p. 488). Reynolds en particulier avait admirablement su rendre cette fascination du regard sous le chapeau dans le cadre du portrait, par exemple dans sa *Nelly O'Brien* que d'ailleurs Baudelaire mentionne, sous le nom de *Dame au chapeau de paille* dans le *Salon de 1846* (chap. IX). Nouveau symptôme des prolongements poétiques de l'anglicisme baudelairien. Une autre source, qui a pu renforcer la première, se trouve dans le *Melmoth* de Maturin, et c'est aussi une source anglaise (cf. p. 249).

bête de proie; même égarement, même distraction indolente, et aussi, parfois, même fixité d'attention. Type de bohème errant sur les confins d'une société régulière, la trivialité de sa vie, qui est une vie de ruse et de combat, se fait fatalement jour à travers son enveloppe d'apparat. On peut lui appliquer justement ces paroles du maître inimitable, de La Bruyère : « Il y a dans quelques femmes une grandeur artificielle attachée au mouvement des yeux, à un air de tête, aux façons de marcher, et qui ne va pas plus loin. [1] »

Les considérations relatives à la courtisane peuvent jusqu'à un certain point, s'appliquer à la comédienne; car, elle aussi, elle est une créature d'apparat, un objet de plaisir public. Mais ici la conquête, la proie, est d'une nature plus noble, plus spirituelle. Il s'agit d'obtenir la faveur générale, non pas seulement par la pure beauté physique, mais aussi par des talents de l'ordre le plus rare. Si par un côté la comédienne touche à la courtisane, par l'autre elle confine au poète. N'oublions pas qu'en dehors de la beauté naturelle, et même de l'artificielle, il y a dans tous les êtres un idiotisme de métier, une caractéristique qui peut se traduire physiquement en laideur, mais aussi en une sorte de beauté professionnelle.

Dans cette galerie immense de la vie de Londres et de la vie de Paris, nous rencontrons les différents types de la femme errante, de la femme révoltée à tous les étages : d'abord la femme galante, dans sa première fleur, visant aux airs patriciens, fière à la fois de sa jeunesse et de son luxe, où elle met tout son génie et toute son âme, retroussant délicatement avec deux doigts un large pan du satin, de la soie ou du velours qui flotte autour d'elle, et posant en avant son pied pointu dont la chaussure trop ornée suffirait à la dénoncer, à défaut de l'emphase un peu vive de toute sa toilette; en suivant l'échelle, nous descendons jusqu'à ces esclaves qui sont confinées dans ces bouges, souvent décorés comme des cafés; malheureuses placées sous la plus avare tutelle, et qui ne possèdent rien en propre, pas même l'excentrique parure qui sert de condiment à leur beauté.

---

1. *Les Caractères, des Femmes,* 2. Il y a en effet du La Bruyère dans Constantin Guys.

Parmi celles-là, les unes, exemples d'une fatuité innocente et monstrueuse, portent dans leurs têtes et dans leurs regards, audacieusement levés, le bonheur évident d'exister (en vérité pourquoi?). Parfois elles trouvent, sans les chercher, des poses d'une audace et d'une noblesse qui enchanteraient le statuaire le plus délicat, si le statuaire moderne avait le courage et l'esprit de ramasser la noblesse partout, même dans la fange; d'autres fois elles se montrent prostrées dans des attitudes désespérées d'ennui, dans des indolences d'estaminet, d'un cynisme masculin, fumant des cigarettes pour tuer le temps, avec la résignation du fatalisme oriental; étalées, vautrées sur des canapés, la jupe arrondie par derrière et par devant en un double éventail, ou accrochées en équilibre sur des tabourets et des chaises; lourdes, mornes, stupides, extravagantes, avec des yeux vernis par l'eau-de-vie et des fronts bombés par l'entêtement. Nous sommes descendus jusqu'au dernier degré de la spirale, jusqu'à la *fœmina simplex* [1] du satirique latin. Tantôt nous voyons se dessiner, sur le fond d'une atmosphère où l'alcool et le tabac ont mêlé leurs vapeurs, la maigreur enflammée de la phthisie ou les rondeurs de l'adiposité, cette hideuse santé de la fainéantise. Dans un chaos brumeux et doré, non soupçonné par les chastetés indigentes, s'agitent et se convulsent des nymphes macabres et des poupées vivantes dont l'œil enfantin laisse échapper une clarté sinistre; cependant que derrière un comptoir chargé de bouteilles de liqueurs se prélasse une grosse mégère dont la tête, serrée dans un sale foulard qui dessine sur le mur l'ombre de ses pointes sataniques, fait penser que tout ce qui est voué au Mal est condamné à porter des cornes.

En vérité, ce n'est pas plus pour complaire au lecteur que pour le scandaliser que j'ai étalé devant ses yeux de pareilles images; dans l'un ou l'autre cas, c'eût été lui manquer de respect. Ce qui les rend précieuses et les consacre, c'est les innombrables pensées qu'elles font naître, généralement sévères et noires. Mais si, par hasard, quelqu'un malavisé cherchait, dans ces compositions de M. G...,

1. L'orthographe latine la plus couramment adoptée est *femina*, mais l'orthographe *fœmina* est aussi attestée. La formule est de Juvénal dans sa *Satire sur les femmes;* elle est reprise dans les notes sur *les Liaisons dangereuses* (p. 828).

disséminées un peu partout, l'occasion de satisfaire une malsaine curiosité, je le préviens charitablement qu'il n'y trouvera rien de ce qui peut exciter une imagination malade. Il ne rencontrera rien que le vice inévitable, c'est-à-dire le regard du démon embusqué dans les ténèbres, ou l'épaule de Messaline miroitant sous le gaz; rien que l'art pur, c'est-à-dire la beauté particulière du mal, le beau dans l'horrible. Et même, pour le redire en passant, la sensation générale qui émane de tout ce capharnaüm contient plus de tristesse que de drôlerie. Ce qui fait la beauté particulière de ces images, c'est leur fécondité morale [1]. Elles sont grosses de suggestions, mais de suggestions cruelles, âpres, que ma plume, bien qu'accoutumée à lutter contre les représentations plastiques, n'a peut-être traduites qu'insuffisamment.

XIII

LES VOITURES

Ainsi se continuent, coupées par d'innombrables embranchements, ces longues galeries du *high life* et du *low life*. Émigrons pour quelques instants vers un monde, sinon pur, au moins plus raffiné; respirons des parfums, non pas plus salutaires peut-être, mais plus délicats. J'ai déjà dit que le pinceau de M. G., comme celui d'Eugène Lami, était merveilleusement propre à représenter les pompes du dandysme et l'élégance de la lionnerie. Les attitudes du riche lui sont familières; il sait, d'un trait de plume léger, avec

1. C'est, autant et plus que le critique et l'esthéticien, le poète des *fleurs du mal,* le moraliste de la modernité, qui écrit cette page, dont l'écho s'épanouit peut-être plus encore dans les poèmes en prose que dans les poèmes en vers. En tout cas c'est par cette voie que s'établit son affinité avec le moraliste du crayon ; peut-être même le poète, en justifiant l'artiste, songe-t-il à se justifier lui-même, et l'avertissement à *quelqu'un malavisé* s'adresse-t-il aussi bien au lecteur des *Fleurs du Mal,* ou aux directeurs de revues qui, vers la même époque, « faisaient des histoires » à Baudelaire à propos de quelques-uns de ses poèmes en prose (cf. la lettre du 10 juin 1863, que nous citons dans notre édition de ce texte, Classiques Garnier, pp. VII-VIII).

une certitude qui n'est jamais en défaut, représenter la certitude de regard, de geste et de pose qui, chez les êtres privilégiés, est le résultat de la monotonie dans le bonheur. Dans cette série particulière de dessins se reproduisent sous mille aspects les incidents du sport, des courses, des chasses, des promenades dans les bois, les *ladies* orgueilleuses, les frêles *misses,* conduisant d'une main sûre des coursiers d'une pureté de galbe admirable, coquets, brillants, capricieux eux-mêmes comme des femmes. Car M. G. connaît non seulement le cheval général, mais s'applique aussi heureusement à exprimer la beauté personnelle des chevaux. Tantôt ce sont des haltes et, pour ainsi dire, des campements de voitures nombreuses, d'où, hissés sur les coussins, sur les sièges, sur les impériales, des jeunes gens sveltes et des femmes accoutrées des costumes excentriques autorisés par la saison, assistent à quelque solennité du turf qui file dans le lointain; tantôt un cavalier galope gracieusement à côté d'une calèche découverte, et son cheval a l'air, par ses courbettes, de saluer à sa manière. La voiture emporte au grand trot, dans une allée zébrée d'ombre et de lumière, les beautés couchées comme dans une nacelle, indolentes, écoutant vaguement les galanteries qui tombent dans leur oreille et se livrant avec paresse au vent de la promenade.

La fourrure ou la mousseline leur monte jusqu'au menton et déborde comme une vague par-dessus la portière. Les domestiques sont roides et perpendiculaires, inertes et se ressemblant tous; c'est toujours l'effigie monotone et sans relief de la servilité, ponctuelle, disciplinée; leur caractéristique est de n'en point avoir. Au fond, le bois verdoie ou roussit, poudroie ou s'assombrit, suivant l'heure et la saison. Ses retraites se remplissent de brumes automnales, d'ombres bleues, de rayons jaunes, d'effulgences rosées, ou de minces éclairs qui hachent l'obscurité comme des coups de sabre.

Si les innombrables aquarelles relatives à la guerre d'Orient ne nous avaient pas montré la puissance de M. G. comme paysagiste, celles-ci suffiraient à coup sûr. Mais ici, il ne s'agit plus des terrains déchirés de Crimée, ni des rives théâtrales du Bosphore; nous retrouvons ces paysages familiers et intimes qui font la parure circulaire d'une grande ville, et où la lumière jette des effets qu'un artiste vraiment romantique ne peut pas dédaigner.

Un autre mérite qu'il n'est pas inutile d'observer en ce lieu, c'est la connaissance remarquable du harnais et de la carrosserie. M. G. dessine et peint une voiture, et toutes les espèces de voitures, avec le même soin et la même aisance qu'un peintre de marines consommé tous les genres de navires. Toute sa carrosserie est parfaitement orthodoxe; chaque partie est à sa place et rien n'est à reprendre. Dans quelque attitude qu'elle soit jetée, avec quelque allure qu'elle soit lancée, une voiture, comme un vaisseau, emprunte au mouvement une grâce mystérieuse et complexe très difficile à sténographier. Le plaisir que l'œil de l'artiste en reçoit est tiré, ce semble, de la série de figures géométriques que cet objet, déjà si compliqué, navire ou carrosse, engendre successivement et rapidement dans l'espace [1].

Nous pouvons parier à coup sûr que, dans peu d'années, les dessins de M. G. deviendront des archives précieuses de la vie civilisée. Ses œuvres seront recherchées par les curieux autant que celles des Debucourt, des Moreau, des Saint-Aubin, des Carle Vernet, des Lami, des Devéria, des Gavarni, et de tous ces artistes exquis qui, pour n'avoir peint que le familier et le joli, n'en sont pas moins, à leur manière, de sérieux historiens. Plusieurs d'entre eux

1. Baudelaire applique ici aux voitures de Constantin Guys, et par comparaison avec le navire, une de ces visions qu'il doit à ces peintres de marines dont il parle ici, et dont quelques-uns sont anglais : on songe principalement à Bonington, à Isabey, à Delacroix lui-même, dont l'aquarelle *Quai Duquesne à Dieppe,* du cabinet des dessins du Louvre, est une excellente illustration de cette vision baudelairienne, vision qui se répète dans *Fusées,* XXII : *Je crois que le charme infini et mystérieux qui gît dans la contemplation d'un navire, et surtout d'un navire en mouvement, tient, dans le premier cas, à la régularité et à la symétrie, qui sont un des besoins primordiaux de l'esprit humain, au même degré que la complication et l'harmonie, — et, dans le second cas, à la multiplication successive et à la génération de toutes les courbes et figures imaginaires opérées dans l'espace par les éléments réels de l'objet. — L'idée poétique qui se dégage de cette opération du mouvement dans les lignes est l'hypothèse d'un être vaste, immense, compliqué, mais eurythmique, d'un animal plein de génie, souffrant et soupirant tous les soupirs et toutes les ambitions humaines.* Naturellement l'influence des marines de peintres s'est composée avec l'influence de ces marines réelles que Baudelaire pouvait voir à Honfleur lorsqu'il y séjournait dans la villa de sa mère (l'aquarelle de Delacroix est reproduite dans notre édition des *Poèmes en prose*, p. 187).

ont même sacrifié au joli, et introduit quelquefois dans leurs compositions un *style* classique étranger au sujet; plusieurs ont arrondi volontairement des angles, aplani les rudesses de la vie, amorti ces fulgurants éclats. Moins adroit qu'eux, M. G. garde un mérite profond qui est bien à lui : il a rempli volontairement une fonction que d'autres artistes dédaignent et qu'il appartenait surtout à un homme du monde de remplir; il a cherché partout la beauté passagère, fugace, de la vie présente, le caractère de ce que le lecteur nous a permis d'appeler la *modernité*. Souvent bizarre, violent, excessif, mais toujours poétique, il a su concentrer dans ses dessins la saveur amère ou capiteuse du vin de la Vie.

XVI

L'ART PHILOSOPHIQUE [1]

Qu'est-ce que l'art pur suivant la conception moderne? C'est créer une magie suggestive contenant à la fois l'objet et le sujet, le monde extérieur à l'artiste et l'artiste lui-même.

Qu'est-ce que l'art philosophique suivant la conception de Chenavard et de l'école allemande [2]? C'est un art plas-

1. Cet article, trouvé dans les papiers de l'auteur, n'était évidemment pas prêt pour l'impression. Toutefois, malgré ses lacunes, il nous a paru assez achevé dans les parties principales d'exposition et d'analyse, pour être placé ici. Il complète les études de Charles Baudelaire sur l'art contemporain, en nous livrant ses idées sur un sujet qui le préoccupa longtemps et qui revenait souvent dans ses conversations. (Note des éditeurs, en 1868.)

Il y a là un sujet d'étude auquel Baudelaire semble avoir attaché beaucoup d'importance : dans ses Salons, il manifeste un intérêt tout spécial pour l'École allemande et pour l'École lyonnaise (Chenavard en particulier). De 1857 à 1866, on trouve sous sa plume, dans sa correspondance, les titres suivants : *Les peintres raisonneurs*, - *Les peintres qui pensent* (10 novembre 1858, à propos de Janmot et des Lyonnais), - *Les peintres idéalistes* (8 janvier 1859), - *La peinture didactique* (décembre 1863 - 30 mars 1865). Cf. les *Notes* sur ce sujet que nous reproduisons en appendice. Quant à la date de ce texte, les éléments en peuvent remonter assez haut, mais son caractère inachevé nous le fait placer au terme des *Curiosités esthétiques*.

2. Paul Chenavard (1808-1895) peut être légitimement jumelé avec l'École allemande, car il avait fortement subi l'influence du mouvement nazaréen fondé en Allemagne et à Rome par Overbeck. Ce dernier (1789-1869) avait inscrit son rêve d'une grande peinture idéaliste dans son *Entrée du Christ à Jérusalem* (Sainte-Marie de Lubeck) et dans son *Miracle des roses* (Portiuncule d'Assise). Quant à Chenavard lui-même,

tique qui a la prétention de remplacer le livre, c'est-à-dire de rivaliser avec l'imprimerie pour enseigner l'histoire, la morale et la philosophie [1].

Il y a en effet des époques de l'histoire où l'art plastique est destiné à peindre les archives historiques d'un peuple et ses croyances religieuses.

Mais, depuis plusieurs siècles, il s'est fait dans l'histoire de l'art comme une séparation de plus en plus marquée des pouvoirs, il y a des sujets qui appartiennent à la peinture, d'autres à la musique, d'autres à la littérature.

Est-ce par une fatalité des décadences qu'aujourd'hui chaque art manifeste l'envie d'empiéter sur l'art voisin,

---

il était en même temps qu'un grand peintre (très supérieur à Overbeck et à ses imitateurs) un théoricien dont, semble-t-il, la conversation et la rhétorique étaient d'une exceptionnelle puissance : il fréquentait en tout cas le milieu artistique de Baudelaire et il y jouissait d'un grand prestige ; il était lié avec le sculpteur Préault et avec Delacroix lui-même. En 1848, il avait reçu commande d'une vaste décoration pour le Panthéon, dont les cartons représentaient le chef-d'œuvre de cet *art philosophique,* mais, justement, selon un style surnaturaliste qui explique que Baudelaire, si hostile aux Lyonnais, ait su reconnaître le génie de Chenavard (cf. à propos de cette décoration du Panthéon, l'article de Théophile Gautier reproduit dans *l'Art moderne,* Paris, Michel Lévy, 1856, pp. 1-95 et daté de septembre 1848 ; cet article de Gautier contient en particulier un passage que nous croyons devoir citer ici : [Chenavard] *dans l'ombre où il s'était volontairement plongé, s'est livré à une étude consciencieuse et philosophique de la peinture ; il a... pénétré dans l'intimité secrète de Michel-Ange, de Raphaël, des dieux et des demi-dieux de l'art : à force d'écouter les discours muets de leurs chefs-d'œuvre, il a recueilli des phrases mystérieuses qu'ils ne disent point à d'autres. Cette moderne école allemande, si érudite et si pleine de pensées et de style sous son froid coloris, a été de sa part l'objet d'un examen attentif... Aucun chef-d'œuvre de l'esprit humain... ne lui est demeuré étranger. Depuis Orphée jusqu'à nos jours, il n'est guère de poète qu'il ne connaisse, même les mauvais ; il sait Mozart et Beethoven comme Homère et Dante. Les sommets les plus escarpés ne l'effraient pas ; il a gravi Platon, Spinosa, Kant, Schelling, Hegel ... Tous les Olympes, tous les paradis, tous les Walhallas y ont passé, sans compter les cosmogonies orientales, les jugements derniers, les fêtes babyloniennes, les orgies et les triomphes romains, les invasions de barbares, les conciles, les grandes scènes de la Convention, les batailles de l'empire...)*

1. Cf. Gautier, *Pierre de Cornélius, op. cit.* p. 236 : ... *ces peintres érudits pour qui l'art n'est presque qu'une écriture dont ils se servent pour traduire l'idée... et la seule chose dont ils ne se soient pas avisés, c'est d'ouvrir les yeux à la nature vivante, de regarder l'homme, la femme et l'enfant, le ciel, la verdure et les eaux.*

et que les peintres introduisent des gammes musicales dans la peinture, les sculpteurs, de la couleur dans la sculpture, les littérateurs, des moyens plastiques dans la littérature, et d'autres artistes, ceux dont nous avons à nous occuper aujourd'hui, une sorte de philosophie encyclopédique dans l'art plastique lui-même?

Toute bonne sculpture, toute bonne peinture, toute bonne musique, suggère les sentiments et les rêveries qu'elle veut suggérer.

Mais le raisonnement, la déduction, appartiennent au livre.

Ainsi l'art philosophique est un retour vers l'imagerie nécessaire à l'enfance des peuples, et s'il était rigoureusement fidèle à lui-même, il s'astreindrait à juxtaposer autant d'images successives qu'il en est contenu dans une phrase quelconque qu'il voudrait exprimer.

Encore avons-nous le droit de douter que la phrase hiéroglyphique fût plus claire que la phrase typographiée.

Nous étudierons donc l'art philosophique comme une monstruosité où se sont montrés de beaux talents.

Remarquons encore que l'art philosophique suppose une absurdité pour légitimer sa raison d'existence, à savoir l'intelligence du peuple relativement aux beaux-arts.

Plus l'art voudra être philosophiquement clair, plus il se dégradera et remontera vers l'hiéroglyphe enfantin; plus au contraire l'art se détachera de l'enseignement et plus il montera vers la beauté pure et désintéressée.

L'Allemagne, comme on le sait et comme il serait facile de le deviner si on ne le savait pas, est le pays qui a le plus donné dans l'erreur de l'art philosophique [1].

Nous laisserons de côté des sujets bien connus, et par exemple, Overbeck n'étudiant la beauté dans le passé que pour mieux enseigner la religion; Cornélius et Kaulbach [2],

---

1. Gautier, *loc. cit.* : *L'école moderne allemande... a des prétentions justifiées de philosophie, d'esthétique et de science ; elle compose bien, surtout au point de vue littéraire ; l'historien, l'antiquaire et le mystagogue n'auraient rien à reprendre à ces grandes machines...*

2. Peter von Cornelius, chef de l'école (1783-1867) ; Wilhelm von Kaulbach (1805-1874), grand décorateur comme son maître, et l'un des artistes favoris de Louis II de Bavière, qui fut le mécène des Nazaréens : aussi Munich fut le lieu où se déploya le plus complètement leur œuvre.

pour enseigner l'histoire et la philosophie (encore remarquerons-nous que Kaulbach ayant à traiter un sujet purement pittoresque, la *Maison des fous,* n'a pas pu s'empêcher de le traiter par catégories et, pour ainsi dire, d'une manière aristotélique, tant est indestructible l'antinomie de l'esprit poétique pur et de l'esprit didactique).

Nous nous occuperons aujourd'hui, comme premier échantillon de l'art philosophique, d'un artiste allemand beaucoup moins connu, mais qui, selon nous, était infiniment mieux doué au point de vue de l'art pur, je veux parler de M. Alfred Réthel, mort fou, il y a peu de temps, après avoir illustré une chapelle sur les bords du Rhin, et qui n'est connu à Paris que par huit estampes gravées sur bois dont les deux dernières ont paru à l'Exposition universelle [1].

Le premier de ses poèmes (nous sommes obligé de nous servir de cette expression en parlant d'une école qui assimile l'art plastique à la pensée écrite), le premier de ses poèmes date de 1848 et est intitulé *la Danse des morts en 1848.*

C'est un poème réactionnaire dont le sujet est l'usurpation de tous les pouvoirs et la séduction opérée sur le peuple par la déesse fatale de la mort.

(Description minutieuse de chacune des six planches

---

1. Alfred Rethel (1816-1859) avait déjà été antérieurement remarqué par Baudelaire puisque son nom est mentionné dans une note datant sans doute des environs de 1857 et que nous reproduisons en Appendice (p. 527). Il est sûr que ce graveur avait su tirer des doctrines de l'école allemande, un peu comme Chenavard mais sur un tout autre plan, un authentique surnaturalisme, qui a peut-être influencé certaines pièces des *Fleurs du Mal* (en particulier celles qui font appel au macabre). Rethel avait été à Dusseldorf l'élève d'un membre important du groupe des Nazaréens, Von Schadow, et, en tant que peintre, il avait exécuté les grandes fresques de la vie de Charlemagne à Aix-la-Chapelle. Il est curieux de constater qu'à la même date, à peu près (1864), que Baudelaire, Gérard Manley Hopkins (l'initiateur de la poésie anglaise moderne) distingue lui aussi Rethel comme une personnalité artistique exceptionnelle : *Rethel, authentique génie qui serait devenu le maître de l'école, mais mort trop jeune* (G. M. Hopkins, *Journals and papers,* Oxford University Press, 1959, p. 32). Cette rencontre de Baudelaire et de Hopkins prouve la validité de leur commun jugement sur l'artiste allemand. Ce que Baudelaire désigne ici comme *une chapelle sur les bords du Rhin* est en fait l'hôtel de ville d'Aix-la-Chapelle !

B.N. Estampes *Cl. B.N.*

« *génie de l'allégorie épique* »
Der Tod als Erwürger par A. Rethel

qui composent le poème et la traduction exacte des légendes en vers qui les accompagnent. — Analyse du mérite artistique de M. Alfred Réthel, ce qu'il y a d'original en lui (génie de l'allégorie épique à la manière allemande), ce qu'il y a de postiche en lui (imitations des différents maîtres du passé, d'Albert Dürer, d'Holbein, et même de maîtres plus modernes) — de la valeur morale du poème, caractère satanique et byronien, caractère de désolation.) Ce que je trouve de vraiment original dans le poème, c'est qu'il se produisit dans un instant où presque toute l'humanité européenne s'était engouée avec bonne foi des sottises de la révolution.

Deux planches se faisant antithèse. La première : *Première invasion du choléra à Paris, au bal de l'Opéra.* Les masques roides, étendus par terre, caractère hideux d'une pierrette dont les pointes sont en l'air et le masque dénoué; les musiciens qui se sauvent avec leurs instruments; allégorie du fléau impassible sur son banc; caractère généralement macabre de la composition. La seconde, une espèce de *bonne mort* faisant constraste : un homme vertueux et paisible est surpris par la mort dans son sommeil; il est situé dans un lieu haut, un lieu sans doute où il a vécu de longues années; c'est une chambre dans un clocher d'où l'on aperçoit les champs et un vaste horizon, un lieu fait pour pacifier l'esprit; le vieux bonhomme est endormi dans un fauteuil grossier, la Mort joue un air enchanteur sur le violon [1]. Un grand soleil coupé en deux par la ligne de l'horizon, darde en haut ses rayons géométriques. — *C'est la fin d'un beau jour.*

Un petit oiseau s'est perché sur le bord de la fenêtre et regarde dans la chambre; vient-il écouter le violon de la Mort, ou est-ce une allégorie de l'âme prête à s'envoler?

Il faut, dans la traduction des œuvres d'art philosophiques apporter une grande minutie et une grande attention; là les lieux, le décor, les meubles, les ustensiles (voir Hogarth), tout est allégorie, allusion, hiéroglyphes, rébus.

M. Michelet a tenté d'interpréter minutieusement la

1. Baudelaire décrit de mémoire : c'est dans l'autre planche, *Der Tod als Erwürger,* que Rethel représente une Mort *ricanante* jouant du violon avec deux tibias.

Melancholia d'Albert Dürer[1]; son interprétation est suspecte, relativement à la seringue, particulièrement.

D'ailleurs, même à l'esprit d'un artiste philosophe, les accessoires s'offrent, non pas avec un caractère littéral et précis, mais avec un caractère poétique, vague et confus, et souvent c'est le traducteur qui invente *les intentions*.

L'art philosophique n'est pas aussi étranger à la nature française qu'on le croirait. La France aime le mythe, la morale, le rébus; ou, pour mieux dire, pays de raisonnement, elle aime l'effort de l'esprit.

C'est surtout l'école romantique qui a réagi contre ces tendances raisonnables et qui a fait prévaloir la gloire de l'art pur; et de certaines tendances, particulièrement celles de M. Chenavard, réhabilitation de l'art hiéroglyphique, sont une réaction contre l'école de l'art pour l'art.

Y a-t-il des climats philosophiques comme il y a des climats amoureux? Venise a pratiqué l'amour de l'art pour l'art; Lyon est une ville philosophique. Il y a une philosophie lyonnaise, une école de poésie lyonnaise, une école de peinture lyonnaise, et enfin une école de peinture philosophique lyonnaise.

Ville singulière, bigote et marchande, catholique et protestante, pleine de brumes et de charbons, les idées s'y débrouillent difficilement. Tout ce qui vient de Lyon est minutieux, lentement élaboré et craintif; l'abbé Noireau, Laprade, Soulary, Chenavard, Janmot. On dirait que les cerveaux y sont enchifrenés. Même dans Soulary je trouve cet esprit de catégorie qui brille surtout dans les travaux de Chenavard et qui se manifeste aussi dans les chansons de Pierre Dupont.

Le cerveau de Chenavard ressemble à la ville de Lyon [2]; il est brumeux, fuligineux, hérissé de pointes, comme la ville de clochers et de fourneaux. Dans ce cerveau les

---

1. Dans son *Histoire de France au XVIe siècle* (1855). Quant à la vogue de la *Mélancolie* de Dürer à l'époque romantique, elle est bien connue (cf. en particulier Nerval, *El Desdichado* et *Aurélia,* I, 2). *Le grand soleil coupé en deux* de Rethel peut être un souvenir de la figure qui se trouve à l'arrière-plan de la gravure de Dürer et à l'intérieur de laquelle est gravé le mot *MELENCOLIA*.

2. Baudelaire avait sans doute gardé un mauvais souvenir de son enfance lyonnaise.

choses ne se mirent pas clairement, elles ne se réfléchissent qu'à travers un milieu de vapeurs.

Chenavard n'est pas peintre; il méprise ce que nous entendons par peinture. Il serait injuste de lui appliquer la fable de La Fontaine (ils sont trop verts pour des goujats); car je crois que, quand bien même Chenavard pourrait peindre avec autant de dextérité que qui que ce soit, il n'en mépriserait pas moins le ragoût et l'agrément de l'art.

Disons tout de suite que Chenavard a une énorme supériorité sur tous les artistes : s'il n'est pas assez animal, ils sont beaucoup trop peu spirituels [1].

Chenavard sait lire et raisonner, et il est devenu ainsi l'ami de tous les gens qui aiment le raisonnement; il est remarquablement instruit et possède la pratique de la méditation.

L'amour des bibliothèques s'est manifesté en lui dès sa jeunesse; accoutumé tout jeune à associer une idée à chaque forme plastique, il n'a jamais fouillé des cartons de gravures ou contemplé des musées de tableaux que comme des répertoires de la pensée humaine générale. Curieux de religions et doué d'un esprit encyclopédique, il devait naturellement aboutir à la conception impartiale d'un système syncrétique.

Quoique lourd et difficile à manœuvrer, son esprit a des séductions dont il sait tirer grand profit, et s'il a longtemps attendu avant de jouer un rôle, croyez bien que ses ambitions, malgré son apparente bonhomie, n'ont jamais été petites.

(Premiers tableaux de Chenavard : — *M. de Dreux-Brézé et Mirabeau.* — *La Convention votant la mort de Louis XVI.* Chenavard a bien choisi son moment pour exhiber son système de philosophie historique, exprimé par le crayon.)

Divisons ici notre travail en deux parties, dans l'une nous analyserons le mérite intrinsèque de l'artiste doué d'une habileté étonnante de composition et bien plus

1. En effet, quelques réserves qu'il ait à faire sur le contenu et l'ambition de la peinture de Chenavard, Baudelaire y trouve la spiritualité, cette peinture a une âme, et l'on sait que c'est le critère majeur. Cf. *Fusées*, IV (sous le titre : *Plans, Fusées, Projets*) *Chenavard a créé un type surhumain.*

grande qu'on ne le soupçonnerait, si l'on prenait trop au sérieux le dédain qu'il professe pour les ressources de son art — habileté à dessiner les femmes; — dans l'autre nous examinerons le mérite que j'appelle extrinsèque, c'est-à-dire, le système philosophique.

Nous avons dit qu'il avait bien choisi son moment, c'est-à-dire le lendemain d'une révolution.

(M. Ledru-Rollin [1] — trouble général des esprits, et vive préoccupation publique relativement à la philosophie de l'histoire.)

L'humanité est analogue à l'homme.

Elle a ses âges et ses plaisirs, ses travaux, ses conceptions analogues à ses âges.

(Analyse du Calendrier emblématique de Chenavard [2]. — Que tel art appartient à tel âge de l'humanité comme telle passion à tel âge de l'homme.

L'âge de l'homme se divise en *enfance,* laquelle correspond dans l'humanité à la période historique depuis Adam jusqu'à Babel; en *virilité,* laquelle correspond à la période depuis Babel jusqu'à Jésus-Christ, lequel sera considéré comme le zénith de la vie humaine; en *âge moyen,* qui correspond depuis Jésus-Christ jusqu'à Napoléon; et enfin en *vieillesse,* qui correspond à la période dans laquelle nous entrerons prochainement et dont le commencement est marqué par la suprématie de l'Amérique et de l'industrie.

L'âge total de l'humanité sera de huit mille quatre cents ans.

De quelques opinions particulières de Chenavard. De la supériorité absolue de Périclès.

Bassesse du paysage, — signe de décadence.

1. C'est Ledru-Rollin qui confia à Chenavard la décoration du Panthéon.

2. Ce calendrier emblématique n'était pas sans lien avec la théorie des âges de l'Humanité d'Auguste Comte, et l'on saisit ici un certain rapport entre l'art philosophique de Chenavard et le positivisme (Auguste Comte était mort en 1857 et c'est en 1848 que sa doctrine avait commencé de devenir populaire) qui inspira l'ordre prévu par Chenavard pour la décoration du Panthéon : on y aurait vu se succéder l'époque théocratique, l'époque guerrière et héroïque, l'époque de la civilisation, etc., selon le rythme des diverses *phases,* parfaitement caractérisées, de l'histoire humaine.

La suprématie simultanée de la musique et de l'industrie, — signe de décadence.

Analyse au point de vue de l'art pur de quelques-uns de ses cartons exposés en 1855.)

Ce qui sert à parachever le caractère utopique et de décadence de Chenavard lui-même, c'est qu'il voulait embrigader sous sa direction les artistes comme des ouvriers pour exécuter en grand ses cartons et les colorier d'une manière barbare [1].

Chenavard est un grand esprit de décadence et il restera comme signe monstrueux du temps.

M. Janmot, lui aussi, est de Lyon [2].

C'est un esprit religieux et élégiaque, il a dû être marqué jeune par la bigoterie lyonnaise.

Les poèmes de Réthel sont bien charpentés comme poèmes.

Le Calendrier historique de Chenavard est une fantaisie d'une symétrie irréfutable, mais *l'Histoire d'une âme* est trouble et confuse [3].

La religiosité qui y est empreinte avait donné à cette série de compositions une grande valeur pour le journalisme clérical, alors qu'elles furent exposées au passage du Saumon; plus tard nous les avons revues à l'Exposition universelle, où elles furent l'objet d'un auguste dédain.

---

1. En effet la méthode prévue pour achever en huit années la décoration du Panthéon était la suivante : Chenavard dessinait au trait ses compositions que reproduisait, en les agrandissant, au fusain, son collaborateur Papety (dont Baudelaire parle avec réserve dans ses *Salons* de 1845 et de 1846) et à partir de là devaient être exécutés les cartons. Les peintures murales seraient exécutées par une trentaine de peintres, tandis que Chevanard procéderait sans cesse aux retouches, rectifications et mises au point qu'il jugerait nécessaires. Quant à la rémunération de ces peintres *ouvriers* et de lui-même, Chenavard avait demandé à Ledru-Rollin dix francs par jour pour chacun. Gautier rapporte que cette manière de procéder avait choqué pas mal de gens ! D'un certain point de vue, elle était assez dans la manière de 1848. Et sur une plaque de marbre on devait graver l'inscription suivante : *Chenavard invenit, delineavit, et direxit adjuvantibus Papety, Comairas,* etc...

2. Sur Louis Janmot, cf. *Salon de 1845*, p. 39.

3. Sujet d'une suite de tableaux de M. Janmot, exposés à Paris en 1851, et dont le catalogue était accompagné d'un commentaire en vers de la composition de l'artiste lui-même. (Note des éditeurs de 1868.) Commentaire publié à Lyon en 1854 sous le titre *l'Ame*.

Une explication en vers a été faite par l'artiste, qui n'a servi qu'à mieux montrer l'indécision de sa conception et qu'à mieux embarrasser l'esprit des spectateurs philosophes auxquels elle s'adressait.

Tout ce que j'ai compris, c'est que ces tableaux représentaient les états successifs de l'âme à différents âges ; cependant, comme il y avait toujours deux êtres en scène, un garçon et une fille, mon esprit s'est fatigué à chercher si la pensée intime du poème n'était pas l'histoire parallèle de deux jeunes âmes ou l'histoire du double élément mâle et femelle d'une même âme.

Tous ces reproches mis de côté, qui prouvent simplement que M. Janmot n'est pas un cerveau philosophiquement solide, il faut reconnaître qu'au point de vue de l'art pur il y avait dans la composition de ces scènes, et même dans la couleur amère dont elles étaient revêtues, un charme infini et difficile à décrire, quelque chose des douceurs de la solitude, de la sacristie, de l'église et du cloître; une mysticité inconsciente et enfantine. J'ai senti quelque chose d'analogue devant quelques tableaux de Lesueur et quelques toiles espagnoles.

(Analyse de quelques-uns des sujets, particulièrement la *Mauvaise instruction*, le *Cauchemar,* où brillait une remarquable entente du fantastique. Une espèce de *promenade mystique* des deux jeunes gens sur la montagne, etc., etc.)

Tout esprit profondément sensible et bien doué pour les arts (il ne faut pas confondre la sensibilité de l'imagination avec celle du cœur) sentira comme moi que tout art doit se suffire à lui-même et en même temps rester dans les limites providentielles ; cependant l'homme garde ce privilége de pouvoir toujours développer de grands talents dans un genre faux ou en violant la constitution naturelle de l'art.

Quoique je considère les artistes philosophes comme des hérétiques, je suis arrivé à admirer souvent leurs efforts par un effet de ma raison propre.

Ce qui me paraît surtout constater leur caractère d'hérétique, c'est leur inconséquence; car ils dessinent très bien, très spirituellement, et s'ils étaient logiques dans leur mise en œuvre de l'art assimilé à tout moyen d'enseignement, ils devraient courageusement remonter vers toutes les innombrables et barbares conventions de l'art hiératique.

APPENDICE
AUX
CURIOSITÉS ESTHÉTIQUES [1]

1. Nous groupons ici quelques fragments publiés à des dates diverses (dont plusieurs dans les *Œuvres posthumes*) et se rapportant plus ou moins directement aux projets de Baudelaire relatifs aux Beaux-Arts. Nous y avons joint quelques extraits des *Journaux intimes* sur ce même sujet.

B.N. Estampes *Cl. Giraudon*

Caricatures de Baudelaire
En haut et en bas à droite Baudelaire,
Champfleury à gauche, Th. Gautier au centre

I

DE LA CARICATURE ET GÉNÉRALEMENT DU COMIQUE DANS LES ARTS [1]

Voici la troisième fois que je recopie et recommence d'un bout à l'autre cet article, enlevant, ajoutant, remaniant et tâchant de me conformer aux instructions de M. V. de Mars [2].

Le ton du début est changé; les néologismes, les taches voyantes sont enlevés. La citation mystique de Chennevières est transformée. L'ordre est modifié. Les divisions sont augmentées. Il y a des passages nouveaux sur Léonard de Vinci, Romeyn de Hooch, Jean Steen, Brueghel le Drôle, Cruikshank le père, Thomas Hood, Callot, Watteau, Fragonard, Cazotte, Boilly, Debucourt, Langlois, du Pont de l'Arche, Raffet, Kaulbach, Alfred Rethel, Toepffer, Bertall, Cham et Nadar. L'article qui concerne Charlet est très adouci. J'ai ajouté une conclusion philosophique conforme au début. — Programme de l'article.

---

1. Plan de l'article sur les caricaturistes à paraître dans la *Revue des Deux Mondes* (première publication : *Œuvres posthumes,* 1908).
2. Secrétaire de la *Revue des Deux Mondes*.

II

DESCRIPTION ANALYTIQUE D'UNE ESTAMPE DE BOILLY [1]

Au milieu d'un groupe de différentes personnes descendant d'une diligence, une femme entourée de ses enfants se jette au cou d'un voyageur en bonnet de coton. Jour froid de Paris. Un petit se hausse sur les pieds pour être embrassé.

Plus loin, un autre voyageur charge ses paquets sur les crochets d'un commissionnaire.

Au premier plan, à gauche, un mendiant tend son chapeau à un militaire à plumet jaune, un officier de fortune, maigre comme Bonaparte, et un garde national cherche à embrasser une succulente boutiquière qui porte un éventaire; elle se défend mollement.

A droite, un monsieur, le chapeau à la main, parle à une femme tenant un enfant; près de ce groupe, deux chiens qui se battent. Boilly, 1803 [2].

---

1. Estampe représentant sans doute *La Cour des Messageries,* titre d'un projet de poème en prose (Classiques Garnier, p. 263).

2. Louis-Léopold Boilly (1761-1845) peintre de genre qui a laissé de pittoresques images du Paris impérial. Comme graveur, il fut l'un des premiers à pratiquer la lithographie, à partir de son introduction en France, en 1802.

III

NOTES SUR LES PEINTRES DE MŒURS [1]

Un salon en 1730

Panneaux de soie sur les murs.
Glace surmontée de sirènes.
Fauteuils lourds à pieds tordus.
(*L'Hiver* de Lancret, gravé par J. P. Lebas.)

Chambre a coucher

Une *délassante* - sopha, devant la toilette.
La toilette est une table surmontée d'une glace parée de dentelles et de mousselines, encombrée de fioles, de pots, de tresses et de rubans. - Brochures çà et là.
(Voy. *Mercure de France*, 1722.)
Cartel en forme de lyre, - paravent.
Coffre aux robes.
(*La Toilette*, peinte par Baudouin, gravée par Ponce [2].
Le Lever, gravé par Massard [3].)

---

1. Publiées par J. Crépet (*Miettes baudelairiennes, Mercure de France*, 15 septembre 1933). Projet relatif à *l'énorme travail* annoncé à Sainte-Beuve en 1862 (cf. p. 458, n. 1).

2. Pierre Baudouin (1723-1769) élève et gendre de Boucher. Nicolas Ponce (1746-1831), auteur de *Lettres sur la gravure*, excellent spécialiste de reproductions gravées de Fragonard et précisément de Baudouin. Le thème de *la Toilette* était commun au XVIIIe siècle et ouvrait aisément la porte à la semi-pornographie dont Baudouin s'était fait une spécialité. On sait que Baudelaire, pour d'autres raisons, s'intéressait particulièrement à ce thème (cf. *l'Éloge du maquillage*, pp. 489 sqq).

3. Dynastie de graveurs. Baudelaire pense sans doute à Jean (1740-1822), graveur attitré de Greuze, et plus tard de David.

COSTUME DES SUIVANTES

Petit papillon de dentelles posé sur le haut de la tête. - Fichu des Indes glissant entre les deux seins. - Bras nus sortant des dentelles. - Jupe à falbalas retroussée. - Grande tablette de linge à bavette sur la poitrine.

(V. Freudeberg pour le *Monument du Costume physique et moral au XVIII*e *siècle*. - *La femme de chambre,* par Cochin, *la jolie femme de chambre,* publié chez Aveline [1].)

DÉCOUPAGE

On découpait surtout des estampes coloriées, puis on les collait sur des cartons, on les vernissait et on en faisait des meubles, et des tentures, des espèces de tapisseries des paravents, des écrans.

(*Lettres de* Mlle Aïssé.)

BALS

Grosses bougies de cire.

Dominos larges, avec des manches à gros nœuds. — Masques très lourds d'où pendent deux rubans noirs, avec des laizes [?] [2] blanches.

(*Les Préparatifs du Bal* par Detroy, gravé par Beauvarlet.) Usage des tabatières, v. les femmes.

LE ROUGE DE VISAGE

Très haut en couleur, très exagéré le jour de la Présentation à la Cour.

Voir les portraits de Nattier où il est éclatant et *Correspondance inédite* de Mme du Deffand (M. Lévy, 1859.)

---

1. Cochin, dynastie de graveurs parmi les plus célèbres du XVIIIe siècle, en particulier Nicolas (1715-1790). Pierre Aveline, graveur et éditeur (1702-1760).

2. Lecture incertaine : au sens propre, une *laize* (ou *laise*) est la largeur d'une étoffe entre les deux lisières.

Esprit général des modes sous la Régence.
Fêtes données par Mme de Tencin au Régent.

Allégories mythologiques. — Les robes que les femmes portent sont celles des Éléments, l'Eau, l'Air, la Terre, le Feu.

Nymphes, Dianes.

(*Figures françaises de modes,* dessinées par Octavien, Paris, 1725.)

Les Iris et les Philis de Troy ont un costume du matin garni de boutonnières en diamants — un bonnet de dentelles à barbes retroussées en triangle. Nœuds du ruban du corset en échelle.

Le Panier

Importé en France par deux dames anglaises.

En 1714 s'exagère de plus en plus.

(Cabinet des Estampes, Histoire de France, vol. 53.)

Voir *Marché aux Paniers,* 1719.

Satyre sur les Cerceaux, Thiboust, 1727.

Galons

Sous le système de Law, avec de l'or d'un seul côté qu'on appela *galon du système.*

Après le procès du P. Girard, 1731, *Rubans* à la Cadière.

Coiffures et Vêtements

Le Glorieux et *Le Philosophe marié* de Lancret, gravé par Dupuis.

Le corsage s'ouvre sur un corps garni d'une échelle de rubans. Au côté un « fagot de fleurs ». — Manchettes de dentelles à trois rangs. — Gants jusqu'au coude. — Étoffe de brocart très chamarrée. — Dans le « grand habit à la Française », la robe décolletée et basquée faisait paraître le corps de la femme isolé et comme au centre d'une vaste draperie représentée par la jupe. — La robe s'ouvrait en triangle sur une robe de dessous. — La femme était coiffée à la « physionomie élevée » avec quatre boucles détachées et le *confident* abattu sur l'oreille gauche. — Perles aux oreilles et un bandeau de perles sur les cheveux.

Costume de Maison pour Femmes

Bonnet rond, à rubans roses. — Sous son manteau de lit de la plus fine étoffe on aperçoit son corset garni sur le devant et sur toutes les coutures d'une dentelle frisée, mêlée çà et là de touffes de « soucis d'hanneton ».

La Fontange se retrouve partout, enrubanne tous les vêtements.

Canne d'ébène à pomme d'ivoire.

Coiffures

Basses à partir de 1714.

Les femmes frisées en grosses boucles à l'imitation des hommes. On jette sur les rouleaux une plume, un diamant, un petit bonnet à barbes pendantes.

Costume du Coiffeur

Veste rouge, culotte noire, bas de soie gris.

Costumes

Hommes. — Habit long à taille longue.

Le gilet presque aussi long que l'habit descend jusqu'à moitié de la cuisse.

V. au Cabinet des Estampes :

1° dans l'œuvre de Watteau : *Watteau et Julienne.*

2° Lancret : *L'Adolescence.*

V. *id. Le Glorieux* dans l'œuvre de Lancret (très important).

Le Philosophe marié, du même.

V. *id.* dans la Collection de l'Histoire de France, Régence : *Ballet donné à Louis XV par le Duc de Bourbon à Chantilly.*

Costumes militaires suisses pour le 3e acte. Voyez *Uniformes militaires de Montigny,* petit volume in-12.

Femmes. — Robe de satin.

Voyez *Les Deux Cousines* et *L'Ile enchantée* dans Watteau.

Chevalier de Malte

Doit porter, après sa profession :

Sur le côté gauche du manteau la *croix de toile blanche* à 8 pointes, qui est le véritable habit de l'ordre (la croix d'or n'étant qu'un ornement extérieur). — Lorsqu'ils vont à la guerre, ils portent une casaque rouge ornée par devant et par derrière d'une croix pleine.

Le *manteau* qui se donne à la profession est à bec, de couleur noire, s'attache au cou avec un cordon de soie blanche et noire. Ce manteau a deux manches, longues d'environ une aune, larges par devant d'un demi-pied environ, et se terminant en pointes.

Autrefois elles rejetaient sur les épaules et se nouaient ensemble sur les reins.

(*Histoire générale des Ordres religieux,* de l'abbé Bonanni.)

IV

VENTE DE LA COLLECTION DE M. E. PIOT[1]

Il m'a toujours été difficile de comprendre que les collectionneurs pussent se séparer de leurs collections autrement que par la mort. Je ne parle pas, bien entendu, de ces spéculateurs-amateurs dont le goût ostentatoire recouvre simplement la passion du lucre. Je parle de ceux qui, lentement, passionnément, ont amassé des objets d'art bien appropriés à leur nature personnelle. A chacun de ceux-là, sa collection doit apparaître comme une famille et une famille de son choix. Mais il y a malheureusement en ce monde d'autres nécessités que la mort, presque aussi exigeantes qu'elle, et qui seules peuvent expliquer la tragédie de la séparation et des adieux éternels. Cependant il faut ajouter que qui a bien vu, bien regardé, bien analysé pendant plusieurs années les objets de beauté ou de curiosité, en conserve dans sa mémoire une espèce d'image consolatrice.

C'est samedi 23 avril, et dimanche 24, qu'a lieu l'exposition de la collection de M. Eugène Piot, fondateur du journal *le Cabinet de l'Amateur*. Les collections très bien faites portant un caractère de sérieux et de sincérité sont

1. *Le Figaro*, 24 avril 1864 (sous le titre : *Vente du Cabinet Eugène Piot*)

Ce texte figurait (cf. Bibliographie, p. 996, I. a.) dans l'édition posthume de *l'Art romantique,* où, on ne sait trop pourquoi, il formait le chapitre v. Il ne semble pas que Baudelaire ait jamais eu l'intention de le faire figurer dans les recueils qu'il avait projetés. Ce pourquoi nous le faisons passer dans les *Fragments divers*.

rares. Celle-ci, bien connue de tous les vrais amateurs, est le résultat de l'écrémage, le résidu suprême de plusieurs collections formées déjà par M. Piot lui-même. J'ai rarement vu un choix de bronzes aussi intéressant au double point de vue de l'art et de l'histoire. Bronzes italiens de la Renaissance; sculptures en terre cuite; terres émaillées; Michel-Ange, Donatello, Jean de Bologne, Luca Della Robbia; faïences de différentes fabriques, toutes de premier ordre, particulièrement les hispano-arabes : vases orientaux de bronze, ciselés, gravés et repoussés; tapis et étoffes de style asiatique; quelques tableaux parmi lesquels une tête de sainte Élisabeth, par Raphaël, peinte sur toile à la détrempe; deux délicieux portraits, par Rosalba; un dessin de Michel-Ange, et de curieux dessins de M. Meissonier, d'après les plus précieuses armures du Musée d'artillerie; miniatures vénitiennes, miniatures de manuscrits; marbres antiques, marbres grecs, marbres de la Renaissance; poterie et verrerie antiques; enfin, trois cent soixante médailles de la Renaissance de différents pays, formant tout un dictionnaire historique en bronze, tel est, à peu près, le sommaire de ce merveilleux catalogue; telles étaient les richesses analysées ou plutôt empilées modestement, comme les trésors de feu Sauvageot, dans quatre ou cinq mansardes, et qui vont être livrées dans deux jours à l'avidité de ceux qui ont la noble passion de l'antiquité. Mais ce qu'il y a certainement de plus beau et de plus curieux dans cette collection, c'est les trois bronzes de Michel-Ange. M. Piot, dans la notice consacrée à ces bronzes, a, avec une discrétion plus que rare chez les amateurs, évité de se prononcer d'une manière absolument affirmative, voulant probablement laisser aux connaisseurs le mérite d'y reconnaître la visible et incontestable griffe du maître. Et parmi ces trois bronzes, également beaux, celui qui laisse le souvenir le plus vif est le masque de Michel-Ange lui-même, où est si profondément exprimée la tristesse de ce glorieux génie.

V

CATALOGUE DE LA COLLECTION DE M. CRABBE[1]

Diaz. — Papillotages de lumière tracassée à travers des ombrages énormes.

Dupré. — Mirages magiques du soir.

Leys. — Manière archaïque, première manière, plus naïve.

Rosa Bonheur. — Le meilleur que j'aie vu, une bonhomie qui tient lieu de distinction.

Decamps. — Un des meilleurs. Grand ciel mamelonné, profondeur d'espace.

— Paysage énorme en petite dimension. L'âne de Balaam. A précédé les Doré.

— Trois soldats ayant coopéré à la Passion. Terribles bandits à la Salvator. La couronne d'épines et le sceptre de roseau expliquent la profession de ces malandrins.

Madou. — Charlet flamand.

Cabat. — Très beau, très rare, très ombragé, très herbu, *prodigieusement fini,* un peu dur, donne la plus haute idée de Cabat, aujourd'hui un peu oublié.

Ricard. — Un faux Rembrandt. Très réussi.

Paul Delaroche. — Donne une idée meilleure de Delaroche que l'idée habituelle. Étude simple et sentimentale.

Meissonier. — Un petit fumeur méditatif. Vrai Meissonier sans grandes prétentions. Excellent spécimen.

Troyon. 1860. — Excellents spécimens. Un chien se

1. *Œuvres posthumes,* 1908. Prosper Crabbe était un collectionneur belge avec qui Baudelaire fut en relation.

dresse contre un tertre avec une souplesse nerveuse et regarde à l'horizon.

— Vaches. Grand horizon. Un fleuve. Un pont.

— Bœuf dans un sentier.

ROBERT FLEURY. — Deux scènes historiques. Toujours le meilleur spécimen. Belle entente du théâtre.

JULES BRETON. — Deux.

ALFRED STEVENS. — Une jeune fille examinant les plis de sa robe devant une psyché.

— Une jeune fille, type de virginité et de spiritualité, ôte ses gants pour se mettre au piano.

Un peu sec, un peu vitreux.

Très spirituel, plus précieux que tout Stevens.

— Une jeune femme regardant un bouquet sur une console.

On n'a pas assez loué chez Stevens l'harmonie distinguée et bizarre des tons.

JOSEPH STEVENS. — Misérable logis de saltimbanques. Tableau suggestif. Chiens habillés. Le saltimbanque est sorti et a coiffé un de ses chiens d'un bonnet de houzard pour le contraindre à rester immobile devant le miroton qui chauffe sur le poële [1].

JACQUE. — Plus fini que tous les Jacque. Une basse-cour à regarder à la loupe.

KNYFF. — Effet de soleil gazé. Éblouissement, blancheur. Un peu lâché à la Daubigny.

VERBOEKHOVEN. — Étonnant, vitreux, désolant à rendre envieux Meissonier, Landseer, H. Vernet. Ton à la De Marne.

KOEKKOEK. — Fer-blanc, zinc, tableau dit d'amateur. Encore est-ce un des meilleurs spécimens.

VERWÉE. — Solide.

COROT. — Deux. Dans l'un, transparence demi-deuil délicat, crépuscule de l'âme.

TH. ROUSSEAU. — Merveilleux, agatisé. Trop d'amour pour le détail, pas assez pour les architectures de la nature.

MILLET. — La bête de somme de La Bruyère. Sa tête courbée vers la terre.

BONNINGTON. — Intérieur de chapelle. Un merveilleux diorama, grand comme la main.

---

1. Cf. p. 419, n. 1.

WILLEMS. — Deux. — Préciosité flamande. La lettre. Le lavage des mains.

GUSTAVE DE JONGH. — Une jeune fille en toilette de bal, lisant de la musique.

EUGÈNE DELACROIX. — Chasse au tigre. Delacroix alchimiste de la couleur. Miraculeux, profond, mystérieux, sensuel, terrible; couleur éclatante et obscure, harmonie pénétrante. Le geste de l'homme, et le geste de la bête. La grimace de la bête, les reniflements de l'animalité.

Vert, lilas, vert sombre, lilas tendre, vermillon, rouge sombre, bouquet sinistre.

VI

NOTES SUR L'ART PHILOSOPHIQUE[1]

I

PEINTURE DIDACTIQUE

NOTE SUR L'UTOPIE DE CHENAVARD.

Deux hommes dans Chenavard, *l'utopiste* et *l'artiste*. Il veut être loué pour ses utopies, et il est quelquefois artiste *malgré* ses utopies.

La peinture est née dans le Temple. Elle dérive de la Sainteté. Le Temple moderne, la Sainteté moderne, c'est la Révolution. Donc faisons *le Temple de la Révolution,* et la peinture de la Révolution. C'est-à-dire que le Panthéon moderne contiendra *l'histoire de l'Humanité* [2].

Pan doit tuer Dieu. Pan, c'est le peuple.

Esthétique chimérique, c'est-à-dire *a posteriori,* individuelle, artificielle, substituée à l'esthétique involontaire, spontanée, fatale, vitale du peuple.

Ainsi Wagner *refait* la tragédie grecque qui fut créée spontanément par la Grèce.

La Révolution n'est pas une religion, puisqu'elle n'a ni prophètes, ni saints, ni miracles, et qu'elle a pour but de nier tout cela.

Il y a quelque chose de bon dans la thèse de Chenavard, c'est simplement le mépris de la babiole et la conviction que la grande peinture s'appuie sur les grandes idées.

Grande naïveté d'ailleurs, comme chez tous les utopistes.

---

1. Publiées pour la première fois par Jacques Crépet dans son édition de *l'Art romantique* (Paris, Conard, 1925).

2. Résumé de l'*utopie* de Chenavard avec allusion à son projet de décoration du Panthéon (cf. p. 503).

Il suppose chez tous les hommes un égal amour de la *justice* (sainteté) et une égale humilité. Honnête homme, excellent homme !

Orgueilleux solitaire, étranger à la vie.

2

Chenavard est une caricature de la sagesse antique dessinée par la fantaisie moderne.

Les peintres qui pensent.

Réthorique [1] de la mer.

Fausse réthorique.

Vraie réthorique.

Le vertige senti dans les grandes villes est analogue au vertige éprouvé au sein de la nature. — Délices du chaos et de l'immensité. — Sensation d'un homme sensible en visitant une grande ville inconnue.

L'homme au scorpion. — Supplice par la prestidigitation. — Le paradoxe de l'aumône [2].

3

LYONNAIS

Artistes :	Littérateurs :
Chenavard.	Laprade.
Janmot.	Ballanche (pour la fumée)
Révoil.	A. Pommier.
Bonnefonds.	Soulary.
Orsel.	Blanc Saint-Bonnet.
Perrin.	Noirot.
Compte-Calix.	Pierre Dupont.
Flandrin.	De Gérando.
Saint-Jean.	J.-B. Say.
Jacquand.	Terrasson [3].
Boissieu.	

1. Orthographe du ms. Cette fin de la note 2 a été publiée par Y.-G. Le Dantec dans les *Cahiers Jacques Doucet*.

2. Projets de nouvelles ou de poèmes en prose.

3. Plusieurs de ces Lyonnais sont aujourd'hui bien oubliés, et parfois injustement : ainsi de Revoil (1776-1842) honorable élève de

Musée Fabre, Montpellier

« le mépris de la babiole et la conviction que la grande peinture s'appuie sur les grandes idées. »
L'Enfer de Dante par P. Chenavard

Bureaucrates, professeurs d'écriture, Amédée Pommier, délire artificiel et boutiquier. *Ah ! pourquoi suis-je né dans un siècle de prose !* Catalogue de produits. Carte de restaurant. Magister. Didactisme en poésie et en peinture.

Anecdote de *l'orgie* (Laprade à Paris).

David, et surtout d'Orsel (1795-1850), élève du précédent, qui établit le lien entre l'école lyonnaise et l'école allemande. Du côté des littérateurs, signalons que Blanc Saint-Bonnet (1815-1880) fut une sorte de prophète et qu'Amédée Pommier (1804-1877) fit preuve d'une grande ambition poétique, à en juger par le titre de son œuvre principale, *les Océanides*. Le dernier nom est sans doute celui de l'abbé Terrasson (1670-1750), auteur de *Séthos* (1728), dont l'influence sur l'illuminisme littéraire fut considérable et qui figurait sans doute dans la « Bibliothèque du mon oncle » de Gérard de Nerval (Cf. *Illuminés*, *Cagliostro*, Éd. Garnier, t. I, p. 330).

VII

EXTRAITS DES JOURNAUX INTIMES *(ESTHÉTIQUE ET BEAUX-ARTS)*

I

FUSÉES

Qu'est-ce que l'art? Prostitution.
Le plaisir d'être dans les foules est une expression mystérieuse de la jouissance de la multiplication du nombre.(I)

Le dessin arabesque est le plus spiritualiste des dessins. (V)

Le dessin arabesque est le plus idéal de tous. (VI)

Ce qui n'est pas légèrement difforme a l'air insensible — d'où il suit que l'irrégularité, c'est-à-dire l'inattendu, la surprise, l'étonnement sont une partie essentielle et la caractéristique de la beauté. (XII)

J'ai trouvé la définition du Beau, — de mon Beau. C'est quelque chose d'ardent et de triste, quelque chose d'un peu vague, laissant carrière à la conjecture. Je vais si l'on veut, appliquer mes idées à un objet sensible, à l'objet, par exemple, le plus intéressant dans la société, à un visage de femme. Une tête séduisante et belle, une tête de femme, veux-je dire, c'est une tête qui fait rêver à la fois, — mais d'une manière confuse, — de volupté et de tristesse; qui comporte une idée de mélancolie, de lassitude, même de satiété, — soit une idée contraire, c'est-à-dire une ardeur, un désir de vivre, associés avec une amertume refluante, comme venant de privation ou de désespérance. Le mystère, le regret sont aussi des caractères du Beau.

Une belle tête d'homme n'a pas besoin de comporter, excepté, peut-être, aux yeux d'une femme, — aux yeux d'un homme, bien entendu, — cette idée de volupté, qui dans un visage de femme, est une provocation d'autant plus attirante que le visage est généralement plus mélancolique. Mais cette tête contiendra aussi quelque chose d'ardent et de triste, — des besoins spirituels, des ambitions ténébreusement refoulées, — l'idée d'une puissance grondante, et sans emploi, — quelquefois l'idée d'une insensibilité vengeresse (car le type idéal du Dandy n'est pas à négliger dans ce sujet), — quelquefois aussi, — et c'est l'un des caractères de beauté les plus intéressants, — le mystère, et enfin (pour que j'aie le courage d'avouer jusqu'à quel point je me sens moderne en esthétique), le *malheur*. — Je ne prétends pas que la Joie ne puisse pas s'associer avec la Beauté, mais je dis que la Joie [en] est un des ornements les plus vulgaires; — tandis que la Mélancolie en est pour ainsi dire l'illustre compagne, à ce point que je ne conçois guère (mon cerveau serait-il un miroir ensorcelé?) un type de Beauté où il n'y ait du *Malheur*. — Appuyé sur — d'autres diraient : obsédé par — ces idées, on conçoit qu'il me serait difficile de ne pas conclure que le plus parfait type de Beauté virile est *Satan*, — à la manière de Milton. (XVI)

L'Allemagne exprime la rêverie par la ligne, comme l'Angleterre par la perspective. (XVIII)

II

MON CŒUR MIS A NU

Glorifier le culte des images (ma grande, mon unique, ma primitive passion).

Glorifier le vagabondage et ce qu'on peut appeler le bohémianisme. (LXIX)

La musique donne l'idée de l'espace.

Tous les arts, plus ou moins; puisqu'ils sont *nombre* et que le nombre est une traduction de l'espace. (LXXI)

Toute forme créée, même par l'homme, est immortelle. Car la forme est indépendante de la matière, et ce ne sont pas les molécules qui constituent la forme. (LXXX)

L'ART ROMANTIQUE

LITTÉRATURE

I

COMMENT ON PAIE SES DETTES QUAND ON A DU GÉNIE[1]

L'ANECDOTE suivante m'a été contée avec prières de n'en parler à personne; c'est pour cela que je veux la raconter à tout le monde.

... Il était triste, à en juger par ses sourcils froncés, sa large bouche moins distendue et moins lippue qu'à l'ordinaire, et la manière entrecoupée de brusques pauses dont il arpentait le double passage de l'Opéra. Il était triste.

C'était bien lui, la plus forte tête commerciale et littéraire du XIXe siècle; lui, le cerveau poétique tapissé de chiffres comme le cabinet d'un financier; c'était bien lui, l'homme aux faillites mythologiques, aux entreprises hyperboliques et fantasmagoriques dont il oublie toujours d'allumer la lanterne; le grand pourchasseur de rêves, sans cesse à *la recherche de l'absolu;* lui, le personnage le plus curieux, le plus cocasse, le plus intéressant et le plus vaniteux des personnages de *la Comédie humaine*, lui, cet original aussi insupportable dans la vie que délicieux dans ses écrits, ce gros enfant bouffi de génie et de vanité, qui a tant de qualités et tant de travers que l'on hésite à retrancher les

1. Paru dans *l'Echo des théâtres* (23 août 1846). Cf. *Salon de 1846,* conclusion. Une version anonyme de ce texte avait paru, sans le dernier paragraphe, dans le *Corsaire-Satan* du 24 novembre 1845.

uns de peur de perdre les autres, et de gâter ainsi cette incorrigible et fatale monstruosité!

Qu'avait-il donc à être si noir, le grand homme! pour marcher ainsi, le menton sur la bedaine, et contraindre son front plissé à se faire *Peau de chagrin?*

Rêvait-il ananas à quatre sous, pont suspendu en fil de liane, villa sans escalier avec des boudoirs tendus en mousseline? Quelque princesse, approchant de la quarantaine, lui avait-elle jeté une de ces œillades profondes que la beauté doit au génie? ou son cerveau, gros de quelque machine industrielle, était-il tenaillé par toutes *les Souffrances d'un inventeur?*

Non, hélas! non; la tristesse du grand homme était une tristesse vulgaire, terre à terre, ignoble et honteuse et ridicule; il se trouvait dans ce cas mortifiant que nous connaissons tous, où chaque minute qui s'envole emporte sur ses ailes une chance de salut; où, l'œil fixé sur l'horloge, le génie de l'invention sent la nécessité de doubler, tripler, décupler ses forces dans la proportion du temps qui diminue, et de la vitesse approchante de l'heure fatale. L'illustre auteur de la Théorie de la lettre de change avait le lendemain un billet de douze cents francs à payer, et la soirée était fort avancée.

En ces sortes de cas, il arrive parfois que, pressé, accablé, pétri, écrasé sous le piston de la nécessité, l'esprit s'élance subitement hors de sa prison par un jet inattendu et victorieux.

C'est ce qui arriva probablement au grand romancier. Car un sourire succéda sur sa bouche à la contraction qui en affligeait les lignes orgueilleuses; son œil se redressa, et notre homme, calme et rassis, s'achemina vers la rue Richelieu d'un pas sublime et cadencé.

Il monta dans une maison où un commerçant riche [1] et prospérant [a] alors se délassait des travaux de la journée au coin du feu et du thé; il fut reçu avec tous les honneurs dus à son nom, et au bout de quelques minutes exposa en ces mots l'objet de sa visite :

« Voulez-vous avoir après-demain, dans *le Siècle* et *les*

1. Selon une note du Vicomte Spoelberch de Lovenjoul (*Un dernier chapitre de l'histoire des œuvres de M. de Balzac,* 1880) ce personnage était Curmer, éditeur des *Français peints par eux-mêmes.*

Débats, deux grands articles *Variétés* sur *les Français peints par eux-mêmes,* deux grands articles de moi et signés de mon nom? Il me faut quinze cents francs. C'est pour vous une affaire d'or. »

Il paraît que l'éditeur, différent en cela de ses confrères, trouva le raisonnement raisonnable, car le marché fut conclu immédiatement. Celui-ci, se ravisant, insista pour que les quinze cents francs fussent livrés sur l'apparition du premier article; puis il retourna paisiblement vers le passage de l'Opéra.

Au bout de quelques minutes, il avisa un petit jeune homme à la physionomie hargneuse et spirituelle, qui lui avait fait naguère une ébouriffante préface pour *la Grandeur et décadence de César Birotteau,* et qui était déjà connu dans le journalisme pour sa verve bouffonne et quasi impie; le piétisme ne lui avait pas encore rogné les griffes, et les feuilles bigotes ouvert leurs bienheureux éteignoirs.

« Édouard, voulez-vous avoir demain cent cinquante francs? — Fichtre! — Eh bien! venez prendre du café [1]. »

Le jeune homme but une tasse de café, dont sa petite organisation méridionale fut tout d'abord enfiévrée.

— « Édouard, il me faut demain matin trois grandes colonnes *Variétés* sur *les Français peints par eux-mêmes;* ce matin [a], entendez-vous, et de grand matin; car l'article entier doit être recopié de ma main et signé de mon nom; cela est fort important. »

Le grand homme prononça ces mots avec cette emphase admirable, et ce ton superbe, dont il dit parfois à un ami qu'il ne veut pas recevoir : Mille pardons, mon cher, de vous laisser à la porte; je suis en tête à tête avec une princesse, dont l'honneur est à ma disposition, et vous comprenez...

Édouard lui donna une poignée de main, comme à un bienfaiteur, et courut à la besogne.

Le grand romancier commanda son second article rue de Navarin.

Le premier article parut le surlendemain dans *le Siècle.* Chose bizarre, il n'était signé ni du petit homme ni du grand homme, mais d'un troisième nom bien connu dans

---

1. Il s'agit d'Édouard Ourliac, l'ami de Gautier et de Nerval.

la Bohème d'alors pour ses amours de matous et d'Opéra-Comique [1].

Le second ami était, et est encore, gros, paresseux et lymphatique [2]; de plus, il n'a pas d'idées, et ne sait qu'enfiler et perler des mots en manière de colliers d'Osages [3], et, comme il est beaucoup plus long de tasser [a] trois grandes colonnes de mots que de faire un volume d'idées, son article ne parut que quelques jours plus tard. Il ne fut point inséré dans *les Débats,* mais dans *la Presse* [4].

Le billet de douze cents francs était payé; chacun était parfaitement satisfait, excepté l'éditeur, qui l'était presque. Et c'est ainsi qu'on paie ses dettes... quand on a du génie.

Si quelque malin s'avisait de prendre ceci pour une *blague* de petit journal et un attentat à la gloire du plus grand homme de notre siècle, il se tromperait honteusement; j'ai voulu montrer que le grand poète savait dénouer une lettre de change aussi facilement que le roman le plus mystérieux et le plus intrigué.

---

1. Gérard de Nerval. La réflexion de Baudelaire est ici fort malveillante : on sait qu'il changera bientôt d'avis.

2. Théophile Gautier. Il demeurait rue de Navarin.

3. Peuplade d'Indiens. On se rappelle que Baudelaire s'était intéressé aux Indiens à propos du peintre américain Catlin (*Salon de 1846*, VI).

4. 11 septembre 1839 (note du vicomte Spoelberch de Lovenjoul dans son *Dernier chapitre de l'histoire des œuvres de Balzac,* Paris, Dentu, 1880, où est reproduit ce texte de Baudelaire).

II

CONSEILS

AUX JEUNES LITTÉRATEURS [1]

Les préceptes qu'on va lire sont le fruit de l'expérience; l'expérience implique une certaine somme de bévues; chacun les ayant commises, — toutes ou peu s'en faut, — j'espère que mon expérience sera vérifiée par celle de chacun.

Lesdits préceptes n'ont donc pas d'autres prétentions que celle des *vade mecum,* d'autre utilité que celle de *la Civilité puérile et honnête.* — Utilité énorme! Supposez le code de la civilité écrit par une Warens au cœur intelligent et bon, l'art de s'habiller utilement enseigné par une mère! — Ainsi apporterai-je dans ces préceptes dédiés aux jeunes littérateurs une tendresse toute fraternelle.

I

DU BONHEUR ET DU GUIGNON

DANS LES DÉBUTS

Les jeunes écrivains qui, parlant d'un jeune confrère avec un accent mêlé d'envie, disent : « C'est un beau début,

1. Paru dans l'*Esprit public,* 15 avril 1846, sous la signature *Baudelaire-Dufays.*

il a eu un fier bonheur! » ne réfléchissent pas que tout début a toujours été précédé et qu'il est l'effet de vingt autres débuts qu'ils n'ont pas connus.

Je ne sais pas si, en fait de réputation, le coup de tonnerre a jamais eu lieu; je crois plutôt qu'un succès est, dans une proportion arithmétique ou géométrique, suivant la force de l'écrivain, le résultat des succès antérieurs, souvent invisibles à l'œil nu. Il y a lente agrégation de succès moléculaires; mais de générations miraculeuses et spontanées, jamais.

Ceux qui disent : J'ai du guignon, sont ceux qui n'ont pas encore eu assez de succès et qui l'ignorent.

Je fais la part des mille circonstances qui enveloppent la volonté humaine et qui ont elles-mêmes leurs causes légitimes; elles sont une circonférence dans laquelle est enfermée la volonté; mais cette circonférence est mouvante, vivante, tournoyante, et change tous les jours, toutes les minutes, toutes les secondes son cercle et son centre. Ainsi, entraînées par elle, toutes les volontés humaines qui y sont cloîtrées varient à chaque instant leur jeu réciproque, et c'est ce qui constitue la liberté.

Liberté et fatalité sont deux contraires; vues de près et de loin, c'est une seule volonté.

C'est pourquoi il n'y a pas de guignon. Si vous avez du guignon, c'est qu'il vous manque quelque chose : ce quelque chose, connaissez-le, et étudiez le jeu des volontés voisines pour déplacer plus facilement la circonférence.

Un exemple entre mille. Plusieurs de ceux que j'aime et que j'estime s'emportent contre les popularités actuelles. Eugène Sue, Paul Féval[a], des logogriphes en action; mais le talent de ces gens, pour frivole qu'il soit, n'en existe pas moins, et la colère de mes amis n'existe pas, ou plutôt elle *existe en moins,* — car elle est du temps perdu, la chose du monde la moins précieuse. La question n'est pas de savoir si la littérature du cœur ou de la forme est supérieure à celle en vogue. Cela est trop vrai, pour moi du moins. Mais cela ne sera qu'à moitié juste, tant que vous n'aurez pas dans le genre que vous voulez installer autant de talent qu'Eugène Sue dans le sien. Allumez autant d'intérêt avec des moyens nouveaux; possédez une force égale et supérieure dans un sens contraire; doublez, triplez, quadruplez la dose jusqu'à une égale concentration, et vous n'aurez plus le droit de médire du *bourgeois,* car le *bourgeois* sera avec vous. Jusque-là, *vae victis !* car rien n'est vrai que la force, qui est la justice suprême.

II

DES SALAIRES

Quelque belle que soit une maison, elle est avant tout, — avant que sa beauté soit démontrée, — tant de mètres de haut sur tant de large. — De même la littérature, qui est la matière la plus inappréciable, — est avant tout un remplissage de colonnes; et l'architecte littéraire, dont le nom seul n'est pas une chance de bénéfice, doit vendre à tous prix.

Il y a des jeunes gens qui disent : « Puisque cela ne vaut que si peu, pourquoi se donner tant de mal? » Ils auraient pu livrer *de la meilleure ouvrage;* et dans ce cas, ils n'eussent été volés que par la nécessité actuelle, par la loi de la nature; ils se sont volés eux-mêmes; — mal payés, ils eussent pu y trouver de l'honneur; mal payés, ils se sont déshonorés.

Je résume tout ce que je pourrais écrire sur cette matière, en cette maxime suprême que je livre à la méditation de tous les philosophes, de tous les historiens et de tous les hommes d'affaires : Ce n'est que par les beaux sentiments qu'on parvient à la fortune!

Ceux qui disent : « Pourquoi *se fouler la rate* pour si peu ! » sont ceux qui, plus tard, une fois arrivés aux honneurs [a], — veulent vendre leurs livres 200 francs le feuilleton, et qui, rejetés, reviennent le lendemain les offrir à 100 francs de perte.

L'homme raisonnable est celui qui dit : « Je crois que cela vaut tant, parce que j'ai du génie; mais s'il faut faire quelques concessions, je les ferai, pour avoir l'honneur d'être des vôtres. »

III

DES SYMPATHIES ET DES ANTIPATHIES

En amour comme en littérature, les sympathies sont involontaires; néanmoins elles ont besoin d'être vérifiées, et la raison y a sa part ultérieure.

Les vraies sympathies sont excellentes, car elles sont deux en un — les fausses sont détestables, car elles ne font qu'un, moins l'indifférence primitive, qui vaut mieux que la haine, suite nécessaire de la duperie et du désillusionnement.

C'est pourquoi j'admets et j'admire la camaraderie en tant qu'elle est fondée sur des rapports essentiels de raison et de tempérament. Elle est une des saintes manifestations de la nature, une des nombreuses applications de ce proverbe sacré : l'union fait la force.

La même loi de franchise et de naïveté doit régir les antipathies. Il y a cependant des gens qui se fabriquent des haines comme des admirations, à l'étourdie. Cela est fort imprudent; c'est se faire un ennemi — sans bénéfice et sans profit. Un coup qui ne porte pas n'en blesse pas moins au cœur le rival à qui il était destiné, sans compter qu'il peut à gauche ou à droite blesser l'un des témoins du combat.

Un jour, pendant une leçon d'escrime, un créancier vint me troubler; je le poursuivis dans l'escalier à coups de fleuret. Quand je revins, le maître d'armes, un géant pacifique qui m'aurait jeté par terre en soufflant sur moi, me dit : « Comme vous prodiguez votre antipathie! un poète! un philosophe! ah fi! » — J'avais perdu le temps de faire deux assauts, j'étais essoufflé, honteux, et méprisé par un homme de plus, — le créancier, à qui je n'avais pas fait grand mal.

En effet, la haine est une liqueur précieuse, un poison plus cher que celui des Borgia, — car il est fait avec notre sang, notre santé, notre sommeil et les deux tiers de notre amour! Il faut en être avare!

IV

DE L'ÉREINTAGE

L'éreintage ne doit être pratiqué que contre les suppôts de l'erreur. Si vous êtes fort, c'est vous perdre que de vous attaquer à un homme fort; fussiez-vous dissidents en quelques points, il sera toujours des vôtres en certaines occasions.

Il y a deux méthodes d'éreintage : par la ligne courbe, et par la ligne droite, qui est le plus court chemin.

On trouvera suffisamment d'exemples de la ligne courbe dans les feuilletons de J. Janin. La ligne courbe amuse la galerie, mais ne l'instruit pas [1].

La ligne droite est maintenant pratiquée avec succès par quelques journalistes anglais; à Paris, elle est tombée en désuétude; M. Granier de Cassagnac [2] lui-même me semble l'avoir oubliée. Elle consiste à dire : « M. X... est un malhonnête homme, et de plus un imbécile; c'est ce que je vais prouver » ,— et de le prouver! — primo, — secundo, — tertio, — etc... Je recommande cette méthode à tous ceux qui ont la foi de la raison, et le poing solide.

Un éreintage manqué est un accident déplorable, c'est une flèche qui se retourne, ou au moins vous dépouille la main en partant, une balle dont le ricochet peut vous tuer.

V

DES MÉTHODES DE COMPOSITION

Aujourd'hui, il faut produire beaucoup; — il faut donc aller vite; — il faut donc se hâter lentement; il faut donc que tous les coups portent, et que pas une touche ne soit inutile.

1. Cf. le *Projet de lettre à Jules Janin*, p. 879.
2. Directeur du *Globe* (1806-1880).

Pour écrire vite, il faut avoir beaucoup pensé, — avoir trimballé un sujet avec soi, à la promenade, au bain, au restaurant, et presque chez sa maîtresse. E. Delacroix me disait un jour : « L'art est une chose si idéale et si fugitive, que les outils ne sont jamais assez propres, ni les moyens assez expéditifs[1]. » Il en est de même de la littérature ; — je ne suis donc pas partisan de la rature ; elle trouble le miroir de la pensée.

Quelques-uns, et des plus distingués, et des plus consciencieux, — Édouard Ourliac, par exemple, — commencent par charger beaucoup de papier ; ils appellent cela couvrir leur toile. — Cette opération confuse a pour but de ne rien perdre. Puis, à chaque fois qu'il recopient, ils élaguent et ébranchent. Le résultat fût-il excellent, c'est abuser de son temps et de son talent. Couvrir une toile n'est pas la charger de couleurs, c'est ébaucher en frottis, c'est disposer des masses en tons légers et transparents. — La toile doit être couverte — en esprit — au moment où l'écrivain prend la plume pour écrire le titre.

On dit que Balzac charge sa copie et ses épreuves d'une manière fantastique et désordonnée. Un roman passe dès lors par une série de genèses, où se disperse non seulement l'unité de la phrase, mais aussi de l'œuvre. C'est sans doute cette mauvaise méthode qui donne souvent au style ce je ne sais quoi de diffus, de bousculé et de brouillon, — le seul défaut de ce grand historien.

VI

DU TRAVAIL JOURNALIER

ET DE L'INSPIRATION

L'orgie n'est plus la sœur de l'inspiration : nous avons cassé cette parenté adultère. L'énervation rapide et la faiblesse de quelques belles natures témoignent assez contre cet odieux préjugé.

1. Cf. *Salon de 1846*.

Une nourriture très substantielle, mais régulière, est la seule chose nécessaire aux écrivains féconds. L'inspiration est décidément la sœur du travail journalier. Ces deux contraires ne s'excluent pas plus que tous les contraires qui constituent la nature. L'inspiration obéit, comme la faim, comme la digestion, comme le sommeil. Il y a sans doute dans l'esprit une espèce de mécanique céleste, dont il ne faut pas être honteux, mais tirer le parti le plus glorieux, comme les médecins, de la mécanique du corps. Si l'on veut vivre dans une contemplation opiniâtre de l'œuvre de demain, le travail journalier servira l'inspiration, — comme une écriture lisible sert à éclairer la pensée, et comme la pensée calme et puissante sert à écrire lisiblement; car le temps des mauvaises écritures est passé.

VII

DE LA POÉSIE

Quant à ceux qui se livrent ou se sont livrés avec succès à la poésie, je leur conseille de ne jamais l'abandonner. La poésie est un des arts qui rapportent le plus; mais c'est une espèce de placement dont on ne touche que tard les intérêts, — en revanche très gros.

Je défie les envieux de me citer de bons vers qui aient ruiné un éditeur.

Au point de vue moral, la poésie établit une telle démarcation entre les esprits du premier ordre et ceux du second, que le public le plus bourgeois n'échappe pas à cette influence despotique. Je connais des gens qui ne lisent les feuilletons souvent médiocres [a] de Théophile Gautier que parce qu'il a fait la *Comédie de la Mort;* sans doute ils ne sentent pas toutes les grâces de cette œuvre, mais ils savent qu'il est poète.

Quoi d'étonnant d'ailleurs, puisque tout homme bien portant peut se passer de manger pendant deux jours, — de poésie, jamais?

L'art qui satisfait le besoin le plus impérieux sera toujours le plus honoré.

VIII

DES CRÉANCIERS

Il vous souvient sans doute d'une comédie intitulée : *Désordre et Génie*[1]. Que le désordre ait parfois accompagné le génie, cela prouve simplement que le génie est terriblement fort; malheureusement, ce titre exprimait pour beaucoup de jeunes gens, non pas un accident, mais une nécessité.

Je doute fort que Gœthe ait eu des créanciers; Hoffmann lui-même, le désordonné Hoffmann, pris par des nécessités plus fréquentes, aspirait sans cesse à en sortir, et du reste il est mort au moment où une vie plus large permettait à son génie un essor plus radieux.

N'ayez jamais de créanciers; faites, si vous voulez, semblant d'en avoir, c'est tout ce que je puis vous passer.

IX

DES MAITRESSES

Si je veux observer la loi des contrastes, qui gouverne l'ordre moral et l'ordre physique, je suis obligé de ranger dans la classe des femmes dangereuses aux gens de lettres, la *femme honnête,* le bas-bleu et l'actrice; — *la femme honnête,* parce qu'elle appartient nécessairement à deux hommes et qu'elle est une médiocre pâture pour l'âme despotique d'un poète; — le bas-bleu, parce que c'est un homme manqué; — l'actrice parce qu'elle est frottée de littérature et qu'elle parle argot, — bref, parce que ce n'est pas une femme dans toute l'acception du mot, — le public lui étant une chose plus précieuse que l'amour.

Vous figurez-vous un poète amoureux de sa femme et

1. Second titre du *Kean* d'Alexandre Dumas représenté en 1836 et récemment repris et remanié par J.-P. Sartre.

contraint de lui voir jouer un travesti? Il me semble qu'il doive mettre le feu au théâtre.

Vous figurez-vous celui-ci obligé d'écrire un rôle pour sa femme qui n'a pas de talent?

Et cet autre suant à rendre par des épigrammes au public de l'avant-scène les douleurs que ce public lui a faites dans l'être le plus cher, — cet être que les Orientaux enfermaient sous triples clefs, avant qu'ils ne vinssent étudier le droit à Paris? C'est parce que tous les vrais littérateurs ont horreur de la littérature à de certains moments, que je n'admets pour eux, — âmes libres et fières, esprits fatigués, qui ont toujours besoin de se reposer leur septième jour, — que deux classes de femmes possibles : les filles ou les femmes bêtes, — l'amour ou le pot-au-feu. — Frères, est-il besoin d'en expliquer les raisons ?

Cl. B.N.

Champfleury
Photo Nadar

III

LES CONTES DE CHAMPFLEURY [1]

CHIEN-CAILLOU, PAUVRE TROMPETTE, FEU MIETTE [2]

Un jour parut un tout petit volume, tout humble, tout simple, au total, une chose importante, *Chien-Caillou,* l'histoire simplement, nettement, crûment racontée, ou plutôt enregistrée, d'un pauvre graveur, très original, mais tellement dénué de richesses qu'il vivait avec des carottes, entre un lapin et une fille publique : et il faisait des chefs-d'œuvre. Voilà ce que Champfleury osa pour ses débuts : se contenter de la nature et avoir en elle une confiance illimitée.

La même livraison contenait d'autres histoires remarquables, entre autres : *M. le Maire de Classy-les-Bois,* au sujet de laquelle histoire je prierai le lecteur de remarquer que Champfleury connaît très bien la province, cet inépuisable trésor d'éléments littéraires, ainsi que l'a triomphalement démontré notre grand H. de Balzac, et aussi

1. Paru dans le *Corsaire-Satan* du 18 janvier 1848. Jules Husson, dit Champfleury (1821-1889) devait fonder en 1857, en liaison avec le peintre Courbet, le mouvement réaliste. Il connut bien Baudelaire sur qui il nous a laissé de précieux souvenirs.

2. *Chien-Caillou*, *Fantaisies d'hiver*, *Pauvre Trompette*, *Fantaisies de printemps*, *Feu Miette*, *Fantaisies d'été*(1847). Une des « fantaisies d'hiver » était dédiée à *Pierre de Fayis* (Baudelaire).

dans son petit coin où il faudra que le public l'aille chercher, un autre esprit tout modeste et tout retiré, l'auteur des *Contes normands* et des *Historiettes baguenaudières,* Jean de Falaise (Philippe de Chennevières)[1], un brave esprit tout voué au travail et à la religion de la nature, comme Champfleury, et comme lui élevé à côté des journaux, loin des effroyables dysenteries de MM. Dumas, Féval et consorts.

Puis *Carnaval,* ou quelques notes précieuses sur cette curiosité ambulante, cette douleur attifée de rubans et de bariolages dont rient les imbéciles, mais que les Parisiens respectent.

La seconde livraison contenait : *Pauvre Trompette,* ou l'histoire lamentable d'une vieille ivrognesse très égoïste, qui ruine son gendre et sa fille pour gorger son petit chien de curaçao et d'anisette. Le gendre exaspéré empoisonne le chien avec l'objet de ses convoitises, et la marâtre accroche aux vitres de sa boutique un écriteau qui voue son gendre au mépris et à la haine publiques[2]. — Histoire vraie comme les précédentes. — Or, ce serait une erreur grave que de croire que toutes ces historiettes ont pour accomplissement final la gaîté et le divertissement. On ne saurait imaginer ce que Champfleury sait mettre ou plutôt sait voir là-dessous de douleur et de mélancolie vraies.

Le jour où il a fait *Monsieur Prudhomme au Salon,* il était jaloux d'Henri Monnier. Qui peut le plus, peut le moins, nous savons cela; aussi ce morceau est-il d'un fini très précieux et très amusant. Mais véritablement l'auteur est mieux né, et il a mieux à faire.

Grandeur et Décadence d'une serinette. — Il y a là-dedans une création d'enfant, un enfant musical, garçon ou petite fille, on ne sait pas trop, tout à fait délicieuse. Cette nouvelle démontre bien la parenté antique de l'auteur avec quelques écrivains allemands et anglais, esprits mélancoliques comme lui, doublés d'une ironie involontaire et persistante. Il faut remarquer en plus, ainsi que je l'ai déjà dit plus haut, une excellente description de la méchanceté et de la sottise provinciales.

Une Religion au Cinquième. — C'est l'histoire, la description de la pot-bouille d'une religion moderne, la peinture

1. Cf. *Appendice*, I.
2. Orthographe du texte de 1848 ; la grammaire exigerait *publics*.

au naturel de quelques-uns de ces misérables, comme nous en avons tous connu, qui croient qu'on fait une doctrine comme on fait un enfant, sur une paillasse, le *Compère Mathieu* à la main, et que ce n'est pas plus difficile que ça.

Le dernier volume est dédié à Balzac. Il est impossible de placer des œuvres plus sensées, plus simples, plus naturelles, sous un plus auguste patronage. Cette dédicace est excellente, excellente pour le style, excellente pour les idées. Balzac est en effet un romancier et un savant, un inventeur et un observateur; un naturaliste qui connaît également la loi de génération des idées et des êtres visibles. C'est un grand homme dans toute la force du terme; c'est un créateur de méthode et le seul dont la méthode vaille la peine d'être étudiée.

Et ceci n'est pas à mon avis propre un des moindres pronostics favorables pour l'avenir littéraire de Champfleury.

Ce dernier volume contient *Feu Miette,* histoire, véridique comme toujours, d'un charlatan célèbre du quai des Augustins. — Le *Fuenzès,* une belle idée, un tableau fatal et qui porte malheur à ceux qui l'achètent!

Simple Histoire d'un rentier, d'un lampiste et d'une horloge, — précieux morceau, constatation des manies engendrées forcément dans la vie stagnante et solitaire de la province. Il est difficile de mieux peindre et de mieux dessiner les automates ambulants, chez qui le cerveau, lui aussi, devient lampe et horloge.

Van Schaendel, Père et fils : Peintres-naturalistes enragés qui vous nourrissez de carottes pour mieux les dessiner, et vous habilleriez de plumes pour mieux peindre un perroquet, lisez et relisez ces hautes leçons empreintes d'une ironie allemande énorme.

Jusqu'à présent, je n'ai rien dit du style. On le devine facilement. Il est large, soudain, brusque, poétique, comme la nature. Pas de grosses bouffissures, pas de littérarisme outré. L'auteur, de même qu'il s'applique à bien voir les êtres et leurs physionomies toujours étranges pour qui sait bien voir, s'applique aussi à bien retenir le cri de leur animalité, et il en résulte une sorte de méthode d'autant plus frappante qu'elle est pour ainsi dire insaisissable. J'explique peut-être mal ma pensée, mais tous ceux qui ont éprouvé le besoin de se créer une esthétique à leur usage me comprendront.

La seule chose que je reprocherais volontiers à l'auteur est de ne pas connaître peut-être ses richesses, de n'être pas suffisamment rabâcheur, de trop se fier à ses lecteurs, de ne pas tirer de conclusions, de ne pas épuiser un sujet, tous reproches qui se réduisent à un seul, et qui dérivent du même principe. Mais peut-être aussi ai-je tort; il ne faut forcer la destinée de personne; de larges ébauches sont plus belles que des tableaux confusionnés, et il a peut-être choisi la meilleure méthode qui est la simple, la courte et l'ancienne.

Le quatrième volume qui paraîtra prochainement est au moins égal aux précédents.

Enfin, pour conclure, ces nouvelles sont essentiellement amusantes et appartiennent à un ordre de littérature très relevé.

IV

JULES JANIN
ET
LE GATEAU DES ROIS[1]

POUR donner immédiatement au lecteur non initié dans *les dessous* de la littérature, non instruit dans les préliminaires des réputations, une idée première de l'importance littéraire réelle de ces petits livres gros d'esprit, de poésie et d'observations, qu'il sache que le premier d'entre eux, *Chien-Caillou, Fantaisies d'Hiver,* fut publié en même temps qu'un petit livre d'un homme très célèbre, qui avait eu, en même temps que Champfleury, l'idée de ces publications trimestrielles. Or, parmi les gens dont l'intelligence journellement appliquée à fabriquer des livres est plus difficile qu'aucune autre, le livre de Champfleury *absorba* celui de l'homme célèbre.

Tous ceux dont je parle connurent *Le Gâteau des Rois*; ils le connurent parce que leur métier est de tout connaître. *Le Gâteau des Rois,* espèce de *Christmas,* ou livre de Noël, était surtout une prétention clairement affirmée de tirer de la langue tous les effets qu'un instrumentiste tire de son instrument[2] — jouer des variations infinies sur le dictionnaire! Déplacement de forces! Erreur d'esprit faible!

---

1. Texte qui date probablement de 1848, et qui est resté manuscrit jusqu'à sa publication par Jacques Crépet dans *le Figaro* du 31 mars 1934. Il avait néanmoins été publié, en traduction anglaise, par le possesseur du manuscrit, Arthur Symons, dans son livre de 1920 : *Baudelaire, a study*.

2. Le livre avait pour sous-titre : *Symphonie fantastique*.

Dans cet étrange livre, les idées se succédaient à la hâte, filaient avec la rapidité du son, s'appuyant au hasard sur des rapports infiniment ténus; elles s'associaient entre elles par un fil excessivement frêle, selon une méthode de penser exactement analogue à celle des gens qu'on enferme pour cause d'aliénation mentale; vaste courant d'idées involontaires, course au clocher, abnégation de la volonté.

Ce singulier tour de force fut exécuté par l'homme que vous savez, dont l'unique et spéciale faculté est de n'être pas maître de lui, l'homme aux rencontres et *aux bonheurs*[1] !

Sans doute, il y avait là du talent; mais quel abus! mais quelle débauche! Et d'ailleurs quelle fatigue et quelle douleur! Sans doute il faut montrer quelque respect ou du moins quelque compassion reconnaissante pour ce trémoussement infatigable d'une ancienne danseuse; mais, hélas! moyens usés! procédés affaiblis! câlineries fatigantes! Les idées de notre homme sont de vieilles folles qui ont trop dansé, trop montré et trop levé la jambe. *Sustulerunt sæpius pedes*[2]. Où est le cœur? où est l'âme, où est la raison dans cette...?

1. Les italiques suggèrent qu'il peut s'agir là d'un « mot » de J. Janin, qui était volontiers vantard !

2. Elles ont trop souvent levé la jambe (au propre et au figuré !)

V

PIERRE DUPONT[1]

Je viens de relire attentivement les *Chants et Chansons* de Pierre Dupont, et je reste convaincu que le succès de ce nouveau poète est un événement grave, non pas tant à cause de sa valeur propre, qui cependant est très grande, qu'à cause des sentiments publics dont cette poésie est le symptôme, et dont Pierre Dupont s'est fait l'écho.

Pour mieux expliquer cette pensée, je prie le lecteur de considérer rapidement et largement le développe-

---

1. Texte paru en notice de la 20e livraison des *Chants et Chansons* de Pierre Dupont (illustrée de vignettes par Tony Johannot, Paris, Martinon, 1851). L'édition posthume de 1869 porte cette note : *Cette notice sert d'introduction à l'édition illustrée des* Chansons *de Pierre Dupont, publiée par Houssiaux en 1842*. Il y eut bien une édition Houssiaux mais c'est une réimpression, et elle est de 1852. Rappelons que Pierre Dupont, Lyonnais (1821-1870), connut par ses chansons un grand succès populaire, qui s'est d'ailleurs prolongé jusqu'à une époque récente. L'admiration de Baudelaire pour Pierre Dupont ne laisse pas d'être surprenante, et il n'est pas question d'en contester la sincérité. Elle peut s'expliquer, au moment où nous sommes, par les relations personnelles entre les deux hommes et par l'éphémère foi démocratique de Baudelaire. Avec plus de modération, elle réapparaîtra dans ce qu'écrira Baudelaire sur le même sujet encore en 1861 (cf. p. 771) à une époque où il est pourtant devenu le disciple de Joseph de Maistre : rien de commun entre l'humanitarisme sentimental de Pierre Dupont et la pensée sociale de Baudelaire. Encore moins de rapports entre la « poésie » du chansonnier populaire et l'esthétique baudelairienne, alors, en 1851, déjà fermement établie quant à l'essentiel. Il faut se résigner à ne pas comprendre, à moins que Baudelaire ne veuille ainsi pousser jusqu'au paradoxe sa réaction hostile à la fois au romantisme et à l'art pour l'art.

ment de la poésie dans les temps qui ont précédé. Certainement il y aurait injustice à nier les services qu'a rendus l'école dite romantique. Elle nous rappela à la vérité de l'image, elle détruisit les poncifs académiques, et même au point de vue supérieur de la linguistique, elle ne mérite pas les dédains dont l'ont uniquement couverte certains pédants impuissants. Mais, par son principe même, l'insurrection romantique était condamnée à une vie courte. La puérile utopie de l'école de l'*art pour l'art,* en excluant la morale, et souvent même la passion, était nécessairement stérile. Elle se mettait en flagrante contravention avec le génie de l'humanité. Au nom des principes supérieurs qui constituent la vie universelle, nous avons le droit de la déclarer coupable d'hétérodoxie. Sans doute, des littérateurs très ingénieux, des antiquaires très érudits, des versificateurs qui, il faut l'avouer, élevèrent la prosodie presque à la hauteur d'une création, furent mêlés à ce mouvement, et tirèrent, des moyens qu'ils avaient mis en commun, des effets très surprenants. Quelques-uns d'entre eux consentirent même à profiter du milieu politique. Navarin attira leurs yeux vers l'Orient, et le philhellénisme engendra un livre éclatant comme un mouchoir ou un châle de l'Inde [1]. Toutes les superstitions catholiques ou orientales furent chantées dans des rhythmes savants et singuliers. Mais combien nous devons, à ces accents purement matériels, faits pour éblouir la vue tremblante des enfants ou pour caresser leur oreille paresseuse, préférer la plainte de cette individualité maladive, qui, du fond d'un cercueil fictif, s'évertuait à intéresser une société troublée à ses mélancolies irrémédiables [2]. Quelque égoïste qu'il soit, le poète me cause moins de colère quand il dit : Moi, je pense... moi, je sens..., que le musicien ou le barbouilleur infatigable qui a fait un pacte satanique avec son instrument. La coquinerie naïve de l'un se fait pardonner; l'impudence académique de l'autre me révolte.

Mais plus encore que celui-là, je préfère le poète qui se

---

1. Les *Orientales* de Hugo, (1829).

2. Allusion au *Joseph Delorme* de Sainte-Beuve ; notons que la préférence de Baudelaire pour Sainte-Beuve ne s'explique pas seulement par des raisons intéressées : il y a incontestablement dans *Joseph Delorme,* plus que partout ailleurs peut-être dans la poésie romantique, des accents prébaudelairiens.

met en communication permanente avec les hommes de son temps, et échange avec eux des pensées et des sentiments traduits dans un noble langage suffisamment correct. Le poète, placé sur un des points de la circonférence de l'humanité, renvoie sur la même ligne en vibrations plus mélodieuses la pensée humaine qui lui fut transmise; tout poète véritable doit être une incarnation, et, pour compléter d'une manière définitive ma pensée par un exemple récent, malgré tous ces travaux littéraires, malgré tous ces efforts accomplis hors de la loi de vérité, malgré tout ce dilettantisme, ce *voluptuosisme* armé de mille instruments et de mille ruses, quand un poète, maladroit quelquefois, mais presque toujours grand, vint dans un langage enflammé proclamer la sainteté de l'insurrection de 1830 et chanter les misères de l'Angleterre et de l'Irlande, malgré ses rimes insuffisantes, malgré ses pléonasmes, malgré ses périodes non finies, la question fut vidée, et l'art fut désormais inséparable de la morale et de l'utilité [1].

La destinée de Pierre Dupont fut analogue.

Rappelons-nous les dernières années de la monarchie. Qu'il serait curieux de raconter dans un livre impartial les sentiments, les doctrines, la vie extérieure, la vie intime, les modes et les mœurs de la jeunesse sous le règne de Louis-Philippe! L'esprit seul était surexcité, le cœur n'avait aucune part dans le mouvement, et la fameuse parole : *enrichissez-vous,* légitime et vraie en tant qu'elle implique la moralité, la niait par ce seul fait qu'elle ne l'affirmait pas. La richesse peut être une garantie de savoir et de moralité, à la condition qu'elle soit bien acquise; mais quand la richesse est montrée comme le seul but final de tous les efforts de l'individu, l'enthousiasme, la charité, la philosophie, et tout ce qui fait le patrimoine commun dans un système éclectique et propriétariste, disparaît. L'histoire de la jeunesse, sous le règne de Louis-Philippe, est une histoire de lieux de débauche et de restaurants. Avec moins d'impudence, avec moins de prodigalités, avec plus de réserve, les filles entretenues obtinrent, sous le règne de Louis-

1. Il s'agit d'Auguste Barbier. Cf. la notice de 1861 (p. 748) où ce qui est ici objet d'éloge devient sujet de reproche. Quant à la thèse de la liaison inséparable entre l'art, l'utilité et la moralité, elle est évidemment singulière sous la plume de Baudelaire, même en 1851.

Philippe, une gloire et une importance égales à celles qu'elles eurent sous l'Empire. De temps en temps retentissait dans l'air un grand vacarme de discours semblables à ceux du Portique, et les échos de la Maison-d'Or[1] se mêlaient aux paradoxes innocents du palais législatif.

Cependant quelques chants purs et frais commençaient à circuler dans des concerts et dans des sociétés particulières. C'était comme un rappel à l'ordre et une invitation de la nature; et les esprits les plus corrompus les accueillaient comme un rafraîchissement, comme une oasis. Quelques pastorales *(les Paysans)*[2] venaient de paraître, et déjà les pianos bourgeois les répétaient avec une joie étourdie.

Ici commence, d'une manière positive et décidée, la vie parisienne de Pierre Dupont; mais il est utile de remonter plus haut, non seulement pour satisfaire une curiosité publique légitime, mais aussi pour montrer quelle admirable logique existe dans la genèse des faits matériels et des phénomènes moraux. Le public aime à se rendre compte de l'éducation des esprits auxquels il accorde sa confiance; on dirait qu'il est poussé en ceci par un sentiment indomptable d'égalité. « Tu as touché notre cœur! Il faut nous démontrer que tu n'es qu'un homme, et que les mêmes éléments de perfectionnement existent pour nous tous. » Au philosophe, au savant, au poète, à l'artiste, à tout ce qui est grand, à quiconque le remue et le transforme, le public fait la même requête. L'immense appétit que nous avons pour les biographies naît d'un sentiment profond de l'égalité.

L'enfance et la jeunesse de Pierre Dupont ressemblent à l'enfance et à la jeunesse de tous les hommes destinés à devenir célèbres. Elle est très simple, et elle explique l'âge suivant. Les sensations fraîches de la famille, l'amour, la contrainte, l'esprit de révolte, s'y mêlent en quantités suffisantes pour créer un poète. Le reste est de l'acquis. Pierre Dupont naît le 23 avril 1821, à Lyon, la grande ville du travail et des merveilles industrielles. Une famille d'artisans, le travail, l'ordre, le spectacle de la richesse journalière créée, tout cela portera ses fruits. Il perd sa mère à l'âge de quatre ans; un vieux parrain, un prêtre, l'accueille

1. Restaurant à la mode, boulevard des Italiens.
2. *Le Chant des paysans*, 1849.

chez lui, et commence une éducation qui devait se continuer au petit séminaire de Largentière. Au sortir de la maison religieuse, Dupont devient apprenti canut; mais bientôt on le jette dans une maison de banque, un grand étouffoir. Les grandes feuilles de papier à lignes rouges, les hideux cartons verts des notaires et des avoués, pleins de dissensions, de haines, de querelles de familles, souvent de crimes inconnus, la régularité cruelle, implacable d'une maison de commerce, toutes ces choses sont bien faites pour achever la création d'un poète. Il est bon que chacun de nous, une fois dans sa vie, ait éprouvé la pression d'une odieuse tyrannie; il apprend à la haïr. Combien de philosophes a engendrés le séminaire! Combien de natures révoltées ont pris vie auprès d'un cruel et ponctuel militaire de l'Empire![1] Fécondante discipline, combien nous te devons de chants de liberté! La pauvre et généreuse nature, un beau matin, fait son explosion, le charme satanique est rompu, et il n'en reste que ce qu'il faut, un souvenir de douleur, un levain pour la pâte.

Il y avait à Provins un grand-père chez qui Pierre Dupont allait quelquefois; là il fit connaissance de M. Pierre Lebrun de l'Académie, et peu de temps après, ayant tiré au sort, il fut obligé de rejoindre un régiment de chasseurs. Par grand bonheur, le livre *Les deux Anges*[2] était fait. M. Pierre Lebrun imagina de faire souscrire beaucoup de personnes à l'impression du livre; les bénéfices furent consacrés à payer un remplaçant. Ainsi Pierre Dupont commença sa vie, pour ainsi dire publique, par se racheter de l'esclavage par la poésie. Ce sera pour lui un grand honneur et une grande consolation d'avoir, jeune, forcé la Muse à jouer un rôle utile, immédiat, dans sa vie.

Ce même livre, incomplet, souvent incorrect, d'une allure indécise, contient cependant, ainsi que cela arrive généralement, le germe d'un talent futur qu'une intelligence élevée pouvait, à coup sûr, pronostiquer. Le volume obtint un prix à l'Académie, et Pierre Dupont eut dès lors une petite place en qualité d'aide aux travaux du Dictionnaire. Je crois volontiers que ces fonctions, quelque minimes qu'elles fussent en apparence, servirent à augmenter

1. Allusion au général Aupick ?
2. Publié en 1844.

et perfectionner en lui le goût de la belle langue. Contraint d'entendre souvent les discussions orageuses de la rhétorique et de la grammaire antique aux prises avec la moderne, les querelles vives et spirituelles de M. Cousin avec M. Victor Hugo, son esprit dut se fortifier à cette gymnastique, et il apprit ainsi à connaître l'immense valeur du mot propre. Ceci paraîtra peut-être puéril à beaucoup de gens, mais ceux-là ne se sont pas rendu compte du travail successif qui se fait dans l'esprit des écrivains, et de la série des circonstances nécessaires pour créer un poète.

Pierre Dupont se conduisit définitivement avec l'Académie comme il avait fait avec la maison de banque. Il voulut être libre, et il fit bien. Le poète doit vivre par lui-même; il doit, comme disait Honoré de Balzac, offrir une surface commerciale. Il faut que son outil le nourrisse. Les rapports de Pierre Dupont et de M. Lebrun furent toujours purs et nobles, et, comme l'a dit Sainte-Beuve, si Dupont voulut être tout à fait libre et indépendant, il n'en resta pas moins reconnaissant du passé [1].

Le recueil *Les Paysans, chants rustiques,* parut donc : une édition proprette, illustrée d'assez jolies lithographies, et qui pouvait se présenter avec hardiesse dans les salons et prendre décemment sa place sur les pianos de la bourgeoisie. Tout le monde sut gré au poète d'avoir enfin introduit un peu de vérité et de nature dans ces chants destinés à charmer les soirées. Ce n'était plus cette nourriture indigeste de crèmes et de sucreries dont les familles illettrées bourrent imprudemment la mémoire de leurs demoiselles. C'était un mélange véridique d'une mélancolie naïve avec une joie turbulente et innocente, et par-ci par-là les accents robustes de la virilité laborieuse.

Cependant Dupont, s'avançant dans sa voie naturelle, avait composé un chant d'une allure plus décidée et bien mieux fait pour émouvoir le cœur des habitants d'une grande ville. Je me rappelle encore la première confidence qu'il m'en fit, avec une naïveté charmante et comme encore indécis dans sa résolution. Quand j'entendis cet admirable cri de douleur et de mélancolie (*Le Chant des Ouvriers,* 1846), je fus ébloui et attendri. Il y avait tant d'années que nous attendions un peu de poésie forte et vraie! Il est

1. Sainte-Beuve, *Causeries du Lundi,* t. IV.

impossible, à quelque parti qu'on appartienne, de quelques préjugés qu'on ait été nourri, de ne pas être touché du spectacle de cette multitude maladive respirant la poussière des ateliers, avalant du coton, s'imprégnant de céruse, de mercure et de tous les poisons nécessaires à la création des chefs-d'œuvre, dormant dans la vermine, au fond des quartiers où les vertus les plus humbles et les plus grandes nichent à côté des vices les plus endurcis et des vomissements du bagne; de cette multitude soupirante et languissante à qui *la terre doit ses merveilles*; qui sent *un sang vermeil et impétueux couler dans ses veines,* qui jette un long regard chargé de tristesse sur le soleil et l'ombre des grands parcs, et qui, pour suffisante consolation et réconfort, répète à tue-tête son refrain sauveur : *Aimons-nous !* [1]...

Dès lors, la destinée de Dupont était faite : il n'avait plus qu'à marcher dans la voie découverte. Raconter les joies, les douleurs et les dangers de chaque métier, et éclairer tous ces aspects particuliers et tous ces horizons divers de la souffrance et du travail humain par une philosophie consolatrice, tel était le devoir qui lui incombait, et qu'il accomplit patiemment. Il viendra un temps où les accents de cette Marseillaise du travail circuleront comme un mot d'ordre maçonnique, et où l'exilé, l'abandonné, le voyageur perdu, soit sous le ciel dévorant des tropiques, soit dans les déserts de neige, quand il entendra cette forte mélodie parfumer l'air de sa senteur originelle,

Nous dont la lampe le matin
Au clairon du coq se rallume,
Nous tous qu'un salaire incertain
Ramène avant l'aube à l'enclume...

pourra dire : je n'ai plus rien à craindre, je suis en France!

La Révolution de Février activa cette floraison impatiente et augmenta les vibrations de la corde populaire; tous les malheurs et toutes les espérances de la Révolution firent écho dans la poésie de Pierre Dupont. Cependant la muse pastorale ne perdit pas ses droits, et à mesure qu'on avance dans son œuvre, on voit toujours, on entend toujours, comme au sein des chaînes tourmentées de mon-

1. En italiques : citations de P. Dupont.

tagnes orageuses, à côté de la route banale et agitée, bruire doucement et reluire la fraîche source primitive qui filtre des hautes neiges :

> Entendez-vous au creux du val
> Ce long murmure qui serpente?
> Est-ce une flûte de cristal?
> Non, c'est la voix de l'eau qui chante.

L'œuvre du poète se divise naturellement en trois parties, les pastorales, les chants politiques et socialistes, et quelques chants symboliques qui sont comme la philosophie de l'œuvre. Cette partie est peut-être la plus personnelle, c'est le développement d'une philosophie un peu ténébreuse, une espèce de mysticité amoureuse [1]. L'optimisme de Dupont, sa confiance illimitée dans la bonté native de l'homme, son amour fanatique de la nature, font la plus grande partie de son talent. Il existe une comédie espagnole où une jeune fille demande en écoutant le tapage ardent des oiseaux dans les arbres : Quelle est cette voix, et que chante-t-elle? Et les oiseaux répètent en chœur : l'amour, l'amour! Feuilles des arbres, vent du ciel, que dites-vous, que commandez-vous? Et le chœur de répondre: l'amour, l'amour! le chœur des ruisseaux dit la même chose. La série est longue, et le refrain est toujours le même. Cette voix mystérieuse chante d'une manière permanente le remède universel dans l'œuvre de Dupont [2]. La beauté mélancolique de la nature a laissé dans son âme une telle empreinte, que s'il veut composer un chant funèbre sur l'abominable guerre civile, les premières images et les premiers vers qui lui viennent à l'esprit sont :

> La France est pâle comme un lys,
> Le front ceint de grises verveines.

---

1. C'est le côté *lyonnais* de Dupont : Baudelaire a déjà employé le mot de *mysticité* à propos du peintre Janmot, et Chenavard était aussi le porte-parole d'une *philosophie ténébreuse*.

2. Il s'agit d'une pièce de Calderon, *El magico prodigioso*. Le passage cité se trouve à la scène VI de la IIIe journée. Il n'en reste pas moins que le rapprochement avec Pierre Dupont est étrange.

Sans doute, plusieurs personnes regretteront de ne pas trouver dans ces chants politiques et guerriers tout le bruit et tout l'éclat de la guerre, tous les transports de l'enthousiasme et de la haine, les cris enragés du clairon, le sifflement du fifre pareil à la folle espérance de la jeunesse qui court à la conquête du monde, le grondement infatigable du canon, les gémissements des blessés, et tout le fracas de la victoire, si cher à une nation militaire comme la nôtre. Mais qu'on y réfléchisse bien, ce qui chez un autre serait défaut chez Dupont devient qualité. En effet, comment pourrait-il se contredire? De temps à autre, un grand accent d'indignation s'élève de sa bouche, mais on voit qu'il pardonnera vite, au moindre signe de repentir, au premier rayon du soleil! Une seule fois, Dupont a constaté, peut-être à son insu, l'utilité de l'esprit de destruction; cet aveu lui a échappé, mais voyez dans quels termes :

> Le glaive brisera le glaive,
> Et du combat naîtra l'amour!

En définitive, quand on relit attentivement ces chants politiques, on leur trouve une saveur particulière. Ils se tiennent bien, et ils sont unis entre eux par un lien commun, qui est l'amour de l'humanité.

Cette dernière ligne me suscite une réflexion qui éclaire d'un grand jour le succès légitime, mais étonnant, de notre poète. Il y a des époques où les moyens d'exécution dans tous les arts sont assez nombreux, assez perfectionnés et assez peu coûteux pour que chacun puisse se les approprier en quantité à peu près égale. Il y a des temps où tous les peintres savent plus ou moins rapidement et habilement couvrir une toile; de même les poètes. Pourquoi le nom de celui-ci est-il dans toutes les bouches, et le nom de celui-là rampe-t-il encore ténébreusement dans des casiers de librairie, ou dort-il manuscrit dans des cartons de journaux? En un mot, quel est le grand secret de Dupont, et d'où vient cette sympathie qui l'enveloppe? Ce grand secret, je vais vous le dire, il est bien simple : il n'est ni dans l'acquis ni dans l'ingéniosité, ni dans l'habileté du faire, ni dans la plus ou moins grande quantité de procédés que l'artiste a puisés dans le fonds commun du savoir humain; il est dans l'amour de la vertu et de l'humanité, et dans ce je ne sais quoi qui s'exhale incessamment de sa poésie, que j'appellerais volontiers le goût infini de la République.

Il y a encore autre chose; oui, il y a autre chose.

C'est la joie!

C'est un fait singulier que cette joie qui respire et domine dans les œuvres de quelques écrivains célèbres, ainsi que l'a judicieusement noté Champfleury à propos d'Honoré de Balzac[1]. Quelque grandes que soient les douleurs qui les surprennent, quelque affligeants que soient les spectacles humains, leur bon tempérament reprend le dessus, et peut-être quelque chose de mieux, qui est un grand esprit de sagesse. On dirait qu'ils portent en eux-mêmes leur consolation. En effet, la nature est si belle, et l'homme est si grand, qu'il est difficile, en se mettant à un point de vue supérieur, de concevoir le sens du mot : irréparable. Quand un poète vient affirmer des choses aussi bonnes et aussi consolantes, aurez-vous le courage de regimber?

Disparaissez donc, ombres fallacieuses de René[2], d'Obermann et de Werther; fuyez dans les brouillards du vide, monstrueuses créations de la paresse et de la solitude; comme les pourceaux dans le lac de Génézareth, allez vous replonger dans les forêts enchantées d'où vous tirèrent les fées ennemies, moutons attaqués du vertigo romantique. Le génie de l'action ne vous laisse plus de place parmi nous.

Quand je parcours l'œuvre de Dupont, je sens toujours revenir dans ma mémoire, sans doute à cause de quelque secrète affinité, ce sublime mouvement de Proudhon, plein de tendresse et d'enthousiasme : il entend fredonner la chanson lyonnaise,

> Allons, du courage,
> Braves ouvriers!
> Du cœur à l'ouvrage!
> Soyons les premiers.

et il s'écrie :

« Allez donc au travail en chantant, race prédestinée, votre refrain est plus beau que celui de Rouget de Lisle[3]. »

---

1. Cf. A. Baschet, *Honoré de Balzac*, avec notes historiques par Champfleury, 1852 (pp. 244-245).

2. Peut-être est-ce ici le seul lieu de son œuvre où Baudelaire renie Chateaubriand, le *grand René*.

3. *Avertissement aux propriétaires. (Note de Baudelaire.)*

Ce sera l'éternel honneur de Pierre Dupont d'avoir le premier enfoncé la porte. La hache à la main, il a coupé les chaînes du pont-levis de la forteresse; maintenant la poésie populaire peut passer.

De grandes imprécations, des soupirs profonds d'espérance, des cris d'encouragement infini commencent à soulever les poitrines. Tout cela deviendra livre, poésie et chant, en dépit de toutes les résistances.

C'est une grande destinée que celle de la poésie! Joyeuse ou lamentable, elle porte toujours en soi le divin caractère utopique. Elle contredit sans cesse le fait, à peine de ne plus être. Dans le cachot elle se fait révolte; à la fenêtre de l'hôpital, elle est ardente espérance de guérison; dans la mansarde déchirée et malpropre, elle se pare comme une fée du luxe et de l'élégance; non seulement elle constate mais elle répare. Partout elle se fait négation de l'iniquité.

Va donc à l'avenir en chantant, poète providentiel, tes chants sont le décalque lumineux des espérances et des convictions populaires!

L'édition à laquelle cette notice est annexée contient, avec chaque chanson, la musique, qui est presque toujours du poète lui-même, mélodies simples et d'un caractère libre et franc, mais qui demandent un certain art pour bien être exécutées. Il était véritablement utile, pour donner une idée juste de ce talent, de fournir le texte musical, beaucoup de poésies étant admirablement complétées par le chant. Ainsi que beaucoup de personnes, j'ai souvent entendu Pierre Dupont chanter lui-même ses œuvres [1], et comme elles, je pense que nul ne les a mieux chantées. J'ai entendu de belles voix essayer ces accents rustiques ou patriotiques, et cependant je n'éprouvais qu'un malaise irritant. Comme ce livre de chansons ira chez tous ceux qui aiment la poésie, et qui aussi pour la consolation de la famille, pour la célébration de l'hospitalité, pour l'allégement des soirées d'hiver, veulent les exécuter eux-mêmes, je leur ferai part d'une réflexion qui m'est venue en cher-

1. Cf. les *Souvenirs* de Banville : « *Que de fois chez Joissans* [patron d'un café littéraire] *j'ai entendu Pierre Dupont chanter ses premières chansons, et Baudelaire dire de sa belle voix charmeresse les poèmes inédits des* Fleurs du Mal. »

chant la cause du déplaisir que m'ont causé beaucoup de chanteurs. Il ne suffit pas d'avoir la voix juste ou belle, il est beaucoup plus important d'avoir du sentiment. La plupart des chants de Dupont, qu'ils soient une situation de l'esprit ou un récit, sont des drames lyriques, dont les descriptions font les décors et le fond. Il vous faut donc, pour bien représenter l'œuvre, *entrer dans la peau* de l'être créé, vous pénétrer profondément des sentiments qu'il exprime, et les si bien sentir, qu'il vous semble que ce soit votre œuvre propre. Il faut s'assimiler une œuvre pour la bien exprimer; voilà sans doute une de ces vérités banales et répétées mille fois, qu'il faut répéter encore. Si vous méprisez mon avis, cherchez un autre secret.

VI

LES DRAMES ET LES ROMANS HONNÊTES [1]

DEPUIS quelque temps, une grande fureur d'honnêteté s'est emparée du théâtre et aussi du roman. Les débordements puérils de l'école dite romantique ont soulevé une réaction que l'on peut accuser d'une coupable maladresse, malgré les pures intentions dont elle paraît animée. Certes, c'est une grande chose que la vertu, et aucun écrivain, jusqu'à présent, à moins d'être fou, ne s'est avisé de soutenir que les créations de l'art devaient contrecarrer les grandes lois morales. La question est donc de savoir si les écrivains dits vertueux s'y prennent bien pour faire aimer et respecter la vertu, si la vertu est satisfaite de la manière dont elle est servie.

Deux exemples me sautent déjà à la mémoire. L'un des plus orgueilleux soutiens de l'honnêteté bourgeoise, l'un des chevaliers du *bon sens,* M. Émile Augier, a fait une pièce, *la Ciguë* [2], où l'on voit un jeune homme tapageur,

---

1. Paru dans la *Semaine théâtrale,* 27 novembre 1851. Baudelaire avait d'abord songé à prendre pour titre l'*École vertueuse*; peut-être pour faire pendant à l'étude de l'*École païenne* qui paraîtra dans le même périodique l'année suivante (p. 575). Ici, Baudelaire développe un thème qui est chez lui constant, et il est toujours resté fidèle — même au moment de sa tentative de candidature académique — à son dégoût de la littérature représentée par Émile Augier.

2. Pièce représentée en 1844.

viveur et buveur, un parfait épicurien, s'éprendre à la fin des yeux purs d'une jeune fille. On a vu de grands débauchés jeter tout d'un coup tout leur luxe par la fenêtre et chercher dans l'ascétisme et le dénûment d'amères voluptés inconnues. Cela serait beau, quoique assez commun. Mais cela dépasserait les forces vertueuses du public de M. Augier. Je crois qu'il a voulu prouver qu'à la fin il faut toujours *se ranger,* et que la vertu est bien heureuse d'accepter les restes de la débauche.

Écoutons Gabrielle, la vertueuse Gabrielle [1], supputer avec son vertueux mari combien il leur faut de temps de vertueuse avarice, en supposant les intérêts ajoutés au capital et portant intérêt, pour jouir de dix ou vingt mille livres de rente. Cinq ans, dix ans, peu importe, je ne me rappelle pas *les chiffres du poète.* Alors, disent les deux honnêtes époux :

NOUS POURRONS NOUS DONNER LE LUXE D'UN GARÇON !

Par les cornes de tous les diables de l'impureté! par l'âme de Tibère et du marquis de Sade! que feront-ils donc pendant tout ce temps-là? Faut-il salir ma plume avec les noms de tous les vices auxquels ils seront obligés de s'adonner pour accomplir leur vertueux programme? Ou bien le poète espère-t-il persuader à ce gros public de petites gens que les deux époux vivront dans une chasteté parfaite? Voudrait-il par hasard les induire à prendre des leçons des Chinois économes et de M. Malthus?

Non, il est impossible d'écrire *consciencieusement* un vers gros de pareilles turpitudes. Seulement, M. Augier s'est trompé, et son erreur contient sa punition. Il a parlé le langage du comptoir, le langage des gens du monde, croyant parler celui de la vertu. On me dit que parmi les écrivains de cette école il y a des morceaux heureux, de bons vers et même de la verve. Parbleu! où donc serait l'excuse de l'engouement s'il n'y avait là aucune valeur?

Mais la réaction l'emporte, la réaction bête et furieuse. L'éclatante préface de *Mademoiselle de Maupin* insultait la sotte hypocrisie bourgeoise, et l'impertinente béatitude

1. Cette comédie d'E. Augier avait été représentée à la Comédie-Française en 1849.

de l'école du *bon sens* se venge des violences romantiques. Hélas, oui! il y a là une vengeance. *Kean ou Désordre et Génie*[1] semblait vouloir persuader qu'il y a toujours un rapport nécessaire entre ces deux termes, et *Gabrielle,* pour se venger, traite son époux de poète!

O poète! je t'aime.

Un notaire! La voyez-vous, cette *honnête* bourgeoise, roucoulant amoureusement sur l'épaule de son homme et lui faisant des yeux alanguis comme dans les romans qu'elle a lus! Voyez-vous tous les notaires de la salle acclamant l'auteur qui traite avec eux de pair à compagnon, et qui les venge de tous ces gredins qui ont des dettes et qui croient que le métier de poète consiste à exprimer les mouvements lyriques de l'âme dans un rhythme réglé par la tradition! Telle est la clef de beaucoup de succès.

On avait commencé par dire : *la poésie du cœur!* Ainsi la langue française périclite, et les mauvaises passions littéraires en détruisent l'exactitude.

Il est bon de remarquer en passant le parallélisme de la sottise, et que les mêmes excentricités de langage se retrouvent dans les écoles extrêmes. Ainsi il y a une cohue de poètes abrutis par la volupté païenne, et qui emploient sans cesse les mots de *saint, sainte, extase, prière, etc.,* pour qualifier des choses et des êtres qui n'ont rien de saint ni d'extatique, bien au contraire, poussant ainsi l'adoration de la femme jusqu'à l'impiété la plus dégoûtante. L'un d'eux, dans un accès d'érotisme *saint,* a été jusqu'à s'écrier : *ô ma belle catholique!* Autant salir d'excréments un autel. Tout cela est d'autant plus ridicule, que généralement les maîtresses des poètes sont d'assez vilaines gaupes, dont les moins mauvaises sont celles qui font la soupe et ne payent pas un autre amant.

A côté de l'école du *bon sens* et de ses types de bourgeois corrects et vaniteux, a grandi et pullulé tout un peuple malsain de grisettes sentimentales, qui, elles aussi, mêlent Dieu à leurs affaires, de Lisettes qui se font tout pardonner par *la gaieté française,* de filles publiques qui ont gardé je

1. Cf. *Conseils aux jeunes littérateurs*, VIII.

ne sais où une pureté angélique, etc... Autre genre d'hypocrisie.

On pourrait appeler maintenant l'*école du bon sens, l'école de la vengeance* [1]. Qu'est-ce qui a fait le succès de *Jérôme Paturot* [2], cette odieuse descente de Courtille, où les poètes et les savants sont criblés de boue et de farine par de prosaïques polissons? Le paisible Pierre Leroux, dont les nombreux ouvrages sont comme un dictionnaire des croyances humaines, a écrit des pages sublimes et touchantes que l'auteur de *Jérôme Paturot* n'a peut-être pas lues. Proudhon est un écrivain que l'Europe nous enviera toujours. Victor Hugo a bien fait quelques belles strophes, et je ne vois pas que le savant M. Viollet-le-Duc soit un architecte ridicule. La vengeance! la vengeance! Il faut que le petit public se soulage. Ces ouvrages-là sont des caresses serviles adressées à des passions d'esclaves en colère.

Il y a des mots, grands et terribles, qui traversent incessamment la polémique littéraire : l'art, le beau, l'utile, la morale. Il se fait une grande mêlée; et, par manque de sagesse philosophique, chacun prend pour soi la moitié du drapeau, affirmant que l'autre n'a aucune valeur. Certainement, ce n'est pas dans un article aussi court que j'afficherai des prétentions philosophiques, et je ne veux pas fatiguer les gens par des tentatives de démonstrations esthétiques absolues. Je vais au plus pressé, et je parle le langage des bonnes gens. Il est douloureux de noter que

---

1. Voici l'origine de l'appellation : *École du bon sens.* Il y a quelques années, dans les bureaux du *Corsaire-Satan,* à propos du succès d'une pièce de ladite école, un des rédacteurs s'écria dans un accès d'indignation littéraire : En vérité, il y a des gens qui croient que c'est avec du bon sens qu'on fait une comédie ! Il voulait dire : Ce n'est pas seulement avec du bon sens, etc... Le rédacteur en chef, qui était un homme plein de naïveté, trouva la chose si monstrueusement comique qu'il voulut qu'on l'imprimât. A partir de ce moment le *Corsaire-Satan* et bientôt d'autres journaux se servirent de ce terme comme d'une injure, et les jeunes gens de ladite école le ramassèrent comme un drapeau, ainsi qu'avaient fait les sans-culottes. *(Note de Baudelaire.)*

2. Louis Reybaud avait publié en 1843, pour dénoncer, par une lourde satire, l'immoralité littéraire : *Jérôme Paturot à la recherche d'une situation sociale,* puis, en 1848, *Jérôme Paturot à la recherche de la meilleure des républiques. Paturot* fut aussi porté à la scène.

nous trouvons des erreurs semblables dans deux écoles opposées : l'école bourgeoise et l'école socialiste. Moralisons! moralisons! s'écrient toutes les deux avec une fièvre de missionnaires. Naturellement l'une prêche la morale bourgeoise et l'autre la morale socialiste. Dès lors l'art n'est plus qu'une question de propagande.

L'art est-il utile? Oui. Pourquoi? Parce qu'il est l'art. Y a-t-il un art pernicieux? Oui. C'est celui qui dérange les conditions de la vie. Le vice est séduisant, il faut le peindre séduisant; mais il traîne avec lui des maladies et des douleurs morales singulières; il faut les décrire. Étudiez toutes les plaies comme un médecin qui fait son service dans un hôpital, et l'école du bon sens, l'école exclusivement morale, ne trouvera plus où mordre. Le crime est-il toujours châtié, la vertu gratifiée? Non; mais cependant, si votre roman, si votre drame est bien fait, il ne prendra envie à personne de violer les lois de la nature. La première condition nécessaire pour faire un art sain est la croyance à l'unité intégrale. Je défie qu'on me trouve un seul ouvrage d'imagination qui réunisse toutes les conditions du beau et qui soit un ouvrage pernicieux.

Un jeune écrivain qui a écrit de bonnes choses, mais qui fut emporté ce jour-là par le sophisme socialistique, se plaçant à un point de vue borné, attaqua Balzac dans la *Semaine,* à l'endroit de la moralité. Balzac, que les amères récriminations des hypocrites faisaient beaucoup souffrir, et qui attribuait une grande importance à cette question, saisit l'occasion de se disculper aux yeux de vingt mille lecteurs [1]. Je ne veux pas refaire ses deux articles; ils sont merveilleux par la clarté et la bonne foi. Il traita la question à fond. Il commença par refaire avec une bonhomie naïve et comique le compte de ses personnages vertueux et de ses personnages criminels. L'avantage restait encore à la vertu, malgré la perversité de la société, *que je n'ai pas faite,* disait-il. Puis il montra qu'il est peu de grands coquins dont la vilaine âme n'ait un envers consolant. Après avoir énuméré tous les châtiments qui suivent incessamment les violateurs de la loi morale et les enveloppent déjà

1. L'attaque parut sous la signature d'Hippolyte Castille dans le numéro du 4 octobre 1846, la réponse de Balzac dans celui du 11 octobre.

comme un enfer terrestre, il adresse aux cœurs défaillants et faciles à fasciner cette apostrophe qui ne manque ni de sinistre ni de comique : « Malheur à vous, messieurs, si le sort des Lousteau et des Lucien vous inspire de l'envie ! »

En effet, il faut peindre les vices tels qu'ils sont, ou ne pas les voir. Et si le lecteur ne porte pas en lui un guide philosophique et religieux qui l'accompagne dans la lecture du livre, tant pis pour lui.

J'ai un ami qui m'a plusieurs années tympanisé les oreilles de Berquin. Voilà un écrivain. Berquin ! un auteur charmant, bon, consolant, faisant le bien, un grand écrivain ! Ayant eu, enfant, le bonheur ou le malheur de ne lire que de gros livres d'homme, je ne le connaissais pas. Un jour que j'avais le cerveau embarbouillé de ce problème à la mode : la morale dans l'art, la providence des écrivains me mit sous la main un volume de Berquin. Tout d'abord je vis que les enfants y parlaient comme de grandes personnes, comme des livres, et qu'ils moralisaient leurs parents. Voilà un art faux, me dis-je. Mais voilà qu'en poursuivant je m'aperçus que la sagesse y était incessamment abreuvée de sucreries, la méchanceté invariablement ridiculisée par le châtiment. Si vous êtes sage, vous aurez du *nanan,* telle est la base de cette morale. La vertu est la condition SINE QUA NON du succès. C'est à douter si Berquin était chrétien. Voilà, pour le coup, me dis-je, un art pernicieux. Car l'élève de Berquin, entrant dans le monde, fera bien vite la réciproque : le succès est la condition SINE QUA NON de la vertu. D'ailleurs, l'étiquette du crime heureux le trompera, et, les préceptes du maître aidant, il ira s'installer à l'auberge du vice, croyant loger à l'enseigne de la morale.

Eh bien ! Berquin, M. de Montyon, M. Émile Augier et tant d'autres personnes honorables, c'est tout un [1]. Ils assassinent la vertu, comme M. Léon Faucher vient de blesser à mort la littérature avec son décret satanique en faveur des pièces honnêtes [2].

1. M. de Montyon était le fondateur des célèbres prix décernés par l'Académie : l'un d'eux était allé à Augier pour sa *Gabrielle.* (cf. p. 569).

2. Ce décret, du 12 octobre 1851, récompensait, par des primes en argent, les pièces de théâtre susceptibles d'avoir sur *les classes laborieuses* une saine influence morale.

Les prix portent malheur. Prix académiques, prix de vertu, décorations, toutes ces inventions du diable encouragent l'hypocrisie et glacent les élans spontanés d'un cœur libre. Quand je vois un homme demander la croix, il me semble que je l'entends dire au souverain : J'ai fait mon devoir, c'est vrai; mais si vous ne le dites pas à tout le monde, je jure de ne pas recommencer.

Qui empêche deux coquins de s'associer pour gagner le prix Montyon? L'un simulera la misère, l'autre la charité. Il y a dans un prix officiel quelque chose qui blesse l'homme et l'humanité, et offusque la pudeur de la vertu. Pour mon compte, je ne voudrais pas faire mon ami d'un homme qui aurait eu un prix de vertu : je craindrais de trouver en lui un tyran implacable.

Quant aux écrivains, leur prix est dans l'estime de leurs égaux et dans la caisse des libraires.

De quoi diable se mêle M. le ministre? Veut-il créer l'hypocrisie pour avoir le plaisir de la récompenser? Maintenant le boulevard va devenir un prêche perpétuel. Quand un auteur aura quelques termes de loyer à payer, il fera une pièce honnête; s'il a beaucoup de dettes, une pièce angélique. Belle institution!

Je reviendrai plus tard sur cette question, et je parlerai des tentatives qu'ont faites pour rajeunir le théâtre deux grands esprits français, Balzac et Diderot [1].

---

1. Projet que Baudelaire ne réalisa pas, mais qui paraît lui avoir tenu à cœur. Nous savons, par sa correspondance, qu'en 1854 il songeait à une éventuelle représentation du *Est-il bon, est-il méchant?* de Diderot, (projet qui sera réalisé un siècle plus tard par la Comédie-Française). Quant au théâtre de Balzac, on voit quel cas en faisait Baudelaire (qui, dans la conclusion du *Salon de 1846,* plaçait le héros des *Ressources de Quinola,* Fontanarès, auprès des plus célèbres personnages de la *Comédie humaine*). Notons qu'une pièce de Balzac, *Le Faiseur,* a été, elle aussi, reprise par Charles Dullin, et, plus récemment, par le Théâtre National Populaire.

VII

L'ÉCOLE PAIENNE[1]

Il s'est passé dans l'année qui vient de s'écouler un fait considérable. Je ne dis pas qu'il soit le plus important, mais il est l'un des plus importants, ou plutôt l'un des plus symptomatiques.

Dans un banquet commémoratif de la révolution de Février, un toast a été porté au dieu Pan, oui, au dieu Pan, par un de ces jeunes gens qu'on peut qualifier d'instruits et d'intelligents.

— Mais, lui disais-je, qu'est-ce que le dieu Pan a de commun avec la révolution?

— Comment donc? répondait-il; mais c'est le dieu Pan qui fait la révolution. Il est la révolution.

— D'ailleurs, n'est-il pas mort depuis longtemps? Je croyais qu'on avait entendu planer une grande voix au-dessus de la Méditerranée, et que cette voix mystérieuse,

1. *Semaine théâtrale,* 22 janvier 1852. C'est, pour ainsi dire, le pendant de l'article précédent, ce qui prouve que cet aspect de l'actualité littéraire correspondait à une préoccupation fondamentale de Baudelaire, qui, en matière de littérature comme en matière d'art (cf. les *Curiosités esthétiques*) n'a cessé de vouloir dégager son esthétique du faux dilemme contemporain de l'art positif (réalisme et moralisme) et de l'art pour l'art (néo-paganisme, pittoresque, formalisme). De fait les écrivains qui sont l'objet de cet article sont les précurseurs de l'école parnassienne, Gautier, Banville, et surtout, sans doute, Louis Ménard et Victor de Laprade. Quant à la mode proprement dite du néo-paganisme, elle connut une large diffusion dans les milieux artistiques et littéraires et nous nous bornerons à rappeler l'influence considérable qu'elle exerça sur Gérard de Nerval (cf. en particulier dans les *Illuminés* le chapitre sur Quintus Aucler, paru dans la *Revue de Paris* en novembre 1851 et dont le début de cet article contient comme un écho).

qui roulait depuis les colonnes d'Hercule jusqu'aux rivages asiatiques, avait dit au vieux monde : LE DIEU PAN EST MORT[1] !

— C'est un bruit qu'on fait courir. Ce sont de mauvaises langues; mais il n'en est rien. Non, le dieu Pan n'est pas mort! le dieu Pan vit encore, reprit-il en levant les yeux au ciel avec un attendrissement fort bizarre... Il va revenir.

Il parlait du dieu Pan comme du prisonnier de Sainte-Hélène.

— Eh quoi, lui dis-je, seriez-vous donc païen?

— Mais oui, sans doute; ignorez-vous donc que le Paganisme bien compris, bien entendu, peut seul sauver le monde? Il faut revenir aux vraies doctrines, obscurcies *un instant* par l'infâme Galiléen [a]. D'ailleurs, Junon m'a jeté un regard favorable, un regard qui m'a pénétré jusqu'à l'âme. J'étais triste et mélancolique au milieu de la foule, regardant le cortège et implorant avec des yeux amoureux cette belle divinité, quand un de ses regards, bienveillant et profond, est venu me relever et m'encourager.

— Junon vous a jeté un de ses regards de vache, *Bôôpis Êré*. Le malheureux est peut-être fou.

— Mais ne voyez-vous pas, dit une troisième personne, qu'il s'agit de la cérémonie du bœuf gras [2]. Il regardait toutes ces femmes roses avec des yeux *païens,* et Ernestine, qui est engagée à l'Hippodrome et qui jouait le rôle de Junon, lui a fait un œil plein de souvenirs, un véritable œil de *vache*.

— Ernestine tant que vous voudrez, dit le païen mécontent. Vous cherchez à me désillusionner. Mais l'effet moral n'en a pas moins été produit, et je regarde ce coup d'œil comme un bon présage.

Il me semble que cet excès de paganisme est le fait d'un homme qui a trop lu et mal lu Henri Heine et sa littérature pourrie de sentimentalisme matérialiste.

Et puisque j'ai prononcé le nom de ce coupable célèbre, autant vous raconter tout de suite un trait de lui qui me

---

1. Tel est, selon la légende, le cri qui annonça, au moment de la naissance du Christ, la fin du paganisme (cf. Fontenelle, *Histoire des Oracles*).

2. Cf. l'article de Nerval sur ce sujet (*Œuvres,* Classiques Garnier, t. I, p. 384).

met hors de moi chaque fois que j'y pense. Henri Heine raconte dans un de ses livres[1] que, se promenant au milieu de montagnes sauvages, au bord de précipices terribles, au sein d'un chaos de glaces et de neiges, il fait la rencontre d'un de ces religieux qui, accompagnés d'un chien, vont à la découverte des voyageurs perdus et agonisants. Quelques instants auparavant, l'auteur venait de se livrer aux élans solitaires de sa haine voltairienne contre les calotins. Il regarde quelque temps l'homme-humanité qui poursuit sa sainte besogne; un combat se livre dans son âme orgueilleuse, et enfin, après une douloureuse hésitation, il se résigne et prend une belle résolution : *Eh bien non ! je n'écrirai pas contre cet homme !*

Quelle générosité ! Les pieds dans de bonnes pantoufles, au coin d'un bon feu, entouré des adulations d'une société voluptueuse, monsieur l'homme célèbre fait le serment de ne pas diffamer un pauvre diable de religieux qui ignorera toujours son nom et ses blasphèmes, et le sauvera lui-même, le cas échéant !

Non, jamais Voltaire n'eût écrit une pareille turpitude. Voltaire avait trop de *goût*; d'ailleurs, il était encore homme d'action, et il aimait [a] les hommes.

Revenons à l'Olympe. Depuis quelque temps, j'ai tout l'Olympe à mes trousses, et j'en souffre beaucoup; je reçois des dieux sur la tête comme on reçoit des cheminées. Il me semble que je fais un mauvais rêve, que je roule à travers le vide et qu'une foule d'idoles de bois, de fer, d'or et d'argent, tombent avec moi, me poursuivent dans ma chute, me cognent et me brisent la tête et les reins.

Impossible de faire un pas, de prononcer un mot, sans buter contre un fait païen.

[b] Exprimez-vous la crainte, la tristesse de voir l'espèce humaine s'amoindrir, la santé publique dégénérer par une mauvaise hygiène, il y aura à côté de vous un poète pour répondre : « Comment voulez-vous que les femmes fassent de beaux enfants dans un pays où elles adorent un vilain pendu ! » — Le joli *fanatisme* !

La ville est sens dessus dessous. Les boutiques se ferment. Les femmes font à la hâte leurs provisions, les rues se dépavent, tous les cœurs sont serrés par l'angoisse d'un

1. Les *Reisebilder*.

grand événement. Le pavé sera prochainement inondé de sang. — Vous rencontrez un animal plein de béatitude; il a sous le bras des bouquins étranges et hiéroglyphiques. — Et vous, lui dites-vous, quel parti prenez-vous? — Mon cher, répond-il d'une voix douce, je viens de découvrir de nouveaux renseignements très curieux sur le mariage d'Isis et d'Osiris. — Que le diable vous emporte! Qu'Isis et Osiris fassent beaucoup d'enfants et qu'ils nous f...... la paix!

Cette folie, innocente en apparence, va souvent très loin. Il y a quelques années, Daumier fit un ouvrage remarquable, l'*Histoire ancienne,* qui était pour ainsi dire la meilleure paraphrase du mot célèbre : *Qui nous délivrera des Grecs et des Romains?* [1] Daumier s'est abattu brutalement sur l'antiquité et la mythologie, et a craché dessus. Et le bouillant Achille, et le prudent Ulysse, et la sage Pénélope, et Télémaque, ce grand dadais, et la belle Hélène, qui perdit Troie, et la brûlante Sapho, cette patronne des hystériques, et tous enfin nous apparurent dans une laideur bouffonne qui rappelait ces vieilles carcasses d'acteurs classiques qui prennent une prise de tabac dans les coulisses. Eh bien! j'ai vu un écrivain de talent pleurer devant ces estampes, devant ce *blasphème* amusant et utile. Il était indigné, il appelait cela une impiété. Le malheureux avait encore besoin d'une religion [2].

Bien des gens ont encouragé de leur argent et de leurs applaudissements cette déplorable manie, qui tend à faire de l'homme un être inerte et de l'écrivain un mangeur d'opium.

Au point de vue purement littéraire, ce n'est pas autre chose qu'un pastiche inutile et dégoûtant. S'est-on assez moqué des rapins *naïfs* qui s'évertuaient à copier le *Cimabuë* [3]*;* des écrivains à dague, à pourpoint et à lame de Tolède? Et vous, malheureux néo-païens, que faites-vous, si ce n'est la même besogne? Pastiche, pastiche! Vous avez

---

1. Cf. l'étude sur Daumier dans les *Caricaturistes français*.

2. Nous ne pouvons savoir de qui il s'agit : mais ce pourrait être Louis Ménard, dont Baudelaire, dans son article sur le *Prométhée délivré,* disait qu'il était *homme de talent* (cf. p. 811).

3. Allusion à la mode « préraphaélite » et à la découverte romantique des « primitifs ».

sans doute perdu votre âme quelque part, dans quelque mauvais endroit, pour que vous couriez ainsi à travers le passé comme des corps vides pour en ramasser une de rencontre dans les détritus anciens? Qu'attendez-vous du ciel ou de la sottise du public? Une fortune suffisante pour élever dans vos mansardes des autels à Priape et à Bacchus? Les plus logiques d'entre vous seront les plus cyniques. Ils en élèveront au dieu Crepitus.

Est-ce le dieu Crepitus qui vous fera de la tisane le lendemain de vos stupides cérémonies? Est-ce Vénus Aphrodite ou Vénus Mercenaire qui soulagera les maux qu'elle vous aura causés? Toutes ces statues de marbre seront-elles des femmes dévouées au jour de l'agonie, au jour du remords, au jour de l'impuissance? Buvez-vous des bouillons d'ambroisie? mangez-vous des côtelettes de Paros? Combien prête-t-on sur une lyre au Mont-de-Piété?

Congédier la passion et la raison, c'est tuer la littérature. Renier les efforts de la société précédente, chrétienne et philosophique, c'est se suicider, c'est refuser la force et les moyens de perfectionnement. S'environner exclusivement des séductions de l'art physique, c'est créer des grandes chances de perdition. Pendant longtemps, bien longtemps, vous ne pourrez voir, aimer, sentir que le beau, rien que le beau. Je prends le mot dans un sens restreint. Le monde ne vous apparaîtra que sous sa forme matérielle. Les ressorts qui le font se mouvoir resteront longtemps cachés.

Puissent la religion et la philosophie venir un jour, comme forcées par le cri d'un désespéré! Telle sera toujours la destinée des insensés qui ne voient dans la nature que des rhythmes et des formes. Encore la philosophie ne leur apparaîtra-t-elle d'abord que comme un jeu intéressant, une gymnastique agréable, une escrime dans le vide. Mais combien ils seront châtiés! Tout enfant dont l'esprit poétique sera surexcité, dont le spectacle excitant de mœurs actives et laborieuses ne frappera pas incessamment les yeux, qui entendra sans cesse parler de gloire et de volupté, dont les sens seront journellement caressés, irrités, effrayés, allumés et satisfaits par des objets d'art, deviendra le plus malheureux des hommes et rendra les autres malheureux. A douze ans il retroussera les jupes de sa nourrice, et si la puissance dans le crime ou dans l'art ne l'élève pas au-dessus des fortunes vulgaires, à trente ans il crèvera à l'hôpital

Son âme, sans cesse irritée et inassouvie, s'en va à travers le monde, le monde occupé et laborieux; elle s'en va, dis-je, comme une prostituée, criant : Plastique! plastique! La plastique, cet affreux mot me donne la chair de poule, la plastique l'a empoisonné, et cependant il ne peut vivre que par ce poison. Il a banni la raison de son cœur, et, par un juste châtiment, la raison refuse de rentrer en lui. Tout ce qui peut lui arriver de plus heureux, c'est que la nature le frappe d'un effrayant rappel à l'ordre. En effet, telle est la loi de la vie, que, qui refuse les jouissances pures de l'activité honnête, ne peut sentir que les jouissances terribles du vice. Le péché contient son enfer, et la nature dit de temps en temps à la douleur et à la misère : Allez vaincre [a] ces rebelles!

L'utile, le vrai, le bon, le vraiment aimable, toutes ces choses lui seront inconnues. Infatué de son rêve fatigant, il voudra en infatuer et en fatiguer les autres. Il ne pensera pas à sa mère, à sa nourrice; il déchirera ses amis, ou ne les aimera *que pour leur forme;* sa femme, s'il en a une, il la méprisera et l'avilira.

Le goût immodéré de la forme pousse à des désordres monstrueux et inconnus. Absorbés par la passion féroce du beau, du drôle, du joli, du pittoresque, car il y a des degrés, les notions du juste et du vrai disparaissent. La passion frénétique de l'art est un chancre qui dévore le reste; et, comme l'absence nette du juste et du vrai dans l'art équivaut à l'absence d'art, l'homme entier s'évanouit; la spécialisation excessive d'une faculté aboutit au néant. Je comprends les fureurs des iconoclastes et des musulmans [b] contre les images. J'admets tous les remords de saint Augustin sur le trop grand plaisir des yeux. Le danger est si grand que j'excuse la suppression de l'objet. La folie de l'art est égale à l'abus de l'esprit. La création d'une de ces deux suprématies engendre la sottise, la dureté du cœur et une immensité d'orgueil et d'égoïsme. Je me rappelle avoir entendu dire à un artiste farceur qui avait reçu une pièce de monnaie fausse : Je la garde pour un pauvre. Le misérable prenait un infernal plaisir à voler le pauvre et à jouir en même temps des bénéfices d'une réputation de charité. J'ai entendu dire à un autre : Pourquoi donc les pauvres ne mettent-ils pas des gants pour mendier? Ils feraient fortune. Et à un autre : Ne donnez pas à celui-là : il est mal drapé; ses guenilles ne lui vont pas bien.

Qu'on ne prenne pas ces choses pour des puérilités. Ce que la bouche s'accoutume à dire, le cœur s'accoutume à le croire.

Je connais un bon nombre d'hommes de bonne foi qui sont, comme moi, las, attristés, navrés et brisés par cette comédie dangereuse.

Il faut que la littérature aille retremper ses forces dans une atmosphère meilleure. Le temps n'est pas loin où l'on comprendra que toute littérature qui se refuse à marcher fraternellement entre la science et la philosophie est une littérature homicide et suicide [1].

---

1. On peut rapprocher de cet article une note, de quelques mois antérieure, qui montre combien alors cette question était au centre des préoccupations esthétiques de Baudelaire (note inédite publiée dans le *Figaro, supplément littéraire,* 7 février 1925) :

A mesure que l'homme avance dans la vie, et qu'il voit les choses de plus haut, ce que le monde est convenu d'appeler la beauté perd bien de son importance, et aussi la volupté, et bien d'autres balivernes. Aux yeux désabusés et désormais clairvoyants toutes les saisons ont leur valeur, et l'hiver n'est pas la plus mauvaise ni la moins féerique. Dès lors la beauté ne sera plus que la promesse du bonheur, *c'est Stendhal, je crois, qui a dit cela. La beauté sera la forme qui garantit le plus de bonté, de fidélité au serment, de loyauté dans l'exécution du contrat, de finesse dans l'intelligence des rapports. La laideur sera cruauté, avarice, sottise, mensonge. La plupart des jeunes gens ignorent ces choses, et ils ne les apprennent qu'à leurs dépens. Quelques-uns d'entre nous les savent aujourd'hui; mais on ne sait que pour soi seul. Quels moyens pouvais-je efficacement employer pour persuader à un jeune étourdi que l'irrésistible sympathie que j'éprouve pour les vieilles femmes, ces êtres qui ont beaucoup souffert par leurs amants, leurs maris, leurs enfants, et aussi par leurs propres fautes, n'est mêlée d'aucun appétit sexuel ?*

....

Si l'idée de la Vertu et de l'Amour universel n'est pas mêlée à tous nos plaisirs, tous nos plaisirs deviendront tortures et remords.

26 août 1851.

VIII

EDGAR POE I

NOTICE SUR LA TRADUCTION DE *BÉRÉNICE* D'EDGAR POE[1]

Le morceau que nous donnons à nos lecteurs est tiré des œuvres d'Edgar Poe. Il date des premiers temps de sa vie littéraire. Edgar Poe, qu'on pourrait appeler la tête forte des États-Unis, est mort en 1849, à l'âge de 37 ans. Il est mort pour ainsi dire, dans le ruisseau; un matin, les agents de police l'ont ramassé et l'ont porté à l'hôpital de Baltimore; il a quitté la vie, comme Hoffmann et Balzac et tant d'autres, au moment où il commençait à avoir raison de sa terrible destinée. Pour être tout à fait juste, il faut rejeter la responsabilité d'une partie de ses vices, et notamment de son ivrognerie, sur la sévère société dans laquelle la Providence l'avait enfermé.

1. *Illustration,* 17 avril 1852. Texte non signé, mais dont l'attribution à Baudelaire est certaine (cf. E. Poe, *Nouvelles Histoires extraordinaires,* éd. Léon Lemonnier, Classiques Garnier, pp. 285 sqq.). Baudelaire reprend ici certains thèmes qu'il avait rapidement présentés en tête de sa traduction de la *Révélation mesmérienne* (cf. Appendice p. 816), en particulier le rapport entre « philosophie », étonnement et *curiosité,* thèmes qui seront développés et enrichis dans les deux études ultérieures. Nous avons abordé dans notre *Introduction* la question de l'influence de Poe sur l'esthétique baudelairienne.

Toutes les fois que Poe fut heureux, ou à peu près tranquille, il fut le plus aimable et le plus séduisant des hommes. Cet excentrique et orageux écrivain n'eut d'autre réelle consolation dans sa vie que le dévouement angélique de la mère de sa femme, mistriss Clemm, à qui tous les cœurs solitaires rendront un hommage légitime.

Edgar Poe n'est pas spécialement un poète et un romancier : il est poète, romancier et philosophe. Il porte le double caractère de l'illuminé et du savant. Qu'il ait fait quelques œuvres mauvaises et hâtives, cela n'a rien d'étonnant, et sa terrible vie l'explique; mais ce qui fera son éternel éloge, c'est la préoccupation de tous les sujets réellement importants, et seuls dignes de l'attention d'un homme spirituel : probabilités, maladie de l'esprit, sciences conjecturales, espérances et calculs sur la vie ultérieure, analyse des excentriques et des parias de la vie sublunaire, bouffonneries directement symboliques. Ajoutez, à cette ambition éternelle et active de sa pensée, une rare érudition, une impartialité étonnante et antithétique relativement à sa nature subjective, une puissance extraordinaire de déduction et d'analyse, et la raideur habituelle de sa littérature, il ne paraîtra pas surprenant que nous l'ayons appelé la tête forte de son pays. C'est l'idée opiniâtre d'utilité, ou plutôt une curiosité enragée, qui distingue M. Poe de tous les romantiques du continent, ou si vous l'aimez mieux, de tous les sectaires de l'école dite romantique.

Jusqu'ici M. Poe n'était connu que par le *Scarabée d'or, le Chat noir* et *l'Assassinat de la rue Morgue,* traduits dans un excellent système de traduction positive par Mme Isabelle Meunier [1] et la *Révélation mesmérienne,* traduite dans la *Liberté de penser* [2], par M. Charles Baudelaire, qui vient de publier, dans les deux derniers volumes de la *Revue de Paris* [3], une appréciation très nette de la vie et du caractère de l'infortuné Poe, et à qui nous devons la communication de ce morceau.

---

1. Dans la *Démocratie pacifique,* janvier-février 1847. La traductrice était anglaise de naissance.

2. 15 juillet 1848.

3. Première version de *Edgar Poe, sa vie, ses œuvres* (mars-avril, 1852), texte publié d'abord dans *Le Pays* en 1854 puis en tête de la traduction des *Histoires extraordinaires.*

Les principaux ouvrages de M. Poe sont : *The Tales of the grotesque and arabesque,* qu'on pourrait traduire par *Grotesques et Arabesques,* un volume de contes chez Wiley et Putnam, à New-York; un volume de poésies, *The Litterati (sic), Eureka, Arthur Gordon Pym,* et une quantité considérable de critiques très aiguës sur les écrivains anglais et américains.

IX

PHILIBERT ROUVIÈRE [1]

Voilà une vie agitée et tordue, comme ces arbres, — le grenadier, par exemple, — noueux, perplexes dans leur croissance, qui donnent des fruits compliqués et savoureux, et dont les orgueilleuses et rouges floraisons ont l'air de raconter l'histoire d'une sève longtemps comprimée. Il y a des gens par milliers qui, en littérature, adorent le style *coulant* [2], l'art qui s'épanche à l'abandon, presque à l'étourdie, sans méthode, mais sans fureurs et sans cascades. D'autres, — et généralement ce sont des littérateurs, — ne lisent avec plaisir que ce qui demande à être relu. Ils jouissent presque des douleurs de l'auteur. Car ces ouvrages médités, laborieux, tourmentés, contiennent la saveur toujours vive de la volonté qui les enfanta. Il contiennent la grâce littéraire suprême, qui est l'énergie. Il en est de

1. Paru en 1855 dans la *Nouvelle Galerie des artistes dramatiques vivants* (plaquette). Repris, avec quelques omissions, dans l'*Artiste*, 1er décembre 1859. Rouvière apparaissait à Baudelaire comme l'idéal du tragédien (cf. aussi la notice nécrologique sur l'acteur, p. 888) et son admiration n'est pas sans ressembler à celle qu'il éprouvait aussi pour Delacroix, bien que, dans son article de l'*Exposition universelle de 1855*, Baudelaire fasse la différence entre le Hamlet de Rouvière et celui de Delacroix. Mais le peintre et l'acteur ont en commun une certaine manière d'imaginer le drame, et si leur « style » est différent, ils communient dans le même *surnaturalisme*. Rappelons que Baudelaire et Rouvière avaient pour ami commun Édouard Manet, auteur d'un beau portrait de l'acteur. Cf. notre note sur le paysage de l'*Exposition universelle*, p. 234.

2. C'est le style *cher* aux *bourgeois*, une des raisons de la haine vouée par Baudelaire à G. Sand (*Mon Cœur mis à nu*, XXVI).

même de Rouvière; il a cette grâce suprême, décisive, — l'énergie, l'intensité dans le geste, dans la parole et dans le regard.

Philibert Rouvière a eu, comme je le faisais pressentir, une existence laborieuse et pleine de cahots. Il est né à Nîmes, en 1809[1]. Ses parents, négociants aisés, lui firent faire toutes ses études. On destinait le jeune homme au notariat. Ainsi il eut, dès le principe, cet inestimable avantage d'une éducation libérale. Plus ou moins complète, cette éducation marque, pour ainsi dire, les gens; et beaucoup d'hommes, et des plus forts, qui en ont été privés, ont toujours senti en eux une espèce de lacune que les études de la maturité étaient impuissantes à combler. Pendant sa première jeunesse, son goût pour le théâtre s'était manifesté avec une ardeur si vivace, que sa mère, qui avait les préjugés d'une piété sévère, lui prédit avec désespoir qu'il monterait sur les planches. Cependant ce n'était pas dans les pompes condamnables du théâtre que Rouvière devait d'abord abîmer sa jeunesse. Il débuta par la peinture. Il se trouvait jeune, privé de ses parents, à la tête d'une petite fortune, et il profita de sa liberté pour entrer à l'atelier de Gros, en 1827. En 1830, il exposa un tableau dont le sujet était emprunté au spectacle émouvant de la révolution de Juillet; cet ouvrage était, je crois, intitulé *la Barricade,* et des artistes, élèves de Gros, m'en ont parlé honorablement. Rouvière a plus d'une fois depuis lors, dans les loisirs forcés que lui faisait sa vie aventureuse de comédien, utilisé son talent de peintre. Il a disséminé çà et là quelques bons portraits.

Mais la peinture n'avait fait qu'une diversion. Le goût diabolique du théâtre prit impérativement le dessus, et en 1837 il pria Joanny de l'entendre. Le vieux comédien le poussa vivement dans sa nouvelle voie, et Rouvière débuta au Théâtre-Français. Il fut quelque temps au Conservatoire; — on n'est pas déshonoré pour une pareille naïveté, et il nous est permis de sourire de ces amusantes indécisions d'un génie qui ne se connaîtra que plus tard. — Au Conservatoire, Rouvière devint si mauvais qu'il eut peur. Les professeurs orthopédistes-jurés, chargés d'enseigner la diction et la gesticulation traditionnelles, s'étonnaient de voir

1. Il est donc l'exact contemporain d'Edgar Poe.

leur enseignement engendrer l'absurde. Torturé par l'école, Rouvière perdait toute sa grâce native, et n'acquérait aucune des *grâces* pédagogiques. Heureusement il fuit à temps cette maison dont l'atmosphère n'était pas faite pour ses poumons; il prit quelques leçons de Michelot (mais qu'est-ce que des leçons? des axiomes, des préceptes d'hygiène, des vérités impudentes; le reste, *le reste,* c'est-à-dire tout, ne se démontre pas), et entra enfin à l'Odéon, en 1839, sous la direction de MM. d'Epagny et Lireux. Là, il joua Antiochus dans *Rodogune, le Roi Lear,* le *Macbeth* de Ducis. *Le Médecin de son honneur* fut l'occasion d'une création heureuse, singulière, et qui fit date dans la carrière de l'artiste. — Il marqua dans *le Duc d'Albe* et dans *le Vieux Consul;* et dans le Tirésias de l'*Antigone* traduite il montra une intelligence parfaite de ces types grandioses qui nous viennent de l'antiquité, de ces types synthétiques qui sont comme un défi à nos poétiques modernes contradictoires. Déjà, dans *le Médecin de son honneur,* il avait manifesté cette énergie soudaine, éruptive, qui caractérise une littérature tout à fait opposée, et il a pu dès lors concevoir sa pleine destinée; il a pu comprendre quelle intime connexion existait entre lui et la littérature romantique; car, sans manquer de respect à nos impitoyables classiques, je crois qu'un grand comédien comme Rouvière peut désirer d'autres langues à traduire, d'autres passions à mimer. Il portera ailleurs ses passions d'interprète, il s'enivrera d'une autre atmosphère, il rêvera, il désirera plus d'animalité et plus de spiritualité; il attendra, s'il le faut. Douloureuse solidarité! lacunes qui ne se correspondent pas! Tantôt le poète cherche son comédien, comme le peintre son graveur; tantôt le comédien soupire après son poète.

M. Bocage, homme économe et prudent, homme *égalitaire* d'ailleurs, se garda bien de rengager Rouvière; et ici commence l'abominable épopée du comédien errant. Rouvière courait et vagabondait; — la province et l'étranger, exaspérantes consolations pour celui qui rêve toujours de ses juges naturels, et qui attend comme des envoyés les types vivifiants des poètes!

Rouvière revint à Paris et joua sur le théâtre de Saint-Germain le *Hamlet* de MM. Dumas et Meurice. Dumas avait communiqué le manuscrit à Rouvière, et celui-ci s'était tellement passionné pour le rôle, qu'il proposa de monter l'ouvrage à Saint-Germain avec la petite troupe qui s'y trouvait. Ce fut un beau succès auquel assista toute la presse, et l'enthousiasme qu'il excita est constaté par un feuilleton de Jules Janin, de la fin de septembre 1846. Il appartenait dès lors à la troupe du Théâtre-Historique; tout le monde se rappelle avec quel éclat il joua le Charles IX dans *la Reine Margot.* On crut voir le vrai Charles IX; c'était une parfaite résurrection. Malgré la manière décisive dont il joua le terrible rôle de Hamlet au même théâtre, il ne fut pas rengagé, et ce fut seulement dix-huit mois plus tard qu'il créa avec beaucoup d'originalité le Fritz du *Comte Hermann.* Ces succès répétés, mais à des intervalles souvent lointains, ne faisaient cependant pas à l'artiste une position solide et durable; on eût dit que ses qualités lui nuisaient et que sa manière originale faisait de lui un homme embarrassant. A la Porte-Saint-Martin, où une malheureuse faillite l'empêcha d'accomplir un engagement de trois ans, il créa Masaniello dans *Salvator Rosa.* Dans ces derniers temps, Rouvière a reparu avec un éclat incomparable à la Gaîté, où il a joué le rôle de Mordaunt, et à l'Odéon, où *Hamlet* a été repris et où il a soulevé un enthousiasme sans pareil. Jamais peut-être il ne l'avait si bien joué; enfin, sur le même théâtre, il vient de créer Favilla, où il a développé des qualités d'un ordre inaccoutumé, auxquelles on était loin de s'attendre, mais qu'avaient pu deviner ceux qui avaient fait de lui une étude particulière [1].

Maintenant que la position de Rouvière est faite, position excellente, basée à la fois sur des succès populaires et sur l'estime qu'il a inspirée aux littérateurs les plus difficiles (ce qui a été écrit de meilleur sur lui, c'est les feuilletons de Théophile Gautier dans *la Presse* et dans *le Moniteur,* et la nouvelle de Champfleury : *le Comédien Trianon*), il est bon et permis de parler de lui librement. Rouvière avait autrefois de grands défauts, défauts qui naissaient peut-être de l'abondance même de son énergie; aujourd'hui ces défauts ont disparu. Rouvière n'était pas toujours maître de

1. Quelques indications sur les pièces citées par Baudelaire (du moins celles qui sont plus ou moins tombées dans l'oubli) : *Le Médecin de son honneur*, de H. Lucas (d'après Calderon), 1843 ; *Le Duc d'Albe à Bruxelles,* de Henri Samuel, 1848 ; *Le Vieux Consul,* de A. Ponroy, 1844 ; *Salvator Rosa,* de Ferdinand Dugué, 1851. Rappelons que *la Reine Margot* (1845) et le *Comte Hermann* (1849) sont d'Alexandre Dumas et que *Maître Favilla* (1855) est de George Sand.

lui; maintenant c'est un artiste plein de certitude. Ce qui caractérise plus particulièrement son talent, c'est une solennité subjuguante. Une grandeur poétique l'enveloppe. Sitôt qu'il est entré en scène, l'œil du spectateur s'attache à lui et ne veut plus le quitter. Sa diction mordante, accentuée, poussée par une emphase nécessaire ou brisée par une trivialité inévitable, enchaîne irrésistiblement l'attention. — On peut dire de lui, comme de la Clairon, qui était une toute petite femme, qu'il grandit à la scène; et c'est la preuve d'un grand talent. — Il a des pétulances terribles, des aspirations lancées à toute volée, des ardeurs concentrées qui font rêver à tout ce qu'on raconte de Kean et de Lekain. Et bien que l'intensité du jeu et la projection redoutable de la volonté tiennent la plus grande part dans cette séduction, tout ce miracle s'accomplit sans effort. Il a, comme certaines substances chimiques, cette saveur qu'on appelle *sui generis*. De pareils artistes, si rares et si précieux, peuvent être quelquefois singuliers; il leur est impossible d'être *mauvais,* c'est-à-dire qu'il ne sauraient jamais déplaire.

Quelque prodigieux que Rouvière se soit montré dans l'indécis et contradictoire Hamlet, tour de force qui fera date dans l'histoire du théâtre, je l'ai toujours trouvé plus à son aise, plus *vrai* dans les personnages absolument tragiques; le théâtre d'action, voilà son domaine. Dans Mordaunt, on peut dire qu'il illuminait véritablement tout le drame. Tout le reste pivotait autour de lui; il avait l'air de la Vengeance expliquant l'Histoire. Quand Mordaunt rapporte à Cromwell sa cargaison de prisonniers voués à la mort, et qu'à la paternelle sollicitude de celui-ci qui lui recommande de se reposer avant de se charger d'une nouvelle mission, Rouvière répondait, en arrachant la lettre de la main du protecteur avec une légèreté sans pareille : *Je ne suis jamais fatigué, monsieur !* ces mots si simples traversaient l'âme comme une épée, et les applaudissements du public, qui est dans la confidence de Mordaunt et qui connaît la raison de son zèle, expiraient dans le frisson. Peut-être était-il encore plus singulièrement tragique, quand son oncle lui débitant la longue kyrielle des crimes de sa mère, il l'interrompait à chaque instant par un cri d'amour filial tout assoiffé de sang : *Monsieur, c'était ma mère !* Il fallait dire cela cinq ou six fois! et à chaque fois c'était neuf et c'était beau.

On était curieux de voir comment Rouvière exprimerait

l'amour et la tendresse dans *Maître Favilla*. Il a été charmant. L'interprète des vengeances, le terrible Hamlet, est devenu le plus délicat, le plus affectueux des époux; il a orné l'amour conjugal d'une fleur de chevalerie exquise. Sa voix solennelle et distinguée vibrait comme celle d'un homme dont l'âme est ailleurs que dans les choses de ce monde; on eût dit qu'il planait dans un azur spirituel. Il y eut unanimité dans l'éloge. Seul, M. Janin, qui avait si bien loué le comédien il y a quelques années, voulut le rendre solidaire de la mauvaise humeur que lui causait la pièce. Où est le grand mal? Si M. Janin tombait trop souvent dans la vérité, il la pourrait bien [a] compromettre.

Insisterai-je sur cette qualité exquise du goût qui préside à l'arrangement des costumes de Rouvière, sur cet art avec lequel il se grime, non pas en miniaturiste et en fat, mais en véritable comédien dans lequel il y a toujours un peintre? Ses costumes voltigent et entourent harmonieusement sa personnalité. C'est bien là une touche précieuse, un trait caractéristique qui marque l'artiste pour lequel il n'y a pas de petites choses.

Je lis dans un singulier philosophe quelques lignes qui me font rêver à l'art des grands acteurs :

« Quand je veux savoir jusqu'à quel point quelqu'un est circonspect ou stupide, jusqu'à quel point il est bon ou méchant, ou quelles sont actuellement ses pensées, je compose mon visage d'après le sien, aussi exactement que possible, et j'attends alors pour savoir quels pensers ou quels sentiments naîtront dans mon esprit ou dans mon cœur, comme pour s'appareiller et correspondre avec ma physionomie. [1] »

Et quand le grand acteur, nourri de son rôle, habillé, grimé, se trouve en face de son miroir, horrible ou charmant, séduisant ou répulsif, et qu'il y contemple cette nouvelle personnalité qui doit devenir la sienne pendant quelques heures, il tire de cette analyse un nouveau parachèvement, une espèce de magnétisme de récurrence. Alors l'opération magique est terminée, le miracle de l'objectivité est accompli, et l'artiste peut prononcer son *Eurêka*. Type d'amour ou d'horreur, il peut entrer en scène.

Tel est Rouvière.

1. Edgar Poe, *la Lettre volée*.

X

EDGAR POE II

EDGAR POE, SA VIE ET SES ŒUVRES[1]

CETTE TRADUCTION EST DÉDIÉE
A
MARIA CLEMM[2]
A LA MÈRE ENTHOUSIASTE ET DÉVOUÉE A CELLE POUR QUI LE POÈTE A ÉCRIT CES VERS

Parce que je sens que, là-haut dans les Cieux,
    Les Anges, quand ils se parlent doucement à l'oreille,
Ne trouvent pas, parmi leurs termes brûlants d'amour,
    D'expression plus fervente que celle *de mère,*
Je vous ai dès longtemps justement appelée de ce grand nom,
    Vous qui êtes plus qu'une mère pour moi
Et remplissez le sanctuaire de mon cœur où la Mort vous a installée
    En affranchissant l'âme de ma Virginia[3].
Ma mère, ma propre mère, qui mourut de bonne heure,
    N'était que *ma* mère, à moi ; mais vous,

---

1. Ce texte, développement de l'article paru dans la *Revue de Paris,* mars-avril 1852, figurait en tête de la traduction des *Histoires extraordinaires* publiée par Baudelaire en 1856 (après avoir paru dans le *Pays* qui publia une série de traductions de Poe par Baudelaire du 24 juillet 1854 au 20 avril 1855).

2. Maria Clemm, belle-mère du poète, s'était dévouée à lui avec une affection en effet admirable, et après sa mort, s'était consacrée à la défense de sa gloire.

3. L'épouse de Poe, morte prématurément.

Vous êtes la mère de celle que j'aimais si tendrement,
Et ainsi vous m'êtes plus chère que la mère que j'ai connue
De tout un infini, — juste comme ma femme
Était plus chère à mon âme que celle-ci à sa propre essence.

C. B.

... Quelque maître malheureux à qui l'inexorable Fatalité a donné une chasse acharnée, toujours plus acharnée, jusqu'à ce que ses chants n'aient plus qu'un unique refrain, jusqu'à ce que les chants funèbres de son Espérance aient adopté ce mélancolique refrain : « Jamais ! Jamais plus ! »

EDGAR POE. — *Le Corbeau.*

Sur son trône d'airain le Destin, qui s'en raille,
Imbibe leur éponge avec du fiel amer,
Et la nécessité les tord dans sa tenaille.

THÉOPHILE GAUTIER. — *Ténèbres.*

I

DANS ces derniers temps, un malheureux fut amené devant nos tribunaux, dont le front était illustré d'un rare et singulier tatouage : *Pas de chance !* Il portait ainsi au-dessus de ses yeux l'étiquette de sa vie, comme un livre son titre, et l'interrogatoire prouve que ce bizarre écriteau était cruellement véridique. Il y a, dans l'histoire littéraire, des destinées analogues, de vraies damnations, — des hommes qui portent le mot *guignon* écrit en caractères mystérieux dans les plis sinueux de leur front [1]. L'Ange aveugle de l'expiation s'est emparé d'eux et les fouette à tour de bras pour l'édification des autres. En vain leur vie montre-t-elle des talents, des vertus, de la grâce; la société a pour eux un anathème spécial, et accuse en eux les infirmités que sa persécution leur a données. — Que ne fit pas Hoffmann pour désarmer la destinée, et que n'entreprit pas Balzac pour conjurer la fortune ? — Existe-t-il donc une Providence diabolique qui prépare le malheur

1. S'il s'agit de Poe, il s'agit aussi de Baudelaire lui-même. Inutile d'insister sur l'importance du thème du *Guignon* dans les *Fleurs du Mal* dont un poème porte ce titre (le poème est de 1852, le titre de 1855).

Cl. B.N.

Edgar Poe par Manet

dès le berceau, — qui jette avec *préméditation* des natures spirituelles et angéliques dans des milieux hostiles, comme des martyrs dans les cirques? Y a-t-il donc des âmes *sacrées,* vouées à l'autel, condamnées à marcher à la mort et à la gloire à travers leurs propres ruines? Le cauchemar des *Ténèbres* [1] assiégera-t-il éternellement ces âmes de choix? Vainement elles se débattent, vainement elles se forment au monde, à ses prévoyances, à ses ruses; elles perfectionneront la prudence, boucheront toutes les issues, matelasseront les fenêtres contre les projectiles du hasard; mais le Diable entrera par une serrure; une perfection sera le défaut de leur cuirasse, et une qualité superlative le germe de leur damnation.

L'aigle, pour le briser, du haut du firmament,
Sur leur front découvert, lâchera la tortue,
Car ils doivent périr inévitablement.

Leur destinée est écrite dans toute leur constitution, elle brille d'un éclat sinistre dans leurs regards et dans leurs gestes, elle circule dans leurs artères avec chacun de leurs globules sanguins.

Un écrivain célèbre de notre temps [2] a écrit un livre pour démontrer que le poète ne pouvait trouver une bonne place ni dans une société démocratique ni dans une aristocratique, pas plus dans une république que dans une monarchie absolue ou tempérée. Qui donc a su lui répondre péremptoirement? J'apporte aujourd'hui une nouvelle légende à l'appui de sa thèse, j'ajoute un saint nouveau au martyrologe : j'ai à écrire l'histoire d'un de ces illustres malheureux, trop riche de poésie et de passion, qui est venu, après tant d'autres, faire en ce bas monde le rude apprentissage du génie chez les âmes inférieures.

Lamentable tragédie que la vie d'Edgar Poe! Sa mort, dénoûment horrible dont l'horreur est accrue par la trivialité! — De tous les documents que j'ai lus est résultée pour moi la conviction que les États-Unis ne furent pour

1. Il s'agit du poème de Théophile Gautier dont trois vers seront cités tout à l'heure.

2. Vigny dans *Stello.* C'est d'ailleurs le thème aussi bien de *Moïse* que de *l'Albatros.*

Poe qu'une vaste prison qu'il parcourait avec l'agitation fiévreuse d'un être fait pour respirer dans un monde plus aromal, — qu'une grande barbarie éclairée au gaz, — et que sa vie intérieure, spirituelle de poète ou même d'ivrogne n'était qu'un effort perpétuel pour échapper à l'influence de cette atmosphère antipathique. Impitoyable dictature que celle de l'opinion dans les sociétés démocratiques; n'implorez d'elle ni charité, ni indulgence, ni élasticité quelconque dans l'application de ses lois aux cas multiples et complexes de la vie morale [1]. On dirait que de l'amour impie de la liberté est née une tyrannie nouvelle, la tyrannie des bêtes, ou zoocratie. qui par son insensibilité féroce ressemble à l'idole de Jaggernaut. — Un biographe nous dira gravement — il est bien intentionné, le brave homme — que Poe, s'il avait voulu régulariser son génie et appliquer ses facultés créatrices d'une manière plus appropriée au sol américain, aurait pu devenir un auteur à argent, *a money making author;* — un autre, — un naïf cynique, celui-là, — que, quelque beau que soit le génie de Poe, il eût mieux valu pour lui n'avoir que du talent, le talent s'escomptant toujours plus facilement que le génie. Un autre, qui a dirigé des journaux et des revues, un ami du poète, avoue qu'il était difficile de l'employer et qu'on était obligé de le payer moins que d'autres, parce qu'il écrivait dans un style trop au-dessus du vulgaire. *Quelle odeur de magasin!* comme disait Joseph de Maistre [2].

Quelques-uns ont osé davantage, et, unissant l'inintelligence la plus lourde de son génie à la férocité de l'hypocrisie bourgeoise, l'ont insulté à l'envi; et, après sa soudaine disparition, ils ont rudement morigéné ce cadavre ,— particulièrement M. Rufus Griswold [3], qui, pour rappeler ici l'expression vengeresse de M. George Graham, a commis alors une immortelle infamie. Poe, éprouvant peut-être le sinistre pressentiment d'une fin subite, avait désigné MM. Griswold et Willis pour mettre ses œuvres en ordre,

1. En fait Poe ne fut pas un martyr et il connut même, dans la société américaine, un assez grand succès comme critique, sinon comme poète.

2. *Soirées de Saint-Pétersbourg,* VI. On se rappellera que de Maistre fut avec Poe le maître à *penser* de Baudelaire. (*Mon Cœur mis à nu,* 89).

3. Le premier biographe de Poe, qui, sans qu'on puisse vraiment le taxer d'*infamie,* fit preuve d'une singulière incompréhension, et provoqua la protestation des autres amis du poète, Graham et Willis.

écrire sa vie et restaurer sa mémoire. Ce pédagogue-vampire a diffamé longuement son ami dans un énorme article, plat et haineux, juste en tête de l'édition posthume de ses œuvres. — Il n'existe donc pas en Amérique d'ordonnance qui interdise aux chiens l'entrée des cimetières? — Quant à M. Willis, il a prouvé, au contraire, que la bienveillance et la décence marchaient toujours avec le véritable esprit, et que la charité envers nos confrères, qui est un devoir moral, était aussi un des commandements du goût.

Causez de Poe avec un Américain, il avouera peut-être son génie, peut-être même s'en montrera-t-il fier; mais, avec un ton sardonique supérieur qui sent son homme positif, il vous parlera de la vie débraillée du poète, de son haleine alcoolisée qui aurait pris feu à la flamme d'une chandelle, des ses habitudes vagabondes; il vous dira que c'était un être erratique et hétéroclite, une planète désorbitée, qu'il roulait sans cesse de Baltimore à New-York, de New-York à Philadelphie, de Philadelphie à Boston, de Boston à Baltimore, de Baltimore à Richmond. Et si, le cœur ému par ces préludes d'une histoire navrante, vous donnez à entendre que l'individu n'est peut-être pas seul coupable et qu'il doit être difficile de penser et d'écrire commodément dans un pays où il y a des millions de souverains, un pays sans capitale à proprement parler et sans aristocratie, — alors vous verrez ses yeux s'agrandir et jeter des éclairs, la bave du patriotisme souffrant lui monter aux lèvres, et l'Amérique, par sa bouche, lancer des injures à l'Europe, sa vieille mère, et à la philosophie des anciens jours.

Je répète que pour moi la persuasion s'est faite qu'Edgar Poe et sa patrie n'étaient pas de niveau. Les États-Unis sont un pays gigantesque et enfant, naturellement jaloux du vieux continent. Fier de son développement matériel, anormal et presque monstrueux, ce nouveau venu dans l'histoire a une foi naïve dans la toute-puissance de l'industrie; il est convaincu, comme quelques malheureux parmi nous, qu'elle finira par manger le Diable. Le temps et l'argent ont là-bas une valeur si grande! L'activité matérielle, exagérée jusqu'aux proportions d'une manie nationale, laisse dans les esprits bien peu de place pour les choses qui ne sont pas de la terre. Poe, qui était de bonne souche, et qui d'ailleurs professait que le grand malheur de son pays était de n'avoir pas d'aristocratie de race, attendu, disait-il, que chez un peuple sans aristocratie le culte du Beau ne peut que se corrompre, s'amoindrir et disparaître, — qui accusait chez ses concitoyens, jusque dans leur luxe emphatique et coûteux, tous les symptômes du mauvais goût caractéristique des parvenus, — qui considérait le Progrès, la grande idée moderne, comme une extase de gobe-mouches, et qui appelait les *perfectionnements* de l'habitacle humain des cicatrices et des abominations rectangulaires, — Poe était là-bas un cerveau singulièrement solitaire. Il ne croyait qu'à l'immuable, à l'éternel, au *selfsame*, et il jouissait — cruel privilége dans une société amoureuse d'elle-même ! — de ce grand bon sens à la Machiavel qui marche devant le sage, comme une colonne lumineuse, à travers le désert de l'histoire [1]. — Qu'eût-il pensé, qu'eût-il écrit, l'infortuné, s'il avait entendu la théologienne du sentiment [2] supprimer l'Enfer par amitié pour le genre humain, le philosophe du chiffre [3] proposer un système d'assurances, une souscription à un sou par tête pour la suppression de la guerre, — et l'abolition de la peine de mort et de l'orthographe, ces deux folies corrélatives [4] !— et tant d'autres malades qui écrivent, *l'oreille inclinée au vent,* des fantaisies giratoires aussi flatueuses que l'élément qui les leur dicte ? — Si vous ajoutez à cette vision impeccable du vrai, véritable infirmité dans de certaines circonstances, une délicatesse exquise de sens qu'une note fausse torturait, une finesse de goût que tout, excepté l'exacte proportion, révoltait, un amour insatiable du Beau, qui

1. Ce portrait moral d'Edgar Poe n'est pas inexact mais il est peut-être trop baudelairien pour être pleinement vrai. C'est une interprétation *maistrienne* de l'Américain qui, en tout état de cause, avait été, dans son pays, un critique écouté et reconnu.

2. George Sand, le *Prudhomme de l'immoralité* (Cf. *Mon Cœur mis à nu,* XXVI-XXVIII, textes reproduits p. 894).

3. Girardin, le directeur de *la Presse,* une des bêtes noires de Baudelaire (cf. *Mon Cœur mis à nu*, IV, LI).

4. Pour Baudelaire, *la peine de mort est le résultat d'une idée mystique totalement incomprise aujourd'hui,* et cette idée n'est pas sans rapport avec le dandysme ; d'où cette notation à propos d'E. Poe considéré comme un modèle de dandysme (*Mon Cœur mis à nu,* XXI ; dans ce même Journal intime — XXIII — un lien est établi entre les *abolisseurs de la peine de mort, les abolisseurs d'âme* et les *abolisseurs d'enfer ;* or, parmi ces derniers, figure George Sand).

avait pris la puissance d'une passion morbide, vous ne vous étonnerez pas que pour un pareil homme la vie soit devenue un enfer, et qu'il ait mal fini; vous admirerez qu'il ait pu *durer* aussi longtemps.

II

La famille de Poe était une des plus respectacles de Baltimore. Son grand-père maternel[1] avait servi comme *quarter-master-general* dans la guerre de l'Indépendance, et La Fayette l'avait en haute estime et amitié. Celui-ci, lors de son dernier voyage aux États-Unis, voulut voir la veuve du général et lui témoigner sa gratitude pour les services que lui avait rendus son mari. Le bisaïeul avait épousé une fille de l'amiral anglais Mac Bride, qui était allié avec les plus nobles maisons d'Angleterre. David Poe, père d'Edgar et fils du général, s'éprit violemment d'une actrice anglaise, Elisabeth Arnold, célèbre par sa beauté; il s'enfuit avec elle et l'épousa. Pour mêler plus intimement sa destinée à la sienne, il se fit comédien et parut avec sa femme sur différents théâtres, dans les principales villes de l'Union. Les deux époux moururent à Richmond presque en même temps, laissant dans l'abandon et le dénûment le plus complet trois enfants en bas âge, dont Edgar.

Edgar Poe était né à Baltimore, en 1813[2]. — C'est d'après son propre dire que je donne cette date, car il a réclamé contre l'affirmation de Griswold, qui place sa naissance en 1811. — Si jamais l'esprit de roman, pour me servir d'une expression de notre poète, a présidé à une naissance, — esprit sinistre et orageux! — certes, il présida à la sienne. Poe fut véritablement l'enfant de la passion et de l'aventure. Un riche négociant de la ville, M. Allan, s'éprit de ce joli malheureux que la nature avait doté d'une manière charmante, et, comme il n'avait pas d'enfants, il l'adopta. Celui-ci s'appela donc désormais Edgar Allan Poe. Il fut ainsi élevé dans une belle aisance et dans l'espérance légitime d'une de ces fortunes qui donnent au caractère

1. Est-ce une coquille ? Baudelaire dira tout à l'heure que le *père* de Poe était le fils de ce général, ce qui est exact.

2. En fait, Poe est né à Boston le 19 janvier 1809.

une superbe certitude. Ses parents adoptifs l'emmenèrent dans un voyage qu'ils firent en Angleterre, en Écosse et en Irlande, et, avant de retourner dans leur pays, ils le laissèrent chez le docteur Bransby, qui tenait une importante maison d'éducation à Stoke-Newington, près de Londres. — Poe a lui-même, dans *William Wilson,* décrit cette étrange maison bâtie dans le vieux style d'Élisabeth et les impressions de sa vie d'écolier.

Il revint à Richmond en 1822, et continua ses études en Amérique, sous la direction des meilleurs maîtres de l'endroit. À l'université de Charlottesville, où il entra en 1825 [1], il se distingua, non seulement par une intelligence quasi miraculeuse, mais aussi par une abondance presque sinistre de passions, — une précocité vraiment américaine, — qui finalement fut la cause de son expulsion [2]. Il est bon de noter en passant que Poe avait déjà, à Charlottesville, manifesté une aptitude des plus remarquables pour les sciences physiques et mathématiques. Plus tard il en fera un usage fréquent dans ses étranges contes, et en tirera des moyens très inattendus. Mais j'ai des raisons de croire que ce n'est pas à cet ordre de compositions qu'il attachait le plus d'importance, et que — peut-être même à cause de cette précoce aptitude — il n'était pas loin de les considérer comme de *faciles* jongleries, comparativement aux ouvrages de pure imagination. — Quelques malheureuses dettes de jeu amenèrent une brouille momentanée entre lui et son père adoptif, et Edgar — fait des plus curieux et qui prouve, quoi qu'on ait dit, une dose de chevalerie assez forte dans son impressionnable cerveau — conçut le projet de se mêler à la guerre des Hellènes et d'aller combattre les Turcs. Il partit donc pour la Grèce. — Que devint-il en Orient? Qu'y fit-il? Étudia-t-il les rivages classiques de la Méditerranée? — Pourquoi le trouvons-nous à Saint-Pétersbourg, sans passe-port, compromis, et dans quelle sorte d'affaire, obligé d'en appeler au ministre américain, Henry Middleton, pour échapper à la pénalité russe et retourner chez lui? — On l'ignore; il y a là une lacune que lui seul aurait pu combler, La vie d'Edgar Poe, sa

1. C'est en 1826 que Poe entra à l'université de Virginie.
2. En fait, c'est le père adoptif du jeune homme qui, mécontent de sa conduite, le retira de l'Université.

jeunesse, ses aventures en Russie et sa correspondance ont été longtemps annoncées par les journaux américains et n'ont jamais paru [1].

Revenu en Amérique en 1829, il manifesta le désir d'entrer à l'école militaire de West-Point; il y fut admis en effet, et, là comme ailleurs, il donna les signes d'une intelligence admirablement douée, mais indisciplinable, et, au bout de quelques mois, il fut rayé. — En même temps se passait dans sa famille adoptive un événement qui devait avoir les conséquences les plus graves sur toute sa vie. Mme Allan, pour laquelle il semble avoir éprouvé une affection réellement filiale, mourait, et M. Allan épousait une femme toute jeune. Une querelle domestique prend ici place — une histoire bizarre et ténébreuse que je ne peux pas raconter, parce qu'elle n'est clairement expliquée par aucun biographe. Il n'y a donc pas lieu de s'étonner qu'il se soit définitivement séparé de M. Allan, et que celui-ci, qui eut des enfants de son second mariage, l'ait complètement frustré de sa succession.

Peu de temps après avoir quitté Richmond, Poe publia un petit volume de poésies; c'était en vérité une aurore éclatante. Pour qui sait sentir la poésie anglaise, il y a là déjà l'accent extra-terrestre, le calme dans la mélancolie, la solennité délicieuse, l'expérience précoce, — j'allais, je crois, dire *expérience innée*, — qui caractérisent les grands poètes.

La misère le fit quelque temps soldat [2], et il est présumable qu'il se servit des lourds loisirs de la vie de garnison pour préparer les matériaux de ses futures compositions, — compositions étranges, qui semblent avoir été créées pour nous démontrer que l'étrangeté est une des parties intégrantes du beau. Rentré dans la vie littéraire, le seul élément où puissent respirer certains êtres déclassés, Poe se mourait dans une misère extrême, quand un hasard heureux le releva. Le propriétaire d'une revue venait de

---

1. Il y a là une confusion que Poe s'était plu à entretenir. C'est son frère Henry qui avait, en 1827, fait le voyage dont il est ici question. Mais Edgar racontait volontiers comme siennes les aventures de son frère.

2. Cette aventure se situe avant l'entrée à West-Point, de 1827 à 1829. C'est sans doute pour masquer cet épisode peu reluisant que Poe laissait croire qu'il était alors allé en Russie.

fonder deux prix, l'un pour le meilleur conte, l'autre pour le meilleur poème. Une écriture singulièrement belle attira les yeux de M. Kennedy, qui présidait le comité, et lui donna l'envie d'examiner lui-même les manuscrits. Il se trouva que Poe avait gagné les deux prix; mais un seul lui fut donné. Le président de la commission fut curieux de voir l'inconnu. L'éditeur du journal lui amena un jeune homme d'une beauté frappante, en guenilles, boutonné jusqu'au menton, et qui avait l'air d'un gentilhomme aussi fier qu'affamé. Kennedy se conduisit bien. Il fit faire à Poe la connaissance d'un M. Thomas White, qui fondait à Richmond le *Southern Literary Messenger*. M. White était un homme d'audace, mais sans aucun talent littéraire; il lui fallait un aide. Poe se trouva donc tout jeune, — à vingt-deux ans, — directeur d'une revue dont la destinée reposait tout entière sur lui. Cette prospérité, il la créa. Le *Southern Literary Messenger* a reconnu depuis lors que c'était à cet excentrique maudit, à cet ivrogne incorrigible qu'il devait sa clientèle et sa fructueuse notoriété. C'est dans ce *magazine* que parut pour la première fois l'*Aventure sans pareille d'un certain Hans Pfaall,* et plusieurs autres contes que nos lecteurs verront défiler sous leurs yeux. Pendant près de deux ans, Edgar Poe, avec une ardeur merveilleuse, étonna son public par une série de compositions d'un genre nouveau et par des articles critiques dont la vivacité, la netteté, la sévérité raisonnées étaient bien faites pour attirer les yeux. Ces articles portaient sur des livres de tout genre, et la forte éducation que le jeune homme s'était faite ne le servit pas médiocrement. Il est bon qu'on sache que cette besogne considérable se faisait pour cinq cents dollars, c'est-à-dire deux mille sept cents francs par an. — *Immédiatement,* — dit Griswold, ce qui veut dire : « Il se croyait assez riche, l'imbécile ! » — il épousa une jeune fille, belle, charmante, d'une nature aimable et héroïque, mais *ne possédant pas un sou,* — ajoute le même Griswold avec une nuance de dédain. C'était une demoiselle Virginia Clemm, sa cousine.

Malgré les services rendus à son journal, M. White se brouilla avec Poe au bout de deux ans, à peu près. La raison de cette séparation se trouve évidemment dans les accès d'hypocondrie et les crises d'ivrognerie du poète, — accidents caractéristiques qui assombrissaient son ciel spirituel, comme ces nuages lugubres qui donnent soudainement au plus romantique paysage un air de mélancolie en apparence irréparable. — Dès lors, nous verrons l'infortuné déplacer sa tente, comme un homme du désert, et transporter ses légers pénates dans les principales villes de l'Union. Partout, il dirigera des revues ou y collaborera d'une manière éclatante. Il répandra avec une éblouissante rapidité des articles critiques, philosophiques, et des contes pleins de magie qui paraissent réunis sous le titre de *Tales of the Grotesque and the Arabesque* — titre remarquable et intentionnel, car les ornements grotesques et arabesques repoussent la figure humaine, et l'on verra qu'à beaucoup d'égards la littérature de Poe est extra ou supra-humaine. Nous apprendrons par des notes blessantes et scandaleuses insérées dans les journaux que M. Poe et sa femme se trouvent dangereusement malades à Fordham et dans une absolue misère. Peu de temps après la mort de Mme Poe, le poète subit les premières attaques du *delirium tremens*. Une note nouvelle paraît soudainement dans un journal, — celle-là plus que cruelle, — qui accuse son mépris et son dégoût du monde et lui fait un de ces procès de tendance, véritables réquisitoires de l'opinion, contre lesquels il eut toujours à se défendre, — une des luttes les plus stérilement fatigantes que je connaisse.

Sans doute, il gagnait de l'argent, et ses travaux littéraires pouvaient à peu près le faire vivre. Mais j'ai les preuves qu'il avait sans cesse de dégoûtantes difficultés à surmonter. Il rêva, comme tant d'autres écrivains, une *Revue* à lui, il voulut être *chez lui*, et le fait est qu'il avait suffisamment souffert pour désirer ardemment cet abri définitif pour sa pensée. Pour arriver à ce résultat, pour se procurer une somme d'argent suffisante, il eut recours aux *lectures*[1]. On sait ce que sont ces lectures, — une espèce de spéculation, le Collège de France mis à la disposition de tous les littérateurs, l'auteur ne publiant sa *lecture* qu'après qu'il en a tiré toutes les recettes qu'elle peut rendre. Poe avait déjà donné à New-York une *lecture* d'*Eureka*, son poème cosmogonique, qui avait même soulevé de grosses discussions. Il imagina cette fois de donner des *lectures* dans son pays, dans la Virginie. Il comptait, comme il l'écrivait à Willis, faire une tournée dans l'Ouest et le Sud, et il espé-

1. Le mot anglais désigne simplement des conférences.

rait le concours de ses amis littéraires et de ses anciennes connaissances de collège et de West-Point. Il visita donc les principales villes de la Virginie, et Richmond revit celui qu'on y avait connu si jeune, si pauvre, si délabré. Tous ceux qui n'avaient pas vu Poe depuis les jours de son obscurité accoururent en foule pour contempler leur illustre compatriote. Il apparut, beau, élégant, correct comme le génie. Je crois même que, depuis quelque temps, il avait poussé la condescendance jusqu'à se faire admettre dans une société de tempérance. Il choisit un thème aussi large qu'élevé : *le Principe de la Poésie*, et il le développa avec cette lucidité qui est un de ses privilèges [1]. Il croyait, en vrai poète qu'il était, que le but de la poésie est de même nature que son principe, et qu'elle ne doit pas avoir en vue autre chose qu'elle-même.

Le bel accueil qu'on lui fit inonda son pauvre cœur d'orgueil et de joie ; il se montrait tellement enchanté qu'il parlait de s'établir définitivement à Richmond et de finir sa vie dans les lieux que son enfance lui avait rendus chers. Cependant, il avait affaire à New-York, et il partit le 4 octobre, se plaignant de frissons et de faiblesses. Se sentant toujours assez mal en arrivant à Baltimore, le 6, au soir, il fit porter ses bagages à l'embarcadère d'où il devait se diriger sur Philadelphie, et entra dans une taverne pour y prendre un excitant quelconque. Là, malheureusement il rencontra de vieilles connaissances et s'attarda. Le lendemain matin, dans les pâles ténèbres du petit jour, un cadavre fut trouvé sur la voie, — est-ce ainsi qu'il faut dire? — non, un corps vivant encore, mais que la Mort avait déjà marqué de sa royale estampille. Sur ce corps, dont on ignorait le nom, on ne trouva ni papiers ni argent, et on le porta dans un hôpital. C'est là que Poe mourut le soir même du dimanche 7 octobre 1849, à l'âge de trente-sept ans, vaincu par le *delirium tremens*, ce terrible visiteur qui avait déjà hanté son cerveau une ou deux fois. Ainsi disparut de ce monde un des plus grands héros littéraires, l'homme de génie qui avait écrit dans *le Chat noir* ces mots fatidiques : *Quelle maladie est comparable à l'alcool !*

---

1. C'est ce texte que Baudelaire utilisera dans ses *Notes nouvelles* (cf. *infra*).

Cette mort est presque un suicide [1], — un suicide préparé depuis longtemps. Du moins, elle en causa le scandale. La clameur fut grande, et la *vertu* donna carrière à son *cant* emphatique, librement et voluptueusement. Les oraisons funèbres les plus indulgentes ne purent pas ne pas donner place à l'inévitable morale bourgeoise, qui n'eut garde de manquer une si admirable occasion. M. Griswold diffama ; M. Willis, sincèrement affligé, fut mieux que convenable. — Hélas, celui qui avait franchi les hauteurs les plus ardues de l'esthétique et plongé dans les abîmes les moins explorés de l'intellect humain, celui qui, à travers une vie qui ressemble à une tempête sans accalmie, avait trouvé des moyens nouveaux, des procédés inconnus pour étonner l'imagination, pour séduire les esprits assoiffés de Beau, venait de mourir en quelques heures dans un lit d'hôpital, — quelle destinée ! Et tant de grandeur et tant de malheur, pour soulever un tourbillon de phraséologie bourgeoise, pour devenir la pâture et le thème des journalistes vertueux !

Ut declamatio fias !

Ces spectacles ne sont pas nouveaux ; il est rare qu'une sépulture fraîche et illustre ne soit pas rendez-vous de scandales. D'ailleurs, la société n'aime pas ces enragés malheureux, et, soit qu'ils troublent ses fêtes, soit qu'elle les considère naïvement comme des remords, elle a incontestablement raison. Qui ne se rappelle les déclamations parisiennes lors de la mort de Balzac, qui cependant mourut correctement ? — Et plus récemment encore, il y a aujourd'hui, 26 janvier, juste un an, — quand un écrivain d'une honnêteté admirable [2], d'une haute intelligence, et *qui fut toujours lucide*, alla discrètement, sans déranger personne, —

---

1. Affirmation contestable. Mais il semble qu'alors Baudelaire ait été hanté par l'idée du suicide, hantise encore renforcée par le récent suicide de Gérard de Nerval auquel il fera allusion tout à l'heure. Il reste qu'une certaine fascination de la Mort, la *marque* de *sa royale estampille* est bien commune à Poe, Nerval et Baudelaire, dont ce texte souligne la fraternité spirituelle.

2. Gérard de Nerval. Baudelaire reprendra ce même thème après la mort de Delacroix (cf. l'article nécrologique *E. Delacroix, sa vie, son œuvre*, pp.418.)

si discrètement que sa discrétion ressemblait à du mépris, — délier son âme dans la rue la plus noire qu'il put trouver, — quelles dégoûtantes homélies! — quel assassinat raffiné! Un journaliste célèbre, à qui Jésus n'enseignera jamais les manières généreuses, trouva l'aventure assez joviale pour la célébrer en un gros calembour. — Parmi l'énumération nombreuse des *droits de l'homme* que la sagesse du XIXe siècle recommence si souvent et si complaisamment, deux assez importants ont été oubliés, qui sont le droit de se contredire et le droit de *s'en aller*. Mais la *société* regarde celui qui s'en va comme un insolent; elle châtierait volontiers certaines dépouilles funèbres, comme ce malheureux soldat, atteint de vampirisme, que la vue d'un cadavre exaspérait jusqu'à la fureur. — Et cependant, on peut dire que, sous la pression de certaines circonstances, après un sérieux examen de certaines incompatibilités, avec de fermes croyances à de certains dogmes et métempsycoses, — on peut dire, sans emphase et sans jeu de mots, que le suicide est parfois l'action la plus raisonnable de la vie. — Et ainsi se forme une compagnie de fantômes déjà nombreuse, qui nous hante familièrement, et dont chaque membre vient nous vanter son repos actuel et nous verser ses persuasions.

Avouons toutefois que la lugubre fin de l'auteur d'*Eureka* suscita quelques consolantes exceptions, sans quoi il faudrait désespérer, et la place ne serait plus tenable. M. Willis, comme je l'ai dit, parla honnêtement, et même avec émotion, des bons rapports qu'il avait toujours eus avec Poe. MM. John Neal et George Graham rappelèrent M. Griswold à la pudeur. M. Longfellow — et celui-ci est d'autant plus méritant que Poe l'avait cruellement maltraité — sut louer d'une manière digne d'un poète sa haute puissance comme poète et comme prosateur. Un inconnu écrivit que l'Amérique littéraire avait perdu sa plus forte tête.

Mais le cœur brisé, le cœur déchiré, le cœur percé des sept glaives fut celui de Mme Clemm. Egdar était à la fois son fils et sa fille. Rude destinée, dit Willis, à qui j'emprunte ces détails, presque mot pour mot, rude destinée que celle qu'elle surveillait et protégeait. Car Edgar Poe était un homme embarrassant; outre qu'il écrivait avec une fastidieuse difficulté et *dans un style trop au-dessus du niveau intellectuel commun pour qu'on pût le payer cher*, il était toujours plongé dans des embarras d'argent, et souvent lui et sa femme malade manquaient des choses les plus nécessaires à la vie. Un jour, Willis vit entrer dans son bureau une femme vieille, douce, grave. C'était Mme Clemm. Elle *cherchait de l'ouvrage* pour son cher Edgar. Le biographe dit qu'il fut sincèrement frappé, non pas seulement de l'éloge parfait, de l'appréciation exacte qu'elle faisait des talents de son fils, mais aussi de tout son être extérieur, — de sa voix douce et triste, de ses manières un peu surannées, mais belles et grandes. Et pendant plusieurs années, ajoute-t-il, nous avons vu cet infatigable serviteur du génie, pauvrement et insuffisamment vêtu, allant de journal en journal pour vendre tantôt un poème, tantôt un article, disant quelquefois qu'*il* était malade, — unique explication, unique raison, invariable excuse qu'elle donnait quand son fils se trouvait frappé momentanément d'une de ces stérilités que connaissent les écrivains nerveux, — et ne permettant jamais à ses lèvres de lâcher une syllabe qui pût être interprétée comme un doute, comme un amoindrissement de confiance dans le génie et la volonté de son bien-aimé. Quand sa fille mourut, elle s'attacha au survivant de la désastreuse bataille avec une ardeur maternelle renforcée, elle vécut avec lui, prit soin de lui, le surveillant, le défendant contre la vie et contre lui-même. Certes, — conclut Willis avec une haute et impartiale raison, — si le dévouement de la femme, né avec un premier amour et entretenu par la passion humaine, glorifie et consacre son objet, que ne dit pas en faveur de celui qui l'inspira un dévouement comme celui-ci, pur, désintéressé et saint comme une sentinelle divine[1] ? Les détracteurs de Poe auraient dû en effet remarquer qu'il est des séductions si puissantes qu'elles ne peuvent être que des vertus.

On devine combien terrible fut la nouvelle pour la malheureuse femme. Elle écrivit à Willis une lettre dont voici quelques lignes :

« J'ai appris ce matin la mort de mon bien-aimé Eddie... Pouvez-vous me transmettre quelques détails, quelques circonstances?... Oh! n'abandonnez pas votre pauvre amie dans cette amère affliction... Dites à M. ... de venir me voir; j'ai à m'acquitter envers lui d'une commission

1. Peut-être en écrivant cet éloge de Mme Clemm, Baudelaire pense-t-il donner une leçon à sa propre mère.

de la part de mon pauvre Eddie... Je n'ai pas besoin de vous prier d'annoncer sa mort, et de parler bien de lui. Je sais que vous le ferez. *Mais dites bien quel fils affectueux il était pour moi, sa pauvre mère désolée...* »

Cette femme m'apparaît grande et plus qu'antique. Frappée d'un coup irréparable, elle ne pense qu'à la réputation de celui qui était tout pour elle, et il ne suffit pas, pour la contenter, qu'on dise qu'il était un génie, il faut qu'on sache qu'il était un homme de devoir et d'affection. Il est évident que cette mère — flambeau et foyer allumés par un rayon du plus haut ciel — a été donnée en exemple à nos races trop peu soigneuses du dévouement, de l'héroïsme, et de tout ce qui est plus que le devoir. N'était-ce pas justice d'inscrire au-dessus des ouvrages du poète le nom de celle qui fut le soleil moral de sa vie? Il embaumera dans sa gloire le nom de la femme dont la tendresse savait panser ses plaies, et dont l'image voltigera incessamment au-dessus du martyrologe de la littérature.

III

La vie de Poe, ses mœurs, ses manières, son être physique, tout ce qui constitue l'ensemble de son personnage, nous apparaissent comme quelque chose de ténébreux et de brillant à la fois. Sa personne était singulière, séduisante et, comme ses ouvrages, marquée d'un indéfinissable cachet de mélancolie. Du reste, il était remarquablement bien doué de toutes façons. Jeune, il avait montré une rare aptitude pour tous les exercices physiques, et bien qu'il fût petit, avec des pieds et des mains de femme, tout son être portant d'ailleurs ce caractère de délicatesse féminine, il était plus que robuste et capable de merveilleux traits de force. Il a, dans sa jeunesse, gagné un pari de nageur qui dépasse la mesure ordinaire du possible. On dirait que la Nature fait à ceux dont elle veut tirer de grandes choses un tempérament énergique, comme elle donne une puissante vitalité aux arbres qui sont chargés de symboliser le deuil et la douleur. Ces hommes-là, avec des apparences quelquefois chétives, sont taillés en athlètes, bons pour l'orgie et pour le travail, prompts aux excès et capables d'étonnantes sobriétés.

Il est quelques points relatifs à Edgar Poe, sur lesquels il y a un accord unanime, par exemple sa haute distinction naturelle, son éloquence et sa beauté, dont, à ce qu'on dit, il tirait un peu de vanité. Ses manières, mélange singulier de hauteur avec une douceur exquise, étaient pleines de certitude. Physionomie, démarche, gestes, air de tête, tout le désignait, surtout dans ses bons jours, comme une créature d'élection. Tout son être respirait une solennité pénétrante. Il était réellement marqué par la nature, comme ces figures de passants qui tirent l'œil de l'observateur et préoccupent sa mémoire. Le pédant et aigre Griswold lui-même avoue que, lorsqu'il alla rendre visite à Poe, et qu'il le trouva pâle et malade encore de la mort et de la maladie de sa femme, il fut frappé outre mesure, non seulement de la perfection de ses manières, mais encore de la physionomie aristocratique, de l'atmosphère parfumée de son appartement, d'ailleurs assez modestement meublé. Griswold ignore que le poète a plus que tous les hommes ce merveilleux privilége attribué à la femme parisienne et à l'Espagnole, de savoir se parer avec un rien, et que Poe aurait trouvé l'art de transformer une chaumière en un palais d'une espèce nouvelle [1]. N'a-t-il pas écrit, avec l'esprit le plus original et le plus curieux, des projets de mobiliers, des plans de maisons de campagne, de jardins et de réformes de paysages [2]?

Il existe une lettre charmante de Mme Frances Osgood, qui fut une des amies de Poe, et qui nous donne sur ses mœurs, sur sa personne et sur sa vie de ménage les plus curieux détails. Cette femme, qui était elle-même un littérateur distingué, nie courageusement tous les vices et toutes les fautes reprochés au poète.

« Avec les hommes, dit-elle à Griswold, peut-être était-il tel que vous le dépeignez, et comme homme vous pouvez avoir raison. Mais je pose en fait qu'avec les femmes, il était tout autre, et que jamais femme n'a pu connaître M. Poe sans éprouver pour lui un profond intérêt. Il ne m'a jamais apparu que comme un modèle d'élégance, de distinction et de générosité...

« La première fois que nous nous vîmes, ce fut à *Astor-*

---

1. C'est le thème de la *Chambre double* des *Poèmes en prose* et de nombreux autres textes baudelairiens.

2. Cf. la *Philosophie de l'ameublement.*

House. Willis m'avait fait passer à table d'hôte *le Corbeau,* sur lequel l'auteur, me dit-il, désirait connaître mon opinion. La musique mystérieuse et surnaturelle de ce poème étrange me pénétra si intimement que, lorsque j'appris que Poe désirait m'être présenté, j'éprouvai un sentiment singulier et qui ressemblait à de l'effroi. Il parut avec sa belle et orgueilleuse tête, ses yeux sombres qui dardaient une lumière d'élection, une lumière de sentiment et de pensée, avec ses manières qui étaient un mélange intraduisible de hauteur et de suavité — il me salua, calme, grave, presque froid; mais sous cette froideur vibrait une sympathie si marquée que je ne pus m'empêcher d'en être profondément impressionnée. A partir de ce moment jusqu'à sa mort, nous fûmes amis..., et je sais que, dans ses dernières paroles, j'ai eu ma part de souvenir, et qu'il m'a donné, avant que sa raison ne fût culbutée de son trône de souveraine, une preuve suprême de sa fidélité en amitié.

« C'était surtout dans son intérieur, à la fois simple et poétique, que le caractère d'Edgar Poe apparaissait pour moi dans sa plus belle lumière. Folâtre, affectueux, spirituel, tantôt docile et tantôt méchant comme un enfant gâté, il avait toujours pour sa jeune, douce et adorée femme, et pour tous ceux qui venaient, même au milieu de ses plus fatigantes besognes littéraires, un mot aimable, un sourire bienveillant, des attentions gracieuses et courtoises. Il passait d'interminables heures à son pupitre, sous le portrait de sa *Lenore*, l'aimée et la morte, toujours assidu, toujours résigné et fixant avec son admirable écriture les brillantes fantaisies qui traversaient son étonnant cerveau incessamment en éveil. — Je me rappelle l'avoir vu un matin plus joyeux et plus allègre que de coutume. Virginia, sa douce femme, m'avait prié d'aller les voir et il m'était impossible de résister à ces sollicitations... Je le trouvai travaillant à la série d'articles qu'il a publiés sous le titre : *the Literati of New-York*. « Voyez », me dit-il, en déployant avec un rire de triomphe plusieurs petits rouleaux de papier (il écrivait sur des bandes étroites, sans doute pour conformet sa copie à la *justification* des journaux), « je vais vous « montrer par la différence des longueurs les divers degrés « d'estime que j'ai pour chaque membre de votre gent « littéraire. Dans chacun de ces papiers, l'un de vous est « peloté et proprement discuté. — Venez ici, Virginia, « et aidez-moi ! » Et ils les déroulèrent tous un à un. A la fin, il y en avait un qui semblait interminable. Virginia, tout en riant, reculait jusqu'à un coin de la chambre le tenant par un bout, et son mari vers un autre coin avec l'autre bout. « Et quel est l'heureux, dis-je, que vous « avez jugé digne de cette incommensurable douceur? — « L'entendez-vous, s'écriait-il, comme si son vaniteux petit « cœur ne lui avait pas déjà dit que c'est elle-même! »

« Quand je fus obligée de voyager pour ma santé, j'entretins une correspondance régulière avec Poe, obéissant en cela aux vives sollicitations de sa femme, qui croyait que je pouvais obtenir sur lui une influence et un ascendant salutaires... Quant à l'amour et à la confiance qui existaient entre sa femme et lui, et qui étaient pour moi un spectacle délicieux, je n'en saurais parler avec trop de conviction, avec trop de chaleur. Je néglige quelques petits épisodes poétiques dans lesquels le jeta son tempérament romanesque. Je pense qu'elle était la seule femme qu'il ait toujours véritablement aimée... »

Dans les Nouvelles de Poe, il n'y a jamais d'amour. Du moins *Ligeia*, *Eleonora* ne sont pas, à proprement parler, des histoires d'amour, l'idée principale sur laquelle pivote l'œuvre étant tout autre. Peut-être croyait-il que la prose n'est pas une langue à la hauteur de ce bizarre et presque intraduisible sentiment; car ses poésies, en revanche, en sont fortement saturées [1]. La divine passion y apparaît magnifique, étoilée, et toujours voilée d'une irrémédiable mélancolie. Dans ses articles, il parle quelquefois de l'amour, et même comme d'une chose dont le nom fait frémir la plume. Dans *the Domain of Arnheim*, il affirmera que les quatre conditions élémentaires du bonheur sont : la vie en plein air, l'*amour d'une femme*, le détachement de toute ambition et la création d'un Beau nouveau. — Ce qui corrobore l'idée de Mme Frances Osgood relativement au respect chevaleresque de Poe pour les femmes, c'est que, malgré son prodigieux talent pour le grotesque et l'horrible, il n'y a pas dans toute son œuvre un seul passage qui ait trait à la lubricité ou même aux jouissances sensuelles. Ses portraits de femmes sont, pour ainsi dire, auréolés;

1. Peut-être est-ce simplement parce que la nouvelle ne fut, à l'origine, pour Edgar Poe qu'un pis-aller littéraire, et qu'à ses yeux, sa seule authentique vocation était sa vocation *poétique*.

ils brillent au sein d'une vapeur surnaturelle et sont peints à la manière emphatique d'un adorateur. — Quant aux *petits épisodes romanesques*, y a-t-il lieu de s'étonner qu'un être aussi nerveux, dont la soif du Beau était peut-être le trait principal, ait parfois, avec une ardeur passionnée, cultivé la galanterie, cette fleur volcanique et musquée pour qui le cerveau bouillonnant des poètes est un terrain de prédilection?

De sa beauté personnelle singulière dont parlent plusieurs biographes, l'esprit peut, je crois, se faire une idée approximative en appelant à son secours toutes les notions vagues, mais cependant caractéristiques, contenues dans le mot *romantique*, mot qui sert généralement à rendre les genres de beauté consistant surtout dans l'expression. Poe avait un front vaste, dominateur, où certaines protubérances trahissaient les facultés débordantes qu'elles sont chargées de représenter, — construction, comparaison, causalité, — et où trônait dans un orgueil calme le sens de l'idéalité, le sens esthétique par excellence. Cependant, malgré ces dons, ou même à cause de ces privilèges exorbitants, cette tête vue de profil n'offrait peut-être pas un aspect agréable. Comme dans toutes les choses excessives par un sens, un déficit pouvait résulter de l'abondance, une pauvreté de l'usurpation. Il avait de grands yeux à la fois sombres et pleins de lumière, d'une couleur indécise et ténébreuse, poussée au violet, le nez noble et solide, la bouche fine et triste, quoique légèrement souriante, le teint brun clair, la face généralement pâle, la physionomie un peu distraite et imperceptiblement grimée par une mélancolie habituelle.

Sa conversation était des plus remarquables et essentiellement nourrissante. Il n'était pas ce qu'on appelle un beau parleur, — une chose horrible, — et d'ailleurs sa parole comme sa plume avaient horreur du convenu; mais un vaste savoir, une linguistique puissante, de fortes études, des impressions ramassées dans plusieurs pays faisaient de cette parole un enseignement. Son éloquence, essentiellement poétique, pleine de méthode, et se mouvant toutefois hors de toute méthode connue, un arsenal d'images tirées d'un monde peu fréquenté par la foule des esprits, un art prodigieux à déduire d'une proposition évidente et absolument acceptable des aperçus secrets et nouveaux, à ouvrir d'étonnantes perspectives, et, en un mot, l'art de ravir, de faire penser, de faire rêver, d'arracher les âmes des bourbes de la routine, telles étaient les éblouissantes facultés dont beaucoup de gens ont gardé le souvenir. Mais il arrivait parfois — on le dit, du moins, — que le poète, se complaisant dans un caprice destructeur, rappelait brusquement ses amis à la terre par un cynisme affligeant et démolissait brutalement son œuvre de spiritualité. C'est d'ailleurs une chose à noter, qu'il était fort peu difficile dans le choix de ses auditeurs, et je crois que le lecteur trouvera sans peine dans l'histoire d'autres intelligences grandes et originales, pour qui toute compagnie était bonne. Certains esprits, solitaires au milieu de la foule, et qui se repaissent dans le monologue, n'ont que faire de la délicatesse en matière de public. C'est, en somme, une espèce de fraternité basée sur le mépris.

De cette ivrognerie, — célébrée et reprochée avec une insistance qui pourrait donner à croire que tous les écrivains des États-Unis, excepté Poe, sont des anges de sobriété, — il faut cependant en parler. Plusieurs versions sont plausibles, et aucune n'exclut les autres. Avant tout, je suis obligé de remarquer que Willis et Mme Osgood affirment qu'une quantité fort minime de vin ou de liqueur suffisait pour perturber complètement son organisation. Il est d'ailleurs facile de supposer qu'un homme aussi réellement solitaire, aussi profondément malheureux, et qui a pu souvent envisager tout le système social comme un paradoxe et une imposture, un homme qui, harcelé par une destinée sans pitié, répétait souvent que la société n'est qu'une cohue de misérables (c'est Griswold qui rapporte cela, aussi scandalisé qu'un homme qui peut penser la même chose, mais qui ne la dira jamais), — il est naturel, dis-je, de supposer que ce poète jeté tout enfant dans les hasards de la vie libre, le cerveau cerclé par un travail âpre et continu, ait cherché parfois une volupté d'oubli dans les bouteilles. Rancunes littéraires, vertiges de l'infini, douleurs de ménage, insultes de la misère, Poe fuyait tout dans le noir de l'ivresse comme dans une tombe préparatoire. Mais, quelque bonne que paraisse cette explication, je ne la trouve pas suffisamment large, et je m'en défie à cause de sa déplorable simplicité.

J'apprends qu'il ne buvait pas en gourmand, mais en barbare, avec une activité et une économie de temps tout à fait américaines, comme accomplissant une fonction homicide, comme ayant en lui *quelque chose* à tuer, *a worm that would not die*[1]. On raconte d'ailleurs qu'un jour, au moment de se remarier (les bans étaient publiés, et, comme on le félicitait sur une union qui mettait dans ses mains les plus hautes conditions de bonheur et de bien-être, il avait dit : « Il est possible que vous ayez vu des bans, mais notez bien ceci : je ne me marierai pas ! »), il alla, épouvantablement ivre, scandaliser le voisinage de celle qui devait être sa femme, ayant ainsi recours à son vice pour se débarrasser d'un parjure envers la pauvre morte dont l'image vivait toujours en lui et qu'il avait admirablement chantée dans son *Annabel Lee* [2]. Je considère donc, dans un grand nombre de cas, le fait infiniment précieux de préméditation comme acquis et constaté.

Je lis d'autre part, dans un long article du *Southern Literary Messenger*[3], — cette même revue dont il avait commencé la fortune, — que jamais la pureté, le fini de son style, jamais la netteté de sa pensée, jamais son ardeur au travail ne furent altérés par cette terrible habitude; que la confection de la plupart de ses excellents morceaux a précédé ou suivi une de ses crises; qu'après la publication d'*Eureka*, il sacrifia déplorablement à son penchant, et qu'à New-York, le matin même où paraissait *le Corbeau*, pendant que le nom du poète était dans toutes les bouches, il traversait Broadway en trébuchant outrageusement. Remarquez que les mots : *précédé* ou *suivi*, impliquent que l'ivresse pouvait servir d'excitant aussi bien que de repos [4].

Or, il est incontestable que, — semblables à ces impressions fugitives et frappantes, d'autant plus frappantes dans

1. Un ver qui ne voulait pas mourir.

2. ... *Car la lune jamais ne rayonne sans m'apporter des songes — de la belle Annabel Lee;*

Et les étoiles jamais ne se lèvent que je ne sente les yeux brillants — de la belle Annabel Lee;

Et ainsi, toute l'heure de la nuit, je repose à côté — de ma chérie, de ma chérie, ma vie et mon épouse,

Dans ce sépulcre près de la mer, — dans sa tombe près de la bruyante mer.
(Ed. Poe. *Annabel Lee,* trad. Mallarmé.)

3. Mars 1850. Étude de John M. Daniel, dont Baudelaire s'est d'ailleurs inspiré (cf. W. T. Bandy, article des *Yale French Studies,* 1953).

4. Cf. les *Paradis artificiels* et le poème en prose *Enivrez-vous.*

leurs retours qu'elles sont plus fugitives, qui suivent quelquefois un symptôme extérieur, une espèce d'avertissement comme un son de cloche, une note musicale ou un parfum oublié, et qui sont elles-mêmes suivies d'un événement semblable à un événement déjà connu et qui occupait la même place dans une chaîne antérieurement révélée, — semblables à ces singuliers rêves périodiques qui fréquentent nos sommeils, — il existe dans l'ivresse non seulement des enchaînements de rêves, mais des séries de raisonnements qui ont besoin, pour se reproduire, du milieu qui leur a donné naissance. Si le lecteur m'a suivi sans répugnance, il a déjà deviné ma conclusion : je crois que, dans beaucoup de cas, non pas certainement dans tous, l'ivrognerie de Poe était un moyen mnémonique, une méthode de travail, méthode énergique et mortelle, mais appropriée à sa nature passionnée. Le poète avait appris à boire, comme un littérateur soigneux s'exerce à faire des cahiers de notes. Il ne pouvait résister au désir de retrouver les visions merveilleuses ou effrayantes, les conceptions subtiles qu'il avait rencontrées dans une tempête précédente; c'étaient de vieilles connaissances qui l'attiraient impérativement, et, pour renouer avec elles, il prenait le chemin le plus dangereux, mais le plus direct. Une partie de ce qui fait aujourd'hui notre jouissance est ce qui l'a tué.

IV

Des ouvrages de ce singulier génie, j'ai peu de chose à dire; le public fera voir ce qu'il en pense. Il me serait difficile, peut-être, mais non pas impossible de débrouiller sa méthode, d'expliquer son procédé, surtout dans la partie de ses œuvres dont le principal effet gît dans une analyse bien ménagée. Je pourrais introduire le lecteur dans les mystères de sa fabrication, m'étendre longuement sur cette portion de génie américain qui le fait se réjouir d'une difficulté vaincue, d'une énigme expliquée, d'un tour de force réussi, — qui le pousse à se jouer avec une volupté enfantine et presque perverse dans le monde des probabilités et des conjectures, et à créer des *canards* auxquels son art subtil a donné une vie vraisemblable. Personne ne niera que Poe ne soit un jongleur merveilleux, et je sais qu'il donnait surtout son estime à une autre partie de ses œuvres. J'ai quelques remarques plus importantes à faire, d'ailleurs très brèves.

Ce n'est pas par ses miracles matériels, qui pourtant ont fait sa renommée, qu'il lui sera donné de conquérir l'admiration des gens qui pensent, c'est par son amour du Beau, par sa connaissance des conditions harmoniques de la beauté, par sa poésie profonde et plaintive, ouvragée néanmoins, transparente et correcte comme un bijou de cristal, — par son admirable style, pur et bizarre, — serré comme les mailles d'une armure, — complaisant et minutieux, et dont la plus légère intention sert à pousser doucement le lecteur vers un but voulu, — et enfin surtout par ce génie tout spécial, par ce tempérament unique qui lui a permis de peindre et d'expliquer, d'une manière impeccable, saisissante, terrible, l'*exception dans l'ordre moral*. — Diderot, pour prendre un exemple entre cent, est un auteur sanguin; Poe est l'écrivain des nerfs, et même de quelque chose de plus, — et le meilleur que je connaisse.

Chez lui, toute entrée en matière est attirante sans violence, comme un tourbillon. Sa solennité surprend et tient l'esprit en éveil. On sent tout d'abord qu'il s'agit de quelque chose de grave. Et lentement, peu à peu, se déroule une histoire dont tout l'intérêt repose sur une imperceptible déviation de l'intellect, sur une hypothèse audacieuse, sur un dosage imprudent de la Nature dans l'amalgame des facultés. Le lecteur, lié par le vertige, est contraint de suivre l'auteur dans ses entraînantes déductions.

Aucun homme, je le répète, n'a raconté avec plus de magie les *exceptions* de la vie humaine et de la nature, — les ardeurs de curiosité de la convalescence, — les fins de saisons chargées de splendeurs énervantes, les temps chauds, humides et brumeux, où le vent du sud amollit et détend les nerfs comme les cordes d'un instrument, où les yeux se remplissent de larmes qui ne viennent pas du cœur, — l'hallucination laissant d'abord place au doute, bientôt convaincue et raisonneuse comme un livre, — l'absurde s'installant dans l'intelligence et la gouvernant avec une épouvantable logique, — l'hystérie usurpant la place de la volonté, la contradiction établie entre les nerfs et l'esprit, et l'homme désaccordé au point d'exprimer la douleur par le rire. Il analyse ce qu'il y a de plus fugitif, il soupèse l'impondérable et décrit, avec cette manière minutieuse et scientifique dont les effets sont terribles, tout cet imaginaire qui flotte autour de l'homme nerveux et le conduit à mal.

L'ardeur même avec laquelle il se jette dans le grotesque pour l'amour du grotesque et dans l'horrible pour l'amour de l'horrible me sert à vérifier la sincérité de son œuvre et l'accord de l'homme avec le poète. — J'ai déjà remarqué que, chez plusieurs hommes, cette ardeur était souvent le résultat d'une vaste énergie vitale inoccupée, quelquefois d'une opiniâtre chasteté et aussi d'une profonde sensibilité refoulée. La volupté surnaturelle que l'homme peut éprouver à voir couler son propre sang, les mouvements soudains, violents, inutiles, les grands cris jetés en l'air, sans que l'esprit ait commandé au gosier, sont des phénomènes à ranger dans le même ordre.

Au sein de cette littérature où l'air est raréfié, l'esprit peut éprouver cette vague angoisse, cette peur prompte aux larmes et ce malaise du cœur qui habitent les lieux immenses et singuliers. Mais l'admiration est la plus forte, et d'ailleurs l'art est si grand! Les fonds et les accessoires y sont appropriés au sentiment des personnages. Solitude de la nature ou agitation des villes, tout y est décrit nerveusement et fantastiquement. Comme notre Eugène Delacroix, qui a élevé son art à la hauteur de la grande poésie, Edgar Poe aime à agiter ses figures sur des fonds violâtres et verdâtres où se révèlent la phosphorescence de la pourriture et la senteur de l'orage [1]. La nature dite inanimée participe de la nature des êtres vivants, et, comme eux, frissonne d'un frisson surnaturel et galvanique. L'espace est approfondi par l'opium; l'opium y donne un sens magique à toutes les teintes, et fait vibrer tous les bruits avec une plus significative sonorité. Quelquefois, des échappées magnifiques, gorgées de lumière et de couleur, s'ouvrent soudainement dans ses paysages, et l'on voit apparaître au fond de leurs horizons des villes orientales et des architectures, vaporisées par la distance, où le soleil jette des pluies d'or.

Les personnages de Poe, ou plutôt le personnage de Poe, l'homme aux facultés suraiguës, l'homme aux nerfs

1. Dans la perspective baudelairienne le rapprochement était inévitable. Cf. la strophe des *Phares* (et son commentaire dans l'*Exposition universelle de 1855*) : *un bois... toujours vert... un ciel chagrin.* C'est, selon le mécanisme des *correspondances,* le paysage, à la fois *pictural* et *spirituel,* du *surnaturalisme.*

relâchés, l'homme dont la volonté ardente et patiente jette un défi aux difficultés, celui dont le regard est tendu avec la roideur d'une épée sur des objets qui grandissent à mesure qu'il les regarde, — c'est Poe lui-même. — Et ses femmes, toutes lumineuses et malades, mourant de maux bizarres et parlant avec une voix qui ressemble à une musique, c'est encore lui; ou du moins, par leurs aspirations étranges, par leur savoir, par leur mélancolie inguérissable, elles participent fortement de la nature de leur créateur. Quant à sa femme idéale, à sa Titanide, elle se révèle sous différents portraits éparpillés dans ses poésies trop peu nombreuses, portraits, ou plutôt manières de sentir la beauté, que le tempérament de l'auteur rapproche et confond dans une unité vague mais sensible, et où vit plus délicatement peut-être qu'ailleurs cet amour insatiable du Beau, qui est son grand titre, c'est-à-dire le résumé de ses titres à l'affection et au respect des poètes.

Nous rassemblons sous le titre : *Histoires extraordinaires,* divers contes choisis dans l'œuvre général de Poe. Cet œuvre se compose d'un nombre considérable de Nouvelles, d'une quantité non moins forte d'articles critiques et d'articles divers, d'un poème philosophique *(Eureka)*, de poésies et d'un roman purement humain *(la Relation d'Arthur Gordon Pym)*. Si je trouve encore, comme je l'espère, l'occasion de parler de ce poète, je donnerai l'analyse de ses opinions philosophiques et littéraires, ainsi que généralement des œuvres dont la traduction complète aurait peu de chances de succès auprès d'un public qui préfère de beaucoup l'amusement et l'émotion à la plus importante vérité philosophique.

XI

EDGAR POE III

NOTES NOUVELLES SUR EDGAR POE[1]

I

Littérature de décadence[2] *!* — Paroles vides de sens que nous entendons souvent tomber, avec la sonorité d'un bâillement emphatique, de la bouche de ces sphinx sans énigme qui veillent devant les portes saintes de l'Esthétique classique. A chaque fois que l'irréfutable oracle retentit, on peut affirmer qu'il s'agit d'un ouvrage plus amusant que l'*Iliade*. Il est évidemment question d'un poème ou d'un roman dont toutes les parties sont habilement disposées pour la surprise, dont le style est magnifiquement orné, où toutes les ressources du langage et de la prosodie sont utilisées par une main impeccable. Lorsque j'entends ronfler l'anathème — qui, soit dit en passant, tombe généralement sur quelque poète préféré — je suis toujours saisi de l'envie de répondre : « Me prenez-vous pour un barbare comme vous, et me croyez-vous capable de me divertir aussi tristement que vous faites ? » Des comparaisons grotesques

---

1. Texte paru en mars 1857 en tête de la traduction des *Nouvelles Histoires extraordinaires*. Un autre texte sur Poe a dû être rédigé par Baudelaire sous le titre de *Dernières notes* pour précéder *Gordon Pym*, mais il n'a pas été retrouvé,

2. Expression du critique « bourgeois » Armand de Pontmartin qui la reprend dans son compte rendu des *Nouvelles Histoires extraordinaires* (*Spectateur,* 19 septembre 1857).

s'agitent alors dans mon cerveau; il me semble que deux femmes me sont présentées : l'une, matrone rustique, répugnante de santé et de vertu, sans allure et sans regard, bref, *ne devant rien qu'à la simple nature;* l'autre, une de ces beautés qui dominent et oppriment le souvenir, unissant à son charme profond et originel l'éloquence de la toilette, maîtresse de sa démarche, consciente et reine d'elle-même — une voix parlant comme un instrument bien accordé, et des regards chargés de pensée et n'en laissant couler que ce qu'ils veulent. Mon choix ne saurait être douteux, et cependant il y a des sphinx pédagogiques qui me reprocheraient de manquer à l'honneur classique. — Mais, pour laisser de côté les paraboles, je crois qu'il m'est permis de demander à ces hommes sages s'ils comprennent bien toute la vanité, toute l'inutilité de leur sagesse. Le mot *littérature de décadence* implique qu'il y a une échelle de littératures, une vagissante, une puérile, une adolescente, etc. Ce terme, veux-je dire, suppose quelque chose de fatal et de providentiel, comme un décret inéluctable; et il est tout à fait injuste de nous reprocher d'accomplir la loi mystérieuse. Tout ce que je puis comprendre dans la parole académique, c'est qu'il est honteux d'obéir à cette loi avec plaisir, et que nous sommes coupables de nous réjouir dans notre destinée. — Ce soleil qui, il y a quelques heures, écrasait toutes choses de sa lumière droite et blanche, va bientôt inonder l'horizon occidental de couleurs variées. Dans les jeux de ce soleil agonisant, certains esprits poétiques trouveront des délices nouvelles; ils y découvriront des colonnades éblouissantes, des cascades de métal fondu, des paradis de feu, une splendeur triste, la volupté du regret, toutes les magies du rêve, tous les souvenirs de l'opium. Et le coucher du soleil leur apparaîtra en effet comme la merveilleuse allégorie d'une âme chargée de vie, qui descend derrière l'horizon avec une magnifique provision de pensées et de rêves.

Mais ce à quoi les professeurs-jurés [1] n'ont pas pensé, c'est que dans le mouvement de la vie, telle complication, telle combinaison peut se présenter, tout à fait inattendue pour leur sagesse d'écoliers. Et alors leur langue insuffi-

1. Même expression que dans l'article sur l'*Exposition universelle de 1855*.

sante se trouve en défaut, comme dans le cas — phénomène qui se multipliera peut-être avec des variantes — où une nation commence par la décadence et débute par où les autres finissent.

Que parmi les immenses colonies du siècle présent des littératures nouvelles se fassent, il s'y produira très certainement des accidents spirituels d'une nature déroutante pour l'esprit de l'école. Jeune et vieille à la fois, l'Amérique bavarde et radote avec une volubilité étonnante. Qui pourrait compter ses poètes? Ils sont innombrables. Ses *bas bleus?* Ils encombrent les revues. Ses critiques? Croyez qu'elle possède des pédants qui valent bien les nôtres pour rappeler sans cesse l'artiste à la beauté antique, pour questionner un poète ou un romancier sur la moralité de son but et la qualité de ses intentions. Il y a là-bas comme ici, mais plus encore qu'ici, des littérateurs qui ne savent pas l'orthographe; une activité puérile, inutile; des compilateurs à foison, des ressasseurs, des plagiaires de plagiats et des critiques de critiques. Dans ce bouillonnement de médiocrités, dans ce monde épris des perfectionnements matériels, — scandale d'un nouveau genre qui fait comprendre la grandeur des peuples fainéants, — dans cette société avide d'étonnements, amoureuse de la vie, mais surtout d'une vie pleine d'excitations, un homme a paru qui a été grand, non seulement par sa subtilité métaphysique, par la beauté sinistre ou ravissante de ses conceptions, par la rigueur de son analyse, mais grand aussi et non moins grand comme *caricature*. — Il faut que je m'explique avec quelque soin; car récemment un critique imprudent se servait, pour dénigrer Edgar Poe et pour infirmer la sincérité de mon admiration, du mot *jongleur* [1] que j'avais moi-même appliqué au noble poète presque comme un éloge [2].

Du sein d'un monde goulu, affamé de matérialités, Poe s'est élancé dans les rêves. Étouffé qu'il était par l'atmosphère américaine, il a écrit en tête d'*Eureka* : « J'offre ce livre à ceux qui ont mis leur foi dans les rêves comme dans les seules réalités ! » Il fut donc une admirable protestation; il la fut et il la fit à sa manière, *in his own way*. L'auteur qui,

---

1. Barbey d'Aurevilly (*Le Pays,* 10 juin 1856).
2. Cf. p. 615.

dans le *Colloque entre Monos et Una,* lâche à torrents son mépris et son dégoût sur la démocratie, le progrès et la *civilisation,* cet auteur est le même qui, pour enlever la crédulité, pour ravir la badauderie des siens, a le plus énergiquement posé la souveraineté humaine et le plus ingénieusement fabriqué les *canards* les plus flatteurs pour l'orgueil de *l'homme moderne*. Pris sous ce jour, Poe m'apparaît comme un pilote qui veut faire rougir son maître. Enfin, pour affirmer ma pensée d'une manière encore plus nette, Poe fut toujours grand, non seulement dans ses conceptions nobles, mais encore comme farceur.

II

Car il ne fut jamais dupe! — Je ne crois pas que le Virginien qui a tranquillement écrit en plein débordement démocratique : « Le peuple n'a rien à faire avec les lois, si ce n'est de leur obéir, » ait jamais été une victime de la sagesse moderne; — et : « Le nez d'une populace, c'est son imagination; c'est par ce nez qu'on pourra toujours facilement la conduire; » — et cent autres passages où la raillerie pleut, drue comme mitraille, mais cependant nonchalante et hautaine. — Les swedenborgiens le félicitent de sa *Révélation magnétique,* semblables à ces naïfs illuminés qui jadis surveillaient dans l'auteur du *Diable amoureux* un révélateur de leurs mystères; ils le remercient pour les grandes vérités qu'il vient de proclamer, — car ils ont découvert (ô vérificateur de ce qui ne peut pas être vérifié!) que tout ce qu'il a énoncé est absolument vrai; — bien que d'abord, avouent ces braves gens, ils aient eu le soupçon que ce pouvait bien être une simple fiction. Poe répond que, pour son compte, il n'en a jamais douté. — Faut-il encore citer ce petit passage qui me saute aux yeux, tout en feuilletant pour la centième fois ses amusants *Marginalia* [1], qui sont comme la chambre secrète de son esprit : « L'énorme multiplication des livres dans toutes

1. C'est dans ce recueil que Baudelaire a trouvé les boutades qu'il cite (pensons-nous de mémoire) dans ce passage.

les branches de connaissances est l'un des plus grands fléaux de cet âge! car elle est un des plus sérieux obstacles à l'acquisition de toute connaissance positive. » Aristocrate de nature plus encore que de naissance, le Virginien, l'homme du Sud, le Byron égaré dans un mauvais monde, a toujours gardé son impassibilité philosophique, et, soit qu'il définisse le nez de la populace, soit qu'il raille les fabricateurs de religions, soit qu'il bafoue les bibliothèques, il reste ce que fut et ce que sera toujours le vrai poète, — une vérité habillée d'une manière bizarre, un paradoxe apparent, qui ne veut pas être coudoyé par la foule, et qui court à l'extrême orient quand le feu d'artifice se tire au couchant.

Mais voici plus important que tout : nous noterons que cet auteur, produit d'un siècle infatué de lui-même, enfant d'une nation plus infatuée d'elle-même qu'aucune autre, a vu clairement, a imperturbablement affirmé la méchanceté naturelle de l'homme. Il y a dans l'homme, dit-il, une force mystérieuse dont la philosophie moderne ne veut pas tenir compte; et cependant, sans cette force innommée, sans ce penchant primordial, une foule d'actions humaines resteront inexpliquées, inexplicables. Ces actions n'ont d'attrait que *parce que* elles sont mauvaises, dangereuses; elles possèdent l'attirance du gouffre. Cette force primitive, irrésistible, est la Perversité naturelle, qui fait que l'homme est sans cesse et à la fois homicide et suicide, assassin et bourreau; — car, ajoute-t-il, avec une subtilité remarquablement satanique, l'impossibilité de trouver un motif raisonnable suffisant pour certaines actions mauvaises et périlleuses, pourrait nous conduire à les considérer comme le résultat des suggestions du Diable, si l'expérience et l'histoire ne nous enseignaient pas que Dieu en tire souvent l'établissement de l'ordre et le châtiment des coquins; — *après s'être servi des mêmes coquins comme de complices!* tel est le mot qui se glisse, je l'avoue, dans mon esprit, comme un sous-entendu aussi perfide qu'inévitable. Mais je ne veux, pour le présent, tenir compte que de la grande vérité oubliée, — la perversité primordiale de l'homme, — et ce n'est pas sans une certaine satisfaction que je vois quelques épaves de l'antique sagesse nous revenir d'un pays d'où on ne les attendait pas. Il est agréable que quelques explosions de vieille vérité sautent ainsi au visage de tous les compli-menteurs de l'humanité, de tous ces dorloteurs et endormeurs qui répètent sur toutes les variations possibles de ton : « Je suis né bon, et vous aussi, et nous tous, nous sommes nés bons ! » oubliant, non ! feignant d'oublier, ces égalitaires à contre-sens, que nous sommes tous nés marqués pour le mal !

De quel mensonge pouvait-il être dupe, celui qui parfois — douloureuse nécessité des milieux — les ajustait si bien ? Quel mépris pour la philosophaillerie, dans ses bons jours, dans les jours où il était, pour ainsi dire, illuminé. Ce poète, de qui plusieurs fictions semblent faites à plaisir pour confirmer la prétendue omnipotence de l'homme, a voulu quelquefois se purger lui-même. Le jour où il écrivait : « Toute certitude est dans les rêves » [1], il refoulait son propre américanisme dans la région des choses inférieures ; d'autres fois, rentrant dans la vraie voie des poètes, obéissant sans doute à l'inéluctable vérité qui nous hante comme un démon, il poussait les ardents soupirs de *l'ange tombé qui se souvient des Cieux* [2]*;* il envoyait ses regrets vers l'âge d'or et l'Éden perdu ; il pleurait toute cette magnificence de la nature, *se recroquevillant devant la chaude haleine des fourneaux ;* enfin, il jetait ces admirables pages : *Colloque entre Monos et Una,* qui eussent charmé et troublé l'impeccable De Maistre [3].

C'est lui qui a dit, à propos du socialisme, à l'époque où celui-ci n'avait pas encore un nom, où ce nom du moins n'était pas tout à fait vulgarisé : « Le monde est infesté actuellement par une nouvelle secte de philosophes, qui ne se sont pas encore reconnus comme formant une secte, et qui conséquemment n'ont pas adopté de nom. Ce sont les *croyants à toute vieillerie* (comme qui dirait : prédicateurs en vieux). Le grand prêtre dans l'Est est Charles Fourier, — dans l'Ouest, Horace Greely ; et grands prêtres ils sont à bon escient. Le seul lien commun parmi la secte est la crédulité ; — appelons cela démence, et n'en parlons plus. Demandez à l'un d'eux pourquoi il croit ceci ou cela ; et, s'il est consciencieux (les ignorants le sont généralement),

---

1. Idée qui se rencontre dans le *Poetic principle.*

2. Citation inexacte du célèbre vers de Lamartine : *L'Homme est un dieu tombé qui se souvient des cieux.*

3. C'est de ces pages qu'est extraite la formule qui vient d'être citée.

il vous fera une réponse analogue à celle que fit Talleyrand, quand on lui demanda pourquoi il croyait à la Bible. « J'y crois, dit-il, d'abord parce que je suis évêque d'Autun, et en second lieu *parce que je n'y entends absolument rien.* Ce que ces philosophes-là appellent *argument* est une manière à eux de *nier ce qui est et d'expliquer ce qui n'est pas.* »

Le progrès, cette grande hérésie de la décrépitude, ne pouvait pas non plus lui échapper. Le lecteur verra, en différents passages, de quels termes il se servait pour la caractériser. On dirait vraiment, à voir l'ardeur qu'il y dépense, qu'il avait à s'en venger comme d'un embarras public, comme d'un fléau de la rue. Combien eût-il ri, de ce rire méprisant du poète qui ne grossit jamais la grappe des badauds, s'il était tombé, comme cela m'est arrivé récemment, sur cette phrase mirifique qui fait rêver aux bouffonnes et volontaires absurdités des paillasses, et que j'ai trouvée se pavanant perfidement dans un journal plus que grave : *Le progrès incessant de la science a permis tout récemment de retrouver le secret perdu et si longtemps cherché de...* (feu grégeois, trempe de cuivre, n'importe quoi disparu), *dont les applications les plus réussies remontent à une époque* barbare *et très ancienne ! ! !* — Voilà une phrase qui peut s'appeler une véritable trouvaille, une éclatante découverte, même dans un siècle de *progrès incessant;* mais je crois que la momie Allamistakeo [1] n'aurait pas manqué de demander, avec le ton doux et discret de la supériorité, si c'était aussi grâce au progrès *incessant* — à la loi fatale, irrésistible, du progrès, — que ce fameux secret avait été perdu. — Aussi bien, pour laisser là le ton de la farce, en un sujet qui contient autant de larmes que de rire, n'est-ce pas une chose véritablement stupéfiante de voir une nation, plusieurs nations, toute l'humanité bientôt, dire à ses sages, à ses sorciers : « Je vous aimerai et je vous ferai grands, si vous me persuadez que nous progressons sans le vouloir, inévitablement, — en dormant; débarrassez-nous de la responsabilité, voilez pour nous l'humiliation des comparaisons, sophistiquez l'histoire, et vous pourrez vous appeler les sages des sages »? N'est-ce pas un sujet

---

1. Cf. *Petite discussion avec une momie (Nouvelles Histoires)*. Le nom de la momie est formé sur l'anglais *all-a-mistake* (tout cela est un malentendu).

d'étonnement que cette idée si simple n'éclate pas dans tous les cerveaux : que le progrès (en tant que progrès il y ait) perfectionne la douleur à la proportion qu'il raffine la volupté, et que, si l'épiderme des peuples va se délicatisant ils ne poursuivent évidemment qu'une *Italiam fugientem,* une conquête à chaque minute perdue, un progrès toujours négateur de lui-même?

Mais ces illusions, intéressées d'ailleurs, tirent leur origine d'un fonds de perversité et de mensonge, — météores des marécages, — qui poussent au dédain les âmes amoureuses du feu éternel, comme Edgar Poe, et exaspèrent les intelligences obscures, comme Jean-Jacques, à qui une sensibilité blessée et prompte à la révolte tient lieu de philosophie. Que celui-ci eût raison contre l'*animal dépravé,* cela est incontestable; mais l'animal dépravé a le droit de lui reprocher d'invoquer la simple nature. La nature ne fait que des monstres, et toute la question est de s'entendre sur le mot *sauvages.* Nul philosophe n'osera proposer pour modèles ces malheureuses hordes pourries, victimes des éléments, pâture des bêtes, aussi incapables de fabriquer des armes que de concevoir l'idée d'un pouvoir spirituel et suprême. Mais, si l'on veut comparer l'homme moderne, l'homme civilisé, avec l'homme sauvage, ou plutôt une nation dite civilisée avec une nation dite sauvage, c'est-à-dire privée de toutes les ingénieuses inventions qui dispensent l'individu d'héroïsme, qui ne voit que tout l'honneur est pour le sauvage? Par sa nature, par nécessité même, il est encyclopédique, tandis que l'homme civilisé se trouve confiné dans les régions infiniment petites de la spécialité. L'homme civilisé invente la philosophie du progrès pour se consoler de son abdication et de sa déchéance; cependant que l'homme sauvage, époux redouté et respecté, guerrier contraint à la bravoure personnelle, poète aux heures mélancoliques où le soleil déclinant invite à chanter le passé et les ancêtres, rase de plus près la lisière de l'idéal. Quelle lacune oserons-nous lui reprocher? Il a le prêtre, il a le sorcier et le médecin. Que dis-je? Il a le dandy, suprême incarnation de l'idée du beau transportée dans la vie matérielle, celui qui dicte la forme et règle les manières. Ses vêtements, ses parures, ses armes, son calumet, témoignent d'une faculté inventive qui nous a depuis longtemps désertés. Comparerons-nous nos yeux paresseux et nos oreilles assourdies à ces yeux qui percent la brume, à ces oreilles *qui entendraient l'herbe qui pousse ?* Et la sauvagesse à l'âme simple et enfantine, animal obéissant et câlin, se donnant tout entier et sachant qu'il n'est que la moitié d'une destinée, la déclarerons-nous inférieure à la dame américaine dont M. Bellegarigue[1] (rédacteur du *Moniteur de l'épicerie !*) a cru faire l'éloge en disant qu'elle était l'idéal de la femme entretenue ? Cette même femme, dont les mœurs trop positives ont inspiré à Edgar Poe, — lui si galant, si respectueux de la beauté, — les tristes lignes suivantes : « Ces immenses bourses, semblables au concombre géant, qui sont à la mode parmi nos belles, n'ont pas, comme on le croit, une origine parisienne; elles sont parfaitement indigènes. Pourquoi une pareille mode à Paris, où une femme ne serre dans sa bourse que son argent? Mais la bourse d'une Américaine ! Il faut que cette bourse soit assez vaste pour qu'elle y puisse enfermer tout son argent, — plus toute son âme ! » — Quant à la religion, je ne parlerai pas de Vitzilipoutzli[2] aussi légèrement que l'a fait Alfred de Musset; j'avoue sans honte que je préfère de beaucoup le culte de Teutatès à celui de Mammon; et le prêtre qui offre au cruel extorqueur d'hosties humaines des victimes qui meurent *honorablement,* des victimes qui *veulent* mourir, me paraît un être tout à fait doux et humain, comparé au financier qui n'immole les populations qu'à son intérêt propre. De loin en loin, ces choses sont encore entrevues, et j'ai trouvé une fois dans un article de M. Barbey d'Aurevilly une exclamation de tristesse philosophique qui résume tout ce que je voudrais dire à ce sujet : « Peuples civilisés, qui jetez sans cesse la pierre aux sauvages, bientôt vous ne mériterez même plus d'être idolâtres ! [3] »

Un pareil milieu — je l'ai déjà dit, je ne puis résister au désir de le répéter, — n'est guère fait pour les poètes. Ce qu'un esprit français, supposez le plus démocratique, entend par un État, ne trouverait pas de place dans un esprit américain. Pour toute intelligence du vieux monde, un État politique a un centre de mouvement qui est son

---

1. Bellegarigue avait publié en 1853 un livre intitulé : *Les Femmes d'Amérique*.

2. Le nom de ce dieu aztèque figure dans une version manuscrite de la dédicace de *la Coupe et les lèvres*, de Musset.

3. Citation de mémoire, donc inexacte, d'un article de Barbey contre Bellegarigue (*Le Pays,* 26 janvier 1855).

cerveau et son soleil, des souvenirs anciens et glorieux, de longues annales poétiques et militaires, une aristocratie, à qui la pauvreté, fille des révolutions, ne peut qu'ajouter un lustre paradoxal; mais *cela!* cette cohue de vendeurs et d'acheteurs, ce sans nom, ce monstre sans tête, ce déporté derrière l'Océan, un État! — je le veux bien, si un vaste cabaret, où le consommateur afflue et traite d'affaires sur des tables souillées, au tintamarre des vilains propos, peut-être assimilé à un *salon,* à ce que nous appelions jadis un salon, république de l'esprit présidée par la beauté!

Il sera toujours difficile d'exercer, noblement et fructueusement à la fois, l'état d'homme de lettres, sans s'exposer à la diffamation, à la calomnie des impuissants, à l'envie des riches, — cette envie qui est leur châtiment! — aux vengeances de la médiocrité bourgeoise. Mais ce qui est difficile dans une monarchie tempérée ou dans une république régulière, devient presque impraticable dans une espèce de capharnaüm, où chaque sergent de ville de l'opinion fait la police au profit de ses vices, — ou de ses vertus, c'est tout un; — où un poète, un romancier d'un pays à esclaves, est un écrivain détestable aux yeux d'un critique abolitionniste; où l'on ne sait quel est le plus grand scandale, — le débraillé du cynisme ou l'imperturbabilité de l'hypocrisie biblique. Brûler des nègres enchaînés, coupables d'avoir senti leur joue noire fourmiller du rouge de l'honneur, jouer du revolver dans un parterre de théâtre, établir la polygamie dans les paradis de l'Ouest, que les sauvages (ce terme a l'air d'une injustice) n'avaient pas encore souillés de ces honteuses utopies, afficher sur les murs, sans doute pour consacrer le principe de la liberté illimitée, la *guérison des maladies de neuf mois,* tels sont quelques-uns des traits saillants, quelques-unes des illustrations morales du noble pays de Franklin, l'inventeur de la morale de comptoir, le héros d'un siècle voué à la matière. Il est bon d'appeler sans cesse le regard sur ces merveilles de brutalités, en un temps où l'américanomanie est devenue presque une passion de bon ton, à ce point qu'un archevêque a pu nous promettre sans rire que la Providence nous appellerait bientôt à jouir de cet idéal transatlantique.

III

Un semblable milieu social engendre nécessairement des erreurs littéraires correspondantes. C'est contre ces erreurs que Poe a réagi aussi souvent qu'il a pu, et de toute sa force. Nous ne devons donc pas nous étonner que les écrivains américains, tout en reconnaissant sa puissance singulière comme poète et comme conteur, aient toujours voulu infirmer sa valeur comme critique. Dans un pays où l'idée d'utilité, la plus hostile du monde à l'idée de beauté, prime et domine toute chose, le parfait critique sera le plus *honorable,* c'est-à-dire celui dont les tendances et les désirs se rapprocheront le plus des tendances et des désirs de son public, — celui qui, confondant les facultés et les genres de production, assignera à toutes un but unique, — celui qui cherchera dans un livre de poésie les moyens de perfectionner la conscience. Naturellement, il deviendra d'autant moins soucieux des beautés réelles, positives, de la poésie; il sera d'autant moins choqué des imperfections et même des fautes dans l'exécution. Edgar Poe, au contraire, divisant le monde de l'esprit en *intellect pur, goût* et *sens moral,* appliquait la critique suivant que l'objet de son analyse appartenait à l'une de ces trois divisions. Il était avant tout sensible à la perfection du plan et à la correction de l'exécution; démontant les œuvres littéraires comme des pièces mécaniques défectueuses (pour le but qu'elles voulaient atteindre), notant soigneusement les vices de fabrication; et, quand il passait au détail de l'œuvre, à son expression plastique, au style en un mot, épluchant, sans omission, les fautes de prosodie, les erreurs grammaticales et toute cette masse de scories qui, chez les écrivains non artistes, souillent les meilleures intentions et déforment les conceptions les plus nobles.

Pour lui, l'imagination est la reine des facultés [1], mais par ce mot il entend quelque chose de plus grand que ce qui est entendu par le commun des lecteurs. L'imagination n'est pas la fantaisie; elle n'est pas non plus la sensibilité,

1. On sait l'importance de cette formule dans le développement des idées esthétiques de Baudelaire.

bien qu'il soit difficile de concevoir un homme imaginatif qui ne serait pas sensible. L'imagination est une faculté quasi divine qui perçoit tout d'abord, en dehors des méthodes philosophiques, les rapports intimes et secrets des choses, les correspondances et les analogies [1]. Les honneurs et les fonctions qu'il confère à cette faculté lui donnent une valeur telle (du moins quand on a bien compris la pensée de l'auteur), qu'un savant sans imagination n'apparaît plus que comme un faux savant, ou tout au moins comme un savant incomplet.

Parmi les domaines littéraires où l'imagination peut obtenir les plus curieux résultats, peut récolter les trésors, non pas les plus riches, les plus précieux (ceux-là appartiennent à la poésie), mais les plus nombreux et les plus variés, il en est un que Poe affectionne particulièrement, c'est la *Nouvelle*. Elle a sur le roman à vastes proportions cet immense avantage que sa brièveté ajoute à l'intensité de l'effet. Cette lecture, qui peut être accomplie tout d'une haleine, laisse dans l'esprit un souvenir bien plus puissant qu'une lecture brisée, interrompue souvent par les tracas des affaires et le soin des intérêts mondains. L'unité d'impression, la *totalité* d'effet est un avantage immense qui peut donner à ce genre de composition une supériorité tout à fait particulière, à ce point qu'une nouvelle trop courte (c'est sans doute un défaut) vaut encore mieux qu'une nouvelle trop longue. L'artiste, s'il est habile, n'accommodera pas ses pensées aux incidents; mais, ayant conçu délibérément, à loisir, un effet à produire, inventera les incidents, combinera les événements les plus propres à amener l'effet voulu. Si la première phrase n'est pas écrite en vue de préparer cette impression finale, l'œuvre est manquée dès le début. Dans la composition tout entière, il ne doit pas se glisser un seul mot qui ne soit une intention, qui ne tende, directement ou indirectement, à parfaire le dessein prémédité.

Il est un point par lequel la nouvelle a une supériorité, même sur le poème. Le rythme est nécessaire au dévelop-

---

1. Cf. nos notes, sur le chapitre IV du *Salon de 1859* et sur l'importance, pour la compréhension de l'esthétique baudelairienne, de la distinction établie en anglais entre *fancy* et *imagination*. Rappelons que ce que Baudelaire découvre et approuve dans Edgar Poe vient de Coleridge.

pement de l'idée de beauté, qui est le but le plus grand et le plus noble du poème. Or, les artifices du rythme sont un obstacle insurmontable à ce développement minutieux de pensées et d'expressions qui a pour objet la *vérité*. Car la vérité peut être souvent le but de la nouvelle, et le raisonnement, le meilleur outil pour la construction d'une nouvelle parfaite. C'est pourquoi ce genre de composition, qui n'est pas situé à une aussi grande élévation que la poésie pure, peut fournir des produits plus variés et plus facilement appréciables pour le commun des lecteurs. De plus, l'auteur d'une nouvelle a à sa disposition une multitude de sons, de nuances de langage, le ton raisonneur, le sarcastique, l'humoristique, que répudie la poésie, et qui sont comme des dissonances, des outrages à l'idée de beauté pure. Et c'est aussi ce qui fait que l'auteur qui poursuit dans une nouvelle un simple but de beauté, ne travaille qu'à son grand désavantage, privé qu'il est de l'instrument le plus utile, le rythme. Je sais que, dans toutes les littératures, des efforts ont été faits, souvent heureux, pour créer ces contes purement poétiques; Edgar Poe lui-même en a fait de très beaux. Mais ce sont des luttes et des efforts qui ne servent qu'à démontrer la force des vrais moyens adaptés aux buts correspondants, et je ne serais pas éloigné de croire que, chez quelques auteurs, les plus grands qu'on puisse choisir, ces tentations héroïques vinssent d'un désespoir.

IV

« *Genus irritabile vatum !* [1] » Que les poètes (nous servant du mot dans son acception la plus large et comme comprenant tous les artistes) soient une race irritable, cela est bien entendu; mais le *pourquoi* ne me semble pas aussi généralement compris. Un artiste n'est un artiste que grâce à son sens exquis du beau, — sens qui lui procure des jouissances enivrantes, mais qui en même temps implique, enferme un sens également exquis de toute difformité et

1. La race irascible des poètes (Horace, *Ép.* II, 2, 102).

de toute disproportion. Ainsi un tort, une injustice faite à un poète qui est vraiment un poète, l'exaspère à un degré qui apparaît, à un jugement ordinaire, en complète *disproportion* avec l'injustice commise. Les poètes voient l'injustice, *jamais* là où elle n'existe pas, mais fort souvent là où des yeux non poétiques n'en voient pas du tout. Ainsi la fameuse irritabilité poétique n'a pas de rapport avec le *tempérament,* compris dans le sens vulgaire, mais avec une clairvoyance plus qu'ordinaire relative au faux et à l'injuste. Cette clairvoyance n'est pas autre chose qu'un corollaire de la vive perception du vrai, de la justice, de la proportion, en un mot du beau. Mais il y a une chose bien claire, c'est que l'homme qui n'est pas (au jugement du commun) *irritabilis,* n'est pas poète du tout. »

Ainsi parle le poète lui-même, préparant une excellente et irréfutable apologie pour tous ceux de sa race. Cette sensibilité, Poe la portait dans les affaires littéraires, et l'extrême importance qu'il attachait aux choses de la poésie l'induisait souvent en un ton où, au jugement des faibles, la supériorité se faisait trop sentir. J'ai déjà remarqué, je crois, que plusieurs des préjugés qu'il avait à combattre, des idées fausses, des jugements vulgaires qui circulaient autour de lui, ont depuis longtemps infecté la presse française. Il ne sera donc pas inutile de rendre compte sommairement de quelques-unes de ses plus importantes opinions relatives à la composition poétique. Le parallélisme de l'erreur en rendra l'application tout à fait facile.

Mais, avant toute chose, je dois dire que la part étant faite au poète naturel, à l'innéité, Poe en faisait une à la science, au travail et à l'analyse, qui paraîtra exorbitante aux orgueilleux non érudits. Non seulement il a dépensé des efforts considérables pour soumettre à sa volonté le démon fugitif des minutes heureuses, pour rappeler à son gré ces sensations exquises, ces appétitions spirituelles, ces états de santé poétique, si rares et si précieux qu'on pourrait vraiment les considérer comme des grâces extérieures à l'homme et comme des visitations; mais aussi il a soumis l'inspiration à la méthode, à l'analyse la plus sévère. Le choix des moyens! il y revient sans cesse, il insiste avec une éloquence savante sur l'appropriation du moyen à l'effet, sur l'usage de la rime, sur le perfectionnement du refrain, sur l'adaptation du rythme au sentiment. Il affirmait que celui qui ne sait pas saisir l'intangible n'est pas poète; que celui-là seul est poète qui est le maître de sa mémoire, le souverain des mots, le registre de ses propres sentiments toujours prêt à se laisser feuilleter. Tout pour le dénouement! répète-t-il souvent. Un sonnet lui-même a besoin d'un plan, et la construction, l'armature, pour ainsi dire, est la plus importante garantie de la vie mystérieuse des œuvres de l'esprit.

Je recours naturellement à l'article intitulé : *the Poetic Principle,* et j'y trouve, dès le commencement, une vigoureuse protestation contre ce qu'on pourrait appeler, en matière de poésie, l'hérésie de la longueur ou de la dimension, — la valeur absurde attribuée aux gros poèmes. « Un long poème n'existe pas; ce qu'on entend par un long poème est une parfaite contradiction de termes [1]. » En effet, un poème ne mérite son titre qu'autant qu'il excite, qu'il enlève l'âme, et la valeur positive d'un poème est en raison de cette excitation, de cet *enlèvement* de l'âme. Mais, par nécessité psychologique, toutes les excitations sont fugitives et transitoires. Cet état singulier, dans lequel l'âme du lecteur a été, pour ainsi dire, tirée de force, ne durera certainement pas autant que la lecture de tel poème qui dépasse la ténacité d'enthousiasme dont la nature humaine est capable [2].

Voilà évidemment le poème épique condamné. Car un ouvrage de cette dimension ne peut être considéré comme poétique qu'en tant qu'on sacrifie la condition vitale de toute œuvre d'art, l'Unité; — je ne veux pas parler de l'unité dans la conception, mais de l'unité dans l'impression, de la *totalité* de l'effet, comme je l'ai déjà dit quand j'ai eu à comparer le roman avec la nouvelle. Le poème épique nous apparaît donc, esthétiquement parlant, comme un paradoxe. Il est possible que les anciens âges

1. Malgré la fermeture des guillemets, tout ce qui suit est traduit ou inspiré du texte d'Edgar Poe. Ce passage sera ultérieurement repris dans la grande étude sur *Théophile Gautier*.

2. « Un poème ne mérite ce titre qu'autant qu'il produit une émotion qui élève l'âme. La valeur d'un poème est en raison directe de cette émotion et de cette élévation. Or toutes les émotions, en vertu d'une loi psychologique certaine, sont de peu de durée. L'intensité d'émotion qui autorise un poème à recevoir ce titre ne peut être soutenue tout au long d'une composition de quelque ampleur. » (*Poetic principle,* I.)

aient produit des séries de poèmes lyriques, reliées postérieurement par les compilateurs en poèmes épiques; mais toute *intention épique* résulte évidemment d'un sens imparfait de l'art. Le temps de ces anomalies artistiques est passé, et il est même fort douteux qu'un long poème ait jamais pu être vraiment populaire dans toute la force du terme [1].

Il faut ajouter qu'un poème trop court, celui qui ne fournit pas un *pabulum* [2] suffisant à l'excitation créée, celui qui n'est pas égal à l'appétit naturel du lecteur, est aussi très défectueux. Quelque brillant et intense que soit l'effet, il n'est pas durable; la mémoire ne le retient pas; c'est comme un cachet qui, posé trop légèrement et trop à la hâte, n'a pas eu le temps d'imposer son image à la cire.

Mais il est une autre hérésie, qui, grâce à l'hypocrisie, à la lourdeur et à la bassesse des esprits, est bien plus redoutable et a des chances de durée plus grandes, — une erreur qui a la vie plus dure, — je veux parler de l'hérésie de l'*enseignement,* laquelle comprend comme corollaires inévitables l'hérésie de la *passion,* de la *vérité* et de la *morale.* Une foule de gens se figurent que le but de la poésie est un enseignement quelconque, qu'elle doit tantôt fortifier la conscience, tantôt enfin *démontrer* quoi que ce soit d'utile. Edgar Poe prétend que les Américains ont spécialement patronné cette idée hétérodoxe; hélas! il n'est pas besoin d'aller jusqu'à Boston pour rencontrer l'hérésie en question. Ici même, elle nous assiège, et tous les jours elle bat en brèche la véritable poésie. La poésie, pour peu qu'on veuille descendre en soi-même, interroger son âme, rappeler ses souvenirs d'enthousiasme, n'a pas d'autre but qu'elle-même; elle ne peut pas en avoir d'autre, et aucun poème ne sera si grand, si noble, si véritablement digne du nom de poème, que celui qui aura été écrit uniquement pour le plaisir d'écrire un poème [3].

---

1. Baudelaire résume ici la critique du poème épique développée par E. Poe à propos du *Paradis perdu* et de l'*Iliade* (que Poe considère comme une suite de petites épopées distinctes).

2. Nourriture (sens propre : fourrage).

3. « Tandis que l'obsession de l'épopée... est allée... s'effaçant de l'esprit public... nous voyons lui succéder une hérésie trop palpablement fausse pour être longtemps admise... Je veux parler de l'hérésie du *didactisme*... Nous avons, nous Américains, patronné avec un

Je ne veux pas dire que la poésie n'ennoblisse pas les mœurs, — qu'on me comprenne bien, — que son résultat final ne soit pas d'élever l'homme au-dessus du niveau des intérêts vulgaires; ce serait évidemment une absurdité. Je dis que, si le poète a poursuivi un but moral, il a diminué sa force poétique; et il n'est pas imprudent de parier que son œuvre sera mauvaise. La poésie ne peut pas, sous peine de mort ou de défaillance, s'assimiler à la science ou à la morale; elle n'a pas la Vérité pour objet, elle n'a qu'elle-même. Les modes de démonstration de vérité sont autres et sont ailleurs. La vérité n'a rien à faire avec les chansons. Tout ce qui fait le charme, la grâce, l'irrésistible d'une chanson, enlèverait à la vérité son autorité et son pouvoir. Froide, calme, impassible, l'humeur démonstrative repousse les diamants et les fleurs de la Muse; elle est donc absolument l'inverse de l'humeur poétique [1].

L'intellect pur vise à la vérité, le goût nous montre la beauté, et le sens moral nous enseigne le devoir. Il est vrai que le sens du milieu a d'intimes connexions avec les deux extrêmes, et il n'est séparé du sens moral que par une si légère différence, qu'Aristote n'a pas hésité à ranger parmi les vertus quelques-unes de ses délicates opérations [2]. Aussi, ce qui exaspère surtout l'homme de goût dans le spectacle du vice, c'est sa difformité, sa disproportion. Le

zèle particulier cette belle théorie... Mais la toute simple vérité, c'est... qu'il n'existe pas une œuvre plus souverainement noble que le poème *per se,* le poème qui est poème et rien de plus, le poème uniquement écrit pour être poème. » (*Poetic principle,* II.)

1. « Les exigences de la vérité sont sévères ; elle n'a pas d'inclination pour les guirlandes de myrte. Tout ce qui est si indispensable au chant est précisément ce dont elle n'a absolument rien à faire. C'est faire d'elle un pompeux et paradoxal mannequin que de l'environner de joyaux et de fleurs. Pour donner force à une vérité, nous avons plutôt besoin d'un langage sobre que d'un langage luxuriant. Il nous faut être simple, précis, net. Il nous faut être froid, calme, impassible. En un mot, nous devons avoir la disposition d'esprit la plus exactement opposée qui se puisse à la disposition poétique. » (*Poetic principle,* II.)

2. [Le sens esthétique] « entretient d'intimes relations avec les deux termes extrêmes, et même il n'est séparé du sens moral que par une si ténue différence qu'Aristote n'a pas hésité à placer quelques-unes de ses opérations parmi les vertus elles-mêmes. » (*Poetic principle*, II.)

vice porte atteinte au juste et au vrai, révolte l'intellect et la conscience; mais, comme outrage à l'harmonie, comme dissonance, il blessera plus particulièrement certains esprits poétiques; et je ne crois pas qu'il soit scandalisant de considérer toute infraction à la morale, au beau moral comme une espèce de faute contre le rythme et la prosodie universels.

C'est cet admirable, cet immortel instinct du beau qui nous fait considérer la terre et ses spectacles comme un aperçu, comme une correspondance du Ciel. La soif insatiable de tout ce qui est au delà, et que révèle la vie, est la preuve la plus vivante de notre immortalité. C'est à la fois par la poésie et *à travers* la poésie, par et *à travers* la musique, que l'âme entrevoit les splendeurs situées derrière le tombeau; et, quand un poème exquis amène les larmes au bord des yeux, ces larmes ne sont pas la preuve d'un excès de jouissance, elles sont bien plutôt le témoignage d'une mélancolie irritée, d'une postulation des nerfs, d'une nature exilée dans l'imparfait et qui voudrait s'emparer immédiatement, sur cette terre même, d'un paradis révélé.

Ainsi, le principe de la poésie est strictement et simplement l'aspiration humaine vers une beauté supérieure, et la manifestation de ce principe est dans un enthousiasme, une excitation de l'âme, — enthousiasme tout à fait indépendant de la passion qui est l'ivresse du cœur, et de la vérité qui est la pâture de la raison. Car la passion est *naturelle,* trop naturelle pour ne pas introduire un ton blessant, discordant, dans le domaine de la beauté pure, trop familière et trop violente pour ne pas scandaliser les purs désirs, les gracieuses mélancolies et les nobles désespoirs qui habitent les régions surnaturelles de la poésie.

Cette extraordinaire élévation, cette exquise délicatesse, cet accent d'immortalité qu'Edgar Poe exige de la Muse, loin de le rendre moins attentif aux pratiques d'exécution, l'ont poussé à aiguiser sans cesse son génie de praticien. Bien des gens, de ceux surtout qui ont lu le singulier poème intitulé *le Corbeau,* seraient scandalisés si j'analysais l'article où notre poète a ingénument en apparence, mais avec une légère impertinence que je ne puis blâmer, minutieusement expliqué le mode de construction qu'il a employé, l'adaptation du rythme, le choix d'un refrain, — le plus bref possible et le plus susceptible d'applications variées, et en même temps le plus représentatif de mélancolie et de désespoir, orné d'une rime la plus sonore de toutes (*nevermore,* jamais plus), — le choix d'un oiseau capable d'imiter la voix humaine, mais d'un oiseau — le corbeau — marqué dans l'imagination populaire d'un caractère funeste et fatal, — le choix du ton le plus poétique de tous, le ton mélancolique, — du sentiment le plus poétique, l'amour pour une morte, etc. « Et je ne placerai pas, dit-il, le héros de mon poème dans un milieu pauvre, parce que la pauvreté est triviale et contraire à l'idée de beauté. Sa mélancolie aura pour gîte une chambre magnifiquement et poétiquement meublée. » Le lecteur surprendra dans plusieurs des nouvelles de Poe des symptômes curieux de ce goût immodéré pour les belles formes, surtout pour les belles formes singulières, pour les milieux ornés et les somptuosités orientales.

J'ai dit que cet article me paraissait entaché d'une légère impertinence. Les partisans de l'inspiration quand même ne manqueraient pas d'y trouver un blasphème et une profanation; mais je crois que c'est pour eux que l'article a été spécialement écrit. Autant certains écrivains affectent l'abandon, visant au chef-d'œuvre les yeux fermés, pleins de confiance dans le désordre, et attendant que les caractères jetés au plafond retombent en poèmes sur le parquet, autant Edgar Poe — l'un des hommes les plus inspirés que je connaisse — a mis d'affectation à cacher la spontanéité, à simuler le sang-froid et la délibération. « Je crois pouvoir me vanter — dit-il avec un orgueil amusant et que je ne trouve pas de mauvais goût — qu'aucun point de ma composition n'a été laissé au hasard, et que l'œuvre entière a marché pas à pas vers son but avec la précision et la logique rigoureuse d'un problème mathématique. » Il n'y a, dis-je, que les amateurs de hasard, les fatalistes de l'inspiration et les fanatiques du *vers blanc* qui puissent trouver bizarres ces *minuties*. Il n'y a pas de minuties en matière d'art.

A propos des vers blancs, j'ajouterai que Poe attachait une importance extrême à la rime, et que, dans l'analyse qu'il a faite du plaisir mathématique et musical que l'esprit tire de la rime, il a apporté autant de soin, autant de subtilité que dans tous les sujets se rapportant au métier poétique. De même qu'il avait démontré que le refrain est susceptible d'applications infiniment variées, il a aussi cherché à rajeunir, à redoubler le plaisir de la rime en y ajoutant cet élément inattendu, *l'étrangeté,* qui est comme le condiment indispensable de toute beauté. Il fait surtout un usage heureux des répétitions du même vers ou de plusieurs vers, retours obstinés de phrases qui simulent les obsessions de la mélancolie ou de l'idée fixe — du refrain pur et simple, mais amené en situation de plusieurs manières différentes — du refrain-variante qui joue l'indolence et la distraction — des rimes redoublées et triplées, et aussi d'un genre de rime qui introduit dans la poésie moderne, mais avec plus de précision et d'intention, les surprises du vers léonin [1].

Il est évident que la valeur de tous ces moyens ne peut être vérifiée que par l'application; et une traduction de poésies aussi voulues, aussi concentrées, peut être un rêve caressant, mais ne peut être qu'un rêve. Poe a fait peu de poésies; il a quelquefois exprimé le regret de ne pouvoir se livrer, non pas plus souvent, mais exclusivement à ce genre de travail qu'il considérait comme le plus noble. Mais sa poésie est toujours d'un puissant effet. Ce n'est pas l'effusion ardente de Byron, ce n'est pas la mélancolie molle, harmonieuse, distinguée de Tennyson, pour lequel il avait d'ailleurs, soit dit en passant, une admiration quasi-fraternelle. C'est quelque chose de profond et de miroitant comme le rêve, de mystérieux et de parfait comme le cristal. Je n'ai pas besoin, je présume, d'ajouter que les critiques américains ont souvent dénigré cette poésie; tout récemment, je trouvais dans un dictionnaire de biographies américaines, un article où elle était décrétée d'étrangeté, où on avouait qu'il était à craindre que cette muse à la toilette savante ne fît école dans le glorieux pays de la morale utile, et où enfin on regrettait que Poe n'eût pas appliqué ses talents à l'expression de vérités morales au lieu de les dépenser à la recherche d'un idéal bizarre et de prodiguer dans ses vers une volupté mystérieuse, il est vrai, mais sensuelle.

Nous connaissons cette loyale escrime. Les reproches que les mauvais critiques font aux bons poètes sont les mêmes dans tous les pays. En lisant cet article, il me semblait

1. Vers comportant à l'hémistiche une rime intérieure (du nom du premier poète, Léon de Saint Victor, qui mit ce vers à la mode).

lire la traduction d'un de ces nombreux réquisitoires dressés par les critiques parisiens contre ceux de nos poètes qui sont le plus amoureux de perfection. Nos préférés sont faciles à deviner, et toute âme éprise de poésie pure me comprendra quand je dirai que, parmi notre race anti-poétique, Victor Hugo serait moins admiré s'il était parfait, et qu'il n'a pu se faire pardonner son génie lyrique qu'en introduisant de force et brutalement dans sa poésie ce qu'Edgar Poe considérait comme l'hérésie moderne capitale : l'enseignement.

XII

MADAME BOVARY

PAR

GUSTAVE FLAUBERT [1]

I

En matière de critique, la situation de l'écrivain qui vient après tout le monde, de l'écrivain retardataire, comporte des avantages que n'avait pas l'écrivain prophète, celui qui annonce le succès, qui le commande, pour ainsi dire, avec l'autorité de l'audace et du dévouement.

M. Gustave Flaubert n'a plus besoin du dévouement, s'il est vrai qu'il en eut jamais besoin. Des artistes [a] nombreux, et quelques-uns des plus fins et des plus accrédités, ont illustré et enguirlandé son excellent livre. Il ne reste donc plus à la critique qu'à indiquer quelques points de vue oubliés, et qu'à insister un peu plus vivement sur des traits et des lumières qui n'ont pas été, selon moi, suffisamment vantés et commentés. D'ailleurs, cette position de l'écrivain en retard, distancé par l'opinion, a, comme

1. *L'Artiste,* 18 octobre 1857 (titre : *M. Gustave Flaubert. Madame Bovary. La Tentation de saint Antoine*). On sait qu'entre Flaubert et Baudelaire de cordiales relations s'étaient établies à l'occasion de leurs communs démêlés avec la justice (le procès de Flaubert avait eu lieu en février 1857, celui de Bauledaire en août de la même année). L'article de Baudelaire lui mérita de la part de Flaubert une lettre de remerciements dont voici les termes essentiels : *Votre article m'a fait le plus* grand *plaisir. Vous êtes entré dans les arcanes de l'œuvre, comme si ma cervelle était la vôtre. Cela est compris et senti* à fond.

j'essayais de l'insinuer, un charme paradoxal. Plus libre, parce qu'il est seul comme un traînard, il a l'air de celui qui résume les débats, et, contraint d'éviter les véhémences de l'accusation et de la défense, il a ordre de se frayer une voie nouvelle, sans autre excitation que celle de l'amour du Beau et de la Justice.

II

Puisque j'ai prononcé ce mot splendide et terrible, la Justice, qu'il me soit permis, — comme aussi bien cela m'est agréable, — de remercier la magistrature française de l'éclatant exemple d'impartialité et de bon goût qu'elle a donné dans cette circonstance. Sollicitée par un zèle aveugle et trop véhément pour la morale [a], par un esprit qui se trompait de terrain, — placée en face d'un roman, œuvre d'un écrivain inconnu la veille, — un roman, et quel roman! le plus impartial, le plus loyal, — un champ, banal comme tous les champs, flagellé, trempé, comme la nature elle-même, par tous les vents et tous les orages, — la magistrature, dis-je, s'est montrée loyale et impartiale comme le livre qui était poussé devant elle en holocauste [1]. Et mieux encore, disons, s'il est permis de conjecturer d'après les considérations qui accompagnèrent le jugement, que si les magistrats avaient découvert quelque chose de vraiment reprochable dans le livre, ils l'auraient néanmoins amnistié, en faveur et en reconnaisssance de la BEAUTÉ dont il est revêtu. Ce souci remarquable de la Beauté, en des hommes dont les facultés ne sont mises en réquisition que pour le Juste et le Vrai, est un symptôme des plus touchants, comparé avec les convoitises ardentes de cette société qui a définitivement abjuré tout amour spirituel, et qui, négligeant *ses anciennes entrailles,* n'a plus cure que de ses viscères. En somme, on peut dire que cet arrêt, par sa haute tendance poétique, fut définitif; que gain de cause a été donné à la Muse, et que tous les écrivains, tous ceux du moins dignes de ce nom, ont été acquittés dans la personne de M. Gustave Flaubert.

---

1. On sait que Flaubert fut acquitté, grâce en grande partie à l'excellente plaidoirie de son avocat, Me Sénard.

Ne disons donc pas, comme tant d'autres l'affirment avec une légère et inconsciente mauvaise humeur, que le livre a dû son immense faveur au procès et à l'acquittement. Le livre, non tourmenté, aurait obtenu la même curiosité, il aurait créé le même étonnement, la même agitation. D'ailleurs les approbations de tous les lettrés lui appartenaient depuis longtemps. Déjà sous sa première forme, dans la *Revue de Paris,* où des coupures imprudentes en avaient détruit l'harmonie, il avait excité un ardent intérêt. La situation de Gustave Flaubert, brusquement illustre, était à la fois excellente et mauvaise; et de cette situation équivoque, dont son loyal et merveilleux talent a su triompher, je vais donner, tant bien que mal, les raisons diverses.

III

Excellente; — car depuis la disparition de Balzac, ce prodigieux météore qui couvrira notre pays d'un nuage de gloire, comme un orient bizarre et exceptionnel, comme une aurore polaire inondant le désert glacé de ses lumières féeriques, — toute curiosité, relativement au roman, s'était apaisée et endormie. D'étonnantes tentatives avaient été faites, il faut l'avouer. Depuis longtemps déjà, M. de Custine [1], célèbre, dans un monde de plus en plus raréfié, par *Aloys, le Monde comme il est* et *Ethel,* — M. de Custine, le créateur de la jeune fille laide, ce type tant jalousé par Balzac (voir le vrai *Mercadet* [2]), avait livré au public *Romuald ou la Vocation,* œuvre d'une maladresse sublime, où des pages inimitables font à la fois condamner et absoudre des langueurs et des gaucheries. Mais M. de Custine est un sous-genre du génie, un génie dont le dandysme monte jusqu'à l'idéal de la négligence. Cette bonne foi de gentilhomme, cette ardeur romanesque, cette raillerie loyale, cette absolue et nonchalante personnalité, ne sont pas accessibles aux sens du grand troupeau, et ce précieux

1. Baudelaire admirait Custine, mentionné dans le chapitre sur le Dandy de l'étude sur Constantin Guys. *Aloys, ou le Religieux du Mont Saint-Bernard* avait paru en 1829, *Le Monde comme il est,* et *Ethel* en 1835, *Romuald* enfin en 1848.

2. Il y avait en effet deux *Mercadet,* l'un de Dennery (d'après Balzac) l'autre de Balzac lui-même, dont le titre est *Le Faiseur.*

écrivain avait contre lui toute la mauvaise fortune que méritait son talent.

M. d'Aurevilly avait violemment attiré les yeux par *Une Vieille Maîtresse* et par l'*Ensorcelée*. Ce culte de la vérité, exprimé avec une effroyable ardeur, ne pouvait que déplaire à la foule. D'Aurevilly, vrai catholique, évoquant la passion pour la vaincre, chantant, pleurant et criant au milieu de l'orage, planté comme Ajax sur un rocher de désolation, et ayant toujours l'air de dire à son rival, — homme, foudre, dieu ou matière — : « Enlève-moi, ou je t'enlève ! » ne pouvait pas non plus mordre sur une espèce assoupie dont les yeux sont fermés aux miracles de l'exception.

Champfleury, avec un esprit enfantin et charmant, s'était joué très heureusement dans le pittoresque, avait braqué un binocle poétique (plus poétique qu'il ne le croit lui-même) sur les accidents et les hasards burlesques ou touchants de la famille ou de la rue ; mais, par originalité ou par faiblesse de vue, volontairement ou fatalement, il négligeait le lieu commun, le lieu de rencontre de la foule, le rendez-vous public de l'éloquence.

Plus récemment encore, M. Charles Barbara [1], âme rigoureuse et logique, âpre à la curée intellectuelle, a fait quelques efforts incontestablement distingués ; il a cherché (tentation toujours irrésistible) à décrire, à élucider des situations de l'âme exceptionnelles, et à déduire les conséquences directes des positions fausses. Si je ne dis pas ici toute la sympathie que m'inspire l'auteur d'*Héloïse* et de *l'Assassinat du Pont-Rouge,* c'est parce qu'il n'entre qu'occasionnellement dans mon thème, à l'état de note historique.

Paul Féval, placé de l'autre côté de la sphère, esprit amoureux d'aventures, admirablement doué pour le grotesque et le terrible, a emboîté le pas, comme un héros tardif, derrière Frédéric Soulié et Eugène Sue. Mais les facultés si riches de l'auteur des *Mystères de Londres* et du *Bossu,* non plus que celles de tant d'esprits hors ligne, n'ont pas pu accomplir le léger et soudain miracle de cette

---

1. Ami littéraire et correspondant de Baudelaire. Le sonnet à Mme Sabatier : *Que diras-tu ce soir, pauvre âme solitaire...* (*Fleurs du Mal,* XLII) est cité dans son roman *l'Assassinat du Pont-Rouge*. Sur cet intéressant personnage cf. en particulier les *Souvenirs littéraires* de Maxime Du Camp.

pauvre petite provinciale adultère, dont toute l'histoire, sans imbroglio, se compose de tristesses, de dégoûts, de soupirs et de quelques pâmoisons fébriles arrachés à une vie barrée par le suicide.

Que ces écrivains, les uns tournés à la Dickens, les autres moulés à la Byron ou à la Bulwer [1], trop bien doués peut-être, trop méprisants, n'aient pas su, comme un simple Paul de Kock, forcer le seuil branlant de la Popularité, la seule des impudiques qui demande à être violée, ce n'est pas moi qui leur en ferai un crime, — non plus d'ailleurs qu'un éloge; de même je ne sais aucun gré à M. Gustave Flaubert d'avoir obtenu du premier coup ce que d'autres cherchent toute leur vie. Tout au plus y verrai-je un symptôme surérogatoire de puissance, et chercherai-je à définir les raisons qui ont fait mouvoir l'esprit de l'auteur dans un sens plutôt que dans un autre.

Mais j'ai dit aussi que cette situation du nouveau venu était mauvaise; hélas! pour une raison lugubrement simple. Depuis plusieurs années, la part d'intérêt que le public accorde aux choses spirituelles était singulièrement diminuée; son budget d'enthousiasme allait se rétrécissant toujours. Les dernières années de Louis-Philippe avaient vu les dernières explosions d'un esprit encore excitable par les jeux de l'imagination; mais le nouveau romancier se trouvait en face d'une société absolument usée, — pire qu'usée, — abrutie et goulue, n'ayant horreur que de la fiction, et d'amour que pour la possession.

Dans des conditions semblables, un esprit bien nourri, enthousiaste du beau, mais façonné à une forte escrime, jugeant à la fois le bon et le mauvais des circonstances, a dû se dire : « Quel est le moyen le plus sûr de remuer toutes ces vieilles âmes? Elles ignorent en réalité ce qu'elles aimeraient; elles n'ont un dégoût positif que du grand; la passion naïve, ardente, l'abandon poétique les fait rougir et les blesse. — Soyons donc vulgaire dans le choix du sujet, puisque le choix d'un sujet trop grand est une impertinence pour le lecteur du XIXe siècle. Et aussi prenons bien garde à nous abandonner et à parler pour notre compte propre. Nous serons de glace en racontant des passions

1. Bulwer Lytton (1803-1873), auteur du célèbre roman : *Les Derniers Jours de Pompéi* (d'où a été tiré, dès 1908, un film italien à grand spectacle).

et des aventures où le commun du monde met ses chaleurs; nous serons, comme dit l'école, objectif et impersonnel.

« Et aussi, comme nos oreilles ont été harassées dans ces derniers temps par des bavardages d'école puérils, comme nous avons entendu parler d'un certain procédé littéraire appelé *réalisme,* — injure dégoûtante jetée à la face de tous les analystes, mot vague et élastique qui signifie pour le vulgaire, non pas une méthode nouvelle de création, mais une description minutieuse des accessoires, — nous profiterons de la confusion des esprits et de l'ignorance universelle. Nous étendrons un style nerveux, pittoresque, subtil, exact, sur un canevas banal. Nous enfermerons les sentiments les plus chauds et les plus bouillants dans l'aventure la plus triviale. Les paroles les plus solennelles, les plus décisives, s'échapperont des bouches les plus sottes.

« Quel est le terrain de sottise, le milieu le plus stupide, le plus productif en absurdités, le plus abondant en imbéciles intolérants?

« La province.

« Quels y sont les acteurs les plus insupportables?

« Les petites gens qui s'agitent dans de petites fonctions dont l'exercice fausse leurs idées.

« Quelle est la donnée la plus usée, la plus prostituée, l'orgue de Barbarie le plus éreinté?

« L'Adultère.

« Je n'ai pas besoin, s'est dit le poète, que mon *héroïne* soit une héroïne. Pourvu qu'elle soit suffisamment jolie, qu'elle ait des nerfs, de l'ambition, une aspiration irréfrénable vers un monde supérieur, elle sera intéressante. Le tour de force, d'ailleurs, sera plus noble, et notre pécheresse aura au moins ce mérite, — comparativement fort rare, — de se distinguer des fastueuses bavardes de l'époque qui nous a précédés.

« Je n'ai pas besoin de me préoccuper du style, de l'arrangement pittoresque, de la description des milieux; je possède toutes ces qualités à une puissance surabondante; je marcherai appuyé sur l'analyse et la logique, et je prouverai ainsi que tous les sujets sont indifféremment bons ou mauvais, selon la manière dont ils sont traités, et que les plus vulgaires peuvent devenir les meilleurs. »

Dès lors, *Madame Bovary*, — une gageure, une vraie gageure, un pari, comme toutes les œuvres d'art, — était créée.

Il ne restait plus à l'auteur, pour accomplir le tour de force dans son entier, que de se dépouiller (autant que possible) de son sexe et de se faire femme. Il en est résulté une merveille; c'est que, malgré tout son zèle de comédien, il n'a pas pu ne pas infuser un sang viril dans les veines de sa créature, et que madame Bovary, pour ce qu'il y a en elle de plus énergique et de plus ambitieux, et aussi de plus rêveur, madame Bovary est restée un homme. Comme la Pallas armée, sortie du cerveau de Zeus, ce bizarre androgyne a gardé toutes les séductions d'une âme virile dans un charmant corps féminin.

IV

Plusieurs critiques avaient dit : cette œuvre, vraiment belle par la minutie et la vivacité des descriptions, ne contient pas un seul personnage qui représente la morale, qui parle la conscience de l'auteur. Où est-il, le personnage proverbial et légendaire, chargé d'expliquer la fable et de diriger l'intelligence du lecteur? En d'autres termes, où est le réquisitoire?

Absurdité! Éternelle et incorrigible confusion des fonctions et des genres! — Une véritable œuvre d'art n'a pas besoin de réquisitoire. La logique de l'œuvre suffit à toutes les postulations de la morale, et c'est au lecteur à tirer les conclusions de la conclusion.

Quant au personnage intime, profond, de la fable, incontestablement c'est la femme adultère; elle seule, la victime déshonorée, possède toutes les grâces du héros. — Je disais tout à l'heure qu'elle était presque mâle, et que l'auteur l'avait ornée (inconsciencieusement peut-être) de toutes les qualités viriles.

Qu'on examine attentivement :

1° L'imagination, faculté suprême et tyrannique, substituée au cœur, ou à ce qu'on appelle le cœur, d'où le raisonnement est d'ordinaire exclu, et qui domine généralement dans la femme comme dans l'animal;

2° Énergie soudaine d'action, rapidité de décision, fusion mystique du raisonnement et de la passion, qui caractérise les hommes créés pour agir;

3° Goût immodéré de la séduction, de la domination et même de tous les moyens vulgaires de séduction, descendant jusqu'au charlatanisme du costume, des parfums et de la pommade, — le tout se résumant en deux mots : dandysme, amour exclusif de la domination,

Et pourtant madame Bovary se donne; emportée par les sophismes de son imagination, elle se donne magnifiquement, généreusement, d'une manière toute masculine, à des drôles qui ne sont pas ses égaux, exactement comme les poètes se livrent à des drôlesses.

Une nouvelle preuve de la qualité toute virile qui nourrit son sang artériel, c'est qu'en somme cette infortunée a moins souci des défectuosités extérieures visibles, des provincialismes aveuglants de son mari, que de cette absence totale de génie, de cette infériorité spirituelle bien constatée par la stupide opération du pied bot.

Et à ce sujet, relisez les pages qui contiennent cet épisode, si injustement traité de parasitique, tandis qu'il sert à mettre en vive lumière tout le caractère de la personne. — Une colère noire, depuis longtemps concentrée, éclate dans toute l'épouse Bovary; les portes claquent; le mari stupéfié, qui n'a su donner à sa romanesque femme aucune jouissance spirituelle, est relégué dans sa chambre; il est en pénitence, le coupable ignorant! et madame Bovary, la désespérée, s'écrie, comme une petite lady Macbeth accouplée à un capitaine insuffisant : « Ah! que ne suis-je *au moins* la femme d'un de ces vieux savants chauves et voûtés, dont les yeux abrités de lunettes vertes sont toujours braqués sur les archives de la science! je pourrais fièrement me balancer à son bras; je serais au moins la compagne d'un roi spirituel; mais la compagne de chaîne de cet imbécile qui ne sait pas redresser le pied d'un infirme! oh! »

Cette femme, en réalité, est très sublime dans son espèce, dans son petit milieu et en face de son petit horizon;

4° Même dans son éducation de couvent, je trouve la preuve du tempérament équivoque de madame Bovary.

Les bonnes sœurs ont remarqué dans cette jeune fille une aptitude étonnante à la vie, à profiter de la vie, à en conjecturer les jouissances; — voilà l'homme d'action!

Cependant la jeune fille s'enivrait délicieusement de la couleur des vitraux, des teintes orientales que les longues fenêtres ouvragées jetaient sur son paroissien de pensionnaire; elle se gorgeait de la musique solennelle des vêpres, et, par un paradoxe dont tout l'honneur appartient aux nerfs, elle substituait dans son âme au Dieu véritable le Dieu de sa fantaisie, le Dieu de l'avenir et du hasard, un Dieu de vignette, avec éperons et moustaches ; — voilà le poète hystérique.

L'hystérie ! Pourquoi ce mystère physiologique ne ferait-il pas le fond et le tuf d'une œuvre littéraire, ce mystère que l'Académie de médecine n'a pas encore résolu, et qui, s'exprimant dans les femmes par la sensation d'une boule ascendante et asphyxiante (je ne parle que du symptôme principal), se traduit chez les hommes nerveux par toutes les impuissances et aussi par l'aptitude à tous les excès ?

V

En somme, cette femme est vraiment grande, elle est surtout pitoyable, et malgré la dureté systématique de l'auteur, qui a fait tous ses efforts pour être absent de son œuvre et pour jouer la fonction d'un montreur de marionnettes, toutes les femmes *intellectuelles* lui sauront gré d'avoir élevé la femelle à une si haute puissance, si loin de l'animal pur et si près de l'homme idéal, et de l'avoir fait participer à ce double caractère de calcul et de rêverie qui constitue l'être parfait.

On dit que madame Bovary est ridicule. En effet, la voilà, tantôt prenant pour un héros de Walter Scott une espèce de monsieur, — dirai-je même un gentilhomme campagnard ? — vêtu de gilets de chasse et de toilettes contrastées ! et maintenant, la voici amoureuse d'un petit clerc de notaire (qui ne sait même pas commettre une action dangereuse pour sa maîtresse), et finalement la pauvre épuisée, la bizarre Pasiphaé, reléguée dans l'étroite enceinte d'un village, poursuit l'idéal à travers les bastringues et les estaminets de la préfecture : — qu'importe ? disons-le, avouons-le, c'est un César à Carpentras ; elle poursuit l'Idéal !

Je ne dirai certainement pas comme le Lycanthrope d'insurrectionnelle mémoire, ce révolté qui a abdiqué : « En face de toutes les platitudes et de toutes les sottises du temps présent, ne nous reste-t-il pas le papier à cigarettes et l'adultère?[1] » mais j'affirmerai qu'après tout, tout compte fait, même avec des balances de précision, notre monde est bien dur pour avoir été engendré par le Christ, qu'il n'a guère qualité pour jeter la pierre à l'adultère; et que quelques minotaurisés de plus ou de moins n'accéléreront pas la vitesse rotatoire des sphères et n'avanceront pas d'une seconde la destruction finale des univers. — Il est temps qu'un terme soit mis à l'hypocrisie de plus en plus contagieuse, et qu'il soit réputé ridicule pour des hommes et des femmes, pervertis jusqu'à la trivialité, de crier : haro! sur un malheureux auteur qui a daigné, avec une chasteté de rhéteur, jeter un voile de gloire sur des aventures de tables de nuit, toujours répugnantes et grotesques, quand la Poésie ne les caresse pas de sa clarté de veilleuse opaline.

Si je m'abandonnais sur cette pente analytique, je n'en finirais jamais avec *Madame Bovary;* ce livre, essentiellement suggestif, pourrait souffler un volume d'observations. Je me bornerai, pour le moment, à remarquer que plusieurs des épisodes les plus importants ont été primitivement ou négligés ou vitupérés par les critiques. Exemples : l'épisode de l'opération manquée du pied bot, et celui, si remarquable, si plein de désolation, si véritablement *moderne,* où la future adultère, — car elle n'est encore qu'au commencement du plan incliné, la malheureuse! — va demander secours à l'Église, à la divine Mère, à celle qui n'a pas d'excuses pour n'être pas toujours prête, à cette Pharmacie où nul n'a le droit de sommeiller! Le bon curé Bournisien, uniquement préoccupé des polissons du catéchisme qui font de la gymnastique à travers les stalles et les chaises de l'église, répond avec candeur : « Puisque vous êtes malade, madame, et puisque M. Bovary est médecin, *pourquoi n'allez-vous pas trouver votre mari ?* »

Quelle est la femme qui, devant cette insuffisance du curé, n'irait pas, folle amnistiée, plonger sa tête dans les eaux tourbillonnantes de l'adultère, — et quel est celui de nous qui, dans un âge plus naïf et dans des circonstances troublées, n'a pas fait forcément connaissance avec le prêtre incompétent?

1. Citation faite de mémoire et approximative (comme si souvent avec Baudelaire) d'une phrase de la fin de la Préface des *Rhapsodies* de Pétrus Borel.

VI

J'avais primitivement le projet, ayant deux livres du même auteur sous la main (*Madame Bovary* et *la Tentation de saint Antoine,* dont les fragments n'ont pas encore été rassemblés par la librairie [1]), d'installer une sorte de parallèle entre les deux. Je voulais établir des équations et des correspondances. Il m'eût été facile de retrouver sous le tissu minutieux de *Madame Bovary,* les hautes facultés d'*ironie* et de *lyrisme* qui illuminent à outrance *la Tentation de saint Antoine.* Ici le poète ne s'était pas déguisé, et sa *Bovary,* tentée par tous les démons de l'illusion, de l'hérésie, par toutes les lubricités de la matière environnante, — son *saint Antoine* enfin, harassé par toutes les folies qui nous circonviennent, aurait apologisé mieux que sa [a] toute petite fiction bourgeoise. — Dans cet ouvrage, dont malheureusement l'auteur ne nous a livré que des fragments, il y a des morceaux éblouissants; je ne parle pas seulement du festin prodigieux de Nabuchodonosor, de la merveilleuse apparition de cette petite folle de reine de Saba, miniature dansant sur la rétine d'un ascète, de la charlatanesque et emphatique mise en scène d'Apollonius de Tyane suivi de son cornac, ou plutôt de son entreteneur, le millionnaire imbécile qu'il entraîne à travers le monde; — je voudrais surtout attirer l'attention du lecteur sur cette faculté souffrante, souterraine et révoltée, qui traverse toute l'œuvre, ce filon ténébreux qui illumine, — ce que les Anglais appellent le *subcurrent,* — et qui sert de guide à travers ce capharnaüm pandémoniaque de la solitude.

Il m'eût été facile de montrer, comme je l'ai déjà dit, que M. Gustave Flaubert a volontairement voilé dans *Madame Bovary* les hautes facultés lyriques et ironiques manifestées sans réserve dans la *Tentation,* et que cette dernière œuvre, chambre secrète de son esprit, reste évidemment la plus intéressante pour les poètes et les philosophes.

Peut-être aurai-je un autre jour le plaisir d'accomplir cette besogne.

---

1. D'importants fragments de la *Tentation* avaient paru dans l'*Artiste* en 1857, mais la première édition en volume ne devait paraître qu'en 1874.

XIII

LA DOUBLE VIE

PAR

CHARLES ASSELINEAU[1]

ONZE petites nouvelles se présentent sous ce titre général : *la Double Vie*. Le sens du titre se dévoile heureusement après la lecture de quelques-uns des morceaux qui composent cet élégant et éloquent volume. Il y a un chapitre de Buffon qui est intitulé : *Homo duplex*, dont je ne me rappelle plus au juste le contenu, mais dont le titre bref, mystérieux, gros de pensées, m'a toujours précipité dans la rêverie, et qui maintenant encore, au moment où je veux vous donner une idée de l'esprit qui anime l'ouvrage de M. Asselineau, se présente brusquement à ma mémoire, et la provoque, et la confronte comme une idée fixe. Qui parmi nous n'est pas un *homo duplex ?* Je veux parler de ceux dont l'esprit a été dès l'enfance *touched with pensiveness*[2]*;* toujours double, action et intention,

---

1. On sait que Charles Asselineau compta au nombre des amis les plus fidèles de Baudelaire, dont il fut, avec Banville, l'éditeur posthume.

Cet article parut dans *l'Artiste* le 9 janvier 1859. Le recueil de nouvelles d'Asselineau (qui mérite pleinement les éloges de Baudelaire et dont on doit regretter qu'il soit aujourd'hui pratiquement oublié) avait paru en 1858, avec une préface que l'auteur avait soumise à Baudelaire (cf. la publication de J. Crépet *in Mercure de France,* 1er septembre 1936).

2. Il n'y a pas de nom français pour traduire littéralement *pensiveness :* il s'agit ici des esprits qui sont pensifs par nature et comme par fatalité. La citation est de Thomas de Quincey.

rêve et réalité; toujours l'un nuisant à l'autre, l'un usurpant la part de l'autre. Ceux-ci font de lointains voyages au coin d'un foyer dont ils méconnaissent la douceur; et ceux-là, ingrats envers les aventures dont la Providence leur fait don, caressent le rêve d'une vie casanière, enfermée dans un espace de quelques mètres. L'intention laissée en route, le rêve oublié dans une auberge, le projet barré par l'obstacle, le malheur et l'infirmité jaillissant du succès comme les plantes vénéneuses d'une terre grasse et négligée, le regret mêlé d'ironie, le regard jeté en arrière comme celui d'un vagabond qui se recueille un instant, l'incessant mécanisme de la vie terrestre, taquinant et déchirant à chaque minute l'étoffe de la vie idéale : tels sont les principaux éléments de ce livre exquis qui, par son abandon, son négligé de bonne compagnie et sa sincérité suggestive, participe du monologue et de la lettre intime confiée à la boîte pour les contrées lointaines.

La plupart des morceaux qui en composent le total sont des échantillons du malheur humain mis en regard des bonheurs de la rêverie.

Ainsi *le Cabaret des Sabliers,* où deux jeunes gens vont régulièrement à quelques lieues de la ville pour se consoler des chagrins et des soucis qui la leur rendent intolérable, oubliant sur le paysage horizontal des rivières la vie tumultueuse des rues et l'angoisse confinée dans un domicile dévasté; ainsi *l'Auberge :* un voyageur, un lettré, inspirant à son hôtesse une sympathie assez vive pour que celle-ci lui offre sa fille en mariage, et puis retournant brusquement vers le cercle où l'enferme sa fatalité. Le voyageur lettré a poussé d'abord, à cette offre généreuse et naïve, un éclat de rire inhumain, qui certes aurait scandalisé le bon Jean-Paul, toujours si angélique quoique si moqueur. Mais je présume bien que, remis dans sa route ou dans sa routine, le voyageur pensif et philosophe aura cuvé son mauvais rire et se sera dit, avec un peu de remords, un peu de regret et le soupir indolent du scepticisme, toujours tempéré d'un léger sourire : « Après tout, la brave aubergiste avait peut-être raison; les éléments du bonheur humain sont moins nombreux et plus simples que ne l'enseignent le monde et sa doctrine perverse. » — Ainsi *les Promesses de Timothée,* abominable lutte du prometteur et de la dupe; le prometteur, ce voleur d'une espèce particulière, y est fort convenablement flétri, je vous jure, et je sais beaucoup

B.N. Estampes *Cl. B.N.*

ASSELINEAU
Photo Nadar

de gré à M. Asselineau de nous montrer à la fin sa dupe sauvée et réconciliée à la vie par un homme de mauvaise réputation. Il en est souvent ainsi, et le *Deus ex machina* des dénoûments heureux est, plus souvent qu'on ne veut le reconnaître, un de ceux que le monde appelle des mauvais sujets, ou même des chenapans. *Mon cousin Don Quixote* est un morceau des plus remarquables et bien fait pour mettre en lumière les deux grandes qualités de l'auteur, qui sont le sentiment du beau moral et l'ironie qui naît du spectacle de l'injustice et de la sottise. Ce *cousin,* dont la tête bouillonne de projets d'éducation, de bonheur universel, dont le sang toujours jeune est allumé par un enthousiasme dévorant pour les Hellènes, ce despote de l'héroïsme qui veut mouler et moule sa famille à son image, est plus qu'intéressant; il est touchant; il enlève l'âme en lui faisant honte de sa lâcheté journalière. L'absence de niveau entre ce nouveau Don Quichotte et l'âme du siècle produit un effet certain de comique attendrissant, quoique, à vrai dire, le rire provoqué par une infirmité sublime soit presque la condamnation du rieur, et le Sancho universel, dont le maniaque magnanime est entouré, n'excite pas moins de mépris que le Sancho du roman. — Plus d'une vieille femme lira avec sourire, et peut-être avec larmes, *le Roman d'une dévote,* un amour de quinze ans, sans confidente, sans confidence, sans action, et toujours ignoré de celui qui en est l'objet, un pur monologue mental.

Le Mensonge représente sous une forme à la fois subtile et naturelle la préoccupation générale du livre, qui pourrait s'appeler : *De l'Art d'échapper à la vie journalière.* Les seigneurs turcs commandent quelquefois à nos peintres des décors représentant des appartements ornés de meubles somptueux, et s'ouvrant sur des horizons fictifs. On expédie ainsi à ces singuliers rêveurs un magnifique salon sur toile, roulé comme un tableau ou une carte géographique. Ainsi fait le héros de *Mensonge* et c'est un héros bien moins rare qu'on le pourrait croire. Un mensonge perpétuel orne et habille sa vie. Il en résulte bien dans la pratique de la vie quotidienne [a] quelques cahots et quelques accidents; mais il faut bien payer son bonheur. Un jour cependant, malgré tous les inconvénients de son délire volontaire et systématique, le bonheur, le vrai bonheur, s'offre à lui, voulant être accepté et ne se faisant pas prier; cependant il faudrait, pour le mériter, satisfaire à une toute petite condition, c'est-à-dire avouer un mensonge. Démolir une fiction, se démentir, détruire un échafaudage idéal, même au prix d'un bonheur positif, c'est là un sacrifice impossible pour notre rêveur ! Il restera pauvre et seul, mais fidèle à lui-même, et s'obstinera à tirer de son cerveau toute la décoration de sa vie.

Un grand talent dans M. Asselineau, c'est de bien comprendre et de bien rendre la légitimité de l'absurde et de l'invraisemblable. Il saisit et il décalque, quelquefois avec une fidélité rigoureuse, les étranges raisonnements du rêve. Dans des passages de cette nature, sa façon sans façon, procès-verbal cru et net, atteint un grand effet poétique. Je citerai pour exemple quelques lignes tirées d'une petite nouvelle tout à fait singulière, *la Jambe.*

« Ce qu'il y a de surprenant dans la vie du rêve, ce n'est pas tant de se trouver transporté dans des régions fantastiques, où sont confondus tous les usages, contredites toutes les idées reçues ; où souvent même (ce qui est plus effrayant encore) l'impossible se mêle au réel. Ce qui me frappe encore bien davantage, c'est l'assentiment donné à ces contradictions, la facilité avec laquelle les plus monstrueux paralogismes sont acceptés comme choses toutes naturelles, de façon à faire croire à des facultés ou à des notions d'un ordre particulier, et étrangères à notre monde.

« Je rêve un jour que j'assiste dans la grande allée des Tuileries, au milieu d'une foule compacte, à l'exécution d'un général. Un silence respectueux et solennel règne dans l'assistance.

« Le général est apporté dans une malle. Il en sort bientôt, en grand uniforme, tête nue, et psalmodiant à voix basse un chant funèbre.

« Tout à coup un cheval de guerre, sellé et caparaçonné, est aperçu caracolant sur la terrasse à droite, du côté de la place Louis XV.

« Un gendarme s'approche du condamné et lui remet respectueusement un fusil tout armé : le général ajuste, tire, et le cheval tombe.

« Et la foule s'écoule, et moi-même je me retire, intérieurement bien convaincu que *c'était l'usage, lorsqu'un général était condamné à mort, que si son cheval venait à paraître sur le lieu de l'exécution et qu'il le tuât, le général était sauvé.* »

Hoffmann n'eût pas mieux défini, dans sa manière courante, la situation anormale d'un esprit.

Les deux morceaux principaux, *la Seconde Vie* et *l'Enfer du musicien,* sont fidèles à la pensée mère du volume. Croire que *vouloir, c'est pouvoir,* prendre au pied de la lettre l'hyperbole du proverbe, entraîne un rêveur, de déception en déception, jusqu'au suicide. Par une grâce spéciale d'outre-tombe, toutes les facultés, si ardemment enviées et voulues, lui sont accordées d'un seul coup, et, armé de tout le génie octroyé dans cette seconde naissance, il retourne sur la terre. Une seule douleur, un seul obstacle, n'avaient pas été prévus, qui lui rendent bientôt l'existence impossible et le contraignent à chercher de nouveau son refuge dans la mort : c'est tous les inconvénients, toutes les incommodités, tous les malentendus, résultant de la disproportion créée désormais entre lui et le monde terrestre. L'équilibre et l'équation sont détruits, et, comme un Ovide trop savant pour son ancienne patrie, il peut dire :

Barbarus hic ego sum, quia non intelligor illis [1].

L'Enfer du musicien représente ce cas d'hallucination formidable où se trouverait un compositeur condamné à entendre simultanément toutes ses compositions exécutées, bien ou mal, sur tous les pianos du globe. Il fuit de ville en ville, poursuivant toujours le sommeil comme une terre promise, jusqu'à ce que, fou de désespoir, il passe dans l'autre hémisphère, où la nuit, occupant la place du jour, lui donne enfin quelque répit. Dans cette terre lointaine il a d'ailleurs trouvé l'amour, qui, comme une médecine énergique, remet chaque faculté à son rang, et pacifie tous ses organes troublés. « Le péché d'orgueil a été racheté par l'amour. »

L'analyse d'un livre est toujours une armature sans chair. Cependant, à un lecteur intelligent, cette analyse peut suffire pour lui faire deviner l'esprit de recherche qui anime le travail de M. Asselineau. On a souvent répété : *Le style, c'est l'homme*; mais ne pourrait-on pas dire avec une égale justesse : *Le choix des sujets, c'est l'homme?* De la chair du livre, je puis dire qu'elle est bonne, douce, élastique au toucher; mais l'âme intérieure est surtout

---

1. Ovide, *Tristes*, V, 10, 37. (Ici, c'est moi qui suis un barbare puisqu'ils ne me comprennent pas).

ce qui mérite d'être étudié. Ce charmant petit livre, personnel, excessivement personnel, est comme un monologue d'hiver, murmuré par l'auteur, les pieds sur les chenets. Il a tous les charmes du monologue, l'air de confidence, la sincérité de la confidence, et jusqu'à cette négligence féminine qui fait partie de la sincérité. Affirmerez-vous que vous aimez toujours, que vous adorez sans répit ces livres dont la pensée, tendue à outrance, fait craindre à tout moment au lecteur qu'elle ne se rompe, et le remplit, pour ainsi dire, d'une trépidation nerveuse? Celui-ci veut être lu comme il a été fait, en robe de chambre et les pieds sur les chenets. Heureux l'auteur qui ne craint pas de se montrer en négligé! Et malgré l'humiliation éternelle que l'homme éprouve à se sentir confessé, heureux le lecteur pensif, l'*homo duplex,* qui, sachant reconnaître dans l'auteur son miroir, ne craint pas de s'écrier : *Thou art the man !* Voilà mon confesseur!

XIV

THÉOPHILE GAUTIER [1]

> Quoique nous n'ayons donné à boire à aucune vieille, nous sommes dans la position de la jeune fille de Perrault ; nous ne pouvons ouvrir la bouche sans qu'il en tombe aussitôt des pièces d'or, des diamants, des rubis et des perles ; nous voudrions bien de temps en temps vomir un crapaud, une couleuvre et une souris rouge, ne fût-ce que pour varier ; mais cela n'est pas en notre pouvoir.
>
> Théophile Gautier, *Caprices et Zigzags.*

I

Je ne connais pas de sentiment plus embarrassant que l'admiration. Par la difficulté de s'exprimer convenablement, elle ressemble à l'amour. Où trouver des expres-

1. Cette longue étude — une de celles qui ont suscité le plus de commentaires, car elle met en cause les sentiments de Baudelaire tant à l'égard du romantisme que de l'art pour l'art — parut d'abord dans *l'Artiste* du 13 mars 1859, puis en plaquette, éditée par Poulet-Malassis, en novembre de la même année. La plaquette était précédée d'une lettre-préface de Victor Hugo que Baudelaire avait sollicitée, et qui contient la fameuse formule concernant le *frisson nouveau* des *Fleurs du Mal;* en voici le texte :

Hauteville House, 6 octobre 1859.

Votre article sur Théophile Gautier, Monsieur, est une de ces pages qui provoquent puissamment la pensée. Rare mérite, faire penser ; don des seuls élus.

Vous ne vous trompez pas en prévoyant quelque dissidence entre vous et moi. Je comprends toute votre philosophie (car, comme tout

sions assez fortement colorées, ou nuancées d'une manière assez délicate, pour répondre aux nécessités d'un sentiment exquis? *Le respect humain est un fléau dans tous les ordres de choses,* dit un livre de philosophie qui se trouve par hasard sous mes yeux; mais qu'on ne croie pas que l'ignoble respect humain soit l'origine de mon embarras : cette perplexité n'a d'autre source que la crainte de ne pas parler de mon sujet d'une manière suffisamment noble.

Il y a des biographies faciles à écrire; celles, par exemple, des hommes dont la vie fourmille d'événements et d'aventures; là, nous n'aurions qu'à enregistrer et à classer des faits avec leurs dates; — mais ici, rien de cette variété matérielle qui réduit la tâche de l'écrivain à celle d'un compilateur. Rien qu'une immensité spirituelle! La biographie d'un homme dont les aventures les plus dramatiques se jouent silencieusement sous la coupole de son cerveau, est un travail littéraire d'un ordre tout différent. Tel astre est né avec telles fonctions, et tel homme aussi. Chacun

---

poète, vous contenez un philosophe) ; je fais plus que la comprendre, je l'admets ; mais je garde la mienne. Je n'ai jamais dit : l'Art pour l'Art ; j'ai toujours dit : l'Art pour le Progrès.

Au fond, c'est la même chose, et votre esprit est trop pénétrant pour ne pas le sentir. En avant ! c'est le mot du Progrès ; c'est aussi le cri de l'Art. Tout le verbe de la Poésie est là. *Ite.*

Que faites-vous donc quand vous écrivez ces vers saisissants : *Les Sept Vieillards* et *Les Petites Vieilles* que vous me dédiez et dont je vous remercie ? Que faites-vous ? Vous marchez. Vous allez en avant. Vous dotez le ciel de l'Art d'on ne sait quel rayon macabre. Vous créez un frisson nouveau.

L'Art n'est pas perfectible, je l'ai dit, je crois, un des premiers, donc je le sais ; personne ne dépassera Eschyle, personne ne dépassera Phidias ; mais on peut les égaler, et pour les égaler il faut déplacer l'horizon de l'Art, monter plus haut, aller plus loin, marcher. Le poète ne peut aller seul, il faut que l'homme aussi se déplace. Les pas de l'Humanité sont donc les pas mêmes de l'Art. — Donc gloire au Progrès.

C'est pour le Progrès que je souffre en ce moment et que je suis prêt à mourir.

Théophile Gautier est un grand poète, et vous le louez comme un jeune frère, et vous l'êtes. Vous êtes, Monsieur, un noble esprit et un généreux cœur. Vous écrivez des choses profondes et souvent sereines. Vous aimez le Beau. Donnez-moi la main.

Victor HUGO.

Et quant aux persécutions, ce sont des grandeurs. — Courage !

accomplit magnifiquement et humblement son rôle [a] de prédestiné. Qui pourrait concevoir une biographie du soleil? C'est une histoire qui, depuis que l'astre a donné signe de vie [b], est pleine de monotonie, de lumière et de grandeur.

Puisque je n'ai, en somme, qu'à écrire l'histoire d'une *idée fixe,* laquelle je saurai d'ailleurs définir et analyser, il importerait bien peu, à la rigueur, que j'apprisse ou que je n'apprisse pas à mes lecteurs que Théophile Gautier est né à Tarbes, en 1811. Depuis de longues années j'ai le bonheur d'être son ami, et j'ignore complétement s'il a dès l'enfance révélé ses futurs talents par des succès de collège, par ces couronnes puériles que souvent ne savent pas conquérir les *enfants sublimes* [c], et qu'en tout cas ils sont obligés de partager avec une foule de hideux niais [d], marqués par la fatalité. De ces petitesses [e], je ne sais absolument rien. Théophile Gautier lui-même n'en sait plus rien peut-être, et si par hasard il s'en souvient, je suis bien sûr qu'il ne lui serait pas agréable de voir remuer ce fatras de lycéen. Il n'y a pas d'homme qui pousse plus loin que lui la pudeur majestueuse du vrai homme de lettres, et qui ait plus d'horreur d'étaler tout ce qui n'est pas fait, préparé et mûri pour le public, pour l'édification des âmes amoureuses du Beau. N'attendez jamais de lui des *mémoires,* non plus que des *confidences,* non plus que des *souvenirs,* ni rien de ce qui n'est pas la sublime fonction.

Il est une considération qui augmente la joie que j'éprouve à rendre compte d'une *idée fixe,* c'est de parler enfin, et tout à mon aise, d'un homme *inconnu.* Tous ceux qui ont médité sur les méprises de l'histoire ou sur ses justices tardives, comprendront ce que signifie le mot *inconnu,* appliqué à Théophile Gautier. Il remplit, depuis bien des années, Paris et la province du bruit de ses feuilletons, c'est vrai; il est incontestable que maint lecteur, curieux de toutes les choses littéraires, attend impatiemment son jugement sur les ouvrages dramatiques de la dernière semaine; encore plus incontestable que ses comptes rendus des *Salons,* si calmes, si pleins de candeur et de majesté, sont des oracles pour tous les exilés qui ne peuvent juger et sentir par leurs propres yeux. Pour tous ces publics divers, Théophile Gautier est un critique incomparable et indispensable; et cependant il reste un homme *inconnu.* Je veux expliquer ma pensée.

Je vous suppose *interné* [a] dans un salon *bourgeois* et prenant le café, après dîner, avec le *maître* de la maison, la *dame* de la maison et ses *demoiselles*. Détestable et risible argot auquel la plume devrait se soustraire, comme l'écrivain s'abstenir [b] de ces énervantes fréquentations! Bientôt on causera musique, peinture peut-être, mais littérature infailliblement. Théophile Gautier à son tour sera mis sur le tapis; mais, après les couronnes banales qui lui seront décernées (« qu'il a d'esprit! qu'il est amusant! qu'il écrit bien, et que son *style est coulant !* » — le prix de *style coulant* [c] est donné indistinctement à tous les écrivains connus, l'eau claire étant probablement le symbole le plus clair de beauté pour les gens qui ne font pas profession de méditer), si vous vous avisiez de faire remarquer que l'on omet son mérite principal, son incontestable et plus éblouissant mérite, enfin qu'on oublie de dire qu'il est un grand poète, vous verrez un vif étonnement se peindre sur tous les visages. « Sans aucun doute, il a le style très poétique », dira le plus subtil de la bande, ignorant qu'il s'agit [d] de rhythmes et de rimes. Tout ce monde-là a lu le feuilleton du lundi, mais personne, depuis tant d'années, n'a trouvé d'argent ni de loisir pour *Albertus, la Comédie de la Mort* et *España*. Cela est bien dur à avouer pour un Français, et si je ne parlais pas d'un écrivain placé assez haut pour assister tranquillement à toutes les injustices, j'aurais, je crois, préféré cacher cette infirmité de notre public. Mais cela est ainsi. Les éditions se sont cependant multipliées, facilement écoulées. Où sont-elles allées? dans quelles armoires se sont enfouis ces admirables échantillons de la plus pure Beauté française? Je l'ignore; sans doute dans quelque région mystérieuse située bien loin du faubourg Saint-Germain ou de la Chaussée-d'Antin, pour parler comme la géographie de MM. les *Chroniqueurs* [e]. Je sais bien qu'il n'est pas un homme de lettres, pas un artiste un peu rêveur, dont la mémoire ne soit meublée et parée de ces merveilles; mais les gens du monde, ceux-là mêmes qui se sont enivrés ou ont feint de s'enivrer avec les *Méditations* et les *Harmonies,* ignorent ce nouveau trésor de jouissance et de beauté.

J'ai dit que c'était là un aveu bien cuisant pour un cœur français; mais il ne suffit pas de constater un fait, il faut tâcher de l'expliquer. Il est vrai que Lamartine et Victor Hugo ont joui plus longtemps d'un public plus curieux des jeux de la Muse que celui qui allait s'engourdissant déjà à l'époque où Théophile Gautier devenait définitivement un homme célèbre. Depuis lors, ce public a diminué graduellement la part légitime de temps consacrée aux plaisirs de l'esprit. Mais ce ne serait là qu'une explication insuffisante; car, pour laisser de côté le poète qui fait le sujet de cette étude, je m'aperçois que le public n'a glané avec soin dans les œuvres des [a] poètes que les parties qui étaient *illustrées* (ou souillées) par une espèce de vignette politique, un condiment approprié à la nature de ses passions actuelles. Il a su l'*Ode à la Colonne,* l'*Ode à l'Arc de Triomphe,* mais il ignore les parties mystérieuses, ombreuses, les plus charmantes de Victor Hugo. Il a souvent récité les *ïambes* d'Auguste Barbier sur les Journées de Juillet, mais il n'a pas, avec le poète, versé son *pianto* sur l'Italie désolée, et il ne l'a pas suivi dans son voyage chez le *Lazare* du Nord [1].

Or le condiment que Théophile Gautier jette dans ses œuvres, qui, pour les amateurs de l'art, est du choix le plus exquis et du sel le plus ardent, n'a que peu ou point d'action sur le palais de la foule. Pour devenir tout à fait populaire, ne faut-il pas consentir à mériter de l'être, c'est-à-dire ne faut-il pas, par un petit côté secret, un presque rien qui fait tache, se montrer un peu populacier? En littérature comme en morale, il y a danger, autant que gloire, à être délicat. L'aristocratie nous isole.

J'avouerai franchement que je ne suis pas de ceux qui voient là un mal bien regrettable, et que j'ai peut-être poussé trop loin la mauvaise humeur contre de pauvres *philistins.* Récriminer, faire de l'opposition, et même réclamer la justice, n'est-ce pas *s'emphilistiner* quelque peu? On oublie à chaque instant qu'injurier une foule, c'est s'encanailler soi-même. Placés très haut, toute fatalité nous apparaît comme justice. Saluons donc, au contraire, avec tout le respect et l'enthousiasme qu'elle mérite, cette aristocratie qui fait solitude autour d'elle. Nous voyons d'ailleurs que telle faculté est plus ou moins estimée selon le siècle, et qu'il y a dans le cours des âges place pour de

1. Cf. *infra* dans les *Réflexions sur mes contemporains,* la notice sur A. Barbier (p. 748).

splendides revanches. On peut tout attendre de la bizarrerie humaine, même l'équité, bien qu'il soit vrai de dire que l'injustice lui est infiniment plus naturelle. Un écrivain politique ne disait-il pas l'autre jour que Théophile Gautier est *une réputation surfaite !*

II

Ma première entrevue avec cet écrivain, — que l'univers nous enviera, comme il nous envie Chateaubriand, Victor Hugo et Balzac, — est actuellement devant ma mémoire. Je m'étais présenté chez lui pour lui offrir un petit volume de vers de la part de deux amis absents [1]. Je le trouvai, non pas aussi prestant qu'aujourd'hui, mais déjà majestueux, à l'aise et gracieux dans des vêtements flottants. Ce qui me frappa d'abord dans son accueil, ce fut l'absence totale de cette sécheresse, si pardonnable d'ailleurs, chez tous les hommes accoutumés par position à craindre les visiteurs. Pour caractériser cet abord, je me servirais volontiers du mot bonhomie, s'il n'était pas bien trivial; il ne pourrait servir dans ce cas qu'assaisonné et relevé, selon la recette racinienne, d'un bel adjectif tel que *asiatique* ou *oriental,* pour rendre un genre d'humeur tout à la fois simple, digne et moelleuse. Quant à la conversation (chose solennelle qu'une première conversation avec un homme illustre qui vous dépasse encore plus par le talent que par l'âge!), elle s'est également bien moulée dans le fond de mon esprit. Quand il me vit un volume de poésies à la main, sa noble figure s'illumina d'un joli sourire; il tendit le bras avec une sorte d'avidité enfantine; car c'est chose curieuse combien cet homme, qui sait tout exprimer et qui a plus que tout autre le droit d'être blasé, a la curiosité facile et darde vivement [a] son regard sur le *non-moi.* Après avoir rapidement feuilleté le volume, il

1. Probablement le recueil collectif *Vers* de Prarond, Le Vavasseur et Dozon, qui contenait aussi quelques pièces de Baudelaire lui-même (cf. Jules Mouquet : *Ch. Baudelaire, Vers retrouvés,* Paris, Emile-Paul, 1929). Ce recueil ayant paru en 1843, telle serait la date de la première rencontre avec Gautier.

me fit remarquer que les poètes en question se permettaient trop souvent des sonnets *libertins,* c'est-à-dire non orthodoxes et s'affranchissant volontiers de la règle de la quadruple rime. Il me demanda ensuite, avec un œil curieusement méfiant, et comme pour m'éprouver, si j'aimais à lire des dictionnaires. Il me dit cela d'ailleurs comme il dit toute chose, fort tranquillement, et du ton qu'un autre aurait pris pour s'informer si je préférais la lecture des voyages à celle des romans. Par bonheur, j'avais été pris très jeune de lexicomanie, et je vis que ma réponse me gagnait de l'estime. Ce fut justement à propos des dictionnaires qu'il ajouta « *que l'écrivain qui ne savait pas tout dire,* celui qu'une idée si étrange, si subtile qu'on la supposât, si imprévue, tombant comme une pierre de la lune, *prenait au dépourvu et sans matériel pour lui donner corps, n'était pas un écrivain* ». Nous causâmes ensuite de l'hygiène, des ménagements que l'homme de lettres doit à son corps et de sa sobriété obligée. Bien que pour illustrer la matière il ait tiré, je crois, quelques comparaisons de la vie des danseuses et des chevaux de course, la méthode dont il traita son thème (de la sobriété, comme preuve du respect dû à l'art et aux facultés poétiques) me fit penser à ce que disent les livres de piété sur la nécessité de respecter notre corps comme temple de Dieu. Nous nous entretînmes également de la grande fatuité du siècle et de la folie du progrès. J'ai retrouvé dans des livres qu'il a publiés depuis lors quelques-unes des formules qui servaient à résumer ses opinions; par exemple, celle-ci : « Il est trois choses qu'un civilisé ne saura jamais créer : un vase, une arme, un harnais. » Il va sans dire qu'il s'agit ici de beauté et non d'utilité. — Je lui parlai vivement de la puissance étonnante qu'il avait montrée dans le bouffon et le grotesque; mais à ce compliment il répliqua avec candeur qu'au fond il avait en horreur l'esprit et le rire, ce rire qui déforme la créature de Dieu! « Il est permis [a] d'avoir quelquefois de l'*esprit,* comme au sage de faire une ribote, pour prouver aux sots qu'il pourrait être leur égal; mais cela n'est pas nécessaire. » — Ceux que cette opinion proférée par lui pourrait étonner n'ont pas remarqué que, comme son esprit est un miroir cosmopolite de beauté, où conséquemment le Moyen Age et la Renaissance se sont très légitimement et très magnifiquement reflétés, il s'est de très bonne heure appliqué à fréquenter les Grecs et la Beauté antique, au point de dérouter ceux de ses admirateurs qui ne possédaient pas la véritable clef de sa chambre spirituelle. On peut, pour cet objet, consulter *Mademoiselle de Maupin,* où la beauté grecque fut vigoureusement défendue en pleine exubérance romantique.

Tout cela fut dit avec netteté et décision, mais sans dictature, sans pédanterie, avec beaucoup de finesse, mais sans trop de quintessence. En écoutant cette éloquence de conversation, si loin du siècle et de son violent charabia, je ne pouvais m'empêcher de rêver à la lucidité antique, à je ne sais quel écho socratique, familièrement apporté sur l'aile d'un vent oriental. Je me retirai conquis par tant de noblesse et de douceur, subjugué par cette force spirituelle, à qui la force physique sert, pour ainsi dire, de symbole, comme pour *illustrer* [a] encore la vraie doctrine et la confirmer par un nouvel argument.

Depuis cette petite fête de ma jeunesse, que d'années au plumage varié ont agité leurs ailes et pris leur vol vers le ciel avide! Cependant, à cette heure même, je n'y puis penser sans une certaine émotion. C'est là mon excellente excuse auprès de ceux qui ont pu me trouver bien osé et un peu *parvenu* de parler sans façon, au début de ce travail, de mon intimité avec un homme célèbre. Mais qu'on sache que si quelques-uns d'entre nous ont pris leurs aises avec Gautier, c'est parce qu'en le permettant il semblait le désirer. Il se complaît innocemment dans une affectueuse et familière paternité. C'est encore un trait de ressemblance avec ces braves gens illustres de l'antiquité, qui aimaient la société des jeunes, et qui promenaient avec eux leur solide conversation sous de riches verdures, au bord des fleuves, ou sous des architectures nobles et simples comme leur âme.

Ce portrait, esquissé d'une façon familière, aurait besoin du concours du graveur [b]. Heureusement Théophile Gautier a rempli dans différents recueils des fonctions généralement relatives aux arts et au théâtre, qui ont fait de lui un des personnages de Paris les plus publiquement répandus. Presque tout le monde connaît ses cheveux longs et souples, son port noble et lent et son regard plein d'une rêverie féline.

III

Tout écrivain français, ardent pour la gloire de son pays, ne peut pas, sans fierté et sans regrets, reporter ses regards vers cette époque de crise féconde où la littérature romantique s'épanouissait avec tant de vigueur. Chateaubriand, toujours plein de force, mais comme couché à l'horizon, semblait un Athos qui contemple nonchalamment le mouvement de la plaine; Victor Hugo, Sainte-Beuve, Alfred de Vigny, avaient rajeuni, plus encore, avaient ressuscité la poésie française, morte depuis Corneille. Car André Chénier, avec sa molle antiquité à la Louis XVI, n'était pas un symptôme de rénovation assez vigoureuse, et Alfred de Musset, féminin et sans doctrine, aurait pu exister dans tous les temps et n'eût jamais été qu'un paresseux à effusions gracieuses. Alexandre Dumas produisait coup sur coup ses drames fougueux, où l'éruption volcanique était ménagée avec la dextérité d'un habile irrigateur. Quelle ardeur chez l'homme de lettres de ce temps, et quelle curiosité, quelle chaleur dans le public! *O splendeurs éclipsées, O soleil descendu derrière l'horizon !* [1] — Une seconde phase se produisit dans le mouvement litté-

1. Citation de Hugo, *Voix intérieures,* XVI, *Passé* (légère inexactitude, Hugo ayant écrit : *O soleils descendus...*). Cette page explique sans doute les variations de Baudelaire tant à l'égard de Gautier lui-même que du romantisme en général, ces variations qu'on lui a souvent reprochées. Convaincu de la décadence progressive du XIXe siècle (comme le montre aussi l'admiration pour David, ou même Guérin, de ce disciple de Delacroix ; cf. l'article sur le *Musée classique du Boulevard Bonne-Nouvelle*), Baudelaire est parfois saisi de la nostalgie de cette grande époque qu'il évoque ici : c'est alors inévitablement l'admiration qui l'emporte, et Théophile Gautier en bénéficie, dans la mesure où il appartient à cette grande génération. Mais, dans d'autres circonstances, ce sera, en Baudelaire, l'esthéticien intransigeant qui prend le dessus, et alors il juge, pour ainsi dire, dans l'absolu : son désaccord « spirituel » avec le romantisme de Hugo, de Dumas ou de Gautier, accru par sa répulsion, aussi bien pour la mythologie du Progrès que pour la « plastique » de l'art pour l'art (cf. l'article sur *l'École païenne*), l'emporte ainsi sur sa nostalgie historique. Il est bien vrai que c'est ce second Baudelaire qui est le plus profondément authentique, et celui qui peut le plus nous intéresser : mais le premier doit aussi être compris.

raire moderne, qui nous donna Balzac, c'est-à-dire le vrai Balzac, Auguste Barbier et Théophile Gautier. Car nous devons remarquer que, bien que celui-ci n'ait été un littérateur décidément en vue qu'après la publication de *Mademoiselle de Maupin,* son premier recueil de poésies, bravement lancé en pleine révolution, date de 1830. Ce ne fut, je crois, qu'en 1832 qu'*Albertus* fut rejoint à ces poésies. Quelque vive et riche qu'eût été jusqu'alors la nouvelle sève littéraire, il faut avouer qu'un élément lui avait fait défaut, ou du moins ne s'y laissait observer que rarement, comme par exemple dans *Notre-Dame de Paris,* Victor Hugo faisant positivement exception par le nombre et l'ampleur de ses facultés; je veux parler du rire et du sentiment du grotesque. *Les Jeune-France* prouvèrent bientôt que l'école se complétait. Quelque léger que cet ouvrage puisse paraître à plusieurs, il renferme de grands mérites. Outre la *beauté du diable*, c'est-à-dire la grâce charmante et l'audace de la jeunesse, il contient le rire, et le meilleur rire. Évidemment, à une époque pleine de duperies, un auteur s'installait en pleine ironie et prouvait qu'il n'était pas dupe. Un vigoureux bon sens le sauvait des pastiches et des religions à la mode. Avec une nuance de plus, *une Larme du Diable* continuait ce filon de riche jovialité. *Mademoiselle de Maupin* servit à définir encore mieux sa position. Beaucoup de gens ont longtemps parlé de cet ouvrage comme répondant à de puériles passions, comme enchantant plutôt par le sujet que par la forme savante qui le distingue [a]. Il faut vraiment que de certaines personnes regorgent de passion pour la pouvoir ainsi mettre partout. C'est la muscade qui leur sert à assaisonner tout ce qu'elles mangent [b]. Par son style prodigieux, par sa beauté correcte et recherchée, pure et fleurie, ce livre était un véritable événement. C'est ainsi que le considérait Balzac, qui dès lors voulut connaître l'auteur. Avoir non seulement un [c] style, mais encore un style particulier, était l'une des plus grandes ambitions, sinon la plus grande, de l'auteur de *la Peau de Chagrin* et de *la Recherche de l'Absolu.* Malgré les lourdeurs et les enchevêtrements de sa phrase, il a toujours été un connaisseur des plus fins et des plus difficiles. Avec *Mademoiselle de Maupin* apparaissait dans la littérature le Dilettantisme qui, par son caractère exquis et superlatif, est toujours la meilleure preuve des facultés indispensables en art. Ce roman, ce conte, ce tableau, cette rêverie continuée avec l'obstination d'un peintre, cette espèce d'hymne à la Beauté, avait surtout ce grand résultat d'établir définitivement la condition génératrice des œuvres d'art, c'est-à-dire l'amour exclusif du Beau, l'*Idée fixe* [1].

Les choses que j'ai à dire sur ce sujet (et je les dirai très brièvement) ont été très connues en d'autres temps. Et puis elles ont été obscurcies, définitivement oubliées. Des hérésies étranges se sont glissées dans la critique littéraire. Je ne sais quelle lourde nuée, venue de Genève, de Boston ou de l'enfer [2], a intercepté les beaux rayons du soleil de l'esthétique. La fameuse doctrine de l'indissolubilité du Beau, du Vrai et du Bien est une invention de la philosophaillerie moderne (étrange contagion, qui fait qu'en définissant la folie on en parle le jargon !). Les différents objets de la recherche spirituelle réclament des facultés qui leur sont éternellement appropriées ; quelquefois tel objet n'en réclame qu'une, quelquefois toutes ensemble, ce qui ne peut être que fort rare, et encore jamais à une dose ou à un degré égal. Encore faut-il remarquer que plus un objet réclame de facultés, moins il est noble et pur, plus il est complexe, plus il contient de bâtardise. Le *Vrai* sert de base et de but aux sciences ; il invoque surtout l'intellect pur. La pureté de style sera ici la bienvenue, mais la *beauté* de style peut y être considérée comme un élément de luxe. Le *Bien* est la base et le but des recherches morales. Le

1. Ici encore il y a équivoque, et Baudelaire en est peut-être sincèrement dupe. Apparemment, quelque relation peut s'établir entre le dandysme et le *dilettantisme*. Plus encore, *l'amour exclusif du Beau* est un grand thème baudelairien comme aussi celui de *l'Idée fixe ;* mais, déjà à cette date — alors qu'il avait écrit le *Salon de 1846* et l'article sur *l'Exposition universelle* et qu'il allait écrire le *Salon de 1859* — Baudelaire donnait à ce vocabulaire esthétique un contenu bien différent de ce que pouvait y mettre Théophile Gautier, comme le prouverait la comparaison non seulement de leur œuvre poétique mais encore, et surtout, de leur œuvre critique. Mais comme il arrivait à Baudelaire de superposer à l'œuvre de certains artistes ses propres nostalgies, et ses propres rêves esthétiques, il lui arrive de faire de même avec Gautier : c'est la rançon naturelle de la critique poétique. En tout cas, nous devons à cette illusion une autre expression de quelques-uns des thèmes fondamentaux de l'esthétique baudelairienne.

2. Baudelaire avait voué une haine solide à ces *hérésies* esthétiques des milieux littéraires bostoniens dont avait été victime Edgar Poe.

Beau est l'unique ambition, le but exclusif du Goût. Bien que le Vrai soit le but de l'histoire, il y a une Muse de l'histoire, pour exprimer que quelques-unes des qualités nécessaires à l'historien relèvent de la Muse. Le Roman est un de ces genres complexes où une part plus ou moins grande peut être faite tantôt au Vrai, tantôt au Beau. La part du Beau dans *Mademoiselle de Maupin* était excessive. L'auteur avait le droit de la faire telle. La visée de ce roman n'était pas d'exprimer les mœurs, non plus que les passions d'une époque, mais une passion unique, d'une nature toute spéciale, universelle et éternelle, sous l'impulsion de laquelle le livre entier court, pour ainsi dire, dans le même lit que la Poésie, mais sans toutefois se confondre absolument avec elle, privé qu'il est du double élément du rythme et de la rime. Ce but, cette visée, cette ambition, c'était de rendre, dans un style approprié, non pas la fureur de l'amour, mais la *beauté* de l'amour et la *beauté* des objets dignes d'amour, en un mot l'enthousiasme (bien différent de la passion) créé par la beauté. C'est vraiment, pour un esprit non entraîné par la mode de l'erreur, un sujet d'étonnement énorme que la confusion totale des genres et des facultés. Comme les différents métiers réclament différents outils, les différents objets de recherche spirituelle exigent leurs facultés correspondantes. — Il est permis quelquefois, je présume, de se citer soi-même, surtout pour éviter de se paraphraser. Je répéterai donc [1] :

« ... Il est une autre hérésie... une erreur qui a la vie plus dure, je veux parler de l'*hérésie de l'enseignement,* laquelle comprend comme corollaires inévitables, les hérésies de la *passion,* de la *vérité* et de la *morale*. Une foule de gens se figurent que le but de la poésie est un enseignement quelconque, qu'elle doit tantôt fortifier la conscience, tantôt perfectionner les mœurs, tantôt enfin démontrer quoi que ce soit d'utile... La Poésie, pour peu qu'on veuille descendre en soi-même, interroger son âme, rappeler ses souvenirs d'enthousiasme, n'a pas d'autre but qu'Elle-même; elle ne peut pas en avoir d'autre, et aucun poème ne sera si grand, si noble, si véritablement digne du nom de poème,

1. Baudelaire va citer ici deux passages (IV et III) de ses *Notes nouvelles sur Edgar Poe,* parues en 1857 en tête des *Nouvelles Histoires extraordinaires*. (Cf. pp. 615-618 et 608-615.)

que celui qui aura été écrit uniquement pour le plaisir d'écrire un poème.

« Je ne veux pas dire que la poésie n'ennoblisse pas les mœurs, — qu'on me comprenne bien, — que son résultat final ne soit pas d'élever l'homme au-dessus du niveau des intérêts vulgaires; ce serait évidemment une absurdité. Je dis que si le poète a poursuivi un but moral, il a diminué sa force poétique; et il n'est pas imprudent de parier que son œuvre sera mauvaise. La poésie ne peut pas, sous peine de mort ou de déchéance, s'assimiler à la science ou à la morale; elle n'a pas la Vérité pour objet, elle n'a qu'Elle-même. Les modes de démonstration de vérités sont autres et sont ailleurs. La Vérité n'a rien à faire avec les chansons. Tout ce qui fait le charme, la grâce, l'irrésistible d'une chanson, enlèverait à la Vérité son autorité et son pouvoir. Froide, calme, impassible, l'humeur démonstrative repousse les diamants et les fleurs de la Muse; elle est donc absolument l'inverse de l'humeur poétique.

« L'Intellect pur vise à la Vérité, le Goût nous montre la Beauté, et le Sens Moral nous enseigne le Devoir. Il est vrai que le sens du milieu a d'intimes connexions avec les deux extrêmes, et il n'est séparé du Sens Moral que par une si légère différence, qu'Aristote n'a pas hésité à ranger parmi les vertus quelques-unes de ses délicates opérations. Aussi ce qui exaspère surtout l'homme de goût dans le spectacle du vice, c'est sa difformité, sa disproportion. Le vice porte atteinte au juste et au vrai, révolte l'intellect et la conscience; mais comme outrage à l'harmonie, comme dissonance, il blessera plus particulièrement de certains esprits poétiques; et je ne crois pas qu'il soit scandalisant de considérer toute infraction à la morale, au beau moral, comme une espèce de faute contre le rythme et la prosodie universels.

« C'est cet admirable, cet immortel instinct du Beau qui nous fait considérer la Terre et ses spectacles comme un aperçu, comme une *correspondance* du Ciel. La soif insatiable de tout ce qui est au delà, et que révèle la vie, est la preuve la plus vivante de notre immortalité. C'est à la fois par la poésie et *à travers* la poésie, par et *à travers* la musique, que l'âme entrevoit les splendeurs situées derrière le tombeau; et quand un poème exquis amène les larmes au bord des yeux, ces larmes ne sont pas la preuve d'un excès de jouissance, elles sont bien plutôt le témoignage d'une mélancolie irritée, d'une postulation des nerfs, d'une nature exilée dans l'imparfait et qui voudrait s'emparer immédiatement, sur cette terre même, d'un paradis révélé.

« Ainsi le principe de la poésie est, strictement et simplement, l'aspiration humaine vers une Beauté supérieure, et la manifestation de ce principe est dans un enthousiasme, un enlèvement de l'âme; enthousiasme tout à fait indépendant de la passion, qui est l'ivresse du cœur [1], et de la vérité, qui est la pâture de la raison. Car la passion est chose *naturelle*, trop naturelle même, pour ne pas introduire un ton blessant, discordant, dans le domaine de la Beauté pure; trop familière et trop violente pour ne pas scandaliser les purs Désirs, les gracieuses Mélancolies et les nobles Désespoirs qui habitent les régions surnaturelles de la Poésie. »

Et ailleurs je disais : « Dans un pays où l'idée d'utilité, la plus hostile du monde à l'idée de beauté, prime et domine toutes choses, le parfait critique sera le plus *honorable,* c'est-à-dire celui dont les tendances et les désirs se rapprocheront le plus des tendances et des désirs de son public, — celui qui, confondant les facultés et les genres de production, assignera à tous un but unique, — celui qui cherchera dans un livre de poésie les moyens de perfectionner la conscience. »

Depuis quelques années, en effet, une grande fureur d'honnêteté s'est emparée du théâtre, de la poésie, du roman et de la critique [2]. Je laisse de côté la question de savoir quels bénéfices l'hypocrisie peut trouver dans cette

1. L'imitation de la passion, avec la recherche du Vrai et un peu celle du Beau (non pas du Bien), constitue l'amalgame dramatique; mais aussi c'est la passion qui recule le drame à un rang secondaire dans la hiérarchie du Beau. Si j'ai négligé la question de la noblesse plus ou moins grande des facultés, ç'a été pour n'être pas entraîné trop loin ; mais la supposition qu'elles sont toutes égales ne nuit en rien à la théorie générale que j'essaye d'esquisser. *(Note de Baudelaire.)*

2. Cf. l'article sur *les Drames et les Romans honnêtes,* p. 567. Notons au passage qu'il se peut qu'à un moment où la colère de Baudelaire était particulièrement fixée sur le moralisme dans l'art et la littérature (et tout aussi bien sur le réalisme et l'art positif) il ait, par réaction, penché un instant du côté de l'art pour l'art, ou du moins se soit plus aisément illusionné sur le sens véritable de l'œuvre de Gautier. (Cf. M.-A. Ruff, *Baudelaire et le problème de la forme, Revue des Sciences humaines,* janvier-mars 1957).

confusion de fonctions, quelles consolations en peut tirer l'impuissance littéraire. Je me contente de noter et d'analyser l'erreur, la supposant désintéressée. Pendant l'époque désordonnée du romantisme, l'époque d'ardente effusion, on faisait souvent usage de cette formule : *La poésie du cœur !* On donnait ainsi plein droit à la passion; on lui attribuait une sorte d'infaillibilité. Combien de contresens et de sophismes peut imposer à la langue française une erreur d'esthétique! Le cœur contient la passion, le cœur contient le dévouement, le crime; l'Imagination seule contient la poésie. Mais aujourd'hui l'erreur a pris un autre cours et de plus grandes proportions. Par exemple une femme, dans un moment de reconnaissance enthousiaste, dit à son mari, *avocat* :

O poète ! je t'aime [1] *!*

Empiétement du sentiment sur le domaine de la raison! Vrai raisonnement de femme qui ne sait pas approprier les mots à leur usage! Or cela veut dire : « Tu es un honnête homme et un bon époux; *donc* tu es poète, et bien plus poète que tous ceux qui se servent du mètre et de la rime pour exprimer des idées de beauté. J'affirmerai même, — continue bravement cette précieuse à l'inverse, — que tout honnête homme qui sait plaire à sa femme est un poète sublime. Bien plus, je déclare, dans mon infaillibilité bourgeoise, que quiconque fait admirablement bien les vers est beaucoup moins poète que tout honnête homme épris de son ménage; car le talent de composer des vers parfaits nuit évidemment aux facultés de l'époux, *qui sont la base de toute poésie !* »

Mais que l'académicien qui a commis cette erreur, si flatteuse pour les avocats, se console. Il est en nombreuse et illustre compagnie; car le vent du siècle est à la folie; le baromètre de la raison moderne marque tempête. N'avons-nous pas vu récemment un écrivain illustre et des plus accrédités placer, aux applaudissements unanimes,

1. Cf. *les Drames et les Romans honnêtes*. Baudelaire reprend ici l'exemple d'une pièce d'Émile Augier (p. 569, mais là, l'*avocat* était un *notaire*). D'ailleurs tout ce passage reprend avec quelques modifications le texte de l'autre article. Ce qui semble prouver qu'en écrivant sur Théophile Gautier, Baudelaire le considère comme antidote du moralisme littéraire, et, de ce point de vue, son jugement ne peut être qu'élogieux.

toute poésie, non pas dans la Beauté, mais dans l'amour! dans l'amour vulgaire, domestique et garde-malade! et s'écrier dans sa haine de toute beauté : *Un bon tailleur vaut mieux que trois sculpteurs classiques*[1] *!* et affirmer que si Raymond Lulle est devenu théologien, c'est que Dieu l'a puni d'avoir reculé devant le cancer qui dévorait le sein d'une dame, objet de ses galanteries! S'il l'eût véritablement aimée, ajoute-t-il, combien cette infirmité l'eût embellie à ses yeux! — Aussi est-il devenu *théologien!* Ma foi! c'est bien fait. — Le même auteur conseille au mari-providence de fouetter sa femme, quand elle vient, *suppliante,* réclamer le *soulagement de l'expiation*[2]. Et quel châtiment nous permettra-t-il d'infliger à un vieillard sans majesté, fébrile et féminin, jouant à la poupée, tournant des madrigaux en l'honneur de la maladie, et se vautrant avec délices dans le linge sale de l'humanité? Pour moi, je n'en connais qu'un : c'est un supplice qui marque profondément et pour l'éternité; car, comme le dit la chanson de nos pères, ces pères vigoureux qui savaient rire dans toutes les circonstances, même les plus définitives :

Le ridicule *est plus tranchant*
Que le fer de la guillotine.

Je sors de ce chemin de traverse où m'entraîne l'indignation, et je reviens au thème important. La sensibilité de cœur n'est pas absolument favorable au travail poétique. Une extrême sensibilité de cœur peut même nuire en ce cas. La sensibilité de l'imagination est d'une autre nature; elle sait choisir, juger, comparer, fuir ceci, rechercher cela,

---

1. Il s'agit de Michelet, et de son livre *l'Amour,* paru en 1858. Le texte de Michelet *(Introduction)* dit exactement : ...*Qui ne voit que la plupart des métiers, si l'on y pénètre à fond, sont des branches réelles d'un art? Ceux du bottier, du tailleur, sont bien près de la sculpture. Le dirai-je? Pour un tailleur qui sent, modèle et rectifie la nature, je donnerais trois sculpteurs classiques.* Au fond, la citation de Baudelaire, quoique tronquée et matériellement inexacte, ne fausse pas le sens du texte, et d'ailleurs l'esprit même de cette *Introduction,* où il était fait grand éloge de George Sand (or on sait ce que Baudelaire en pensait : *Fusées,* XXVI : *elle est bête, elle est lourde, elle est bavarde*) était fait pour le hérisser.

2. En fait, Michelet ne conseillait ce recours que dans les cas extrêmes! Et Baudelaire note lui-même dans *Mon Cœur mis à nu,* LXIX : *De la nécessité de battre les femmes.*

rapidement, spontanément. C'est de cette sensibilité, qui s'appelle généralement le *Goût,* que nous tirons la puissance d'éviter le *mal* et de chercher le *bien* en matière poétique. Quant à l'honnêteté de cœur, une politesse vulgaire nous commande de supposer que tous les hommes, *même les poètes,* la possèdent [a]. Que le poète croie ou ne croie pas qu'il soit nécessaire de donner à ses travaux le fondement d'une vie pure et correcte, cela ne relève que de son confesseur ou des tribunaux; en quoi sa condition est absolument semblable à celle de tous ses concitoyens.

On voit que, dans les termes où j'ai posé la question, si nous limitons le sens du mot *écrivain* aux travaux qui ressortent de l'imagination, Théophile Gautier est l'écrivain par excellence; parce qu'il est l'esclave de son devoir, parce qu'il obéit sans cesse aux nécessités de sa fonction, parce que le goût du Beau est pour lui un *fatum,* parce qu'il a fait de son devoir une *idée fixe*. Avec son lumineux bon sens (je parle du bon sens du génie, et non pas du bon sens des petites gens), il a retrouvé tout de suite la grande voie. Chaque écrivain est plus ou moins marqué par sa faculté principale. Chateaubriand a chanté la gloire douloureuse de la mélancolie et de l'ennui. Victor Hugo, grand, terrible, immense comme une création mythique, cyclopéen, pour ainsi dire, représente les forces [b] de la nature et leur lutte harmonieuse. Balzac, grand, terrible, complexe aussi, figure le monstre d'une civilisation, et toutes ses luttes, ses ambitions et ses fureurs. Gautier, c'est l'amour exclusif du Beau, avec toutes ses subdivisions, exprimé dans le langage le mieux approprié. Et remarquez que presque tous les écrivains importants, dans chaque siècle, ceux que nous appellerons des chefs d'emploi ou des capitaines, ont au-dessous d'eux des analogues, sinon des semblables, propres à les remplacer. Ainsi, quand une civilisation meurt, il suffit qu'un poème d'un genre particulier soit retrouvé pour donner l'idée des analogues disparus et permettre à l'esprit critique de rétablir sans lacune la chaîne de génération. Or, par son amour du Beau, amour immense, fécond, sans cesse rajeuni (mettez, par exemple, en parallèle les derniers feuilletons sur Pétersbourg et la Néva avec *Italia* ou *Tra los montes*), Théophile Gautier est un écrivain d'un mérite à la fois *nouveau* et unique. De celui-ci, on peut dire qu'il est, jusqu'à présent, sans *doublure*.

Pour parler dignement de l'outil qui sert si bien cette

passion du Beau, je veux dire de son style, il me faudrait jouir de ressources pareilles, de cette connaissance de la langue qui n'est jamais en défaut, de ce magnifique dictionnaire dont les feuillets, remués par un souffle divin, s'ouvrent tout juste pour laisser jaillir le mot propre, le mot unique, enfin de ce sentiment de l'ordre qui met chaque trait et chaque touche à sa place naturelle et n'omet aucune nuance. Si l'on réfléchit qu'à cette merveilleuse faculté Gautier unit une immense intelligence innée de la *correspondance* et du symbolisme universels, ce répertoire de toute métaphore, on comprendra qu'il puisse sans cesse, sans fatigue comme sans faute, définir l'attitude mystérieuse que les objets de la création tiennent devant le regard de l'homme. Il y a dans le mot, dans le *verbe,* quelque chose de *sacré* qui nous défend d'en faire un jeu de hasard. Manier savamment une langue, c'est pratiquer une espèce de sorcellerie évocatoire [1]. C'est alors que la couleur parle, comme une voix profonde et vibrante; que les monuments se dressent et font saillie sur l'espace profond; que les animaux et les plantes, représentants du laid et du mal, articulent leur grimace non équivoque; que le parfum provoque la pensée et le souvenir correspondants; que la passion murmure ou rugit son langage éternellement semblable. Il y a dans le style de Théophile Gautier une justesse qui ravit, qui étonne, et qui fait songer à ces miracles produits dans le jeu par une profonde science mathématique. Je me rappelle que, très jeune, quand je goûtai pour la première fois aux œuvres de notre poète, la sensation de la touche posée juste, du coup porté droit, me faisait tressaillir, et que l'admiration engendrait en moi une sorte de convulsion nerveuse. Peu à peu je m'accoutumai à la perfection, et je m'abandonnai au mouvement de ce beau style onduleux et brillanté, comme un homme monté

1. C'est la célèbre formule des *Journaux intimes* (*Fusées,* XVII) ; ici encore, Baudelaire se laisse emporter par son propre surnaturalisme esthétique (ne vient-il pas de parler des *correspondances?*), et, par une sorte d'expansion spirituelle, en imprègne son sujet, où il trouve ce qu'il y met. Peut-être même cette sorte d'illusion poétique s'opère-t-elle plus aisément et plus insidieusement sur un sujet de littérature, ce qui expliquerait que Baudelaire en soit plus largement victime dans cet article sur Gautier que dans ses écrits sur l'art. Il est vrai qu'il ne pouvait trouver dans la littérature contemporaine aucun Delacroix.

sur un cheval sûr qui lui permet la rêverie, ou sur un navire assez solide pour défier les temps non prévus par la boussole, et qui peut contempler à loisir les magnifiques décors sans erreur que construit la nature dans ses heures de génie. C'est grâce à ces facultés innées, si précieusement cultivées, que Gautier a pu souvent (nous l'avons tous vu) s'asseoir à une table banale, dans un bureau de journal, et improviser, critique ou roman, quelque chose qui avait le caractère d'un fini irréprochable, et qui le lendemain provoquait chez les lecteurs autant de plaisir qu'avaient créé d'étonnement chez les compositeurs de l'imprimerie la rapidité de l'exécution et la beauté de l'écriture. Cette prestesse à résoudre tout problème de style et de composition ne fait-elle pas rêver à la sévère maxime qu'il avait une fois laissée tomber devant moi dans la conversation, et dont il s'est fait sans doute un constant devoir : « Tout homme qu'une idée, si subtile et si imprévue qu'on la suppose, prend en défaut, n'est pas un écrivain. L'inexprimable n'existe pas. »

IV

Ce souci permanent, involontaire à force d'être naturel, de la beauté et du pittoresque devait pousser l'auteur vers un genre de roman approprié à son tempérament. Le roman et la nouvelle ont un privilège de souplesse merveilleux. Ils s'adaptent à toutes les natures, enveloppent tous les sujets, et poursuivent à leur guise différents buts. Tantôt c'est la recherche de la passion, tantôt la recherche du vrai; tel roman parle à la foule, tel autre à des initiés; celui-ci retrace la vie des époques disparues, et celui-là des drames silencieux qui se jouent dans un seul cerveau. Le roman, qui tient une place si importante à côté du poème et de l'histoire, est un genre bâtard dont le domaine est vraiment sans limites. Comme beaucoup d'autres bâtards, c'est un enfant gâté de la fortune à qui tout réussit. Il ne subit d'autres inconvénients et ne connaît d'autres dangers que son infinie liberté. La nouvelle, plus resserrée, plus condensée, jouit des bénéfices éternels de la contrainte : son effet est plus intense; et comme le temps consacré à la lecture d'une nouvelle est bien moindre que celui nécessaire à la digestion d'un roman, rien ne se perd de la totalité de l'effet [1].

L'esprit de Théophile Gautier, poétique, pittoresque, méditatif, devait aimer cette forme, la caresser, et l'habiller des différents costumes qui sont le plus à sa guise. Aussi a-t-il pleinement réussi dans les divers genres de nouvelle auxquels il s'est appliqué. Dans le grotesque et le bouffon, il est très puissant. C'est bien la gaieté solitaire d'un rêveur qui de temps à autre ouvre l'écluse à une effusion de jovialité comprimée [a], et garde toujours cette grâce *sui generis,* qui veut surtout plaire à soi-même. Mais là où il s'est le plus élevé, où il a montré le talent le plus sûr et le plus grave, c'est dans la nouvelle que j'appellerai la *nouvelle* poétique. On peut dire que parmi les innombrables formes de roman et de nouvelle qui ont occupé ou diverti l'esprit humain, la plus favorisée a été le roman de mœurs; c'est celle qui convient le mieux à la foule. Comme Paris aime surtout à entendre parler de Paris, la foule se complaît dans les miroirs où elle se voit. Mais quand le roman de mœurs n'est pas relevé par le haut goût naturel de l'auteur, il risque fort d'être plat, et même, comme en matière d'art l'utilité peut se mesurer au degré de noblesse, tout à fait inutile. Si Balzac a fait de ce genre roturier une chose admirable, toujours curieuse et souvent sublime, c'est parce qu'il y a jeté tout son être. J'ai mainte fois été étonné que la grande gloire de Balzac fût de passer pour un observateur; il m'avait toujours semblé que son principal mérite était d'être visionnaire, et visionnaire passionné. Tous ses

1. De fait, il semble bien que la première tentative littéraire que Baudelaire ait menée à bien ait été une nouvelle, depuis devenue célèbre, *la Fanfarlo* (1847), et, vers la fin de sa carrière, il sera à nouveau tenté, si l'on en juge par le caractère de certains poèmes en prose. Quant à l'idée générale ici exprimée, elle est un des lieux communs de la critique : notons seulement qu'elle était dans Edgar Poe, qui, même, l'avait appliquée à la poésie, puisque l'une des affirmations majeures du *Poetic principle* (que Baudelaire avait traduit en partie dans ses *Notes nouvelles*) est qu'il ne saurait y avoir de vraie poésie sans concision : *Je tiens qu'un long poème, cela n'existe pas. Je soutiens que cette expression : un long poème, est une pure et simple contradiction dans les termes.* (Edgar Allan Poe, *The Poetic Principle,* texte et traduction française, éd. par Ch. Bellanger — avec une excellente introduction — Paris, Éditions du Myrte, 1945, p. 31.)

personnages sont doués de l'ardeur vitale dont il était animé lui-même. Toutes ses fictions sont aussi profondément colorées que les rêves. Depuis le sommet de l'aristocratie jusqu'aux bas-fonds de la plèbe, tous les acteurs de sa *Comédie* sont plus âpres à la vie, plus actifs et rusés dans la lutte, plus patients dans le malheur, plus goulus dans la jouissance, plus angéliques dans le dévouement, que la comédie du vrai monde ne nous les montre. Bref, chacun, chez Balzac, même les portières, a du génie. Toutes les âmes sont des âmes chargées de volonté jusqu'à la gueule. C'est bien Balzac lui-même. Et comme tous les êtres du monde extérieur s'offraient à l'œil de son esprit avec un relief puissant et une grimace saisissante, il a fait se convulser ses figures; il a noirci leurs ombres et illuminé leurs lumières. Son goût prodigieux du détail, qui tient à une ambition immodérée de tout voir, de tout faire voir, de tout deviner, de tout faire deviner, l'obligeait d'ailleurs à marquer avec plus de force les lignes principales, pour sauver la perspective de l'ensemble. Il me fait quelquefois penser à ces aqua-fortistes qui ne sont jamais contents de la morsure, et qui transforment en ravines les écorchures principales de la planche. De cette étonnante disposition naturelle sont résultées des merveilles [1]. Mais cette disposition se définit généralement : les défauts de Balzac. Pour mieux parler, c'est justement là ses qualités. Mais qui peut se vanter d'être aussi heureusement doué, et de pouvoir appliquer une méthode qui lui permette de revêtir, à coup sûr, de lumière et de pourpre la pure trivialité? Qui peut faire cela? Or, qui ne fait pas cela, pour dire la vérité, ne fait pas grand'chose.

La muse de Théophile Gautier habite un monde plus éthéré. Elle s'inquiète peu, — trop peu, pensent quelques-uns, — de la manière dont M. Coquelet, M. Pipelet, ou M. Tout-le-monde emploie sa journée, et si madame Coquelet préfère les galanteries de l'huissier, son voisin, aux bonbons du droguiste, qui a été dans son temps un des plus enjoués danseurs de Tivoli. Ces mystères ne la tourmentent pas. Elle se complaît sur des hauteurs moins

---

1. On sait quel intérêt Baudelaire portait à l'eau-forte, et sans doute songe-t-il ici à Meryon, avec Balzac en effet le plus grand peintre de Paris au XIXe siècle.

fréquentées que la rue des Lombards : elle aime les paysages terribles, rébarbatifs, ou ceux qui exhalent un charme monotone; les rives bleues de l'Ionie ou les sables aveuglants du désert. Elle habite volontiers des appartements somptueusement ornés où circule la vapeur d'un parfum choisi [1]. Ses personnages sont les dieux, les anges, le prêtre, le roi, l'amant, le riche, le pauvre, etc... Elle aime à ressusciter les villes défuntes, et à faire redire aux morts rajeunis leurs passions interrompues. Elle emprunte au poème, non pas le mètre et la rime, mais la pompe ou l'énergie concise de son langage. Se débarrassant ainsi du tracas ordinaire des réalités présentes, elle poursuit plus librement son rêve de Beauté; mais aussi elle risquerait fort, si elle n'était pas si souple et si obéissante, et fille d'un maître qui sait douer de vie tout ce qu'il veut regarder, de n'être pas assez *visible et tangible*. Enfin, pour laisser de côté la métaphore, la nouvelle du genre poétique gagne immensément en dignité; elle a un ton plus noble, plus général; mais elle est sujette à un grand danger, c'est de perdre beaucoup du côté de la réalité, ou magie de la vraisemblance [a]. Et cependant, qui ne se rappelle le festin du Pharaon, et la danse des esclaves, et le retour de l'armée triomphante, dans *le Roman de la Momie ?* L'imagination du lecteur se sent transportée dans le vrai; elle respire le vrai; elle s'enivre d'une seconde réalité créée par la sorcellerie de la Muse [b]. Je n'ai pas choisi l'exemple; j'ai pris celui qui s'est offert le premier à ma mémoire; j'en aurais pu citer vingt.

Quand on feuillette les œuvres d'un maître puissant, toujours sûr de sa volonté et de sa main, il est difficile de choisir, tous les morceaux s'offrant à l'œil ou à la mémoire avec un égal caractère de précision et de fini. Cependant, je recommanderais volontiers, non seulement comme échantillon de l'art de bien dire, mais aussi de délicatesse mystérieuse (car le clavier du sentiment est chez notre poète beaucoup plus étendu qu'on ne le croit généralement), l'histoire si connue du *Roi Candaule*. Certes, il était difficile de choisir un thème plus usé, un drame à dénoûment plus universellement prévu; mais les vrais écrivains aiment

1. Il y a là quelque chose de particulièrement attirant pour Baudelaire, qui a toujours rêvé de tels *appartements*.

ces difficultés. Tout le mérite (abstraction faite de la langue) gît donc dans l'interprétation. S'il est un sentiment vulgaire, usé, à la portée de toutes les femmes, certes, c'est la pudeur. Mais ici la pudeur a un caractère superlatif qui la fait ressembler à une religion; c'est le culte de la femme pour elle-même; c'est une pudeur archaïque, asiatique, participant de l'énormité du monde ancien, une véritable fleur de serre, harem ou gynécée. L'œil profane ne la souille pas moins que la bouche ou la main. Contemplation, c'est possession. Candaule a montré à son ami Gygès les beautés secrètes de l'épouse; donc Candaule est coupable, il mourra. Gygès est désormais le seul époux possible pour une reine si jalouse d'elle-même. Mais Candaule n'a-t-il pas une excuse puissante? n'est-il pas victime d'un sentiment aussi impérieux que bizarre, victime de l'impossibilité pour l'homme nerveux et artiste de porter, sans confident, le poids d'un immense bonheur? Certainement, cette interprétation de l'histoire, cette analyse des sentiments qui ont engendré les faits, est bien supérieure à la fable de Platon, qui fait simplement de Gygès un berger, possesseur d'un talisman à l'aide duquel il lui devient facile de séduire l'épouse de son roi.

Ainsi va, dans son allure variée, cette muse bizarre, aux toilettes multiples, muse cosmopolite douée de la souplesse d'Alcibiade; quelquefois le front ceint de la mitre orientale, l'air grand et sacré, les bandelettes au vent; d'autres fois, se pavanant comme une reine de Saba en goguette, son petit parasol de cuivre à la main, sur l'éléphant de porcelaine qui décore les cheminées du siècle galant. Mais ce qu'elle aime surtout, c'est, debout sur les rivages parfumés de la mer Intérieure, nous raconter avec sa parole d'or « cette gloire qui fut la Grèce et cette grandeur qui fut Rome »; et alors elle est bien « la vraie Psyché qui revient de la vraie Terre-Sainte ! [1] »

Ce goût inné de la forme et de la perfection dans la forme devait nécessairement faire de Théophile Gautier un auteur critique tout à fait à part. Nul n'a mieux su que lui exprimer le bonheur que donne à l'imagination la vue

1. Traductions d'Edgar Poe *(To Helen : To the glory that was Greece - And the grandeur that was Rome... Ah, Psyche, from the regions which - Are Holy Land !)*

d'un bel objet d'art, fût-il le plus désolé et le plus terrible qu'on puisse supposer. C'est un des privilèges prodigieux de l'Art que l'horrible, artistement exprimé, devienne beauté et que la *douleur* rythmée et cadencée remplisse l'esprit d'une *joie* calme. Comme critique, Théophile Gautier a connu, aimé, expliqué, dans ses *Salons* et dans ses admirables récits de voyages, le beau asiatique, le beau grec, le beau romain, le beau espagnol, le beau flamand, le beau hollandais et le beau anglais. Lorsque les œuvres de tous les artistes de l'Europe se rassemblèrent solennellement à l'avenue Montaigne, comme en une espèce de concile esthétique, qui donc parla le premier et qui parla le mieux de cette école anglaise, que les plus instruits parmi le public ne pouvaient guère juger que d'après quelques souvenirs de Reynolds et de Lawrence? Qui saisit tout de suite les mérites variés, essentiellement neufs, de Leslie, — des deux Hunt, l'un le naturaliste, l'autre le chef du préraphaélitisme, — de Maclise, l'audacieux compositeur, fougueux et sûr de lui-même, — de Millais, ce poète minutieux, — de J. Chalon, le peintre des fêtes d'après-midi dans les parcs, galant comme Watteau, rêveur comme Claude [a], — de Grant, cet héritier de Reynolds, — de Hook, le peintre aux *rêves vénitiens,* — de Landseer, dont les bêtes ont des yeux pleins de pensée [b]; — de cet étrange Paton qui fait rêver à Fuseli et qui brode avec une patience d'un autre âge des conceptions panthéistiques, — de Cattermole, cet aquarelliste peintre d'histoire, — et de cet autre dont le nom m'échappe (Cockerell ou Kendall?), un architecte songeur qui bâtit sur le papier des villes dont les ponts ont des éléphants pour piliers et laissent passer entre leurs jambes, toutes voiles dehors, des trois-mâts gigantesques? Qui sut immédiatement britanniser son génie? Qui trouva des mots propres à peindre ces fraîcheurs enchanteresses et ces profondeurs fuyantes de l'aquarelle anglaise [1]? Partout où il y a un produit artistique à décrire et à expliquer, Gautier est présent et toujours prêt.

Je suis convaincu que c'est grâce à ses feuilletons innombrables et à ses excellents récits de voyages, que tous les jeunes gens (ceux qui avaient le goût inné du beau) ont

---

1. Passage qui figure presque textuellement dans le *Salon de 1859*. Cf. nos notes en ce lieu (p. 307).

Victoria and Albert Museum — *Crown copyright*

Dessin de H. Fuseli

acquis l'éducation complémentaire qui leur manquait. Théophile Gautier leur a donné l'amour de la peinture, comme Victor Hugo leur avait conseillé le goût de l'archéologie [a]. Ce travail permanent, continué avec tant de patience, était plus dur et plus méritant qu'il ne semble tout d'abord; car souvenons-nous que la France, le public français, veux-je dire (si nous en exceptons quelques artistes et quelques écrivains [b]), n'est pas artiste, naturellement artiste; ce public-là est philosophe, moraliste, ingénieur, amateur de récits et d'anecdotes, tout ce qu'on voudra, mais jamais spontanément artiste. Il sent ou plutôt il juge successivement, analytiquement. D'autres peuples, plus favorisés, sentent tout de suite, tout à la fois, synthétiquement.

Où il ne faut voir que le beau, notre public ne cherche que le vrai. Quand il faut être peintre, le Français se fait homme de lettres. Un jour je vis au Salon de l'exposition annuelle deux soldats en contemplation perplexe devant un intérieur de cuisine : « Mais où donc est Napoléon? » disait l'un (le livret s'était trompé de numéro, et la cuisine était marquée du chiffre appartenant légitimement à une bataille célèbre). « Imbécile! dit l'autre, ne vois-tu pas qu'on prépare la soupe pour son retour? » Et ils s'en allèrent contents du peintre et contents d'eux-mêmes. Telle est la France. Je racontais cette anecdote à un général qui y trouva un motif pour admirer la prodigieuse intelligence du soldat français. Il aurait dû dire : la prodigieuse intelligence de tous les Français en matière de peinture! Ces soldats eux-mêmes, hommes de lettres!

V

Hélas! la France n'est guère poète non plus. Nous avons, tous tant que nous sommes, même les moins *chauvins,* su défendre la France à table d'hôte, sur des rivages lointains; mais ici, chez nous, en famille, sachons dire la vérité : la France n'est pas poète; elle éprouve même, pour tout dire, une horreur congéniale [1c] de la poésie. Parmi les écrivains

1. Cf. *var.*

qui se servent du vers, ceux qu'elle préférera toujours sont les plus prosaïques. Je crois vraiment, — pardonnez-moi, vrais amants de la Muse! — que j'ai manqué de courage au commencement de cette étude, en disant que, pour la France, le Beau n'était facilement digestible que relevé par le condiment politique. C'était le contraire qu'il fallait dire : quelque politique que soit le condiment, le Beau amène l'indigestion, ou plutôt l'estomac français le refuse immédiatement. Cela vient non seulement, je crois, de ce que la France a été providentiellement créée pour la recherche du Vrai préférablement à celle du Beau, mais aussi de ce que le caractère utopique, communiste, alchimique, de tous ses cerveaux, ne lui permet qu'une passion exclusive, celle des formules sociales. Ici, chacun veut ressembler à tout le monde, mais à condition que tout le monde lui ressemble. De cette tyrannie contradictoire résulte une lutte qui ne s'applique qu'aux formes sociales, enfin un niveau, une similarité générale. De là, la ruine et l'oppression de tout caractère original. Aussi ce n'est pas seulement dans l'ordre littéraire que les vrais poètes apparaissent comme des êtres fabuleux et étrangers; mais on peut dire que dans tous les genres d'invention le grand homme ici est un monstre. Tout au contraire, dans d'autres pays, l'originalité se produit touffue, abondante, comme le gazon sauvage. Là les mœurs le lui permettent.

Aimons donc nos poètes secrètement et en cachette. A l'étranger, nous aurons le droit de nous en vanter. Nos voisins disent : Shakespeare et Gœthe! nous pouvons leur répondre : Victor Hugo et Théophile Gautier! On trouvera peut-être surprenant que sur le genre qui fait le principal honneur de celui-ci, son principal titre à la gloire, je m'étende moins que je n'ai fait sur d'autres. Je ne puis certainement pas faire ici un cours complet de poétique et de prosodie. S'il existe dans notre langue des termes assez nombreux, assez subtils, pour expliquer une certaine poésie, saurais-je les trouver? Il en est des vers comme de quelques belles femmes en qui se sont fondues l'originalité et la correction; on ne les définit pas, on les *aime*. Théophile Gautier a continué *d'un côté* la grande école de la mélancolie créée par Chateaubriand. Sa mélancolie est même d'un caractère plus positif, plus charnel, et confinant quelquefois à la tristesse antique. Il y a des poèmes, dans la *Comédie de la Mort* et parmi ceux inspirés par le séjour en Espagne, où se révèlent le vertige et l'horreur du néant. Relisez, par exemple, les morceaux sur Zurbaran et Valdès-Léal; l'admirable paraphrase de la sentence inscrite sur le cadran de l'horloge d'Urrugne : *Vulnerant omnes, ultima necat*[1]; enfin la prodigieuse symphonie qui s'appelle *Ténèbres*. Je dis symphonie, parce que ce poème me fait quelquefois penser à Beethoven. Il arrive même à ce poète, accusé de sensualité, de tomber en plein, tant sa mélancolie devient intense, dans la terreur catholique. *D'un autre côté,* il a introduit dans la poésie un élément nouveau, que j'appellerai la consolation par les arts, par tous les objets pittoresques qui réjouissent les yeux et amusent l'esprit. Dans ce sens, il a vraiment innové; il a fait dire au vers français plus qu'il n'avait dit jusqu'à présent; il a su l'agrémenter de mille détails faisant lumière et saillie et ne nuisant pas à la coupe de l'ensemble ou à la silhouette générale. Sa poésie, à la fois majestueuse et précieuse, marche magnifiquement, comme les personnes de cour en grande toilette. C'est, du reste, le caractère de la vraie poésie d'avoir le flot régulier, comme les grands fleuves qui s'approchent de la mer, leur mort [a] et leur infini, et d'éviter la précipitation et la saccade. La poésie lyrique s'élance, mais toujours d'un mouvement élastique et ondulé. Tout ce qui est brusque et cassé lui déplaît, et elle le renvoie au drame ou au roman de mœurs. Le poète, dont nous aimons si passionnément le talent, connaît à fond ces grandes questions, et il l'a parfaitement prouvé en introduisant systématiquement et continuellement la majesté de l'alexandrin dans le vers octosyllabique (*Émaux et camées*). Là surtout apparaît tout le résultat qu'on peut obtenir par la fusion du double élément, peinture et musique, par la carrure de la mélodie, et par la pourpre régulière et symétrique d'une rime plus qu'exacte.

Rappellerai-je encore cette série de petits poèmes de quelques strophes, qui sont des intermèdes galants ou rêveurs et qui ressemblent, les uns à des sculptures, les autres à des fleurs, d'autres à des bijoux, mais tous revêtus d'une couleur plus fine ou plus brillante que les couleurs de la Chine et de l'Inde, et tous d'une coupe plus pure et plus décidée que des objets de marbre ou de cristal? Quiconque aime la poésie les sait par cœur.

---

1. Toutes les heures blessent, la dernière tue.

VI

J'ai essayé (ai-je vraiment réussi?) d'exprimer l'admiration que m'inspirent les œuvres de Théophile Gautier, et de déduire les raisons qui légitiment cette admiration. Quelques-uns, même parmi les écrivains, peuvent ne pas partager mon opinion. Tout le monde prochainement l'adoptera. Devant le public, il n'est aujourd'hui qu'un ravissant esprit; devant la postérité, il sera un des maîtres écrivains, non seulement de la France, mais aussi de l'Europe. Par sa raillerie, sa gausserie, sa ferme décision de n'être jamais dupe, il est un peu Français; mais s'il était tout à fait Français, il ne serait pas poète.

Dirai-je quelques mots de ses mœurs, si pures et si affables, de sa serviabilité, de sa franchise quand il peut prendre ses franchises, quand il n'est pas en face du *philistin ennemi,* de sa ponctualité d'horloge dans l'accomplissement de tous ses devoirs? A quoi bon? Tous les écrivains ont pu, en mainte occasion, apprécier ces nobles qualités.

On reproche quelquefois à son esprit une lacune à l'endroit de la religion et de la politique. Je pourrais, si l'envie m'en prenait, écrire un nouvel article qui réfuterait victorieusement cette injuste erreur. Je sais, et cela me suffit, que les gens d'esprit me comprendront si je leur dis que le besoin d'ordre dont sa belle intelligence est imprégnée suffit pour le préserver de toute erreur en matière de politique et de religion, et qu'il possède, plus qu'aucun autre, le sentiment d'universelle hiérarchie écrite du haut en bas de la nature, à tous les degrés de l'infini. D'autres ont quelquefois parlé de sa froideur apparente, de son manque d'*humanité*. Il y a encore dans cette critique légèreté, irréflexion. Tout amoureux de l'humanité ne manque jamais, en de certaines matières qui prêtent à la déclamation philanthropique, de citer la fameuse parole :

Homo sum; nihil humani a me alienum puto. [1]

1. Je suis homme et rien d'humain ne me semble étranger. (Térence.)

Un poète aurait le droit de répondre : « Je me suis imposé de si hauts devoirs, que *quidquid humani a me alienum puto* [1]. Ma fonction est extra-humaine! » Mais sans abuser de sa prérogative, celui-ci pourrait simplement répliquer (moi qui connais son cœur si doux et si compatissant, je sais qu'il en a le droit) : « Vous me croyez froid, et vous ne voyez pas que je m'impose un calme artificiel que veulent sans cesse troubler votre laideur et votre barbarie, ô hommes de prose et de crime! Ce que vous appelez indifférence n'est que la résignation du désespoir; celui-là ne peut s'attendrir que bien rarement qui considère les méchants et les sots comme des incurables. C'est donc pour éviter le spectacle désolant de votre démence et de votre cruauté que mes regards restent obstinément tournés vers la Muse immaculée. »

C'est sans doute ce même désespoir de persuader ou de corriger qui que ce soit, qui fait qu'en ces dernières années nous avons vu quelquefois Gautier faiblir, en apparence, et accorder par-ci par-là quelques paroles laudatives à monseigneur Progrès et à très puissante dame Industrie. En de pareilles occasions il ne faut pas trop vite le prendre au mot, et c'est bien le cas d'affirmer que *le mépris rend quelquefois l'âme trop bonne* [2]. Car alors il garde pour lui sa pensée vraie, témoignant simplement par une légère concession (appréciable de ceux qui savent y voir clair dans le crépuscule) qu'il veut vivre en paix avec tout le monde, même avec l'Industrie et le Progrès, ces despotiques ennemis de toute poésie.

J'ai entendu plusieurs personnes exprimer le regret que Gautier n'ait jamais rempli de fonctions officielles. Il est certain qu'en beaucoup de choses, particulièrement dans l'ordre des beaux-arts, il aurait pu rendre à la France d'éminents services. Mais, tout pesé, cela vaut mieux ainsi. Si étendu que soit le génie d'un homme, si grande que soit sa bonne volonté, la fonction officielle le diminue toujours un peu; tantôt sa liberté s'en ressent, et tantôt même sa clairvoyance. Pour mon compte, j'aime mieux voir l'auteur

1. Je considère comme étranger tout ce qui est humain.

2. La citation est empruntée à Baudelaire lui-même, *Paradis artificiels, Poème du Haschisch, l'Homme-Dieu* (paru quelques mois auparavant, 30 sept. 1858).

de *la Comédie de la Mort,* d'*une Nuit de Cléopâtre,* de *la Morte amoureuse,* de *Tra los montes,* d'*Italia,* de *Caprices et Zigzags* et de tant de chefs-d'œuvre, rester ce qu'il a été jusqu'à présent : l'égal des plus grands dans le passé, un modèle pour ceux qui viendront, un diamant de plus en plus rare dans une époque ivre d'ignorance et de matière, c'est-à-dire UN PARFAIT HOMME DE LETTRES[1].

1. Cf. les termes de la dédicace des *Fleurs du Mal*.

XV

RICHARD WAGNER ET *TANNHÄUSER*

A PARIS [1]

I

REMONTONS, s'il vous plaît, à treize mois en arrière, au commencement de la question, et qu'il me soit permis, dans cette appréciation, de parler souvent en mon nom

1. On sait que c'est un des plus grands titres de gloire de Baudelaire que sa défense de Richard Wagner. Cet article parut dans la *Revue Européenne* du 1er avril 1861, puis, sous la forme d'une plaquette, où le texte était complété par une post-face *(Encore quelques mots...)*. La découverte de Wagner par Baudelaire remontait déjà à plusieurs années, probablement jusqu'à 1849. Mais ce n'est qu'en 1860 que les deux hommes entrèrent en relations personnelles comme en témoigne une lettre de Baudelaire publiée par André Suarès dans la *Revue musicale* du 1er novembre 1922, et dont le texte, que voici malgré sa longueur, est important :

Vendredi, 17 février 1860.

MONSIEUR,

Je me suis toujours figuré que si accoutumé à la gloire que fût un grand artiste, il n'était pas insensible à un compliment sincère, quand ce compliment était comme un cri de reconnaissance, et enfin que ce cri pouvait avoir une valeur d'un genre *singulier* quand il venait d'un français, c'est-à-dire d'un homme peu fait pour l'enthousiasme et né dans un pays où l'on ne s'entend guères plus à la poésie et à la peinture qu'à la musique. Avant tout, je veux vous dire que je vous dois

personnel. Ce *Je*, accusé justement d'impertinence dans beaucoup de cas, implique cependant une grande modestie; il enferme l'écrivain dans les limites les plus strictes de la

---

la plus grande jouissance musicale que j'aie jamais éprouvée. Je suis d'un âge où on ne s'amuse plus guères à écrire aux hommes célèbres, et j'aurais hésité longtemps encore à vous témoigner par lettre mon admiration, si tous les jours mes yeux ne tombaient sur des articles indignes, ridicules, où on fait tous les efforts possibles pour diffamer votre génie. Vous n'êtes pas le premier homme, monsieur, à l'occasion duquel j'ai eu à souffrir et à rougir de mon pays. Enfin l'indignation m'a poussé à vous témoigner ma reconnaissance ; je me suis dit : Je veux être distingué de tous ces imbéciles.

La première fois que je suis allé aux Italiens, pour entendre vos ouvrages, j'étais assez mal disposé, et même, je l'avouerai, plein de mauvais préjugés ; mais je suis excusable ; j'ai été si souvent dupe ; j'ai entendu tant de musique de charlatans à grandes prétentions. Par vous j'ai été vaincu tout de suite. Ce que j'ai éprouvé est indescriptible, et si vous daignez ne pas rire, j'essaierai de vous le traduire. D'abord il m'a semblé que je connaissais cette musique, et plus tard en y réfléchissant, j'ai compris d'où venait ce mirage ; il me semblait que cette musique était *la mienne,* et je la reconnaissais comme tout homme reconnaît les choses qu'il est destiné à aimer. Pour tout autre que pour un homme d'esprit, cette phrase serait immensément ridicule, surtout écrite par quelqu'un qui, comme moi, *ne sait pas la musique,* et dont toute l'éducation se borne à avoir entendu (avec grand plaisir, il est vrai) quelques beaux morceaux de Weber et de Beethoven.

Ensuite le caractère qui m'a principalement frappé, ç'a été la grandeur. Cela représente le grand, et cela pousse au grand. J'ai retrouvé partout dans vos ouvrages la solennité des grands bruits, des grands aspects de la Nature, et la solennité des grandes passions de l'homme. On se sent tout de suite enlevé et subjugué. L'un des morceaux les plus étranges et qui m'ont apporté une sensation musicale nouvelle est celui qui est destiné à peindre une extase religieuse. L'effet produit par l'*Introduction des invités* et par la *Fête nuptiale* est immense. J'ai senti toute la majesté d'une vie plus large que la nôtre. Autre chose encore : j'ai éprouvé souvent un sentiment d'une nature assez bizarre, c'est l'orgueil et la jouissance de comprendre, de me laisser pénétrer, envahir, volupté vraiment sensuelle, et qui ressemble à celle de monter dans l'air ou de rouler sur la mer. Et la musique en même temps respirait quelquefois l'orgueil de la vie. Généralement ces profondes harmonies me paraissaient ressembler à ces excitants qui accélèrent le pouls de l'imagination. Enfin, j'ai éprouvé aussi, et je vous supplie de ne pas rire, des sensations qui dérivent probablement de la tournure de mon esprit et de mes préoccupations fréquentes. Il y a partout quelque chose d'enlevé et d'enlevant, quelque chose aspirant

sincérité. En réduisant sa tâche, il la rend plus facile. Enfin, il n'est pas nécessaire d'être un probabiliste bien consommé pour acquérir la certitude que cette sincérité trouvera des amis parmi les lecteurs impartiaux; il y a évidemment quelques chances pour que le critique ingénu, en ne racontant que ses propres impressions, raconte aussi celles de quelques partisans inconnus.

Donc, il y a treize mois, ce fut une grande rumeur dans Paris. Un compositeur allemand, qui avait vécu longtemps chez nous, à notre insu, pauvre, inconnu, par de misérables besognes, mais que, depuis quinze ans déjà, le public allemand célébrait comme un homme de génie, revenait dans la ville, jadis témoin de ses jeunes misères, soumettre ses œuvres à notre jugement. Paris avait jusque-là peu entendu parler de Wagner; on savait vaguement qu'au-delà du Rhin s'agitait la question d'une réforme dans le drame lyrique,

---

à monter plus haut, quelque chose d'excessif et de superlatif. Par exemple, pour me servir de comparaisons empruntées à la peinture, je suppose devant mes yeux une vaste étendue d'un rouge sombre. Si ce rouge représente la passion, je le vois arriver graduellement, par toutes les transitions de rouge et de rose, à l'incandescence de la fournaise. Il semblerait difficile, impossible même d'arriver à quelque chose de plus ardent ; et cependant une dernière fusée vient tracer un sillon plus blanc sur le blanc qui lui sert de fond. Ce sera, si vous voulez, le cri suprême de l'âme montée à son paroxysme.

J'avais commencé à écrire quelques méditations sur les morceaux de *Tannhäuser* et de *Lohengrin* que nous avons entendus ; mais j'ai reconnu l'impossibilité de tout dire.

Ainsi je pourrais continuer cette lettre interminablement. Si vous avez pu me lire, je vous en remercie. Il ne me reste plus à ajouter que quelques mots. Depuis le jour où j'ai entendu votre musique, je me dis sans cesse, surtout dans les mauvaises heures : *Si, au moins je pouvais entendre ce soir un peu de Wagner.* Il y a sans doute d'autres hommes faits comme moi. En somme vous avez dû être stupéfait du public dont l'instinct a été bien supérieur à la mauvaise science des journalistes. Pourquoi ne donneriez-vous pas quelques concerts encore en y ajoutant des morceaux nouveaux ? Vous nous avez fait connaître un avant-goût de jouissances nouvelles ; avez-vous le droit de nous priver du reste ? — Une fois encore, Monsieur, je vous remercie ; vous m'avez rappelé à moi-même et au grand, dans de mauvaises heures.

Ch. BAUDELAIRE.

Je n'ajoute pas mon adresse, parce que vous croiriez peut-être que j'ai quelque chose à vous demander.

et que Liszt avait adopté avec ardeur les opinions du réformateur. M. Fétis [1] avait lancé contre lui une espèce de réquisitoire, et les personnes curieuses de feuilleter les numéros de la *Revue et Gazette musicale de Paris* pourront vérifier une fois de plus que les écrivains qui se vantent de professer les opinions les plus sages, les plus classiques, ne se piquent guère de sagesse ni de mesure, ni même de vulgaire politesse, dans la critique des opinions qui leur sont contraires. Les articles de M. Fétis ne sont guère qu'une diatribe affligeante; mais l'exaspération du vieux dilettantiste servait seulement à prouver l'importance des œuvres qu'il vouait à l'anathème et au ridicule. D'ailleurs, depuis treize mois, pendant lesquels la curiosité publique ne s'est pas ralentie, Richard Wagner a essuyé bien d'autres injures. Il y a quelques années, au retour d'un voyage en Allemagne, Théophile Gautier, très ému par une représentation de *Tannhäuser,* avait cependant, dans *le Moniteur* [2], traduit ses impressions avec cette certitude plastique qui donne un charme irrésistible à tous ses écrits. Mais ces documents divers, tombant à de lointains intervalles, avaient glissé sur l'esprit de la foule.

Aussitôt que les affiches annoncèrent que Richard Wagner ferait entendre dans la salle des Italiens des fragments de ses compositions, un fait amusant se produisit, que nous avons déjà vu, et qui prouve le besoin instinctif, précipité, des Français, de prendre sur toute chose leur parti avant d'avoir délibéré ou examiné [3]. Les uns annoncèrent des merveilles, et les autres se mirent à dénigrer à outrance des œuvres qu'ils n'avaient pas encore entendues. Encore aujourd'hui dure [a] cette situation bouffonne, et l'on peut dire que jamais sujet inconnu ne fut tant discuté. Bref, les concerts de Wagner s'annonçaient comme une véritable

---

1. Critique musical qui faisait autorité, et auteur d'une *Biographie universelle des musiciens* (8 vol. 1835-1844). Son réquisitoire contre Wagner avait paru dans la *Revue et Gazette musicale de Paris* les 6, 13, 20 et 27 juin, 11 et 25 juillet, et 8 août 1852, sous le titre : *Wagner, sa vie, son système de rénovation de l'Opéra, ses œuvres comme poète et comme musicien, son parti en Allemagne, appréciation de la valeur de ses idées.*

2. 29 septembre 1857. Il s'agissait d'une représentation de *Tannhäuser* à Wiesbaden.

3. Ces concerts eurent lieu, avec des fragments du *Vaisseau fantôme,* de *Tannhäuser* et de *Lohengrin,* les 25 janvier, 1er et 8 février 1860.

bataille de doctrines, comme une de ces solennelles crises de l'art, une de ces mêlées où critiques, artistes et public ont coutume de jeter confusément toutes leurs passions; crises heureuses qui dénotent la santé et la richesse dans la vie intellectuelle d'une nation, et que nous avions, pour ainsi dire, désapprises depuis les grands jours de Victor Hugo. J'emprunte les lignes suivantes au feuilleton de M. Berlioz (9 février 1860) [1]. « Le foyer du Théâtre-Italien était curieux à observer le soir du premier concert. C'étaient des fureurs, des cris, des discussions qui semblaient toujours sur le point de dégénérer en voies de fait. » Sans la présence du souverain, le même scandale aurait pu se produire, il y a quelques jours, à l'Opéra, surtout avec un public *plus vrai* [2]. Je me souviens d'avoir vu, à la fin d'une des répétitions générales, un des critiques parisiens accrédités, planté prétentieusement devant le bureau du contrôle, faisant face à la foule au point d'en gêner l'issue, et s'exerçant à rire comme un maniaque, comme un de ces infortunés qui, dans les maisons de santé, sont appelés des *agités*. Ce pauvre homme, croyant son visage connu de toute la foule, avait l'air de dire : « Voyez comme je ris, moi, le célèbre S...! [3] Ainsi ayez soin de conformer votre jugement au mien. » Dans le feuilleton auquel je faisais tout à l'heure allusion, M. Berlioz, qui montra cependant beaucoup moins de chaleur qu'on aurait pu en attendre de sa part, ajoutait : « Ce qui se débite alors de non-sens, d'absurdités et même de mensonges est vraiment prodigieux, et prouve avec évidence que, chez nous au moins, lorsqu'il s'agit d'apprécier une musique différente de celle qui court les rues, la passion, le parti pris prennent seuls la parole et empêchent le bon sens et le bon goût de parler. »

Wagner avait été audacieux : le programme de son concert ne comprenait ni solos d'instruments, ni chansons,

---

1. *Journal des Débats* (repris dans *A travers champs,* 1862).

2. La première représentation de *Tannhäuser* à l'Opéra, depuis longtemps souhaitée par Baudelaire et Gautier, eut lieu le 13 mars 1861.

3. Il s'agit de Scudo, dont les articles, dans la *Revue des Deux Mondes,* en mars et avril 1860, s'étaient signalés par la violence de leur passion antiwagnérienne.

ni aucune des exhibitions si chères à un public amoureux des virtuoses et de leurs tours de force. Rien que des morceaux d'ensemble, chœurs ou symphonies. La lutte fut violente, il est vrai; mais le public, étant abandonné à lui-même, prit feu à quelques-uns de ces irrésistibles morceaux dont la pensée était pour lui plus nettement exprimée, et la musique de Wagner triompha par sa propre force. L'ouverture de *Tannhäuser,* la marche pompeuse du deuxième acte, l'ouverture de *Lohengrin* particulièrement, la *musique de noces* et *l'épithalame* furent magnifiquement acclamés. Beaucoup de choses restaient obscures sans doute, mais les esprits impartiaux se disaient : « Puisque ces compositions sont faites pour la scène, il faut attendre; les choses non suffisamment définies seront expliquées par la plastique. » En attendant, il restait avéré que, comme symphoniste, comme artiste traduisant par les mille combinaisons du son les tumultes de l'âme humaine, Richard Wagner était à la hauteur de ce qu'il y a de plus élevé, aussi grand, certes, que les plus grands.

J'ai souvent entendu dire que la musique ne pouvait pas se vanter de traduire quoi que ce soit avec certitude, comme fait la parole ou la peinture. Cela est vrai dans une certaine proportion, mais n'est pas tout à fait vrai. Elle traduit à sa manière, et par les moyens qui lui sont propres. Dans la musique, comme dans la peinture et même dans la parole écrite, qui est cependant le plus positif des arts, il y a toujours une lacune complétée par l'imagination de l'auditeur.

Ce sont sans doute ces considérations qui ont poussé Wagner à considérer l'art dramatique, c'est-à-dire la réunion, la *coïncidence* de plusieurs arts, comme l'art par excellence, le plus synthétique et le plus parfait. Or, si nous écartons un instant le secours de la plastique, du décor, de l'incorporation des types rêvés dans des comédiens vivants, et même de la parole chantée, il reste encore incontestable que plus la musique est éloquente, plus la suggestion est rapide et juste, et plus il y a de chances pour que les hommes sensibles conçoivent des idées en rapport avec celles qui inspiraient l'artiste. Je prends tout de suite un exemple, la fameuse ouverture de *Lohengrin,* dont M. Berlioz a écrit un magnifique éloge en style technique; mais je veux me contenter ici d'en vérifier la valeur par les suggestions qu'elle procure.

Je lis dans le programme distribué à cette époque au Théâtre-Italien :

Dès les premières mesures, l'âme du pieux solitaire qui attend le vase sacré *plonge dans les espaces infinis*. Il voit se former peu à peu une apparition étrange qui prend un corps, une figure. Cette apparition se précise davantage, et *la troupe miraculeuse des anges,* portant au milieu d'eux la coupe sacrée, passe devant lui. Le saint cortège approche; le cœur de l'élu de Dieu s'exalte peu à peu; il s'élargit, il se dilate; d'ineffables aspirations s'éveillent en lui; *il cède à une béatitude croissante,* en se trouvant toujours rapproché de *la lumineuse apparition,* et quand enfin le Saint-Graal lui-même apparaît au milieu du cortège sacré, *il s'abîme dans une adoration extatique, comme si le monde entier eût soudainement disparu.*

Cependant le Saint-Graal répand ses bénédictions sur le saint en prière et le consacre son chevalier. Puis *les flammes brûlantes adoucissent progressivement leur éclat;* dans sa sainte allégresse, la troupe des anges, souriant à la terre qu'elle abandonne, regagne les célestes hauteurs. Elle a laissé le Saint-Graal à la garde des hommes purs, *dans le cœur desquels la divine liqueur s'est répandue,* et l'auguste troupe s'évanouit *dans les profondeurs de l'espace,* de la même manière qu'elle en était sortie.

Le lecteur comprendra tout à l'heure pourquoi je souligne ces passages. Je prends maintenant le livre de Liszt, et je l'ouvre à la page où l'imagination de l'illustre pianiste (qui est un artiste et un philosophe) traduit à sa manière le même morceau[1] :

Cette introduction renferme et révèle *l'élément mystique,* toujours présent et toujours caché dans la pièce... Pour nous apprendre l'inénarrable puissance de ce secret, Wagner nous montre d'abord *la beauté ineffable du sanctuaire,* habité par un Dieu qui venge les opprimés et ne demande qu'*amour et foi* à ses fidèles. Il nous initie au Saint-Graal; il fait miroiter à nos yeux le temple de bois incorruptible, aux murs odorants, aux portes d'*or,* aux solives d'*asbeste,* aux colonnes d'*opale,* aux parois de *cymophane,* dont les

1. Citation extraite de *Lohengrin et Tannhäuser* de Liszt, avec qui Baudelaire était alors, semble-t-il, assez étroitement lié, comme en témoigne le poème en prose *le Thyrse,* publié en 1863. Le livre de Liszt était de 1851. (Cf. aussi *Mon Cœur mis à nu,* LXIX : *En référer à Liszt.*)

splendides portiques ne sont approchés que de ceux qui ont le cœur élevé et les mains pures. Il ne nous le fait point apercevoir dans son imposante et réelle structure, mais, comme ménageant nos faibles sens, il nous le montre d'abord reflété dans *quelque onde azurée* ou reproduit *par quelque nuage irisé.*

C'est au commencement une *large nappe dormante* de mélodie, *un éther vaporeux qui s'étend,* pour que le tableau sacré s'y dessine à nos yeux profanes ; effet exclusivement confié aux violons, divisés en huit pupitres différents, qui, après plusieurs mesures de sons harmoniques, continuent dans les plus hautes notes de leurs registres. Le motif est ensuite repris par les instruments à vent les plus doux ; les cors et les bassons, en s'y joignant, préparent l'entrée des trompettes et des trombones, qui répètent la mélodie pour la quatrième fois, *avec un éclat éblouissant de coloris,* comme si dans cet instant unique l'édifice saint *avait brillé* devant *nos regards aveuglés, dans toute sa magnificence lumineuse et radiante.* Mais *le vif étincellement,* amené par degrés à *cette intensité de rayonnement solaire,* s'éteint avec rapidité, comme une *lueur céleste.* La *transparente vapeur* des nuées se referme, la vision disparaît peu à peu dans le même encens *diapré* au milieu duquel elle est apparue, et le morceau se termine par les premières six mesures, devenues *plus éthérées encore.* Son caractère d'*idéale mysticité* est surtout rendu sensible par le *pianissimo* toujours conservé dans l'orchestre, et qu'interrompt à peine le court moment où les *cuivres* font *resplendir* les merveilleuses lignes du seul motif de cette introduction. Telle est l'image qui, à l'audition de ce sublime *adagio,* se présente d'abord à nos sens émus.

M'est-il permis à moi-même de raconter, de rendre avec des paroles la traduction inévitable[a] que mon imagination fit du même morceau, lorsque je l'entendis pour la première fois, les yeux fermés, et que je me sentis pour ainsi dire enlevé de terre ? Je n'oserais certes pas parler avec complaisance de mes *rêveries,* s'il n'était pas utile de les joindre ici aux *rêveries* précédentes. Le lecteur sait quel but nous poursuivons : démontrer que la véritable musique suggère des idées analogues dans des cerveaux différents. D'ailleurs, il ne serait pas ridicule ici de raisonner *a priori,* sans analyse et sans comparaisons ; car ce qui serait vraiment surprenant, c'est que le son *ne pût pas* suggérer la couleur, que les couleurs *ne pussent pas* donner l'idée d'une mélodie, et que le son et la couleur fussent impropres à traduire des idées ; les choses s'étant toujours exprimées par une analogie réciproque, depuis le jour où Dieu a proféré le monde comme une complexe et indivisible totalité.

La nature est un temple où de vivants piliers
Laissent parfois sortir de confuses paroles;
L'homme y passe à travers des forêts de symboles
Qui l'observent avec des regards familiers.

Comme de longs échos qui de loin se confondent
Dans une ténébreuse et profonde unité,
Vaste comme la nuit et comme la clarté,
Les parfums, les couleurs et les sons se répondent [1].

Je poursuis donc. Je me souviens que, dès les premières mesures, je subis une de ces impressions heureuses que presque tous les hommes imaginatifs ont connues, par le rêve, dans le sommeil. Je me sentis délivré *des liens de la pesanteur,* et je retrouvai par le souvenir l'extraordinaire *volupté* qui circule dans *les lieux hauts* (notons en passant que je ne connaissais pas le programme cité tout à l'heure). Ensuite je me peignis involontairement l'état délicieux d'un homme en proie à une grande rêverie dans une solitude absolue, mais une solitude avec *un immense horizon* et une *large lumière diffuse; l'immensité* sans autre décor qu'elle-même. Bientôt j'éprouvai la sensation d'une *clarté* plus vive, *d'une intensité de lumière* croissant avec une telle rapidité, que les nuances fournies par le dictionnaire ne suffiraient pas à exprimer *ce surcroît toujours renaissant d'ardeur et de blancheur.* Alors je conçus pleinement l'idée d'une âme se mouvant dans un milieu lumineux, d'une extase *faite de volupté et de connaissance,* et planant au-dessus et bien loin du monde naturel.

De ces trois traductions, vous pourriez noter facilement les différences. Wagner indique *une troupe d'anges qui apportent un vase sacré;* Liszt voit *un monument miraculeusement beau,* qui se reflète dans un mirage vaporeux. Ma rêverie est beaucoup moins illustrée d'objets matériels : elle est plus vague et plus abstraite. Mais l'important est ici de s'attacher aux ressemblances. Peu nombreuses, elles constitueraient encore une preuve suffisante; mais, par bonheur,

1. *Correspondances.*

elles sont nombreuses et saisissantes jusqu'au superflu. Dans les trois traductions nous trouvons la sensation de la *béatitude spirituelle et physique;* de *l'isolement;* de la contemplation de *quelque chose infiniment grand et infiniment beau;* d'*une lumière intense* qui réjouit *les yeux et l'âme jusqu'à la pâmoison;* et enfin la sensation de *l'espace étendu jusqu'aux dernières limites concevables.*

Aucun musicien n'excelle, comme Wagner, à *peindre* l'espace et la profondeur, matériels et spirituels. C'est une remarque que plusieurs esprits, et des meilleurs, n'ont pu s'empêcher de faire en plusieurs occasions. Il possède l'art de traduire, par des gradations subtiles, tout ce qu'il y a d'excessif, d'immense, d'ambitieux, dans l'homme spirituel et naturel. Il semble parfois, en écoutant cette musique ardente et despotique, qu'on retrouve peintes sur le fond des ténèbres, déchiré par la rêverie, les vertigineuses conceptions de l'opium.

A partir de ce moment, c'est-à-dire du premier concert, je fus possédé du désir d'entrer plus avant dans l'intelligence de ces œuvres singulières. J'avais subi (du moins cela m'apparaissait ainsi) une opération spirituelle, une révélation. Ma volupté avait été si forte et si terrible, que je ne pouvais m'empêcher d'y vouloir retourner sans cesse. Dans ce que j'avais éprouvé, il entrait sans doute beaucoup de ce que Weber et Beethoven m'avaient déjà fait connaître, mais aussi quelque chose de nouveau que j'étais impuissant à définir, et cette impuissance me causait une colère et une curiosité mêlées d'un bizarre délice. Pendant plusieurs jours, pendant longtemps, je me dis : « Où pourrai-je bien entendre ce soir de la musique de Wagner? » Ceux de mes amis qui possédaient un piano furent plus d'une fois mes martyrs. Bientôt, comme il en est de toute nouveauté, des morceaux symphoniques de Wagner retentirent dans les casinos ouverts tous les soirs à une foule amoureuse de voluptés triviales. La majesté fulgurante de cette musique tombait là comme le tonnerre dans un mauvais lieu. Le bruit s'en répandit vite, et nous eûmes souvent le spectacle comique d'hommes graves et délicats subissant le contact des cohues malsaines, pour jouir, en attendant mieux, de la marche solennelle des *Invités au Wartburg* ou des majestueuses noces de *Lohengrin.*

Cependant, des répétitions fréquentes des mêmes phrases mélodiques, dans des morceaux tirés du même opéra, impliquaient des intentions mystérieuses et une méthode qui m'étaient inconnues. Je résolus de m'informer du pourquoi, et de transformer ma volupté en connaissance avant qu'une représentation scénique vînt me fournir une élucidation parfaite. J'interrogeai les amis et les ennemis. Je mâchai l'indigeste et abominable pamphlet de M. Fétis. Je lus le livre de Liszt, et enfin je me procurai, à défaut de *l'Art et la Révolution* et de *l'Œuvre d'art de l'avenir,* ouvrages non traduits, celui intitulé : *Opéra et Drame,* traduit en anglais.

II

Les plaisanteries françaises allaient toujours leur train, et le journalisme vulgaire opérait sans trêve ses gamineries professionnelles. Comme Wagner n'avait jamais cessé de répéter que la musique (dramatique) devait *parler* le sentiment, s'adapter au sentiment avec la même exactitude que la parole, mais évidemment d'une autre manière, c'est-à-dire exprimer la partie indéfinie du sentiment que la parole, trop positive, ne peut pas rendre (en quoi il ne disait rien qui ne fût accepté par tous les esprits sensés), une foule de gens, persuadés par les plaisants du feuilleton, s'imaginèrent que le maître attribuait à la musique la puissance d'exprimer la forme positive des choses, c'est-à-dire qu'il intervertissait les rôles et les fonctions. Il serait aussi inutile qu'ennuyeux de dénombrer tous les quolibets fondés sur cette fausseté, qui venant, tantôt de la malveillance, tantôt de l'ignorance, avaient pour résultat d'égarer à l'avance l'opinion du public. Mais, à Paris plus qu'ailleurs, il est impossible d'arrêter une plume qui se croit amusante. La curiosité générale étant attirée vers Wagner, engendra des articles et des brochures qui nous initièrent à sa vie, à ses longs efforts et à tous ses tourments. Parmi ces documents fort connus aujourd'hui, je ne veux extraire que ceux qui me paraissent plus propres à éclairer et à définir la nature et le caractère du maître. Celui qui a écrit que *l'homme qui n'a pas été, dès son berceau, doté par une fée de l'esprit de mécontentement de tout ce qui existe, n'arrivera jamais à la découverte du nouveau,* devait indubitablement trouver dans les conflits de la vie plus de douleurs que tout autre. C'est de cette facilité à souffrir, commune à tous les artistes et d'autant plus grande que leur instinct du juste et du beau est plus prononcé, que je tire l'explication des opinions révolutionnaires de Wagner. Aigri par tant de mécomptes, déçu par tant de rêves, il dut, à un certain moment, par suite d'une erreur excusable dans un esprit sensible et nerveux à l'excès, établir une complicité idéale entre la mauvaise musique et les mauvais gouvernements. Possédé du désir suprême de voir l'idéal dans l'art dominer définitivement la routine, il a pu (c'est une illusion essentiellement humaine) espérer que des révolutions dans l'ordre politique favoriseraient la cause de la révolution dans l'art. Le succès de Wagner lui-même a donné tort à ses prévisions et à ses espérances; car il a fallu en France l'ordre d'un *despote* [a] pour faire exécuter l'œuvre d'un révolutionnaire. Ainsi nous avons déjà vu à Paris l'évolution romantique favorisée par la monarchie, pendant que les libéraux et les républicains restaient opiniâtrement attachés aux routines de la littérature dite classique.

Je vois, par les notes que lui-même il a fournies sur sa jeunesse, que, tout enfant, il vivait au sein du théâtre, fréquentait les coulisses et composait des comédies. La musique de Weber et, plus tard, celle de Beethoven, agirent sur son esprit avec une force irrésistible, et bientôt, les années et les études s'accumulant, il lui fut impossible de ne pas penser d'une manière double, poétiquement et musicalement, de ne pas entrevoir toute idée sous deux formes simultanées, l'un des deux arts commençant sa fonction là où s'arrêtent les limites de l'autre. L'instinct dramatique, qui occupait une si grande place dans ses facultés, devait le pousser à se révolter contre toutes les frivolités, les platitudes et les absurdités des pièces faites pour la musique. Ainsi la Providence, qui préside aux révolutions de l'art, mûrissait dans un jeune cerveau allemand le problème qui avait tant agité le dix-huitième siècle. Quiconque a lu avec attention la *Lettre sur la musique,* qui sert de préface à *Quatre poèmes d'opéras traduits en prose française* [1], ne peut conserver à cet égard aucun doute. Les noms de Gluck et de Méhul y sont cités souvent avec une sympathie passionnée. N'en déplaise à M. Fétis, qui veut absolument

1. Traduction anonyme parue en 1861, dont l'auteur était Challemel-Lacour.

établir pour l'éternité la prédominance de la musique dans le drame lyrique, l'opinion d'esprits tels que Gluck, Diderot, Voltaire et Gœthe n'est pas à dédaigner. Si ces deux derniers ont démenti plus tard leurs théories de prédilection, ce n'a été chez eux qu'un acte de découragement et de désespoir. En feuilletant la *Lettre sur la musique,* je sentais revivre dans mon esprit, comme par un phénomène d'écho mnémonique différents passages de Diderot [1] qui affirment que la vraie musique dramatique ne peut pas être autre chose que le cri ou le soupir de la passion noté et rythmé. Les mêmes problèmes scientifiques, poétiques, artistiques, se reproduisent sans cesse à travers les âges, et Wagner ne se donne pas pour un inventeur, mais simplement pour le confirmateur d'une ancienne idée qui sera sans doute, plus d'une fois encore, alternativement vaincue et victorieuse. Toutes ces questions sont en vérité extrêmement simples, et il n'est pas peu surprenant de voir se révolter contre les théories de *la musique de l'avenir* (pour me servir d'une locution aussi inexacte qu'accréditée) ceux-là mêmes que nous avons entendus si souvent se plaindre des tortures infligées à tout esprit raisonnable par la routine du livret ordinaire d'opéra.

Dans cette même *Lettre sur la musique,* où l'auteur donne une analyse très brève et très limpide de ses trois anciens ouvrages, *l'Art et la Révolution, l'Œuvre d'art de l'avenir* et *Opéra et Drame,* nous trouvons une préoccupation très vive du théâtre grec, tout à fait naturelle, inévitable même chez un dramaturge musicien qui devait chercher dans le passé la légitimation de son dégoût du présent et des conseils secourables pour l'établissement des conditions nouvelles du drame lyrique. Dans sa lettre à Berlioz, il disait déjà, il y a plus d'un an [2] :

Je me demandai quelles devaient être les conditions de l'art pour qu'il pût inspirer au public un inviolable respect, et, afin de

1. *La musique est le plus violent des beaux-arts* (réflexion de l'aveugle Mélanie de Salignac citée par Diderot dans des *Additions à la lettre sur les aveugles* (*Œuvres philosophiques*, éd. Garnier, p. 157). Cf. aussi [le musicien] *saisira le cri de la nature, lorsqu'il se produit violent et inarticulé; et il en fera la base de sa mélodie* (*Entretiens sur le fils naturel*, III, *Œuvres esthétiques*, éd. Garnier, p. 170).

2. *Journal des Débats,* 22 février 1860.

ne point m'aventurer trop dans l'examen de cette question, je fus chercher mon point de départ dans la Grèce ancienne. J'y rencontrai tout d'abord l'œuvre artistique par excellence, le *drame,* dans lequel l'idée, quelque profonde qu'elle soit, peut se manifester avec le plus de clarté et de la manière la plus universellement intelligible. Nous nous étonnons à bon droit aujourd'hui que trente mille Grecs aient pu suivre avec un intérêt soutenu la représentation des tragédies d'Eschyle; mais si nous recherchons le moyen par lequel on obtenait de pareils résultats, nous trouvons que c'est par l'alliance de tous les arts concourant ensemble au même but, c'est-à-dire à la production de l'œuvre artistique la plus parfaite et la seule vraie. Ceci me conduisit à étudier les rapports des diverses branches de l'art entre elles, et, après avoir saisi la relation qui existe entre la *plastique* et la *mimique,* j'examinai celle qui se trouve entre la musique et la poésie : de cet examen jaillirent soudain des clartés qui dissipèrent complètement l'obscurité qui m'avait jusqu'alors inquiété.

Je reconnus, en effet, que précisément là où l'un de ces arts atteignait à des limites infranchissables, commençait aussitôt, avec la plus rigoureuse exactitude, la sphère d'action de l'autre; que, conséquemment, par l'union intime de ces deux arts, on exprimerait avec la clarté la plus satisfaisante ce que ne pouvait exprimer chacun d'eux isolément; que, par contraire, toute tentative de rendre avec les moyens de l'un d'eux ce qui ne saurait être rendu que par les deux ensemble, devait fatalement conduire à l'obscurité, à la confusion d'abord, et ensuite, à la dégénérescence et à la corruption de chaque art en particulier.

Et dans la préface de son dernier livre, il revient en ces termes sur le même sujet :

J'avais trouvé dans quelques rares créations d'artistes une base réelle où asseoir mon idéal dramatique et musical; maintenant l'histoire m'offrait à son tour le modèle et le type des relations idéales du théâtre et de la vie publique telles que je les concevais. Je le trouvais, ce modèle, dans le théâtre de l'ancienne Athènes : là, le théâtre n'ouvrait son enceinte qu'à de certaines solennités où s'accomplissait une fête religieuse qu'accompagnaient les jouissances de l'art. Les hommes les plus distingués de l'État prenaient à ces solennités une part directe comme poètes ou directeurs; ils paraissaient comme les prêtres aux yeux de la population assemblée de la cité et du pays, et cette population était remplie d'une si haute attente de la sublimité des œuvres qui allaient être représentées devant elle, que les poèmes les plus profonds, ceux d'un Eschyle et d'un Sophocle, pouvaient être proposés au peuple et assurés d'être parfaitement entendus.

Ce goût absolu, despotique, d'un idéal dramatique, où tout, depuis une déclamation notée et soulignée par la musique avec tant de soin qu'il est impossible au chanteur de s'en écarter en aucune syllabe, véritable arabesque de sons dessinée par la passion, jusqu'aux soins les plus minutieux, relatifs aux décors et à la mise en scène, où tous les détails, dis-je, doivent sans cesse concourir à une totalité d'effet, a fait la destinée de Wagner. C'était en lui comme une postulation perpétuelle. Depuis le jour où il s'est dégagé des vieilles routines du livret et où il a courageusement renié son *Rienzi,* opéra de jeunesse [1] qui avait été honoré d'un grand succès, il a marché, sans dévier d'une ligne, vers cet impérieux idéal. C'est donc sans étonnement que j'ai trouvé dans ceux de ses ouvrages qui sont traduits, particulièrement dans *Tannhäuser, Lohengrin* et *le Vaisseau fantôme,* une méthode de construction excellente, un esprit d'ordre et de division qui rappelle l'architecture des tragédies antiques. Mais les phénomènes et les idées qui se produisent périodiquement à travers les âges empruntent toujours à chaque résurrection le caractère complémentaire de la variante et de la circonstance. La radieuse Vénus antique, l'Aphrodite née de la blanche écume, n'a pas impunément traversé les horrifiques ténèbres du moyen âge. Elle n'habite plus l'Olympe ni les rives d'un archipel parfumé. Elle est retirée au fond d'une caverne, magnifique, il est vrai, mais illuminée par des feux qui ne sont pas ceux du bienveillant Phœbus. En descendant sous terre, Vénus s'est rapprochée de l'enfer, et elle va sans doute, à de certaines solennités abominables, rendre régulièrement hommage à l'Archidémon, prince de la chair et seigneur du péché. De même, les poèmes de Wagner, bien qu'ils révèlent un goût sincère et une parfaite intelligence de la beauté classique, participent aussi, dans une forte dose, de l'esprit romantique. S'ils font rêver à la majesté de Sophocle et d'Eschyle, ils contraignent en même temps l'esprit à se souvenir des *Mystères* de l'époque la plus plastiquement

1. 1842.

catholique. Ils ressemblent à ces grandes visions que le moyen âge étalait sur les murs de ses églises ou tissait dans ses magnifiques tapisseries. Ils ont un aspect général décidément légendaire : le *Tannhäuser,* légende; le *Lohengrin,* légende; légende, *le Vaisseau fantôme.* Et ce n'est pas seulement une propension naturelle à tout esprit poétique qui a conduit Wagner vers cette apparente spécialité; c'est un parti pris formel puisé dans l'étude des conditions les plus favorables du drame lyrique.

Lui-même, il a pris soin d'élucider la question dans ses livres. Tous les sujets, en effet, ne sont pas également propres à fournir un vaste drame doué d'un caractère d'universalité. Il y aurait évidemment un immense danger à traduire en fresque le délicieux et le plus parfait tableau de genre. C'est surtout dans le cœur universel de l'homme et dans l'histoire de ce cœur que le poète dramatique trouvera des tableaux universellement intelligibles. Pour construire en pleine liberté le drame idéal, il sera prudent d'éliminer toutes les difficultés qui pourraient naître de détails techniques, politiques ou même trop positivement historiques. Je laisse la parole au maître lui-même :

Le seul tableau de la vie humaine qui soit appelé poétique est celui où les motifs qui n'ont de sens que pour l'intelligence abstraite font place aux mobiles purement humains qui gouvernent le cœur. Cette tendance (celle relative à l'invention du sujet poétique) est la loi souveraine qui préside à la forme et à la représentation poétique... L'arrangement rythmique et l'ornement (presque musical) de la rime sont pour le poète des moyens d'assurer au vers, à la phrase, une puissance qui captive comme par un charme et gouverne à son gré le sentiment. Essentielle au poète, cette tendance le conduit jusqu'à la limite de son art, limite que touche immédiatement la musique, et, par conséquent, l'œuvre la plus complète du poète devrait être celle qui, dans son dernier achèvement, serait une parfaite musique.

De là, je me voyais nécessairement amené à désigner le *mythe* comme matière idéale du poète. Le mythe est le poème primitif et anonyme du peuple, et nous le retrouvons à toutes les époques repris, remanié sans cesse à nouveau par les grands poètes des périodes cultivées. Dans le mythe, en effet, les relations humaines dépouillent presque complètement leur forme conventionnelle et intelligible seulement à la raison abstraite; elles montrent ce que la vie a de vraiment humain, d'éternellement compréhensible, et le montrent sous cette forme concrète, exclusive de toute imitation, laquelle donne à tous les vrais mythes leur caractère individuel que vous reconnaissez au premier coup d'œil.

Et ailleurs, reprenant le même thème, il dit :

Je quittai une fois pour toutes le terrain de l'histoire et m'établis sur celui de la légende... Tout le détail nécessaire pour décrire et représenter le fait historique et ses accidents, tout le détail qu'exige, pour être parfaitement comprise, une époque spéciale et reculée de l'histoire, et que les auteurs contemporains de drames et de romans historiques déduisent, par cette raison, d'une manière si circonstanciée, je pouvais le laisser de côté... La légende, à quelque époque et à quelque nation qu'elle appartienne, a l'avantage de comprendre exclusivement ce que cette époque et cette nation ont de purement humain, et de le présenter sous une forme originale très saillante, et dès lors intelligible au premier coup d'œil. Une ballade, un refrain populaire, suffisent pour vous représenter en un instant ce caractère sous les traits les plus arrêtés et les plus frappants. Le caractère de la scène et le ton de la légende contribuent ensemble à jeter l'esprit dans cet état de *rêve* qui le porte bientôt jusqu'à la pleine *clairvoyance,* et l'esprit découvre alors un nouvel enchaînement des phénomènes du monde, que ses yeux ne pouvaient apercevoir dans l'état de veille ordinaire.

Comment Wagner ne comprendrait-il pas admirablement le caractère sacré, divin du mythe, lui qui est à la fois poète et critique? J'ai entendu beaucoup de personnes tirer de l'étendue même de ses facultés et de sa haute intelligence critique une raison de défiance relativement à son génie musical, et je crois que l'occasion est ici propice pour réfuter une erreur très commune, dont la principale racine est peut-être le plus laid des sentiments humains, l'envie. « Un homme qui raisonne tant de son art ne peut pas produire naturellement de belles œuvres », disent quelques-uns qui dépouillent ainsi le génie de sa rationalité, et lui assignent une fonction purement instinctive et pour ainsi dire végétale. D'autres veulent considérer Wagner comme un théoricien qui n'aurait produit des opéras que pour vérifier *a posteriori* la valeur de ses propres théories. Non seulement ceci est parfaitement faux, puisque le maître a commencé tout jeune, comme on le sait, par produire des essais poétiques et musicaux d'une nature variée, et qu'il n'est arrivé que progressivement à se faire un idéal de[a] drame lyrique, mais c'est même une chose absolument impossible. Ce serait un événement tout nouveau dans l'histoire des arts qu'un critique se faisant poète, un renversement de toutes les lois psychiques, une monstruosité; au contraire, tous les grands poètes deviennent naturellement, fatalement, critiques. Je plains les poètes que guide le seul instinct; je les crois incomplets. Dans la vie spirituelle des premiers, une crise se fait infailliblement, où ils veulent raisonner leur art, découvrir les lois obscures en vertu desquelles ils ont produit, et tirer de cette étude une série de préceptes dont le but divin est l'infaillibilité dans la production poétique. Il serait prodigieux qu'un critique devînt poète, et il est impossible qu'un poète ne contienne pas un critique [1]. Le lecteur ne sera donc pas étonné que je considère le poète comme le meilleur de tous les critiques. Les gens qui reprochent au musicien Wagner d'avoir écrit des livres sur la philosophie de son art et qui en tirent le soupçon que sa musique n'est pas un produit naturel, spontané, devraient nier également que Vinci, Hogarth, Reynolds, aient pu faire de bonnes peintures, simplement parce qu'ils ont déduit et analysé les principes de leur art. Qui parle mieux de la peinture que notre grand Delacroix ? Diderot, Gœthe, Shakespeare, autant de producteurs, autant d'admirables critiques. La poésie a existé, s'est affirmée la première, et elle a engendré l'étude des règles. Telle est l'histoire incontestée du travail humain. Or, comme chacun est le diminutif de tout le monde, comme l'histoire d'un cerveau individuel représente en petit l'histoire du cerveau universel, il serait juste et naturel de supposer (à défaut des preuves qui existent) que l'élaboration des pensées de Wagner a été analogue au travail de l'humanité.

III

Tannhäuser représente la lutte des deux principes qui ont choisi le cœur humain pour principal champ de bataille, c'est-à-dire de la chair avec l'esprit, de l'enfer avec le ciel,

---

1. Bien sûr, la formule s'applique admirablement à Baudelaire lui-même.

de Satan avec Dieu. Et cette dualité est représentée tout de suite, par l'ouverture, avec une incomparable habileté. Que n'a-t-on pas déjà écrit sur ce morceau? Cependant il est présumable qu'il fournira encore matière à bien des thèses et des commentaires éloquents; car c'est le propre des œuvres vraiment artistiques d'être une source inépuisable de suggestions. L'ouverture, dis-je, résume donc la pensée du drame par deux chants, le chant religieux et le chant voluptueux, qui, pour me servir de l'expression de Liszt, « sont ici posés comme deux termes, et qui, dans le finale, trouvent leur équation ». Le *Chant des pèlerins* apparaît le premier, avec l'autorité de la loi suprême, comme marquant tout de suite le véritable sens de la vie, le but de l'universel pèlerinage, c'est-à-dire Dieu. Mais comme le sens intime de Dieu est bientôt noyé dans toute conscience par les concupiscences de la chair, le chant représentatif de la sainteté est peu à peu submergé par les soupirs de la volupté. La vraie, la terrible, l'universelle Vénus se dresse déjà dans toutes les imaginations. Et que celui qui n'a pas encore entendu la merveilleuse ouverture de *Tannhäuser* ne se figure pas ici un chant d'amoureux vulgaires, essayant de tuer le temps sous les tonnelles, les accents d'une troupe enivrée jetant à Dieu son défi dans la langue d'Horace. Il s'agit d'autre chose, à la fois plus vrai et plus sinistre. Langueurs, délices mêlées de fièvre et coupées d'angoisses, retours incessants vers une volupté qui promet d'éteindre, mais n'éteint jamais la soif; palpitations furieuses du cœur et des sens, ordres impérieux de la chair, tout le dictionnaire des onomatopées de l'amour se fait entendre ici. Enfin le thème religieux reprend peu à peu son empire, lentement, par gradations, et absorbe l'autre dans une victoire paisible, glorieuse comme celle de l'être irrésistible sur l'être maladif et désordonné, de saint Michel sur Lucifer.

Au commencement de cette étude, j'ai noté la puissance avec laquelle Wagner, dans l'ouverture de *Lohengrin,* avait exprimé les ardeurs de la mysticité, les appétitions de l'esprit vers le Dieu incommunicable. Dans l'ouverture de *Tannhäuser,* dans la lutte des deux principes contraires, il ne s'est pas montré moins subtil ni moins puissant. Où donc le maître a-t-il puisé ce chant furieux de la chair, cette connaissance absolue de la partie diabolique de l'homme? Dès les premières mesures, les nerfs vibrent à l'unisson de la mélodie; toute chair qui se souvient se met à trembler. Tout cerveau bien conformé porte en lui deux infinis, le ciel et l'enfer, et dans toute image de l'un de ces infinis il reconnaît subitement la moitié de lui-même. Aux titillations sataniques d'un vague amour succèdent bientôt des entraînements, des éblouissements, des cris de victoire, des gémissements de gratitude, et puis des hurlements de férocité, des reproches de victimes et des hosannas impies de sacrificateurs, comme si la barbarie devait toujours prendre sa place dans le drame de l'amour, et la jouissance charnelle conduire, par une logique satanique inéluctable, aux délices du crime. Quand le thème religieux, faisant invasion à travers le mal déchaîné, vient peu à peu rétablir l'ordre et reprendre l'ascendant, quand il se dresse de nouveau avec toute sa solide beauté, au-dessus de ce chaos de voluptés agonisantes, toute l'âme éprouve comme un rafraîchissement, une béatitude de rédemption; sentiment ineffable qui se reproduira au commencement du deuxième tableau, quand Tannhäuser, échappé de la grotte de Vénus, se retrouvera dans la vie véritable, entre le son religieux des cloches natales, la chanson naïve du pâtre, l'hymne des pèlerins et la croix plantée sur la route, emblème de toutes ces croix qu'il faut traîner sur toutes les routes. Dans ce dernier cas, il y a une puissance de contraste qui agit irrésistiblement sur l'esprit et qui fait penser à la manière large et aisée de Shakespeare. Tout à l'heure nous étions dans les profondeurs de la terre (Vénus, comme nous l'avons dit, habite auprès de l'enfer), respirant une atmosphère parfumée, mais étouffante, éclairée par une lumière rose qui ne venait pas du soleil; nous étions semblables au chevalier Tannhäuser lui-même, qui, saturé de délices énervantes, *aspire à la douleur!* cri sublime que tous les critiques jurés admireraient dans Corneille, mais qu'aucun ne voudra peut-être voir dans Wagner. Enfin nous sommes replacés sur la terre; nous en aspirons l'air frais, nous en acceptons les joies avec reconnaissance, les douleurs avec humilité. La pauvre humanité est rendue à sa patrie.

Tout à l'heure, en essayant de décrire la partie voluptueuse de l'ouverture, je priais le lecteur de détourner sa pensée des hymnes vulgaires de l'amour, tels que les peut concevoir un galant en belle humeur; en effet, il n'y a ici rien de trivial; c'est plutôt le débordement d'une nature énergique, qui verse dans le mal toutes les forces dues à la culture du bien; c'est l'amour effréné, immense, chaotique, élevé jusqu'à la hauteur d'une contre-religion, d'une religion satanique. Ainsi, le compositeur, dans la traduction musicale, a échappé à cette vulgarité qui accompagne trop souvent la peinture du sentiment le plus *populaire,* — j'allais dire populacier, — et pour cela il lui a suffi de peindre l'excès dans le désir et dans l'énergie, l'ambition indomptable, immodérée, d'une âme sensible qui s'est trompée de voie. De même, dans la représentation plastique de l'idée, il s'est dégagé heureusement de la fastidieuse foule des victimes, des Elvires innombrables. L'idée pure, incarnée dans l'unique Vénus, parle bien plus haut et avec bien plus d'éloquence. Nous ne voyons pas ici un libertin ordinaire, *voltigeant de belle en belle*, mais l'homme général, universel, vivant morganatiquement avec l'Idéal absolu de la volupté, avec la Reine de toutes les diablesses, de toutes les faunesses et de toutes les satyresses, reléguées sous terre depuis la mort du grand Pan, c'est-à-dire avec l'indestructible et irrésistible Vénus.

Une main mieux exercée que la mienne dans l'analyse des ouvrages lyriques présentera, ici même, au lecteur, un compte rendu technique et complet de cet étrange et méconnu *Tannhäuser* [1] ; je dois donc me borner à des vues générales qui, pour rapides qu'elles soient, n'en sont pas moins utiles. D'ailleurs, n'est-il pas plus commode, pour certains esprits, de juger de la beauté d'un paysage en se plaçant sur une hauteur, qu'en parcourant successivement tous les sentiers qui le sillonnent?

Je tiens seulement à faire observer, à la grande louange de Wagner, que, malgré l'importance très juste qu'il donne au poème dramatique, l'ouverture de *Tannhäuser*, comme celle de *Lohengrin,* est parfaitement intelligible, même à celui qui ne connaîtrait pas le livret; et ensuite, que cette ouverture contient non seulement l'idée mère, la dualité psychique constituant le drame, mais encore les formules principales, nettement accentuées, destinées à peindre les sentiments généraux exprimés dans la suite de l'œuvre, ainsi que le démontrent les retours forcés de la mélodie

1. La première partie de cette étude a paru à la *Revue européenne,* où M. Perrin, ancien directeur de l'Opéra-Comique, dont les sympathies pour Wagner sont bien connues, est chargé de la critique musicale. *(Note de Baudelaire.)*

diaboliquement voluptueuse et du motif religieux ou *Chant des pèlerins,* toutes les fois que l'action le demande. Quant à la grande marche du second acte, elle a conquis depuis longtemps le suffrage des esprits les plus rebelles, et l'on peut lui appliquer le même éloge qu'aux deux ouvertures dont j'ai parlé, à savoir d'exprimer de la manière la plus visible, la plus colorée, la plus représentative, ce qu'elle veut exprimer. Qui donc, en entendant ces accents si riches et si fiers, ce rhythme pompeux élégamment [a] cadencé, ces fanfares royales, pourrait se figurer autre chose qu'une pompe féodale, une défilade d'hommes héroïques, dans des vêtements éclatants, tous de haute stature, tous de grande volonté et de foi naïve, aussi magnifiques dans leurs plaisirs que terribles dans leurs guerres ?

Que dirons-nous du récit de Tannhäuser, de son voyage à Rome, où la beauté littéraire est si admirablement complétée et soutenue par la mélopée, que les deux éléments ne font plus qu'un inséparable tout ? On craignait la longueur de ce morceau, et cependant le récit contient, comme on l'a vu, une puissance dramatique invincible. La tristesse, l'accablement du pécheur pendant son rude voyage, son allégresse en voyant le suprême pontife qui délie les péchés, son désespoir quand celui-ci lui montre le caractère irréparable de son crime, et enfin le sentiment presque ineffable, tant il est terrible, de la joie dans la damnation; tout est dit, exprimé, traduit, par la parole et la musique, d'une manière si positive, qu'il est presque impossible de concevoir une autre manière de le dire. On comprend bien alors qu'un pareil malheur ne puisse être réparé que par un miracle et on excuse l'infortuné chevalier de chercher encore le sentier mystérieux qui conduit à la grotte, pour retrouver au moins les grâces de l'enfer auprès de sa diabolique épouse.

Le drame de *Lohengrin* porte, comme celui de *Tannhäuser,* le caractère sacré, mystérieux, et pourtant universellement intelligible de la légende. Une jeune princesse, accusée d'un crime abominable, du meurtre de son frère, ne possède aucun moyen de prouver son innocence. Sa cause sera jugée par le jugement de Dieu. Aucun chevalier présent ne descend pour elle sur le terrain; mais elle a confiance dans une vision singulière : un guerrier inconnu est venu la visiter en rêve. C'est ce chevalier-là qui prendra sa défense. En effet, au moment suprême et comme chacun la juge coupable, une nacelle approche du rivage, tirée par un cygne attelé d'une chaîne d'or. Lohengrin, chevalier du Saint-Graal, protecteur des innocents, défenseur des faibles, a entendu l'invocation du fond de la retraite merveilleuse où est précieusement conservée cette coupe divine, deux fois consacrée par la sainte Cène et par le sang de Notre-Seigneur, que Joseph d'Arimathie y recueillit tout ruisselant de sa plaie. Lohengrin, fils de Parcival, descend de la nacelle, revêtu d'une armure d'argent, le casque en tête, le bouclier sur l'épaule, une petite trompe d'or au côté, appuyé sur son épée. « Si je remporte pour toi la victoire, dit Lohengrin à Elsa, veux-tu que je sois ton époux?... Elsa, si tu veux que je m'appelle ton époux..., il faut que tu me fasses une promesse : jamais tu ne m'interrogeras, jamais tu ne chercheras à savoir ni de quelles contrées j'arrive, ni quel est mon nom et ma nature. » Et Elsa : « Jamais, seigneur, tu n'entendras de moi cette question. » Et, comme Lohengrin répète solennellement la formule de la promesse, Elsa répond : « Mon bouclier, mon ange, mon sauveur! toi qui crois fermement à mon innocence, pourrait-il y avoir un doute plus criminel que de n'avoir pas foi en toi ? Comme tu me défends dans ma détresse, de même je garderai fidèlement la loi que tu m'imposes. » Et Lohengrin, la serrant dans ses bras, s'écrie : « Elsa, je t'aime! » Il y a là une beauté de dialogue comme il s'en trouve fréquemment dans les drames de Wagner, toute trempée de magie primitive, toute grandie par le sentiment idéal, et dont la solennité ne diminue en rien la grâce naturelle.

L'innocence d'Elsa est proclamée par la victoire de Lohengrin; la magicienne Ortrude et Frédéric, deux méchants intéressés à la condamnation d'Elsa, parviennent à exciter en elle la curiosité féminine, à flétrir sa joie par le doute, et l'obsèdent maintenant jusqu'à ce qu'elle viole son serment et exige de son époux l'aveu de son origine. Le doute a tué la foi, et la foi disparue emporte avec elle le bonheur. Lohengrin punit par la mort Frédéric d'un guet-apens que celui-ci lui a tendu, et devant le roi, les guerriers et le peuple assemblés, déclare enfin sa véritable origine : « ... Quiconque est choisi pour servir le Graal est aussitôt revêtu d'une puissance surnaturelle; même celui qui est envoyé par lui dans une terre lointaine, chargé de la mission de défendre le droit de la vertu, n'est pas dépouillé de sa force sacrée autant que reste inconnue sa qualité de chevalier du Graal; mais telle est la nature de cette vertu du Saint-Graal, que, dévoilée, elle fuit aussitôt les regards profanes; c'est pourquoi vous ne devez concevoir nul doute sur son chevalier; s'il est reconnu par vous, il lui faut vous quitter sur-le-champ. Écoutez maintenant comment il récompense la question interdite! Je vous ai été envoyé par le Graal; mon père, Parcival, porte sa couronne; moi, son chevalier, j'ai nom Lohengrin. » Le cygne reparaît sur la rive pour remmener le chevalier vers sa miraculeuse patrie. La magicienne, dans l'infatuation de sa haine, dévoile que le cygne n'est autre que le frère d'Elsa, emprisonné par elle dans un enchantement. Lohengrin monte dans la nacelle après avoir adressé au Saint-Graal une fervente prière. Une colombe prend la place du cygne, et Godefroi, duc de Brabant, reparaît. Le chevalier est retourné vers le mont Salvat. Elsa qui a douté, Elsa qui a voulu savoir, examiner, contrôler, Elsa a perdu son bonheur. L'idéal est envolé.

Le lecteur a sans doute remarqué dans cette légende une frappante analogie avec le mythe de la Psyché antique, qui, elle aussi, fut victime de la démoniaque curiosité, et, ne voulant pas respecter l'incognito de son divin époux, perdit, en pénétrant le mystère, toute sa félicité. Elsa prête l'oreille à Ortrude, comme Ève au serpent. L'Ève éternelle tombe dans l'éternel piège. Les nations et les races se transmettent-elles des fables, comme les hommes se lèguent des héritages, des patrimoines ou des secrets scientifiques? On serait tenté de le croire, tant est frappante l'analogie morale qui marque les mythes et les légendes éclos dans différentes contrées. Mais cette explication est trop simple pour séduire longtemps un esprit philosophique. L'allégorie créée par le peuple ne peut pas être comparée à ces semences qu'un cultivateur communique fraternellement à un autre qui les veut acclimater dans son pays. Rien de ce qui est éternel et universel n'a besoin d'être acclimaté. Cette analogie morale dont je parlais est comme l'estampille divine de toutes les fables populaires. Ce sera bien, si l'on veut, le signe d'une origine unique, la preuve d'une parenté irréfragable, mais à la condition que l'on ne cherche cette origine que dans le principe absolu et l'origine commune de tous les êtres. Tel mythe peut être considéré comme frère d'un autre, de la même façon que le nègre est dit le frère du blanc. Je ne nie pas, en de certains cas, la fraternité ni la filiation; je crois seulement que dans beaucoup d'autres l'esprit pourrait être induit en erreur par la ressemblance des surfaces ou même par l'analogie morale, et que, pour reprendre notre métaphore végétale, le mythe est un arbre qui croît partout en tout climat, sous tout soleil, spontanément et sans boutures. Les religions et les poésies des quatre parties du monde nous fournissent sur ce sujet des preuves surabondantes. Comme le péché est partout, la rédemption est partout; le mythe partout. Rien de plus cosmopolite que l'Éternel. Qu'on veuille bien me pardonner cette digression qui s'est ouverte devant moi avec une attraction irrésistible. Je reviens à l'auteur de *Lohengrin.*

On dirait que Wagner aime d'un amour de prédilection les pompes féodales, les assemblées homériques où gît une accumulation de force vitale, les foules enthousiasmées, réservoir d'électricité humaine, d'où le style héroïque jaillit avec une impétuosité naturelle. La musique de noces et l'épithalame de *Lohengrin* font un digne pendant à l'introduction des invités au Wartburg dans *Tannhäuser,* plus majestueux encore peut-être et plus véhément. Cependant le maître, toujours plein de goût et attentif aux nuances, n'a pas représenté ici la turbulence qu'en pareil cas manifesterait une foule roturière. Même à l'apogée de son plus violent tumulte, la musique n'exprime qu'un délire de gens accoutumés aux règles de l'étiquette; c'est une cour qui s'amuse, et son ivresse la plus vive garde encore le rhythme de la décence. La joie clapoteuse de la foule alterne avec l'épithalame, doux, tendre et solennel; la tourmente de l'allégresse publique contraste à plusieurs reprises avec l'hymne discret et attendri qui célèbre l'union d'Elsa et de Lohengrin.

J'ai déjà parlé de certaines phrases mélodiques dont le retour assidu, dans différents morceaux tirés de la même œuvre, avait vivement intrigué mon oreille, lors du premier concert offert par Wagner dans la salle des Italiens. Nous avons observé que, dans *Tannhäuser,* la récurrence des deux thèmes principaux, le motif religieux et le chant de volupté, servait à réveiller l'attention du public et à le replacer dans un état analogue à la situation actuelle. Dans *Lohengrin,* ce système mnémonique est appliqué beaucoup plus minutieusement. Chaque personnage est, pour ainsi dire, blasonné par la mélodie qui représente son caractère moral et le rôle qu'il est appelé à jouer dans la fable. Ici je laisse humblement la parole à Liszt, dont, par occasion, je recommande le livre *(Lohengrin et Tannhäuser)* à tous les amateurs de l'art profond et raffiné, et qui sait, malgré cette langue un peu bizarre qu'il affecte, espèce d'idiome composé d'extraits de plusieurs langues, traduire avec un charme infini toute la rhétorique du maître :

Le spectateur, préparé et résigné à ne chercher *aucun de ces morceaux détachés qui, engrenés l'un après l'autre sur le fil de quelque intrigue, composent la substance de nos opéras habituels,* pourra trouver un singulier intérêt à suivre durant trois actes la combinaison profondément réfléchie, étonnamment habile et poétiquement intelligente, avec laquelle Wagner, *au moyen de plusieurs phrases principales,* a serré *un nœud mélodique* qui constitue tout son drame. Les replis que font ces phrases, en se liant et s'entrelaçant autour des paroles du poème, sont d'un effet émouvant au dernier point. Mais si, après en avoir été frappé et impressionné à la représentation, on veut encore se rendre mieux compte de ce qui a si vivement affecté, et étudier la partition de cette œuvre d'un genre si neuf, on reste étonné de toutes les intentions et nuances qu'elle renferme et qu'on ne saurait immédiatement saisir. Quels sont les drames et les épopées de grands poètes qu'il ne faille pas longtemps étudier pour se rendre maître de toute leur signification?

Wagner, par un procédé qu'il applique d'une manière tout à fait imprévue, réussit à étendre l'empire et les prétentions de la musique. Peu content du pouvoir qu'elle exerce sur les cœurs en y réveillant toute la gamme des sentiments humains, il lui rend possible d'inciter nos idées, de s'adresser à notre pensée, de faire appel à notre réflexion, et la dote d'un sens moral et intellectuel... Il dessine mélodiquement le caractère de ses personnages et de leurs passions principales, et ces mélodies se font jour, *dans le chant ou dans l'accompagnement,* chaque fois que les passions et les sentiments qu'elles expriment sont mis en jeu. Cette persistance systématique est jointe à un art de distribution qui offrirait, par la finesse des aperçus psychologiques, poétiques et philosophiques dont il fait preuve, un intérêt de haute curiosité à ceux aussi pour qui les croches et doubles croches sont lettres mortes et purs hiéroglyphes. Wagner, forçant notre méditation et notre mémoire à un si constant exercice, arrache, par cela seul, l'action de la musique au domaine des vagues attendrissements et ajoute à ses charmes quelques-uns des plaisirs de l'esprit. Par cette méthode qui complique les faciles jouissances procurées par *une série de chants rarement apparentés entre eux,* il demande une singulière attention du public; mais en même temps il prépare de plus parfaites émotions à ceux qui savent les goûter. Ses mélodies sont, en quelque sorte, *des personnifications d'idées*; leur retour annonce celui des sentiments que les paroles qu'on prononce n'indiquent point explicitement; c'est à elles que Wagner confie de nous révéler tous les secrets des cœurs. Il est des phrases, celle, par exemple, de la première scène du second acte, qui traversent l'opéra comme un serpent venimeux, s'enroulant autour des victimes et fuyant devant leurs saints défenseurs; il en est, comme celle de l'introduction, qui ne reviennent que rarement, avec les suprêmes et divines révélations. Les situations ou les personnages de quelque importance sont tous musicalement exprimés par une mélodie qui en devient le constant symbole. Or, comme ces mélodies sont d'une rare beauté, nous dirons à ceux qui, dans l'examen d'une partition, se bornent à juger des rapports de croches et doubles croches entre elles, que même si la musique de cet opéra devait être privée de son beau texte, elle serait encore une production de premier ordre.

En effet, sans poésie, la musique de Wagner serait encore une œuvre poétique, étant douée de toutes les qualités qui constituent une poésie bien faite; explicative par elle-même, tant toutes choses y sont bien unies, conjointes, réciproquement adaptées, et, s'il est permis de faire un barbarisme pour exprimer le superlatif d'une qualité, prudemment *concaténées*.

Le Vaisseau fantôme, ou *le Hollandais volant,* est l'histoire si populaire de ce Juif errant de l'Océan, pour qui cependant une condition de rédemption a été obtenue par un ange secourable : *Si le capitaine, qui mettra pied à terre tous les sept ans, y rencontre une femme fidèle, il sera sauvé.* L'infortuné, repoussé par la tempête à chaque fois qu'il voulait doubler un cap dangereux, s'était écrié une fois : « Je passerai cette infranchissable barrière, dussé-je lutter toute l'éternité ! » Et l'éternité avait accepté le défi de l'audacieux navigateur. Depuis lors, le fatal navire s'était montré çà et là, dans différentes plages [a], courant sus à la tempête avec le désespoir d'un guerrier qui cherche la mort; mais toujours la tempête l'épargnait, et le pirate lui-même se sauvait devant lui en faisant le signe de la croix. Les premières paroles du Hollandais, après que son vaisseau est arrivé au mouillage, sont sinistres et solennelles : « Le terme est passé; il s'est encore écoulé sept années! La mer me jette à terre avec dégoût... Ah! orgueilleux Océan! dans peu de jours il te faudra me porter encore!... Nulle part une tombe! nulle part la mort! telle est ma terrible sentence de damnation... Jour du jugement, jour suprême, quand luiras-tu dans ma nuit?... » A côté du terrible vaisseau un navire norwégien a jeté l'ancre; les deux capitaines lient connaissance, et le Hollandais demande au Norwégien « de lui accorder pour quelques jours l'abri de sa maison... de lui donner une nouvelle patrie ». Il lui offre des richesses énormes dont celui-ci s'éblouit, et enfin lui dit brusquement : « As-tu une fille ?... Qu'elle soit ma femme!... Jamais je n'atteindrai ma patrie. A quoi me sert donc d'amasser des richesses? Laisse-toi convaincre, consens à cette alliance et prends tous mes trésors. » — « J'ai une fille, belle, pleine de fidélité, de tendresse, de dévouement pour moi. » — « Qu'elle conserve toujours à son père cette tendresse filiale, qu'elle lui soit fidèle; elle sera aussi fidèle à son époux. » — « Tu me donnes des joyaux, des perles inestimables; mais le joyau le plus précieux, c'est une femme fidèle. » — « C'est toi qui me le donnes ?... Verrai-je ta fille dès aujourd'hui? »

Dans la chambre du Norwégien, plusieurs jeunes filles s'entretiennent du *Hollandais volant,* et Senta, possédée d'une idée fixe, les yeux toujours tendus vers un portrait mystérieux, chante la ballade qui retrace la damnation du navigateur : « Avez-vous rencontré en mer le navire à la voile rouge de sang, au mât noir? A bord, l'homme pâle, le maître du vaisseau, veille sans relâche. Il vole et fuit, sans terme, sans relâche, sans repos. Un jour pourtant l'homme peut rencontrer la délivrance, s'il trouve sur terre une femme qui lui soit fidèle jusque dans la mort... Priez le ciel que bientôt une femme lui garde sa foi! — Par un vent contraire, dans une tempête furieuse, il voulut autrefois doubler un cap; il blasphéma dans sa folle audace : Je n'y renoncerais pas de l'éternité! Satan l'a entendu, il l'a pris au mot! Et maintenant son arrêt est d'errer à travers la mer, sans relâche, sans repos!... Mais pour que l'infortuné puisse rencontrer encore la délivrance sur terre, un ange de Dieu lui annonce d'où peut lui venir le salut. Ah! puisses-tu le trouver pâle navigateur! Priez le ciel que bientôt une femme lui garde cette foi! — Tous les sept ans, il jette l'ancre, et, pour chercher une femme, il descend à terre. Il a courtisé tous les sept ans, et jamais encore il n'a trouvé une femme fidèle... Les voiles au vent ! levez l'ancre ! Faux amour, faux serments ! Alerte ! en mer ! sans relâche, sans repos ! » Et tout d'un coup, sortant d'un abîme de rêverie, Senta inspirée s'écrie : « Que je sois celle qui te délivrera par sa fidélité ! Puisse l'ange de Dieu me montrer à toi ! C'est par moi que tu obtiendras ton salut ! » L'esprit de la jeune fille est attiré magnétiquement par le malheur ; son vrai fiancé, c'est le capitaine damné que l'amour seul peut racheter.

Enfin, le Hollandais paraît, présenté par le père de Senta ; il est bien l'homme du portrait, la figure légendaire suspendue au mur. Quand le Hollandais, semblable au terrible Melmoth qu'attendrit la destinée d'Immalée, sa victime, veut la détourner d'un dévouement trop périlleux, quand le damné plein de pitié repousse l'instrument du salut, quand, remontant en toute hâte, sur son navire, il la veut laisser au bonheur de la famille et de l'amour vulgaire, celle-ci résiste et s'obstine à le suivre : « Je te connais bien ! je connais ta destinée ! Je te connaissais lorsque je t'ai vu pour la première fois ! » Et lui, espérant l'épouvanter : « Interroge les mers de toutes les zones, interroge le navigateur qui a sillonné l'Océan dans tous les sens ; il connaît ce vaisseau, l'effroi des hommes pieux : on me nomme le *Hollandais volant !* » Elle répond, poursuivant de son dévouement et de ses cris le navire qui s'éloigne : « Gloire à ton ange libérateur ! gloire à sa loi ! Regarde et vois si je te suis fidèle jusqu'à la mort ! » Et elle se précipite à la mer. Le navire s'engloutit. Deux formes aériennes s'élèvent au-dessus des flots : c'est le Hollandais et Senta transfigurés.

Aimer le malheureux pour son malheur est une idée trop grande pour tomber ailleurs que dans un cœur ingénu, et c'est certainement une très belle pensée que d'avoir suspendu le rachat d'un maudit à l'imagination passionnée d'une jeune fille. Tout le drame est traité d'une main sûre, avec une manière directe ; chaque situation, abordée franchement ; et le type de Senta porte en lui une grandeur surnaturelle et romanesque qui enchante et fait peur. La simplicité extrême du poème augmente l'intensité de l'effet. Chaque chose est à sa place, tout est bien ordonné et de juste dimension. L'ouverture, que nous avons entendue au concert du Théâtre-Italien, est lugubre et profonde comme l'Océan, le vent et les ténèbres.

Je suis contraint de resserrer les bornes de cette étude, et je crois que j'en ai dit assez (aujourd'hui du moins) pour faire comprendre à un lecteur non prévenu les tendances et la forme dramatique de Wagner. Outre *Rienzi, le Hollandais volant, Tannhäuser* et *Lohengrin,* il a composé *Tristan et Isolde,* et quatre autres opéras formant une tétralogie, dont le sujet est tiré des *Niebelungen,* sans compter ses nombreuses œuvres critiques. Tels sont les travaux de cet homme dont la personne et les ambitions idéales ont défrayé si longtemps la badauderie parisienne et dont la plaisanterie facile a fait journellement sa proie pendant plus d'un an.

IV

On peut toujours faire momentanément abstraction de la partie systématique que tout grand artiste volontaire introduit fatalement dans toutes ses œuvres; il reste, dans ce cas, à chercher et à vérifier par quelle qualité propre, personnelle, il se distingue des autres. Un artiste, un homme vraiment digne de ce grand nom, doit posséder quelque chose d'essentiellement *sui generis,* par la grâce de quoi il est *lui* et non un autre. A ce point de vue, les artistes peuvent être comparés à des saveurs variées, et le répertoire des métaphores humaines n'est peut-être pas assez vaste pour fournir la définition approximative de tous les artistes connus et de tous les artistes *possibles*. Nous avons déjà, je crois, noté deux hommes dans Richard Wagner, l'homme d'ordre et l'homme passionné. C'est de l'homme passionné, de l'homme de sentiment qu'il est ici question. Dans le moindre de ses morceaux il inscrit si ardemment sa personnalité, que cette recherche de sa qualité principale ne sera pas très difficile à faire. Dès le principe, une considération m'avait vivement frappé : c'est que dans la partie voluptueuse et orgiaque de l'ouverture de *Tannhäuser,* l'artiste avait mis autant de force, développé autant d'énergie que dans la peinture de la mysticité qui caractérise l'ouverture de *Lohengrin.* Même ambition dans l'une que dans l'autre, même escalade titanique et aussi mêmes raffinements et même subtilité. Ce qui me paraît donc avant tout marquer d'une manière inoubliable la musique de ce maître, c'est l'intensité nerveuse, la violence dans la passion et dans la volonté. Cette musique-là exprime avec la voix la plus suave ou la plus stridente tout ce qu'il y a de plus caché dans le cœur de l'homme. Une ambition idéale préside, il est vrai, à toutes ses compositions; mais si, par le choix de ses sujets et sa méthode dramatique, Wagner se rapproche de l'antiquité, par l'énergie passionnée de son expression il est actuellement le représentant le plus vrai de la nature moderne. Et toute la science, tous les efforts, toutes les combinaisons de ce riche esprit ne sont, à vrai dire, que les serviteurs très humbles et très zélés de cette irrésistible passion. Il en résulte, dans quelque sujet qu'il traite, une solennité d'accent superlative. Par cette passion il ajoute à chaque chose je ne sais quoi de surhumain; par cette passion il comprend tout et fait tout comprendre. Tout ce qu'impliquent les mots : *volonté, désir, concentration, intensité nerveuse, explosion,* se sent et se fait deviner dans ses œuvres. Je ne crois pas me faire illusion ni tromper personne en affirmant que je vois là les principales caractéristiques du phénomène que nous appelons *génie;* ou du moins, que dans l'analyse de tout ce que nous avons jusqu'ici légitimement appelé *génie* on retrouve lesdites caractéristiques. En matière d'art, j'avoue que je ne hais pas l'outrance; la modération ne m'a jamais semblé le signe d'une nature artistique vigoureuse. J'aime ces excès de santé, ces débordements de volonté qui s'inscrivent dans les œuvres comme le bitume enflammé dans le sol d'un volcan, et qui, dans la vie ordinaire, marquent souvent la phase, pleine de délices, succédant à une grande crise morale ou physique.

Quant à la réforme que le maître veut introduire dans l'application de la musique au drame, qu'en arrivera-t-il? Là-dessus, il est impossible de rien prophétiser de précis. D'une manière vague et générale, on peut dire, avec le Psalmiste, que, tôt ou tard, ceux qui ont été abaissés seront élevés, que ceux qui ont été élevés seront humiliés, mais rien de plus que ce qui est également applicable au train connu de toutes les affaires humaines. Nous avons vu bien des choses déclarées jadis absurdes, qui sont devenues plus tard des modèles adoptés par la foule. Tout le public actuel se souvient de l'énergique résistance où se heurtèrent, dans le commencement, les drames de Victor Hugo et les peintures d'Eugène Delacroix. D'ailleurs nous avons déjà fait observer que la querelle qui divise maintenant le public était une querelle oubliée et soudainement ravivée, et que Wagner lui-même avait trouvé dans le passé les premiers éléments de *la base pour asseoir son idéal.* Ce qui est bien certain, c'est que sa doctrine est faite pour rallier tous les gens d'esprit fatigués depuis longtemps des erreurs de l'Opéra, et il n'est pas étonnant que les hommes de lettres, en particulier, se soient montrés sympathiques pour un musicien qui se fait gloire d'être poète et dramaturge. De même les écrivains du dix-huitième siècle avaient acclamé les ouvrages de Gluck, et je ne puis m'empêcher de voir que les personnes qui manifestent le plus de répulsion pour les ouvrages de Wagner montrent aussi une antipathie décidée à l'égard de son précurseur.

Enfin le succès ou l'insuccès de *Tannhäuser* ne peut absolument rien prouver, ni même déterminer une quantité quelconque de chances favorables ou défavorables dans l'avenir. *Tannhäuser,* en supposant qu'il fût un ouvrage détestable, aurait pu *monter aux nues.* En le supposant parfait, il pourrait révolter. La question, dans le fait, la question de la réformation de l'opéra n'est pas vidée, et la bataille continuera; apaisée, elle recommencera. J'entendais dire récemment que si Wagner obtenait par son drame un éclatant succès, ce serait un accident purement individuel, et que sa méthode n'aurait aucune influence ultérieure sur les destinées et les transformations du drame lyrique. Je me crois autorisé, par l'étude du passé, c'est-à-dire de l'éternel, à préjuger l'absolu contraire, à savoir qu'un échec complet ne détruit en aucune façon la possibilité de tentatives nouvelles dans le même sens, et que dans un avenir très rapproché on pourrait bien voir non pas seulement des auteurs nouveaux, mais même des hommes anciennement accrédités, profiter, dans une mesure quelconque, des idées émises par Wagner, et passer heureusement à travers la brèche ouverte par lui. Dans quelle histoire a-t-on jamais lu que les grandes causes se perdaient en une seule partie?

18 mars 1861.

ENCORE QUELQUES MOTS

« L'ÉPREUVE est faite ! La *musique de l'avenir* est enterrée ! » s'écrient avec joie tous les siffleurs et cabaleurs. « L'épreuve est faite ! » répètent tous les niais du feuilleton. Et tous les badauds leur répondent en chœur, et très innocemment : « L'épreuve est faite ! »

En effet, une épreuve a été faite, qui se renouvellera encore bien des milliers de fois avant la fin du monde; c'est que, d'abord, toute œuvre grande et sérieuse ne peut pas se loger dans la mémoire humaine ni prendre sa place dans l'histoire sans de vives contestations; ensuite, que dix personnes opiniâtres peuvent, à l'aide de sifflets aigus, dérouter des comédiens, vaincre la bienveillance du public, et pénétrer même de leurs protestations discordantes la voix immense d'un orchestre, cette voix fût-elle égale en puissance à celle de l'Océan. Enfin, un inconvénient des plus intéressants a été vérifié, c'est qu'un système de location qui permet de s'abonner à l'année crée une sorte d'aristocratie, laquelle peut, à un moment donné, pour un motif ou un intérêt quelconque, exclure le vaste public de toute participation au jugement d'une œuvre. Qu'on adopte dans d'autres théâtres, à la Comédie-Française, par exemple, ce même système de location, et nous verrons bientôt, là aussi, se produire les mêmes dangers et les mêmes scandales. Une société restreinte pourra enlever au public immense de Paris le droit d'apprécier un ouvrage dont le jugement appartient à tous.

Les gens qui se croient débarrassés de Wagner se sont réjouis beaucoup trop vite; nous pouvons le leur affirmer. Je les engage vivement à célébrer moins haut un triomphe qui n'est pas des plus honorables d'ailleurs, et même à se munir de résignation pour l'avenir. En vérité, ils ne comprennent guère le jeu de bascule des affaires humaines, le flux et le reflux des passions. Ils ignorent aussi de quelle patience et de quelle opiniâtreté la Providence a toujours doué ceux qu'elle investit d'une fonction. Aujourd'hui la réaction est commencée; elle a pris naissance le jour même où la malveillance, la sottise, la routine et l'envie coalisées ont essayé d'enterrer l'ouvrage. L'immensité de l'injustice a engendré mille sympathies, qui maintenant se montrent de tous côtés.

Aux personnes éloignées de Paris, que fascine et intimide cet amas monstrueux d'hommes et de pierres, l'aventure inattendue du drame de *Tannhäuser* doit apparaître comme une énigme. Il serait facile de l'expliquer par la coïncidence malheureuse de plusieurs causes, dont quelques-unes sont étrangères à l'art. Avouons tout de suite la raison principale, dominante : l'opéra de Wagner *est un ouvrage sérieux,* demandant une attention soutenue; on conçoit tout ce que cette condition implique de chances défavorables dans un pays où l'ancienne tragédie réussissait surtout par les facilités qu'elle offrait à la distraction. En Italie, on prend des sorbets et l'on fait des cancans dans les intervalles du drame où la mode ne commande pas les applaudissements; en France, on joue aux cartes. « Vous êtes un impertinent, vous qui voulez me contraindre à prêter à votre œuvre une attention continue », s'écrie l'abonné récalcitrant, « je veux que vous me fournissiez un plaisir digestif plutôt qu'une occasion d'exercer mon intelligence. » A cette cause principale, il faut en ajouter d'autres qui sont aujourd'hui connues de tout le monde, à Paris du moins. L'ordre impérial, qui fait tant d'honneur au prince, et dont on peut le remercier sincèrement, je crois, sans être accusé de courtisanerie, a ameuté contre l'artiste beaucoup d'envieux et beaucoup de ces badauds qui croient toujours faire acte d'indépendance en aboyant à l'unisson. Le décret qui venait de rendre quelques libertés au journal et à la parole ouvrait carrière à une turbulence naturelle, longtemps comprimée, qui s'est jetée, comme un animal fou, sur le premier passant venu. Ce passant, c'était le *Tannhäuser,* autorisé par le chef de l'État et protégé ouvertement par la femme d'un ambassadeur étranger [1]. Quelle admirable occasion! Toute une salle française s'est amusée pendant plusieurs heures de la douleur de cette femme, et, chose moins connue, Mme Wagner elle-même a été insultée pendant une des représentations. Prodigieux triomphe!

1. La princesse de Metternich, à qui Baudelaire fit tenir sa plaquette, et dont il écrit dans *Mon Cœur mis à nu,* XXIV : *Mme de Metternich, quoique princesse, a oublié de me répondre, à propos de ce que j'ai dit d'elle et de Wagner. Mœurs du XIX*e *siècle.*

Une mise en scène plus qu'insuffisante, faite par un ancien vaudevilliste [1] (vous figurez-vous *les Burgraves* mis en scène par M. Clairville?); une exécution molle et incorrecte de la part de l'orchestre; un ténor allemand, sur qui on fondait les principales espérances, et qui se met à chanter faux avec une assiduité déplorable; une Vénus endormie, habillée d'un paquet de chiffons blancs, et qui n'avait pas plus l'air de descendre de l'Olympe que d'être née de l'imagination chatoyante d'un artiste du moyen âge; toutes les places livrées, pour deux représentations, à une foule de personnes hostiles ou, du moins, indifférentes à toute aspiration idéale, toutes ces choses doivent être également prises en considération. Seuls (et l'occasion naturelle s'offre ici de les remercier), mademoiselle Sax et Morelli ont fait tête à l'orage. Il ne serait pas convenable de ne louer que leur talent; il faut aussi vanter leur bravoure. Ils ont résisté à la déroute; ils sont restés, sans broncher un instant, fidèles au compositeur. Morelli, avec l'admirable souplesse italienne, s'est conformé humblement au style et au goût de l'auteur, et les personnes qui ont eu souvent le loisir de l'étudier disent que cette docilité lui a profité, et qu'il n'a jamais paru dans un aussi beau jour que sous le personnage de Wolfram. Mais que dirons-nous de M. Niemann, de ses faiblesses, de ses pâmoisons, de ses mauvaises humeurs d'enfant gâté, nous qui avons assisté à des tempêtes théâtrales, où des hommes tels que Frédérick et Rouvière, et Bignon lui-même, quoique moins autorisé par la célébrité, bravaient ouvertement l'erreur du public, jouaient avec d'autant plus de zèle qu'il se montrait plus injuste, et faisaient constamment cause commune avec l'auteur? — Enfin, la question du ballet, élevée à la hauteur d'une question vitale et agitée pendant plusieurs mois, n'a pas peu contribué à l'émeute. « Un opéra sans ballet! qu'est-ce que cela? » disait la routine. « Qu'est-ce que cela? » disaient les entreteneurs de filles. « Prenez garde! » disait lui-même à l'auteur le ministre alarmé. On a fait manœuvrer sur la scène, en manière de consolation, des régiments prussiens en jupes courtes, avec les gestes mécaniques d'une école militaire; et une partie du public disait,

1. Metteur en scène obscur, du nom d'Eugène Cormon, aux volontés de qui Wagner avait dû se soumettre.

voyant toutes ces jambes et illusionné par une mauvaise mise en scène : « Voilà un mauvais ballet et une musique qui n'est pas faite pour la danse. » Le bon sens répondait : « Ce n'est pas un ballet; mais ce devrait être une bacchanale, une orgie, comme l'indique la musique, et comme ont su quelquefois en représenter la Porte-Saint-Martin, l'Ambigu, l'Odéon, et même des théâtres inférieurs, mais comme n'en peut pas figurer l'Opéra, qui ne sait rien faire du tout. » Ainsi, ce n'est pas une raison littéraire, mais simplement l'inhabileté des machinistes, qui a nécessité la suppression de tout un tableau (la nouvelle apparition de Vénus).

Que les hommes qui peuvent se donner le luxe d'une maîtresse parmi les danseuses de l'Opéra, désirent qu'on mette le plus souvent possible en lumière les talents et les beautés de leur emplette, c'est là certes un sentiment presque paternel que tout le monde comprend et excuse facilement; mais que ces mêmes hommes, sans se soucier de la curiosité publique et des plaisirs d'autrui, rendent impossible l'exécution d'un ouvrage qui leur déplaît parce qu'il ne satisfait pas aux exigences de leur protectorat, voilà ce qui est intolérable. Gardez votre harem et conservez-en religieusement les traditions; mais faites-nous donner un théâtre où ceux qui ne pensent pas comme vous pourront trouver d'autres plaisirs mieux accommodés à leur goût. Ainsi nous serons débarrassés de vous et vous de nous, et chacun sera content.

On espérait arracher à ces enragés leur victime en la présentant au public un dimanche, c'est-à-dire un jour où les abonnés et le Jockey-Club abandonnent volontiers la salle à une foule qui profite de la place libre et du loisir. Mais ils avaient fait ce raisonnement assez juste : « Si nous permettons que le succès ait lieu aujourd'hui, l'administration en tirera un prétexte suffisant pour nous imposer l'ouvrage pendant trente jours. » Et ils sont revenus à la charge, armés de toutes pièces, c'est-à-dire des instruments homicides confectionnés à l'avance. Le public, le public entier, a lutté pendant deux actes, et dans sa bienveillance, doublée par l'indignation, il applaudissait non seulement les beautés irrésistibles, mais même les passages qui l'étonnaient et le déroutaient, soit qu'ils fussent obscurcis par une exécution trouble, soit qu'ils eussent besoin, pour être appréciés, d'un impossible recueillement. Mais ces tempêtes de colère et d'enthousiasme amenaient immédiatement une réaction non moins violente et beaucoup moins fatigante pour les opposants. Alors ce même public, espérant que l'émeute lui saurait gré de sa mansuétude, se taisait, voulant avant toute chose connaître et juger. Mais les *quelques* sifflets ont *courageusement* persisté, *sans motif et sans interruption;* l'admirable récit du voyage à Rome n'a pas été entendu (chanté même? je n'en sais rien) et tout le troisième acte a été submergé dans le tumulte.

Dans la presse, aucune résistance, aucune protestation, excepté celle de M. Franck Marie, dans *la Patrie* [1]. M. Berlioz a évité de dire son avis; courage négatif. Remercions-le de n'avoir pas ajouté à l'injure universelle. Et puis alors, un immense tourbillon d'imitation a entraîné toutes les plumes, a fait délirer toutes les langues, semblable à ce singulier esprit qui fait dans les foules des miracles alternatifs de bravoure et de couardise; le courage collectif et la lâcheté collective; l'enthousiasme français et la panique gauloise.

Le *Tannhäuser* n'avait même pas été entendu.

Aussi, de tous côtés, abondent maintenant les plaintes; chacun voudrait voir l'ouvrage de Wagner, et chacun crie à la tyrannie. Mais l'administration a baissé la tête devant quelques conspirateurs, et on rend l'argent déjà déposé pour les représentations suivantes. Ainsi, spectacle inouï, s'il en peut exister toutefois de plus scandaleux que celui auquel nous avons assisté, nous voyons aujourd'hui une direction vaincue, qui, malgré les encouragements du public, renonce à continuer des représentations des plus fructueuses.

Il paraît d'ailleurs que l'accident se propage, et que le public n'est plus considéré comme le juge suprême en fait de représentations scéniques. Au moment même où j'écris ces lignes, j'apprends qu'un beau drame [2],

1. Ce n'est pas tout à fait exact : Wagner eut d'autres défenseurs, parmi lesquels Champfleury. L'article de Franck Marie parut le 24 mars 1861.

2. *Les Funérailles de l'honneur,* d'Auguste Vacquerie, représenté à la Porte-Saint-Martin, et objet d'une violente cabale.

admirablement construit et écrit dans un excellent style, va disparaître, au bout de quelques jours, d'une autre scène où il s'était produit avec éclat et malgré les efforts d'une certaine caste impuissante, qui s'appelait jadis la classe lettrée, et qui est aujourd'hui inférieure en esprit et en délicatesse à un public de port de mer. En vérité, l'auteur est bien fou qui a pu croire que ces gens prendraient feu pour une chose aussi impalpable, aussi gazéiforme que l'*honneur*. Tout au plus sont-ils bons à l'*enterrer*.

Quelles sont les raisons mystérieuses de cette expulsion? Le succès gênerait-il les opérations futures du directeur? D'inintelligibles considérations officielles auraient-elles forcé sa bonne volonté, violenté ses intérêts? Ou bien faut-il supposer quelque chose de monstrueux, c'est-à-dire qu'un directeur peut feindre, pour se faire valoir, de désirer de bons drames, et, ayant enfin atteint son but, retourne bien vite à son véritable goût, qui est celui des imbéciles, évidemment le plus productif? Ce qui est encore plus inexplicable, c'est la faiblesse des critiques (dont quelques-uns sont poètes), qui caressent leur principal ennemi, et qui, si parfois, dans un accès de bravoure passagère, ils blâment son mercantilisme, n'en persistent pas moins, en une foule de cas, à encourager son commerce par toutes les complaisances.

Pendant tout ce tumulte et devant les déplorables facéties du feuilleton, dont je rougissais, comme un homme délicat d'une saleté commise devant lui, une idée cruelle m'obsédait. Je me souviens que, malgré que j'aie toujours soigneusement étouffé dans mon cœur ce patriotisme exagéré dont les fumées peuvent obscurcir le cerveau, il m'est arrivé, sur des plages lointaines, à des tables d'hôte composées des éléments humains les plus divers, de souffrir horriblement quand j'entendais des voix (équitables ou injustes, qu'importe?) ridiculiser la France. Tout le sentiment filial, philosophiquement comprimé, faisait alors explosion. Quand un déplorable académicien s'est avisé d'introduire, il y a quelques années, dans son discours de réception, une appréciation du génie de Shakspeare, qu'il appelait familièrement le vieux *Williams*, ou le bon *Williams*, — appréciation digne en vérité d'un concierge de la Comédie-Française, — j'ai senti en frissonnant le dommage que ce pédant sans orthographe allait faire à mon pays [1]. En effet, pendant plusieurs jours, tous les journaux anglais se sont amusés de nous, et de la manière la plus navrante. Les littérateurs français, à les entendre, ne savaient pas même l'orthographe du nom de Shakspeare; ils ne comprenaient rien à son génie, et la France abêtie ne connaissait que deux auteurs, Ponsard et Alexandre Dumas fils, *les poètes favoris du nouvel Empire,* ajoutait l'*Illustrated London News.* Notez que la haine politique combinait son élément avec le patriotisme littéraire outragé.

Or, pendant les scandales soulevés par l'ouvrage de Wagner, je me disais : « Qu'est-ce que l'Europe va penser de nous, et en Allemagne que dira-t-on de Paris? Voilà une poignée de tapageurs qui nous déshonorent collectivement! » Mais non, cela ne sera pas. Je crois, je sais, je jure que parmi les littérateurs, les artistes et même parmi les gens du monde, il y a encore bon nombre de personnes bien élevées, douées de justice, et dont l'esprit est toujours libéralement ouvert aux nouveautés qui leur sont offertes. L'Allemagne aurait tort de croire que Paris n'est peuplé que de polissons qui se mouchent avec les doigts, à cette fin de les essuyer sur le dos d'un grand homme qui passe. Une pareille supposition ne serait pas d'une totale impartialité. De tous les côtés, comme je l'ai dit, la réaction s'éveille; des témoignages de sympathie des plus inattendus sont venus encourager l'auteur à persister dans sa destinée. Si les choses continuent ainsi, il est présumable que beaucoup de regrets pourront être prochainement consolés, et que *Tannhäuser* reparaîtra [2], mais dans un lieu où les abonnés de l'Opéra ne seront pas intéressés à le poursuivre.

Enfin l'idée est lancée, la trouée est faite, c'est l'important. Plus d'un compositeur français voudra profiter des idées salutaires émises par Wagner. Si peu de temps que l'ouvrage ait paru devant le public, l'ordre de l'Empereur, auquel nous devons de l'avoir entendu, a apporté un grand secours à l'esprit français, esprit logique, amoureux d'ordre, qui reprendra facilement la suite de ses évolutions. Sous la

1. Il s'agit de Ponsard.
2. Il faudra attendre jusqu'en 1895.

République et le premier Empire, la musique s'était élevée à une hauteur qui en fit, à défaut de la littérature découragée, une des gloires de ces temps. Le chef du second Empire n'a-t-il été que curieux d'entendre l'œuvre d'un homme dont on parlait chez nos voisins, ou une pensée plus patriotique et plus compréhensive l'excitait-elle ? En tout cas, sa simple curiosité nous aura été profitable à tous.

8 avril 1861.

XVI

RÉFLEXIONS

SUR

QUELQUES-UNS DE MES CONTEMPORAINS [1]

I

VICTOR HUGO [2]

I

DEPUIS bien des années déjà Victor Hugo n'est plus parmi nous. Je me souviens d'un temps où sa figure était une des plus rencontrées parmi la foule; et bien

1. Ce titre général, qui appartient à Baudelaire (cf. notre *Introduction*), doit évidemment être conservé. D'autre part, il semble avoir été destiné à l'ensemble des *notices littéraires* (pour prendre un autre titre auquel l'auteur avait songé) qui devaient figurer dans l'anthologie des poètes français d'Eugène Crépet : en attendant, elles parurent, ou furent annoncées, dans la *Revue fantaisiste*. Que Crépet en ait refusé quelques-unes ne change rien aux intentions de Baudelaire quant à l'utilisation de ce titre, et ce sont ces intentions qu'il faut tâcher de respecter au mieux : ce que nous avons fait en groupant, à l'intérieur de la compilation d'ensemble des écrits de critique littéraire et sous un titre baudelairien, ces notices, dont l'auteur avait explicitement prévu la réunion. Quant à leur ordre, s'il n'est pas exactement ici celui de l'édition posthume, c'est qu'en fait Baudelaire avait hésité sur ce point et ne s'était, semble-t-il, arrêté à aucun ordre logique

des fois je me suis demandé, en le voyant si souvent apparaître dans la turbulence des fêtes ou dans le silence des lieux solitaires, comment il pouvait concilier les nécessités de son travail assidu avec ce goût sublime, mais dangereux, des promenades et des rêveries. Cette apparente contradiction est évidemment le résultat d'une existence bien réglée et d'une forte constitution spirituelle qui lui permet de travailler en marchant, ou plutôt de ne pouvoir marcher qu'en travaillant. Sans cesse, en tous lieux, sous la lumière du soleil, dans les flots de la foule, dans les sanctuaires de l'art, le long des bibliothèques poudreuses exposées au vent, Victor Hugo, pensif et calme, avait l'air de dire à la nature extérieure : « Entre bien dans mes yeux pour que je me souvienne de toi. »

A l'époque dont je parle, époque où il exerçait une vraie dictature dans les choses littéraires, je le rencontrai quelquefois dans la compagnie d'Édouard Ourliac, par qui je connus aussi Pétrus Borel et Gérard de Nerval. Il m'apparut comme un homme très doux, très puissant, toujours maître de lui-même, et appuyé sur une sagesse abrégée, faite de quelques axiomes irréfutables. Depuis longtemps déjà il avait montré, non pas seulement dans ses livres, mais aussi dans la parure de son existence personnelle, un grand goût pour les monuments du passé, pour les meubles pittoresques, les porcelaines, les gravures, et pour tout le mystérieux et brillant décor de la vie ancienne. Le critique dont l'œil négligerait ce détail, ne serait pas un vrai critique; car non seulement ce goût du beau et même du bizarre, exprimé par la plastique, confirme le caractère littéraire de Victor Hugo; non seulement il confirmait sa doctrine littéraire révolutionnaire, ou plutôt rénovatrice, mais encore il apparaissait comme complément

---

particulier : de ce fait, le mieux est de respecter, ici encore, le principe général, que nous avons adopté pour l'édition des écrits de critique littéraire, le principe de l'ordre chronologique de publication. Ces notices parurent d'abord dans la *Revue fantaisiste* au cours de l'année 1861, puis, sauf les notices II, V et X, dans *les Poètes français* d'Eugène Crépet (1862). Elles appartiennent donc au même moment de la carrière de Baudelaire et forment ainsi une réelle unité, en même temps qu'elles relèvent d'une optique d'actualité qui leur confère un caractère particulier.

2. 15 juin 1861.

indispensable d'un caractère poétique universel. Que Pascal, enflammé par l'ascétisme, s'obstine désormais à vivre entre quatre murs nus avec des chaises de paille; qu'un curé de Saint-Roch (je ne me rappelle plus lequel) envoie, au grand scandale des prélats amoureux du *comfort,* tout son mobilier à l'hôtel des ventes, c'est bien, c'est beau et grand [1]. Mais si je vois un homme de lettres, non opprimé par la misère, négliger ce qui fait la joie des yeux et l'amusement de l'imagination, je suis tenté de croire que c'est un homme de lettres fort incomplet, pour ne pas dire pis.

Quand aujourd'hui nous parcourons les poésies récentes de Victor Hugo, nous voyons que tel il était, tel il est resté; un promeneur pensif, un homme solitaire mais enthousiaste de la vie, un esprit rêveur et interrogateur. Mais ce n'est plus dans les environs boisés et fleuris de la grande ville, sur les quais accidentés de la Seine, dans les promenades fourmillantes d'enfants, qu'il fait errer ses pieds et ses yeux. Comme Démosthène, il converse avec les flots et le vent; autrefois, il rôdait solitaire dans des lieux bouillonnant de vie humaine; aujourd'hui, il marche dans des solitudes peuplées par sa pensée. Ainsi est-il peut-être encore plus grand et plus singulier. Les couleurs de ses rêveries se sont teintées en solennité, et sa voix s'est approfondie en rivalisant avec celle de l'Océan. Mais là-bas comme ici, toujours il nous apparaît comme la statue de la Méditation qui marche [2].

---

1. Selon Jacques Crépet il s'agirait soit de Jean-Baptiste Marduel, curé de Saint-Roch de 1749 à 1787, soit de son neveu, Claude-Marie, curé de la même paroisse de 1787 à 1833. En tout cas, ce trait avait frappé Baudelaire qui en reparlera, encore à propos de Hugo, dans son article sur les *Misérables* (p. 802).

2. Si loin que fussent l'un de l'autre Baudelaire et Hugo, on reconnaîtra que ce portrait est authentique (et qu'on y sent l'influence, volontairement subie, de l'image que Hugo voulait donner de lui-même). Il se peut que la volonté délibérée de rendre compte, aussi justement que possible, du *personnage littéraire* de Hugo soit le véritable but de cet article, ce dont certains critiques se sont étonnés. Baudelaire pouvait être capable d'apprécier l'importance de ce personnage littéraire, sans pour autant renier, en son for intérieur, le jugement personnel, assez sévère comme on sait, qu'il pouvait porter sur lui. Il ne faut pas oublier, pour les comprendre, le caractère et la destination de ces notices.

II

Dans les temps, déjà si lointains, dont je parlais, temps heureux où les littérateurs étaient, les uns pour les autres, une société que les survivants regrettent et dont ils ne trouveront plus l'analogue [1], Victor Hugo représentait celui vers qui chacun se tourne pour demander le mot d'ordre. Jamais royauté ne fut plus légitime, plus naturelle, plus acclamée par la reconnaissance, plus confirmée par l'impuissance de la rébellion. Quand on se figure ce qu'était la poésie française avant qu'il apparût, et quel rajeunissement elle a subi depuis qu'il est venu; quand on imagine ce peu qu'elle eût été s'il n'était pas venu; combien de sentiments mystérieux et profonds, qui ont été exprimés, seraient restés muets; combien d'intelligences il a accouchées, combien d'hommes qui ont rayonné par lui seraient restés obscurs, il est impossible de ne pas le considérer comme un de ces esprits rares et providentiels qui opèrent, dans l'ordre littéraire, le salut de tous, comme d'autres dans l'ordre moral et d'autres dans l'ordre politique [2].

---

1. Cf. la même idée dans l'article sur Théophile Gautier (p. 667 et note).

2. Peut-être sous l'influence de Joseph de Maistre, Baudelaire a une conception *providentialiste* de l'histoire en général (cf. *Mon Cœur mis à nu*, VIII : *Ce qu'est l'empereur Napoléon III. Ce qu'il vaut. Trouver l'explication de sa nature et sa providentialité*) et de l'histoire littéraire et artistique en particulier : ce qui peut aider à comprendre certaines de ses variations. Ainsi, dans le cas de Victor Hugo, c'est sa *providentialité* qui fait son importance et qui lui donne même son mérite poétique. qu'il s'agira donc ici de définir. Mais il est un autre principe de la pensée esthétique de Baudelaire, celui de la *spiritualité*. Reconnaissant ici la providentialité de Hugo, Baudelaire sera plus sensible ailleurs à son insuffisance spirituelle (et il en est de même pour Théophile Gautier), tandis qu'il donne définitivement et sans retour son admiration aux artistes — Delacroix ou Wagner — dont la spiritualité lui paraît être à la hauteur de la providentialité : il ne semble pas que Baudelaire ait trouvé vraiment des artistes de cette stature dans la littérature de son temps, ce qui, combiné avec des questions d'intérêt personnel ou de circonstances, plus pressantes encore en ce domaine, explique que sa critique littéraire soit à la fois plus incertaine et souvent plus superficielle que sa critique artistique. Il reste que cette sorte de probité intellectuelle dont il fait preuve en faisant abstraction de son sentiment personnel pour apprécier exactement le sens de cette

Le mouvement créé par Victor Hugo se continue encore sous nos yeux. Qu'il ait été puissamment secondé, personne ne le nie; mais si aujourd'hui des hommes mûrs, des jeunes gens, des femmes du monde ont le sentiment de la bonne poésie, de la poésie profondément rhythmée et vivement colorée, si le goût public s'est haussé vers des jouissances qu'il avait oubliées, c'est à Victor Hugo qu'on le doit. C'est encore son instigation puissante qui, par la main des architectes érudits et enthousiastes, répare nos cathédrales et consolide nos vieux souvenirs de pierre[1]. Il ne coûtera à personne d'avouer tout cela, excepté à ceux pour qui la justice n'est pas une volupté.

Je ne puis parler ici de ses facultés poétiques que d'une manière abrégée. Sans doute, en plusieurs points, je ne ferai que résumer beaucoup d'excellentes choses qui ont été dites; peut-être aurai-je le bonheur de les accentuer plus vivement.

Victor Hugo était, dès le principe, l'homme le mieux doué, le plus visiblement élu pour exprimer par la poésie ce que j'appellerai le *mystère de la vie*. La nature qui pose devant nous, de quelque côté que nous nous tournions, et qui nous enveloppe comme un mystère, se présente sous plusieurs états simultanés dont chacun, selon qu'il

---

providentialité de Hugo, même s'il y entre une part de complaisance, dont on ne saurait dire qu'elle n'est pas légitime, permet à Baudelaire de développer ici une parfaitement juste appréciation de ce qui est bien, finalement, *l'essentiel* de l'auteur de la *Légende des Siècles*. Mais Baudelaire n'ignore pas que la critique est une dialectique de la connaissance et de l'amour ; et il suffit de comparer les pages sur Delacroix et ces pages sur Hugo pour sentir que dans le premier cas la critique est faite d'une connaissance qui s'épanouit en amour d'admiration — et c'est la critique complète et totale, la fameuse critique *partiale* du *Salon de 1846* — tandis que, dans le second cas, seule est véritablement en jeu une connaissance impuissante à faire naître l'authentique amour d'admiration ; car s'il y a dans ces pages, comme dans celles sur Gautier, ce qu'on peut appeler un *éloge,* il n'y a pas, comme dans celles sur Delacroix, Daumier, Meryon ou Wagner, ce frisson dynamique de l'âme qui fait la vraie grandeur de Baudelaire critique : il est bien vrai qu'ici, il n'est qu'à demi-engagé. Est-ce un reproche ou une excuse ? Nous laissons au lecteur le soin d'en juger selon son humeur et selon son goût.

1. Allusion en particulier aux travaux de Viollet-le-Duc à qui Napoléon III venait de confier la restauration du château de Pierrefonds.

est plus intelligible, plus sensible pour nous, se reflète plus vivement dans nos cœurs : forme, attitude et mouvement, lumière et couleur, son et harmonie. La musique des vers de Victor Hugo s'adapte aux profondes harmonies de la nature; sculpteur, il découpe dans ses strophes la forme inoubliable des choses; peintre, il les illumine de leur couleur propre. Et, comme si elles venaient directement de la nature, les trois impressions pénètrent simultanément le cerveau du lecteur. De cette triple impression résulte la *morale des choses*. Aucun artiste n'est plus universel que lui, plus apte à se mettre en contact avec les forces de la vie universelle, plus disposé à prendre sans cesse un bain de nature. Non seulement il exprime nettement, il traduit littéralement la lettre nette et claire; mais il exprime, avec l'*obscurité indispensable,* ce qui est obscur et confusément révélé. Ses œuvres abondent en traits extraordinaires de ce genre, que nous pourrions appeler des tours de force si nous ne savions pas qu'ils lui sont essentiellement naturels. Le vers de Victor Hugo sait traduire pour l'âme humaine non seulement les plaisirs les plus directs qu'elle tire de la nature visible, mais encore les sensations les plus fugitives, les plus compliquées, les plus morales (je dis exprès sensations morales) qui nous sont transmises par l'être visible, par la nature inanimée, ou dite inanimée; non seulement, la figure d'un être extérieur à l'homme, végétal ou minéral, mais aussi sa physionomie, son regard, sa tristesse, sa douceur, sa joie éclatante, sa haine répulsive, son enchantement ou son horreur; enfin, en d'autres termes, tout ce qu'il y a d'humain dans n'importe quoi, et aussi tout ce qu'il y a de divin, de sacré ou de diabolique.

Ceux qui ne sont pas poètes ne comprennent pas ces choses. Fourier est venu un jour, trop pompeusement, nous révéler les mystères de l'*analogie*. Je ne nie pas la valeur de quelques-unes de ses minutieuses découvertes, bien que je croie que son cerveau était trop épris d'exactitude matérielle pour ne pas commettre d'erreurs et pour atteindre d'emblée la certitude morale de l'intuition. Il aurait pu tout aussi précieusement nous révéler tous les excellents poètes dans lesquels l'humanité lisante fait son éducation aussi bien que dans la contemplation de la nature. D'ailleurs Swedenborg, qui possédait une âme bien plus grande nous avait déjà enseigné que *le ciel est un très grand homme;* que tout, forme, mouvement, nombre, couleur, parfum, dans le *spirituel* comme dans le *naturel,* est significatif, réciproque, converse, *correspondant*. Lavater, limitant au visage de l'homme la démonstration de l'universelle vérité, nous avait traduit le sens spirituel du contour, de la forme, de la dimension. Si nous étendons la démonstration (non seulement nous en avons le droit, mais il nous serait infiniment difficile de faire autrement), nous arrivons à cette vérité que tout est hiéroglyphique, et nous savons que les symboles ne sont obscurs que d'une manière relative, c'est-à-dire selon la pureté, la bonne volonté ou la clairvoyance native des âmes. Or qu'est-ce qu'un poète (je prends le mot dans son acception la plus large), si ce n'est un traducteur, un déchiffreur? Chez les excellents poètes, il n'y a pas de métaphore, de comparaison ou d'épithète qui ne soit d'une adaptation mathématiquement exacte dans la circonstance actuelle, parce que ces comparaisons, ces métaphores et ces épithètes sont puisées dans l'inépuisable fonds de l'*universelle analogie,* et qu'elles ne peuvent être puisées ailleurs. Maintenant, je demanderai si l'on trouvera, en cherchant minutieusement, non pas dans notre histoire seulement, mais dans l'histoire de tous les peuples, beaucoup de poètes qui soient, comme Victor Hugo, un si magnifique répertoire d'analogies humaines et divines. Je vois dans la Bible un prophète à qui Dieu ordonne de manger un livre [1]. J'ignore dans quel monde Victor Hugo a mangé préalablement le dictionnaire de la langue qu'il était appelé à parler; mais je vois que le lexique français, en sortant de sa bouche, est devenu un monde, un univers coloré, mélodieux et mouvant. Par suite de quelles circonstances historiques, fatalités philosophiques, conjonctions sidérales, cet homme est-il né parmi nous, je n'en sais rien, et je ne crois pas qu'il soit de mon devoir de l'examiner ici. Peut-être est-ce simplement parce que l'Allemagne avait eu Gœthe, et l'Angleterre Shakspeare et Byron, que Victor Hugo était légitimement dû à la France. Je vois, par l'histoire des peuples, que chacun à son tour est appelé à conquérir le monde; peut-être en est-il de la domination poétique comme du règne de l'épée.

De cette faculté d'absorption de la vie extérieure, unique par son ampleur, et de cette autre faculté puissante de médi-

---

1. *Ezéchiel,* II, 9 et III, 1-3.

tation est résulté, dans Victor Hugo, un caractère poétique très particulier, interrogatif, mystérieux et, comme la nature, immense et minutieux, calme et agité. Voltaire ne voyait de mystère en rien ou qu'en bien peu de choses. Mais Victor Hugo ne tranche pas le nœud gordien des choses avec la pétulance militaire de Voltaire; ses sens subtils lui révèlent des abîmes; il voit le mystère partout. Et, de fait, où n'est-il pas? De là dérive ce sentiment d'effroi qui pénètre plusieurs de ses plus beaux poèmes; de là ces turbulences, ces accumulations, ces écroulements de vers, ces masses d'images orageuses, emportées avec la vitesse d'un chaos qui fuit; de là ces répétitions fréquentes de mots, tous destinés à exprimer les ténèbres captivantes ou l'énigmatique physionomie du mystère.

III

Ainsi Victor Hugo possède non seulement la grandeur, mais l'universalité. Que son répertoire est varié! et, quoique toujours *un* et compact, comme il est multiforme! Je ne sais si parmi les amateurs de peintures beaucoup me ressemblent, mais je ne puis me défendre d'une vive mauvaise humeur lorsque j'entends parler d'un paysagiste (si parfait qu'il soit), d'un peintre d'animaux ou d'un peintre de fleurs, avec la même emphase qu'on mettrait à louer un peintre universel (c'est-à-dire un vrai peintre), tel que Rubens, Véronèse, Vélasquez ou Delacroix. Il me paraît en effet que celui qui ne sait pas tout peindre ne peut pas être appelé peintre. Les hommes illustres que je viens de citer expriment parfaitement tout ce qu'exprime chacun des spécialistes, et, de plus, ils possèdent une imagination et une faculté créatrice qui parle vivement à l'esprit de tous les hommes. Sitôt que vous voulez me donner l'idée d'un parfait artiste, mon esprit ne s'arrête pas à la perfection dans un genre de sujets, mais il conçoit immédiatement la nécessité de la perfection dans tous les genres. Il en est de même dans la littérature en général et dans la poésie en particulier. Celui qui n'est pas capable de tout peindre, les palais et les masures, les sentiments de tendresse et ceux de cruauté, les affections limitées de la famille et la charité universelle, la grâce du végétal et les miracles de l'architecture, tout ce qu'il y a de plus doux et tout ce qui existe de plus horrible, le sens intime et la beauté extérieure de chaque religion, la physionomie morale et physique de chaque nation, tout enfin, depuis le visible jusqu'à l'invisible, depuis le ciel jusqu'à l'enfer, celui-là, dis-je, n'est vraiment pas poète dans l'immense étendue du mot et selon le cœur de Dieu. Vous dites de l'un : c'est un poète d'*intérieurs,* ou de famille; de l'autre, c'est un poète de l'amour, et de l'autre, c'est un poète de la gloire. Mais de quel droit limitez-vous ainsi la portée des talents de chacun? Voulez-vous affirmer que celui qui a chanté la gloire était, *par cela même,* inapte à célébrer l'amour? Vous infirmez ainsi le sens universel du mot *poésie.* Si vous ne voulez pas simplement faire entendre que des circonstances, qui ne viennent pas du poète, l'ont, *jusqu'à présent,* confiné dans une spécialité, je croirai toujours que vous parlez d'un pauvre poète, d'un poète incomplet, si habile qu'il soit dans *son* genre.

Ah! avec Victor Hugo nous n'avons pas à tracer ces distinctions, car c'est un génie sans frontières. Ici nous sommes éblouis, enchantés et enveloppés comme par la vie elle-même. La transparence de l'atmosphère, la coupole du ciel, la figure de l'arbre, le regard de l'animal, la silhouette de la maison sont peints en ses livres par le pinceau du paysagiste consommé. En tout il met la palpitation de la vie. S'il peint la mer, aucune *marine* n'égalera les siennes. Les navires qui en rayent la surface ou qui en traversent les bouillonnements auront, plus que tous ceux de tout autre peintre, cette physionomie de lutteurs passionnés, ce caractère de volonté et d'animalité qui se dégage si mystérieusement d'un appareil géométrique et mécanique de bois, de fer, de cordes et de toile; animal monstrueux créé par l'homme, auquel le vent et le flot ajoutent la beauté d'une démarche.

Quant à l'amour, à la guerre, aux joies de la famille, aux tristesses du pauvre, aux magnificences nationales, à tout ce qui est plus particulièrement l'homme, et qui forme le domaine du peintre de genre et du peintre d'histoire, qu'avons-nous vu de plus riche et de plus concret que les poésies lyriques de Victor Hugo? Ce serait sans doute ici le cas, si l'espace le permettait, d'analyser l'atmosphère morale qui plane et circule dans ses poèmes, laquelle participe très sensiblement du tempérament propre de l'auteur. Elle me paraît porter un caractère très manifeste d'amour égal pour ce qui est très fort comme pour ce qui est très faible, et l'attraction exercée sur le poète par ces deux extrêmes tire sa raison d'une origine unique, qui est la force même, la vigueur originelle dont il est doué. La force l'enchante et l'enivre; il va vers elle comme vers une parente : attraction fraternelle. Ainsi est-il emporté irrésistiblement vers tout symbole de l'infini, la mer, le ciel; vers tous les représentants anciens de la force, géants homériques ou bibliques, paladins, chevaliers; vers les bêtes énormes et redoutables. Il caresse en se jouant ce qui ferait peur à des mains débiles; il se meut dans l'immense, sans vertige. En revanche, mais par une tendance différente dont la source est pourtant la même, le poète se montre toujours l'ami attendri de tout ce qui est faible, solitaire, contristé; de tout ce qui est orphelin : attraction paternelle. Le fort qui devine un frère dans tout ce qui est fort, voit ses enfants dans tout ce qui a besoin d'être protégé ou consolé. C'est de la force même et de la certitude qu'elle donne à celui qui la possède que dérive l'esprit de justice et de charité. Ainsi se produisent sans cesse, dans les poèmes de Victor Hugo, ces accents d'amour pour les femmes tombées, pour les pauvres gens broyés dans les engrenages de nos sociétés, pour les animaux martyrs de notre gloutonnerie et de notre despotisme. Peu de personnes ont remarqué le charme et l'enchantement que la bonté ajoute à la force et qui se fait voir si fréquemment dans les œuvres de notre poète. Un sourire et une larme dans le visage d'un colosse [1], c'est une originalité presque divine. Même dans ces petits poèmes consacrés à l'amour sensuel, dans ces strophes d'une mélancolie si voluptueuse et si mélodieuse, on entend, comme l'accompagnement permanent d'un orchestre, la voix profonde de la charité. Sous l'amant, on sent un père et un protecteur. Il ne s'agit pas ici de cette morale prêcheuse qui, par son air de pédanterie, par son ton didactique,

1. Cf. *Fusées,* XIII : *Grand sourire dans un beau visage de géant* (cette formule venant auprès d'une réflexion sur Théodore de Banville, il semble bien que ce fragment de *Fusées* soit une note relevée par Baudelaire, alors qu'il venait de trouver une image qui lui plaisait pour symboliser un aspect de Hugo ; d'où la reprise, ici, d'une image analogue).

peut gâter les plus beaux morceaux de poésie, mais d'une morale inspirée qui se glisse, invisible, dans la matière poétique, comme les fluides impondérables dans toute la machine du monde. La morale n'entre pas dans cet art à titre de but; elle s'y mêle et s'y confond comme dans la vie elle-même. Le poète est moraliste sans le vouloir, par abondance et plénitude de nature.

IV

L'excessif, l'immense, sont le domaine naturel de Victor Hugo; il s'y meut comme dans son atmosphère natale. Le génie qu'il a de tout temps déployé dans la peinture de *toute la monstruosité* qui enveloppe l'homme est vraiment prodigieux. Mais c'est surtout dans ces dernières années qu'il a subi l'influence métaphysique qui s'exhale de toutes ces choses; curiosité d'un Œdipe obsédé par d'innombrables Sphinx. Cependant qui ne se souvient de *La pente de la rêverie,* déjà si vieille de date [1]? Une grande partie de ses œuvres récentes semble le développement aussi régulier qu'énorme de la faculté qui a présidé à la génération de ce poème enivrant. On dirait que dès lors l'interrogation s'est dressée avec plus de fréquence devant le poète rêveur, et qu'à ses yeux tous les côtés de la nature se sont incessamment hérissés de problèmes. Comment le père *un* a-t-il pu engendrer la dualité et s'est-il enfin métamorphosé en une population innombrable de nombres? Mystère! La totalité infinie des nombres doit-elle ou peut-elle se concentrer de nouveau dans l'unité originelle? Mystère! La contemplation suggestive du ciel occupe une place immense et dominante dans les derniers ouvrages du poète. Quel que soit le sujet traité, le ciel le domine et le surplombe comme une coupole immuable d'où plane le mystère avec la lumière, où le mystère scintille, où le mystère invite la rêverie curieuse, d'où le mystère repousse la pensée découragée. Ah! malgré Newton et malgré Laplace, la certitude astronomique n'est pas, aujourd'hui même, si grande que la rêverie ne puisse se loger dans les vastes

1. *Feuilles d'Automne,* XXIX (daté de *mai 1830*).

lacunes non encore explorées par la science moderne. Très légitimement, le poète laisse errer sa pensée dans un dédale enivrant de conjectures. Il n'est pas un problème agité ou attaqué, dans n'importe quel temps ou par n'importe [a] quelle philosophie, qui ne soit venu réclamer fatalement sa place dans les œuvres du poète. Le monde des astres et le monde des âmes sont-ils finis ou infinis ? L'éclosion des êtres est-elle permanente dans l'immensité comme dans la petitesse ? Ce que nous sommes tentés de prendre pour la multiplication infinie des êtres ne serait-il qu'un mouvement de circulation ramenant ces mêmes êtres à la vie vers des époques et dans des conditions marquées par une loi suprême et omnicompréhensive? La matière et le mouvement ne seraient-ils que la respiration et l'aspiration d'un Dieu qui, tour à tour, profère des mondes à la vie et les rappelle dans son sein? Tout ce qui est multiple deviendra-t-il un, et de nouveaux univers, jaillissant de la pensée de Celui dont l'unique bonheur et l'unique fonction sont de produire sans cesse, viendront-ils un jour remplacer notre univers et tous ceux que nous voyons suspendus autour de nous ? Et la conjecture sur l'appropriation morale, sur la destination de tous ces mondes, nos voisins inconnus, ne prend-elle pas aussi naturellement sa place dans les immenses domaines de la poésie? Germinations, éclosions, floraisons, éruptions successives, simultanées, lentes ou soudaines, progressives ou complètes, d'astres, d'étoiles, de soleils, de constellations, êtes-vous simplement les formes de la vie de Dieu, ou des habitations préparées par sa bonté ou sa justice à des âmes qu'il veut éduquer et rapprocher progressivement de lui-même? Mondes éternellement étudiés, à jamais inconnus peut-être, oh! dites, avez-vous des destinations de paradis, d'enfers, de purgatoires, de cachots, de villas, de palais, etc.?... Que des systèmes et des groupes nouveaux, affectant des formes inattendues, adoptant des combinaisons imprévues, subissant des lois non enregistrées, imitant tous les caprices providentiels d'une géométrie trop vaste et trop compliquée pour le compas humain, puissent jaillir des limbes de l'avenir; qu'y aurait-il, dans cette pensée, de si *exorbitant,* de si monstrueux, et qui sortît des limites légitimes de la conjecture poétique? Je m'attache à ce mot *conjecture,* qui sert à définir, passablement, le caractère extra-scientifique de toute poésie. Entre les mains d'un autre poète que Victor

Hugo, de pareils thèmes et de pareils sujets auraient pu trop facilement adopter la forme didactique, qui est la plus grande ennemie de la véritable poésie. Raconter en vers les lois *connues,* selon lesquelles se meut un monde moral ou sidéral, c'est décrire ce qui est découvert et ce qui tombe tout entier sous le télescope ou le compas de la science, c'est se réduire aux devoirs de la science et empiéter sur ses fonctions, et c'est embarrasser son langage traditionnel de l'ornement superflu, et dangereux ici, de la rime[1]; mais s'abandonner à toutes les rêveries suggérées par le spectacle infini de la vie sur la terre et dans les cieux, est le droit légitime du premier venu, conséquemment du poète, à qui il est accordé alors de traduire, dans un langage magnifique, autre que la prose et la musique, les conjectures éternelles de la curieuse humanité. En décrivant ce qui est, le poète se dégrade et descend au rang de professeur; en racontant le possible[2], il reste fidèle à sa fonction; il est une âme collective qui interroge, qui pleure, qui espère, et qui devine quelquefois.

V

Une nouvelle preuve du même goût infaillible se manifeste dans le dernier ouvrage dont Victor Hugo nous ait octroyé la jouissance, je veux dire *la Légende des siècles* [3].

---

1. Souvenir d'Edgar Poe et de son *Poetic principle* (cf. p. 634).

2. C'est la formule même par laquelle Aristote définissait la poésie, par opposition à l'histoire (*Poétique*, IX).

3. Baudelaire admirait sincèrement la *Légende des siècles,* et avait justement senti qu'il y avait là, dans l'œuvre de Hugo, un sommet. L'éloge qu'il en fait ici est confirmé par sa correspondance (Lettre à sa mère, citée par J. Crépet, d'octobre 1859 : *Jamais Hugo n'a été si pittoresque ni si étonnant... Il y a là des facultés éblouissantes que lui seul possède.* Lettre à Poulet-Malassis du 1er octobre 1859 : *La* Légende des siècles *a décidément un meilleur air de livre que* les Contemplations, *sauf encore quelques folies modernes.*) Évidemment cette dernière opinion indique clairement qu'à l'égard de Hugo, Baudelaire était pris entre son admiration pour ce qu'il avait d'étonnant et d'unique (on sait la place occupée dans sa définition du Beau par l'étonnement et l'originalité) et son agacement à l'égard de ce qu'il avait de *moderne* (la mythologie du Progrès en particulier).

Excepté à l'aurore de la vie des nations, où la poésie est à la fois l'expression de leur âme et le répertoire de leurs connaissances, l'histoire mise en vers est une dérogation aux lois qui gouvernent les deux genres, l'histoire et la poésie; c'est un outrage aux deux Muses. Dans les périodes extrêmement cultivées il se fait, dans le monde spirituel, une division du travail qui fortifie et perfectionne chaque partie; et celui qui alors tente de créer le poème épique, tel que le comprenaient les nations plus jeunes, risque de diminuer l'effet magique de la poésie, ne fût-ce que par la longueur insupportable de l'œuvre [1], et en même temps d'enlever à l'histoire une partie de la sagesse et de la sévérité qu'exigent d'elle les nations âgées. Il n'en résulte la plupart du temps qu'un fastidieux ridicule. Malgré tous les honorables efforts d'un philosophe français, qui a cru qu'on pouvait subitement, sans une grâce ancienne et sans longues études, mettre le vers au service d'une thèse poétique [2], Napoléon est encore aujourd'hui trop historique pour être fait légende. Il n'est pas plus permis que possible à l'homme, même à l'homme de génie, de reculer ainsi les siècles artificiellement. Une pareille idée ne pouvait tomber que dans l'esprit d'un philosophe, d'un professeur, c'est-à-dire d'un homme absent de la vie. Quand Victor Hugo, dans ses premières poésies, essaye de nous montrer Napoléon comme un personnage légendaire, il est encore un Parisien qui parle, un contemporain ému et rêveur; il évoque la légende *possible* de l'avenir; il ne la réduit pas d'autorité à l'état de passé.

Or, pour en revenir à *la Légende des siècles*, Victor Hugo a créé le seul poème épique qui pût être créé par un homme de son temps pour des lecteurs de son temps. D'abord les poèmes qui constituent l'ouvrage sont généralement courts, et même la brièveté de quelques-uns n'est pas moins extraordinaire que leur énergie. Ceci est déjà une considération importante, qui témoigne d'une connaissance absolue de tout le possible de la poésie moderne. Ensuite, voulant

---

1. Autre souvenir d'Edgar Poe (cf. pp. 432-433). Il semble donc bien que la coïncidence entre la théorie de Poe et l'œuvre de Hugo soit le mobile principal de l'admiration de Baudelaire pour la *Légende des siècles*.

2. Il s'agit du *Napoléon* de Quinet (1836) l'une des grandes tentatives épiques de l'âge romantique.

créer le poème épique moderne, c'est-à-dire le poème tirant son origine ou plutôt son prétexte de l'histoire, il s'est bien gardé d'emprunter à l'histoire autre chose que ce qu'elle peut légitimement et fructueusement prêter à la poésie : je veux dire la légende, le mythe, la fable, qui sont comme des concentrations de vie nationale, comme des réservoirs profonds où dorment le sang et les larmes des peuples. Enfin il n'a pas chanté plus particulièrement telle ou telle nation, la passion de tel ou tel siècle; il est monté tout de suite à une de ces hauteurs philosophiques d'où le poète peut considérer toutes les évolutions de l'humanité avec un regard également curieux, courroucé ou attendri. Avec quelle majesté il a fait défiler les siècles devant nous, comme des fantômes qui sortiraient d'un mur; avec quelle autorité il les a fait se mouvoir, chacun doué de son parfait costume, de son vrai visage, de sa sincère allure, nous l'avons tous vu. Avec quel art sublime et subtil, avec quelle familiarité terrible ce prestidigitateur a fait parler et gesticuler les Siècles, il ne me serait pas impossible de l'expliquer; mais ce que je tiens surtout à faire observer, c'est que cet art ne pouvait se mouvoir à l'aise que dans le milieu légendaire, et que c'est (abstraction faite du talent du magicien) le choix du terrain qui facilitait les évolutions du spectacle.

Du fond de son exil, vers lequel nos regards et nos oreilles sont tendus, le poète chéri et vénéré nous annonce de nouveaux poèmes. Dans ces derniers temps il nous a prouvé que, pour vraiment limité qu'il soit, le domaine de la poésie n'en est pas moins, par le droit du génie, presque illimité. Dans quel ordre de choses, par quels nouveaux moyens renouvellera-t-il sa preuve? Est-ce à la bouffonnerie, par exemple (je tire au hasard), à la gaieté immortelle, à la joie, au surnaturel, au féerique et au merveilleux, doués par lui de ce caractère immense, superlatif, dont il sait douer toutes choses, qu'il voudra désormais emprunter des enchantements inconnus? Il n'est pas permis à la critique de le dire; mais ce qu'elle peut affirmer sans crainte de faillir, parce qu'elle en a déjà vu les preuves successives, c'est qu'il est un de ces mortels si rares, plus rares encore dans l'ordre littéraire que dans tout autre, qui tirent une nouvelle force des années et qui vont, par un miracle incessamment répété, se rajeunissant et se renforçant jusqu'au tombeau.

2

MARCELINE DESBORDES-VALMORE [1]

PLUS d'une fois un de vos amis, comme vous lui faisiez confidence d'un de vos goûts ou d'une de vos passions, ne vous a-t-il pas dit : « Voilà qui est singulier ! car cela est en complet désaccord avec toutes vos autres passions et avec votre doctrine »? Et vous répondiez : « C'est possible, mais c'est ainsi. J'aime cela; je l'aime, probablement à cause même de la violente contradiction qu'y trouve tout mon être. »

Tel est mon cas vis-à-vis de Mme Desbordes-Valmore. Si le cri, si le soupir naturel d'une âme d'élite, si l'ambition désespérée du cœur, si les facultés soudaines, irréfléchies, si tout ce qui est gratuit et vient de Dieu, suffisent à faire le grand poète, Marceline Valmore [a] est et sera toujours un grand poète. Il est vrai que si vous prenez le temps de remarquer tout ce qui lui manque de ce qui peut s'acquérir par le travail, sa grandeur se trouvera singulièrement diminuée; mais au moment même où vous vous sentirez le plus impatienté et désolé par la négligence, par le cahot, par le trouble, que vous prenez, vous, homme réfléchi et toujours responsable, pour un parti pris de paresse, une beauté soudaine, inattendue, non égalable, se dresse, et vous voilà enlevé irrésistiblement au fond du ciel poétique. Jamais aucun poète ne fut plus naturel; aucun ne fut jamais moins artificiel. Personne n'a pu imiter ce charme, parce qu'il est tout original et natif.

Si jamais homme désira pour sa femme ou sa fille les dons et les honneurs de la Muse, il n'a pu les désirer d'une autre nature que ceux qui furent accordés à Mme Valmore. Parmi le personnel assez nombreux des femmes qui se sont de nos jours jetées dans le travail littéraire, il en est bien peu dont les ouvrages n'aient été, sinon une désolation pour leur famille, pour leur amant même (car les hommes les moins pudiques aiment la pudeur dans l'objet aimé), au moins entachés d'un de ces ridicules masculins qui

1. *Revue fantaisiste,* 1er juillet 1861.

prennent dans la femme les proportions d'une monstruosité. Nous avons connu la femme-auteur philanthrope, la prêtresse systématique de l'amour, la poétesse républicaine, la poétesse de l'avenir, fouriériste ou saint-simonienne; et nos yeux, amoureux du beau, n'ont jamais pu s'accoutumer à toutes ces laideurs compassées, à toutes ces scélératesses impies (il y a même des poétesses de l'impiété), à tous ces sacrilèges pastiches de l'esprit mâle [1].

Mme Desbordes-Valmore fut femme, fut toujours femme et ne fut absolument que femme; mais elle fut à un degré extraordinaire l'expression poétique de toutes les beautés naturelles de la femme. Qu'elle chante les langueurs du désir dans la jeune fille, la désolation morne d'un Ariane abandonnée ou les chauds enthousiasmes de la charité maternelle, son chant garde toujours l'accent délicieux de la femme; pas d'emprunt, pas d'ornement factice, rien que *l'éternel féminin,* comme dit le poète allemand [2]. C'est donc dans sa sincérité même que Mme Valmore a trouvé sa récompense, c'est-à-dire une gloire que nous croyons aussi solide que celle des artistes parfaits. Cette torche qu'elle agite à nos yeux pour éclairer les mystérieux bocages du sentiment, ou qu'elle pose, pour le raviver, sur notre plus intime souvenir, amoureux ou filial, cette torche, elle l'a allumée au plus profond de son propre cœur. Victor Hugo a exprimé magnifiquement, comme tout ce qu'il exprime, les beautés et les enchantements de la vie de famille; mais seulement dans les poésies dc l'ardente Marceline vous trouverez cette chaleur de couvée maternelle, dont quelques-uns, parmi les fils de la femme, moins ingrats que les autres, ont gardé le délicieux souvenir. Si je ne craignais pas qu'une comparaison trop animale fût prise pour un manque de respect envers cette adorable femme, je dirais que je trouve en elle la grâce, l'inquiétude, la souplesse et la violence de la femelle, chatte ou lionne, amoureuse de ses petits.

On a dit que Mme Valmore, dont les premières poésies datent déjà de fort loin (1818), avait été de notre temps

1. Baudelaire ressentait une sorte d'horreur de principe à l'égard de la femme de lettres (cf. ce qu'il dit de George Sand dans ses *Journaux intimes*) : aussi son éloge de Marceline et de son *naturel* n'en a-t-il que plus de prix.

2. C'est la célèbre expression de Gœthe *(Second Faust).*

rapidement oubliée. Oubliée par qui, je vous prie? Par ceux-là qui, ne sentant rien, ne peuvent se souvenir de rien. Elle a les grandes et vigoureuses qualités qui s'imposent à la mémoire, les trouées profondes faites à l'improviste dans le cœur, les explosions magiques de la passion. Aucun auteur ne cueille plus facilement la formule unique du sentiment, le sublime qui s'ignore. Comme les soins les plus simples et les plus faciles sont un obstacle invincible à cette plume fougueuse et inconsciente, en revanche ce qui est pour toute autre l'objet d'une laborieuse recherche vient naturellement s'offrir à elle; c'est une perpétuelle trouvaille. Elle trace des merveilles avec l'insouciance qui préside aux billets destinés à la boîte aux lettres. Ame charitable et passionnée, comme elle se définit bien, mais toujours involontairement, dans ce vers :

> Tant que l'on peut donner, on ne peut pas mourir!

Ame trop sensible, sur qui les aspérités de la vie laissaient une empreinte ineffaçable, à elle surtout, désireuse du Léthé, il était permis de s'écrier :

> Mais si de la mémoire on ne doit pas guérir,
> A quoi sert, ô mon âme, à quoi sert de mourir?

Certes, personne n'eut plus qu'elle le droit d'écrire en tête d'un récent volume :

> Prisonnière en ce livre une âme est renfermée[1]!

Au moment où la mort est venue pour la retirer de ce monde où elle savait si bien souffrir, et la porter vers le ciel dont elle désirait si ardemment les paisibles joies, Mme Desbordes-Valmore, prêtresse infatigable de la Muse, et qui ne savait pas se taire, parce qu'elle était toujours pleine de cris et de chants qui voulaient s'épancher, préparait encore un volume, dont les épreuves venaient une à une s'étaler sur le lit de douleur qu'elle ne quittait plus depuis deux ans. Ceux qui l'aidaient pieusement dans cette préparation de ses adieux m'ont dit que nous y trouverions tout l'éclat d'une vitalité qui ne se sentait jamais si bien vivre que dans la douleur. Hélas! ce livre sera une couronne

1. Une fois encore, Baudelaire cite de mémoire, et ces citations, extraites des recueils *Bouquets et Prières* et *Foi,* sont inexactes : le texte authentique est : *on ne* veut *pas mourir* — *une âme est* contenue.

posthume à ajouter à toutes celles, déjà si brillantes, dont doit être parée une de nos tombes les plus fleuries[1].

Je me suis toujours plu à chercher dans la nature extérieure et visible des exemples et des métaphores qui me servissent à caractériser les jouissances et les impressions d'un ordre spirituel. Je rêve à ce que me faisait éprouver la poésie de Mme Valmore quand je la parcourus avec ces yeux de l'adolescence qui sont, chez les hommes nerveux, à la fois si ardents et si clairvoyants. Cette poésie m'apparaît comme un jardin; mais ce n'est pas la solennité grandiose de Versailles; ce n'est pas non plus le pittoresque vaste et théâtral de la savante Italie, qui connaît si bien l'art d'*édifier des jardins (ædificat hortos)*; pas même, non, pas même *la Vallée des Flûtes* ou *le Ténare* de notre vieux Jean-Paul[2]. C'est un simple jardin anglais, romantique et romanesque. Des massifs de fleurs y représentent les abondantes expressions du sentiment. Des étangs, limpides et immobiles, qui réfléchissent toutes choses s'appuyant à l'envers sur la voûte renversée des cieux, figurent la profonde résignation toute parsemée de souvenirs. Rien ne manque à ce charmant jardin d'un autre âge, ni quelques ruines gothiques se cachant dans un lieu agreste, ni le mausolée inconnu qui, au détour d'une allée, surprend notre âme et lui recommande de penser à l'éternité. Des allées sinueuses et ombragées aboutissent à des horizons subits. Ainsi la pensée du poète, après avoir suivi de capricieux méandres, débouche sur les vastes perspectives du passé ou de l'avenir ; mais ces ciels sont trop vastes pour être généralement purs, et la température du climat trop chaude pour n'y pas amasser des orages. Le promeneur, en contemplant ces étendues voilées de deuil, sent monter à ses yeux les pleurs de l'hystérie, *hysterical tears*[3]. Les fleurs se penchent vaincues, et les oiseaux ne parlent qu'à voix basse. Après un éclair précurseur, un coup de tonnerre a retenti : c'est l'explosion lyrique; enfin un déluge inévitable de larmes rend à toutes ces choses, prostrées, souffrantes et découragées, la fraîcheur et la solidité d'une nouvelle jeunesse!

1. Ce recueil, *Poésies inédites*, parut en 1860.

2. Jean-Paul Richter : *Titan* (adaptation française de Philarète Chasles, 1835).

3. Expression qui ne contient aucune nuance pathologique mais qui souligne seulement la violence de l'émotion.

3

AUGUSTE BARBIER [1]

Si je disais que le but d'Auguste Barbier a été la recherche du beau, sa recherche exclusive et primordiale, je crois qu'il se fâcherait, et visiblement il en aurait le droit. Quelque magnifiques que soient ses vers, le *vers* en lui-même n'a pas été son amour principal. Il s'était évidemment assigné un but qu'il croit d'une nature beaucoup plus noble et plus haute. Je n'ai ni assez d'autorité ni assez d'éloquence pour le détromper; mais je profiterai de l'occasion qui s'offre pour traiter une fois de plus cette fastidieuse question de l'alliance du Bien avec le Beau, qui n'est devenue obscure et douteuse que par l'affaiblissement des esprits.

Je suis d'autant plus à l'aise que, d'un côté, la gloire de ce poète est faite et que la postérité ne l'oubliera pas, et que, de l'autre, j'ai moi-même pour ses talents une admiration immense et de vieille date [2]. Il a fait des vers superbes; il est naturellement éloquent; son âme a des bondissements qui enlèvent le lecteur. Sa langue, vigoureuse et pittoresque, a presque le charme du latin. Elle jette des lueurs sublimes. Ses premières compositions sont restées dans toutes les mémoires. Sa gloire est des plus méritées. Tout cela est incontestable.

Mais l'origine de cette gloire n'est pas *pure;* car elle est née de *l'occasion.* La poésie se suffit à elle-même [3]. Elle est éternelle et ne doit jamais avoir besoin d'un secours extérieur. Or une partie de la gloire d'Auguste Barbier lui vient des circonstances au milieu desquelles il jeta ses premières poésies. Ce qui les fait admirables, c'est le mouvement lyrique qui les anime, et non pas, comme il le croit sans doute, les pensées honnêtes qu'elles sont chargées d'exprimer. *Facit indignatio versum,* nous dit un poète antique,

1. *Revue fantaisiste,* 15 juillet 1861 (notice refusée en 1862 par Eugène Crépet).

2. Cf. le premier article sur *Pierre Dupont* (1851).

3. Encore Edgar Poe (cf. p. 632 : la poésie *per se*).

qui, si grand qu'il soit, était intéressé à le dire [1]; cela est vrai; mais il est bien certain aussi que le vers fait par simple amour du vers a, pour être beau, quelques chances de plus que le vers fait par *indignation*. Le monde est plein de gens très indignés qui cependant ne feront jamais de beaux vers. Ainsi, nous constatons dès le commencement que, si Auguste Barbier a été grand poète, c'est parce qu'il possédait les facultés ou une partie des facultés qui font le grand poète, et non parce qu'il exprimait la pensée indignée des honnêtes gens.

Il y a en effet dans l'erreur publique une confusion très facile à débrouiller. Tel poème est beau et honnête; mais il n'est pas beau *parce qu*'il est honnête. Tel autre, beau et déshonnête; mais sa beauté ne lui vient pas de son immoralité, ou plutôt, pour parler nettement, ce qui est beau n'est pas plus honnête que déshonnête. Il arrive le plus souvent, je le sais, que la poésie vraiment belle emporte les âmes vers un monde céleste; la beauté est une qualité si forte qu'elle ne peut qu'ennoblir les âmes; mais cette beauté est une chose tout à fait inconditionnelle, et il y a beaucoup à parier que si vous voulez, vous poète, vous imposer à l'avance un but moral, vous diminuerez considérablement votre puissance poétique.

Il en est de la condition de moralité imposée aux œuvres d'art comme de cette autre condition non moins ridicule que quelques-uns veulent leur faire subir, à savoir d'exprimer des pensées ou des *idées* tirées d'un monde étranger à l'art, des *idées* scientifiques, des *idées* politiques, etc... Tel est le point de départ des esprits faux, ou du moins des esprits qui, n'étant pas absolument poétiques, veulent raisonner poésie. L'idée, disent-ils, est la chose la plus importante (ils devraient dire : l'idée et la forme sont deux êtres en un); naturellement, fatalement, ils se disent bientôt : Puisque l'idée est la chose importante par excellence, la forme, moins importante, peut être négligée sans danger. Le résultat est l'anéantissement de la poésie.

Or, chez Auguste Barbier, naturellement poète, et grand poète, le souci perpétuel et exclusif d'exprimer des pensées honnêtes ou utiles a amené peu à peu un léger mépris de

1. Juvénal, *Satires*, I, 79. (C'est l'indignation qui fait le vers.)

la correction, du poli et du fini, qui suffirait à lui seul pour constituer une décadence [1].

Dans *la Tentation* (son premier poème, supprimé dans les éditions postérieures de ses *Iambes*), il avait montré tout de suite une grandeur, une majesté d'allure, qui est sa vraie distinction, et qui ne l'a jamais abandonné, même dans les moments où il s'est montré le plus infidèle à l'idée poétique pure. Cette grandeur naturelle, cette éloquence lyrique, se manifestèrent d'une manière éclatante dans toutes les poésies *adaptées* à la révolution de 1830 et aux troubles spirituels ou sociaux qui la suivirent. Mais ces poésies, je le répète, étaient *adaptées* à des circonstances, et, si belles qu'elles soient, elles sont marquées du misérable caractère de la circonstance et de la mode. *Mon vers, rude et grossier, est honnête homme au fond,* s'écrie le poète [2]; mais était-ce bien comme poète qu'il ramassait dans la conversation bourgeoise les lieux communs de morale niaise? Ou était-ce comme honnête homme qu'il voulait rappeler sur notre scène la *Melpomène à la blanche tunique* (qu'est-ce que Melpomène a à faire avec l'honnêteté?) et en expulser les drames de Victor Hugo et d'Alexandre Dumas [3]? J'ai remarqué (je le dis sans rire) que les personnes trop amoureuses d'utilité et de morale négligent volontiers la grammaire, absolument comme les personnes passionnées [a]. C'est une chose douloureuse de voir un poète aussi bien doué supprimer les articles et les adjectifs possessifs, quand ces monosyllabes ou ces dissyllabes le gênent, et employer un mot dans un sens contraire à l'usage parce que ce mot a le nombre de syllabes qui lui convient. Je ne crois pas, en pareil cas, à l'impuissance; j'accuse plutôt l'indolence naturelle des inspirés. Dans ses chants sur la décadence de l'Italie et sur les misères de l'Angleterre et de l'Irlande *(Il Pianto* et *Lazare),* il y a, comme toujours, je le répète, des accents sublimes; mais la même affectation d'utilité et de morale vient gâter les plus nobles impressions. Si je ne craignais pas de calomnier un homme si digne de

1. Thème constamment affirmé par Baudelaire au fur et à mesure que se développe sa réaction contre toute forme d'art « positif ».

2. *Iambes,* prologue.

3. Allusion précise à la pièce des *Iambes* intitulée *Melpomène (O fille d'Euripide, ô belle fille antique, — O Muse, qu'as-tu fait de ta blanche tunique?...)* où Barbier attaquait l'immoralité du drame romantique.

respect à tous égards, je dirais que cela ressemble un peu à une grimace. Se figure-t-on une *Muse* qui *grimace?* Et puis ici se présente un nouveau défaut, une nouvelle affectation, non pas celle [a] de la rime négligée ou de la suppression des articles : je veux parler d'une certaine solennité plate ou d'une certaine platitude solennelle qui nous était jadis donnée pour une majestueuse et pénétrante simplicité. Il y a des modes en littérature comme en peinture, comme dans le vêtement; il fut un temps où dans la poésie, dans la peinture, le *naïf* était l'objet d'une grande recherche, une espèce nouvelle de préciosité. La platitude devenait une gloire, et je me souviens qu'Édouard Ourliac me citait en riant, comme modèle du genre, ce vers de sa composition :

> Les cloches du couvent de Sainte-Madeleine
> . . . .

On en trouvera beaucoup de semblables dans les poésies de Brizeux, et je ne serais pas étonné que l'amitié d'Antony Deschamps et de Brizeux ait servi à incliner Auguste Barbier vers cette grimace dantesque [1].

A travers tout son œuvre nous retrouvons les mêmes défauts et les mêmes qualités. Tout a l'air soudain, spontané; le trait vigoureux, à la manière latine, jaillit sans cesse à travers les défaillances et les maladresses. Je n'ai pas besoin, je présume, de faire observer que *Pot-de-vin, Érostrate, Chants civils et religieux,* sont des œuvres dont chacune a un but moral. Je saute par-dessus un petit volume d'*Odelettes* qui n'est qu'un affligeant effort vers la grâce antique, et j'arrive à *Rimes héroïques*. Ici, pour tout dire, apparaît et éclate toute la folie du siècle dans son inconsciente nudité. Sous prétexte de faire des sonnets en l'honneur des grands hommes, le poète a chanté le

1. Les deux poètes mineurs (et fort célèbres en leur temps), ici nommés auprès de Barbier, représentaient assez bien une sorte de romantisme sentimental dont on conçoit aisément que Baudelaire l'ait eu en horreur, ces poètes n'étant pas sans parenté avec les peintres qu'il appelle, dans les *Curiosités esthétiques,* les *singes du sentiment,* image reprise ici par celle de la *grimace.*

paratonnerre et la machine à tisser[1]. On devine jusqu'à quel prodigieux ridicule cette confusion d'idées et de fonctions pourrait nous entraîner. Un de mes amis a travaillé à un poème anonyme sur l'invention d'un dentiste[2]; aussi bien les vers auraient pu être bons et l'auteur plein de conviction. Cependant qui oserait dire que, même en ce cas, c'eût été de la poésie? J'avoue que, quand je vois de pareilles dilapidations de rhythmes et de rimes, j'éprouve une tristesse d'autant plus grande que le poète est plus grand; et je crois, à en juger par de nombreux symptômes, qu'on pourrait aujourd'hui, sans faire rire personne, affirmer la plus monstrueuse, la plus ridicule et la plus insoutenable des erreurs, à savoir que *le but de la poésie est de répandre les lumières parmi le peuple, et, à l'aide de la rime et du nombre, de fixer plus facilement les découvertes scientifiques dans la mémoire des hommes.*

Si le lecteur m'a suivi attentivement, il ne sera pas étonné que je résume ainsi cet article, où j'ai mis encore plus de douleur que de raillerie : *Auguste Barbier est un grand poète, et justement il passera toujours pour tel. Mais il a été un grand poète malgré lui, pour ainsi dire; il a essayé de gâter par une idée fausse de la poésie de superbes facultés poétiques; très heureusement ces facultés étaient assez fortes pour résister même au poète qui les voulait diminuer*[a].

1. Effectivement, il y a un côté par où Barbier est un précurseur de Sully-Prudhomme, dont la poésie scientifique répondra exactement au programme annoncé dans la citation qui se lit à la fin de ce paragraphe.

2. Probablement l'invention du dentiste Fattet, célébrée par une relation littéraire de Baudelaire, Mathieu Dairnvaell, dans la *Biographie des célébrités populaires.*

4

THÉOPHILE GAUTIER [1]

Le cri du sentiment est toujours absurde; mais il est sublime, parce qu'il est absurde. *Quia absurdum !*

> Que faut-il au républicain?
> Du cœur, du fer, un peu de pain!
> Du cœur pour se venger [2],
> Du fer pour l'étranger,
> Et du pain pour ses frères!

Voilà ce que dit *la Carmagnole;* voilà le cri absurde et sublime.

Désirez-vous, dans un autre ordre de sentiments, l'analogue exact? Ouvrez Théophile Gautier : l'amante courageuse et ivre de son amour veut enlever l'amant, lâche, indécis, qui résiste et objecte que le désert est sans ombrage et sans eau, et la fuite pleine de dangers. Sur quel ton répond-elle? Sur le ton absolu du sentiment :

> Mes cils te feront de l'ombre!
> Ensemble nous dormirons
> Sous mes cheveux, tente sombre.
> Fuyons! Fuyons!
>
> Sous le bonheur mon cœur ploie!
> Si l'eau manque aux stations,
> Bois les larmes de ma joie!
> Fuyons! Fuyons [3]!

1. *Revue fantaisiste,* 15 juillet 1861.
2. Variante : *Pour le danger.* — *Pour se venger* est plus dans le ton de ce chant, que Gœthe aurait pu appeler, plus justement que *la Marseillaise,* l'hymne de la canaille. *(Note de Baudelaire.)*
3. *Poésies nouvelles, la Fuite.*

Il serait facile de trouver dans le même poète d'autres exemples de la même qualité :

> J'ai demandé la vie à l'amour qui la donne !
> Mais vainement...................... [1]

s'écrie don Juan, que le poète, dans le pays des âmes, prie de lui expliquer l'énigme de la vie.

Or j'ai voulu tout d'abord prouver que Théophile Gautier possédait, tout aussi bien que s'il n'était pas un parfait artiste, cette fameuse qualité que les badauds de la critique s'obstinent à lui refuser : le sentiment. Que de fois il a exprimé, et avec quelle magie de langage ! ce qu'il y a de plus délicat dans la tendresse et dans la mélancolie ! Peu de personnes ont daigné étudier ces fleurs merveilleuses, je ne sais trop pourquoi, et je n'y vois pas d'autre motif que la répugnance native des Français pour la perfection. Parmi les innombrables préjugés dont la France est si fière, notons cette idée qui court les rues, et qui naturellement est écrite en tête des préceptes de la critique vulgaire, à savoir qu'un ouvrage *trop bien* écrit *doit* manquer de sentiment. Le sentiment, par sa nature populaire et familière, attire exclusivement la foule, que ses précepteurs habituels éloignent autant que possible des ouvrages bien écrits. Aussi bien avouons tout de suite que Théophile Gautier, feuilletoniste très accrédité, est mal connu comme romancier, mal apprécié comme conteur de voyages et presque *inconnu* comme poète, surtout si l'on veut mettre en balance la mince popularité de ses poésies avec leurs brillants et immenses mérites.

Victor Hugo, dans une de ses odes [2], nous représente Paris à l'état de ville morte, et dans ce rêve lugubre et plein de grandeur, dans cet amas de ruines douteuses lavées par une eau *qui se brisait à tous les ponts sonores, rendue* maintenant *aux joncs murmurants et penchés,* il aperçoit encore trois monuments d'une nature plus solide, plus indestructible, qui suffisent à raconter notre histoire. Figurez-vous, je vous prie, la langue française à l'état de langue

---

1. *La Comédie de la Mort, Don Juan.* (On sait que c'était là, peut-être, l'œuvre de Gautier que Baudelaire préférait.)

2. La pièce célèbre des *Voix intérieures, A l'Arc de Triomphe.*

morte. Dans les écoles des nations nouvelles, on enseigne la langue d'un peuple qui fut grand, du peuple français. Dans quels auteurs supposez-vous que les professeurs, les linguistes d'alors, puiseront la connaissance des principes et des grâces de la langue française? Sera-ce, je vous prie, dans les capharnaüms du sentiment ou de ce que vous appelez le sentiment? Mais ces productions, qui sont vos préférées, seront, grâce à leur incorrection, les moins intelligibles et les moins traduisibles; car il n'y a rien qui soit plus obscur que l'erreur et le désordre. Si dans ces époques, situées moins loin peut-être que ne l'imagine l'orgueil moderne, les poésies de Théophile Gautier sont retrouvées par quelque savant amoureux de beauté, je devine, je comprends, je vois sa joie. Voilà donc la vraie langue française! la langue des grands esprits et des esprits raffinés [1]! Avec quel délice son œil se promènera dans tous ces poèmes si purs et si précieusement ornés! Comme toutes les ressources de notre belle langue, incomplétement connues, seront devinées et appréciées! Et que de gloire pour le traducteur intelligent qui voudra lutter contre ce grand poète, immortalité embaumée dans des décombres plus soigneux que la mémoire de ses contemporains! Vivant, il avait souffert de l'ingratitude des siens; il a attendu longtemps; mais enfin le voilà récompensé. Des commentateurs clairvoyants établissent le lien littéraire qui nous unit au XVIe siècle. L'histoire des générations s'illumine. Victor Hugo est enseigné et paraphrasé dans les universités; mais aucun lettré n'ignore que l'étude de ses resplendissantes poésies doit être complétée par l'étude des poésies de Gautier. Quelques-uns observent même que pendant que le majestueux poète était entraîné par des enthousiasmes quelquefois peu propices à son art, le poète précieux, plus fidèle, plus concentré, n'en est jamais sorti. D'autres s'aperçoivent qu'il a même ajouté des forces à la poésie française, qu'il en a agrandi le répertoire et augmenté le dictionnaire,

---

1. Cf. la dédicace des *Fleurs du Mal :* en poésie, comme en peinture, le surnaturalisme baudelairien n'est nullement contradictoire avec le culte de la Beauté dans son aspect formel ; et justement, l'ambiguité de la position de Baudelaire en face de l'œuvre de Gautier tient à ce qu'il n'est pas très sûr de la signification exacte de son formalisme et de sa *préciosité* (cf. *infra : le poète précieux*. Cf. aussi l'étude de 1859, p. 659).

sans jamais manquer aux règles les plus sévères de la langue que sa naissance lui commandait de parler[a].

Heureux homme! homme digne d'envie! il n'a aimé que le Beau; il n'a cherché que le Beau; et quand un objet grotesque ou hideux s'est offert à ses yeux, il a su encore en extraire une mystérieuse et symbolique beauté! Homme doué d'une faculté unique, puissante comme la Fatalité, il a exprimé, sans fatigue, sans effort, toutes les attitudes, tous les regards, toutes les couleurs qu'adopte la nature, ainsi que le sens intime contenu dans tous les objets qui s'offrent à la contemplation de l'œil humain [1].

Sa gloire est double et une en même temps. Pour lui l'idée et l'expression ne sont pas deux choses contradictoires qu'on ne peut accorder que par un grand effort ou par de lâches concessions. A lui seul peut-être il appartient de dire sans emphase : *Il n'y a pas d'idées inexprimables!* Si, pour arracher à l'avenir la justice due à Théophile Gautier, j'ai supposé la France disparue, c'est parce que je sais que l'esprit humain, quand il consent à sortir du présent conçoit mieux l'idée de justice. Tel le voyageur, en s'élevant, comprend mieux la topographie du pays qui l'environne. Je ne veux pas crier, comme les prophètes cruels : Ces temps sont proches! Je n'appelle aucun désastre, même pour donner la gloire à mes amis. J'ai construit une fable pour faciliter la démonstration aux esprits faibles ou aveugles. Car parmi les vivants clairvoyants, qui ne comprend qu'on citera un jour Théophile Gautier, comme on cite La Bruyère, Buffon, Chateaubriand[b], c'est-à-dire comme un des maîtres les plus sûrs et les plus rares en matière de langue et de style?

---

1. Il se peut que Baudelaire ait vu dans l'art de Gautier un art *heureux;* et que ce bonheur esthétique — qui lui est, à lui, dénié — suscite cette sorte d'envie qu'il avoue ici et qui est une des raisons de ce panégyrique. Il se peut tout aussi bien que ce même bonheur, un peu facile, explique que notre époque, qui met Baudelaire si haut, ait démenti sa prophétie concernant la destinée posthume de l'œuvre de Gautier.

5

PÉTRUS BOREL [1]

Il y a des noms qui deviennent proverbes et adjectifs. Quand un petit journal veut, en 1859, exprimer tout le dégoût et le mépris que lui inspire une poésie ou un roman d'un caractère sombre et outré, il lance le mot : *Pétrus Borel !* et tout est dit. Le jugement est prononcé, l'auteur est foudroyé.

Pétrus Borel, ou Champavert le Lycanthrope, auteur de *Rhapsodies,* de *Contes immoraux* et de *Madame Putiphar,* fut une des étoiles du sombre ciel romantique. Étoile oubliée ou éteinte, qui s'en souvient aujourd'hui, et qui la connaît assez pour prendre le droit d'en parler si délibérément? « *Moi,* » dirai-je volontiers, comme Médée, « *moi, dis-je, et c'est assez*[2] *!* » Édouard Ourliac, son camarade, riait de lui sans se gêner; mais Ourliac était un petit Voltaire de hameau, à qui tout excès répugnait, surtout l'excès de l'amour de l'art. Théophile Gautier, seul, dont le large esprit se réjouit dans l'universalité des choses, et qui, le voulût-il fermement, ne pourrait pas négliger quoi que ce soit d'intéressant, de subtil ou de pittoresque, souriait avec plaisir aux bizarres élucubrations du Lycanthrope.

Lycanthrope bien nommé! Homme-loup ou loup-garou, quelle fée ou quel démon le jeta dans les forêts lugubres de la mélancolie? Quel méchant esprit se pencha sur son berceau et lui dit : *Je te défends de plaire*[3] *?* Il y a dans le monde spirituel quelque chose de mystérieux qui s'appelle le *Guignon,* et nul de nous n'a le droit de discuter avec la Fatalité. C'est la déesse qui s'explique le moins, et qui

1. *Revue fantaisiste,* 15 juillet 1861 (supprimée en 1862 dans l'Anthologie d'Eugène Crépet). L'influence de Pétrus Borel sur Baudelaire est obscure ; elle n'en est pas moins certaine, et cet article peut aider à l'élucider quelque peu.

2. Dans la tragédie de Corneille.

3. Cf. le poème en prose *les Dons des Fées.* Et voilà précisément ce qui en Pétrus Borel, séduit Baudelaire. (Cf. *Fusées,* XVIII : *le plaisir aristocratique de déplaire*).

possède, plus que tous les papes et les lamas, le privilége de l'infaillibilité. Je me suis demandé bien souvent comment et pourquoi un homme tel que Pétrus Borel, qui avait montré un talent véritablement épique dans plusieurs scènes de sa *Madame Putiphar* (particulièrement dans les scènes du début, où est peinte l'ivrognerie sauvage et septentrionale du père de l'héroïne; dans celle où le cheval favori rapporte à la mère, jadis violée, mais toujours pleine de la haine de son déshonneur, le cadavre de son bien-aimé fils, du pauvre Vengeance, le courageux adolescent tombé au premier choc, et qu'elle avait si soigneusement éduqué pour la vengeance; enfin, dans la peinture des hideurs et des tortures du cachot, qui monte jusqu'à la vigueur de Maturin); je me suis demandé, dis-je, comment le poète qui a produit l'étrange poème, d'une sonorité si éclatante et d'une couleur presque primitive à force d'intensité, qui sert de préface à *Madame Putiphar,* avait pu aussi en maint endroit montrer tant de maladresse, butter dans tant de heurts et de cahots, tomber au fond de tant de *guignons*. Je n'ai pas d'explication positive à donner; je ne puis indiquer que des symptômes, symptômes d'une nature morbide, amoureuse de la contradiction pour la contradiction, et toujours prête à remonter tous les courants, sans en calculer la force, non plus que sa force propre. Tous les hommes, ou presque tous, penchent leur écriture vers la droite; Pétrus Borel couchait absolument la sienne à gauche, si bien que tous les caractères, d'une physionomie fort soignée d'ailleurs, ressemblaient à des files de fantassins renversés par la mitraille. De plus, il avait le travail si douloureux, que la moindre lettre, la plus banale, une invitation, un envoi d'argent, lui coûtait deux ou trois heures d'une méditation excédante, sans compter les ratures et les repentirs. Enfin, la bizarre orthographe qui se pavane dans *Madame Putiphar,* comme un soigneux outrage fait aux habitudes de l'œil public, est un trait qui complète cette physionomie grimaçante. Ce n'est certes pas une orthographe mondaine dans le sens des cuisinières de Voltaire et du sieur Erdan[1], mais, au contraire, une orthographe plus que pittoresque et profitant de toute occasion

1. Célèbre en son temps pour s'être fait le défenseur de l'orthographe phonétique (1826-1878).

pour rappeler fastueusement l'étymologie. Je ne peux me figurer, sans une sympathique douleur, toutes les fatigantes batailles que, pour réaliser son rêve typographique, l'auteur a dû livrer aux compositeurs chargés d'imprimer son manuscrit. Ainsi, non seulement il aimait à violer les habitudes morales du lecteur [1], mais encore à contrarier et à taquiner son œil par l'expression graphique.

Plus d'une personne se demandera sans doute pourquoi nous faisons une place dans notre galerie à un esprit que nous jugeons nous-même si incomplet. C'est non seulement parce que cet esprit si lourd, si criard, si incomplet qu'il soit, a parfois envoyé vers le ciel une note éclatante et juste, mais aussi parce que dans l'histoire de notre siècle il a joué un rôle non sans importance. Sa spécialité fut la *Lycanthropie*. Sans Pétrus Borel, il y aurait une lacune dans le Romantisme. Dans la première phase de notre révolution littéraire, l'imagination poétique se tourna surtout vers le passé; elle adopta souvent le ton mélodieux et attendri des regrets. Plus tard, la mélancolie prit un accent plus décidé, plus sauvage et plus terrestre. Un républicanisme misanthropique fit alliance avec la nouvelle école, et Pétrus Borel fut l'expression la plus outrecuidante et la plus paradoxale de l'esprit des *Bousingots,* ou du *Bousingo;* car l'hésitation est toujours permise dans la manière d'orthographier ces mots qui sont les produits de la mode et de la circonstance. Cet esprit à la fois littéraire et républicain, à l'inverse de la passion démocratique et bourgeoise qui nous a plus tard si cruellement opprimés, était agité à la fois par une haine aristocratique sans limites, sans restrictions, sans pitié, contre les rois et contre la bourgeoisie, et d'une sympathie générale pour tout ce qui en art représentait l'excès dans la couleur et dans la forme, pour tout ce qui était à la fois intense, pessimiste et byronien; dilettantisme d'une nature singulière, et que peuvent seules expliquer les haïssables circonstances où était enfermée une jeunesse ennuyée et turbulente. Si la Restauration s'était régulièrement développée dans la gloire, le Romantisme ne se serait pas séparé de la royauté; et cette secte nouvelle, qui professait un égal mépris pour l'opposition

---

1. Inutile de souligner ce que cette formule a de profondément baudelairien.

politique modérée, pour la peinture de Delaroche ou la poésie de Delavigne, et pour le roi qui présidait au développement du *juste-milieu,* n'aurait pas trouvé de raisons d'exister.

Pour moi, j'avoue sincèrement, quand même j'y sentirais un ridicule, que j'ai toujours eu quelque sympathie pour ce malheureux écrivain dont le génie manqué, plein d'ambition et de maladresse, n'a su produire que des ébauches minutieuses, des éclairs orageux, des figures dont quelque chose de trop bizarre, dans l'accoutrement ou dans la voix, altère la native grandeur. Il a, en somme, une couleur à lui, une saveur *sui generis;* n'eût-il que le charme de la volonté, c'est déjà beaucoup! mais il aimait férocement les lettres, et aujourd'hui nous sommes encombrés de jolis et souples écrivains tout prêts à vendre la Muse pour le champ du potier.

Comme nous achevions, l'an passé, d'écrire ces notes, trop sévères peut-être, nous avons appris que le poète venait de mourir en Algérie, où il s'était retiré, loin des affaires littéraires, découragé ou méprisant, avant d'avoir livré au public un *Tabarin* annoncé depuis longtemps.

6

GUSTAVE LE VAVASSEUR [1]

Il y a bien des années que je n'ai vu Gustave Le Vavasseur, mais ma pensée se porte toujours avec jouissance vers l'époque où je le fréquentais assidûment. Je me souviens que, plus d'une fois, en pénétrant chez lui, le matin, je le surpris presque nu, se tenant dangereusement en équilibre sur un échafaudage de chaises. Il essayait de répéter les tours que nous avions vu accomplir la veille par des gens dont c'est la profession. Le poète m'avoua qu'il se sentait jaloux de tous les exploits de force et d'adresse, et qu'il avait quelquefois connu le bonheur de se prouver à lui-même qu'il n'était pas incapable *d'en faire autant*. Mais, après cet aveu, croyez bien que je ne trouvai pas du tout que le poète en fût ridicule ou diminué; je l'aurais plutôt loué pour sa franchise et pour sa fidélité à sa propre nature; d'ailleurs, je me souvins que beaucoup d'hommes, d'une nature aussi rare et élevée que la sienne, avaient éprouvé des jalousies semblables à l'égard du torero, du comédien et de tous ceux qui, faisant de leur personne une glorieuse pâture publique, soulèvent l'enthousiasme du cirque et du théâtre [2].

Gustave Le Vavasseur a toujours aimé passionnément les tours de force. Une difficulté a pour lui toutes les séductions d'une nymphe. L'obstacle le ravit; la pointe et le jeu de mots l'enivrent; il n'y a pas de musique qui lui soit plus agréable que celle de la rime triplée, quadruplée, multipliée. Il est *naïvement compliqué*. Je n'ai jamais vu d'homme si pompeusement et si franchement Normand. Aussi Pierre Corneille, Brébeuf, Cyrano, lui inspirent plus de respect et de tendresse qu'à tout autre qui serait

1. *Revue fantaisiste,* 1er août 1861. Ami de jeunesse de Baudelaire, Gustave Le Vavasseur avait été le chef d'une petite chapelle littéraire dont il est difficile d'apprécier l'éventuelle influence sur l'auteur de cette notice, finalement bien anodine !

2. On sent ici poindre le goût de Baudelaire pour le comédien et le saltimbanque : il songe un peu à lui-même.

moins amateur du subtil, du contourné, de la pointe faisant résumé et éclatant comme une fleur pyrotechnique. Qu'on se figure, unies à ce goût candidement bizarre, une rare distinction de cœur et d'esprit et une instruction aussi solide qu'étendue, on pourra peut-être attraper la ressemblance de ce poète qui a passé parmi nous, et qui, depuis longtemps réfugié dans son pays, apporte sans aucun doute dans ses nouvelles et graves fonctions le même zèle ardent et minutieux qu'il mettait jadis à élaborer ses brillantes strophes, d'une sonorité et d'un reflet si métalliques. *Vire et les Virois* sont un petit chef-d'œuvre et le plus parfait échantillon de cet esprit précieux, rappelant les ruses compliquées de l'escrime, mais n'excluant pas, comme aucuns pourraient le croire, la rêverie et le balancement de la mélodie. Car, il faut le répéter, Le Vavasseur est une intelligence très étendue, et, n'oublions pas ceci, un des plus délicats et des plus exercés causeurs que nous ayons connus, dans un temps et un pays où la causerie peut être comparée aux arts disparus. Toute bondissante qu'elle est, sa conversation n'est pas moins solide, nourrissante, suggestive, et la souplesse de son esprit, dont il peut être aussi fier que de celle de son corps, lui permet de tout comprendre, de tout apprécier, de tout sentir, même ce qui a l'air, à première vue, le plus éloigné de sa nature.

7

THÉODORE DE BANVILLE [1]

THÉODORE de Banville fut célèbre tout jeune. *Les Cariatides* datent de 1841 [2]. Je me souviens qu'on feuilletait avec étonnement ce volume où tant de richesses, un peu confuses, un peu mêlées, se trouvent amoncelées. On se répétait l'âge de l'auteur [3], et peu de personnes consentaient à admettre une si étonnante précocité. Paris n'était pas alors ce qu'il est aujourd'hui; un tohu-bohu, un capharnaüm, une Babel peuplée d'imbéciles et d'inutiles, peu délicats sur les manières de tuer le temps, et absolument rebelles aux jouissances littéraires. Dans ce temps-là, le *tout Paris* se composait de cette élite d'hommes chargés de façonner l'opinion des autres, et qui, quand un poète vient à naître, en sont toujours avertis les premiers. Ceux-là saluèrent naturellement l'auteur des *Cariatides* comme un homme qui avait une longue carrière à fournir. Théodore de Banville apparaissait comme un de ces esprits marqués, pour qui la poésie est la langue la plus facile à parler, et dont la pensée se coule d'elle-même dans un rhythme.

Celles de ses qualités qui se montraient le plus vivement à l'œil étaient l'abondance et l'éclat; mais les nombreuses et involontaires imitations, la variété même du ton, selon que le jeune poète subissait l'influence de tel ou de tel de ses précédesseurs, ne servirent pas peu à détourner l'esprit du lecteur de la faculté principale de l'auteur, de celle qui devait plus tard être sa grande originalité, sa gloire, sa marque de fabrique, je veux parler de la certitude dans l'ex-

---

1. *Revue fantaisiste*, 1er août 1861. *Le Boulevard*, 24 août 1862. Rappelons que Banville fut un des tout premiers à reconnaître le génie de Baudelaire et devait collaborer avec Asselineau à l'édition posthume de ses œuvres. Baudelaire de son côté, s'il n'avait guère de tendresse pour *l'École païenne* aux excès de laquelle Banville ne céda jamais, est toujours resté fidèle à son admiration pour le poète des *Cariatides*.

2. En fait la publication du recueil date de 1842.

3. 19 ans.

pression lyrique. Je ne nie pas, remarquez-le bien, que *les Cariatides* ne contiennent quelques-uns de ces admirables morceaux que le poète pourrait être fier de signer même aujourd'hui; je veux seulement noter que l'ensemble de l'œuvre, avec son éclat et sa variété, ne révélait pas d'emblée la nature particulière de l'auteur, soit que cette nature ne fût pas encore assez *faite,* soit que le poète fût encore placé sous le charme fascinateur de tous les poètes de la grande époque.

Mais dans *les Stalactites* (1843-1845)[1] la pensée apparaît plus claire et plus définie; l'objet de la recherche se fait mieux deviner. La couleur, moins prodiguée, brille cependant d'une lumière plus vive, et le contour de chaque objet découpe une silhouette plus arrêtée. *Les Stalactites* forment, dans le grandissement du poète, une phase particulière où l'on dirait qu'il a voulu réagir contre sa primitive faculté d'expansion, trop prodigue, trop indisciplinée. Plusieurs des meilleurs morceaux qui composent ce volume sont très courts et affectent les élégances contenues de la poterie antique. Toutefois ce n'est que plus tard, après s'être joué dans mille difficultés, dans mille gymnastiques que les vrais amoureux de la Muse peuvent seuls apprécier à leur juste valeur, que le poète, réunissant dans un accord parfait l'exubérance de sa nature primitive et l'expérience de sa maturité, produira, l'une servant l'autre, des poèmes d'une habileté consommée et d'un charme *sui generis,* tels que *la Malédiction de Vénus, l'Ange mélancolique*[2], et surtout certaines stances sublimes qui ne portent pas de titre, mais qu'on trouvera dans le sixième livre de ses poésies complètes, stances dignes de Ronsard par leur audace, leur élasticité et leur ampleur, et dont le début même est plein de grandiloquence et annonce des bondissements surhumains d'orgueil et de joie :

Vous en qui je salue une nouvelle aurore,
Vous tous qui m'aimerez,
Jeunes hommes des temps qui ne sont pas encore,
O bataillons sacrés !

1. Dates de composition, sans doute : la publication est de 1846.
2. Titres exacts : *Malédiction de Cypris, Tristesse au jardin.*

B.N. Estampes *Cl. B.N.*

Banville par Alfred Debrodencq

Mais quel est ce charme mystérieux dont le poète s'est reconnu lui-même possesseur et qu'il a augmenté jusqu'à en faire une qualité permanente? Si nous ne pouvons le définir exactement, peut-être trouverons-nous quelques mots pour le décrire, peut-être saurons-nous découvrir d'où il tire en partie son origine.

J'ai dit, je ne sais plus où : « La poésie de Banville représente les belles heures de la vie, c'est-à-dire les heures où l'on se sent heureux de penser et de vivre [1]. »

Je lis dans un critique : « Pour deviner l'âme d'un poète, ou du moins sa principale préoccupation, cherchons dans ses œuvres quel est le mot ou quels sont les mots qui s'y représentent avec le plus de fréquence. Le mot traduira l'obsession [2]. »

Si, quand j'ai dit : « Le talent de Banville représente les belles heures de la vie », mes sensations ne m'ont pas trompé (ce qui, d'ailleurs, sera tout à l'heure vérifié), et si je trouve dans ses œuvres un mot qui, par sa fréquente répétition, semble dénoncer un penchant naturel et un dessein déterminé, j'aurai le droit de conclure que ce mot peut servir à caractériser, mieux que tout autre, la nature de son talent, en même temps que les sensations contenues *dans les heures de la vie où l'on se sent le mieux vivre*.

Ce mot, c'est le mot *lyre,* qui comporte évidemment pour l'auteur un sens prodigieusement compréhensif. La *lyre* exprime en effet cet état presque surnaturel, cette intensité de vie où l'âme *chante,* où elle est *contrainte de chanter,* comme l'arbre, l'oiseau et la mer. Par un raisonnement, qui a peut-être le tort de rappeler les méthodes mathématiques, j'arrive donc à conclure que, la poésie de Banville suggérant d'abord l'idée des *belles heures,* puis présentant assidûment aux yeux le mot *lyre,* et la *Lyre* étant expressément chargée de traduire les *belles heures,* l'ardente vitalité spirituelle, l'homme hyperbolique, en un mot, le talent de Banville est essentiellement, décidément et volontairement lyrique.

Il y a, en effet, une manière lyrique de sentir. Les hommes les plus disgraciés de la nature, ceux à qui la fortune donne

---

1. Une note de *Fusées* (XIII) dit : *Sa poésie représente les heures heureuses.*

2. Sainte-Beuve : *Portraits contemporains, Senancour.*

le moins de loisir, ont connu quelquefois ces sortes d'impressions, si riches que l'âme en est comme illuminée, si vives qu'elle en est comme soulevée. Tout l'être intérieur, dans ces merveilleux instants, s'élance en l'air par trop de légèreté et de dilatation, comme pour atteindre une région plus haute.

Il existe donc aussi nécessairement une manière lyrique de parler, et un monde lyrique, une atmosphère lyrique, des paysages, des hommes, des femmes, des animaux qui tous participent du caractère affectionné par la Lyre.

Tout d'abord constatons que l'hyperbole et l'apostrophe sont des formes de langage qui lui sont non seulement des plus agréables, mais aussi des plus nécessaires, puisque ces formes dérivent naturellement d'un état exagéré de la vitalité. Ensuite, nous observons que tout mode lyrique de notre âme nous contraint à considérer les choses non pas sous leur aspect particulier, exceptionnel, mais dans les traits principaux, généraux, universels. La lyre fuit volontiers tous les détails dont le roman se régale. L'âme lyrique fait des enjambées vastes comme des synthèses; l'esprit du romancier se délecte dans l'analyse. C'est cette considération qui sert à nous expliquer quelle commodité et quelle beauté le poète trouve dans les mythologies et dans les allégories. La mythologie est un dictionnaire d'hiéroglyphes vivants, hiéroglyphes connus de tout le monde. Ici, le paysage est revêtu, comme les figures, d'une magie hyperbolique; il devient *décor*. La femme est non seulement un être d'une beauté suprême, comparable à celle d'Ève ou de Vénus; non seulement, pour exprimer la pureté de ses yeux, le poète empruntera des comparaisons à tous les objets limpides, éclatants, transparents[a], à tous les meilleurs réflecteurs et à toutes les plus belles cristallisations de la nature (notons en passant la prédilection de Banville, dans ce cas, pour les pierres précieuses [1]), mais encore faudra-t-il doter la femme d'un genre de beauté tel que l'esprit ne peut le concevoir que comme existant dans un monde supérieur. Or, je me souviens qu'en trois ou quatre endroits de ses poésies, notre poète, voulant

1. Prédilection partagée par Baudelaire lui-même : tout ce qu'il vient d'écrire, d'ailleurs, témoigne de son affinité spirituelle avec Banville, du moins tel qu'il l'interprète.

orner des femmes d'une beauté non comparable et non égalable, dit qu'elles ont des *têtes d'enfant*. C'est là une espèce de trait de génie particulièrement lyrique, c'est-à-dire amoureux du surhumain. Il est évident que cette expression contient implicitement cette pensée, que le plus beau des visages humains est celui dont l'usage de la vie, passion, colère, péché, angoisse, souci, n'a jamais terni la clarté ni ridé la surface. Tout poète lyrique, en vertu de sa nature, opère fatalement un retour vers l'Eden perdu. Tout, hommes, paysages, palais, dans le monde lyrique, est pour ainsi dire *apothéosé*. Or, par suite de l'infaillible logique de la nature, le mot *apothéose* est un de ceux qui se présentent irrésistiblement sous la plume du poète quand il a à décrire (et croyez qu'il n'y prend pas un mince plaisir) un mélange de gloire et de lumière. Et, si le poète lyrique trouve occasion de parler de lui-même, il ne se peindra pas penché sur une table, barbouillant une page blanche d'horribles petits signes noirs, se battant contre la phrase rebelle ou luttant contre l'inintelligence du correcteur d'épreuves, non plus que dans une chambre pauvre, triste ou en désordre [1]; non plus que, s'il veut apparaître comme mort, il ne se montrera pourrissant sous le linge, dans une caisse de bois. Ce serait mentir. Horreur! Ce serait contredire la vraie *réalité,* c'est-à-dire sa propre nature. Le poète mort ne trouve pas de trop bons serviteurs dans les nymphes, les houris et les anges. Il ne peut se reposer que dans de verdoyants Élysées, ou dans des palais plus beaux et plus profonds que les architectures de vapeur bâties par les soleils couchants.

Mais moi, *vêtu de pourpre, en d'éternelles fêtes,*
Dont je prendrai ma part,
Je boirai le nectar au séjour des poètes,
A côté de Ronsard.

Là, dans ces lieux, *où tout a des splendeurs divines;*
Ondes, lumière, accords,
Nos yeux s'enivreront de formes féminines
Plus belles que des corps;

---

1. Cf. le poème en prose *la Chambre double.*

Et tous les deux, parmi des spectacles *féeriques*
Qui dureront toujours,
Nous nous raconterons nos batailles *lyriques*
Et nos belles amours.

J'aime cela; je trouve dans cet amour du luxe poussé au delà du tombeau un signe confirmatif de grandeur. Je suis touché des merveilles et des magnificences que le poète décrète en faveur de quiconque touche la lyre. Je suis heureux de voir poser ainsi, sans ambages, sans modestie, sans ménagements, l'absolue divinisation du poète, et je jugerais même poète de mauvais goût celui-là qui, dans cette circonstance, ne serait pas de mon avis. Mais j'avoue que pour oser cette *Déclaration des droits* du poète, il faut être absolument lyrique, et peu de gens ont le *droit* de l'oser.

Mais enfin, direz-vous, si lyrique que soit le poète, peut-il donc ne jamais descendre des régions éthéréennes, ne jamais sentir le courant de la vie ambiante, ne jamais voir le spectacle de la vie, la grotesquerie perpétuelle de la bête humaine, la nauséabonde niaiserie de la femme, etc?... Mais si vraiment! le poète sait descendre dans la vie; mais croyez que s'il y consent, ce n'est pas sans but, et qu'il saura tirer profit de son voyage. De la laideur et de la sottise il fera naître un nouveau genre d'enchantements [1]. Mais ici encore sa bouffonnerie conservera quelque chose d'hyperbolique; l'excès en détruira l'amertume, et la satire, par un miracle résultant de la nature même du poète, se déchargera de toute sa haine dans une explosion de gaieté, innocente à force d'être carnavalesque.

Même dans la poésie idéale, la Muse peut, sans déroger, frayer avec les vivants. Elle saura ramasser partout une nouvelle parure. Un oripeau moderne peut ajouter une grâce exquise, un mordant nouveau (un piquant, comme on disait autrefois) à sa beauté de déesse. Phèdre en paniers a ravi les esprits les plus délicats de l'Europe; à plus forte raison, Vénus, qui est immortelle, peut bien, quand elle

---

1. Cette phrase n'est-elle pas un article fondamental de l'art poétique de Baudelaire lui-même ? Et, de même, le fragment cité plus haut n'est pas sans affinité avec *l'Invitation au voyage*. Baudelaire n'a pas tort de souligner cet aspect intéressant du lyrisme de Banville, même s'il arrive qu'il ne dépasse guère le niveau de la fantaisie.

veut visiter Paris, faire descendre son char dans les bosquets du Luxembourg. D'où tirez-vous le soupçon que cet *anachronisme* est une infraction aux règles que le poète s'est imposées, à ce que nous pouvons appeler ses *convictions* lyriques? Car peut-on commettre un anachronisme dans l'éternel?

Pour dire tout ce que nous croyons la vérité, Théodore de Banville doit être considéré comme un original de l'espèce la plus élevée. En effet, si l'on jette un coup d'œil général sur la poésie contemporaine et sur ses meilleurs représentants, il est facile de voir qu'elle est arrivée à un état mixte, d'une nature très complexe; le génie plastique, le sens philosophique, l'enthousiasme lyrique, l'esprit humoristique, s'y combinent et s'y mêlent suivant des dosages infiniment variés. La poésie moderne tient à la fois de la peinture, de la musique, de la statuaire, de l'art arabesque, de la philosophie railleuse, de l'esprit analytique, et, si heureusement, si habilement agencée qu'elle soit, elle se présente avec les signes visibles d'une subtilité empruntée à divers arts. Aucuns y pourraient voir peut-être des symptômes de dépravation. Mais c'est là une question que je ne veux pas élucider en ce lieu. Banville seul, je l'ai déjà dit, est purement, naturellement et volontairement lyrique. Il est retourné aux moyens anciens d'expression poétique, les trouvant sans doute tout à fait suffisants et parfaitement adaptés à son but.

Mais ce que je dis du choix des moyens s'applique avec non moins de justesse au choix des sujets, au thème considéré en lui-même. Jusque vers un point assez avancé des temps modernes, l'art, poésie et musique surtout, n'a eu pour but que d'enchanter l'esprit en lui présentant des tableaux de béatitude, faisant contraste avec l'horrible vie de contention et de lutte dans laquelle nous sommes plongés.

Beethoven a commencé à remuer les mondes de mélancolie et de désespoir incurable amassés comme des nuages dans le ciel intérieur de l'homme. Maturin dans le roman, Byron dans la poésie, Poe dans la poésie et dans le roman analytique, l'un malgré sa prolixité et son verbiage, si détestablement imités par Alfred de Musset; l'autre, malgré son irritante concision, ont admirablement exprimé la partie blasphématoire de la passion; ils ont projeté des rayons splendides, éblouissants, sur le Lucifer latent qui est installé dans tout cœur humain. Je veux dire que l'art moderne a une tendance essentiellement démoniaque. Et il semble que cette part infernale de l'homme, que l'homme prend plaisir à s'expliquer à lui-même, augmente journellement, comme si le Diable s'amusait à la grossir par des procédés artificiels, à l'instar des engraisseurs, empâtant patiemment le genre humain dans ses basses-cours pour se préparer une nourriture plus succulente.

Mais Théodore de Banville refuse de se pencher sur ces marécages de sang, sur ces abîmes de boue. Comme l'art antique, il n'exprime que ce qui est beau, joyeux, noble, grand, rhythmique. Aussi, dans ses œuvres, vous n'entendrez pas les dissonances, les discordances des musiques du sabbat, non plus que les glapissements de l'ironie, cette vengeance du vaincu. Dans ses vers, tout a un air de fête et d'innocence, même la volupté. Sa poésie n'est pas seulement un regret, une nostalgie, elle est même un retour très volontaire vers l'état paradisiaque. A ce point de vue, nous pouvons donc le considérer comme un original de la nature la plus courageuse. En pleine atmosphère satanique ou romantique, au milieu d'un concert d'imprécations, il a l'audace de chanter la bonté des dieux et d'être un parfait *classique*. Je veux que ce mot soit entendu ici dans le sens le plus noble, dans le sens vraiment historique.

8

PIERRE DUPONT [1]

Après 1848 Pierre Dupont a été une grande gloire. Les amateurs de la littérature sévère et soignée trouvèrent peut-être que cette gloire était trop grande; mais aujourd'hui ils sont trop bien vengés, car voici maintenant que Pierre Dupont est négligé plus qu'il ne convient.

En 1843, 44 et 45, une immense, interminable nuée, qui ne venait pas d'Égypte, s'abattit sur Paris. Cette nuée vomit les néo-classiques, qui certes valaient bien plusieurs légions de sauterelles. Le public était tellement las de Victor Hugo, de ses infatigables facultés, de ses indestructibles beautés, tellement irrité de l'entendre toujours appeler *le juste,* qu'il avait depuis quelque temps décidé, dans son âme collective, d'accepter pour idole le premier soliveau qui lui tomberait sur la tête. C'est toujours une belle histoire à raconter que la conspiration de toutes les sottises en faveur d'une médiocrité; mais en vérité, il y a des cas où, si véridique qu'on soit, il faut renoncer à être cru.

Cette nouvelle infatuation des Français pour la sottise classique menaçait de durer longtemps; heureusement des symptômes vigoureux de résistance se faisaient voir de temps à autre. Déjà Théodore de Banville avait, mais vainement, produit les *Cariatides;* toutes les beautés qui y sont contenues étaient de la nature de celles que le public devait momentanément repousser, puisqu'elles étaient l'écho mélodieux de la puissante voix qu'on voulait étouffer.

Pierre Dupont nous apporta alors son petit secours, et ce secours si modeste fut d'un effet immense. J'en appelle à tous ceux de nos amis qui, dès ce temps, s'étaient voués à l'étude des lettres et se sentaient affligés par l'hérésie renouvelée, et je crois qu'ils avoueront, comme moi, que Pierre Dupont fut une distraction excellente. Il fut une véritable digue qui servit à détourner le torrent, en attendant qu'il tarît et s'épuisât de lui-même.

---

1. *Revue fantaisiste,* 15 août 1861.

Notre poète jusque-là était resté indécis, non pas dans ses sympathies, mais dans sa manière d'écrire. Il avait publié quelques poèmes d'un goût sage, modéré, sentant les bonnes études, mais d'un style bâtard et qui n'avait pas de visées beaucoup plus hautes que celui de Casimir Delavigne. Tout d'un coup, il fut frappé d'une illumination. Il se souvint de ses émotions d'enfance, de la poésie latente de l'enfance, jadis si souvent provoquée par ce que nous pouvons appeler la poésie anonyme, la chanson, non pas celle du soi-disant homme de lettres courbé sur un bureau officiel et utilisant ses loisirs de bureaucrate, mais la chanson du premier venu, du laboureur, du maçon, du roulier, du matelot. L'album des *Paysans* était écrit dans un style net et décidé, frais, pittoresque, cru, et la phrase était enlevée, comme un cavalier par son cheval, par des airs d'un goût naïf, faciles à retenir et composés par le poète lui-même. On se souvient de ce succès. Il fut très grand, il fut universel. Les hommes de lettres (je parle des vrais) y trouvèrent leur pâture. Le monde ne fut pas insensible à cette grâce rustique. Mais le grand secours que la Muse en tira fut de ramener l'esprit du public vers la vraie poésie, qui est, à ce qu'il paraît, plus incommode et plus difficile à aimer que la routine et les vieilles modes. La bucolique était retrouvée; comme la fausse bucolique de Florian, elle avait ses grâces, mais elle possédait surtout un accent pénétrant, profond, tiré du sujet lui-même et tournant vite à la mélancolie. La grâce y était naturelle, et non plaquée par le procédé artificiel dont usaient au dix-huitième siècle les peintres et les littérateurs. Quelques crudités même servaient à rendre plus visibles les délicatesses des rudes personnages dont ces poésies racontaient la joie ou la douleur. Qu'un paysan avoue sans honte que la mort de sa femme l'affligerait moins que la mort de ses bœufs, je n'en suis pas plus choqué que de voir les saltimbanques dépenser plus de soins paternels, câlins, charitables, pour leurs chevaux que pour leurs enfants. Sous l'horrible idiotisme du métier il y a la poésie du métier; Pierre Dupont a su la trouver, et souvent il l'a exprimée d'une manière éclatante.

En 1846 ou 47 (je crois plutôt que c'est en 46) Pierre Dupont, dans une de nos longues flâneries (heureuses flâneries d'un temps où nous n'écrivions pas encore, l'œil fixé sur une pendule, délices d'une jeunesse prodigue, ô mon cher Pierre, vous en souvenez-vous ?), me parla d'un petit poème qu'il venait de composer et sur la valeur duquel son esprit était très indécis. Il me chanta, de cette voix si charmante qu'il possédait alors, le magnifique *Chant des Ouvriers*. Il était vraiment très incertain, ne sachant trop que penser de son œuvre; il ne m'en voudra pas de publier ce détail, assez comique d'ailleurs. Le fait est que c'était pour lui une veine nouvelle; je dis *pour lui,* parce qu'un esprit plus exercé que n'était le sien à suivre ses propres évolutions, aurait pu deviner, d'après l'Album *les Paysans,* qu'il serait bientôt entraîné à chanter les douleurs et les jouissances de tous les pauvres.

Si rhéteur qu'il faille être, si rhéteur que je sois et si fier que je sois de l'être, pourquoi rougirais-je d'avouer que je fus profondément ému?

> Mal vêtus, logés dans des trous,
> Sous les combles, dans les décombres,
> Nous vivons parmi les hiboux [1a]
> Et les larrons amis des ombres.
> Cependant notre sang vermeil
> Coule impétueux dans nos veines;
> Nous nous plairions au grand soleil
> Et sous les rameaux verts des chênes!

Je sais que les ouvrages de Pierre Dupont ne sont pas d'un goût fini et parfait; mais il a l'instinct, sinon le sentiment raisonné de la beauté parfaite. En voici bien un exemple : quoi de plus commun, de plus trivial que le regard de la pauvreté jeté sur la richesse, sa voisine? mais ici le sentiment se complique d'orgueil poétique, de volupté entrevue dont on se sent digne; c'est un véritable trait de génie. Quel long soupir ! quelle aspiration! *Nous aussi, nous comprenons la beauté des palais et des parcs ! Nous aussi nous devinons l'art d'être heureux !*

Ce chant était-il un de ces atomes volatils qui flottent dans l'air et dont l'agglomération devient orage, tempête, événement? Était-ce un de ces symptômes précurseurs tels que les hommes clairvoyants les virent alors en assez grand nombre dans l'atmosphère intellectuelle de la France? Je ne

---

1. Cf. *var.*

sais; toujours est-il que peu de temps après, très peu de temps après, cet hymne retentissant s'adaptait admirablement à une révolution générale dans la politique et dans les applications de la politique. Il devenait, presque immédiatement, le cri de ralliement des classes déshéritées.

Le mouvement de cette révolution a emporté jour à jour l'esprit du poète. Tous les événements ont fait écho dans ses vers. Mais je dois faire observer que si l'instrument de Pierre Dupont est d'une nature plus noble que celui de Béranger, ce n'est cependant pas un de ces clairons guerriers comme les nations en veulent entendre dans la minute qui précède les grandes batailles. Il ne ressemble pas à

... Ces trompes, ces cymbales,
Qui soûlent de leurs sons le plus morne soldat,
Et le jettent, joyeux, sous la grêle des balles,
Lui versant dans le cœur la rage du combat [1].

Pierre Dupont est une âme tendre, portée à l'utopie, et en cela même vraiment bucolique. Tout en lui tourne à l'amour, et la guerre, comme il la conçoit, n'est qu'une manière de préparer l'universelle réconciliation :

Le glaive brisera le glaive,
Et du combat naîtra l'amour!

L'amour est plus fort que la guerre, dit-il encore dans le *Chant des Ouvriers.*

Il y a dans son esprit une certaine force qui implique toujours la bonté; et sa nature, peu propre à se résigner aux lois éternelles de la destruction, ne veut accepter que les idées consolantes où elle peut trouver des éléments qui lui soient analogues. L'instinct (un instinct fort noble que le sien!) domine en lui la faculté du raisonnement. Le maniement des abstractions lui répugne, et il partage avec les femmes ce singulier privilège que toutes ses qualités poétiques comme ses défauts lui viennent du sentiment.

C'est à cette grâce, à cette tendresse féminine, que Pierre Dupont est redevable de ses meilleurs chants. Par

1. Pétrus Borel. Préface en vers de *Madame Putiphar.* *(Note de Baudelaire.)*

grand bonheur, l'activité révolutionnaire, qui emportait à cette époque presque tous les esprits, n'avait pas absolument détourné le sien de sa voie *naturelle*. Personne n'a dit, en termes plus doux et plus pénétrants, les petites joies et les grandes douleurs des petites gens. Le recueil de ses chansons représente tout un petit monde où l'homme fait entendre plus de soupirs que de cris de gaieté, et où la nature, dont notre poète sent admirablement l'immortelle fraîcheur, semble avoir mission de consoler, d'apaiser, de dorloter le pauvre et l'abandonné.

Tout ce qui appartient à la classe des sentiments doux et tendres est exprimé par lui avec un accent rajeuni, renouvelé par la sincérité du sentiment. Mais au sentiment de la tendresse, de la charité universelle, il ajoute un genre d'esprit contemplatif qui jusque-là était resté étranger à la chanson française. La contemplation de l'immortelle beauté des choses se mêle sans cesse, dans ses petits poèmes, au chagrin causé par la sottise et la pauvreté de l'homme, Il possède, sans s'en douter, un certain *turn of pensiveness*, qui le rapproche des meilleurs poètes didactiques anglais. La galanterie elle-même (car il y a de la galanterie, et même d'une espèce raffinée, dans ce chantre des rusticités) porte dans ses vers un caractère pensif et attendri. Dans mainte composition il a montré, par des accents plutôt soudains que savamment modulés, combien il était sensible à la grâce éternelle qui coule des lèvres et du regard de la femme :

> La nature a filé sa grâce
> Du plus pur fil de ses fuseaux [1a] !

Et ailleurs, négligeant révolutions et guerres sociales, le poète chante, avec un accent délicat et voluptueux :

> Avant que tes beaux yeux soient clos
> Par le sommeil jaloux, ma belle,
> Descendons jusqu'au bord des flots,
> Et détachons notre nacelle.
>
> L'air tiède, la molle clarté
> De ces étoiles qui se baignent,

1. Cf. *var.*

Le bruit des rames qui se plaignent,
Tout respire la volupté.
O mon amante !
O mon désir !
Sachons cueillir
L'heure charmante !

De parfums comme de lueurs
La nacelle amoureuse est pleine ;
On dirait un bouquet de fleurs
Qui s'effeuille dans ton haleine ;
Tes yeux, par la lune pâlis,
Semblent emplis de violettes ;
Tes lèvres sont des cassolettes,
Ton corps embaume comme un lis !

Vois-tu l'axe de l'univers,
L'étoile polaire immuable ?
Autour, les astres dans les airs
Tourbillonnent comme du sable.
Quel calme ! que les cieux sont grands,
Et quel harmonieux murmure !
Ma main dedans ta chevelure
A senti des frissons errants !

Lettres plus nombreuses encor
Que tout l'alphabet de la Chine,
O grand hiéroglyphes d'or,
Je vous déchiffre et vous devine !
La nuit, plus belle que le jour,
Écrit dans sa langue immortelle
Le mot que notre bouche épelle,
Le nom infini de l'Amour !

O mon amante !
O mon désir !
Sachons cueillir
L'heure charmante !

Grâce à une opération d'esprit toute particulière aux amoureux quand ils sont poètes, ou aux poètes quand ils sont amoureux, la femme s'embellit de toutes les grâces du paysage, et le paysage profite occasionnellement des grâces que la femme aimée verse à son insu sur le ciel, sur la terre et sur les flots. C'est encore un de ces traits fréquents qui caractérisent la manière de Pierre Dupont, quand il se jette avec confiance dans les milieux qui lui sont favorables et quand il s'abandonne, sans préoccupation des choses qu'il ne peut pas dire vraiment *siennes,* au libre développement de sa nature.

J'aurais voulu m'étendre plus longuement sur les qualités de Pierre Dupont, qui, malgré un penchant trop vif vers les catégories et les divisions didactiques, — lesquelles ne sont souvent, en poésie, qu'un signe de paresse, le développement lyrique naturel devant contenir tout l'élément didactique et descriptif suffisant, — malgré de nombreuses négligences de langage et un *lâché* dans la forme vraiment inconcevables, est et restera un de nos plus précieux poètes. J'ai entendu dire à beaucoup de personnes, fort compétentes d'ailleurs, que le fini, le précieux, la perfection enfin, les rebutaient et les empêchaient d'avoir, pour ainsi dire, *confiance* dans le poète. Cette opinion[a] (singulière pour moi) est fort propre à incliner l'esprit à la résignation relativement aux incompatibilités correspondantes dans l'esprit des poètes et dans le tempérament des lecteurs. Aussi bien, jouissons de nos poètes, à la condition toutefois qu'ils possèdent les qualités les plus nobles, les qualités indispensables, et prenons-les tels que Dieu les a faits et nous les donne, puisqu'on nous affirme que telle qualité ne s'augmente que par le sacrifice plus ou moins complet de telle autre.

Je suis contraint d'abréger[b]. Pour achever en quelques mots, Pierre Dupont appartient à cette aristocratie naturelle des esprits qui doivent infiniment plus à la nature qu'à l'art, et qui, comme deux autres grands poètes, Auguste Barbier et madame Desbordes-Valmore, ne trouvent que par la spontanéité de leur âme l'expression, le chant, le cri, destinés à se graver éternellement dans toutes les mémoires.

9

LECONTE DE LISLE [1]

Je me suis souvent demandé, sans pouvoir me répondre, pourquoi les créoles n'apportaient, en général, dans les travaux littéraires, aucune originalité, aucune force de conception ou d'expression. On dirait des âmes de femmes, faites uniquement pour contempler et pour jouir. La fragilité même, la gracilité de leurs formes physiques, leurs yeux de velours qui regardent sans examiner, l'étroitesse singulière de leurs fronts, emphatiquement hauts, tout ce qu'il y a souvent en eux de charmant les dénonce comme des ennemis du travail et de la pensée. De la langueur, de la gentillesse, une faculté naturelle d'imitation qu'ils partagent d'ailleurs avec les nègres, et qui donne presque toujours à un poète créole, quelle que soit sa distinction, un certain air provincial, voilà ce que nous avons pu observer généralement dans les meilleurs d'entre eux.

M. Leconte de Lisle est la première et l'unique exception que j'ai rencontrée. En supposant qu'on en puisse trouver d'autres, il restera, à coup sûr, la plus étonnante et la plus vigoureuse. Si des descriptions, trop bien faites, trop enivrantes, pour n'avoir pas été moulées sur des souvenirs d'enfance, ne révélaient pas de temps en temps à l'œil du critique l'origine du poète, il serait impossible de découvrir qu'il a reçu le jour dans une de ces îles volcaniques et parfumées, où l'âme humaine, mollement bercée par toutes les voluptés de l'atmosphère, désapprend chaque jour l'exercice de la pensée. Sa personnalité physique même est un démenti donné à l'idée habituelle que l'esprit se fait d'un créole. Un front puissant, une tête ample et large, des yeux clairs et froids, fournissent tout d'abord l'image de la force. Au-dessous de ces traits dominants, les premiers qui se laissent apercevoir, badine une bouche souriante animée d'une incessante ironie. Enfin, pour compléter le démenti au spirituel comme au physique, sa conversation,

1. *Revue fantaisiste,* 15 août 1861.

solide et sérieuse, est toujours, à chaque instant, assaisonnée par cette raillerie qui confirme la force. Ainsi non seulement il est érudit, non seulement il a médité, non seulement il a cet œil poétique qui sait extraire le caractère poétique de toutes choses, mais encore il a de l'esprit, qualité rare chez les poètes; de l'esprit dans le sens populaire et dans le sens le plus élevé du mot. Si cette faculté de raillerie et de bouffonnerie n'apparaît pas (distinctement, veux-je dire) dans ses ouvrages poétiques, c'est parce qu'elle veut se cacher, parce qu'elle a compris que c'était son devoir de se cacher. Leconte de Lisle, étant un vrai poète, sérieux et méditatif, a horreur de la confusion des genres, et il sait que l'art n'obtient ses effets les plus puissants que par des sacrifices proportionnés à la rareté de son but.

Je cherche à définir la place que tient dans notre siècle ce poète tranquille et vigoureux, l'un de nos plus chers et de nos plus précieux. Le caractère distinctif de sa poésie est un sentiment d'aristocratie intellectuelle, qui suffirait, à lui seul, pour expliquer l'impopularité de l'auteur, si, d'un autre côté, nous ne savions pas que l'impopularité, en France, s'attache à tout ce qui tend vers n'importe quel genre de perfection. Par son goût inné pour la philosophie et par sa faculté de description pittoresque, il s'élève bien au-dessus de ces mélancoliques de salon, de ces fabricants d'albums et de keepsakes où tout, philosophie et poésie, est ajusté au sentiment des demoiselles. Autant vaudrait mettre les fadeurs d'Ary Scheffer ou les banales images de nos missels en parallèle avec les robustes figures de Cornélius[1]. Le seul poète auquel on pourrait, sans absurdité, comparer Leconte de Lisle est Théophile Gautier. Ces deux esprits se plaisent également dans le voyage; ces deux imaginations sont naturellement cosmopolites. Tous deux ils aiment à changer[a] d'atmosphère et à habiller leur pensée des modes variables que le temps éparpille dans l'éternité. Mais Théophile Gautier donne au détail un relief plus vif et une couleur plus allumée, tandis que Leconte de Lisle s'attache surtout à l'armature philosophique. Tous deux ils aiment l'Orient et le désert; tous deux ils admirent le

1. Sur l'intérêt de Baudelaire pour l'école allemande de peinture, cf. le fragment sur l'*Art Philosophique*.

repos comme un principe de beauté. Tous deux ils inondent leur poésie d'une lumière passionnée, plus pétillante chez Théophile Gautier, plus reposée chez Leconte de Lisle. Tous deux sont également indifférents à toutes les piperies humaines et savent, sans effort, n'être jamais dupes. Il y a encore un autre homme, mais dans un ordre différent, que l'on peut nommer à côté de Leconte de Lisle, c'est Ernest Renan. Malgré la diversité qui les sépare, tous les esprits clairvoyants sentiront cette comparaison. Dans le poète comme dans le philosophe, je trouve cette ardente mais impartiale curiosité des religions, et ce même esprit d'amour universel, non[a] pour l'humanité prise en elle-même, mais pour les différentes formes dont l'homme a, suivant les âges et les climats, revêtu la beauté et la vérité. Chez l'un non plus que chez l'autre, jamais d'absurde impiété. Peindre en beaux vers, d'une nature lumineuse et tranquille, les manières diverses suivant lesquelles l'homme a, jusqu'à présent, adoré Dieu et cherché le beau, tel a été, autant qu'on en peut juger par son recueil le plus complet, le but que Leconte de Lisle a assigné à sa poésie.

Son premier pèlerinage fut pour la Grèce [1]; et tout d'abord ses poèmes, écho de la beauté classique, furent remarqués par les connaisseurs. Plus tard, il montra une série d'imitations latines [2], dont, pour ma part, je fais infiniment plus de cas. Mais pour être tout à fait juste, je dois avouer que peut-être bien le goût du sujet emporte ici mon jugement, et que ma prédilection naturelle pour Rome m'empêche de sentir tout ce que je devrais goûter dans la lecture de ses poésies grecques.

Peu à peu, son humeur voyageuse l'entraîna vers des mondes de beauté plus mystérieux. La part qu'il a faite aux religions asiatiques est énorme [3], et c'est là qu'il a versé à flots majestueux son dégoût naturel pour les choses transitoires, pour le badinage de la vie, et son amour infini pour l'immuable, pour l'éternel, pour le *divin Néant*. D'autres fois, avec une soudaineté de caprice apparent, il

1. Poèmes antiques parus dans *la Phalange*, 1845-1847.

2. *Études latines*, des *Poèmes antiques* (1852).

3. Déjà dans les *Poèmes antiques*, et plus encore dans les *Poèmes barbares*, non encore parus en volume, mais dont certaines pièces étaient connues.

émigrait vers les neiges de la Scandinavie et nous racontait les divinités boréales, culbutées et dissipées comme des brumes par le rayonnant enfant de la Judée. Mais quelles que soient la majesté d'allures et la solidité de raison que Leconte de Lisle a développées dans ces sujets si divers, ce que je préfère parmi ses œuvres, c'est un certain filon tout nouveau qui est bien à lui et qui n'est qu'à lui. Les pièces de cette classe sont rares, et c'est peut-être parce que ce genre était son genre le plus naturel, qu'il l'a plus négligé. Je veux parler des poèmes, où, sans préoccupation de la religion et des formes successives de la pensée humaine, le poète a décrit la beauté, telle qu'elle posait pour son œil original et individuel : les forces imposantes, écrasantes de la nature; la majesté de l'animal dans sa course ou dans son repos; la grâce de la femme dans les climats favorisés du soleil, enfin la divine sérénité du désert ou la redoutable magnificence de l'Océan. Là, Leconte de Lisle est [a] un maître et un grand maître. Là, la poésie triomphante n'a plus d'autre but qu'elle-même. Les vrais amateurs savent que je veux parler de pièces telles que *les Hurleurs, les Éléphants* [1], *le Sommeil du condor,* etc., telles surtout que *le Manchy* [2], qui est un chef-d'œuvre hors ligne, une véritable évocation, où brillent, avec toutes leurs grâces mystérieuses, la beauté et la magie tropicales, dont aucune beauté méridionale, grecque, italienne ou espagnole, ne peut donner l'analogue.

J'ai peu de choses à ajouter. Leconte de Lisle possède le gouvernement de son idée; mais ce ne serait presque rien s'il ne possédait aussi le maniement de son outil. Sa langue est toujours noble, décidée, forte, sans notes criardes, sans fausses pudeurs; son vocabulaire, très étendu; ses accouplements de mots sont toujours distingués et cadrent nettement [b] avec la nature de son esprit. Il joue du rhythme avec ampleur et certitude, et son instrument a le ton [c] doux mais large et profond de l'alto. Ses rimes, exactes sans trop de coquetterie, remplissent la condition de beauté voulue et répondent régulièrement à cet amour contradictoire et mystérieux de l'esprit humain pour la surprise et la symétrie.

1. *Poèmes et poésies,* 1855.
2. *Poésies complètes,* 1858.

Quant à cette impopularité dont je parlais au commencement, je crois être l'écho de la pensée du poète lui-même en affirmant qu'elle ne lui cause aucune tristesse, et que le contraire n'ajouterait rien à son contentement. Il lui suffit d'être populaire parmi ceux qui sont dignes eux-mêmes de lui plaire. Il appartient d'ailleurs à cette famille d'esprits qui ont pour tout ce qui n'est pas supérieur un mépris si tranquille qu'il ne daigne même pas s'exprimer.

10

HÉGÉSIPPE MOREAU [1]

La même raison qui fait une destinée malheureuse en fait une heureuse. Gérard de Nerval tirera du vagabondage, qui fut si longtemps sa grande jouissance, une mélancolie à qui le suicide apparaîtra finalement comme seul terme et seule guérison possibles. Edgar Poe, qui était un grand génie, se couchera dans le ruisseau, vaincu par l'ivresse. De longs hurlements, d'implacables malédictions, suivront ces deux morts. Chacun voudra se dispenser de la pitié et répétera le jugement précipité de l'égoïsme : pourquoi plaindre ceux qui méritent de souffrir? D'ailleurs le siècle considère volontiers le malheureux comme un impertinent. Mais si ce malheureux unit l'esprit à la misère, s'il est, comme Gérard, doué d'une intelligence brillante, active, lumineuse, prompte à s'instruire; s'il est, comme Poe, un vaste génie, profond comme le ciel et comme l'enfer, oh! alors, l'impertinence du malheur devient intolérable. Ne dirait-on pas que le génie est un reproche et une insulte pour la foule! Mais s'il n'y a dans le malheureux [a] ni génie ni savoir, si l'on ne peut trouver en lui rien de supérieur, rien d'impertinent, rien qui empêche la foule de se mettre de niveau avec lui et de le traiter conséquemment de pair à compagnon, dans ce cas-là constatons que le malheur et même le vice peuvent devenir une immense source de gloire.

Gérard a fait des livres nombreux, voyages ou nouvelles, tous marqués par le goût. Poe a produit au moins soixante-douze nouvelles, dont une aussi longue qu'un roman; des poèmes exquis d'un style prodigieusement original

1. Cette étude ne parut pas en revue, ni non plus dans l'Anthologie de Crépet, bien qu'il existât une épreuve d'après laquelle ce texte fut publié, pour la première fois, dans l'*Art romantique* de 1868. Hégésippe Moreau était un des héros littéraires du parti républicain — auquel appartenait Crépet — et la critique de Baudelaire fut sans doute, de ce point de vue, considérée comme inopportune — sous l'Empire... Elle était pourtant juste !

et parfaitement correct, au moins huit cents pages de mélanges critiques, et enfin un livre de haute philosophie. Tous les deux, Poe et Gérard, étaient, en somme, malgré le vice de leur conduite, d'excellents hommes de lettres, dans l'acception la plus large et la plus délicate du mot, se courbant humblement sous la loi inévitable, travaillant, il est vrai, à leurs heures, à leur guise, selon une méthode plus ou moins mystérieuse, mais actifs, industrieux, utilisant leurs rêveries ou leurs méditations; bref, exerçant allégrement leur profession.

Hégésippe Moreau, qui, comme eux, fut un Arabe nomade dans un monde civilisé, est presque le contraire d'un homme de lettres. Son bagage n'est pas lourd, mais la légèreté même de ce bagage lui a permis d'arriver plus vite à la gloire. Quelques chansons, quelques poèmes d'un goût moitié classique, moitié romantique, n'épouvantent pas les mémoires paresseuses. Enfin, pour lui tout a tourné à bien; jamais fortune spirituelle ne fut plus heureuse. Sa misère lui a été comptée pour du travail, le désordre de sa vie pour génie incompris. Il s'est promené, et il a chanté quand l'envie de chanter l'a pris. Nous connaissons ces théories, fautrices de paresse, qui, basées uniquement sur des métaphores, permettent au poète de se considérer comme un oiseau bavard, léger, irresponsable, insaisissable, et transportant son domicile d'une branche à l'autre. Hégésippe Moreau fut un enfant gâté qui ne méritait pas de l'être. Mais il faut expliquer cette merveilleuse fortune, et avant de parler des facultés séduisantes qui ont permis de croire un instant qu'il deviendrait un véritable poète, je tiens à montrer le fragile, mais immense échafaudage de sa trop grande popularité.

De cet échafaudage, chaque fainéant et chaque vagabond est un poteau. De cette conspiration, tout mauvais sujet sans talent est naturellement complice. S'il s'agissait d'un véritable grand homme, son génie servirait à diminuer la pitié pour ses malheurs, tandis que maint homme médiocre peut prétendre, sans trop de ridicule, à s'élever aussi haut qu'Hégésippe Moreau, et, s'il est malheureux, se trouve naturellement intéressé à prouver, par l'exemple de celui-ci, que tous les malheureux sont poètes. Avais-je tort de dire que l'échafaudage est immense? Il est planté dans le plein cœur de la médiocrité; il est bâti avec la vanité du malheur : matériaux inépuisables!

J'ai dit vanité du malheur. Il fut un temps où parmi les poètes il était de mode de se plaindre, non plus de douleurs mystérieuses, vagues, difficiles à définir, espèce de maladie congéniale de la poésie, mais de belles et bonnes souffrances bien déterminées, de la pauvreté, par exemple; on disait orgueilleusement : J'ai faim et j'ai froid! Il y avait de l'honneur à mettre ces saletés-là en vers. Aucune pudeur n'avertissait le rimeur que, mensonge pour mensonge, il ferait meilleur pour lui de se présenter au public comme un homme enivré d'une richesse asiatique et vivant dans un monde de luxe et de beauté. Hégésippe donna dans ce grand travers antipoétique. Il parla de lui-même beaucoup, et pleura beaucoup sur lui-même. Il singea plus d'une fois les attitudes fatales des Antony et des Didier, mais il y joignit ce qu'il croyait une grâce de plus, le regard courroucé et grognon du démocrate. Lui, gâté par la nature, il faut bien l'avouer, mais qui travaillait fort peu à perfectionner ses dons, il se jeta tout d'abord dans la foule de ceux qui s'écrient sans cesse : O marâtre nature! et qui reprochent à la société de leur avoir *volé leur part*. Il se fit de lui-même un certain personnage idéal, damné, mais innocent, voué dès sa naissance à des souffrances imméritées.

> *Un ogre,* ayant flairé la chair qui vient de naître,
> M'emporta, *vagissant,* dans *sa robe de prêtre,*
> Et je grandis, *captif,* parmi ces écoliers,
> *Noirs frelons* que Montrouge essaime par milliers.

Faut-il que cet *ogre* (un ecclésiastique) soit vraiment dénaturé pour emporter ainsi le petit Hégésippe *vagissant* dans *sa robe de prêtre,* dans sa puante et répulsive robe de prêtre (soutane)! Cruel voleur d'enfants! Le mot *ogre* implique un goût déterminé pour la chair crue; pourquoi, d'ailleurs, aurait-il *flairé la chair ?* et cependant nous voyons par le vers suivant que le jeune Hégésippe n'a pas été mangé, puisqu'au contraire il grandit (*captif,* il est vrai) comme cinq cents autres condisciples que l'ogre n'a pas mangés non plus, et à qui il enseignait le latin, ce qui permettra au martyr Hégésippe d'écrire sa langue un peu moins mal que tous ceux qui n'ont pas eu le malheur d'être enlevés par *un ogre*. Vous avez sans doute reconnu la tragique *robe de prêtre,* vieille défroque volée dans le vestiaire de Claude Frollo et de Lamennais. C'est là la touche romantique comme la sentait Hégésippe Moreau; voici maintenant la note démocratique : *Noirs frelons !* Sentez-vous bien toute la profondeur de ce mot? Frelon fait antithèse à abeille, insecte plus intéressant parce qu'il est de naissance laborieux et utile, comme le jeune Hégésippe, pauvre petite abeille enfermée chez les frelons. Vous voyez qu'en fait de sentiments démocratiques il n'est guère plus délicat qu'en fait d'expressions romantiques, et qu'il entend la chose à la manière des maçons qui traitent les curés de fainéants et de propres à rien.

Ces quatre malheureux vers résument très clairement la note morale dans les poésies d'Hégésippe Moreau. Un poncif romantique, collé, non pas amalgamé, à un poncif dramatique. Tout en lui n'est que poncifs réunis et voiturés ensemble. Tout cela ne fait pas une société, c'est-à-dire un tout, mais quelque chose comme une cargaison d'omnibus. Victor Hugo, Alfred de Musset, Barbier et Barthélemy lui fournissent tour à tour leur contingent. Il emprunte à Boileau sa forme symétrique, sèche, dure, mais éclatante. Il nous ramène l'antique périphrase de Delille, vieille prétentieuse inutile, qui se pavane fort singulièrement au milieu des images dévergondées et crues de l'école de 1830. De temps en temps il s'égaye et s'enivre classiquement, selon la méthode usitée au Caveau, ou bien découpe les sentiments lyriques en couplets, à la manière de Béranger et de Désaugiers; il réussit presque aussi bien qu'eux l'ode à compartiments. Voyez, par exemple, *les Deux Amours*. Un homme se livre à l'amour banal, la mémoire encore pleine d'un amour idéal. Ce n'est pas le sentiment, le sujet, que je blâme; bien que fort commun il est d'une nature profonde et poétique. Mais il est traité d'une manière antihumaine. Les deux amours alternent, comme des bergers de Virgile, avec une symétrie mathématique désolante. C'est là le grand malheur de Moreau. Quelque sujet et quelque genre qu'il traite, il est élève de quelqu'un. A une forme empruntée il n'ajoute d'original que le mauvais ton, si toutefois une chose aussi universelle que le mauvais ton peut être dite originale. Quoique toujours écolier, il est pédant, et même, dans les sentiments qui sont le mieux faits pour échapper à la pédanterie, il apporte je ne sais quelles habitudes de Sorbonne et de quartier latin. Ce n'est pas la volupté de l'épicurien, c'est plutôt la sensualité claustrale, échauffée, du cuistre, sensualité de prison et de dortoir. Ses badinages amoureux ont la grossièreté d'un collégien en vacances. *Lieux communs de morale lubrique,* rogatons du dernier siècle qu'il réchauffe et qu'il débite avec la naïveté scélérate d'un enfant ou d'un gamin.

Un enfant! c'est bien le mot, et c'est de ce mot et de tout le sens qu'il implique que je tirerai tout ce que j'ai à dire d'élogieux sur son compte. Aucuns trouveront sans doute, même en supposant qu'ils pensent comme moi, que je suis allé bien loin dans le blâme, que j'en ai outré l'expression. Après tout, c'est possible; et quand cela serait, je n'y verrais pas grand mal et ne me trouverais pas si coupable. Action, réaction, faveur, cruauté, se rendent alternativement nécessaires. Il faut bien rétablir l'équilibre. C'est la loi, et la loi est bien faite. Que l'on songe bien qu'il s'agit ici d'un homme dont on a voulu faire le prince des poetes dans le pays qui a donné naissance à Ronsard, à Victor Hugo, à Théophile Gautier, et que récemment on annonçait à grand bruit une souscription pour lui élever un monument, comme s'il était question d'un de ces hommes prodigieux dont la tombe négligée fait tache sur l'histoire d'un peuple. Avons-nous affaire à une de ces volontés aux prises avec l'adversité, telles que Soulié et Balzac, à un homme chargé de grands devoirs, les acceptant humblement et se débattant sans trêve contre le monstre grossissant de l'usure? Moreau n'aimait pas la douleur; il ne la reconnaissait pas comme un bienfait et il n'en devinait pas l'aristocratique beauté! D'ailleurs il n'a pas connu ces enfers-là. Pour qu'on puisse exiger de nous tant de pitié, tant de tendresse, il faudrait que le personnage fût lui-même tendre et compatissant. A-t-il connu les tortures d'un cœur inassouvi, les douloureuses pâmoisons d'une âme aimante et méconnue? Non. Il appartenait à la classe de ces voyageurs qui se contentent à peu de frais, et à qui suffisent le pain, le vin, le fromage *et la première venue.*

Mais il fut *un enfant,* toujours effronté, souvent gracieux, quelquefois charmant. Il a la souplesse et l'imprévu de l'enfance. Il y a dans la jeunesse littéraire, comme dans la jeunesse physique, une certaine beauté du diable qui fait pardonner bien des imperfections. Ici nous trouvons pis que des imperfections, mais aussi nous sommes quelquefois charmés par mieux que la beauté du diable. Malgré cet amas de pastiches auxquels, enfant et écolier comme il le fut toujours, Moreau ne put pas se soustraire, nous trouvons quelquefois l'accent de vérité jaillissante, l'accent soudain, natif, qu'on ne peut confondre avec aucun autre accent. Il possède véritablement la grâce, le don gratuit; lui, si sottement impie, lui, le perroquet si niais des badauds de la démocratie, il aurait dû mille fois rendre grâces pour cette grâce à laquelle il doit tout, sa célébrité et le pardon de tous ses vices littéraires.

Quand nous découvrons dans ce paquet d'emprunts, dans ce fouillis de plagiats vagues et involontaires, dans cette pétarade d'esprit bureaucratique ou scolaire, une de ces merveilles inattendues dont nous parlions tout à l'heure, nous éprouvons quelque chose qui ressemble à un immense regret. Il est certain que l'écrivain qui a trouvé dans une de ses bonnes heures *la Voulzie* et la chanson de *la Ferme et la Fermière,* pouvait légitimement aspirer à de meilleures destinées. Puisque Moreau a pu, sans étude, sans travail, malgré de mauvaises fréquentations, sans aucun souci de rappeler à volonté les heures favorisées, être quelquefois si franchement, si simplement, si gracieusement original, combien ne l'eût-il pas été davantage et plus souvent s'il avait accepté la règle, la loi du travail, s'il avait mûri, morigéné et aiguillonné son propre talent! Il serait devenu, tout porte à le croire, un remarquable homme de lettres. Mais il est vrai qu'il ne serait pas l'idole des fainéants et le dieu des cabarets. C'est sans doute une *gloire* que rien ne saurait compenser, pas même la vraie gloire.

XVII

LES MARTYRS RIDICULES
PAR
LÉON CLADEL[1a]

Un de mes amis, qui est en même temps mon éditeur, me pria de lire ce livre, affirmant que j'y trouverais plaisir. Je n'y consentis qu'avec une excessive répugnance; car on m'avait dit que l'auteur était un jeune homme, et la Jeunesse, dans le temps présent, m'inspire, par ses défauts nouveaux, une défiance déjà bien suffisamment légitimée par ceux qui la distinguèrent en tout temps. J'éprouve, au contact de la Jeunesse, la même sensation de malaise qu'à la rencontre d'un camarade de collège oublié, devenu boursier, et que les vingt ou trente années intermédiaires n'empêchent pas de me tutoyer ou de me frapper sur le ventre. Bref, je me sens en mauvaise compagnie.

Cependant l'ami en question avait deviné juste; quelque chose lui avait plu, qui devait m'exciter moi-même; ce n'était certes pas la première fois que je me trompais; mais

1. Cf. *var*. Paru d'abord dans la *Revue fantaisiste* du 15 octobre 1861, ce texte fut ensuite publié en préface au roman de Léon Cladel (Poulet-Malassis, 1862). Baudelaire semble avoir aidé de ses conseils le jeune romancier (1835-1892) qui, dans ce roman resté intéressant, et à l'occasion d'une peinture d'illusions perdues en milieu bohème, se montre bon disciple de son maître. (Cladel évoque ses souvenirs de Baudelaire dans son livre *Bonshommes,* 1879.)

je crois bien que ce fut la première où j'éprouvai tant de plaisir à m'être trompé.

Il y a dans la *gentry* parisienne quatre jeunesses distinctes. L'une, riche, bête, oisive, n'adorant pas d'autres divinités que la paillardise et la goinfrerie, ces muses du vieillard sans honneur : celle-là ne nous concerne en rien. L'autre, bête, sans autre souci que l'argent, troisième divinité du vieillard : celle-ci, destinée à faire fortune, ne nous intéresse pas davantage. Passons encore. Il y a une troisième espèce de jeunes gens qui *aspirent à faire le bonheur du peuple,* et qui ont étudié la théologie et la politique dans le journal *le Siècle* [1]; c'est généralement de petits avocats, qui réussiront, comme tant d'autres, à se grimer pour la tribune, à singer le Robespierre et à *déclamer,* eux aussi, des choses *graves,* mais avec moins de pureté que lui, sans aucun doute; car la grammaire sera bientôt une chose aussi oubliée que la raison, et, au train dont nous marchons vers les ténèbres, il y a lieu d'espérer qu'en l'an 1900 nous serons plongés dans le noir absolu.

Le règne de Louis-Philippe, vers sa fin, fournissait déjà de nombreux échantillons de lourde jeunesse épicurienne et de jeunesse agioteuse. La troisième catégorie, la bande des politiques" est née de l'espérance de voir se renouveler les *miracles* de Février.

Quant à la quatrième, bien que je l'aie vue naître, j'ignore comment elle est née. D'elle-même, sans doute, spontanément, comme les infiniment petits dans une carafe d'eau putride, la grande carafe française. C'est la jeunesse littéraire, la jeunesse *réaliste,* se livrant, au sortir de l'enfance, à l'art *réalistique* (à des choses nouvelles il faut des mots nouveaux !). Ce qui la caractérise nettement, c'est une haine décidée, native, des musées et des bibliothèques. Cependant, elle a ses classiques, particulièrement Henri Murger et Alfred de Musset. Elle ignore avec quelle amère gausserie Murger parlait de la *Bohème;* et quant à *l'autre,* ce n'est pas dans ses nobles attitudes qu'elle s'appliquera à l'imiter, mais dans ses crises de fatuité, dans ses

1. On sait combien Baudelaire détestait ce journal. C'est ainsi que dans une note fragmentaire (*Mercure de France*, 1er juillet 1937) il dit de *Villemain* qu'*il a les suffrages du* Siècle. Quand on sait ce que Villemain représentait pour Baudelaire... (Cf. p. 845).

fanfaronnades de paresse, à l'heure où, avec des dandinements de commis voyageur, un cigare au bec, il s'échappe d'un dîner à l'ambassade pour aller à la maison de jeu, ou au salon de conversation [1]. De son absolue confiance dans le génie et l'inspiration, elle tire le droit de ne se soumettre à aucune gymnastique. Elle ignore que le génie (si toutefois on peut appeler ainsi le germe indéfinissable du grand homme) doit, comme le saltimbanque apprenti, risquer de se rompre mille fois les os en secret avant de danser devant le public; que l'inspiration, en un mot, n'est que la récompense [a] de l'exercice quotidien. Elle a de mauvaises mœurs, de sottes amours, autant de fatuité que de paresse, et elle découpe sa vie sur le patron de certains romans, comme les filles entretenues s'appliquaient, il y a vingt ans, à ressembler aux images de Gavarni, qui, lui [b], n'a peut-être jamais mis les pieds dans un bastringue. Ainsi l'homme d'esprit moule le peuple, et le visionnaire crée la réalité. J'ai connu quelques malheureux qu'avait grisés Ferragus XXIII, et qui projetaient sérieusement de former une coalition secrète pour se partager, comme une horde se partage un empire conquis [c], toutes les fonctions et les richesses de la société moderne [2].

C'est cette lamentable petite caste que M. Léon Cladel a voulu peindre; avec quelle rancuneuse énergie, le lecteur le verra. Le titre m'avait vivement intrigué par sa construction antithétique, et peu à peu, en m'enfonçant dans les mœurs du livre, j'en appréciai la vive signification. Je vis défiler les *martyrs* de la sottise, de la fatuité, de la débauche, de la paresse juchée sur l'espérance, des amourettes prétentieuses, de la sagesse égoïstique, etc... [d]; tous *ridicules,* mais véritablement *martyrs,* car ils souffrent pour l'amour de leurs vices et s'y sacrifient avec une extraordinaire bonne foi. Je compris alors pourquoi il m'avait été prédit que l'ouvrage me séduirait; je rencontrais un de ces livres satiriques, un de ces livres *pince-sans-rire* [e], dont le comique

---

1. Baudelaire ne fut jamais tendre pour Musset, *féminin et sans doctrine* (article sur *Théophile Gautier),* imitateur *détestable* (notice sur *Banville*).

2. Cette diatribe sur la jeunesse causa, paraît-il, quelque sensation, du moins dans la presse littéraire. On reconnaîtra qu'elle ne manque ni de sel, ni de lucidité ! *Ferragus XXIII* fait allusion au premier récit de l'*Histoire des Treize* de Balzac.

se fait d'autant mieux comprendre qu'il est toujours accompagné de l'emphase inséparable des passions.

Toute cette mauvaise société, avec ses habitudes viles, ses mœurs aventureuses, ses inguérissables illusions, a déjà été peinte par le pinceau si vif de Murger; mais le même sujet, mis au concours, peut fournir plusieurs tableaux également remarquables à des titres divers. Murger badine en racontant des choses souvent tristes. M. Cladel à qui la drôlerie, non plus que la tristesse, ne manque pas, raconte avec une solennité *artistique* des faits déplorablement comiques [1]. Murger glisse et fuit rapidement devant des tableaux dont la contemplation persistante chagrinerait trop son tendre esprit. M. Cladel insiste avec fureur; il ne veut pas omettre un détail, ni oublier une confidence; il ouvre la plaie pour la mieux montrer, la referme, en pince les lèvres livides, et en fait jaillir un sang jaune et pâle. Il manie le péché en curieux, le tourne, le retourne, examine complaisamment les circonstances, et déploie dans l'analyse du mal la consciencieuse [a] ardeur d'un casuiste. Alpinien, le principal *martyr,* ne se ménage pas; aussi prompt à caresser ses vices qu'à les maudire, il offre, dans sa perpétuelle oscillation, l'instructif spectacle de l'incurable maladie voilée sous le repentir périodique. C'est un auto-confesseur qui s'absout et se glorifie des pénitences qu'il s'inflige, en attendant qu'il gagne, par de nouvelles sottises, l'honneur et le droit de se condamner de nouveau. J'espère que quelques-uns du siècle sauront s'y reconnaître avec plaisir.

La disproportion du ton avec le sujet, disproportion qui n'est sensible que pour le sage désintéressé, est un moyen de comique dont la puissance saute à l'œil; je suis même étonné qu'il ne soit pas employé plus souvent par les peintres de mœurs et les écrivains satiriques, surtout dans les matières concernant l'Amour, véritable magasin de comique peu exploité. Si grand que soit un être, et si nul qu'il soit relativement à l'infini, le pathos et l'emphase lui sont permis et nécessaires : l'Humanité est comme une colonie de ces éphémères [b] de l'Hypanis [2], dont on a écrit de si jolies fables; et les fourmis elles-mêmes, pour leurs affaires

1. Principe éminemment baudelairien : *raconter pompeusement des choses comiques* (*Fusées,* IV).

2. Fleuve sarmate. Cf. Aristote, *Traité des animaux.*

politiques, peuvent emboucher la trompette de Corneille, proportionnée à leur bouche. Quant aux insectes amoureux, je ne crois pas que les figures de rhétorique dont ils se servent pour gémir leurs passions soient mesquines; toutes les mansardes entendent tous les soirs des tirades tragiques dont la Comédie-Française ne pourra jamais bénéficier. La pénétration psychique de M. Cladel est très grande, c'est là sa forte qualité; son art, minutieux et brutal, turbulent et enfiévré, se restreindra plus tard, sans nul doute, dans une forme plus sévère et plus froide, qui mettra ses qualités morales en plus vive lumière, plus à nu. Il y a des cas où, par suite de cette exubérance, on ne peut plus discerner la qualité du défaut, ce qui serait excellent si l'amalgame était complet; mais malheureusement, en même temps que sa clairvoyance s'exerce avec volupté, sa sensibilité, furieuse d'avoir été refoulée, fait une subite et indiscrète explosion. Ainsi, dans un des meilleurs passages du livre, il nous montre un brave homme, un officier plein d'honneur et d'esprit, mais vieux avant l'âge, et livré par d'affaiblissants chagrins et par la fausse hygiène de [a] l'ivrognerie aux gouailleries d'une bande d'estaminet. Le lecteur est instruit de l'ancienne grandeur morale de Pipabs, et ce même lecteur souffrira lui-même du martyre de cet ancien brave, minaudant, gambadant, rampant, déclamant, marivaudant, pour obtenir de ces jeunes bourreaux... quoi ? l'aumône d'un dernier verre d'absinthe. Tout à coup l'indignation de l'auteur se projette d'une manière stentorienne, par la bouche d'un des personnages, qui fait justice immédiate de ces divertissements de rapins. Le discours est très éloquent et très enlevant; malheureusement la note personnelle de l'auteur, sa simplicité révoltée, n'est pas assez voilée. Le poète, sous son masque, se laisse encore voir. Le suprême de l'art eût consisté à rester glacial et fermé, et à laisser au lecteur tout le mérite de l'indignation. L'effet d'horreur en eût été augmenté. Que la morale officielle trouve ici son profit, c'est incontestable; mais l'art y perd, et avec l'art vrai, la vraie morale : la suffisante, ne perd jamais rien [b].

Les personnages de M. Cladel ne reculent devant aucun aveu; ils s'étalent avec une instructive nudité. Les femmes, une à qui sa douceur animale, sa nullité peut-être, donne, aux yeux de son amant ensorcelé, un faux air de sphinx; une autre, modiste prétentieuse, qui a fouaillé son imagination avec toutes les orties de George Sand [1], se font des révérences d'un autre monde et se traitent de *madame!* gros comme le bras. Deux amants tuent leur soirée aux Variétés et assistent à *la Vie de Bohème;* s'en retournant vers leur taudis, ils se querelleront dans le style de la pièce; mieux encore, chacun, oubliant sa propre personnalité, ou plutôt la confondant avec le personnage qui lui plaît davantage, se laissera interpeller sous le nom du personnage en question; et ni l'un ni l'autre ne s'apercevra du travestissement. Voilà Murger (pauvre ombre!) transformé en truchement, en dictionnaire de langue *bohème,* en *Parfait secrétaire des amants* de l'an *de grâce* 1861. Je ne crois pas qu'après une pareille citation on puisse me contester la puissance sinistrement caricaturale de M. Cladel. Un exemple encore : Alpinien, le *martyr* en premier de cette cohorte de *martyrs ridicules* (il faut toujours en revenir au titre), s'avise un jour, pour se distraire des chagrins intolérables que lui ont faits ses mauvaises mœurs, sa fainéantise et sa rêverie vagabonde, d'entreprendre le plus étrange pèlerinage dont il puisse être fait mention dans les folles religions inventées par les solitaires oisifs et impuissants. L'amour, c'est-à-dire le libertinage, la débauche élevée à l'état de contre-religion, ne lui ayant pas payé les récompenses espérées, Alpinien court la gloire, et errant dans les cimetières, il implore les images des grands hommes défunts; il baise leurs bustes, les suppliant de lui livrer leur secret, le grand secret : « Comment faire pour devenir aussi grand que vous? » Les statues, si elles étaient bonnes conseillères, pourraient répondre : « Il faut rester chez toi, méditer et barbouiller beaucoup de papier! » Mais ce moyen si simple n'est pas à la portée d'un rêveur hystérique. La superstition lui paraît plus naturelle. En vérité, cette invention si tristement gaie fait penser au nouveau calendrier des saints de l'école *positiviste.*

La superstition! ai-je dit. Elle joue un grand rôle dans la tragédie solitaire et interne du pauvre Alpinien, et ce n'est pas sans un délicieux et douloureux attendrissement qu'on voit par instant son esprit harassé [a], — où la superstition la plus puérile, symbolisant obscurément, comme

1. Sur ce que Baudelaire pense de George Sand, cf. *Mon Cœur mis à nu,* XXVI-XXVIII.

dans le cerveau des nations, l'universelle vérité, s'amalgame avec les sentiments religieux les plus purs, — se retourner vers les salutaires impressions de l'enfance, vers la vierge Marie, vers le chant fortifiant des cloches, vers le crépuscule consolant de l'Église, vers la famille, vers sa mère; — la mère, ce giron toujours ouvert pour les *fruits-secs,* les prodigues et les ambitieux maladroits! On peut espérer qu'à partir de ce moment Alpinien est à moitié sauvé; il ne lui manque plus que de devenir un homme d'action, un homme de devoir, au jour le jour.

Beaucoup de gens croient que la satire est faite avec des larmes, des larmes étincelantes et cristallisées. En ce cas, bénies soient les larmes qui fournissent l'occasion du rire, si délicieux et si rare, et dont l'éclat démontre d'ailleurs la parfaite santé de l'auteur!

Quant à la moralité du livre, elle en jaillit naturellement comme la chaleur de certains mélanges chimiques. Il est permis de soûler les ilotes pour guérir de l'ivrognerie les gentilshommes.

Et quant au succès, question sur laquelle on ne peut rien présager, je dirai simplement que je le désire, parce qu'il serait possible que l'auteur en reçût une excitation nouvelle, mais que ce succès, si facile d'ailleurs à confondre avec une vogue momentanée, ne diminuerait en rien tout le bien que le livre me fait conjecturer de l'âme et du talent qui l'ont produit de concert.

XVIII

LES MISÉRABLES PAR VICTOR HUGO [1]

I

Il y a quelques mois, j'écrivais, à propos du grand poète, le plus vigoureux et le plus populaire de la France, les lignes suivantes, qui devaient trouver, en un espace de

---

1. *Le Boulevard,* 20 avril 1862. Il vaut la peine de citer la lettre de remerciement de Hugo :

Hauteville house,

MONSIEUR, 24 avril 1862.

Écrire une grande page, cela vous est naturel, les choses élevées et fortes sortent de votre esprit comme les étincelles jaillissent du foyer, et *Les Misérables* ont été pour vous l'occasion d'une étude profonde et haute.

Je vous remercie. J'ai déjà plus d'une fois constaté avec bonheur les affinités de votre poésie avec la mienne ; tous nous gravitons autour de ce grand soleil, *l'Idéal.*

J'espère que vous continuerez ce beau travail sur ce livre et sur toutes les questions que j'ai tâché de résoudre, ou tout au moins de poser. C'est l'honneur des poètes de servir aux hommes de la lumière et de la vie dans la coupe sacrée de l'art. Vous le faites et je l'essaie. Nous nous dévouons, vous et moi, au progrès par la Vérité.

Je vous serre la main,
V. HUGO.

et ce fragment d'une lettre de Baudelaire à sa mère (11 août 1862) : *Ce livre est immonde et inepte. J'ai montré, à ce sujet, que je possédais l'art*

temps très bref, une application plus évidente encore que *les Contemplations* et *la Légende des siècles* :

Ce serait, sans doute, ici le cas, si l'espace le permettait, d'analyser l'atmosphère morale qui plane et circule dans ses poèmes, laquelle participe très sensiblement du tempérament propre de l'auteur. Elle me paraît porter un caractère très manifeste d'amour égal pour ce qui est très fort comme pour ce qui est très faible, et l'attraction exercée sur le poète par ces deux extrêmes dérive d'une source unique, qui est la force même, la vigueur originelle dont il est doué. La force l'enchante et l'enivre; il va vers elle comme vers une parente : attraction fraternelle. Ainsi est-il irrésistiblement emporté vers tout symbole de l'infini, la mer, le ciel; vers tous les représentants anciens de la force, géants homériques ou bibliques, paladins, chevaliers; vers les bêtes énormes et redoutables. Il caresse en se jouant ce qui ferait peur à des mains débiles; il se meut dans l'immense, sans vertige. En revanche, mais par une tendance différente dont l'origine est pourtant la même, le poète se montre toujours l'*ami attendri de tout ce qui est faible, solitaire, contristé; de tout ce qui est orphelin : attraction paternelle.* Le fort devine un frère dans tout ce qui est fort, *mais voit ses enfants dans tout ce qui a besoin d'être protégé ou consolé.* C'est de la force même, et de la certitude qu'elle donne à celui qui la possède, que dérive l'*esprit de justice et de charité.* Ainsi se produisent sans cesse dans les poèmes de Victor Hugo *ces accents d'amour pour les femmes tombées, pour les pauvres gens broyés dans les engrenages de nos sociétés,* pour les animaux martyrs de notre gloutonnerie et de notre despotisme. Peu de personnes ont remarqué le charme et l'enchantement que la bonté ajoute à la force, et qui se fait voir si fréquemment dans les œuvres

---

de mentir. Il [Hugo] *m'a écrit, pour me remercier, une lettre absolument ridicule. Cela prouve qu'un grand homme peut être un sot,* et, tout aussi bien, cette autre lettre à Manet (28 octobre 1865), à propos de l'envoi par Hugo d'un livre portant la dédicace : *à Charles Baudelaire, jungamus dextra : ... cela veut dire aussi :* unissons nos mains pour sauver le genre humain. *Mais je me fous du genre humain, et il ne s'en est pas aperçu.*

(Textes cités par Jacques Crépet.)

Notons néanmoins que Baudelaire, scrupuleux et cependant soucieux à la fois de sincérité et de consécration littéraire, est peut-être excusable d'avoir, selon les moments et les circonstances, varié dans son appréciation, publique ou privée, d'un écrivain qu'il jugeait être à la fois *un grand homme* et *un sot !*

de notre poète. Un sourire et une larme dans le visage d'un colosse, c'est une originalité presque divine. Même dans ces petits poèmes consacrés à l'amour sensuel, dans ces strophes d'une mélancolie si voluptueuse et si mélodieuse, on entend, *comme l'accompagnement d'un orchestre, la voix profonde de la charité.* Sous l'amant, on sent un père et un protecteur. Il ne s'agit pas ici de cette morale prêcheuse qui, par son air de pédanterie, par son ton didactique, peut gâter les plus beaux morceaux de poésie, mais d'une morale inspirée qui se glisse, invisible, dans la matière poétique, comme les fluides impondérables dans toute la machine du monde. La morale n'entre pas dans cet art *à titre de but.* Elle s'y mêle et s'y confond comme dans la vie elle-même. Le poète est moraliste sans le vouloir, *par abondance et plénitude de nature* [1].

Il y a ici une seule ligne qu'il faut changer; car dans *les Misérables* la morale entre directement *à titre de but,* ainsi qu'il ressort d'ailleurs de l'aveu même du poète, placé, en manière de préface, à la tête du livre :

Tant qu'il existera, par le fait des lois et des mœurs, une damnation sociale créant artificiellement, en pleine civilisation, des enfers, et compliquant d'une fatalité humaine la destinée qui est divine, ... tant qu'il y aura sur la terre ignorance et misère, des livres de la nature de celui-ci pourront ne pas être inutiles.

« Tant que... ! » Hélas ! autant dire TOUJOURS ! Mais ce n'est pas ici le lieu d'analyser de telles questions. Nous voulons simplement rendre justice au merveilleux talent avec lequel le poète s'empare de l'attention publique et la courbe, comme la tête récalcitrante d'un écolier paresseux, vers les gouffres prodigieux de la misère sociale.

II

Le poète, dans son exubérante jeunesse, peut prendre surtout plaisir à chanter les pompes de la vie; car tout ce que la vie contient de splendide et de riche attire particulièrement le regard de la jeunesse. L'âge mûr, au con-

1. Citation empruntée à la notice des *Réflexions sur mes contemporains.*

traire, se tourne avec inquiétude et curiosité vers les problèmes et les mystères. Il y a quelque chose de si absolument étrange dans cette tache noire que fait la pauvreté sur le soleil de la richesse, ou, si l'on veut, dans cette tache splendide de la richesse sur les immenses ténèbres de la misère, qu'il faudrait qu'un poète, qu'un philosophe, qu'un littérateur fût bien parfaitement monstrueux pour ne pas s'en trouver parfois ému et intrigué jusqu'à l'angoisse. Certainement, ce littérateur-là n'existe pas; il ne peut pas exister. Donc tout ce qui divise celui-ci d'avec celui-là, l'unique divergence, c'est de savoir si l'œuvre d'art doit n'avoir d'autre but que *l'art,* si l'art ne doit exprimer d'adoration que pour *lui-même,* ou si un but, plus noble ou moins noble, inférieur ou supérieur, peut lui être imposé.

C'est surtout, dis-je, dans leur pleine maturité, que les poètes sentent leur cerveau s'éprendre de certains problèmes d'une nature sinistre et obscure, gouffres bizarres qui les attirent. Cependant, on se tromperait fort si l'on rangeait Victor Hugo dans la classe des créateurs qui ont attendu si longtemps pour plonger un regard inquisiteur dans toutes ces questions intéressant au plus haut point la conscience universelle. Dès le principe, disons-le, dès les débuts de son éclatante vie littéraire, nous trouvons en lui cette préoccupation des faibles, des proscrits et des maudits. L'idée de justice s'est trahie, de bonne heure, dans ses œuvres, par le goût de la réhabilitation. *Oh! n'insultez jamais une femme qui tombe! Un bal à l'hôtel de ville, Marion de Lorme, Ruy-Blas, le Roi s'amuse,* sont des poèmes qui témoignent suffisamment de cette tendance déjà ancienne, nous dirons presque de cette obsession.

III

Est-il bien nécessaire de faire l'analyse matérielle des *Misérables,* ou plutôt de la première partie des *Misérables?* L'ouvrage est actuellement dans toutes les mains, et chacun en connaît la fable et la contexture. Il me paraît plus important d'observer la méthode dont l'auteur s'est servi pour mettre en lumière les vérités dont il s'est fait le serviteur.

Ce livre est un livre de charité, c'est-à-dire un livre fait pour exciter, pour provoquer l'esprit de charité; c'est un livre interrogant, posant des cas de complexité sociale, d'une nature terrible et navrante, disant à la conscience du lecteur : « Eh bien? Qu'en pensez-vous? Que concluez-vous? »

Quant à la forme littéraire du livre, poème d'ailleurs plutôt que roman, nous en trouvons un symptôme précurseur dans la préface de *Marie Tudor,* ce qui nous fournit une nouvelle preuve de la fixité des idées morales et littéraires chez l'illustre auteur :

... L'écueil du vrai, c'est le petit; l'écueil du grand, c'est le faux... Admirable toute-puissance du poète! Il fait des choses plus hautes que nous, qui vivent comme nous. Hamlet, par exemple, est aussi vrai qu'aucun de nous, et plus grand. Hamlet est colossal, et pourtant réel. C'est que Hamlet, ce n'est pas vous, ce n'est pas moi, c'est nous tous. Hamlet, ce n'est pas un homme, c'est l'Homme.

Dégager perpétuellement le grand à travers le vrai, le vrai à travers le grand, tel est donc, selon l'auteur de ce drame, le but du poète au théâtre. Et ces deux mots, *grand* et *vrai,* renferment tout. La vérité contient la moralité, le grand contient le beau.

Il est bien évident que l'auteur a voulu, dans *les Misérables,* créer des abstractions vivantes, des figures idéales dont chacune, représentant un des types principaux nécessaires au développement de sa thèse, fût élevée jusqu'à une hauteur épique. C'est un roman construit en manière de poème, et où chaque personnage n'est *exception* que par la manière hyperbolique dont il représente une *généralité.* La manière dont Victor Hugo a conçu et bâti ce roman, et dont il a jeté dans une indéfinissable fusion, pour en faire un nouveau métal corinthien, les riches éléments consacrés généralement à des œuvres spéciales (le sens lyrique, le sens épique, le sens philosophique), confirme une fois de plus la fatalité qui l'entraîna, plus jeune, à transformer l'ancienne ode et l'ancienne tragédie, jusqu'au point, c'est-à-dire jusqu'aux poèmes et aux drames que nous connaissons.

Donc Monseigneur Bienvenu, c'est la charité hyperbolique, c'est la foi perpétuelle dans le sacrifice de soi-même, c'est la confiance absolue dans la Charité prise comme le plus parfait moyen d'enseignement. Il y a dans la peinture de ce type des notes et des touches d'une délicatesse admirable. On voit que l'auteur s'est complu dans le parachèvement de ce modèle angélique. Monseigneur Bienvenu donne tout, n'a rien à lui, et ne connaît pas d'autre plaisir que de se sacrifier lui-même, toujours, sans repos, sans regret, aux pauvres, aux faibles et même aux coupables. Courbé humblement devant le dogme, mais ne s'exerçant pas à le pénétrer, il s'est voué spécialement à la pratique de l'Évangile. « Plutôt gallican qu'ultramontain, » d'ailleurs homme de beau monde, et doué comme Socrate de la puissance de l'ironie et du bon mot. J'ai entendu raconter que, sous un des règnes précédents, un certain curé de Saint-Roch [1], très prodigue de son bien pour les pauvres, et pris un matin au dépourvu par des demandes nouvelles, avait subitement envoyé à l'hôtel des ventes tout son mobilier, ses tableaux et son argenterie. Ce trait est juste dans le caractère de Monseigneur Bienvenu. Mais on ajoute, pour continuer l'histoire du curé de Saint-Roch, que le bruit de cette action, toute simple selon le cœur de l'homme de Dieu, mais trop belle selon la morale du monde, se répandit, alla jusqu'au roi, et que finalement ce curé compromettant fut mandé à l'archevêché pour y être doucement grondé. Car ce genre d'héroïsme pouvait être considéré comme un blâme indirect de tous les curés trop faibles pour se hausser jusque-là.

Valjean, c'est la brute naïve, innocente; c'est le prolétaire ignorant, coupable d'une faute que nous absoudrions tous sans aucun doute (le vol d'un pain), mais qui, punie légalement, le jette dans l'école du Mal, c'est-à-dire au Bagne. Là, son esprit se forme et s'affine dans les lourdes méditations de l'esclavage. Finalement il en sort, subtil, redoutable et dangereux. Il a payé l'hospitalité de l'évêque par un vol nouveau; mais celui-ci le sauve par un beau mensonge, convaincu que le Pardon et la Charité sont les seules lumières qui puissent dissiper toutes les ténèbres. En effet, l'illumination de cette conscience se fait, mais pas assez vite pour que la bête routinière, qui est encore dans l'homme, ne l'entraîne dans une nouvelle rechute. Valjean (maintenant M. Madeleine) est devenu honnête,

---

1. Cf. p. 731.

riche et puissant. Il a enrichi, civilisé presque, une commune, pauvre avant lui, dont il est maire. Il s'est fait un admirable manteau de respectabilité; il est couvert et cuirassé de bonnes œuvres. Mais un jour sinistre arrive où il apprend qu'un faux Valjean, un sosie inepte, abject, va être condamné à sa place. Que faire? Est-il bien certain que la loi intérieure, la Conscience, lui ordonne de démolir lui-même en se dénonçant, tout ce pénible et glorieux échafaudage de sa vie nouvelle? « La lumière que tout homme en naissant apporte en ce monde » est-elle suffisante pour éclairer ces ténèbres complexes? M. Madeleine sort vainqueur, mais après quelles épouvantables luttes! de cette mer d'angoisses, et redevient Valjean par amour du Vrai et du Juste. Le chapitre où est retracé, minutieusement, lentement, analytiquement, avec ses hésitations, ses restrictions, ses paradoxes, ses fausses consolations, ses tricheries désespérées, cette dispute de l'homme contre lui-même *(Tempête sous un crâne)*, contient des pages qui peuvent enorgueillir à jamais non seulement la littérature française, mais même la littérature de l'Humanité pensante. Il est glorieux pour l'Homme Rationnel que ces pages aient été écrites! Il faudrait chercher beaucoup, et longtemps, et très longtemps, pour trouver dans un autre livre des pages égales à celle-ci, où est exposée, d'une manière si tragique, toute l'épouvantable Casuistique inscrite, dès le Commencement, dans le cœur de l'Homme Universel.

Il y a dans cette galerie de douleurs et de drames funestes une figure horrible, répugnante, c'est le gendarme, le garde-chiourme, la justice stricte, inexorable, la justice qui ne sait pas commenter, la loi non interprétée, l'intelligence sauvage (peut-on appeler cela une intelligence?) qui n'a jamais compris les circonstances atténuantes, en un mot la Lettre sans l'Esprit; c'est l'abominable Javert. J'ai entendu quelques personnes, sensées d'ailleurs, qui, à propos de ce Javert, disaient : « Après tout, c'est un honnête homme; et il a sa grandeur propre. » C'est bien le cas de dire comme De Maistre : « Je ne sais pas ce que c'est qu'un honnête homme [1]! » Pour moi, je le confesse, au

1. Lettre à M. de Saint Réal, 22 décembre 1816. (Mais la mémoire de Baudelaire est, une fois de plus, approximative) : *Je ne sais ce qu'est la vie d'un coquin... mais celle d'un honnête homme est abominable.* (Cf. le *Hibou philosophe*, Appendice, p. 821).

risque de passer pour un coupable (« ceux qui tremblent se sentent coupables, » disait ce fou de Robespierre) [1], Javert m'apparaît comme un monstre incorrigible, affamé de justice comme la bête féroce l'est de chair sanglante, bref, comme l'Ennemi absolu.

Et puis je voudrais ici suggérer une petite critique. Si énormes, si décidées de galbe et de geste que soient les figures idéales d'un poème, nous devons supposer que, comme les figures réelles de la vie, elles ont pris commencement. Je sais que l'homme peut apporter plus que de la ferveur dans toutes les professions. Il devient chien de chasse et chien de combat dans toutes les fonctions. C'est là certainement une beauté, tirant son origine de la passion. On peut donc être agent de police *avec enthousiasme;* mais entre-t-on dans la police *par enthousiasme?* et n'est-ce pas là, au contraire, une de ces professions où l'on ne peut entrer que sous la pression de certaines circonstances et pour des raisons tout à fait étrangères au fanatisme?

Il n'est pas nécessaire, je présume, de raconter et d'expliquer toutes les beautés tendres, navrantes, que Victor Hugo a répandues sur le personnage de Fantine, la grisette déchue, la femme moderne, placée entre la fatalité du travail improductif et la fatalité de la prostitution légale. Nous savons de vieille date s'il est habile à exprimer le cri de la passion dans l'abîme, les gémissements et les pleurs furieux de la lionne-mère privée de ses petits! Ici, par une liaison toute naturelle, nous sommes amenés à reconnaître une fois de plus avec quelle sûreté et aussi quelle légèreté de main ce peintre robuste, ce créateur de colosses, colore les joues de l'enfance, en allume les yeux, en décrit le geste pétulant et naïf. On dirait Michel-Ange se complaisant à rivaliser avec Lawrence ou Velasquez.

IV

Les Misérables sont donc un livre de charité [2], un étourdissant rappel à l'ordre d'une société trop amoureuse

---

1. Autre citation approximative : *quiconque tremble en ce moment est coupable* (Discours du 11 germinal an II).

2. C'est bien ce qui a pu malgré tout attirer, même superficiellement et provisoirement, la sympathie de Baudelaire.

d'elle-même et trop peu soucieuse de l'immortelle loi de fraternité; un plaidoyer pour les *misérables* (ceux qui *souffrent* de la misère et que la misère *déshonore*), proféré par la bouche la plus éloquente de ce temps. Malgré tout ce qu'il peut y avoir de tricherie volontaire ou d'inconsciente partialité dans la manière dont, aux yeux de la stricte philosophie, les termes du problème sont posés, nous pensons, exactement comme l'auteur, que *des livres de cette nature ne sont jamais inutiles*.

Victor Hugo est pour l'Homme, et cependant il n'est pas contre Dieu. Il a confiance en Dieu, et pourtant il n'est pas contre l'Homme.

Il repousse le délire de l'Athéisme en révolte, et cependant il n'approuve pas les gloutonneries sanguinaires des Molochs et des Teutatès.

Il croit que l'Homme est né bon, et cependant, même devant ses désastres permanents, il n'accuse pas la férocité et la malice de Dieu.

Je crois que pour ceux même qui trouvent dans la doctrine orthodoxe, dans la pure théorie Catholique, une explication, sinon complète, du moins plus compréhensive de tous les mystères inquiétants de la vie, le nouveau livre de Victor Hugo doit être le *Bienvenu* (comme l'évêque dont il raconte la victorieuse charité); le livre à applaudir, le livre à remercier. N'est-il pas utile que de temps à autre le poète, le philosophe, prennent un peu le Bonheur égoïste aux cheveux, et lui disent, en lui secouant le mufle dans le sang et l'ordure : « Vois ton œuvre et bois ton œuvre? »

Hélas! du Péché Originel, même après tant de progrès depuis si longtemps promis, il restera toujours bien assez de traces pour en constater l'immémoriale réalité [1]!

---

1. Ne serait-ce que pour cette conclusion — qui éclaire les profondeurs de l'âme baudelairienne et dont les prolongements esthétiques sont d'une importance capitale — cet article sur *les Misérables* n'a pas à être regretté.

APPENDICE
A L'ART ROMANTIQUE

I

LES CONTES NORMANDS ET HISTORIETTES BAGUENAUDIÈRES

PAR JEAN DE FALAISE [1]

Les amateurs curieux de la vraie littérature liront ces deux modestes petits volumes avec le plus vif intérêt. L'auteur est un de ces hommes, trop rares aujourd'hui, qui se sont de bonne heure familiarisés avec toutes les ruses du style. — Les locutions particulières dont le premier de ces volumes abonde, ces phrases bizarres, souvent patoisées de façons de dire hardies et pittoresques, sont une grâce nouvelle et un peu hasardée, mais dont l'auteur a usé avec une merveilleuse habileté.

Ce qui fait le mérite particulier des *Contes normands,* c'est une naïveté d'impressions toute fraîche, un amour sincère de la nature et un épicuréisme d'honnête homme. Pendant que tous les auteurs s'attachent aujourd'hui à se faire un tempérament et une âme d'emprunt, Jean de Falaise a donné la sienne, la sienne vraie, la sienne pour de bon, et il a fait tout doucement un ouvrage original.

Doué d'une excentricité aussi bénigne et aussi amu-

1. Paru sans signature dans le *Corsaire-Satan* (4 novembre 1845). Jean de Falaise était le pseudonyme de Philippe de Chennevières, ami de jeunesse de Baudelaire. Les *Contes normands* avaient été publiés à Caen en 1842 et les *Histoires baguenaudières* en 1845.

sante, l'auteur a tort de dépenser tant de peine à pasticher des *lettres de M*me *de Scudéry*. En revanche, M. de Balzac contient peu de tableaux de mœurs aussi vivants que : *Un Souvenir de jeunesse d'un Juré du Calvados,* et Hoffmann pourrait, sans honte, revendiquer *le Diable aux îles*. — Et tout ceci n'est pas trop dire. Oyez et jugez.

II

PROMÉTHÉE DÉLIVRÉ

PAR L. DE SENNEVILLE [1]

CECI est de la poésie philosophique. — Qu'est-ce que la poésie philosophique? — Qu'est-ce que M. Edgar Quinet? — Un philosophe? — Euh! euh! — Un poète? — Oh! oh!

Cependant, M. Edgar Quinet est un homme d'un vrai mérite. — Eh! mais, M. de Senneville aussi! — Expliquez-vous.

— Je suis prêt. Quand un peintre se dit : — Je vais faire une peinture crânement poétique! Ah! la poésie!... — il fait une peinture froide, où l'intention de l'œuvre brille aux dépens de l'œuvre : — le *Rêve du Bonheur,* ou *Faust et Marguerite.* — Et cependant, MM. Papety et Ary Scheffer ne sont pas des gens dénués de valeur; — mais!... c'est que la poésie d'un tableau doit être faite par le spectateur.

— Comme la philosophie d'un poème par le lecteur.

— Vous y êtes, c'est cela même.

1. Paru dans le *Corsaire-Satan* (3 février 1846) sous la signature *Baudelaire-Dufays.* Louis de Senneville était le pseudonyme de Louis Ménard (1822-1901). Ce *Prométhée délivré* fut sa première publication ; Louis Ménard fut surtout le représentant du néo-paganisme qui s'exprimera en 1876 dans son œuvre la plus célèbre : *Rêveries d'un païen mystique.* Il devait, en 1857, se souvenir de cet article de Baudelaire et, à son tour, « éreinter » les *Fleurs du Mal* dans un article de la *Revue philosophique et religieuse* de septembre 1857 (sur Louis Ménard, cf. Barrès, *Le dernier apôtre de l'hellénisme, Louis Ménard,* Paris, 1909, et H. Peyre, *Louis Ménard,* New Haven, U. S. A., 1932).

— La poésie n'est donc pas une chose philosophique? — Pauvre lecteur, comme vous prenez le mors aux dents, quand on vous met sur une pente!

La poésie est essentiellement philosophique; mais comme elle est avant tout *fatale,* elle doit être involontairement philosophique.

— Ainsi, la poésie philosophique est un genre faux? — Oui. — Alors, pourquoi parler de M. de Senneville? — Parce que c'est un homme de quelque mérite. — Nous parlerons de son livre, comme d'une tragédie où il y aurait quelques bons mots.

Du reste, il a bien choisi, — c'est-à-dire la donnée la plus ample et *la plus infinie,* la circonférence la plus capace, le sujet le plus large parmi tous les sujets *protestants,* — *Prométhée délivré!* — l'humanité révoltée contre les fantômes! l'inventeur proscrit! la raison et la liberté criant : justice! — Le poète croit qu'elles obtiendront justice, — comme vous allez voir :

La scène se passe sur le Caucase, aux dernières heures de la nuit. Prométhée enchaîné chante, sous le vautour, son éternelle plainte, et convoque l'humanité souffrante au rayonnement de la prochaine liberté. — Le chœur — l'humanité — raconte à Prométhée son histoire douloureuse : — d'abord l'adoration barbare des premiers âges, les oracles de Delphes, les fausses consolations des Sages, l'opium et le laudanum d'Épicure, les vastes orgies de la décadence, et finalement la rédemption par le sang de l'agneau.

> Mais le Symbole tutélaire
> Dans le ciel, qu'à peine il éclaire,
> Jette en mourant ses derniers feux.

Prométhée continue à *protester* et à promettre la nouvelle vie; Harmonia, *des muses la plus belle,* veut le consoler, et faire paraître devant lui *l'esprit du ciel, l'esprit de la vie, l'esprit de la terre et l'esprit des météores,* qui parlent à Prométhée, dans un style assez vague, des mystères et des secrets de la nature. Prométhée déclare qu'il est le roi de la terre et du ciel.

> Les dieux sont morts, car la foudre est à moi.

Ce qui veut dire que Franklin a détrôné Jupiter.

Io, c'est-à-dire Madeleine ou Marie, c'est-à-dire l'amour, vient à son tour philosopher avec Prométhée; celui-ci lui explique pourquoi son amour et sa prière n'étaient qu'épicuréisme pur, œuvres stériles et avares :

Pendant que tes genoux s'usaient dans la prière,
Tu n'as pas vu les maux des enfants de la terre!
Le monde allait mourir pendant que tu priais.

Tout à coup le vautour est percé d'une flèche mystérieuse. Hercule apparaît, et la raison humaine est délivrée par la force, — appel à l'insurrection et aux *passions mauvaises!* — Harmonia ordonne aux anciens révélateurs : Manou [1], Zoroastre, Homère et Jésus-Christ, de venir rendre hommage au nouveau dieu de l'Univers; chacun expose sa doctrine, et Hercule et Prométhée se chargent tour à tour de leur démontrer que les dieux, quels qu'ils soient, raisonnent moins bien que l'homme, ou l'humanité en langue socialiste; si bien que Jésus-Christ lui-même, rentrant dans la *nuit incréée,* il ne reste plus à la nouvelle humanité que de chanter les louanges du nouveau régime, basé uniquement sur la science et la force.

Total : L'Athéisme.

C'est fort bien, et nous ne demanderions pas mieux que d'y souscrire, si cela était gai, aimable, séduisant et nourrissant.

Mais nullement; M. de Senneville a esquivé le culte de la Nature, cette grande religion de Diderot et d'Holbach, cet unique ornement de l'athéisme.

C'est pourquoi nous concluons ainsi : A quoi bon la poésie philosophique, puisqu'elle ne vaut, ni un article de *l'Encyclopédie,* ni une chanson de Désaugiers ?

Un mot encore : — le poète philosophique a besoin de Jupiter, au commencement de son poème, Jupiter représentant une certaine somme d'idées; à la fin, Jupiter est aboli. — Le poète ne croyait donc pas à Jupiter!

Or, la grande poésie est essentiellement *bête,* elle *croit,* et c'est ce qui fait sa gloire et sa force.

Ne confondez jamais les fantômes de la raison avec les fantômes de l'imagination; ceux-là sont des équations, et ceux-ci des êtres et de souvenirs.

---

1. Le *livre de Manou* contient l'exposé de la doctrine du brahmanisme.

Le premier Faust est magnifique, et le second mauvais [1]. — La forme de M. de Senneville est encore vague et flottante; il ignore les rimes puissamment colorées, ces lanternes qui éclairent la route de l'idée; il ignore aussi les effets qu'on peut tirer d'un certain nombre de mots, diversement combinés. — M. de Senneville est néanmoins un homme de talent, que la conviction de la raison et l'orgueil moderne ont soulevé assez haut en de certains endroits de son *discours,* mais qui a subi fatalement les inconvénients du genre adopté. — Quelques nobles et grands vers prouvent que, si M. de Senneville avait voulu développer le côté panthéistique et naturaliste de la question, il eût obtenu de beaux effets, où son talent aurait brillé d'un éclat plus facile [2].

1. Contestable, pour le moins ! Car le *Second Faust* n'est pas de la poésie « philosophique », au sens où l'entend ici Baudelaire.

2. Cet article est fort intéressant, à sa date ; il montre en effet la répugnance de Baudelaire, dès 1846, à accepter la mythologie « moderne » et la confusion de l'art avec la philosophie. Le rapprochement de cet article avec l'*Art philosophique* (cf. p. 503-512) souligne la constance de ce thème essentiel de la pensée baudelairienne.

III

LE SIÈCLE

ÉPITRE A CHATEAUBRIAND PAR BATHILD BOUNIOL [1]

Monsieur Bouniol adresse à M. de Chateaubriand un hommage de jeune homme; il met sous la protection de cet illustre nom une satire véhémente et, sinon puérile, du moins inutile, du régime actuel.

Oui, Monsieur, les temps sont mauvais et corrompus; mais la bonne philosophie en profite sournoisement pour courir sus à l'occasion, et ne perd pas son temps aux anathèmes.

Du reste, il serait de mauvais ton d'être plus sévère que M. Bouniol n'est modeste; il a pris pour épigraphe : *Je tâche !* et il fait déjà fort bien les vers.

1. Paru dans le *Corsaire-Satan,* à la suite de l'article précédent.

IV

EDGAR POE : RÉVÉLATION MAGNÉTIQUE[1]

(INTRODUCTION)

On a beaucoup parlé dans ces derniers temps d'Edgar Poe. Le fait est qu'il le mérite. Avec un volume de nouvelles, cette réputation a traversé les mers. Il a étonné, surtout étonné, plutôt qu'ému et enthousiasmé. Il en est généralement de même de tous les romanciers qui ne marchent qu'appuyés sur une méthode créée par eux-mêmes, et qui est la conséquence même de leur tempérament. Je ne crois pas qu'il soit possible de trouver un romancier fort qui n'ait pas opéré la création de sa méthode, ou plutôt dont la sensibilité primitive ne soit pas réfléchie et transformée en un art certain. Aussi les romanciers forts sont-ils plus ou moins philosophes : Diderot, Laclos, Hoffmann, Gœthe, Jean Paul, Maturin, Honoré de Balzac, Edgar Poe. Remarquez que j'en prends de toutes les couleurs et des plus contrastées. Cela est vrai de tous, même de Diderot, le plus hasardeux et le plus aventureux, qui s'appliqua, pour ainsi dire, à noter et à régler l'inspiration ; qui accepta d'abord, et puis, de parti pris, utilisa sa nature enthousiaste, sanguine et tapageuse. Voyez Sterne, le phénomène est bien autrement évident, et aussi bien autrement méritant. Cet homme a fait sa méthode. Tous ces gens, avec une vo-

1. *La Liberté de penser*, 15 juillet 1848. Notice de la première traduction de Poe par Baudelaire. Cf. p. 583.

lonté et une bonne foi infatigable, décalquent la nature, la pure nature. — Laquelle ? — La leur. Aussi sont-ils généralement bien plus étonnants et originaux que les simples imaginatifs qui sont tout à fait indoués d'esprit philosophique, et qui entassent et alignent les événements sans les classer et sans en expliquer le sens mystérieux. J'ai dit qu'ils étaient étonnants. Je dis plus : c'est qu'ils visent généralement à l'étonnant. Dans les œuvres de plusieurs d'entre eux, on voit la préoccupation d'un perpétuel surnaturalisme. Cela tient, comme je l'ai dit, à cet esprit primitif de *chercherie*, qu'on me pardonne le barbarisme, à cet esprit inquisitorial, esprit de juge d'instruction, qui a peut-être des racines dans les plus lointaines impressions de l'enfance. D'autres, naturalistes enragés, examinent l'âme à la loupe, comme les médecins le corps, et tuent leurs yeux à trouver le ressort. D'autres, d'un genre mixte, cherchent à fondre ces deux systèmes dans une mystérieuse unité. Unité de l'animal, unité de fluide, unité de la matière première, toutes ces théories récentes sont quelquefois tombées par un accident singulier dans la tête de poètes, en même temps que dans les têtes savantes. Ainsi, pour en finir, il vient toujours un moment où les romanciers de l'espèce de ceux dont je parlais deviennent pour ainsi dire jaloux des philosophes, et ils donnent alors, eux aussi, leur système de constitution naturelle, quelquefois même avec une certaine immodestie qui a son charme et sa naïveté. On connaît Séraphitus, Louis Lambert, et une foule de passages d'autres livres, où Balzac, ce grand esprit dévoré du légitime orgueil encyclopédique, a essayé de fondre en un système unitaire et définitif différentes idées tirées de Swedenborg, Mesmer, Marat, Gœthe et Geoffroy Saint-Hilaire. L'idée de l'unité a aussi poursuivi Edgar Poe, et il n'a point dépensé moins d'efforts que Balzac dans ce rêve caressé. Il est certain que ces esprits spécialement littéraires font, quand ils s'y mettent de singulières chevauchées à travers la philosophie. Ils font des trouées soudaines, et ont de brusques échappées par des chemins qui sont bien à eux.

Pour me résumer, je dirai donc que les trois caractères des romanciers *curieux* sont : 1° une méthode *privée;* 2° l'*étonnant;* 3° la manie philosophique, trois caractères qui constituent d'ailleurs leur supériorité. Le morceau d'Edgar Poe qu'on va lire est d'un raisonnement excessivement ténu parfois, d'autres fois obscur et de temps en temps singulièrement audacieux. Il faut en prendre son parti, et digérer la chose telle qu'elle est. Il faut surtout bien s'attacher à suivre le texte littéral. Certaines choses seraient devenues bien autrement obscures, si j'avais voulu paraphraser mon auteur, au lieu de me tenir servilement attaché à la lettre. J'ai préféré faire du français pénible et parfois baroque, et donner dans toute sa vérité la technie philosophique d'Edgar Poe.

Il va sans dire que *La Liberté de penser* ne se déclare nullement complice des idées du romancier [1] américain, et qu'elle a cru simplement plaire à ses lecteurs en leur offrant cette haute curiosité scientifique.

1. L'emploi de ce terme, comme d'ailleurs tout le texte (cf. en particulier le début) indique qu'à cette date (1848) Baudelaire ignorait sans doute encore l'œuvre *poétique* de Poe et que sa connaissance de l'Américain était alors fort incomplète.

V

DE QUELQUES PRÉJUGÉS CONTEMPORAINS [1]

Qu'est-ce qu'un préjugé ?
Une mode de penser.
De M. de Béranger — poète et patriote.
De la Patrie aux dix-neuvième siècle.
De M. de Lamartine — auteur religieux.
De la Religion au dix-neuvième siècle.
De la Religion aimable — M. Lacordaire.
De M. Victor Hugo — Romantique et Penseur.
De Dieu au dix-neuvième siècle.
De quelques idées fausses de la Renaissance Romantique.
Des filles publiques et de la Philanthropie.
(Des réhabilitations en général.)
De Jean-Jacques — auteur sentimental et infâme.
Des fausses Aurores [2].
Épilogue au Consolations.

---

1. Projet trouvé parmi les papiers de Champfleury et publié dans le numéro spécial sur Baudelaire du *Manuscrit autographe* (Blaizot, 1927). On y retrouve quelques-uns des thèmes chers au Baudelaire d'après 1848.

2. Jeu de mots sur le prénom de George Sand (*Aurore* Dupin) ?

VI

LE HIBOU PHILOSOPHE[1]

Que le titre soit placé haut, que le papier ait l'air bien rempli.

— Que tous les caractères employés, genres, sous-genres, espèces, soient de la même famille. Unité typographique. Que les annonces soient serrées, bien alignées et d'un caractère uniforme.

— Que le format soit moins carré que celui de la *Semaine théâtrale.*

— Je ne suis pas très partisan de l'habitude d'imprimer certains articles avec un caractère plus fin que les autres.

— Je n'ai pas d'idée sur la convenance de diviser la page en trois colonnes au lieu de la diviser en deux.

— Articles à faire : Appréciation générale des ouvrages de *Th. Gautier*, de *Sainte-Beuve.* — Appréciation de la direction et des tendances de la *Revue des Deux Mondes.* — *Balzac, auteur dramatique.* — *La Vie des coulisses.* — *L'Esprit d'atelier.* — *Gustave Planche,* éreintage radical, nullité et cruauté de l'impuissance, style d'imbécile et de magistrat. — *Jules Janin :* éreintage absolu; ni savoir, ni style, ni bons sentiments. — *Alexandre Dumas :* à confier à Monselet; nature de farceur : relever tous les démentis

1. Texte de 1852, publié pour la première fois dans le *Figaro* du 30 août 1880 et se rapportant au projet d'un journal dont *le Hibou philosophe* eût été le titre. Les principaux associés de Baudelaire dans ce projet étaient Champfleury et Monselet. Ce texte nous a paru avoir sa place dans un recueil des écrits critiques de Baudelaire, tout d'abord parce que ce projet du *Hibou philosophe* entrait exactement dans le cadre de ses activités de critique littéraire, et parce que le texte lui-même contient des *articles à faire* dont l'intérêt est évident.

donnés par lui à l'histoire et à la nature; style de *boniment*. — *Eugène Sue :* talent bête et contrefait. — *Paul Féval :* idiot.

— Ouvrages desquels on peut faire une appréciation : Le dernier volume des *Causeries du Lundi*. Poésies d'*Houssaye* et de *Brizeux*. *Lettres et Mélanges* de Joseph de Maistre. *Le Mariage de Victorine* [1]. *La Religieuse de Toulouse* [2] *:* A TUER. La traduction d'Emerson [3].

Liste des libraires avec lesquels il faut nous mettre en relation : *Furne, Houssiaux, Blanchard (Hetzel), Lecou, Michel Lévy, Giraud et Dagneau, Amyot, Charpentier, Baudry, Didier, Sandré, Hachette, Garnier, Gaume, Cadot, Souverain, Pottier, etc.*

Faire des comptes rendus des faits *artistiques*. Examiner si l'absence de cautionnement et la tyrannie actuelle nous permet de discuter, à propos de l'*art et de la librairie,* les actes de l'administration.

— Examiner si l'absence de cautionnement ne nous interdit pas de rendre compte des ouvrages d'histoire et de religion. Éviter toutes tendances, allusions visiblement socialistiques, et visiblement courtisanesques.

— Nous surveiller et nous conseiller les uns les autres avec une entière franchise.

Dresser à nous cinq la liste des personnes importantes, hommes de lettres, directeurs de revues et de journaux, amis pouvant faire de la propagande, cabinets de lecture, cercles, restaurants et cafés, libraires auxquels il faudra envoyer *le Hibou philosophe*.

— Dresser chacun la liste de chacun de nos amis que nous pouvons sommer de s'abonner.

Faire les articles sur quelques auteurs anciens, ceux qui, ayant devancé leur siècle, peuvent donner des leçons pour la régénération de la littérature actuelle. Exemple : Mercier, Bernardin de Saint-Pierre, etc.

— Faire un article sur *Florian* (Monselet);
sur *Sedaine* (Monselet ou Champfleury);
sur *Ourliac* (Champfleury);

— Faire à nous cinq un grand article : *la Vente aux enchères des vieux mots* de *l'École classique,* de *l'École classique galante,*

1. Roman de George Sand.
2. Roman de Jules Janin.
3. Par E. Montégut.

de *l'École romantique naissante*, de *l'École satanique,* de *l'École lame de Tolède,* de *l'École olympienne* (V. Hugo), de *l'École plastique* (Th. Gautier), de *l'École païenne* (Banville), de *l'École poitrinaire,* de *l'École du bon sens,* de *l'École mélancolico-farceuse* (Alfred de Musset).

— Quant aux *nouvelles* que nous donnerons, qu'elles appartiennent à la littérature dite *fantastique,* ou qu'elles soient des études de mœurs, des scènes de la vie réelle, autant que possible en style dégagé, vrai et plein de sincérité [1].

Rédiger une circulaire pour les journaux de Province.

Voir ce qu'il y a à faire pour la propagande à l'Étranger.

Examiner la question de savoir s'il est convenable que *Le Hibou philosophe* rende compte des livres ou des ouvrages que nous publierons ailleurs.

Combien faut-il dépenser en affiches ?

Faire un état très exact des frais fixes et proportionnels.

S'il vient de l'argent, en faire deux parts, une pour augmenter la publicité, l'autre pour augmenter les salaires de la Rédaction.

Faut-il rédiger un acte de société entre nous ?

Je vous engage à écrire aussi vos idées.

---

1. De la synthèse de ces deux types de *littérature* vont bientôt commencer de naître les *Poèmes en prose,* dont ces quelques lignes éclairent peut-être la genèse.

VII

PUISQUE RÉALISME IL Y A[1]

CHAMPFLEURY a voulu faire une farce au genre humain. — Avouez, enfant pervers, que vous jouissez de la confusion générale, et même de la fatigue que me cause cet article.

Histoire de la création du mot.

Première visite à Courbet. (Dans ce temps, Champfleury accordait aux arts une importance démesurée. Il a changé.)

Ce qu'était alors Courbet.

Analyse du *Courbet* et de ses œuvres.

Champfleury l'a intoxiqué. — Il rêvait un mot, un drapeau, une *blague,* un mot d'ordre, ou de passe, pour enfoncer le mot de ralliement : *Romantisme.* Il croyait qu'il faut toujours un de ces mots à l'influence magique, et dont le sens peut bien n'être pas déterminé.

Imposant *ce qu'il croit* son procédé (car il est myope quant à sa propre nature) à tous les esprits, il a lâché son pétard, son remue-ménage.

Quant à Courbet, il est devenu le Machiavel maladroit de ce *Borgia,* dans le sens historique de *Michelet.*

Courbet a théorisé sur une farce innocente avec une rigueur de conviction compromettante.

Assiettes à coq[2].

Gravures au clou.

---

1. Note fragmentaire retrouvée par J. Crépet et publiée par lui (*Mesures,* 15 juillet 1938). On y voit que Baudelaire avait songé à une critique générale du réalisme, dont les éléments d'ailleurs se rencontrent partout dans son œuvre.

2. Champfleury se plaisait, paraît-il, à les collectionner.

Sujets familiers, villageois de Courbet et de Bonvin[1].

Le traducteur de Hebel[2].

Pierre Dupont.

Dessous [?] confusion dans l'esprit public.

Le canard lancé, il a fallu y croire.

Lui, le musicien de sentiment, tourner dans les carrefours la manivelle de son orgue.

Promener une exhibition peu solide qu'il fallait toujours étayer par de mauvais étançons philosophiques.

Là, est le châtiment.

Champfleury porte en lui son réalisme.

Prométhée a son vautour

(non pas pour avoir dérobé le feu du ciel, mais pour avoir supposé le feu où il n'est pas, et l'avoir voulu faire croire).

Dans l'affaire Courbet, Préault qui un jour peut-être... Colère et soubresauts alors beaux à voir.

Madame Sand[3], Castille[4] (Champfleury en a eu peur).

Mais la badauderie est si grande.

Dès lors, Réalisme, villageois, grossier, et même rustre, malhonnête.

Champfleury, le poète *(les deux cabarets d'Auteuil, la lettre à Colombine*[5]*, le bouquet du pauvre)* a un fond de farceur. Puisse-t-il le garder longtemps, puisqu'il en tire des jouissances, et peut-être cela fait-il partie de son talent. — Regard à la *Dickens,* la table de nuit de l'amour. Si les choses se tiennent devant lui dans une allure quelque peu fantastique, c'est à cause de la contraction de son œil un peu mystique. — Comme il étudie minutieusement, il croit saisir une réalité extérieure. Dès lors, *réalisme,* — il veut imposer ce qu'il croit son procédé.

Cependant, *if at all,* si Réalisme a un sens, — discussion sérieuse.

Tout bon poète fut toujours *réaliste.*

Équation entre l'impression et l'expression.

Sincérité.

---

1. Peintre de l'école réaliste (1817-1887) considéré par Baudelaire comme un des meilleurs *(Salon de 1859,* VII).
2. Max Buchon.
3. *Je ne puis penser à cette stupide créature sans un certain frémissement d'horreur* (*Mon Cœur mis à nu,* XXVII).
4. Auteur d'une « exécution » de Balzac (cf. p. 571).
5. Recueil de nouvelles, un des meilleurs écrits de Champfleury.

Prendre Banville pour exemple.

Les mauvais poètes sont ceux qui...

Poncifs.

Ponsard.

D'ailleurs, en somme, Champfleury était excusable; exaspéré par la sottise, le poncif et le bon sens, il cherchait un signe de ralliement pour les amateurs de la vérité.

Mais tout cela a mal tourné. D'ailleurs tout créateur de parti se trouve par nécessité naturelle en mauvaise compagnie.

Les erreurs, les méprises les plus drôles ont eu lieu. Moi-même, on m'a dit qu'on m'avait fait l'honneur [1]... bien que je me sois toujours appliqué à le démériter.

Je serais d'ailleurs, j'en avertis le parti, — un triste cadeau. Je manque totalement de conviction, d'obéissance et de bêtise.

Pour *nous,* blague. — Champfleury, hiérophante. Mais la foule.

La Poésie est ce qu'il y a de plus réel, c'est ce qui n'est complétement vrai que dans *un autre monde.*

Ce monde-ci, dictionnaire hiéroglyphique.

De tout cela, il ne restera rien qu'une grande fatigue pour le sorcier, le Vaucanson [2] tourmenté par son automate, l'infortuné Champfleury, victime de son *cant,* de sa pose diplomatique, et un bon nombre de dupes, dont les erreurs rapides et multipliées n'intéressent pas plus l'histoire littéraire que la foule n'intéresse la postérité.

(Analyse de la Nature, du talent de Courbet, et de la morale.)

Courbet sauvant le monde [3].

---

1. Au moment de son procès, Baudelaire allait être en effet accusé de « réalisme » (cf. l'article de Cl. Pichois, *Revue d'Histoire littéraire de la France*, 1959, pp. 535-539).

2. Ou *Daubenton* (lecture incertaine). Mais le contexte convient mieux à Vaucanson (1709-1782) resté célèbre pour les automates qu'il avait réalisés en 1737.

3. L'étude critique du réalisme de Courbet ne sera pas écrite ; et, une fois de plus, c'est dommage. Ces notes (qu'on peut dater sans doute de 1855, année de l'exposition-provocation de Courbet) seront d'ailleurs bientôt dépassées, lorsque Baudelaire découvrira Legros et Manet, dont l'œuvre rend, à ses yeux, caducs les risques du réalisme à la Courbet. Mais, en littérature, il ne trouvera rien qui corresponde à Legros et Manet, comme il n'y avait rien trouvé qui pût correspondre à Delacroix.

VIII

HISTOIRE DE NEUILLY[1]

PAR L'ABBÉ BELLANGER

DEPUIS ces dernières années, il s'est manifesté un excellent mouvement historique qu'on pourrait appeler mouvement provincial. C'est avec de petits livres d'histoire sincèrement et soigneusement rédigés, comme l'*Histoire de Neuilly et de ses châteaux par l'abbé Bellanger,* que se font les livres généraux. Si toutes les localités de France suivaient cet exemple, l'histoire générale ne serait plus qu'une question de mise en ordre, ou du moins, entre les mains d'un grand esprit, la besogne serait considérablement abrégée. — M. l'abbé Bellanger, dont la commune de Neuilly déplore actuellement la perte, prend l'histoire de cette localité depuis l'époque romaine jusqu'aux terribles journées de Février où le Château fut le théâtre et la proie des plus ignobles passions, l'orgie et la destruction. Neuilly fut, comme le dit le modeste historien, choisi par la providence ou la fatalité, quatre fois en soixante ans, comme théâtre de grands faits nationaux et décisifs. — Toute la série des personnes illustres qui ont fondé, embelli, habité, illustré Neuilly et ses châteaux passe sous les yeux du lecteur. Dans cette esquisse rapide, tous les personnages, même ceux trop séduisants pour la plume sévère d'un prêtre, défilent dans leur vraie attitude. Depuis sainte Isabelle, fondatrice du monastère de Longchamps, depuis la charmante reine Margot, d'érudite et romanesque mé-

1. Fragment critique qui avait été demandé à Baudelaire par Me Ancelle, son conseil judiciaire, maire de Neuilly, et publié par J. Crépet (*Mercure de France,* 15 septembre 1935).

moire, depuis Pascal et sa foudroyante conversion, jusqu'à l'Encyclopédie, dont l'idée germa au château même de Neuilly, jusqu'à Parmentier, l'ensemenceur de la plaine des Sablons, jusqu'à la princesse Pauline, au général Wellington, jusqu'au drame de la route de la Révolte, tous les faits qui ont illustré cette héroïque commune sont passés en revue avec une rapidité, une netteté, une honnêteté littéraire de plus remarquables. — Cet excellent petit livre se vend à la *Librairie nouvelle, boulevard des Italiens,* et chez Dentu, au Palais-Royal.

IX

LES LIAISONS DANGEREUSES[1]

I. BIOGRAPHIE

BIOGRAPHIE MICHAUD. — Pierre-Ambroise-François Choderlos de Laclos, né à Amiens en 1741.

A 19 ans, sous-lieutenant dans le corps royal du génie.

Capitaine en 1778, il construit un fort à l'île d'Aix.

Appréciation ridicule des *Liaisons dangereuses* par la *Biographie Michaud,* signée Beaulieu, édition 1819.

En 1789, secrétaire du duc d'Orléans. Voyage en Angleterre avec Philippe d'Orléans.

En 91, pétition provoquant la réunion du Champ de Mars.

Rentrée au service en 92, comme maréchal de camp.

Nommé gouverneur des Indes françaises, où il ne va pas.

A la chute de Philippe, enfermé à Picpus.

(Plans de réforme, expériences sur les projectiles.)

Arrêté de nouveau, relâché le 9 Thermidor.

Nommé secrétaire général de l'administration des hypothèques.

Il revient à ses expériences militaires et rentre au service, général de brigade d'artillerie. Campagnes du Rhin et d'Italie, mort à Tarente, 5 octobre 1803.

Homme vertueux, « bon fils, bon père, excellent époux ».

Poésies fugitives.

1. Projet d'étude sur Laclos datant de 1856 environ, si l'on en croit des lettres de cette époque à Poulet-Malassis. Publié pour la premièr fois par Édouard Champion en appendice à *De l'éducation des femmes,* de Choderlos de Laclos, Paris, Messein, 1903.

Lettre à l'Académie française en 1786 à l'occasion du prix proposé pour l'éloge de Vauban (1.440 millions)[1].

France littéraire de Quérard[2]. — La première édition des *Liaisons dangereuses* est de 1782.

Causes secrètes de la Révolution du 9 au 10 thermidor, par Vilate, ex-juré au tribunal révolutionnaire. Paris, 1795.

Continuation aux *Causes secrètes*, 1795.

Louandre et Bourquelot. — Il faut, disent-ils, ajouter à ses ouvrages *Le Vicomte de Barjac.*

Erreur, selon Quérard, qui rend cet ouvrage au marquis de Luchet.

Hatin. — 31 octobre an II de la Liberté, Laclos est autorisé à publier la correspondance de la Société des Amis de la Constitution, séante aux Jacobins.

Journal des Amis de la Constitution.

En 1791, Laclos quitte le journal, qui reste aux Feuillants.

II. NOTES

Ce livre, s'il brûle, ne peut brûler qu'à la manière de la glace.

Livre d'histoire.

Avertissement de l'éditeur et préface de l'auteur (sentiments feints et dissimulés).

— Lettres de mon père (badinages)[3].

La Révolution a été faite par des voluptueux.

Nerciat (utilité de ses livres).

Au moment où la Révolution française éclata, la noblesse française était une race physiquement diminuée. (de Maistre.)

Les livres libertins commentent donc et expliquent la Révolution.

---

1. Il ne s'agit pas du montant du prix ! mais du coût total des fortifications de Vauban.
2. Ouvrage bibliographique (ainsi que les suivants).
3. Le père Baudelaire était en effet un homme du XVIIIe siècle.

— Ne disons pas : *Autres mœurs que les nôtres,* disons : *Mœurs plus en honneur qu'aujourd'hui.*

Est-ce que la morale s'est relevée? non, c'est que l'énergie du mal a baissé. — Et la niaiserie a pris la place de l'esprit.

La fouterie et la gloire de la fouterie étaient-elles plus immorales que cette manière moderne d'*adorer* et de mêler le saint au profane?

On se donnait alors beaucoup de mal pour ce qu'on avouait être une bagatelle, et on ne se damnait pas plus qu'aujourd'hui.

Mais on se damnait moins bêtement, on ne se pipait pas.

George Sand[1].

Ordure et jérémiades.

En réalité, le satanisme a gagné, Satan s'est fait ingénu. Le mal se connaissant était moins affreux et plus près de la guérison que le mal s'ignorant. G. Sand inférieure à de Sade.

Ma sympathie pour le livre.

Ma mauvaise réputation.

Ma visite à Billaut[2].

Tous les livres sont immoraux.

Livre de moraliste aussi haut que les plus élevés, aussi profond que les plus profonds.

— A propos d'une phrase de Valmont (à retrouver) :

Le temps des Byron venait.

Car Byron était *préparé,* comme Michel-Ange.

Le grand homme n'est jamais aérolithe.

Chateaubriand devait bientôt crier à un monde qui n'avait pas le droit de s'étonner :

« Je fus toujours vertueux sans plaisir; j'eusse été criminel sans remords[3]. »

Caractère sinistre et satanique.

Le satanisme badin.

Comment on faisait l'amour sous l'ancien régime.

Plus gaîment, il est vrai.

1. Cf. *Journaux intimes, Mon Cœur mis à nu* (p. 894).
2. Ministre de l'Intérieur en 1857.
3. Dans *les Natchez.*

Ce n'était pas l'extase, comme aujourd'hui, c'était le délire.

C'était toujours le mensonge, mais on n'adorait pas son semblable. On *le trompait,* mais on *se trompait* moins soi-même.

Les mensonges étaient d'ailleurs assez bien soutenus quelquefois pour induire la comédie en tragédie.

— Ici comme dans la vie, la palme de la perversité reste à [la] femme.

(Saufeia.) Fœmina simplex dans sa petite maison[1].

Manœuvres de l'Amour.

Belleroche. Machines à plaisir.

Car Valmont est surtout un vaniteux. Il est d'ailleurs généreux, toutes les fois qu'il ne s'agit pas des femmes et de sa gloire.

— Le dénouement.

La petite vérole (grand châtiment).

La Ruine.

Caractère général sinistre.

La détestable humanité se fait un enfer préparatoire.

— L'amour de la guerre et la guerre de l'amour. La gloire. L'amour de la gloire. Valmont et la Merteuil en parlent sans cesse, la Merteuil moins.

L'amour du combat. La tactique, les règles, les méthodes. La gloire de la victoire.

La stratégie pour gagner un prix très frivole.

Beaucoup de sensualité. Très peu d'amour, excepté chez Mme de Tourvel.

— Puissance de l'analyse racinienne.

Gradation.

Transition.

Progression.

Talent rare aujourd'hui, excepté chez Stendhal, Sainte-Beuve et Balzac.

Livre essentiellement français.

Livre de sociabilité, terrible, mais sous le badin et le convenable.

Livre de sociabilité.

---

1. Juvénal. *Satire VI* (Sur les Femmes), 320-327.

[Note manuscrite, non de la main de Baudelaire, mais en tête de laquelle Baudelaire a écrit : *Liaisons dangereuses.*] :

Cette défaveur [1] surprendra peu les hommes qui pensent que la Révolution française a pour cause principale la dégradation morale de la noblesse.

M. de Saint-Pierre observe quelque part, dans ses *Études sur la Nature,* que si l'on compare la figure des nobles français à celles de leurs ancêtres, dont la peinture et la sculpture nous ont transmis les traits, on voit à l'évidence que ces races ont dégénéré.

Considérations sur la France, page 197 de l'édition sous la rubrique de Londres, 1797, in-8° [2].

III. INTRIGUE ET CARACTÈRES

INTRIGUE. — Comment vint la brouille entre Valmont et la Merteuil.

Pourquoi elle devait venir.

La Merteuil a tué la Tourvel.

Elle n'a plus rien à vouloir de Valmont.

Valmont est dupe. Il dit à sa mort qu'il regrette la Tourvel, et de l'avoir sacrifiée. Il ne l'a sacrifiée qu'à son Dieu, à sa vanité, à sa gloire, et la Merteuil le lui dit même crûment, après avoir obtenu ce sacrifice.

C'est la brouille de ces deux scélérats qui amène les dénouements.

Les critiques faites sur le dénouement relatif à la Merteuil.

CARACTÈRES. — A propos de Mme de Rosemonde, retrouver le portrait des vieilles femmes, bonnes et tendres, fait par la Merteuil.

Cécile, type parfait de la détestable jeune fille, niaise et sensuelle.

Son portrait, par la Merteuil, qui excelle aux portraits. (Elle ferait bien même celui de la Tourvel, si elle n'en était pas horriblement jalouse, comme d'une supériorité.) Lettre XXXVIII.

1. La défaveur dont sont l'objet les émigrés.
2. Joseph de Maistre.

La jeune fille. La niaise, stupide et sensuelle. Tout près de l'ordure originelle [a].

La Merteuil. Tartuffe femelle, tartuffe de mœurs, tartuffe du XVIIIe siècle.

Toujours supérieure à Valmont et elle le prouve.

Son portrait par elle-même. Lettre LXXXI. Elle a d'ailleurs du bon sens et de l'esprit.

Valmont, ou la recherche du pouvoir par le Dandysme et la feinte de la dévotion. Don Juan.

La Présidente. (Seule appartenant à la bourgeoisie. Observation importante.) Type simple, grandiose, attendrissant. Admirable création. Une femme naturelle. Une Ève touchante. — La Merteuil, une Ève satanique.

D'Anceny, fatigant d'abord par la niaiserie, devient intéressant. Homme d'honneur, poète et beau diseur.

Madame de Rosemonde. — Vieux pastel, *charmant* portrait à barbes et à tabatière. Ce que la Merteuil dit des vieilles femmes.

CITATIONS POUR SERVIR AUX CARACTÈRES

Que me proposez-vous? de séduire une jeune fille qui n'a rien vu, ne connaît rien... Vingt autres y peuvent réussir comme moi. Il n'en est pas ainsi de l'entreprise qui m'occupe; son succès m'assure autant de gloire que de plaisir. L'Amour, qui prépare ma couronne, hésite lui-même entre le myrte et le laurier...

Lettre IV. — Valmont à Mme de Merteuil.

J'ai bien besoin d'avoir cette femme pour me sauver du ridicule d'en être amoureux... J'ai, dans ce moment, un sentiment de reconnaissance pour les femmes faciles, qui me ramène naturellement à vos pieds.

Lettre IV. — Valmont à Mme de Merteuil.

Conquérir est notre dessein; il faut le suivre.

Lettre IV. — Valmont à Mme de Merteuil.

(Note : car c'est aussi le dessein de Mme de Merteuil. Rivalité de gloire.)

Me voilà donc, depuis quatre jours, livré à une *passion forte.*

Lettre IV. — Valmont à la Merteuil.

Rapprocher ce passage d'une note de Sainte-Beuve sur le goût de la passion dans l'École Romantique.

Depuis sa plus grande jeunesse, jamais il n'a fait un pas ou dit une parole sans avoir un projet, et jamais il n'eut [1] [un projet qui ne fût malhonnête ou criminel].

Aussi, si Valmont était entraîné par des passions fougueuses [si, comme mille autres, il était séduit par les erreurs de son âge, en blâmant sa conduite, je plaindrais sa personne, et j'attendrais, en silence, le temps où un retour heureux lui rendrait l'estime des gens honnêtes].

Mais Valmont n'est pas cela... etc.

Lettre IX. — Mme de Volanges à la Présidente de Tourvel.

Cet entier abandon de soi-même, ce délire de la volupté, où le plaisir *s'épure par son excès,* ces biens de l'amour ne sont pas connus d'elle... Votre présidente croira avoir tout fait pour vous en vous traitant comme son mari, et, dans le tête-à-tête conjugal le plus tendre, on est toujours *deux.*

Lettre V. — La Merteuil à Valmont.

(Source de la sensualité mystique et des sottises amoureuses du XIXe siècle.)

J'aurai cette femme. Je l'enlèverai au mari, *qui la profane* [G. Sand]. J'oserai la ravir au Dieu même qu'elle adore [Valmont satan, rival de Dieu]. Quel délice d'être tour à tour l'objet et le vainqueur de ses remords ! Loin de moi l'idée de détruire les préjugés qui l'assiègent. Ils ajouteront à mon bonheur et à ma gloire. Qu'elle croie à la vertu, mais qu'elle me la sacrifie... Qu'alors, si j'y consens, elle me dise : « Je t'adore ! »

Lettre VI. — Valmont à la Merteuil.

Après ces préparatifs, pendant que Victoire s'occupe des autres détails, je lis un chapitre du *Sopha,* une *lettre d'Héloïse,* et deux *contes* de La Fontaine, pour recorder les différents tons que je voulais prendre.

Lettre X. — La Merteuil à Valmont.

Je suis indigné, je l'avoue, quand je songe que cet homme sans *raisonner,* sans se *donner* la *moindre peine,* en *suivant tout bêtement l'instinct de son cœur,* trouve une félicité à laquelle je ne puis atteindre. Oh ! je la troublerai !

Lettre XV. — Valmont à la Merteuil.

---

1. Entre crochets, additions d'E. Champion complétant les citations.

J'avouerai ma faiblesse. Mes yeux se sont mouillés de larmes... J'ai été étonné du plaisir qu'on éprouve en faisant le bien...

Lettre XXI. — Valmont à la Merteuil.

Don Juan devenant Tartuffe et charitable par intérêt. Cet aveu prouve à la fois l'hypocrisie de Valmont, sa haine de la vertu, et, en même temps, un reste de sensibilité par quoi il est inférieur à la Merteuil, chez qui tout ce qui est humain est calciné.

J'oubliais de vous dire que, pour mettre tout à profit, j'ai demandé à ces beaux yeux de prier Dieu pour le succès de mes projets.

Lettre XXI. — Valmont à la Merteuil.

(Impudence et raffinement d'impiété.)

Elle est vraiment délicieuse... Cela n'a ni caractère, ni principes. Jugez combien [sa société sera douce et facile]... En vérité, je suis [presque jalouse de celui à qui ce plaisir est réservé].

Lettre XXXVIII. — La Merteuil à Valmont.

(Excellent portrait de la Cécile.)

Il est si sot encore qu'il n'en a pas seulement obtenu un baiser. Ce garçon-là fait pourtant de fort jolis vers ! Mon Dieu ! que ces gens d'esprit son bêtes !

Lettre XXXVIII. — La Merteuil à Valmont.

(Commencement du portrait de D'Anceny, qui attirera lui-même la Merteuil.)

Je regrette de n'avoir pas le talent des filous... Mais nos parents ne songent à rien.

Suite de la Lettre XL. — Valmont à la Merteuil.

Elle veut que je sois *son ami*.

(La malheureuse victime en est déjà là)...

Et puis-je me venger moins d'une femme hautaine qui semble rougir d'avouer qu'elle adore?

Lettre LXX. — Valmont à la Merteuil.

A propos de la Vicomtesse :

Le parti le plus difficile ou le plus gai est toujours celui que je prends; et je ne me reproche pas une bonne action, pourvu qu'elle m'exerce ou m'amuse.

Lettre LXXI. — Valmont à la Merteuil.

(Portrait de la Merteuil par elle-même.)

Que vos craintes me causent de pitié! Combien elles me prouvent ma supériorité sur vous!... Être orgueilleux et faible, il te sied bien de vouloir calculer mes moyens et juger de mes ressources!

(La femme qui veut toujours faire l'homme, signe de grande dépravation.)

. . . .

Imprudentes qui, dans leur amant actuel, ne savent pas voir leur ennemi futur... Je dis : mes principes... Je les ai créés, et je puis dire que je suis mon ouvrage.

Ressentais-je quelque chagrin... J'ai porté le zèle jusqu'à me causer des douleurs volontaires, pour chercher pendant ce temps l'expression du plaisir. *Je me suis travaillée* avec le même soin pour réprimer les symptômes d'une joie inattendue.

Je n'avais pas quinze ans, je possédais déjà les talents auxquels la plus grande partie de nos politiques doivent leur réputation, et [je ne me trouvais encore qu'aux premier éléments de la science que je voulais acquérir].

La tête seule fermentait. Je ne désirais pas de jouir, *je voulais* SAVOIR.

Lettre LXXXI. — La Merteuil à Valmont.

(George Sand et autres.)

Encore une touche au portrait de la petite Volanges par la Merteuil :

Tandis que nous nous occuperions à former cette petite fille pour l'intrigue [nous n'en ferions qu'une femme facile]... Ces sortes de femmes ne sont absolument que des machines à plaisir.

Lettre CVI. — La Merteuil à Valmont.

Cette enfant est réellement séduisante! Ce contraste de la candeur naïve avec le langage de l'effronterie ne laisse pas de faire de l'effet; et, je ne sais pourquoi, il n'y a plus que les choses bizarres qui me plaisent.

Lettre CX. — Valmont à la Merteuil.

Valmont se glorifie et chante son futur triomphe.

Je la montrerai, dis-je, oubliant ses devoirs... Je ferai plus, je la quitterai... Voyez mon ouvrage et cherchez-en dans le siècle un second exemple !...

Lettre CXV. — Valmont à la Merteuil.

(Citation *importante.*)
La note et l'annonce de la fin.
Champfleury.
Lui écrire [1].

---

1. Champfleury passait pour être un spécialiste de la littérature du XVIIIe siècle.

X

LETTRE AU FIGARO

19 Juin 1858[1]

MONSIEUR,

LE *Figaro* du 6 Juin contient un article *(Les Hommes de demain)* où je lis : « Le sieur Baudelaire aurait dit en entendant le nom de l'auteur des *Contemplations* : — Hugo ! qui ça, Hugo ? Est-ce qu'on connaît ça... Hugo ? »

M. Victor Hugo est si haut placé qu'il n'a aucun besoin de l'admiration d'un tel ou d'un tel; mais un propos qui, dans la bouche du premier venu, serait une preuve de stupidité devient une monstruosité impossible dans la mienne.

Plus loin, l'auteur de l'article complète son insinuation : « Le sieur Baudelaire passe maintenant sa vie à dire du mal du romantisme et à vilipender les Jeunes-France. On devine le mobile de cette mauvaise action; c'est l'orgueil du Jovard d'autrefois qui pousse le Baudelaire d'aujourd'hui à renier ses maîtres; mais il suffisait de mettre son drapeau dans sa poche, quelle nécessité de cracher dessus ? »

1. En fait cette lettre parut dans *le Figaro* du 13 juin 1858, en réponse à un article intitulé *les Hommes de demain, I. M. Charles Baudelaire,* dont l'auteur, nommé Jean Rousseau, est resté un inconnu. Nous l'insérons ici à sa place chronologique, car, outre qu'elle nous rappelle les difficultés de Baudelaire avec certains éléments influents de la presse littéraire (c'est un article du directeur du *Figaro* qui provoqua le procès des *Fleurs du Mal*), elle contient une intéressante mise au point concernant son attitude à l'égard du romantisme et des romantiques.

Dans un français plus simple, cela veut dire : « M. Charles Baudelaire est un ingrat qui diffame les maîtres de sa jeunesse. » Il me semble que j'adoucis le passage en voulant le traduire.

Je crois, Monsieur, que l'auteur de cet article est un jeune homme qui ne sait pas encore bien distinguer ce qui est permis de ce qui ne l'est pas. Il prétend qu'il épie toutes mes actions; avec une bien grande discrétion, sans doute, car je ne l'ai jamais vu.

L'énergie que *Le Figaro* met à me poursuivre pourrait donner à certaines personnes mal intentionnées, ou aussi mal renseignées sur votre caractère que votre rédacteur sur le mien, l'idée que ce journal espère trouver une grande indulgence dans la justice le jour où je prierais le tribunal qui m'a condamné de vouloir bien me protéger.

Remarquez bien que j'ai, en matière de critique (purement littéraire), des opinions si libérales que j'aime même la licence. Si donc votre journal trouve le moyen de pousser encore plus loin qu'il n'a fait sa critique à mon égard (pourvu qu'il ne dise pas que je suis une âme malhonnête), je saurai m'en réjouir comme un homme désintéressé.

Monsieur, je profite de l'occasion pour dire à vos lecteurs que toutes les plaisanteries sur ma ressemblance avec les écrivains d'une époque que personne n'a su remplacer m'ont inspiré une bien légitime vanité, et que mon cœur est plein de reconnaissance et d'amour pour les hommes illustres qui m'ont enveloppé de leur amitié et de leurs conseils, — ceux-là à qui, en somme, je dois tout, comme le fait si justement remarquer votre collaborateur.

Veuillez agréer, Monsieur, l'assurance de mes sentiments les plus distingués.

XI

UNE RÉFORME A L'ACADÉMIE [1]

Le grand article de M. Sainte-Beuve sur *les prochaines élections de l'Académie* a été un véritable événement. Il eût été fort intéressant pour un profane, un nouveau *Diable boiteux,* d'assister à la séance académique du jeudi qui a suivi la publication de ce curieux manifeste. M. Sainte-Beuve attire sur lui toutes les rancunes de ce parti politique, doctrinaire, orléaniste, aujourd'hui religieux par esprit d'opposition, disons simplement : hypocrite, qui veut remplir l'Institut de ses créatures préférées et transformer le sanctuaire des Muses en un parlement de mécontents; « les hommes d'État sans ouvrage », comme les appelle dédaigneusement un autre académicien qui, bien qu'il soit d'assez bonne naissance, est, littérairement parlant, le fils de ses œuvres [2]. La puissance des intrigants date de loin;

---

1. *Revue anecdotique,* janvier 1862 (sans signature). Baudelaire venait de poser sa candidature à l'Académie (au fauteuil de Lacordaire!) L'article de Sainte-Beuve avait paru dans le *Constitutionnel* du 20 janvier 1862, et Baudelaire le remercia en ces termes le 3 février : *J'ai fait, dans la* Revue Anecdotique *(sans signer, mais ma conduite est infâme n'est-ce pas?) une analyse telle quelle de votre excellent article. Quant à l'article lui-même, je l'ai envoyé à M. de Vigny* (on sait qu'en cette occasion le poète de *Moïse* manifesta toute sa sympathie à celui de *l'Albatros*). Baudelaire fait allusion à cette candidature (qu'il devait bientôt retirer) dans son poème en prose le *Joueur généreux,* publié en février 1864 (éd. Garnier, p. 138). Quant à l'appréciation de Sainte-Beuve, elle toucha Baudelaire non pour son exactitude ou sa profondeur, mais parce qu'elle venait de ce Joseph Delorme, dont la poésie avait, pour Baudelaire, des accents si fraternels, et qui l'avait peut-être influencé.

2. Alfred de Vigny.

car Charles Nodier, il y a déjà longtemps, s'adressant à celui auquel nous faisons allusion, le suppliait de se présenter et de prêter à ses amis l'autorité de son nom pour déjouer la conspiration du parti doctrinaire, « de ces politiques qui viennent honteusement voler un fauteuil dû à quelque pauvre homme de lettres ».

M. Sainte-Beuve, qui, dans tout son courageux article, ne cache pas trop la mauvaise humeur d'un vieil homme de lettres contre les princes, les grands seigneurs et les politiquailleurs, ne lâche cependant qu'à la fin l'écluse à toute sa bile concentrée : « Être menacé de ne plus sortir d'une même nuance et bientôt d'*une même famille,* être destiné, si l'on vit encore vingt ans, à voir se vérifier ce mot de M. Dupin : « Dans vingt ans, vous aurez encore à l'Académie un discours doctrinaire »; et cela, quand tout change et marche autour de nous; — je n'y tiens plus, et *je ne suis pas le seul*; plus d'un de mes confrères est comme moi; *c'est étouffant, à la longue, c'est suffocant !*

« Et voilà pourquoi j'ai dit à tout le monde bien des choses que j'aurais mieux aimé pouvoir développer à l'intérieur devant quelques-uns. J'ai fait mon rapport au Public. »

Et ailleurs : « *Quelqu'un* qui s'amuse à compter sur ses doigts ces sortes de choses a remarqué que si M. Dufaure avait consenti à la douce violence qu'on voulait lui faire, il eût été le dix-septième ministre de Louis-Philippe dans l'Institut, et le neuvième dans l'Académie française. »

Tout l'article est un chef-d'œuvre plein de bonne humeur, de gaieté, de sagesse, de bon sens et d'ironie. Ceux qui ont l'honneur de connaître intimement l'auteur de *Joseph Delorme* et de *Volupté* savent apprécier en lui une faculté dont le public n'a pas la jouissance, nous voulons dire une conversation dont l'éloquence capricieuse, ardente, subtile, mais toujours raisonnable, n'a pas d'analogue, même chez les plus renommés causeurs. Eh bien ! toute cette éloquence familière est contenue ici. Rien n'y manque, ni l'appréciation ironique des fausses célébrités, ni l'accent profond, convaincu, d'un écrivain qui voudrait relever l'honneur de la compagnie à laquelle il appartient. Tout y est, même l'*utopie.* M. Sainte-Beuve, pour chasser des élections *le vague,* si naturellement *cher aux grands seigneurs,* désire que l'Académie française, assimilée aux autres Académies, soit divisée en sections correspondant aux divers mérites littéraires : langue, théâtre, poésie, histoire, éloquence, roman (ce genre si moderne, si varié, auquel l'Académie a jusqu'ici accordé si peu de place), etc. Ainsi, dit-il, il sera possible de discuter, de vérifier les titres et de faire comprendre au public la légitimité d'un choix.

Hélas ! dans la très raisonnable utopie de M. Sainte-Beuve, il y a une vaste lacune, c'est la fameuse section du *vague,* et il est fort à craindre que ce volontaire oubli rende à tout jamais la réforme impraticable.

Le poète-journaliste nous donne, chemin faisant, dans son appréciation des mérites de quelques candidats les détails les plus plaisants. Nous apprenons, par exemple, que M. Cuvillier-Fleury, un critique « ingénieux à la sueur de son front, qui veut tout voir, même la littérature, par la lucarne de l'orléanisme, et qu'il ne faut jamais défier de faire une gaucherie, car il en fait même sans en être prié », ne manque jamais de dire en parlant de ses titres : « Le meilleur de mes ouvrages est en Angleterre. »[1] Pouah ! quelle odeur d'antichambre et de pédagogie ! Voulant louer M. Thiers, il l'a appelé un jour « un Marco-Saint-Hilaire[2] éloquent ». Admirable pavé d'ours ! « Il compte bien avoir pour lui, en se présentant, ses collaborateurs du *Journal des Débats* qui sont membres de l'Académie, et plusieurs autres amis politiques. Les *Débats,* l'Angleterre et la France, c'est beaucoup. Il a des chances. »

M. Sainte-Beuve ne se montre favorable ou indulgent que pour les hommes de lettres. Ainsi, il rend, en passant, justice à Léon Gozlan. « Il est de ceux qui gagneraient le plus à une discussion et à une conversation sur les titres; *il n'est pas assez connu de l'Académie.* » L'auteur invite M. Alexandre Dumas fils à se présenter. On devine que cette nouvelle candidature déchargerait sa conscience d'un grand embarras. Même invitation est adressée à M. Jules Favre, pour la succession Lacordaire. Il faut bien, pour peu qu'on soit de bonne foi, à quelque parti qu'on appartienne, confesser que M. Jules Favre est le grand orateur du temps, et que ses discours sont *les seuls qui se fassent lire avec plaisir.* — M. Charles Baudelaire,

1. Cuvillier-Fleury avait été le précepteur du duc d'Aumale, alors en exil outre-Manche.

2. Obscur chroniqueur spécialiste de l'histoire napoléonienne (1793-1887).

dont plus d'un académicien a eu à épeler le nom barbare et inconnu, est plutôt chatouillé qu'égratigné : « M. Baudelaire a trouvé le moyen de se bâtir, à l'extrémité d'une langue de terre réputée inhabitable, et par-delà les confins du monde romantique connu, un kiosque bizarre, fort orné, fort tourmenté, mais coquet et mystérieux... Ce singulier kiosque, fait en marqueterie, d'une originalité concertée et composite, qui depuis quelque temps attire les regards à la pointe extrême du Kamschatka romantique, j'appelle cela la *Folie Baudelaire*. L'auteur est content d'avoir fait quelque chose d'impossible. » On dirait que M. Sainte-Beuve a voulu venger M. Baudelaire des gens qui le peignent sous les traits d'un loup-garou mal famé et mal peigné; car, un peu plus loin, il le présente, paternellement et familièrement, comme « un gentil garçon, fin de langage et tout à fait classique de formes ».

L'odyssée de l'infortuné M. de Carné [1], éternel candidat, qui « erre maintenant comme une ombre aux confins des deux élections », est un morceau de haute et succulente ironie.

Mais où la bouffonnerie éclate dans toute sa magistrale ampleur, c'est à propos de la plus bouffonne et abracadabrante candidature qui fut jamais inventée, de mémoire d'Académie. « Le soleil est levé, retirez-vous, étoiles [2] ! »

Quel est donc ce candidat dont la rayonnante renommée fait pâlir toutes les autres, comme le visage de Chloé, avant même qu'elle se débarbouille, efface les splendeurs de l'aurore? Ah! il faut bien vous le dire, car vous ne le devineriez jamais : M. le prince de Broglie [3], fils de M. le duc de Broglie, académicien. Le général Philippe de Ségur a pu s'asseoir à côté de son père, le vieux comte de Ségur; mais le général était nourri de Tacite et avait écrit *l'Histoire de la Grande-Armée,* qui est un superbe livre. Quant à M. le prince, c'est un porphyrogénète, purement et simplement. « *Lui aussi, il s'est donné la peine de naître*... Il aura jugé, dans sa conscience scrupuleuse, qu'il se devait à un éloge public du père Lacordaire, et il se dévoue. »

Quelqu'un qui a connu, il y a vingt-deux ou vingt-trois ans, ce petit bonhomme de décadence nous affirme

1. Historien disciple de Guizot, académicien en 1863 (1804-1876).
2. Boutade célèbre de Saidoin à propos de Corneille.
3. Autre historien, né, comme Baudelaire, en 1821. Il fut élu!

qu'aux écoles il avait acquis une telle vélocité de plume qu'il pouvait suivre la parole et représenter à son professeur sa leçon intégrale, stricte, avec toutes les répétitions et négligences inséparables. Si le professeur avait lâché étourdiment quelque faute, il la retrouvait soigneusement reproduite par le manuscrit du petit prince. Quelle obéissance ! et quelle habileté !

Et depuis lors, qu'a-t-il fait, ce candidat? Toujours la même chose. Homme, il répète la leçon de ses professeurs actuels. C'est un parfait perroquet que ne saurait imiter Vaucanson lui-même.

L'article de M. Sainte-Beuve devait donner l'éveil à la presse. En effet, deux nouveaux articles sur le même sujet viennent de paraître, l'un de M. Nefftzer, l'autre de M. Texier[1]. La conclusion de ce dernier est que tous les littérateurs de quelque mérite doivent oublier l'Académie et la laisser mourir dans l'oubli. *Finis Poloniæ*. Mais les hommes tels que MM. Mérimée, Sainte-Beuve, de Vigny, qui voudraient relever l'honneur de la compagnie à laquelle ils appartiennent, ne peuvent encourager une résolution aussi désespérée.

1. Dans *le Temps* (26 janvier 1862) et *le Siècle* (27 janvier).

XII

L'ESPRIT ET LE STYLE DE M. VILLEMAIN [1]

Ventosa isthæc et enormis loquacitas [2].

Des mots, des mots, des mots [3] !

La littérature mène à tout, pourvu qu'on la quitte à temps. (Paroles de traître [4].)

DÉBUT

J'ASPIRE à la douleur. — J'ai voulu lire Villemain. — Deux sortes d'écrivains, les dévoués et les traîtres. — Portrait du vrai critique. — Métaphysique. — Imagination.

---

1. Fragment publié pour la première fois dans le *Mercure de France,* 1er mars 1907, repris dans les *Œuvres posthumes* de 1908. Peut-être ces pages, retrouvées par Jacques Crépet dans les papiers de son père, appartiennent-elles à la période fin 1861 - début 1862, au moment où, à l'occasion de sa candidature académique, Baudelaire n'avait reçu de Villemain, alors secrétaire perpétuel, qu'un accueil très réservé. On sait d'ailleurs que Villemain représentait parfaitement, aux yeux de Baudelaire, le type même de l'homme de lettres dont il avait horreur, et il ne lui pardonnait pas sa *haine contre Chateaubriand* (p. 847).

2. Pétrone, *Satiricon,* II. (Ce n'est que vent et monstrueux bavardage.)

3. Shakespeare, *Hamlet,* II, 2.

4. Probablement citation d'un article d'une des *bêtes noires* de Baudelaire, peut-être Jules Janin, ou Villemain lui-même.

Villemain n'écrivant que sur des thèmes connus et possédés de tout le monde, nous n'avons pas à rendre compte de ce qu'il appelle ses œuvres. Prenons simplement les thèmes qui nous sont plus familiers et plus chers, et voyons s'il les a rajeunis, sinon par l'esprit philosophique, au moins par la nouveauté d'expressions pittoresques.

CONCLUSION

Villemain, auteur aussi inconnu que consacré. Chaque écrivain représente quelque chose plus particulièrement : Chateaubriand ceci, Balzac cela, Byron cela, Hugo cela; — Villemain représente l'inutilité affairée et hargneuse comme celle de Thersite. Sa phrase est bourrée d'inutilités; il ignore l'art d'écrire une phrase, comme l'art de construire un livre. Obscurité résultant de la diffusion et de la profusion.

S'il était modeste, ... — mais puisqu'il fait le méchant...

Anecdotes à citer.

HABITUDES D'ESPRIT

« On les a parodiés depuis » (les mouvements populaires). — (Page 477. *Tribune* [1].)

La Révolution de 1830 fut donc bonne, celle de Février mauvaise (!).

Citer le mot de Sainte-Beuve, profond dans son scepticisme. Il dit, avec une légèreté digne de la chose, en parlant de 1848 : « ... »

Ce qui implique que toutes les révolutions se valent et ne servent qu'à montrer l'opiniâtre légèreté de l'humanité.

Chez Villemain, allusions perpétuelles d'un homme d'État sans ouvrage.

C'est sans doute depuis qu'il ne peut plus être ministre qu'il est devenu si fervent chrétien.

Il veut toujours montrer qu'il est bien instruit de toute l'histoire de toutes les familles. Ragots, cancans, habitudes

1. La *Tribune moderne* (1858).

emphatiques de laquais parlant de ses anciens maîtres et les trahissant quelquefois. La vile habitude d'écouter aux portes.

Il parle quelque part avec attendrissement des « opulentes fonctions ».

Goût de servilité jusque dans l'usage immodéré des capitales : « L'État, le Ministre, etc., etc. »

Toute la famille d'un grand fonctionnaire est sainte et jamais la femme, le fils, le gendre ne sont cités sans quelque apposition favorable, servant à la fois à témoigner du culte de l'auteur et à arrondir la phrase.

Véritables habitudes d'un maître de pension qui craint d'offenser les parents.

Contraste, plus apparent que réel, entre l'attitude hautaine de Villemain dans la vie et son attitude d'historien, qui est celle d'un chef de bureau devant une Excellence.

Citateur automate qui a appris pour le plaisir de citer, mais ne comprend pas ce qu'il récite.

Raison *profonde* de la haine de Villemain contre Chateaubriand, le grand seigneur assez grand pour être cynique. (Articles du petit de Broglie[1].) La haine d'un homme *médiocre* est toujours une haine *immense*.

PINDARE

(Essais sur le génie de Pindare et sur le génie lyrique[2].)

Encore les tiroirs, les armoires, les cartons, les distributions de prix, l'herbier, les collections d'un écolier qui ramasse des coquilles d'huîtres pour faire le naturaliste. Rien, absolument rien, pour *la poésie lyrique anonyme,* et cela dans un Essai sur la poésie lyrique !

Il a pensé à Longfellow, mais il a omis Byron, Barbier et Tennyson, sans doute parce qu'un professeur lui inspire toujours plus de tendresse qu'un poète.

Pindare, dictionnaire, compendium, non de l'esprit lyrique, mais des auteurs lyriques connus de lui, Villemain.

1. Allusion à un article paru dans la *Revue des Deux Mondes* (1er juillet 1850).

2. 1859.

VILLEMAIN HISTORIEN

Narbonne, Chateaubriand, prétextes pour raconter l'histoire du temps, c'est-à-dire pour satisfaire ses rancunes. Petite méthode, en somme; méthode d'impuissant cherchant une originalité.

Les discours à la Tite-Live[1]. Napoléon au Kremlin devient aussi bavard et prétentieux que Villemain.

Villemain se console de ne pas avoir fait de tragédies. Habitudes de tragédies. Discours interminables à la place d'une conversation. Dialogues en tirades, et puis toujours des *confidents*. Lui-même confident de Decazes et de Narbonne, comme Narbonne de Napoléon.

(Voir la fameuse anecdote de trente pages sur la terrasse de Saint-Germain. L'anecdote du général Foy à la Sorbonne et chez Villemain [1]. Bonnes phrases à extraire. Villemain lui montre *ses versions*.)

ANALYSE RAPIDE DE L'ŒUVRE DE VILLEMAIN

Cours de littérature. — Banal compendium digne d'un professeur de rhétorique. Les merveilleuses parenthèses du sténographe : « Applaudissements. Émotion. Applaudissements réitérés. Rires dans l'auditoire. » — Sa manière de juger Joseph de Maistre et Xavier de Maistre. Le professeur servile, au lieu de rendre justice philosophique à Joseph de Maistre, fait sa cour à l'insipide jeunesse du quartier latin. (Cependant la parole l'obligeait alors à un style presque simple.)

Lascaris. Cromwell. — Nous serons généreux, nous ne ferons que citer et passer.

Souvenirs contemporains. Les Cent-Jours. Monsieur de Narbonne. — Villemain a une manie vile : c'est de s'appliquer à faire voir qu'il a connu des gens importants.

Que dirons-nous du *Choix d'études?* Fastidieuses distributions de prix et rapports en style de préfecture sur les concours de l'Académie française.

Voir ce que vaut son *Lucain.*

1. *Souvenirs contemporains d'histoire et de littérature* (1854).

La Tribune française, c'est, dans une insupportable phraséologie, le compte rendu des *Mémoires d'Outre-Tombe*, assaisonné d'un commentaire de haine et de médiocrité.

SA HAINE CONTRE CHATEAUBRIAND

C'est bien la jugeote d'un pédagogue, incapable d'apprécier le grand gentilhomme des décadences, qui veut retourner à la vie sauvage.

A propos des débuts de Chateaubriand au régiment, il lui reproche son goût de la parure. Il lui reproche l'inceste comme source du génie. Eh! que m'importe à moi la source, si je jouis du génie!

Il lui reproche plus tard la mort de sa sœur Lucile. Il lui reproche partout son manque de sensibilité. Un Chateaubriand n'a pas la même forme de sensibilité qu'un Villemain. Quelle peut être la sensibilité du Secrétaire perpétuel?

(Retrouver la fameuse apostrophe à propos de la mort de Mme de Beaumont.)

Le sédentaire maître d'école trouve singulier que le voyageur se soit habillé en sauvage et en coureur des bois. Il lui reproche son duel de célébrité avec Napoléon. Eh bien! n'était-ce pas là aussi une des passions de Balzac? Napoléon est un substantif qui signifie domination, et, règne pour règne, quelques-uns peuvent préférer celui de Chateaubriand à celui de Napoléon.

(Revoir le passage sur le rajeunissement littéraire. Grande digression à effet, qui ne contient rien de neuf et ne se rattache à rien de ce qui précède ni à rien de ce qui suit.

Comme échantillon de détestable narration, véritable amphigouri, revoir *la Mort du duc de Berry*.

Revoir la fameuse citation relative à la cuistrerie, qui lui inspire tant d'humeur.)

RELATIVEMENT A SON TON EN PARLANT DE CHATEAUBRIAND

Les Villemain ne comprendront jamais que les Chateaubriand ont droit à des immunités et à des indulgences auxquelles tous les Villemain de l'humanité ne pourront jamais aspirer.

Villemain critique surtout Chateaubriand pour ses étourderies et son *mauvais esprit* de conduite, critique digne d'un pied-plat qui ne cherche dans les lettres que le moyen de parvenir. (Voir l'épigraphe.)

Esprit d'employé et de bureaucrate, morale de domestique.

Pour taper sur le ventre d'un colosse, il faut pouvoir s'y hausser.

Villemain, mandragore difforme s'ébréchant les dents sur un tombeau.

Toujours criard, affairé sans pensées, toujours mécontent, toujours délateur, il a mérité le surnom de *Thersite de la littérature.*

Les *Mémoires d'Outre-Tombe* et *la Tribune française* lus ensemble et compulsés page à page forment une harmonie à la fois grandiose et drolatique. Sous la voix de Chateaubriand, pareille à la voix des grandes eaux, on entend l'éternel grognement en sourdine du cuistre envieux et impuissant.

Le propre des sots est d'être incapables d'admiration et de n'avoir pas de déférence pour le mérite, surtout quand il est pauvre. *(Anecdote du numéro 30.)*

Villemain est si parfaitement incapable d'admiration que lui, qui est à mille pieds au-dessous de La Harpe, appelle M. Joubert *le plus ingénieux des amateurs plutôt que véritable artiste.*

Si l'on veut une autre preuve de la justesse d'esprit de Villemain et de sa conscience dans l'examen des livres, je raconterai *l'anecdote de l'arbre Thibétain.*

HABITUDES DE STYLE ET MÉTHODE DE PENSÉE

Villemain obscur, pourquoi? Parce qu'il ne pense pas.

Horreur congéniale de la clarté, dont le signe visible est son amour du style allusionnel.

La phrase de Villemain, comme celle de tous les bavards qui ne pensent pas (ou des bavards intéressés à dissimuler leur pensée, avoués, boursiers, hommes d'affaires, mondains), commence par une chose, continue par plusieurs autres, et finit par une qui n'a pas plus de rapport avec les précédentes que celles-ci entre elles. D'où ténèbres. Loi du désordre.

Sa phrase est faite par agrégation, comme une ville résultat des siècles, et toute phrase doit être en soi un monument bien coordonné, l'ensemble de tous ces monuments formant la ville qui est le Livre.

(Chercher des échantillons au crayon rouge dans les cinq volumes qui me restent.)

Phraséologie toujours vague; les mots tombent, tombent de cette plume pluvieuse, comme la salive des lèvres d'un gâteux bavard; phraséologie bourbeuse, clapoteuse, sans issue, sans lumière, marécage obscur où le lecteur impatienté se noie.

Style de fonctionnaire, formule de préfet, amphigouri de maire, rondeur de maître de pension.

Toute son œuvre, distribution de prix.

Division du monde spirituel et des talents spirituels en catégories qui ne peuvent être qu'arbitraires, puisqu'il n'a pas d'esprit philosophique.

ÉCHANTILLONS DE STYLE ACADÉMIQUE ET INCORRECT

A propos des Chénier : « J'en jure par le cœur de leur mère. »

Dans la Tribune française,

Page 158 : « Dans les jardins de l'Alhambra. » *Page 154 :* « L'ambassadeur lui remit... »

Décidément, c'est un Delille en prose. Il aime la forme habillée comme les vieillards.

(Dans le récit de la mort du duc de Berry, retrouver la phrase impayable sur les deux filles naturelles du duc.)

Les deux disgraciés de l'Empire s'étaient communiqué une protestation plus vive dans le cœur de la femme qui, plus faible, se sentait plus opprimée.

A propos de Lucien ne trouvant pas dans les épreuves du *Génie du Christianisme* ce qu'il y cherchait, le chapitre des *Rois athées,* Villemain dit : « *Le reste le souciait peu...* »

« *Les landes préludant aux savanes...* » Sans doute à propos de René, qui n'est pas encore voyageur.

« Les molles voluptés d'un climat enchanteur. »

« J'enfonçais dans les sillons de ma jeune mémoire... »

« Dans ma mémoire de tout jeune homme, malléable

et colorée, comme une lame de daguerréotype sous les rayons du jour... » *(Les Cent-Jours.)*

(Si la mémoire est malléable, la lame ne l'est pas, et la lame ne peut être colorée qu'après l'action des rayons.)

« La circonspection prudente... » (Bel adjectif, — et bien d'autres exemples. Pourquoi pas la prudence circonspecte ?)

« Au milieu des salons d'un élégant hôtel du faubourg Saint-Honoré... »

« La Bédoyère, le jeune et infortuné colonel... » (Style du théâtre de Madame.)

« *Un des plus hommes de bien* de l'Empire, le comte Mollien... » (Jolie préciosité. *Homme de bien* est-il substantif ou adjectif ?)

« L'arrivée de Napoléon au galop d'une rapide calèche... » (Style automatique, style Vaucanson[1].)

Exemple de légèreté académique. — Page 304 du *Cours de Littérature française* (1830). — A propos du XVe siècle, il dit : « ... avec la naïveté de ce temps... », et page 307, il dit : « Souvenons-nous des habitudes du moyen âge, temps de corruption bien plus que d'innocence... »

Exemple de style académique consistant à dire difficilement les choses simples et faciles à dire : « Beaumarchais... préludant *(quel amour des préludes !)* par le *malin éclat* du scandale privé à la toute-puissance des grands scandales politiques... Beaumarchais, l'auteur *du* Figaro, et en même temps, par une des singularités de sa vie, reçu dans la *confiance familière* et l'*intimité musicale des pieuses* filles de Louis XV... » *(Monsieur de Narbonne.)*

(*Pieuses* a pour but de montrer que Villemain sait l'histoire ; le reste de la phrase veut dire qu'avant d'être célèbre par des comédies et par ses mémoires, Beaumarchais donnait aux filles du Roi des leçons de clavecin.)

A travers tout cela, une pluie germanique de capitales digne d'un petit fonctionnaire d'un grand-duché.

Bon style académique encore : « Quelquefois aussi, sous la *garde savante* de M. de Humboldt *(ce qui veut dire sans doute que M. de Humboldt était un garde du corps très savant)*, elle (Mme de Duras) s'avançait, *royalisme à part (son royalisme ne s'avançait donc pas avec elle)*, jusqu'à l'Ob-

1. Cf. *Puisque réalisme il y a*, p. 884.

servatoire, pour écouter la brillante parole et les belles expositions astronomiques de M. Arago... » *(M. de Feletz.)*

(Cette phrase prouve qu'il y a une astronomie républicaine vers laquelle ne s'avançait pas le royalisme de Mme de Duras.)

ÉCHANTILLONS DE STYLE ALLUSIONNEL

« Souvent, dix années plus tard, à une époque heureuse de Paix et de Liberté politiques *(capitales très constitutionnelles)*, dans cet hôtel du faubourg Saint-Honoré, *élégante demeure,* aujourd'hui disparue en juste expiation d'un funeste souvenir domestique, j'ai entendu le général Sébastiani... » *(Monsieur de Narbonne.)*

(Jolie allusion à un assassinat commis par un Pair de France libertin sur sa fastidieuse épouse, pour parler le charabia Villemain.)

« Les peintures d'un éloquent témoin n'avaient pas encore popularisé ce grand souvenir. » *(Ney en Russie, à propos de son procès.)* Pourquoi ne pas dire tout simplement : « Le livre de M. de Ségur n'avait pas encore paru? »

« La royale Orpheline de 93... » Cela veut dire la Duchesse d'Angoulême.

« Une plume fine et délicate... » Devinez. C'est M. le duc de Noailles; on nous en instruit dans une note, ce qui d'ailleurs était nécessaire.

« Une illustre compagnie... » En note, avec renvoi : « L'Académie française. »

Et, s'il parle de lui-même, croyez qu'il en parlera en style allusionnel; il ne peut pas moins faire que de se jeter un peu d'amphigouri dans le visage. *(Voir la phrase par laquelle il se désigne dans l'affaire Decazes.)* — *(Voir la phrase sur Victor Hugo, à propos de Jersey,* écrite dans ce style académique allusionnel dont toute la finesse consiste à fournir au lecteur le plaisir de deviner ce qui est évident.)

SUPPLÉMENT A LA CONCLUSION

Il est comique involontairement et solennel en même temps, comme les animaux : singes, chiens et perroquets. Il participe des trois.

Villemain, chrétien depuis qu'il ne peut plus être ministre, ne s'élèvera jamais jusqu'à la charité (Amour, Admiration).

La lecture de Villemain, Sahara d'ennui, avec des oasis d'horreur [1] qui sont les explosions de son odieux caractère !

Villemain, Ministre de l'Instruction publique, a bien su prouver son horreur pour les lettres et les littérateurs.

Extrait de la *Biographie pittoresque des Quarante, par le portier de la Maison*[2].

« Quel est ce loup-garou, à la chevelure en désordre, à la démarche incertaine, aux vêtements négligés? C'est le dernier des nôtres par ordre alphabétique, mais non pas par rang de mérite, c'est M. VILLEMAIN. Son *Histoire de Cromwell* donnait plus que des espérances. Son roman de *Lascaris* ne les a pas réalisées. Il y a deux hommes dans notre professeur, l'écrivain et le pensionnaire du Gouvernement. Quand le premier dit : *marchons,* le second lui crie : *arrêtons-nous;* quand le premier enfante une pensée généreuse, le second se laisse affilier à la confrérie des bonnes lettres. Où cette funeste condescendance s'arrêtera-t-elle? Il y a si près du Collège de France à Montrouge[3] ! Il est si difficile de se passer de place, lorsque depuis longtemps, on en remplit une... et puis M. l'Abbé, Madame la marquise, son excellence, les truffes, le champagne, les décorations, les réceptions, les dévotions, les affiliations... Et voilà ce que c'est. »

Hélas! voilà tout ce que c'est.

VIEILLE ÉPIGRAMME

Quelle est la main la plus vile
De Martainville ou de Villemain?
Quelle est la plus vile main
De Villemain ou de Martainville?

---

1. *Une oasis d'horreur dans un désert d'ennui ! (Fleurs du Mal, le Voyage)*. L'image vient du *William Wilson* de Poe (*Nouvelles Histoires*, éd. Garnier, p. 40).
2. Garay de Monglade (1826).
3. Où se trouvait un collège de Jésuites.

CITATIONS[1]

A PROPOS DE LUCAIN[2]

... Son génie, qu'une mort funeste devait arrêter si vite, n'eut que le temps de montrer de la grandeur, sans naturel et sans vérité : car le goût de la simplicité appartient rarement à la jeunesse, et dans les arts, le naturel est presque toujours le fruit de l'étude et de la maturité.

Plusieurs conjurés furent arrêtés et mis à la torture : ils révélèrent leurs complices. Seule la Courtisane Epicharis fut invincible à la douleur, montrant ce que, dans la faiblesse de son sexe et dans la honte de sa vie, un sentiment généreux, l'horreur du crime, pouvait donner de force et de dignité morale.

... Le titre de sa gloire, l'essai et tout ensemble le trophée de son génie, c'est *la Pharsale*, ouvrage que des beautés supérieures ont protégé contre d'énormes défauts. Stace, qui, nous l'avons dit, a célébré la muse jeune et brillante de Lucain et sa mort prématurée, n'hésite point à placer *la Pharsale* au-dessus des *Métamorphoses* d'Ovide, et presque à côté de Virgile. Quintilien, juge plus éclairé, reconnaît dans Lucain un génie hardi, élevé, et l'admet au rang des orateurs plutôt que des poètes : distinction que lui inspiraient le nombre et l'éclat des discours semés dans le récit de Lucain, et où sont exagérés trop souvent les défauts mêmes attachés à sa manière...

Les écrivains français l'ont jugé diversement. Corneille l'a aimé jusqu'à l'enthousiasme. Boileau l'approuvait peu, et lui imputait à la fois ses propres défauts et ceux de Brébeuf, son emphatique interprète.

En dépit des hyperboles et des raisonnements de Marmontel, *la Pharsale* ne saurait être mise au rang des belles productions de la muse épique. Le jugement des siècles est sans appel.

---

1. Ces citations n'ont pas toujours grand intérêt en elles-mêmes ; mais elles constituent un document sur le genre de littérature critique que Baudelaire détestait.

2. *Études de littérature ancienne et étrangère*, 1854.

RAPPORTS ACADÉMIQUES[1]

Ce qu'il y a d'amusant (mot bizarre à propos de Villemain) dans les rapports académiques, c'est l'étonnante conformité du style baveux, melliflue, avec les noms des concurrents récompensés et le choix des sujets. On y trouve *l'Algérie ou la civilisation conquérante, la Colonie de Mettray, la Découverte de la vapeur,* sujets lyriques proposés par l'Académie et d'une nature essentiellement excitante.

On y trouve aussi des phrases de cette nature : « Ce livre est une bonne œuvre pour les âmes », à propos d'un roman composé par un ministre protestant. Pouah!

On rencontre, parmi les couronnés, le nom de ce pauvre M. Caro, qui ne prendra jamais, je l'espère, pour épigraphe de ses compositions académiques ce mot de saint Jean : « *Et verbum caro factum est* », car lui et le verbe me semblent passablement brouillés.

On se heurte à des phrases comme celle-ci, qui représente bien une des maladies de M. Villemain, laquelle consiste à accoupler des mots qui jurent; quand il ne fait pas de pléonasmes, il commet des désaccords : « Cette profusion de gloire (celle de l'industrie et des arts) n'est jamais applicable dans le domaine sévère et difficile des lettres. »

CITATIONS

Que, devant cette force du nombre et de l'enthousiasme, un Roi opiniâtre et faible, un Ministère coupable et troublé n'aient su ni agir, ni céder à temps ; qu'un Maréchal, malheureux à la guerre et dans la politique, funeste par ses défections et ses services, n'ait pu rien sauver du désastre, même avec une Garde si dévouée et si brave, mais de bonne heure affaiblie par l'abandon d'un régiment de ligne ; ce sont là des spectacles instructifs pour tous. On les a parodiés depuis. Une émeute non repoussée, une marée montante de cette tourbe d'une grande ville a tout renversé devant elle, comme l'avait fait, dix-huit ans auparavant, le mouvement d'un peuple blessé dans ses droits. Mais, le premier

1. *Études sur la littérature contemporaine* (1857).

exemple avait offert un caractère particulier, qui en fit la grandeur. C'était un sentiment d'honneur public soulevé contre la trahison du Pouvoir. (*Tribune moderne*, page 477.)

Bien des années après, il a peint encore ce printemps de la Bretagne sauvage et fleurie, avec une grâce qu'on ne peut ni oublier, ni contrefaire. Nul doute que dès lors, aux instincts énergiques de naissance, à la liberté et à la rudesse des premiers ans, aux émotions sévères et tendres de la famille, aux sombres sourcils du père, aux éclairs de tendresse de la mère, aux sourires de la plus jeune sœur, ne vinssent se mêler, chez cet enfant, les vives images de la nature, le frémissement des bois, après celui des flots, et l'horizon désert et diapré de mille couleurs de ces landes bretonnes préludant aux savanes de l'Amérique. (*Tribune moderne*, page 9.)

Mais, faut-il attribuer à ces études, un peu rompues et capricieuses, l'avantage dont triomphe quelque part l'illustre écrivain, pour s'élever au-dessus même de sa gloire la plus chère et se séparer entièrement de ceux qu'il efface ? « Tout cela, joint à mon genre d'éducation, dit-il, à une vie de soldat et de voyageur, fait que je n'ai pas senti mon pédant, que je n'ai jamais eu l'air hébété ou suffisant, la gaucherie, les habitudes crasseuses des hommes de lettres d'autrefois, encore moins la morgue, l'assurance, l'envie et la vanité fanfaronne des nouveaux auteurs. » C'est beaucoup se ménager, en maltraitant tout le monde. (*Tribune moderne*, page 11.)

Un chapitre des *Mémoires*, non moins expressif et non moins vrai que bien des pages du roman de *René*, a gravé pour l'avenir cet intérieur de famille un peu semblable aux voûtes souterraines du vieux château sombre et glacial où fermentait, à son insu, l'âme du poète, dans la solitude et l'inaction, entre une mère distraite de la tendresse par la piété, fatiguée d'un joug conjugal, que cette piété n'allégeait pas, une sœur trop tendre, ou trop aimée, mais dont la destinée semblait toujours être de ne trouver ni le bonheur dans le monde, ni la paix dans la retraite, et enfin ce père, dont la sévérité, la hauteur tyrannique et le froid silence s'accroissaient avec les années. (*Tribune moderne*, page 14.)

Lui-même, dans ses *Mémoires,* a peint de quelques traits, avec une brièveté *rapide* et *digne,* ce que ce tableau domestique offrait de plus touchant et de plus délicat. Sa réserve, cette fois, était comme une expiation de ce que son talent d'artiste avait voulu laisser trop entrevoir, dans la création originale de René. Ce ne fut pas seulement la malignité des contemporains, ce fut l'orgueil du peintre qui permit cette profane allusion. Sous la fatalité de ce nom de René que l'auteur se donne comme à son héros, et en souvenir de cet éclat de regard, de ce feu de génie, que la sœur, trop émue, admirait dans son frère, une indiscrète rumeur a longtemps redit que le premier *chef-d'œuvre littéraire* de M. de Chateaubriand avait été la confidence d'un funeste et premier amour.

L'admiration pour le génie, le respect de la morale aiment à lire un autre récit tout irréprochable du sentiment du jeune poète. (*Tribune moderne,* page 15).

Vingt-cinq ans plus tard, toujours très philosophe, il [M. de Pommereul] fut préposé en chef à l'inquisition impériale sur les livres; on sait avec quelle minutieuse et rude tyrannie! (*Tribune moderne,* page 24.)

Viens de bonne heure, tu feras le mien.

Mêlé d'ailleurs à des *hommes de lettres, ou de parti,* qui prisaient peu les *Vœux d'un Solitaire* et la philanthropie candide de l'auteur, M. de Chateaubriand étudia plus Bernardin de Saint-Pierre qu'il ne l'a loué, et peut-être, dans sa lutte avec ce rare modèle, devait-il, par là même, ne pas échapper au danger d'exagérer ce qu'on imite et de trop prodiguer les couleurs qu'on emprunte. (*Tribune moderne,* page 37.)

J'allais d'arbre en arbre, a-t-il raconté, me disant : « Ici, plus de chemins, plus de villes, plus de monarchies, plus de rois, plus d'hommes ; et, pour essayer si j'étais rétabli dans mes droits originels, je me livrais à des actes de volonté, qui faisaient enrager mon guide, lequel, dans son âme, me croyait fou. » Je ne sais ; mais je crains que dans ce sentiment si vif des droits originels et dans ces actes de volonté sans nom, il n'y eût surtout une réminiscence des rêveries anti-sociales de Rousseau et de quelques pages d'*Émile*. Le grand écrivain n'était encore que copiste. (*Tribune moderne*, page 53.)

Il touche d'abord à l'île de Guernesey, puis à Jersey, dans cet ancien refuge où devait, de nos jours, s'arrêter un autre proscrit, d'un rare et puissant esprit poétique, qu'il employa trop peut-être à évoquer dans ses vers le prestige oppresseur, sous lequel il fut accablé. (*Tribune moderne*, page 62.)

Ce fut après un an des agitations de Paris, sous la *Constituante*, que, vers janvier 1791, M. de Chateaubriand, sa résolution bien prise et quelques ressources d'argent recueillies, entreprit son lointain voyage. Une telle pensée ainsi persistante était sans doute un signe de puissance de volonté dans le jeune homme, dont elle développa le génie ; mais, peut-être trouvera-t-on plus d'orgueil que de vérité dans le souvenir que lui-même avait gardé de ce premier effort et dans l'interprétation qu'il lui donnait, quarante ans plus tard : « J'étais alors, dit-il, dans ses *Mémoires*, en se reportant à 1791, ainsi que Bonaparte, un mince sous-lieutenant tout à fait inconnu. Nous partions l'un et l'autre de l'obscurité, à la même époque, moi, pour chercher ma renommée dans la solitude, lui, sa gloire, parmi les hommes. »

Ce contraste est-il vrai ? Ce parallèle n'est-il pas bien ambitieux ? Dans la solitude, vous cherchiez, vous aussi, la gloire parmi les hommes. Seulement, quel que soit l'éclat du talent littéraire, cet antagonisme de deux noms dans un siècle, ce duel de célébrité, affiché plus d'une fois, étonnera quelque peu l'avenir. Tite-Live ne se mettait pas en concurrence avec les grands capitaines de son *Histoire*. (*Tribune moderne*, page 37.)

Nous le disons avec regret, bien que M. de Fontanes ait été le premier ami et peut-être le seul ami du grand écrivain, plus jeune que lui de quinze années, il nous semble qu'il n'a pas obtenu en retour un souvenir assez affectueux, ni même assez juste. « M. de Fontanes, dit M. de Chateaubriand, a été, avec Chénier, le dernier écrivain de l'école classique de la branche aînée. » Et aussitôt après : « Si quelque chose pouvait être antipathique à M. de Fontanes, c'était ma manière d'écrire. En moi commençait, avec l'école dite romantique, une révolution dans la littérature française. Toutefois, mon ami, au lieu de se révolter contre ma barbarie, se passionna pour elle. Il comprenait une langue qu'il ne parlait pas. »

De quel Chénier s'occupe ici M. de Chateaubriand? Ce n'est pas sans doute de Joseph Chénier. Le choix serait peu fondé; la forme classique de Joseph Chénier, sa poésie, sa langue n'ont pas la pureté sévère et la grâce élégante de M. de Fontanes, et, par là même, le goût de Chénier était implacable, non seulement pour les défauts, mais pour les beautés de l'auteur d'*Atala*. Que s'il s'agit, au contraire, d'André Chénier, une des admirations de jeunesse qu'avait gardées M. de Fontanes, bien que lui-même fût un imitateur plus timide de l'antiquité, nous n'hésitons pas à dire que l'auteur de *la Chartreuse,* du *Jour des Morts,* des vers sur *l'Eucharistie,* offre quelques traits en commun avec l'originalité plus neuve et plus hardie de l'élégie sur *le Jeune malade* et des stances à Mlle de Coigny. Mais alors, il ne fallait pas s'étonner que *de ce* fonds même d'imagination et d'harmonie, M. de Fontanes fût bien disposé en faveur de cette prose brillante et colorée, qu'André Chénier aussi aurait couronnée de louanges et de fleurs, sans y reconnaître pourtant la pureté de ses anciens Hellènes.

M. de Chateaubriand se vante ici, à tort, de sa barbarie, et, à tort aussi, remercie son ami de s'être passionné pour elle. Personne, et nos souvenirs en sont témoins, n'avait plus vive impatience que M. de Fontanes de certaines affectations barbares ou non qui déparent *Atala* et *René,* mais les beautés le ravissaient, et c'est ainsi qu'il faut aimer et qu'il faut juger. (*Tribune moderne,* page 73.)

Mais... quand M. de Fontanes, causeur aussi vif, aussi aventureux qu'il était pur écrivain, quand M. de Fontanes, l'imagination pleine de Virgile et de Milton, et adorant Bossuet, comme on adore un grand poète, errait avec son ami plus jeune dans les bois voisins de la Tamise, *dînait solitairement* dans quelque auberge de *Chelsea* et *qu'ils revenaient* tous deux, avec de longues causeries, à leur modeste demeure... (*Tribune moderne,* page 74.)

Ainsi Fontanes mangeait seul.

Ce qu'il (Lucien) dut chercher dans les épreuves, c'était le chapitre sur les rois athées, compris dans l'édition commencée à Londres, et dont rien ne se retrouve, dans celle de Paris ; c'était tout ce qui pouvait, de loin ou de près, servir ou contrarier la politique consulaire, en France et en Europe, le reste le souciait peu... (*Tribune moderne,* page 92.)

Un docte prélat...

En note : le cardinal Fesch.
J'ignore s'il était docte, mais ceci est un nouvel exemple de l'amour de la périphrase.

Il avait vu, non sans une émotion de gloire, les honneurs funèbres d'Alfieri et le corps du grand poète exposé dans son cercueil.

Qu'est-ce qu'une émotion de gloire?

Il avait visité récemment, à Coppet, Madame de Staël, dont l'exil *commençait déjà, pour s'aggraver plus tard.* Les deux disgraciés de l'Empire s'étaient communiqué une protestation plus vive dans le cœur de la femme, qui plus faible se sentait plus opprimée. Pour lui, il blâmait presque Madame de Staël de souffrir si amèrement le malheur d'une opulente retraite, sans autre peine que la privation de ce mouvement des salons de Paris, dont, pour sa part, il se passait volontiers. (*Tribune moderne*, page 145.)

Derrière ce premier cercle, autour du mourant, s'approchait un autre rang de spectateurs silencieux et troublés et, dans le nombre, immobile sur sa jambe de bois, pendant toute cette nuit, le ministre de la Guerre, le brave Latour-Maubourg, cet invalide des batailles de Leipzig, noblement mêlé à des braves de la Vendée. (*Tribune moderne,* page 258.)

Il [Charles X] avait accueilli et béni, au pied de son lit de mort, deux jeunes filles nées, en Angleterre d'une de ces liaisons de plaisir, qui avait occupé son exil. (*Tribune moderne*, page 259.)

Je ne puis oublier cette lugubre matinée du 14 février 1820, le bruit sinistre qui m'en vint, avec le réveil, mon triste empressement à voir le Ministre dont j'étais, dans un poste assez considérable, un des moindres auxiliaires. (*Tribune moderne,* page 260.)

Ce sujet [la vie de Rancé] n'a pas été rempli, malgré les conditions mêmes de génie, de satiété mélancolique, d'âge et de solitude, qui semblaient le mieux y répondre. On peut réserver seulement quelques pages charmantes, *qu'une spirituelle et sévère critique a justement louées.* (*Tribune moderne,* page 546.)

Impossible de deviner. Nouvel exemple de périphrase.

La même main, cependant, continuait alors, ou corrigeait les *Mémoires d'Outre-Tombe,* et y jetait quelques-uns de ces tons excessifs et faux qu'on voudrait en retrancher. (*Tribune moderne,* page 549.)

Une perte inattendue lui enlevait alors Mme de Chateaubriand. (*Tribune moderne,* page 552.)

Le cercueil fut porté par quelques marins à l'extrémité du *grand Bey*...

Il prend une île pour un Turc.

... Un nom cher à la science et aux lettres, M. Ampère, érudit voyageur, poète par le cœur et la pensée, proféra de nobles paroles sur l'homme illustre dont il était élève et l'ami.

Un nom qui profère des paroles.

Une voix digne et pure [*en note : M. le duc de Noailles*] a prononcé son éloge, au nom de la société polie [*ce qui ne veut pas dire la société lettrée*], dans une Compagnie savante.

Sans doute l'Académie française.

Un maître éloquent de la jeunesse...

En note : M. Saint-Marc Girardin.

Hérédia vit la cataracte du Niagara, cette pyramide vivante du désert, alors entourée de bois immenses. (*Essais sur le Génie de Pindare,* page 580.)

Il revint à Mexico, fut d'abord avocat, puis élevé aux honneurs de la magistrature. Marié et devenu père de famille, l'orageuse instabilité de l'Orient Américain l'épouvanta d'autant plus... (*Essais sur le Génie de Pindare,* page 585.)

LES CENT-JOURS

Le but de l'ouvrage *les Cent-Jours* est, comme tous les autres ouvrages de M. Villemain, d'abord de montrer qu'il a connu des gens importants, de leur faire prononcer de longs discours à la Tite-Live, prenant toujours le dialogue pour une série de dissertations académiques, et enfin l'éternelle glorification du régime parlementaire.

Par exemple, le discours du maréchal Ney à la Chambre des Pairs, à propos duquel M. Villemain nous avertit que *le Moniteur* n'en donne qu'un compte rendu tronqué et altéré, très long discours, ma foi! Le jeune Villemain l'avait-il sténographié, où l'avait-il si bien enfoncé dans les sillons de sa jeune mémoire qu'il l'ait conservé jusqu'en 1855?

On sortit des tribunes, pendant la remise de la séance. Je courus au jardin du Luxembourg, dans le coin le plus reculé, méditer avec moi-même ce que je venais d'entendre, et, le cœur tout ému, j'enfonçai dans les sillons de ma jeune mémoire ces paroles de deuil héroïque et de colère injuste peut-être, que j'avais senties amères comme la mort. (Journée du 22 juin 1815 *Les Cent-Jours,* page 315.)

A propos du discours de Manuel à la Chambre des Représentants, discours inspiré par Fouché, dont *il habitait familièrement l'Hôtel,* au lieu de dire : Sa voix insinuante, M. Villemain dit : *L'insinuation de sa voix.* (Page 386.)

DESTITUTION DE CHATEAUBRIAND

Ce que Villemain appelle une anecdote littéraire; à ce sujet, nous allons voir comment il raconte une anecdote. L'anecdote a quinze pages. Mme de Duras croit à l'union durable de Villèle et de Chateaubriand.

A Saint-Germain, dans une maison élégante, sur le niveau de cette terrasse *qui découvre* un si riant paysage, le salon d'une femme respectée de tous, et l'amie célèbre de Mme de Staël et d'un homme de génie parvenu au pouvoir, avait, le premier samedi de Juin, réuni plusieurs hommes politiques, comme on disait alors [*et comme on dit encore*], des ambassadeurs et des savants, M. Pozzo di Borgo, toujours en crédit près d'Alexandre, Capo d'Istria disgracié, mais près de se relever avec la Grèce renaissante, lord Stuart, diplomate habile, le moins officiel des hommes dans son libre langage, la prude et délicate lady Stuart, en contraste avec lui, quelques autres Anglais, un ministre de Toscane passionné pour les arts, l'illustre Humboldt, l'homme des études profondes autant que des *nouvelles passagères* [*il y a donc des nouvelles durables*], le plus français de ces étrangers, aimant la liberté autant que la science; c'étaient aussi le comte de Lagarde, ambassadeur de France en Espagne avant la guerre, Abel de Rémusat, l'orientaliste ingénieux et sceptique, un autre lettré moins connu [*ce doit être le modeste Villemain*], et la jeune Delphine Gay avec sa mère.

Lorsque, après la conversation du dîner encore mêlée de quelques anecdotes des deux Chambres, on vint, à la hauteur de la terrasse, s'asseoir devant le *vert tapis des cimes* de la forêt et respirer la *fraîche tiédeur* d'une belle soirée de juin, toute la politique tomba, et il n'y eut plus d'empressement que pour prier Mlle Delphine Gay de dire quelques-uns de ses vers. Mais la belle jeune fille, souriant et s'excusant de n'avoir rien achevé de nouveau, récita seulement, avec la délicieuse mélodie de sa voix, cette stance d'un secrétaire d'ambassade [*manière académique de dire Lamartine*], bien jeune et bien grand poète, dit-elle :

> Repose-toi, mon âme, en ce dernier asile,
> Ainsi qu'un voyageur qui, le cœur plein d'espoir,
> S'assied, avant d'entrer, aux portes de la ville,
> Et respire un moment l'air embaumé du soir.

Lord Stuart prend la parole et dit que ce repos ne charme pas longtemps les poètes qui ont une fois touché aux affaires; il espère bien que le Ministère durera et restera compact.

On devine une certaine sympathie du sieur Villemain pour lord Stuart, ce qui s'expliquera peut-être si l'on se reporte au dire de Chateaubriand qui prétend que ce lord Stuart était toujours crotté et débraillé et ne payait pas les filles.

Et puis Mme de Duras prend la parole, comme dans Tite-Live; elle veut congédier la politique et demande à Capo d'Istria « s'il n'a pas reconnu dans *les Martyrs* et dans *l'Itinéraire* le ciel de sa patrie, l'âme de l'antiquité, et, à la fois, les horizons et la poésie de la Grèce ».

Et Capo d'Istria prend la parole, comme dans Tite-Live, et exprime cette vérité que Chateaubriand n'est pas Homère, que la jeunesse ne recommence pas plus pour un homme que pour le monde, mais que, cependant, pour n'être pas poète épique, il ne manque pas de grandeur; que le peintre de Dioclétien, de Galérius et du monde romain avait paru prophétique et vrai; quand ces peintures du passé éclatèrent aux yeux « on reconnaissait de loin, dans une page des *Martyrs,* le portrait et la condamnation de celui qu'il fallait abattre ».

Je n'ai pas besoin de dire que l'expression : *comme Tite-Live* est simplement pour caractériser une manie de M. Villemain et que chacun des personnages mis en scène parle comme Villemain en Sorbonne.

Une voix grave, « aussi grave que celle du comte Capo d'Istria était douce et persuasive », établit un parallèle entre *les Martyrs* et *Télémaque,* et donne la supériorité à ce dernier; cela fait deux pages de discours.

Un quatrième orateur dit que « le *Télémaque* est un bon livre de morale, malgré quelques descriptions trop vives pour l'imagination de la jeunesse. Le *Télémaque* est une gracieuse réminiscence des poètes anciens, une corbeille de fleurs cueillies partout, mais quel intérêt aura pour l'avenir cette mythologie profane, spiritualiste d'intention, sans être changée de formes, de telle façon que le livre n'est ni païen, ni chrétien? »

Et Capo d'Istria reprend la parole pour dire que « Fénelon fut le premier qui, dans le XVIIe siècle, forma le vœu de voir la Grèce délivrée de ses oppresseurs et rendue aux beaux-arts, à la philosophie, à la liberté qui la réclament pour leur patrie ». Chateaubriand excelle à décrire le monde barbare..., mais Capo d'Istria préfère *Antiope* à *Velléda.* Total, une page.

Cette réserve d'un esprit si délicat enhardit un cinquième orateur. Celui-là aussi admire le *Télémaque,* mais *les Martyrs* portent la marque d'un siècle de décadence *(toujours la décadence !)* Pièce de rapport encadrée; industrieuse mosaïque... dépouillant indifféremment Homère, Virgile, Stace et quelques chroniqueurs barbares. Et puis les anachronismes : saint Augustin, né 17 ans après la mort de Constantin, figurant près de lui comme son compagnon de plaisir, — comparaison d'Eudore avec Énée, de Cymodocée avec Pauline... — L'horrible n'est pas le pathétique (le cou d'ivoire de la fille d'Homère brisé par la gueule sanglante du tigre), et patata et patata.

Le premier orateur (Delphine Gay) reprend la parole; elle croit entendre les blasphèmes d'Hoffmann[1] : « Laissez, je vous prie, vos chicanes érudites. A quoi sert le goût

1. Critique néo-classique du *Journal de l'Empire.*

de l'antiquité s'il empêche de sentir tant de belles choses imitées d'elle? » Aussi bien elle est la seule personne qui parle avec quelque bon sens; le malheur est que, jalouse du dernier orateur qui avait parlé pendant deux pages et demie, elle s'élance dans *les martyrs de nos jours, dans les échafauds de nos familles et dans la vertu de nos frères et de nos pères immolés en place publique pour leur Dieu et pour leur Roi.* Total, trois pages.

Le cercle se rompit, on s'avança de quelques pas sur la terrasse entre l'horizon de Paris et les ombres projetées des vieux créneaux du château de Saint-Germain.

Petite digression sur le dernier des Stuarts. Enfin, *une voix* prie Mlle Delphine de dire « ce que vient de lui inspirer le tableau d'Horace Vernet ».

La jeune fille, dont la grâce naïve et fière égalait le talent, ne répondit qu'en commençant de sa voix harmonieuse ce chant de *la Druidesse,* dédié au grand peintre qui achevait un tableau de *Velléda.* Debout, quelques mèches de ses blonds cheveux éparses à la brise légère de cette nuit d'été, la jeune Muse, comme elle se nommait alors elle-même, doublait par sa personne l'illusion de son chant et semblait se confondre avec le souvenir qu'elle célébrait.

Suivent des stances dans le style des pendules de la Restauration finissant par :

Et les siècles futurs sauront que j'étais belle.

Le prestige les a tous éblouis et les éloges sont prodigués à cet heureux talent.

Villemain rentre fort tard à Paris avec un savant illustre (probablement Humboldt), « dont la parole diversifie encore le mouvement de la terrasse de Saint-Germain ». Il s'endort, à trois heures du matin, la tête remplie de poésies homériques, de ferveurs chrétiennes, de révolutions dynastiques et de catastrophes géologiques.

Le lendemain, il relit les lettres de saint Jérôme, un traité théologique de Milton et projette d'aller rêver hors de Paris, « aux ressemblances d'imagination, de tristesse et de colère entre ces âmes véhémentes et poétiques séparées par tant de siècles », quand il fait la rencontre de M. Frisell qui lui apprend la destitution de Chateaubriand. Suit la destitution notifiée par M. de Villèle, telle qu'elle est rapportée dans *les Mémoires d'Outre-Tombe,* ce qui fait trois pages de plus, total seize pages.

Autant qu'on peut le deviner, l'anecdote consiste en ceci : pendant qu'on préparait au château la destitution de Chateaubriand, plusieurs personnes de ses amis causaient littérature et politique sur la terrasse de Saint-Germain. Tout le reste n'est que rhétorique intempestive.

LA MORT DU DUC DE BERRY

La mort du duc de Berry est encore un modèle étrange de narration, véritable exercice de collège, composition d'enfant qui veut gagner le prix, style de concours. Villemain y prend surtout la défense de M. Decazes, *dont il était dans un poste assez considérable un des moindres auxiliaires.* Il était, je crois bien, *le jeune homme* (si nous pouvons nous fier *aux sillons de sa jeune mémoire*) qui travaillait à l'exposé des motifs de l'interminable loi électorale. Le sentiment qui pousse Villemain à défendre Decazes paraîtrait plus louable s'il n'était exprimé avec un enthousiasme de domestique.

(Revoir mes notes précédentes à ce *sujet.*)

LA DIGRESSION SUR LES RAJEUNISSEMENTS LITTÉRAIRES

Le chapitre 3 de *la Tribune moderne* s'ouvre par onze pages de digression sur les *diverses époques* et les *renouvellements des lettres.* Voilà, certes, un beau thème philosophique, de quoi exciter la curiosité. J'y fus pris, comme un crédule, mais la boutique ne répond pas à l'enseigne et Villemain n'est pas un philosophe. Il n'est pas même un vrai rhéteur, comme il se vante de l'être. Il commence par déclarer que « la puissance des lieux sur l'imagination du poète n'est pas douteuse ».

Voir, dit-il, Homère et Hérodote.

« La Grèce, des Thermopyles à Marathon, les vertes collines du Péloponèse et les vallées de la Thessalie, l'île de Crète et l'île de Lemnos [énumération interminable], quel théâtre multiple et pittoresque! »

Donc les Grecs ont eu du génie parce qu'ils possédaient de beaux paysages.

Accepté. Pensée trop claire.

La poésie romaine reproduit les paysages latins. « L'empire, devenu barbare, d'un côté, et oriental de l'autre, eut sous les yeux une diversité sans fin de climats, de races, de mœurs, etc., etc. »

Inde : « Le chaos des imaginations et les descriptions surchargées de couleurs. »

Belle conclusion. Il avait sans doute trop de paysages pour rester classique.

Les chrétiens étudient maintenant l'homme intérieur; cependant « le spectacle de la création resplendit dans leurs âmes et dans leurs paroles ».

« Christianisme grec revêtu des feux d'une brûlante nature, du Nil jusqu'à l'Oronte, de Jérusalem jusqu'à Cyrène. »

« Dante, le premier génie de poète qui se leva sur le moyen âge [est-ce bien sûr?], fut un admirable peintre de la nature. »

Tasse chante les exploits et les erreurs des hommes. La nature, pour Tasse, Arioste, comme pour La Fontaine, devient un accessoire.

Camoëns, Ercilla témoignent « de ce que la nature agrandie peut offrir à la pensée de l'homme, et l'esprit de découverte ajouté à l'esprit d'inspiration ».

« Corneille, Racine, Milton, Voltaire, trêve de lassitude à l'action de la nature. »

Cependant, petite digression forcée sur Shakespeare, qui a jeté le décor dans le drame; le fait est que Shakespeare est embarrassant dans cette genèse artificielle de l'art.

Retour à la nature. Ce retour s'exprime par la prose : Buffon, Rousseau, Bernardin de Saint-Pierre. Delille, talent mondain et factice. Accepté. Quelques paroles fort dures contre le pauvre Delille. M. Villemain n'a pas le droit de le traiter ainsi.

Caractère oriental de Byron, « *le sceptique* voyageur ».

Et puis, tout d'un coup, Villemain nous dit :

> ... un rare et brillant génie allait paraître, se frayer sa route dans l'ébranlement du monde, amasser des trésors d'imagination dans les ruines d'une société mourante, exagérer tout ce qu'il devait bientôt combattre, et, par l'excès même de l'imagination, revenir de l'erreur à la vérité et des rêves d'un idéal à venir au culte du passé.

Et voilà ce qui explique pourquoi votre fille est muette, c'est-à-dire pourquoi, si Chateaubriand n'était pas allé en Amérique, il n'eût pas été Chateaubriand.

XIII

PAUL DE MOLÈNES[1]

Monsieur Paul de Molènes, un de nos plus charmants et délicats romanciers, vient de mourir d'une chute de cheval, dans un manège. M. Paul de Molènes était entré dans l'armée après le licenciement de la garde mobile; il était de ceux que ne pouvaient même pas rebuter la perte de son grade et la dure condition de simple soldat, tant était vif et irrésistible en lui le goût de la vie militaire, goût qui datait de son enfance, et qui profita, pour se satisfaire, d'une révolution imprévue. Certes, voilà un vigoureux trait d'originalité chez un littérateur. Qu'un ancien militaire devienne littérateur dans l'oisiveté d'une vieillesse songeuse, cela n'a rien d'absolument surprenant; mais qu'un jeune écrivain, ayant déjà savouré l'excitation des succès, se jette dans un corps révolutionnaire par pur amour de l'épée et de la guerre, voilà quelque chose qui est plus vif, plus singulier, et, disons-le, plus suggestif[2].

Jamais auteur ne se dévoila plus candidement dans ses ouvrages que M. de Molènes. Il a eu le grand mérite, dans un temps où la philosophie se met uniquement au service de l'égoïsme, de décrire, souvent même de démontrer l'utilité, la beauté, la moralité de la guerre. *La guerre pour la guerre !* eût-il dit volontiers, comme d'autres disent :

---

1. Officier de cavalerie et écrivain, auteur d'une nouvelle qui inspira à Baudelaire un projet dramatique : *Le Marquis du I*er *Houzards. Revue anecdotique,* mars 1862 (non signé).

2. Molènes s'était engagé en février 1848 dans la Garde nationale, participa comme officier aux Journées de juin et après la guerre de Crimée, devint officier d'ordonnance de Canrobert.

l'art pour l'art ! convaincu qu'il était que toutes les vertus se retrouvent dans la discipline, dans le sacrifice et dans le goût divin de la mort[1] !

M. de Molènes appartenait, dans l'ordre de la littérature, à la classe des raffinés et des dandys; il en avait toutes les grandeurs natives, et quant aux légers travers, aux tics amusants que cette grandeur implique souvent, il les portait légèrement et avec plus de franchise qu'aucun autre. Tout en lui, même le défaut, devenait grâce et ornement.

Certainement, il n'avait pas une réputation égale à son mérite. L'*Histoire de la Garde mobile,* l'*Étude sur le colonel La Tour du Pin,* les *Commentaires d'un Soldat sur le siège de Sébastopol,* sont des morceaux dignes de vivre dans la mémoire des poètes. Mais on lui rendra justice plus tard; car il faut que toute justice se fasse.

Celui qui avait échappé heureusement à tous les dangers de la Crimée et de la Lombardie, et qui est mort victime d'une brute stupide et indocile, dans l'enceinte banale d'un manège, avait été promu récemment au grade de chef d'escadron. Peu de temps auparavant, il avait épousé une femme charmante[2], près de laquelle il se sentait si heureux que, lorsqu'on lui demandait où il allait habiter, en quelle garnison il allait être confiné, il répondait, faisant allusion aux présentes voluptés de son âme : « En quel lieu de la terre je suis ou je vais, je ne saurais vous le dire, puisque je suis en paradis ! »

L'auteur qui écrit ces lignes a longtemps connu M. de Molènes; il l'a beaucoup aimé autant qu'admiré, et il se flatte d'avoir su lui inspirer quelque affection. Il serait heureux que ce témoignage de sympathie et d'admiration pût distraire pendant quelques secondes les yeux de sa malheureuse veuve.

Nous rassemblons ici les titres de ses principaux ouvrages :

Mémoires d'un Gentilhomme du siècle dernier (primitivement : *Mémoires du Baron de Valpéri*).

---

1. Idée maistrienne.
2. Femme de lettres qui collaborait à la *Vie Parisienne* sous le nom d'Ange Bénigne.

La Folie de l'épée (titre caractéristique).

Histoires sentimentales et militaires (titre représentant bien le double tempérament de l'auteur, aussi amoureux de la vie qu'insouciant de la mort).

Histoires intimes.

Commentaires d'un Soldat (Sébastopol et la guerre d'Italie).

Chroniques contemporaines.

Caractères et Récits du temps.

Aventures du Temps passé.

L'Enfant et l'Amant.

XIV

ANNIVERSAIRE DE LA NAISSANCE DE SHAKSPEARE [1]

A M. LE RÉDACTEUR EN CHEF DU *FIGARO*

Monsieur,

Il m'est arrivé plus d'une fois de lire *le Figaro* et de me sentir scandalisé par le sans-gêne de rapin qui forme, malheureusement, une partie du talent de vos collaborateurs. Pour tout dire, ce genre de littérature « frondeuse » qu'on appelle le « petit journal » n'a rien de bien divertissant pour moi et choque presque toujours mes instincts de justice et de pudeur. Cependant, toutes les fois qu'une grosse bêtise, une monstrueuse hypocrisie, une de celles que notre siècle produit avec une inépuisable abondance. se dresse devant moi, tout de suite je comprends l'utilité du « petit journal ». Ainsi, vous le voyez, je me donne presque tort, d'assez bonne grâce.

C'est pourquoi j'ai cru convenable de vous dénoncer une de ces énormités, une de ces cocasseries, avant qu'elle fasse sa définitive explosion.

1. *Figaro,* 14 avril 1864 (non signé mais l'attribution à Baudelaire est certaine). Hugo publia son *William Shakespeare* le 15 avril et on lui avait offert la présidence du Comité du troisième centenaire. Cette célébration littéraire revêtait surtout le caractère d'un épisode de l'opposition politique à l'Empire. Et la présence éventuelle de Guizot, et surtout de Villemain, pouvait suffire à indisposer Baudelaire. Cf. aussi, pour mieux comprendre ce texte, l'allusion, p. 877, à *l'alliance adultère entre l'école littéraire de 1830 et la démocratie.*

Le 23 avril est la date où la Finlande elle-même doit, dit-on, célébrer le trois-centième anniversaire de la naissance de Shakspeare. J'ignore si la Finlande a quelque intérêt mystérieux à célébrer un poète qui n'est pas né chez elle, si elle a le désir de porter, à propos du poète-comédien anglais, quelque toast malicieux. Je comprends, à la rigueur, que les littérateurs de l'Europe entière veuillent s'associer dans un commun élan d'admiration pour un poète que sa grandeur (comme celle de plusieurs autres grands poètes) rend cosmopolite; cependant, nous pourrions noter en passant que, s'il est raisonnable de célébrer les poètes de tous les pays, il serait encore plus juste que chacun célébrât, d'abord, les siens. Chaque religion a ses saints, et je constate avec peine que jusqu'à présent on ne s'est guère inquiété ici de fêter l'anniversaire de la naissance de Chateaubriand ou de Balzac. Leur gloire, me dira-t-on, est encore trop jeune. Mais celle de Rabelais?

Ainsi voilà une chose acceptée. Nous supposons que, mus par une reconnaissance spontanée, tous les littérateurs de l'Europe veulent honorer la mémoire de Shakspeare avec une parfaite candeur.

Mais les littérateurs parisiens sont-ils poussés par un sentiment aussi désintéressé, ou plutôt n'obéissent-ils pas, à leur insu, à une très petite coterie qui poursuit, elle, un but personnel et particulier, très distinct de la gloire de Shakspeare?

J'ai été, à ce sujet, le confident de quelques plaisanteries et de quelques plaintes dont je veux vous faire part.

Une réunion a eu lieu quelque part, peu importe où. M. Guizot devait faire partie du comité. On voulait sans doute honorer en lui le signataire d'une pauvre traduction de Shakspeare. Le nom de M. Villemain a été inscrit également. Autrefois, il a parlé, tant bien que mal, du théâtre anglais. C'est un prétexte suffisant, quoique cette mandragore sans âme, à vrai dire, soit destinée à faire une drôle de figure devant la statue du poète le plus passionné du monde.

J'ignore si le nom de Philarète Chasles[1], qui a tant contribué à populariser chez nous la littérature anglaise, a été inscrit; j'en doute fort, et j'ai de bonnes raisons pour

1. Critique aux *Débats* et à la *Revue des Deux Mondes*, professeur au Collège de France (1798-1873).

cela. Ici, à Versailles, à quelques pas de moi, habite un vieux poète qui a marqué, non sans honneur, dans le mouvement littéraire romantique; je veux parler de M. Émile Deschamps, traducteur de *Roméo et Juliette*. Eh bien! monsieur, croiriez-vous que ce nom n'a pas passé sans quelques objections? Si je vous priais de deviner pourquoi, vous ne le devineriez jamais. M. Émile Deschamps a été pendant longtemps un des principaux employés du ministère des Finances. Il est vrai qu'il a, depuis longtemps aussi, donné sa démission. Mais, en fait de justice, messieurs les factotums de la littérature démocratique n'y regardent pas de si près, et cette cohue de petits jeunes gens est si occupée de faire ses affaires qu'elle apprend quelquefois avec étonnement que tel vieux bonhomme, à qui elle doit beaucoup, n'est pas encore mort. Vous ne serez pas étonné d'apprendre que M. Théophile Gautier a failli être exclu, comme *mouchard*. (Mouchard est un terme qui signifie un auteur qui écrit des articles sur le théâtre et la peinture dans la feuille officielle de l'État.) Je ne suis pas du tout étonné, ni vous sans doute, que le nom de M. Philoxène Boyer ait soulevé maintes récriminations. M. Boyer est un bel esprit, un très bel esprit, dans le meilleur sens. C'est une imagination souple et grande, un écrivain fort érudit, qui a, dans le temps, commenté les ouvrages de Shakspeare dans des improvisations brillantes. Tout cela est vrai, incontestable; mais hélas! le malheureux a donné quelquefois des signes d'un lyrisme monarchique un peu vif. En cela, il était sincère, sans doute; mais qu'importe! ces odes malencontreuses, aux yeux de ces messieurs annulent tout son mérite en tant que shakspearianiste. Relativement à Auguste Barbier, traducteur de *Julius Cæsar,* et à Berlioz, auteur d'un *Roméo et Juliette,* je ne sais rien. M. Charles Baudelaire, dont le goût pour la littérature saxonne est bien connu, avait été oublié. Eugène Delacroix est bien heureux d'être mort. On lui aurait, sans aucun doute, fermé au nez les portes du festin, lui, traducteur à sa manière de *Hamlet,* mais aussi le membre corrompu du Conseil municipal; lui, l'aristocratique génie, qui poussait la lâcheté jusqu'à être poli, même envers ses ennemis. En revanche, nous verrons le démocrate Biéville[1]

1. Biéville faisait partie de l'équipe du *Siècle*, le journal que Baudelaire détestait entre tous.

porter un toast, *avec restrictions,* à l'immortalité de l'auteur de *Macbeth,* et le délicieux Legouvé, et le Saint-Marc Girardin, ce hideux courtisan de la jeunesse médiocre, et l'autre Girardin, l'inventeur de la Boussole escargotique et de la souscription à un sou par tête pour l'abolition de la guerre[1].

Mais, le comble du grotesque, le *nec plus ultra* du ridicule, le symptôme irréfutable de l'hypocrisie de la manifestation, est la nomination de M. Jules Favre, comme membre du Comité. Jules Favre et Shakspeare ! Saisissez-vous bien cette énormité? Sans doute, M. Jules Favre est un esprit assez cultivé pour comprendre les beautés de Shakspeare, et, à ce titre, il peut venir; mais, s'il a pour deux liards de sens commun, et s'il tient à ne pas compromettre le vieux poète, il n'a qu'à refuser l'honneur absurde qui lui est conféré. Jules Favre dans un comité shakspearien! Cela est plus grotesque qu'un Dufaure à l'Académie!

Mais, en vérité, Messieurs les organisateurs de la *petite* fête ont bien autre chose à faire que de glorifier la poésie. Deux poètes, qui étaient présents à la première réunion dont je vous parlais tout à l'heure, faisaient observer tantôt qu'on oubliait celui-ci ou celui-là, tantôt qu'il faudrait faire ceci ou cela; et leurs observations étaient faites uniquement dans le sens littéraire; mais, à chaque fois, l'un des petits humanitaires leur répondait : « Vous ne comprenez pas *de quoi il s'agit.* »

Aucun ridicule ne manquera à cette solennité. Il faudra aussi tout naturellement fêter Shakspeare au théâtre. Quand il s'agit d'une représentation en l'honneur de Racine, on joue, après l'ode de circonstance, *les Plaideurs* et *Britannicus;* si c'est Corneille qu'on célèbre, ce sera *le Menteur* et *le Cid;* si c'est Molière, *Pourceaugnac* et *le Misanthrope.* Or, le directeur d'un grand théâtre, homme de douceur et de modération, courtisan impartial de la chèvre et du chou, disait récemment au poète chargé de composer quelque chose en l'honneur du tragique anglais : « Tâchez de glisser là-dedans l'éloge des classiques français, et puis ensuite, pour mieux honorer Shakspeare, nous jouerons *Il ne faut jurer de rien !* » C'est un petit proverbe d'Alfred de Musset.

1. Cf. *Edgar Poe, sa vie et ses œuvres,* I, p. 598.

Parlons un peu du vrai but de ce grand jubilé. Vous savez, monsieur, qu'en 1848 il se fit une alliance adultère entre l'école littéraire de 1830 et la démocratie, une alliance monstrueuse et bizarre. Olympio renia la fameuse doctrine de *l'art pour l'art,* et depuis lors, lui, sa famille et ses disciples, n'ont cessé de prêcher le peuple, de parler pour le peuple, et de se montrer en toutes occasions les amis et les patrons assidus du peuple. « Tendre et profond amour du peuple ! » Dès lors, tout ce qu'ils peuvent aimer en littérature a pris la couleur révolutionnaire et philanthropique. Shakspeare est socialiste. Il ne s'en est jamais douté, mais il n'importe. Une espèce de critique paradoxale a déjà essayé de travestir le monarchiste Balzac, l'homme du trône et de l'autel, en homme de subversion et de démolition. Nous sommes familiarisés avec ce genre de supercherie. Or, monsieur, vous savez que nous sommes dans un temps de partage, et qu'il existe une classe d'hommes dont le gosier est obstrué de toasts, de discours et de cris non utilisés, dont, très naturellement, ils cherchent le placement. J'ai connu des gens qui surveillaient attentivement la mortalité, surtout parmi les célébrités, et couraient activement chez les famillles et dans les cimetières pour faire l'éloge des défunts qu'ils n'avaient jamais connus. Je vous signale M. Victor Cousin comme le prince du genre.

Tout banquet, toute fête sont une belle occasion pour donner satisfaction à ce verbiage français; les orateurs sont le fonds qui manque le moins; et la petite coterie caudataire de ce poète (en qui Dieu, par un esprit de mystification impénétrable, a amalgamé la sottise avec le génie), a jugé que le moment était opportun pour utiliser cette indomptable manie au profit des buts suivants, auxquels la naissance de Shakspeare ne servira que de prétexte :

1° Préparer et chauffer le succès du livre de V. Hugo sur Shakspeare, livre qui, comme tous ses livres, plein de beautés et de bêtises, va peut-être encore désoler ses plus sincères admirateurs;

2° Porter un toast au Danemark. La question est palpitante, et on doit bien cela à Hamlet, qui est le prince du Danemark le plus connu. Cela sera d'ailleurs mieux en situation que le toast à la Pologne qui a été lancé, m'a-t-on dit, dans un banquet offert à M. Daumier.

Ensuite, et selon les occurrences et le *crescendo* particulier de la bêtise chez les foules rassemblées dans un seul lieu, porter des toasts à Jean Valjean, à l'abolition de la peine de mort, à l'abolition de la misère, à la *Fraternité universelle,* à la diffusion des lumières, au *vrai* Jésus-Christ, *législateur des chrétiens,* comme on disait jadis, à M. Renan, à M. Havin[1], etc., enfin à toutes les stupidités propres à ce XIXe siècle, où nous avons le fatigant bonheur de vivre, et où chacun est, à ce qu'il paraît, privé du droit naturel de *choisir ses frères.*

Monsieur, j'ai oublié de vous dire que les femmes étaient exclues de la fête. De belles épaules, de beaux bras, de beaux visages et de brillantes toilettes auraient pu nuire à l'austérité démocratique d'une telle solennité. Cependant, je crois qu'on pourrait inviter quelques comédiennes, quand ce ne serait que pour leur donner l'idée de jouer un peu Shakspeare et de rivaliser avec les Smithson et les Faucit[2].

Conservez ma signature, si bon vous semble; supprimez-la, si vous jugez qu'elle n'a pas assez de valeur.

Veuillez agréer, Monsieur, l'assurance de mes sentiments bien distingués.

---

1. Rédacteur en chef du *Siècle.*
2. Interprètes anglaises de Shakspeare : la première s'était rendue célèbre à Paris au moment des représentations shakspeariennes de 1827.

XV

PROJETS DE LETTRE A JULES JANIN[1]

I

A Monsieur Jules Janin
A propos du feuilleton (*signé* Éraste)
Sur Henri Heine et la Jeunesse des Poètes

Lui *aussi,* lui-*même,* « il savait comment on chante et comment on pleure ; il connaissait le *sourire mouillé de larmes,* etc. »

Comme c'est extraordinaire, n'est-ce pas, qu'un homme soit un homme?

Catilina écrit au sénateur Quintus Cecilius avant de prendre les armes : « Je te lègue ma chère femme Orestilia et ma chère fille... »

Mérimée *(Mérimée lui-même ! ! !)* ajoute : « On éprouve quelque plaisir et quelque étonnement à voir des sentiments humains dans un pareil monstre. »

Comme c'est extraordinaire qu'un homme soit un homme!

Quant à toutes les citations de petites polissonneries françaises comparées à la poésie d'Henri Heine, de Byron et de Shakspeare, cela fait l'effet d'une serinette ou d'une

---

1. I : *Bulletin du Bibliophile,* 15 décembre 1901. II : *Œuvres posthumes* (1887), *Gil Blas* (4 février 1906), *Œuvres posthumes* (1908). Il s'agit de deux projets de réponse à un article de Jules Janin (*Henri Heine, La Jeunesse des Poètes, Indépendance belge,* 11 février 1865).

épinette comparée à un puissant orchestre. Il n'est pas un seul des fragments d'Henri Heine que vous citez qui ne soit infiniment supérieur à toutes les bergerades ou berquinades que vous admirez. Ainsi, l'auteur de *l'Ane mort et la Femme guillotinée* ne veut plus entendre l'ironie; il ne veut pas qu'on parle de la mort, de la douleur, de la brièveté des sentiments humains : « Écartez de moi ces images funèbres; loin de moi tous ces ricanements ! Laissez-moi traduire Horace et le savourer à ma guise, Horace, un vrai amateur de flonflons, un brave *littératisant,* dont la lecture ne fait pas mal aux nerfs, comme font toutes ces discordantes lyres modernes. »

Pour finir, je serais curieux de savoir si vous êtes bien sûr *que Béranger soit un poète.* (Je croyais qu'on n'osait plus parler de cet homme.)

— Si vous êtes bien sûr que *les belles funérailles* soient une preuve du génie ou de l'honnêteté du défunt. (Moi, je crois le contraire, c'est-à-dire qu'il n'y a guère que les coquins et les sots qui obtiennent de belles funérailles.)

— Si vous êtes bien sûr que Delphine Gay [1] soit un poète.

— Si vous croyez que le langoureux de Musset soit un *bon* poète.

Je serais aussi curieux de savoir ce que fait le nom du grotesque Viennet à côté du nom de de Banville.

— Et, à côté d'Auguste Barbier, Hégésippe Moreau, *un ignoble pion,* enflammé de sale luxure et de prêtrophobie belge.

Enfin, pourquoi vous orthographiez *Lecomte Delille* le nom de M. Leconte de Lisle, le confondant ainsi avec le méprisable auteur des *Jardins.*

Cher Monsieur, si je voulais pleinement soulager la colère que vous avez mise en moi, je vous écrirais cinquante pages au moins, et je vous prouverais que, contrairement à votre thèse, notre pauvre France n'a que fort peu de poètes et qu'elle n'en a pas un seul à opposer à Henri Heine. Mais vous n'aimez pas la vérité, vous n'aimez pas les proportions, vous n'aimez pas la justice, vous n'aimez pas les combinaisons, vous n'aimez pas le rythme, ni le mètre, ni la rime; tout cela exige qu'on prenne trop de soins pour l'obtenir. Il est si doux de s'endormir sur l'oreiller de l'*opinion toute faite !*

1. C'était la femme d'É. de Girardin (cf. p. 864).

Savez-vous bien, Monsieur, que vous parlez de Byron trop légèrement? Il avait votre qualité et votre défaut, — une grande abondance, un grand flot, une grande loquacité, — mais aussi ce qui fait les poètes : une diabolique personnalité. En vérité, vous me donnez envie de le défendre.

Monsieur, j'ai reçu souvent des lettres injurieuses d'inconnus, quelquefois anonymes, des gens qui avaient sans doute du temps à perdre. J'avais du temps à perdre ce soir, j'ai voulu imiter à votre égard les donneurs de conseils qui m'ont souvent assailli.

Je suis un peu de vos amis; quelquefois même je vous ai admiré. Je connais à fond la sottise française, et pourtant, quand je vois un littérateur français (faisant autorité *dans le monde*) lâcher des légèretés, je suis encore pris de rages qui font tout pardonner, même la lettre anonyme.

Je vous promets qu'à la prochaine visite que j'aurai le plaisir de vous faire je vous ferai mon *mea culpa,* non pas de mes opinions, mais de ma conduite.

II

Monsieur, je fais ma pâture de vos feuilletons, — dans *l'Indépendance,* laquelle vous manque un peu de respect quelquefois et vous montre quelque ingratitude. Les présentations à la Buloz. Auguste Barbier à la *Revue de Paris*. Le Désaveu. *L'Indépendance* a des convictions qui ne lui permettent pas de s'apitoyer sur le malheur des reines. Donc je vous lis; car je suis un peu de vos amis, si toutefois vous croyez, comme moi, que l'admiration engendre une sorte d'amitié.

Mais le feuilleton d'hier soir m'a mis en grande rage. Je veux vous expliquer pourquoi.

Henri Heine était donc un homme! Bizarre. Catilina était donc un homme. Un monstre pourtant, puisqu'il conspirait pour les pauvres. Henri Heine était méchant, — oui, comme les hommes sensibles, irrités de vivre avec la canaille; par *canaille*, j'entends les gens qui ne se connaissent pas en poésie (le *genus irritabile vatum*).

Examinons ce cœur d'Henri Heine jeune.

Les fragments que vous citez sont charmants, mais je

vois bien ce qui vous choque, c'est la tristesse, c'est l'ironie. Si J. J. était empereur, il décréterait qu'il est défendu de pleurer ou de se pendre sous son règne, ou même de rire d'une certaine façon. *Quand Auguste avait bu,* etc.[1]

Vous êtes un homme heureux. Je vous plains, monsieur, d'être si facilement heureux. Faut-il qu'un homme soit tombé bas pour se croire heureux! Peut-être est-ce une explosion sardonique, et souriez-vous pour cacher le renard qui vous ronge. En ce cas, c'est bien. Si ma langue pouvait prononcer une telle phrase, elle en resterait paralysée.

Vous n'aimez pas la discrépance[2], la dissonance. Arrière les indiscrets qui troublent la somnolence de votre bonheur! Vivent les ariettes de Florian! Arrière les plaintes puissantes du chevalier Tannhäuser, *aspirant à la douleur!* Vous aimez les musiques qu'on peut entendre sans les écouter, et les tragédies qu'on peut commencer par le milieu.

Arrière tous ces poètes qui ont leurs poches pleines de poignards, de fiel, de fioles de laudanum! Cet homme est triste, il me scandalise. — Il n'a donc pas de Margot, il n'en a donc jamais eu. Vive Horace buvant son lait de poule, son falerne, veux-je dire, et pinçant, en honnête homme, les charmes de sa Lisette, en brave littératisant, sans diablerie, et sans fureur, sans *æstus*!

A propos de belles funérailles, vous citez, je crois, celles de Béranger. Il n'y avait rien de bien beau, je crois. Un préfet de police a dit qu'il l'avait escamoté. Il n'y a eu de beau que Mme Collet[3] bousculant les sergents de ville. Et Pierre Leroux seul trouva le mot du jour : « Je lui avais toujours prédit qu'il raterait son enterrement. »

Béranger? On a dit quelques vérités sur ce grivois. Il y en aurait encore long à dire. Passons.

De Musset. Faculté poétique; mais peu joyeux. Contra-

---

1. Citation légèrement inexacte de Voltaire (*Épître à Catherine II*) : *Quand Auguste buvait, la Pologne était ivre.*

2. Néologisme d'origine anglaise (*discrepancy* : discordance).

3. La célèbre amie de Flaubert (orthographe exacte : *Colet*).

Cl. B.N.

Sainte-Beuve
Portrait paru dans l'Illustration, 30 février 1865

diction dans votre thèse. Mauvais poète d'ailleurs. On le trouve maintenant chez les filles, entre les chiens de verre filé, le chansonnier du Caveau et les porcelaines gagnées aux loteries d'Asnières. — Croque-mort langoureux.

Sainte-Beuve. Oh! celui-là, je vous arrête. Pouvez-vous expliquer ce genre de beauté? Werther carabin. Donc contradiction dans votre thèse.

Banville et Viennet. Grande catastrophe. Viennet, parfait honnête homme. Héroïsme à détruire la poésie; mais la Rime!!! et même la Raison!!! — Je sais que vous n'agissez jamais par intérêt... Donc, qui a pu vous pousser?

Delphine Gay! Leconte de Lisle. Le trouvez-vous bien rigolo, bien à vos souhaits, la main sur la conscience? — Et Gauthier [1] ? Et Valmore ? et moi ? — Mon truc.

Je présente la paraphrase du *genus irritabile vatum* pour la défense non seulement d'Henri Heine, mais aussi de tous les poètes. Ces pauvres diables (qui sont la couronne de l'humanité) sont insultés par tout le monde. Quand ils ont soif et qu'ils demandent un verre d'eau, il y a des Trimalcions qui les traitent d'ivrognes. Trimalcion s'essuie les doigts aux cheveux de ses esclaves; mais si un poète montrait la prétention d'avoir quelques bourgeois dans ses écuries, il y aurait bien des personnes qui s'en scandaliseraient.

Vous dites : « Voilà de ces belles choses que je ne comprendrai jamais... Les néocritiques... »

Quittez donc ce ton vieillot, qui ne vous servira de rien, pas même auprès du sieur Villemain.

Jules Janin ne veut plus d'images chagrinantes.

Et la mort de Charlot [2]? Et le baiser dans la lunette de la guillotine? Et le Bosphore, si enchanteur du haut d'un pal? Et la Bourbe? Et les Capucins? Et les Chancres fumant sous le fer rouge?

---

1. *Sic.*
2. Dans *l'Ane mort et la Femme guillotinée* (cf. *supra*, p. 880).

Quand le diable devient vieux, il se fait... berger. Allez paître vos blancs moutons.

A bas les suicides ! A bas les méchants farceurs ! On ne pourrait jamais dire sous votre règne : Gérard de Nerval s'est pendu, *Janino Imperatore* [1]. Vous auriez même des agents, des inspecteurs faisant rentrer chez eux les gens qui n'auraient pas sur leurs lèvres la grimace du bonheur.

Catilina, un homme d'esprit, sans aucun doute, puisqu'il avait des amis dans le parti contraire au sien, ce qui n'est inintelligible que pour un Belge.

Toujours Horace et Margoton ! Vous vous garderiez bien de choisir Juvénal, Lucain ou Pétrone ; celui-là [2], avec ses terrifiantes impuretés, ses bouffonneries attristantes (vous prendriez volontiers parti pour Trimalcion, *puisqu'il est heureux,* avouez-le) ; celui-ci [3], avec ses regrets de Brutus et de Pompée, ses morts ressuscités, ses sorcières thessaliennes, qui font danser la lune sur l'herbe des plaines désolées ; et cet autre, avec ses éclats de rire pleins de fureur. Car vous n'avez pas manqué d'observer que Juvénal se fâche toujours au profit du pauvre et de l'opprimé ! Ah ! le vilain sale ! — Vive Horace, et tous ceux pour qui Babet est pleine de complaisances !

Trimalcion est bête, *mais il est heureux*. Il est vaniteux jusqu'à faire crever de rire ses serviteurs, mais *il est heureux*. Il est abject et immonde, — mais *heureux*. Il étale un gros luxe et feint de se connaître en délicatesses : il est ridicule, mais il est *heureux*. — Ah ! pardonnons aux *heureux*. Le *bonheur,* une belle et universelle *excuse,* n'est-ce pas ?

Ah ! vous êtes heureux, Monsieur. Quoi ! — Si vous disiez : je suis vertueux, je comprendrais que cela sous-entend : Je souffre moins qu'un autre. Mais non : vous êtes *heureux*. Facile à contenter, alors ? Je vous plains, et j'estime ma mauvaise humeur plus distinguée que votre béatitude. — J'irai jusque-là, que je vous demanderai si les spectacles de la terre vous suffisent. Quoi ! jamais vous

1. Pourtant Nerval et Janin étaient bons amis !
2. Lucain (cf. *L'Esprit et le style de M. Villemain*, p. 855).
3. Pétrone.

n'avez eu envie de *vous en aller,* rien que pour changer de spectacle! J'ai de très sérieuses raisons pour plaindre celui qui n'aime pas la mort.

Byron, Tennyson, Poe et Cie.

Ciel mélancolique de la poésie moderne. Étoiles de première grandeur. Pourquoi les choses ont-elles changé? Grave question que je n'ai pas le temps de vous expliquer ici. Mais vous n'avez même pas songé à vous la poser. Elles ont changé parce qu'elles devaient changer. Votre ami le sieur Villemain vous chuchote à l'oreille le mot : Décadence[1]. C'est un mot bien commode à l'usage des pédagogues ignorants, mot vague derrière lequel s'abritent notre paresse et notre incuriosité de la loi.

Pourquoi donc toujours la joie? Pour vous divertir, peut-être. Pourquoi la tristesse n'aurait-elle pas sa beauté? Et l'horreur aussi? Et tout? Et n'importe quoi?

Je vous vois venir. Je sais où vous tendez. Vous oseriez peut-être affirmer qu'on ne doit pas mettre des têtes de mort dans les soupières, et qu'un petit cadavre de nouveau-né ferait un fichu... (Cette plaisanterie a été faite cependant[2]; mais, hélas! c'était le bon temps!) — il y aurait beaucoup à dire cependant là-dessus. — Vous me blessez dans mes plus chères convictions. Toute la question, en ces matières, c'est la sauce, c'est-à-dire le génie.

Pourquoi le poète ne serait-il pas un broyeur de poisons aussi bien qu'un confiseur, un éleveur de serpents pour miracles et spectacles, un psylle amoureux de ses reptiles, et jouissant des caresses glacées de leurs anneaux en même temps que des terreurs de la foule?

Deux parties également ridicules dans votre feuilleton. Méconnaissance de la poésie de Heine, et de la poésie, en général. Thèse absurde sur la jeunesse du poète. Ni vieux, ni jeune, il est. Il est ce qu'il veut. Vierge, il chante la débauche; sobre, l'ivrognerie.

Votre dégoûtant amour de la joie me fait penser à M. Véron[3] réclamant une littérature *affectueuse*. Votre

1. Cf. La citation en début des *Notes nouvelles* sur Edgar Poe (p. 619).
2. Par Swift à propos des famines irlandaises.
3. Directeur de la *Revue de Paris* et du *Constitutionnel*.

goût de l'honnêteté n'est encore que du sybaritisme. M. Véron disait cela fort innocemment. *Le Juif errant* l'avait sans doute contristé. Lui aussi, il aspirait aux émotions douces et non troublantes.

A propos de la jeunesse des poètes : *Livres vécus, poèmes vécus.*

Consultez là-dessus M. Villemain. Malgré son amour incorrigible des solécismes, je doute qu'il avale celui-là.

Byron, loquacité, redondance. Quelques-unes de vos qualités, Monsieur. Mais en revanche, ces sublimes défauts qui font le grand poète : la mélancolie, toujours inséparable du sentiment du beau, et une personnalité ardente, diabolique, un esprit salamandrin.

Byron. Tennyson. E. Poe. Lermontoff. Leopardi. Espronceda; — mais ils n'ont pas chanté Margot! — Eh! quoi! je n'ai pas cité un Français. La France est pauvre.

Poésie française. Veine tarie sous Louis XIV. Reparaît avec Chénier (Marie-Joseph), car l'autre est un ébéniste de Marie-Antoinette. Enfin rajeunissement et explosion sous Charles X.

Vos flonflons français. Epinette et orchestre. Poésie à fleur de peau. Le Cupidon de Thomas Hood[1]. Votre paquet de poètes accouplés comme bassets et lévriers, comme fouines et girafes. Analysons-les un à un. Et Théophile Gautier? Et moi?

Lecomte Delille. Vos étourderies : *Jean Pharond.* Pharamond. *Jean Beaudlair.* N'écrivez pas *Gauthier,* si vous voulez réparer votre oubli, et n'imitez pas ses éditeurs qui le connaissent si peu qu'ils estropient son nom. La versification d'une pièce en prose. Et vous y étiez. Le tic de Villefranche.

Tic congénital.

Fonction naturelle. Villefranche et Argenteuil.

Gascogne. Franche-Comté.

Normandie. Belgique.

---

1. Cf. *Salon de 1859*, VI.

Vous êtes un homme heureux. Voilà qui suffit pour vous consoler de toutes erreurs. Vous n'entendez rien à l'architecture des mots, à la plastique de la langue, à la peinture, à la musique, ni à la poésie. Consolez-vous, Balzac et Chateaubriand n'ont jamais pu faire de vers passables. Il est vrai qu'ils savaient reconnaître les bons.

Début. Ma rage. Pierre dans mon jardin où plutôt dans notre jardin.

(Dans l'article *Janin.*) Janin loue Cicéron, petite farce de journaliste[1]. C'est peut-être une caresse au sieur Villemain. Cicéron philippiste. Sale type de parvenu. *C'est notre César, à nous.* (De Sacy.)

Janin avait sans doute une raison pour citer Viennet parmi les poètes. De même, il a sans doute une excellente raison pour louer Cicéron. Cicéron n'est pas de l'Académie, cependant on peut dire qu'il en est, par Villemain et la bande orléaniste.

1. Cf. lettre à Sainte-Beuve (30 mars 1865) à propos d'un article de Janin sur Cicéron.

XVI

LE COMÉDIEN ROUVIÈRE[1]

J'AI connu longtemps Rouvière... — *Philibert* Rouvière ne m'a jamais donné de notes détaillées sur sa naissance, son éducation, etc. C'est moi qui ai écrit, dans un recueil illustré sur les principaux comédiens de Paris, l'article le concernant [2]. Mais dans cet article, on ne trouvera autre chose qu'une appréciation raisonnée de son talent, talent bizarre jusqu'à l'excès, fait de raisonnement et d'exagération nerveuse, ce dernier élément l'emportant généralement.

Principaux rôles de Rouvière : *Mordaunt,* dans *les Mousquetaires,* type de haine concentrée, serviteur de Cromwell, ne poursuivant à travers les guerres civiles que la satisfaction de ses vengeances personnelles et légitimes.

Dans ce rôle, Rouvière faisait peur et horreur. Il était tout *en fer.*

Charles IX, dans une autre pièce d'Alexandre Dumas [3]. Tout le monde a été émerveillé de cette *ressuscitation.* Du reste, Rouvière ayant été *peintre,* ces tours de force lui étaient plus faciles qu'à un autre.

L'abbé *Faria,* dans *Monte-Cristo.* Rouvière n'a joué le rôle qu'une fois. — Hostein, le directeur, et Alexandre Dumas *n'ont* JAMAIS BIEN COMPRIS la manière de jouer de Rouvière.

---

1. Article nécrologique paru dans la *Petite Revue* (28 octobre 1865) à la suite de la mort du comédien (20 octobre).

2. Cf. l'article de la *Galerie des artistes dramatiques vivants,* 1855, p. 587.

3. *La Reine Margot.*

Hamlet (par Meurice et Dumas). Grand succès de Rouvière. — Mais joué en Hamlet méridional; Hamlet furibond, nerveux et pétulant. Gœthe, qui prétend que Hamlet était blond et lourd, n'aurait pas été content.

Méphistophélès, dans le détestable *Faust, refait* par Dennery, Rouvière a été mauvais. Il avait beaucoup d'esprit et cherchait des finesses qui tranchaient baroquement sur sa nature méridionale.

Maître Favilla, de George Sand. Extraordinaire succès! Rouvière, qui n'avait jamais *joué* que des natures amères, féroces, ironiques, atroces, a joué admirablement un rôle paternel, doux, aimable, idyllique. Cela tient, selon moi, à un côté peu connu de sa nature : amour de l'utopie, des idylles révolutionnaires; — culte de Jean-Jacques, Florian et Berquin.

Le rôle du *Médecin,* dans *le Comte Hermann,* d'Alexandre Dumas. — Dumas a été obligé de confesser que Rouvière avait des instants sublimes.

Othello, — dans l'*Othello* d'Alfred de Vigny, — Rouvière a très bien su exprimer la politesse raffinée, emphatique, non inséparable de la rage d'un cocu oriental.

Et bien d'autres rôles dont je ne me souviens pas actuellement.

Physiquement, Rouvière était un petit moricaud nerveux, ayant gardé jusqu'à la fin l'accent du Midi, et montrant dans la conversation des finesses inattendues... — pas cabotin et fuyant les cabotins. — Cependant, très épris d'aventures, il avait suivi des saltimbanques pour étudier leurs mœurs. — Très homme du monde, quoique comédien, très éloquent.

Moralement, élève de Jean-Jacques Rousseau. Je me souviens d'une querelle bizarre qu'il me fit un jour qu'il me trouva arrêté devant une boutique de bijoutier.

— Une cabane, disait-il, un foyer, une chaise, et une planche pour y mettre mon divin Jean-Jacques, cela me suffit. — Aimer le luxe, c'est d'un malhonnête homme.

Peintre, il était élève de Gros.

Il y a quelques mois, Rouvière étant tombé malade, et étant très pauvre, des amis imaginèrent de faire une vente de ses tableaux; elle n'eut aucun succès.

Comme peintre, il était, à quelques égards, ce qu'il était comme comédien. — Bizarre, ingénieux et incomplet.

Je me souviens cependant d'un charmant tableau représentant *Hamlet contraignant sa mère à contempler le portrait du roi défunt.* — Peinture ultra-romantique, achetée, m'a-t-on dit, par M. de Goncourt.

M. Théophile Silvestre a de jolis dessins de Rouvière. Pendant longtemps, M. Luquet (associé de Cadart) [1] a offert, comme étant de Géricault, un tableau *(les Girondins en prison)* que j'ai reconnu tout de suite pour un Rouvière... grande composition, sauvage et maladroite, enfantine même, mais d'un grand feu.

Comme comédien, Rouvière était très admiré d'Eugène Delacroix.

M. Champfleury a fait de lui une curieuse étude sous forme de nouvelle : *le Comédien Trianon.*

1. Éditeurs qui jouèrent un rôle important dans la renaissance de l'eau-forte.

XVII

LES TRAVAILLEURS DE LA MER[1]

LES Copeaux du Rabot.
Gilliat (Juliette, Julliot, Giliard, Galaad).
Les Iles de la Manche. Tiédeur. Fleurissement. Superstitions. Le roi des Aux Aimées.
Québec. Canada, Français baroque et archaïque. Patois composite.
Simplicité de la fable.
La vieille langue de Mer.
Idylle, petit poème.
Mots suggestifs dans le portrait de Déruchette.
Le vent. Le météore. Le naufrage.
La grotte enchantée. Le poulpe.
Le Clergé Anglican.
L'amour fécond en sottises et en grandeurs.
Le suicide de Gilliat.
Glorification de la Volonté.
La joie de Lethierry (Dramaturgie).
Le Dénouement fait de la peine (critique flatteuse).

1. Note fragmentaire publiée dans les *Œuvres posthumes;* probablement la dernière écrite par Baudelaire (25 mars 1866).

XVIII

EXTRAITS DES *JOURNAUX INTIMES*

Musique et Littérature

FUSÉES

SUGGESTIONS. L'homme de lettres remue des capitaux et donne le goût de la gymnastique intellectuelle. (VI)

La Musique creuse le ciel.

Jean-Jacques disait qu'il n'entrait dans un café qu'avec une certaine émotion. Pour une nature timide, un contrôle de théâtre ressemble quelque peu au tribunal des Enfers. (VIII)

Ne pas oublier dans le drame le côté merveilleux, la sorcellerie et le romanesque.

Les milieux, les atmosphères, dont tout un récit doit être trempé. (Voir *Usher*[1], et en référer aux sensations profondes du haschisch et de l'opium.) (XI)

Théodore de Banville n'est pas précisément matérialiste; il est lumineux. Sa poésie représente les heures heureuses. (XIII)

Deux qualités littéraires fondamentales : surnaturalisme et ironie.

Coup d'œil individuel, aspect dans lequel se tiennent les choses devant l'écrivain, puis tournure d'esprit satanique. Le surnaturel comprend la couleur générale, et

---

1. E. Poe. *La Chute de la maison Usher.*

l'accent, c'est-à-dire intensité, sonorité, limpidité, vibrativité, profondeur et retentissement dans l'espace et dans le temps...

L'inspiration vient toujours quand l'homme le *veut,* mais elle ne s'en va pas toujours quand il le veut.

De la langue et de l'écriture prises comme opérations magiques, sorcellerie évocatoire. (XVII)

Concevoir un canevas pour une bouffonnerie lyrique ou féerique, pour une pantomime, et traduire cela en un roman sérieux. Noyer le tout dans une atmosphère anormale et songeuse, dans l'atmosphère des *grands jours.* Que ce soit quelque chose de berçant, et même de serein dans la passion. Régions de la Poésie pure.

Hugo pense souvent à Prométhée. Il s'applique un vautour imaginaire sur une poitrine qui n'est lancinée que par les moxas de la vanité. Puis l'hallucination se compliquant, se variant, mais suivant la marche progressive décrite par les médecins, il croit que, par un *fiat* de la Providence, Sainte-Hélène a pris la place de Jersey.

Cet homme est si peu élégiaque, si peu éthéré, qu'il ferait horreur même à un notaire.

Hugo-Sacerdoce a toujours le front penché, trop penché pour rien voir, excepté son nombril. (XXII)

MON CŒUR MIS A NU

Mes opinions sur le théâtre. Ce que j'ai toujours trouvé de plus beau dans un théâtre, dans mon enfance et encore maintenant, c'est le *lustre* — un bel objet lumineux, cristallin, compliqué, circulaire et symétrique.

Cependant, je ne nie pas absolument la valeur de la littérature dramatique. Seulement, je voudrais que les comédiens fussent montés sur des patins très hauts, portassent des masques plus expressifs que le visage humain, et parlassent à travers des porte-voix; enfin que les rôles de femmes fussent joués par des hommes.

Après tout, le lustre m'a toujours paru l'acteur principal, vu à travers le gros bout ou le petit bout de la lorgnette. (XVII)

Ivresse d'humanité.

Grand tableau à faire.

Dans le sens de la charité.
Dans le sens du libertinage.
Dans le sens littéraire, ou du comédien. (XX)

Sur *George Sand.*

La femme Sand est le Prudhomme de l'immoralité.

Elle a toujours été moraliste.

Seulement elle faisait autrefois de la contre-morale. — Aussi elle n'a jamais été artiste. Elle a le fameux *style coulant,* cher aux bourgeois.

Elle est bête, elle est lourde, elle est bavarde. Elle a, dans les idées morales, la même profondeur de jugement et la même délicatesse de sentiment que les concierges et les filles entretenues.

Ce qu'elle a dit de sa mère.

Ce qu'elle dit de la poésie.

Son amour pour les ouvriers.

Que quelques hommes aient pu s'amouracher de cette latrine, c'est bien la preuve de l'abaissement des hommes de ce siècle.

Voir la préface de *Mademoiselle La Quintinie,* où elle prétend que les vrais chrétiens ne croient pas à l'Enfer. La Sand est pour le *Dieu des bonnes gens,* le dieu des concierges et des domestiques filous. Elle a de bonnes raisons pour vouloir supprimer l'Enfer. (XXVI)

Le Diable et George Sand. Il ne faut pas croire que le Diable ne tente que les hommes de génie. Il méprise sans doute les imbéciles, mais il ne dédaigne pas leur concours. Bien au contraire, il fonde ses grands espoirs sur ceux-là.

Voyez George Sand. Elle est surtout, et plus que tout autre chose, une *grosse bête*; mais elle est *possédée.* C'est le Diable qui lui a persuadé de se fier à *son bon cœur* et à *son bon sens,* afin qu'elle persuadât toutes les autres grosses bêtes de se fier à leur bon cœur et à leur bon sens.

Je ne puis penser à cette stupide créature sans un certain frémissement d'horreur. Si je la rencontrais, je ne pourrais m'empêcher de lui jeter un bénitier à la tête. (XXVII)

George Sand est une de ces vieilles ingénues qui ne veulent jamais quitter les planches.

J'ai lu dernièrement une préface (la préface de *Mademoiselle La Quintinie*) où elle prétend qu'un vrai chrétien ne peut pas croire à l'Enfer.

Elle a de bonnes raisons pour vouloir supprimer l'Enfer. (XXVIII)

Cl. B.N

JOSEPH DE MAISTRE
Gravure de Mauduison d'après Bouillon
Frontispice dcs *Lettres et Opuscules,* Vaton édit., 1851

Je m'ennuie en France, surtout parce que tout le monde y ressemble à Voltaire. (XXIX)

La cohue des petits littérateurs, qu'on voit aux enterrements, distribuant des poignées de main et se recommandant à la mémoire du faiseur de *courriers*.

De l'enterrement des hommes célèbres. (LXVI)

Molière. Mon opinion sur *Tartuffe* est que ce n'est pas une comédie, mais un pamphlet. Un athée, s'il est simplement un homme bien élevé, pensera, à propos de cette pièce, qu'il ne faut jamais livrer certaines questions graves à la canaille. (LXVII)

Culte de la sensation multipliée et s'exprimant par la musique. En référer à Liszt. (LXVIII)

La musique donne l'idée de l'espace. (LXX)

De Maistre et Edgar Poe m'ont appris à raisonner (LXXXIX).

Sois toujours poète, même en prose.

Grand style (rien de plus beau que le lieu commun).

Commence d'abord, et puis sers-toi de la logique et de l'analyse. N'importe quelle hypothèse veut sa conclusion.

Trouver la frénésie journalière. (XCI)

CHOIX DE VARIANTES

CHOIX DE VARIANTES

La plupart des textes ici réunis ont figuré dans l'édition posthume de 1868; Baudelaire lui-même en avait prévu la réunion, et, pour nombre d'entre eux, il les avait, si l'on peut dire, « préparés » à cet effet. Aussi n'est-il pas interdit de penser que Banville et Asselineau, au courant de cette préparation, respectèrent, pour l'essentiel, la volonté de l'auteur. En règle générale, d'ailleurs, leur texte est satisfaisant. C'est la raison pour laquelle nous nous sommes conformé à la ligne adoptée par les précédents éditeurs, en suivant le plus souvent le texte de 1868. Lorsque surviennent des exceptions à ce principe, elles sont signalées, à leur place, avec leurs raisons.

Bien entendu, pour les textes autres que ceux qui figuraient dans l'édition de 1868, nous ne disposons le plus souvent que d'un texte sans variantes appréciables : nous en avons indiqué l'origine dans nos notes.

Enfin, conformément au principe même de cette collection, ce choix ne relève que les variantes « intéressantes »; nous n'avons pas pensé devoir faire une place à des variantes qui ne peuvent rien nous apprendre sur l'évolution de la pensée ou du style de Baudelaire critique : raison pour laquelle ce choix de variantes ne sera guère volumineux, car la plupart de celles qu'il est possible de relever sont mineures ou négligeables.

CURIOSITÉS ESTHÉTIQUES

SALON DE 1845

1845 : *Baudelaire-Dufays, Salon de 1845,*
Paris, Jules Labitte, 1845

Page 5 :

a. 1845 : toute opposition et criailleries systématiques

Page 6 :

a. 1845 : et celui de Marine

Page 16 :

a. 1845 : s'élargissant

Page 31 :

a. 1845 : les plus dignes de l'attention du Salon

b. Le texte de 1868 contient ici une erreur : L'Apocalypse et l'Envie. *Il s'agit en fait de deux tableaux différents, d'où notre correction (déjà opérée par les précédents éditeurs).*

Page 37 :

a. 1845 : Pierre Cornélius *(Baudelaire ignorait peut-être en 1845 que le peintre allemand avait droit à la particule, qu'on lui attribue généralement. Cf. E. Foerster,* Peter von Cornelius, *Berlin, 1874).*

Page 41 :

a. Nous corrigeons ici une erreur de l'édition Lévy qui imprime : COIGNET.

Page 70 :

a. 1845 : sans aucune préoccupation d'école

Page 78 :

a. 1845 : nous avons approché la

LE MUSÉE CLASSIQUE DU BAZAR BONNE-NOUVELLE

1846 : *Corsaire-Satan*, 21 janvier 1846

Page 87 :

a. 1846 : et d'onze de Ingres

Page 89 :

a. 1846 : il y a

SALON DE 1846

1846 : *Baudelaire-Dufays, Salon de 1846,* Paris, Michel Lévy

Page 103 :

a. 1846 : les situations de l'âme

Page 106 :

a. 1846 : presque vineuses

Page 111 :

a. *Correction, d'après le texte de Thiers et celui de 1845, d'une coquille de 1868 :* teint
b. Thiers *:* en quelque sorte appeler

Page 112 :

a. Thiers : les groupe, les plie
b. Thiers : j'y
c. 1846-1868 : Cette assurance [?] *le texte de Thiers est seul compréhensible.*

Page 113 :

a. 1846 : était

Page 125 :

a. 1846 : *add.* : la seule bonne pour les poètes et les littérateurs qui ne savent pas l'italien

Notons simplement que Louis Ratisbonne publia chez Michel Lévy, de 1856 à 1860, une nouvelle traduction française de la Divine Comédie.

Page 141 :

a. 1846 : allumée

Page 156 :

a. 1846 : hoffmanique *(On notera, pensons-nous avec intérêt, cette hésitation sur le mode de formation de l'adjectif dérivé du nom de Hoffmann.)*

Page 158 :

a. 1846 : de l'effet

Page 161 :

a. 1846 : vitement.

Page 168 :

a. 1846 : entre nous

Page : 175 :

a. 1846 : pour croire l'erreur

Page 188 :

a. 1846 : vague et insaisissable à la fois

Page 196 :

a. 1846 : Rastignac *(lapsus, ou même erreur de mémoire de Baudelaire)*

MORALE DU JOUJOU

1853 : *Le Monde littéraire,* 17 avril
1855 : *Le Portefeuille,* 19 août
1857 : *Le Rabelais,* 13 juin

1862 : *La Presse,* 24 septembre (partie de l'article formant le poème en prose le *Joujou du pauvre*)

Page 201 :

a. 1853-55-57 : très muette

Page 202 :

a. 1853-55 : chez lesquels la délibération
b. 1853-55 : qui ont actuellement... et manient
c. 1853-55-57 : le budget
d. 1853-55-57 : qui m'apparaît alors
e. 1853-55 : qui représente si bien les idées de l'enfance sur la beauté, la propreté, l'éclat des couleurs, la violence dans le geste et la décision dans le *galbe,* comme dirait Théophile Gautier.

Page 203 :

a. 1853-55 : faire rougir l'impuissante imagination de ce public blasé

Page 204 :

a. 1862 : *commencement du poème en prose* : Je veux donner une idée d'un divertissement innocent. Il y a si peu d'amusements qui ne soient pas coupables. *(alinéa)* Quand vous sortirez
b. 1853-55 : comme s'ils se défiaient de l'homme
c. 1862 : *ces deux phrases omises*
d. 1853-55 : se laissait voir un joli château
1862 : apparaissait la blancheur d'un joli château
e. 1862 : faits d'une autre pâte

Page 205 :

a. 1862 : doré, vêtu d'une robe pourpre
b. 1862 : son joujou préféré
c. 1862 : sale, chétif, fuligineux, un de ces marmots-parias dont un œil impartial découvrirait la beauté, si, comme l'œil du connaisseur devine une peinture idéale sous un vernis de carrossier, il le nettoyait de la répugnante patine de la misère
d. 1862 : ces barreaux symboliques séparant deux mondes, l'enfant... son propre joujou
e. 1853-55-57 : dans une petite boîte grillée
1862 : c'était
f. 1862 *add.* : sans doute

g. 1853-55 : de la nature
h. 1853-55 : de deux ans

Page 206 :

a. 1853 : relativement aux joujoux

Page 207 :

a. 1853 : *(au lieu des deux mots anglais)* : Dans un autre article, je parlerai de la fabrication des joujoux, et du goût des différentes nations dans cette matière, ce qui est un sujet fort compliqué.

EXPOSITION UNIVERSELLE 1855. BEAUX-ARTS

1855 : *Le Pays,* 26 mai (chap. I)
Le Portefeuille, 12 août (chap. II)
Le Pays, 3 juin (chap. III)

Page 217 :

a. 1855 : dans laquelle je veux me garder de tomber, comme dans l'enfer

Page 219 :

a. 1855 : *om.* : Ce fanal obscur... éternel désespoir.
b. 1855 : *phrase omise*

Page 221 :

a. 1855 : le peuple

Page 224 :

a. 1855 : sont

Page 230 :

a. 1855 : les critiques du public

Page 232 :

a. 1855 *om.* : Devant une destinée... les vides d'un siècle.
b. 1855 : les criailleries de quelques salons, les dissertations partiales de quelques académies d'estaminet
c. 1855 : pictural

Page 235 :

a. 1855 : des femmes quelquefois historiques

Page 237 :

a. 1855 : plus riches

Page 238 :

a. 1855 *om.* : Un poète... sa couleur.
b. 1855 *om.* : comme la tragédie dans le monde dramatique

DE L'ESSENCE DU RIRE

1855 : *Le Portefeuille,* 8 juillet

Page 242 :

a. 1855-57 : des matériaux
b. 1855 : Et chose au moins aussi mystérieuse, c'est que ce spectacle

Page 245 :

a. 1855 : avant que de se permettre le rire
b. 1855 : les yeux

Page 247 :

a. 1855 : *membre de phrase absent*

Page 248 :

a. 1855 : pour ainsi dire inconscient

Page 250 :

a. 1855 : Il ne dort jamais... Ainsi

Page 251 :

a. 1855 : aspirer sincèrement à la poésie pure

Page 252 :

a. 1855 : manger
b. 1855 : quand... ailes : *passage absent.*

Page 257 :

a. 1855 : j'ai

Page 259 :

a. 1855 : qui sent

Page 260 :

a. 1855 : avec éclats de rire, pleins de gaîté et de contentement
b. 1855 *add.* : Cependant

Page 261 :

a. 1855 *add.* : régulièrement

Page 262 :

a. 1855-57 : qu'on ne le croit
b. 1855 : dans l'homme

QUELQUES CARICATURISTES FRANÇAIS

1857 : *Le Présent, Revue universelle,* 1er octobre

Page 265 :

a. 1857 : généralement

Page 266 :

a. 1857 : ses cheveux sur le front

Page 267 :

a. 1857 : trop bien

Page 269 :

a. 1857 : pat-à-qu'est-ce

Page 270 :

a. 1857 : L'idée est bonne, mais le dessin

Page 281 :

a. 1857 : qui la suppose

Page 284 :

a. 1857-58 : n'a jamais
b. 1857-58 : cependant commença

Page 285 :

a. 1857-58 : le

Page 288 :

a. 1857-58 : Depuis

QUELQUES CARICATURISTES ÉTRANGERS

1857 : *Le Présent,* 15 octobre *(ce texte ne comportait ni l'énumération, en sous-titre, des noms des artistes, ni la division en chapitres)*

Page 291 :

a. 1857 : je vois dans cette formule impromptue un symptôme, un diagnostic

Page 292 :

a. 1857 : insouciamment

Page 293 :

a. 1857 : n'ébranle jamais

Page 294 :

a. 1857 : enragés
b. 1857 : ne pas dessiner
c. 1857 : s'amusent aux croquis

Page 295 :

a. 1857 : jusqu'au vol des sujets... mais même de la manière et du style
b. 1857 *om.* : Heureusement
c. 1857 *add.* : qui portait pour titre collectif *Zigzags.*

Page 296 :

a. 1857 : permanents

Page 297 :

a. 1857 : ait aussi rêvé beaucoup.
b. 1857 : et toutes ces blanches

Page 298 :

a. 1857 : Plusieurs démons
b. 1857 : il a osé à cette époque faire
c. 1857 : les deux fesses dans lesquelles elle va fouillant de son mufle menaçant ; accident trivial apparemment, car l'assemblée ne s'en occupe guère
d. 1857 : vraisemblable
e. 1857 : possèdent l'humanité

Page 299 :

a. 1857 : le soleil de l'Italie
b. 1857 : *finit à* : obscurs

Page 300 :

a. 1857 : savamment

Page 301 :

a. 1857 : ses cadenettes qui ornaient ses joues comme des anglaises
b. 1857 : On voit ainsi qu'il a plus d'un rapport avec le

Page 302 :

a. 1857 : *add.* : le truc
b. 1857 : rien souvent ne ressemble

Page 303 :

a. 1857 : il est
b. 1857 : par l'interprétation stupide
c. 1857 : le mot de folie ou d'hallucination; mais vous ne serez guère plus avancé

Page 304 :

a. 1857 : résumer et crayonner

SALON DE 1859

1859 : *Revue française,* 10 et 20 juin, 10 et 20 juillet *(où le texte ne comportait que neuf chapitres, le chapitre VI de 1868 étant le chapitre V (suite)* de 1859. Le texte de 1868 a été établi *en tenant compte des corrections d'une épreuve, de la main de* Baudelaire (cf. lettre à sa mère du 10 octobre 1859, et éd. *Crépet des Curiosités esthétiques*, p. 487)

Page 305 :

a. 1859 : Lettre à M. le Directeur de la *Revue française* sur le Salon de 1859

Page 306 :

a. 1859 : aucune

Page 313 :

a. 1859 : de la sienne

Page 314 :

a. 1859 : tant de foi

Page 316 :

a. 1859 : *add.* : la diminution progressive de l'âme

Page 317 :

a. 1869 : dégoût *(nous n'avons pas ici hésité à corriger exceptionnellement le texte de 1868 d'après celui de 1859 pour les raisons indiquées dans notre note p. 317.)*

Page 326 :

a. 1859 : s'accommodent

Page 327 :

a. 1859 *add.* : colorée

Page 329 :

a. 1859 *add.* : telles

Page 339 :

a. 1859 : glissent

Page 341 :

a. Corr. Crépet : sentence *(nous avons conservé ici le texte de 1868, ne pensant pas que la leçon* tendance *puisse être valablement considérée comme une coquille; il n'est même pas interdit de penser que ce mot, moins inattendu qu'il ne semble, dans ce contexte, n'est pas sans rapport avec la définition de l'art comme magie suggestive)*

Page 353 :

a. 1859 : il

Page 372 :

a. 1859 *add.* : telles

Page 375 :

a. 1859 : tant

Page 376 :

a. 1859 : fuit

Page 377 :

a. 1859 *add.* : étonnantes
b. 1859 *add.* : votre

Page 379 :

a. 1859 : paysage

Page 380 :

a. 1859 : dans le bonheur et le désespoir

Page 382 :

a. 1859 : confronté
b. 1859 : chers encore

Page 383 :

a. 1859 : tournant

Page 384 :

a. 1859 : il est déjà un pas fait vers le mensonge, c'est-à-dire vers un art plus civilisé

b. 1859 : Comme

Page 385 :

a. 1859 : la raison d'un éloge plutôt que d'une critique

Page 391 :

a. 1859 : une charmante sculpture de chambre

Page 392 :

a. 1859 : des palmipèdes

PEINTURES MURALES D'EUGÈNE DELACROIX

1861 : *Revue fantaisiste,* 15 septembre

Page 398 :

a. 1861 : allégoriquement

L'ŒUVRE ET LA VIE D'EUGÈNE DELACROIX

1863 : *L'Opinion nationale,* 2 et 14 septembre, 22 novembre

Page 421 :

a. 1863 : *Titre.* Variétés. Au Rédacteur, A propos d'Eugène Delacroix.

Page 422 :

a. 1863 : approximantes

Page 424 :

a. correction hypothétique de 1868 : indivisible

Page 425 :

a. 1863 : des poètes

Page 431 :

a. 1863 : *Le Triomphe de Trajan*

Page 433 :

a. Crépet corrige en concrète. *Nous ne croyons pas, quant à nous, que* secrète *doive être considéré comme une* coquille

b. 1863 : *add.* : toute

Page 441 :

a. 1863 : ou

Page 443 :

a. 1863 : se faisait

Page 446 :

a. 1863 : force critique

b. 1868 : faite avec de l'encre, comme a dit, je crois, Théophile Gautier. *Nous rétablissons ici le texte de 1863, celui de 1868 ayant été visiblement édulcoré pour raison d'opportunité (Gautier avait écrit la Préface de l'édition posthume).*

Page 451 :

a. 1863 : souvent trop

LE PEINTRE DE LA VIE MODERNE

1863 : *Figaro,* 26 et 28 novembre, 3 décembre

Page 460 :

a. 1863 *add.* : et une indignation

Page 468 :

a. 1863 *add.* : complet, c'est-à-dire plus ou moins

Page 469 :

a. 1863 *om.* : quelques

Page 479 :

a. Nous adoptons ici le texte de 1863. (L'Art romantique) *imprime* : par [*coquille ?*]

Page 484 :

a. 1863 : *add.* de force
b. 1868 : dandys *(cf. notre note)*

Page 493 :

a. 1863 : pure nature

L'ART ROMANTIQUE

COMMENT ON PAIE SES DETTES QUAND ON A DU GÉNIE

1845 : *Corsaire-Satan*

Page 536 :

a. 1845 : un commerçant en future faillite

Page 537 :

a. 1845 : demain matin

Page 538 :

a. 1845 : tresser

CONSEILS AUX JEUNES LITTÉRATEURS

1846 : l'*Esprit public*, 15 avril

Page 540 :

*a. Nous rétablissons ici le texte de l'*Esprit public, *15 avril 1846, celui de 1868 ayant omis, pour raisons d'opportunité, les noms d'Eugène Sue et de Paul Féval, ainsi que la réflexion* une fois arrivés aux honneurs (p. 541) et le jugement sur Théophile Gautier (p. 545). A ce sujet cf. la *var. a* de la p. 545.

Page 545 :

a. 1868 *om.* souvent médiocres

L'ÉCOLE PAIENNE

1852 : *Semaine théâtrale,* 22 janvier
(texte reproduit en 1868)
1866 : *Revue de poche,* 25 décembre

Page 576 :

a. 1866 : le Galiléen

Page 577 :

a. 1866 *add.* : trop
b. 1866 : *paragraphe omis*

Page 580 :

a. 1866 : convaincre
b. 1852-1866 : musulmanes et iconoclastiques

PHILIBERT ROUVIÈRE

1855 : *Nouvelle Galerie des artistes dramatiques vivants*

Page 592 :

a. bien *supprimé en 1868*

MADAME BOVARY

1857 : *L'Artiste,* 18 octobre.

Page 641 :

a. *Art romantique* : articles *(coquille)*

Page : 642

a. 1857 : un intérêt aveugle... de la morale

Page 651 :

a. 1857 *om.* : sa

LA DOUBLE VIE

1859 : *L'Artiste,* 9 janvier

Page 655 :

a. 1859 : la pratique inévitable et quotidienne

THÉOPHILE GAUTIER

1859 : *L'Artiste,* 13 mars

Page 661 :

a. 1859 : Tous les deux accomplissent... leur rôle
b. 1859 : depuis *la Genèse*
c. 1859 : attraper les hommes de lettres prédestinés
d. 1859 : futurs niais
e. 1859 : futilités

Page 662 :

a. 1859 : installé
b. 1859 : Épouvantable argot... ne peut pas plus se soustraire que l'écrivain
c. 1859 : cette couronne-là
d. 1859 : la bande. Hélas ! il s'agit
e. 1859 : comme les faiseurs de Courriers

Page 663 :

a. 1859 *add.* : autres

Page 664 :

a. 1859 : bande ardemment

Page 665 :

a. 1859 *add.* : au poète

Page 666 :

a. 1859 : se conformer à

b. 1859 : se trouve naturellement complété par l'excellente gravure qui l'accompagne. D'ailleurs *(allusion au frontispice de l'édition originale)*

Page 668 :

a. 1859 : comme de ceux qui plaisent plus par leur contenu, comme répondant à de puériles passions, que par la forme savante qui le distinguait

b. 1859 : touchent

c. 1859 *add.* : beau

Page 675 :

a. 1859 : Quant à la question de l'honnêteté, la politesse, en ce monde, nous oblige à supposer que tous les hommes, même les poètes, sont honnêtes

b. 1859 *add.* : énormes

Page 678 :

a. 1859 : concentrée

Page 680 :

a. 1859 : beaucoup en réalité; je veux dire en magie et vraisemblance

b. 1859 : par la magie

Page 682 :

a. 1859 : dans les parcs, Claude et Watteau mêlés

b. 1859 : qui fait penser les bêtes

Page 683 :

a. 1859 : leur a fait aimer la peinture... l'amour de l'archéologie

b. 1859 : (je ne parle pas de Delacroix ni de quelques autres artistes ou écrivains)

c. 1859 : congénitale

Page 685 :

a. 1859 *om.* : leur mort

RICHARD WAGNER ET TANNHAUSER

1861 : *Revue européenne*, 1er avril

Page 692 :

a. 1861 : Hier encore durait

Page 696 :

a. 1861 : traduire... la traduction forcée

Page 700 :

a. 1861 : empereur

Page 706 :

a. 1861 : du

Page 710 :

a. 1861 : fièrement

Page 715 :

a. 1861 : différents parages

RÉFLEXIONS SUR QUELQUES-UNS DE MES CONTEMPORAINS

VICTOR HUGO

1861 : *Revue fantaisiste,* 15 juin

Page 740 :

a. 1861 et A. R. : par quelle philosophie *(coquille probable)*

MARCELINE DESBORDES-VALMORE

1861 : *Revue fantaisiste*, 1er juillet

Page 744 :

a. 1861 : Marceline Desbordes-Valmore *(et de même ensuite)*

AUGUSTE BARBIER

1861 : *Revue fantaisiste,* 15 juillet

Page 750 :

a. 1861 : sans plus de remords que les personnes passionnées

Page 751 :

a. 1861 : qui vaut bien celle

Page 752 :

a. 1861 : *italique limitée à :* malgré lui
et : il a essayé... poétique

THÉOPHILE GAUTIER

1862 : *Poètes français*

Page 756 :

a. Quelques-uns remarquent même que... D'autres observent qu'il a même ajouté... que sa naissance l'obligeait à parler.

b. add. : Hugo

THÉODORE DE BANVILLE

1861 : *Revue fantaisiste*, 1er août
1861 : *Le Boulevard*, 24 août

Page 766 :

a. Texte de 1861-62, 1869 *supprime* : les objets... transparents

PIERRE DUPONT

1861 : *Revue fantaisiste*, 15 août

Les citations, selon le texte de 1868, contiennent quelques erreurs par rapport au texte original :

Page 773 :

a. avec les hiboux

Page 775 :

a. beau fil

Page 777 :

a. 1861-62 : Cette singulière opinion

b. 1862 *add.* : D'ailleurs Pierre Dupont est immensément connu, et les extraits de ses poésies que nous citons ici sont de nature à confirmer et à compléter nos opinions.

LECONTE DE LISLE

1861 : *Revue fantaisiste,* 15 août
1862 : *Poètes français*

Page 779 :

a. 1861-62 : ils aiment changer

Page 780 :

a. 1862 : non pas

Page 781 :

a. 1862 *add.* : pour moi

b. 1861-62 : ses accouplements de mots toujours distingués et cadrant nettement

c. 1862 : l'accent

HÉGÉSIPPE MOREAU

Il existe de cette notice une épreuve

Page 783 :

a. Epreuve : le misérable

LES MARTYRS RIDICULES

1861 : *Revue fantaisiste*, 15 octobre.
1862 : Préface au roman.

L'édition posthume reproduit le texte de 1861. Nous lui avons préféré celui de 1862, dernière publication du vivant de l'auteur.

Page 789 :

a. 1861 : *add. note* : Ces pages doivent servir de préface au roman de M. Léon Cladel, qui paraîtra prochainement à la librairie Poulet-Malassis.

Page 790 :

a. 1861 : la troisième catégorie est née

Page 791 :

a. 1861 : est la récompense
b. 1861 : peut-être lui
c. 1861 : se partage en empire
d. 1861 : prétentieuses, etc.
e. 1861 : écrits sans rire, et

Page 792 :

a. 1861 : sublime
b. 1861 : insectes

Page 793 :

a. 1861 : un penchant à
b. 1861 : ne perd rien

Page 794 :

a. 1861 : son pauvre esprit

Page 833 : APPENDICE : LES LIAISONS DANGEREUSES

a. 1re *version (biffée)* : du péché originel.

CHOIX BIBLIOGRAPHIQUE

CHOIX BIBLIOGRAPHIQUE

I. *ÉDITIONS*

a. Charles BAUDELAIRE. *Œuvres complètes.* II. *Curiosités esthétiques. Édition définitive, précédée d'une notice par Théophile Gautier et ornée d'un beau portrait gravé sur acier.* Paris, Michel-Lévy frères, 1868-1869.

(Cette édition, procurée par Banville et Asselineau, comportait huit chapitres :

Salon de 1845. — Salon de 1846. — Le Musée Classique du Bazar Bonne-Nouvelle. — Exposition universelle 1855, Beaux-Arts. — Salon de 1859. — De l'essence du rire. — Quelques caricaturistes français. — Quelques caricaturistes étrangers.)

III. *L'Art romantique* (Seize chapitres : L'œuvre et la vie d'Eugène Delacroix. — Peintures murales d'Eugène Delacroix à Saint-Sulpice. — Le peintre de la vie moderne. — Peintres et aqua-fortistes. — Vente de la collection de M. E. Piot. — L'art philosophique. — Morale du joujou. — Théophile Gautier. — Pierre Dupont. — Richard Wagner et Tannhäuser à Paris. — Philibert Rouvière. — Conseils aux jeunes littérateurs. — Les drames et les romans honnêtes. — L'École païenne. — Réflexions sur quelques-uns de mes contemporains. — Critiques littéraires (Les Misérables, Madame Bovary, La Double Vie, Les Martyrs ridicules).

b. Charles BAUDELAIRE. *Œuvres complètes. Curiosités esthétiques. Art romantique.* éd. par Jacques Crépet. 2 vol. Paris. Conard, 1926.

(Cette édition reproduit la matière et la répartition de

l'édition de 1868 mais en corrige le texte et contient le relevé complet des variantes.)

c. *Salon de 1845*, édition critique par A. Ferran. Éd. de l'Archer. Toulouse 1933.

d. Charles BAUDELAIRE. *Œuvres complètes* (pp. 557-1188). éd. Y.-G. Le Dantec. Bibliothèque de la Pléiade. 1954. (Cette édition adopte la répartition des textes selon la division entre Beaux-Arts et Littérature et selon l'ordre chronologique de publication.)

e. Charles BAUDELAIRE. *Œuvres complètes.* Éd. Cl. Pichois et S. de Sacy. 2 vol. Paris. Club du meilleur livre. (Ordre chronologique ; t. I ; jusque 1857 ; t. II : après 1857).

f. Charles BAUDELAIRE. *Critique littéraire et musicale*, éd. Cl. Pichois. Bibliothèque de Cluny. Armand Colin. 1961.

g. Charles BAUDELAIRE. *Œuvres complètes*, éd. révisée par Cl. Pichois (Bibliothèque de la Pléiade, 1961).

h. Charles BAUDELAIRE. *Critique d'art,* éd. Cl. Pichois. Bibliothèque de Cluny. Armand Colin. 2 vol. 1965.

N. B. Nous ne mentionnons ici que les principales éditions complètes de notre texte, qui a, d'autre part, fait l'objet de nombreuses publications anthologiques, parmi lesquelles nous voudrions seulement retenir les suivantes :

Ch. BAUDELAIRE. *La Vie et l'œuvre d'Eugène Delacroix*. Préface de J. Crépet. Illustrations. Paris. Kieffer. 1928.

Ch. BAUDELAIRE. *Critique.* Choix de textes et préface de Pierre-Jean JOUVE. Collection *le Cri de la France*. Librairie de l'Université. Fribourg. 1944.

Les plus belles pages de Ch. Baudelaire. Choix de J. CRÉPET. Paris. Messein. 1950.

Quant aux premières publications des différents textes critiques de Baudelaire, nous les indiquons dans nos notes. Nous n'avons pas jugé nécessaire d'en faire ici la récapitulation.

II. *TRADUCTIONS* (en anglais)

a. *The Painter of victorian life* (*Le Peintre de la vie moderne*, trad. par P. G. Konody, Londres, 1930).

b. *My Heart laid bare; and other essays* (*Mon cœur mis à nu*, et autres textes, parmi lesquels *Le Peintre de la vie moderne*, trad. par Norman Cameron, Londres, 1950).

c. *The Mirror of art*, trad. par Jonathan Mayne, Londres, Phaidon Press, 1955. (Cette traduction partielle est particulièrement remarquable et contient la première illustration appropriée de l'œuvre critique de Baudelaire, avec 68 planches. Elle réunit les textes suivants : Salon de 1845. — Salon de 1846. — De l'essence du rire. — Caricaturistes français. — Caricaturistes étrangers. — Exposition universelle 1855. — Salon de 1859. — La vie et l'œuvre d'Eugène Delacroix. — L'auteur indique qu'il n'y a pas fait figurer *Le Peintre de la vie moderne*, déjà traduit deux fois; cf. ci-dessus.)

d. *Baudelaire as a literary critic*. Selected essays introduced and translated by Lois Boe Hyslop and Francis E. Hyslop. Londres. 1965.

e. *Art in Paris, 1845-1862*, trad. par Jonathan Mayne. Londres. 1965.

III. *FILMOGRAPHIE*

On sait que, depuis quelques années, le cinéma s'est intéressé à l'animation et au commentaire visuel des œuvres d'art. Or il se trouve que quelques-uns de ces « films sur l'art » sont en rapport direct ou indirect avec l'œuvre critique de Baudelaire, qui a certainement influencé leurs auteurs. Nous avons cru intéressant de les mentionner ici :

a. Pierre Kast et Jean Grémillon : *Les Désastres de la guerre* (d'après Goya).

b. VANDERCAM et KESSELS : *Un autre monde* (sur l'œuvre de Grandville. Cf. ce qu'en dit Baudelaire dans ses *Caricaturistes français,* où il examine en particulier la suite de Grandville qui donne son titre à ce film). Ce film est un film belge.

c. Henri AGEL et Georges RÉGNIER : *Le Peintre et le poète* (film en couleur : Delacroix et Baudelaire; tableaux de Delacroix, textes de Baudelaire).
Ces deux derniers films présentés aux *Journées internationales du court métrage* de Tours, décembre 1959.

IV. *ÉTUDES CRITIQUES*

a. Tous les ouvrages généraux sur Baudelaire abordent évidemment l'étude de son esthétique; ces ouvrages étant extrêmement nombreux, nous renvoyons aux bibliographies générales, et plus spécialement à la *Bibliographie baudelairienne* que doit faire prochainement paraître M. William T. BANDY. Nous retenons ci-dessous seulement les ouvrages ou articles où la question de l'esthétique baudelairienne fait l'objet d'une étude particulièrement approfondie :

b. R. VIVIER. *L'Originalité de Baudelaire*. Bruxelles. Académie Royale. 1926 (2e éd. 1952).
T. S. ELIOT. Introduction à : *Intimate Journals*. Trad. par Christopher Isherwood. Londres. 1930.
A. FERRAN. *L'Esthétique de Baudelaire*. Paris. Hachette. 1933.
G. BLIN. *Baudelaire*. Paris. Gallimard. 1940.
Margaret GILMAN. *Baudelaire the Critic*. New York. 1943 (avec bibliographie).
J. PRÉVOST. *Ce que Baudelaire doit à Goya. Formes et Couleurs*, nº 5. 1943.
J. POMMIER. *Dans les chemins de Baudelaire*. Paris. Corti. 1945.
G. BLIN. *Le Sadisme de Baudelaire*. (II. *Recours de Baudelaire à la sorcellerie*). Paris. Corti. 1948.

Ph. REBEYROL. *Baudelaire et Manet. Les Temps modernes.* Octobre 1949.

H. PEYRE. *Connaissance de Baudelaire.* Paris. Corti. 1951.

P. PIA. *Baudelaire par lui-même.* Paris. Éd. du Seuil. 1952.

N. BARBANTINI. *Scritti d'arte (Baudelaire critico d'arte).* Venise. 1953.

M. TURNELL. *Baudelaire.* Londres. 1953 (avec bibliographie).

R. HUYGHE. *L'Esthétique de l'individualisme à travers Delacroix et Baudelaire.* Oxford. 1955.

M.-A. RUFF. *L'Esprit du Mal et l'esthétique baudelairienne.* Paris. Colin. 1955.

M.-A. RUFF. *Baudelaire.* Coll. *Connaissance des lettres.* Paris. Hatier. 1955.

L.-J. AUSTIN. *L'Univers poétique de Baudelaire.* Paris. Mercure de France. 1956.

J. CRÉPET. *Propos sur Baudelaire,* rassemblés et annotés par Cl. Pichois. Préface de J. Pommier. Paris. Mercure de France. 1956.

P.-G. CASTEX. *La critique d'art en France au XIXe siècle. I. Baudelaire.* Paris. Centre de documentation universitaire. 1957.

Revue des sciences humaines, numéro spécial du centenaire des *Fleurs du Mal.* Paris. Corti. Janvier-mars 1957 (cf. en particulier : L.-J. AUSTIN : *Baudelaire et l'énergie spirituelle.* M.-A. RUFF : *Baudelaire et le problème de la forme.*)

Catalogue de l'exposition Baudelaire. Paris. Bibliothèque nationale. 1957.

D. Vouga. *Baudelaire et Joseph de Maistre.* Paris. Corti. 1957.

Cl. PICHOIS. *Esquisse d'un état présent des études baudelairiennes. L'Information littéraire,* 1958, n° 1.

P.-G. CASTEX. *Baudelaire critique d'art,* Paris, SEDES, 1969.

G. POULET. *La Poésie éclatée,* Paris, Corti, 1980.

D. RINCÉ. *Baudelaire et la modernité poétique,* Paris, Nizet, 1984.

R. GALAND. *L'Esthétique de Baudelaire* in : *Canevas,* Paris, Corti, 1986.

R. PUGGENBURG. *Chronologie baudelairienne,* Paris, Corti, 1986.

c. Sur la question générale de l'influence poétique et esthétique de Baudelaire, nous devons rappeler au moins la référence à l'ouvrage fondamental de Marcel RAYMOND : *De Baudelaire au surréalisme* (Paris. Corti), et tout aussi bien les pages de Paul VALÉRY *(Variété II : Situation de Baudelaire)* et de l'abbé BRÉMOND (*Prière et Poésie,* chap. VII).

Ch. MAURON. *Le dernier Baudelaire.* Paris, Corti. 1966.
R. GALAND. *Baudelaire et la Fontaine de Jouvence. Bulletin Baudelairien,* Nashville, U.S.A. août 1966.
P. EMMANUEL. *Baudelaire.* Paris, Desclée, 1967.
L. J. AUSTIN. *État présent des études sur Baudelaire, Forum for modern language studies,* octobre 1967.
P. GUINARD. *Baudelaire, le Musée espagnol et Goya. Revue d'histoire littéraire de la France,* 1967.
H. LEMAITRE. *L'Anglicisme spirituel de Baudelaire, la Table ronde,* 1967.

V. *DOCUMENTATION*

Pour la documentation concernant les artistes dont parle Baudelaire, on consultera, en ce qui concerne le *Salon de 1845,* la remarquable édition de ce texte procurée par André Ferran (Toulouse. Éditions de l'Archer. 1933).

Pour le reste, la meilleure source reste encore :
BELLIER DE LA CHAVIGNERIE. *Dictionnaire général des artistes de l'école française,* 2 vol. Paris. 1882-1885.

Pour les artistes non oubliés de la postérité, on consultera avec profit :

le *Dictionnaire des Biographies* (Paris. P. U. F.).
Bernard DORIVAL. *La Peinture française.* Paris. Larousse. Coll. Arts, styles et techniques.
LUC-BENOIST. *La Sculpture française.* Paris, Larousse. Coll. Arts, styles et techniques.
E. DACIER. *La Gravure française.* Paris. Larousse. Coll. Arts, styles et techniques,

(ces trois ouvrages contiennent en effet une liste alphabétique des principaux artistes).

Enfin pour la documentation biographique et psychologique — importante pour comprendre l'esthétique de Baudelaire — on consultera, outre les *Souvenirs et portraits de jeunesse* de CHAMPFLEURY, les *Souvenirs littéraires* de MAXIME DU CAMP [1] et les *Souvenirs* de BANVILLE (difficiles à trouver mais largement et intelligemment utilisés dans les ouvrages ci-après mentionnés) :

Ch. ASSELINEAU. *Charles Baudelaire*. Paris. Lemerre. 1869 [2].
NADAR. *Baudelaire intime*. Paris. Blaizot. 1911.
E. et J. CRÉPET. *Ch. Baudelaire*. Paris. Messein. 1906 (rééd. 1928).
L. LEMONNIER. *Enquêtes sur Baudelaire*. Paris (Crès. 1929).
F. PORCHÉ. *Baudelaire. Histoire d'une âme*. Paris. Flammarion 1944.
W. T. BANDY et Cl. PICHOIS. *Baudelaire devant ses contemporains*. Monaco. Éd. du Rocher. 1957.

Signalons aussi les reproductions en fac-similé de *Dessins* de Baudelaire, présentés par Jacques CRÉPET, Paris, N. R. F. 1927.

1. Une réédition partielle de ces *Souvenirs littéraires* doit paraître prochainement (Hachette).
2. Texte reproduit dans : J. Crépet et Cl. Pichois. *Baudelaire et Asselineau*, Paris, Nizet, 1953.

INDEX

N. B. Le présent Index ne comprend pas les noms cités à la *Bibliographie*, p. 923, mais comprend, en revanche, les noms cités dans les notes.

D

N

O

P

Q

R

TABLE DES ILLUSTRATIONS

TABLE DES MATIÈRES

CURIOSITÉS ESTHÉTIQUES
(Beaux-Arts)

APPENDICE AUX CURIOSITÉS ESTHÉTIQUES

L'ART ROMANTIQUE
(Littérature)

APPENDICE A L'ART ROMANTIQUE

ACHEVÉ D'IMPRIMER
PAR L'IMPRIMERIE TARDY QUERCY S.A.
A BOURGES
LE 4 FÉVRIER 1987

Numéro d'éditeur : 3300
Numéro d'imprimeur : 13386
Dépôt légal : Avril 1983

Printed in France